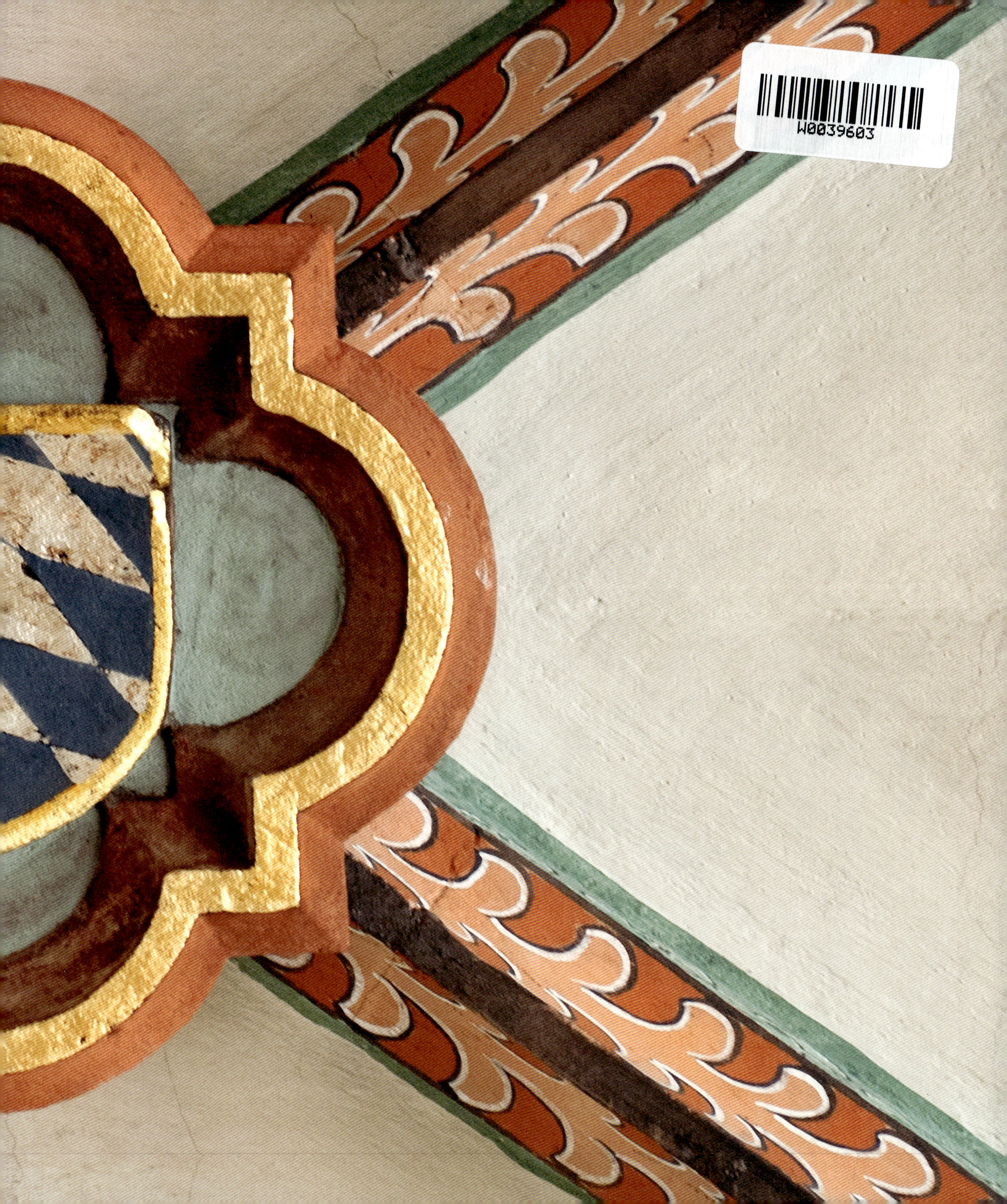

Begleitband zur 2. Ausstellung der Länder Baden-Württemberg, Rheinland-Pfalz und Hessen
„Die Wittelsbacher am Rhein. Die Kurpfalz und Europa“
in den Reiss-Engelhorn-Museen Mannheim
und im Barockschloss Mannheim

Die Wittelsbacher am Rhein
Die Kurpfalz und Europa

Begleitband zur 2. Ausstellung der Länder Baden-Württemberg, Rheinland-Pfalz und Hessen

Herausgeber

Reiss-Engelhorn-Museen Mannheim
Staatliche Schlösser und Gärten Baden-Württemberg

durch

Alfried Wieczorek
Bernd Schneidmüller
Alexander Schubert
Stefan Weinfurter

SCHNELL + STEINER

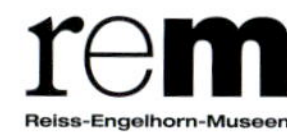

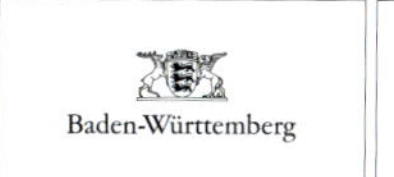

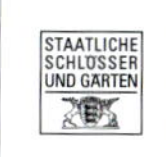

Publikationen der Reiss-Engelhorn-Museen Mannheim Band 60

Impressum Ausstellung

Die WITTELSBACHER am Rhein
DIE KURPFALZ UND EUROPA

2. Ausstellung der Länder Baden-Württemberg, Rheinland-Pfalz und Hessen
Curt-Engelhorn-Stiftung für die Reiss-Engelhorn-Museen und Staatliche Schlösser und Gärten Baden-Württemberg

8. September 2013 bis 2. März 2014
Museum Zeughaus / Barockschloss Mannheim

Gesamtleitung
Alfried Wieczorek
Michael Hörrmann

Projektleitung
Alexander Schubert

Wissenschaftliche Koordination - Mittelalter
Bernd Schneidmüller
Stefan Weinfurter

Wissenschaftliche Koordination - Neuzeit
Grit Arnscheidt
Eleonore Kopsch
Wilhelm Kreutz
Wilhelm Kühlmann
Herrmann Wiegand

Wissenschaftliches Organisationsbüro
Melanie Herget
Alexander Schubert
Viola Skiba
Sabine Witt
Unter Mitwirkung von:
Alexandra Berend
Karin Brugger
Eva Maria Gramlich
Eva-Maria Günther

Betreuung Barockschloss Mannheim
Gabriele Kleiber (Leitung)
Katharina Dietz
Harry Filsinger
Birgit Hoffmann

Koordination Wittelsbacherjahr
Alexander Schubert (Leitung)
Claudia Paul
Norman Schäfer
In Zusammenarbeit mit:
CAB Artis, Bamberg
Kulturnetz Mannheim Rhein-Neckar

Finanzcontrolling
Monika Lange
Sven Wiegand
Axel Dalichow
Tolgan Disli

Organisation Leihgaben
Melanie Herget
Alexander Schubert
Viola Skiba
Sabine Witt

Ausstellungsmanagement und -aufbau
Christoph Lind (Leitung)
Silvia Rückert

Leihverkehr und Transporte
Marianne Aselmeier

Restauratorisch-konservatorische Betreuung
Bernd Hoffmann-Schimpf (Leitender Restaurator)
Elke Michler (Leitende Restauratorin)
Sylvia Mitschke
Sandra Gottsmann
Gisela Gulbins
Annette Kirsch
Franziska Leidig
Isabel Luft
Christiane Weisser
Peter Will

Restauratorisch-konservatorische Betreuung Barockschloss
Thomas Merkl (Leitung)
Henrike Bierbrodt
Anna Haas
Werner Hiller-König
Irmgard Lell

Organisation Ausstellungsbetrieb
Arndt Zimmermann (Leitung)
Claudia Arlt
Regina Schäfer

Ausstellungsaufbau
Ulrich Debus
Manfred Janus (Technoseum)
Josef Krohlage
Robert Leicht
Giuseppe Presentato
Uwe Rehberger
Tanja Vogel

Mitmachstationen
Karin Brugger
Claudia Paul
Unter Mitwirkung von:
Mira Hofmann
Tobias Mittag
Elisa Ziegenbein

Wissenschaftliche Kartographie
Melanie Herget (Betreuung)
Ingenieurbüro Friedhelm Schwegler, Eppelheim

Ausstellungsgestaltung und -grafik
Homann – Güner – Blum, Visuelle Kommunikation, Hannover

Grafik und Corporate Design
Tobias Mittag

Presse- und Öffentlichkeitsarbeit/Marketing
Alexander Schubert (Leitung)
Claudia Paul (stellv. Leitung Marketing)
Magdalena Pfeifenroth (stellv. Leitung Presse- u. Öff.-Arbeit)
Yvonne Berndt
Cornelia Rebholz
Katharina Rieber
Norman Schäfer
Elisa Ziegenbein

Museumsvermittlung
Karin Brugger
Claudia Paul
Unter Mitwirkung von:
Melanie Beikirch
Nathalie Jacobi

Führungsorganisation und Besucherdienste
Karin Brugger (Leitung)
Britta Bock

Digitale Rekonstruktionen
Melanie Herget (Betreuung)
Faber-Courtial – Atelier für digitale Produktionen, Darmstadt

Trickfilme
Melanie Herget / Sabine Witt (Betreuung)
Eichfelder Artworks, Worms

3D-Rekonstruktionen
Melanie Herget (Betreuung)
Amelie Alterauge
Doris Döppes
3D Culture, Oestrich-Winkel
4D Concepts, Groß-Gerau
construVision, St. Wedel

Ausstellungsfotografie
Carolin Breckle
Jean Christen
Maria Schumann

Ausstellungstexte
Daniel Krist
Viola Skiba
Sabine Witt

Übersetzungen der Ausstellungstexte
Krister Johnson, Magdeburg

Medientechnik
Frank Wanderer

Audio-Guide
Karin Brugger (Betreuung)
Audio Konzept, Berlin
GPT audio GmbH, Finsterwalde

Kurzführer Wittelsbacherregion
Eva-Maria Günther

Wissenschaftliche Hilfskräfte
Carolin Hoffmann
Steven Müller
Anna Sophia Nübling
Mirjam Schnorr
Gregor Stiebert
Melinda Sudibyo

Praktikanten und Ehrenamtliche
Katharina Bull
Janine Daum
Daniela Druschel
Friederike Heyne
Anna-Lea Koller
Brigitte Laschinger
Lea Oberländer
Jens Paulsen
Theresa Priester
Charlotte Reuß
Eva-Linda Scheibe
Michael Schmal
Mirjam Schnorr
Bernadett Walker

Impressum Katalog Neuzeit

Die WITTELSBACHER am Rhein
DIE KURPFALZ UND EUROPA

2. Ausstellung der Länder Baden-Württemberg,
Rheinland-Pfalz und Hessen
Publikationen der Reiss-Engelhorn-Museen Mannheim Band 60

Herausgeber
Reiss-Engelhorn-Museen Mannheim
Staatliche Schlösser und Gärten Baden-Württemberg

durch
Alfried Wieczorek
Bernd Schneidmüller
Alexander Schubert
Stefan Weinfurter

Konzeption des Essayteils
Sabine Witt

Wissenschaftliche Redaktion und Lektorat
Sabine Witt
unter Mitwirkung von:
Constantin Beck
Alexandra Berend
Claudia Braun
Daniel Franz
Eva Maria Gramlich
Eva-Maria Günther
Luisa Reiblich
Gregor Stiebert

Bildredaktion
Viola Skiba
unter Mitwirkung von:
Eva Maria Gramlich

Wissenschaftliche Kartographie
Ingenieurbüro Friedhelm Schwegler, Eppelheim

Reprographie
Carolin Breckle
Jean Christen
Maria Schumann

Stammbäume
Christian Danz
Tobias Mittag

Verleger
Albrecht Weiland, Verlag Schnell und Steiner

Verlagslektorat
Simone Buckreus, Verlag Schnell und Steiner

Covergestaltung und Corporate Design
Tobias Mittag

Layout und Satz
Erhardi Druck GmbH, Regensburg

Druck
Grafisches Centrum Cuno, Calbe

Bibliografische Information der Deutschen Nationalbibliothek:
Die Deutsche Nationalbibliothek verzeichnet diese Publikation in der Deutschen Nationalbibliografie; detaillierte bibliografische Daten sind im Internet über <http://dnb.dnb.de> abrufbar.

Weitere Informationen zum Verlagsprogramm erhalten Sie unter:
www.schnell-und-steiner.de

ISBN 978-3-7954-2644-6

Wissenschaftlicher Beirat

Dr. Grit Arnscheidt I Mannheim
Prof. Dr. Jürgen Dendorfer I Albert-Ludwigs-Universität Freiburg
Dr. Reinhard Friedrich I Europäisches Burgeninstitut Braubach, Einrichtung der Deutschen Burgenvereinigung e.V.
Prof. Dr. Martin Kaufhold I Universität Augsburg
Prof. Dr. Annette Kehnel I Universität Mannheim
Prof. Dr. Armin Kohnle I Universität Leipzig
Eleonore Kopsch I Mannheim
Prof. Dr. Hans-Michael Körner I Ludwig-Maximilians-Universität München
Prof. Dr. Ferdinand Kramer I Ludwig-Maximilians-Universität München
PD Dr. Wilhelm Kreutz I Universität Mannheim
Prof. Dr. Wilhelm Kühlmann I Ruprecht-Karls-Universität Heidelberg
Prof. Dr. Silke Leopold I Ruprecht-Karls-Universität Heidelberg
Dr. Richard Loibl I Haus der Bayerischen Geschichte Augsburg
Prof. Dr. Michael Matheus I Johannes Gutenberg-Universität Mainz
Prof. Dr. Matthias Müller I Johannes Gutenberg-Universität Mainz
Prof. Dr. Jörg Peltzer I Ruprecht-Karls-Universität Heidelberg
Prof. Dr. Erich Pelzer I Universität Mannheim
Dr. Rainhard Riepertinger I Haus der Bayerischen Geschichte Augsburg
Prof. Dr. Volker Rödel I Karlsruhe
Prof. Dr. Bernd Schneidmüller I Ruprecht-Karls-Universität Heidelberg
Prof. Dr. Karl-Heinz Spieß I Ernst-Moritz-Arndt-Universität Greifswald
Prof. Dr. Matthias Untermann I Ruprecht-Karls-Universität Heidelberg
Prof. Dr. Stefan Weinfurter I Ruprecht-Karls-Universität Heidelberg
Prof. Dr. Hermann Wiegand I Mannheimer Altertumsverein von 1859
Prof. Dr. Eike Wolgast I Ruprecht-Karls-Universität Heidelberg
Dr. Wolfgang Zimmermann I Generallandesarchiv Karlsruhe

Wir danken unseren Leihgebern:

Altshausen, Glassammlung des Herzogs von Württemberg
Amberg, Staatsarchiv
Amberg, Stadtarchiv
Amberg, Stadtmuseum / Baustadel
Bad Homburg v. d. H., Verwaltung der Staatlichen Schlösser und Gärten Hessen
Bruchsal, Staatliche Schlösser und Gärten Baden-Württemberg
Budapest, Bibliothek und Informationszentrum der Ungarischen Akademie der Wissenschaft
Darmstadt, Universitäts- und Landesbibliothek
Dresden, Sächsische Landesbibliothek – Staats- und Universitätsbibliothek
Düsseldorf, Landesarchiv Nordrhein-Westfalen, Abteilung Rheinland
Düsseldorf, SchiffahrtMuseum Düsseldorf
Erlangen, Universitätsbibliothek Erlangen-Nürnberg
Frankenthal, Erkenbert-Museum
Gotha, Forschungsbibliothek
Gotha, Stiftung Schloss Friedenstein
Göttingen, Niedersächsische Staats- und Universitätsbibliothek
Hagenau, Musée Historique de Haguenau
Heidelberg, Deutsches Apotheken-Museum
Heidelberg, Kurpfälzisches Museum der Stadt Heidelberg
Heidelberg, Landessternwarte Heidelberg-Königsstuhl
Heidelberg, Universitätsarchiv
Heidelberg, Universitätsbibliothek Heidelberg
Heidelberg, Universitätsmuseum
Ingolstadt, Bayerisches Armeemuseum
Kaiserslautern, Museum Pfalzgalerie Kaiserslautern
Karlsruhe, Badische Landesbibliothek in Karlsruhe
Karlsruhe, Badisches Landesmuseum
Karlsruhe, Landesarchiv Baden-Württemberg, Generallandesarchiv Karlsruhe
Kelheim, Archäologisches Museum der Stadt Kelheim
Koblenz, Landesarchivverwaltung Rheinland-Pfalz, Landeshauptarchiv Koblenz
Köln, Historisches Archiv der Stadt Köln
Köln, Katholische Pfarrgemeinde St. Agnes
London, The British Library
Lübeck, die Lübecker Museen – St. Annen-Museum
Ludwigsburg, Landesarchiv Baden-Württemberg, Staatsarchiv Ludwigsburg
Ludwigshafen, Wilhelm-Hack-Museum
Lüneburg, Ratsbücherei der Stadt Lüneburg
Mainz, Bischöfliches Dom- und Diözesanmuseum
Mainz, Generaldirektion Kulturelles Erbe Rheinland-Pfalz – Landesmuseum Mainz
Mainz, Gutenberg-Museum
Mannheim, Reiss-Engelhorn-Museen Mannheim
Mannheim, TECHNOSEUM / Landesmuseum für Technik und Arbeit in Mannheim
Mannheim, Vermögen und Bau Baden-Württemberg, Amt Mannheim
Meiningen, Thüringisches Staatsarchiv
München, Archäologische Staatssammlung
München, Bayerische Staatsbibliothek
München, Bayerische Staatsgemäldesammlungen
München, Bayerische Verwaltung der staatlichen Schlösser, Gärten und Seen, Residenz München
München, Bayerische Verwaltung der staatlichen Schlösser, Gärten und Seen, Residenz München, Schatzkammer
München, Bayerisches Hauptstaatsarchiv
München, Bayerisches Hauptstaatsarchiv – Geheimes Hausarchiv
München, Bayerisches Nationalmuseum München
München, Staatliche Graphische Sammlung
München, Staatliche Münzsammlung
Neckarzimmern, Rentamt Burg Hornberg, Dajo Freiherr von Gemmingen-Hornberg
Neuburg, Historischer Verein Neuburg an der Donau, Schloss Neuburg an der Donau
Neunburg vorm Wald, Schwarzachtaler Heimatmuseum
Paris, Musée du Louvre, Département des Sculptures
Prag, Tschechische Nationalbibliothek
Regensburg, Fürst Thurn und Taxis Zentralarchiv – Hofbibliothek – Museen
Regensburg, Museen der Stadt Regensburg
Saarbrücken-Scheidt, Landesarchiv Saarland, Landesarchiv Saarbrücken
Schriesheim, Bergwerksverein Schriesheim e.V.
Speyer, Historisches Museum der Pfalz Speyer
Speyer, Landesarchivverwaltung Rheinland-Pfalz, Landesarchiv Speyer
Straßburg, Musées de Strasbourg – Musée Historique
Stuttgart, Landesarchiv Baden-Württemberg, Hauptstaatsarchiv Stuttgart
Stuttgart, Landesmuseum Württemberg
Stuttgart, Universität Stuttgart, Historisches Institut, Abt. für Geschichte der Naturwissenschaft und Technik
Stuttgart, Württembergische Landesbibliothek
Überlingen, Stadt Überlingen
Vatikanstadt, Biblioteca Apostolica Vaticana
Weinheim, Kulturamt – Stadtarchiv
Wiesbaden, Hessisches Hauptstaatsarchiv
Wien, Kunsthistorisches Museum, Hofjagd- und Rüstkammer
Wien, Österreichische Nationalbibliothek
Wien, Österreichisches Staatsarchiv, Haus-, Hof und Staatsarchiv
Worms, Museum der Stadt Worms im Andreasstift
Zweibrücken, Stadtmuseum

Inhalt

Alexander Schubert und Sabine Witt
12 Die Wittelsbacher und die Kurpfalz in der Neuzeit

Kapitel A
Das konfessionelle Zeitalter – Reformation und Konfessionalisierung

Eleonore Kopsch
18 Die dynastischen Verzweigungen der Pfälzer Wittelsbacher – Kur- und Nebenlinien

Christian Wieland
26 Adel und Rechtssystem in der Frühen Neuzeit

Eike Wolgast
30 Konfessionswechsel und Kirchenpolitik der Pfälzer Kurfürsten im 16. und 17. Jahrhundert

Susan Richter
40 Dynastische und politische Strategiepapiere – Die Testamente der Wittelsbacher

Hermann Wiegand
44 Die Rekatholisierung der Pfalz und die Rolle der Jesuiten

Wilhelm Kühlmann
52 Humanismus und Literatur am kurpfälzischen Hof der Frühen Neuzeit

Stefan Krause
60 Die Dekoration deutscher Rüstungen der Renaissance

64 Katalogteil A

Kapitel B
Europäische Allianzen und pfälzische Katastrophen

Marco Neumaier
114 Heiratspolitik und dynastische Verflechtung der Pfälzer Kurfürsten in Europa: Eine erfolgreiche Strategie außenpolitischer Netzwerkbildung?

Maximilian Lanzinner
122 Das Ringen der Kurpfalz und Bayerns um die Kurwürde und das Reichsvikariat

Jana Hubková
132 Flugblattpropaganda zu Zeiten des «Winterkönigs» Friedrich V.

Erich Pelzer
134 Die Erfahrung von Krieg, Besetzung und Zerstörung in der Kurpfalz vom Dreißigjährigen Krieg bis in die Revolutionsära

Roland Paul
142 Die Pfalz – ein Ein- und Auswanderungsland

Sabine Witt
152 Kurfürstenbildnisse als Medien der Repräsentation und Propaganda

164 Katalogteil B

Kapitel C
Kurpfälzischer Hof und Residenzstadt Mannheim

Hartmut Ellrich
256 Die kurfürstlichen Residenzen in der Epoche der Neuzeit

Peter Thoma und Julian Hanschke
266 Das Heidelberger Schloss – Die bauliche Gestalt der Residenz der pfälzischen Wittelsbacher seit 1600

Benedikt Stadler
276 Die Festung Mannheim

Klaus Wirth
280 Zur Stadtarchäologie in Mannheim: Eine Momentaufnahme

Barbara Zeitelhack
284 „Schwiegervater Europas“ – Philipp Wilhelm von Pfalz-Neuburg

Stefan Mörz
288 „Der Tempel der Wissenschaften, der Erstaunen erregt…“ – Akademiegründungen im Kontext des kurpfälzischen aufgeklärten Absolutismus Kurfürst Carl Theodors

Silke Leopold

296 Die „Schule des wahrhaft guten Geschmacks in der Tonkunst“ – Carl Theodor und die Mannheimer Hofmusik

Liselotte Homering

304 „KurPfalz ist mein Vaterland“ – Literatur und Theater am kurpfälzischen Hof im 18. Jahrhundert

Eva-Bettina Krems

312 Kurfürstliche Galerien in Düsseldorf, Mannheim und München (1680–1800)

316 Katalogteil C

Kapitel D

Von Kurpfalz-Bayern nach Baden

Michael Erbe

402 Der Rhein als Wirtschafts- und Verkehrsraum – Bindeglied zwischen den kurpfälzischen Territorien und Grenze der Kurpfalz

Stefan Schnupp

408 Das Gesandtschaftswesen Kurfürst Carl Theodors – Von der kurpfälzischen zur pfalzbayerischen Diplomatie

Wilhelm Kreutz

410 Von Mannheim nach München – Der ‚lange Abschied‘ der Wittelsbacher vom Rhein und das lange Nachleben ihrer Herrschaft an Rhein und Neckar

418 Katalogteil D

Anhang

444 Stammbäume 1–4

450 Karten 1–5

455 Abkürzungsverzeichnis

457 Quellenverzeichnis

459 Literaturverzeichnis

477 Bildnachweis

Alexander Schubert und Sabine Witt

Die Wittelsbacher und die Kurpfalz in der Neuzeit

Konnte im Mittelalterteil der Mannheimer Ausstellung der kontinuierliche Aufstieg und die Bedeutungssteigerung der Pfalzgrafschaft bei Rhein von 13. bis zum Ende des 15. Jahrhunderts nachvollzogen werden, so tritt die Kurpfalz in der Neuzeit in eine Phase ein, die fortwährend neue Positionsbestimmungen auf der großen politischen Bühne Europas erforderte. Die entscheidenden Wegmarken der abendländischen Geschichte vom 16. bis 18. Jahrhundert, von der Reformation über den Dreißigjährigen Krieg bis hin zur Französischen Revolution, hatten ihre unmittelbaren Auswirkungen auf die Kurpfalz oder gingen in Teilen sogar ursächlich von dort aus. Wie unter einer Lupe lassen sich dementsprechend beim Blick auf die Kurpfalz im Detail geschichtliche Ursachen und Wirkungszusammenhänge beobachten.

Der große Konflikt zwischen den beiden wittelsbachischen Hauptlinien, der sich am Ende des Mittelalters im Landshuter Erbfolgekrieg entladen hatte, verschaffte der Kurpfalz eine denkbar schlechte Startposition für die kommenden Jahre. Noch um 1500 hatte die Pfalzgrafschaft bei Rhein zu den wohlhabenden, gut organisierten Regionen im Heiligen Römischen Reich gezählt. Nun war das Land verwüstet, hoch verschuldet und nach den mittelalterlichen Gebietsgewinnen wieder auf das ursprüngliche Kernterritorium begrenzt. Doch rückschauend betrachtet, gaben die Härten dieser Auseinandersetzungen nur einen Vorgeschmack auf die Herausforderungen, die den Wittelsbachern am Rhein in der Neuzeit bevorstehen sollten.

Wie der Mittelalterteil der Ausstellung und dieses Kataloghandbuchs ist auch der vorliegende Neuzeitteil in vier Etappen gegliedert, die die wichtigsten historischen Abschnitte in der Geschichte der rheinischen Pfalzgrafschaft in der Frühen Neuzeit nachzeichnen. Am Anfang steht das konfessionelle Zeitalter, das im Wesentlichen von der reformatorischen Bewegung geprägt ist, die mit dem Wirken Martin Luthers und Philipp Melanchthons ihren Anfang nahm. Dann aber vollzog die Kurpfalz Mitte des 16. Jahrhunderts eine entscheidende Hinwendung zur reformierten Lehre, die von Johannes Calvin und pfälzisch-oberrheinischen Theologen geprägt war. Der zweite Teil nimmt in besonderer Weise die europäische Bündnispolitik im 17. Jahrhundert und die verheerenden Folgen des Dreißigjährigen Kriegs für die Kurpfalz in den Blick. Auch die aggressive Expansionspolitik des französischen Königs Ludwig XIV. überzog die Kurpfalz erneut mit Krieg und Zerstörung und führte innerhalb eines Saeculums zu den zwei größten Katastrophen ihrer Geschichte. Im dritten Abschnitt wird die 1720 vollzogene Residenzverlegung nach Mannheim fokussiert und der damit verbundene Ausbau der erst ein gutes Jahrhundert alten Stadt zum glanzvollen europäischen Musenhof gezeigt. Der vierte Teil widmet sich schließlich der letzten Phase des von München aus regierten Kurfürstentums Pfalz-Bayern, seinem Ende und der Aufteilung der historischen Kurpfalz in ein rechtsrheinisches badisches Gebiet und in ein linksrheinisches, zunächst französisch besetztes, dann bayerisch regiertes Territorium.

Das konfessionelle Zeitalter

Die Frage der konfessionellen Zugehörigkeit bestimmte im 16. und beginnenden 17. Jahrhundert Innen- und Außenpolitik gleichermaßen. Die Kurpfalz kam bereits früh mit der Reformation in Berührung, als Martin Luther 1518 in Heidelberg seine Theologie darlegte. Während die benachbarten Reichsstädte rasch evangelisch wurden, nahm der wittelsbachische Kurfürst Ludwig V. (1508–1544) eine eher indifferente, aber weitgehend tolerant-neutrale Haltung zur Reformation ein. Für die Kurpfalz bedeutete das einen als bipolar zu bezeichnenden Zustand: Im Innern fand die reformatorische Bewegung Verbreitung, während nach außen die altgläubig-katholische Lehre fortbestand. Ludwigs V. Bruder und Nachfolger Friedrich II. (1544–1556) sympathisierte mit der Reformation, ohne jedoch in letzter Konsequenz offen dazu überzugehen und den Konflikt mit dem Kaiser eskalieren zu lassen. Die Kurpfalz bekannt sich daher verhältnismäßig spät zur Reformation Luthers. Pfalzgraf Ottheinrich hatte bereits während seiner Regentschaft über Pfalz-Neuburg dort die neue Glaubenslehre eingeführt und setzte sie nach seinem Herrschaftsantritt als Kurfürst 1556 auch in der Kurpfalz konsequent durch.

Ottheinrichs Nachfolger, Kurfürst Friedrich III. der Fromme (1559–1576) aus der Linie Pfalz-Simmern, ging dann einen entscheidenden Schritt weiter mit der sogenannten Zweiten Reformation, die auf den Lehren Johannes Calvins, Martin Bucers und Heidelberger Theologen fußte. Der Calvinismus blieb – mit Ausnahme Ostfrieslands, Bremens, Nassaus, Anhalts und anderer kleinerer Territorien – im Gebiet des Heiligen Römischen Reichs Deutscher Nation eher ein Randphänomen. Im Augsburger Religionsfrieden von 1555 war er nicht anerkannt worden. Mit dem Heidelberger Katechismus und einer reformierten Kirchenordnung entstanden unter Friedrich III. aber zwei Lehrbücher, die weltweit Verbreitung fanden. Wie sehr die Glaubensausrichtung der Bevölkerung, aber auch die Besetzung von Kirchenräten und Professuren an der Universität Heidelberg oder die Gründung konfessioneller Lehranstalten vom jeweils regierenden Landesherrn und der herrschenden Regel „*cuius regio, eius religio*" („wessen Gebiet, dessen Religion", also „wer das Land regiert, bestimmt auch dessen Religion") abhingen, zeigen die mehrfachen Konfessionswechsel, die die Kurpfalz im weiteren Verlauf des 16. Jahrhunderts vollzog: unter Ludwig VI. (1576–1583) zurück zum Luthertum, dann unter dessen Bruder, dem Kuradministrator Johann Casimir (1583–1592) und Kurfürst Friedrich IV. erneut zum Reformiertentum.

Europäische Allianzen und pfälzische Katastrophen

Die Glaubensspaltung sorgte dafür, dass sich erneut die bayerische und die kurpfälzische Linie der Wittelsbacher in verfeindeten Parteien gegenüberstanden. 1608 wurde unter Führung Kurfürst Friedrichs IV. (1592–1610) die Protestantische Union gegründet. Als Reaktion auf dieses Bündnis lutherischer und calvinistischer Reichsstände rief Herzog Maximilian I. von Bayern die Katholische Liga ins Leben. Die Differenzen kulminierten im Dreißigjährigen Krieg, bei dessen Ausbruch der Sohn Friedrichs IV., der „Winterkönig" Friedrich V., eine Schlüsselrolle spielte.

Mit der Annahme der böhmischen Königskrone 1619, anstelle des abgesetzten Habsburgers Ferdinand II., überschätzte Friedrich V. die Kräfte seiner eigenen Hausmacht und seine politischen Verbindungen zu den protestantischen Mächten Europas. Am Weißen Berg bei Prag kam es 1620 zu einer der wenigen Entscheidungsschlachten des Dreißigjährigen Krieges. Friedrichs V. verheerende Niederlage gegen den Habsburger Kaiser und die bayerischen Wittelsbacher hatte gravierende politische, wirtschaftliche und soziale Folgen. Das Territorium der Kurpfalz wurde in den sich an den Rhein verlagernden Kriegszügen weitgehend zerstört, und die vornehme, erste weltliche Kurwürde ging 1621/23 an den Herzog von Bayern verloren. Erst 1648 wurde der Kurpfalz eine neubegründete (achte) Kurstimme zugesprochen, die jedoch nicht mehr mit dem Amt des Erztruchsess und Reichsvikars verbunden, somit im Rang nicht ebenbürtig war.

Die Ehe, die Kurfürst Friedrich V. (1610–1621) mit Elizabeth Stuart, der Tochter des englischen Königs Jakob I., geschlossen hatte, steht beispielgebend für die weit verzweigten dynastischen Beziehungen, welche die kurpfälzischen Wittelsbacher zu den hochadligen Häusern Europas unterhielten. Von besonderer Bedeutung waren vor allem die Allianzen mit dem Haus Oranien. So standen die beiden Statthalter der niederländischen Provinzen Friedrich Heinrich I. und Moritz von Oranien an der Seite ihres Neffen, Kurfürst Friedrich V. von der Pfalz. Neben England und Oranien pflegte die Kurpfalz auch Verbindungen nach Frankreich, zunächst aus konfessionell-strategischen Gründen zu Heinrich von Navarra und den Hugenotten, später vornehmlich unter geopoli-

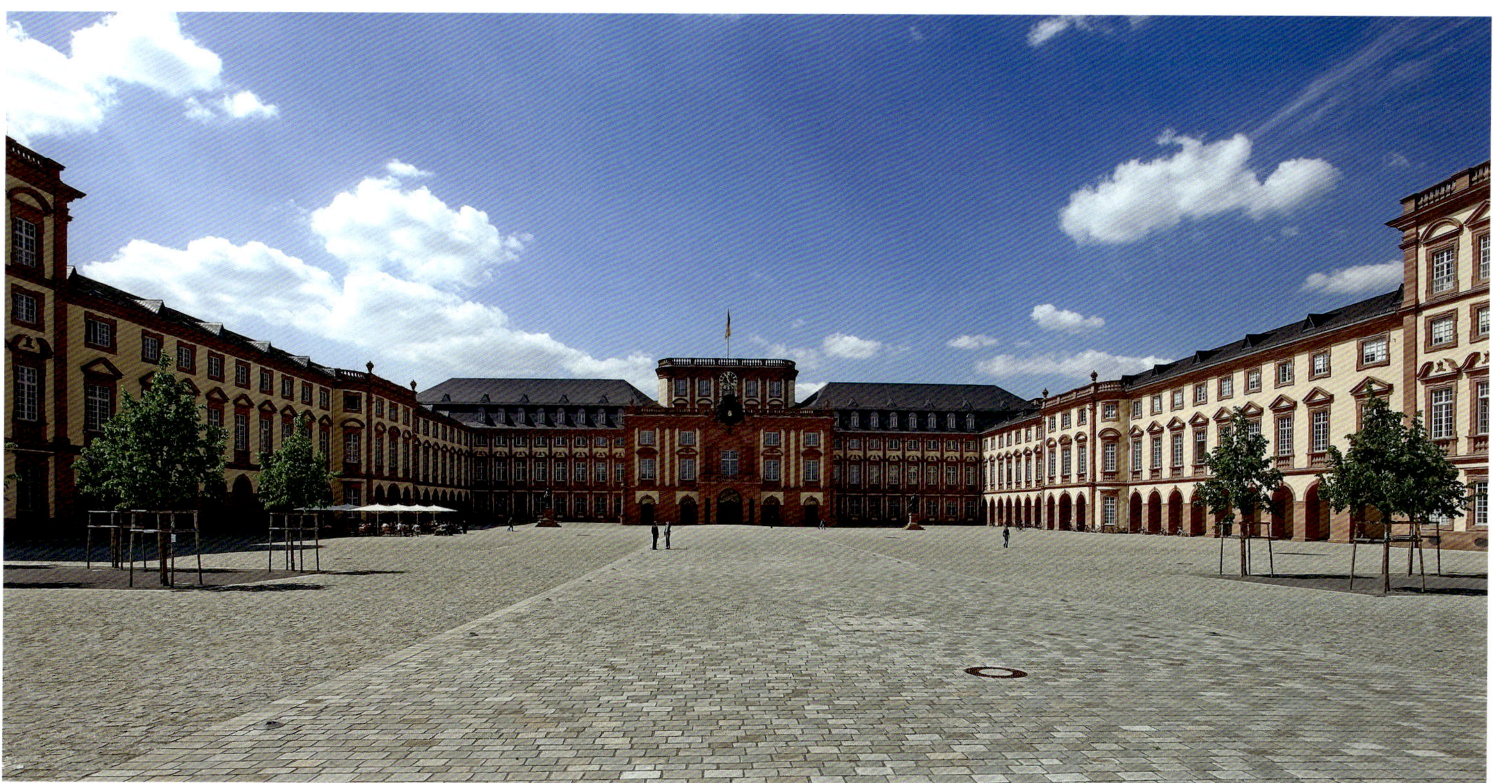

1 Barockschloss Mannheim, Blick in den Ehrenhof

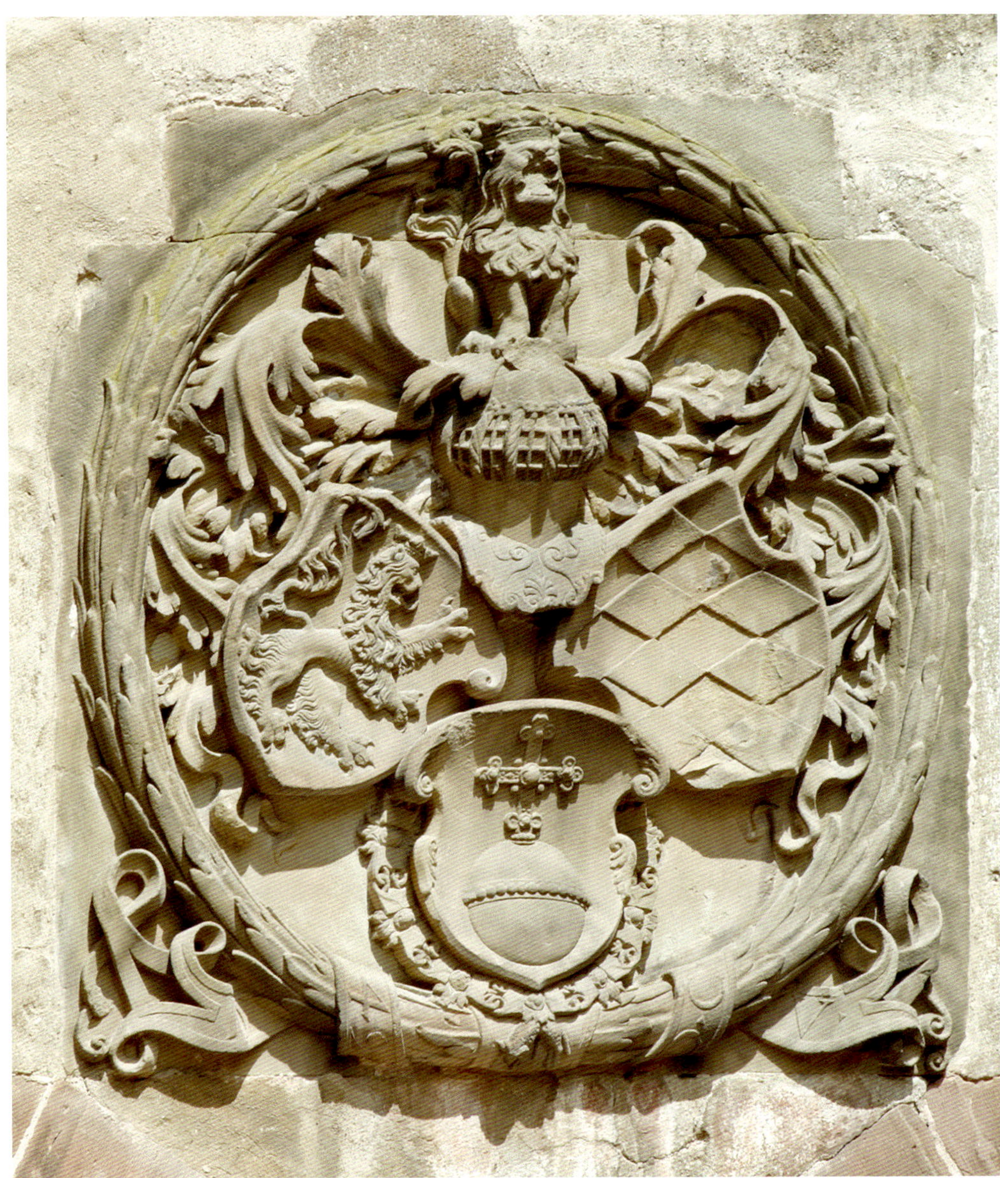

2 Schloss Heidelberg, Relief am Gläsernen Saalbau mit dem „Pfälzer Wappendreiverein“ aus steigendem Löwen, Rauten (Wecken) und dem Reichsapfel als Symbol der Erztruchsessenwürde

tischen Aspekten durch die Ehe zwischen Liselotte von der Pfalz und Herzog Philipp I. von Orléans, dem Bruder des französischen Königs Ludwig XIV. Diese Verbindung gab den Ausschlag für eine weitere Katastrophe. Um sich das Erbe der Liselotte von der Pfalz einzuverleiben, betrieb Frankreich eine aggressive militärische Expansionspolitik. Im Pfälzischen Erbfolgekrieg (1688–1697) verwüsteten und brandschatzten französische Truppen die Kurpfalz.

Kurpfälzischer Hof und Residenzstadt Mannheim

Nach dem Pfälzischen Erbfolgekrieg stellte sich für die Kurpfalz in erster Linie die Herausforderung des Wiederaufbaus des Landes und der Heidelberger Residenz. Kurfürst Johann Wilhelm (1690–1716) aus der katholischen Linie Pfalz-Neuburg, über die die niederrheinischen Herzogtümer Jülich und Berg zum „Flickenteppich“ des kurpfälzischen Territoriums gelangt waren, hielt überwiegend in Düsseldorf Hof. Als sein jüngerer Bruder Carl Philipp 1716 das Erbe antrat, rückte der konfessionelle Gegensatz nochmals in den Mittelpunkt. Der Kurfürst ließ den Heidelberger Katechismus, der die katholische Messe als „vermaledeite Abgötterei“ bezeichnete, einziehen und beanspruchte die simultan, das heißt von beiden Konfessionen genutzte Heidelberger Heiliggeistkirche allein als repräsentative Hofkirche. Trotz kaiserlicher Intervention konnte der Konflikt mit den Reformierten nicht völlig beigelegt werden, so dass Carl Philipp seine Drohung wahrmachte, die Residenz ins nahe gelegene Mannheim zu verlegen. Die im Pfälzischen

Erbfolgekrieg völlig zerstörte Stadt wurde neu aufgebaut, ein Schlossbau nach französischem Vorbild begonnen. Unter Carl Philipps Nachfolger Carl Theodor (1742–1799) wurde der Residenzbau fertiggestellt. Mannheim stieg zu einem europäischen *„hot spot"* der Musik, Kunst, Literatur, Wissenschaften und des Kommerz auf. Ruhm erlangte die Mannheimer Schule, hervorgegangen aus der kurfürstlichen Hofkapelle und Vorbereiterin der Wiener Klassik, geleitet und geprägt von Johann Anton Wenzel Stamitz und Christian Cannabich. Mannheim bildete nun ein Zentrum aufklärerischer Publizistik und deren Bemühen um Neuerungen in Musik, Theater, Literatur und Ästhetik, aber auch Ökonomie. Diese glanzvolle Epoche endete, als der letzte bayerische Wittelsbacher Maximilian III. Joseph 1777 verstarb und Carl Theodor auf Grundlage der Hausverträge die Linien der Pfalz und Bayerns erstmals seit rund 450 Jahren wieder vereinigte. Denn damit verbunden war die Verlegung der Residenz nach München, die das „Goldene Zeitalter" Mannheims beendete und die Bedeutung der kurpfälzischen Gebiete schmälerte.

Von Kurpfalz-Bayern nach Baden

Die letzte Phase in der Geschichte der Wittelsbacher am Rhein ist eng mit den Ereignissen in Frankreich verwoben. Die Ideale der Französischen Revolution von 1789 – Freiheit, Gleichheit, Brüderlichkeit – fanden auch in der Kurpfalz zum Teil Anklang. Kurfürst Carl Theodor verfolgte gegenüber Frankreich lange eine Politik der Neutralität. Doch ihre geographische Lage machte die Kurpfalz zum Brennpunkt und Spielfeld der drohenden europäischen Konflikte, denn Frankreich strebte nach der Rheingrenze. Als Carl Theodor in den Reichskrieg gegen Frankreich eintrat, besetzten französische Truppen ab 1793 die linksrheinischen Territorien. Das Oggersheimer Schloss wurde zerstört, die Mannheimer Stadtbefestigung geschleift.

1798 wurden diese linksrheinischen Gebiete von Frankreich annektiert und in Departements neu strukturiert. Eine Lösung des Konflikts erlebte Carl Theodor nicht mehr. Mit seinem Tod 1799 fiel das vereinigte Fürstentum Kurpfalz-Bayern der letzten verbliebenen Linie Pfalz-Zweibrücken-Birkenfeld und damit Maximilian IV. Joseph (1799–1825) zu. Ihm oblag es, einen Ausgleich mit Napoleon Bonaparte zu erzielen. Der Neuordnung der politischen Verhältnisse im Heiligen Römischen Reich fiel die Kurpfalz als einziges weltliches Fürstentum zum Opfer: Im Reichsdeputationshauptschluss von 1803 wurden die rechtsrheinischen Kernlande der Pfalz der Markgrafschaft Baden zugeschlagen. Drei Jahre später wurde Maximilian IV. Joseph im Gegenzug für seine Bündnistreue gegenüber Frankreich von Napoleon zum ersten bayerischen König erhoben. Als Könige regierten die Wittelsbacher dann noch einmal, zwischen 1816 bis 1837, für eine Zeitspanne am Rhein, als im Wiener Kongress die linksrheinischen Gebiete der ehemaligen Kurpfalz Bayern zugesprochen wurden.

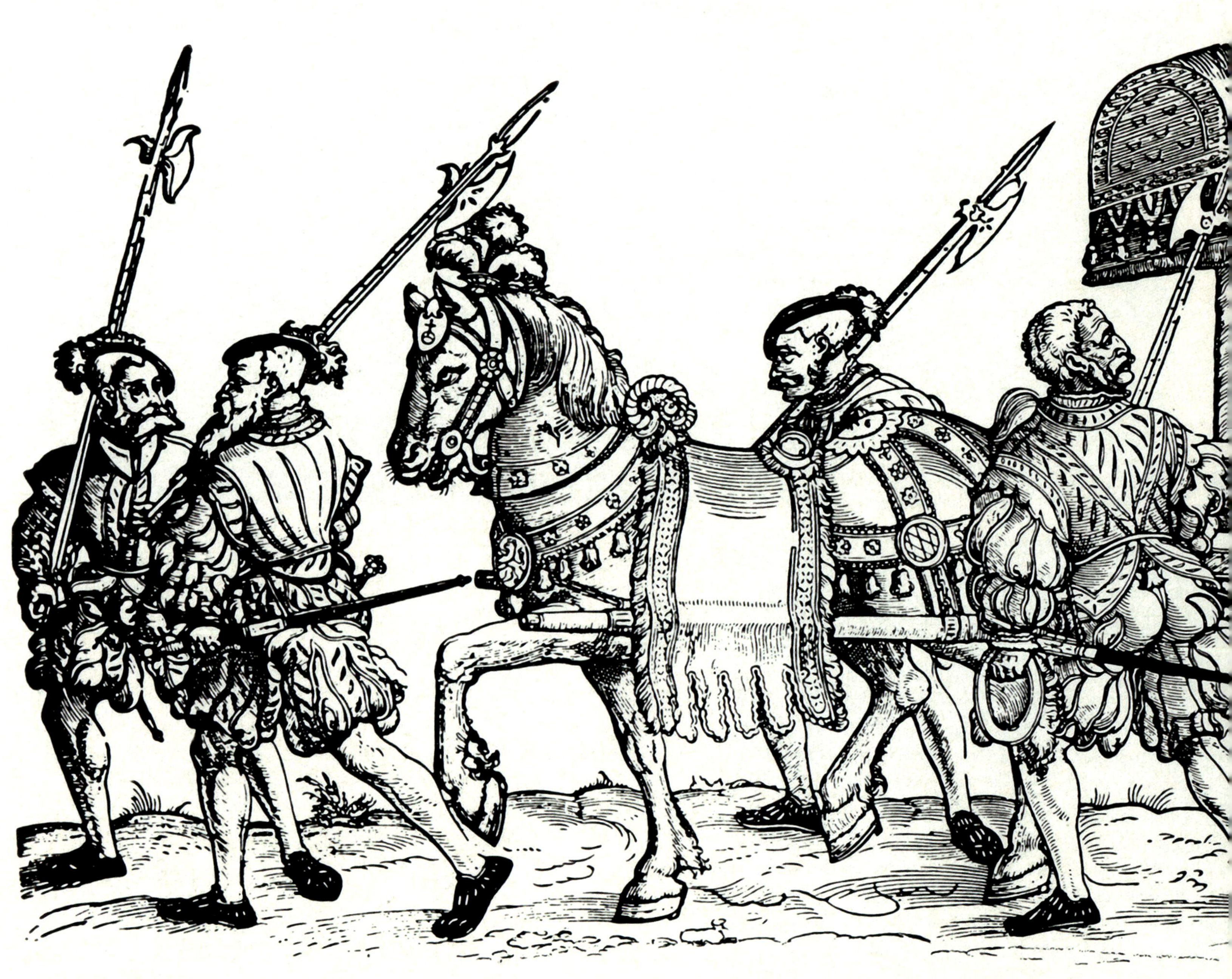

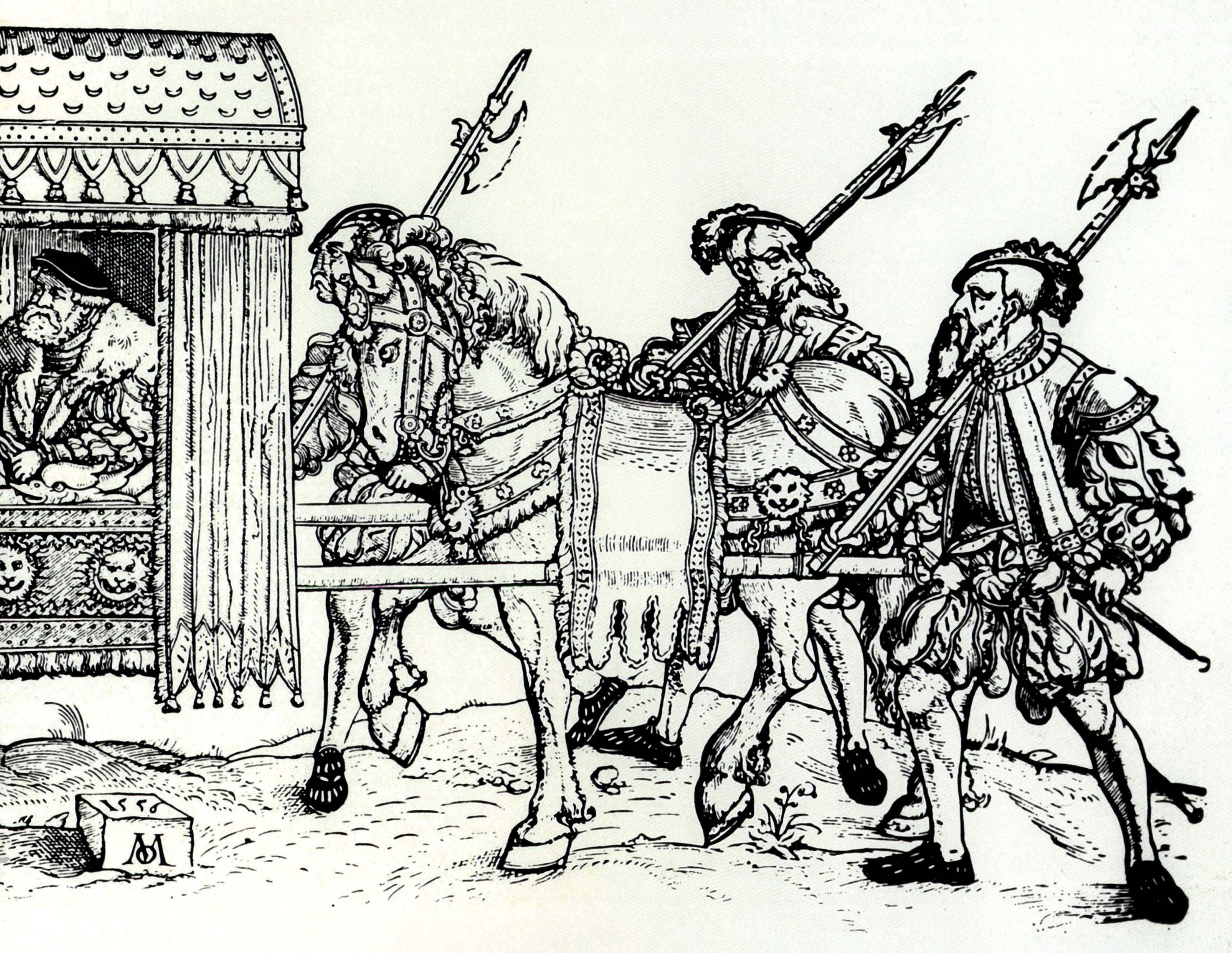
1556
MO

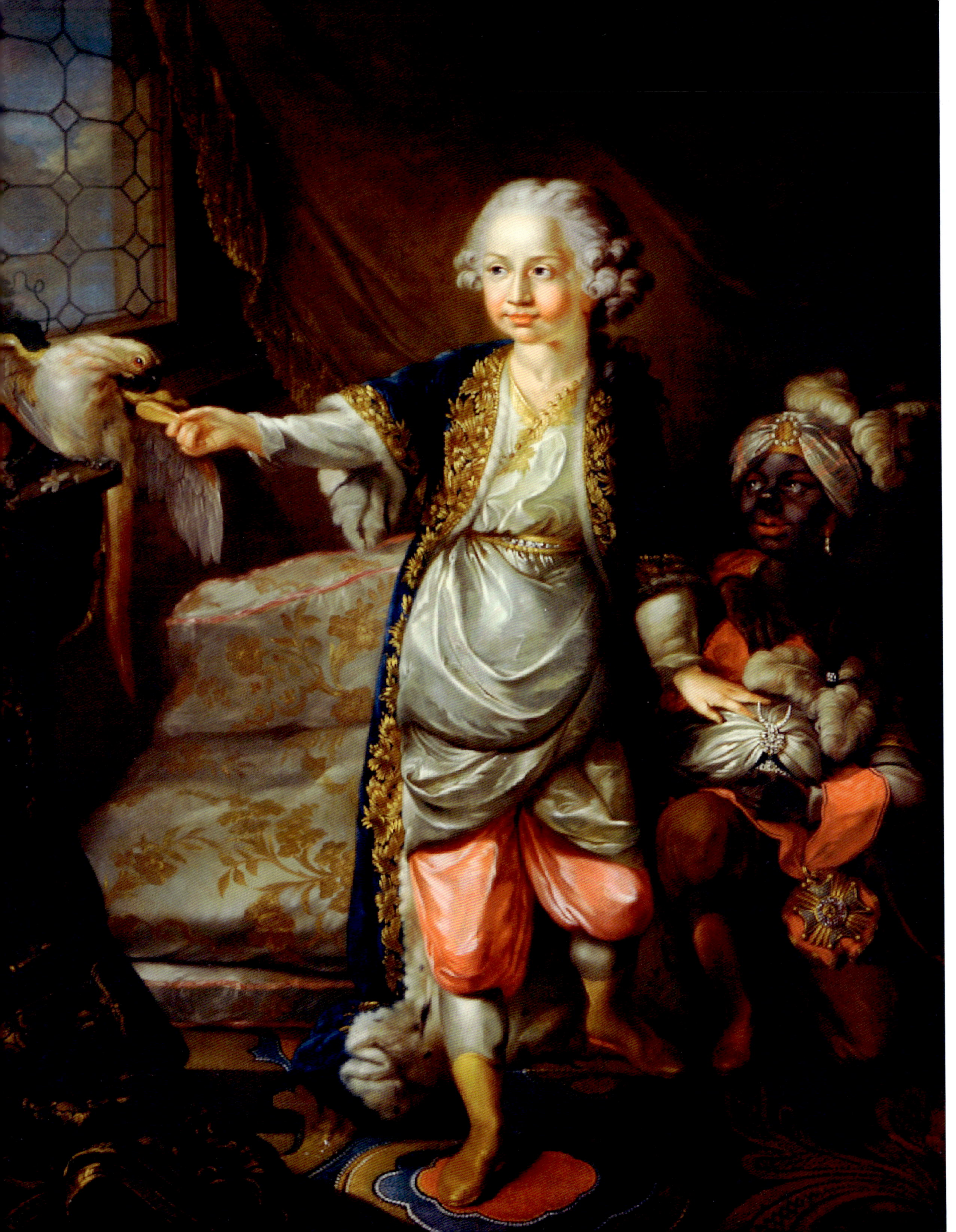

Eleonore Kopsch

Die dynastischen Verzweigungen der Pfälzer Wittelsbacher – Kur- und Nebenlinien

Scheyern 1717

Im Mai 1717 treffen sich am Sarg des gemeinsamen Ahnen Herzog Otto I. von Bayern im Kloster Scheyern bei Pfaffenhofen die beiden wittelsbachischen Kurfürsten Carl Philipp von der Pfalz und Max Emanuel von Bayern (Abb. 2). Seit knapp einem Jahr ist der Pfälzer im Amt, doch die Kurpfalz hat er bisher noch gar nicht betreten. Innsbruck, wo er als Statthalter seines Schwagers Kaiser Karl VI. residierte, hat er gerade verlassen, um sich für die nächsten Monate am Stammsitz der Familie, in Neuburg an der Donau, aufzuhalten. Die beiden Fürsten, 56 und 55 Jahre alt, wollen die Zukunft des Hauses Wittelsbach regeln und vereinbaren eine abzuschließende Erb- und Hausunion. Seit der Aufteilung des wittelsbachischen Territoriums im Vertrag von Pavia 1329 und der damit verbundenen Zweiteilung der Wittelsbacher in eine ludovizische Linie – fortgeführt durch die Nachkommen Kaiser Ludwigs des Bayern – und eine rudolfinische Linie – fortgeführt durch die Nachkommen des Kaiserbruders Pfalzgraf Rudolf I. – gibt es bayerische und pfälzische Wittelsbacher (vgl. im Anhang Stammbaum 1). Schon wenige Jahre später, 1356, kommt es mit dem Reichsgesetz der Goldenen Bulle zum Hauptstreitpunkt zwischen den beiden. Die Goldene Bulle schreibt das Stimmrecht der Kaiserwahl für die pfälzischen Wittelsbacher fest und nicht alternierend zwischen den beiden Linien Bayern und Pfalz, wie ursprünglich vereinbart. In den folgenden Jahrhunderten betreibt jede Linie eine Politik des jeweiligen Vorteils, was zur Zeit des Dreißigjährigen Krieges darin kulminiert, dass die 1356 den Pfälzern zugesprochene Kurwürde, verbunden mit dem Reichsvikariat und dem Erztruchsessenamt, an die bayerischen Wittelsbacher übergeht. Der für die Pfälzer neugeschaffenen achten Kur fehlt das Recht der Vertretung des Kaisers, und das Amt eines Erzschatzmeisters ist nur ein schwacher Ersatz für den verlorenen Erztruchsess.

Doch die dadurch immer wieder entstehenden Spannungen sollen jetzt Vergangenheit sein. Die beiden Linien wollen den Vertrag von Pavia in die Zukunft schreiben. Ihr politisches Handeln soll sich künftig daran orientieren, dass sie zu einer einzigen Familie gehören, wie es in den beiden Titeln eines jeden Wittelsbachers zum Ausdruck kommt: *Comes Palatinus Rheni et Dux Bavariae,* Pfalzgraf bei Rhein und Herzog von Bayern, in welchem der beiden Territorien sie auch immer die Herrschaft ausüben. In die abzuschließenden Erb- und Hausverträge (Abb. 3) sollen alle um diese Zeit noch existierenden Nebenlinien einbezogen werden. Auf bayerischer Seite gibt es, nach anfänglichen Teilungen, schon seit mehr als 200 Jahren nur eine Linie, die ehemals Münchner, bis 1623 herzogliche Linie, seitdem die bayerisch-kurfürstliche Linie.

Anders dagegen sieht es 1717 auf der Seite der pfälzischen Wittelsbacher aus. Seit 1410 haben sich hier immer wieder neue Linien gebildet, die aussterbende Linien beerben, auch in der Kurwürde. Diese geht von der ursprünglichen, der Alten oder Heidelberger Kurlinie, 1559 auf die Linie Pfalz-Simmern über, 1685 auf die von Pfalz-Neuburg, 1742 dann auf Pfalz-Sulzbach und schließlich 1799 auf Pfalz-Zweibrücken. Für Max Emanuel und Carl Philipp gibt es mehrere Gründe für das Zusammengehen. Der bayerische Kurfürst hat zwar einen Kurprinzen, Karl Albrecht. Er hat sogar noch einen weiteren Sohn, Ferdinand Maria, der die Linie weiterführen könnte. Die beiden anderen Söhne fallen für die Nachfolge aus, sind in geistlichen Ämtern, als Kurfürst und Erzbischof von Köln der eine, der andere als Inhaber mehrerer Bischofssitze und Kardinal. Carl Philipp dagegen hat trotz zweier Ehen nur eine Tochter, und mit ihm wird die Linie Pfalz-Neuburg im Mannesstamm und als Inhaber der Kurwürde schon wieder enden. Sein Nachfolger müsste sein Schwiegersohn werden aus der Linie Pfalz-Sulzbach, vor 100 Jahren als Nebenlinie der von Pfalz-Neuburg entstanden. Diese wiederum ist aus der 1410 entstandenen Hauptlinie Pfalz-Zweibrücken hervorgegangen, von der es jetzt, 1717, noch weitere Nebenlinien gibt. Ein anderer Grund für das geplante Zusammengehen ist die Politik der beiden wittelsbachischen Kurfürsten als Reichsfürsten und die eventuelle Kandidatur eines Wittelsbachers bei der Wahl zum deutschen König und Kaiser. Ist doch das Heilige Römische Reich Deutscher Nation ein Wahlkönigreich, in dem es aber seit langem immer wieder zur Wahl eines Habsburgers gekommen ist, obwohl doch das Haus Wittelsbach an Alter, Würde und Ansehen unter den seit dem Mittelalter souveränen Familien den Habsburgern nicht nachsteht. Der erste Schritt zur Wahl eines Wittelsbachers müsste aber ein gemeinsames Handeln sein. Dass es dann in der nächsten Generation tatsächlich zu einem wittels-

1 Johann Peter Hoffmeister: Prinz Max Joseph im türkischen Kostüm, 1763, Öl auf Leinwand | Reiss-Engelhorn-Museen Mannheim

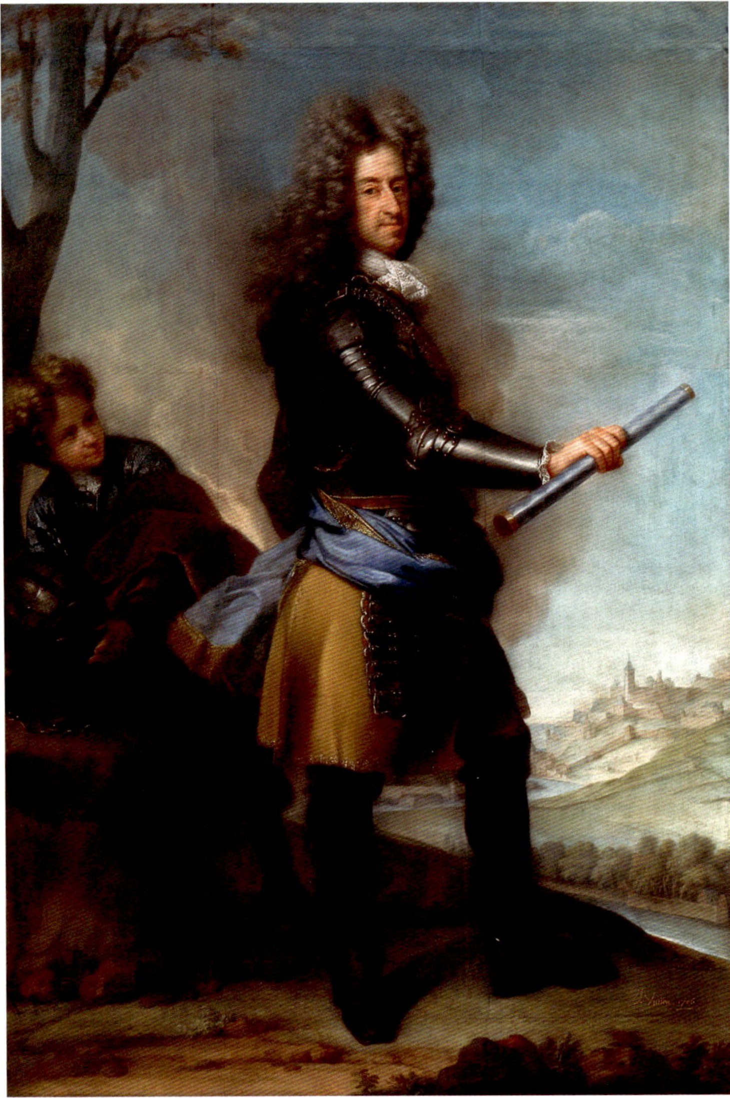

2 Joseph Vivien: Kurfürst Max II. Emanuel von Bayern als Feldherr von Mons, 1706, Pastellzeichnung | München, Bayerische Verwaltung der staatlichen Schlösser, Gärten und Seen, Residenzmuseum

bachischen Kaisertum kommt, als Max Emanuels Sohn als Karl VII. Albrecht Kaiser wird (Abb. 4), zeigt die Bedeutung der Begegnung und der Absprachen zwischen dem bayerischen und dem pfälzischen Wittelsbacher 1717 am Grab des gemeinsamen Ahnen im Kloster Scheyern.

Die Alte Kurlinie oder Heidelberger Linie

Seit 1329 also regieren die Nachkommen des Pfalzgrafen Rudolf I. die Pfalzgrafschaft bei Rhein und die Oberpfalz. Schon einer der Söhne Rudolfs, Ruprecht, wird durch das Reichsgesetz der Goldenen Bulle einer der vier weltlichen Kurfürsten im Kreis der *septem viri,* dem „Siebenmännerkollegium". Dieses Amt erben – da Ruprecht I. ohne Söhne bleibt – nacheinander sein Neffe und Großneffe, Ruprecht II. und Ruprecht III. Dieser dritte Kurfürst von der Pfalz ist für zehn Jahre (1400–1410) römisch-deutscher König und als solcher Ruprecht I. Sein Nachfolger im erblichen Amt des Kurfürsten von der Pfalz wird sein Sohn Ludwig III. Vier weitere Generationen werden pfälzische Kurfürsten: Ludwigs III. Söhne Ludwig IV. und Friedrich I., genannt der Siegreiche, sein Enkel Philipp der Aufrichtige, seine Urenkel Ludwig V. und Friedrich II. sowie sein Ururenkel Ottheinrich. Mit ihm, dem zehnten Kurfürsten von der Pfalz, der 1559 kinderlos stirbt, endet die Alte Kurlinie, auch Heidelberger Linie genannt.

Pfalz-Zweibrücken erbt

Durch das Testament des Kurfürsten Ruprecht III., als König Ruprecht I., bekommen 1410 vier Söhne Territorialbesitz und Souveränität und bilden eigene Linien (vgl. im Anhang Stammbaum 2): Ludwig III. wird Kurfürst und ist der Begründer der Alten Kurlinie beziehungsweise Heidelberger Kurlinie, Johann erhält Neumarkt in der Oberpfalz, Stephan Zweibrücken, Otto Mosbach. Die Linie Neumarkt stirbt schon in der nächsten Generation aus. Ihr Besitz fällt an die Linie Mosbach, und auch sie existiert nur bis zum Ende des Jahrhunderts. Der Besitz beider Linien fällt dann an die Heidelberger Linie. Mit dem Aussterben dieser Alten Kurlinie 1559 haben wir es so im Weiteren ausschließlich mit den von Ruprechts Sohn Stephan ausgehenden Linien zu tun. Das bedeutet: Es gibt bei den pfälzischen Wittelsbachern schon ab 1559 nur noch die Linie Pfalz-Zweibrücken und deren zahlreiche Nebenlinien.

Es ist nicht allzu viel Land, was der Vater Ruprecht 1410 seinem Sohn Stephan hinterlassen kann. Es ist die Grafschaft Zweibrücken im Westrich und die Grafschaft Simmern im Hunsrück. Doch Stephan heiratet die Erbin der Grafschaft Veldenz und eines Teils der Grafschaft Sponheim und kann aufgrund dieses Besitzes zwei seiner fünf Söhne, Friedrich und Ludwig, mit Land ausstatten. Die drei weiteren finden ihr Auskommen in geistlichen Ämtern.

Neue Nebenlinien entstehen

Stephans ältestem Sohn Friedrich wird schon zu Lebzeiten des Vaters Simmern und der erheiratete Teil Sponheims abgetreten. Friedrich wird damit zum Begründer der wittelsbachischen Linie Pfalz-Simmern. Der Urenkel dieses Friedrich I. ist Friedrich III. von Pfalz-Simmern. Er wird nach Ottheinrichs Tod und dem Ende der Alten Kurlinie oder Heidelberger Linie 1559 Kurfürst von der Pfalz. Als Friedrich der Fromme und Initiator des Heidelberger Katechismus, dem Bekenntnisbuch der Reformierten bis heute, führt er als erster Fürst Europas in der Kurpfalz

3 Wittelsbacher Hausvertrag vom 19. Juni 1774, geschlossen zwischen Kurfürst Maximilian III. Joseph von Bayern und Kurfürst Carl Theodor von der Pfalz, Manuskript auf Pergament mit anhängenden Wachssiegeln | München, Geheimes Hausarchiv, Hausurkunden 1859

Von Gottes Gnaden Wir Maximilian Joseph, in Ober und Nieder Bayern auch der Obern Pfalz Herzog, Pfalz-Graf bey Rhein, des Heiligen Römischen Reichs Erz-Truchses und Chur-Fürst, Landgraf zu Leuchtenberg p. p.

und

Von Gottes Gnaden Wir Carl Theodor, Pfalz-graf bey Rhein, des Heiligen Römischen Reichs Erz-Schatz-Meister und Chur-Fürst, in Bayern, zu Jülich, Cleve und Berg Herzog, Fürst zu Mörs, Marquis zu Bergen-op-zoom, Graf zu Veldenz, Sponheim, der Mark und Ravensberg, Herr zu Ravenstein p. p.

Bekennen für Uns und Unsere Erben, wasgestalten wir zu desto mehrerer Bestättigung der im Jahr Siebenzehn Hundert Sechs und Sechzig und Siebenzehn Hundert ein und Siebenzig erneuerten Haus-Union und Erb-Verbrüderung, wie auch des wirklichen Vollzugs derselben, und damit, casu eveniente, ein Dritter mit anmaßlicher Possessions-Ergreifung das Prevenire zu spielen desto minder im Stand seyn möchte, Uns weiters mit einander dahin verabredet und einverstanden haben, daß

1mo Das Constitutum Possessorium auf alle und jede in dem Pacto mutuae Successionis begriffenen beiderseitigen Lande und Besitzthümer zuforderist Uns Selbsten und hiernächst auch allen darinn einge-

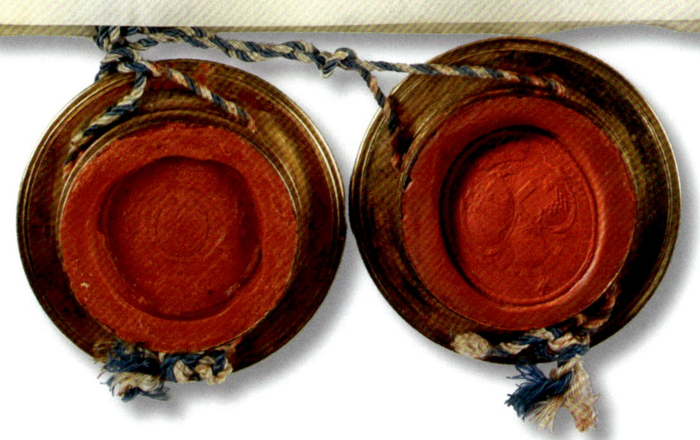

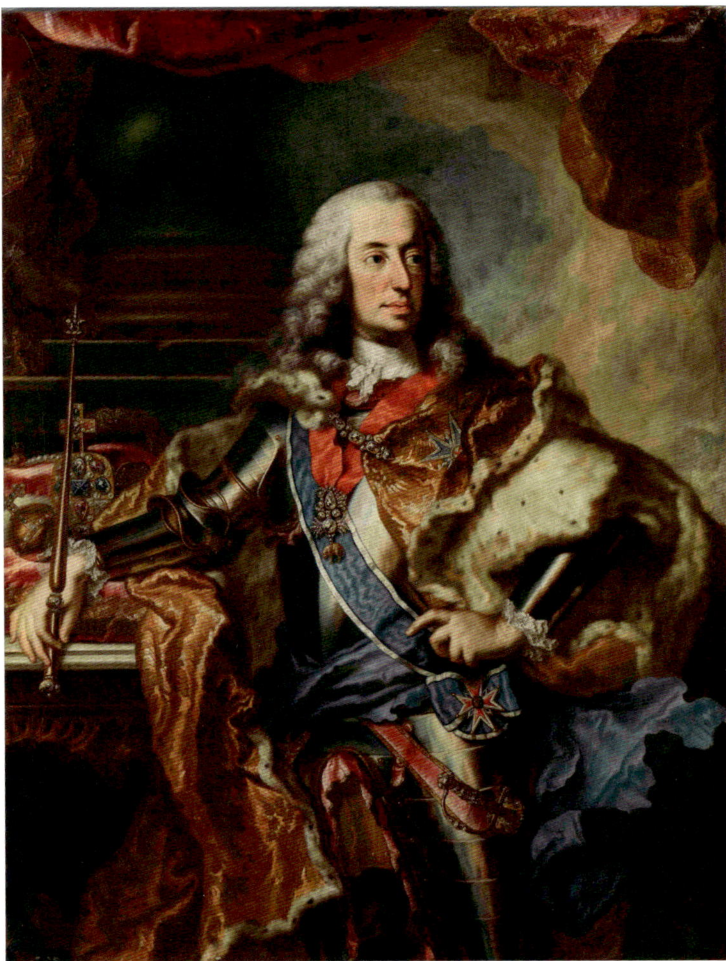

4 Georges Desmarées: Kurfürst Karl VII. Albrecht von Bayern mit der Kaiserkrone, Öl auf Leinwand | München, Bayerische Staatsgemäldesammlungen, Alte Pinakothek

nach wenigen Jahren des Luthertums den Calvinismus pfälzischer Prägung ein. Auf Friedrich den Frommen folgen noch fünf weitere Kurfürsten aus dem Hause Pfalz-Simmern: der nur kurze Zeit regierende Ludwig VI., dann Friedrich IV., gefolgt von Friedrich V., besser bekannt als der „Winterkönig", Karl I. Ludwig und schließlich Karl II. Mit dessen kinderlosem Tod endet 1685 die kurfürstliche Linie Pfalz-Simmern, und die folgenden Kurfürsten kommen aus der Linie Pfalz-Neuburg. Solange Pfalzgrafen aus dem Hause Simmern über die Kurpfalz verfügen, wird das Herzogtum Simmern immer wieder als Apanage für jüngere Brüder genutzt, die dann der Jüngeren Linie Simmern beziehungsweise der Linie Pfalz-Lautern angehören, der Nebenlinie einer Nebenlinie also.

Kehren wir noch einmal zurück zu Stephan, dem Stammvater der Linie Zweibrücken. Dessen jüngerer Sohn Ludwig, wegen seiner dunklen Haare Ludwig der Schwarze genannt, erhält schon zu Lebzeiten des Vaters Veldenz, nach dessen Tod auch Zweibrücken, führt also die Linie Pfalz-Zweibrücken-Veldenz fort. Er hat zwei Söhne, Kaspar und Alexander. Unter ihnen spielt sich eine nie ganz geklärte Familientragödie ab. Kaspar, der ältere, wird von Alexander inhaftiert, der somit den Besitz nicht teilen muss und sowohl über Veldenz als auch Zweibrücken verfügen kann. Die beiden Söhne Alexanders jedoch, wieder ein Ludwig (II.) und Ruprecht, teilen den Besitz erneut: Der ältere Ludwig übernimmt Zweibrücken, Ruprecht Veldenz. Die Linie Pfalz-Veldenz, eine Nebenlinie von Pfalz-Zweibrücken also, endet 1694 nach wenigen Generationen mit dem Urenkel des Begründers. Ein langer Streit um den Besitz von Pfalz-Veldenz findet erst ein halbes Jahrhundert später ein Ende zugunsten der Kurpfalz.

Unter Ludwigs II. Sohn Wolfgang kommt es zu weiteren Teilungen. Er hat, wie der Ururgroßvater Stephan, ebenfalls fünf Söhne: Johann führt die Linie Pfalz-Zweibrücken fort, Philipp Ludwig begründet die Nebenlinie Pfalz-Neuburg und Carl die Nebenlinie Pfalz-Birkenfeld (vgl. im Anhang Stammbaum 3). Zwei weitere Söhne werden mit kleinem Landbesitz versorgt und sterben ohne männliche Nachkommen.

Bleiben wir zunächst bei der Entstehung Pfalz-Neuburgs als Nebenlinie von Pfalz-Zweibrücken. Ehe der pfälzische Wittelsbacher Ottheinrich der letzte Kurfürst aus der Alten oder Heidelberger Kurlinie wird, residiert er als Herzog von Pfalz-Neuburg in Neuburg an der Donau (Abb. 5). Dieses Herzogtum schenkt er seinem entfernten wittelsbachischen Verwandten Wolfgang von Pfalz-Zweibrücken. Nach Wolfgangs Tod übernimmt es 1569 dessen ältester Sohn Philipp Ludwig. Er ist der Begründer der Linie Pfalz-Neuburg, die erst mit dem Tod Carl Philipps 1742 endet. Für diese neue Linie ist zunächst eine Erfolgsgeschichte zu verzeichnen, indem schon Philipp Ludwigs Sohn Wolfgang Wilhelm im Zusammenhang mit dem Jülich-Cleveschen Erbfolgestreit die reichen Herzogtümer Jülich und Berg am Niederrhein zunächst einmal für die Linie Pfalz-Neuburg sichern kann. Und Wolfgang Wilhelms Sohn Philipp Wilhelm wird außerdem 1685 nach dem Tod des letzten Kurfürsten aus der Linie Pfalz-Simmern Kurfürst von der Pfalz. Nach ihm sind noch seine Söhne Johann Wilhelm und Carl Philipp (Abb. 6) der zweite bzw. der dritte Kurfürst aus der Linie Pfalz-Neuburg.

Als sich Wolfgang Wilhelm (Abb. 8) die Herzogtümer Jülich und Berg sichert, überlässt er seinem jüngeren Bruder August von Pfalz-Neuburg einen Teil seines Neuburger Territoriums um Sulzbach in der Oberpfalz herum. Damit begründet August 1614 die Linie Pfalz-Sulzbach, die Nebenlinie einer Nebenlinie. Er ist der Ururgroßvater Carl Theodors, des einzigen Kurfürsten aus dieser Linie, der Amt und Titel von den Neuburgern erbt, aber keine legitimen Kinder haben wird.

Auch in der Generation der Enkel Wolfgangs entstehen neue Nebenlinien, nicht nur Pfalz-Sulzbach. Von der Linie Pfalz-Zweibrücken spaltet sich mit Pfalzgraf Friedrich Casimir die Linie Pfalz-Landsberg ab, mit seinem Bruder Pfalzgraf Johann Casimir die Linie Pfalz-Kleeburg. Von der Linie Pfalz-Birkenfeld spalten sich die Linien Birkenfeld-Bischweiler und in der nächsten Generation Birkenfeld-Gelnhausen ab. Alle diese Linien können mit gutem Grund ihrer Benennung jeweils „Zweibrücken" voranstellen, weil sie alle aus der 1410 mit Stephan entstandenen Hauptlinie hervorgegangen sind.

Festzuhalten bleibt: Aus den beiden 1569 entstandenen neuen Nebenlinien Neuburg und Birkenfeld entstehen immer wieder neue Linien, Nebenlinien zweiten Grades sozusagen. 1799 schließlich sind sowohl die

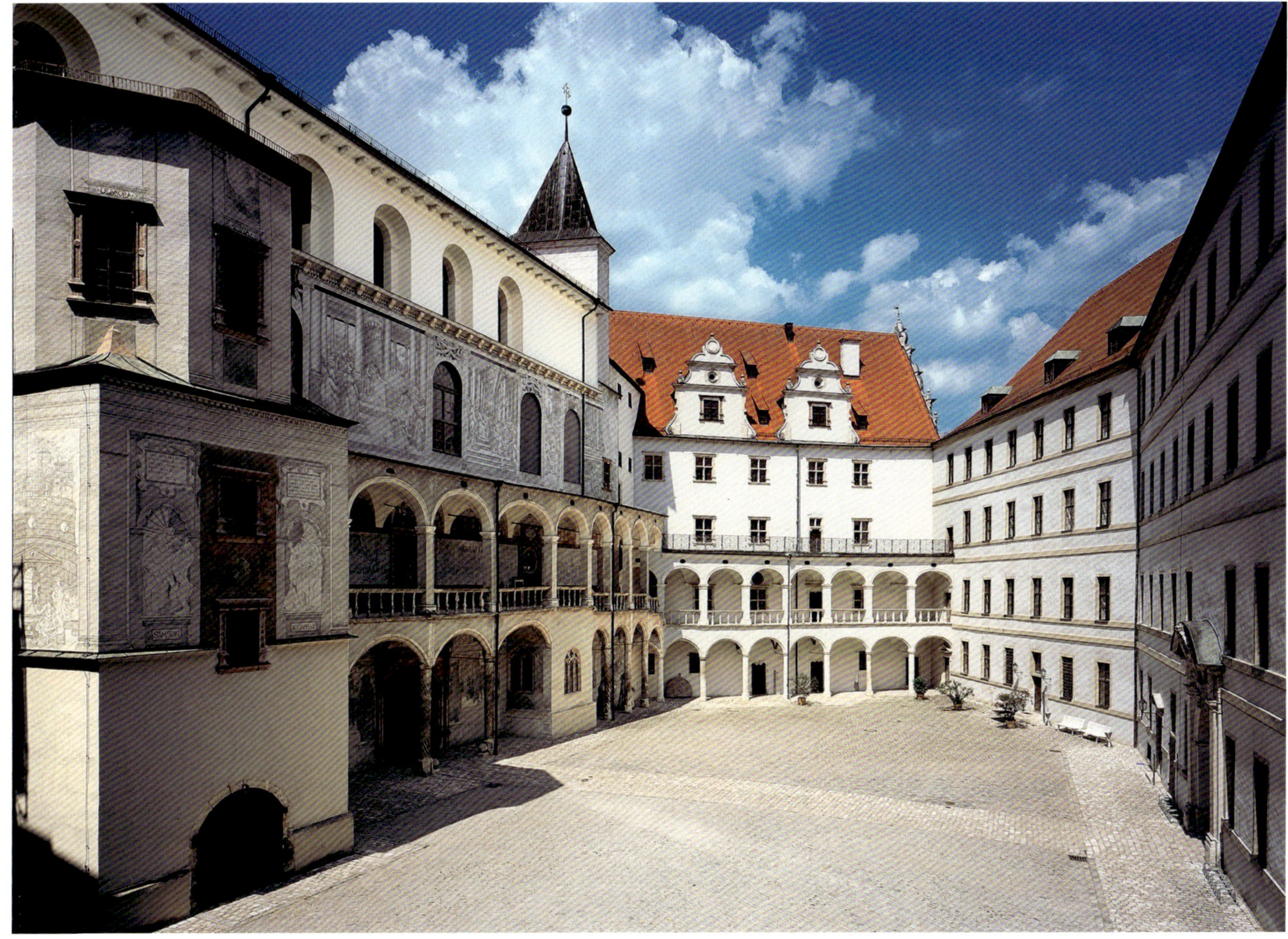

5 Schloss Neuburg an der Donau, Innenhof, Blick nach Norden auf den „Neuen Bau“, westlich der Ottheinrichsbau

Hauptlinie Zweibrücken als auch alle im Laufe seit 1410 aus ihr entstandenen Nebenlinien bis auf zwei erloschen. Es existieren nur noch die Linie Zweibrücken-Birkenfeld-Bischweiler-Rappoltstein und die Linie Zweibrücken-Birkenfeld-Gelnhausen. Max Joseph von Pfalz-Zweibrücken-Birkenfeld-Bischweiler-Rappoltstein (Abb. 1) wird schließlich der Erbe des gesamten wittelsbachischen Besitzes, da die bayerischen Wittelsbacher schon seit 1777 ausgestorben und von den pfälzischen Wittelsbachern beerbt worden sind. Max Joseph wird Kurfürst von Pfalzbaiern, Wilhelm, aus der Birkenfeld-Gelnhausener Nebenlinie, erhält den neu geschaffenen Titel Herzog in Bayern.

Der Aufstieg von Nebenlinien

Wurde bisher das Entstehen immer neuer Linien verfolgt und nur beiläufig deren potentielle „Ersatzfunktion“ erwähnt – nämlich wenn die ursprüngliche Linie ausstirbt und die einmal aus ihr hervorgegangene Nebenlinie ihre Position einnimmt –, so können sich Nebenlinien aber auch in ganz neue hierarchische Ebenen fortentwickeln, wie das Beispiel Pfalz-Kleeburg zeigt: Wolfgangs Urenkel Friedrich, der Herzog von Zweibrücken, Enkel Johanns I., Sohn Johanns II., stirbt 1661 kinderlos. Die Linie wird fortgeführt von seinem Vetter Friedrich Ludwig, ebenfalls ein Urenkel Wolfgangs, dessen Vater, Bruder Johanns II., die Linie Pfalz-Landsberg begründet hat. Sie gewinnt damit an Bedeutung, dass ein Landsberger jetzt Herzog von Zweibrücken wird, jedoch ebenfalls kinderlos 1681 stirbt. Und jetzt wird ein Ururenkel Wolfgangs, dessen Großvater Johann Casimir die Linie Pfalz-Kleeburg begründet hat, der neue Herzog von Zweibrücken. Es ist Carl XI., König von Schweden, ein pfälzischer Wittelsbacher. Sein Großvater, der erste Pfalzgraf von Kleeburg, hat die Schwester König Gustav Adolfs von Schweden geheiratet. Als dessen Tochter und Nachfolgerin Christine auf den Thron verzichtet, wird ihr Vetter, der zweite Pfalzgraf von Kleeburg, als Carl X. Gustav schwedischer König (Abb. 7) und nach ihm sein Sohn Carl XI. Dieser Carl XI. wird nach dem Tode seines Vaters schwedischer König und 21 Jahre später, 1681, nach dem Aussterben der Landsberger Linie, Herzog von Zweibrücken. Ihm folgt sowohl als schwedischer König als auch als Herzog von Zweibrücken 1697 sein Sohn Carl XII. Sie beide werden in ihrem Herzogtum von Statthaltern vertreten. So gewinnt die Zweibrücker Nebenlinie Pfalz-Kleeburg nicht nur durch die Nachfolge im Herzogtum Zweibrücken, sondern vor allem auch durch die Ver-

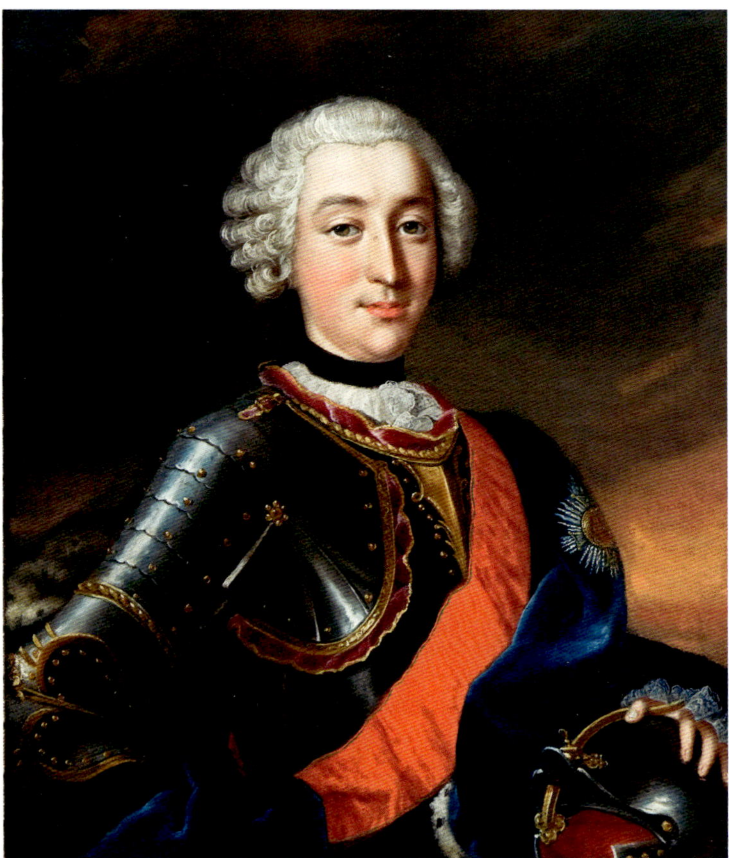

6 Kurfürst Carl III. Philipp von der Pfalz, Porträtgemälde | Reiss-Engelhorn-Museen Mannheim

Der Übergang der Kurwürde

Schon zu seinen Lebzeiten überträgt Stephan, der durch das Testament König Ruprechts I. von 1410 Zweibrücken und Simmern geerbt, Veldenz erheiratet hat, Simmern an seinen ältesten Sohn Friedrich. Der begründet die Linie Pfalz-Simmern, die dann ab 1559, seit dem Ende der Alten oder Heidelberger Kurlinie, die Kurfürsten von der Pfalz stellt. Seinem jüngeren Sohn Ludwig dem Schwarzen überträgt Stephan Zweibrücken. Der führt die Linie Pfalz-Zweibrücken fort. Sein Urenkel ist Wolfgang, der 1559 das ihm vom letzten Kurfürsten der Alten Kurlinie, Ottheinrich, geschenkte Herzogtum Neuburg seinem ältesten Sohn Philipp Ludwig überträgt. Der begründet die Linie Pfalz-Neuburg. Auf sie geht die Kurwürde 1685 über, als die Linie Pfalz-Simmern erlischt. Denn jetzt kommen die Nachkommen von Stephans jüngerem Sohn, Ludwig dem Schwarzen, zum Zuge. Als auch die Linie Pfalz-Neuburg 1742 mit dem Tod Carl Philipps endet, wird die Kurwürde an Carl Theodor aus der Neuburger Nebenlinie Pfalz-Sulzbach weitergereicht. Mit dem Tode Carl Theodors und dem Ende der Linie Pfalz-Sulzbach wird zurückgegriffen auf die von Wolfgangs jüngstem Sohn Carl ausgehende Linie Birkenfeld: Max Joseph wird Kurfürst.

Mit dem Testament König Ruprechts 1410 wird dessen ältester Sohn der Begründer der Alten oder Heidelberger Kurlinie, die 1559 erlischt. Seitdem gehen alle weiteren Kurlinien, die von Simmern, die von Neuburg, Sulzbach und Birkenfeld, alle auf Ruprechts dritten Sohn Stephan zurück. Er ist der Stammvater aller heute noch lebenden Wittelsbacher, sowohl der königlichen Linie, begründet von Max Joseph von Zweibrücken-Birkenfeld-Bischweiler-Rappoltstein, deren heutiger Chef Herzog

bindung mit dem schwedischen Königtum an Bedeutung. Nach dem kinderlosen Tod des letzten pfälzischen Wittelsbachers auf dem schwedischen Thron wird der Vetter seines Vaters, Gustav Samuel Leopold, Pfalzgraf von Kleeburg, Herzog von Zweibrücken. Die Verbindung mit Schweden ist gelöst.

Als 1731 auch dieser letzte Kleeburger ohne legitime Nachkommen stirbt, ist die von Wolfgangs Sohn Johann fortgeführte Linie Pfalz-Zweibrücken samt ihren Nebenlinien Landsberg und Kleeburg erloschen. Es gibt jetzt nur noch die von Wolfgangs ältestem Sohn Philipp Ludwig ausgehende Linie Pfalz-Neuburg und deren Nebenlinie Pfalz-Neuburg-Sulzbach sowie die von Wolfgangs jüngstem Sohn Carl ausgehende Linie Birkenfeld-Bischweiler und deren Nebenlinie Birkenfeld-Gelnhausen. Das Herzogtum Zweibrücken, um das sich Neuburg und Birkenfeld-Bischweiler streiten, kommt schließlich an Christian III. von Birkenfeld-Bischweiler-Rappoltstein und nicht an Carl Philipp von Neuburg, Kurfürst von der Pfalz. Christian III., seit 1731 Herzog von Zweibrücken, ist der Großvater Max Josephs, der 1799 Universalerbe aller wittelsbachischen Länder wird, nachdem jetzt auch die Neuburger Nebenlinie Pfalz-Sulzbach mit Carl Theodor ausstirbt. Einer aus der Nebenlinie einer Nebenlinie profitiert vom Erlöschen aller anderen Linien.

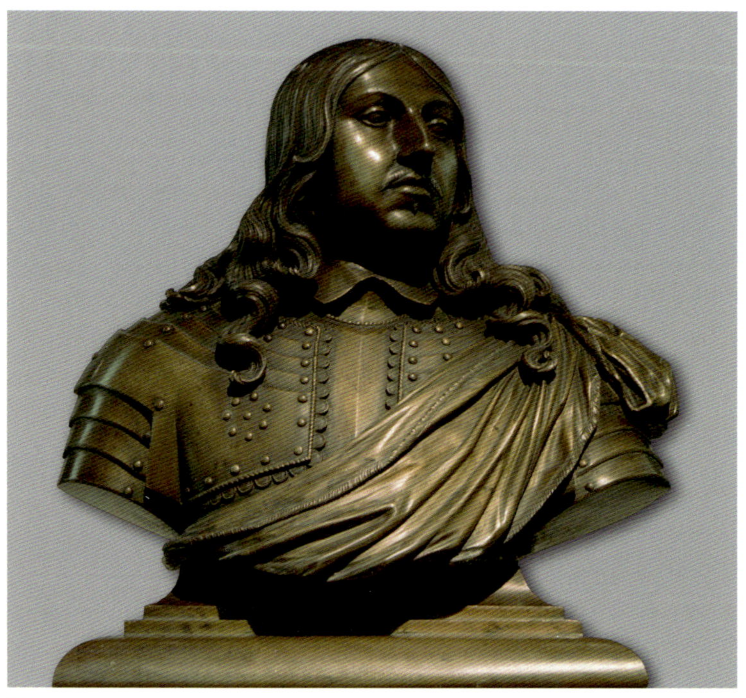

7 Porträtbüste König Carls X. von Schweden | Stockholm, Nationalmuseum

8 Anton van Dyck: Herzog Wolfgang Wilhelm von Pfalz-Neuburg mit Dogge, Öl auf Leinwand I München, Bayerische Verwaltung der staatlichen Schlösser, Gärten und Seen, Staatsgalerie Flämische Barockmalerei, Neuburg an der Donau

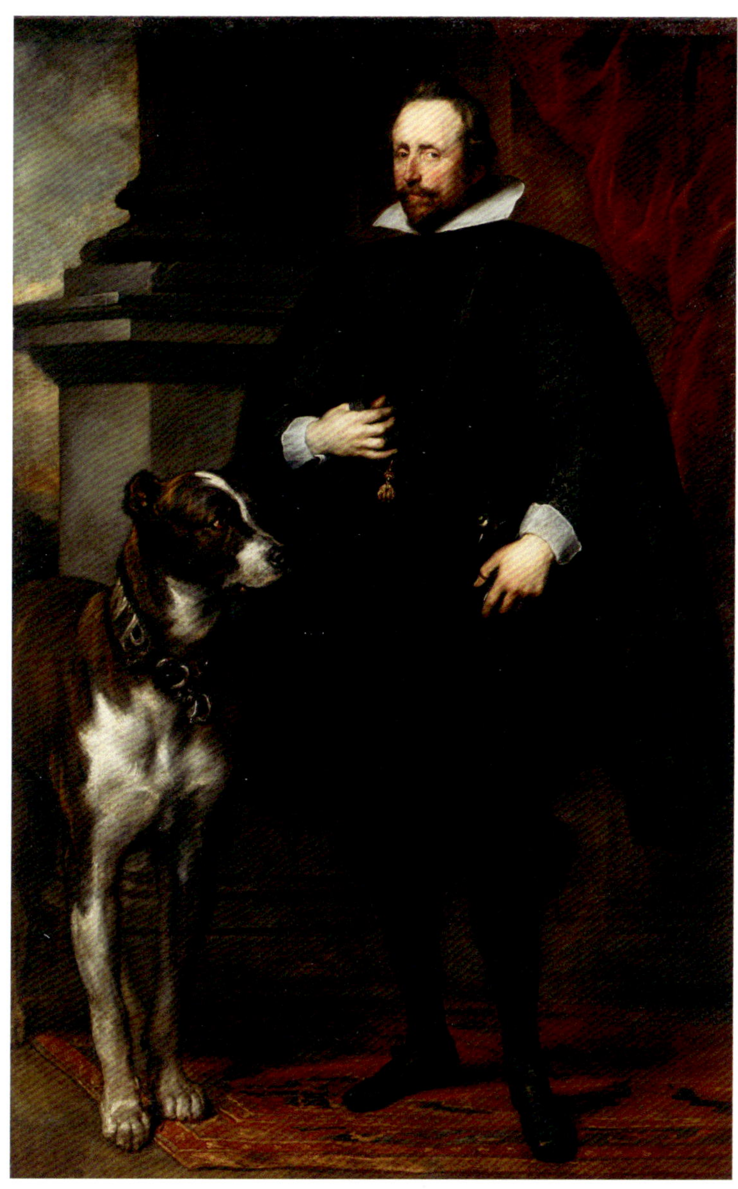

Franz von Bayern ist, als auch der herzoglichen Linie, begründet von Wilhelm von Zweibrücken-Birkenfeld-Gelnhausen, heute personifiziert in Herzog Maximilian in Bayern.

Scheyern 1717: Die weisen Kurfürsten

Als sich im Mai 1717 die beiden Kurfürsten Max Emanuel von Bayern und Carl Philipp von der Pfalz am Grab des gemeinsamen Ahnen Otto von Wittelsbach im Kloster Scheyern treffen, ist noch nicht zu ahnen, dass 60 Jahre später die bayerischen Wittelsbacher aussterben und bei den pfälzischen Wittelsbachern am Ende des Jahrhunderts sowohl die Neuburger Linie (vgl. im Anhang Stammbaum 1) als auch deren Nebenlinie Pfalz-Sulzbach nicht mehr existieren. Noch liegt in ferner Zukunft, dass die um diese Zeit unbedeutende Linie Birkenfeld-Bischweiler-Rappoltstein, die Nebenlinie einer Nebenlinie, das Haus Wittelsbach ins 21. Jahrhundert führen wird. So ist es doch eine weise Entscheidung der beiden Kurfürsten, alle noch existierenden Linien in die zu schaffenden Erb- und Hausverträge einzubeziehen.

Literatur

Probst 1984 · Rall 2000

Adel und Rechtssystem in der Frühen Neuzeit

Christian Wieland

Zwischen dem Ende des Mittelalters und der beginnenden Neuzeit erfuhr das Rechtssystem in Europa eine Verwissenschaftlichung seiner Inhalte und Systematik und eine Formalisierung seiner Institutionen. Diesen Vorgang bezeichnet man allgemein als „Rezeption" – als die intellektuelle Rezeption des „Römischen Rechts" an den Universitäten und seine praktische Anwendung im Alltag des Rechtsgeschäfts. Im Alten Reich erhielt dieser Vorgang mit dem Wormser Reichstag von 1495 (Abb. 1) einen massiven Schub, der sich vor allem in der Gründung des Reichskammergerichts manifestierte: Das Reich war fortan in hohem Maße ein Rechtsverband, dessen Existenz und konkrete Gestalt von der Funktionsfähigkeit seiner Rechtsinstitutionen abhingen. Zugleich setzte durch die Verrechtlichung der Justiz, der Verwaltung und der Politik auf der Ebene der großen Territorien ein Vorgang der Staatswerdung ein, der in einem spannungsreichen Verhältnis zur Entwicklung und zum Fortbestand des Reichs stand.[1] Trotz dieser durch die Autorität des Kaisers und der Reichsstände begünstigten Romanisierung des Rechts verschwanden traditionelle Instrumente der Konfliktlösung nicht plötzlich: Gewohnheitsrechtliche Grundsätze existierten nach wie vor im Reich der Frühen Neuzeit, und die Vorstellung, dass man sich sein Recht selbst verschaffen dürfe – nötigenfalls mit Gewalt – und dass autonome, nicht-institutionalisierte Medien der Rechtsetzung im Zweifelsfall den Gerichten vorzuziehen seien, prägte die Rechtskultur der frühneuzeitlichen Gesellschaft noch sehr weitgehend. Das prägnanteste Beispiel für dieses Phänomen ist die Fehde, ein nach strengen Regeln organisiertes „Faustrecht", mit dessen Hilfe nicht lediglich Rechts- und Besitzansprüche eindrucksvoll manifestiert wurden, sondern das auch der Aufrechterhaltung und Verteidigung von verletzter Ehre diente. Diese Instrumente der alternativen Rechtschaffung waren auf keine soziale Gruppe beschränkt: Fürsten, Städte, Bauern und Adlige betätigten sich gleichermaßen als Fehdeführer, doch nicht nur in der historischen Forschung des 19. und 20. Jahrhunderts, sondern bereits in den zeitgenössischen Repräsentationen der beginnenden Neuzeit wurden das Recht zur Fehdeführung und Adligkeit auf besondere Weise miteinander verknüpft.[2]

Prominente Beispiele für adlige Fehdeführer sind Götz von Berlichingen (um 1480–1562, vgl. auch Kat.-Nr. D4.22 im Katalogband Mittelalter), Franz von Sickingen (1481–1523, vgl. auch Kat.-Nrn. A1.06, A1.07 im vorliegenden Band) (Abb. 3) und Wilhelm von Grumbach (1503–1567) (Abb. 2), deren Personen und Taten spätestens seit dem ausgehenden 18. Jahrhundert nostalgisch als Verkörperungen einer ursprünglichen, unverdorbenen deutschen Tradition galten.[3] Diese Fehdeführer waren mehrheitlich überdurchschnittlich wohlhabende Niederadlige, die sowohl innerhalb der Adelsgesellschaft gut vernetzt waren als auch über enge Beziehungen zu fürstlichen Höfen verfügten; häufig standen die von ihnen unternommenen Fehden in engem Zusammenhang mit den Bemühungen der Fürsten um Expansion und Konsolidierung der sich entwickelnden Territorialstaaten. Im Laufe der ersten Hälfte des 16. Jahrhunderts unterlagen die Praxis und Bewertung der Fehde jedoch einem deutlichen Wandel, der zu ihrem allmählichen Ende führte. Dies lag nicht nur an den Erfolgen der Fürsten, die legitime Anwendung von Gewalt zu monopolisieren, sondern ebenso an Entwicklungen innerhalb des Adels selbst: Die Zugehörigkeit zum Adelsstand wurde durch die Mitgliedschaft in ritterlichen Einungen, den sich allmählich institutionalisierenden Ritterschaften, demonstriert und formalisiert und nicht durch spektakuläre Einzelaktionen oder den demonstrativen Regelbruch. Die Fehdeführung – beziehungsweise die gewaltsame Selbsthilfe – galten zunehmend als Zeichen für die Isolierung ihres Urhebers innerhalb der Gruppe seiner Standesgenossen und nicht mehr als Ausweis besonderer Adligkeit.

Die Zurückdrängung der Fehde und die Etablierung eines juridifizierten Rechtssystems erschienen sowohl den Zeitgenossen als auch der Historiographie häufig als explizit gegen den Adel gerichtete Akte. Allerdings waren es neben den Mitgliedern der städtischen Oberschichten vor allem Angehörige des Adels, die seit dem späten Mittelalter die prestigeträchtigen Universitäten Europas – zunächst in Oberitalien, dann auch im Reich – besuchten und dort vor allem die juristischen Fakultäten frequentierten, die sie, wenn nicht quantitativ, so doch sozial und kulturell dominierten. Auch das Studium an den Ritterakademien, das seit der zweiten Hälfte des 17. Jahrhunderts besonders innerhalb des evangelischen Adels zum Standard wurde, besaß seinen Schwerpunkt in den juristischen Fächern. Nach dem Universitätsbesuch bekleideten Adlige häufig Ämter in der kaiserlichen und landesherrlichen Verwaltung und Justiz, sie fungierten als Richter und teilweise auch als Anwälte und Prokuratoren an den Reichs- und Territorialgerichten, denn die juristische – vor allem die richtende – Tätigkeit galt nicht lediglich als mit dem adligen Status kompatibel, sie konnte ihn sogar verstärken.[4]

Adlige prägten also die Justizinstitutionen der beginnenden Neuzeit sachlich und personell, und dies nicht nur als deren ausschlaggebendes juristisches Personal, sondern auch als deren prominenteste Nutzer: Für die Gestaltung ihrer Beziehungen untereinander, die Abgrenzung von adligen und kirchlichen Herrschafts- und Besitzrechten, die Stellung des Adels innerhalb der Fürstenstaaten und die konkrete Form der Herrschaft, des Verhältnisses zwischen adliger Obrigkeit und bäuerlichen

1 Allegorie auf das Gute Regiment aus der Kurpfälzer Landrechtsordnung, 1578 | Universitätsbibliothek Heidelberg, Mittermaier 827 Folio RES

Aſpice IVSTITIAM, *quæ circumcincta catenis*
Candida decernit iura bilance pijs.
Cernitur hac domitis grandis PRVDENTIA *monſtris,*
Hac premit ad pectus pignora CHARA *parens.*
Quas iunctis digitis RESPVBLICA PACE *gubernat,*
Aegide ſuppreſſa compoſitisq́ feris.
Hæc ſi diſcutias animo ſubmiſſa ſereno,
Nil niſi LVDVVICI *regna ſecunda notant.*
Sceptra PALATINAE *qui gentis eburnea geſtat,*
Et PACEM *inuictam* IVSTITIAMq́ *fouet.*

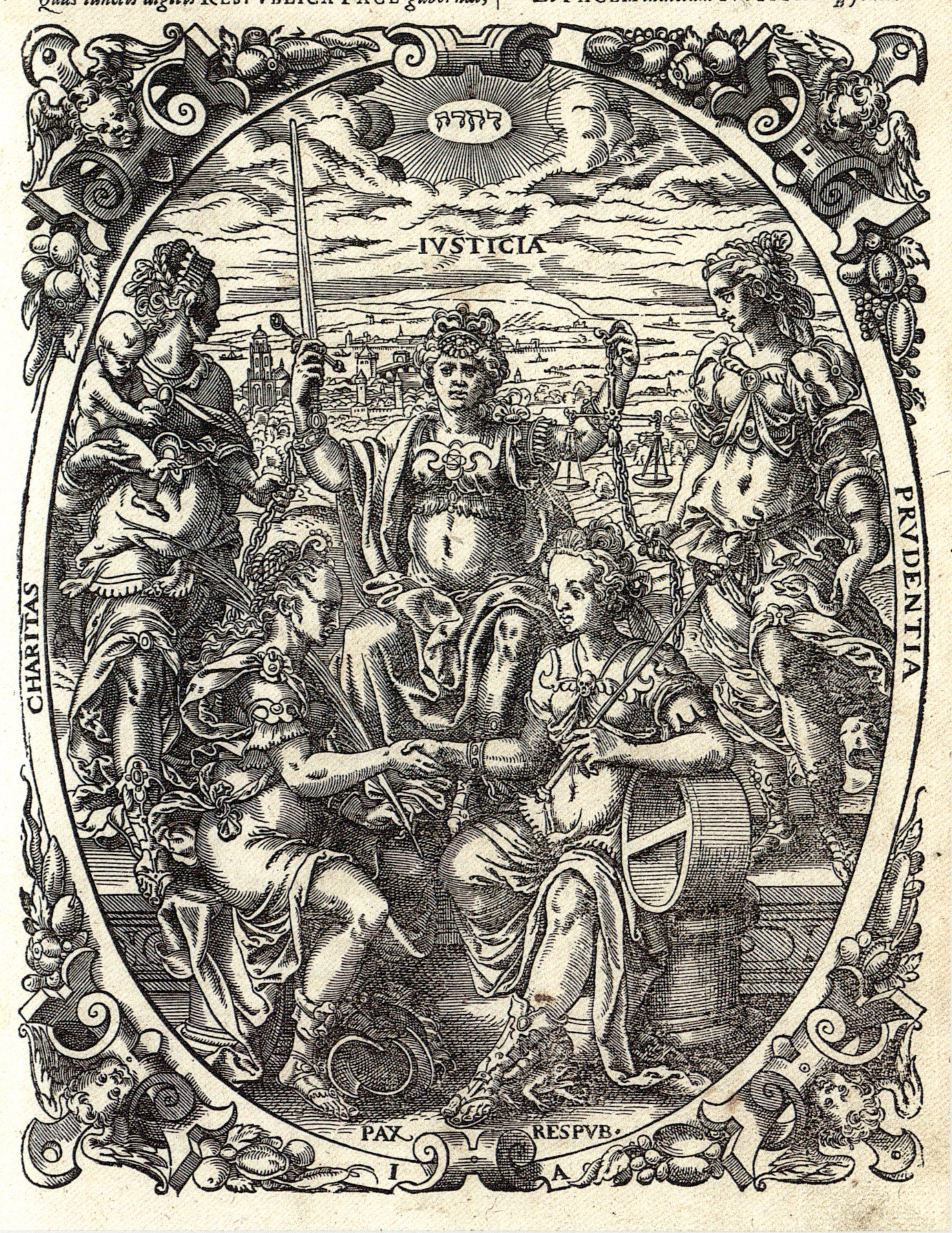

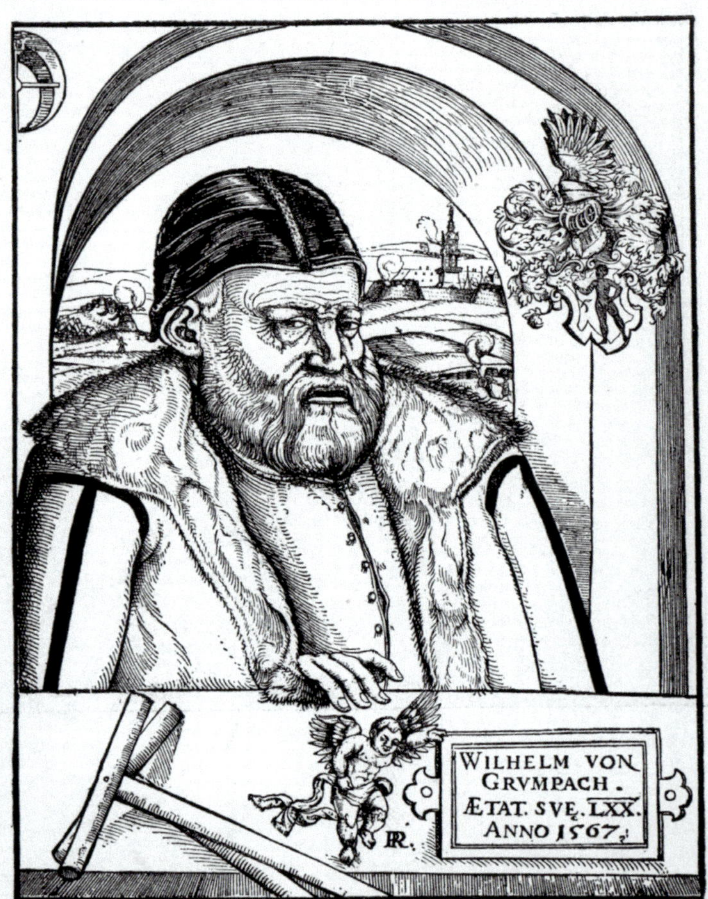

2 Peter Gottland: Wilhelm von Grumbach, Holzschnitt, 2. Hälfte 16. Jahrhundert | Staatliche Museen zu Berlin – Preußischer Kulturbesitz, Kupferstichkabinett

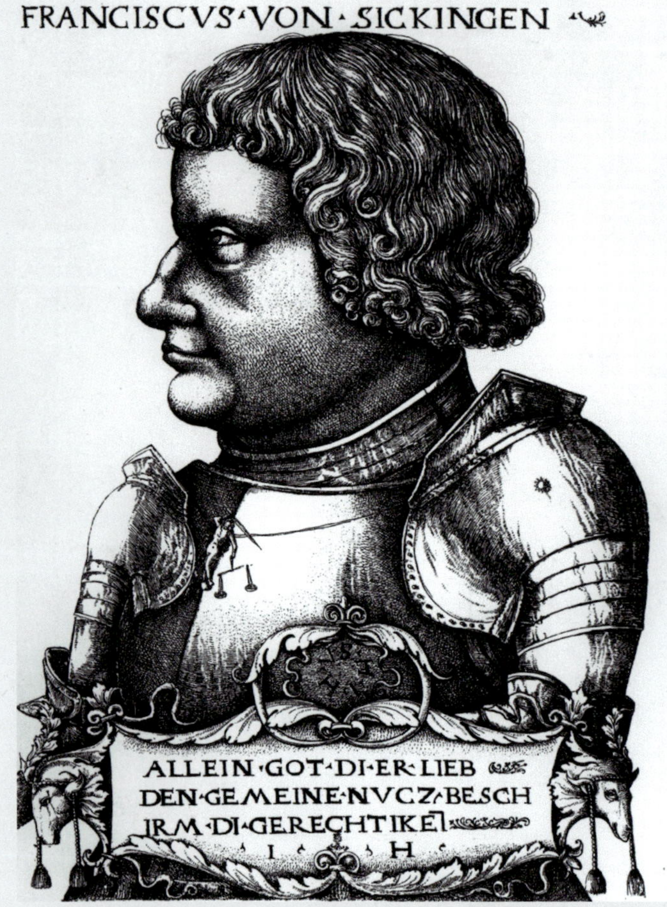

3 Daniel Hopfer: Franz von Sickingen, Holzschnitt | Historisches Museum der Pfalz Speyer

Untertanen, griffen Adlige zunehmend auf die Institutionen der Justiz zurück. Sie gehörten zu den wichtigsten Parteien vor dem Reichskammergericht (Abb. 4), dem Reichshofrat und den Hofgerichten der Territorialfürsten, und sie trugen damit wesentlich zu deren Entwicklung, institutioneller Verfestigung und Akzeptanz bei.[5] Dabei wiesen das gelehrte Recht und die Gerichte in Bezug auf den adligen Status einen eigentümlichen Zwittercharakter auf: Einerseits besaßen Adlige dank des Grundsatzes der Ranggleichheit von Richter und Partei den privilegierten Gerichtsstand, und vor allem im Strafrecht waren Sonderbehandlungen für Adlige festgelegt, die auf der Vorstellung von einer besonderen adligen Ehre ruhten. Andererseits wurden die frühneuzeitlichen Juristen nicht müde, den Grundsatz der Gleichheit des Rechts für alle zu betonen.

So verwundert es nicht, daß Adlige zu den prominentesten Gegnern des „neuen“ Rechts, der – zum Teil ja tatsächlich rangniederen – Juristen und der Institutionen der neuen Justiz gehörten. Der Widerstand gegen die Verdrängung einheimischer Rechtstraditionen durch das Römische Recht war zwar keineswegs auf den Adel beschränkt, doch Adlige verfügten mit den Ständeversammlungen über besonders sichtbare Foren des Protests. Zudem pflegten sie das Bild eines unversöhnlichen Gegensatzes zwischen tradierter Adels- und neuer Rechtskultur auf vielfältige Weise: in Praktiken der Selbstdarstellung ebenso wie in schriftlichen Reflexionen über die Natur des Adels, den Zustand des Reichs oder den Verfall der Zeiten. Für die Kurpfalz ist gleichwohl einschränkend zu konstatieren, dass dem Adel dort keine institutionelle Konsolidierung gelang und keine Ständeversammlungen existierten.

Das vom Adel selbst geschaffene Bild von den zwei Kulturen – der autonomen, auf Gewaltanwendung basierenden Selbsthilfe des Adels und der heteronomen, auf staatliche Macht gründenden Justiz – setzte sich in der Rechtswissenschaft und Historiographie des 19. und 20. Jahrhunderts fort. Tatsächlich jedoch war der Adel gerade in Bezug auf die Entstehung des neuzeitlichen Rechts ein wesentlicher Akteur, ein Virtuose der kreativen Aneignung, und pflegte zugleich sorgfältig aristokratische Distanz zu seiner eigenen Schöpfung.

Literatur

Diestelkamp 2003 · Müller 1974 · Press 1998 · Wieland 2001 · Wieland 2013 · Zmora 2001

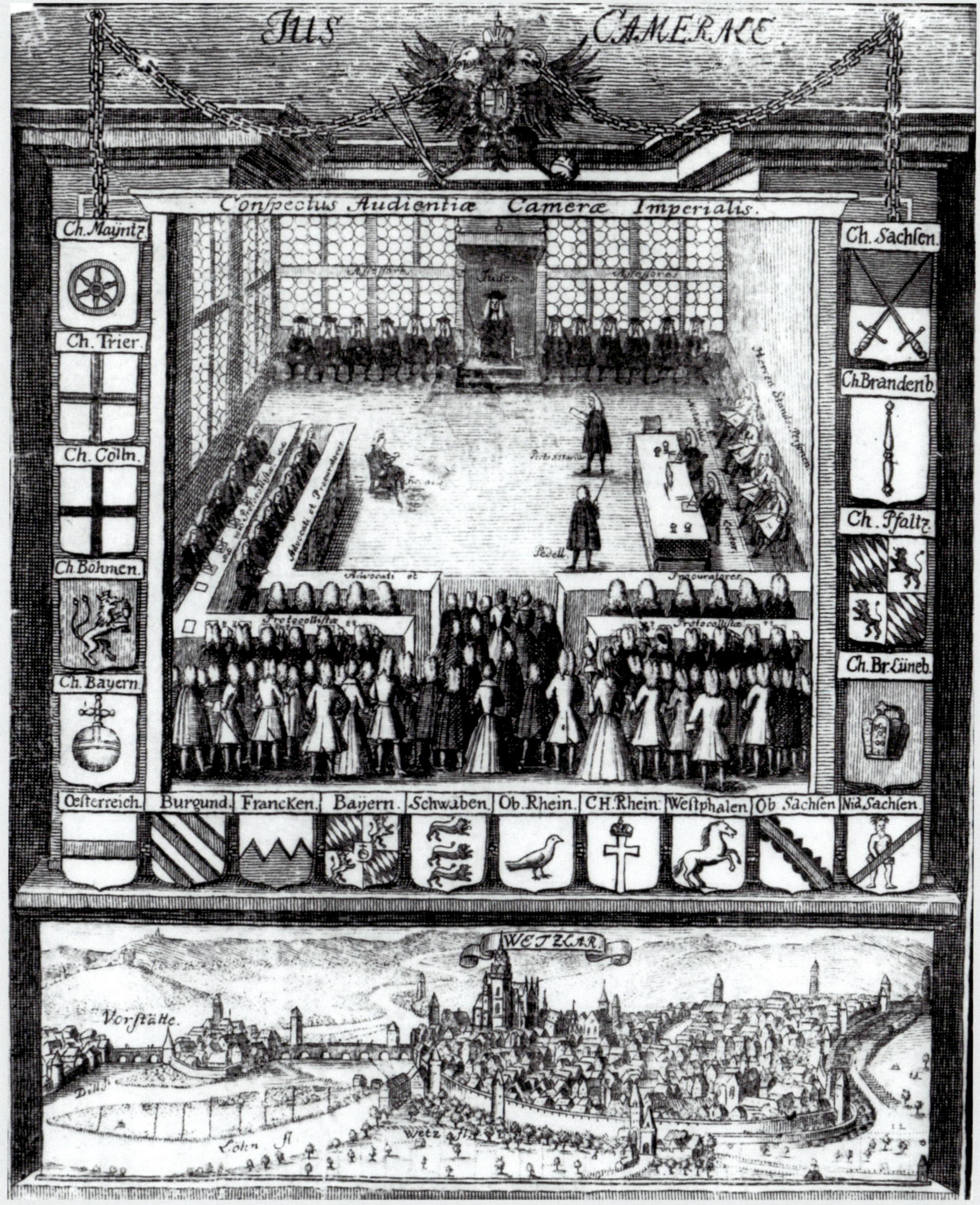

4 Audienz am Reichskammergericht in Wetzlar, Kupferstich von Peter Fehr, um 1735/50 | Wetzlar, Städtische Sammlungen

Anmerkungen

1 Diestelkamp 2003.
2 Zmora 2011.
3 Press 1998; Wieland 2001, S. 36–38.
4 Müller 1974.
5 Wieland 2013.

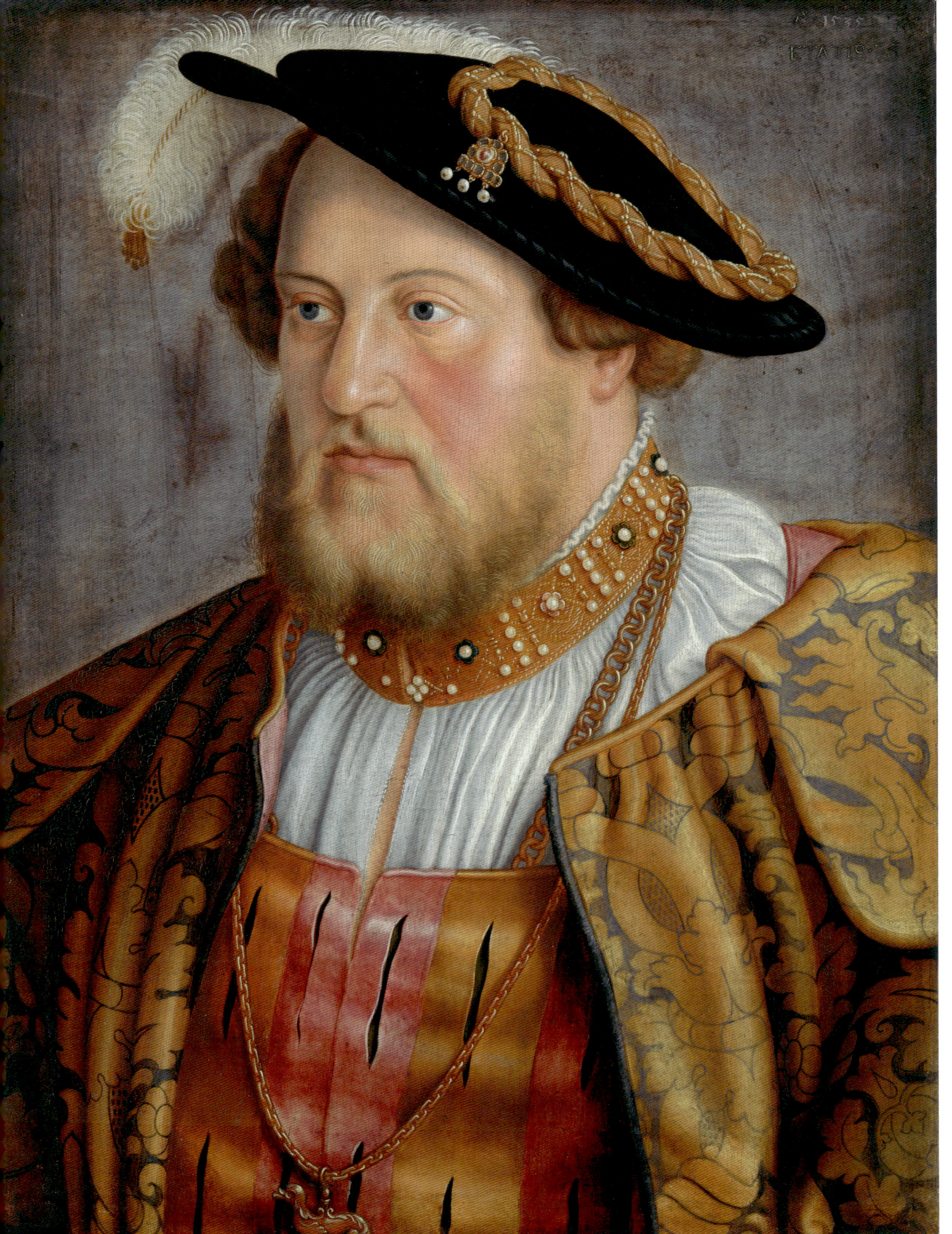
ETATIS

Eike Wolgast

Konfessionswechsel und Kirchenpolitik der Pfälzer Kurfürsten im 16. und 17. Jahrhundert

Kein anderes Territorium des Alten Reiches hat während einer Zeitspanne von etwas mehr als einem Jahrhundert so viele Konfessionswechsel erlebt wie die Pfalzgrafschaft bei Rhein.[1] Mit Luthers Auftreten auf dem Heidelberger Generalkapitel der Augustinereremiten im April 1518 begann eine fast 40-jährige kirchliche Übergangsphase. Kurfürst Ludwig V. (1508–1544) war an religiösen Fragen offensichtlich wenig interessiert – nach der Erfahrung des Landshuter Erbfolgekriegs hatten Landfrieden und öffentliche Ordnung sowie Kaisertreue für seine Politik eindeutige Priorität. Zentriert um einzelne Prediger konnten sich fast ungehindert evangelische Personalgemeinden bilden. Bezeichnend für die konfessionell uneindeutige Situation war, dass an der Universität Heidelberg neben dem altkirchlichen Theologieprofessor Matthias Keuler mit Heinrich Stoll ein evangelischer und noch dazu verheirateter Amtskollege wirkte und dass Ludwig V. beide 1540 als Pfälzer Delegierte zum Religionsgespräch nach Worms entsandte.

Nur in der Oberpfalz setzte sich früh das Luthertum durch. Ludwigs Bruder und Nachfolger Friedrich II. (1544–1556) konzedierte 1538 als Statthalter den Oberpfälzer Ständen die Anstellung evangelischer Prediger und erklärte zur Frage des Laienkelchs, dass „Ir Chur- und furstlich gnaden solches nit erlauben noch auch verbieten“ wollen.[2] Als Kurfürst hielt Friedrich II. zunächst an der Kirchenpolitik Ludwigs V. fest. Erst Ostern 1545 empfing er das Abendmahl unter beiderlei Gestalt und bekannte sich dadurch zum neuen Glauben, ohne aber dies für sein Land umzusetzen. Um die Jahreswende erging eine erste provisorische Ordnung. Die Klöster blieben unangetastet. Weitere Schritte hin zu einem neuen Kirchenwesen erfolgten bis Ende 1546. Danach wurde die Einführung der Reformation unter dem Eindruck des für die evangelische Partei ungünstigen Verlaufs des Schmalkaldischen Krieges und scharfer Interventionen Kaiser Karls V. angehalten und schließlich zurückgenommen. Der konfessionelle Übergangszustand verlängerte sich um zehn Jahre.

1 Barthel Beham: Pfalzgraf Ottheinrich, 1535, Öl auf Lindenholz | München, Bayerische Staatsgemäldesammlungen, 5316

So blieb es Kurfürst Ottheinrich (1556–1559) (Abb. 1) vorbehalten, offiziell den Religionsstand der Pfalz zu verändern. Am 16. April 1556 ordnete er durch ein Mandat an seine Amtsleute die Einführung der Reformation an. Fast gleichzeitig erging eine Kirchenordnung, die dem Muster der württembergischen Ordnung folgte.[3] Bildermandate verlangten 1557 die Säuberung der Kirchen von allem Überflüssigen – nur der Hauptaltar durfte stehen bleiben.[4] Die Theologieprofessoren der Heidelberger Universität mussten sich auf die *Confessio Augustana* (CA) verpflichten.

Die reichspolitischen Folgen des Pfälzer Konfessionswechsels waren weitreichend. Die bisherige kaiser- und habsburgtreue Haltung der Kurpfalz wurde zugunsten einer offensiven Konfessionspolitik aufgegeben. Traditionsstiftend wirkte auch die Ausrichtung der Pfälzer Außenpolitik nach Westeuropa, die in der Folgezeit zwei Ausprägungen erfuhr: Erstens die Aufnahme offizieller Verbindungen mit den Regierungen der westeuropäischen Staaten zur Stärkung der antihabsburgisch-antipäpstlichen Front, zweitens die Unterstützung von verfolgten Glaubensgenossen in Westeuropa im Kampf um Religionsfreiheit und Aufnahme von Emigranten.

Ottheinrich bekannte sich zum Luthertum. Sein Nachfolger Friedrich III. (1559–1576) aus der Linie Pfalz-Simmern führte die Kurpfalz durch die sogenannte zweite Reformation (*reformatio vitae* nach der lutherischen *reformatio doctrinae*) zum Reformiertentum, das dem Genfer Calvinismus nahestand. Friedrich III. war ein frommer Laienchrist, der sich sein theologisches und politisches Urteil durch eigenständige Lektüre der Bibel bildete. Ende 1561 änderte er aus eigenem Entschluss den Abendmahlsritus in den Kirchen seiner Residenzstadt, indem er statt der Austeilung von Oblaten das Brotbrechen (*fractio panis*), und zwar mit Verwendung von gewöhnlichem Brot, einführte – ein eindeutiges Zeichen reformierten Sakramentsverständnisses: Ablehnung der Realpräsenz und Ubiquität Christi beim Abendmahl.

1563 wurde zum Entscheidungsjahr des Bekenntniswechsels. Eine neue Kirchenordnung und der Heidelberger Katechismus (Abb. 2) legten die reformierten Lehrnormen und Gottesdienstzeremonien für die Kurpfalz verbindlich fest.[5] Am Heidelberger Katechismus, dessen Hauptverfasser der kurz zuvor aus Zürich berufene Theologieprofessor Zacharias Ursinus war, beteiligte sich Friedrich III. persönlich. Gegenüber der Ottheinrich-Ordnung war die neue Kirchenordnung in allen theologisch wichtigen Stücken im reformierten Sinn neu formuliert worden. Das „Gebet nach der Predigt für alle Not und Anliegen der Christenheit“ enthielt auch einen langen Absatz für „alle unsere mitbrüder, die under der tyranney des bapsts und Türcken verfolgung leiden“.[6]

Die Organisation der Pfälzer reformierten Kirche wurde 1564 durch die Errichtung des Kirchenrats vorläufig abgeschlossen. Er bestand paritätisch aus je drei Theologen und Verwaltungsbeamten, an seiner Spitze stand ein weltlicher Kirchenratspräsident. Für die mittlere Ebene wurden 1570 sogenannte Klassikalkonvente eingerichtet, in denen sich regelmäßig acht bis zehn Pfarrer aus benachbarten Gemeinden, in einer *classis* zusammengefasst, trafen, um gemeinsam theologische Weiterbildung zu betreiben und eine gegenseitige Kontrolle des Lebenswandels vorzunehmen.

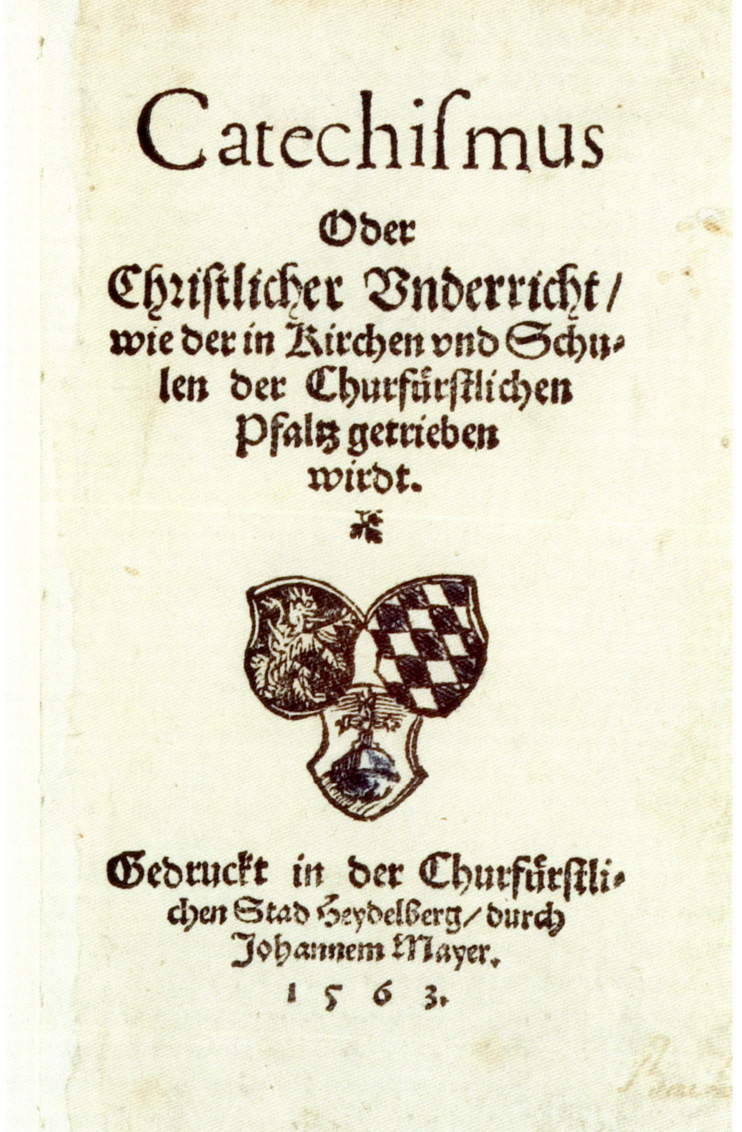

Catechiſmus
Oder
Chriſtlicher Underricht/
wie der in Kirchen und Schulen der Churfürſtlichen
Pfaltz getrieben
wirdt.

Gedruckt in der Churfürſtlichen Stad Heydelberg/ durch
Johannem Mayer.
1563.

2 Heidelberger Katechismus, Titelblatt der Ausgabe von 1563 | Universitätsbibliothek Heidelberg, Q 7188-4 B RES

Die von Ottheinrich eingeleitete Veränderung der Pfälzer Sakrallandschaft wurde unter Friedrich III. konsequent und rigoros weitergeführt, nicht selten unter persönlicher Beteiligung des Kurfürsten. In den Kirchen wurde jetzt auch der Hauptaltar abgebrochen und durch einen einfachen Tisch ersetzt. Die Klöster und Stifte, die Ottheinrich noch im Wesentlichen geschont hatte, wurden – gelegentlich mit Brachialgewalt – aufgehoben. Für das Klostergut wurde als eigene Zentralbehörde die Geistliche Güteradministration eingerichtet; die Einkünfte sollten zweckgebunden nur für kirchliche, schulische und soziale Zwecke verwendet werden.

Die Verwaltungs- und Bildungseliten der Pfalz identifizierten sich mit der reformierten Kirchenpolitik des Kurfürsten, zumal ihnen zahlreiche Glaubensflüchtlinge angehörten, die in der Pfalz Asyl gefunden hatten. Wieweit die kirchlichen Neuerungen in der Zeit Friedrichs III. von der Bevölkerung rezipiert wurden, ist schwer zu sagen. Ob der gemeine Mann nach nur drei Jahren geregelten lutherischen Gottesdienstes in der Lage war, theologische Lehrunterschiede zu begreifen, ist fraglich. Zu vermuten ist, dass stattdessen die äußeren Veränderungen für die Bewusstseinsbildung wichtiger waren: Abschaffung der Bilder, Altäre und Messgewänder; Brotbrechen und Selbstkommunion der Laien; Verzicht auf Nottaufe, Exorzismus bei der Taufe, Privatbeichte und Krankeneinzelkommunion; Einfügung des Bilderverbots als zweites Gebot in den Dekalog; Verzicht auf Kreuzschlagen und Verneigung beim Nennen des Namens Jesu. Einschneidend musste auch die neue Feiertagsregelung wirken: Die Kirchenordnung Ottheinrichs hatte noch 13 Feiertage vorgesehen, die Ordnung von 1563 ließ nur noch fünf gelten.

Nach innen hatte die reformierte Konfessionalisierung ihre Bewährungsprobe im Kirchenzuchtstreit ab Ende der 1560er Jahre zu bestehen. Es gab erbitterte Auseinandersetzungen über die Frage, ob das Genfer Modell der autonomen Gemeindekirchenzucht, wie es 1563 in der Kirchenordnung festgelegt worden war, praktiziert werden oder aber der kirchliche Bann mit bürgerlichen Folgen Sache des Staates sein sollte. Obwohl Friedrich III. 1570 zugunsten der Disziplinisten entschied, behielt er sich die Letztentscheidung vor. Mit Härte ging die Regierung gegen Dissidenten vor; der Ladenburger Superintendent Johannes Sylvanus wurde 1572 wegen Antitrinitarismus öffentlich hingerichtet (Abb. 3).[7]

Nach außen hatte die reformierte Konfessionalisierung der Pfalz ihre Bewährungsprobe auf dem Augsburger Reichstag von 1566 zu bestehen.[8] Kaiser Maximilian II. versuchte, die Pfalz zur Rücknahme ihres Sonderwegs zu zwingen, indem er drohte, ihr anderenfalls den Schutz des Religionsfriedens von 1555 zu entziehen. Da jedoch die meisten evangelischen Stände unter Führung Kursachsens der Pfalz Rechtgläubigkeit – außer im Abendmahlsartikel – bescheinigten, blieb Friedrich III. vom Reich unbehelligt.

Friedrich III. hatte seit Übernahme der Regierung wie Ottheinrich versucht, unter den zerstrittenen evangelischen Reichsständen einen Konsens herzustellen, um eine Einheitsfront gegen die Katholiken zu schaffen. Die Einheitsfront sollte aber auch dazu dienen, wirksam für verfolgte Glaubensgenossen in Westeuropa einzutreten. Da die Lutheraner sich jedoch nicht für vermeintliche Aufrührer engagieren und vor jeder Unterstützung der Verfolgten eine Glaubensprüfung vornehmen wollten, handelte der Pfälzer Kurfürst allein. Er intervenierte bei den Königen von Spanien (für die Niederländer) und Frankreich (für die Hugenotten) sowie beim Herzog von Savoyen (für die Waldenser). Seine Außenpolitik diente vor allem dem Religionsziel, *„pour toujours demeurer ferme et constant en l'avancement du Regne de Christ"*.[9] Er unterstützte das bewaffnete Eingreifen seines jüngeren Sohnes Johann Casimir in den konfessionellen Bürgerkriegen in Frankreich (1567 und 1575) und in den Niederlanden (1574). Waren unter Ottheinrich nur einzelne Emigranten aus Westeuropa in die Pfalz gekommen, nahm Friedrich III. größere Gruppen auf, die er geschlossen in den aufgehobenen Klöstern Schönau und St. Lambrecht sowie im ehemaligen Augustinerchorherrenstift Groß-Frankenthal ansiedelte. Unter Johann Casimir wurde auch Kloster Otterberg von Flüchtlingen besiedelt. Da die Zuwanderer neue Produkte und Technologien einführten, trugen sie zur Verbesserung der ökonomischen Situation des Landes bei.

Friedrichs ältester Sohn und Nachfolger Ludwig VI. (1576–1583) war im Gegensatz zu Johann Casimir den Weg seines Vaters nicht mitgegangen, sondern Lutheraner geblieben. Er stellte sich bewusst in die Tradition Ottheinrichs und führte das Luthertum in der Kurpfalz wieder ein (Abb. 4). Als Folge der lutherischen Konfessionalisierung erlebte die Pfalz einen dramatischen Elitenaustausch. Etwa 500 Geistliche und Lehrer verließen mit ihren Familien das Land, ebenso die 70 Zöglinge des Sapienzkollegs, das seit Friedrich III. als international renommierte Ausbildungsstätte für den Theologennachwuchs diente, ferner etwa 400 Schüler höherer Bildungsanstalten. Zu einem weiteren Aderlass führte das Konkordienbuch, auf das sich lutherische Theologen und Fürsten im Reich geeinigt hatten und das Ludwig VI. 1578 für sein Land verbindlich machte.[10] Elf der 14 ordentlichen Professoren verließen daraufhin die Universität. Ludwig VI. verzichtete auch auf die kostspielige Westeuropapolitik seines Vaters, die diesen im Reich isoliert, aber zugleich durch die Rückversicherung bei der calvinistischen Internationale vor den Folgen dieser Isolation geschützt hatte.

Um der reformierten Konfession in seinem Lande in jedem Fall das Überleben zu garantieren, hatte Friedrich III. in seinem Testament eine Landesteilung vorgenommen und für Johann Casimir ein Sonderterritorium geschaffen. In seinem Herzogtum Pfalz-Lautern (um Neustadt, Kaiserslautern und Frankenthal) nahm Johann Casimir Beamte und Mitarbeiter seines Vaters, die Ludwig VI. entlassen hatte, ebenso auf wie Prediger und Lehrer. Für die Heidelberger Universitätsprofessoren gründete er 1578 in Neustadt das Casimirianum (Abb. 5) als Ersatzhochschule.

Ludwig VI. starb nach siebenjähriger Regierung 1583 im Alter von 44 Jahren. In seinem Testament hatte er die Aufrechterhaltung des Luthertums befohlen und seinem Bruder Johann Casimir als Hauptvormund für den erst neunjährigen Friedrich IV. (1583/92–1610) lutherische Mitvormünder an die Seite gestellt. Wie Ludwig jedoch über das Testament seines Vaters hinweggegangen war, so respektierte der Kuradministrator Johann Casimir (1583–1592) den letzten Willen seines Bruders nicht. Er ließ seinen Neffen im reformierten Bekenntnis erziehen und führte eine Recalvinisierung durch. Als Lehrnorm galten Bibel, altkirchliche Bekenntnisse, *Confessio Augustana* (ohne Festlegung auf die Fassung von 1530 oder 1540) mit Apologie sowie unspezifiziert andere Bekenntnisse der evangelischen Kirchen. Ausdrücklich wurde in diesem Zusammenhang der Heidelberger Katechismus genannt, gegen dessen Abendmahlsverständnis nicht polemisiert werden durfte.[11] Wiederum erfolgte ein Elitenaustausch, indem jetzt die lutherischen Geistlichen und Lehrer das Land verließen. Bei der Neuorganisation der Landeskirche orientierte sich der Kuradministrator an seinem Vater. Die Kirchenordnung von 1563 wurde wenig verändert wieder in Kraft gesetzt. Auch die Außenpolitik als Religionspolitik nahm Johann Casimir wieder auf: 1587 und 1591 zogen Pfälzer Truppen den Hugenotten zu Hilfe, ohne allerdings Erfolg zu haben. Im Reich suchte der Kuradministrator wie Ottheinrich und Friedrich III. die evangelische Partei für eine aktive antihabsburgisch-antikatholische Politik zu mobilisieren. 1583 intervenierte er in dem Streit um die Besetzung des Kölner Erzstuhls und be-

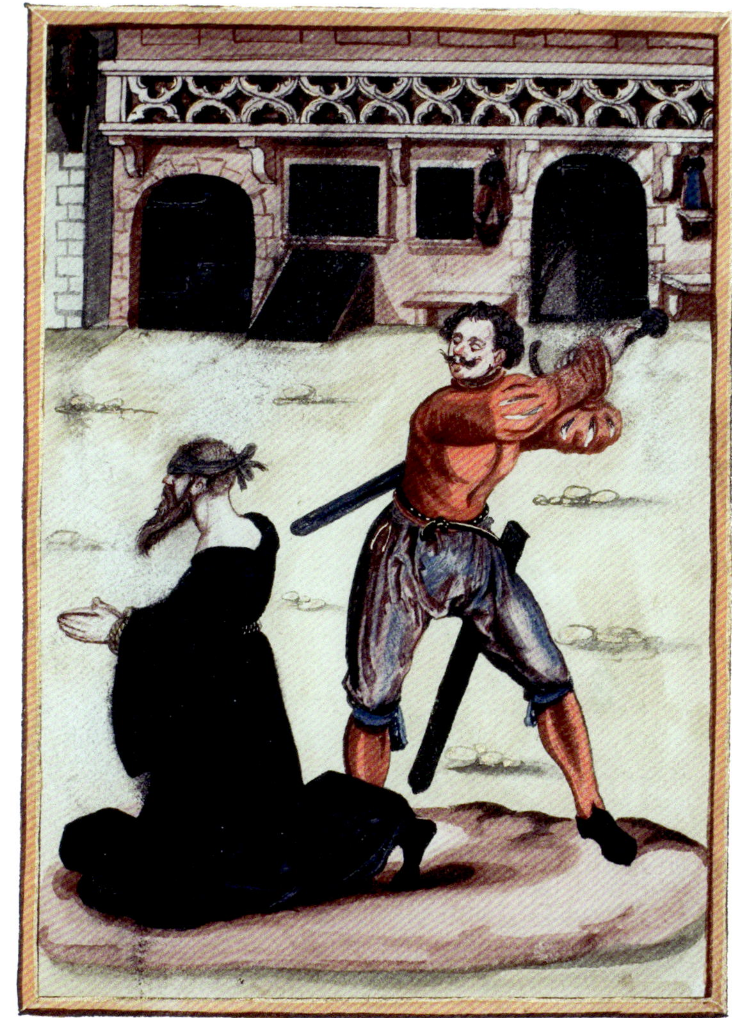

3 Die Hinrichtung des Ladenburger Superintendenten Johannes Sylvanus auf dem Heidelberger Marktplatz am 23. Dezember 1572, aus: Thesaurus Picturarum, Bd. IV, fol. 244r | Darmstadt, Universitäts- und Landesbibliothek, Hs 1971

gründete dies in einer bezeichnenden Mischung politischer und religiöser Gründe, es gehe um „handhabung, schutz und schirm unserer wahren Christlichen Religion Augspurgischer Confession und Teutscher Nation Freyheit, wider deß Papst zu Rom einbrechende Tyrannei“[12].

Das reformierte Bekenntnis blieb gefährdet. Beim Tod Johann Casimirs fehlten Friedrich IV. noch wenige Wochen bis zur Volljährigkeit. Der nächste Agnat, der lutherische Pfalzgraf Reichart von Simmern, ein Bruder Friedrichs III., erhob Anspruch auf die Vormundschaft, und zwar für noch mehrere Jahre. Die Gefahr konnte abgewehrt werden, indem Friedrich IV. sich für volljährig erklärte und vom Kaiser anerkannt wurde. In seinem Testament schloss er 1602 den nun nächsten Agnaten, den lutherischen Pfalzgrafen Philipp Ludwig von Neuburg, von der Vormundschaft aus, nachdem sich dieser geweigert hatte, bei Eintritt des Vormundschaftsfalls den reformierten Bekenntnisstand in der Pfalz zu garantieren. Statt seiner wurde der dynastisch minderberechtigte, aber reformierte Pfalzgraf Johann I. von Zweibrücken für die Vormundschaft vorgesehen, da dieser das verlangte Garantieversprechen abgab. Diese Regelung wurde 1614 im Testament Friedrichs V. wiederholt, zumal der Neuburger Herzog Wolfgang Wilhelm unterdessen katholisch geworden war (Abb. 6).

Hatten die bisherigen evangelischen Regenten die politischen und kirchenpolitischen Geschäfte im Wesentlichen selbständig geführt, begann unter Friedrich IV. die Regierung des Oberrats. Der neue Kurfürst war schwach, arbeitsscheu und vergnügungssüchtig, dazu ein Alkoholiker, der seine Gesundheit früh ruinierte. Einflussreichster Politiker wurde unter ihm Fürst Christian I. von Anhalt-Bernburg, Statthalter in der Oberpfalz, der seit 1596 den Oberrat zurückdrängte. Christian von Anhalt (Abb. 7) öffnete die Pfälzer Politik nach Osten und baute Beziehungen zu Böhmen und Siebenbürgen auf. Gleichwohl wurden die Bindungen nach Westeuropa weitergepflegt und gipfelten in den zwei spektakulären Heiraten von 1593 (mit dem Fürstenhaus Oranien) und 1613 (mit dem Königshaus der Stuart).

Die strikt reformierte Konfessionalität wurde unter Friedrich IV. aufgeweicht. Lutheraner wurden toleriert, Katholiken erhielten 1608 die Erlaubnis zur häuslichen Andacht ohne Geistlichen (*devotio domestica*). Reichspolitisch sammelte die Kurpfalz die aktivistischen evangelischen Stände, um der katholischen Opposition begegnen zu können und womöglich neue Konfessionsgewinne zu machen. Dadurch verschärfte sich die alte Rivalität mit Kursachsen, das den saturierten, auf Ruhe und Kaisertreue orientierten Flügel der evangelischen Stände anführte. Auf den Reichstagen betrieb die Pfalz Obstruktionspolitik, um die Erledigung der Beschwerden der evangelischen Religionspartei durchzusetzen. 1608 gelang der Abschluss der Union von Auhausen (Abb. 8), in der sich unter Pfälzer Direktorium lutherische und reformierte Fürsten zusammenfanden, um sich gegen die vermeintliche gesamtkatholische Verschwörung zur Ausrottung der reinen Lehre und zur Aufrichtung einer habsburgischen *potestas absoluta* im Reich zu wehren.[13]

Die strenge calvinistische Lebensführung wandelte sich unter Friedrich IV. in einen Hofcalvinismus (*calvinismus aulicus*), der Festen und Vergnügungen breiten Raum gewährte. Vor allem aber wurde Heidelberg jetzt für mehrere Jahrzehnte zum Zentrum des deutschen Späthumanismus.[14] An der Universität und am Hof sammelten sich Gelehrte, insbesondere Philologen, Juristen und Historiker, außerdem Dichter. Ihr geistiges Zentrum bildete die Bibliotheca Palatina, die auf den Emporen der Heiliggeistkirche aufgestellt war. Bei aller Weltoffenheit repräsentierte der Heidelberger Späthumanismus aber immer eine reformierte Konfessionskultur, geprägt durch gelehrte Frömmigkeit (*pietas litterata*).

Die Kirchenpolitik Friedrichs V. (1610–1623/32) wurde zunehmend von der böhmischen Frage bestimmt. Weniger der Kurfürst selbst als seine Berater Christian von Anhalt und Ludwig Camerarius waren auf diesem Feld aktiv. Die Motive für die Annahme der böhmischen Königswahl im August 1619 speisten sich aus einer Verbindung von machtpolitischen Überlegungen (Schwächung Habsburgs), dynastischen Interessen (Reputationsgewinn, Erfolg in der Dauerrivalität mit Bayern um die Kurwürde) und religiösen Überzeugungen. Im Wahlausgang sah der Kurfürst einen Auftrag Gottes, dem er sich nicht entziehen durfte.[15]

Im Dreißigjährigen Krieg war die Pfalz lediglich Objekt und nicht mehr handelndes Subjekt. Die linksrheinische Pfalz wurde von spanischen Truppen besetzt, die rechtsrheinische von bayerischen. Einen Tag nach der Eroberung Heidelbergs im September 1622 wurde die Heiliggeistkirche den Jesuiten übertragen. Die Wegführung der Bibliotheca Palatina nach Rom im August 1623 hatte jenseits des wissenschaftlichen und bibliophilen Wertes der Sammlung hohen symbolpolitischen Charakter: Das Rüsthaus der Feinde der Kirche gelangte in die Hand der Rechtgläubigen und ihres Oberhirten. Sinnfällig wurde mit dem Akt zugleich das abrupte Ende der Heidelberger späthumanistisch-reformierten Konfessionskultur angezeigt. Die Folgezeit war – mit einer kurzen Unterbrechung durch die schwedische Besetzung in den Jahren 1632 bis 1635 – von einer rigorosen Rekatholisierung gekennzeichnet. In der Oberpfalz, die Kaiser Ferdinand II. 1628 Bayern als Kriegskostenentschädigung übertragen hatte, ging Maximilian I. nach dem *cuius regio, eius religio*-Prinzip vor. Die Beamtenschaft und die Oberschicht entzogen sich der Zwangskatholisierung weithin durch Emigration, die Mittel- und Unterschichten unterwarfen sich.

In den Friedensverhandlungen war es vor allem Schweden zu verdanken, dass die Pfalz 1648 restituiert wurde, wenn auch rangmäßig und im territorialen Umfang reduziert. Die erste Kurwürde ging endgültig an Bayern verloren, während für die Pfalz eine achte Kur geschaffen wurde. Ebenso behielt Bayern die Oberpfalz. Dagegen wurde in der Pfalz der Konfessionsstatus der Zeit „vor den böhmischen Unruhen“ wiederhergestellt.

Der Wiederaufbau war mühsam.[16] Die reformierte Kirchenorganisation war durch die Besatzungsmächte völlig zerschlagen. Kurfürst Karl Ludwig (1649–1680), Sohn des 1632 gestorbenen Winterkönigs, setzte

4 Kurfürst Ludwig VI. und dessen Devise „Alle ding zergenglich“, Porträt auf dem Vorsatzblatt der Bibelausgabe von Sigmund Feyerabend (Feyerabendbibel), gedruckt Frankfurt am Main 1560 | Badische Landesbibliothek in Karlsruhe, 42 C 38 RH

Der Dürchleüchtigst Hochgeborn Fürst vnd Herr, Herr Lüdwig, Pfaltzgraüe Bey Rhein, des Heiligen Römischen Reichs Ertztrüchses vnd Chürfürst, Hertzog Inn Baiern, Etc.

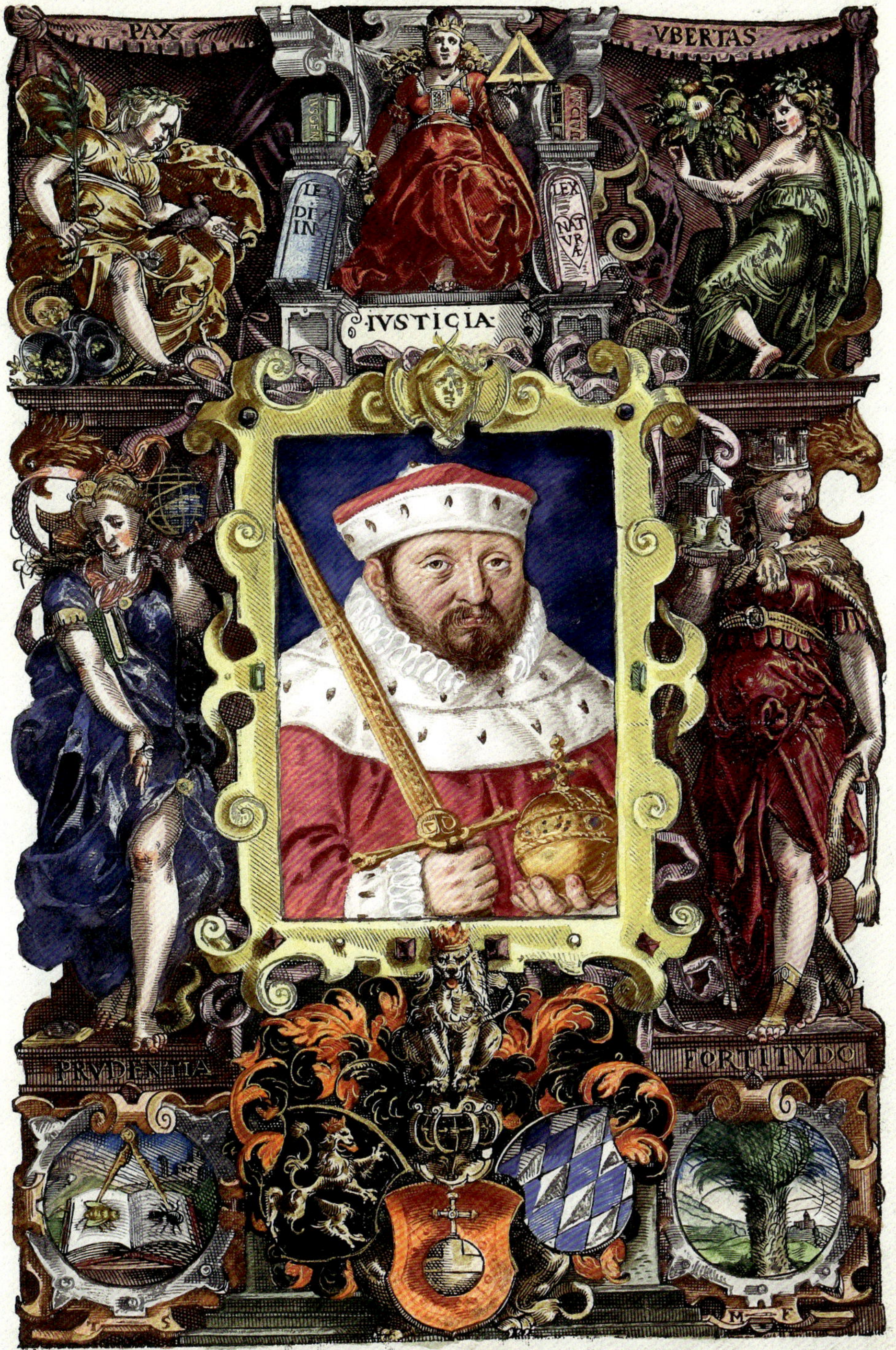

PAX

VBERTAS

LEX DIVIN

LEX NATVRÆ

IVSTICIA

PRVDENTIA

FORTITVDO

M F

Aller ding zergenglich.

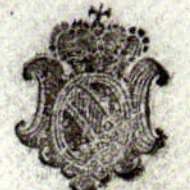

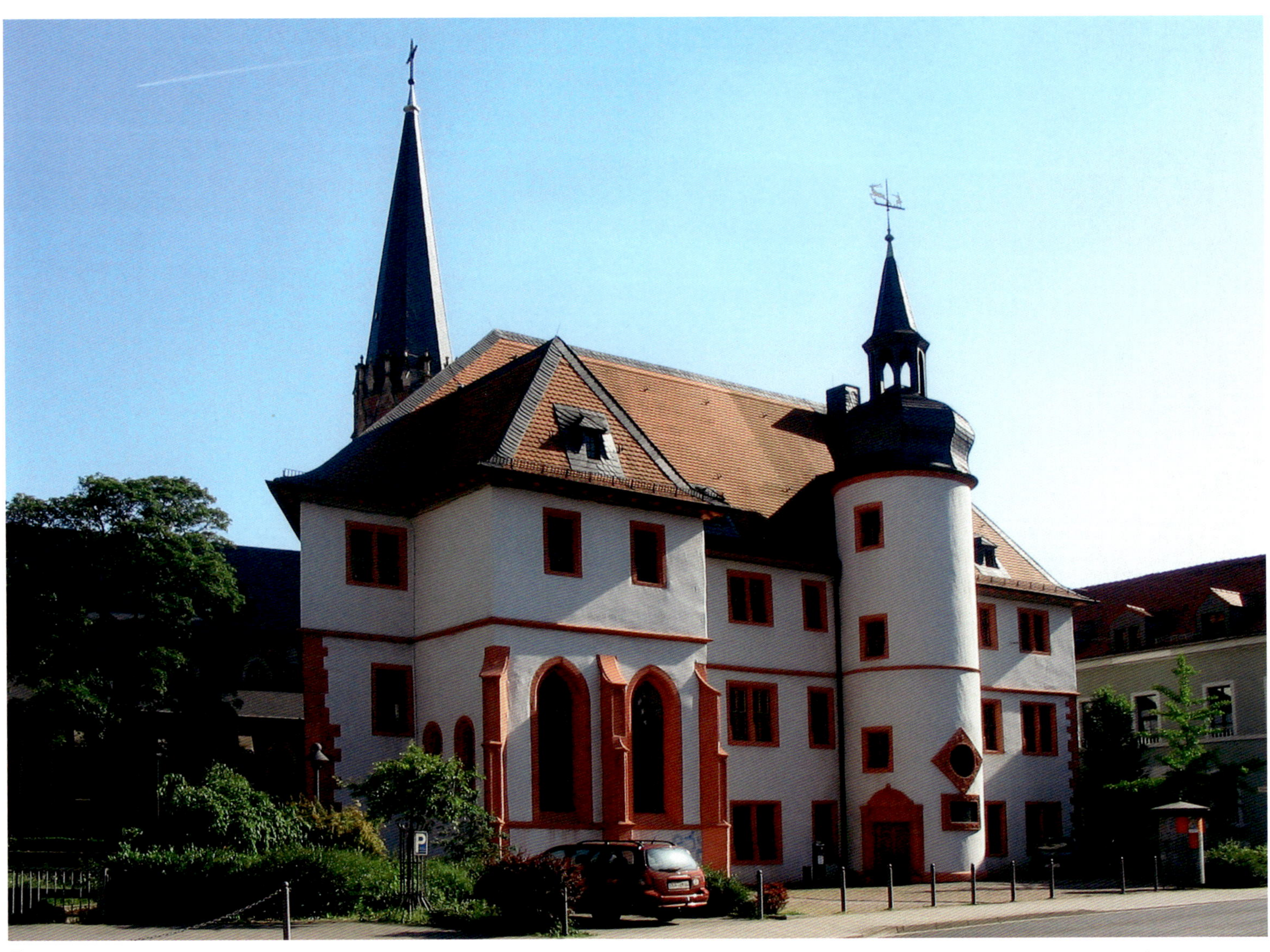

5 Das Casimirianum in Neustadt an der Weinstraße, Lehrstätte des reformierten Protestantismus, gegründet von Johann Casimir von Pfalz-Simmern

die Kirchenordnung von 1601, die im Wesentlichen der Friedrichs III. entsprach, wieder in Kraft und konstituierte einen neuen Kirchenrat als Leitungsgremium. In den Kirchen wurde die frühere Schlichtheit wiederhergestellt. Die reformierte Landeskirche erhielt ihr Monopol im Schulwesen zurück; auch waren ihren Amtsträgern die sogenannten *Actus parochiales* (Kasualien), d. h. Taufe, Trauung und Bestattung, vorbehalten. Anderskonfessionelle unterlagen diesem Pfarrzwang. Selbst die Lutheraner, die durch den Westfälischen Frieden im Bestand von 1624 geschützt waren und – gegen den Protest des Kirchenrates – in Heidelberg eine Kirche bauen und einen Pfarrer anstellen durften, mussten die von diesem vorgenommenen Kasualien zu ihrer bürgerlichen Gültigkeit aus ihrem Verzeichnis in das Kirchenbuch der Heiliggeistkirche übertragen lassen. Lutherische Gemeinden ließ der Kurfürst nur noch in Oppenheim sowie später in Kreuznach und Mannheim zu.

Dabei war Karl Ludwig kein engherziger Calvinist. Aus eigener toleranter Gesinnung, aber auch aus der Notwendigkeit heraus, sein Land wieder zu bevölkern, warb der Kurfürst um Zuwanderer, gleichgültig welchen Bekenntnisses. Angehörige von Sekten mussten sich allerdings verpflichten, keine Mission zu betreiben. Zum ersten Mal seit Ende des 14. Jahrhunderts wurden auch Juden wieder in der Pfalz zugelassen und in Mannheim privilegiert. Bei der Besetzung der Lehrstühle an der Universität Heidelberg verfügten die Reformierten nur noch in der Theologischen Fakultät über das Monopol, während sich der Kurfürst vorbehielt, in den übrigen Fakultäten auch Anderskonfessionelle zu berufen.

Die Katholiken in der Pfalz verloren durch den Westfälischen Frieden alle Rechte – wie vor 1618 mussten sie sich mit der *devotio domestica* begnügen. Nur im Amt Schauenburg (Seckenheim, Dossenheim, Handschuhsheim), das nach dem Bergsträßer Rezess von 1649/53 mit Kurmainz endgültig an die Kurpfalz fiel, hatten Katholiken und Refor-

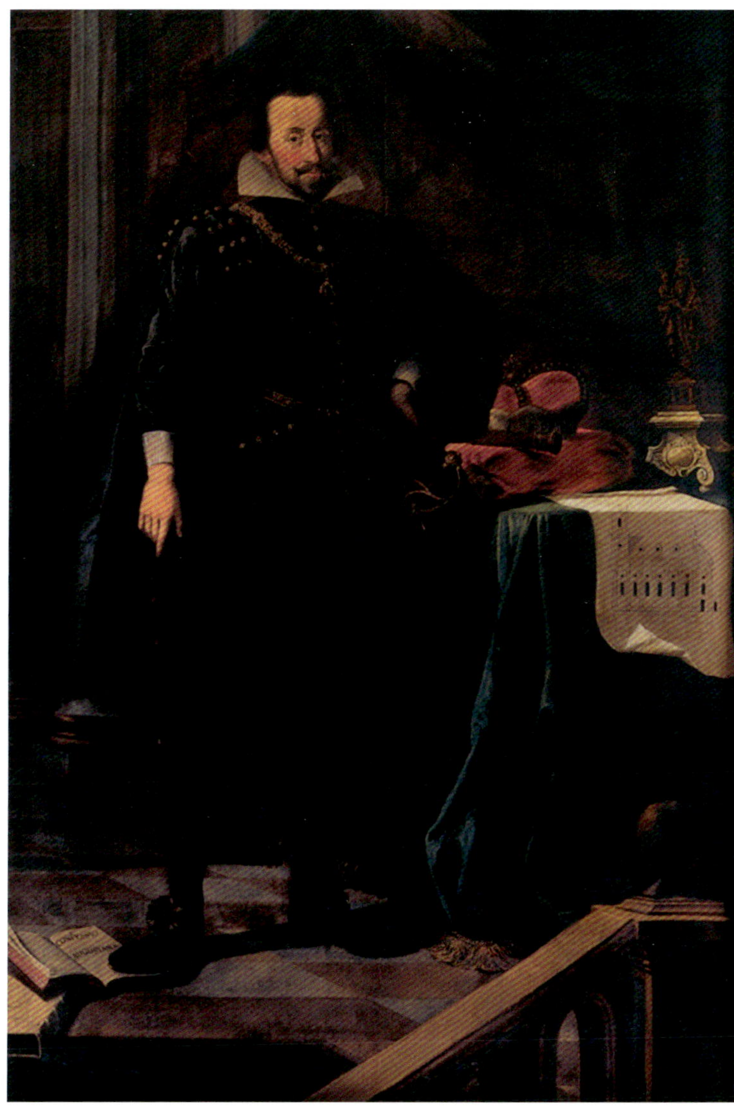

6 Herzog Wolfgang Wilhelm von Pfalz-Neuburg, Ölgemälde auf Leinwand, 2. Hälfte 17. Jahrhundert | Neuburg an der Donau, Studienseminar

7 Michiel van Mierevelt (Umkreis): Christian I. von Anhalt-Bernburg, Öl auf Holz, 1609 | Zeitz, Museum Schloss Moritzburg (Leihgabe der Erbengemeinschaft Herzog Joachim Ernst von Anhalt), 73 HH Nr. 3642

mierte gleicherweise Kultusfreiheit. Die Kirchen wurden hier als Simultankirchen genutzt.[17]

Kurfürst Karl Ludwig verfolgte in den 50er Jahren eine innerevangelische Unionspolitik, wobei als lutherischer Gesprächspartner Württemberg diente. Nachdem seine Bemühungen erfolglos geblieben waren, unternahm er in den 70er Jahren einen neuen Anlauf, diesmal auf sein Territorium beschränkt. Die von ihm erbaute Eintrachtskirche in der Mannheimer Zitadelle Friedrichsburg war zur Nutzung durch beide evangelische Konfessionen bestimmt. Im Mai 1677 kündigte der Kurfürst in einem Dekret an alle kurpfälzischen Geistlichen seine Absicht an, eine Einheitsagende abfassen zu lassen. An eine Überwindung der dogmatischen Differenzen dachte Karl Ludwig nach seinen früheren Erfahrungen allerdings nicht mehr.[18]

Mit dem Tod Karl Ludwigs waren alle Unionspläne sofort beendet, denn sein Sohn Karl II. (1680–1685) lenkte in die Bahnen der traditionellen Pfälzer Konfessionspolitik zurück. Sein Prinzip war, „in Kirchensachen alles in Friderici III. Weise" zu gestalten.[19] Lutheraner, Katholiken und Juden wurden in ihren Rechten möglichst zurückgedrängt, dagegen in Wiederaufnahme der Kirchenpolitik seiner Vorväter Glaubensflüchtlinge aufgenommen. Für Hugenotten wurde 1682 Friedrichsfeld gegründet, Waldenser aus Savoyen wurden in Langenzell angesiedelt.

Da sich die Kinderlosigkeit des kränklichen Kurfürsten bald abzeichnete, begannen 1682 Verhandlungen mit dem nächsten Agnaten, dem katholischen Herzog von Pfalz-Neuburg und Jülich-Berg. Rechtlich war der reformierte Konfessionsstand durch den Frieden von 1648 gesichert, denn damals hatten die Religionsbestimmungen das Prinzip *cuius regio, eius religio* und das autonome landesfürstliche Reformationsrecht annulliert. Im Hallischen Rezess, den die Unterhändler Karls II. mit den Beauftragten Philipp Wilhelms im Mai 1685 in

Schwäbisch Hall abschlossen, machten beide Seiten, insbesondere aber die Pfalz, erhebliche Zugeständnisse. Dadurch sollte etwaigen französischen Ansprüchen, die auf die Schwester des Kurfürsten, Elisabeth Charlotte von Orléans, gegründet werden konnten, entgegengetreten werden. Philipp Wilhelm garantierte die Exklusivität der reformierten Konfession im Kirchenrat und in der geistlichen Güteradministration sowie bei allen Pfarrer- und Lehrerstellen. Bei Besetzung der weltlichen Ämter sollten dagegen alle drei 1648 anerkannten christlichen Konfessionen zugelassen werden. Die Pfälzer Forderung, wenigstens die Hälfte aller Landesbediensteten müsse reformiert sein, lehnten die Neuburger ab. In der Universität sollte – außer in der Theologischen Fakultät – ein Wechsel zwischen Reformierten und Lutheranern einerseits, Katholiken andererseits bei der Besetzung der Professorenstellen zum Zuge kommen.

Obwohl Karl II. vor Unterzeichnung des Rezesses starb, versprach Philipp Wilhelm (1685–1690) bei Übernahme der Regierung, sich an dessen Bestimmungen zu halten. Schon 1685 proklamierte er die freie Religionsausübung für seine Glaubensgenossen und 1686 auch für die Lutheraner. Zugleich führte er den Gregorianischen Kalender ein. Weitere Schritte in diese Richtung verhinderte zunächst der Orléanssche Krieg, der seit 1689 und insbesondere 1693 mit bewussten Vernichtungsfeldzügen das Aufbauwerk Karl Ludwigs weitgehend zerstörte. Nach Kriegsende setzte dann mit aller Massivität die Politik der Gegenreformation ein, die ein Jahrhundert hindurch verfolgt wurde.

Literatur

Baar-Cantoni 2011 · Benrath 1968 · Dingel 2002 · Ernst 1996 · Ernst/Schindling 2010 · Flegel 1999 · Kluckhohn 1868 · Kohnle 2005 · Kohnle 2006 · Lanzinner/Heil 2002 · Schaab 1992 · Sehling 1969 · Sellin 1978 · Strohm/Freedman/Selderhuis 2006 · Thomas 2010 · Wolgast 1998 · Wolgast 1999 · Wolgast 2007

Anmerkungen

1 Schaab 1992, S. 23–144; Wolgast 1998; Kohnle 2005, S. 66–156; Thomas 2010.
2 Baar-Cantoni 2011, S. 39.
3 Sehling 1969, S. 113–220.
4 Ebd., S. 254 f.
5 Ebd., S. 333–408.
6 Ebd., S. 395.
7 Wolgast 1998, S. 48–50.
8 Lanzinner/Heil 2002, Bd. 1, S. 1267–1370.
9 Kluckhohn 1868, Bd. 1, S. 280 f.
10 Wolgast 1998, S. 78 f.; Dingel 2002.
11 Sehling 1969, S. 510–514.
12 Zit. nach Wolgast 2007, S. 185.
13 Ernst/Schindling 2010.
14 Strohm/Freedman/Selderhuis 2006.
15 Thomas 2010, S. 187–294.
16 Sellin 1978; Ernst 1996; Flegel 1999; Wolgast 1999.
17 Kohnle 2006.
18 Benrath 1968.
19 Zit. nach Wolgast 1999, S. 200.

8 Gründungsvertrag der Protestantischen Union, Auhausen 1608 | München, Bayerisches Hauptstaatsarchiv, Haus- und Familiensachen, Protestantische Union, Fasz. 1

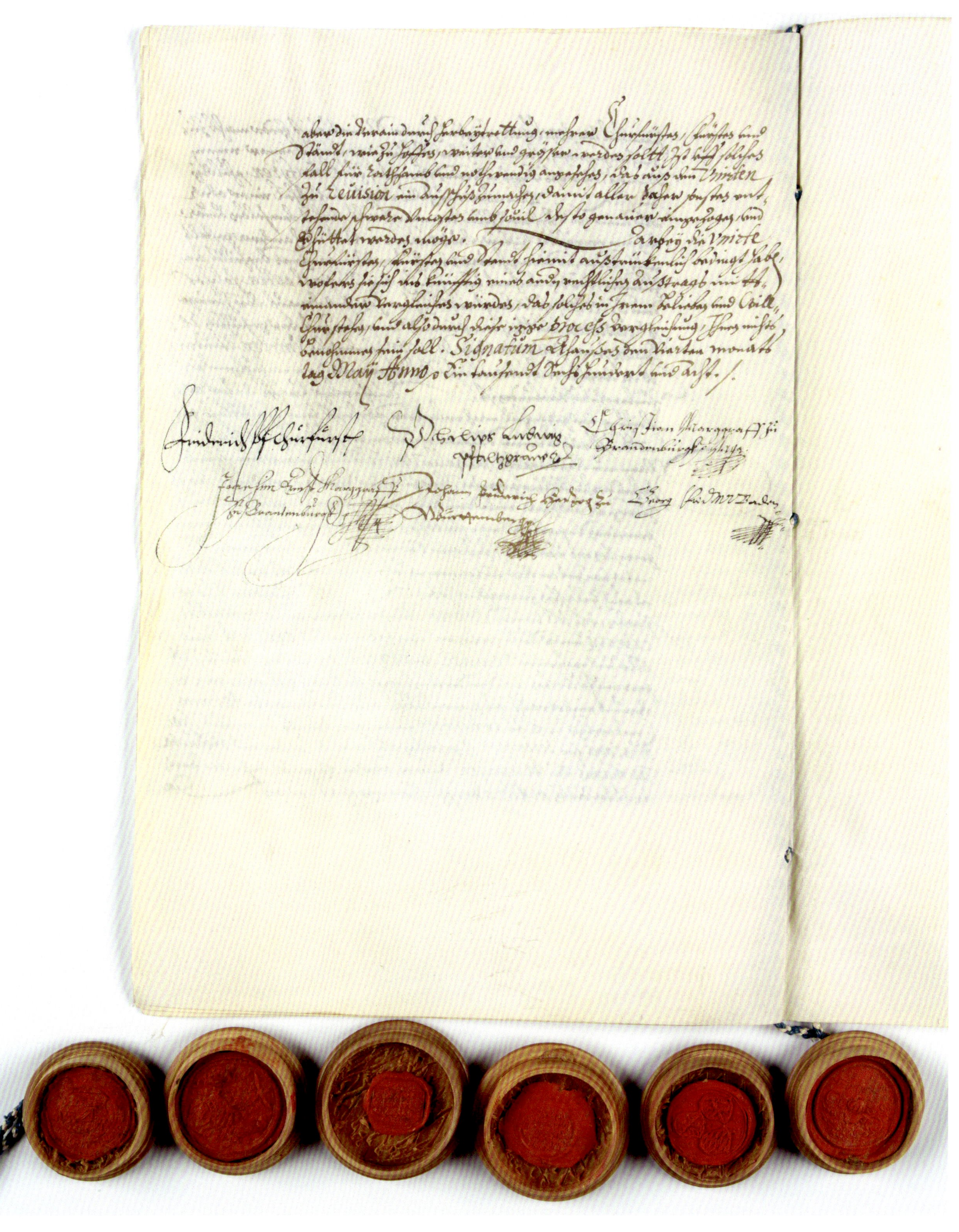

aber die Union durch herbeytrettung mehrer Churfürsten, Fürsten und Ständt, wie zu hoffen, weiter und grösser werden solt, Ist uff solchen Fall für rathsamb und nothwendig angesehen, daß auß den Uniten zu Revision ein außschuß gemacht, damit aller daher entstehende Beschwerden, Unkosten und Mängel desto genauer eingezogen und erstattet werden möge. Dargegen die Unirte Churfürsten, Fürsten und Ständt hiemit außtrücklich bedingt haben, wofern sie sich uff künfftig mit andern rechtlichen Außtrag mit einander vergleichen würden, daß solches in Irem belieben und willen stehen, und also durch diese jetzige Proceß vergleichung ihnen nichts benommen sein soll. Signatum Ahausen den vierten monats tag May Anno Ein tausendt sechshundert und acht.

Friedrich Pf Churfürst

Philips Ludwig Pfaltzgrave

Christian Marggraff zu Brandenburg

Joachim Ernst Marggraff zu Brandenburg

Johann Friderich Hertzog zu Württemberg

Georg Fr. M. z. Baden

Dynastische und politische Strategiepapiere – Die Testamente der Wittelsbacher

Susan Richter

Kurfürst Maximilian IV. Joseph von Pfalz-Bayern resümierte in seinem Testament vom 1. Juni 1802:

> „Wir treten aus dieser Welt mit dem einen Bewußseyn, das Wohl unserer Erbstaaten, und das Gute überhaupt gewollt zu haben. Wenn der Erfolg nicht überall unseren Wünschen und den Erwartungen des Publikums entsprochen hat, so wird die Geschichte die Lage, in welcher Wir uns bei dem Antritte unserer Regierung befunden, und die Hinderniße von außen und von innen, mit welchen Wir beständig zu kämpfen hatten, zu würdigen wissen. Möge meinem Sohn eine glückliche Zukunft zu theil werden!“[1]

Der Wittelsbacher Kurfürst hatte seine eigene, aber auch die Intention aller seiner Vorfahren ausgedrückt, in den letztwilligen Verfügungen ein Fazit der eigenen Regierungszeit mit politischen Ansprüchen und Zielen, allen Schwierigkeiten ihrer Realisierung und allen persönlichen Bemühungen für Haus und den Staat zu ziehen, um den Nachfolger damit gut auf seine Regierung und die familiären und konfessionellen Traditionen vorzubereiten (Abb. 1). Mit einem fürstlichen Testament entstand ein strategisches Familienpapier, das vom Verständnis des Einzelnen als Teil seines Standes und als Teil seiner altehrwürdigen Dynastie geprägt ist. Testamente dienten der intergenerationellen Kommunikation und der Weitergabe von Herrschaftswissen. Nur so waren über einen langen Zeitraum von oft mehreren hundert Jahren eine Hauspolitik und die nachhaltige Verfolgung von dynastischen und politischen Zielen möglich und die Gefahren und Krisen in Folge des Todes eines Herrschers vermieden worden. Dieses Tradieren erfolgte unter Rückgriff auf Instruktionen in Testamenten älterer Generationen. Nicht zuletzt darin lag ein wesentlicher Schlüssel zum Machterhalt einer Dynastie. Dies trifft auch auf die beiden Wittelsbacher Linien in der Pfalz und in Bayern zu.

Im Wesentlichen verfügten die Testamente der Wittelsbacher über einen anderen Fürstentestamenten vergleichbaren Aufbau, der grundsätzlich dem Urkundenschema folgte, aus dem römisch-rechtlichen Testament die Erbeinsetzung (*heredis institutio*) übernahm, über eine Kodizillarklausel und Zeugen verfügte und notariell beurkundet wurde. Die Urkunden beider Wittelsbacher Linien sind heute Bestandteil des Geheimen Hausarchivs der Wittelsbacher in München.

Während die bayerische Linie dem katholischen Glauben verhaftet blieb, wechselten im Pfälzer Kurhaus und den pfälzischen Seitenlinien die Konfessionen oftmals in jeder Generation. Dieser Gegensatz prägte die letztwilligen Verfügungen vielleicht am eindrücklichsten (Abb. 2) und brachte politische Konsequenzen hinsichtlich der Bündnispartner im Alten Reich und in Europa, des dynastischen Aufstiegs und der Versorgung der Prinzen, aber vor allem auch für das Selbstverständnis des jeweiligen Hauses und seines Führungsanspruchs im Reich mit sich.

Die Glaubensbekenntnisse katholischer Fürsten in Bayern etablierten sich bis weit in das 18. Jahrhundert ebenso fest in ihren Testamenten wie bei den teilweise protestantischen Reichsständen der pfälzischen Wittelsbacher. Sie dienten als persönliches und zugleich als öffentliches Bekenntnis, das in einer Rechtsurkunde fixiert worden war. Die Frömmigkeit gehörte zur Herrschertugend aller Fürsten. Die Reformation führte jedoch im bayerischen Teil der Wittelsbacher zur Überzeugung, einen besonderen Auftrag zur Gegenreformation erhalten zu haben. Somit lassen sich in deren Testamenten über Generationen hinweg die Befehle zur Rekatholisierung und einer spezifischen katholischen Hausfrömmigkeit mit dem im 16. Jahrhundert aus Spanien übernommenen Marienkult, der *Pietas Bavarica,* nachweisen. Die Sicherung des rechten Glaubens spiegeln auch die Testamente der katholischen Neuburger und Sulzbacher Herzöge, die im 18. Jahrhundert die Kurwürde der Pfalz innehatten. Kurfürst Carl Philipp von der Pfalz bekannte beispielsweise in seiner Verfügung vom 2. März 1742:

> „Wir leben und sterben solchenach, in dem allein seeligmachenden wahren catholischen glauben, dessen forthpflantzung Wir Uns iederzeit, nach äußersten kräfften, haben angelegen seyn lassen, in der gantzen hoffnung, daß durch die Verdiensten des Bitteren Leyden und sterbens Unseres Erlösers, und Heylands, Jesu Christi, und die Fürbitt der Allerheiligsten Mutter Gottes, Uns alle Sünden, und Verbrechen gnädiglich nachgesehen werden mögen, welche Wir zeit unseres Lebens aus Menschlicher Schwachheit, wieder Gott, Uns und Unseren Negsten begangen haben, und welche Wir von hertzen bereuen; Zu diesem grund vesten glauben, Hoffnung, und Liebe, Befehlen Wir Unsere arme Seele, in die Händte der Allerheyligsten Dreyfaltigkeit Gottes Unseres Erschaffers, Gottes Unseres Erlösers, und Gottes Unseres Seeligmachers des Heyl. Geistes.“[2]

Das Testament sollte mit dem Bekenntnis zum rechten Glauben dem Verfasser in der Tat als „Passierschein“ in den Himmel dienen. Damit hatte sich der fürstliche Testator für die Stunde seines Todes und das Er-

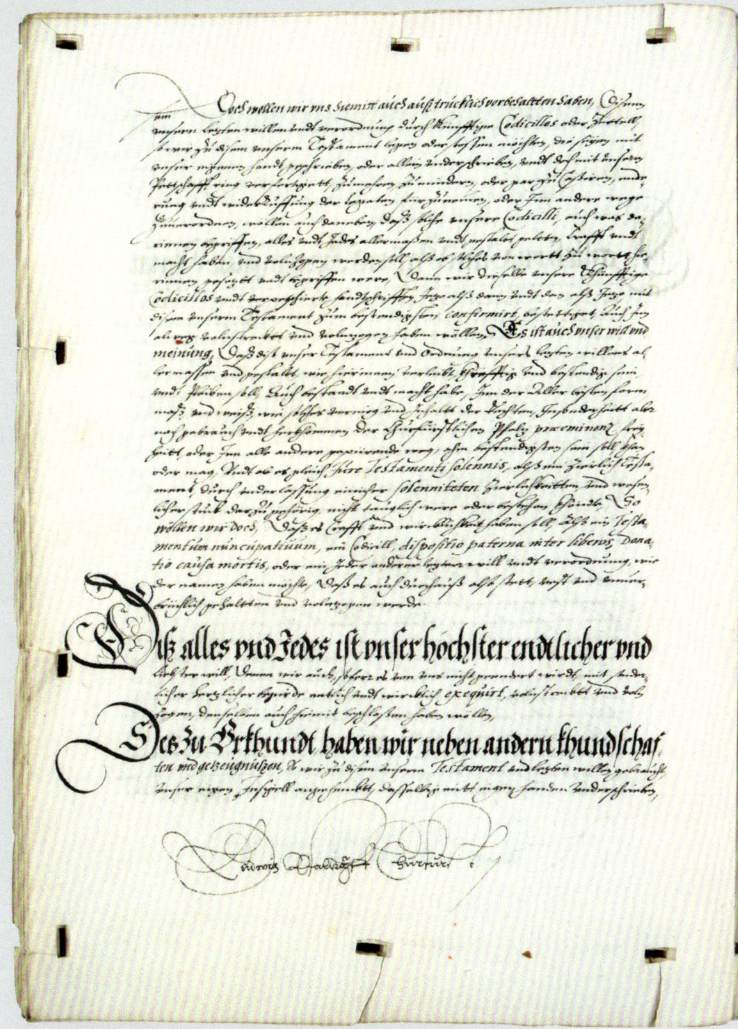

1 Testament Kurfürst Ludwigs VI. von der Pfalz, 5. Dezember 1580 | München, Bayerisches Hauptstaatsarchiv – Geheimes Hausarchiv, Hausurkunden 3058 b, fol. 16v

2 Testament mit Glaubensbekenntnis Kurfürst Friedrichs III. von der Pfalz, 29. September 1575 | München, Bayerisches Hauptstaatsarchiv – Geheimes Hausarchiv, Hausurkunde 3028

scheinen vor Gott adäquat vorbereitet, denn ein Sterbender musste drei Dinge erledigen: das Bekenntnis seines Glaubens, das Abendmahl sowie die Ordnung seiner weltlichen Angelegenheiten.

Die Erlangung des Seelenheils folgte nach Auffassung der fürstlichen Testatoren jedoch nicht allein aus dem eigenen konfessionellen Bekenntnis – vor allem nicht für die protestantischen Fürsten, denen die protestantische Kirche nach Luthers Lehre von den zwei Regimentern als *cura religionis* ihre Organisation übertragen hatte. Vielmehr ergab sich für sie aus diesem neuen Pflichtenkanon der protestantischen Obrigkeit die Obliegenheit, das von Gott verliehene, oft als schwer empfundene Amt gottgefällig auszufüllen und durch gute Herrschaft einen wesentlichen Beitrag zur göttlichen Gnade am Ende ihres Lebens zu leisten (Abb. 3). Das Verhältnis der Fürsten zu ihren Untertanen basierte auf der den Regenten zugeschriebenen Vaterrolle. Das Bild des fürstlichen Haus- und Landesvaters entstand in Anlehnung an Luthers *Großen Katechismus*. So wie sich der ideale Hauswirt und Vater von früh bis spät um die Belange des Hauses zu kümmern, als „erst[er] im haus auff“ zu sein habe und sich als „der letzte zur Ruhe legen“ dürfe, wie es in einer frühen Ökonomie aus dem Jahre 1529 heißt,[3] so solle er am Ende seines Lebens auch sein Haus bestellen und dabei – wie in seinem ganzen Leben – für das leibliche und geistliche Wohl seiner Familienmitglieder und Untertanen sorgen.

Diesem Gebot folgte auch der protestantische Herzog Wolfgang von Pfalz-Neuburg. Er wünschte in seinem Testament nicht nur seiner Gemahlin, seinen Kindern und Verwandten, sondern allen Untertanen in den beiden Fürstentümern Neuburg und Zweibrücken „die wahre Gottes Erkanntnuß“. Die Kenntnis des allein „seeligmachend[en] Evangeliums“ und seine unverfälschte Lehre in den Kirchen seiner Länder hing jedoch wesentlich von seinem Beitrag als christliche Obrigkeit ab. Diese Verantwortung für das Seelenheil seiner Familie, des Nachfolgers und der Untertanen sowie das Wissen, darüber „vor Gottes Angesicht am jüngsten Tag Red und Antwort zu geben schuldig und pflichtig zu seyn“, veranlassten ihn, mit testamentarischen Verordnungen die konfessionelle Kontinuität und damit die „ewige und zeitliche Wohlfahrt“ aller über seinen Tod hinaus anzustreben und darüber seinen Nachfolger in der Regierung, seine Familie sowie Gott zu unterrichten.[4] Aus fürstlicher Sicht hieß das, die Nachfolger mit jedem Mittel – auch juristisch – an den konfessionellen Ist-Zustand zu binden und so dessen Kontinuität langfristig zu sichern. Dafür bot ein Testament wegen seiner Eigenschaft als Rechtsurkunde die geeignete Möglichkeit.

Daneben waren letztwillige Verfügungen notwendig, um das Erbe an Land und Leuten im wittelsbachischen Besitz zu erhalten. Die darin verankerten Erbregelungen sollten aber auch nach fürstlichem Privatrecht Gültigkeit besitzen, weil die römisch-rechtliche Bestimmung, Söhnen und Töchtern gleiches Erbe oder einen Pflichtteil zu geben, inhaltlich den in den Wittelsbacher Linien bereits geschlossenen Hausverträgen mit Primogeniturregelung, die den alleinigen Erbanspruch des ältesten Sohnes stützte, entgegenstand. Die Wittelsbacher beanspruchten deshalb wie andere Reichsfürsten auch das Hoheitsrecht, in Privatsachen ohne Einhaltung des Römischen Rechts nach den Ausnahmeregelungen „testamenti principi oblati" zu bestimmen.

Nicht nur das Territorium, auch Teile des beweglichen Besitzes sollten möglichst geschlossen in der Familie verbleiben. Dieses Ziel wurde durch die Einrichtung eines Familienfideikommiss erreicht, der künftige Fürstengenerationen an die Unveräußerlichkeit von bestimmten Gegenständen (Inhalte der Waffenarsenale, wertvoller Schmuck etc.) binden sollte. Seine Verwaltung wurde deshalb eng an die Primogenitur geknüpft. Die Bestimmungen dafür nahmen die Wittelsbacher wie andere Fürsten auch in ihre Testamente auf.

Die letztwilligen Verfügungen der Wittelsbacher Fürstinnen unterscheiden sich insofern von denen ihrer Gatten und Brüder, als sie kaum politische Belehrungen, dafür aber auch ein persönliches Glaubensbekenntnis enthalten. Einer Fürstin kam in der Frühen Neuzeit traditionell die Funktion des Vorbildes gelebter Frömmigkeit und Tugendhaftigkeit zu, die sich vor allem in frommen Stiftungen oder durch ihren Lebenswandel offenbarte. Da sie ihr weltliches Wirken als Dienst an Gott verstanden wissen und diesen im Tode noch direkter fortsetzen wollten, vererbten verehelichte Wittelsbacherinnen katholischen Glaubens Klöstern oder sozialen Einrichtungen hohe Geldsummen vererbten beziehungsweise bedachten sogar die katholische Mission in China und Lateinamerika mit Kreuzen und Bibeln. Die Testamente der Frauen dienten weniger dazu, Wissen an die nächste Generation weiterzugeben. An ihnen lassen sich eher die private Vergabepraxis materieller Werte innerhalb der Familie und die Fürsorge für das Personal studieren. So sind über Generationen hinweg bestimmte Schmuckstücke von hohem persönlichen beziehungsweise religiösen Wert mit Widmungen oder auch Erwartungen an die Erbin, zumeist Töchter oder Schwiegertöchter, vergeben worden. Zugleich finden sich Anweisungen zu Ausstattungen von mittellosen Hofdamen für Eheschließungen oder deren Altersversorgung sowie Verfügungen an die Schwiegertöchter, das Personal wie Kammerfrauen, Vorleserinnen und Wäschemägde in ihre Dienste zu übernehmen.

Die Testamente der Wittelsbacher Fürsten und Fürstinnen dienten nicht nur der Besitzstandswahrung und der Weitergabe von Wissen an die nachfolgende Generation, gepaart mit selbstreflexiven Passagen zu den eigenen Leistungen, sondern die Fürsten strebten danach – wie im Eingangszitat von Kurfürst Maximilian Joseph von Bayern nachlesbar – sich mit den letztwilligen Verfügungen ein Denkmal zu setzen. Mit dem Fürstentestament war ein „papiernes Monument" der Person und Persönlichkeit aus eigener Perspektive geschaffen. Bei der feierlichen Testamentseröffnung und dem Verlesen des Letzten Willens trat diese Persönlichkeit noch einmal plastisch vor die anwesende Zuhörerschaft.

Quellen

München, Geheimes Hausarchiv, Hausurkunden 1913 (Testament Max Josephs vom 1. Juni 1802) · München, Geheimes Hausarchiv, Hausurkunden 3357 (Testament Carl Philipp vom 2. März 1742)

Literatur

Ariès 1982, v. a. S. 245 und S. 252 f. · Clemen 1911 · Testament Wolfgangs von Pfalz-Neuburg in: Patriotisches Archiv 10, 1789, S. 3–159 · Münch 1982 · Pütter 1793, S. 189–192 · Richter 2009

Anmerkungen

1 München, Geheimes Hausarchiv, Hausurkunden 1913.

2 München, Geheimes Hausarchiv, Hausurkunden 3357.

3 Ich will Haushalten (1529), in: Clemen 1911, S. 163.

4 Testament Wolfgangs von Pfalz-Neuburg und Zweibrücken, in: Patriotisches Archiv 10, 1789, S. 29 f.

3 Prunkwappen Kurfürst Ludwigs VI. von der Pfalz, 1678 | Amberg, Staatsarchiv

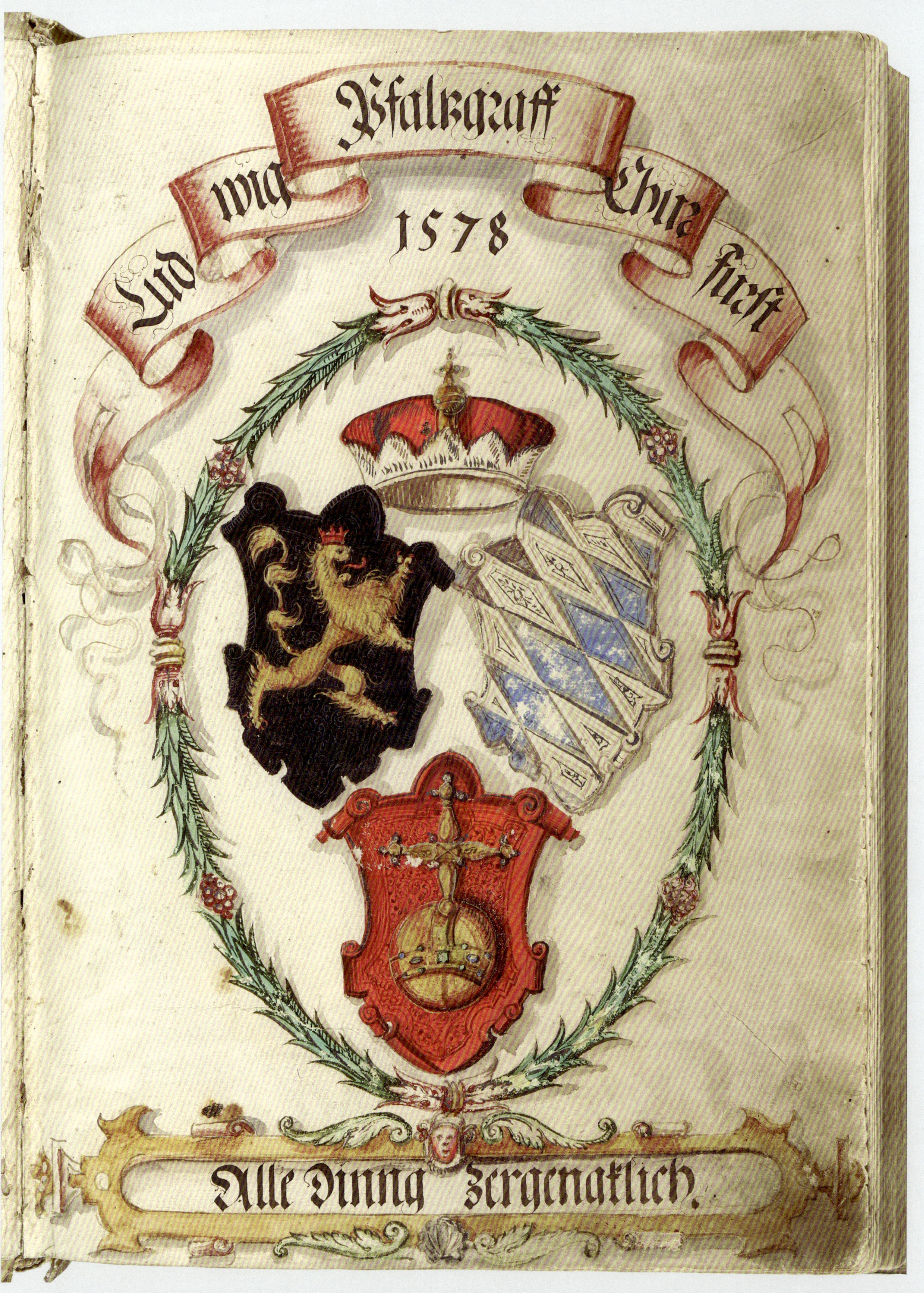
Lud wig Pfalzgraff Chur fürst
1578
Alle Dinng zergenaklich.

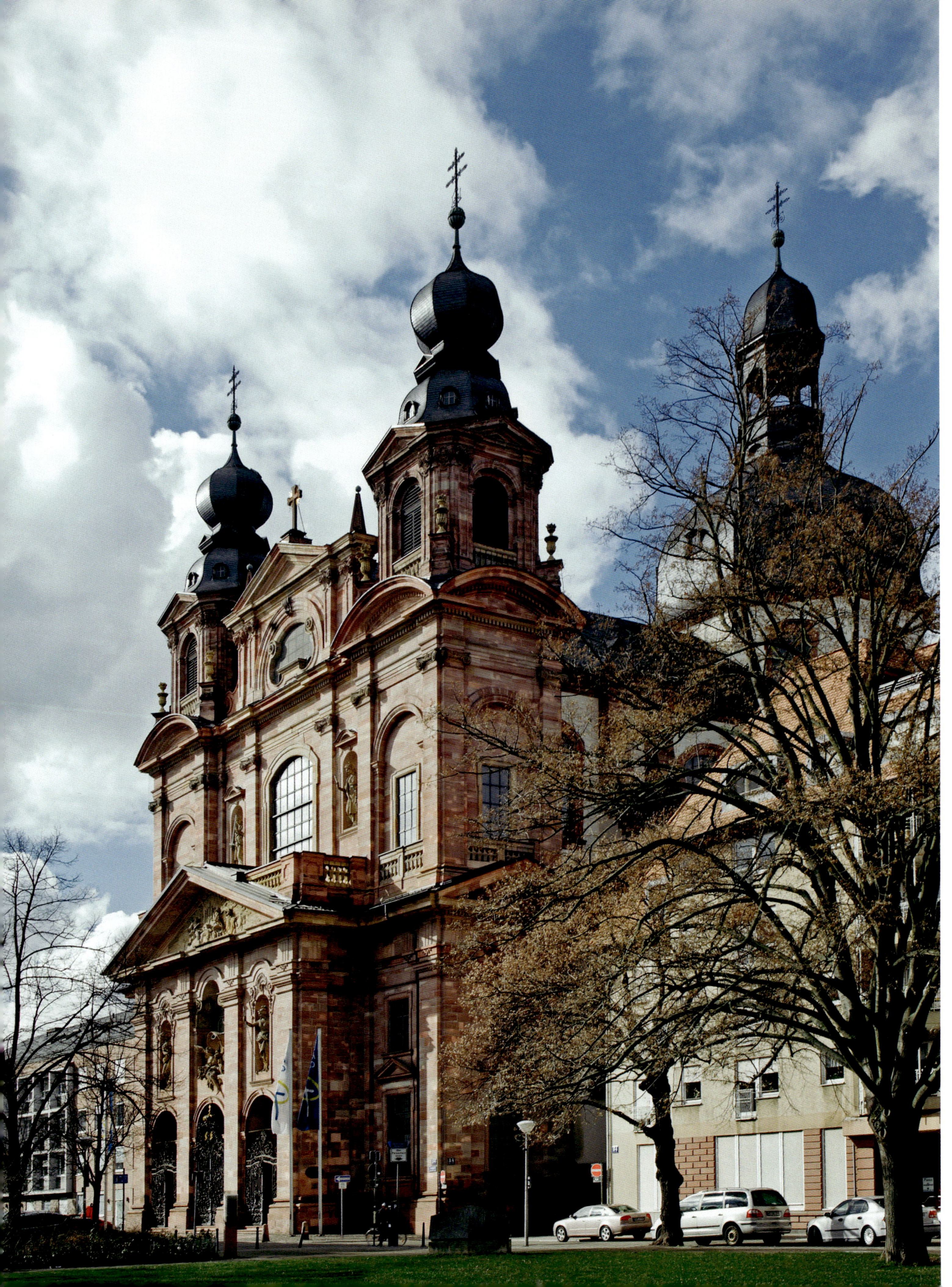

Hermann Wiegand

Die Rekatholisierung der Pfalz und die Rolle der Jesuiten

Unter den Territorien des alten Reiches gehörte die alte Kurpfalz zu denen, die häufige Konfessionswechsel zu verkraften hatten. Erst verhältnismäßig spät der Reformation zugeneigt, wurde sie unter Kurfürst Friedrich III. (1559–1576) schließlich – mit dem kurzen lutherischen Intermezzo in den Hauptlanden unter seinem Sohn Ludwig VI. (1576–1583) – zu dem wichtigsten calvinistisch-reformierten Flächenstaat des Heiligen Römischen Reiches, bis mit Kurfürst Philipp Wilhelm (1685–1690) die katholische Linie des Hauses Pfalz-Neuburg bzw. Pfalz-Sulzbach einen radikalen Kurswechsel vollzog (Abb. 2). Im Unterschied zu seinem konfessionell eher duldsamen Vater war der letzte Kurfürst aus der Linie Simmern, Karl II. (1680–1685), unter dem Einfluss seines Lehrers Paul Hachenberg entschiedener Calvinist. Da seine Ehe mit der ungeliebten dänischen Prinzessin Wilhelmine Ernestine kinderlos blieb, war ihm bewusst, dass nach dem Aussterben der simmerschen Linie die seit 1614 katholische Linie Pfalz-Neuburg das Erbe in der Kurpfalz antreten werde. Seit 1683 verhandelten Karls Räte mit denen des Pfalz-Neuburgers Philipp Wilhelm, der in Düsseldorf residierte (1685–1690), um die durch den Westfälischen Frieden garantierten Rechte der Protestanten zu sichern. Im Haller Rezess von 1685 einigten sich die beiden Parteien nicht zuletzt unter dem Eindruck der französischen Politik, die einen immer expansionistischeren Charakter annahm und befürchten ließ, dass Frankreich gegen den Ehevertrag mit dem Bruder König Ludwigs XIV. im Namen von Karls Schwester Liselotte auf kurpfälzisches Territorium Ansprüche erheben werde. Allerdings musste Karl den Katholiken größere Zugeständnisse machen als ihm lieb war. Zwar wurden die konfessionellen Regelungen des Westfälischen Friedens beibehalten und die Stellung der protestantischen Amtsträger in Kirche und Schule garantiert. Aber Beamtenstellen sollten auch Katholiken erhalten können, ebenso Professuren an der Heidelberger Universität mit Ausnahme der Theologischen Fakultät, die ausschließlich Angehörigen der reformierten Konfession offen stehen sollte. Philipp Wilhelm verpflichtete sich zudem zur Übernahme reformierter Regierungsbediensteter. Da aber Karl den Haller Rezess vor seinem Tod nicht mehr selbst unterzeichnen konnte, anerkannte Philipp Wilhelms Nachfolger Johann Wilhelm (1690–1716) nicht mehr alle Bestimmungen, da sie nur für seinen Vater, nicht aber für ihn selbst bindend seien.

1 Ansicht der Jesuitenkirche Mannheim

Unmittelbar nach dem Tod Karls II. nahm der Kommandant der Festung Philippsburg als Vertreter des Kaisers die Kurpfalz für den katholischen Fürsten Philipp Wilhelm in Besitz. Dieser erklärte, sich buchstabengetreu an den Haller Rezess halten zu wollen, verfügte aber für seine katholischen Untertanen freie Religionsausübung. Indessen zeigte aber schon die von den Protestanten mit großer Empörung aufgenommene Berufung der Jesuiten nach Heidelberg 1686, ebenso die der Kapuziner, dass der neue Kurfürst den Katholizismus entschieden fördern wollte. Dies bedeutete eine klare Zäsur in der kurpfälzischen Religionspolitik seit 1556. Die zuvor nur den Angehörigen der protestantischen Konfessionen zugängliche Eintrachtskirche in Mannheim stand nun auch den Katholiken offen. Philipp Wilhelm konnte sich dabei sogar auf den Willen ihres Stifters berufen. Der verheerende Pfälzische Erbfolgekrieg, in dem weite Teile der Pfalz erneut verwüstet wurden, hatte konfessionspolitisch die Folge, dass die von den Franzosen vorgenommene Rekatholisierung in der linksrheinischen Pfalz, vor allem im Oberamt Germersheim, durch die sogenannte Rijswijker Klausel des Friedens von 1697 erhalten blieb. Der Erbfolgekrieg bot den neuen katholischen Kurfürsten überhaupt die Möglichkeit, den Konfessionsstand gegen den Haller Rezess ohne allzu großes Aufsehen zugunsten der Katholiken zu verändern. Bereits 1687 hatte Philipp Wilhelm mit dem Würzburger Bischof einen geheimen Vertrag geschlossen, der die Förderung der katholischen Konfession durch die Entsendung von Priestern und Lehrern zum Inhalt hatte. Da die Franzosen gegen den Protest des Heidelberger reformierten Kirchenrates bereits während der Feldzüge Kirchen auch im rechtsrheinischen Gebiet, unter anderem in Ladenburg und Weinheim, den Katholiken übereignet hatten, brauchte Kurfürst Johann Wilhelm nach dem Krieg nur an diese Politik anzuknüpfen. 1698 räumte er, nicht zuletzt um die beiden protestantischen Konfessionen zu schwächen, den Lutheranern, die bisher dem reformierten Kirchenrat unterstanden hatten, ein eigenes Konsistorium ein und erwarb sich so Sympathien bei den lutherischen Reichsfürsten. Im gleichen Jahr verordnete er durch das Simultaneum, dass die Kirchen des Landes allen drei christlichen Konfessionen zur Verfügung stehen sollten. Die neu errichteten katholischen Kirchen waren freilich davon ausgenommen – ein klares Signal des Kurfürsten, dass er seine eigene Konfession

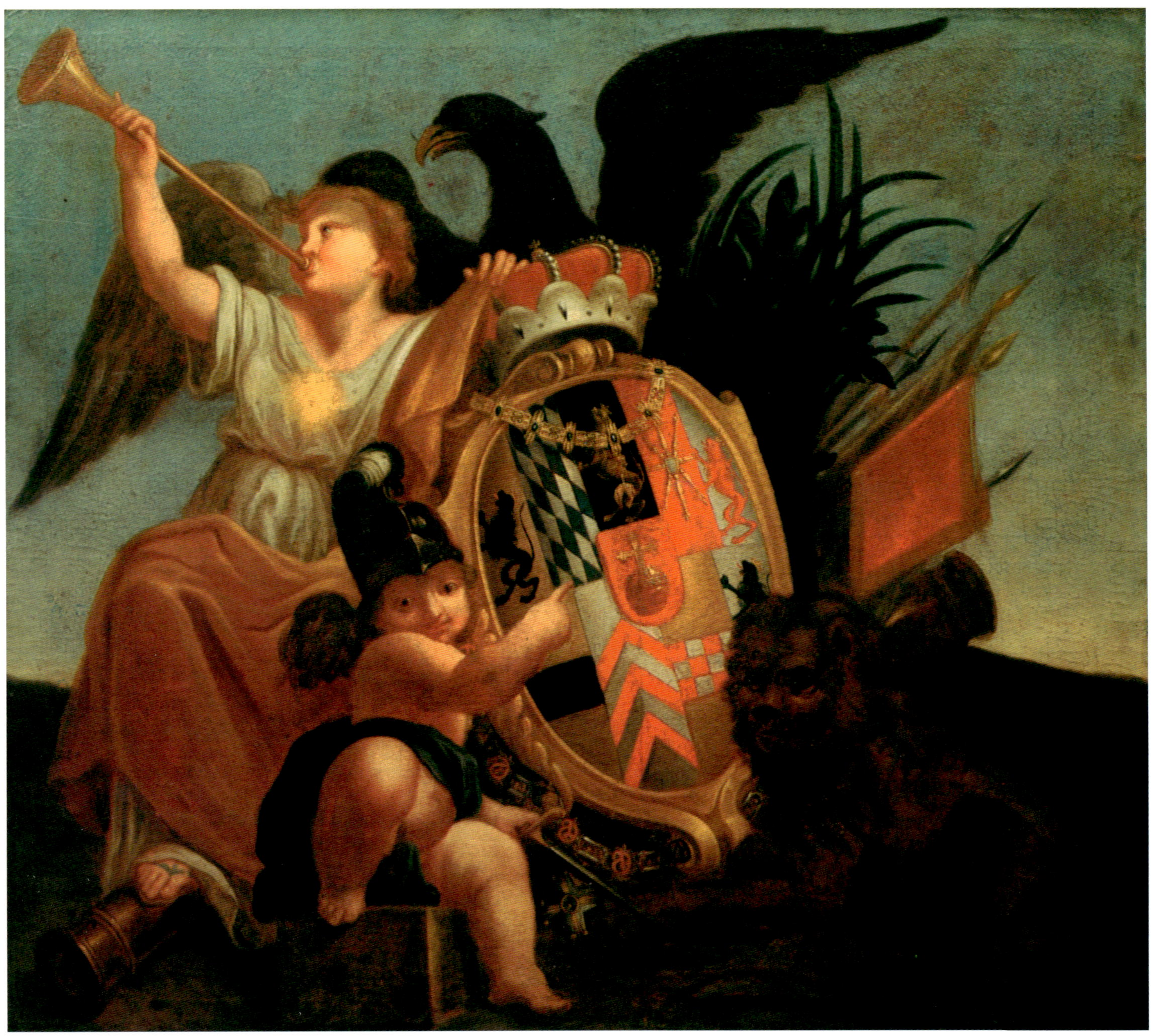

2 Der Ruhm des Hauses Pfalz-Neuburg, Gemälde, Öl auf Leinwand, 1708/1716 I München, Bayerische Verwaltung der staatlichen Schlösser, Gärten und Seen

entschieden zu fördern gedachte. Die Bestimmung betraf 200 reformierte und 40 lutherische Kirchen, in denen zum Teil Trennmauern errichtet wurden. Da der Gottesdienst aller Konfessionen in den entsprechenden Gemeinden in der gleichen Kirche stattzufinden hatte, führte dies nicht selten zu großen Misshelligkeiten, etwa wenn die Konfessionen sich nicht an die vereinbarten Gottesdienstzeiten hielten, wie dies etwa zu Weihnachten 1700 in der Mannheimer Provisionalkirche geschah. Der deutschreformierte Pfarrer Johann Peter Müller geriet dabei in Streit mit einem Kapuzinerpater, weil dieser darauf beharrte, die Kirche stehe ihm ab zwei Uhr für eine Andacht zur Verfügung. Eine Reihe von Maßnahmen wurde von den Protestanten als Schikanen empfunden, so die Bestimmungen, dass auch Protestanten bei Versehgängen und Prozessionen der Katholiken den Hut abzunehmen und vor der Monstranz zu knien hätten. Nach heftigen Protesten verfügte ein Religionsdekret, dass solche Prozessionen künftig durch Glocken anzukündigen seien, um den Protestanten die Möglichkeit zu geben, die Straßen vorher zu verlassen. 1701 schließlich verfügte der Kurfürst gegen die Bestimmungen des Westfälischen Friedens, die den Katholiken in der Kurpfalz nur private Religionsausübung in ihren Häusern (*devotio domestica*) zugestanden hatten, die Gewissensfreiheit und das öffentliche Religionsexercitium für alle Konfessionen. Als Begründung führte er an, die Bestimmungen dieses Vertrages seien missverstanden worden. Denn die Klausel, die pfälzischen Reformationsverhältnisse seien in den Zustand *ante motus Bohemicos* („vor den böhmischen Wirren", das heißt dem Ausbruch des Dreißigjährigen Krieges) zu versetzen, bedeute nicht die vollständige Restauration der calvinistischen Staatskirche, sondern impliziere das Reformationsrecht des Kurfürsten.

Der protestantische Heidelberger Kirchenrat wandte sich mehrfach, um seine Rechte zu wahren, an den Kurfürsten von Brandenburg, die Niederlande und England als Schutzmächte der Pfälzer Protestanten. Dies führte zu ernsten Verstimmungen, da der Kurfürst darin als absolutistischer Fürst einen klaren Loyalitätsbruch sah. Die Spannungen konnten nach langen Verhandlungen einer gemischt konfessionellen Kommission im Einvernehmen mit Brandenburg-Preußen erst durch die pfälzische Religionsdeklaration von 1705 einigermaßen entschärft werden. Kirchen und Kirchenvermögen wurden zwischen Reformierten und Katholiken im Verhältnis 5:2 geteilt, die Lutheraner gingen leer aus, durften aber ihr eigenes Konsistorium behalten. In dem durch die Politik der französischen Besatzungsmacht mehrheitlich katholisch gewordenen Germersheimer Oberamt erfolgte die Teilung zu Gunsten der Katholiken im Verhältnis 2:1. Schon 1699 war die Verfügungsgewalt des reformierten Kirchenrates über das Kirchenvermögen dadurch geschwächt worden, dass das Kirchengut der kurfürstlichen Verwaltung unterstellt wurde. Gleichwohl erwies sich die Religionsdeklaration, die die Bestätigung der vollen Gewissens- und Kultfreiheit für alle drei christlichen Konfessionen enthielt, für das 18. Jahrhundert als einigermaßen tragfähiger Kompromiss, wenngleich die Reformierten immer wieder über einseitige Begünstigung der Katholiken klagten. In der Tat versuchten die beiden letzten katholischen Kurfürsten Carl Philipp (1716–1742) und Carl Theodor (1743–1799) tatkräftig ihre eigene Konfession zu unterstützen. Besonders Carl Philipp, in Neuburg Zögling des bekannten Jesuitendichters Jakob Balde, begünstigte entschieden den Jesuitenorden. Bereits während seiner Tätigkeit als kaiserlicher Statthalter in Innsbruck hatte sich Carl Philipp sogar als den Jesuiten zugehörig betrachtet. Als er dann etwa 1718 seine Residenz von Düsseldorf bzw. Neuburg nach Heidelberg verlegte, kam es zum offenen Konflikt, weil der Kurfürst die bisher simultan genutzte Heiliggeistkirche als Hofkirche seines Hauses ganz für die katholische Konfession beanspruchte. Die Reformierten wollten dagegen die Kirche wegen ihres symbolischen Wertes für die Reformation nicht vollständig den Katholiken überlassen. Dazu kam, dass der Heidelberger Katechismus mit kurfürstlichem Druckprivileg erschien, der Kurfürst aber die Glosse zur 80. Frage, in der das katholische Messopfer als „vermaledeite Abgötterei" geschmäht wurde, nicht hinnehmen wollte und den Druck bzw. die Verbreitung der Schrift verbot. Der protestantische Kirchenrat wandte sich erneut an die Schutzmächte, und selbst der Kaiser, der keinen konfessionellen Hader wünschte, zwang seinen Schwager Carl Philipp (Abb. 3) zum Einlenken. Über das in seinen Augen extrem illoyale Verhalten der Heidelberger Protestanten verärgert, verlegte Carl Philipp seine Residenz nach Mannheim, wo schon Johann Wilhelm am Marktplatz eine mit dem Rathaus verbundene katholische Pfarrkirche hatte errichten lassen. Freilich war dies kaum der einzige Grund, die Residenz zu verlegen, bot im Horizont der Zeit die Rheinebene doch entschieden bessere Möglichkeiten, dem fürstlichen Repräsentationsbedürfnis mit einer weiträumigen Schlossanlage zu dienen. Beherrscht vom Schloss und der Schlosskirche – heute im Besitz der altkatholischen Gemeinde – und vor allem der mächtigen Jesuitenkirche (Abb. 1 und 6) mit dem anschließenden Kolleg und dem Gymnasium als Pflanzschule der katholischen Intelligenz wurde so die Mannheimer Oberstadt ähnlich wie die Heidelberger Kernstadt mit der Jesuitenkirche und dem Jesuitenkolleg zu der neuen, sichtbar

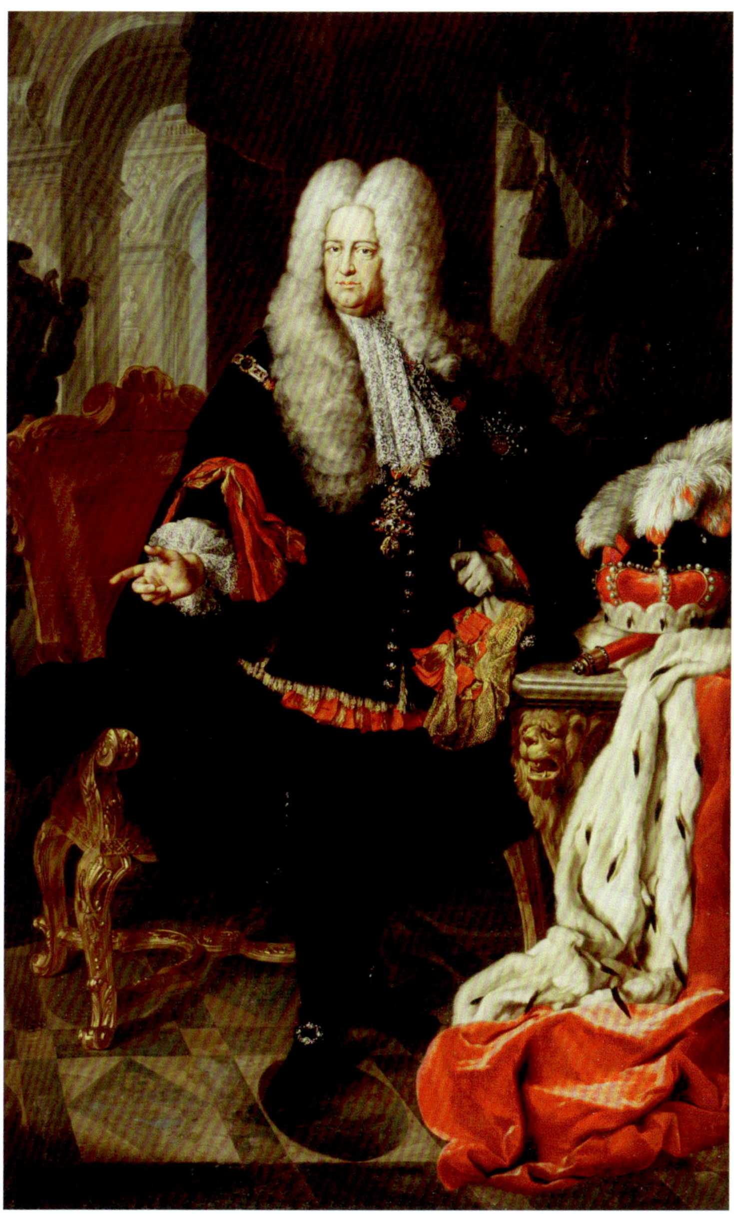

3 Jan Philipps von der Schlichten: Kurfürst Carl Philipp von der Pfalz, 1729, Öl auf Leinwand | Kurpfälzisches Museum der Stadt Heidelberg, G 1861

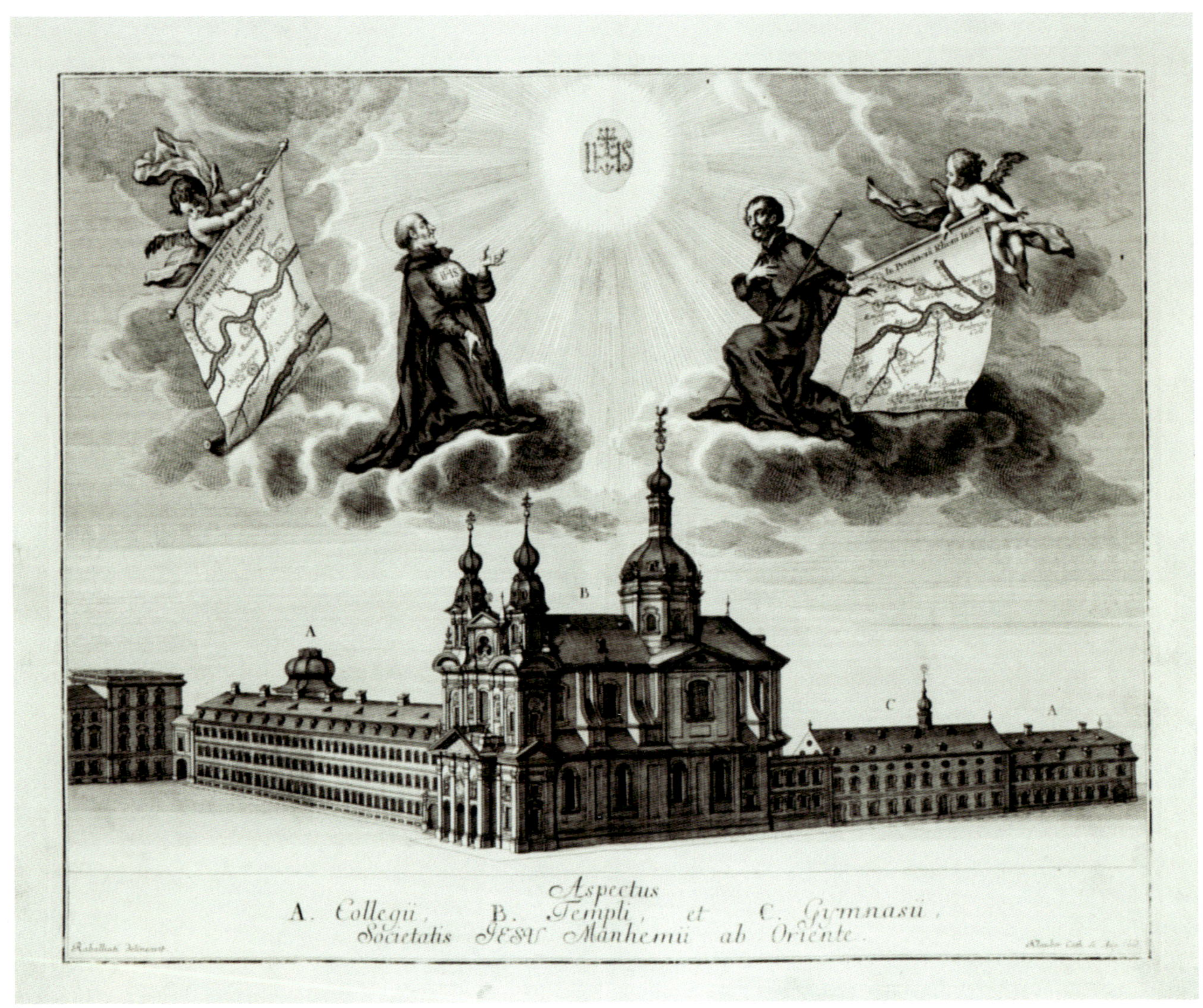

4 Darstellung der Jesuitenkirche (Scenographie) mit den Schutzpatronen, Titelkupferstich aus: Basilica Carolina, 1760 | Reiss-Engelhorn-Museen Mannheim

katholisch geprägten kurpfälzischen Residenz. In einer monumentalen Festschrift zur Einweihung der Mannheimer Jesuitenkirche von 1760, betitelt *Basilica Carolina* (Abb. 4 und 5), feierten die Jesuiten die enge Verbindung des Hauses Pfalz-Neuburg mit ihrem Orden seit der Konversion Wolfgang Wilhelms 1614 vom Luthertum zum katholischen Glauben. Die Jesuiten, die schon in Neuburg die Brüder Johann Philipp und Carl Philipp erzogen hatten und denen sich beide eng verbunden fühlten, schienen Außenstehenden die geistige Lage so sehr zu dominieren, dass einem anonymen Beobachter das Mannheim der katholischen Kurfürsten als „Neues Jerusalem" erschien, eine spöttisch gemeinte Bezeichnung, die das jesuitische Selbstverständnis, in der Hauptstadt der Kurpfalz ein „Neues Jerusalem" zu errichten, karikierte. Obwohl er sich zeitweilig mit dem französischen Aufklärer Voltaire schmückte, vergaß auch Carl Theodor nie, dass er von Jesuiten erzogen worden war. Beide Kurfürsten ließen sich von jesuitischen Beichtvätern, darunter dem auch in Rom einflussreichen Pater Seedorf, beraten, und beide förderten nach Kräften den katholischen Kultus, die Schulorden und die öffentlichen Manifestationen des katholischen Glaubens wie etwa die Fronleichnamsprozession, an der sie selbst aktiv teilnahmen. Die Jesuiten prägten mit ihren Gymnasien in Heidelberg, Mannheim und Neustadt an der Haardt, welche die katholischen Kurfürsten seit Johann Wilhelm tatkräftig ebenso wie die Kollegien unterstützten, wesentlich das geistige Klima in der Pfalz. Mit ihren regelmäßigen Theateraufführungen wirkten sie etwa weit über den Raum der katholischen Kirche hinaus. Ihre Schulen genossen einen so guten Ruf, dass auch Protestanten ihnen ihre Söhne anvertrauten. Mit ihrer Seelsorge und karitativen Tätigkeit kümmerten sie sich insbesondere auch um die Unterschichten, unter deren Angehörigen sie nicht wenige zur Konversion bewegen konnten. Eine Gestalt wie Pater Matthäus Vogel (1695–1766) etwa verkörperte durch seine viel gerühmte karitative Tätigkeit den tridentinischen Katholizismus ebenso wie durch seine weitläufige schriftstellerische Tätigkeit, aus der ein bis in das 20. Jahrhun-

64

DOMUS PALATINÆ
GLORIA A REGNO
EX
CONSANGUINITATE, ET AFFINITATE
CUM
SUMMIS EUROPÆ PRINCIPIBUS, ET MONARCHIS.

EXEGESIS HISTORICA.

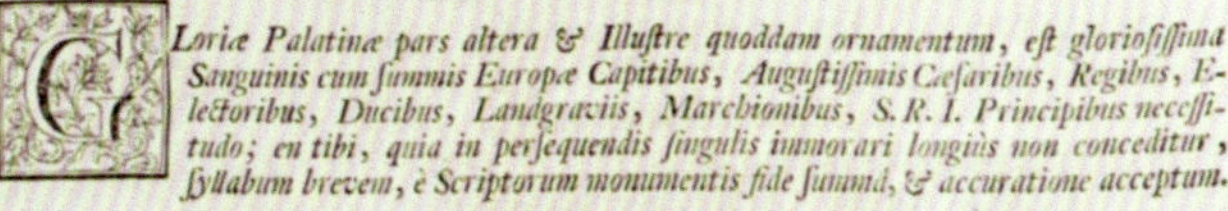
Loriæ Palatinæ pars altera & Illuſtre quoddam ornamentum, eſt glorioſiſſima Sanguinis cum ſummis Europæ Capitibus, Auguſtiſſimis Cæſaribus, Regibus, Electoribus, Ducibus, Landgraviis, Marchionibus, S. R. I. Principibus neceſſitudo; en tibi, quia in perſequendis ſingulis immorari longiùs non conceditur, ſyllabum brevem, è Scriptorum monumentis fide ſummâ, & accuratione acceptum.

CUM AUGUSTISSIMIS IMPERATORIBUS ROMANORUM.

Carolo Magno *ejúsque Poſteris* Ludovicis, Lothariis, Carolis, Pipinis, Bernardis &c. *Imperatoribus, Regibus Franciæ & Italiæ.* Anno 742.
Ottonibus I. II. III. *per B.* Mathildem, *I. Neptem, II. Filiam, III. Sororem, Conjugem* Ehrenfridi *Com. Palat.* 1160.
Friderico I. *Imperatore, per* Conradum *Com. Palat. Rhen. Fratrem Goslariæ inveſtitum.* 1156.
Conrado III. *per* Gertrudem *Filiam, cum* Hermanno *II. Com. Palat.* 1191.
Conrado IV. *per* Eliſabetham *Conjugem, Filiam* Ottonis *illuſtris.* 1270.
Rudolpho I. *per* Mechtildem *Filiam, cum* Ludovico *ſevero Elect. Palat.* 1274.
Ludovico V. *Bavaro, Filio* Ludovici *ſeveri Elect. Palat.* 1314.
Adolpho. *per* Mechtildem *Filiam, cum* Rudolpho *I. Elect. Palat.* 1315.
Carolo IV. *per* Annam, *Viduam* Rudolphi *I. Elect. Palat.* 1355.
Ruperto III. *Filio* Ruperti *II. Elect. Palat.* 1401.
Ferdinando III. *per* M. Annam *Filiam cum* Joanne Wilhelmo *Elect. Palat.* 1678.
Leopoldo I. *per* Eleonoram, *Filiam* Philippi Wilhelmi *Elect. Palat.* 1676.
Joſepho I. & Carolo VI. *per eandem* Eleonoram *utriúsque Matrem.*
Carolo VII. *per* Leopoldinam *Filiam* Philippi Wilhelmi *Com. Palat. Neoburg. cum* Ferdinando *Duce Bav.* Caroli *Fratre* 1719.
Et M. Annam *Filiam* Joſephi *Ducis Solisb. Com. Palat. cum* Clemente *Bav. Duce,* Caroli *VII. ex* Ferdinando *Fratre, Nepote* 1742.
Franciſco I. *per* M. Thereſiam *Filiam* Caroli VI. Eleonoræ *Neptem.* 1736.

CUM SERENISSIMIS REGIBUS.
ANGLIÆ.

Per Mechtildem *Filiam N. Regis Angliæ cum* Rudolpho *I. Elect. Palat.* 1316.
Blancam. *Filiam* Henrici *IV. Regis cum* Ludovico *III. Elect. Palat.* 1439.
Eliſabetham. *Filiam* Jacobi *Regis, cum* Friderico *V. Elect. Palat.* 1613.

ARRAGONIÆ.

Per Ottonem II. *Com. Palat. cum* Hazigâ, *Filiâ N. Regis Arragoniæ.* 1079.
Beatricem. *Filiam* Friderici *Regis Arragoniæ & Siciliæ cum* Ruperto *II. Electore Palatino.* 1398.

BOHE-

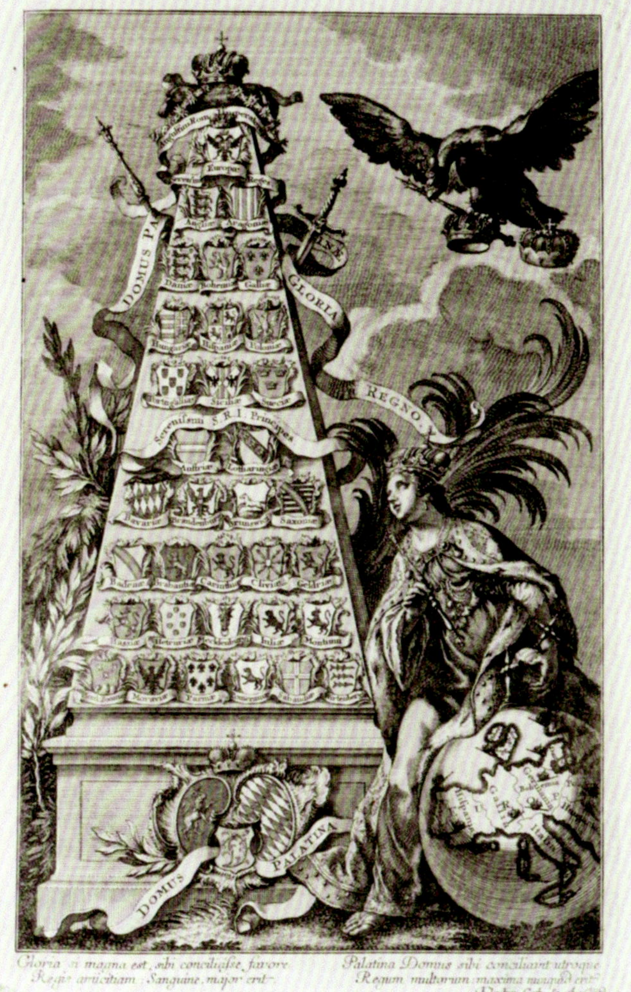

5 Domus Palatinae, aus: Basilica Carolina, 1760 | Reiss-Engelhorn-Museen Mannheim

dert immer wieder bearbeitetes und in weit über einhundert Auflagen verbreitetes *Leben und Sterben derer Heiligen Gottes* (zuerst 1764) herausragt, in dessen erster Auflage eine scharfe Konfessionspolemik zu lesen ist (Abb. 7). Sie ist entschieden gegen Martin Luthers Ablehnung der Heiligenverehrung gerichtet. Auch in Vogels Fürsorge für die 1729 von Pfalzgraf Joseph Karl Emmanuel, einem Schwiegersohn Kurfürst Carl Philipps, gestiftete Loreto-Kapelle in Oggersheim kommt eine noch ganz barock getönte Frömmigkeit zum Ausdruck, ebenso in seiner Bearbeitung des Katechismus von Petrus Canisius und in lateinischen Schriften für die Schüler des Jesuitengymnasiums. Ganz in der lateinisch geprägten Welt des Jesuitenordens wurzelt der Fabeldichter und Gegner der französischen Aufklärung, vor allem Voltaires, François Terrasse Desbillons (1711–1789), ein 1764 aus Frankreich exilierter Jesuit (Abb. 8), dem seine lateinischen *Fabulae Aesopiae* den Ruf eines lateinischen La Fontaine eintrugen. Jene wurde 1768 in einer prachtvollen Ausgabe von der kurfürstlichen Hofdruckerei publiziert. In lateinischen Lehrgedichten wie den *Monita philosophica* oder *Carmen de pace Christiana* machte Desbillons seinem Widerwillen gegen die Philosophie der Aufklärung Luft, die ihm die Grundlagen der christlichen Gesellschaft Europas zu untergraben schien. Seine lebenslang mit großer Energie zusammengetragene Bibliothek enthält zahlreiche Ausgaben der klassischen antiken und neulateinischen Dichtung, aber auch die meisten Werke der französischen Aufklärer, die zu bekämpfen Desbillons sich neben seinen dichterischen Arbeiten zur Lebensaufgabe machte. Sie bildet heute den wichtigsten Bestand alter Drucke der Mannheimer Universitätsbibliothek.

Dass freilich der Jesuitenorden in der Kurpfalz kein monolithischer Block war, zeigt eine Figur des Übergangs wie Anton (von) Klein (1746–1810), der von der Aufklärung nicht unberührt blieb. Er bemühte sich – gegen die Tradition des Ordens und gegen den Widerstand von Ordensgenossen im Mannheimer Kolleg – um die Förderung der deutschen Sprache im Unterricht des Mannheimer Jesuitengymnasiums

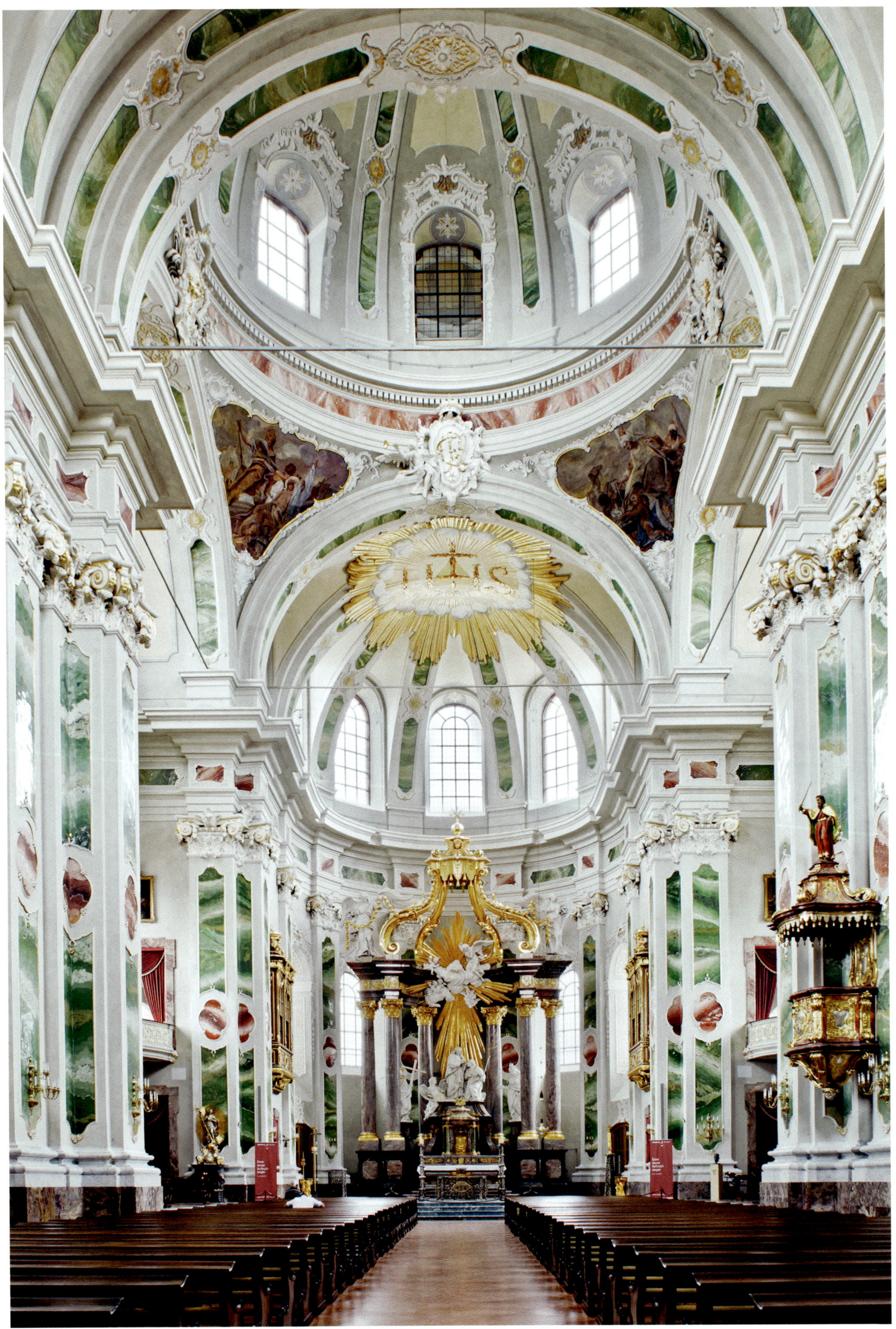
IHS

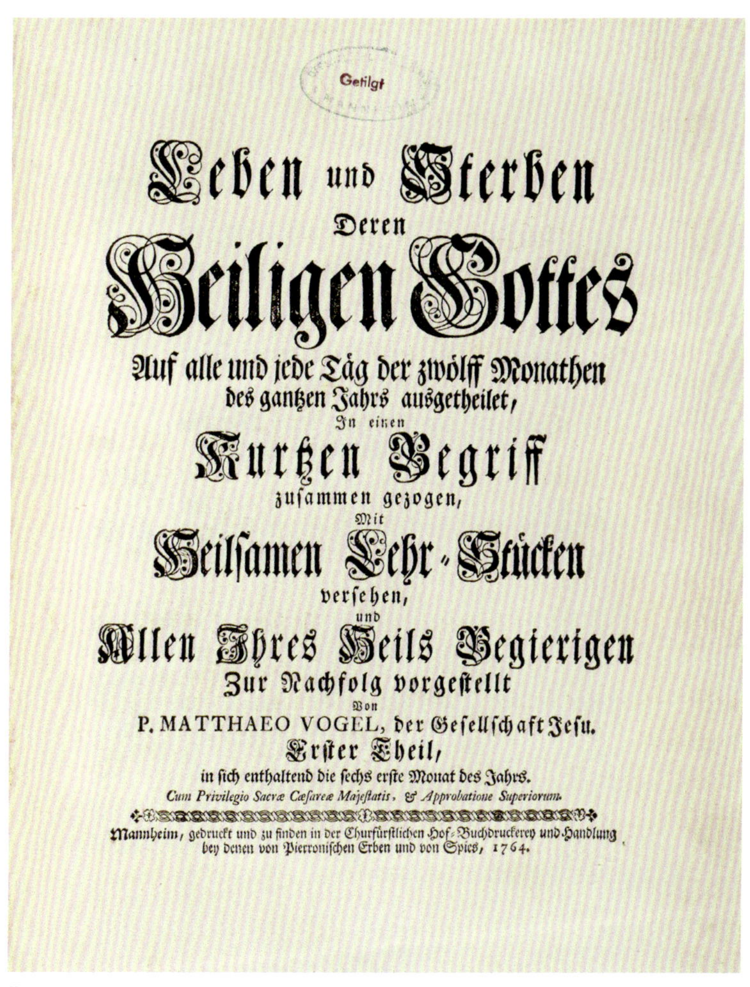

Leben und Sterben
Deren
Heiligen Gottes
Auf alle und jede Täg der zwölff Monathen
des gantzen Jahrs ausgetheilet,
In einen
Kurtzen Begriff
zusammen gezogen,
Mit
Heilsamen Lehr-Stücken
versehen,
und
Allen Ihres Heils Begierigen
Zur Nachfolg vorgestellt
Von
P. MATTHAEO VOGEL, der Gesellschaft Jesu.
Erster Theil,
in sich enthaltend die sechs erste Monat des Jahrs.
Cum Privilegio Sacræ Cæsareæ Majestatis, & Approbatione Superiorum.
Mannheim, gedruckt und zu finden in der Churfürstlichen Hof-Buchdruckerey und Handlung bey denen von Pierronischen Erben und von Spies, 1764.

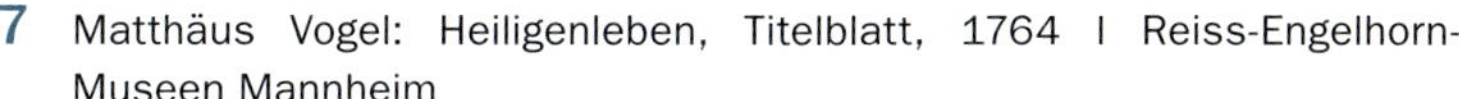

7 Matthäus Vogel: Heiligenleben, Titelblatt, 1764 I Reiss-Engelhorn-Museen Mannheim

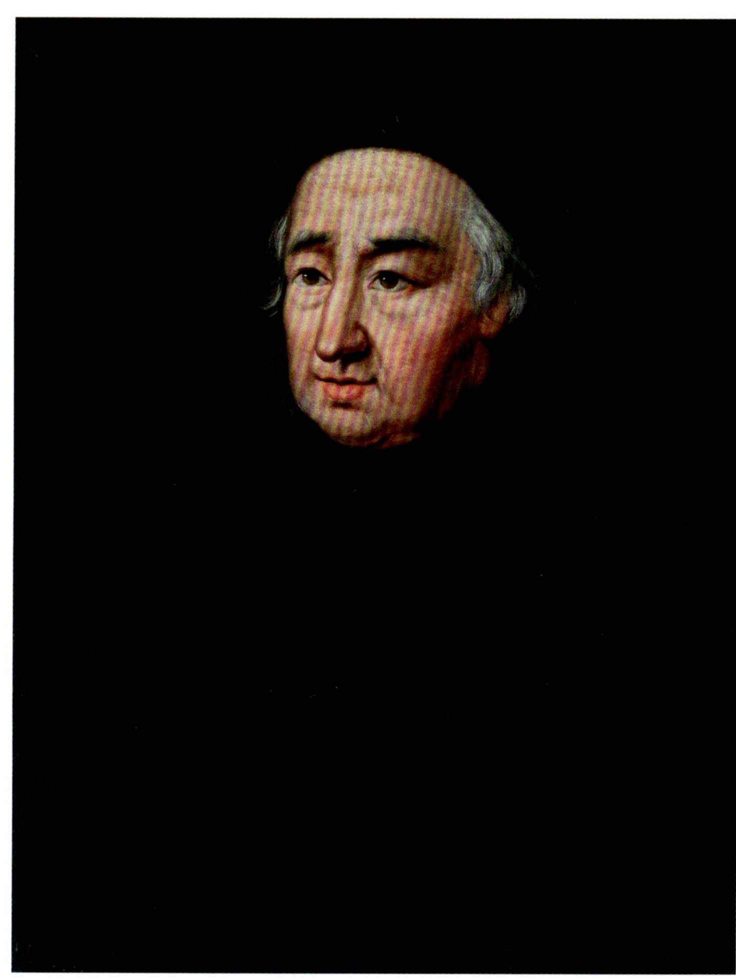

8 Johann Jacob de Lose (Delose): François-Joseph Desbillons, 1789 (?), Öl auf Leinwand I Mannheim, Karl-Friedrich-Gymnasium

und schrieb anstelle der bis dahin üblichen lateinischen Theaterstücke erstmals auch solche in deutscher Sprache. Von besonderem Interesse ist darunter ein Stück *Das triumphirende Christentum im Grossmogolischen Kaiserthum* von 1770, in dem das Lessing'sche Thema aus *Nathan der Weise*, nämlich der Wettstreit der Weltreligionen, thematisiert wird. Freilich geht der Jesuit Klein noch selbstverständlich vom Sieg des Christentums in diesem Wettstreit aus. Klein wird übrigens das Libretto der ersten deutschen „Nationaloper" *Günther von Schwarzburg* verdankt. Die wesentlich bedeutendere Musik stammt von Ignaz Holzbauer. Nach der Aufhebung des Jesuitenordens 1773 war Klein, der die Gunst des Kurfürsten genoss, in Mannheim unter anderem als Professor, erfolgreicher Verleger und Kunstsammler tätig.

Dem Einfluss der Jesuiten gegenüber hatte der reformierte Kirchenrat, der mit Carl Theodor wiederholt in heftige Konflikte – etwa in den Jahren 1753 bis 1755 und 1773/74 wegen Ämterkaufes – geriet, einen sehr schweren Stand. Er musste sich damit begnügen, den Besitzstand der reformierten Kirche einigermaßen halten zu können. Erst mit dem Übergang der Kurpfalz an Baden endete die „katholische Periode" der neueren kurpfälzischen Geschichte. Die neue, lutherisch geprägte großherzoglich-badische Regierung bemühte sich, schon um bei ihren nunmehr mehrheitlich katholischen Untertanen keinen Anstoß zu erregen, um ein friedliches Miteinander der drei christlichen Konfessionen. Durch die badische Kirchenunion der lutherischen und reformierten Kirche 1821 standen sich schließlich nur noch die katholische und evangelische Konfession gegenüber.

6 Innenraum der Jesuitenkirche Mannheim

Literatur

Albert/Saltin 2012 · Burkhardt/Habermehl 2008 · Duhr 1928 · Legler 1997 · Schaab 1966 · Schaab 1992 · Schaab 1994 · Shouwink 2009 · Stockert 2013 · Weich 1997 · Wennemuth 1996, S. 5–49 · Wennemuth 1996 · Wiegand 1999 · Wiegand 2000, besonders S. 167–224 · Wiegand 2006 · Wiegand 2013 · Wolgast 1999 · Wolgast 2000

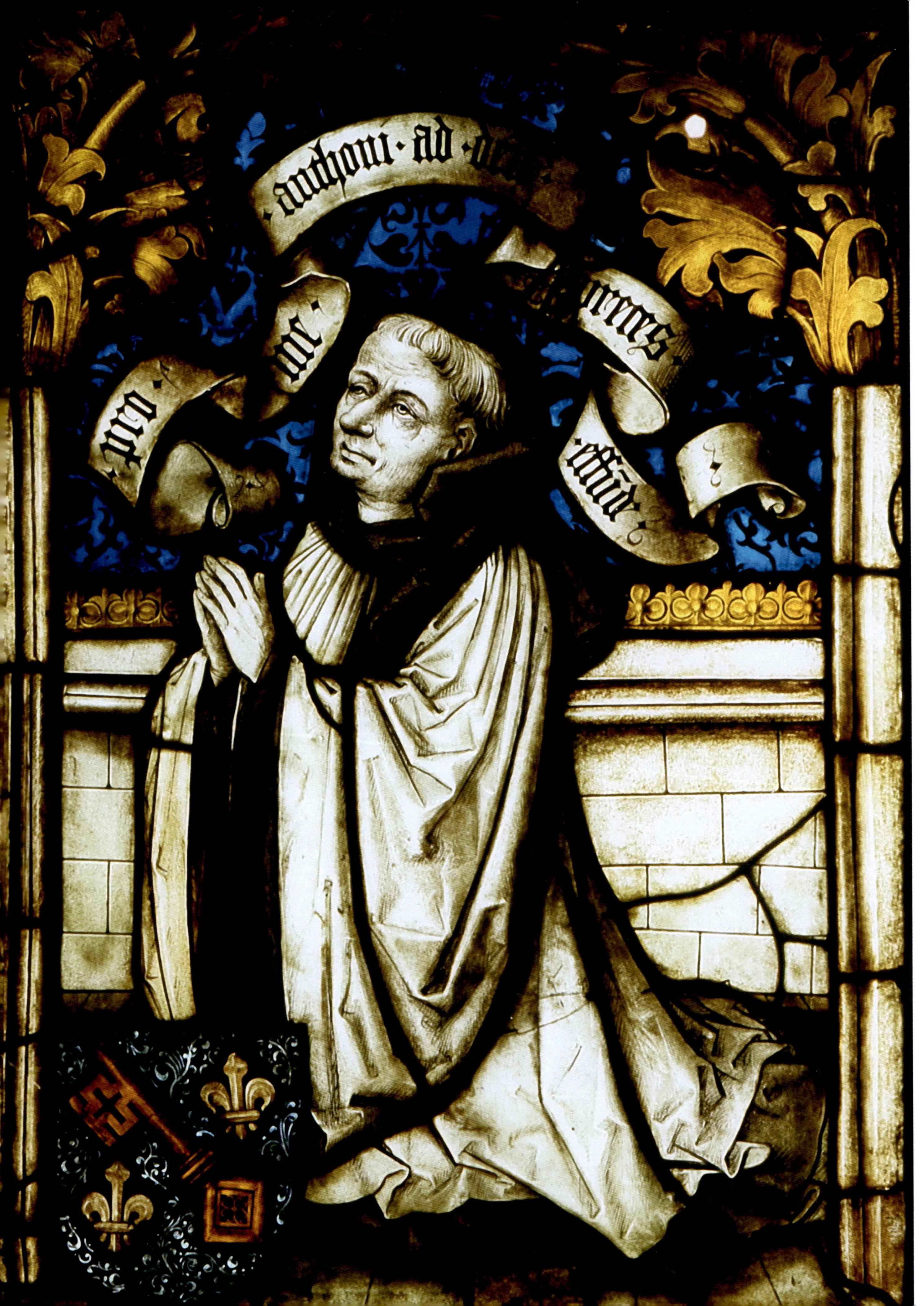

anthoni · ad
pro
me

Wilhelm Kühlmann

Humanismus und Literatur am kurpfälzischen Hof der Frühen Neuzeit

Das kurfürstliche Interesse an dem administrativen wie repräsentativen Nutzen der neuen Schriftkultur und die allmähliche Ausbildung einer von den gelehrten Juristen mitgetragenen Verwaltungselite einerseits, die damit verflochtene literarische Produktivität und Bündelung gelehrter Kompetenzen an der Heidelberger Universität andererseits – dies waren die entscheidenden, oft zusammenwirkenden Faktoren, die Heidelberg in der Frühen Neuzeit zu einem wichtigen Vorort der frühneuzeitlichen Literaturentwicklung in Deutschland erhoben haben. Zu unterscheiden sind dabei drei Phasen: erstens der mäzenatisch gestützte, in höfischen Dienstleistungen und literarischer Pädagogik produktive und in personalen Beziehungsgruppen fassbare Frühhumanismus des späten 15. Jahrhunderts, zweitens die postreformatorische, bald nach der Mitte des 16. Jahrhunderts strukturell und ideell gefestigte akademische Gelehrtenkultur Melanchthon'scher Prägung in fortschreitender Symbiose mit der calvinistischen Internationale sowie drittens die von West- und Südeuropa ausgehende, gerade in Heidelberg Rückhalt findende Begründung einer nun auch muttersprachlich orientierten Renaissanceliteratur mit nationalem Repräsentationsanspruch, die im späteren 17. Jahrhundert durch eine von den Jesuiten getragene Kulturoffensive verdrängt wurde.[1]

Der Heidelberger Frühhumanismus

Die spätmittelalterliche Adelskultur Heidelbergs lässt sich greifen im Interesse an Chroniken und – auch für ein weibliches Publikum vorgesehenen – Übersetzungen sowie in Auftritten und Ruhmesdichtungen der berühmten Spielleute und Sänger Oswald von Wolkenstein (1376/78–1445), der 1428 in Heidelberg weilte und ein Preislied auf Kurfürst Ludwig III. verfasste, und Michael Beheim (ca. 1420–1472/1479). Letzterer wirkte seit etwa 1457 für längere Zeit in Heidelberg; von ihm stammt unter anderem die 1469 bis 1471 verfasste *Pfälzische Reimchronik*. Daneben entwickelte sich unter den politisch und militärisch herausragenden Kurfürsten Friedrich I. dem Siegreichen und Philipp dem Aufrichtigen ein modernisiertes Wissenschaftsverständnis im Verbund mit einer an der Antike gemessenen, von der italienischen Renaissance inspirierten und vom gewandten Redner bestimmen literarischen Produktion. Maßgeblich gefördert wurde dies durch den Kanzler der Heidelberger Universität, Johann von Dalberg (1455–1503), der seit 1482 auch als Bischof von Worms amtierte (Abb. 1). Die Hinwendung zur Welt- und Reichsgeschichte verband sich dabei zumeist mit einer in Prosa und in Versen gepflegten dynastischen Memorialkultur, wie sie in der weit verbreiteten deutschen Prosachronik des schließlich zum Hofkaplan ernannten Matthias von Kemnat (ca. 1429–1476) zu beobachten ist. Nur wenige Jahre wirkte der mit Matthias von Kemnat befreundete Peter Luder (ca. 1415–1472) in Heidelberg und bemühte sich zwischen 1456 und 1460 mit ersten humanistischen Vorlesungen um die Ausbildung lateinischer Spracheleganz und die Kenntnis wichtiger Autoren in der Einheit von Geschichtsschreibung, Rede- und Dichtkunst. Für die Unterstützung Kurfürst Friedrichs I. bedankte er sich vor allem aber 1458 mit einer ausgefeilten Lobrede, die auch ein ausführliches Lob Heidelbergs beinhaltet. Während Luder letzthin noch nicht in die Universität integriert werden konnte, gelang es dem aus Italien stammenden Humanisten Petrus Antonius de Clapis, gen. Finariensis (ca. 1440–1512), zwischen ca. 1465 und 1477 am pfälzischen Hof Fuß zu fassen, sich mit Pfründen zu versorgen und diplomatische Gesandtschaften an die Kurie zu übernehmen. In seinem Friedrich I. gewidmeten Traktat De *dignitate principum* (1464) propagierte er die Tüchtigkeit bzw. *virtus* als zentrale Qualifikation des Herrschers.

Zu den bald meinungsbildenden Humanisten, die für den Heidelberger Hof tätig waren, zählte der in Schlettstadt geborene Jacob Wimpfeling (1450–1528). Der kaisertreue, von der zeitgenössischen Reformtheologie geprägte Reichspatriot stieg als Lehrer an der Heidelberger Artistenfakultät bis zum Rektor auf (1481/82). Neben einer Reihe von poetologischen, sozialpädagogischen und rhetorischen Lehrschriften zählte sein 1500 verfasster, mehrfach aufgelegter Leitfaden der Knabenerziehung (*Adolescentia*) zu den Schlüsselwerken des deutschen Frühhumanismus. Was Wimpfeling hier von berühmten italienischen Autoren zitierte, war immer in Einklang gebracht mit Vorschriften christlicher Lebensführung. Wimpfeling bestand auf einem moralisch disziplinierten Bildungshabitus, den er auch in seinem aus sechs Prosaszenen bestehenden Lehrdialog *Stylpho* zu illustrieren wusste.[2] Als Lehrer der Söhne

1 Stifterscheibe mit Darstellung Johann von Dalbergs, Kanzler der Universität Heidelberg und Bischof von Mainz, Glasgemälde, mittelrheinisch, um 1480 | Karlsruhe, Badisches Landesmuseum

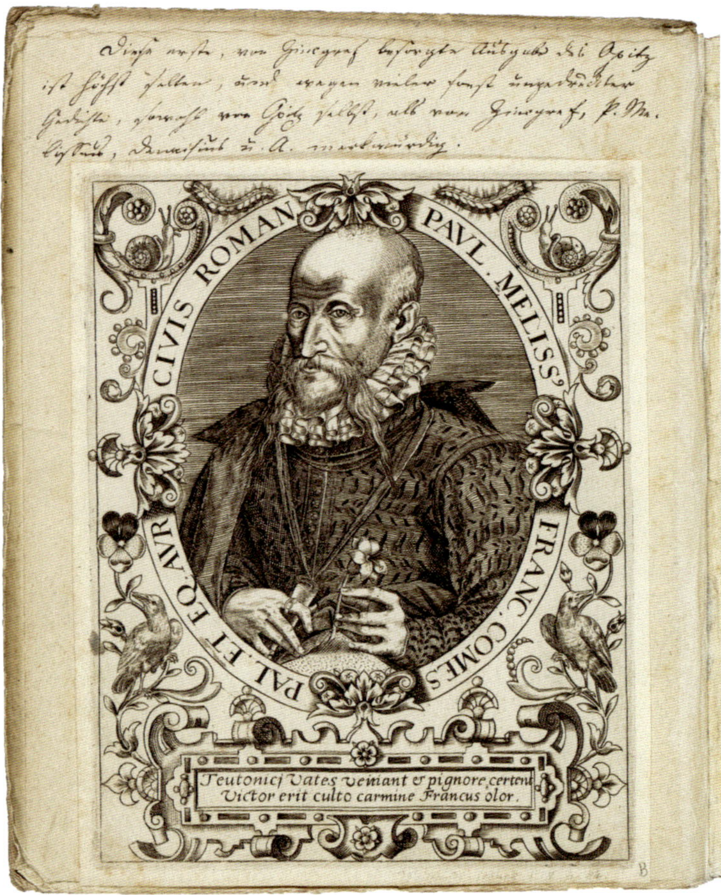

2 Paul Schede Melissus, Porträtstich, eingeklebt in Martin Opitz: Teutsche Poemata | Universitätsbibliothek Heidelberg, G 5621-4 RES

Kurfürst Philipps hatte der zum Mitglied des Hofgerichts aufsteigende Jurist Adam Werner von Themar (1462–1537) noch intensiver mit der Heidelberger Fürstenerziehung zu tun als Wimpfeling. Werner verfasste fast 200 lateinische Gedichte und trat vor allem hervor als einer der ersten deutschen, auch das Laienpublikum einbeziehenden Übersetzer lateinischer „Klassiker" nicht nur von Autoren der Antike wie Horaz und Vergil, sondern auch von „moderneren" Texten, etwa von Petrarca und der vor kurzem wiederentdeckten Hrotsvit von Gandersheim.[3]

Schon in Italien hatten sich zwischen Johann von Dalberg und dem bald berühmtesten Humanisten nördlich der Alpen, dem aus einem Ort bei Groningen stammenden Rudolf Agricola (1444–1485), intensive Beziehungen angebahnt, so dass Agricola schon 1479 an den Rhein kam, um Dalbergs berühmte Bibliothek kennenzulernen. Es war Dalberg, der Agricola nach Heidelberg einlud, wo dieser mehrere Reden, auch eine Vorlesung hielt und seinen bahnbrechenden Traktat *De formando studio* über Art und Ziele der gebildeten Lebensführung verfasste. Schon im Oktober 1485 verstarb der illustre Gast, jedoch erhielt sich das Gedächtnis an sein Heidelberger Wirken bis weit ins 16. Jahrhundert, z. B. bei Philipp Melanchthon, der zwischen 1509 und 1512 dort studierte, eine Vita Agricolas schrieb und über Mitteilungen älterer Hochschullehrer von ihm zu berichten wusste. Auch Konrad Celtis (1459–1508), bald der berühmteste Poet des deutschen Frühhumanismus, studierte bei Agricola in Heidelberg. Zehn Jahre später scharte sich dort um Celtis, der damals im Dienste des Kurfürsten Philipp stand, um Dalberg, aber auch um den Theologen Pallas Sprangel (ca. 1445–1512), einen der Lehrer Melanchthons, und den Juristen und Hofrat Johannes Wacker aus Sinsheim, gen. Vigilius, der 1402 und 1500 Rektor der Universität war, eine an das italienische Akademiewesen angelehnte *Sodalitas Litteraria Rhenana*. Zu dieser von literarischen Interessen getragenen Tischgesellschaft, die Kontakt auch nach außerhalb, etwa zu Johannes Trithemius, pflegte, stieß zwischen 1496 und 1498 auch Johannes Reuchlin. Er lebte damals als Prinzenerzieher am Heidelberger Hof, dort entstanden auch seine beiden gattungsgeschichtlich bedeutsamen, oft gedruckten Komödien *Henno* – 1497 von Studenten aufgeführt – und *Sergius*, die zum ersten Mal Anregungen des Komödienschaffens der Romania aufgriffen. In großen Oden pries Celtis später sowohl Dalberg wie auch Wacker gen. Virgilius, bewahrte so im Lob Heidelbergs zugleich ein Bild des jugendlichen studentischen Lebens am Höhepunkt des Heidelberger Frühhumanismus.[4]

Die Heidelberger Gelehrtenkultur nach Einführung der Reformation

Es war schließlich der aus dem pfälzischen Bretten stammende Philipp Melanchthon (1497–1560), mit Recht als *praeceptor Germaniae* gerühmt, der – in Wittenberg an der Seite Martin Luthers – mit der Restitution der Schulen und Universitäten die humanistisch geprägte Elementarerziehung und das Studium der antiken Überlieferung als verbindliche Bildungsgrundlage für die akademische Elite der protestantischen Territorien für letzthin drei Jahrhunderte festschrieb. Zentrales Lernziel war die situationsgerechte Beherrschung der Rede in Wort und Schrift, die rhetorische Schulung von *ratio* und *oratio*. Die Lektüre der großen Autoren des Altertums sollte freilich nicht nur sprachliche Kompetenz, sondern mit den *verba* auch die *res*, also Sachkunde und moralisches Verhaltenswissen vermitteln. Nach der Reformation verdichteten sich die pädagogischen Ziele des gelehrten Bildungswesens im Leitbild der *litterata pietas*, in der Kombination von Sprachkultur und moralisch-religiöser, späterhin nicht selten konfessionalistisch verengter Gesinnungsfestigkeit, in der die säkularen Entwicklungstendenzen vor allem der außerdeutschen Renaissance vorläufig zurückgedrängt wurden. Rhetorik und Poetik gehörten also im 16. Jahrhundert zu den wichtigsten Disziplinen der Artistenfakultät, die in ihrer Lehrpraxis auf den Lektürekanon, auf die Schreib- und Stilübungen, auch auf die ersten dichterischen *Exercitien* zurückgreifen konnte, denen sich die Absolventen der Gymnasien zu unterziehen hatten. Poesie war lehr- und lernbar. Lektüre und Nachahmung (*imitatio*) der antiken Vorbilder gingen Hand in Hand. Vollendete Nachahmung, der Weg zur eigenständigen literarischen Produktivität, wies über sich hinaus auf den Wettbewerb (*aemulatio*) mit den Leistungen des Altertums und der europäischen Renaissancedichtung. Viele Gelehrtendichter des Jahrhunderts hatten sie auf ausgedehnten Bildungsreisen durch West- und Südeuropa kennengelernt. Hier erwies sich auch in praktischer Hinsicht die lateinische Sprache als gemeinsame Verständnisbasis einer transnationalen Gelehrtenkultur – gerade und auch in Heidelberg. Die so entstehende lateinische Dichtung hat keine muttersprachliche Kunstliteratur verdrängt, sondern erst einen Formenkanon geschaffen, der im „Vulgärhumanismus", zunächst Italiens, Frankreichs und der Niederlande, seit dem 17. Jahrhundert auch in Deutschland für die muttersprachliche Poesie Verbindlichkeit gewann.

Erst Kurfürst Ottheinrich (reg. 1556–1559) lenkte mit den Statuten von 1558 die Universität endgültig in die Bahnen des reformatorischen Humanismus. Dabei ließ er sich von Melanchthon beraten, zu dessen Schülerkreis namhafte lateinische Dichter gehörten. Vor allem Melanchthon war es wohl zu verdanken, dass nach Studienjahren in Italien und Frankreich Petrus Lotichius Secundus (1528–1560), der nach Einschätzung mancher Zeitgenossen bedeutendste deutsche Humanistendichter, auf einen medizinischen Lehrstuhl berufen wurde. Sein lyrisches Spätwerk, das mehrere frühere Gedichtsammlungen ergänzte, enthält manche auf Heidelberg bezogene Verswerke, darunter *Ad villam Phyllidis prope Nicrum* und *Ecloga tertia: Nicer*. In Heidelberg traf Lotichius seinen alten Lehrer Jacob Micyllus (1503–1558), in dessen Schriften und Erinnerungen noch die Aufbruchsbewegung des älteren deutschen Humanismus weiterlebte. Micyllus tat sich hervor als Editor antiker und rinascimentaler Schriften sowie als rüstiger Übersetzer von Tacitus und Livius. Er ist der Verfasser eines metrischen Lehrbuches sowie poetischen Sammelwerks aus dem Jahre 1564, das Reisedichtung, die poetische Beschreibung eines fürstlichen Schützenfestes von 1554 sowie eine längere Elegie über den 1537 erfolgten Brand des alten, als Pulvermagazin benutzten Heidelberger Schlosses auf dem Platz der heutigen Molkenkur umfasste.[5]

An Lotichius' Sterbebett saß 1560 ein Pfälzer, der es zu ansehnlichem Dichterruhm brachte: Johannes Posthius (1537–1597), damals Lehrer des Heidelberger Pädagogiums. Nach dem Medizinstudium in Italien und Frankreich fand er eine Anstellung als Leibarzt in Würzburg, wich jedoch 1585 vor dem Druck der Gegenreformation und kehrte in die Pfalz zurück. Sein lyrisches Werk, das er neben medizinischen Schriften und einer für das breitere Publikum gedachten, mit deutschen Versen erläuterten Ovid-Ausgabe publizierte, vergegenwärtigt farbige Reiseerlebnisse und gibt einen Eindruck der regen Kontakte, die er in Italien, Frankreich und den Niederlanden mit den modernen Dichtern und Gelehrten pflegte. Über Posthius erreicht die Reihe der pfälzischen Dichterhumanisten Paul Schede Melissus (1539–1602). Er wiederum krönte eine Reihe jüngerer Literaten zu Dichtern, darunter den als Editor und Lyriker höchst produktiven Johann Philipp Pareus (1576–1648).[6] Ihm sind in der Generationenfolge die gerade als Lyriker immer wieder hervortretenden Pfarrer und Schulmänner Johann Adam (ca. 1569–ca. 1628) sowie Melchior Adam (ca. 1575–1622), seit 1613 Rektor des Heidelberger Pädagogiums, zuzuordnen.

Im Auftrag Kurfürst Friedrichs III. (reg. 1559–1576), der Heidelberg zum Zentrum des westeuropäischen Calvinismus machte, hatte Schede (Abb. 2) zwischen 1572 und 1576 den französischen Hugenotten-Psalter in deutsche Verse übersetzt, sich damit jedoch gegen die sprachlich geläufigere Version Ambrosius Lobwassers nicht durchsetzen können. Nach längeren Reisen kehrte er 1586 als Bibliothekar – in dieser Eigenschaft Vorgänger des Janus Gruter – an die *Bibliotheca Palatina* zurück. Schedes Lyrik[7] war in Paris gedruckt worden, wo er mit den Größen der französischen *Pléiade*, d. h. den Repräsentanten der französischen Renaissancedichtung – Pierre de Ronsard, Jean-Antoine de Baïf – Bekanntschaft geschlossen hatte. An ihnen maß er sich und verstand sich zugleich mit Recht als ebenbürtiger Nachfolger der großen deutschen Humanistendichter Celtis, Hutten und Lotichius. Schedes Gedichte, darunter auch einzelne Exempel deutschsprachiger Sonette und Lieder, weisen in die Weite des europäischen Gelehrtenhumanismus. Selbst Elisabeth von England sah in ihm einen *poeta princeps* der Epoche. Die Muster der horazischen Ode verschmolz er mit dem poetischen Enthusiasmus und dem manchmal dunklen Stil der Pindarischen Hymnen. In Schede verkörperte sich die Aura literarischer Internationalität, die getragen war von dem intellektuellen und politischen Impuls des Calvinismus, der die Grenzen deutscher Provinzialität durchbrach. Sein in mehreren Bänden vorliegendes Werk, das auch gehaltreiche Sammlungen mit geistlicher Lyrik[8] umfasste, kennt die Spielarten der petrarkistisch überformten Liebesdichtung, der epigrammatischen Pointenkunst, der autobiographischen, gegebenenfalls auch religiösen Meditation und das gesamte Spektrum der zeitgeschichtlich motivierten Kasuallyrik. Es umfasst nicht zuletzt kulturtopographische Impressionen wie eine raffinierte Ode über den Heidelberger Heiligenberg aus dem Jahr 1600.[9]

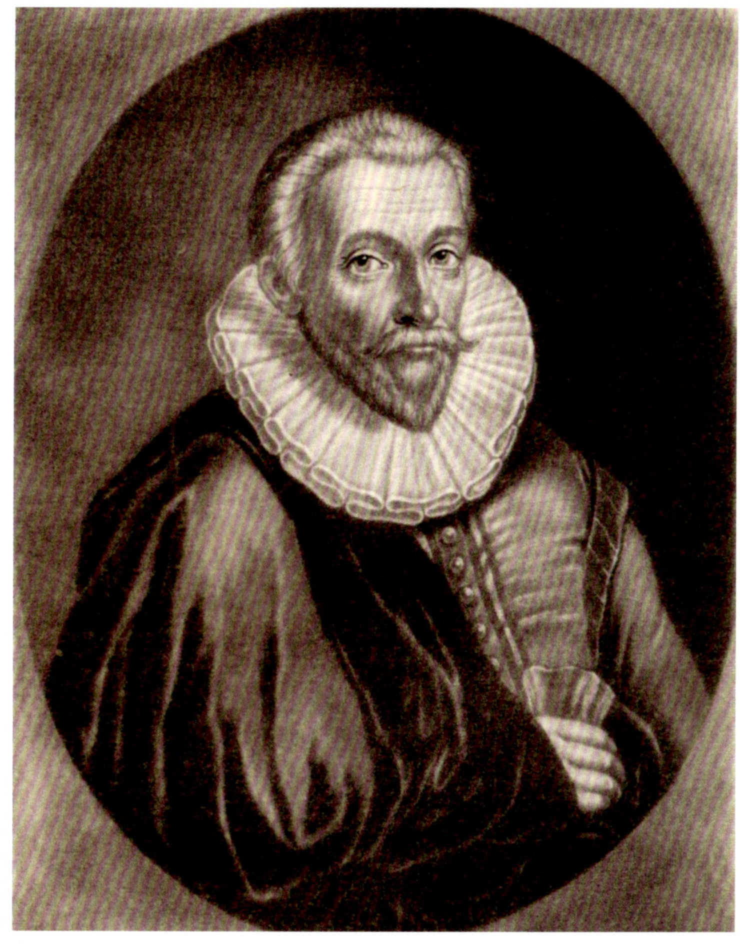

3 Janus Gruter, Porträtkupferstich

Paraenetisches zum Lob der Kurpfälzer Dynastie wie zum Beispiel die *Odae Palatinae ad [...] Iohannem Casimirum Administratorem, et Fridericum IV.* (Heidelberg 1588) nahm in seinem Schaffen einen beachtlichen Raum ein.

An Schedes literarischem Profil lässt sich ablesen, dass sich Heidelberg unter Friedrich IV. und V. (reg. 1592–1610 bzw. 1610–1622/32) neben Genf und Leiden zum dritten großen Zentrum calvinistisch-reformierter Wissenschaft und Literatur entwickelte. Hierhin wandten sich die Gelehrten aus den Verfolgungsgebieten, also Italien und den Spanischen Niederlanden, aber auch aus deutschen Regionen, wie der eine Zeitlang in Sachsen inhaftierte calvinistische Theologe, lateinische Dichter und ab 1584 pfälzische Kirchenrat Friedrich Widebram (1532–1585). Besonders die protestantischen Studenten aus Polen, Ungarn und Siebenbürgen zog es nach Heidelberg. Johann Philipp Pareus, der Sohn des berühmten Theologen, gab sogar eine Anthologie ungarischer Neulateiner heraus.[10] Unter diesen Umständen fanden sich unter dem Personal der Universität nur recht wenige Landeskinder. Auch Lambertus Ludolfus Pithopoeus (1535–1596), der Professor für Eloquenz und Poetik, stammte aus den Niederlanden. Neben programmatischen Reden[11] und Editionen legte er ein bislang kaum erforschtes, sehr weitläufiges, von 1585 bis 1594 nach und nach in Sammelbänden publiziertes Oeuvre vor. Zeitweise fungierte er als Bibliothekar und „Annalist" der Universität. Ebenso wenig erforscht ist das dichterische Schaffen anderer Heidelberger Professoren, darunter des aus Flandern stammenden Mediziners Henricus Smetius (1537–1614), der außer Kollektionen mit verschiedenen Versdichtungen und einem Lehrepos zum Lob der Medizin ein Handbuch der lateinischen Prosodie erarbeitete, das nach dem Erstdruck 1599 bis weit ins 17. Jahrhundert in ganz Europa immer wieder von neuem aufgelegt wurde. Es waren Heidelberger Gelehrte, die in mehrbändigen, auch heute noch unentbehrlichen Textsammlungen in der Perspektivik des europäischen Gelehrtenhumanismus die literatur- und wissenschaftsgeschichtliche Bilanz des Reformationsjahrhunderts zogen: Melchior Adam in seinen großen, nach Disziplinen geordneten Kompendien mit Lebensbeschreibungen deutscher Gelehrter (Heidelberg 1611–1620) und der aus Antwerpen stammende Philologe und Bibliothekar Janus Gruter (1560–1627)[12] (Abb. 3); unter anderem mit mehreren Sammlungen der lateinischen Poesie der europäischen Länder, vor allem Italiens, Frankreichs und der Niederlande.

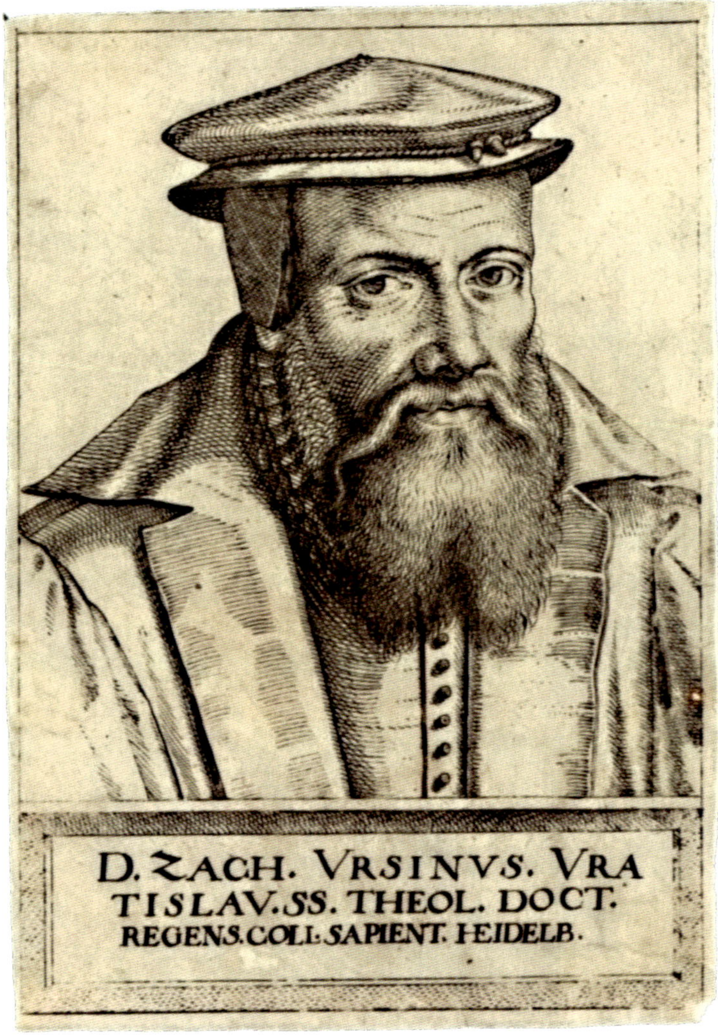

4 Zacharias Ursinus, Porträtstich | Universitätsbibliothek Heidelberg, Graphische Sammlung P 0279

Der nationale Repräsentationsanspruch der Renaissanceliteratur

Besonders eng gestalteten sich in diesen Jahrzehnten die Kontakte der Pfalz mit Schlesien, nicht nur mit den dortigen reformierten Fürstentümern, sondern auch mit den kryptocalvinistischen, d. h. im Wesentlichen melanchthonisch gesinnten Gelehrtenkreisen in Breslau. Aus Schlesien stammten eine Reihe pfälzischer Pfarrer und Schullehrer, aber auch die bedeutenden Theologen und Prediger Zacharias Ursinus (Abb. 4), Abraham Scultetus und David Pareus. Es war kein Zufall, dass der bald als Neubegründer der muttersprachlichen Kunstdichtung, als nationales literarisches Vorbild und „Adler der Poeten" gefeierte Martin Opitz (1597–1639) (Abb. 5 und 6) von seinen schlesischen Gönnern an Janus Gruter in Heidelberg empfohlen wurde, sich dort mit einem Bändchen früher Gedichte vorstellte und bald von dem einflussreichen pfälzischen Oberrat Georg Michael Lingelsheim (1557–1636), der seine internationalen Beziehungen in einem verzweigten Briefwechsel pflegte, als Hauslehrer angestellt wurde. Der kurze, aber intellektuell intensive Aufenthalt in Heidelberg 1619/20 öffnete Opitz die Augen für die politischen Kraftlinien der Auseinandersetzungen zwischen der habsburgisch-katholischen und der protestantischen Staatengruppe. Seine Hinwendung zur muttersprachlichen Poesie, gewiss nicht zuletzt motiviert von protestantisch-patriotischem Behauptungswillen, konnte und wollte sich an der nationalen Dichtung Frankreichs und der Niederlande orientieren. In einer lateinischen Rede an Friedrich V. als König von Böhmen, in einer poetischen Panegyrik auf Ludwig Camerarius, den Juristen und Kopf der kurpfälzischen Politik, auch in deutschen und lateinischen Gedichten,

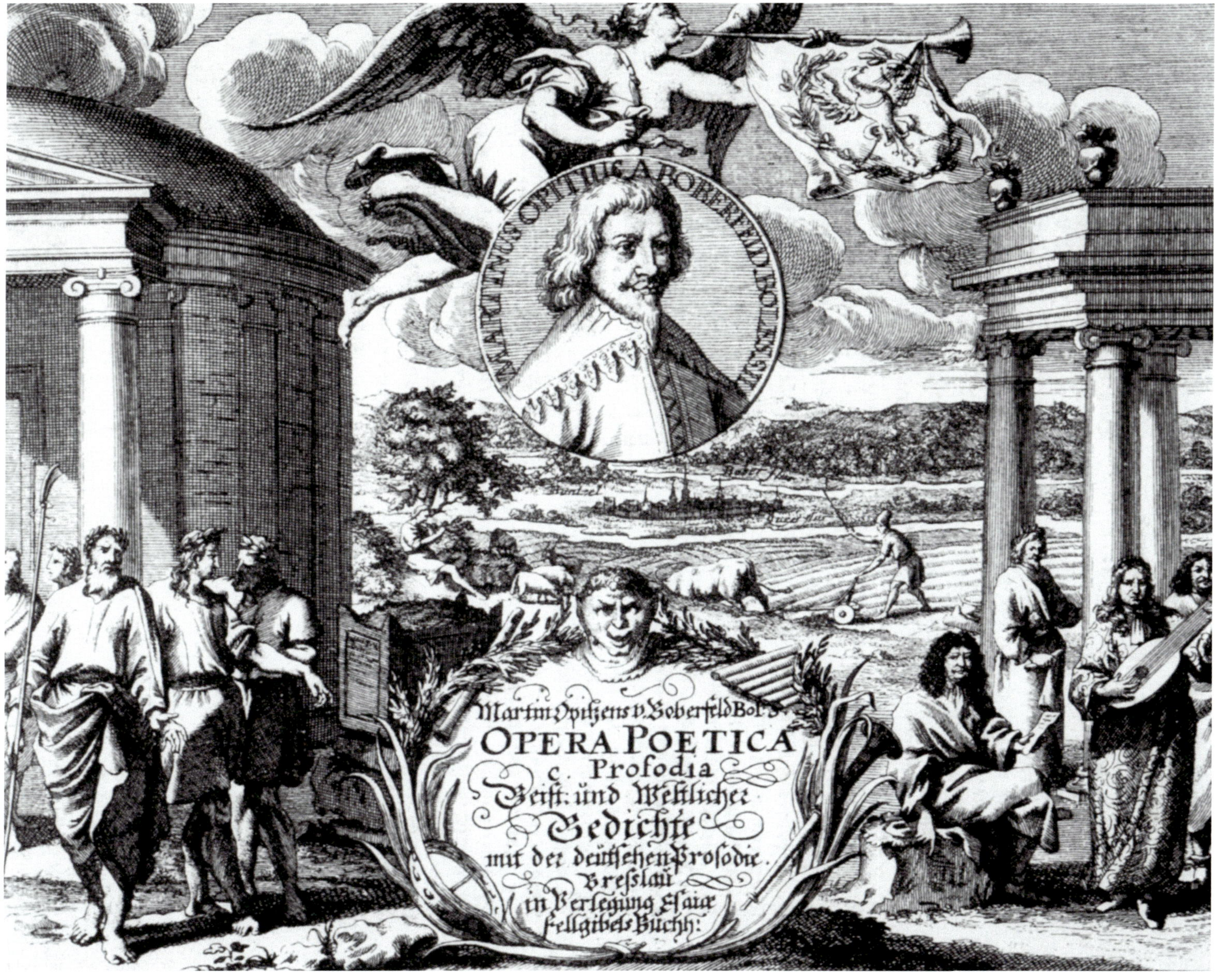

5 Die Opera poetica des Martin Opitz, Titelkupfer

hat die Heidelberger Lebensstation bei Opitz deutliche Spuren hinterlassen: so auch in dem berühmten Sonett Vom *Wolffesbrunnen bei Heidelberg*, das Huldigung und Herrschaftslehre kombinierte, oder in dem eindeutigen agitatorischen Gedicht *Ein Gebet /daß Gott die Spanier widerumb vom Rheinstrom wolle treiben* aus dem Jahr 1620. In Heidelberg schloss sich Opitz dem jungen Julius Wilhelm Zincgref (1591–1635) an,[13] der im Straßburger Exil 1624 Opitz' erste große Werkausgabe edierte. Ebenso pflegte er Kontakte zum damaligen pfälzischen Hofsekretär Balthasar Venator (1594–1664). Beide – Zincgref wie Venator – wurden vom Haus Lingelsheim protegiert. Als Figur taucht Venator immer wieder in Opitz' Werken auf, selbst als er nach der pfälzischen Katastrophe emigrieren musste, während Opitz gleichzeitig nach Leiden ins Exil ging. Venator schlug sich als Reisebegleiter im Ausland durch und stieg im Frieden schließlich als Landschreiber und Präfekt des Amtes Meisenheim im Teilfürstentum Zweibrücken bis in die höchsten Verwaltungsränge auf.[14]

Julius Wilhelm Zincgref, von dem nach und nach eine historisch-kritische Werkausgabe erscheint, war ein geborener Pfälzer, Sohn des in kurfürstlichen Diensten stehenden Juristen und Hofrates Laurentius Zincgref (1541–1610), dessen bei Melchior Adam 1620 überlieferte, von Julius Wilhelm geschriebene oder zumindest redigierte Vita zu den fesselndsten Dokumenten der pfälzischen Geschichte gehört. Der weitgereiste, vornehmlich an französischen Universitäten ausgebildete Jurist bewegte sich souverän sowohl im lateinischen wie muttersprachlichen Sektor der Literatur und in den Grenzbereichen von gelehrter Dichtung und konfessionell bewegter, nationalpatriotisch gefärbter Publizistik. Beide Funktionen erfüllte ein lateinisches Kurzepos auf Kurfürst

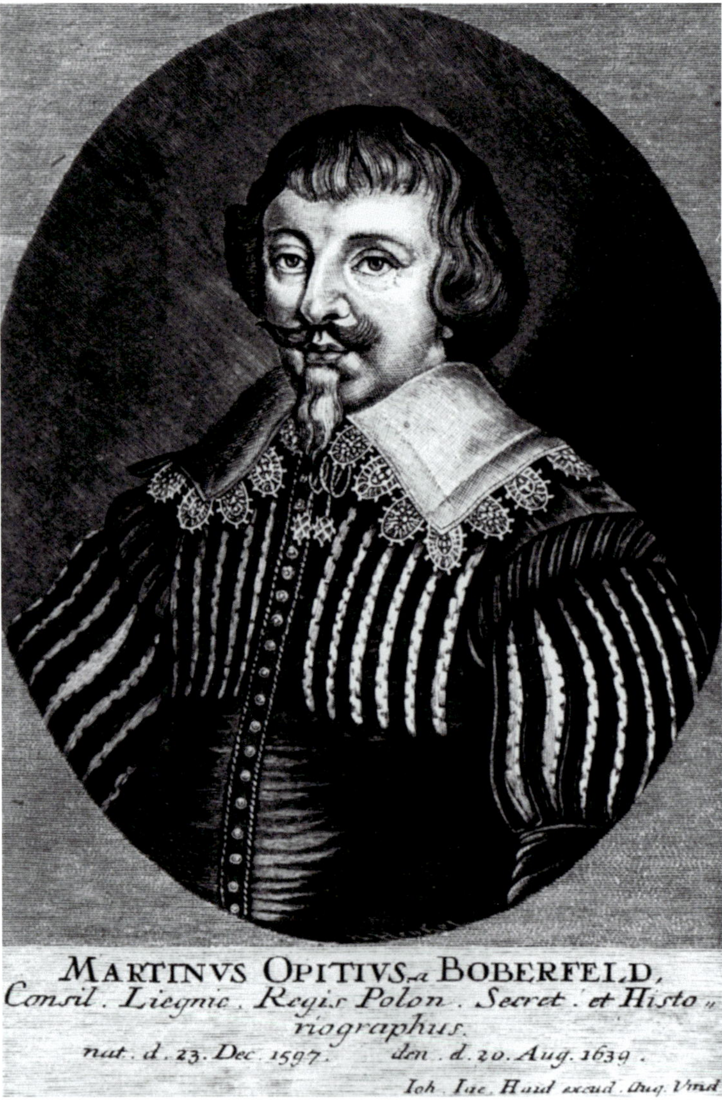

6 Martin Opitz, Porträtstich von Johann Jakob Haid

Friedrich V. Zincgrefs frühe lateinische Gedichte wurden von dem später am Niederrhein, zuletzt wieder in Heidelberg wirkenden Freund Johann Leonhard Weidner (1588–1655) zusammen mit Poemen des jung verstorbenen Friedrich Lingelsheim (ca. 1597–1616), Sohn des renommierten Hofrates Georg Michael Lingelsheim, und eigenen Verswerken in einem denkwürdigen Freundschafts- und Memorialband, der *Triga amico-poetica* (1619), gesammelt, die weit in das personale Netzwerk der pfälzischen Gelehrtenrepublik führt. Lateinisch war auch das bis dato ehrgeizigste Werk Zincgrefs abgefasst, der mit kunstvollen Stichen Matthäus Merians ausgestattete, von Janus Gruter geförderte und Friedrich V. gewidmete Band der bis 1698 in elf Ausgaben erscheinenden *Emblematum Ethico-Politicorum Centuria* (vgl. Kat.-Nr. B4.09).[15] Die Folge der manchmal verrätselten Bilder, die immer wieder pfälzische Ereignisse und Lokalitäten (Abb. 7) erkennen ließen und Reflexionen der aktuellen Staats- und Herrschaftslehre illustrieren (Abb. 8) bzw. anregen sollten, waren mit kurzen Überschriften versehen. Sie sind jeweils kommentiert in Form von autoritativen Zitathäufungen, sogenannten lateinischen *Centonen*, zudem unterschrieben und erläutert zunächst von französischen, seit 1624 von deutschen Vierzeilern.

Für die Entwicklung der neuen deutschen Renaissancelyrik war die im Anhang der 1624 in Straßburg erschienenen Opitz'schen Werkausgabe von Zincgref gedruckte Sammlung *Auserlesene Gedichte Deutscher Poeten*, ästhetisch und verstechnisch ein Produkt des epochalen Übergangs, von besonderer Signifikanz. Neben eigenen, bereits von Opitz beeinflussten Hervorbringungen publizierte Zincgref als Herausgeber hier Versdichtungen teils wenig bekannter, teils bereits namhafter Zeitgenossen. In dieser Kollektion erschien eine längere Elegie *Eine Vermanung zur Dapfferkeit*[16], die – auch dreimal als Flugblatt gedruckt – wie kein anderes Gedicht der Zeit als Dokument des kämpfenden und untergehenden deutschen Calvinismus eine, wenn auch bald anonymisierte, bis ins 19. Jahrhundert reichende, über Weckherlin, Moscherosch und Herder vermittelte Ruhmesgeschichte aufweisen konnte. Zincgref hatte dieses Gedicht in markanter und zitathafter Erinnerung an den frühgriechischen Lyriker Tyrtaios im belagerten Heidelberg geschrieben, wo er bis zur Kapitulation 1622 als Generalauditor der pfälzischen Truppen ausharrte. Der Dichter schlüpft hier in die Rolle des mit den Schrecken der drohenden Niederlage, der Verarmung, Unterdrückung und Vertreibung operierenden, mit allem Pathos zum Widerstand, zum Eintreten für die „gerechte" protestantische Sache aufrufenden poetischen Rhetors, wohl wissend, dass diese Sache schon verloren war. Nach dem Friedensschluss konnte sich Zincgref auf die Stelle eines Amtmanns in St. Goar am Rhein retten, wo sich noch Ferdinand Freiligrath, ein prominenter Autor des Vormärz, seiner erinnerte. Als Zincgref, von marodierenden Soldaten malträtiert, 1635 an einer Seuche starb, war das bedeutendste Kapitel der Heidelberger Literatur- und Kulturgeschichte symbolisch abgeschlossen.

Quellen

Celtis 1513 [2008] · EH I/1–2 2005 · EH II 2010 · EH III 2010 · EH IV 2012 · HL 1997 · Kühlmann/Wiegand 1989 · Opitz. Werke 1968–1990 · Opitz. Jugendschriften 1970 · Opitz. Lateinische Werke 2009/2011 · Opitz. Briefwechsel und Lebenszeugnisse 2009 · Reifferscheid 1889 · Reuchlin 1970 · Schede Melissus 1896 · Venator 2001 · Wimpfeling 1965 · Wimpfeling 1971 · Wimpfeling 1990 · Wimpfeling 2007 · Wolkan 1898 · Zincgref 1879 · Zincgref 1993

Literatur

Arend 2003 · Barner 1987 · Carolsfeld 1879 · Garber 1986 · Häntzschel 1987 · Hartmann/Kühlmann 2012 · Hartfelder 1993 · Kettemann 2000 · Killy/Kühlmann 2008–2012 · Kühlmann 1994a · Kühlmann 1994b · Kühlmann 2001 · Kühlmann 2006a · Kühlmann [u. a.] 2006b · Kühlmann 2006c · Kühlmann 2006d · Kühlmann 2009 · Kühlmann/Wiegand 2011 · Kühlmann 2011 · Mertens 1974 · Mertens 2000 · Mertens 2002 · Müller 1989 · Probst 1989 · Probst/Metzger 2003 · Robert 2007 · Robert 2010 · Schäfer 1982 · Schäfer 2000 · Schmidt 2000 · Seidel 1990 · Seidel 2000 · Seidel 2004 · Seidel 2011 · Strein 1993 · Studt 1988 · Verweyen 2011 · Vollhardt 2011 · Walcher 2011 · Walter 2011 · Walter 1995 · Wiegand 2000

LXVII.
IN INSIGNIA ACADEMIÆ PALATINÆ.

SEM PER APER TVS.

De force & de conſeil voila le vray drapeau,
Soubs lequel s'entretient vn eſtat pacifique.
Ce liure jamais clos nous ſert d'Hieroglíphique,
Qu'il faut qu'en apprenant nous allions au tombeau.

7 Emblem LXVII aus Julius Zincgref: Emblematum Ethico-Politicorum Centuria …, 1619 | Universitätsbibliothek Heidelberg, G 9506-4 RES

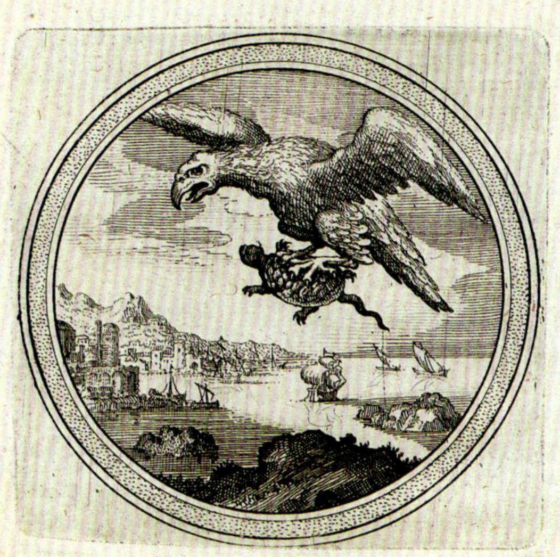

XXVI.
UT LAPSU GRAVIORE RUAT.
Veux tu ſçauoir au vray, que c'eſt de dignité
Contemple quant & moy la vaine conuoitiſe
De ce ſot animant, & puis oy ſa deuiſe,
De plus haut tombera qui plus haut eſt monté.

8 Emblem XVI aus Julius Zincgref: Emblematum Ethico-Politicorum Centuria …, 1619 | Universitätsbibliothek Heidelberg, G 9506-4 RES

Anmerkungen

1 Der vorliegende Beitrag bietet eine erheblich gekürzte und stellenweise auch sonst veränderte Fassung des einschlägigen Kapitels des Autors in Hartmann/Kühlmann 2012, S. 111–176; dort auch alle ergänzenden Literaturhinweise zur Forschung. Für die hier genannten Autoren vgl. ferner die Artikel in Killy/Kühlmann 2008–2012. Für die wichtigsten Lyriker des pfälzischen lateinischen Humanismus siehe auch Kühlmann/Wiegand 1989 und HL 1997.

2 1480 in Heidelberg im Hause Dalbergs rezitiert, erschien die Druckfassung 1494 in Basel.

3 Die Gedichte von Adam Werner sind mit anderen Werken abgedruckt bei Hartfelder 1993.

4 *Ad Johannem Vigilium, Sodalitatis Litterariae Rhenanae Hospitem, In Situm Heidelbergae, Et Quare Decennio Peregrinatus fuerit,* abgedruckt mit Übersetzung bei Kühlmann 1994a, S. 403–405. Die Ode ist mit kommentierenden Bemerkungen und leicht abweichender Übersetzung auch publiziert in Celtis 1513 [2008], S. 218–223.

5 Abgedruckt mit Übersetzung und Kommentar in Kühlmann/Wiegand 1989, S. 17–35.

6 Zu Pareus vgl. EH II 2010, S. 597–881, mit kompletter Bibliographie.

7 *Schediasmata Poetica,* eine zweite Auflage erschien 1586.

8 *Meletematum piorum libri VIII.,* Frankfurt am Main 1595; vgl. dazu Kühlmann 2009.

9 Vgl. die Interpretation von Schäfer 1982.

10 Zu den Kontakten mit Ungarn vgl. umfassend Seidel 2004.

11 *De studio Poetices,* Heidelberg 1576; zu den Editionen Pithopoeus' siehe EH IV 2012.

12 Zu Janus Gruter siehe EH I/2 2005.

13 Zum Gesamtwerk Zincgrefs vgl. Kühlmann/Wiegand 2011.

14 Venators epistolarisches und poetisches Oeuvre, darunter eine ambitionierte lateinische Lobschrift auf Janus Gruter (1630) sowie ein einzigartiger lateinischer Gedichtzyklus (1632) mit literarischen Porträts der Akteure des Dreißigjährigen Krieges, ist erst seit kurzem in der Gesamtausgabe samt Übersetzungen Vernator 2001 zu überblicken.

15 Publiziert zuerst in Oppenheim 1619, vgl. Zincgref 1993.

16 *Eine Vermanung zur Dapfferkeit, Nach form vnd art der Elegien, deß Grichischen Poeten Tyrtaei, welche der Lacedaemonier Feld Obersten jhren Bürgern vnd Soldaten, ehe sie ins Treffen giengen, vorzulesen pflegten.*

Die Dekoration deutscher Rüstung der Renaissance*

Stefan Krause

Stählerne Harnische, wie sie während der Renaissance europaweit Verwendung fanden, waren in erster Linie Defensivwaffen, die ihre Träger im Kampf vor Verletzungen schützen sollten. Rüstungen waren jedoch nie nur simpler Körperschutz für den Einsatz in Schlacht und Turnier. Sie reflektierten auch den herausragenden gesellschaftlichen Rang des Besitzers und nahmen damit eine zentrale Rolle in der Repräsentation fürstlicher Höfe der Frühen Neuzeit ein. Plattnerarbeiten waren aus diesem Grund oft überaus aufwendig dekoriert: Sie wurden plastisch getrieben, gebläut und vergoldet. In vielen Fällen erhielten sie eine reiche figürliche und ornamentale Dekoration. Zusätzlich wurden sie mit farbenreichen Textilien und Federn ausgestattet. Durch kein anderes Medium konnte in der Renaissance die politische und militärische Macht eines Adligen so prägnant zum Ausdruck gebracht werden wie durch einen prachtvoll dekorierten Harnisch und die dazugehörenden Prunkwaffen. (Abb. 1)

Die Plattnerkunst nördlich der Alpen durchlief zu Beginn der Neuzeit einen grundlegenden stilistischen Wandel. Der figurbetonte, von spitzen Umrissen geprägte Stil spätgotischer Harnische wandelte sich in dieser Zeit unter dem Einfluss der italienischen Renaissance zu einer von gerundeten, klaren Linien dominierten Gesamtform.[1] Waren deutsche Harnische bis gegen 1500 zumeist nur in geringem Ausmaß dekoriert,[2] so erlaubten nun technische Veränderungen in der Waffendekoration eine weit abwechslungsreichere Gestaltung. Den wohl tiefgreifendsten Einfluss auf das veränderte Erscheinungsbild von Plattnerarbeiten der Frühen Neuzeit hatte die Technik der Eisenätzung. Durch dieses an sich bereits ältere handwerkliche Verfahren[3] konnten Rüstungen in bis dahin ungekanntem Ausmaß mit figürlichen und ornamentalen Motiven bereichert werden. Eine weitere Technik, die in den Jahren um 1500 (ca. 1490 bis 1520) ebenso zur Dekoration von Plattnerarbeiten mit figürlichen und ornamentalen Szenerien angewendet wurde, ist die Feuervergoldung auf gebläutem Grund.[4]

Ab etwa 1490 wurden Harnische, zunächst noch zurückhaltend, mit geätzten spätmittelalterlichen Motiven, überwiegend Jagd- und Kampfszenerien, sowie Tugenddarstellungen, bereichert.[5] Nach etwa 1505/10 beanspruchten die bildlichen Verzierungen zunehmend mehr Raum und zeitgleich setzte sich in der Waffendekoration das Formengut der Renaissance durch.[6] Der Riefelküriss des jungen Ottheinrich von der Pfalz in Wien, von Lorenz Helmschmid 1516 in Augsburg ge-

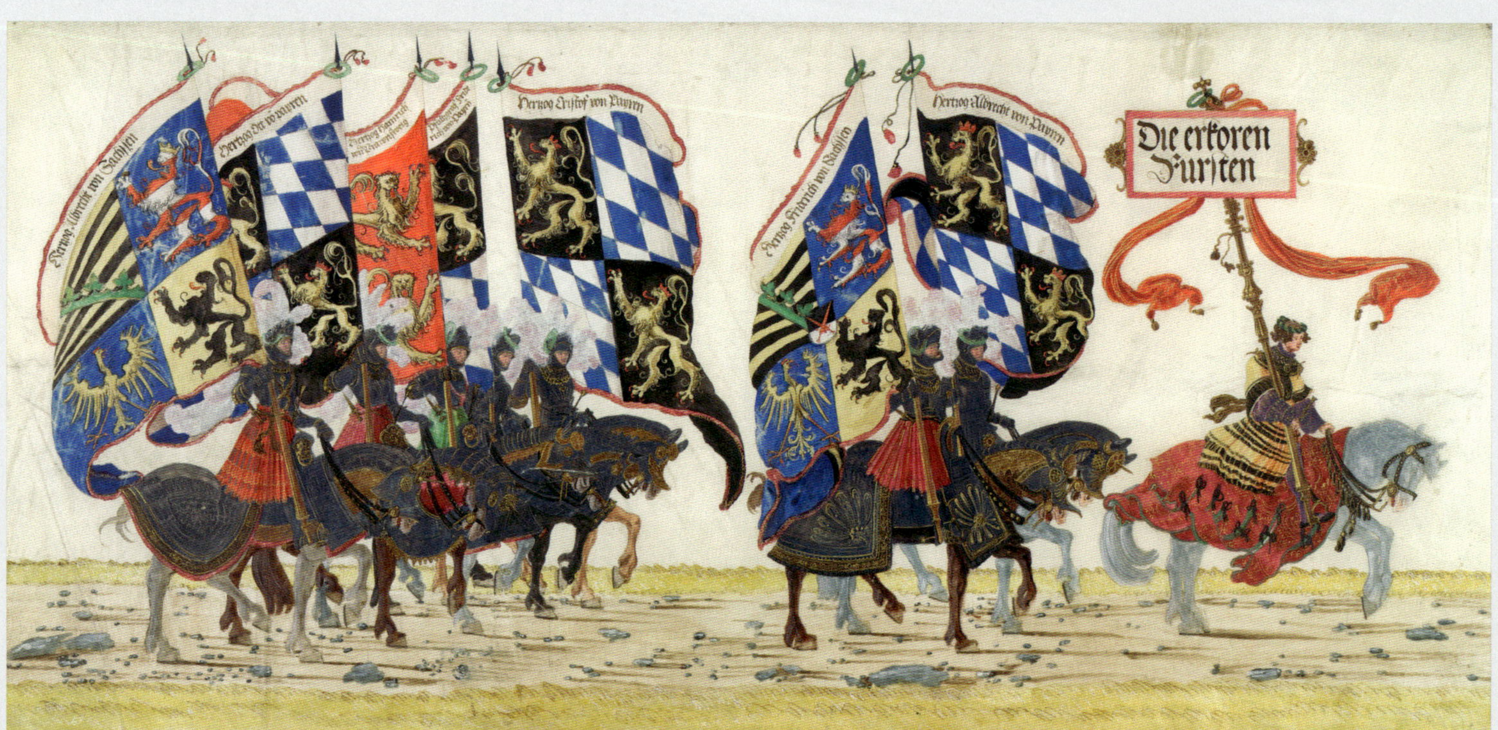

1 Albrecht Altdorfer und Werkstatt: Triumphzug Kaiser Maximilians I., Federzeichnung mit Aquarell- und Deckfarbenmalerei auf Pergament, um 1512–1515, Bl. 94: Die Deutschen Fürsten I Wien, Albertina, 25247

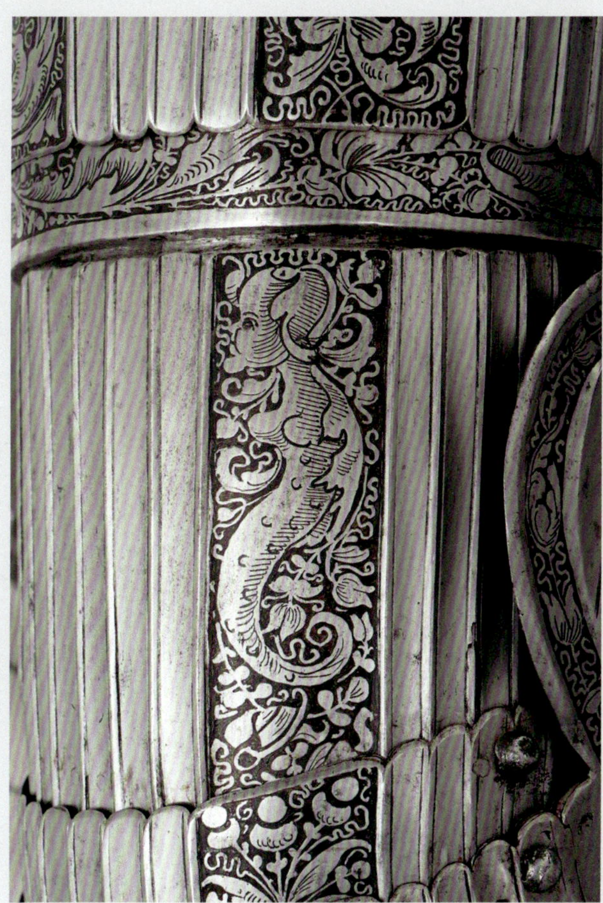

2 Riefelküriss des Ottheinrich von der Pfalz (Detail), Lorenz Helmschmid und Daniel Hopfer, Augsburg 1516 | Wien, Kunsthistorisches Museum, Hofjagd- und Rüstkammer, A 239

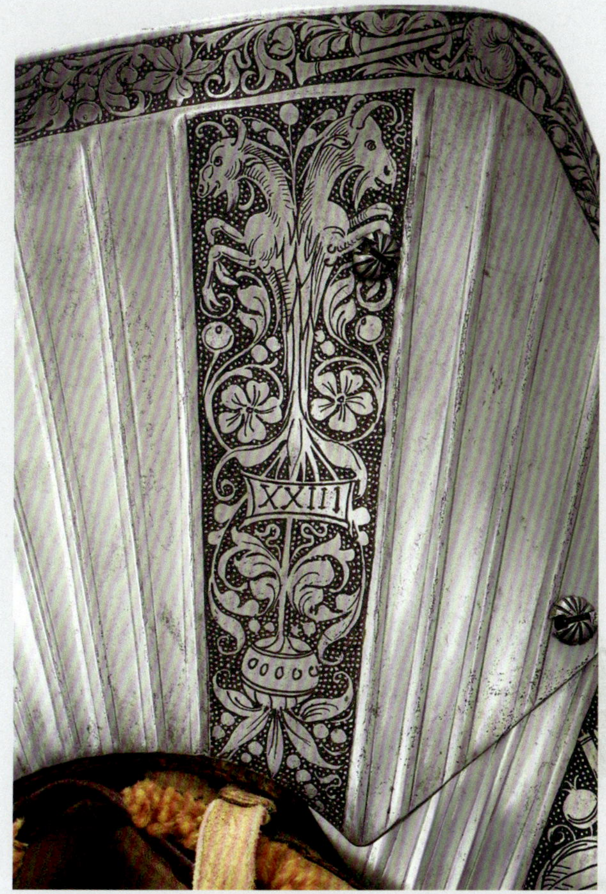

3 Sattel des Ottheinrich von der Pfalz (Detail), Kolman Helmschmid und Daniel Hopfer, Augsburg, 1523 | Wien, Kunsthistorisches Museum, Hofjagd- und Rüstkammer, A239a

schaffen, steht beispielhaft für die deutsche Waffendekoration der ersten Hälfte des 16. Jahrhunderts; er zeigt in breiten geätzten Bahnen eine Überfülle mythologischer Wesen wie Putten, Meerweibchen und drachenartige Delphine (Abb. 2). Gegen Mitte des 16. Jahrhunderts reduzierte sich die Vielzahl der Verzierungen deutlich. Insbesondere unter den süddeutschen Waffenätzern etablierte sich ein standardisiertes, deutlich ärmeres Formenrepertoire von Blatt- und Blütenranken, als es die Werke der Spätgotik und der früheren Renaissance gezeigt hatten.

Künstler, die im 16. Jahrhundert Harnische dekorierten, waren zumeist selbständig arbeitende Maler. Dabei war die Dekoration von Waffen nur für wenige der bekannten Meister ihr ausschließliches beziehungsweise vorrangiges Betätigungsfeld. Der Innsbrucker Maler Paul Dax (1503[?] – 1561) wurde 1540 von der habsburgischen Kammer in Innsbruck bezahlt für die „etzung an den kürissen, so die röm. ku. mjt. [König Ferdinand I.] den jungen künigen von Frankreich schlagen vnd machen hat lassen“[7]. Dax ist ab 1530 in den Diensten des habsburgischen Hofes aber auch als Maler und Glasmaler belegt; er arbeitete darüber hinaus als Festungsplaner, Landvermesser und Regisseur von Festumzügen. 1536 malte Dax für Ottheinrich von der Pfalz eine Gemsenjagd.[8] Der Augsburger Künstler Jörg Sorg d. J. (um 1522–1603) hingegen war zumindest von 1548 bis 1563 auf die Arbeit als Harnischätzer spezialisiert. Sein Harnisch-Musterbuch in Stuttgart (Württembergische Landesbibliothek, Cod. Milit. 2° 24)[9] belegt seine Zusammenarbeit mit Augsburger Plattnern wie Desiderius Helmschmid (1513–1579) und Matthäus Frauenpreiss d. Ä. (um 1505–1549).[10]

Als wohl talentiertester Waffendekorateur der deutschen Renaissance darf Daniel Hopfer (1471–1536) gelten.[11] In Kaufbeuren geboren arbeitete er seit 1493 bis zu seinem Tod 1536 in Augsburg erfolgreich als Druckgraphiker. Ab ca. 1505/10,[12] möglicherweise aber schon einige Jahre früher,[13] verzierte Hopfer auch Plattnerarbeiten mit figürlich-ornamentalen Szenerien.[14] Hopfer war als Graphiker und Waffendekorateur maßgeblich an der Etablierung von Renaissanceformen nördlich der Alpen beteiligt. Er schuf eine große Zahl ornamentaler Vorlagenblätter, deren Motivschatz nicht zuletzt auf süddeutsche Waffenätzer des früheren 16. Jahrhunderts großen Einfluss hatte. Hopfer kooperierte als Waffendekorateur vor allem mit der Plattnerfamilie Helmschmid, die über drei Generationen hinweg[15] höchstrangige Auftraggeber, wie etwa den kaiserlichen Hof,[16] bediente. Um 1520 bezog auch Ottheinrich von der Pfalz wiederholt Rüstungen aus der Helmschmid-Werkstatt, die von Daniel Hopfer dekoriert worden waren – der bereits erwähnte Riefelküriss von 1516 zählt zu diesen Werken, ebenso Sattel (Abb. 3) und Rossstirn von Kolman Helmschmid aus dem Jahr 1523.[17]

Literatur

Anheuser 1999 · Ausst.-Kat. New York 2005 · Becher/Gamber/Irtenkauf 1980 · Egg 2000 · Gamber/Beaufort 1990 · Jecmen 2012 · Krause 2011 · Krause 2012 · Post 1928 · Schönherr 1884 · Terjanian 2011 · Thomas/Gamber 1976

Anmerkungen

* Dieser Text entstand im Rahmen eines Forschungsprojektes der Hofjagd- und Rüstkammer des Kunsthistorischen Museums Wien, das sich der Dekoration deutscher Rüstungen des Spätmittelalters und der Renaissance widmet. Initiiert wurde dieses Projekt von Christian Beaufort-Spontin, dem ehemaligen Direktor der Hofjagd- und Rüstkammer. Die Finanzierung der Forschungsarbeit wurde großzügigerweise von der Gerda Henkel Stiftung Düsseldorf übernommen.

1 Vgl. etwa den stilistischen Wandel im Werk des Augsburger Plattners Lorenz Helmschmid anhand des Küriss Erzherzog (Kaiser) Maximilians I., Lorenz Helmschmid, Augsburg, um 1485, Wien, Kunsthistorisches Museum, Hofjagd- und Rüstkammer (im Folgenden: KHM, HJRK), Inv.-Nr. A 62 und des Riefelküriss Ottheinrichs von der Pfalz, siehe Kat.-Nr. A2.02 im vorliegenden Band.

2 Viele spätgotische Harnische zeigen getriebene Grate und Kehlungen in geometrischen Mustern, vereinzelt sind in den Stahl geschnittene vegetabile Ornamente nachzuweisen bzw. vergoldete Messingzierleisten, wie etwa am Küriss Erzherzog (Kaiser) Maximilians I., vgl. Anm. 1.

3 Vgl. Krause 2012, bes. S 59–61.

4 Vgl. etwa den Pferdeharnisch Herzog Ulrichs von Württemberg (1487–1550), Wilhelm von Worms d. Ä., Nürnberg, 1507, Philadelphia, Philadelphia Museum of Art, Inv.-Nr. 2009-117-1; vgl. Terjanian 2011. Zur Technik der Feuervergoldung vgl. Anheuser 1999, S. 28–31; Krause 2012, S. 57.

5 Vgl. etwa den Rundschild König (Kaiser) Maximilians I., Innsbruck, um 1505, Wien, KHM, HJRK, Inv.-Nr. A 163; vgl. Krause 2011; sowie den Küriss für Feld und Turnier des Eitel Friedrich II., Graf von Zollern (gest. 1512), Wien, KHM; HJRK, Inv.-Nr. A 240; vgl. Thomas/Gamber 1976, S. 221, ferner die sog. Garnitur Herzog Friedrichs II. von Liegnitz (1480–1547), Berlin, DHM, Inv.-Nr. W 81/5 (Mannsharnisch) bzw. Rossharnisch (ehem. Berlin); vgl. Post 1928, sowie Krause 2012, S. 63 f.

6 Die früheste vollständig im Stil der Renaissance gehaltene Harnischdekoration nördlich der Alpen weist der Küriss für Feld und Turnier des Andreas Graf Sonnenberg (ermordet 1511), Wien, KHM, HJRK, Inv.-Nr. A 310; vgl. Thomas/Gamber 1976, S. 220f, sowie Krause 2012, S. 56–58.

7 Zit. nach Schönherr 1884, S. CLXXII, Reg. 2214. Paul Dax hatte gemeinsam mit den Malern Degen Pirger und Hans Polhaimer diesen Auftrag ausgeführt.

8 Vgl. Egg 2000, S. 568 f.

9 Vgl. Becher/Gamber/Irtenkauf 1980.

10 Matthäus Frauenpreiss d. Ä. und Jörg Sorg d. J., Kempfküriss der Königsgarnitur (Kaiser) Maximilians II., Augsburg, 1549/50, Wien, KHM, HJRK, Inv.-Nr. B 73; vgl. Gamber/Beaufort 1990, S. 98-100, sowie Becher/Gamber/Irtenkauf 1980, S. 50 f, (fol. 4v).

11 Vgl. Krause 2012; aktuell auch: Jecmen 2012.

12 Der Sonnenberg-Harnisch (vgl. Anm. 6) zeigt die früheste mit hoher Wahrscheinlichkeit Daniel Hopfer zuzuschreibende Waffendekoration.

13 Möglicherweise kann die in verschiedenen Techniken ausgeführte Dekoration des Feldharnischs Philipps des Schönen (1478–1506), Lorenz Helmschmid, Augsburg, 1495/1500, Wien, KHM, HJRK, Inv.-Nr. A 7 ebenso Hopfer zugeschrieben werden; vgl. Krause 2012, S. 60 f.

14 Zwei signierte Waffendekorationen Hopfers sind bekannt: Gittertartsche Kaiser Karls V., Madrid, Patrimonio Nacional, Real Armería, Inv.-Nr. A 57; vgl. Krause 2012, S. 55 f. Jagdschwert, sog. Ottheinrichschwert, Nürnberg, GNM, Inv.-Nr. W 2833; vgl. Krause 2012, S. 74.

15 Lorenz Helmschmid (ca. 1445–1516), dessen Bruder Georg/Jörg (nach 1445–1502, erstmals erwähnt 1467), Lorenz' Sohn Kolman (1471–1532) sowie Kolmans Sohn Desiderius (1513–1579); vgl. den Stammbaum der Familie Helmschmid in: Becher/Gamber/Irtenkauf 1980, S 35.

16 Lorenz Helmschmid arbeitete für Kaiser Friedrich III. (1415–1493), Kaiser Maximilian I. (1459–1519) sowie Erzherzog Philipp I., König von Kastilien (1478–1506). Kolman und Desiderius Helmschmid standen in den Diensten von Kaiser Karl V. (1500–1558) und König Philipp II. von Spanien (1527–1598).

17 Siehe Kat.-Nr. A2.03a/b im vorliegenden Band. Vgl. auch das Stirnplättchen einer Rossstirn mit Ottheinrichs Motto „MDZ“ und einer Sanduhr, Augsburg, ca. 1525, New York, The Metropolitan Museum of Art, Inv.-Nr. 14.25.1654. Dieses Werk könnte möglicherweise ebenso von Daniel Hopfer geätzt worden sein; vgl. Ausst.-Kat. New York 2005, S. 41, Kat.-Nr. 10.

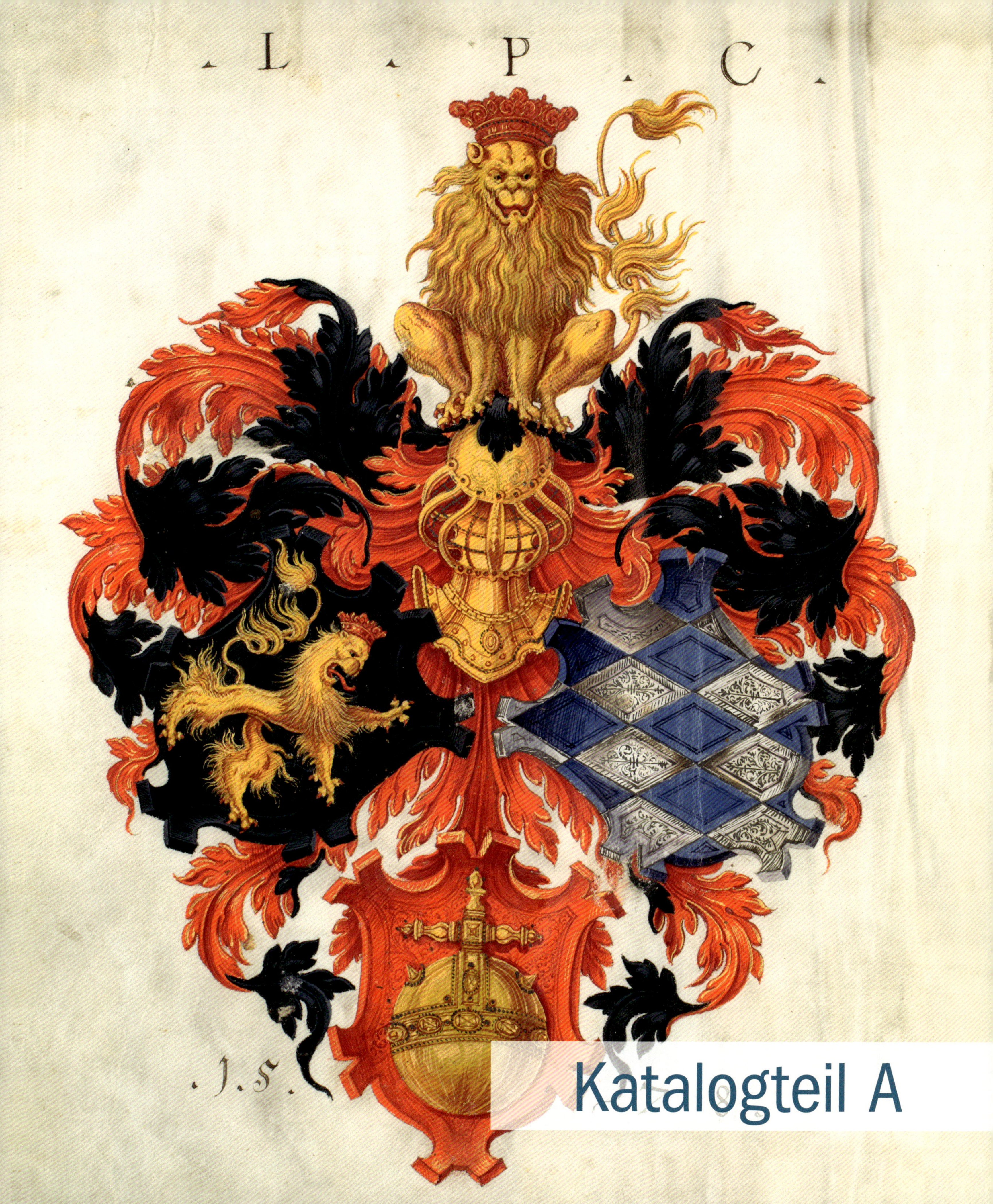

Katalogteil A

Das konfessionelle Zeitalter – Reformation und Konfessionalisierung

Nachdem die Kurpfalz im Landshuter Erbfolgekrieg 1504 eine militärische Niederlage und territoriale Verluste erfahren hatte, bemühte sie sich um Ausgleich, aber auch neue Stärke. Die Frage der Glaubenszugehörigkeit wurde dabei zu einem bestimmenden Kriterium aller innen- und außenpolitischen Entscheidungen. Nicht ohne Grund werden das 16. und beginnende 17. Jahrhundert daher auch als „konfessionelles Zeitalter" bezeichnet. Nach Einführung des Luthertums unter Kurfürst Ottheinrich vollzog Friedrich III. als erster unter den bedeutenden Fürsten im Heiligen Römischen Reich 1563 die Hinwendung zur reformierten Glaubenslehre. Sie folgte der Lehre des Genfer Reformators Johannes Calvin und anderer oberrheinischer Theologen. Verbindlich durchsetzen ließ sich diese „Zweite Reformation" aber nicht: Die Bevölkerung der zersplitterten Territorien am Rhein wurde überwiegend reformiert, in der Oberpfalz blieb sie mehrheitlich lutherisch. Auch unter den Söhnen Friedrichs wurde um den „rechten Glauben" erbittert gestritten und die Kurpfalz vollzog mehrfach Konfessionswechsel.

A1
Reformation und Opposition in der Kurpfalz

Nach der schweren Niederlage, die der Landshuter Erbfolgekrieg für die pfälzischen Kurfürsten bedeutet hatte, bemühte sich Kurfürst Ludwig V. um Konsolidierung. 1518 erreichte er die Aufhebung der Reichsacht über die Kurpfalz. Doch wenige Jahre später wurde die Region erneut von Konflikten erschüttert. An der Seite von Kurtrier rang die Pfalzgrafschaft bei Rhein 1522 die sogenannte Sickingenfehde nieder, einen Aufstand der rheinisch-schwäbischen Ritterschaft unter Führung von Franz von Sickingen. Die Adelsopposition und ebenso die Bauernkriege waren Ausdruck für tiefgreifende Veränderungen, die sich im gesamten südwestdeutschen Raum ankündigten: Dort war die Lehre Martin Luthers, der 1518 seine Thesen in Heidelberg verteidigte, auf fruchtbaren Boden gefallen. Auch Ludwigs Nachfolger im Kurfürstenamt, Friedrich II., wandte sich der Reformation zu. Er stellte sich damit aber gegen den Kaiser und wurde von Karl V. 1446 geächtet. Durch Unterwerfung gelang es dem Kurfürsten, den Frieden wiederherzustellen und die bedrohte Kurwürde zu wahren. Für die Reformation in der Kurpfalz bedeutete das pragmatische Handeln Friedrichs einen Rückschlag, der die Entwicklung jedoch nur wenige Jahre aufschieben sollte.

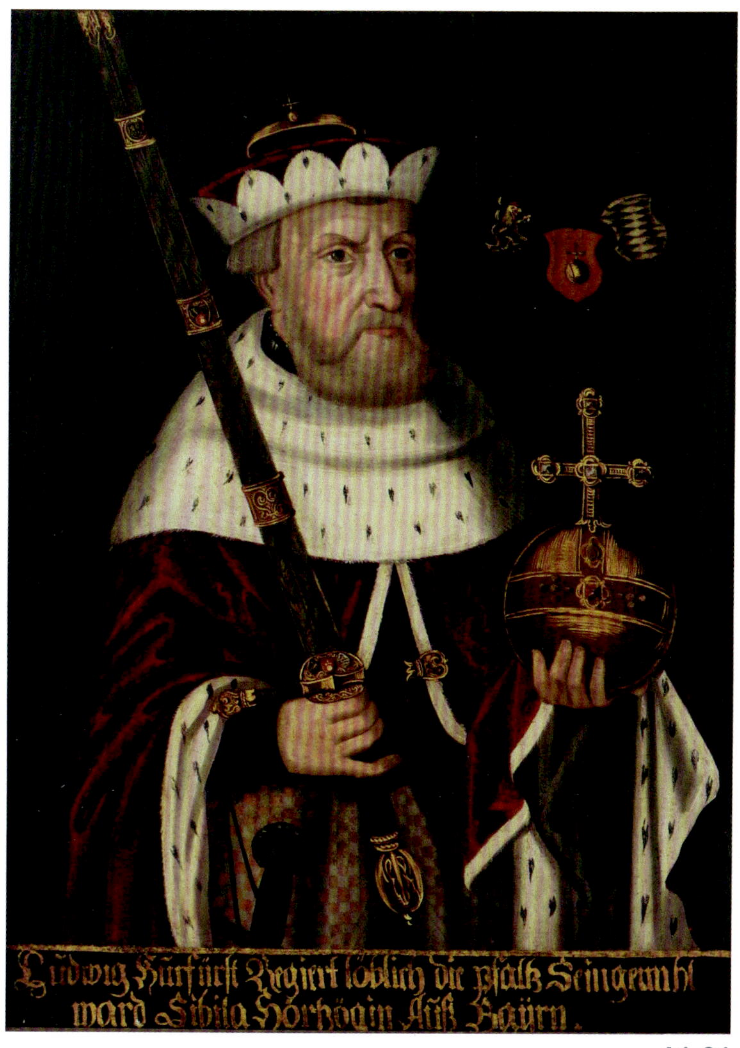

A1.01

A1.01
Bildnis des Kurfürsten Ludwig V., (1478–1544)

Kurpfalz, 1. Hälfte 16. Jahrhundert
ölhaltige Malfarbe auf Holz. H 68,5 cm, B 49,5 cm
Historisches Museum der Pfalz Speyer, HM_0_01207

Das Bildnis zeigt Kurfürst Ludwig V. nach rechts gewandt, mit Kurmantel, Kurhut, Kurpfälzer Schwert, Reichsapfel und drei Wappen: Pfälzischer Löwe, Reichsapfel und wittelsbachischer Rautenschild. Der Kurfürst trägt unter dem Kurmantel ein kariertes Untergewand und ein Schwertgehänge. Auf schwarzem Grund in goldfarbener Schrift steht die Bezeichnung: „Ludwig Kurfürst Regiert löblich die pfaltz Sein gem(a)hl(in) ward Sibila Hörtzögin Auf Bayrn". Es handelt sich um das malerisch nicht sehr anspruchsvolle Werk eines unbekannten Künstlers.

Ludwig V. lebte von 1478 bis 1544 und bekleidete das Amt des Kurfürsten ab 1508. Am 23. Februar 1511 heiratete er in Heidelberg Sibille von Bayern, die Tochter Herzogs Albrecht IV. von Bayern. Die ersten Jahre seiner Regentschaft waren von vielfältigen diplomatischen Bemühungen ausgefüllt, die politische Isolation der Kurpfalz nach dem verlorenen Landshuter Erbstreit zu beenden. In der in seiner Amtszeit virulenten Religionsfrage agierte er vorsichtig, eine militärische Lösung religiöser Konflikte lehnte er ab. Seinen Beinamen „der Friedfertige" verdankt er wahrscheinlich der Haltung in dieser Frage. Wenig friedfertig zeigte er sich gegen die aufständischen Bauern im Bauernkrieg von 1525. Den pfälzischen und speyerischen Bauern ging es u.a. um die Abschaffung der Leibeigenschaft und die Reduzierung von Diensten und Abgaben. In erster Linie richtete sich der Aufstand gegen Klerus und Adel. Setzte der Kurfürst anfangs noch auf Verhandlungen, entschloss er sich im Mai 1525 dazu, die Bauern militärisch zu unterwerfen. Die Eroberung von Ortschaften, die den Bauern unterstützend zur Seite standen, ging regelmäßig mit der Hinrichtung von Aufständischen einher. Am 23. und 24. Juni 1525 fand die Schlacht bei Pfeddersheim statt, an der auch der Kurfürst selbst teilnahm. Es kam dabei zu einem regelrechten Massaker an den Bauern und Bürgern, von denen „nit under 4000 erwurgt und erstochen worden seind."

Ludger Tekampe

Literatur

Alter 1998 S. 413 · Buszello/Blickle/Endres 1995

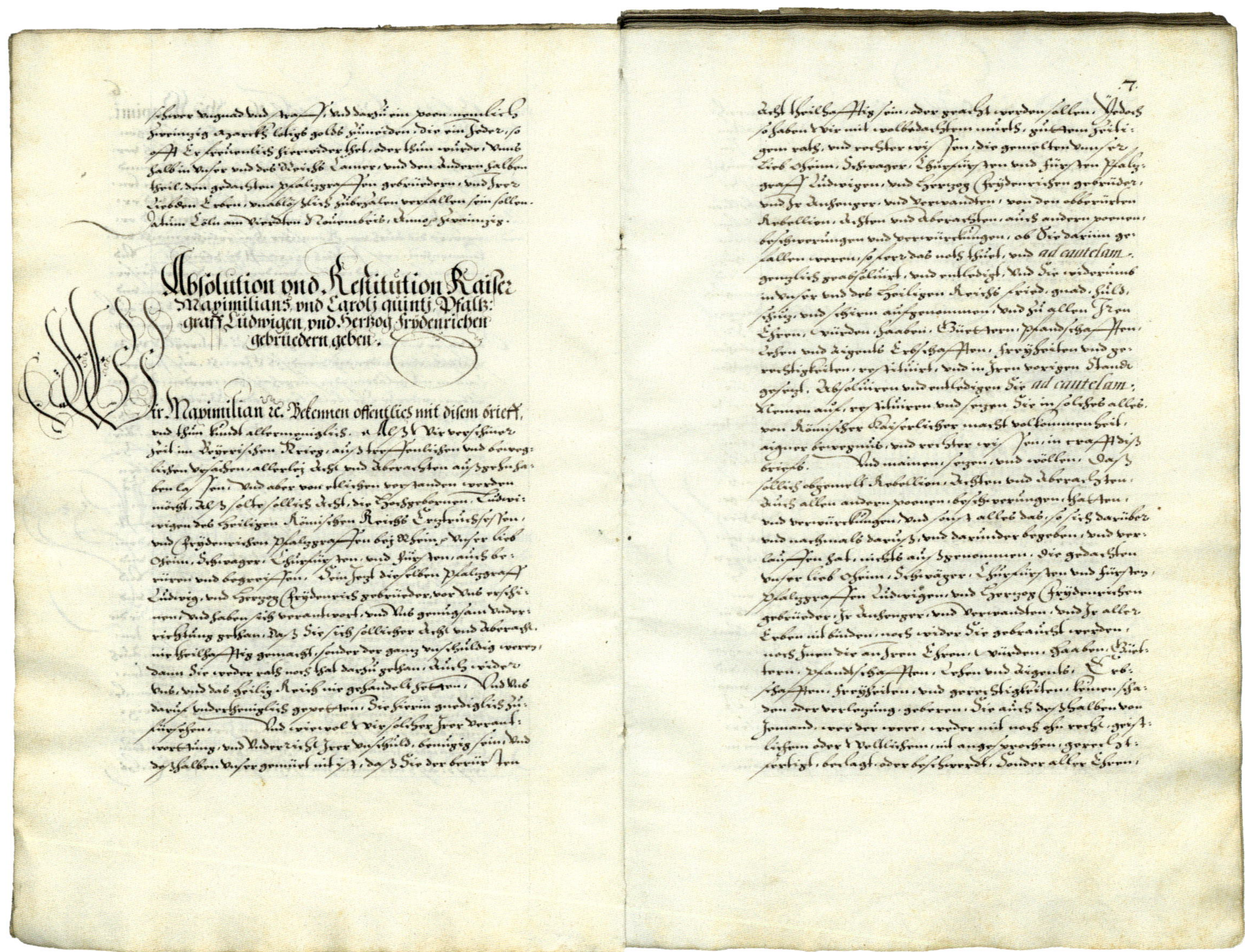

A1.02

A1.02
Regalienbuch des Kurfürsten Ludwig V.

Pfalzgraff Ludwigs Regalia – Beschreibung und Bestätigung der Pfalz regalia von den Kaisern Maximilian I. und Carolo V.
Mainz 1521 und spätere Einträge
Manuskript auf Papier. H 31,4 cm, B 21 cm
Landesarchiv Baden-Württemberg, Generallandesarchiv Karlsruhe, 67 Nr. 911

Nicht allein aufgrund ihrer Eigenschaft als Königswähler und Erztruchsessen des Reiches nahmen die Pfalzgrafen bei Rhein unter den deutschen Fürsten von jeher eine herausragende Position ein. Bereits seit der Merowingerzeit waren sie Vorsteher der königlichen Pfalz und darüber hinaus Richter und Stellvertreter des Königs im Gericht. Seit dem hohen Mittelalter wuchs ihnen zudem die Funktion des Richters in Verfahren gegen den König zu, und schließlich waren sie *vacante imperii* Reichsvikare in den Ländern fränkischen Rechts. Hinzu kamen eine ganze Reihe von Reichslehen sowie vielerlei Befugnisse und Nutzbarkeiten, teils aufgrund königlicher Verleihung, teils aufgrund schleichender Usurpation in Zeiten einer noch wenig entwickelten Schriftlichkeit. So beanspruchten die Kurfürsten von der Pfalz am nördlichen Oberrhein allerlei supraterritoriale Rechte und hatten faktisch eine hegemoniale Stellung. Mit der Niederlage im Landshuter Krieg und der damit einhergehenden Verhängung der Reichsacht gegen die Pfalzgrafen drohte all das verlorenzugehen, aber schließlich rehabilitierte Kaiser Maximilian 1518 die Pfalzgrafen Ludwig und Friedrich, die Söhne des in dem Erbfolgekrieg unterlegenen Kurfürsten Philipp, und 1521 bestätigte Kaiser Karl V. auf dem im Kontext der Reformation berühmt geworde-

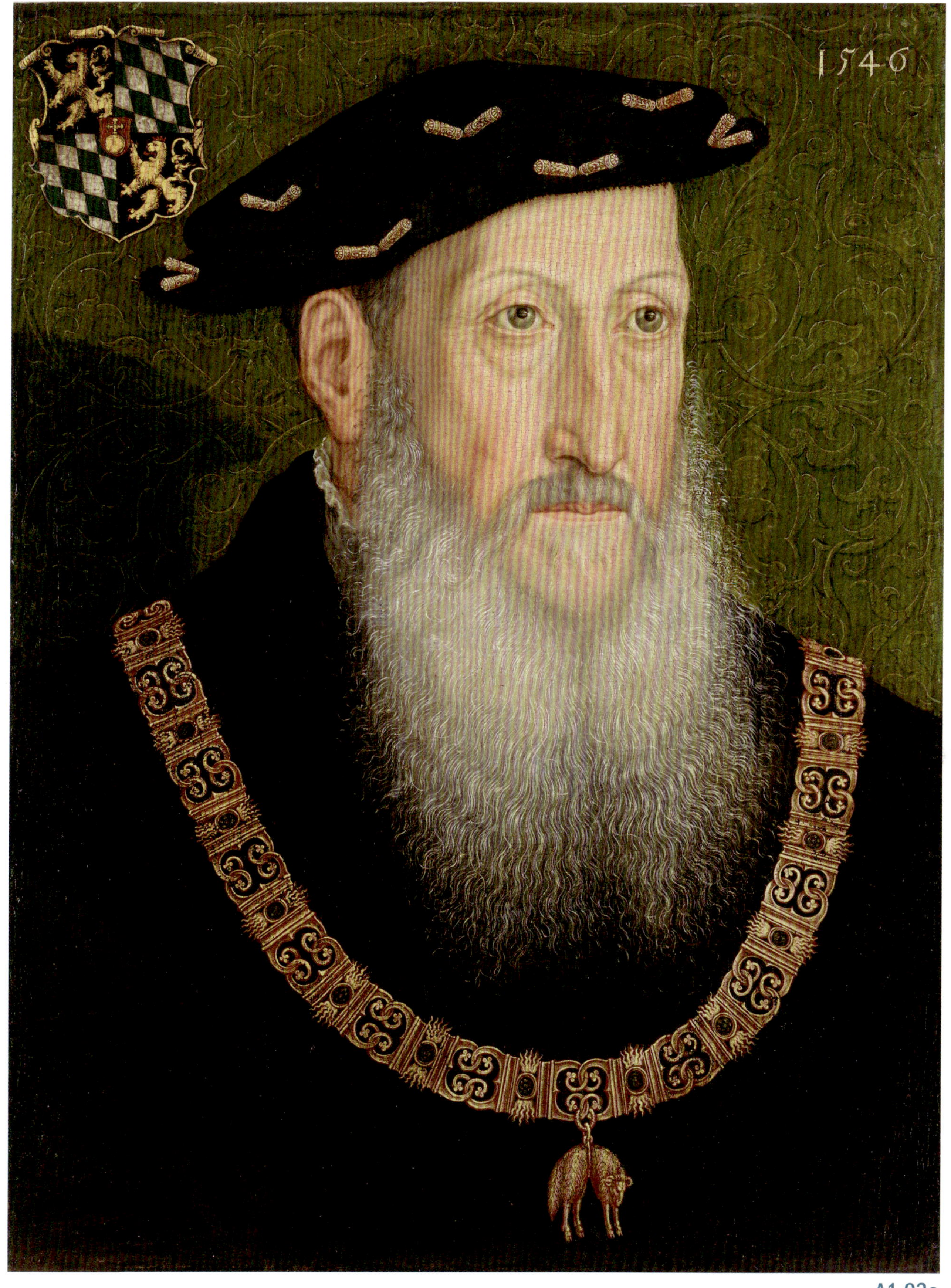

A1.03a

nen Reichstag in Worms noch einmal ausdrücklich alle Maßnahmen, die Kurfürst Ludwig V. 1519 als Reichsvikar in der Zeit zwischen dem Tod Kaiser Maximilians und der Wahl des Nachfolgers ergriffen hatte. Damit waren zwar die infolge des Kriegs eingetretenen territorialen Verluste nicht wiedergutgemacht, aber wenigstens die alte Vorrangstellung der Kurpfalz zurückgewonnen.

Kurt Andermann

Literatur

Schaab 1999, S. 64–68

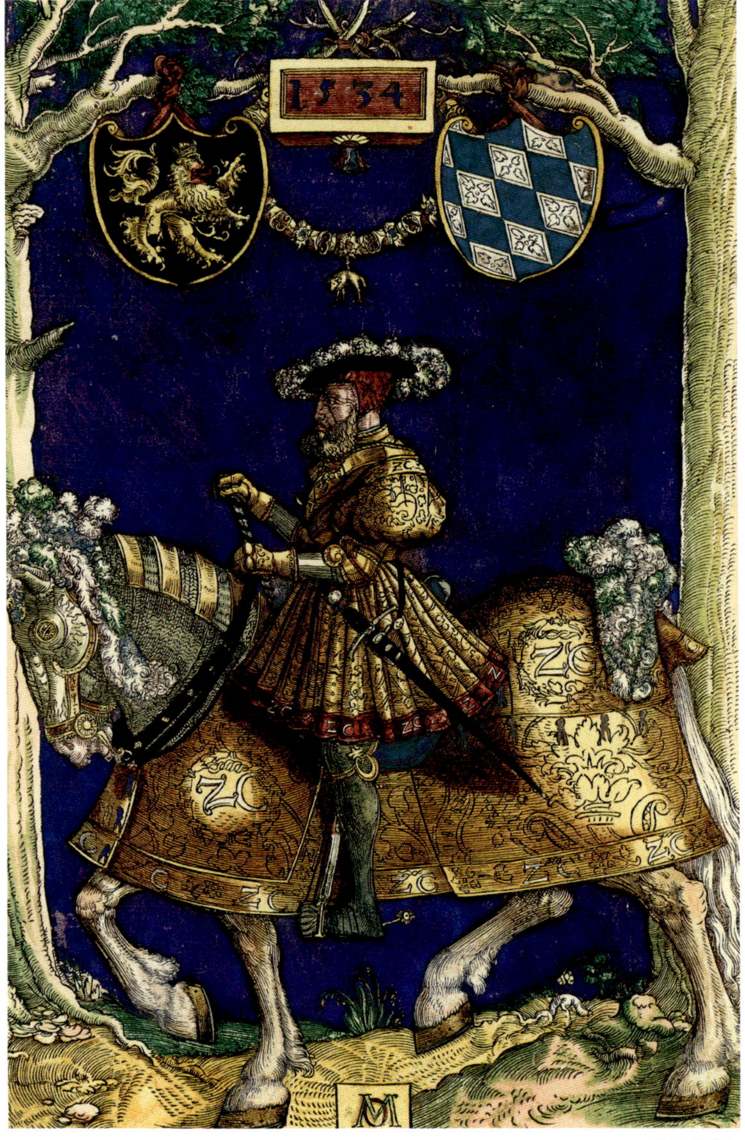

A1.03b

A1.03a/b
Brustbildnis des Kurfürsten Friedrich II.

Hans Besser, 1546
Tafelgemälde auf Buchenholz. H 41,3 cm, B 32,5 cm
München, Bayerische Staatsgemäldesammlungen, 2514

Reiterbildnis des Pfalzgrafen Friedrich II.

Michael Ostendorfer, 1534
Holzschnitt auf Papier, koloriert (beschnitten). H 32 cm, B 20,9 cm
Museen der Stadt Regensburg, G 1959/3b

Hans Bessers Brustbild Friedrichs II. zeigt den pfälzischen Kurfürsten vor einem dunkelgrünen Hintergrund, der mit seinen Rankenmustern tapetenartig erscheint. In der linken oberen Bildecke prangt das kurpfälzische Wappen mit dem Reichsapfel im roten Herzschild. Die Erlaubnis, das Symbol des mit der pfälzischen Kurwürde verbundenen Erztruchsessenamts in das Wappen aufzunehmen, hatte Friedrich II. (1482–1556) im Jahr 1544 von Kaiser Karl V. (1500–1558) erhalten.

Ausgeprägte Tränensäcke sowie Falten auf der Stirn und um die Augen kennzeichnen den 60-jährigen Kurfürsten als älteren Mann. Sein klarer, bestimmter Blick und der auf die Brust herabfallende weiße Bart lassen ihn zudem als weisen Herrscher erscheinen. Gekleidet ist Friedrich II. in eine schwarze Schaube. Den Kopf bedeckt ein ebenfalls schwarzes Barrett mit goldenen Applikationen. Die goldene Collane um Schultern und Brust weist ihn als Ritter des Ordens vom Goldenen Vlies aus. Nach einer Erziehung am habsburgisch-burgundischen Hof hatten ihm langjährige Verdienste um die Interessen des Hauses Habsburg im Jahre 1515 die Aufnahme in den Orden eingebracht. Die Nähe zu den Habsburgern mag sich auch in der Wahl der Kleiderfarbe ausdrücken. Mit der Übernahme des burgundischen Hofzeremoniells am spanischen Hof hatte Kaiser Karl V. für die Hofkleidung das von dem Burgunderherzog Karl dem Kühnen bevorzugt getragene Schwarz eingeführt.

Zum Entstehungszeitpunkt des Bildes war das Verhältnis Friedrichs II. zum Kaiser infolge der in der Kurpfalz durchgeführten Reformation erschüttert. Dass sich der Kurfürst nach burgundisch-habsburgischer Tradition darstellen ließ, mag als Form der Wiederannäherung zu verstehen sein. Hans Besser (um 1505/10– nach 1558), Hofmaler Friedrichs II. in Heidelberg, gestaltete das Brustbildnis nach einem Ganzfigurenporträt des Kurfürsten (Kunsthistorisches Museum Wien), das er ein Jahr zuvor geschaffen hatte, und welches sich heute im Schloss Ambras befindet.

Ein zweites Bildnis zeigt den Kurfürsten aus einem gänzlich anderen Blickwinkel, nämlich als Kriegsherrn: Der kolorierte Holzschnitt stammt ursprünglich aus einem 1539 in Nürnberg publizierten Druckwerk, das mehrere Darstellungen zu den Schlachten bei Wien umfasst. Pfalzgraf Friedrich nahm selbst zwischen 1529 und 1532 als Reichsfeldherr an den Türkenzügen teil. Das Reiterbildnis kombiniert die – beispielsweise auch in Grafiken zu Kaiser Maximilian I., dem „letzten Ritter", gewählte – Profilansicht zu Pferd aber in origineller Weise mit der

Heraldik des Pfalzgrafen bei Rhein und Herzogs von Bayern. Die Wappen beider seit 1214 vom Hause Wittelsbach regierten Länder sind als Schilde in das sich über dem Reiter verschränkende Geäst der flankierenden Bäume gehängt: links der Pfälzer Löwe auf schwarzem Grund, rechts die weiß-blauen Rauten (Wecken) des Herzogtums Bayern. Verbunden sind beide durch die Collane des Ordens vom Goldenen Vlies, darüber nennt ein Inschriftentäfelchen das Entstehungsjahr (1534) des Holzschnitts. Die künstlerische Qualität und lebendige Farbigkeit des Blattes unterstreichen die Meisterschaft des Malers und Zeichners Michael Ostendorfer (um 1492/95–1556), der bei Albrecht Altdorfer gearbeitet hatte und zu Recht als Vertreter der sogenannten Donauschule bekannt ist. Für Pfalzgraf Friedrich II. war Ostendorfer von 1536 bis 1544 als Hofmaler in Neumarkt und Amberg tätig.

Katharina Bull und Sabine Witt

Literatur

Ausst.-Kat. Regensburg 2000, S. 299 f., Kat.-Nr. 19.24 · Löcher 1996, v. a. S. 80 f.

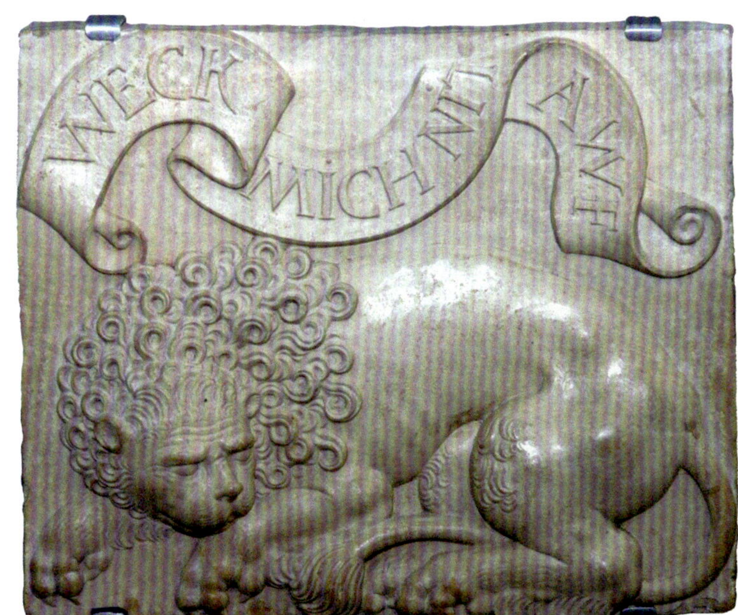

A1.04

A1.04
„Schlafender Löwe"

Relief nach Art des Loy Hering (um 1485-1555)
München oder Neuburg an der Donau, 1524
Solnhofener Kalkstein. H 18,7 cm, B 22 cm
Bayerisches Nationalmuseum München, R 672

Bei dem Steinrelief handelt es sich um ein Modell für zwei Geschütze, die Pfalzgraf Ottheinrich für seinen Onkel, Pfalzgraf Friedrich II. (1544–1556 Kurfürst), 1524/25 bei dem Neuburger Geschützgießer Sebald Hirder fertigen ließ. Bekannt sind die beiden Geschütze unter den Bezeichnungen „der Scherer" und „die Schererin", sie befinden sich heute im Bayerischen Armeemuseum in Ingolstadt.

Als markantes Motiv für den Stoßboden der Geschütze wählte Hirder einen schlafenden Löwen mit geschlossenen Augen und wild gelockter Mähne, der seinen Kopf auf die Tatzen und seinen Schwanz zwischen die Läufe gelegt hat. Der auf den ersten Blick friedliche Eindruck wird jedoch konterkariert durch ein Spruchband, das Wachsamkeit signalisiert und zugleich eine Drohung ist: „Weck mich nit awf [auf]" lautet seine zweifach interpretierbare Aufschrift. Zum einen warnt sie – denkt man an die militärische Bestimmung des Modells – davor, einen Krieg zu provozieren, in dem Geschütze wie „der Scherer" Tod und verheerende Schäden bringen würden. Zum anderen darf der Löwe wohl auch als Wappentier der Pfalz angesehen werden, die es folglich ebenso wie das Raubtier nicht aufzuwecken, d.h. zu provozieren gilt.

Das Relief erinnert an Arbeiten des renommierten Bildhauers Loy Hering, der weitere Werke für Pfalzgraf Ottheinrich geschaffen hat. Die künstlerische Ausführung ist mehr als beachtlich: Mit den muskulösen Flanken und den zum Sprung bereiten Läufen gemahnt die Figur an die körperliche Kraft und Stärke des Symboltieres und somit ebenso an die politische wie militärische Stärke der Kurpfalz, die sie unter Ludwig V. und Friedrich II. wiedererlangte.

Sabine Witt

Literatur

Kat. München 1959, S. 305, Nr. 324

A1.05
Modelabdruck mit der Darstellung der Sakramente Taufe und Abendmahl

unglasierter Ton. Dm 18 cm
Kurpfälzisches Museum der Stadt Heidelberg, Ke 119

Bei diesem Relief handelt es sich um den Abdruck eines Holzmodels in Terrakotta. Es zeigt in einer Simultandarstellung in einem Kirchenraum eine Tauffeier und die Feier des Abendmahls, bei der Wein und Brot bzw. Oblaten unter den Gemeindemitgliedern geteilt wurden. Taufe und Abendmahl waren jene zwei Sakramente, die nach Einführung der Reformation in der evangelischen Glaubenspraxis beibehalten wurden. Die altgläubige, katholische Lehre hingegen kannte und kennt sieben Sakramente, neben Taufe und Abendmahl (Eucharistie) auch die Firmung, das Sakrament der Buße, die Priesterweihe, das Sakrament der Ehe und die Salbung von (Tod)Kranken. Insbesondere an der Praxis

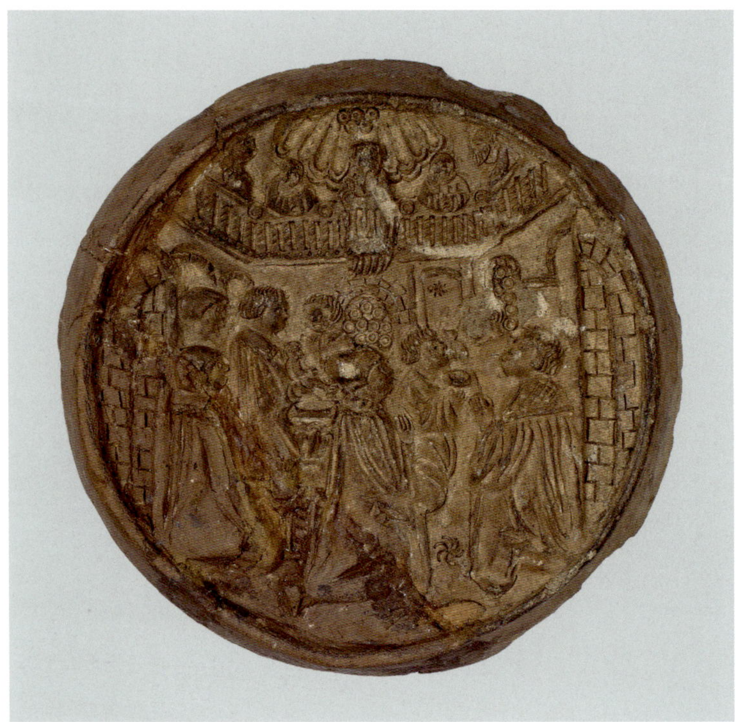

A1.05

und der theologischen Interpretation des Abendmahls sollte sich im konfessionellen Zeitalter die Spaltung der Protestanten in die beiden Sakramente Taufe und Abendmahl zeigen. An Letzterem entzündete sich die konfessionelle Spaltung der Protestanten in die lutherische und reformiert-calvinistische Konfession, der die Kurfürsten des Hauses Pfalz-Simmern anhingen: Während die Lutheraner an eine Verwandlung von Wein und Brot in das Blut und den Leib Christi im Augenblick der Eucharistie glauben, sind sie für die Vertreter der reformierten Lehre lediglich Zeichen der Leibhaftigkeit und des Opfertods Jesu. Sie symbolisieren seine Verbundenheit mit der Gemeinde der Gläubigen, nicht aber seine tatsächliche Präsenz bei der Abendmahlsfeier.

Der Augsburger Religionsfriede von 1555 hatte die Lehre Luthers als Augsburger Bekenntnis anerkannt, nicht jedoch die reformierte Konfession. Sie erhielt erst 1648 im Westfälischen Frieden einen reichsrechtlich garantierten Status. Die Glaubensrichtung eines Territoriums im Heiligen Römischen Reich bestimmte dabei weitgehend die Regel *cuius regio eius religio*. Das heißt, die Konfession des Landesherrn entschied über die Konfession seiner Untertanen. Dies bedeutete für die Kurpfalz unter der Regentschaft von Kurfürsten verschiedener Linien und Konfessionen vom 16. bis zum 18. Jahrhundert mehrfache Glaubenswechsel.

Sabine Witt

Literatur

Ausst.-Kat. Berlin 2009 · Kat. Heidelberg 1991, S. 106, Kat.-Nr. 287

A1.06

Prunkmedaille auf die Versöhnung des Reichsritters Franz von Sickingen mit Kaiser Maximilian I.

Meister des Triumphwagens Maximilians I., 1518
Silber, vergoldet, Guss. Dm 8,5 cm
Stiftung Schloss Friedenstein, Gotha – Aus den Sammlungen der Herzog von Sachsen-Coburg und Gotha'schen Stiftung für Kunst und Wissenschaft, 2/Co

Überaus selten und ein Meisterwerk der frühen Medaillenkunst ist das große vergoldete Schaustück von 1518 auf die Versöhnung des Reichsritters Franz von Sickingen (1481–1523) mit Kaiser Maximilian I. (1493–1519) im selben Jahr, das dem sogenannten Meister des Triumphwagens Maximilians I. zugeschrieben wird. Bemerkenswert ist, dass sowohl Entstehungszeit als auch der Anlass der Medaille aus seiner gravierten Randschrift hervorgehen, ebenso die Tatsache, dass Sickingen sie in Auftrag gab. Möglicherweise stammt sie sogar aus seinem persönlichen Besitz.

Als Anführer einer ritterschaftlichen Opposition führte Franz von Sickingen zahlreiche Fehden auf der Grundlage des altdeutschen Fehderechts und negierte damit das seit Ende des 15. Jahrhunderts im Reich geltende Römische Recht. Meist bestritt er diese mit Duldung des pfälzischen Landesherrn und auch im Sinne der habsburgischen Reichspolitik. Als er allerdings im Frühjahr 1515 in Streit mit der Reichsstadt Worms und deren Kaufleuten geriet, verhängte der Kaiser umgehend die Reichsacht über ihn. Sickingen, der davon unbeeindruckt seine Fehden zunächst fortsetzte, verdingte sich im Herbst 1516 vorübergehend als Truppenführer des französischen Königs Franz I. (1515–1547). Ein Jahr später löste der Kaiser den Bann und machte ihn zum Feldhauptmann. Im Frühjahr 1518 erfolgte die persönliche Aussöhnung zwischen dem Reichsoberhaupt und Sickingen.

Als Beweggrund für das Einlenken Maximilians wird die bedeutende Machtstellung des Reichsritters angesehen, der begann, die Gegner des Hauses Habsburg um sich zu sammeln. Zudem wollte sich der Kaiser der militärischen Unterstützung Sickingens bei seinen eigenen Auseinandersetzungen mit Herzog Ulrich von Württemberg (1498–1519) versichern. Die Prunkmedaille proklamierte somit auch die Allianz zwischen Kaiser und Franz von Sickingen.

Die Vorderseite der Medaille gibt das Hüftbild des Kaisers in reich touchierter Rüstung mit Krone, Schwert und Zepter wieder. Auf der Rückseite sitzt er auf einem mit üppigem Rankenwerk verzierten Thron und hält seine Herrschaftsinsignien. Vor ihm kniet untertänig der vergleichsweise kleine Ritter von Sickingen in Rüstung, den federgeschmückten Helm auf den Rücken geschoben. Zu Füßen Maximilians findet sich der Wappenschild Sickingens.

Uta Wallenstein

Literatur

Habich 1929/1932, Nr. 25 · Kat. Karlsruhe 1969, Kat.-Nr. 8/9 · Schneider 1995 · Wallenstein 2012, S. 77, Abb. 93

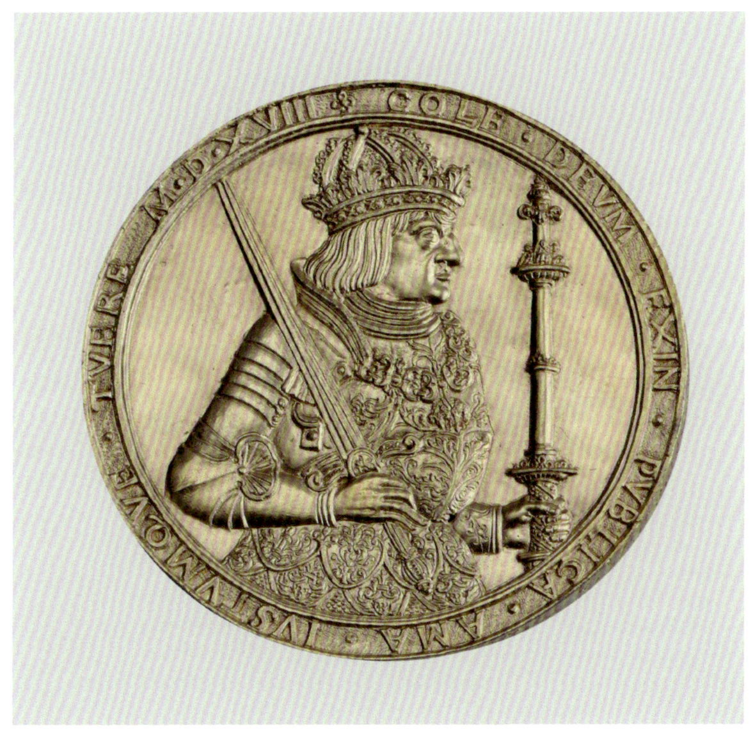

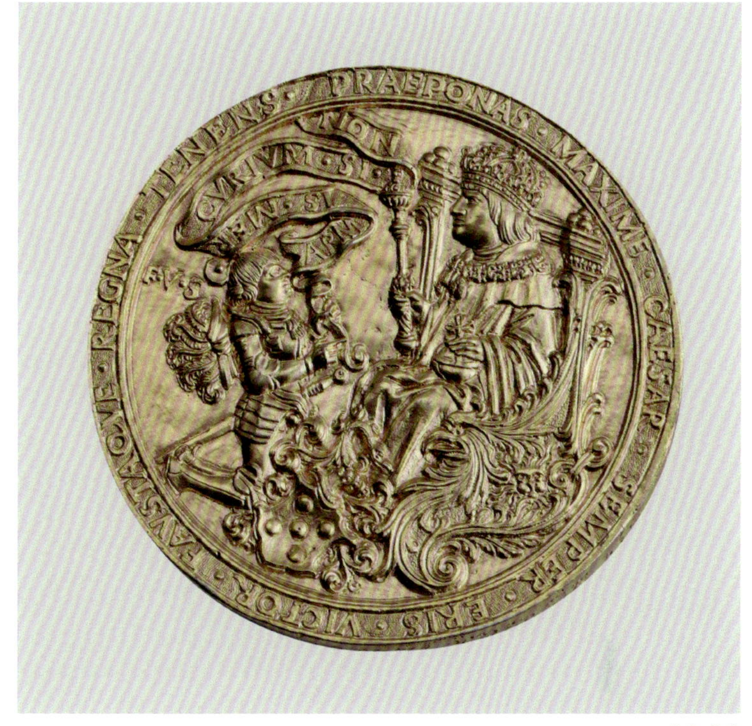

A1.06

A1.07a/b

Fehdebrief Franz von Sickingens an den Kurfürsten von Trier, Richard von Greiffenklau

27. August 1522
Pergamenturkunde
Landesarchivverwaltung Rheinland-Pfalz, Landeshauptarchiv Koblenz, Best. 1 C, Nr. 9198

Verhängung der Reichsacht gegen Franz von Sickingen im Namen Kaiser Karls V.

10. Oktober 1522
Pergamenturkunde
Landesarchivverwaltung Rheinland-Pfalz, Landeshauptarchiv Koblenz, Best. 1A, Nr. 9339

Die Fehde war seit alten Zeiten ein legitimes Mittel adligen Rechtsaustrags gewesen. Im ausgehenden Mittelalter suchten jedoch die Fürsten die bis dahin in Schwaben, in Franken und am Rhein recht autonom agierende Ritterschaft (Niederadel) auf unterschiedliche Weise in ihre sich intensivierende und verdichtende Landesherrschaft einzubinden, zu mediatisieren und zu unterwerfen. Zu diesem Zweck dienten Lehens- und Dienstverhältnisse und Gerichtskompetenzen. Im Zuge dieser Entwicklung wurde auch die Fehde zunehmend in Frage gestellt und kriminalisiert. Höhepunkt dieser Entwicklung war der Wormser Reichstag 1495, bei dem die Fürsten die Verkündigung des ewigen Landfriedens und damit ein Verbot der Fehde durchsetzen konnten. Der Ritteradel suchte durch Zusammenschlüsse, Pflege der Beziehungen zum Kaiser und eine verstärkte Fehdetätigkeit seine relative Autonomie zu wahren.

Franz von Sickingen (1481–1523) war der bei weitem bedeutendste Vertreter einer solchen Politik an der Schwelle zur Neuzeit. Der aus dem Kraichgau stammenden Familie war im Umkreis des Pfälzer Hofs der Aufstieg gelungen – vor allem dank der Heirat seines Großvaters und Vaters mit gut ausgestatteten Erbtöchtern von Sien und Puller von Hohenburg, die wichtige Burgen und ertragreiche Montanbetriebe in die Familie eingebracht hatten. Dieses Erbe erlaubte Sickingen – mit der Unterstützung adliger Standesgenossen und zeitweise auch durch Fürsten und Kaiser Maximilian – eine Fehdeführung im großen Stil. Nach dem frühen Tod seiner Frau (1515) führte Franz von Sickingen als regelrechter Kriegsunternehmer Fehden gegen die freie Stadt Worms, gegen die Reichsstadt Metz und sogar gegen die mächtige Landgrafschaft Hessen. Trotz seiner militärischen Erfolge gelang es ihm jedoch nicht, seine Macht dauerhaft zu stabilisieren.

Daran konnten auch sein Übergang zur Reformation und die Wahl zum Hauptmann der Ritterschaft am Mittel- und Oberrhein (13. August 1522) nichts ändern. In Anknüpfung an seine früheren militärischen Erfolge und unter neuen reformatorischen Vorzeichen erklärte Sickingen mit dem Brief vom 27. August 1522 dem Kurfürsten von Trier, Richard von Greiffenklau, die Fehde. Als Fehdegrund diente eine von ihm zwei Trierer Bürgern zur Verfügung gestellte und nicht zurückgezahlte Lösegeldsumme von 5.150 Gulden – wie häufig bei Sickingen

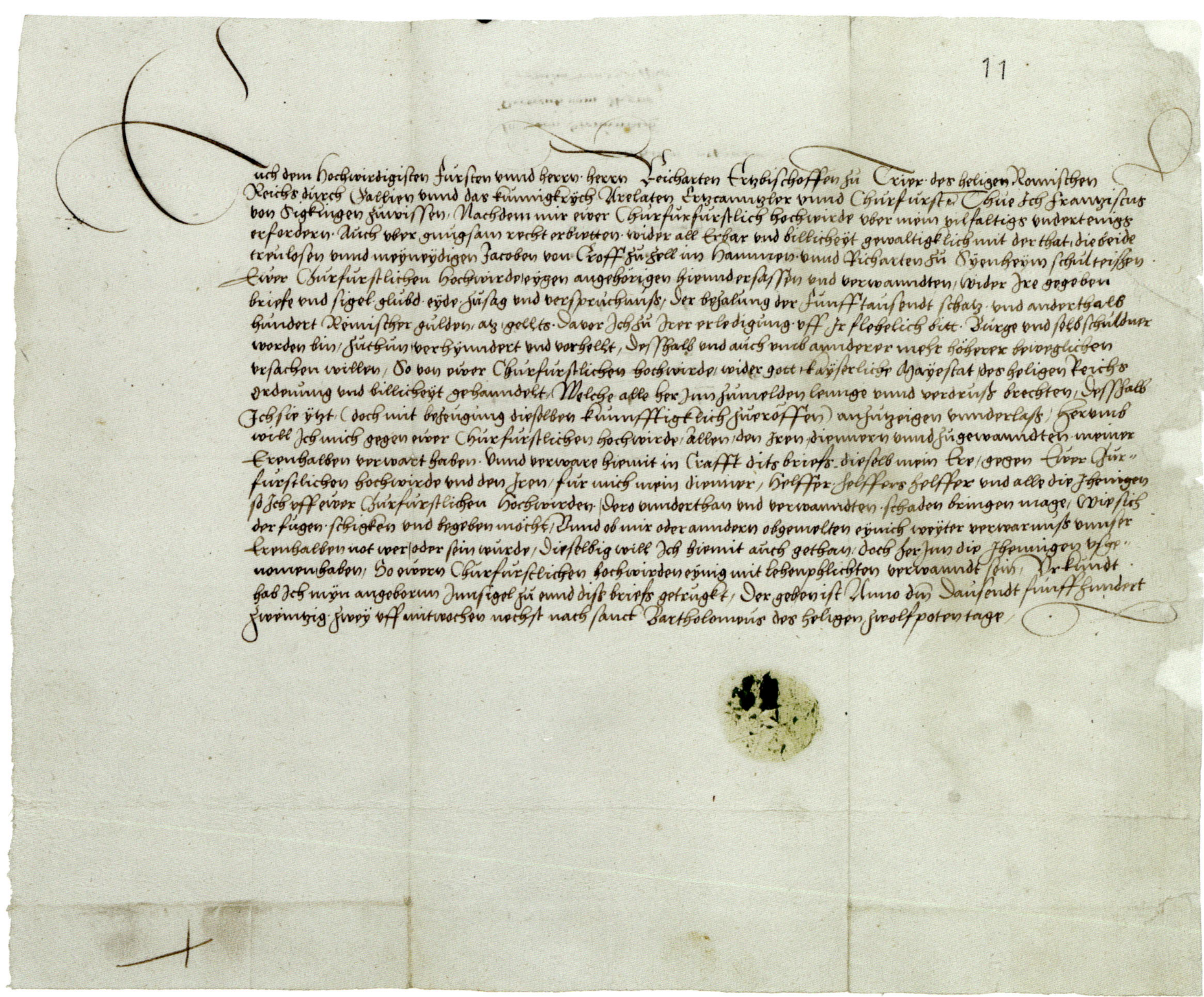

A1.07a

eine Bagatelle, die sich leicht auf dem Rechtsweg hätte entscheiden lassen. Anders als zuvor zeigten sich seine Gegner diesmal jedoch gut vorbereitet. Die Kurfürsten von Trier und von der Pfalz hatten sich schon 1518 zur wechselseitigen Hilfeleistung verpflichtet, Hessen hatte sich im April 1521 mit der Kurpfalz verbündet. Unmittelbar vor der Fehde schlossen sich die beiden Kurfürsten und der 1518 durch Sickingen noch schwer geschädigte Landgraf in Oberwesel zu einem Bündnis gegen Sickingen zusammen. Ohne Rückendeckung durch die Reichspolitik und mit nur geringen finanziellen Ressourcen brach Sickingen nach wenigen Tagen am 14. September 1522 die Belagerung der Stadt Trier ab. Die einen Monat später ausgestellte Achterklärung durch Kaiser Karl V. am 10. Oktober 1522 war nach dieser Vorentscheidung nur juristische und diplomatische Begleitmusik. Das militärische Übergewicht der Fürstenkoalition entschied im nachfolgenden Frühjahr den Konflikt.

Wolfgang Breul

Literatur

Breul 2012 · Scholzen 1996

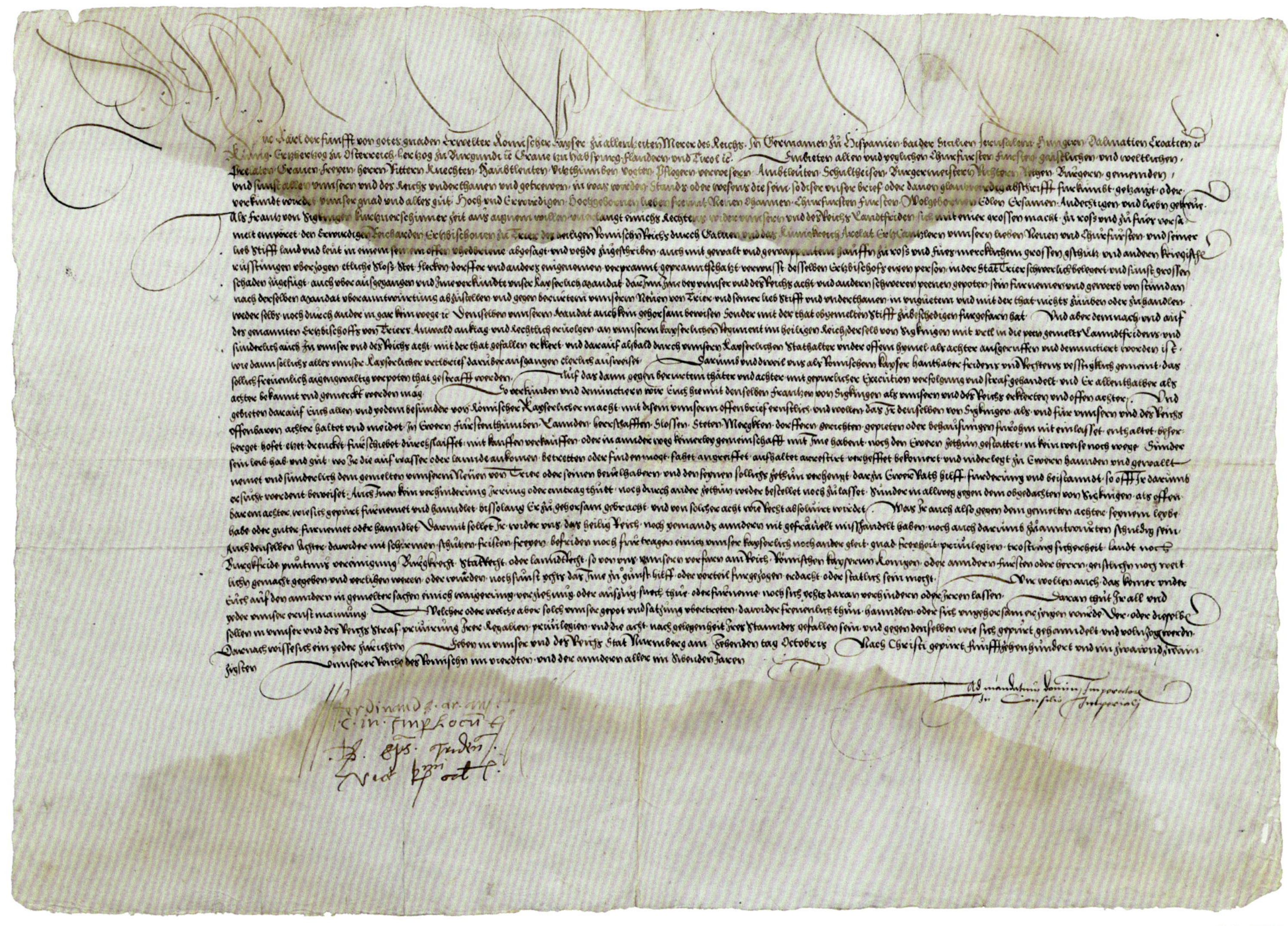

A1.07b

A1.08a/b

Hans Landschad zu Neckarsteinach: Mahnbrief an Kurfürst Ludwig V., Glauben, Gerechtigkeit, Frieden und Gemeinnutz zu schützen

Ain Missive von dem strengen festen Herrn Hans Landtschadt zu Steynach, Ritter an … Churfürsten Melchior Ramminger, August 1522
Druck / Flugschrift. H 20,5 cm, B 15 cm
Universitätsbibliothek Heidelberg, Mays (Brosch.) 3,4 RES

Caspar Sturm: Bericht zur Sickingenfehde 1523

Mainz: Johann Schöffer, 1523
Druck mit Holzschnitten. H 19,3 cm, B 15,4 cm
Universitätsbibliothek Heidelberg, Mays (Brosch.) 3,8/A RES

Einzelne Vertreter der Ritterschaft wurden früh für die Reformation gewonnen, so insbesondere Franz von Sickingen (1481–1523), der wesentlich durch seinen adligen Standesgenossen, den berühmten Humanis-

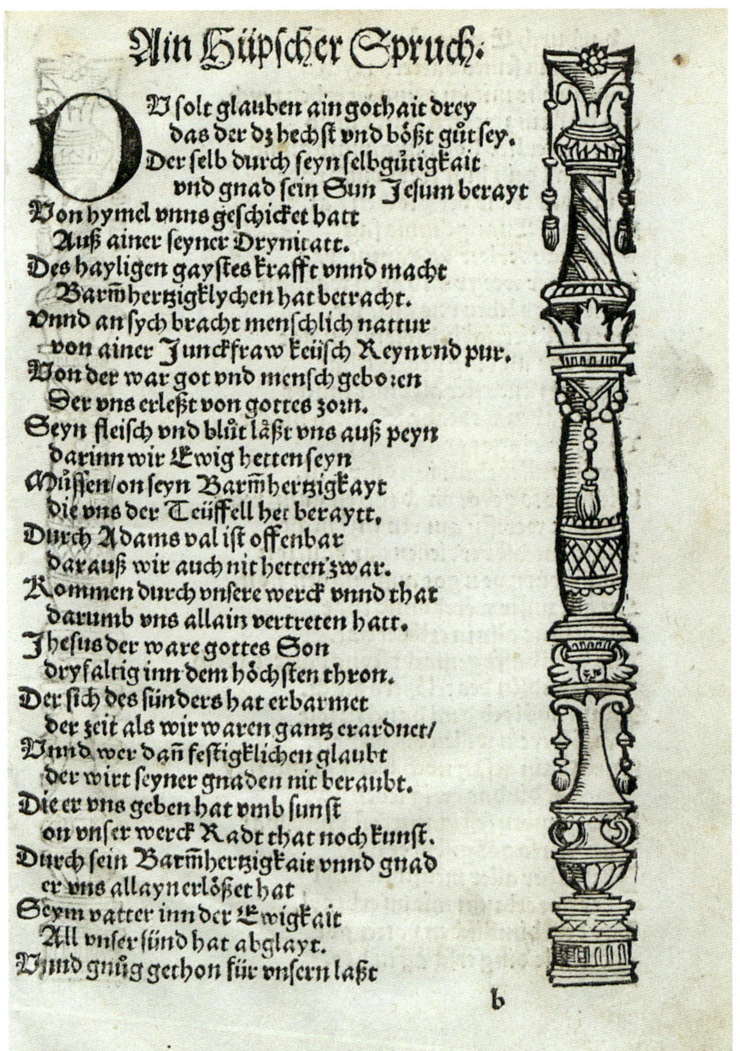

Ain Hüpscher Spruch.

DU solt glauben ain gothait drey
das der dz hechst vnd böst güt sey.
Der selb durch seyn selbgütigkait
vnd gnad sein Sun Jesum berayt
Von hymel vnns geschicket hatt
Auß ainer seyner Drynitatt.
Des hayligen gaystes krafft vnnd macht
Barm̃hertzigklychen hat betracht.
Vnnd an sych bracht menschlich nattur
von ainer Junckfraw keüsch Reyn vnd pur.
Von der war got vnd mensch geboren
Der vns erleßt von gottes zorn.
Seyn fleisch vnd blüt läßt vns auß peyn
darinn wir Ewig hetten seyn
Müssen/on seyn Barm̃hertzigkayt
die vns der Teüffell het beraytt.
Durch Adams val ist offenbar
darauß wir auch nit hetten zwar.
Kommen durch vnsere werck vnnd that
darumb vns allain vertreten hatt.
Jhesus der ware gottes Son
dryfaltig inn dem höchsten thron.
Der sich des sünders hat erbarmet
der zeit als wir waren gantz erardnet/
Vnnd wer dañ festigklichen glaubt
der wirt seyner gnaden nit beraubt.
Die er vns geben hat vmb sunst
on vnser werck Radt that noch kunst.
Durch sein Barm̃hertzigkait vnnd gnad
er vns allayn erlößet hat
Seym vatter inn der Ewigkait
All vnser sünd hat abglayt.
Vnnd gnüg gethon für vnsern laßt

b

A1.08a

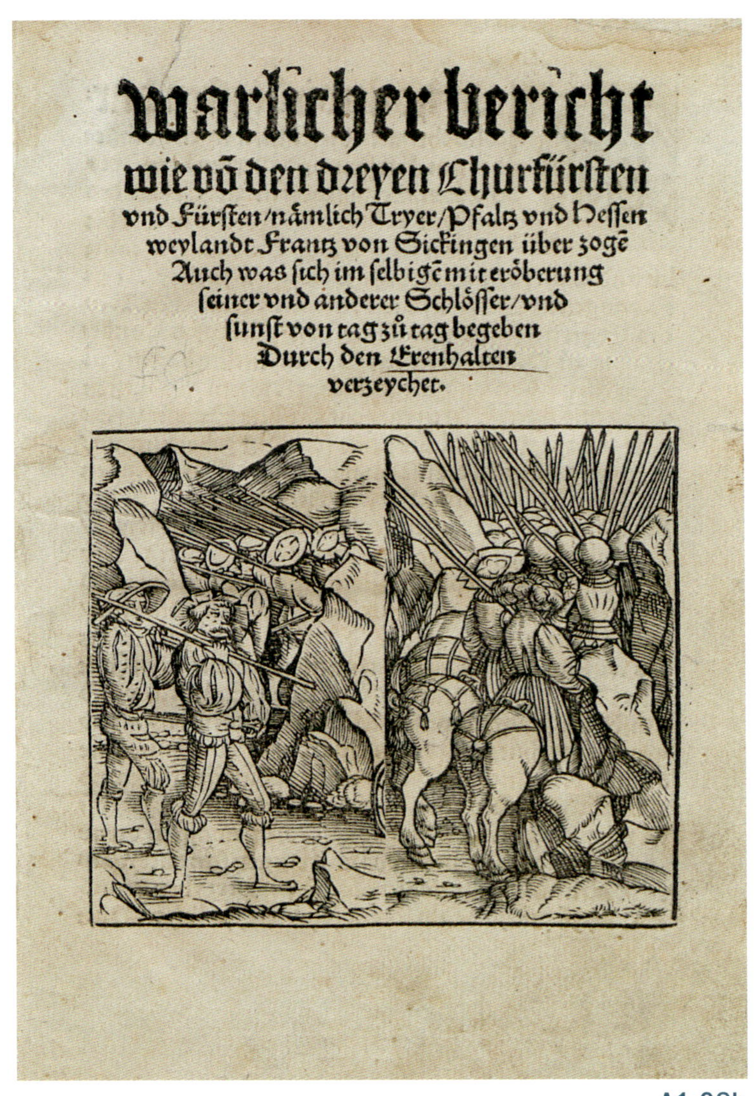

Warlicher bericht
wie võ den dreyen Churfürsten
vnd Fürsten/nämlich Tryer/Pfaltz vnd Hessen
weylandt Frantz von Sickingen über zogẽ
Auch was sich im selbigẽ mit eröberung
seiner vnd anderer Schlösser/vnd
sunst von tag zü tag begeben
Durch den Erenhalten
verzeychet.

A1.08b

ten Ulrich von Hutten (1488–1523) mit den neuen Ideen in Berührung kam. In der Folgezeit entwickelte sich Sickingens Ebernburg zu einem frühen Zentrum für die Reformation im Südwesten des Reichs.

Einige der Ritter engagierten sich auch mit dem neuen Medium der Flugschrift für ihre lutherischen Überzeugungen. Franz von Sickingen veröffentlichte 1522 *Ain sendbrieff so der Edel und Ernuest Franciscus von Sickingen seim schweher, dem Edlen und Ernuesten Junckher Diethern von Henschuchßheim zu underrichtung etlicher artickel Christliches gelaubes kurtzlich zugeschickt hat*. Der mit Sickingen verbündete Hartmut XII. von Kronberg publizierte in den frühen Jahren der Reformation eine ganze Reihe von Flugschriften die für Luther und die Reformation warben.

Hans Landschad (1481–ca. 1531) richtete sein Sendschreiben (Missive) an den pfälzischen Kurfürsten Ludwig V. (1478–1544), der sich zwar offen für Kirchenkritik und Kirchenreform zeigte, jedoch kein Anhänger der Reformation wurde. Landschad hatte sich schon vor der Reformation religiös engagiert, eine Jerusalem-Wallfahrt unternommen, an seinem Stammsitz Neckarsteinach eine Kirche errichtet und religiöse Stiftungen getätigt. In seiner Flugschrift erklärt er, alle Schriften Luthers gelesen und an der Hl. Schrift geprüft zu haben. Kein Gelehrter habe die Lehren des Wittenbergers widerlegen können. Daher fordert er den Kurfürsten und seine Umgebung auf, ihre anfänglich erkennbare Sympathie für Luther wieder aufzunehmen und das Evangelium zu schützen.

Der vermutlich 1475 in Oppenheim geborene Reichsherold Caspar Sturm († 1552) erlangte Berühmtheit, als er Martin Luther auf seinem Weg zum und vom Wormser Reichstag 1521 das Geleit gab. Ende 1522 trat er in kurpfälzische Dienste. In dieser Funktion verfasste er seinen anschaulichen und mit einigen Holzschnitten versehenen Bericht von der Schlussphase der sogenannten Trierer Fehde Franz von Sickingens. Nachdem Sickingens Belagerung der Stadt Trier im September 1522 nach wenigen Tagen abgebrochen worden war, ging die Koalition der Kurfürsten von Trier und der Pfalz sowie des hessischen Landgrafen zunächst gegen die Verbündeten Sickingens vor (u.a. Hartmut XII. von

Kronberg). Ende April 1523 rückten Truppen gegen die Burg Nanstein bei Landstuhl vor und nahmen sie unter heftigen Beschuss, bei dem Sickingen eine schwere Verletzung erlitt. Sickingen kapitulierte am 6. Mai und verstarb am Folgetag. Sturm berichtet detailliert von einem Gespräch der drei Koalitionsfürsten mit dem sterbenden Ritter.

Mit der Niederlage Sickingens schied die Ritterschaft als Faktor in der Religionspolitik des Reichs aus. Die Einführung reformatorischer Gottesdienste in vielen Ritterschaftsgebieten sorgte gleichwohl für eine konfessionelle Vielfalt im Reich.

Wolfgang Breul

Literatur

Andermann 2011 · Dotzauer 1970/71 · Oelschläger 1970

A2
Ottheinrich – Pfalzgraf und Kurfürst im Wartestand

Ottheinrich zählt zu den schillerndsten Gestalten des 16. Jahrhundert. Als älterer Sohn Pfalzgraf Ruprechts war Ottheinrich im kleinen Fürstentum Pfalz-Neuburg aufgewachsen. Er war außerordentlich gebildet und den schönen Dingen zugeneigt, sein kostspieliger Lebensstil führte das Fürstentum aber an den Rand des finanziellen Ruins. 1544 wurde der Pfalzgraf seines Fürstentums verwiesen, um den Landständen die Möglichkeit zur Haushaltskonsolidierung zu geben. Ottheinrich begab sich in die Kurpfalz, wo er weiterhin auf die Nachfolge im Kurfürstenamt wartete. Seine persönliche Devise „Mit der Zeit“ verleiht diesem bis 1556 andauernden Zustand Ausdruck. Erst dann trat Ottheinrich nach dem Tod seines Onkels Kurfürst Friedrich II. die Herrschaft an. Er war es auch, der die Reformation in der Kurpfalz nachhaltig verankerte. Obwohl er nur drei Jahre regierte, prägte er Heidelberg und die Region nachhaltig. Davon zeugen die Schätze der Bibliotheca Palatina ebenso wie der Ottheinrichsbau des Heidelberger Schlosses.

Kurfürst Ottheinrich (1502–1559)

Der 1502 in Amberg geborene Pfalzgraf Ottheinrich wuchs unter der Vormundschaft seines Onkels Friedrich auf. Das Herzogtum Pfalz-Neuburg, das er gemeinsam mit seinem Bruder Philipp regierte, war ein Produkt des für die Kurpfalz so katastrophal verlaufenen Landshuter Erbfolgekrieges. Im Falle des kinderlosen Todes des Kurfürsten Ludwig V. (regierte 1508–1544) war Ottheinrich der nächste Erbberechtigte. 1508 wurde jedoch festgelegt, dass sein Onkel Friedrich vor ihm Kurfürst werden sollte. Seither führte Ottheinrich ein Leben in Wartestellung getreu seiner Devise „Mit der Zeit“.

Ottheinrichs Herrschaft war mit Schulden vorbelastet, so dass Geldmangel sein ständiger Begleiter war. Sein kostspieliger Lebensstil und die Schuldenmacherei seines Bruders verschärften die Situation bis zum Bankrott. Gegen eine kleine Jahresrente und die Verpflichtung, sich aus den Regierungsgeschäften auf drei Jahre zurückzuziehen, musste Ottheinrich 1544 die Herrschaft an die Landstände übergeben, die dafür die Schulden übernahmen. Seither lebte er im kurpfälzischen Exil in elenden Verhältnissen und behielt lediglich die Außenvertretung seines Territoriums in den Händen. Seit 1542 bekannte er sich offen zur Reformation, ungeachtet der Konflikte, die sich daraus mit der bayerischen Verwandtschaft seiner Frau Susanna (1502–1543) ergaben. Ottheinrich, der in jungen Jahren die Reformation noch bekämpft hatte, wurde zu einem der entschiedensten Verfechter einer evangelischen Interessenspolitik im Reich. Als er wegen des Schmalkaldischen Krieges erst 1552 nach Neuburg zurückkehren konnte, führte er sofort die Reformation durch.

Ottheinrichs Lebensziel erfüllte sich im Februar 1556 beim Tod des Kurfürsten Friedrich II. Obwohl ihm selbst nur drei Jahre als Kurfürst blieben, die zudem durch raschen körperlichen Verfall gekennzeichnet waren, hat er ein völlig verändertes Land hinterlassen. Die Einführung der Reformation in der pfälzischen Kirche und an der Universität Heidelberg zählt zu seinen bleibenden Leistungen als Kurfürst. Seine offensive Konfessionspolitik im Reich wirkte prägend auf seine Nachfolger. Im Innern zeigte Ottheinrich bei einem grundsätzlichen Bekenntnis zum Luthertum eine erhebliche Offenheit für melanchthonische und schweizerisch-oberdeutsche Einflüsse. Den bedrängten französischen Protestanten bot er ein Asyl. Dieses Vermächtnis Ottheinrichs, der am 12. Februar 1559 als letzter Vertreter der alten Kurlinie ohne Nachkommen starb, wirkte neben seinen kulturellen Leistungen als Büchersammler, Kunstfreund und Bauherr über seine Lebenszeit hinaus weiter.

Armin Kohnle

Literatur

Hepp 1993a · Kohnle 2008 · Kohnle 2011 · Wolgast 1998

A2.01
Porträt des Pfalzgrafen Ottheinrich

Barthel Beham, 1533
Tempera und Ölfarbenlasuren auf Nadelholz. H 97 cm, B 71,2 cm
München, Bayerische Staatsgemäldesammlungen, 2449

Das 1533 von Barthel Beham gemalte Bildnis Ottheinrichs (1502–1559) zeigt den 31-jährigen Herzog von Pfalz-Neuburg in Halbfigur vor einem neutralen dunklen Hintergrund. Den Kopf des blonden, bärtigen jungen Pfalzgrafen bedeckt ein schwarzes Barrett, das ein golden geflochtener Kranz mit perlen- und edelsteingeschmücktem Anhänger und eine buschige weiße Feder zieren. Gekleidet ist er in ein weißes Hemd mit breitem, perlenbesticktem Goldkragen und ein leuchtend rot und gelb gestreiftes, modisch geschlitztes Wams. Darüber trägt er eine Schaube aus goldenem Brokat. An einer langen Halskette hängt eine vogel- oder drachenförmige goldene Gefäßflöte, wie sie etwa bei der Jagd eingesetzt wurde. Mehr als Gebrauchsgegenstand oder bloßes Schmuckstück waren solche Flöten ein Zeichen von Autorität. Ein weiteres Autoritätssymbol ist das um die Hüfte gegürtete Schwert, dessen Knauf der Pfalzgraf mit der linken Hand locker umfasst. Seine Rechte hält eine weiße Nelke.

Barthel Beham (1502–1540) war ab 1530 überwiegend im Dienst der bayerischen Herzöge tätig. Das Bildnis Ottheinrichs ist Teil der in den Jahren 1530 bis 1535 von Herzog Wilhelm IV. von Bayern (1493–1550) in Auftrag gegebenen „großen Wittelsbacher Serie“, einer Reihe von 14 Porträts des Herzogs und seiner Gemahlin, seiner Eltern und Geschwister sowie Verwandter aus der pfälzischen Linie. Ottheinrich, ab 1556 Kurfürst von der Pfalz, war mit Wilhelms Schwester Susanna verheiratet (1502–1543). Ihr Porträt (Bayerische Staatsgemäldesammlungen München, 2450) und dasjenige Ottheinrichs sind aufeinander bezogen, indem sich die Porträtierten einander zuwenden. Die bedeutendere heraldisch rechte Seite nimmt dabei Susanna ein, womit eine Hervorhebung der bayerischen Linie beabsichtigt sein mag. Als Vorlage für das Porträt des Pfalzgrafen diente ein von dessen Neuburger Hofmaler Peter Gertner geschaffenes Bildnis aus dem Jahr 1531 (Bayerisches Nationalmuseum München).

Katharina Bull

Literatur

Löcher 1999, S. 146, S. 200 f.

A2.02
Riefelküriss des Pfalzgrafen Ottheinrich

Lorenz Helmschmid und Daniel Hopfer
Augsburg, 1516
Blankes Eisen mit Ätzdekor (Tiefenätzung mit ölgebundenem Schwarz gefüllt), Eisennieten, Hirschleder. H 173 cm, B 65 cm, T ca. 48 cm
Wien, Kunsthistorisches Museum, Hofjagd- und Rüstkammer, A 239

Der Riefelküriss Ottheinrichs lässt sich stilistisch unmittelbar mit einer Harnischgarnitur für Mann und Ross aus den frühen 1510er Jahren im Berner Historischen Museum (Inv.-Nr. 101) vergleichen, die die Marke des Augsburger Plattners Lorenz Helmschmid trägt. Da Lorenz Helmschmid 1516 starb, Ottheinrich (1502–1559) in diesem Jahr aber erst 14 Jahre alt war, kann der Harnisch nicht früher als 1516 entstanden sein. Er ist damit das letzte Werk eines der größten Meister des Plattnerhandwerks. Den Harnisch dominieren runde Formen, die Taille ist nach oben gezogen und die Proportionen sind der menschlichen Gestalt angepasst. Lorenz Helmschmid, ein aus der spätgotischen Tradition kommender Plattner, kopierte in diesem Werk den Hochrenaissance-Stil seines gleichermaßen hochtalentierten Sohnes Kolman. Insbesondere mit Kolmans Küriss für Andreas Graf Sonnenberg (ermordet 1511) sind direkte Übereinstimmungen nachzuweisen.

Die Oberfläche des Ottheinrich-Harnisches ist teilweise geriefelt und mit breiten Bändern geschwärzter Ätzungen dekoriert. Im zweiten Jahrzehnt des 16. Jahrhunderts hatte sich in der Harnischdekoration nördlich der Alpen das Motivrepertoire der italienischen Renaissance etabliert. Auf dem Harnisch Ottheinrichs von 1516 finden sich Putten, Meerweibchen, Trophäen etc. sowie dichtes Ranken- und Blattwerk. Die Verzierungen lassen sich aufgrund stilistischer Vergleiche dem Augsburger Druckgraphiker und Waffendekorateur Daniel Hopfer (1471–1536) zuschreiben. Der Besitzer dieser Rüstung war Herzog Ottheinrich, der im Herzogtum Neuburg regierte und 1556 auf dem Erbwege das Kurfürstentum Pfalz übernahm. Als Kurfürst trieb er die Reformation in seinen Landen voran, gab der Universität Heidelberg neue Statuten, vermehrte die Bestände ihrer Bibliothek und ließ den prachtvollen Ottheinrichsbau des Heidelberger Schlosses errichten. Eine in Dessau befindliche Zeichnung von Peter Gertner (ca. 1520–1541) zeigt Ottheinrich mit dem heute in Wien verwahrten Riefelküriss.

Matthias Pfaffenbichler und Stefan Krause

Literatur

Ausst.-Kat. Neuburg an der Donau 2005, S. 190 f. · Beaufort/Pfaffenbichler 2005, S. 102 · Krause 2011a, S. 61–63 · Michels 2011, S. 118 f., Nr. 46 · Thomas 1937–1939 · Thomas/Gamber 1976, S. 224 f.

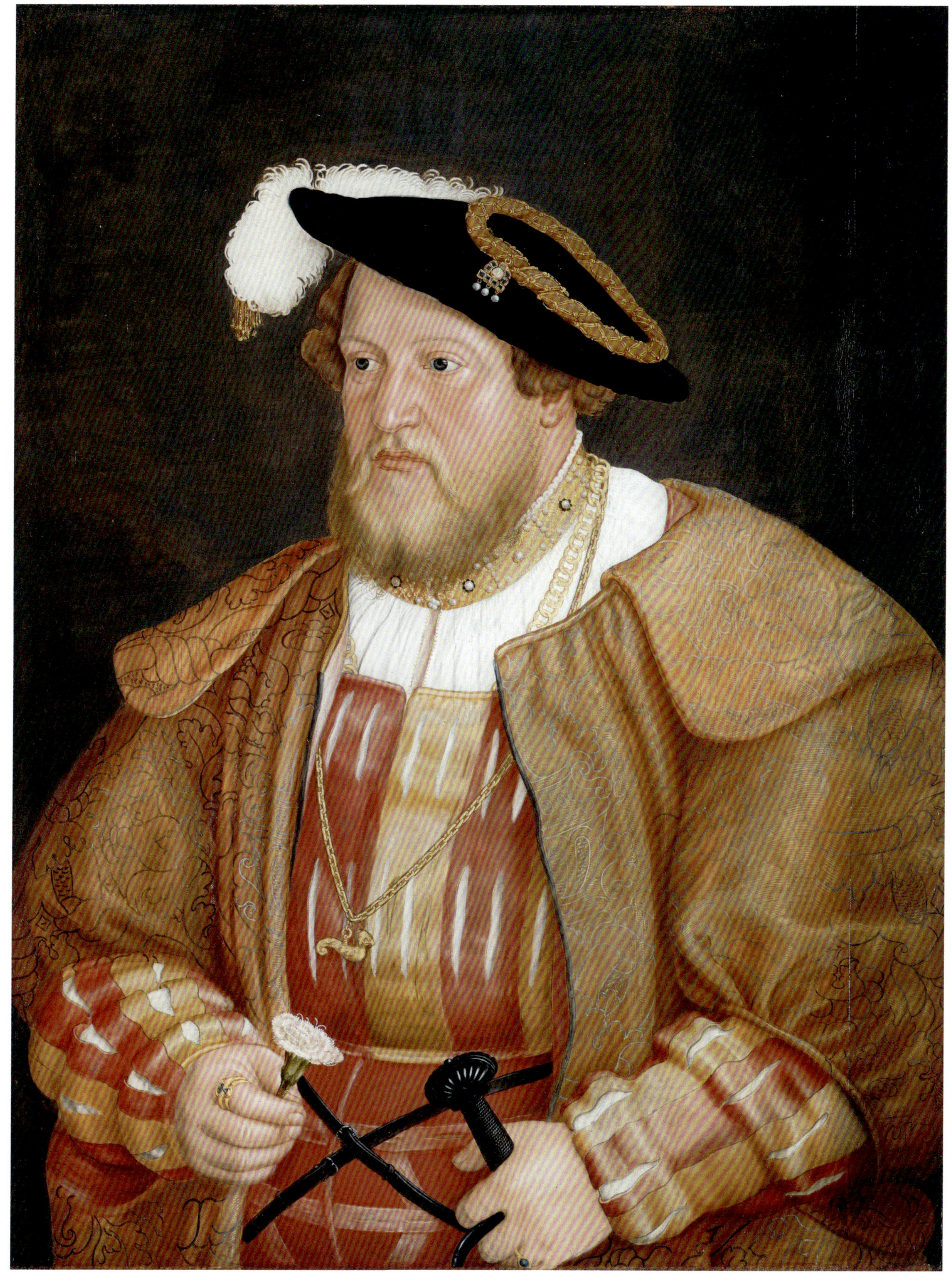

A2.01

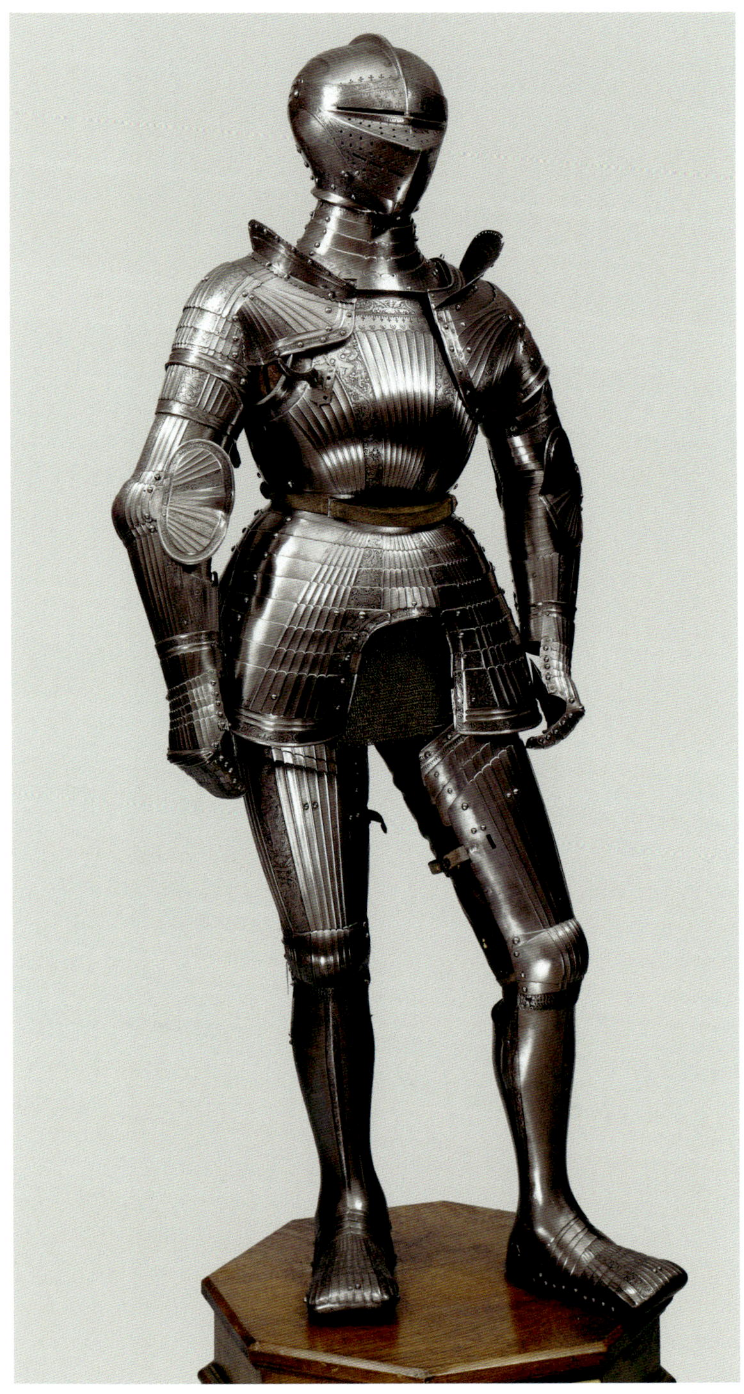

A2.02

A2.03a/b
Rossstirn

Kolman Helmschmid und Daniel Hopfer
Augsburg, 1523
blankes Eisen mit Ätzdekor (Tiefenätzung mit ölgebundenem Schwarz gefüllt), Eisennieten, Hirschleder. H 65 cm, B 35 cm, T 21 cm
Wien, Kunsthistorisches Museum, Hofjagd- und Rüstkammer, A 239 b

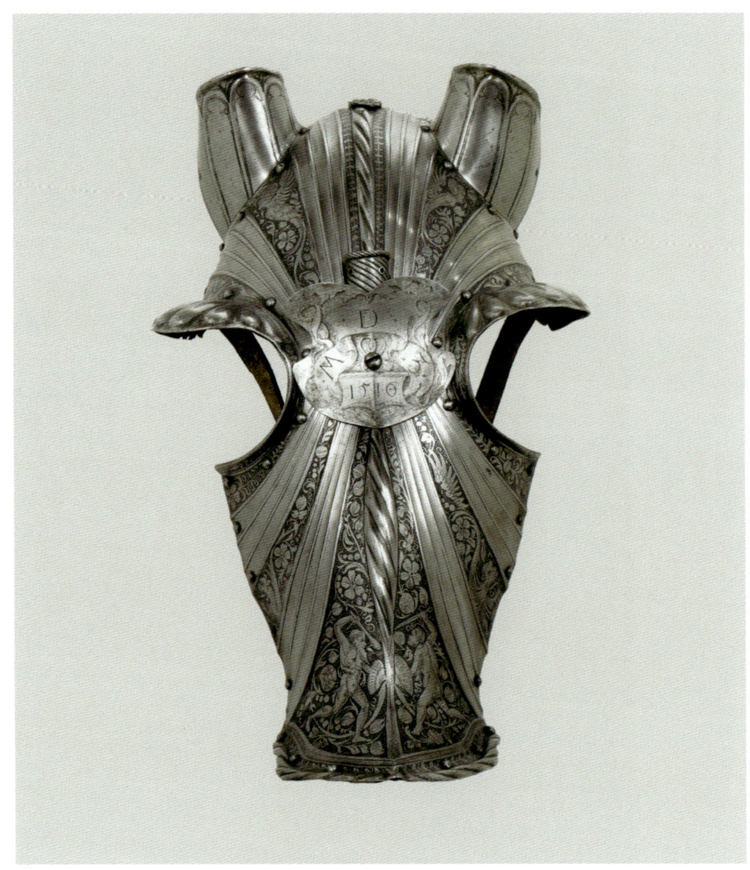

A2.03a

A2.03b
Krippensattel

Kolman Helmschmid und Daniel Hopfer
Augsburg, 1523
Holz, Haut, Birkenrinde, Wildleder, (ehem. gelbe) Wolle, Leinen, Eisen.
H 68 cm, B 70 cm, T 53 cm
Wien, Kunsthistorisches Museum, Hofjagd- und Rüstkammer, A 239 a

Besitzer dieser prachtvollen Garnitur aus Krippensattel und Rossstirn war, wie im Fall des Riefelküriss von 1516, der junge Ottheinrich von der Pfalz. Sattel und Rossstirn entstanden jedoch einige Jahre nach dem Küriss und gehörten folglich originär nicht zur Rüstung. Auf dem Hintersteg des Sattels findet sich in der geätzten Dekoration die Datierung XXIII (1523). Das Stirnschildchen der Rossstirn wurde zu einem späteren Zeitpunkt aufgesetzt. Es trägt das Motto Ottheinrichs, der jahrelang darauf wartete, die Kurwürde übernehmen zu können, MDZ („Mit der Zeit") sowie das Datum 1516.

Die geätzte Dekoration lässt sich aus stilistischen Gründen als eigenhändiges Werk des Augsburger Druckgraphikers und Waffendekorateurs Daniel Hopfer (1471–1536) identifizieren. Im Vergleich mit dem Dekor des Riefelküriss von 1516 ist Hopfers Stil hier wesentlich beruhig-

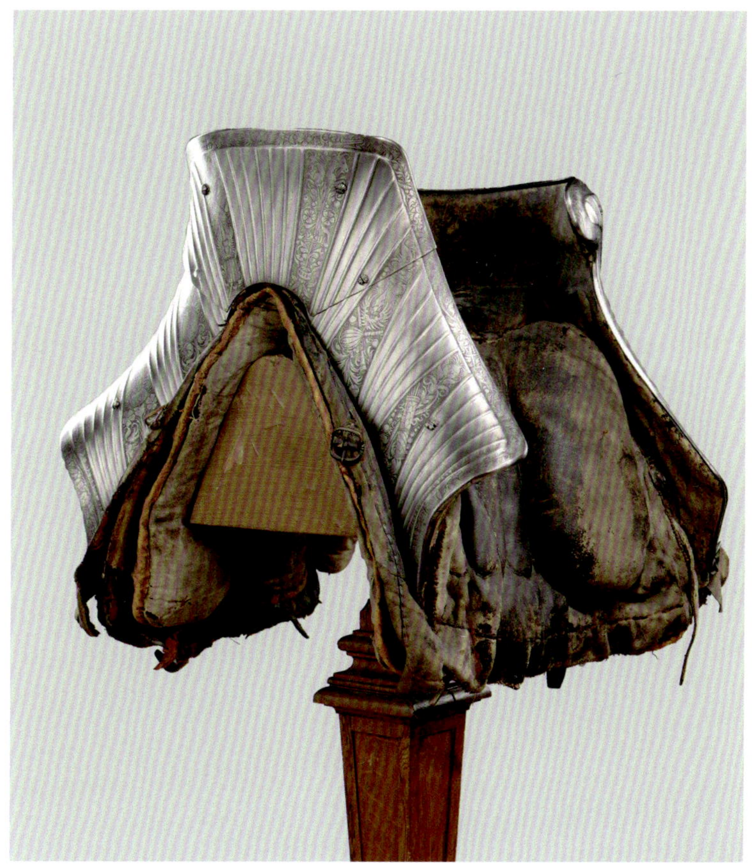

A2.03b

ter und eleganter und zeigt einen nahezu überbordenden Motivreichtum. Der geätzte Dekor lässt sich mit Hopfers zeitgleichen Arbeiten auf Papier in Verbindung setzen.

Der Wunsch des abendländischen Ritters, durch eine allseits bewegliche, stählerne Rüstung unverwundbar zu sein, galt natürlich auch für sein wertvolles Pferd. Parallel zur Entwicklung der ritterlichen Plattenharnische wurden auch Rossharnische konstruiert, die Kopf, Hals und Körper des Pferdes schützen sollten. In der Dekoration entspricht der Rossharnisch immer den zeitgleichen Rüstungen. Da in den späten 20er Jahren des 16. Jahrhunderts in Deutschland die Mode der Riefelharnische vorherrschte, ist dieser Rosskopf nach Art der geriefelten Rüstungen gearbeitet. Die Lichtreflektionen auf der kannelierten Oberfläche machten den Pferdeharnisch zu einem besonders prunkvollen Schutz des Pferdekopfes, der wegen des hohen Arbeitsaufwands für seine Herstellung auch entsprechend kostspielig war.

Stefan Krause und Matthias Pfaffenbichler

Literatur

Ausst.-Kat. München 2009a, S. 362–364, Kat.-Nr. 38 · Ausst.-Kat. Neuburg an der Donau 2005, S. 190 f. · Beaufort/Pfaffenbichler 2005, S. 102 · Krause 2011/2012, S. 67 · Thomas 1937–1939 · Thomas/Gamber 1976, S. 224 f.

A2.04
Tischuhr des Pfalzgrafen Ottheinrich

Neuburg an der Donau (?), um 1540
Kupfer, teilweise vergoldet bzw. versilbert, graviert;
Eisen, Messing. H 10 cm, Dm 15,8 cm
Bayerisches Nationalmuseum München, R 769

Die zylinderförmige Tischuhr reflektiert das große Interesse des Pfalzgrafen und späteren Kurfürsten Ottheinrich an Uhren und astronomischen Instrumenten. Auf der Oberseite trägt die Uhr das konzentrische Zifferblatt mit zwei Stundenzeigern, also mit zwei verschiedenen Stundenzählungen. Ein Zeiger gibt die „Kleine Uhr" mit der Zählung I–XII an, der andere zählt die „Ganze Uhr" auf den inneren Skalen 1–24 sowie 4x I–VI. Vorzüglich nachempfundene Jagdszenen sind in die Wandung eingraviert, sie variieren Stichvorlagen von Virgil Solis. Die vergoldeten Figuren heben sich von dem versilberten Grund ab. Für die Weckerglocke ist ein sternförmig durchbrochenes Schallloch ausgespart. Die Inschrift auf dem abnehmbaren Gehäuseboden lautet: OTT · HEINRICK · VON · GOTTES · GENADEN · PFALSGRAF · BII · DEN · REIN · HERTTZOG · IN · OBEREN · UND · NIDEREN · BAI. In der Mitte schließlich prangen das pfälzisch-bayerische Wappen und die Devise Ottheinrichs „MIT DER ZEIT." Das Werk, das abgesehen von der Messingschnecke fast ganz aus Eisen besteht, wurde im 17. Jahrhundert teilweise erneuert. Die untere Platine ist mit geätztem Rankenwerk mit Vögeln verziert; zudem ist hier exzentrisch die Weckerscheibe mit den Stunden I–XII montiert. Die Uhr hat eine für die Zeit außerordentlich lange Gangdauer von acht Tagen.

Im Jahre 1539 wurde der Uhrmacher Jörg Leberer am Neuburger Hof angestellt, um die „hofvr" und „vnnsere claine vrlen, so wir in vnnserem gemach haben", zu warten sowie gegebenenfalls auch „gar new vr" herzustellen. Womöglich war Leberer, der 1550 weiter nach Regensburg zog, der Schöpfer dieser Uhr, die aufgrund der Inschriften in engem Bezug zu Ottheinrich stehen muss. Dosenförmige Tischuhren mit horizontalen Werkplatten gehören zu den frühesten Formen federgetriebener Uhren, unter denen die Uhr Ottheinrichs ein besonders feines Exemplar darstellt. Kostbarer waren freilich solche mit Gehäusen aus Edelmetall, die aber aufgrund des Materialwertes allesamt eingeschmolzen wurden.

Raphael Beuing

Literatur

Ausst.-Kat. München 1980c, S. 204, Nr. 38 · Ausst.-Kat. Neuburg a. d. Donau 2005, S. 227, Nr. 7.64 · Baader 1875 · Bassermann-Jordan 1905, S. 69, Nr. 11 · Brusa 1978, S. 408, Nr. 71 · Denkmale und Erinnerungen 1909, S. 117, Nr. 1239 · Maurice 1976, Bd. 1, S. 62; Bd. 2, S. 65, Nr. 493 · Seelig 2006a, S. 31–49, hier S. 37 · Seelig 2006b, S. 433, S. 437 · Wühr 1954, S. 25, Nr. 12

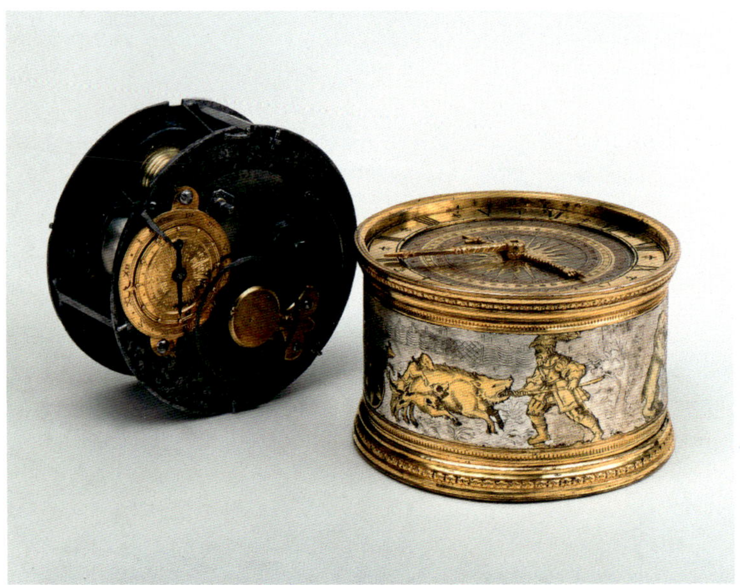

A2.04

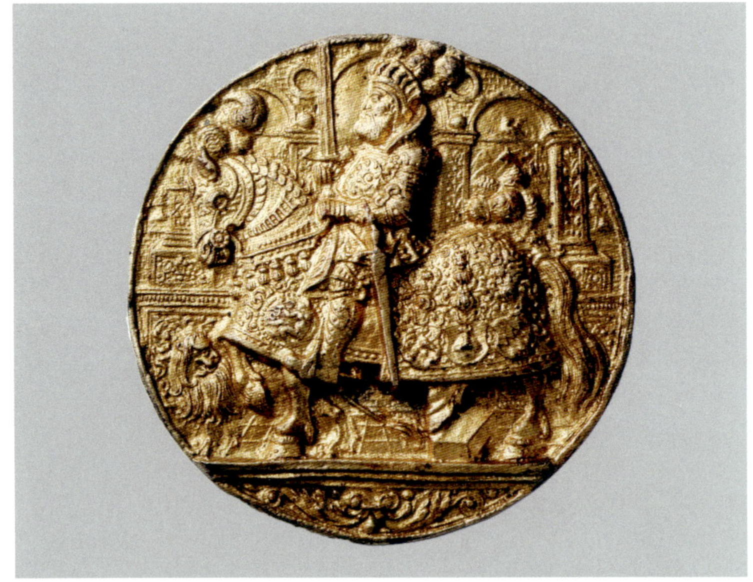

A2.05

A2.05

Siegelabguss mit Reiterbildnis Kurfürst Ottheinrichs

Augustin Adelmann oder Dietrich Schro
Heidelberg, 1556–1558
Bronze, gegossen, vergoldet. Dm 7,35 cm
Karlsruhe, Badisches Landesmuseum, 2006/923

Vor dem Hintergrund einer Renaissance-Architektur mit rundbogigen Arkaden reitet Kurfürst Ottheinrich von der Pfalz im Prunkharnisch mit federgeschmücktem Helm nach links. In seiner Rechten hält er aufrecht ein Schwert, ein zweites hängt an seiner linken Seite. Das Pferd ist mit einer Prunkschabracke behängt und trägt eine ebenfalls federgeschmückte Rossstirn. Auf der Schabracke befinden sich die drei behelmten kurpfälzischen Wappenschilde, daneben eine vermutlich Justitia darstellende Figur. Dem Pferd voraus läuft ein Löwe. Die Arkaden im Hintergrund geben den Blick auf eine Landschaft frei, im rechten Arkadenbogen sitzt auf einer Stange ein Vogel. Das Siegelbild ist von einem schmalen Rand ohne Umschrift eingefasst. Unklar ist, wer dieses Siegel entworfen hat. In Frage kommen sowohl der Mainzer Bildhauer Dietrich Schro als auch der Heidelberger Goldschmied Augustin Adelmann. Als Vorbild könnte ein Holzschnitt von Hans Burgkmair gedient haben, der Kaiser Maximilian zu Pferd zeigt.

Der Stempel dieses Siegels ist nicht erhalten, ebenso existieren keine Abdrücke in Siegellack oder Wachs. Ursprünglich sollte mit diesem prächtigen Reitersiegel der Anspruch Ottheinrichs auf das Vikariatsprivileg zum Ausdruck gebracht werden. Die Pfalzgrafen bei Rhein galten als erste unter den weltlichen Kurfürsten und Erztruchsessen des Reiches, bei einer Vakanz des kaiserlichen Thrones kam ihnen eine Führungsrolle zu. Dieses Vikariat behauptete Ottheinrich nach der Abdankung Kaiser Karls V. 1556 für sich, allerdings war dessen Bruder Ferdinand I. bereits seit 1531 Römischer König mit dem Recht der Nachfolge und damit de facto Stellvertreter des Kaisers. Offensiv vertreten hat Ottheinrich seinen Anspruch auf das Vikariat nicht, weshalb das Siegel auch nie Verwendung fand. Mit der Krönung Ferdinands zum Römisch-Deutschen Kaiser 1558 hatten sich diese Bestrebungen ohnehin erledigt. Das Siegelbild wurde lediglich als Medaille ausgeformt, die als fürstliches Geschenk Verwendung fand.

Oliver Sänger

Literatur

Martin 2007 · Stemper 1997a

A2.06

Porträt des Kurfürsten Ottheinrich

vermutlich Virgil Solis, 1563
Holzschnitt auf Büttenpapier, auf der Rückseite mit Textdruck.
H 28,5 cm, B 18,5 cm
Reiss-Engelhorn-Museen Mannheim, G Cd 203, k (MAV)

Inmitten eines mit Ranken und Fruchtgirlanden überbordend gefüllten Passepartouts präsentiert das Blatt in einem ovalen, von Rollwerk verzierten Ausschnitt das Brustbildnis Ottheinrichs von der Pfalz (1556–1559). Wiedergegeben ist der Regent im kurfürstlichen Ornat, d.h., er trägt einen Mantel mit Hermelinkragen, den Kurhut und das Kurschwert in der Linken. In der rechten Hand hält er den Reichsapfel als Symbol des Erztruchsessenamts, das als Zeremonialamt den Pfälzer

Kurfürsten oblag. Flankiert wird das Porträt von zwei Wappen: dem Pfälzer Löwen und den Rauten. Ein dritter, ebenfalls mit Helmzier und Löwen bekrönter Wappenschild oberhalb Ottheinrichs zeigt erneut den Reichsapfel.

Die Initialen V und S links bzw. rechts unten in den Ecken des Holzschnitts lassen als Urheber des Blattes den Nürnberger Zeichner und Kupferstecher Virgil Solis vermuten. Auch die Art der Rahmung mit Roll- und Bandelwerk entspricht Solis' Stil und zeugt von der rationalisierten, seriellen Arbeitsweise in seiner Werkstatt. Die Motive sind z.T. identisch mit jenen auf den Passepartouts, die er für eine Neuauflage von Ovids Metamorphosen schuf.

Eine Kartusche unter dem Porträt gibt darüber hinaus die Devise Ottheinrichs „Mit der Zeit" wieder. Häufig auch nur als Kürzel MDZ ziert sie viele Werke, die der kunstsinnige Pfalzgraf schaffen ließ, und verweist sinnfällig darauf, dass er jahrelang darauf warten musste, seinen Onkel Friedrich II. (1544–1556) im Kurfürstenamt zu beerben. Eine gleichfalls beigegebene zweite Devise „Mein Hoffnung steht zu Gott" und die Datierung MDLXIII (1563) sowie ein auf der Rückseite gedruckter Text belegen aber, dass das Blatt erst unter Ottheinrichs Nachfolger im Kurfürstenamt, Friedrich III. von der Pfalz, genannt Friedrich der Weise (1559–1576), in Auftrag gegeben worden ist. Bei diesem Text handelt es sich um ein Mandat Friedrichs zum Druck einer neuen Bibelausgabe mit kurfürstlichem Privileg.

Sabine Witt

Literatur

Ausst.-Kat. Neuburg an der Donau 2005 · Kohnle 2008 · Pfalzgraf Ottheinrich 2002 · Reichhold 2004

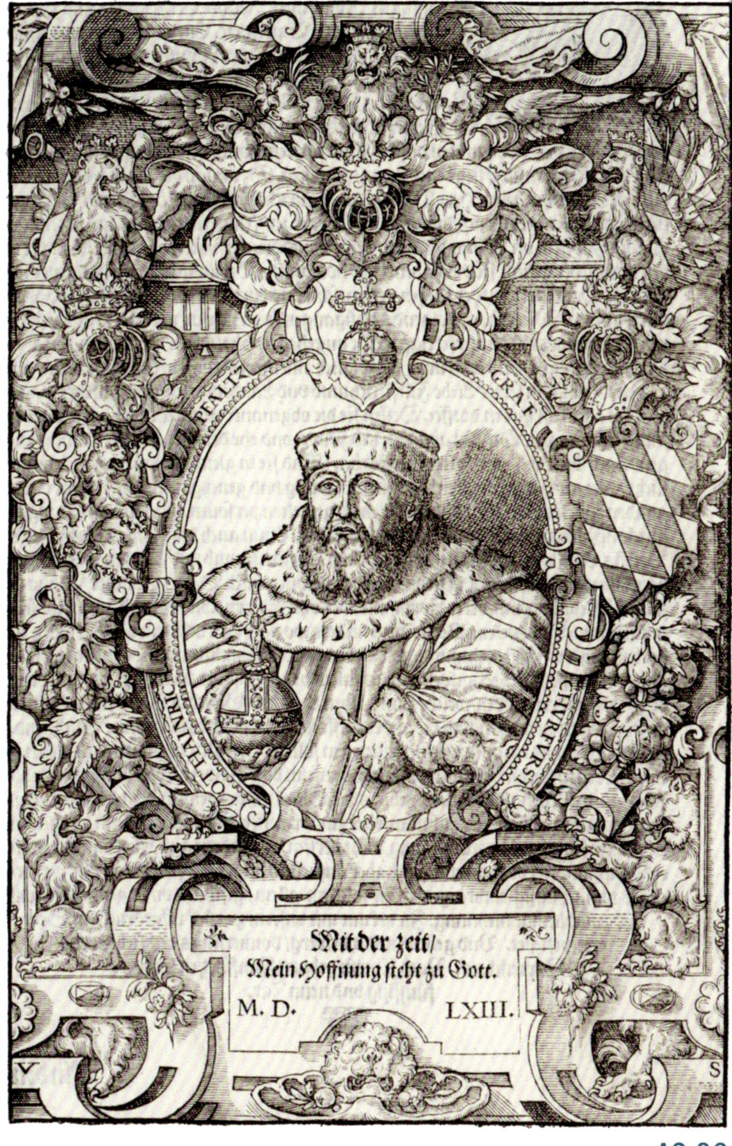

A2.06

A2.07
Pfalz-Neuburgische Kirchenordnung von 1543

Nürnberg: Johann Petreius, 1543
Druck auf Papier. H 31,8 cm, B 21,3 cm
Historischer Verein Neuburg an der Donau,
Schloss Neuburg an der Donau, ohne Inv.-Nr.

Nach seinem Übertritt zum evangelischen Glauben erließ Pfalzgraf Ottheinrich 1543 eine reformatorische Kirchenordnung für die Pfalz-Neuburger Gebiete, die von Andreas Osiander (1498–1552) verfasst wurde. Der Nürnberger Theologe Osiander war mit zahlreichen Schriften an der Verbreitung der Reformation beteiligt. Im Jahr 1542 hielt er sich für mehrere Wochen in Neuburg auf und besprach sich dabei vermutlich mit Ottheinrich bezüglich der Kirchenordnung, die dann in Nürnberg ausgearbeitet wurde. Er entwickelte vermutlich auch das Bildprogramm für die Schlosskapelle Ottheinrichs, die 1543 ausgemalt wurde.

Im selben Jahr erschien die Pfalz-Neuburgische Kirchenordnung bei Johann Petreius, dem damals wichtigsten Nürnberger Buchdrucker und Verleger. Sie gliedert sich in einen Lehrteil, eine Gottesdienstordnung und Katechismuspredigten. Jedem der drei Teile sind das Pfalz-Neuburgische Wappen und ein Holzschnitt von Virgil Solis und von Matthias Gerung vorangestellt. Inhaltlich orientierte sich die Kirchenordnung von 1543 stark an Osianders brandenburgisch-nürnbergischer Kirchenordnung von 1533 sowie an der kurbrandenburgischen von 1540 und war wie diese eher konservativ. Sie wurde am 25. April 1543 im Fürstentum eingeführt, zwei Tage nach dem Tod der Pfalzgräfin Susanna, der katholisch gebliebenen Gemahlin Ottheinrichs. Bis 1544 war die Reformation in den pfalz-neuburgischen Gebieten durchgesetzt. Im Jahr 1546 kam es jedoch zur Wiederaufrichtung des katholischen Glaubens, als das Fürstentum im Schmalkaldischen Krieg von einer kaiserlichen Statthalterschaft verwaltet wurde. Sobald jedoch

Ottheinrich im Frühjahr 1552 – in Folge der Fürstenrevolution gegen Kaiser Karl V. – wieder aus dem Exil zurückgekehrt war, führte er erneut die volle Reformation in Neuburg durch, wobei die Pfarrer nochmals auf die Kirchenordnung von 1543 verpflichtet wurden. 1553/54 kam es dann zu einer Neufassung.

Michael Teichmann

Literatur

Ausst.-Kat. Neuburg an der Donau 2005, S. 352, Kat.-Nr. 10.7 · Henker 2002 · Sehling 1966

A2.08a/b

Kirchenordnung des Pfalzgrafen Ottheinrich

Nürnberg: Johan vom Berg und Ulrich Newber, 1554
Druck auf Papier. H 19,6 cm, B 16,2 cm
Reiss-Engelhorn-Museen Mannheim, Bibliothek, B 284 k

Kurpfälzische Kirchenordnung

Neuburg an der Donau: Hans Kilian, 1556
Druck auf Papier. H 20,6 cm, B 16 cm
Universitätsbibliothek Heidelberg, Q 7206-0-2 RES

Nach 20-jähriger Regierung führte Herzog Ottheinrich in seinem zerstückelten Kleinstterritorium Pfalz-Neuburg 1542 die Reformation ein. Der Nürnberger Reformator Andreas Osiander verfasste die erste Kirchenordnung, die 1543 im Druck erschien. Nachdem im Schmalkaldischen Krieg 1546 der Pfalzgraf geächtet worden war und kaiserliche Truppen Pfalz-Neuburg besetzt hatten, wurde das Land rekatholisiert. Während des Fürstenaufstands 1552 übernahm Ottheinrich wieder die Regierung und machte den Konfessionswechsel erneut rückgängig. Er entschied sich für eine neue Kirchenordnung, um eine möglichst große Vereinheitlichung bei Agenden und Zeremonien in evangelischen Territorien Südwestdeutschlands zu erreichen. Die textliche Grundlage für seine neue Ordnung von 1554 bildete daher die württembergische Kirchenordnung von 1553, die Johann Brenz formuliert hatte, die Anpassung an die Neuburger Verhältnisse nahmen der Hofprediger Michael Diller und der Superintendent Johann Ehinger vor. Die wichtigsten Veränderungen gegenüber der Württemberger Ordnung bestanden in der Einfügung des Bilderverbots – ohne Veränderung der Zählung – in das erste Gebot und des *Examen ordinandorum* Melanchthons über die Grundzüge der Lehre aus der mecklenburgischen Kirchenordnung von 1552/54. Die Neuburger Ordnung wurde 1560 durch die von Zweibrücken abgelöst, die aber gleichfalls auf der württembergischen Ordnung von 1553 beruhte. Für die Kurpfalz erließ Ottheinrich bereits kurz nach seiner Regierungsübernahme 1556 eine Kirchenordnung, die fast wörtlich der Pfalz-Neuburger von 1554 entsprach und damit wiederum im Wesentlichen der württembergischen Ordnung folgte, für die sich 1556 auch Markgraf Karl von Baden-Durlach bei der Einführung der Reformation entschied. Die von einem gemäßigten Luthertum geprägte Ordnung Ottheinrichs wurde in der Kurpfalz bereits 1563 durch die reformierte Ordnung Friedrichs III. abgelöst, aber von Ludwig VI. 1576 noch einmal in Kraft gesetzt, wenn auch mit lutherischen Präzisierungen, vor allem in den Abendmahlsformulierungen. Außerdem wurde der Katechismus von Brenz gegen den Kleinen Katechismus Luthers ausgetauscht. Bei der Recalvinisierung unter dem Kuradministrator Johann Casimir verlor die Ordnung Ottheinrichs von 1556 erneut und auf Dauer ihre Gültigkeit.

Eike Wolgast

Literatur

Ausst.-Kat. Heidelberg 1986a, S. 150 f., Kat.-Nr. D 2.1 · Hauss/Zier 1956 · Henß 1984, S. 153–212 · Sehling 1966, S. 15–37, S. 41–99, S. 104 f. · Sehling 1969, S. 22–34, 113–220 · Seitz 2005

A2.09

Bildnisbüste des Kurfürsten Ottheinrich von der Pfalz

Dietrich Schro (1545–1568) zugeschrieben, um 1556
Alabaster, Sockel aus grünlichem Marmor.
H 15,5 cm, B 15,5 cm, T 16 cm, mit Sockel H 26,7 cm
Paris, Musée du Louvre, Département des Sculptures,
OA 204 (Donation Sauvageot, 1856)

Die dem Mainzer Bildhauer Dietrich Schro zugeschriebene Bildnisbüste zeigt Kurfürst Ottheinrich von der Pfalz im Jahr seines Regierungsantritts 1556. Nur drei Jahre sollten ihm verbleiben, die Geschicke der Kurpfalz zu leiten, die er weniger als Politiker, denn als ein der Reform aufgeschlossener Mensch, Bibliophiler, Kunstliebhaber und -förderer prägte. Der Buchmalerei und Einbandkunst sowie der Architektur und Skulptur galt dabei sein besonderes Interesse. Sie förderte er bereits während seiner Regentschaft in der Oberpfalz und später am Heidelberger Hof.

In äußerst feinsinniger, die künstlerischen Möglichkeiten des teilluziden Materials Alabaster bewusst auslotenden Manier arbeitet die zierliche Büste die Physiognomie des seit frühen Jahren an krankhafter Körperfülle und den entsprechenden Begleiterscheinungen leidenden Kurfürsten, seine prunkvolle Gewandung und die Insignien seiner fürstlichen Macht heraus. So geraten die massige Gestalt und das

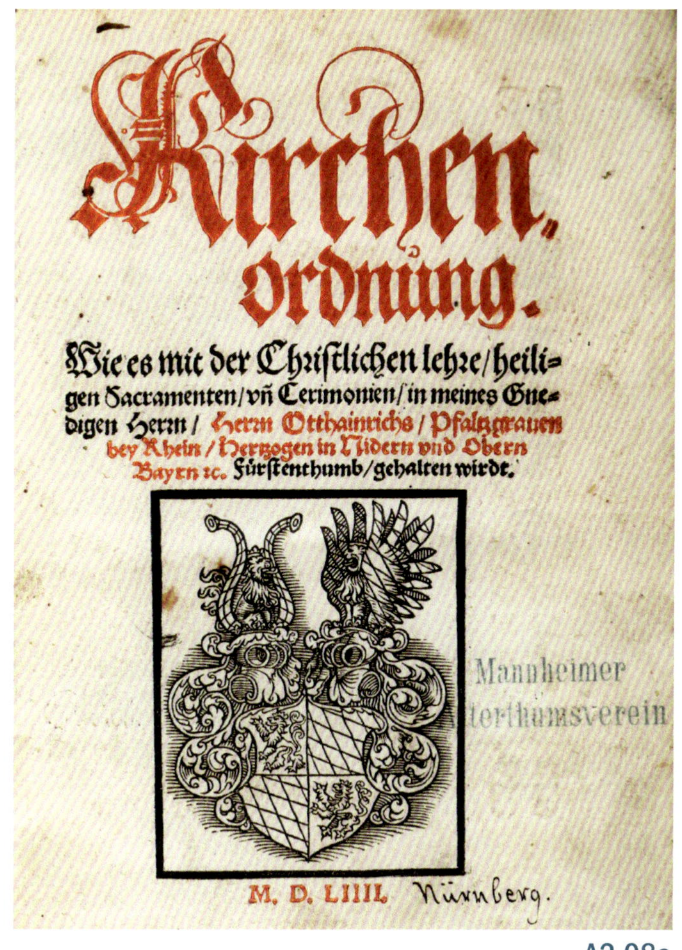
Kirchenordnung.
Wie es mit der Christlichen lehre/heiligen Sacramenten/vn̄ Cerimonien/in meines Gnedigen Herrn/ Herrn Otthainrichs/Pfaltzgrauen bey Rhein/Hertzogen in Nidern vnd Obern Bayrn rc. Fürstenthumb/gehalten wirdt.

M. D. LIIII. Nürnberg.

A2.08a

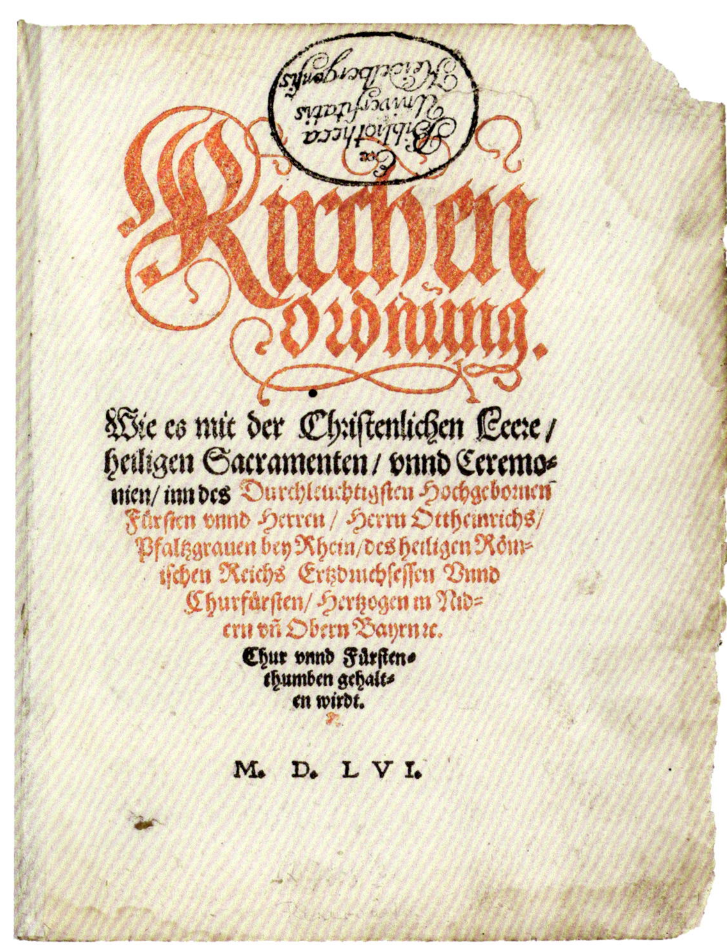

Kirchenordnung.
Wie es mit der Christenlichen Leere/heiligen Sacramenten/vnnd Ceremonien/im des Durchleuchtigsten Hochgebornen Fürsten vnnd Herren/Herrn Ottheinrichs/Pfaltzgrauen bey Rhein/des heiligen Römischen Reichs Ertzdruchsessen Vnnd Churfürsten/Hertzogen in Nidern vn̄ Obern Bayrn rc. Chur vnnd Fürstenthumben gehalten wirdt.
M. D. LVI.

A2.08b

aufgeschwemmte Antlitz unter dem unverhältnismäßig kleinen Barett auch nicht zur Karikatur. Vielmehr vereint die in auffälligem Kontrast zur Statur des Kurfürsten stehende, zierliche Büste, die zu den Meisterwerken der Porträtkunst des 16. Jahrhunderts zählt, die realistische, ungeschönte Darstellung des Menschen mit der Schilderung seines Charakters und seines fürstlichen Ranges. Die extrem detaillierte und sensible Ausarbeitung verleiht dem Porträtierten eine beeindruckende Würde. Das gewählte Format der Porträtbüste, die allein den Oberkörper des Kurfürsten und den Ansatz eines Thronsessels, auf dem er ruht, in den Blick nimmt, wurde Teil des „Bilderkanons" Ottheinrichs, der sich seit den 1530er Jahren kaum noch zu Fuß fortbewegen konnte. Die Thronlehnen sind als zwei Löwen – Zeichen von Macht und Stärke und zugleich Wappentier der Pfalzgrafschaft – gestaltet, die Rückseite ziert das kurfürstliche Wappen mit dem Reichsapfel im Herzschild, dem Symbol für das Amt des Erztruchsessen im Heiligen Römischen Reich. Ottheinrich selbst stützt sich auf einen überdimensionierten Buchrücken. Seine Rechte ruht auf einem weiteren, kleineren Buch, in der linken Hand hält er, als typisches Attribut höfischer Porträts jener Zeit, einen Handschuh. Unter der reich bestickten Schaube sind ferner der Griff und die Parierstange eines Schwertes sichtbar.

Der originär nicht zugehörige Sockel aus grünem Marmor entstand vermutlich erst um 1700, nachdem das Werk im Zuge der Auseinandersetzungen um das Erbe Liselottes von der Pfalz aus Heidelberg nach Frankreich gekommen war. Ihn zieren zwei Medaillons mit dem Wappen und einem Profilbildnis Ottheinrichs, das selbst stark von der Büste inspiriert scheint.

Sabine Witt

Literatur

Ausst.-Kat. Karlsruhe/Heidelberg 1986, Textband S. 533, Kat.-Nr. I 15 · Ausst.-Kat. Neuburg an der Donau 2005, S. 294, Kat.-Nr. 7.129

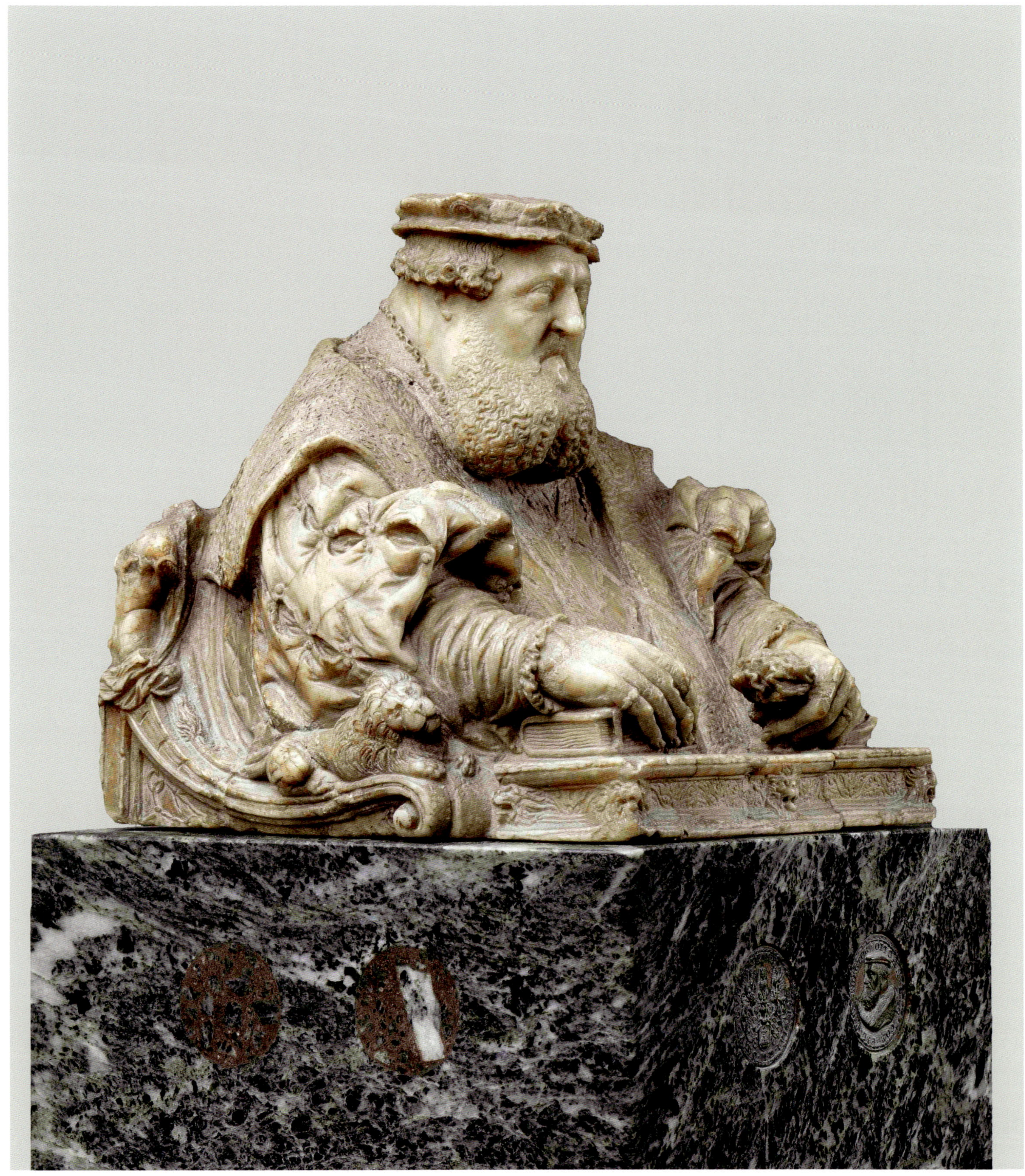

A2.09

A2.10*
Porträtkopf Ottheinrichs

wohl Neuburg, um 1550/55
grauer Ton. H 24 cm, B 18 cm, T 18 cm
Historischer Verein Neuburg an der Donau,
Schloss Neuburg an der Donau, P 40

Der Porträtkopf vermittelt uns neben der Dietrich Schro zugeschriebenen und heute im Pariser Louvre befindlichen Alabasterbüste einen plastischen und lebensnahen Eindruck von der Physiognomie Ottheinrichs im fortgeschrittenen Alter. Während Schros Arbeit den Herrscher in seinen letzten Lebensjahren als Kurfürsten von der Pfalz wiedergibt, ist der hier gezeigte Porträtkopf aus gebranntem Ton wohl etwas früher entstanden und zeigt Ottheinrich im Alter von etwa 50 Jahren. Künstler und Anlass sind unbekannt. Der fragmentarische Charakter gab zu Spekulationen Anlass, dass es sich hier ursprünglich um eine monumentale Büste gehandelt haben könnte. Kalkmörtelspuren am Hals wurden aber auch dahingehend interpretiert, dass der Kopf nach vorne geneigt eingemauert war. Schließlich hätte das Werk jedoch auch als Modell für einen Bronzeguss dienen können. Dagegen sprächen allerdings die Reste einer farbigen Fassung, die vielleicht auch aus späterer Zeit stammt. Als möglicher ursprünglicher Standort wurde das monumentale Eingangsportal zum Großen Saal im Ottheinrichsbau des Neuburger Schlosses genannt.

Trotz der Beschädigungen und Zeitspuren besitzt der Porträtkopf eine hohe künstlerische Qualität, die einerseits in der feinen Ausarbeitung physiognomischer Details zum Ausdruck kommt – vielleicht handelt es sich um eine Arbeit unmittelbar nach dem Leben –, andererseits in der Tendenz zur Stilisierung und Idealisierung, die der Darstellung Klarheit, Ernst und Würde verleiht. Das Werk befindet sich heute (wieder) im Schloss Neuburg an der Donau und ist im dortigen Museumstrakt „Fürstentum Pfalz-Neuburg“ eines der wesentlichen Exponate zur Person des Pfalzgrafen Ottheinrich.

Michael Teichmann

Literatur

Ausst.-Kat. Neuburg an der Donau 2005, S. 305, Kat.-Nr. 7.146 · Gaettens 1956, S. 73–75

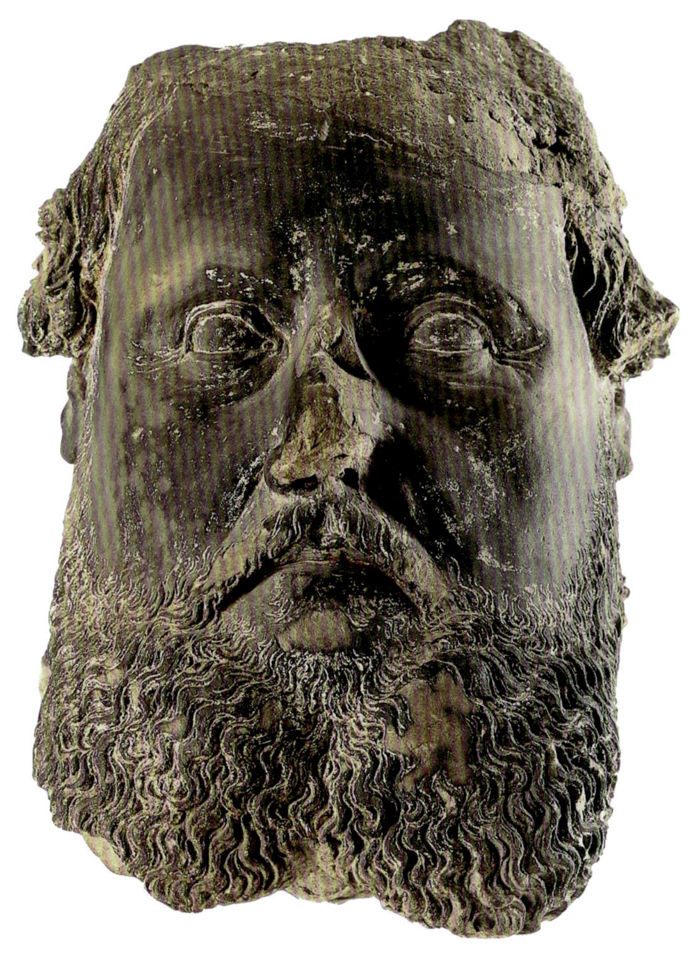

A2.10*

A2.11
Rückenkratzer

Süddeutsch (?), 2. Drittel 16. Jahrhundert
Elfenbein, Schildpatt. L 45,5 cm
Historischer Verein Neuburg an der Donau,
Schloss Neuburg an der Donau, V 26

Der „Buckelkratzer“ stammt der Überlieferung nach aus dem Besitz des Pfalzgrafen Ottheinrich. Im frühen 19. Jahrhundert haben geschichtsinteressierte Neuburger Persönlichkeiten wie der Kaufmann Joseph Benedikt Graßegger Kunstwerke und Objekte aus der Ottheinrichszeit erworben und gesammelt. Graßegger gehörte auch zu den Gründern des Historischen Vereins Neuburg an der Donau, einem der ältesten Geschichtsvereine Bayerns, in dessen Besitz sich heute der Rückenkratzer befindet. Das Instrument wird im Neuburger Schloss in der Dauerausstellung unmittelbar neben einem weiteren persönlichen Objekt gezeigt, der Strickweste Ottheinrichs, die außer durch ihr Alter vor allem durch ihre Dimensionen – einen Brustumfang von über 200 cm – beeindruckt. Zusammen mit dem „Buckelkratzer“ bietet sich so dem Betrachter ein anschauliches Bild der Physis des stark übergewichtigen Regenten, der bereits früh an zahlreichen Krankheiten wie Kurzatmigkeit, Wassersucht und Rheuma litt. In seiner Beweglichkeit stark eingeschränkt und von zahlreichen, auch aus der Fettleibigkeit resultierenden Gebrechen geplagt, mag Ottheinrich häufig versucht haben, sich mittels eines solchen Instruments wie dem Rückenkratzer Linderung zu verschaffen. Beim Neuburger Exemplar spielen neben solchen praktischen Aspekten

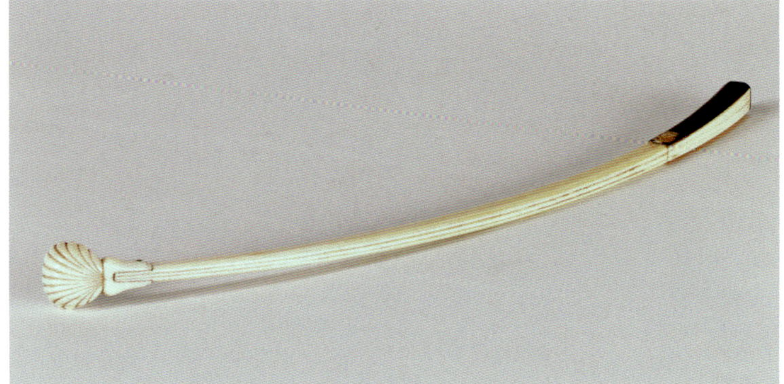

A2.11

auch ästhetische eine wesentliche Rolle. Die dunklen Schildpatt-Applikationen am Griff kontrastieren reizvoll mit dem hellen, polierten schmalen Elfenbein-Korpus, der entsprechend der organischen Vorlage in sanftem Schwung geschnitzt ist. Eine stilisierte Jakobsmuschel bildet als eigentliches „Kratzinstrument" die Endung der handwerklich sorgfältigen und aufwendigen Arbeit.

Michael Teichmann

Literatur

Ausst.-Kat. Neuburg an der Donau 2005, S. 300, Kat.-Nr. 7.136

A2.12a
Geomantie

Bayern (Regensburg?), um 1470
Papier. H 20,2 cm, B 15,5 cm
Universitätsbibliothek Heidelberg, Cod. Pal. germ. 498

A2.12b
Heinrich von Neustadt: Von Gottes Zukunft

Visio Philiberti
Südwestdeutschland, Mitte 14. Jahrhundert
Pergament. H 23 cm, B 17 cm
Universitätsbibliothek Heidelberg, Cod. Pal. germ. 401

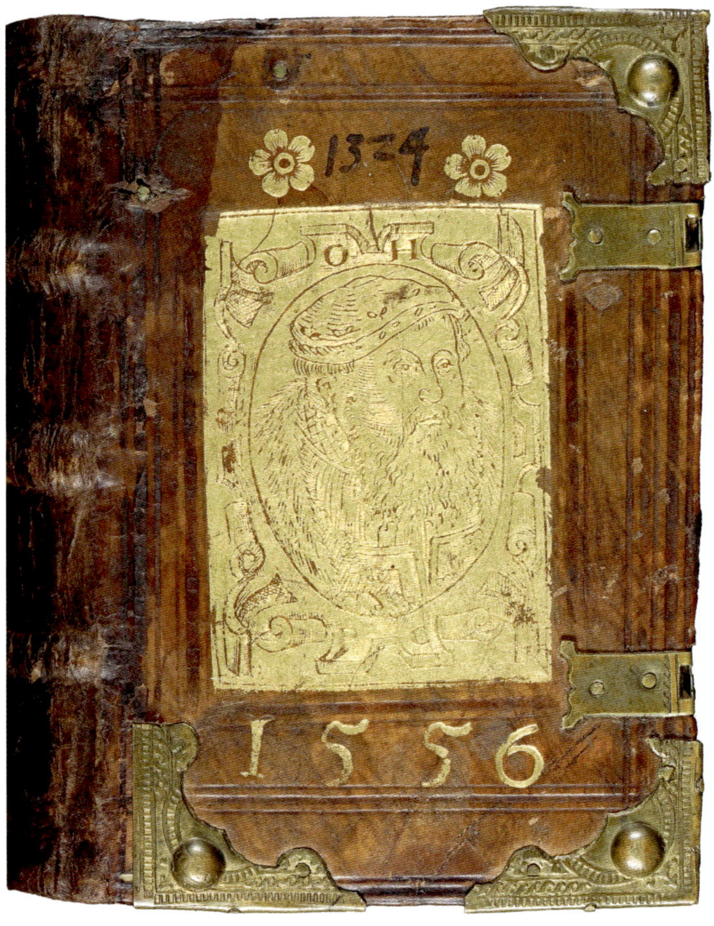

A2.12a (Vorderseite)

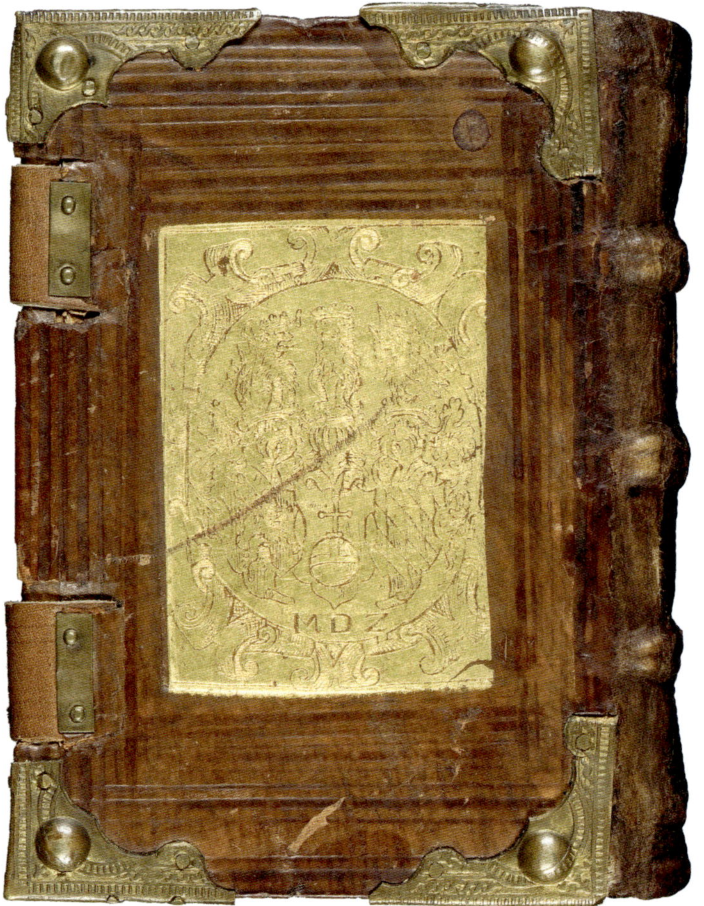

A2.12a (Rückseite)

A2.12c
Pseudo-Aurelius Augustinus: *Regularis informatio*

Constitutiones für ein Dominikanerkloster
Nordbayern, um 1490
Papier. H 9,7 cm, B 7,1 cm
Universitätsbibliothek Heidelberg, Cod. Pal. germ. 453

Pfalzgraf Ottheinrich (1502–1559) musste lange Jahre warten, bis er 1556 nach dem Tod Friedrichs II. (1482–1556) endlich das Amt des Kurfürsten der Pfalz antreten konnte. Seine Devise „Mit der Zeit" scheint bereits auf dieses Leben im Wartestand zu verweisen. Ihm blieben schließlich nur drei Jahre als regierender Landesfürst, in denen er die Pfalz und die Heidelberger Universität jedoch nachhaltig prägte. Während seiner Regierung führte er in der Pfalz die Reformation ein und strukturierte die Universität vollkommen um. Sie wurde aus ihrer Verankerung in der katholischen Kirche herausgelöst und zu einer modernen Landesuniversität umstrukturiert. Aber noch durch eine weitere Tatsache blieb Ottheinrich bis heute in Erinnerung und im wahrsten Sinne greifbar: Er war und ist berühmt für seine Bibliophilie und kann durch seinen seit den 1540er Jahren erkennbaren Plan zum Aufbau einer großen, reformatorisch geprägten Bibliothek als eigentlicher Gründer der später so berühmten Bibliotheca Palatina gelten.

Konkreter Ausdruck seiner fast manischen Bücherliebe sind die nach ihm benannten Ottheinricheinbände, die in ihrer Form als typische, blindgeprägte Renaissanceeinbände mit goldgeprägtem Porträt- und Wappensupralibros erscheinen. Sie sind das Ergebnis einer langjährigen Entwicklung, die sich an den erhaltenen Stücken gut nachvollziehen lässt. Insgesamt haben sich ca. 450 dieser Einbände erhalten, darunter 92 in der Universitätsbibliothek Heidelberg. In der Bestallung von Jörg Bernhardt vom März 1550 (Universitätsbibliothek Heidelberg, Cod. Pal. germ. 839, Bl. 292r–297r), gibt Ottheinrich dem Görlitzer Buchbinder konkrete Anweisungen, wie die Einbände in seinem Sinn zu gestalten sind: Die Bücher sollen in Holzdeckel gebunden werden, die mit rotem, braunem oder schwarzem Kalbsleder zu beziehen sind. Helles Schweinsleder soll nur in Ausnahmefällen und auf ausdrücklichen Wunsch verwendet werden. Auf dem Vorderdeckel sollen das Konterfei des Auftraggebers und das Bindedatum, auf der Rückseite das Wappen des Fürsten eingeprägt werden.

Die Porträt- und Wappensupralibrosplatten werden immer paarweise verwendet, aus Ottheinrichs Kurfürstenzeit haben sich drei Varianten erhalten: Für die Handschrift mit der religiösen Dichtung *Von Gottes Zukunft* des Heinrich von Neustadt (Cod. Pal. germ. 401) wurde ein Plattenpaar verwendet, das hauptsächlich bei großformatigen Büchern zum Einsatz kam. Es zeigt den Kurfürsten vor floralem Ornament in Architekturrahmung und besticht durch den hohen Anteil an vergoldeter Fläche und die feine Ziselierung. Bei dem kleinformatigen Einband, der die Augustinerregeln in der Ausformung für ein Dominikanerinnenkloster enthält (Cod. Pal. germ. 453), erscheint das Porträt Ottheinrichs in einer Rollwerkkartusche. Dieses Plattenpaar ließ der Fürst schließlich umarbeiten, so dass der hohe Positivanteil des Stempels reduziert wurde. Bei dem Einband zur *Geomantie* (Cod. Pal. germ. 498), einem Text zur Wahrsagerei, ist gut zu erkennen, dass das Porträt nun kontrastreicher wirkt.

Karin Zimmermann

Quellen/Digitalisate

http://digi.ub.uni-heidelberg.de/diglit/cpg401. http://digi.ub.uni-heidelberg.de/diglit/cpg498; http://digi.ub.uni-heidelberg.de/diglit/cpg453

Literatur

Kat. Heidelberg 2007, S. 315 f., S. 477 f. · Ausst.-Kat. Heidelberg 2003, S. 16 f., Nr. 4 f. · Metzger 2006

A3
Friedrich III. und das reformierte Bekenntnis – Konfessionswechsel im 16. Jahrhundert

Nach dem Tod des kinderlosen Ottheinrich trat Friedrich III. von Pfalz-Simmern 1559 das Erbe in der Kurpfalz an. Friedrich hatte sich bereits früh dem Protestantismus und schließlich 1563 der reformierten Lehre zugewandt. Damit stand die Kurpfalz als bedeutendstes weltliches Territorium des Heiligen Römischen Reichs an der Spitze dieser Glaubensbewegung. Die sogenannte Zweite Reformation in der Kurpfalz fand ihren Ausdruck in der Formulierung einer neuen Kirchenordnung und nicht zuletzt im Heidelberger Katechismus, der weltweit Gültigkeit erlangte und 2013 das 450. Jubiläum seines Entstehens feiert. Mit diesem Schritt stellten sich Friedrich III. und die Kurpfalz jedoch außerhalb der Reichsordnung, die im Augsburger Religionsfrieden 1555 zwar die lutherische, nicht aber die reformierte Konfession anerkannt hatte. Unter den Söhnen Friedrichs, Ludwig VI. und Johann Casimir, erfuhr die Bevölkerung mehrfache Wechsel von der einen zur anderen Form des Protestantismus.

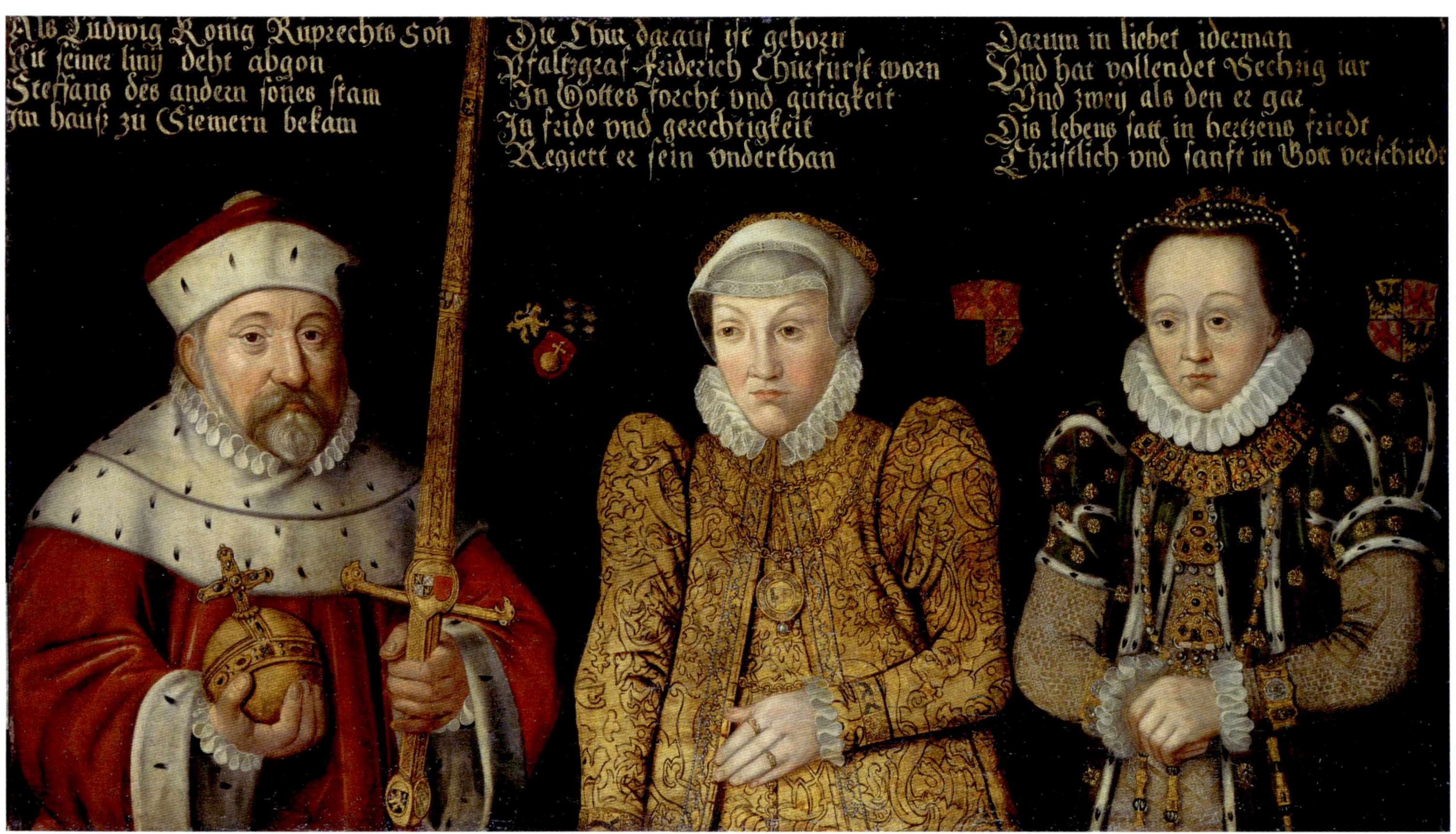
Als Ludwig Konig Ruprechts son
Mit seiner liny deht abgon
Steffans des andern sones stam
Im hauß zu Siemern bekam
Die Chur darauf ist geborn
Pfaltzgraf Friderich Churfürst worn
In Gottes forcht und gütigkeit
In fride und gerechtigkeit
Regiert er sein underthan
Darum in liebet iderman
Und hat vollendet Sechzig iar
Und zwey als den er gar
Dis lebens satt in hertzens friedt
Christlich und sanft in Gott verschiedt

A3.01

A3.01

Kurfürst Friedrich III. von der Pfalz mit seinen Gemahlinnen Maria von Brandenburg-Kulmbach und Amalia von Neuenahr-Alpen

Deutsch, um 1600
Öl auf Leinwand. H 85 cm, B 149 cm
München, Bayerische Staatsgemäldesammlungen, 4479

Friedrich III. (1515–1576) aus der Linie Pfalz-Simmern folgte 1559 dem ohne legitime Nachkommen verstorbenen Ottheinrich als Kurfürst nach. Nachdem er 1546 unter dem Einfluss seiner Gemahlin Maria von Brandenburg-Kulmbach (1519–1567) vom katholischen zum lutherischen Glauben konvertiert war, erfolgte 1560 der Übertritt zum Calvinismus. Auf der Grundlage des von ihm mit ausgearbeiteten Heidelberger Katechismus (1563) führte Friedrich III. in den kurpfälzischen Territorien eine „zweite Reformation" durch. Nach dem Tod Marias heiratete er im Jahr 1569 Amalia von Neuenahr-Alpen (1540–1602). Das aus dem Amberger Schloss stammende, von einem unbekannten deutschen Maler geschaffene Bildnis zeigt den Kurfürsten mit beiden Gemahlinnen. Jeweils rechts neben den Köpfen der in Halbfigur Porträtierten sind ihre Wappen angebracht. Die Inschrift darüber berichtet vom Übergang der Kurwürde auf Friedrich III. und preist ihn als gottesfürchtigen und gerechten Regenten. In seinem Amt als Kurfürst tritt Friedrich III. im Bild auf. Er hat den Kurfürstenornat angelegt, bestehend aus rotsamtenem Mantel mit breitem Hermelinkragen und rundem Kurhut aus denselben Materialien. Seine Linke präsentiert das Kurschwert, in seiner Rechten ruht der Reichsapfel als Symbol des mit der pfälzischen Kurwürde verbundenen Erztruchsessenamtes. Den Platz neben ihm nimmt Kurfürstin Maria ein, gefolgt von Amalia als zweiter Gemahlin des Regenten. Das Gemälde ist Teil einer elfteiligen Serie von Gruppenbildnissen der pfälzischen Linie der Wittelsbacher, beginnend bei Otto I. (um 1117–1183) von Wittelsbach bis hin zu Kurfürst Ludwig VI. (1539–1583). Die Reihe, Kopie eines verloren gegangenen Regentenzyklus im Heidelberger Schloss, mag im Zusammenhang mit dem Neubau des Amberger Schlosses um 1602/03 entstanden sein. Nachdem sie Mitte des 19. Jahrhunderts zur Präsentation in der Schleißheimer Ahnengalerie zerschnitten wurde, sind nur mehr Teile erhalten.

Katharina Bull

Literatur

Ausst.-Kat. Berlin 2009, S. 205 · Ausst.-Kat. Landshut 1980, Bd. I/2, S. 78–80, Kat.-Nr. 91

Kurfürst Friedrich III. (1515–1576)

Nach dem kinderlosen Tod Ottheinrichs (12. Februar 1559) trat Pfalzgraf Friedrich von Simmern als nächster männlicher Verwandter im Alter von 45 Jahren die Nachfolge im Kurfürstentum an. Aus seiner Ehe mit Marie von Brandenburg-Kulmbach hatte er drei Söhne: Ludwig (geboren 1539), Johann Casimir (geboren 1543) und Christoph (geboren 1551). Der Älteste übernahm die Statthalterschaft in der Oberpfalz.

Zum Zeitpunkt seines Regierungsantritts galt Friedrich III. als Anhänger des Augsburger Bekenntnisses. Zwar war er an den Höfen von Nancy, Lüttich und Brüssel katholisch erzogen worden, hatte sich 1546 aber der Reformation zugewendet. Seine theologischen Überzeugungen schöpfte er aus eigener Bibellektüre: ein einfältiger Laientheologe mit großem Gottvertrauen gemäß seinem Wahlspruch: „Herr nach deinem Willen“. Den Schritt von einem vor allem von Philipp Melanchthons geprägten und vermittelten Luthertum zu einer reformierten Überzeugung unternahm Friedrich 1559/60 unter dem Eindruck des Heidelberger Abendmahlsstreits und auf der Basis eines Gutachtens Melanchthons. 1561 wurde in Heidelberg das Brotbrechen als rituelle Versinnbildlichung des reformierten Abendmahlsverständnisses eingeführt. Heidelberger Katechismus, Kirchenordnung und Kirchenratsordnung legten 1563/64 die spezifische Form des kurpfälzischen reformierten Kirchenwesens fest, in dem anders als in Genf das Kirchenregiment des Landesherrn fest verankert blieb. Am Text des Heidelberger Katechismus hatte neben dem Hauptverfasser Zacharias Ursinus auch der Kurfürst selbst einen Anteil.

Dogmatisch und kirchenorganisatorisch bewahrte die Kurpfalz bei aller Orientierung an Genf ihr eigenes Profil. Die Purifizierung der Kirchenräume, die Auflösung der Klöster und den Austausch des Personals in Kirche und Universität betrieb der Kurfürst konsequent und rücksichtslos im rheinischen Landesteil, nicht aber in der Oberpfalz, wo das Luthertum unter Ludwigs Statthalterschaft sich behauptete. Friedrichs von einem antikatholischen Affekt getriebene, letztlich gescheiterte Politik im Reich zielte auf die theologische und politische Einigung aller Evangelischen. Auf dem Augsburger Reichstag von 1566 gelang es ihm, den drohenden Ausschluss der Kurpfalz aus dem Schutz des Religionsfriedens abzuwenden. Aus konfessioneller Solidarität kam der Kurfürst den in Frankreich und den Niederlanden bedrängten Calvinisten militärisch und finanziell zu Hilfe und bot Glaubensflüchtlingen seit 1562 (Frankenthal) ein Asyl in der Kurpfalz.

Armin Kohnle

Literatur

Hepp 1993a · Kohnle 2008 · Kohnle 2011 · Wolgast 1998

A3.02

Gutachten Melanchthons zum Abendmahlsstreit

Bericht, unnd Rahtschlag des Herren Philippi Melanthonis, vom Strait des Hailigen Nachtmals
Philipp Melanchthon
Heidelberg: Müller, 1560
Druck auf Papier. H 19 cm, B 15 cm
Universitätsbibliothek Heidelberg, 86 B 2275 RES

Der schon unter Ottheinrich (1556–1559) schwelende Streit über das richtige Abendmahlsverständnis brach unter Friedrich III. 1559 offen aus und gipfelte in Kanzelpolemiken zwischen dem lutherischen Generalsuperintendenten Tileman Heshusen und dem Zwinglianer Wilhelm Klebitz, der seit 1558 Hilfsprediger (Diakon) an der Heidelberger Heiliggeistkirche war. Ein kurfürstliches Schweigegebot blieb wirkungslos, so dass beide Kontrahenten im September 1559 ihr Amt verloren. Im folgenden Monat schickte Friedrich III. seinen Geheimsekretär Stephan Zirler nach Wittenberg, um von Melanchthon als Nachfolger Luthers und gleichzeitig Pfälzer Landeskind ein autoritatives Gutachten zu erbitten. Seinen lateinischen Text übersandte Melanchthon am 1. November 1559. Er empfahl als Einigungsformel die Aussage von 1 Kor 10,16: „Das Brot, das wir brechen, ist die Gemeinschaft (*koinonia*) mit dem Leib Christi“. Diese Gemeinschaft (*consociatio cum corpore Christi*) ereignet sich im Vollzug des Sakraments. Alle anderen Deutungen der Präsenz Christi im Abendmahl wies Melanchthon als irrig zurück. Wichtig war für ihn die Predigt über den Nutzen des Abendmahls. Friedrich III. akzeptierte den Text und befahl im August 1560 allen Pfälzer Geistlichen die Übernahme der Formel. Wer sich nicht daran halten wollte, sollte seine Stelle aufgeben und das Land verlassen. Gegen den Willen der Universität, die die Pfälzer Bücherzensur ausübte, ließ der Kurfürst das Votum Melanchthons in lateinischer und deutscher Sprache drucken – 1560/61 erschienen mindestens zwölf Ausgaben. Melanchthons Text wurde von lutherischen Polemikern, an ihrer Spitze der frühere Melanchthonschüler Heshusen, scharf kritisiert.

Eike Wolgast

Literatur

Gunnoe 2011, S. 64–70 · Scheible/Thüringer 1995, Nr. 9118, Nr. 9119 · Sehling 1969, S. 37–39 · Stupperich 1955, S. 482–486

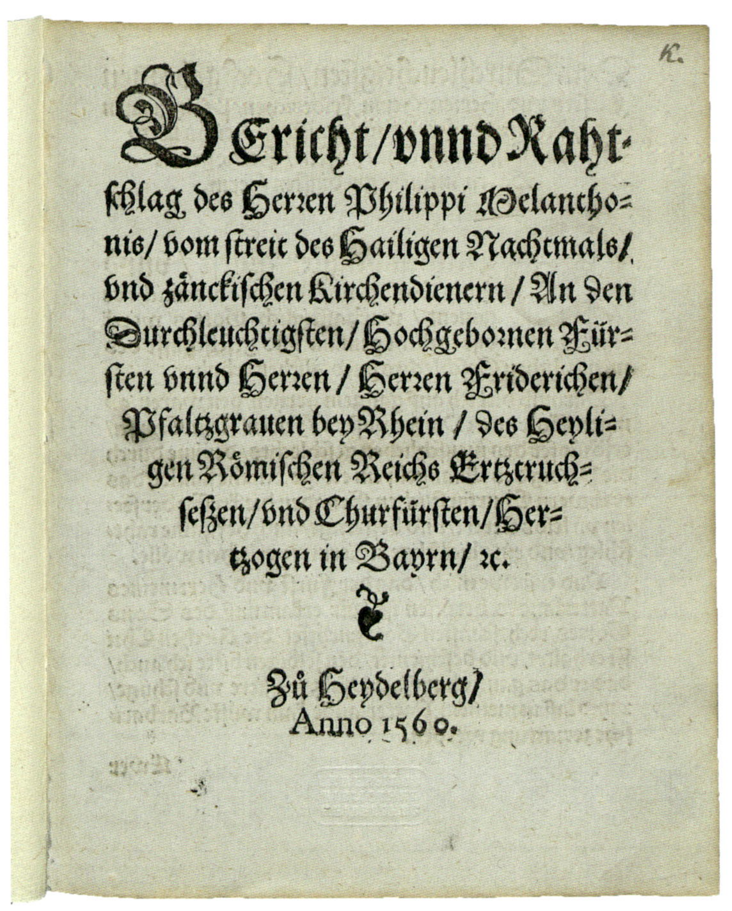

Bericht/vnnd Raht-
schlag des Herren Philippi Melantho-
nis/ vom streit des Hailigen Nachtmals/
vnd zänckischen Kirchendienern / An den
Durchleuchtigsten/ Hochgebornen Fürsten vnnd Herren / Herren Friderichen/
Pfaltzgrauen bey Rhein / des Heyligen Römischen Reichs Ertztruch-
sessen/vnd Churfürsten/Her-
tzogen in Bayrn/ rc.

Zů Heydelberg/
Anno 1560.

A3.02

A3.03
Kirchenordnung Kurfürst Friedrichs III.

Heidelberg: Johannes Maier, 1563
Druck auf Papier. H 17,5 cm, B 15,2 cm
Reiss-Engelhorn-Museen Mannheim, Bibliothek, B 416

Die Kirchenordnung, deren Vorwort Kurfürst Friedrich III. am 15. November 1563 in Mosbach unterzeichnete, lehnte sich in Anlage und Gliederung wie auch in der Formulierung des Titelblattes an die Ordnung Ottheinrichs von 1556 an und übernahm auch einzelne Textpassagen aus ihr. Das dogmatische Herzstück der Ordnung von 1563 war der Heidelberger Katechismus, der als autoritative Lehrnorm in den Text integriert wurde und an dessen Aussagen sich der Inhalt der Ordnung orientierte. Damit war die reformierte Theologie schweizerisch-calvinischer Prägung für die Pfälzer Kirche verbindlich gemacht. Die Neugestaltung des Kirchenwesens zeigte sich insbesondere in den Bestimmungen über die Kirchenzucht, auszuüben durch von der Gemeinde gewählte Älteste, und über die Almosenpfleger, die gleichfalls durch die Gemeinde zu wählen waren. Aufgenommen wurden die reformierte Tradition des Brotbrechens und der Selbstkommunion beim Abendmahl sowie das Bilderverbot, die Abschaffung der Privatbeichte, der Nottaufe und der Krankeneinzelkommunion ohne Beteiligung der Hausgemeinde. Als Vorbilder für die Pfälzer Ordnung wurden vor allem die *Ordonnances ecclésiastiques* von Calvin, deren deutsche Übersetzung 1563 in Heidelberg erschien, ferner Züricher Ordnungen sowie die Ordnung der niederländischen Fremdengemeinde in Frankenthal benutzt. Auf der Grundlage von Entwürfen der Heidelberger Theologen Zacharias Ursinus und Kaspar Olevian wurde der Text von einer Synode in Heidelberg im August/September 1563 erarbeitet. Die Kirchenordnung wurde 1564 mit einer allgemeinen Kirchenvisitation in den Gemeinden der Rheinpfalz eingeführt, während die Oberpfalz am Luthertum festhielt. Nachdem unter Kurfürst Ludwig VI. (1576–1583) wieder die Ordnung Ottheinrichs gegolten hatte, wurde die Ordnung Friedrichs III. 1583 erneut in Kraft gesetzt, bei der geringfügigen Überarbeitung 1585 der Kleine Heidelberger Katechismus von 1576 hinzugefügt. In Gestalt der stärker überarbeiteten Fassung von 1601 blieb die Kirchenordnung Friedrichs III. bis ins 18. Jahrhundert hinein in Geltung.

Eike Wolgast

Literatur

Ausst.-Kat. Berlin 2009, S. 119, Kat.-Nr. II. 28 · Ausst.-Kat. Heidelberg 1986a, S. 153 f., Kat.-Nr. D 2.4 · Sehling 1969, S. 44–48, S. 333–408 · Wolgast 1998, S. 38–43 ·

A3.04
Testament Kurfürst Friedrichs III.

23. September 1575
Pergamentlibell, Manuskript. H 37 cm, B 28 cm
München, Bayerisches Hauptstaatsarchiv – Geheimes Hausarchiv, Hausurkunde 3028 b

Friedrich III. ließ von seinem Testament vier gleichlautende Exemplare anfertigen, von denen er zur Sicherheit eines bei der Universität Heidelberg, eines bei den Heidelberger Stadträten, eines bei der Stadt Amberg und das letzte schließlich im Gewölbe des Heidelberger Schlosses in der Nähe der Goldenen Bulle aufbewahren ließ. Das Testament diente in erster Linie der Erbeinsetzung seines Sohnes Ludwig, der als Erstgeborener Kurwürde und Kurlande erhielt. Der Erbe trat im Sinne einer Gesamtrechtsnachfolge in die volle Rechtspersönlichkeit des Erblassers einschließlich der Nachfolge im gesamten Besitz ein. Im Sinne eines guten und gottgefälligen Regiments forderte Friedrich seinen Sohn auf, die pfälzischen Untertanen mit unnötigen Steuern und Frondiensten zu verschonen, wie ein guter Hausvater neue Schulden zu vermeiden, auf Tilgung der alten bedacht zu sein und eine sparsame Hofhaltung zu betreiben. Insbesondere sei das zur Landplage ausgeartete Jagdwesen zur Schonung der Untertanen einzudämmen.

Wichtig war dem testierenden Landesherrn aber die konfessionelle Kontinuität. Da Ludwig sich zum lutherischen Glauben bekannte, lag

Kirchenordnung/
Wie es mit der Christlichen
Lehre/heiligen Sacramenten/ vnnd Ceremonien/
inn des Durchleuchtigsten Hochgebornen Fürsten
vnnd Herren/ Herrn Friderichs Pfaltzgrauen bey
Rhein/des heiligē Römischen Reichs Ertzdruchsessen vnnd Churfürsten/ Hertzogen inn
Bayrn etc. Churfürstenthumb
bey Rhein/ gehalten
wirdt.

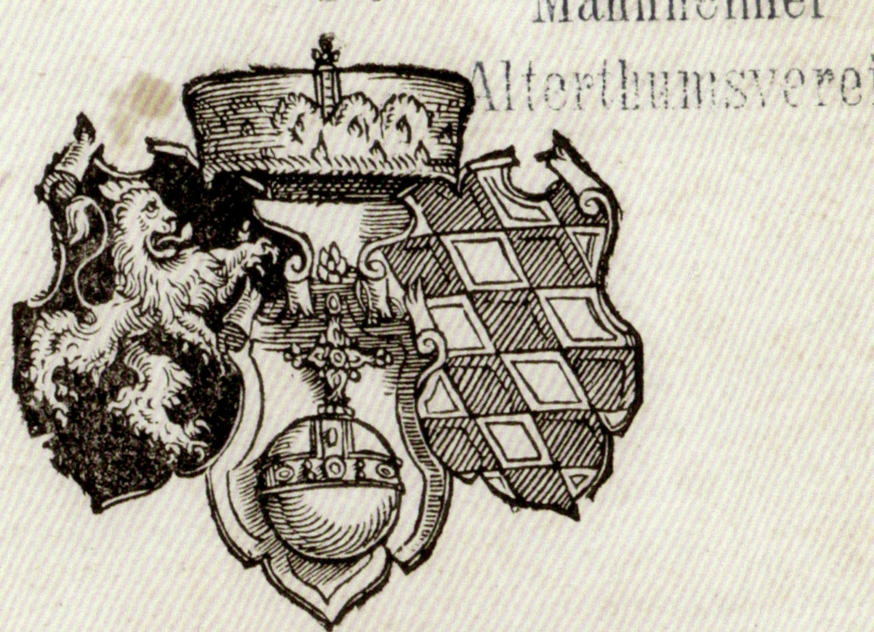

Gedruckt zu Heidelberg/ durch Johannem
Maier/ jm jar/ M. D. LXIII.

A3.03

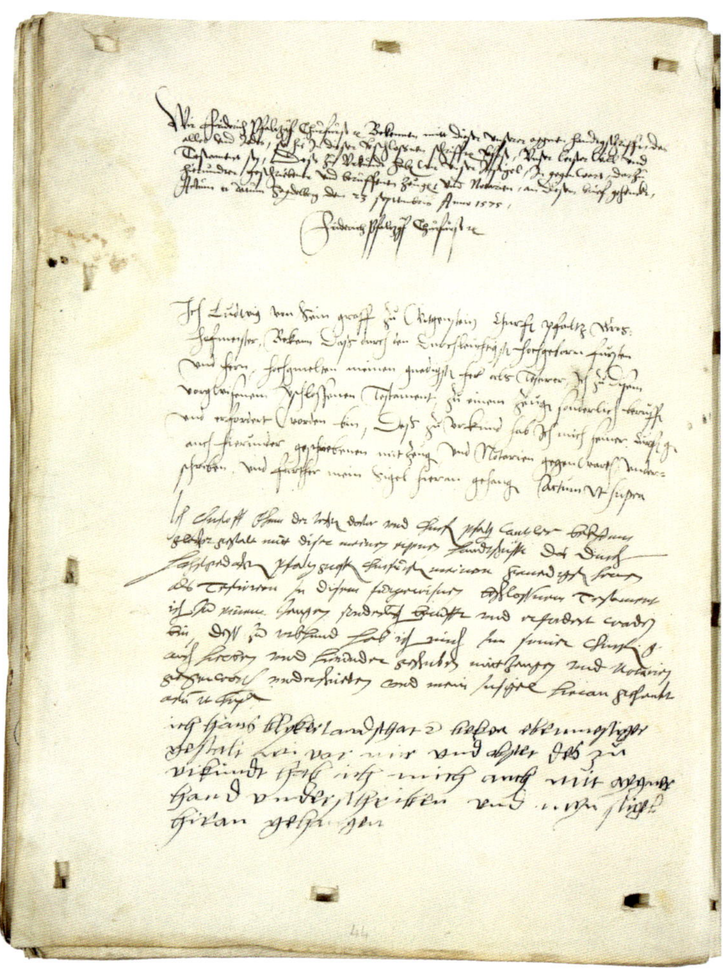

A3.04

Friedrich daran, sich mit ihm bereits bei Entstehung des Testaments zu einigen. Er bat seinen Sohn deshalb nach Heidelberg. Ludwig lehnte ab, da er fürchtete, es würden ihm konfessionelle Zugeständnisse zugemutet, die sein Gewissen belasten und einen Konflikt zwischen religiöser Überzeugung und kindlichen Pflichten herbeiführen würden. Um Zeit zu gewinnen, hat er sich in dieser Angelegenheit mit seinem Schwager, dem Landgrafen Wilhelm von Hessen-Kassel, beraten. Dieser riet ihm, sich friedlich mit dem Vater zu verständigen, doch keinen Eid auf etwas abzulegen, das er vor seinem Gewissen nicht verantworten könne. Ludwig konnte sich nicht entschließen, dem Testament des Vaters zuzustimmen. Dieser teilte ihm dann förmlich in einem Brief vom 27. September 1575 mit, dass der Testierakt vor wenigen Tagen geschehen sei. Nach seinem Regierungsantritt als Kurfürst Ludwig VI. blieb er entgegen den Verfügungen seines Vaters bei seinem lutherischen Bekenntnis und den Bestrebungen, die Kurpfalz dauerhaft lutherisch auszurichten.

Susan Richter

Literatur

Richter 2009

Quelle

Brief Landgraf Wilhelms IV. von Hessen-Kassel mit beiliegendem Memorial von Landgraf Georg I. von Hessen-Darmstadt an Erbprinz Ludwig von der Pfalz vom 1. Juni 1572. Publiziert bei August Kluckhohn: Briefe Friedrichs des Frommen, Kurfürsten von der Pfalz VI. 1559–1566 (1868) S. 454 f.

A3.05

Kurfürst Friedrich III. verpflichtet sich, für die Einhaltung der Privilegien der Stadt Weinheim zu sorgen.

Weinheim, 15. März 1559
Pergamenturkunde, Ausfertigung, Siegel in Holzkapsel.
H 20,5 cm, B 49 cm, Siegel: Dm 6,5 cm
Weinheim, Kulturamt – Stadtarchiv, Rep. 34 Nr. 63

Mit Friedrich III. dem Frommen übernahm die Linie Simmern 1559 die Kurpfalz. Er folgte dem kinderlosen Ottheinrich in der Kurwürde. Schon einen Monat nach dem Tod Ottheinrichs am 12. Februar 1559 in Heidelberg huldigten die Weinheimer Bürger dem neuen Kurfürsten. Wie seine Vorgänger gestand er der Stadt Weinheim die hergebrachten Rechte zu, ohne sie jedoch genauer zu benennen. So kann nur aus den überlieferten früheren Urkunden geschlossen werden, worin diese Rechte bestanden. Hervorgehoben werden im Text nochmals die Urkunden der Pfalzgrafen Ruprecht I. und Ruprecht II. sowie die König Ruprechts I. Die Stadt Weinheim und die Burg Weinheim gehörten seit 1368 zu den unveräußerlichen Bestandteilen der Kurpfalz. Die Weinheimer Bürger sollten nur einem Pfalzgrafen huldigen, der zuvor ihre Rechte anerkannt hat. Dazu gehörten die Freiheit der Bürgerannahme und das Recht auf zwei Jahrmärkte und einen Wochenmarkt. Gerichtsstand für die Weinheimer Bürger war das Weinheimer Stadtgericht, dessen Besetzung identisch mit dem Weinheimer Stadtrat war. Klagen gegen die Stadt wurden vor dem Pfalzgrafen oder seinen Gerichten verhandelt. Das Umgeld, eine Verbrauchssteuer, fiel der Stadt seit 1489 nur noch zu einem Drittel zu, zwei Drittel gingen an den Pfalzgrafen. Vom Umgeld waren die städtischen Abgaben und Löhne, aber auch der Unterhalt von Straßen, Brücken und Befestigungen zu zahlen. Die Bede, eine Steuer auf Grundbesitz und Gebäude, ging zur Hälfte an die Stadt, zur Hälfte an den Pfalzgrafen. Die steuerpflichtigen Grundstücke und Gebäude blieben auch bei einem Verkauf an Adel oder Geistlichkeit steuerpflichtig.

Das Siegel zeigt unter der Jahreszahl 1559 das Pfälzer Wappen in drei geteilten Schilden; zwischen dem pfälzischen Löwen und den Wittelsbacher Rauten befindet sich der Schild mit dem Reichsapfel als Hinweis auf das Erztruchsessenamt, welches mit der Pfälzer Kur verbunden war und vom Kurfürsten ausgeübt wurde.

Andrea Rößler

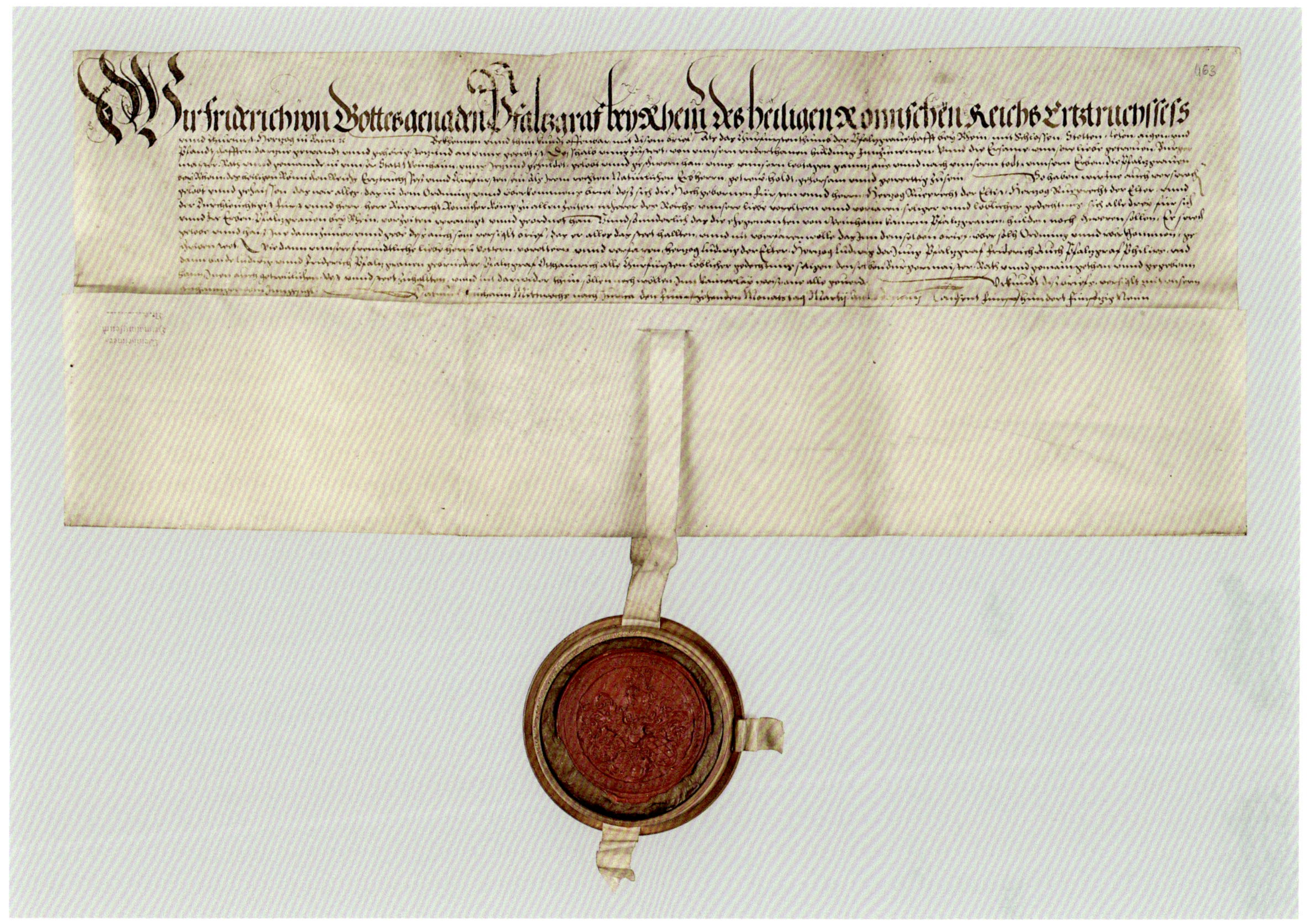

A3.05

A3.06

Glaubensbekenntnis aus dem Testament Kurfürst Friedrichs III.

Christliche Confession Weyland des [...]
Herren Friderichen des Dritten, Pfaltzgrauen bey Rhein
Heidelberg: Jakob Müller, 1577
Druck auf Papier. H 20 cm, B 15 cm
Universitätsbibliothek Heidelberg, Mays (Brosch.) 4,14 RES

Nach der konfessionellen Spaltung traten in den fürstlichen Testamenten die Zugehörigkeit und das ausführliche persönliche Bekenntnis des Herrschers zur jeweiligen Konfession an die Stelle früherer materieller Verfügungen der Jenseitsvorsorge. Zugleich diente das Glaubensbekenntnis als konfessionelles Vermächtnis an den Nachfolger und die Untertanen, das dem Erhalt der Konfession nach dem Tod des Testators diente. Kurfürst Friedrich III. von der Pfalz, der Fromme, legte in seinem Testament das reformierte Glaubenbekenntnis ab. Damit einher ging auch die landesherrliche Auffassung, bei „verlust seyner sehlen seligkayt" die Verantwortung für das geistliche Wohl seiner Familie und seiner Untertanen zu tragen. Er ordnete deshalb testamentarisch an, seine Nachkommen sowie die kurfürstliche Administration mögen am eingeführten Bekenntnis festhalten und dabei die Universität als Hort des reformierten Glaubens belassen. Die Universität und die von ihm neu angelegten reformierten Schulen sollten durch seinen Erben in ihrem Einkommen verbessert werden, um eine größere Wirkung zur Stärkung der Konfession im Territorium zu entfalten. Dabei sollen Frieden bewahrt und ehrgeizige und Verwirrung stiftende Bestrebungen verhütet werden.

Weiterhin verfügte er, mit der gastlichen Aufnahme der aus Frankreich verjagten Hugenotten fortzufahren, sie in ihren Besitzungen und Rechten zu schützen und ihnen Gottesdienste in Heidelberg zu gestatten. Das reformierte Bekenntnis machte Friedrich III. zu einem erklärten

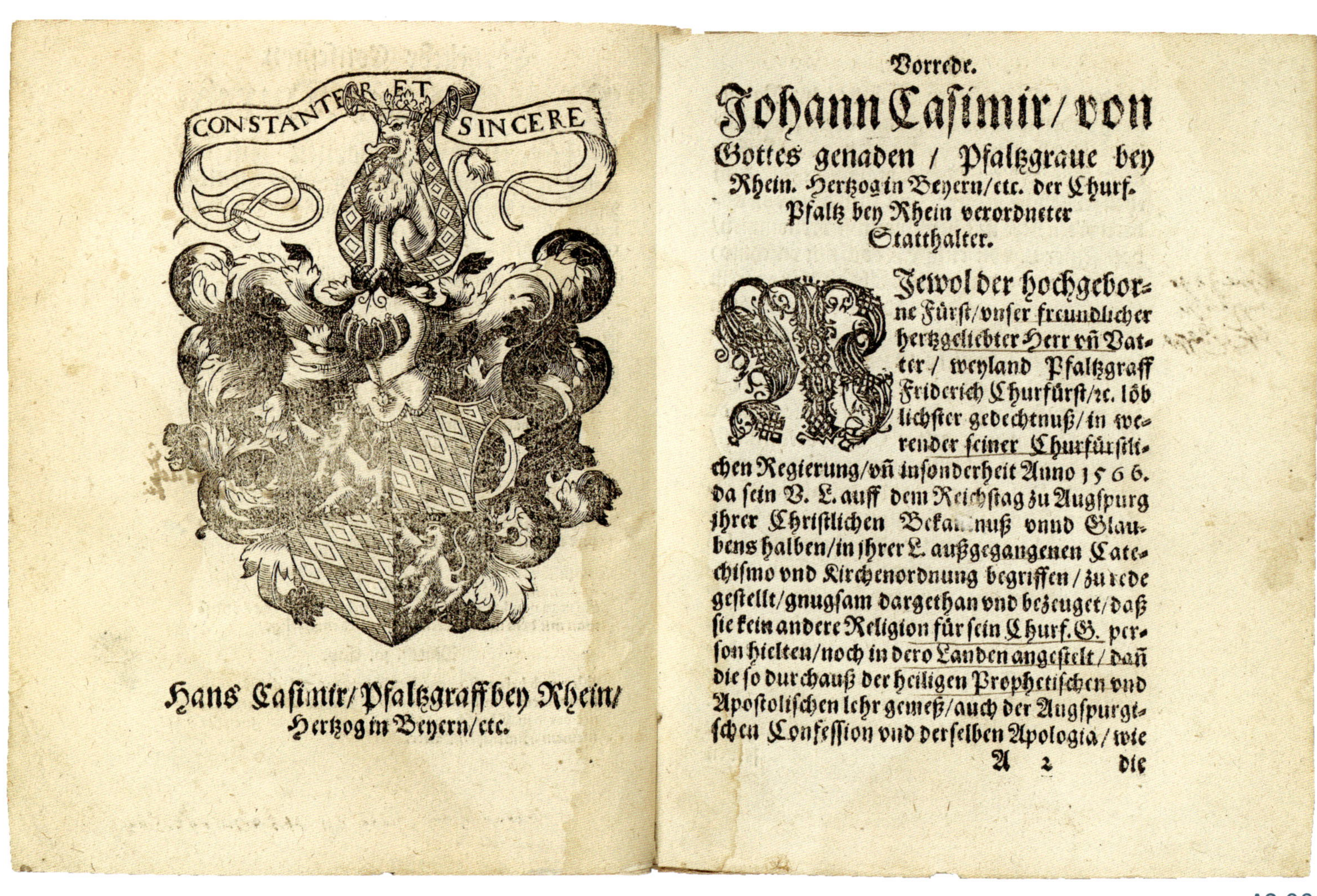

Vorrede.

Johann Casimir/von Gottes genaden / Pfaltzgraue bey Rhein. Hertzog in Beyern/etc. der Churf. Pfaltz bey Rhein verordneter Statthalter.

Wiewol der hochgeborne Fürst/vnser freundlicher hertzgeliebter Herr vñ Vatter / weyland Pfaltzgraff Friderich Churfürst/rc. löblichster gedechtnuß/in werender seiner Churfürstlichen Regierung/vñ insonderheit Anno 1566. da sein V. L. auff dem Reichstag zu Augspurg jhrer Christlichen Bekanntnuß vnnd Glaubens halben/in jhrer L. außgegangenen Catechismo vnd Kirchenordnung begriffen / zu rede gestellt/gnugsam dargethan vnd bezeuget/daß sie kein andere Religion für sein Churf. G. person hielten/noch in dero Landen angestelt / dann die so durchauß der heiligen Prophetischen vnd Apostolischen lehr gemeß/auch der Augspurgischen Confession vnd derselben Apologia/ wie

A 2 die

A3.06

Gegner des katholischen Hauses Habsburg auf dem kaiserlichen Thron, dessen Wirken nach seiner Auffassung „zu[r] besterckung des bapsttums dienet oder künftig zu underdruckung der teutschen freiheit geraichen möchte.“ Sein konfessionspolitisches Ziel bestand deshalb darin, bei der nächsten Wahl eines Römischen Königs ein Reichsoberhaupt zu etablieren, „welches unserer wahren christlichen religion zugethan sei.“ Mittels seines Testaments instruierte Friedrich III. seinen Nachfolger über das Verhalten während eines künftigen Reichsvikariats. Dabei setzte er mit der Anweisung, die Wahl zu verzögern, auf den Faktor Zeit, wenn es nicht gelingen sollte, sich auf einen künftigen König und Kaiser aus den Reihen der Protestanten zu einigen. Der Sohn Johann Casimir publizierte rund vier Monate nach Friedrichs III. Tod das Glaubensbekenntnis seines Vaters.

Susan Richter

Literatur

Kluckhohn 1872 · Wolgast 1996

A3.07
Testament Kurfürst Ludwigs VI.

5. Dezember 1580
Pergamentlibell. H 38,5 cm, B 27 cm
München, Bayerisches Hauptstaatsarchiv – Geheimes Hausarchiv, Hausurkunde 3058 b

Friedrichs III. Sohn, Kurfürst Ludwig VI., hatte sich entgegen der testamentarischen Verordnung und den Hoffnungen seines Vaters auf reformierte Kontinuität in der Kurpfalz dem lutherischen Glauben zugewandt. Dies bedeutete insbesondere für die administrativen und gelehrten Eliten des Landes entsprechende Brüche und personelle Änderungen, die sich auch in seinem Testament spiegeln: Zunächst entließ er zahlreiche reformierte Gelehrte der Universität Heidelberg, die sein Vater berufen hatte und die nun im Casimirianum in Neustadt bei Ludwigs Bruder Johann Casimir Aufnahme fanden. Im seinem

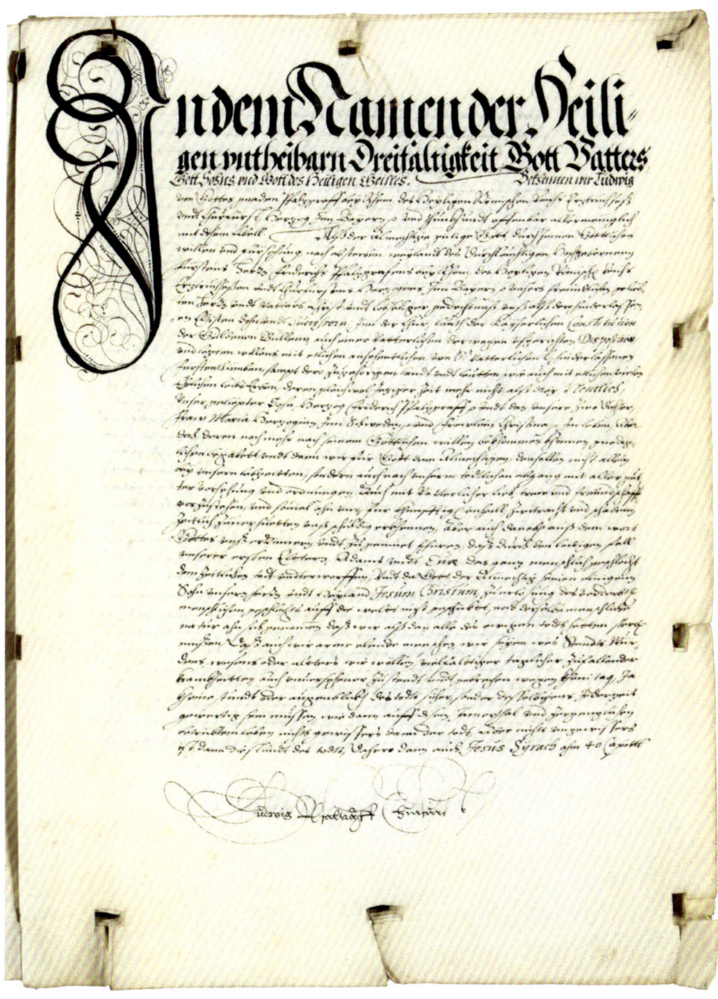

A3.07

Testament befahl Ludwig VI. seinem Nachfolger, die Universität künftig in lutherischer Ausrichtung zu belassen und nur Lutheraner auf die Lehrstühle zu berufen. Er brach somit bewusst mit der Tradition seines Vaters und Vorgängers, um eine eigene konfessionelle politische Tradition zu begründen. Dies gelang ihm jedoch nicht, denn sein Nachfolger orientierte sich wiederum stark am großväterlich-reformierten Bekenntnis. Der hier aufgezeigte Wechsel persönlicher Bekenntnisse von einigen pfälzischen Kurfürsten von Generation zu Generation verhinderte die strategische Ausbildung einer einheitlichen, die Dynastie stärkenden Hauspolitik und brachte für die Bevölkerung nach dem Grundsatz des *cuius regio eius religio*, also dem Recht des Herrschers, allen Untertanen die Religion vorgeben zu können, Unsicherheit, Angst vor Ausweisung und Einschränkungen mit sich.

Susan Richter

Literatur

Richter 2009

A3.08

Trauergedicht auf Johann Casimir und Glückwunschgedicht auf den Regierungsantritt Friedrichs IV.

Threnodia in Illustrissimi, Inuictique Herois Ac Ducis,Ddomini Ioannis Casimiri , Comitis Palatini Ad Rhenum, Ducis Bavariae, &c. Tutoris Et Administratoris Palatinatus Electoralis, Obitum Luctuoosissimum
Henric Mirou
Neustadt an der Haardt: Matthaeus Harnisius, 1592
Druck auf Papier. H ca. 20 cm, B ca. 15 cm
München, Bayerische Staatsbibliothek, Res/ P.o.lat. 1685 q

Anlässlich des Antrittsbesuchs Friedrich IV. in Frankenthal ließ der dortige Apotheker und Gelegenheitsdichter Henric Mirou diesen Druck mit zweien seiner Gedichte besorgen: ein Trauergedicht auf den Tod des Administrators der Kurpfalz, Johann Casimir, und ein Glückwunschgedicht auf den nun amtierenden Kurfürsten Friedrich IV. Angesprochen ist Friedrich in beiden und gedrängt, die procalvinistische Politik seines Großvaters Friedrich III. und seines Onkels Johann Casimir fortzusetzen. Die lutheranische Zwischenphase unter dem Vater, Ludwig VI., wird wortlos übergangen, die starke konfessionelle Polemik der Dichtungen ist rein antikatholisch. Das Glückwunschgedicht wirbt zusätzlich für eine weitere kurfürstliche Begünstigung der Stadt Frankenthal und indirekt damit auch für die des Dichters. 1562 war das dortige Augustiner Chorherrenstift aufgelöst und die Gebäude calvinistischen Flüchtlingen aus den Niederlanden übertragen worden. Bereits 1577 erfolgte die Verleihung der Stadtrechte. 1595 erhielt der Dichter ein Privileg für das alleinige Betreiben einer Apotheke in Frankenthal.

Mirou wurde 1551 in Antwerpen geboren und kam im Rahmen seines Studiums wohl bis nach Italien. Wichtig für sein Selbstbild war seine Teilnahme an der Afrikakampagne des Don Juan d'Austria 1573. Ab spätestens 1586 ist er in der niederländischen Exulantenkolonie Frankenthal zu fassen. Von dort unterhielt er Kontakte zum Heidelberger Gelehrtenkreis um Paul Schede Melissus.

Henric Mirous Dichtungen waren im 17. Jahrhundert durchaus verbreitet, sind heute jedoch weitgehend unbekannt und verloren. Bekannter ist sein Sohn Anton Mirou, einer der Hauptvertreter der Frankenthaler Maler (vgl. Kat.-Nr. B2.03 im vorliegenden Band). Der ausgestellte Druck ist das einzige bekannte erhaltene Exemplar und Hauptzeugnis der Dichtung Henric Mirous.

Maximilian Gamer

Literatur

Gamer/Diefenbacher 2012 (mit Wiedergabe des Textes)

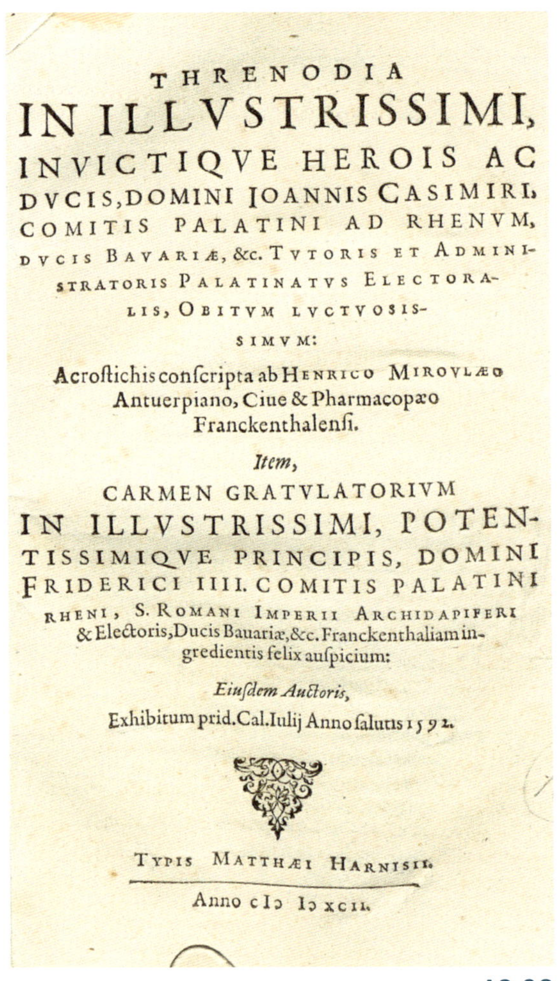

THRENODIA
IN ILLVSTRISSIMI,
INVICTIQVE HEROIS AC
DVCIS, DOMINI IOANNIS CASIMIRI,
COMITIS PALATINI AD RHENVM,
DVCIS BAVARIÆ, &c. TVTORIS ET ADMINI-
STRATORIS PALATINATVS ELECTORA-
LIS, OBITVM LVCTVOSIS-
SIMVM:

Acroſtichis conſcripta ab HENRICO MIROVLÆO
Antuerpiano, Ciue & Pharmacopœo
Franckenthalenſi.

Item,

CARMEN GRATVLATORIVM
IN ILLVSTRISSIMI, POTEN-
TISSIMIQVE PRINCIPIS, DOMINI
FRIDERICI IIII. COMITIS PALATINI
RHENI, S. ROMANI IMPERII ARCHIDAPIFERI
& Electoris, Ducis Bauariæ, &c. Franckenthaliam in-
gredientis felix auſpicium:

Eiuſdem Auctoris,

Exhibitum prid. Cal. Iulij Anno ſalutis 1592.

TYPIS MATTHÆI HARNISII.

Anno cIↃ IↃ XCII.

A3.08

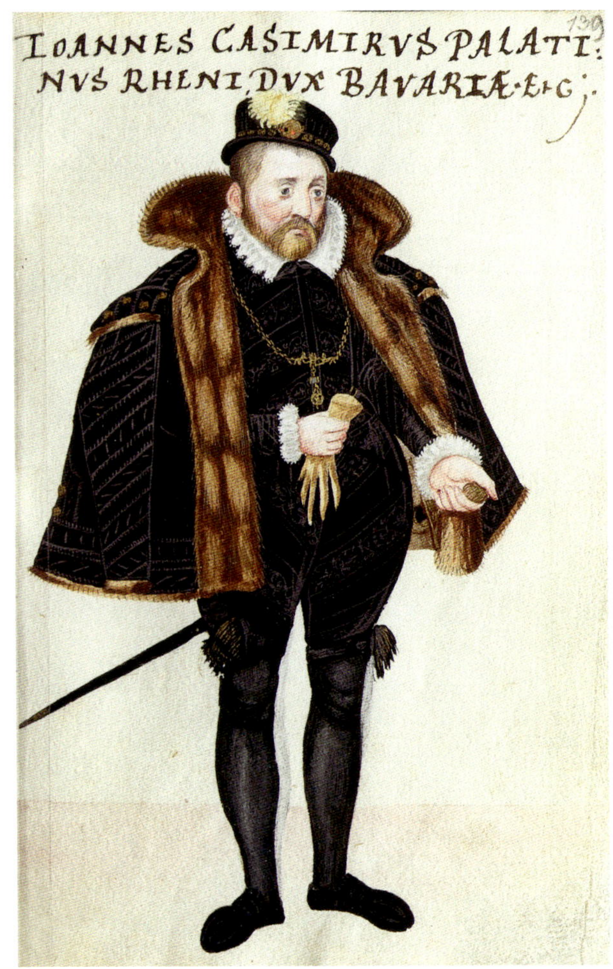

A3.09a

A3.09a–d

Der *Thesaurus Picturarum* des Kirchenrates Dr. Marcus zum Lamm (1544–1606)

a) Johann Casimir in Festtagskleidung

um 1600
Aquarell auf Papier
Darmstadt, Universitäts- und Landesbibliothek,
Hs 1971, Bd. IV, fol. 139r

b) Kurfürst Friedrich IV. schützt die Handelsschiffe der Straßburger gegen Übergriffe der Speyrer

1601
Aquarell auf Papier
Darmstadt, Universitäts- und Landesbibliothek,
Hs 1971, Bd. V, fol. 172r

c) Verbrennung etlicher Zentner Pulver bei Rheinhausen auf Befehl Johann Casimirs

um 1600
kolorierte Zeichnung
Darmstadt, Universitäts- und Landesbibliothek,
Hs 1971, Bd. IV, fol. 131r

d) Die Hinrichtung des Ladenburger Superintendenten Johannes Sylvanus auf dem Heidelberger Marktplatz am 23. Dezember 1572

um 1600
kolorierter Holzschnitt
Darmstadt, Universitäts- und Landesbibliothek,
Hs 1971, Bd. IV, fol. 117r

Kuradministrator Johann Casimir (1543–1592)

Als jüngerer Sohn Friedrichs III. begann Johann Casimir die Regentschaft im Oktober 1583 nach dem Tod seines älteren Bruders Ludwig. Hatte Ludwig VI. (regierte 1576–1583) versucht, den Konfessionsstand in der rheinischen Pfalz durch konsequente Entcalvinisierung auf die Zeit Ottheinrichs zurückzudrehen, stand Johann Casimir in der Tradition seines Vaters und setzte dessen reformierte Konfessionspolitik fort. Dabei war er bei weitem nicht so religiös wie Friedrich III., sondern eher ein Soldat und Haudegen. Um die absehbare Rückkehr seines Sohnes Ludwig zum Luthertum zu unterlaufen, hatte Friedrich III. den reformierten Konfessionsstatus durch eine Landesteilung abzusichern versucht. Johann Casimir erhielt das linksrheinische Nebenland Pfalz-Lautern mit den Ämtern Kaiserslautern, Neustadt und Böckelheim. In den Jahren der Relutheranisierung unter Ludwig VI. bot er hier den aus der Kurpfalz vertriebenen Reformierten eine Zuflucht. In Neustadt entstand eine Ersatzhochschule für die aus Heidelberg verdrängten Professoren. Trotz dieser schmalen territorialen Basis betrieb Johann Casimir eine offensive Politik zugunsten des europäischen Calvinismus.

Entgegen aller Versuche Ludwigs VI., das Luthertum in der Kurpfalz über seinen Tod hinaus abzusichern, gelang es Johann Casimir beim Tod des Bruders 1583, als Vormund für Ludwigs minderjährigen Sohn Friedrich die Herrschaft zu ergreifen und die testamentarischen Verfügungen Ludwigs zu übergehen. Zupackend und skrupellos schuf er Tatsachen, besetzte die Schlüsselstellen in Verwaltung, Kirche und Universität mit Reformierten und sorgte für eine calvinistische Erziehung des Kurprinzen. 1585 wurde eine neue Kirchenordnung erlassen, die die Zustände unter Friedrich III. wiederherstellte.

Auch die Westeuropapolitik seines Vaters setzte Johann Casimir fort. Die unter Ludwig VI. aufgelösten Fremdengemeinden in Heidelberg und Schönau erstanden neu. 1587 und 1591 entsandte der Administrator Truppen zur Unterstützung der französischen Hugenotten.

1591 gelang Johann Casimir der Abschluss der Torgauer Union mit dem eine calvinistische Phase durchlaufenden Kursachsen, doch blieb diese Verbindung eine Episode. Während seine Reichs- und Europapolitik der Kurpfalz außer Schulden wenig eintrug, gelang Johann Casimir die Restitution des Calvinismus in der Kurpfalz auf Dauer, weil der Thronfolger Friedrich (als Kurfürst Friedrich IV.) seine konfessionelle Überzeugung teilte. Johann Casimir kann deshalb als zweiter Begründer des kurpfälzischen Calvinismus betrachtet werden.

Armin Kohnle

Literatur

Hepp 1993a · Kohnle 2011 · Kohnle 2008 · Wolgast 1998

Der Jurist und Kirchenrat Dr. Marcus zum Lamm hat als politisch aktiver Zeitgenosse die konfessionellen Auseinandersetzungen im „deutschen Genf“, wie die kurpfälzische Residenzstadt Heidelberg nach der Einführung des Calvinismus genannt wurde, miterlebt und seine Erfahrungen im *Thesaurus Picturarum*, einem kulturgeschichtlich bedeutsamen Kompendium des Wissens seiner Zeit, in Wort und Bild festgehalten. Zwei der insgesamt 33 Bände, die in der Universitäts- und Landesbibliothek Darmstadt aufbewahrt werden, tragen den Titel *Palatina*. Sie enthalten die Beschreibung herausragender Ereignisse, die sich seit Einführung der Reformation durch den Kurfürsten Ottheinrich im Jahr 1556 bis zum Tod des Kirchenrats im Jahr 1606 in der Kurpfalz zugetragen haben.

Marcus zum Lamm entstammt einer Speyerer Patrizierfamilie. Schon früh scheint sich der aufstrebende Jurist dem Calvinismus zugewandt zu haben, weswegen ihn Kurfürst Friedrich III. im April 1576 in den Kirchenrat nach Heidelberg berief. Großes Aufsehen erregte die Hinrichtung des Ladenburger Superintendenten Johannes Sylvanus auf dem Heidelberger Marktplatz am 23. Dezember 1572. Sie erfolgte am Tage vor Weihnachten „im Angesicht seiner zween jungen Söhne [...] ihnen zum Gedächtniß und Exempel.“ Sylvanus wurde als Staatsverschwörer und antitrinitarischer Gotteslästerer angeklagt und trotz eines Widerrufs auf Betreiben der orthodoxen Kirchenräte hingerichtet. Ursache für dieses inquisitorische Vorgehen der kurpfälzischen Kirchenbehörden im Jahr der Bartholomäusnacht war die Einführung einer strengen Kirchenzucht nach dem Vorbild Calvins in Genf, wogegen Sylvanus mit einer Gruppe einflussreicher Professoren und Geistlicher um den Schweizer Arzt Thomas Erast opponiert hatte.

Pfalzgraf Johann Casimir, der zweitälteste Sohn Friedrichs III., war der Hoffnungsträger der Calvinisten in der Kurpfalz. 1570 wurde er mit Elisabeth, der Tochter des Kurfürsten von Sachsen, verheiratet, um ein Bündnis der „zwo fuernembsten Seulen des römischen Reichs“ dynastisch zu begründen. In diesem Zusammenhang entstand die Abbildung des 27-jährigen Pfalzgrafen als Kavalier in Festtagskleidung, zu der es im *Thesaurus* ein Pendant mit der Braut gibt. Als Vorlage wird ein heute verschollenes Porträt in der Ahnengalerie des Heidelberger Schlosses vermutet.

Zwei Beispiele raubritterlicher Selbstjustiz ereigneten sich in der Rheinebene, der wichtigsten Versorgungs- und Handelsroute in der

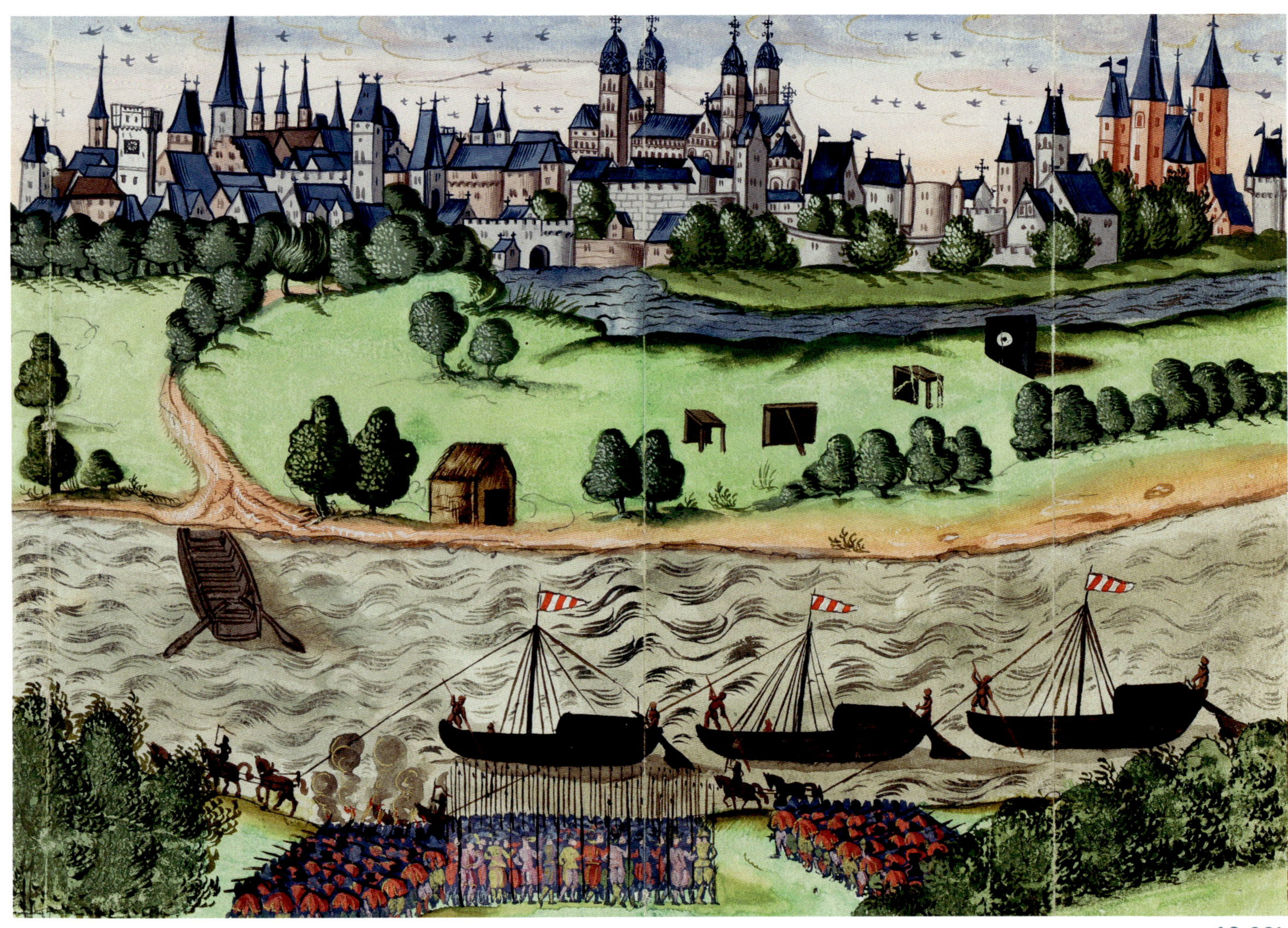

A3.09b

Kurpfalz. Am 8. Oktober 1573 ließ Pfalzgraf Johann Casimir im Wald bei Rheinhausen eine Wagenladung mit Pulver, die Kaiser Maximilian für den Krieg gegen die Niederlande zu Herzog Alba auf den Weg gebracht hatte, in einem Handstreich abladen und publikumswirksam in die Luft sprengen.

Im Frühjahr sah sich Kurfürst Friedrich IV. genötigt, mit Waffengewalt die kurpfälzische Zollhoheit am Rhein gegen die Stadt Speyer zu verteidigen, nachdem der Rat der Stadt die pfälzischen Grenzpfähle eigenmächtig durch eigene Markierungen ersetzt hatte. Im Bild ist der Augenblick festgehalten, in dem die frisch ausgehobene pfälzische Landwehr mit 1200 Mann, 300 Pferden und vier großen Feldkanonen drei von der Frankfurter Frühjahrsmesse heimkehrenden Handelsschiffen aus Straßburg Geleitschutz gibt und damit das politische Kräfteverhältnis zwischen der Domstadt und der Kurpfalz demonstrativ wiederherstellt.

Frieder Hepp

Literatur

Ausst.-Kat. Augsburg 2005, S. 510–512 · Ausst.-Kat. Heidelberg 1991 · Ausst.-Kat. Heidelberg 2013, S. 238, S. 256, S. 298 · Hepp 1993a

A4
Die Oberpfalz als kurpfälzisches Territorium

Die Oberpfalz galt den Kurfürsten von der Pfalz als ein wichtiges Territorium, in dem viele Pfalzgrafen erste Regierungstätigkeiten übernahmen. Darüber hinaus besaß die Region vor allem aufgrund reicher Erzvorkommen eine enorme wirtschaftliche Bedeutung. Manche politische und religiöse Entwicklung der Kurpfalz spiegelt sich in der Oberpfalz – wenn auch zuweilen unter anderen Vorzeichen. Bereits in den 1520er Jahren hatte der Protestantismus in der Oberpfalz Anhänger gefunden. 1556 führte Ottheinrich dort und in der Kurpfalz die Reformation ein. Der Widerstreit zwischen den Anhängern der Lehre Luthers und den Reformierten führte im ausgehenden 16. Jahrhundert wiederholt zu Auseinandersetzungen, unter anderem zum sogenannten Amberger Lärmen 1592: In der Residenzstadt und anderen Orten begehrte die mehrheitlich lutherische Bevölkerung gegen die Politik der calvinistisch gesinnten Regierung und das harte Regiment des Statthalters der Pfälzer Kurfürsten, Christian I. von Anhalt-Bernburg, auf. Verwaltungspolitisch und konfessionell gingen die untere und die obere Pfalz also durchaus getrennte Wege.

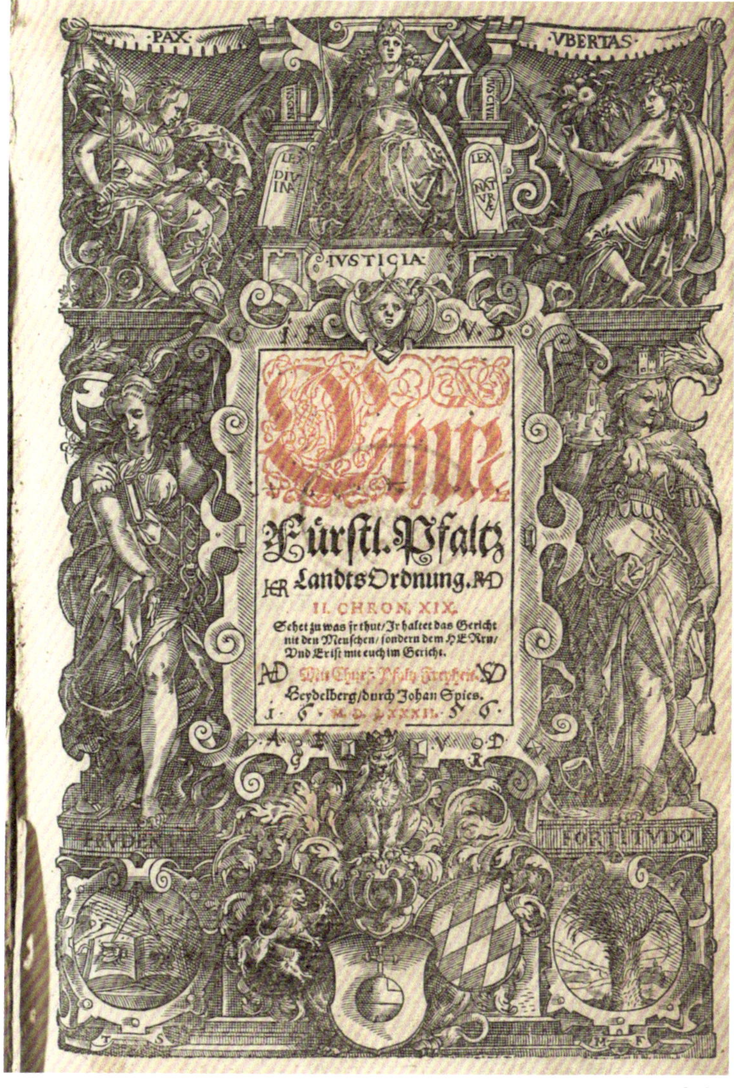

A4.01

A4.01
Kurpfälzische Landordnung und Kurpfälzisches Landrecht

Heidelberg: Johann Spiess, 1582
Druck auf Papier. H 29,5 cm, B 20 cm
Universitätsbibliothek Heidelberg, Mittermaier 827 Folio RES

Landrecht und Landordnung waren von Kurfürst Ludwig VI. im Jahr 1582 erlassen worden. Ersteres bestand aus fünf Teilen und umfasste die *Iudicalia* – die Untergerichtsprozessordnung, die Hofgerichtsordnung, Ehe- und Ehegerichtsordnung –, Verträge und Vertragsgestaltung, Bestimmungen zur Errichtung von Testamenten sowie die *Criminalia* und Malefizordnung. Sie beinhaltete unter anderem Polizei-, Almosen- und Vormundschaftsordnungen, Bestimmungen zu den Wiedertäufern und zu Landfriedensbrüchen. Das Problem ihrer Anwendung lag zum einen in der Unübersichtlichkeit und zum anderen im unsystematischen Zugang. Der Landesherr unterlag nicht der Publikationspflicht, was die Kenntnis und Anwendung der Verordnungen des Landrechts nicht begünstigte. Dennoch war der Landesherr mit dem Gesetzeswerk seiner Verpflichtung nachgekommen, ein gutes und aufmerksames Regiment zu führen, wie es die beigegebene Allegorie visualisierte.

In der Landordnung zeigte sich gleichfalls die fürstliche Fürsorge Ludwigs VI. als Landesvater, indem er seinen Untertanen zur Orientierung ein Regelwerk für ein christlich-sittliches Verhalten im Alltag gab, das überbordenden Luxus und Fehlverhalten verhinderte und jeden Einzelnen seinem Stande gemäß zu „guter Ordnung“ erzog. Die Ordnungen dienten der Disziplinierung der Untertanen, trugen zu einer größeren Einheit des Untertanenverbandes und damit zu einer Rationalisierung des Zusammenlebens bei.

Susan Richter

Literatur

Iseli 2009

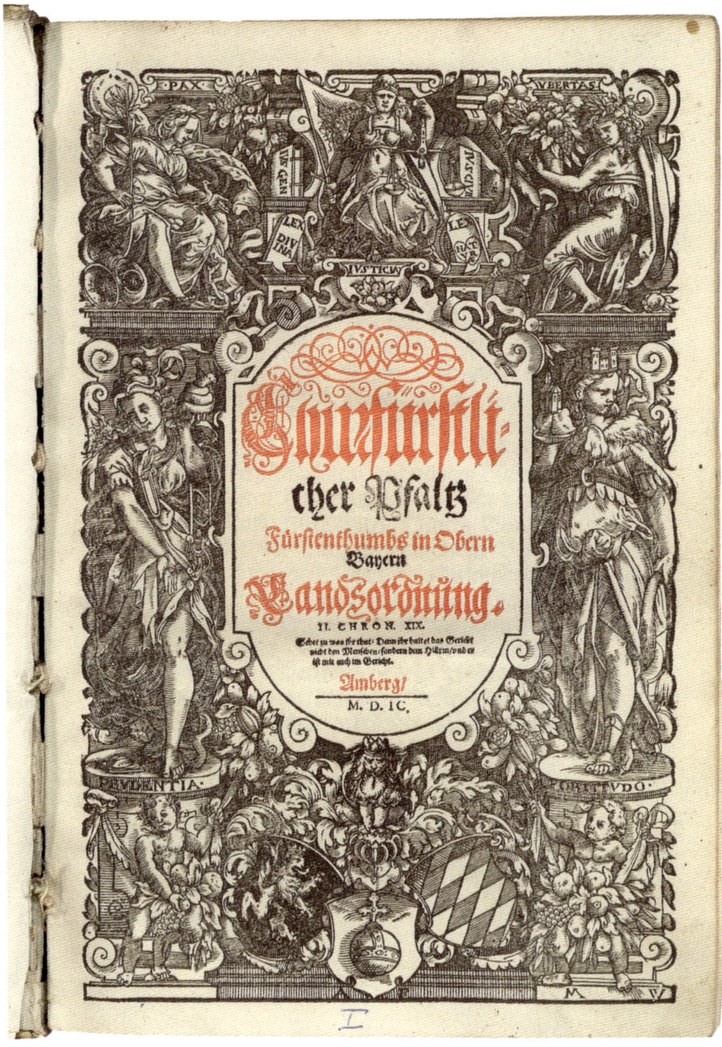

A4.02

A4.02
Landesordnung der Oberpfalz

Churfürstlicher Pfaltz Fürstenthumbs in Obern Bayern Landsordnung
Amberg: Michael Forster, 1599
Druck auf Papier, mit Pergament bezogener Pappeinband,
zwei Verschlussbänder aus Leder. H 28,9 cm, B 18,7 cm
Amberg, Staatsarchiv, Regierung Amberg Registraturbücher 88

Obwohl die Obere Pfalz seit dem Hausvertrag von Pavia (1329) ein Nebenland der Kurpfalz bildete, konnte das Territorium in den drei Jahrhunderten pfälzischer Herrschaft ein beachtliches Maß an Eigenstaatlichkeit entwickeln, die in der seit dem 16. Jahrhundert gebräuchlichen Bezeichnung „Fürstentum der Pfalz in Bayern" oder „Fürstentum der Oberen Pfalz" zum Ausdruck kam. Es stand unter der Regierung eines eigenen Statthalters, verfügte über eine Ständevertretung und besaß eine eigene Gesetzgebung. Die für die Kurpfalz verkündeten Gesetze galten folglich nicht automatisch auch in der Oberen Pfalz, sondern mussten für diese eigens erlassen werden.

Nach dem Erlass einer Landesordnung und eines Landrechts für die Kurpfalz im Jahr 1582 erteilte Kurfürst Ludwig VI. der Amberger Regierung den Auftrag, diese Gesetze mit den im bayerischen Landesteil geltenden Gesetzen zu vergleichen und den dortigen Verhältnissen anzupassen. 1597 legten die Amberger Räte einen Entwurf für eine revidierte Fassung der Heidelberger Landesordnung vor. Der Landtag, der im Februar und März 1598 in Neumarkt tagte, beriet und verabschiedete schließlich den Entwurf, nachdem der Landesherr die meisten der von den drei Ständen beanstandeten Textstellen hatte abändern lassen. Am 12. März 1598 wurde die Landesordnung in Neumarkt durch Kurfürst Friedrich IV. zur Förderung der guten Ordnung und *Policey* verkündet. Die Drucklegung erfolgte erst 1599/1600; im April 1600 konnte Fürst Christian von Anhalt als Statthalter das Gesetz als die erste Landesordnung für die Obere Pfalz endgültig publizieren.

Bereits seit den 1520er Jahren hatte es Bemühungen Pfalzgraf Friedrichs II. bzw. der Kurfürsten gegeben, in der Oberpfalz eine eigene Landesordnung einzuführen. Die Annahme der zur Verhandlung vorgelegten Entwürfe war jeweils am Widerstand der Landstände gescheitert, die offenbar eine einseitige Stärkung der landesherrlichen Polizeigewalt befürchteten und überdies ihre Zustimmung von der Gewährung einer verbrieften Landesfreiheit nach bayerischem Vorbild abhängig machten, die vom Landesherrn jedoch abgelehnt wurde. 1598 war diese Forderung kein Thema mehr; einer inzwischen politisch geschwächten Landschaft stand nunmehr ein Landesfürst mit frühabsolutistischer Machtposition gegenüber.

Der Inhalt der Landesordnung gliedert sich in 36 unterschiedlich umfangreiche Titel. Die Titel 1 bis 3 enthalten eine Polizeiordnung, eine Almosenordnung und eine Vormund- und Pflegschaftsordnung. Es folgen weitere Bestimmungen zu den einzelnen Zünften, zum Straf- und Gerichtswesen, zu den Aufgaben und Pflichten der Amtleute (10), Stadt- und Gerichtsschreiber (35) und schließlich zu Maßen und Gewichten (36).

Maria Rita Sagstetter

Literatur

Ambronn 2004, v. a. S. 108, S. 111 f., Nr. 38, S. 134–136 · Kern 1991, S. 81–86 · Schroeder 1997, v. a. S. 201–205 ·

A4.03

Forstordnung Kurfürst Friedrichs III. für die Obere Pfalz

Der Obern Churfürstlichen Pfaltz inn Bayrn Wald Ordnung auffgericht Anno 1565
Amberg (?), 6. Mai 1565
Druck auf Papier in modernem Pappdeckeleinband.
H 29,5 cm, B 19,5 cm
Amberg, Staatsarchiv, Amtsbücherei 2682

Die 1565 erlassene Waldordnung für die Kuroberpfalz zählt zu den großen territorialen Forstordnungen, die im 16. Jahrhundert die moderne Forstwirtschaft begründeten. Obwohl sie als allgemein verbindliches Landesgesetz nicht nur für den landesherrlichen Forst, sondern auch für die Waldungen der Landstände verpflichtend war, konnte Kurfürst Friedrich III. sie ohne deren Mitwirkung, lediglich kraft seiner landesherrlichen Polizeihoheit, verkünden.

Hauptmotiv war die Sicherstellung der dauerhaften Holzversorgung der Untertanen sowie der Bergwerke und Hämmer. Der enorme Bedarf an Holz, insbesondere als Kohlholz für die Köhlereien, die die Holzkohle als Brennstoff für die Schmelzfeuer im Verhüttungsprozess lieferten, hatte zu einem maßlosen Raubbau und im Ergebnis zu ausgedehntem Kahlschlag in den Wäldern geführt. Die drohende Holzknappheit lasse die Hammerwerke „öde werden“ und zwinge die Untertanen über kurz oder lang, ihre Güter und Häuser aufzugeben. Die Forstordnung suchte diesem Missstand durch detaillierte Vorschriften für eine straff geregelte Waldwirtschaft, die für eine sparsame, nachhaltige Holznutzung und gezielte Bestandspflege- und Waldverjüngungsmaßnahmen sorgen sollte, entgegenzusteuern. Dabei standen nicht die Interessen des Waldes oder der Umwelt im modernen Sinne im Vordergrund, sondern die wirtschaftspolitischen Anliegen des Landesherrn und des Montangewerbes. An die Stelle der bislang weitgehend ungebundenen Waldnutzung sollte nunmehr die reglementierte Abgabe von Holz und sonstigen Waldprodukten treten. Holznutzung war künftig nur noch nach Anweisung der landesherrlichen Forstorgane und ausschließlich dort, wo sie dem Wald am wenigsten schadete, gestattet. Insbesondere die Kohlholzgewinnung wurde eingehenden Bestimmungen unterworfen; eine zeitnahe Verkohlung und Räumung der Schläge sollte gewährleisten, dass das Holz schnell wieder nachwachsen konnte. Weitere Normen betreffen u.a. den Schutz des Waldes vor Waldbränden, die Genehmigungspflicht von Rodungen, die Einschränkung der Waldweide und der Nebennutzungen wie Laubstreu-, Pottasche- und Pechgewinnung, Rindenschälen und Bienenweide, die Bestrafung von Holzfreveln und Verstößen gegen die Forstordnung. Als waldbauliche Maßnahmen wurden die Bestandspflege mittels Durchforstung sowie die Aufforstung verödeter Flächen mittels Laub- und Nadelholzsaat mit anschließender strenger Hege vorgeschrieben.

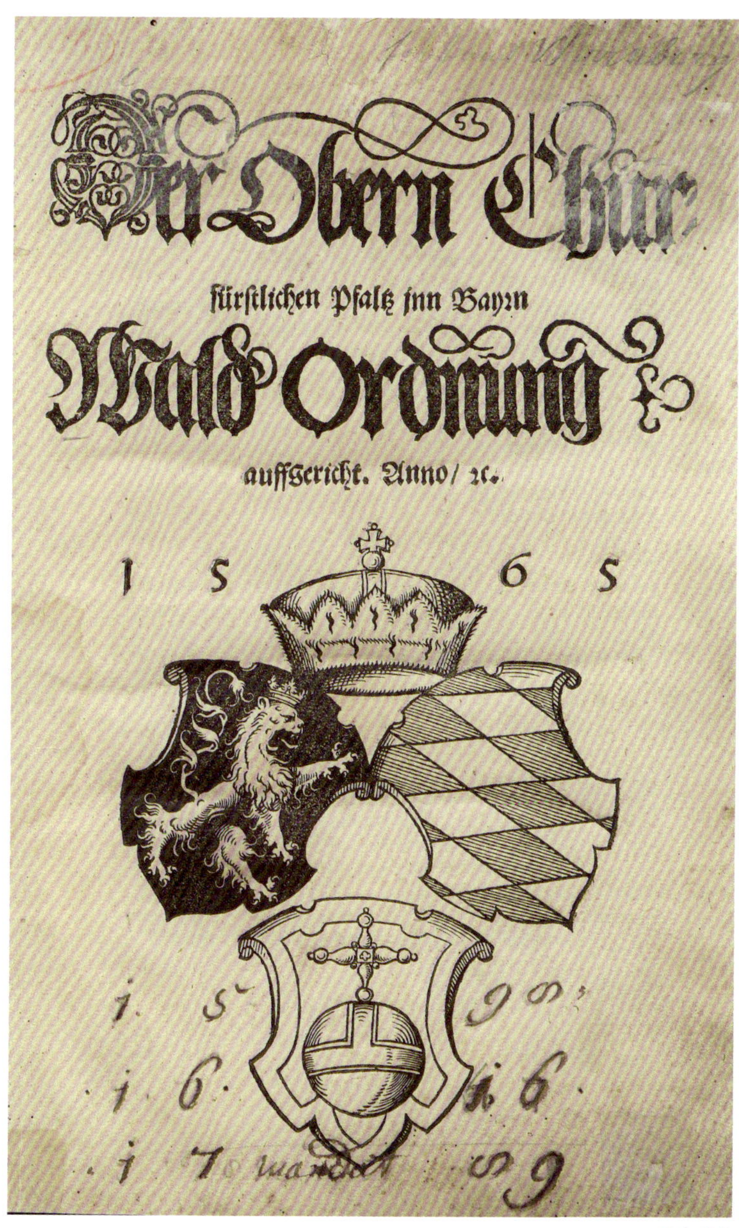

A4.03

Die oberpfälzische Waldordnung von 1565 wurde nahezu unverändert 1594 erneut erlassen (gedruckt 1600) und fand unter dem Titel *Forstordnung* Aufnahme in das Oberpfälzische Landrecht von 1657/59. Erst 1852 wurde sie durch das Bayerische Forstgesetz abgelöst. Sie diente überdies als Vorlage für die bayerische Forstordnung von 1568 und die Forstordnung, die Kurfürst Friedrich III. 1572 für die Rheinpfalz erließ.

Maria Rita Sagstetter

Literatur

Ambronn 2004, Nr. 40, S. 137 f. · Mantel 1980, v. a. S. 144 f., S. 155 f., S. 207–209, S. 227–229, 982–988 · Vangerow 1987, v. a. S. 341 f. ·

A4.04

Bergwerksordnung Kurfürst Friedrichs II. für die Obere Pfalz

Pfaltzgraue Friderichs Churfürsten etc. Bergkwercks Ordnung / inn der Obern Pfaltzs / Auff Erndorff vnnd andere der selbigen Bergkwerck / New gestelt / vnd mit allem vleis gebessert.
Heidelberg: Johann Eberbach, 1548
Druck, Papierlibell. H 34 cm, B 22,5 cm,
Amberg, Staatsarchiv, Regierung Amberg 1774

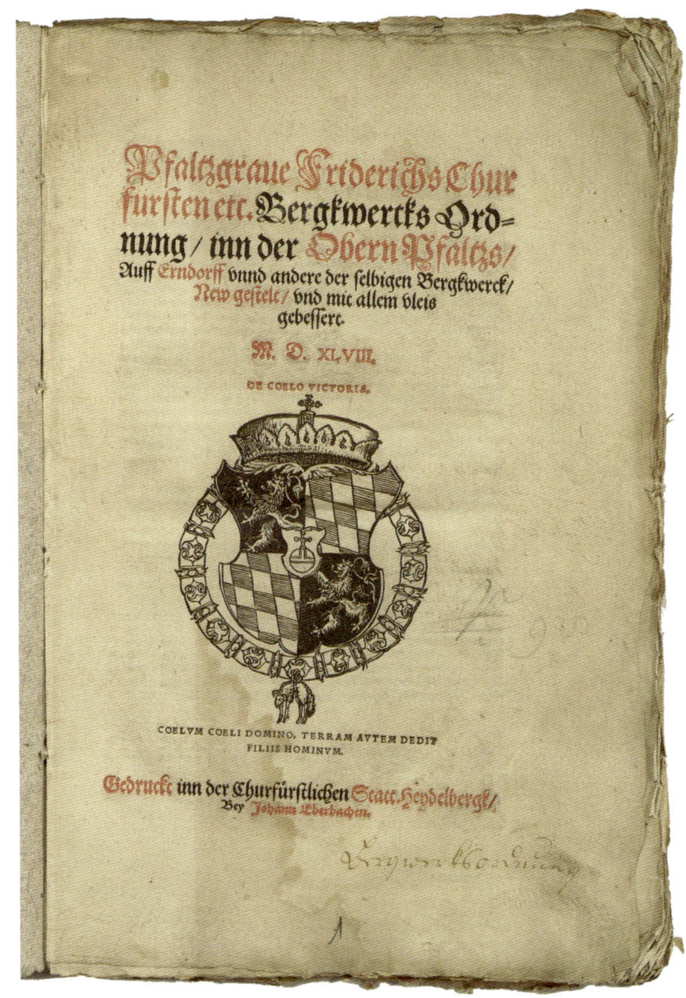

A4.04

Relativ spät, als sich die Blütezeit der Montanindustrie in der Oberen Pfalz, dem „Ruhrgebiet des Mittelalters", bereits ihrem Ende zuneigte, erhielt das Land die erste und letztlich einzige umfassende Bergordnung, die landesweite Geltung beanspruchte. Wo besondere Bergwerksfreiheiten und Gewohnheiten galten – z.B. im Amberger Revier –, erlangte die Bergordnung nur subsidiäre Rechtskraft. Sie wurde durch Kurfürst Friedrich II. am 22. Februar 1548 erlassen und sollte dem Bergbau neue Impulse im Sinne einer Leistungssteigerung geben. In Artikel III berief sich der Kurfürst erstmals auf das landesherrliche Bergregal, kraft dessen er das Recht zum Abbau der Bodenschätze des Landes vergeben konnte und die Bergaufsicht wahrnahm.

Die Bedeutung der Ordnung bestand im Wesentlichen in der Zusammenfassung und Kodifikation bereits geltender und praktizierter bergbaurechtlicher Bestimmungen, wie sie etwa in älteren, für einzelne Reviere erlassenen Bergordnungen enthalten waren. Als Vorlage diente insbesondere die 1521 für die Silber- und Bleibergwerke im Revier Erbendorf erlassene Bergordnung in ihrer erweiterten Fassung von 1547, die nunmehr auch in „andern Gebürgen inn vnserm Fürstenthumb vnd Herrschafften inn der Obern Pfaltz gelegen" Anwendung finden sollte. In 214 Artikeln regelte die Ordnung ausführlich die Belange des Bergbaus und der landesherrlichen Bergaufsicht. Ein Schwerpunkt liegt auf der Verleihung von Bergwerken, die dem landesherrlichen Bergmeister vorbehalten war. Sie umfasste drei Schritte: das Aufnehmen, das die Erlaubnis, in einem bestimmten Gebiet nach Erz suchen zu dürfen, beinhaltete, die Belehnung mit dem aufgefundenen Erzvorkommen durch Mutung und nach dessen ordnungsgemäßer Freilegung schließlich die Ausfertigung der Lehenurkunde.

Weitere Bestimmungen betreffen u.a. die Unparteilichkeit und Amtsgewalt der Bergbeamten, das Recht der Erbstollen, die Obliegenheiten der Geschworenen (vereidigte Sachverständige), des Bergschreibers und der Bergbau- und Hüttenbediensteten sowie deren eidliche Verpflichtung, die Schichtarbeit und die Disziplin der Arbeiter, das Aufbereiten, Aufteilen und Messen des Erzes, das Markscheiden (Vermessen der Grubenfeldergrenzen) sowie schließlich die Zusammensetzung, Zuständigkeit und Finanzierung des Berggerichts.

Maria Rita Sagstetter

Quelle/Druck

Johann Georg Lori, Sammlung des baierischen Bergrechts, mit einer Einleitung in die baierische Bergrechtsgeschichte, München 1764, Nr. CXXX, S. 245–271

Literatur

Götschmann 1985 · Fritsch 2004, S. 231–252, v. a. S. 237 f., Nr. 95, S. 245–247 · Merz 1955, S. 71 f.

A4.05

Wochenmarktordnung für die Stadt Amberg

Der Churfürstlichen Stat Amberg Wochenmarckhts Ordnung / Renouirt Anno 1586
Amberg: Michael Mülmarckart, 1586
Amberg (?), 22. Juni 1586
Druck, Papierlibell. H 20,7 cm, B 16 cm,
Amberg, Staatsarchiv, Regierung Amberg 256

Für die pfälzischen Kurfürsten spielte die Stadt Amberg nicht nur als Verwaltungsmittelpunkt ihres „Landes zu Bayern", sondern zugleich als dessen wichtigster Wirtschaftsstandort eine herausragende Rolle. Wesentliche Wirtschaftsfaktoren waren die althergebrachte Funktion der Stadt als Handels- und Marktplatz sowie der Bergbau und die Eisengewinnung in und um Amberg. Im 14. Jahrhundert suchten die Pfalzgrafen die Bedeutung Ambergs als Warenumschlagplatz durch Privilegien zu steigern. Kurfürst Ruprecht I. verlieh der Stadt 1363/64 drei Jahrmärkte. Nachweislich bereits seit 1323 wurde ein Wochenmarkt abgehalten – anfangs am Mittwoch, seit 1570 samstags. Sollte dieser Wochenmarkt ursprünglich der Versorgung der Stadtbewohner mit Artikeln des täglichen Bedarfs, vor allem mit Lebensmitteln aus dem Umland, dienen, wurde er im 16. Jahrhundert vom Zwischenhandel überlagert. Pfalzgraf Johann Casimir gab 1586 als Vormund seines Neffen Friedrich (IV.) und Administrator der Kurpfalz der Stadt Amberg eine „renovierte" Wochenmarktordnung, wodurch der Wochenmarkt neu geregelt werden sollte.

Das Markteinzugsgebiet erstreckte sich auf das Landgericht und Hofkastenamt Amberg sowie das Amt Rieden. Untertanen, die in den namentlich aufgelisteten Dörfern innerhalb dieses Bereichs saßen und „faile Sachen haben oder gewinnen", waren verpflichtet, ihre Ware ausschließlich auf dem Wochenmarkt in Amberg feilzubieten. Während der Marktzeit war der Einkauf nur der Obrigkeit, den Beamten sowie den Bürgern und Inwohnern „zur notturfft jhrer Haußhaltung" gestattet, erst danach auch Fremden. Der „schedlich und aigennützige Fürkauff", d.h. das Vorwegkaufen zum Zweck des wucherischen Zwischenhandels, wurde für verboten erklärt; speziell beauftragte Kundschafter sollten in und außerhalb der Stadt solchen Missbrauch aufdecken und zur Anzeige bringen. Als Umschlagplätze für bestimmte Warengruppen (Vieh-, Schweine-, Getreide-, Holz-, Ross-, Geschirr- und gewöhnlicher Markt) legte die Ordnung konkrete Örtlichkeiten fest.

Maria Rita Sagstetter

Literatur

Ambronn 1984, S. 242, S. 248 f. · Fuchs 1984 · Reinhardt 2012, v. a. S. 98, S. 105–108, S. 280 f. · Sagstetter 2009

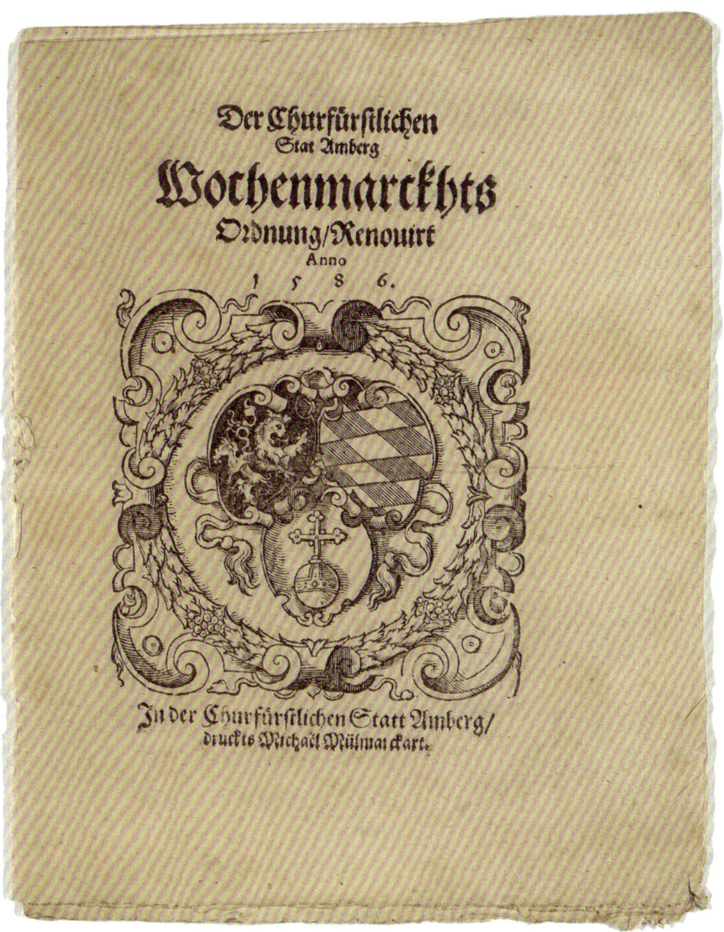

A4.05

A4.06

Der Amberger Liedertisch

Caspar von der Sitt, Hans Leonhard Deinfelder
Amberg, 1590/91 (Fuß und Einfassung 19. Jahrhundert)
Solnhofener Kalksteinplatte, Hochätztechnik, Ölfarbe, Vergoldung, Holz. H 80 cm, Dm 162 cm
Amberg, Stadtmuseum/Baustadel, N 2856

Der Liedertisch wurde für das Amberger Rathaus angefertigt. In Bild und Text wird die „reine Lehr" verteidigt, ein deutliches Bekenntnis des Rates der Stadt zur protestantischen Lehre gegen den calvinistischen Glauben des Pfälzischen Kurfürsten Friedrich IV.

Im Mittelpunkt befindet sich das Stadtwappen, umgeben von einer schriftlichen Widmung der Künstler. Von innen nach außen folgen in sieben konzentrischen Kreisen verschiedene Darstellungen. Zunächst ist der immerwährende Kalender mit den Namen der sieben Wochentage und den Planetengöttern abgebildet: Sonntag-Sol, Montag-Luna, Dienstag-Mars, Mittwoch-Merkur, Donnerstag-Jupiter, Freitag-Venus, Samstag-Saturn. Im nächsten Kreis sind die sieben Götter selbst zu

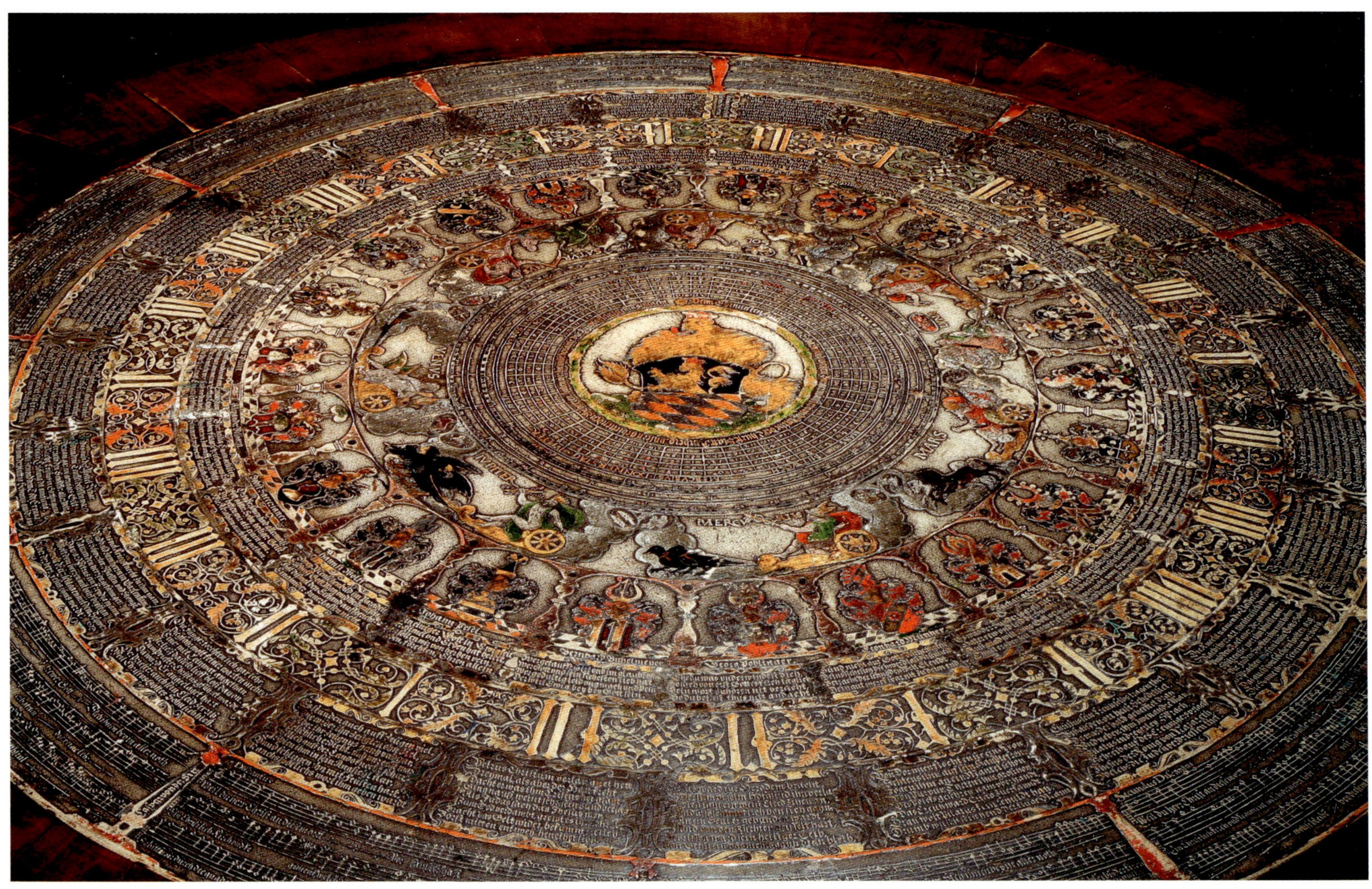

A4.06

sehen. Sie sitzen auf Streitwägen, die von ihren heiligen Tieren gezogen werden. Jeder Gottheit sind zwei Tierkreiszeichen zugeordnet, während Sonne und Mond nur je ein Zeichen haben. So ergeben sich die zwölf Tierkreiszeichen, die jeweils in Medaillons über den Göttern zu sehen sind. Darauf folgen die Wappen und Namen der fünf Bürgermeister, 14 Ratsmitglieder, zwei Rechtsräte und des Stadtschreibers. Jeweils als Vierzeiler sind dann zwölf christliche Sinnsprüche und die zwölf Stundengebete nachempfunden. Die römischen Ziffern I bis XII sind anschließend zweimal für die 24 Stunden des Tages dargestellt. Daran schließt eine geschriebene *Geistliche Historia* an, das Leben und Leiden Christi in 24 achtzeiligen Strophen. Noten und Text einer Motette für sechs Stimmen in zwölf Strophen, vermutlich komponiert von Andreas Raselius (um 1563–1602) bilden den Abschluss. Die Motette gehört zu den Meisterwerken evangelischer Kirchenmusik am Ende des 16. Jahrhunderts. Mit den Darstellungen heben die Künstler die Bedeutung des Rates und der Stadt hervor. Die astrologischen Bilder stehen für Himmel und Weltall, für Zeit und Ewigkeit. Die *Geistliche Historia* preist gleichzeitig Gott als Erschaffer der Welt und seinen Sohn als Erlöser der Menschheit. Im Zentrum des Kosmos befindet sich die Stadt Amberg. Caspar von der Sitt hat ähnliche Tische für Bischof Urban von Trenbach in Passau, Herzog Wilhelm V. von Bayern und Herzog Friedrich von Württemberg angefertigt.

Judith von Rauchbauer

Literatur

Ausst.-Kat. Amberg 2003 · Conrad 1991 · König 1888 · Maß und Zeit 2006, S. 14–16 · Schwämmlein 1981 · Wallner 1912

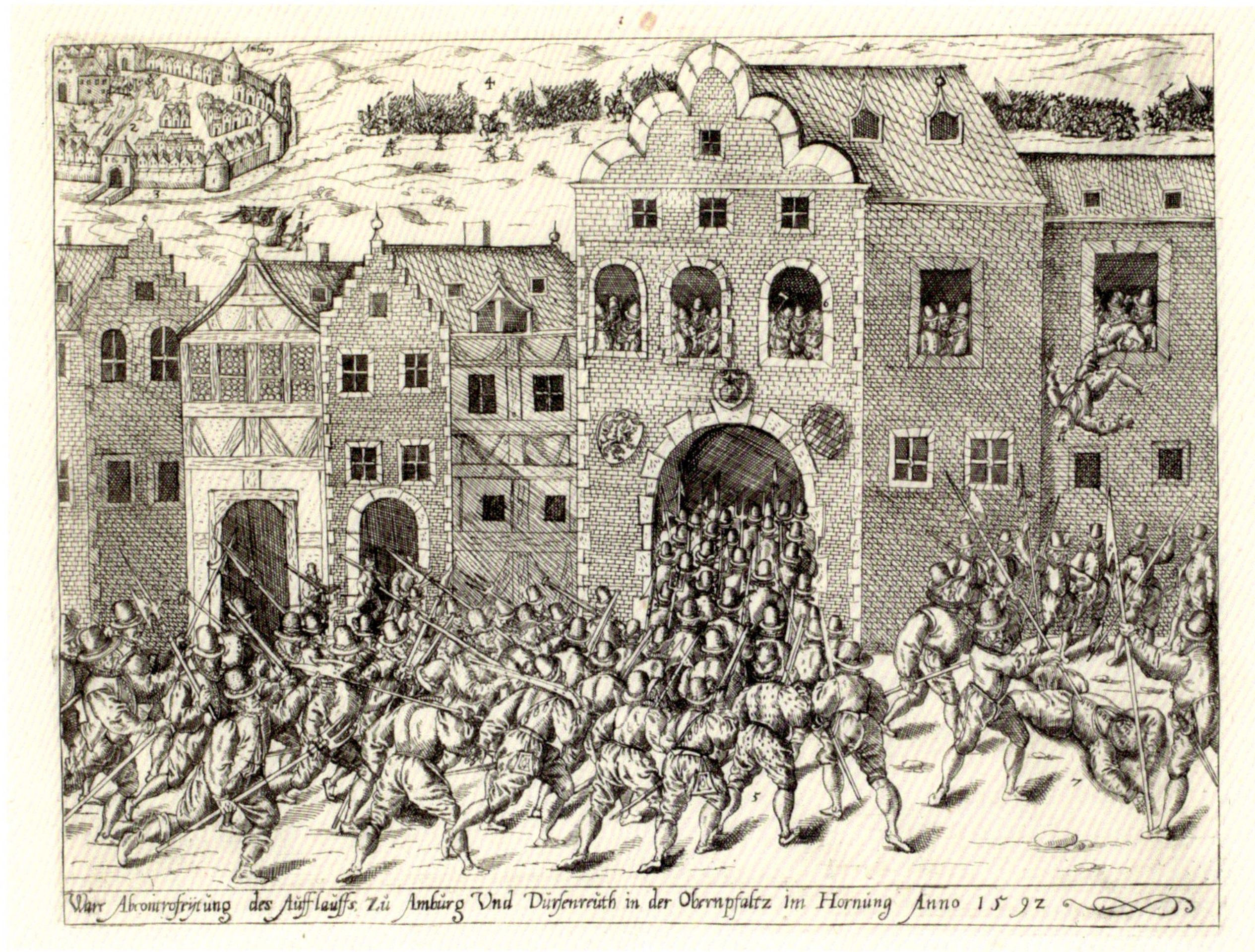
Ware Abcontrefeÿtung des Aufflauffs Zu Amburg Vnd Dursenreuth in der Obernpfaltz im Hornung Anno 1592

A4.07

A4.07
Der Oberpfälzer Aufstand von 1592

Ware Abcontrefeytung des Aufflauffs zu Amberg vnd Dursenreuth in der Obernpfalz im Hornung Anno 1592
vermutlich Amberg, 1592–1600
Kupferstich, Einblattdruck. H 20,9 cm, B 27,2 cm
Amberg, Stadtarchiv, StadtAA Bildersammlung 110-020-039

Der zwischen 1592 und 1600 entstandene Kupferstich zeigt – so die Bildunterschrift – die *Ware Abcontrefeytung des Aufflauffs zu Amberg vnd Dursenreuth in der Obernpfaltz im Hornung Anno 1592*. Hilfreich zur weiteren Erklärung der in dieser Simultandarstellung gezeigten tumultuarischen Auseinandersetzungen im Februar 1592 in Amberg und Tirschenreuth (im zeitgenössischen Titel noch als Dursenreuth bezeichnet) wäre die zum Bild gehörende, aber nicht erhaltene Legende, auf die mit den Zahlen 1 bis 7 in der Darstellung hingewiesen wird. Die Gebäude im Vordergrund zeigen zum einen das kurfürstliche Schloss in Amberg, zum anderen ein kurfürstliches Gebäude in Tirschenreuth. Im Hintergrund ist die dabei fälschlich als „Amburg" bezeichnete Stadt Amberg aus der Vogelschau dargestellt, auf die sich ein größerer Heereszug zu bewegt. Während das Schloss von einer bewaffneten Menge gestürmt wird, wird ein Mann aus einem Fenster des letzten Hauses gestürzt, ein zweiter liegt getötet auf dem Boden.

Da man erneut eine calvinische Vormundschaft und gleichzeitig ein militärisches Vorgehen der Regierung gegen die Stadt befürchtete, kam es nach dem Tod des Kuradministrators und bekennenden Calvinisten, Pfalzgraf Johann Casimir, am 6. Januar 1592 in Amberg zur schärfsten Auseinandersetzung gegen den Heidelberger Kurs, zum „Amberger Lärmen". Ziel der aufgebrachten Bürgerschaft war das Schloss als Symbol der kurpfälzischen Herrschaft.

Auch in Tirschenreuth setzten die religiös motivierten Wirren nach dem Tod Johann Casimirs ein. Im Mittelpunkt stand hier der radikale Stiftshauptmann Valentin Winsheim, der von der bewaffneten Bürgerschaft auf dem Dachboden des Nachbaranwesens vom Stadtrichterhaus entdeckt, aus dem Haus gebracht und erschlagen wurde. In Folge des Aufstands kam es zu einer deutlichen Verschiebung der Gewichte zwischen den Städten und ihrem Landesherrn: Die städtischen Selbstverwaltungsrechte wurden eingeschränkt, die fürstliche Macht deutlich gestärkt.

Johannes Laschinger

Literatur

Ausst.-Kat. Amberg 2003, S. 277, Kat.-Nr. 4.37 · Götz 1937 · Laschinger 2000 · Press 1983 · Press 1984 · Reinhardt 2012 · Schöberl 2006 · Volkert 1984

A4.08

Protokollbuch mit Wappen der Stadt und ihrer Bürgermeister

Amberg, 1583–1596
Druck auf Papier, Ledereinband mit Prägestempeln. H 44 cm, B 28 cm
Amberg, Stadtarchiv, StadtAA Bd. 444

Es überrascht, in einer Gebrauchshandschrift ein so prächtig gestaltetes Vorsatzblatt zu finden. Das Amtsbuch dokumentiert die „Abhörung" verschiedener Rechnungen der Jahre 1582/83 bis 1595/96. Das Spektrum dieser Rechnungen reicht von denen der Stadtkammer über die der städtischen Mühlen bis hin zu denen der Stiftungen, deren Verwaltung der Rat allmählich an sich gezogen hatte, wie die des Spitals. Das bereits erwähnte, 1583 geschaffene Vorsatzblatt überliefert sechs Wappen, von denen das mittlere das Amberger Stadtwappen zeigt, das von einem rot bekrönten und rot bewehrten Löwen gehalten wird. Im unteren Bereich sind die bayerischen Rauten abgebildet. Diese offizielle Darstellung findet sich erstmals auf dem dritten Stadtsiegel, das nach 1500 das zweite allmählich ablöste. In dieser Form – mit einem bekrönten Löwen als Schildhalter – taucht das Wappen auch im Salbuch des Spitals von 1578 auf. Die vier Wappen, die das Stadtwappen umgeben, sind – wie die Wappenbilder zeigen und die Beischriften belegen – die der vier Bürgermeister des Jahres 1582/83: Leonhard Graf, Georg Ering, Christoph Kohl und Hans Starkgraf. Darunter findet sich das des Stadtschreibers Bernhard Büchelmair. Eine prächtige Darstellung des Wappens von Bürgermeister Georg Ering in seiner Eigenschaft als Verwalter des Spitals zeigt das genannte Salbuch von 1578. Mit Ausnahme seines Wappens lassen sich alle hier dargestellten Wappen auf dem von Kaspar von der Sitt geschaffenen Amberger Liedertisch nachweisen, der die Wappen der in der am 5. Oktober 1590 durchgeführten Ratswahl gewählten Mitglieder des Inneren Rats, der Urteiler, des Stadtsyndicus und des Stadtschreibers wiedergibt.

Die prächtigen Wappendarstellungen in diesem Band und im Salbuch des Spitals dokumentieren zusammen mit dem Amberger Liedertisch die große kulturelle Blüte dieser Jahre, der freilich schon etwas Epigonales anhaftet.

Johannes Laschinger

Literatur

Laschinger 2009, S. 86 f., Nr. 29

A4.09

Salbuch (Grundbuch) des Amberger Spitals

Hans Leonhard Deinfelder
Amberg, 1578
Pergament, mit braunem gepresstem Leder überzogener Holzdeckeleinband, Metallecken und Metallbuckel, Schließen fehlen.
H 35 cm, B 29,4 cm
Amberg, Stadtarchiv, StadtAA Bd. 402

Das 1317 von König Ludwig dem Bayern gestiftete Spital entwickelte sich rasch zur bedeutendsten Wohlfahrtseinrichtung Ambergs. Dies gilt nicht nur für sein Wirken und seine Verwaltung durch zwei Mitglieder des Inneren Rats, die als dessen Pfleger fungierten, sondern vor allem für seine aus zahlreichen Schenkungen resultierenden Liegenschaften und Rechte, die Einkünfte brachten. 1578 ging der „deutsche Schulmeister" Hans Leonhard Deinfelder daran, diese in ein Salbuch einzutragen, für das, seiner großen Bedeutung entsprechend, als Beschreibstoff Pergament gewählt wurde; damit korrespondiert die aufwendige Ausstattung des Amtsbuchs.

Während die erste Seite leer blieb, findet sich auf der Rückseite des ersten Blattes das Wappen des regierenden Kurfürsten Ludwigs VI. Eine hervorragende kalligraphische Leistung Deinfelders ist die Gestaltung des Titels auf der gegenüberliegenden Seite. Auf der Rückseite des Titelblatts prangen in Form eines Allianzwappens die Wappen von Stadt und Spital, diesem gegenüber findet sich das Wappen des Spitalverwalters Georg Ering. Die nächste Doppelseite ist den Wappen des Spitalverwalters Hans König und des Spitalschreibers Georg Dallnsteiner gewidmet.

Neben dem kurfürstlichen Wappen bildet das erwähnte Allianzwappen den Höhepunkt dieser Illuminationen. Die grün umkränzte Darstellung zeigt auf rotem Grund heraldisch rechts das von einem rot gekrönten und bewehrten Löwen gehaltene Stadtwappen. Heraldisch links ist das Wappen des Spitals zu sehen, über dem die Taube des Heiligen Geistes aus dem Licht des vor Wolken geöffneten Himmels auffliegt. Es zeigt in Schwarz die Heiligen Johannes den Täufer sowie Petrus und greift die Patrozinien der schon vor der Spitalstiftung au-

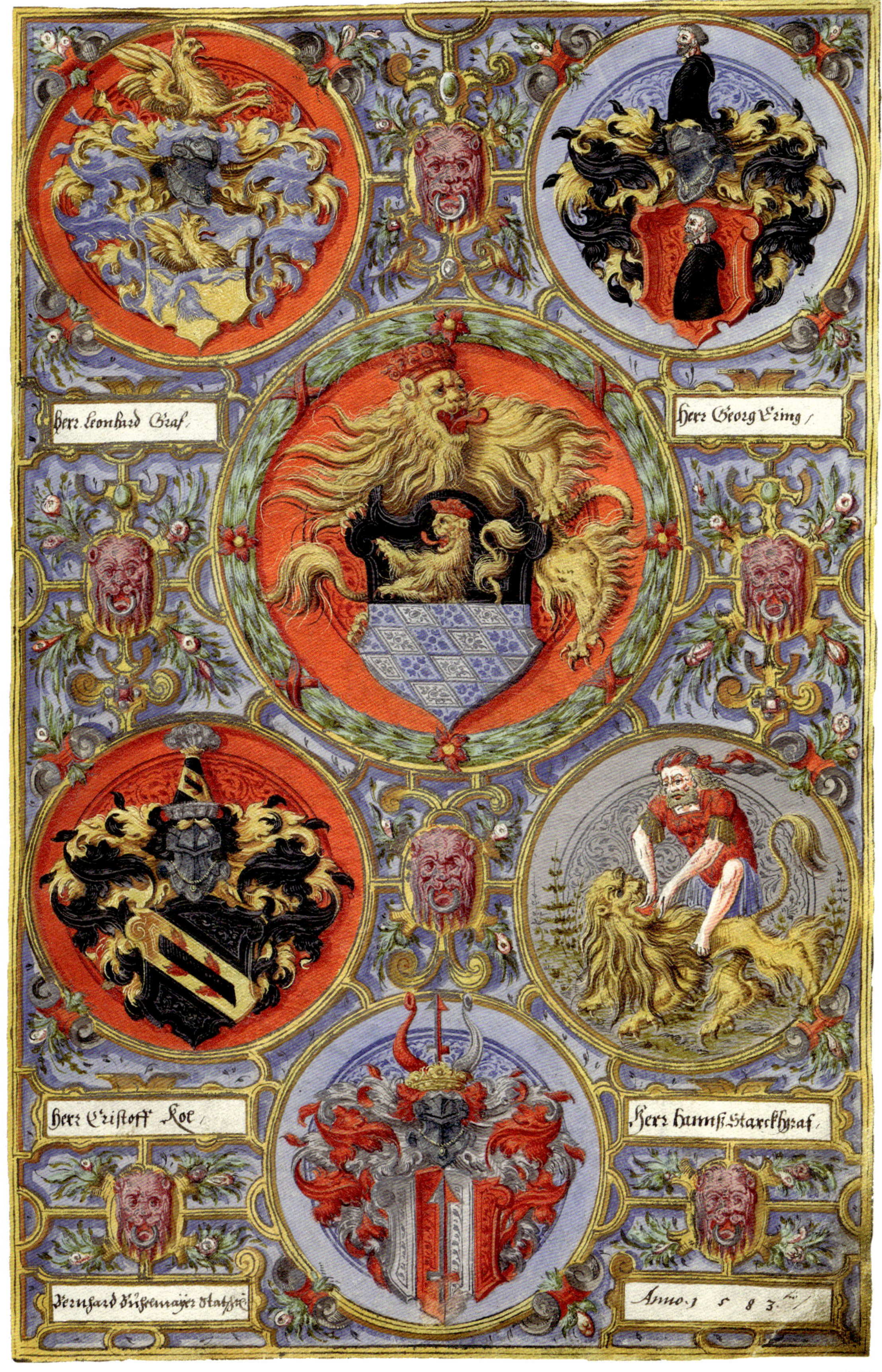
Herr Leonhard Graf
Herr Georg Ering
Herr Cristoff Koe
Herr Hannß Starckgraf
Anno 1 5 8 3

A4.08

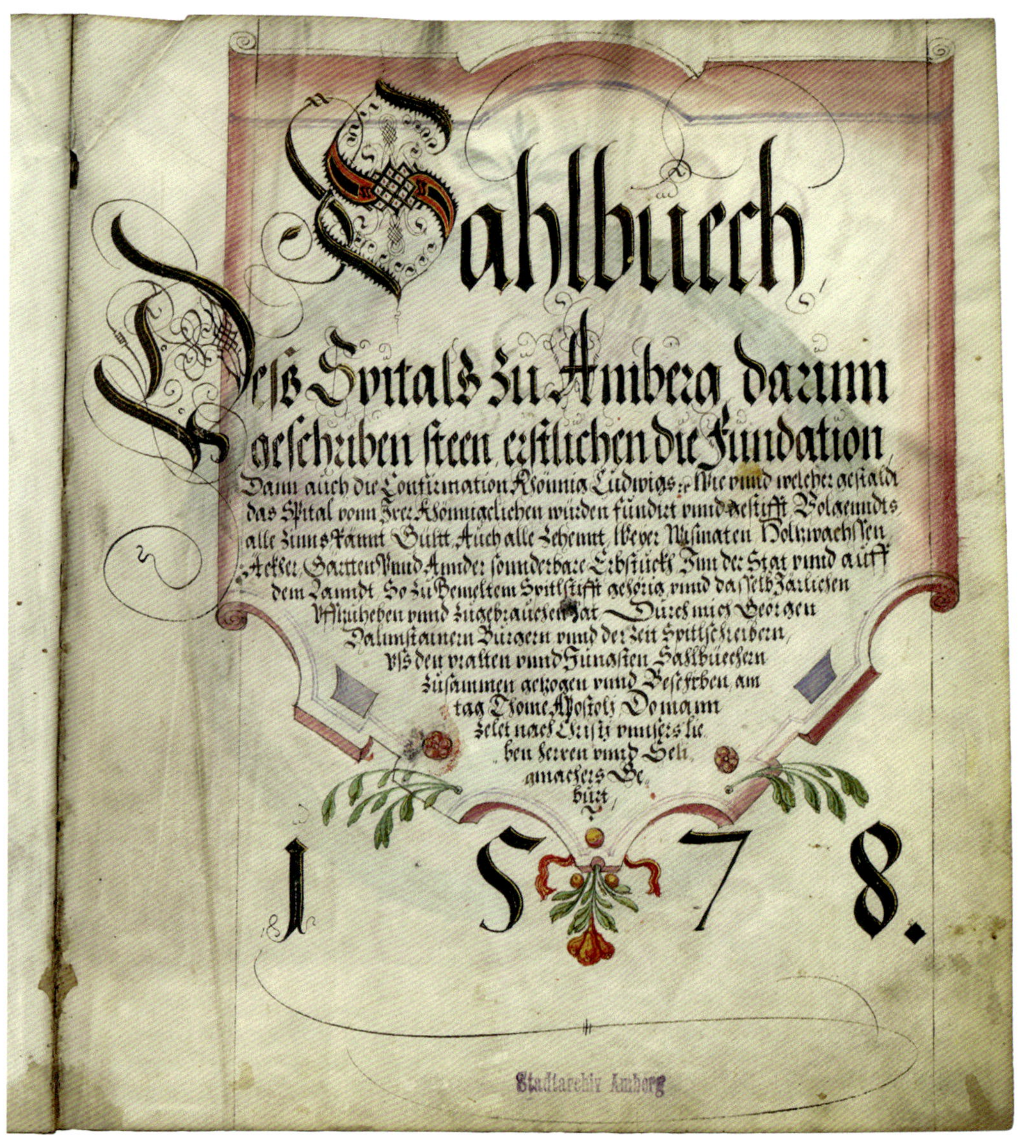
Sahlbuech
Deß Spitals zu Amberg darinn
geschriben steen erstlichen die Fundation
Dann auch die Confirmation Khönig Ludwigs etc. Wie vnnd welcher gestaldt
das Spital vonn Irer Khönigclichen würden fundiert vnnd gestifft Volgenndts
alle Zinns Sambt Gültt Auch alle Zehennt, Weyer Wismaten Holzwachssen
Aecker Gartten Vnnd Annder sonnderbare Erbstuckh Inn der Stat vnnd auff
dem Lanndt So zu Bemeltem Spitlstifft gehörig vnnd dasselb Järlichen
Einzuheben vnnd Zugebrauchen hat Durch mich Georgen
Dalumstainer Burgern vnnd der Zeit Spitlschreibern
Vß den Alten vnnd Jünngsten Saalbüechern
Züsammen gezogen vnnd Beschriben am
tag Thome Apostoli Do man
zelet nach Christi vnnsers lie
ben herren vnnd Seli
gmachers Ge
burt
1578.

A4.09

ßerhalb der Stadtmauer bestehenden kleinen Kirche, der späteren Spitalkirche, auf. Da die beiden Wappen in Form eines Allianzwappens zueinander stehen, ist die Ausrichtung des Löwen im Stadtwappen der üblichen entgegengesetzt.

Johannes Laschinger

Literatur

Laschinger 1984 · Laschinger 2009, S. 80 f., Nr. 26 · Wanderwitz 1984, S. 495, Kat.-Nr. 143

A4.10
Hammereinung von 1604

Die new zehenjerig Hammerwerckhs Ainigung Amberger und Sultzbacher Rivir von Pfingsten Anno 1604 biß wider Pfingsten deß 1614. Jars wehrend
Amberg: Michael Koch, 1604
Druck, Papierlibell, fünf anhängende Siegel an weißblauen Schnüren, Pergamenteinband. H 31 cm, B 41,5 cm (aufgeschlagen); Siegel Dm 5,5 cm, Siegel 5 (Pfalzgraf Ottheinrich II.) fehlt
Amberg, Stadtarchiv, StadtAA Bd. 414

Als die Große Hammereinung im Januar 1387 geschlossen wurde, konnten ihre Aussteller, die Ratsgremien der Städte Amberg und Sulzbach sowie die Nürnberger Hammerbesitzer, nicht ahnen, dass sie mit diesem Vertragswerk eine ordnungspolitische Festlegung gefunden hatten, die die Montangeschichte der Region entscheidend prägen und die Oberpfalz zu einem Eisenzentrum von europäischer Bedeutung machen sollte. Entscheidend dafür war weniger die einmal getroffene Übereinkunft als vielmehr der Umstand, dass die Einung immer wieder erneuert wurde. In der Folgezeit änderte sich die Mitwirkung des bzw. der Landesherren. Lässt sich 1387 nur eine nachträgliche Bestätigung feststellen, so erfolgte der Erlass der Einung seit der Mitte des 15. Jahrhunderts unter seiner bzw. ihrer unmittelbaren Mitwirkung. Mit der Erfindung des Buchdrucks bekamen die Einungen ein anderes Erscheinungsbild. Es entstanden gedruckte Urkunden in Libellform; an häufig weiß-blauen Schnüren wurden die Siegel der Landesherrn sowie ihrer Städte Amberg und Sulzbach befestigt. Dies gilt auch für die Einung von 1604, eine der letzten, die geschlossen wurde. Der letzte Erlass der Hammereinung erfolgte 1616, als Laufzeit waren zehn Jahre vereinbart worden, so dass die Einung 1626 auslief, ohne dass es einer Kündigung bedurft hätte. Wurde eingangs die positive Wirkung der Hammereinung angesprochen, so ist dennoch festzustellen, dass sich diese zumindest im letzten Drittel ihres Bestehens auch negativ auswirkte. Besonders deutlich spürbar wurde dies im Zusammenhang mit der Gründung der Amberger Zinnblechhandelsgesellschaft 1533. Hier ist vor allem das bewusste Festhalten an den traditionellen Schienhämmern, in denen im Rennfeuerbetrieb das Eisen aus den geförderten Erzen geschmiedet wurde, zu nennen, während an anderen Produktionsstätten längst mit Hochöfen gearbeitet wurde. Einen vollständigen Einbruch erlebte die Montanindustrie, nachdem der Amberger Bergbau 1610/11 eingestellt worden war.

Johannes Laschinger

Literatur

Götschmann 1987 · Ress 1950

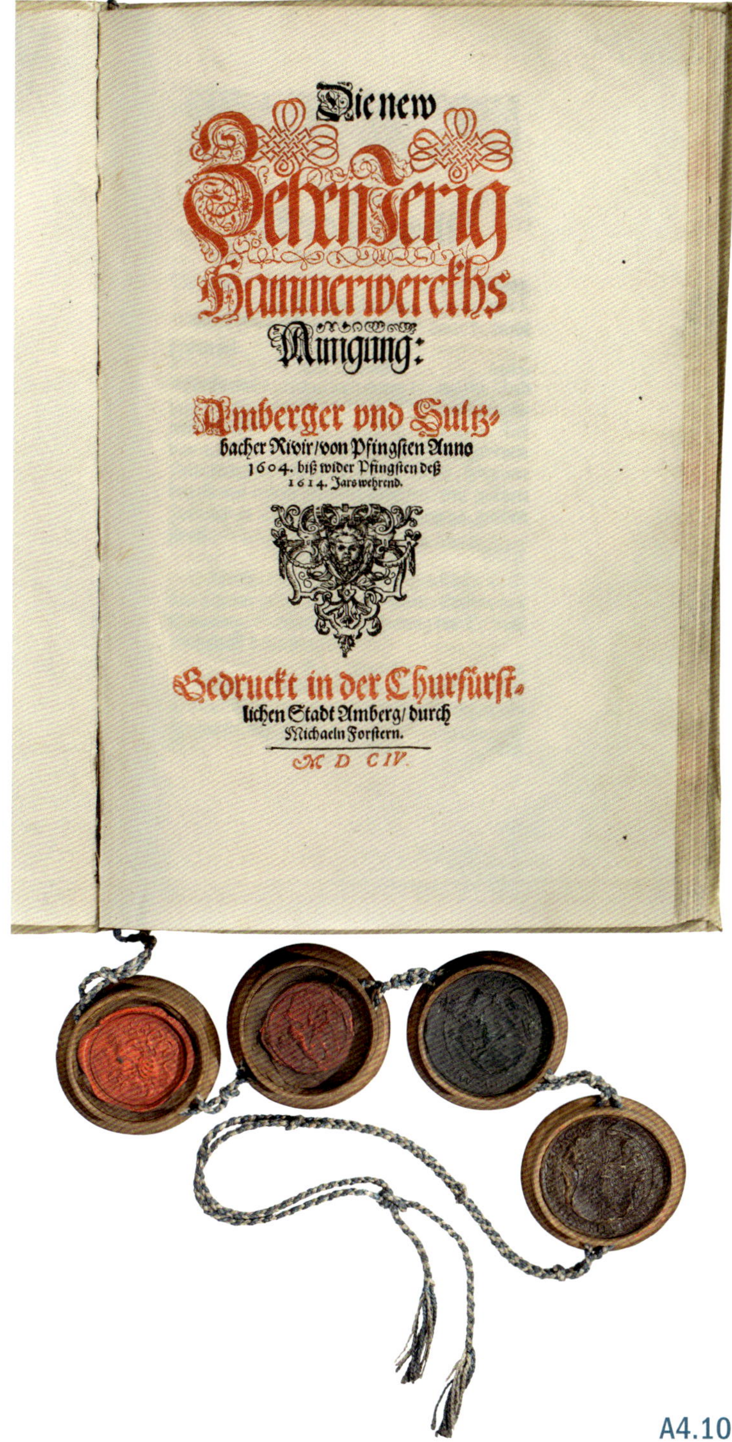

A4.10

A4.11
Weißbierprivileg und -ordnung Kurfürst Friedrichs V.

Amberg, 26. Oktober 1617
Pergamentlibell, Siegel des Ausstellers an weiß-blauen Schnüren fehlt, moderner Einband. H 32,5 cm, B 29 cm
Amberg, Stadtarchiv, StadtAA Urkunden 2265

Das Recht, Weißbier zu brauen, oblag zu Beginn des 17. Jahrhunderts noch ausschließlich dem Landesherrn. Dieses Privileg verlieh Kurfürst Friedrich V. der Stadt Amberg 1617, womit er nicht nur das Brauen von weißem Bier genehmigte, sondern zugleich eine Brauordnung erließ, die den größten Teil der Urkunde ausmacht. Zur Produktion des Weißbieres sollte eine Gesellschaft gegründet werden, an der sich ausschließlich Amberger Bürger beteiligen konnten. Detailreich regelt die Urkunde die Beitrittsmodalitäten, um dann auf die Organe der Gesellschaft einzugehen. Von größter Bedeutung war der Bierverwalter, der von je einem Vertreter des Ausschusses und der Gesellschaft gewählt werden sollte und der der Vorgesetzte der übrigen „Angestellten" der

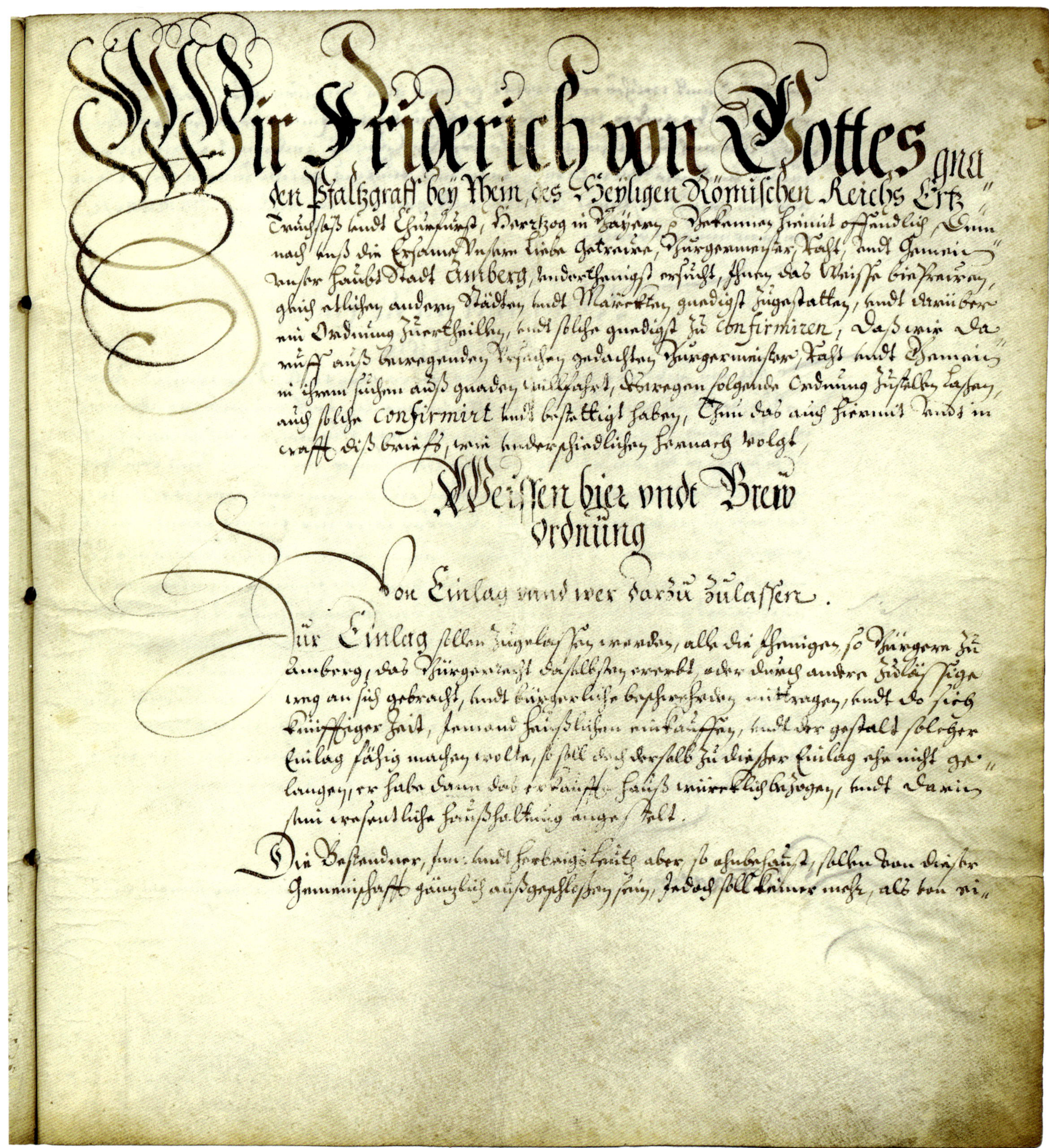

Wir Friderich von Gottes gnaden Pfaltzgraff bey Rhein, des Heyligen Römischen Reichs Ertz-
Truchsäß vndt Churfürst, Hertzog in Bayern, Bekennen hiemit offendlich, Demnach vnß die Ersamen Vnsere liebe getreüe, Burgermeister, Raht, vnd Gemein
vnser haubtStadt Amberg, vnderthänigst ersucht, Ihnen das Weisse bierbrawen,
gleich allen andern Städten vndt Märckten, gnädigst zugestatten, vndt darüber
ein Ordnung zuertheillen, vndt solche gnädigst zu confirmiren, Daß wir dar-
auff auß bewegenden Vrsachen gedachten Burgermeister, Raht vndt Gemein
in ihrem suchen auß gnaden willfahrt, darüber volgende Ordnung zustellen lassen,
auch solche confirmirt vndt bestättigt haben, Thun das auch hiemit vndt in
crafft diß brieffs, wie vnderschiedlichen hernach volgt.

Weissen bier vndt Brew ordnung

Von Einlag vnnd wer darzu zulassen.

Zur Einlag sollen zugelassen sein werden, alle die Jenigen, so Burgern zu Amberg, das Burgerrecht daselbsten erwerbt, oder durch andere redliche Fügung an sich gebracht, vndt burgerliche beschwerden mittragen, vndt so sich künfftiger Zeit, Jemand häußlichen niderlaßen, vndt der gestalt solcher Einlag fähig machen wolte, so soll doch derselb zu dieser Einlag ehe nicht gelangen, er habe dann das erkauffte hauß würcklich bezogen, vndt darin sein wesentliche haußhaltung angestellt.

Die Bestandner, Inn- vndt Herbergsleüte aber, so [illegible], sollen von dieser Gemeinschafft gäntzlich außgeschlossen sein, jedoch soll keiner mehr, als von ...

A4.11

Gesellschaft (Gegenschreiber, Braumeister und Brauknecht, Branntweinbrenner) war. Seine Hauptaufgabe bestand in der jährlichen Rechnungslegung des Unternehmens.

Wichtig für den Erfolg der Gesellschaft waren die Bestimmungen des Privilegs, wodurch die Einfuhr andernorts erzeugter Weißbiere in die Stadt reglementiert und ihr Ausschank auf wenige Wirtshäuser beschränkt wurde. Die Privilegierung wirkt wie eine nachträgliche Genehmigung. Bereits im März des Jahres 1617 hatte die Amberger Weißbräugesellschaft in der Oberen Nabburger Straße ein Grundstück erworben und noch im gleichen Jahr darauf ein Brauhaus errichtet. Das Unternehmen hatte rasch großen Erfolg, seine erste Blütezeit erlebte es zwischen 1630 und 1650. So wurden im Geschäftsjahr 1648/49 113 Prozent Dividende an die Gesellschafter ausgeschüttet. Die Hauptursache dieses wirtschaftlichen Erfolges lag in den Ereignissen während des Dreißigjährigen Krieges: Zum einen wurden kleine Brauhäuser auf dem flachen Land zerstört, zum anderen überdurchschnittliche Mengen Bier an durchziehende Truppen verkauft. Der Niedergang des Unternehmens erfolgte im 18. Jahrhundert. Seit 1824 firmiert es als „Amberger Weißbrauhaus Gesellschaft im unfürdenklichen Besitz auf Aktien".

Johannes Laschinger

Literatur

Ausst.-Kat. Amberg 2003, S. 272, Kat-Nr. 4.10 · Jehle 1953 · Stahl 1984, v. a. S. 273–279

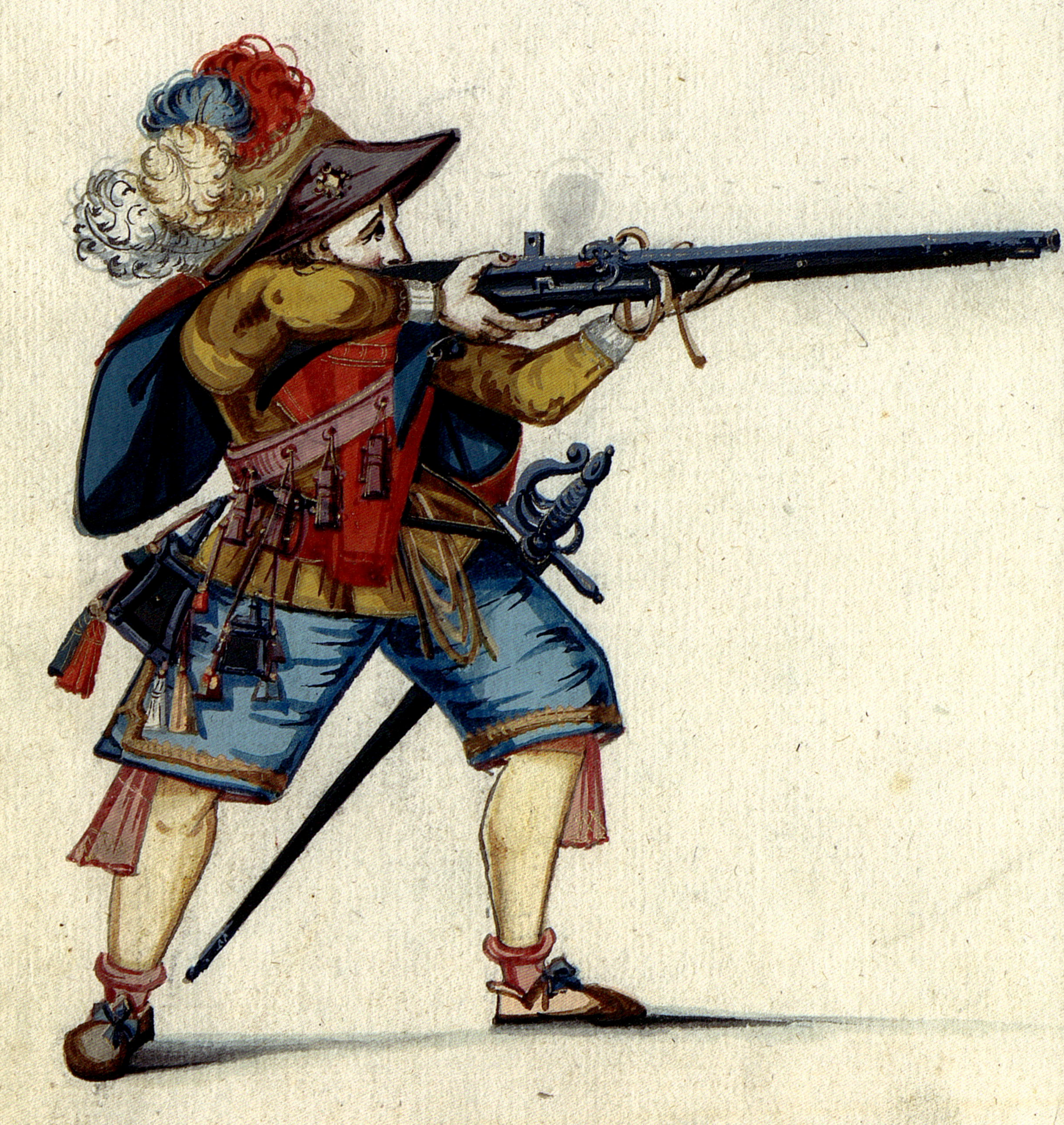

29 rechts

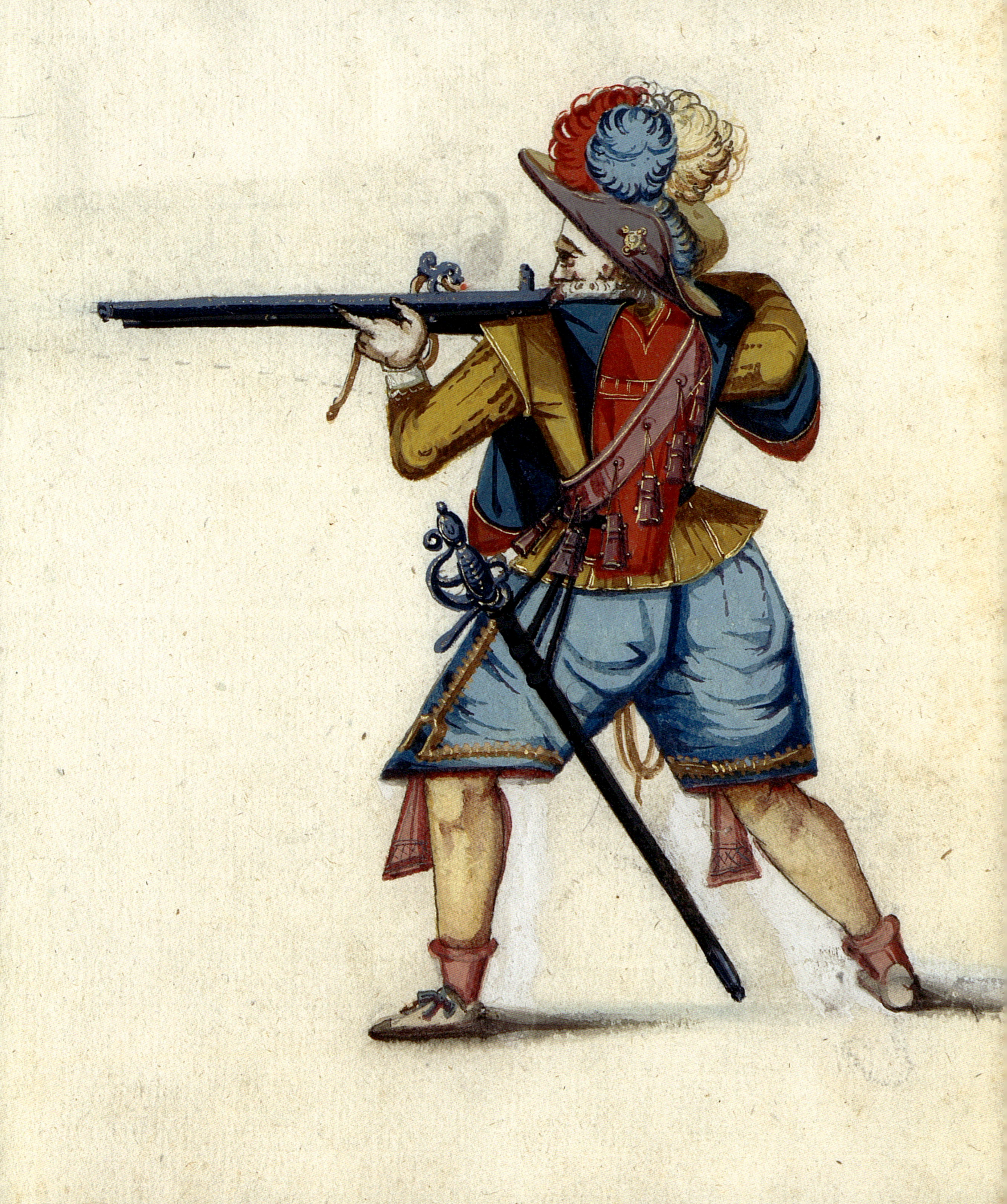

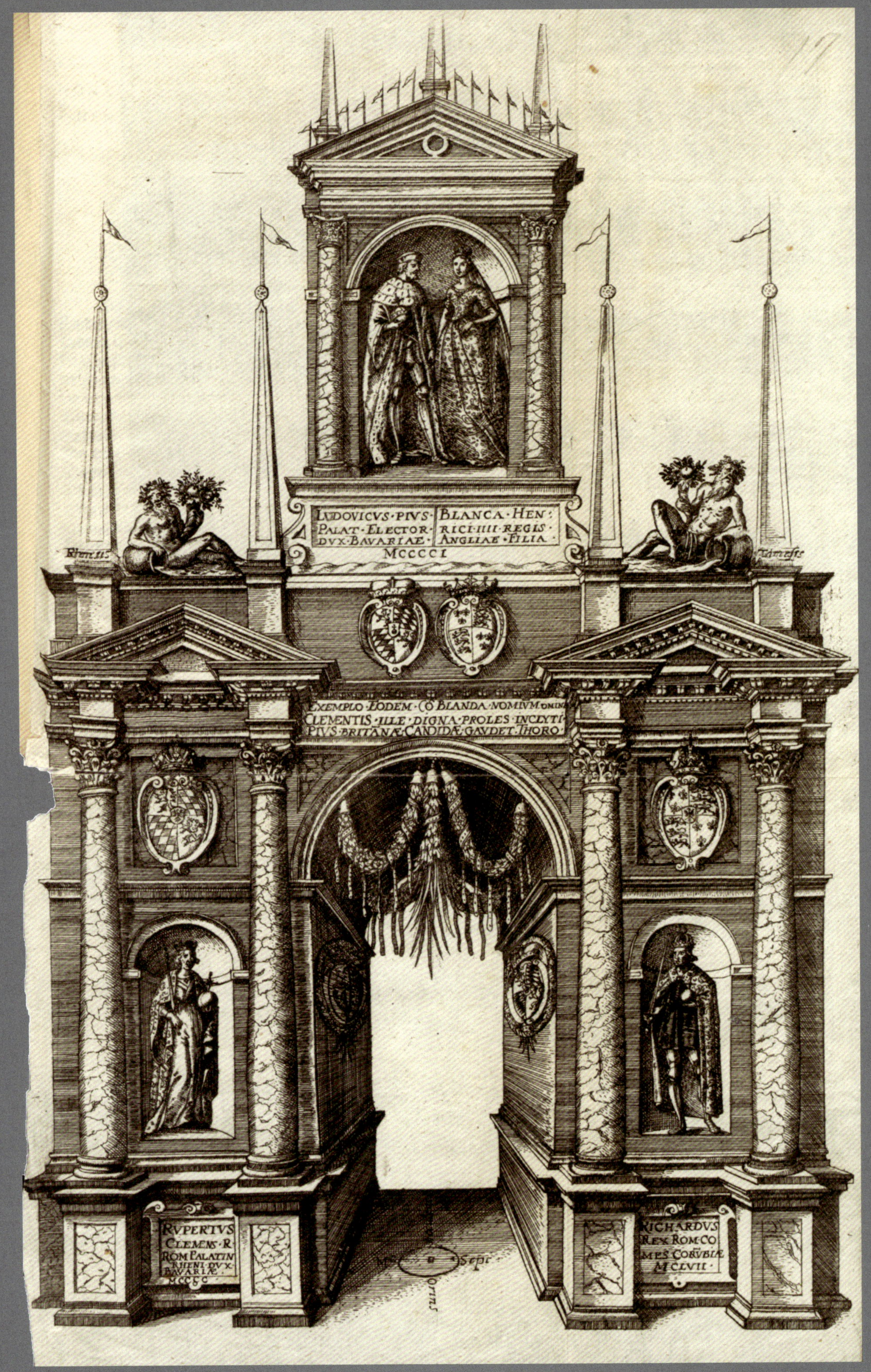
Rhenus
Tamesis
LUDOVICUS·PIUS·
PALAT·ELECTOR·
DUX·BAVARIAE·
BLANCA·HEN:
RICI·IIII·REGIS·
ANGLIAE·FILIA·
MCCCCI
EXEMPLO·EODEM·CŌ BLANDA·NOMIUM·OMIN
CLEMENTIS·ILLE·DIGNA·PROLES·INCLYTI
PIUS·BRITĀNÆ·CANDIDÆ·GAUDET·THORO·
RUPERTUS
CLEMENS·R
ROM PALATIN
RHENI·DUX
BAVARIÆ·
MCCCC
RICHARDUS
REX ROM·CO
MES CORUBIÆ
MCLVII·
Sept
Ortus

Marco Neumaier

Heiratspolitik und dynastische Verflechtung der Pfälzer Kurfürsten in Europa

Eine erfolgreiche Strategie außenpolitischer Netzwerkbildung?

Die dynastische Politik des europäischen Adels war in der Frühen Neuzeit von Grundkonstanten bestimmt: Die Wahrung oder sogar Erhöhung des eigenen Ranges durch eine Heirat war ebenso von Bedeutung wie finanzielle und territoriale Anreize. Seit der Reformation wurde zusätzlich die Konfession ein wichtiger Faktor.[1]

Innerhalb dieses Rahmens agierten auch die pfälzischen Wittelsbacher. Pfalzgraf Friedrich, Bruder des regierenden Kurfürsten Ludwigs V., pflegte seit seiner Jugend eine enge Beziehung zu den Habsburgern und unterstützte deren politische Ambitionen.[2] Er übernahm administrativ-repräsentative Aufgaben und engagierte sich sowohl militärisch als auch diplomatisch im Sinne der machtbewussten Dynastie. So kam ihm unter anderem bei den Königswahlen von 1519 und 1531 eine entscheidende Rolle als Werber für die habsburgischen Kandidaten Karl beziehungsweise Ferdinand zu. Trotz seines erfolgreichen Einsatzes wurden Friedrichs Erwartungen, dass ihm diese Loyalität auch persönlichen Nutzen brächte, hingegen bitter enttäuscht.

Das scheinbare Entgegenkommen von Karl V. und seinem Bruder Ferdinand beschränkte sich auf die Vermittlung von Eheprojekten. Friedrich hätte durch eine lukrative Heirat sowohl seine prekäre finanzielle Situation verbessern als auch an Prestige gewinnen können. Alle Anläufe schlugen jedoch fehl, da die Habsburger noch während der Verhandlungen ihre politischen Zielsetzungen änderten. 1532 stellte schließlich der französische König Franz I. Pfalzgraf Friedrich eine Ehe mit der Schwester des Königs von Navarra in Aussicht, was jedoch ebenfalls scheiterte.[3]

Karl V. und Ferdinand sahen dennoch das potenzielle Risiko, den Wittelsbacher aus ihrem Einflussbereich zu verlieren. So machten sie ihm erneut Hoffnung auf eine verwandtschaftliche Bindung an ihre Familie: Dem inzwischen 51-jährigen Pfalzgrafen wurde die Ehe mit der 13-jährigen dänischen Prinzessin Dorothea, einer Nichte der Habsburger und Tochter des 1523 abgesetzten Königs Christian II. angeboten.[4] 1533 befand sich das skandinavische Königreich – eine Union aus Dänemark und Norwegen – in einem Schwebezustand, denn nach dem Tod Friedrichs I., Christians Onkel und Nachfolger, verweigerte die Mehrheit des dänischen Reichsrates dessen ältestem Sohn und Thronprätendenten Christian von Holstein aufgrund seiner lutherischen Gesinnung die Stimme, und die Wahl wurde auf das folgende Jahr vertagt.

In dieser Situation brachten Karl V. und König Ferdinand Pfalzgraf Friedrich ins Spiel, sie verwiesen auf die aussichtsreiche Kandidatur des Wittelsbachers für den dänischen Thron, die eine Heirat mit Dorothea zusätzlich legitimieren sollte. Die kaiserliche Familie stärke ihm uneingeschränkt den Rücken und trage einen Großteil der eventuell entstehenden finanziellen Aufwendungen. Im Gegenzug erwarteten die Habsburger bedingungslose Loyalität. Mittlerweile hatte eine Koalition um den Grafen Christoph von Oldenburg die Restitution Christians II. durchzusetzen versucht. Daraufhin wurde in Dänemark ein Bürgerkrieg, die sogenannte Grafenfehde, entfesselt. Der Reichsrat sah sich durch diese Bedrohung zur Wahl Christians von Holstein genötigt; die Kandidatur Pfalzgraf Friedrichs wurde folglich obsolet und der Wittelsbacher erwog gar, die geplante Ehe zu verwerfen.

Dennoch gingen die Verhandlungen weiter und gelangten am 10. April 1535 zum Abschluss. Ein wichtiger Punkt des Heiratsvertrages besagte, dass Friedrich die Ansprüche seiner Gattin auf den dänischen Thron nie ohne Einwilligung der habsburgischen Seite durchsetzen durfte. Sollte ein militärisches Vorgehen gegen den kürzlich gewählten Christian III. beschlossen werden, so konnte der Pfalzgraf auf eine finanzielle Unterstützung durch Dorotheas Schwestern Christine, der Herzogin von Mailand, sowie Maria von Ungarn, seit 1531 Statthalterin der Niederlande, bauen. Die Hochzeit wurde am 26. September 1535 in Heidelberg gefeiert. Der kurpfälzische Kanzleisekretär Peter Harer verfasste aus diesem Anlass eine Reimchronik, in der er unter anderem explizit das Recht des Ehepaares auf die dänische Krone formuliert („[...] der konglichen meydt / Frewlin dorothea ders zustodt").[5]

1 Triumphbogen zum Einzug Friedrichs V. und Elizabeth Stuarts in der Kurpfalz, mit Bezug auf frühere pfälzisch-englische Eheverbindungen, Radierung aus der Beschreibung der Reiß [...], Heidelberg 1613 | Universitätsbibliothek Heidelberg, B 5089 RES

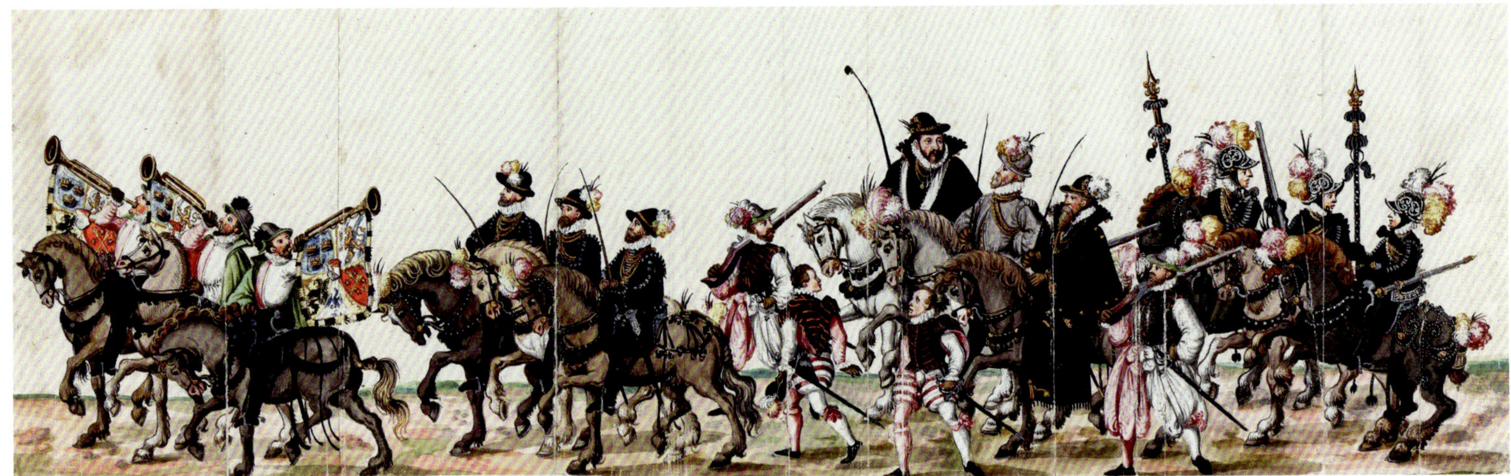

2 Einzug Herzog Karls von Södermanland, aus dem Thesaurus Picturarum des Marcus zum Lamm I Darmstadt, Universitäts- und Landesbibliothek, Hs 1971, Bd. IV, fol. 276r

Bis zu seinem Tod strebte Friedrich danach, den dänischen Thron zu gewinnen. Auf dem Speyerer Reichstag 1544 schloss Karl V. Frieden mit dem nordischen Königreich. Die Rückendeckung für Friedrichs Thronansprüche, die vertraglich als Voraussetzung vereinbart worden war, schwand damit dahin. Mit jedem weiteren Vorgehen in eigener Sache riskierte der Wittelsbacher daher ein Zerwürfnis mit Karl V.

Auch nachdem Friedrich die Kurwürde von seinem am 16. März 1544 verstorbenen Bruder Ludwig V. übernommen hatte und dadurch seine Stellung als Reichsfürst entschieden aufgewertet worden war, verlor er die dänische Angelegenheit nicht aus dem Blick. Selbst als Christian III. ihm 1548 einen lukrativen finanziellen Ausgleich bei Verzicht auf jegliche Ansprüche anbot, blieb Friedrich II. unnachgiebig. Nur wenige Monate vor seinem Tod plante der Kurfürst eine erneute Militäraktion gegen den dänischen König. Warum er das schwach legitimierte Anrecht auf die nordische Krone so vehement verfolgte, ist schwer einzuschätzen. Ein mögliches Motiv mag das Streben nach Rangerhöhung gewesen sein, welches bei all seinen Heiratsprojekten die maßgebliche Rolle spielte. Darüber hinaus ist ein Einfluss Dorotheas auf sein Handeln denkbar, die selbst nie ihre Ansprüche aufgab.

Nach Friedrichs Tod folgte ihm sein Neffe Ottheinrich von Pfalz-Neuburg 1556 als Kurfürst. Dessen Regierungszeit währte nur drei Jahre, in denen er die Reformation, die sein Onkel noch vorsichtig eingeleitet hatte, in der Kurpfalz durchsetzte. Ottheinrich waren ebenfalls keine direkten Nachkommen beschert, so dass mit ihm die Alte Heidelberger Kurlinie ausstarb.

Friedrich III. aus dem Hause Pfalz-Simmern positionierte mit dem Übertritt zum Calvinismus das Fürstentum neu auf der politisch-konfessionellen Landkarte Europas.[6] 1563 erließ er eine entsprechende Kirchenordnung. Die Kurpfalz war zu diesem Zeitpunkt das einzige der reformierten Lehre folgende Fürstentum im Heiligen Römischen Reich und stand damit außerhalb der Regelungen des Augsburger Religionsfriedens von 1555, die sich nur auf katholische und lutherische Territorien bezogen hatten. Friedrich III. hielt aber an dem eingeschlagenen Kurs fest und formte die kurpfälzische Politik auf der Grundlage seiner persönlichen religiösen Überzeugung. Eine internationale Ausrichtung gewann stärker an Bedeutung. So sah es Friedrich III. als seine Pflicht, den bedrohten Calvinisten im europäischen Ausland Hilfe zu leisten: Er engagierte sich auf Seiten der Hugenotten in den französischen Religionskriegen und unterstützte die nördlichen Niederlande bei ihrem Unabhängigkeitskampf gegen das habsburgische Spanien. Der Kurfürst wandte sich auf der Suche nach Verbündeten insbesondere England zu. Königin Elizabeth I. verfolgte in den Jahren nach 1568, und unter dem Einfluss ihres puritanisch gesinnten Beraterstabs, den Plan, eine Allianz protestantischer Kräfte auf europäischer Ebene und damit ein Bollwerk gegen die Vormachtstellung Habsburgs zu etablieren. Unüberbrückbare Differenzen zwischen den deutschen evangelischen Fürsten verhinderten jedoch das Zustandekommen. Die englische Königin ging daher gezielt auf die Kurpfalz zu und sicherte den geplanten militärischen Interventionen unter der Leitung von Friedrichs Sohn, Pfalzgraf Johann Casimir, in Frankreich und den Niederlanden finanzielle Unterstützung zu.[7]

In seinen autobiographischen Aufzeichnungen berichtete der schottische Botschafter Sir James Melville, dass er 1563 während eines Aufenthalts in Heidelberg einen besonderen Auftrag von Johann Casimir erhielt. Zu diesem Zeitpunkt hatte der Pfalzgraf mit Zustimmung Friedrichs III. bereits um die Hand Elizabeths I. angehalten. Ein nicht näher genannter italienischer Edelmann war in seinem Namen nach England gereist, um der Königin das Anliegen vorzutragen; sie wollte den jungen Wittelsbacher jedoch erst persönlich kennenlernen. Melville riet Johann Casimir von einer solchen Begegnung ab, da den Pfalzgrafen, abgesehen von den hohen Kosten, wahrscheinlich nur eine bittere Zurückweisung erwarte. So wurde entschieden, Elizabeth über den schottischen Botschafter Bildnisse von Johann Casimir und seiner Familie zu übermitteln, die Königin fand aber keinen Gefallen an dem Konterfei des Pfalzgrafen. Melville hatte die Reaktion Eliszabeths richtig eingeschätzt.[8] Johann Casimir war nur einer der zahlreichen europäischen Fürsten, die erfolglos um die englische Monarchin warben.

Im Gegenzug zu seinem Bruder war Ludwig, der älteste Sohn Friedrichs III., der 1576 die Herrschaft in der Kurpfalz übernahm, lutherisch geblieben. Er ignorierte das Testament seines Vaters und erließ am 20. August 1577 eine überarbeitete Fassung der Kirchenordnung Ottheinrichs von 1556. Außenpolitisch rückte Ludwig VI. erwartungsgemäß von der bisherigen Toleranz für Glaubensflüchtlinge und Hilfeleistung für die westeuropäischen Calvinisten entschieden ab. Die Vermählung seiner Tochter Anna Maria mit dem schwedischen Herzog Karl von Södermanland, dem jüngsten Sohn König Gustavs, sollte eine bewusste Annäherung an die lutherische Macht im Norden demonstrieren. Am 11. Mai 1579 feierte der kurpfälzische Hof die Hochzeit. Der Heidelberger Kirchenrat Marcus zum Lamm zeigt in seinem *Thesaurus Picturarum* den stolzen Einzug Karls (in hellem Gewand), begleitet von dessen zukünftigem Schwiegervater Ludwig VI. (Abb. 2). Ebenfalls in Heidelberg wurde der Stammhalter des Paares geboren und am 7. April 1583 getauft, Gustav Ludwig lebte jedoch nur bis zum darauffolgenden Monat.[9]

Lediglich ein halbes Jahr später starb auch Ludwig VI., dessen designierter Nachfolger Friedrich zu dem Zeitpunkt erst neun Jahre alt war. Testamentarisch schrieb Ludwig die Beibehaltung der Rückkehr zur lutherischen Konfession fest. Die Vormundschaft für Friedrich übernahm Pfalzgraf Johann Casimir, der ohne Rücksicht auf den letzten Willen seines Bruders dafür sorgte, dass die Kurpfalz wieder reformiert wurde.[10] Auch die Erziehung des jungen Kurprinzen erfolgte unter der Aufsicht konfessionell verlässlichen Personals. Wenige Monate bevor Friedrich die Volljährigkeit erreichte starb Johann Casimir. Die Regierungsgeschäfte leitete fortan der kurpfälzische Oberrat, den Johann VI. von Nassau-Dillenburg und Ludwig von Sayn-Wittgenstein dominierten, und die beide schon unter Friedrich III gedient hatten.

Johann von Nassau regte an, Friedrich IV. mit Louise Juliane, einer Tochter seines Bruders Wilhelm von Oranien, zu verheiraten, um die Kontinuität des reformierten Bekenntnisses dynastisch abzusichern. Eine außenpolitische Nähe zu den Niederlanden bestand seit Friedrichs Großvater ohnehin. Die Heiratsverhandlungen mussten rasch initiiert werden, da Philipp Ludwig von Pfalz-Neuburg schon im Frühjahr 1592 seine Tochter als mögliche Braut ins Spiel gebracht hatte. Diese Verbindung durfte nach Ansicht der calvinistischen Räte nie als Alternative in Erwägung gezogen werden, da die Neuburger Linie lutherisch war und die konfessionelle Integrität der Kurpfalz dadurch hätte gefährdet werden können.

Der junge und politisch unerfahrene Kurfürst ließ sich von seinem Oberrat leiten, doch lief die Werbung um Louise Juliane nicht so zügig ab, wie ursprünglich gedacht. Gerüchte, dass Friedrich an Epilepsie leide, verunsicherten die Familie der Prinzessin. Nachdem dies entkräftet werden konnte, kam es am Vorabend des 1. Juni 1593 zu einem ersten Treffen Friedrichs mit seiner Braut in Dillenburg. Um auf Reichsebene so wenig Aufsehen wie möglich zu erregen, fand die Hochzeit elf Tage später eben dort und nicht in der kurpfälzischen Residenzstadt und ohne ausgiebige Feierlichkeiten statt. Die Ehe des Paares sollte jedoch nicht glücklich verlaufen. Johann von Nassau musste erfahren, dass seine Nichte von Friedrich schlecht behandelt wurde, und er fühlte sich als Initiator der Verbindung verantwortlich für Louise Juliane. Ein mä-

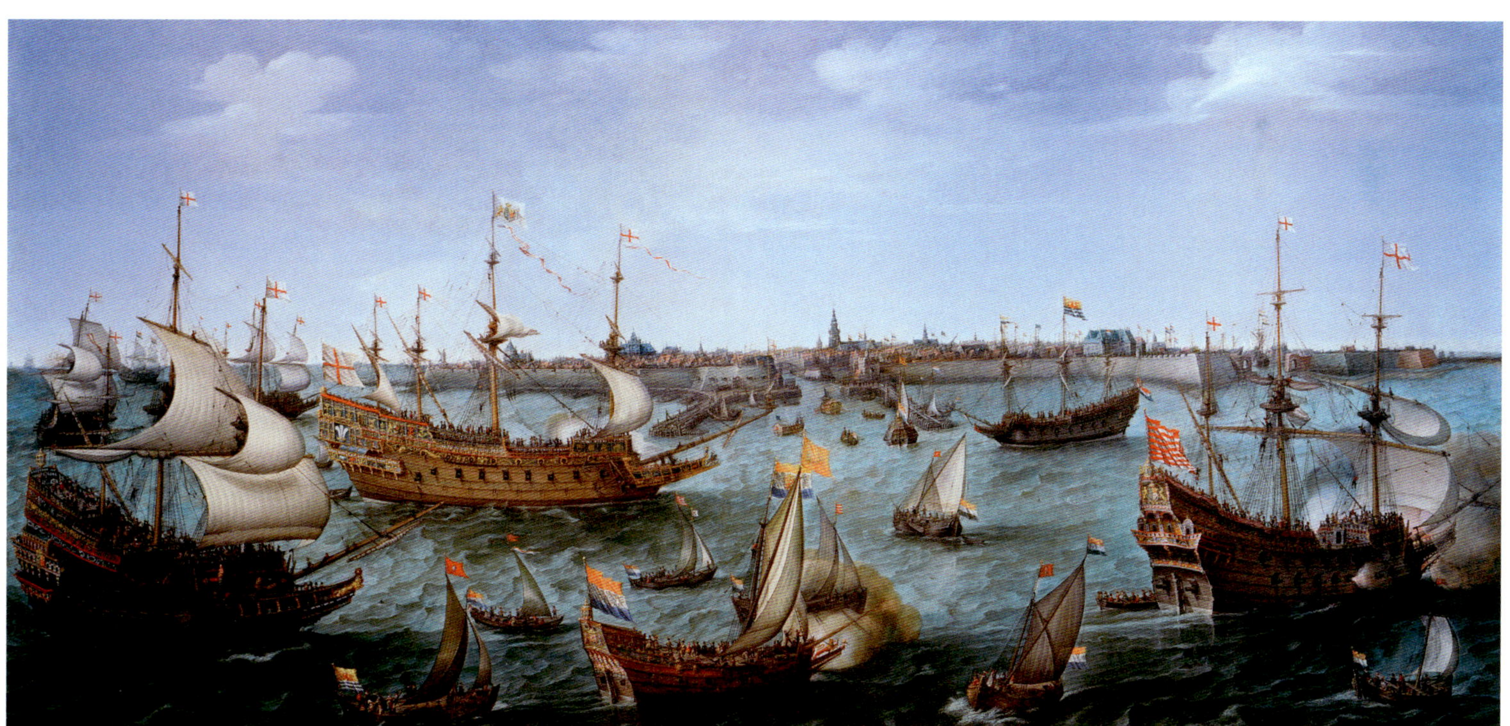

3 Hendrick Cornelisz Vroom: Ankunft Friedrichs V. von der Pfalz mit seiner Gemahlin Elizabeth, Tochter Jakobs I. von England, in Vlissingen, Mai 1613, Öl auf Leinwand, 1623 | Haarlem, Frans Hals Museum

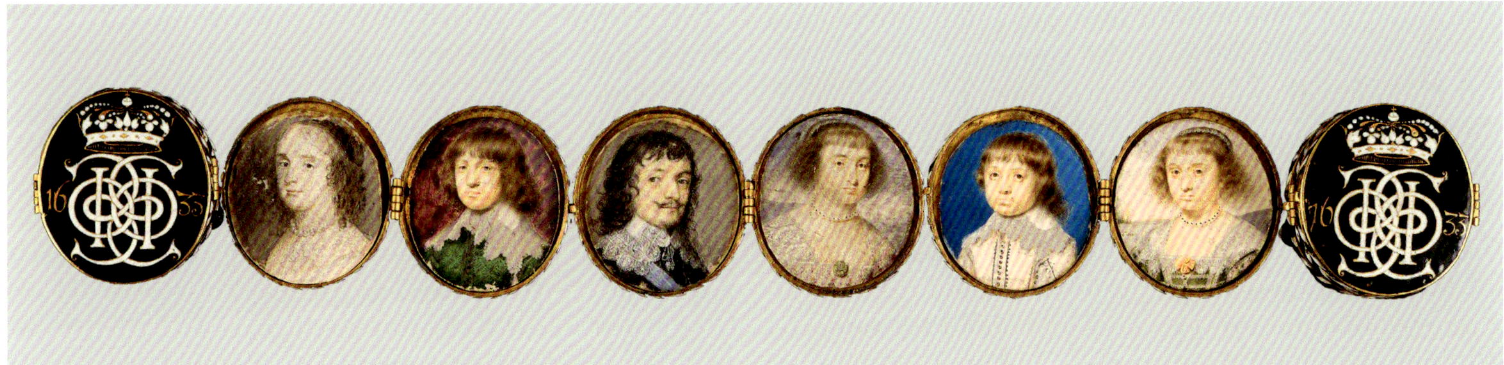

4 Medaillonkette mit Porträtminiaturen Friedrichs V., Elizabeth Stuarts und ihrer Kinder, Alexander Cooper, um 1632/33 I Staatliche Museen zu Berlin – Preußischer Kulturbesitz, Gemäldegalerie

ßigender Einfluss auf Friedrich und eine Verbesserung des Verhältnisses gelang ihm aber letztlich nicht.[11]

Nach dem frühen Tod Friedrichs IV. am 19. September 1610 stand die Kurpfalz erneut unter einer Vormundschaftsregierung für den noch minderjährigen ältesten Sohn Friedrich. In seinem Testament hatte der Kurfürst bereits 1602 Johann II. von Pfalz-Zweibrücken als Administrator vorgesehen. Nach den Bestimmungen der Goldenen Bulle von 1356 wäre eigentlich die lutherische Linie Pfalz-Neuburg erbberechtigt gewesen, und es kam zu einem mehrjährigen Streit über die Vormundschaft. 1608 war auf kurpfälzische Initiative gelungen, was im vorigen Jahrhundert noch unerreichbar schien: ein Zusammenschluss reformierter und lutherischer Reichsstände zur Protestantischen Union und somit eine breitere Basis für Bündnisse mit europäischen konfessionsverwandten Mächten.

Die Kurpfalz profitierte von ihrer leitenden Funktion in der Union, die Christian von Anhalt-Bernburg, Statthalter in der Oberpfalz und maßgeblicher Verhandlungsführer, nutzte, um erneut Gespräche mit England über eine Allianz anzuregen.[12]

Der entspannungspolitisch motivierte Friedensschluss mit Spanien, den Elizabeths Nachfolger Jakob I. 1604 vollzogen hatte, verhinderte eine nach 1610 wiedererstarkende Orientierung in Richtung des ursprünglichen Bündnispartners nicht. Der Plan einer französisch-spanischen Doppelhochzeit, den die französische Regentin Maria de' Medici seit 1611 massiv verfolgte, kühlte die englischen Beziehungen zu Habsburg deutlich ab. Die Gefahr eines neuen katholischen Blocks in Europa drohte. Unter diesen Voraussetzungen erreichte Christian von Anhalt schließlich auch eine Allianz zwischen England und der Union, bei der Jakob die Führungsrolle zukommen sollte.

Trotz anfänglichen Zögerns auf englischer Seite wurde das Bündnis mit einer Eheanbahnung zwischen dem Kurprinzen Friedrich und Jakobs Tochter Elizabeth bekräftigt.[13] Friedrichs Onkel, Herzog Heinrich von Bouillon, hatte den Kurprinzen an seinem Hof in Sedan aufgenommen, wo ihm eine ausgezeichnete Erziehung zuteilwurde. Heinrich reiste schließlich nach London, um den Plan einer ehelichen Verbindung mit der englischen Königstochter voranzutreiben. Eine Delegation unter der Leitung des Obermarschalls Hans Meinhard von Schönberg konnte auf die Erfolge des Herzogs aufbauen und begab sich zu Verhandlungen an den englischen Hof.

Im Vordergrund stand dabei der nicht ebenbürtige Rang der beiden potenziellen Eheleute. Vor allem Anna von Dänemark, die Mutter Elizabeths, äußerte Bedenken und favorisierte eine ebenfalls diskutierte Verbindung mit Spanien. Die kurpfälzische Delegation sah sich immer wieder gezwungen, Friedrichs Position zu verteidigen. Die Verhandlungen kamen jedoch zu einem erfolgreichen Ende und ein provisorischer Ehevertrag wurde beschlossen, der am 7. Januar 1613 in Kraft trat.

Im Sommer 1612 schließlich brach Friedrich nach England auf, um seine zukünftige Braut das erste Mal zu treffen, und beide fanden rasch Gefallen aneinander. Der unerwartete Tod von Elizabeths Bruder Heinrich Friedrich machte eine Verschiebung der Hochzeit auf das Folgejahr notwendig. Am Fastnachtssonntag (14. Februar 1613) wurde die Trauung in der Kapelle des Whitehall Palace vollzogen. Die Hochzeit entwickelte sich zu einem herausragenden medialen Ereignis, das der Heidelberger Verleger Gotthard Vögelin in seiner *Beschreibung der Reiß* noch 1613 anschaulich dokumentierte. Mit Detailfreude beschreibt der mit Kupferstichen illustrierte Bericht Friedrichs Fahrt die Hochzeitsfeierlichkeiten in London und die aufwendig inszenierte Rückreise des Brautpaares nach Heidelberg (Abb. 3).

Die Rezeption in der zeitgenössischen evangelischen Publizistik zeigt, dass das pfälzisch-englische Bündnis als Grundstein für eine wirkungsvolle Union der gesamteuropäischen Protestanten galt. Auf die göttliche Legitimation der Ehe verweist eindrücklich ein anonymes Flugblatt zu Ehren des Paares. Friedrich und Elizabeth reichen sich die Hände und ein geöffneter Vorhang im Hintergrund gibt den Blick auf den Namen des Herrn in einem Strahlenkranz frei, unter dessen Schutz die Verbindung stehen sollte. Autoren griffen auch gerne das Bild einer Vereinigung der beiden Flüsse Rhein und Themse auf. Martialisch mutet George Withers Verwendung des Motivs als konfessionelle Kampfansage in einem dem Paar gewidmeten Lobgedicht an: Der Ozean, der aus dem Zusammenfluss von Rhein und Themse entsteht, werde den stolzen Tiber als Inbegriff des verhassten Roms überwogen. Der geeinte Protestantismus sollte demnach das Papsttum besiegen:

Happy they, and we that see it,
For the good of Europe be it.
And heare Heauen my deuotion,
Make this Rhyne and Thame an Ocean:
That it may with might and wonder,
Whelme the pride of Tyber vnder.[14]

Am 7. Juni 1613 trafen Friedrich und Elizabeth in Heidelberg ein und die Feierlichkeiten fanden dort ihre Fortsetzung. Zur Begrüßung des Paares säumten Triumphbögen den Weg zum Schloss, welche die Stadt, die vier Fakultäten der Universität sowie der Hof gestiftet hatten. Jedes dieser Schmuckbauwerke verfolgte ein bestimmtes ikonographisches Programm. Der letzte Bogen am Vorhof des Schlosses bezog sich auf die pfälzisch/bayerisch-englische Tradition dynastischer Verbindungen (Abb. 1). Die östliche Seite schmückten Figuren des bayerischen Herzogs Heinrichs des Löwen und dessen Gattin Mathilde, einer Tochter des englischen Königs Heinrichs II. Das Flussmotiv wurde auch in diesem Kontext durch Personifikationen von Donau und Themse aufgegriffen. Aus ihren Krügen fließt Wasser, das sich unterhalb des Herzogspaares vereinigt und dessen Bund symbolisiert. Der 1168 geschlossenen Ehe entsprangen die beiden ebenfalls verewigten Söhne Otto, der spätere Kaiser Otto IV., und Heinrich (V.) der Ältere. Letzterer wurde durch Heirat 1195 Pfalzgraf bei Rhein. Dessen Tochter Agnes wiederum ehelichte Herzog Otto II. von Bayern, womit sich die Herrschaft der Wittelsbacher in der Pfalz verstetigte.[15]

Die westliche Seite des Triumphbogens ist der Heirat Kurfürst Ludwigs III. mit der englischen Königstochter Blanca gewidmet. Ihre Statuen säumen wiederum Flussgötter – diesmal Rhein und Themse. Ferner werden zwei Ahnen, welche die römisch-deutsche Krone getragen hatten, präsentiert: Ludwigs Vater Ruprecht, dem 1400 die Königswürde zukam, und Richard von Cornwall. Der Sohn des englischen Königs Johann Ohneland wurde 1257 während des Interregnums im Heiligen Römischen Reich gewählt. Er entstammte dem Haus Plantagenet, in dem die von Blancas Vater Heinrich IV. begründete Nebenlinie Lancaster ihren Ursprung hatte.[16] Die legitimatorische Intention kommt somit eindeutig zum Ausdruck.

Friedrichs schicksalhafte Entscheidung von 1619, die ihm angebotene böhmische Königskrone anzunehmen, endete in einer Katastrophe. Seine Herrschaft konnte er nur ein knappes Jahr halten. Die Katholische Liga, unter der Leitung des bayerischen Herzogs Maximilian I. als Reaktion auf die Protestantische Union 1609 gegründet, unterstützte Kaiser Ferdinand II. bei seinem Feldzug gegen Böhmen, dessen Stände ihn im Jahr zuvor als König abgesetzt hatten. Friedrichs bescheidenes militärisches Aufgebot unterlag dem kaiserlich-ligistischen Truppenverband am 8. November 1620 in der Schlacht am Weißen Berg und der „Winterkönig", wie er in der katholischen Publizistik verächtlich genannt wurde, musste Prag verlassen.

Zunächst wurde die fliehende Familie kurzzeitig von Friedrichs Schwester Elisabeth Charlotte in Brandenburg aufgenommen. Nachdem die Reichsacht über Friedrich verhängt worden war, wollte ihr Gatte, Kurfürst Georg Wilhelm, das Asyl nicht länger gewähren. Ihr weit reichendes dynastisches Netzwerk nutzte den Vertriebenen in dieser schwierigen Situation, denn Moritz von Oranien ließ sie in Den Haag einen Exilhof einrichten. Von dort aus musste Friedrich hilflos zusehen, wie ihm die Kurwürde und seine Erblande entzogen wurden. Dennoch konnten er und seine Familie (Abb. 4) in den Niederlanden ein relativ sicheres Leben führen.[17] Aus dieser Zeit stammt ein Gruppenbildnis, das Friedrich in Eintracht mit Moritz und Friedrich Wilhelm von Oranien auf einem gemeinsamen Ausritt zeigt (Abb. 5).

Der Westfälische Frieden gestand 1648 Karl Ludwig, dem Sohn des 1632 verstorbenen Friedrich, eine territorial stark verminderte Pfalz und eine neu geschaffene achte Kurwürde zu. Vor dem rehabilitierten Kurfürsten lagen der Wiederaufbau seiner Erblande und eine Konsolidierung der außenpolitischen Beziehungen. Letzteres beeinflusste auch die Wahl von Ehepartnern für seine Kinder, dabei ist eine Tendenz zum konfessionellen Ausgleich zu erkennen. Kurprinz Karl heiratete 1671 Wilhelmine Ernestine, die Tochter des protestantischen dänisch-norwegischen Königs Friedrich III. Seine Schwester Elisabeth Charlotte (Liselotte) wurde im selben Jahr mit Philipp von Orléans, dem Bruder des französischen Königs Ludwig XIV., vermählt. Eine Bedingung war, dass die Braut zum katholischen Glauben konvertieren musste.

Frankreich hatte sich bald nach dem Ende des Dreißigjährigen Krieges um eine Annäherung an die Kurpfalz bemüht. 1657 war schließlich ein Freundschaftsvertrag zustande gekommen, der Karl Ludwig zwar eine dringend benötigte finanzielle Hilfe bot, ihn aber reichspolitisch in eine heikle Situation brachte. Trotz einer Lösung des Vertrags drei Jahre später trieb Ludwig XIV. das erwähnte Eheprojekt voran. Die Absicht der französischen Politik trat nach dem Tod des kinderlosen Karl 1685, der seinem Vater nur fünf Jahre zuvor als Kurfürst gefolgt war, offen zutage. Ludwig XIV. beanspruchte nun im Namen Elisabeth Charlottes die Kurpfalz. Er ignorierte dabei den bereits kurz vor Karls Tod mit

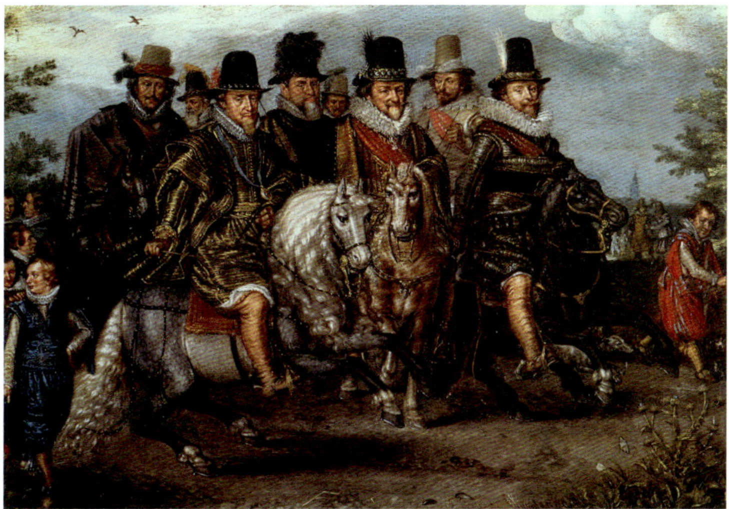

5 Adriaen Pietersz. van de Venne: Friedrich V. von der Pfalz, König von Böhmen, mit den Prinzen Moritz und Friedrich Heinrich von Oranien, Öl auf Kupfer | Darmstadt, Hessisches Landesmuseum, GK 277

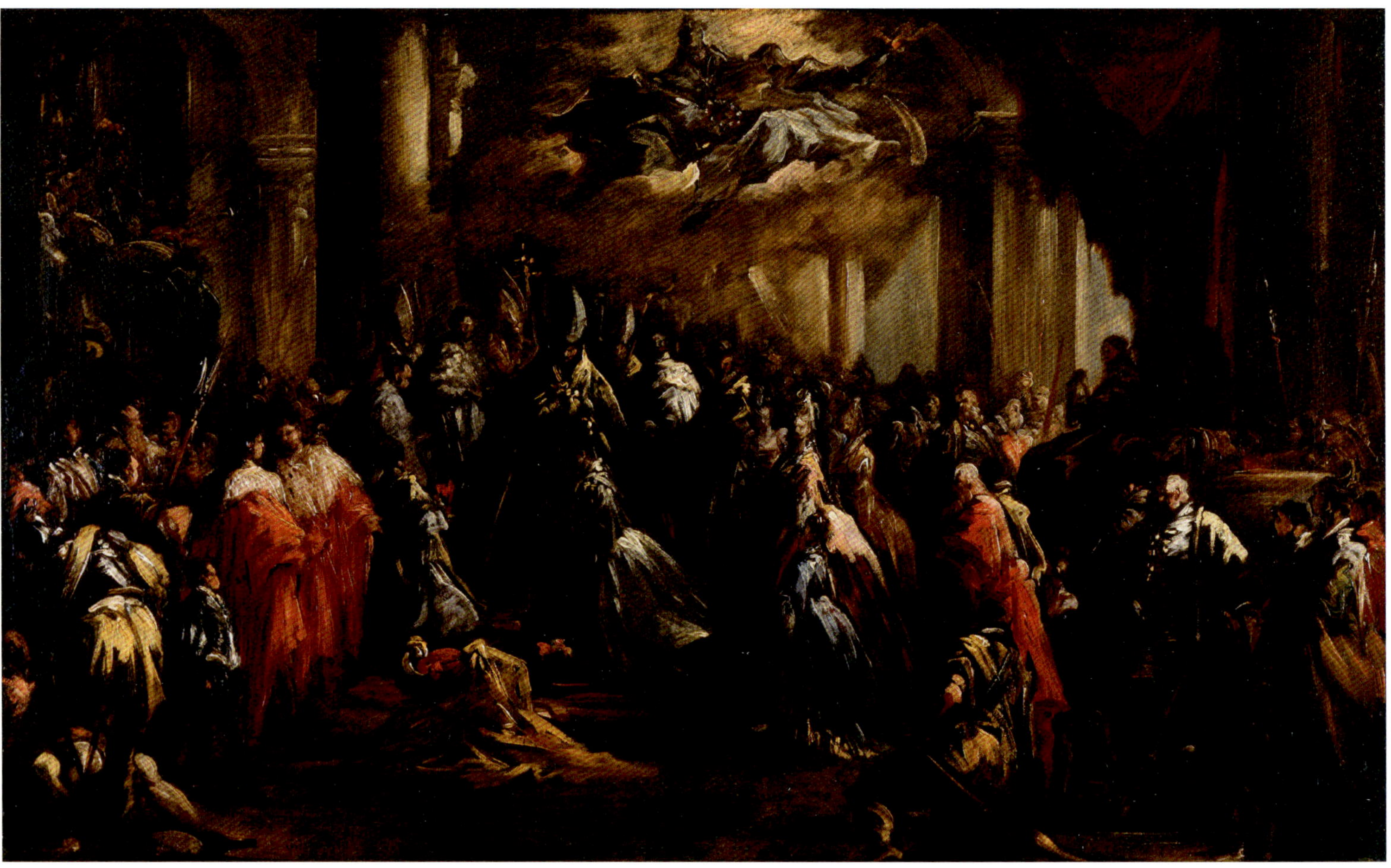

6 Antonio Pellegrini: Krönung der Kaiserin Eleonore Magdalene Therese von der Pfalz I Landesmuseum Hannover, PAM 1019

der Linie Pfalz-Neuburg vereinbarten Erbvertrag. Französische Truppen begannen einen zerstörerischen Feldzug durch die Kurpfalz, der seinen traurigen Höhepunkt 1693 in der nahezu vollständigen Auslöschung Heidelbergs fand.[18] Die Heiratspolitik Karl Ludwigs hatte ihr Ziel vollkommen verfehlt.

Philipp Wilhelm von Pfalz-Neuburg übernahm die Kurpfalz folglich in einer schwierigen Situation. Unter dem Eindruck des Streites um die Vormundschaft über Friedrich V. hatte sein Großvater Philipp Ludwig engere Beziehungen zu den bayerischen Wittelsbachern gepflegt, und sein Vater Wolfgang Wilhelm konvertierte schließlich zum katholischen Glauben. Philipp Wilhelm betrieb eine geschickte dynastische Politik. Seine älteste Tochter Eleonora Magdalena ehelichte Kaiser Leopold I. (Abb. 6). Die schon bestehende Bindung an die Habsburger wurde aufgrund der Bedrohung der Kurpfalz durch Ludwig XIV. noch intensiver. Philipp Wilhelm knüpfte in der Folgezeit ein ausgedehntes verwandtschaftliches Netzwerk im katholischen Europa, denn die weiteren vier Töchter heirateten die Könige von Portugal und Spanien, den Herzog von Parma sowie den Prinz von Polen. Philipp Wilhelms Sohn und späterer Nachfolger Johann Wilhelm wurde ebenfalls mit einer Habsburgerin, der Stiefschwester Leopolds I., vermählt. Maria Anna Josepha starb 1689, ohne dass aus der Verbindung Kinder entstanden waren.

Nach erfolglosen Verhandlungen über eine Wiederverheiratung Johann Wilhelms mit der portugiesischen Infantin Isabella und Christiane Eberhardine von Brandenburg-Bayreuth wurde der Vorschlag des Kaisers aufgegriffen, den Pfalzgrafen um Anna Maria Luisa, die Tochter des Großherzogs Cosimo III. de' Medici, werben zu lassen. Uneinigkeit über die finanziellen Grundlagen der Eheschließung und Rangfragen verzögerten den Abschluss eines Heiratsvertrages. Die Trauung fand schließlich am 29. April 1691 in Abwesenheit des Kurfürsten – Anna Marias Bruder Ferdinand fungierte als Stellvertreter – im Dom zu Florenz statt. Das Titelblatt eines Gedichtes, das die Heidelberger Jesuiten dem Paar anlässlich der Vermählung widmeten, zeigt die bekrönten miteinander verschmolzenen Wappen der Häuser Pfalz-Neuburg und Medici in Herzform (Abb. 7), umkränzt von sechs Emblemen, die auf den erhofften Erfolg der Ehe verweisen. Das toskanische Großherzogtum spielte eine erhebliche Rolle in den politischen Ambitionen Johann Wilhelms, der seinen Einfluss in Italien geltend machen wollte. Cosimo III. bestätigte Anna Maria zwar ihren Anspruch auf eine mögliche Nachfolge. Die Ehe mit Johann Wilhelm blieb bis zu dessen Tod 1716 jedoch kinderlos, und ihre beiden Brüder starben ebenfalls ohne Nachkommen. 1737 ging das Medici-Erbe an Herzog Franz Stephan von Lothringen über.[19]

7 Huldigungsadresse der Heidelberger Jesuiten zur Hochzeit Johann Wilhelms mit Anna Maria Luisa de' Medici, 1691 | München, Bayerisches Hauptstaatsarchiv – Geheimes Hausarchiv, Handschrift 42

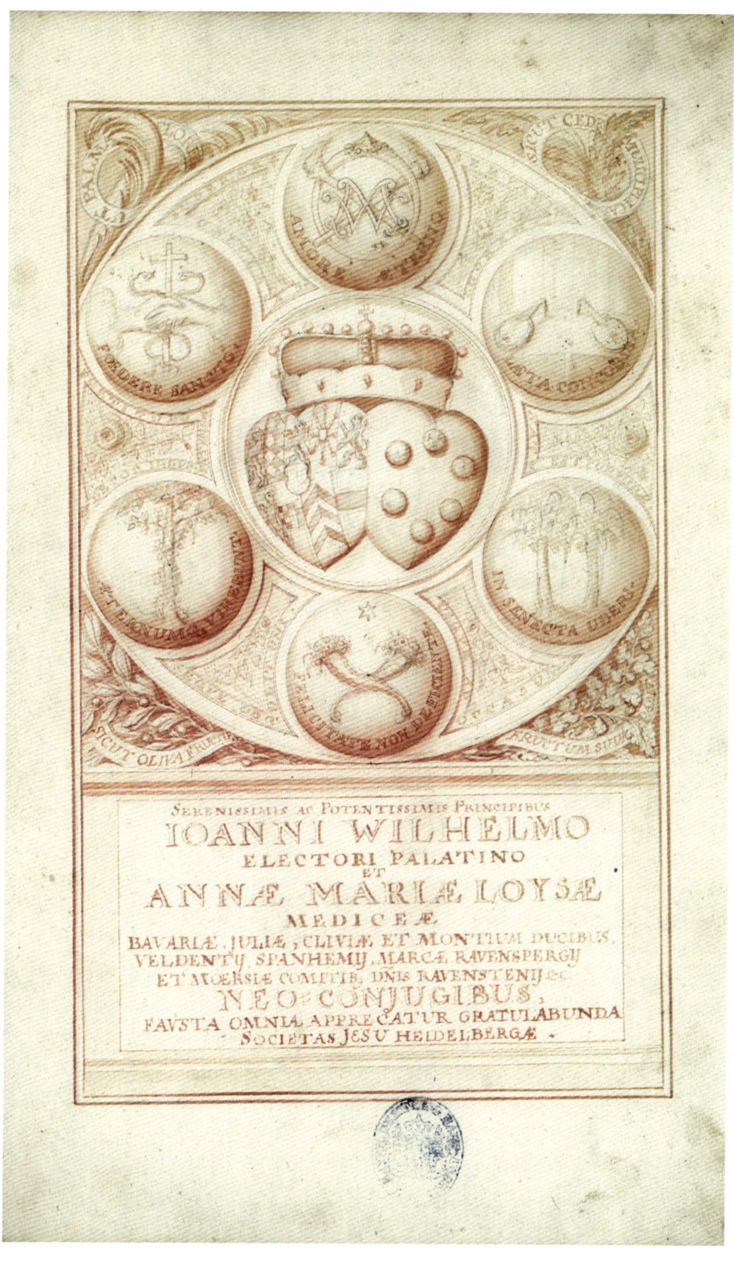

Die von den frühneuzeitlichen pfälzischen Wittelsbachern verfolgten dynastischen Ziele brachten nur selten den gewünschten Erfolg. Gewöhnlich waren die Ausgangsbedingungen von Eheschließungen vielversprechend, doch eigene politische Entscheidungen, wie das böhmische Abenteuer Friedrichs V., Kursänderungen der Bündnispartner oder das Fehlen direkter Nachkommen vereitelten oft das ursprüngliche Ansinnen. Der Fall Kurfürst Friedrichs II. zeigt überdies, dass allzu hohe Ansprüche an Heiratsprojekte nicht unbedingt dienlich sein konnten.

Manchmal wirkten sich dynastische Netzwerke erst für spätere Generationen positiv aus. So erbte die pfälzische Linie Zweibrücken-Kleeburg 1654 die schwedische Krone. Karl X. Gustav war ein Sohn Katharinas, der einzigen überlebenden Tochter von Karl von Södermanland und Anna Maria. 1701 beschloss das britische Parlament im *Act of Settlement*, dass zur Wahrung des protestantischen Bekenntnisses nach dem Tod der kinderlosen Königin Anne die Erbfolge an die Nachkommen Sophies von Hannover, einer Tochter Friedrichs V. und Elisabeth Stuarts, übergehen sollte. 1714 bestieg schließlich Sophies Sohn Georg den Thron.[20]

Quellen

Beschreibung der Reiß 1613 · Browning 1953 · Melville of Halhill 1827 · Universitätsbibliothek Heidelberg, Cod. Pal Germ 337 · Wither 1612

Literatur

Baar-Cantoni 2011 · Baumann 2011 · Bilhöfer 2004 · Duchhardt 2010b · Goetze 1996a · Goetze 1996b · Groenveld 2003 · Hasenclever 1921 · Hasenclever 1935 · Hepp 1993a · Kohnle 2008 · Moraw 2003 · Müller 1988 · Neugebauer/Kremb/Keddigkeit 2010 · Press 1970 · Rüde 2007 · Schneidmüller 2013 · Vetter 2009 · Wolf 1935 · Wolgast 1998 · Zeus 2002

Anmerkungen

1 Vgl. Duchhardt 2010, Abschnitt 39; Baumann 2011, S. 32–40.

2 Vgl. Baar-Cantoni 2011, S. 51–116.

3 Vgl. ebd., S. 85; Hasenclever 1935, S. 359–383.

4 Vgl. im Folgenden Hasenclever 1921, S. 259–294; Baar-Cantoni 2011, S. 93–103.

5 Heidelberg, Universitätsbibliothek, Cod. Pal. germ. 337, fol. 11v.

6 Vgl. Kohnle 2008, S. 19–28.

7 Vgl. Wolgast 1998, S. 6472; Rüde 2007, S. 104–113.

8 Melville of Halhill 1827, S. 101–104.

9 Vgl. Wolgast 1998, S. 7481; Hepp 1993, S. 112–115.

10 Vgl. Wolgast 1998, S. 82–90; Hepp 1993, S. 158–172.

11 Vgl. Wolf 1935, S. 408–420; Press 1970, S. 391–392; Hepp 1993, S. 201–203.

12 Vgl. Bilhöfer 2004, S. 35–36; Rüde 2007, S. 134–140.

13 Vgl. im Folgenden Bilhöfer 2004, S. 41–47.

14 Wither 1612, sig. C2v.

15 Vgl. Schneidmüller 2013, S. 28–29.

16 Zu Ruprecht vgl. Moraw 2003, S. 319–324; zu Richard von Cornwall vgl. die Beiträge in Neugebauer/Kremb/Keddigkeit 2010.

17 Vgl. Bilhöfer 2004, S. 60–114; Groenveld 2003, S. 162–186.

18 Vgl. Goetze 1996a, S. 2223; Goetze 1996b, S. 25–26; Vetter 2009.

19 Vgl. Müller 1988, S. 35–47.

20 Vgl. Zeus 2002, S. 317–321; Browning 1953, S. 129–134.

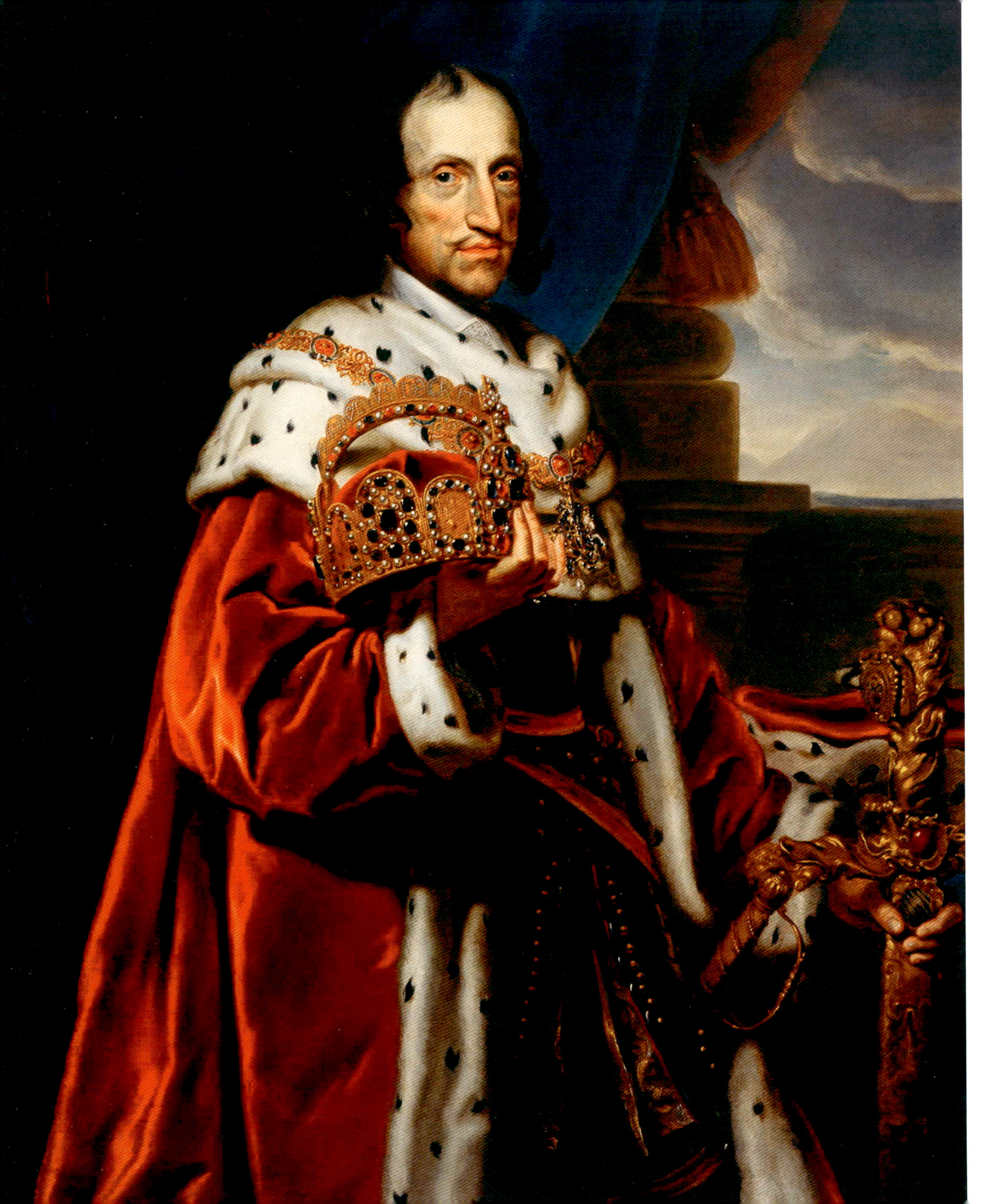

Maximilian Lanzinner

Das Ringen der Kurpfalz und Bayerns um die Kurwürde und das Reichsvikariat

Am 16. Mai 1658 versammelten sich im Frankfurter Römer Kurfürsten und Gesandte, um den Habsburger Leopold zum Kaiser zu wählen. Aber es kam nicht zur Wahl, ein Wutausbruch des Pfälzer Kurfürsten sprengte die Sitzung. Das denkwürdige Ereignis blieb als der „Wurf mit dem Tintenfass" in den Annalen kurfürstlicher Wahltage unvergessen.

Was war geschehen? Der Gesandte Johann Georg Oexle, ein ebenso treuer wie grobschlächtiger Rat des bayerischen Kurfürsten Ferdinand Maria, hatte einen Protest verlesen. In ihm bestritt er schroff, dass der persönlich anwesende Pfälzer Kurfürst Karl Ludwig das Amt eines Reichsvikars beanspruchen durfte. Der Kurfürst geriet darüber in Wut, schrie laut dazwischen und griff schließlich, als Oexle die pfälzische Kurwürde als „verwirkt" bezeichnete, zum Degen. Von seinem Nebenmann am Gebrauch gehindert, packte er stattdessen ein Tintenfass und schleuderte es nach dem unverschämten Bayern. Da der sich fix duckte, traf das Fass den Gesandten Kurtriers, dem die schwarze Tinte über die weiße Halskrause lief. Die Sitzung wurde unterbrochen. Anschließend sprach die hohe Versammlung nicht mehr von der Wahl, sondern vom Eklat. Oexle indessen berichtete erleichtert an den Münchener Hof, Gott habe ihn wunderbar beschützt,

> „daß, obwol die kurpfälzische Furie auf mich allein angesehen gewesen, andere benachbarte Beisassen fast mehreres gelitten haben, denn ich, weil die Färberei bloß über meine Handdözeln, angehabten schwarzen Rock und vor mir gelegenen Schriftereien abgelaufen. Hätt' er mich an die Schläf' getroffen, wär' ich wahrlich des Todes gewesen."[1]

Karl Ludwig (Abb. 1), ein pflichtbewusster, obschon unbeherrschter Landesherr, sah sich offenbar schwer gekränkt. Das Temperament des Kurfürsten spielte beim Frankfurter Eklat eine Rolle, vielleicht mehr noch die *Memoria*, der Nachhall eines Geschehens, das über Jahrzehnte, ja Jahrhunderte zurückreichte. Denn der Sprengstoff für die emotionale Explosion waren die Kurwürde und das Reichsvikariat, die das Selbstbewusstsein wie die Konfrontationen der beiden Wittelsbacher Dynastien am Rhein und in Bayern seit 1329 prägten. Anlass dazu gab der in diesem Jahr geschlossene Vertrag von Pavia, der die Teilung des bayerischen und pfälzischen Wittelsbacher Hausbesitzes regelte. Der Vertrag teilte die Territorien der beiden Linien, beließ die Kurwürde aber als gemeinsames Recht des Gesamthauses. Deshalb verfügte der Hausvertrag einen regelmäßigen Wechsel, eine Alternation zwischen den pfälzischen und bayerischen Wittelsbachern. Dabei blieb es freilich nicht lange. Denn diese hausinterne Vereinbarung hob Kaiser Karl IV. mit der Goldenen Bulle 1356 auf und übertrug die Kurwürde allein den Pfalzgrafen bei Rhein, womit sich jedoch die bayerischen Herzöge nie abfanden. Am Anfang begnügten sie sich noch damit, dass ihnen die nachfolgenden Kaiser das Anrecht auf die Kur fortgesetzt bestätigten, allein siebenmal zwischen 1414 und 1495 – trotz der Goldenen Bulle.

Im 16. Jahrhundert allerdings pochten die Bayernherzöge immer stärker auf ihren Anspruch. Tatsächlich rückte im Vorfeld des Schmalkaldischen Kriegs die Kur schon in Reichweite, als Karl V. Hilfe gegen die opponierenden protestantischen Fürsten des Schmalkaldischen Bundes brauchte. Der Kaiser warb auch den Bayernherzog Wilhelm IV. als Bundesgenossen und versprach ihm für militärischen Beistand im sogenannten Regensburger Vertrag vom 7. Juni 1546 die Pfälzer Kurwürde. Das Versprechen war überhaupt nur möglich, weil der Kurfürst von der Pfalz, Friedrich II., sich offen zum neuen Glauben bekannt hatte. Er war den Schmalkaldenern beigetreten, stand also in Gefahr, wenn er Karl V. angriff, geächtet und abgesetzt zu werden.

Die Zusagen des Kaisers waren genau an diese Bedingung geknüpft: Friedrich II. sollte die Kur nur dann verlieren, wenn ihn Karl V. mit Kriegsgewalt unterwerfen musste, doch dazu kam es nicht. Die Kurfürsten bestätigten nachfolgend beim Reichstag 1547/48 die Kurwürde Friedrichs, unter Hinweis auf die „gulden bull" und „sondere decreta und spruch, welche alle churfursten derzeit confirmirt".[2]

Dennoch hatten die Abmachungen des Regensburger Vertrags 1546 ein Zeichen gesetzt. Die Pfälzer Linie, die in Heidelberg residierte, konnte die Kur verlieren, wenn einer ihrer Fürsten vom Kaiser wegen Treuebruchs geächtet wurde. Die Ereignisse um den Schmalkaldischen Krieg hatten noch ein weiteres gefährliches Präjudiz geschaffen. Denn Karl V. hatte zwar nicht Friedrich II., aber den Anführer der Fürstenop-

1 Johann Baptist de Ruell: Kurfürst Karl Ludwig, Öl auf Leinwand, um 1676 | Kurpfälzisches Museum der Stadt Heidelberg, L 323, Leihgabe des Ministeriums für Wissenschaft und Kunst Baden-Württemberg 1981

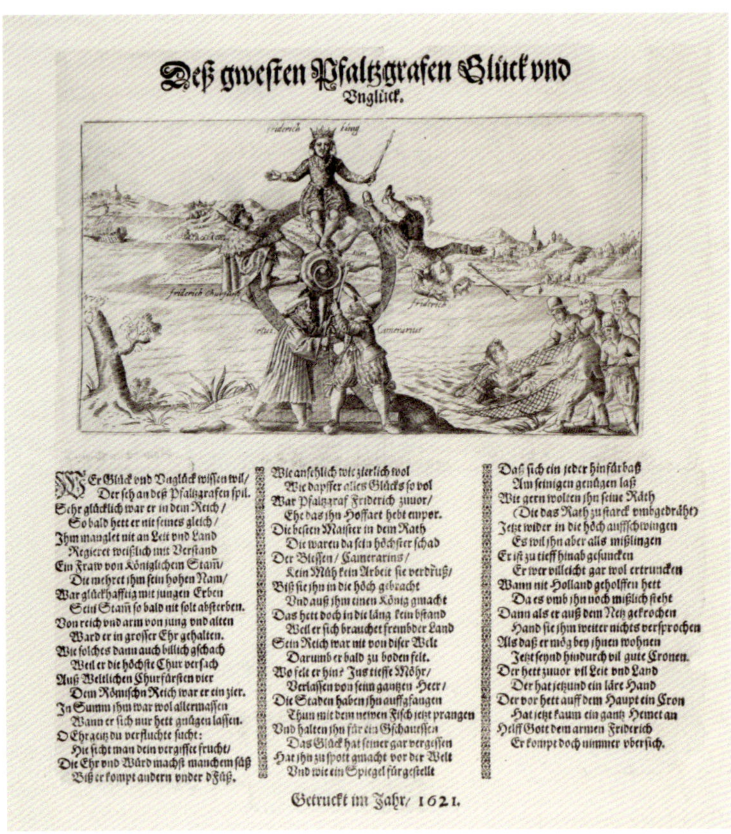
Deß gwesten Pfaltzgrafen Glück vnd
Vnglück.
Getruckt im Jahr/ 1621.

2 Deß gewesten Pfaltzgrafen Glück und Unglück, Flugblatt, 1621 I Reiss-Engelhorn-Museen Mannheim

position, Kurfürst Johann Friedrich I. von Sachsen, geächtet und abgesetzt und die Kurwürde umgehend dessen sächsischem Vetter Herzog Moritz von Sachsen übertragen. Diese Translation von der ernestinischen Linie der Wettiner auf die albertinische hatte bis zum Ende des Alten Reichs Bestand. Sie konnte Vorbild sein für eine Translation im Hause Wittelsbach.

Nach 1548 fehlte dafür indessen jede Voraussetzung. Die Nachfolger Friedrichs II. mussten sich zwar weiterhin gegen politisch-publizistische Angriffe auf ihr Kurrecht aus München zur Wehr setzen, behaupteten sich jedoch mühelos. Dies änderte sich, als Friedrich V. am 27. August 1619 aus den Händen der rebellischen Stände Böhmens die Wenzelskrone annahm. Das kam einer Kriegserklärung an den amtierenden Kaiser und abgesetzten Böhmenkönig Ferdinand II. gleich, gegen den sich die Rebellion richtete. Der Treuebruch Friedrichs war ein schwerer politischer Fehler. Er lässt sich nur erklären mit der Borniertheit des unerfahrenen 23-Jährigen, mit dem übersteigerten Anspruch seiner Dynastie (Abb. 2) und mit dem blinden Ehrgeiz seiner calvinistischen Berater Christian von Anhalt und Joachim Camerarius. Sie wollten mittels eines Siegs in Böhmen, zumal gegen das verhasste Habsburg, Geschichte schreiben.

Im September 1619, nur Wochen nach der Königserhebung Friedrichs V., verfasste in München der Geheime Sekretär Herzog Maximilians I. von Bayern, Christoph Gewold, ein Gutachten. In ihm analysierte er die politischen und rechtlichen Folgen der böhmischen Revolte und schlussfolgerte, dass der Hausvertrag von Pavia durch die Goldene Bulle keineswegs aufgehoben sei, wie es die vorherrschende Meinung war. Denn die Kaiser des Reichs hätten fortgesetzt das Anrecht der Münchener Linie auf die Kur bestätigt. Außerdem habe Karl V. schon einmal, 1546, die Translation in Aussicht gestellt. Gewold kam zum Schluss: Sofern der Pfalzgraf und jetzige König von Böhmen Friedrich in die Acht fiel, könne der Kaiser Kurwürde und Kurlande neu vergeben, eben an das „haus Bayrn“, „in ansehung, wie unumgenglich und hoch“ die Hilfe sein müsse, die der Kaiser, Ferdinand II., von Maximilian (Abb. 3) benötigte, um die böhmische Krone zurückzugewinnen.[3] Die Tinte war kaum trocken, Maximilian I. und seine Räte hatten das Gutachten gerade gelesen, als Ferdinand II. mit großem Gefolge in die Münchener Residenz einzog. Dort schloss er am 9. Oktober 1619 eine folgenreiche Vereinbarung mit Maximilian I., der einen hohen Lohn für seine Hilfe verlangte. Denn der Herzog konnte, anders als der Kaiser, das Geld und damit die Truppen aufbringen, um die aufsässigen Böhmen niederzuwerfen. Mündlich versprach der Kaiser seinem Vetter, dem Herzog, in die Hand, dass er im Fall des Erfolgs die pfälzische Kurwürde bekommen werde.

Das Versprechen hatte weitreichende Folgen für das Reich und Europa, nachdem Friedrich V. 1620 aus Böhmen vertrieben und schließlich 1621 geächtet war. Zwei Jahre später empfing der Bayernherzog als den Lohn für seine Waffenhilfe die ersehnte pfälzische Kur. Aber die Belehnung 1623 war zweifelhaft und längst nicht gesichert. Maximilian allerdings wich danach im Verlauf des verheerenden, noch 25 Jahre währenden Kriegs keinen Fußbreit zurück, bis am 24. Oktober 1648 die westfälischen Friedensinstrumente unterschrieben waren. Gewiss lag ihm auch daran, die Herrschaft der Reichsstände gegen den Kaiser zu verteidigen und die katholische Reichskirche zu stärken. Aber es gibt viele Belege, dass die Kurwürde sein vornehmstes Ziel war, im Krieg und im Frieden. Friedrich V., der 1632 starb, bekam die alte Kurwürde nicht wieder und ebenso seine Nachkommen, für die der Westfälische Frieden wenigstens eine neue, achte Kurwürde einrichtete.

Weshalb hatte diese Würde einen so hohen Wert? Entscheidend war: Die sieben Kurfürsten wählten den römischen König und Kaiser und sie waren die vornehmsten Fürsten des Heiligen Römischen Reichs. Sie hatten darüber hinaus weitere Sonderrechte, darunter die Unteilbarkeit des Territoriums oder die letztinstanzliche Gerichtsbarkeit. Speziell die pfälzische Kur, je nach Zählung die vierte oder fünfte, war mit dem Recht des Reichsvikariats verknüpft, das außerdem noch Kursachsen ausübte. Das Vikariat ermächtigte die Pfalzgrafen bei Rhein, im Fall einer Vakanz, wenn also ein Kaiser ohne gewählten Nachfolger verstarb, die kaiserlichen Rechte im Westen des Reichs auszuüben, bis neu gewählt war. Aus ihrem Vorrang leiteten die Kurfürsten im 17. Jahrhundert eine königsgleiche Stellung ab, die ihnen zwar die europäischen Monarchen nicht zuerkannten, aber sie selbst vereinbarten 1701, sich untereinander königsgleiche Ehren zu erweisen.

Neben den Rechten und dem Rang war es das politische Gewicht im Reich, das die Kurfürsten als die „Säulen des Reichs“ aus den Reihen der Fürsten heraushob. Zumal seit 1555 lenkten sie die Geschicke des

Reichs, was die übrigen Reichsstände, Fürsten wie Städte, akzeptierten. Denn gemäß der Goldenen Bulle waren die Kurfürsten gehalten, mit dem Kaiser über das Wohl des Reichs zu befinden. Dazu verpflichteten sie sich auch selbst in ihren Kurverträgen (*uniones electorales*). Nach 1555 war es für das Reich im Übrigen durchaus von Vorteil, dass bis 1619 die drei katholischen und die drei protestantischen Kurfürsten (ohne Böhmen) bikonfessionell, und somit unangefochten die Entscheidungen für den Reichsverband trafen. Denn im Kurfürstenrat konnte keine konfessionspolitische Seite überstimmt werden. Die konfessionelle Parität im Kurfürstenkolleg trug jahrzehntelang dazu bei, den Reichsfrieden zu bewahren. Hingegen hatten im Rat der Fürsten die Katholiken die Mehrheit, im Rat der Städte die Protestanten. Aufgrund ihrer Dominanz bezeichneten sich die Kurfürsten in dieser Zeit als die „geheimsten", das heißt einflussreichsten Räte des Kaisers. Die Selbstzuschreibung bestätigten ungewollt die kaiserlichen Räte, als sie 1621 verärgert von der „Aristocratia der Kurfürsten"[4] sprachen, woran sie schon „so viel jahr laboriren", das heißt leiden würden. Zu dieser „Aristocratia" gehörte, dass Matthias 1612 und Ferdinand II. 1619 als erste Kaiser in ihren Wahlversprechen zusichern mussten, bei wichtigen, das Reich betreffenden Entscheidungen, stets den Rat der Kurfürsten einzuholen.

Kehren wir zurück zum Geschehen seit dem Jahr 1620 und zum Kampf um die Kur und das Vikariat. Friedrich V. floh nach der vernichtenden Niederlage der böhmischen Truppen am Weißen Berg 1620 Hals über Kopf nach Schlesien und fand später in der niederländischen Republik ein Exil. Zwar wirkte der spöttisch als „Winterkönig" Titulierte (Abb. 4) seither niedergeschlagen, wie Begleiter berichteten, kämpfte aber unbeirrt bis zu seinem Tod im schwedisch besetzten Mainz 1632 um die pfälzische Kur. Kaiser Ferdinand II. hatte über Friedrich V. am 29. Januar 1621 wegen Landfriedensbruch und Majestätsverbrechen die Reichsacht verhängt. Am 22. September 1621 belehnte er Maximilian I., jedoch nur in einer geheimen Urkunde. Der Kaiser wusste, dass die offene Belehnung auf massiven Widerstand stoßen würde und fürchtete, wenn sie bekannt würde, jeder „weittern nodtwendigen hülflaistung" seiner Verbündeten Kursachsen und Spanien entbehren zu müssen.[5] Als ein Jahr später Tilly, der General Maximilians, Heidelberg eroberte und die Spanier pfälzische Gebiete besetzten, schien der Zeitpunkt gekommen, die Belehnung publik zu machen. Auf einem Fürstentag in Regensburg sollte die öffentliche Belehnung zelebriert werden und so die Übertragung politisch und rechtlich Geltung erlangen. Der Regensburger Fürstentag war gleichwohl eine im Grund irreguläre Versammlung, die es weder in der Reichsverfassung noch im Reichsherkommen je gegeben hatte, und von Verzögerungen geprägt. Der Kaiser wollte, um nicht gleich mit der Tür ins Haus zu fallen, zunächst über die Türkengrenze, dann über Münz- und Justizfragen beraten lassen. Aber die Gesandten der Kurfürsten von Mainz, Trier, Köln, Sachsen und Brandenburg, ferner der Fürsten von Salzburg, Bayern und Hessen weigerten sich. Als dann die Kurübertragung verhandelt werden sollte, erklärten sie, dass so wenige Fürsten dazu nicht befugt seien. Dennoch vollzog Ferdinand II. die Belehnung Maximilians I. am 25. Februar 1623 – nicht feierlich im Freien, sondern hinter verschlossenen Türen in der Regensburger Bischofsresidenz und in Form einer geradezu jämmerlich anmutenden Zeremonie. Anwesend waren neben dem Kaiser und – als einziger weltlicher Reichsstand – König von Böhmen die Kurfürsten von Mainz und Köln sowie der Belehnte selbst, Kurtrier wurde durch einen Gesandeten vertreten (Abb. 5). Aber Maximilian I. sah sich nun – zum Dank für seine „getrewe vnnd dapffere Dienst"[6] – in das Amt eines Kurfürsten gehoben.

Rechtlich war und blieb der Akt umstritten. Der Kaiser hatte weder den geächteten Kurfürsten Friedrich gehört noch ordentliche Reichsversammlungen beigezogen, um das Kurproblem beraten zu lassen. Damit hatte er das Herkommen und das Reichsrecht zumindest nicht beachtet – oder gegen beide verstoßen, wozu die Juristen gegensätzliche Meinungen äußerten. Auf der einen Seite legte die Ingolstädter Juris-

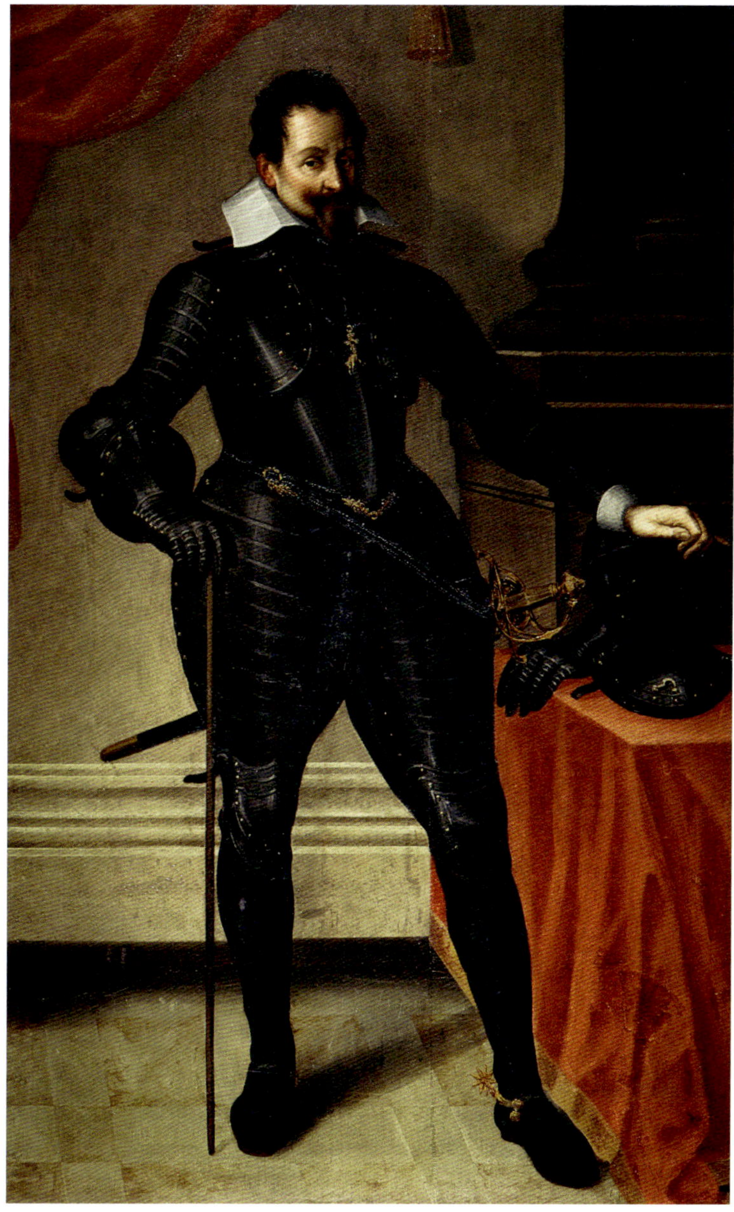

3 Maximilian I. von Bayern als Feldherr, um 1620, Öl auf Leinwand I München, Bayerische Staatsgemäldesammlungen

tenfakultät in Flugschriften und gedruckten Abhandlungen der Münchener Räte dar, die Goldene Bulle habe den Hausvertrag von 1329 gar nicht außer Kraft setzen können. Auf der anderen Seite aber fanden die Resolutionen und Pamphlete pfälzischer Provenienz mehr Anklang. Sie warfen Ferdinand vor, er habe seinen Eid und die Reichsverfassung gebrochen, weil er kein rechtliches Gehör gegeben und weder die Kurfürsten noch die Reichsstände befragt habe. Daraus leiteten die pfälzischen Juristen ab, dass die Goldene Bulle für die fünfte Kur unverändert gelte.

Wie zu erwarten, wurde ein Konflikt dieser Dimension – ohnedies im Krieg – nicht rechtlich, sondern durch Politik und durch Waffen entschieden. Kursachsen und Kurbrandenburg, maßgebend für die Aufnahme Bayerns in das Kurkolleg, gaben dann doch 1624 und 1627 grünes Licht. Friedrich V. musste anschließend im Exil im niederländischen Rhenen miterleben, dass Maximilian im Oktober 1627 erstmals Gesandte zu einem Kurfürstentag schickte. Auf dem Höhepunkt des bayerisch-kaiserlichen Waffenglücks 1628 sprach der Kaiser sogar

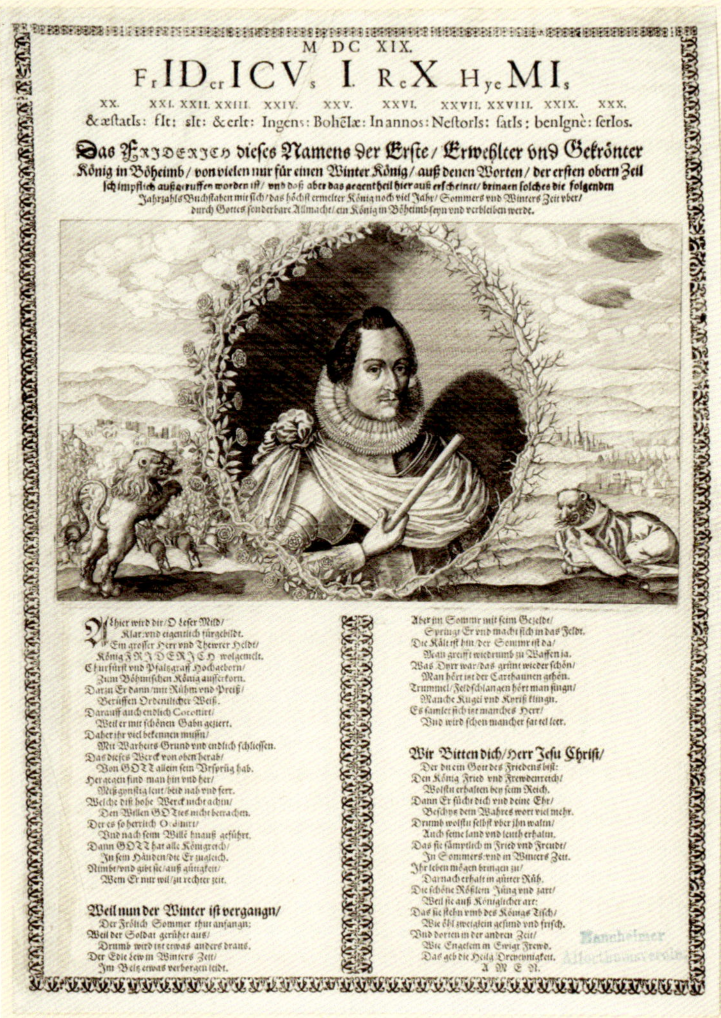

4 Chronogramm auf Friedrich, König von Böhmen, in Erwiderung auf die Bezeichnung „Winterkönig", anonymes Flugblatt | Reiss-Engelhorn-Museen Mannheim

offen davon, dass die Kur dauerhaft bei der bayerischen Linie verbleiben sollte, obwohl die Belehnung 1623 nur *ad personam* gegolten hatte (Abb. 6). Kaiser Ferdinand III. bestätigte die Erblichkeit der Kur schließlich 1638 in einer Regalien- und Lehenserneuerung.

Die Zeit und der Krieg arbeiteten also für Maximilian I. Dennoch waren die Friedensverhandlungen in Münster und Osnabrück durch die genannten legitimierenden Akte bis 1638 keineswegs präjudiziert. Zwar konnte man Maximilian I. die Belehnung *ad personam* nicht mehr nehmen, doch waren in jedem Fall die Ansprüche der Pfälzer Linie einzulösen, die der Sohn des „Winterkönigs", Karl Ludwig, unermüdlich propagierte. Er hatte die Fehler seines Vaters nicht zu verantworten, so war das gängige Rechtsverständnis. Für die pfälzischen Ansprüche traten protestantische Reichsstände und Schweden ein. Aber die Gesandten Bayerns gewannen mehr Einfluss auf den Gang der Verhandlungen, unterstützt von Frankreich und den geistlichen Fürsten, nicht immer jedoch vom Kaiser. Ferdinand III. plante nämlich zu Beginn der Kongressverhandlungen im Jahr 1645, eine alternierende pfälzisch-bayerische Kur anzusteuern und damit zum Hausvertrag von 1329 zurückzukehren. Dem Einfluss Frankreichs gaben die Kaiserlichen allerdings schon 1646 nach und akzeptierten eine achte Kurwürde für die Pfalzgrafen. Auf Drängen Bayerns veranlasste dann der kaiserliche Obersthofmeister Trauttmansdorff im März 1647 auch die Reichsstände, der achten Kur und damit der Änderung der Goldenen Bulle zuzustimmen. In nur wenigen Umfragen einigten sich Kurfürsten wie Fürsten auf die Neuregelung. Die Begründung lautete lapidar, Kaiser und Reichsstände hätten die Goldene Bulle beschlossen und könnten sie deshalb auch jederzeit ändern – besonders in der bestehenden Notlage – ob *„maius malum evitandum"*[7], das heißt, um ein größeres Übel abzuwenden.

Der Zwang, den vernichtenden Krieg zu beenden, hob mithin das Gebot der Reichsverfassung auf. Das Instrumentum Pacis Osnabrugense (Artikel IV § 3 = § 11 IPM) übertrug demgemäß 1648 die fünfte Kurwürde, die 1356 der Kurpfalz zugesprochen war, mit allen Rechten (*„cum omnibus Regaliis, Officiis* […]") der bayerischen Linie, einschließlich des Wappens, des goldenen Reichsapfels und des Amts eines Erztruchsessen (Abb. 7). Für die Pfälzer Linie wurde eine achte Kur eingerichtet, jedoch ausdrücklich ohne die Rechte der fünften Kur, die ja an Bayern gingen (Artikel IV § 5 = § 13 IPM: *„nihil tamen juris* […]"). Dabei freilich klärten die Friedensinstrumente nicht, welche Zeremonialfunktionen und welche Insignien die neue Kur im Einzelnen haben sollte. Hinzu kam, dass Kurbayern in Rang, Funktionen, Insignien und Wappen der fünften Kur keinerlei Nachteil erleiden sollte. Demgegenüber hatte sich Karl Ludwig genau dieses Adhärens, die Attribute der fünften Kur, 1649 vorbeugend protestierend vorbehalten. Nach allgemeiner Auffassung, die auch in der Verfügung des Westfälischen Friedens zum Ausdruck kam, waren die Attribute hingegen untrennbar mit der nun bayerischen Kurwürde verknüpft. Ungeachtet dessen verfocht Karl Ludwig den Standpunkt, die Pfalzgrafen bei Rhein seien schon lange vor der Verleihung der Kurwürde 1356 Truchsessen des Reichs gewesen. Deshalb müssten das Amt und seine Rechte bei der Kurpfalz bleiben.

Die gegensätzlichen Auffassungen, wie man mit den Kurattributen zu verfahren habe, entfachten ausufernde Kontroversen. Aus ihnen ging

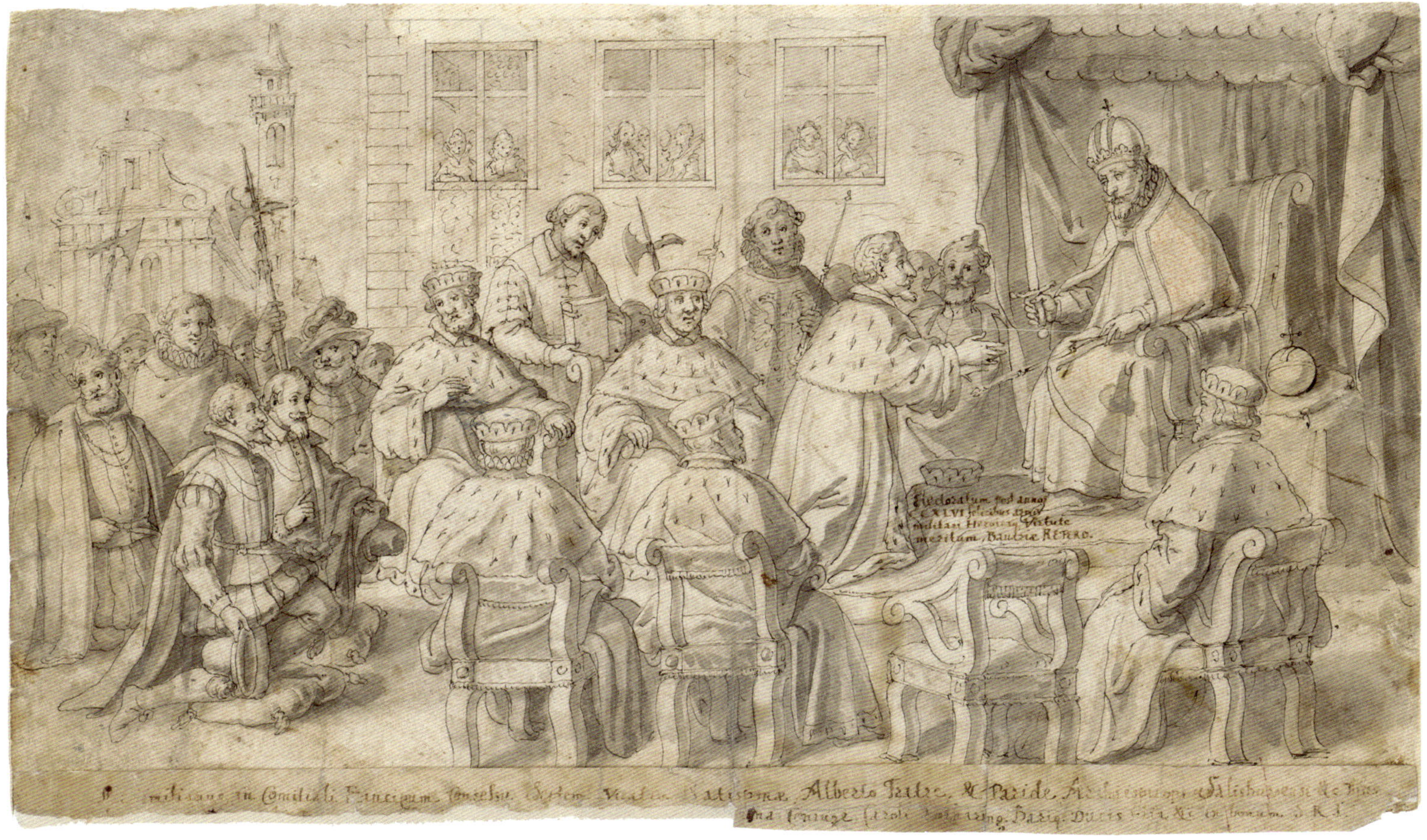

5 Verleihung der Kurwürde an Maximilian I. von Bayern, Zeichnung von Johann Matthias Kager, um 1623 | München, Staatliche Graphische Sammlung, 29962 Z

zunächst Ferdinand Maria, Sohn Maximilians I., als Sieger hervor, weil er vom Kaiserhof und von den Kurfürsten unterstützt wurde. München errang so 1652/53 die Attribute der alten Kur auch faktisch, nicht nur vertragsrechtlich. Der Pfälzer Kurfürst hatte sich nach leidenschaftlichem Federkrieg in eine neu ersonnene Ausstaffierung der achten Kur zu fügen. Zu ihr gehörten seit 1653 das Reichserzschatzmeisteramt und unter anderem eine Krone im Wappen statt des zunächst geplanten Schlüssels, den Karl Ludwig mit aller Macht abgewendet hatte. Aber auch die Krone nahmen die Pfälzer Kurfürsten nie anstelle des früheren Reichsapfels in ihr Wappen auf.

Französische Beobachter kommentierten sarkastisch, das Reich habe nun zwar einen Schatzmeister (vgl. Abb. 1), aber keinen Schatz. Sie hatten recht und täuschten sich doch. Denn die Würde bezog sich nicht auf den Schatz des Reichs, sondern auf den Schatz des Kaisers. Diesen Schatz hatte indessen seit 1356 schon Kurbrandenburg als Reichserzkämmerer virtuell-zeremoniell zu verwalten, so dass es prompt bei der Krönung Ferdinands IV. am 18. Juni 1653 zu Rangeleien kam. Der Erzschatzmeister, 1653 Karl Ludwig *in persona*, und zugleich der Gesandte Kurbrandenburgs wollten nämlich an jenem Sommertag zu Beginn der Eucharistiefeier von Ferdinand IV. die Reichskrone in Empfang nehmen, um sie auf das Zeremonialkissen zu betten. Weil keiner auf die Ehre dieser Handreichung verzichten wollte, fingen sie sogleich an „deßwegen zu zancken", dazu „remonstrirten" sie bei den kaiserlichen Räten.[8] Eine anschließende ehrenvolle Handlung vollzog Karl Ludwig dann ohne Konkurrenten. Er warf, in seiner Funktion als Erzschatzmeister, beim Ritt vom Dom zum Regensburger Rathaus Gold- und Silbermünzen in die Menge. Dabei scheute sein Pferd und stürzte samt dem Kurfürsten zu Boden. Es war ein schlechtes Omen, wie man fand.

Das erste Auftreten des Reichsschatzmeisters ließ somit Fragen offen. Vor allem der Streit um die Krone verlangte eine Lösung. Das Kurkolleg fand sie 1653, indem neben der originalen Reichskrone eine Nachbildung Verwendung fand. Der Erzschatzmeister sollte die Nachbildung tragen, wenn andere, vor allem die geistlichen Kurfürsten gleichzeitig das Original brauchten.

Aus heutiger Sicht mutet der Kampf um das Zeremoniell bizarr an. Befremdet waren auch schon die Zeitgenossen, wie der Spott der französischen Beobachter erkennen lässt. Aber man darf das Zeremoniell nicht einfach als lächerlich abtun. Es machte Rechte sichtbar und löste sie ein, Rechte, die für Rang und Ehre der Beteiligten konstitutiv waren. Die Sensibilität für minimale Distinktionen war bei den Verhandlungen des Westfälischen Friedenskongresses noch einmal geschärft worden, sie lagen ja nur wenige Jahre zurück. Dabei stellten diese kleinen Prärogativen keine Besonderheit des Reichszeremoniells dar. So ließe sich der französische Spott auch auf die Politik Ludwigs XIV. nach 1667

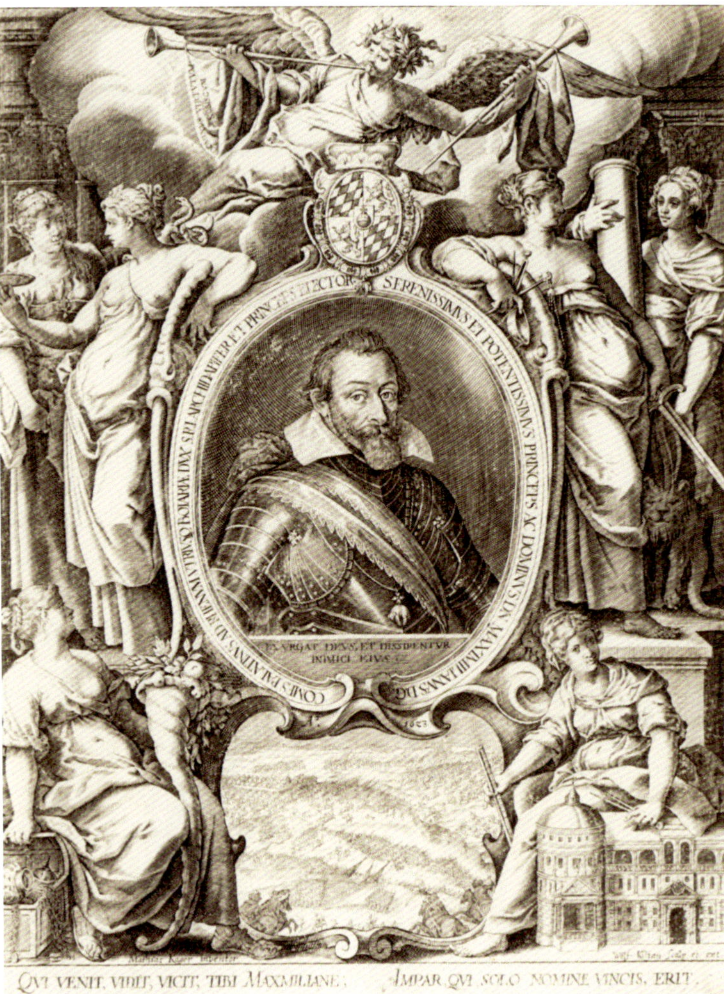

QVI VENIT, VIDIT, VICIT, TIBI MAXIMILIANE: IMPAR QVI SOLO NOMINE VINCIS, ERIT.

6 Huldigungsblatt auf Maximilian I. als Kurfürst von Bayern, Kupferstich von Johann Matthias Kager und Wolfgang Kilian, 1623 | Reiss-Engelhorn-Museen Mannheim

anwenden. Er nutzte bekanntlich jeden Schimmer eines rechtlichen Anspruchs, um daraus Gewinn zu ziehen.

Zehn Jahre nach dem Kongress entschieden die politischen Kräfteverhältnisse – wenigstens vorläufig – auch den schärfsten Dissens, den die Verfügungen von 1648 hervorgerufen hatten. Das war die Frage, ob die Reichsvikariatsrechte weiterhin bei der Kurpfalz lagen oder mit der fünften Kur an Bayern gefallen waren. Während des Interregnums nach dem Tod Kaiser Ferdinands III. am 2. April 1657 entbrannte der Streit zwischen der Kurpfalz und Kurbayern in ganzer Härte, weil nun diese Rechte tatsächlich genutzt werden konnten. Worum ging es? Bis zur Wahl und Krönung des Nachfolgers versahen nach dem 2. April 1657 der Kurfürst von Sachsen und der Inhaber der fünften Kurwürde das nun vakante Amt des Reichsoberhaupts. Kursachsen übte sie im Osten des Reichs aus, die Kurpfalz oder Bayern, die um das Reichsvikariat konkurrierten, im bayerischen, schwäbischen, kurrheinischen, oberrheinischen und westfälischen Reichskreis westlich der Weser. Die Reichsvikare hielten unter anderem Gericht, gaben Reichslehen aus und beurkundeten Standeserhöhungen, was wiederum Einkünfte ertrug. Der neue Kaiser musste aber ihre Entscheidungen im Nachhinein bestätigen. Die Rechtslage, ob Bayern oder Kurpfalz zur Vertretung des Kaisers berechtigt war, schien eindeutig. Der Westfälische Frieden hatte Bayern das Reichsvikariat zugesprochen, freilich nicht *expressis verbis*. Ebenso hatte Kaiser Ferdinand III. in seiner förmlichen Belehnung des Sohns Maximilians I., Kurfürst Ferdinand Marias, vom 5. Oktober 1652 das Reichsvikariat nicht ausdrücklich erwähnt. Dann hätte man in München einen unbestreitbaren Beleg vorweisen können. So aber brachte im Interregnum des Jahres 1657 der pfälzische Kurfürst Karl Ludwig seine Ansprüche *via facti* zur Geltung. Er erließ am 16. April 1657, nur vier Tage nach Kurbayern, ein Vikariatspatent, in dem er kaiserliche Rechte beanspruchte. Dabei berief er sich auf die Goldene Bulle, erwähnte aber den Westfälischen Frieden mit keinem Wort. Der Vikariatskonflikt eskalierte beachtlich. Der Wurf mit dem Tintenfass gehörte dazu, war aber nur noch eine Fußnote am Ende einer veritablen „Krieg-in-Sicht"-Krise. Denn Bayern warb Truppen, Karl Ludwig drohte mit der „Assistenz der Kronen Frankreich und Schweden".[9] Die meisten Kurfürsten und Fürsten jedoch traten auf die Seite Kurbayerns. Das angerufene Reichskammergericht löste den Konflikt nicht. Am Ende wurde der Mainzer Erzkanzler zum Schiedsrichter, der Bayern begünstigte und andere Reichsstände mitzog. Der Streit wurde damit politisch beigelegt, nicht rechtlich und nicht durch Vereinbarung. Demzufolge blieb er prinzipiell offen.

Ein Weiteres kam hinzu. Die alte pfälzische Kurwürde war längst nicht unverrückbar in München etabliert, wie nach 1700 überraschend deutlich wurde. Zuvor hatten Kaiser und Reichsstände verfahrensrechtlich geklärt, unter welchen Umständen eine substantielle Änderung der Goldenen Bulle möglich war. Den Anlass gab die Einrichtung einer neunten Kurwürde. Kaiser Leopold I. wünschte nach 1690 die Kurerhebung Ernst Augusts von Hannover, weil er dann dessen Hilfe im Türkenkrieg und im Krieg gegen Frankreich erwarten konnte. Protestantische Kurfürsten unterstützten zwar den Kaiser, aber die Fürsten waren dagegen. Leopold I. konnte das Kurkolleg, ohne den Reichstag hinzuzuziehen, dann doch nicht ganz überzeugen. Dennoch vollzog er die feierliche Belehnung Kurhannovers am 19. Dezember 1692 unter Umgehung der Reichstagsinstanzen. Eingehende Erwägungen, die gegen das kaiserliche Recht zur Kurerhebung sprachen, finden sich in den juristischen Deduktionen der Zeit. Kern der Argumentation war, dass die Goldene Bulle das *vinculum adamanticum* sei, das stählerne Band, welches das Reich zusammenhalte. Die Zahl der Kurfürsten sei ein solches Band, weshalb nur ein Reichstag eine neue Kurerhebung aussprechen könne. Die Argumente des Kaiserhofs bestritten dies nicht grundsätzlich. Weil somit „der verfassungsrechtliche Status quo" für beide Seiten „Maßstab der Bewertung"[10] war, ersuchte der Kaiser 1707 den Reichstag, der Erhebung des Hauses Braunschweig-Lüneburg,

7 Friedensvertrag von Osnabrück, 24. Oktober 1648, Schlussseite mit Unterschriften und Siegeln | München, Bayerisches Hauptstaatsarchiv, Kurbayern Urkunden 1698

Nomine Domus Austriacae
Georgius Ulricus Comes à
Wolckenstain & Rodnegg

Nomine Domini Episcopi Bambergensis
Cornelius Gobelius Consiliarius

Nomine Domini Episcopi Herbipolensis, Ducis Franconiae
Sebastianus Wilhelmus Meel. [illegible]ria

Nomine Dni Electoris Bavariae, tanquam Ducis Bavariae,
Joannes Ernestus J.C.

Nomine Domini Ducis Saxoniae Lineae Altenburgensis
Wolfgangus Conradus à Thumbshirn Consiliar. Altenburg. & Coburgensis.

Nomine Domini Ducis Saxoniae Lineae Altenburgensis
Augustus Carpzov D. Consiliar. Altenburg. & Coburg.

Nomine Domini Marchionis Brandenburgici Culmbacensis
Matthäus Wesenbecius Consiliarius Elector: Brand. intimus

Nomine Domini Marchionis Brandenburgici Onolsbacensis,
Johannes Fromhold Consiliarius Electoralis intimus.

Nomine domini Ducis Brunsvico-Luneburgici
Guelpherbytani. Chrysostomus Cöler D. & Consiliarius.

Nomine Domini Ducis Brunsvico-Luneburgici Cellensis et Grubenhagensis.
Henricus Langenbeck Consiliarius intimus.

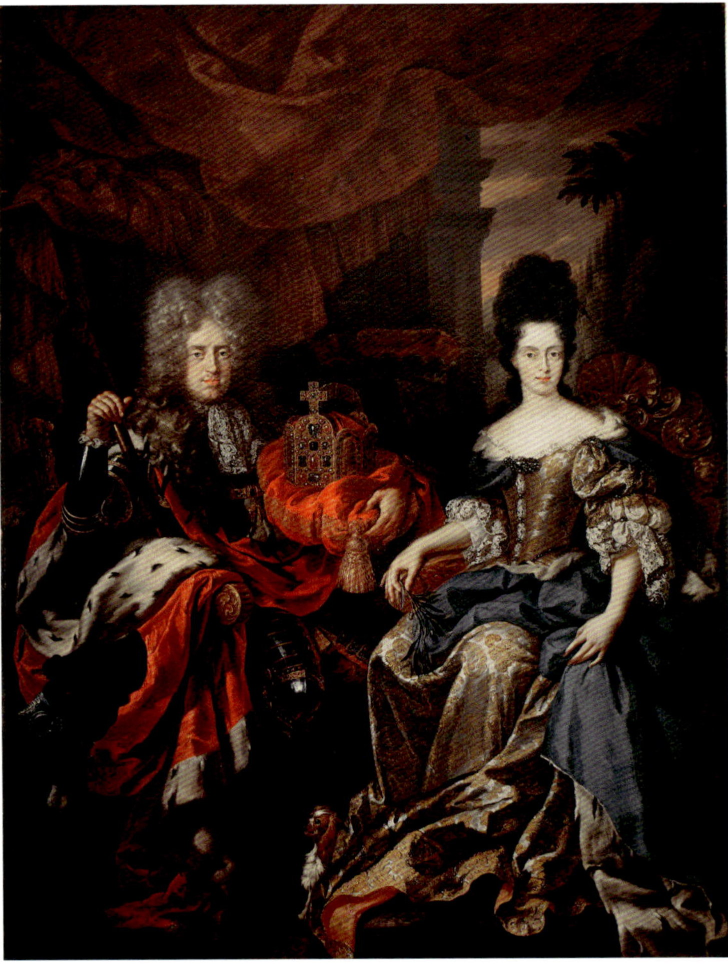

8 Jan Frans van Douven: Johann Wilhelm und Anna Maria Luisa de' Medici mit der Krone des Heiligen Römischen Reiches, Öl auf Leinwand | Florenz, Galleria degli Uffizi

nun Kurhannover, zuzustimmen, was mit Reichsschluss vom 2. Juli 1708 schließlich geschah.[11]

Die Klärung geriet Bayern und seinem Kurfürsten Max Emanuel im gleichen Jahr 1708 zum Nachteil. Der Kurfürst war als Feind des Reichs und des Kaisers im Spanischen Erbfolgekrieg 1706 geächtet worden. Damit erfüllte sich der Wunschtraum des Pfälzer Kurfürsten Johann Wilhelms, der seit 1701 Kaiser Joseph I. beratend und militärisch unterstützt hatte. Denn ein Reichstagsbeschluss vom Juni 1708 entzog dem geächteten Max Emanuel die Kurwürde und gab Johann Wilhelm die alte pfälzische Kur samt Erztruchsessenamt zurück (Abb. 8). Kurhannover erhielt im weiteren Tausch das in der Pfalz ungeliebte Amt des Schatzmeisters, das man aber in Hannover in Ehren hielt. Während des Interregnums im Jahr 1711 amtierte Johann Wilhelm wieder als vollberechtigter Reichsvikar neben Kursachsen (Abb. 9). Mit den Friedensschlüssen wendete sich das Blatt allerdings. Der Friede von Utrecht, der 1713 die europäischen Verhältnisse nach dem Erbfolgekrieg regelte, beließ Johann Wilhelm und seinen Bruder Carl Philipp zunächst auf Lebenszeit in der alten, fünften Kurwürde. Anders und verbindlich dagegen entschieden die Friedensschlüsse von Rastatt und Baden 1714, sie kehrten zu den Regelungen der Vorkriegszeit zurück. Max Emanuel und die Münchener Linie der Wittelsbacher kamen wieder in den Besitz der fünften Kurwürde. Das Erztruchsessenamt aber gab die Pfälzer Linie nicht ab, auch weil Kurhannover seinerseits auf das Erzschatzmeisteramt nicht mehr verzichten wollte. Denn das für eine Kurwürde traditionslose, klägliche Erzbanneramt, das der Kaiser der neunten Kurwürde 1692 zugedacht hatte, suchte Hannover auf diese Weise wieder loszuwerden. Der Erzämterstreit dauerte bis 1742 an und lähmte den Reichstag für Jahre. In diesem Jahr verzichtete Karl Albrecht von Bayern bei seiner Kaiserwahl auf das Truchsessen-, Carl Philipp daraufhin auf das Schatzmeisteramt, das Kurhannover behielt.

Trotz des fortgesetzten Tauziehens um Kur und Vikariat leitete der für Bayern günstige Badener Frieden 1714 das Schlusskapitel der innerwittelsbachischen Konflikte ein. Die beiden Linien in Bayern und am Rhein näherten sich nun an. Kurfürst Max Emanuel hatte seine dynastischen Visionen trotz bitterer Erfahrungen nicht aufgegeben. Sie richteten sich nun auf das Erbe des Hauses Habsburg, in dem sich das Aussterben des Mannesstamms abzeichnete. Daher suchte er so viele Verbündete wie möglich zu gewinnen, darunter auch die pfälzische Linie mit dem Kurfürsten Carl III. Philipp. Dieser näherte sich seinerseits an München an, unter anderem, weil das erstarkte Brandenburg-Preußen zum bedrohlichen Nachbarn am Rhein wurde, dem England-Hannover und Frankreich 1725 sogar die Erbfolge in den wittelsbachischen Herzogtümern Jülich und Berg einräumten. Ein Jahr zuvor hatten sich jedoch schon die Kurfürsten von Bayern, Köln und Trier, wo die Wittelsbacher Clemens August und Franz Ludwig residierten, und der Kurfürst von der Pfalz zur Wittelsbachischen Hausunion zusammengeschlossen. Sie sicherten sich darin am 17. Mai 1724 zu, das Wohl des Gesamthauses zu vermehren und Angriffe gemeinsam abzuwenden. Geheime Absprachen regelten die gemeinsame Reichs- und Kreispolitik, die Abstimmung der Voten im Kurkolleg und im Notfall militärischen Beistand. Der nun auch erzielte Vergleich im Vikariatsstreit sah eine pfälzisch-bayerische Kommission vor, die paritätisch, also nur im Konsens entscheiden sollte. Der Reichstag bestätigte den Vergleich jedoch nicht, so dass es vorläufig bei der Alternation blieb.

Die Einigung von 1724 wirkte nach, auch unter dem Nachfolger Carl Philipps in Mannheim, dem Kurfürsten Carl Theodor (1742–1799), der sich in der äußeren Politik zurückhielt und auf Friedenswahrung bedacht war, obwohl er in stürmischen Zeiten, mitten im Österreichischen Erbfolgekrieg, seine Herrschaft antrat. Zuvor hatte in Mannheim eine große Hochzeitsfeier stattgefunden, bei der Herzog Clemens Franz von Bayern seine entfernte Verwandte Maria Anna von Pfalz-Sulzbach heiratete. Der männliche Erbe des Paars sollte dereinst in München regieren, was nicht eintrat. Aber anlässlich der dabei getroffenen Zukunftsplanung gab Kurbayern das Truchsessenamt an die Kurpfalz ab, diese wiederum den Schatzmeistertitel an Kurhannover.

Der junge, erst 18-jährige Kurfürst Carl Theodor hielt zu Kaiser Karl VII. aus der Münchener Linie. Er bekräftigte dies in der Frankfurter Union vom 22. Mai 1744, in der auch er sich Bayern, Frankreich, Preußen und Hessen anschloss. Als Karl VII. am 20. Januar 1745 starb, lo-

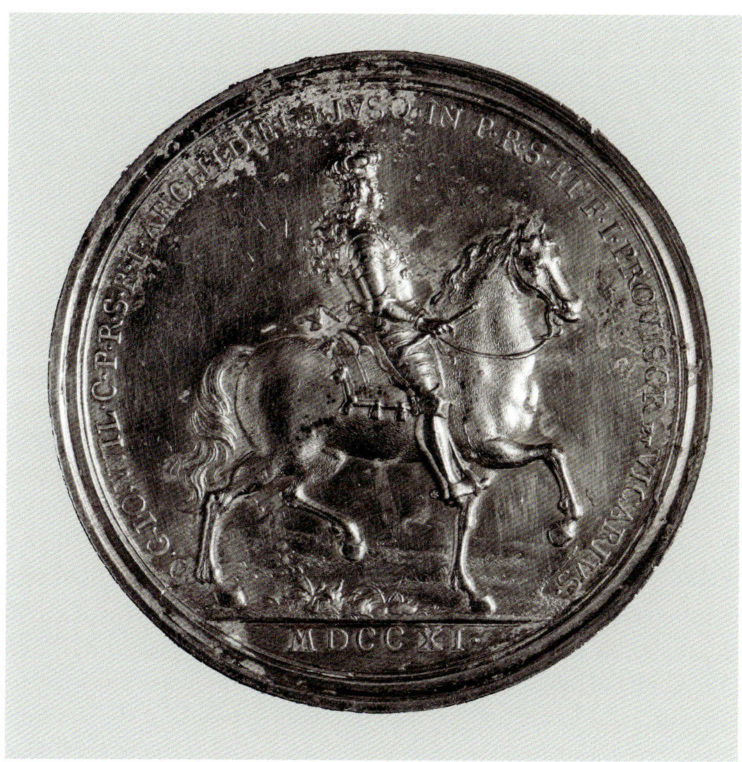

9 Medaille auf das Reichsvikariat 1711 Kurfürst Johann Wilhelms I Reiss-Engelhorn-Museen Mannheim

ckerte sich der Schulterschluss zwischen den beiden Linien und flackerte der Vikariatsstreit erneut auf. Nach zähem Verhandeln einigten sich beide Seiten am 24. Februar 1745 dann doch – anders als 1724 – auf Alternation, Max III. Joseph durfte zuerst als Vikar amtieren.

Bei der Frankfurter Wahl, die den Nachfolger Karls VII. bestimmte, votierte am 13. September 1745 der Gesandte Bayerns für Franz Stephan, den Gemahl Maria Theresias, während sich die Pfalz enthielt. Carl Theodor suchte 1746 Schutz bei Frankreich, Max III. Joseph hielt Distanz. Trotz der Differenzen bestätigten die beiden Kurfürsten noch im gleichen Jahr, am 31. Oktober 1746, die alternierende Amtsführung des Reichsvikariats und verzichteten auf die Vikariatskommission, der Kaiser und Reich nicht zugestimmt hatten. Die geistlichen Reichsfürsten des Hauses Wittelsbach, Clemens August von Köln und Kardinal Johann Theodor von Freising, die in acht Erz- und Hochstiften des Reichs regierten, schlossen sich dem Bündnis an. Die Vereinbarungen zu Kur, Ämtern und Vikariat wurden gegenstandslos, als Carl Theodor nach dem Erlöschen der bayerischen Linie 1777 auch in München die Regierung antrat. Nach dem Tod Kaiser Josephs II. 1790 versuchte der pfalzbayerische Kurfürst zaghaft, beide Kurstimmen für die Neuwahl zu aktivieren, fügte sich aber sofort dem Nein des Kurkollegs. Damit war der Kur- und Vikariatsstreit beendet, wenige Jahre bevor Kaiser Franz II. im Jahr 1806 das Ende des Reichs verkündete.

Quellen

Acta Pacis Westphalicae 2006 · Deutsche Reichstagsakten 2006 · Die Politik Maximilians I. 1966 · Londorp 1627 · Lünig 1720

Literatur

Dickmann 1998 · Feldmeier 1913 · Gotthard 1999 · Härter 1992 · Hauck 1903 · Heigel 1887 · Hermkes 1968 · Hesse 1986 · Mußgnug 2006 · Press 1980 · Roeck 1984 · Schaab 1992 · Schmidt 1963

Anmerkungen

1 Heigel 1887, S. 24–28.
2 Deutsche Reichstagsakten 2006, S. 2530.
3 Die Politik Maximilians I. 1966, S. 249.
4 Zitiert nach Gotthard 1999, S. 323.
5 Die Politik Maximilians I. 1970, S. 370.
6 Londorp 1627, S. 674.
7 Acta Pacis Westphalicae 2006, S. 99–143 (Sitzung des Fürstenrats, 6./16.3.1647); vgl. Dickmann 1998, S. 399 f.
8 Lünig 1720, S. 1159.
9 Hermkes 1968, S. 57.
10 Zitate nach Roeck 1984, S. 137.
11 Härter 1992, S. 600.

Flugblattpropaganda zu Zeiten des „Winterkönigs“ Friedrich V.

Jana Hubková

Die kurze und dramatische Lebensgeschichte des pfälzischen Kurfürsten Friedrich V. (1596–1632), der von den böhmischen Ständen 1619 zum König von Böhmen gewählt wurde, stellten einige Historiker unlängst aus ungewöhnlichen Blickwinkeln vor. Die Publizistik des Dreißigjährigen Krieges widmete ihm viel größere Aufmerksamkeit als seinen politisch und militärisch erfolgreicheren Zeitgenossen. Als Pfalzgraf und Kurfürst, Haupt der Protestantischen Union, König, Gegenkönig, Exulant und Sinnbild der Hoffnung vieler Glaubens- und Kriegsflüchtlinge erschien Friedrich auf den Seiten mehr als 400 erhaltener illustrierter Flugblätter und Flugschriften in so verschiedenen realen und irrealen Rollen, dass sein wahres Gesicht hinter diesen Darstellungen nur schwer auszumachen ist.

Friedrichs Wahl zum König von Böhmen, seinen Einzug in Prag, seine Krönung im St. Veitsdom, die Huldigungsreise nach Mähren, Schlesien und in die Lausitz sowie andere Ereignisse seiner Regierung in Böhmen begleitete eine Welle böhmisch-pfälzischer Publizistik, die mehr als 138 Drucke von über 90 Autoren und 27 Druckern umfasste. Zu den wichtigsten Autorengruppierungen dieser Publizistik gehörten die mit der Prager Karlsuniversität verbundenen Verfasser und zahlreiche schlesische Autoren, die v. a. die Huldigung in Breslau ausführlich beschrieben. Diese mannigfaltige mehrsprachige Publizistik repräsentiert der illustrierte Einblattdruck *Abrieß deß Böhmischen Löwens* (Abb. 1), den der Prorektor der Prager Universität Peter Fradelius und der Stecher und Drucker Peter Rollos schufen. Der Bildteil zeigt in vier Phasen, wie der Kurfürst Friedrich den geplagten böhmischen Löwen heilt und rettet. Diese Flugblätter und Flugschriften brachten viele Impulse, Ideen und Konzeptionen, die auch die kaiserliche Propaganda später adaptierte.

An der kaiserlichen Publizistik über Friedrich beteiligten sich nicht nur Anhänger Kaiser Ferdinands II. aus Böhmen, Österreich, Bayern und aus den Spanischen Niederlanden, sondern auch manche anticalvinisch gesinnte orthodoxe Lutheraner. Namentlich kennen wir jedoch nur wenige Verfasser und Drucker. Die militärische Niederlage der böhmisch-pfälzischen Seite in der Schlacht am Weißen Berg am 8. November 1620 erfuhr durch die Reichsacht, die der Kaiser am 29. Januar 1621 über Friedrich verhängte, eine vernichtende Steigerung. Die folgende, riesige Welle anonymer Spottschriften und Flugblätter trug 1621 zum ersten publizistischen Gipfel des Dreißigjährigen Krieges bei. Dieses Phänomen thematisiert auch der anonyme illustrierte Einblattdruck *Einred und Antwort* (Abb. 2), der zugleich als Absatzwerbung für die erfolgreichsten Pamphlete auf Friedrich diente. Im Vordergrund der Radierung wird ein Zeitungsschreiber im Gespräch mit seinem Widersacher dargestellt. Der Kritiker fragt den Journalisten, ob er ein neues Blatt auf den Pfalzgrafen verfasst habe und mahnt ihn, es nicht zu grob zu formulieren, weil er in Konflikt mit den Reichserlässen zu den „Famoßlibell [...] Paßquill und Schmahred“ geraten könnte. Der Journalist versucht zunächst, seinen Kritiker einzuschüchtern, indem er ihn als Anhänger Friedrichs hinstellt, da die Reichsacht nicht nur Friedrich selbst, sondern auch seine Helfer betraf. Anschließend argumentiert er dergestalt, dass die Reichserlässe sich nur auf das Reich bezögen, der Pfalzgraf als Verbannter dem Reich jedoch nicht mehr angehöre. Mit der Aufzählung der erfolgreichsten Flugblätter über Friedrich, die im Hintergrund der Radierung durch zahlreiche nummerierte Bildzitate vertreten sind, versucht der Zeitungsschreiber den Vorwurf zu entkräften, dem Pfalzgraf sei „vnrecht geschehen“. Schließlich äußert der Kritiker seine Befürchtung, selbst zur Zielscheibe des Spotts neuer Pasquillen zu werden. In mehreren Flugblättern schildern bildliche, durch kurze Textkommentare ergänzte Darstellungen das fiktive Leben des „Winterkönigs“: Er regiert als Fastnachtkönig seinen imaginären Hof, sein Schicksal wird vom Postillion, Prager Hofkoch und bayerischen Jäger kommentiert, er beichtet dem Hofprediger seine Sünden, wird von den eigenen Dienern betrogen, irrt als blinder Exulant aus Böhmen durch die Welt bzw. begibt sich verarmt auf Wallfahrt oder leistet Frondienste für seine niederländischen Gastgeber. Als kranker, von spanischen Mücken geplagter böhmischer Löwe wird er vom schlauen Fuchs ärztlich behandelt, der ihm den „Doktor Beer“ und Pillen aus bayerischen Apotheken empfiehlt. Dabei verbinden die Blätter humorvolle Aspekte mit mnemotechnischen Elementen – etwa Liedertexten mit Refrains, Paraphrasen aus Gebeten, biblischen oder liturgischen Texten. Auch fordern sie vom Leser eine aktive Eigenleistung, wenn er Flugblätter in Form von Bildrätseln (Rebus), Texte in labyrinthartiger Anordnung, ABC-Darien oder andere Kombinationsspielereien mit Buchstaben entschlüsseln soll, und greifen damit zu erprobten Mitteln der Beeinflussung der öffentlichen Meinung. Die zeitgenössische Flugblattpublizistik brachte jedoch auch neutrale oder positive Berichte über das Exil Friedrichs und seiner Familie im niederländischen Den Haag (Abb. 3). Als Symbol der Hoffnung für zahlreiche Glaubens- und Kriegsflüchtlinge trat Friedrich auch auf den Seiten der beliebten gedruckten Prophezeiungen auf, die im Laufe des Dreißigjährigen Krieges oft aktualisiert wurden.

Literatur

Bilhöfer 2004 · Bohatcová 1966, u. a. Nr. 59 · Bruchmann 1909 · Harms II, 1980, v. a. S. 153 · 188 Hubková 2010, v. a. S. 437–468 · Pursell 2003 · Schilling 1990, v. a. S. 177–178

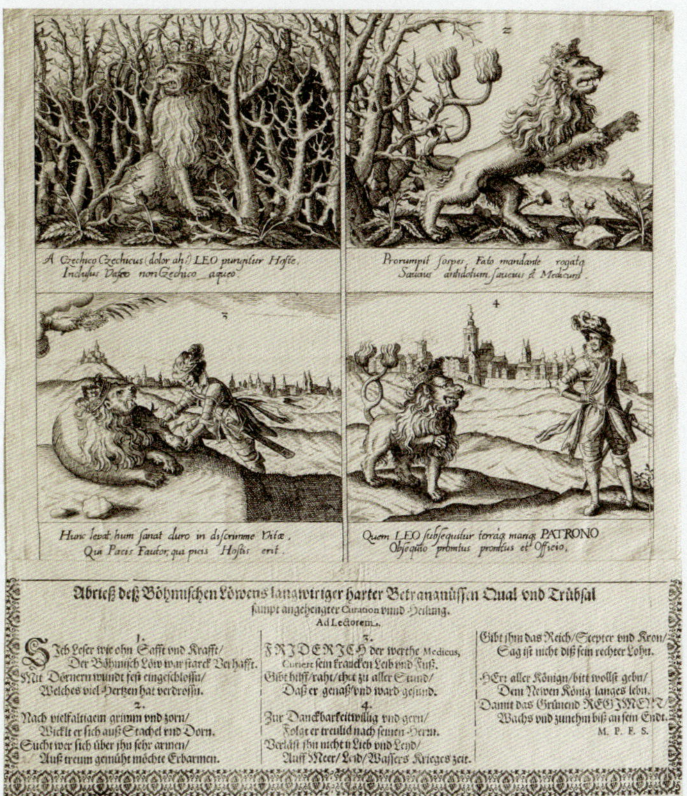

Abrieß deß Böhmischen Löwens langwiriger harter Betragnüssen Qual vnd Trübsal
sampt angehengter Curation vnnd Heilung.
Ad Lectorem.

1.
SJeh Leser wie ohn Safft vnd Krafft/
Der Böhmisch Löw war starck Verhafft.
Mit Dörnern wundt fest eingeschlossn/
Welches viel Hertzen hat verdrossn.

2.
Nach vielfaltigem grimm vnd zorn/
Wickelt er sich auß Stachel vnd Dorn.
Sucht wer sich über jhn sehr armen/
Auß trewm gemüht möchte Erbarmen.

3.
FRJDERJCH der werthe Medicus,
Curiert sein krancken Leib vnd Fuß.
Gibt hülff/raht/that zu aller Stund/
Daß er genaß/vnd ward gesund.

4.
Zur Danckbarkeit willig vnd gern/
Folgt er treulich nach seinem Herrn.
Verläst jhn nicht in Lieb vnd Leyd/
Auff Meer/Land/Wassers Krieges zeit.

Gibt jhm das Reich/Scepter vnd Kron/
Sag ist nicht diß sein rechter Lohn.

HErr aller Könign/bitt wollst gebn/
Dem Newen König langes lebn.
Damit das Grünend REGJMENT/
Wachs vnd zunehm biß an sein Endt.
M. P. F. S.

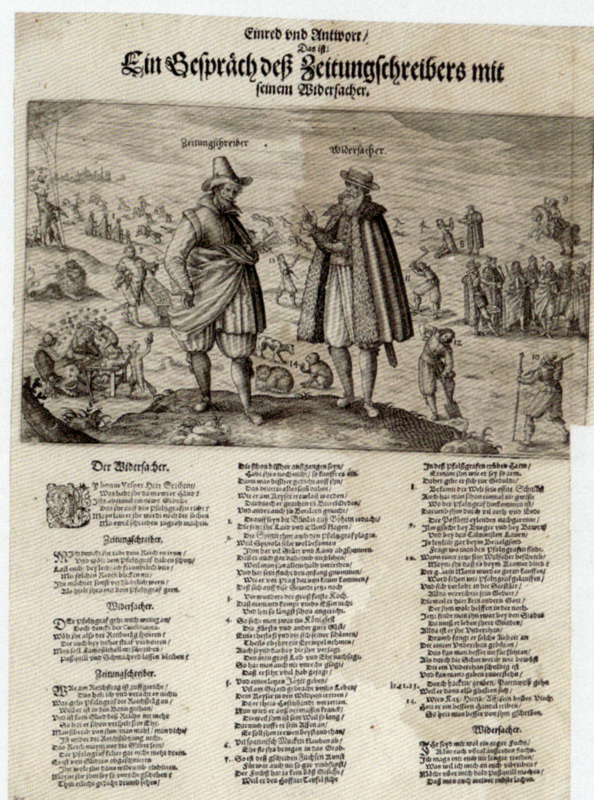

1 *Abrieß deß Böhmischen Löwens langwiriger harter Betragnüssen, Qual und Trübsal sampt angehengter Curation und Heilung*, Flugblatt von Peter Fradelius, Prag: Peter Rollos, 1619 | Archiv der Haupstadt Prag, Graphische Sammlung, G 1641

2 *Einred und Antwort*, Flugblatt, um 1621 | Archiv der Hauptstadt Prag, Graphische Sammlung, G 1670

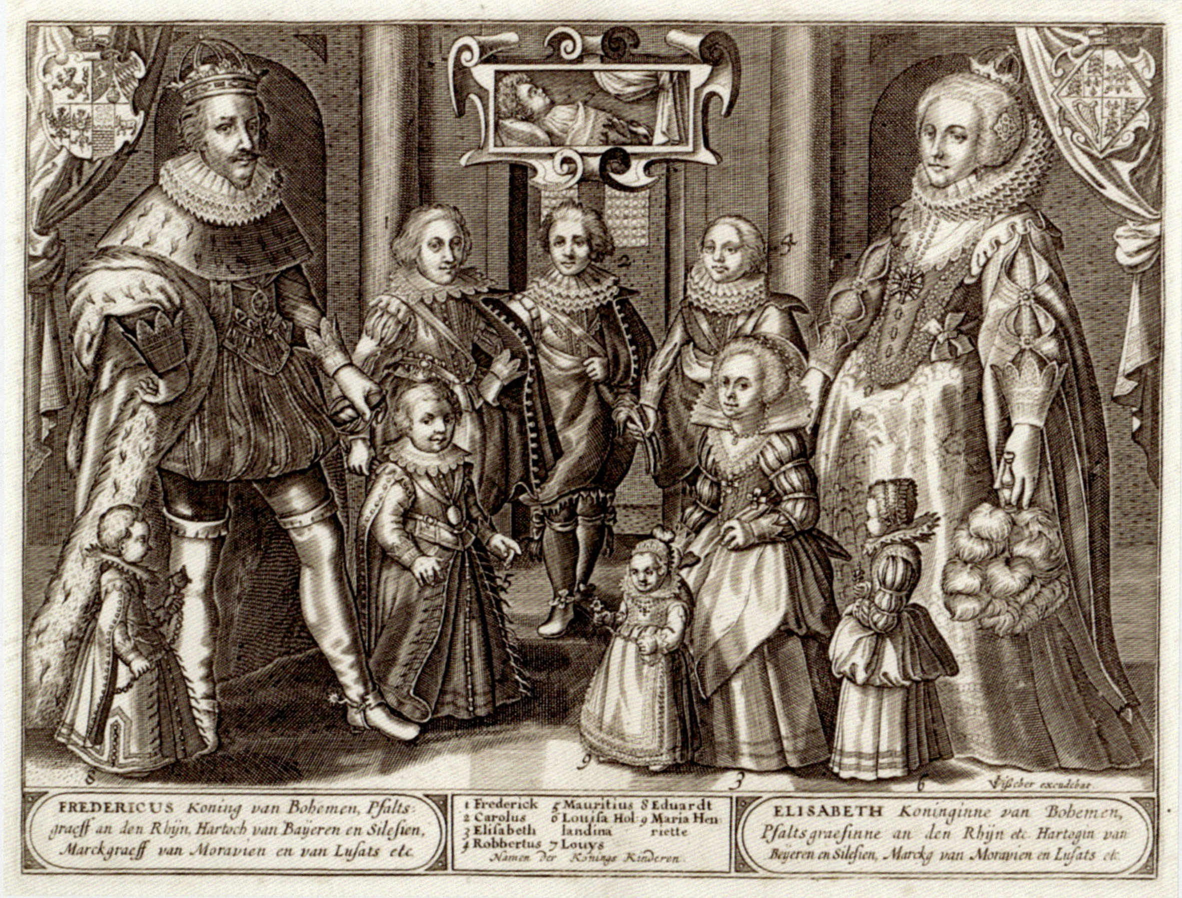

3 Das böhmische Paar mit sechs Kindern, Einblattdruck 1621 | Reiss-Engelhorn-Museen Mannheim

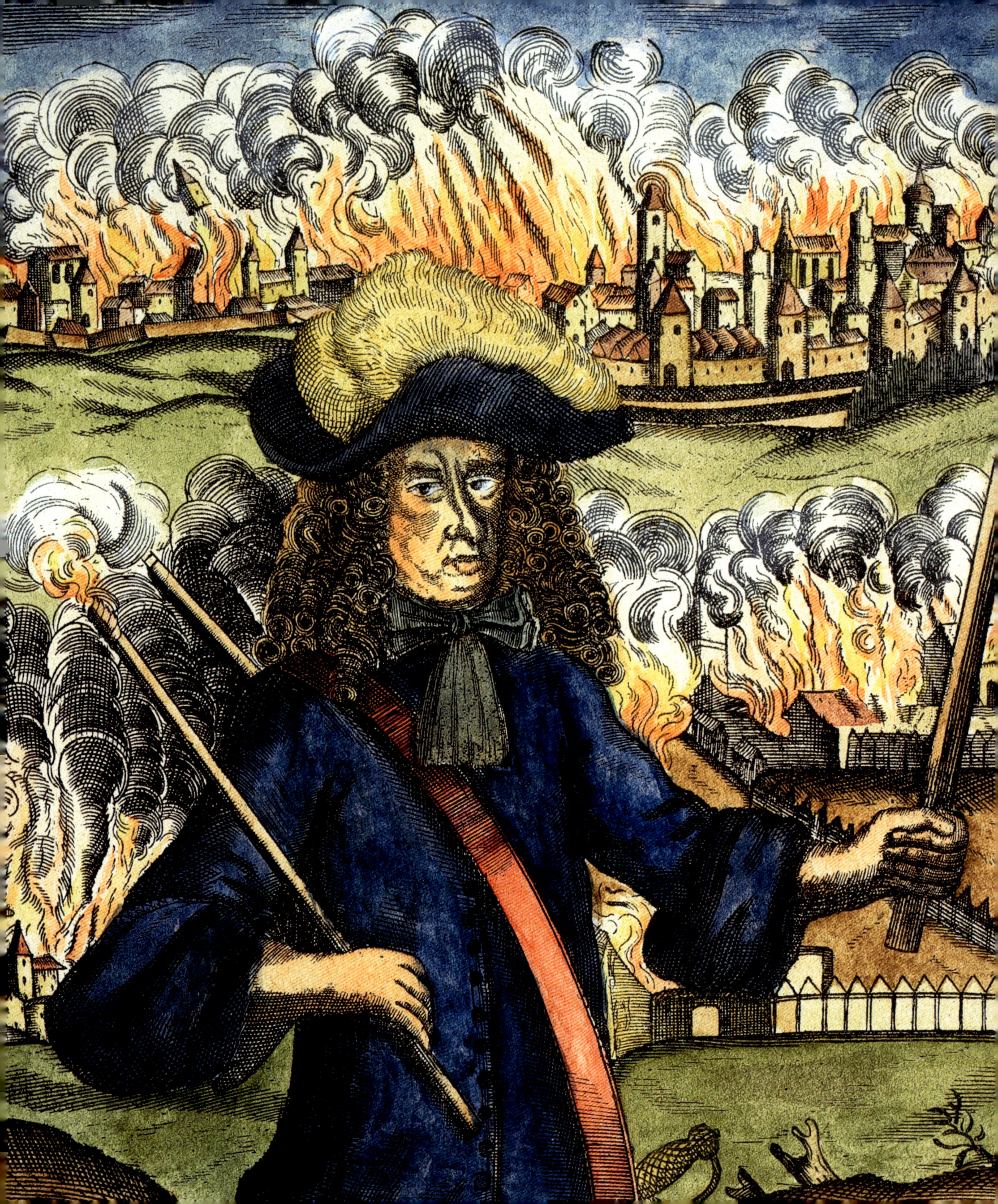

Erich Pelzer

Die Erfahrung von Krieg, Besetzung und Zerstörung in der Kurpfalz vom Dreißigjährigen Krieg bis in die Revolutionsära

Wohl kaum eine andere Region Deutschlands war während zweier Jahrhunderte – vom Beginn des Dreißigjährigen Krieges bis zum Ende der Revolutionskriege – derart häufig Schauplatz von Kriegen, Brandschatzungen, Verwüstungen und Entvölkerungen wie die Kurpfalz, deren politisches Ende im Zuge des Reichsdeputationshauptschlusses von 1803 besiegelt wurde. Die vielschichtigen Gründe, weshalb die Kurpfalz zur *terra bellum* der Frühen Neuzeit wurde, hängen mit unterschiedlichen Zeitkontexten zusammen und sind stets eingebunden in ein europäisches Konfliktfeld. Dies soll zunächst am Exempel des Dreißigjährigen Krieges, dann an der Besetzung und Zerstörung der Pfalz durch französische Truppen unter Ludwig XIV. und schließlich an den Kriegen der Französischen Revolution verdeutlicht werden.

Die Kurpfalz in den Wirren des Dreißigjährigen Krieges (1618–1648)

Weshalb wurde die Kurpfalz nach dem Auftakt des Dreißigjährigen Krieges in Böhmen zur Bühne für das zweite „Kriegstheater"? Erstens spielte die geographische Lage eine zentrale Rolle. Das Territorium war geteilt in ein Kernland, die Unterpfalz, und die Oberpfalz, die an das ebenfalls wittelsbachische Herzogtum Bayern angrenzte. Die Unterpfalz wiederum erstreckte sich beiderseits des Rheins wie ein Flickenteppich, der von der Lauter im Süden bis weit in den Hunsrück im Nordwesten, vom Glan im Westen bis zur Tauber[1] im Osten reichte. Zweitens war der geopolitische Faktor ausschlaggebend. Die Kurpfalz war im 17. Jahrhundert förmlich eingepfercht zwischen den Herrschaftsansprüchen der Habsburger im Reich und der nach europäischer Vormachtstellung drängenden Bourbonen in Frankreich. Ein dritter Faktor kam mit der Glaubensspaltung im 16. Jahrhundert hinzu. Mit dem Tod Ottheinrichs 1559 starb die Alte Kurlinie der pfälzischen Wittelsbacher aus und die Nebenlinie Pfalz-Simmern gelangte mit Kurfürst Friedrich III. an die Macht. Mit Einführung des Heidelberger Katechismus 1563 trat nicht nur die Herrscherfamilie zum Calvinismus über, vielmehr wurde die Kurpfalz Zufluchtsort für die in Frankreich verfolgten Hugenotten und die in den Niederlanden von den Spaniern bedrängten Calvinisten. Angesichts dieser schwierigen Ausgangslage knüpften die Kurfürsten ein enges Band zu Glaubensbrüdern in Europa, namentlich in der Schweiz, in Frankreich, in den Niederlanden und in Schottland.

Im Dreißigjährigen Krieg suchten Kriegszüge die Kurpfalz in zwei Phasen heim, gleich zu Beginn und Mitte der 1630er Jahre. Der Funke, der dieses politisch-dynastische und multikonfessionelle Konglomerat von Interessen zur Explosion brachte, wurde 1619 in Prag gezündet, unter kräftiger Mitwirkung des pfälzischen Kurfürsten Friedrich V. Jener ließ sich als Schwiegersohn des englischen Königs, Neffe von Moritz von Oranien und Vetter Gustav II. Adolfs von Schweden dazu verleiten, die ihm angebotene Wenzelskrone anzunehmen, nachdem im Jahr zuvor die böhmischen Stände den Habsburger Ferdinand II. entthront hatten. Letzterer war Ende August 1619 in Frankfurt am Main mit der Stimme der Kurpfalz zum Kaiser gewählt worden. Dies hielt Friedrich V. nicht davon ab, sich am 4. November 1619 zum böhmischen König krönen zu lassen. Wenngleich die Heidelberger Räte die Risiken der Thronannahme sorgfältig abwogen und es von anderer Seite viele Warnungen gab, setzte der erst 23-jährige Friedrich im trügerischen Vertrauen auf seine protestantischen Verbündeten sowie in maßloser Überschätzung seiner eigenen militärischen wie ökonomischen Ressourcen alles auf eine Karte und verlor schließlich nicht allein Böhmen, sondern auch sein eigenes Herrschaftsgebiet, die Pfalz, und die Kurwürde. Nach der Niederlage des böhmischen Ständeheeres in der Schlacht am Weißen Berg am 8. November 1620 gegen die kaiserlichen Truppen (Abb. 2) verhängte Ferdinand II. am 22. Januar 1621 die Reichsacht über den in zeitgenössischen Spottversen als „Winterkönig" verhöhnten Kurfürsten. Es folgte die Flucht aus Prag und ein jahrelanges Exil in Den Haag. Was ursprünglich als regionaler Konflikt, als Widerstand der böhmischen

1 Ezechiel Graf Melac, General der französischen Truppen, der 1689 im Auftrag Ludwigs XIV. die Pfalz verwüstete, zeitgenössischer kolorierter Kupferstich

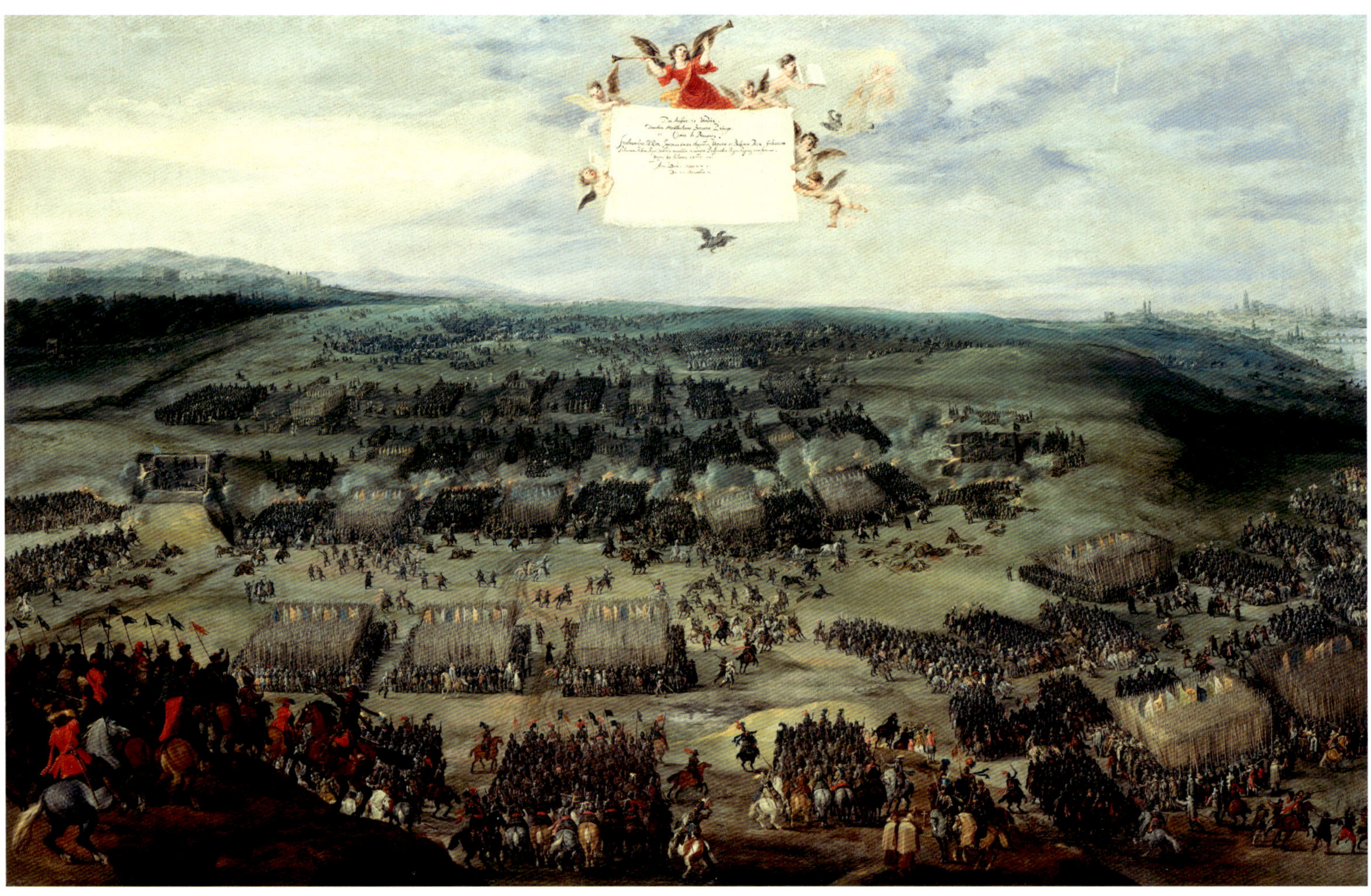

2 Pieter Snayers: Die Schlacht am Weißen Berg, 1620, Öl auf Leinwand | München, Bayerische Staatsgemäldesammlungen, 2309, als Leihgabe im Bayerischen Armeemuseum Ingolstadt

Stände gegen das Haus Habsburg, mit dem berühmten Fenstersturz zu Prag am 23. Mai 1618 begonnen hatte, weitete sich bald über das Reich und vor allem über die führungslose Kurpfalz aus, die über keine Armee zur Verteidigung ihres Territoriums verfügte.

Noch während Friedrichs Königtum hatten der evangelische Markgraf Joachim Ernst von Brandenburg für die Union und der Anführer der Katholischen Liga, Herzog Maximilian von Bayern, am 3. Juli 1620 in Ulm ein Stillhalteabkommen unterzeichnet, das mit Ausnahme der Kurpfalz das gegenseitige Recht des Truppendurchzugs beinhaltete. Von den wichtigsten Mitgliedern der Protestantischen Union, namentlich von Kursachsen und den norddeutschen Lutheranern, verlassen, ging die Kurpfalz ihrem politischen Schicksal entgegen. Die Oberpfalz wurde nach der Ächtung Friedrichs V. von bayerischen Truppen besetzt. Die Unterpfalz geriet bereits vorher ins Visier der Liga: Anfang September drangen von Norden her spanische Truppen unter General Ambrosio Spinola in die pfälzischen Erblande ein. Dem von Friedrich V. eingesetzten Statthalter, Pfalzgraf Johann von Zweibrücken, standen lediglich zwei kleine Truppenkontingente aus England und den Niederlanden zur Verfügung. Das Unterstützungsheer des Markgrafen Joachim Ernst von Brandenburg-Ansbach ging nicht nur höchst unentschlossen gegen die Spanier vor; das passive Verhalten des Markgrafen führte sogar dazu, dass das niederländische Hilfskorps im November die Pfalz wieder verließ. Angesichts des geringen Widerstands verwundert es kaum, dass die Spanier bis Ende November die linksrheinische Pfalz besetzen konnten, mit Ausnahme von Kaiserslautern, Frankenthal und der Burg Lichtenberg in der Grafschaft Pfalz-Zweibrücken. Als Spinola im April 1621 in Mainz einen Waffenstillstand mit der Protestantischen Union schloss, bedeutete dies de facto die Preisgabe der Pfalz. Wenig später löste sich die Union in Heilbronn selbst auf. Ein Ende des Krieges war dennoch nicht in Sicht, denn es kam in den folgenden fast 30 Jahren zu einer neuen Art von Kriegsführung: Kleine multiethnische Söldnerarmeen mit ehrgeizigen Anführern führten den Krieg auf eigene Faust und provozierten damit stets Gegenmaßnahmen der großen Mächte.

Kaiserslautern, Ladenburg und die Bergstraße waren bereits im Sommer 1621 von den Spaniern erobert worden, als Ernst von Mansfeld aus Böhmen heranrückte. Ihm folgte von Süden her das bayerische Heer unter Tilly, der den Odenwald, den Kraichgau und die Rheinebene einnahm. Angesichts der Übermacht des Gegners wich Mansfeld ins El-

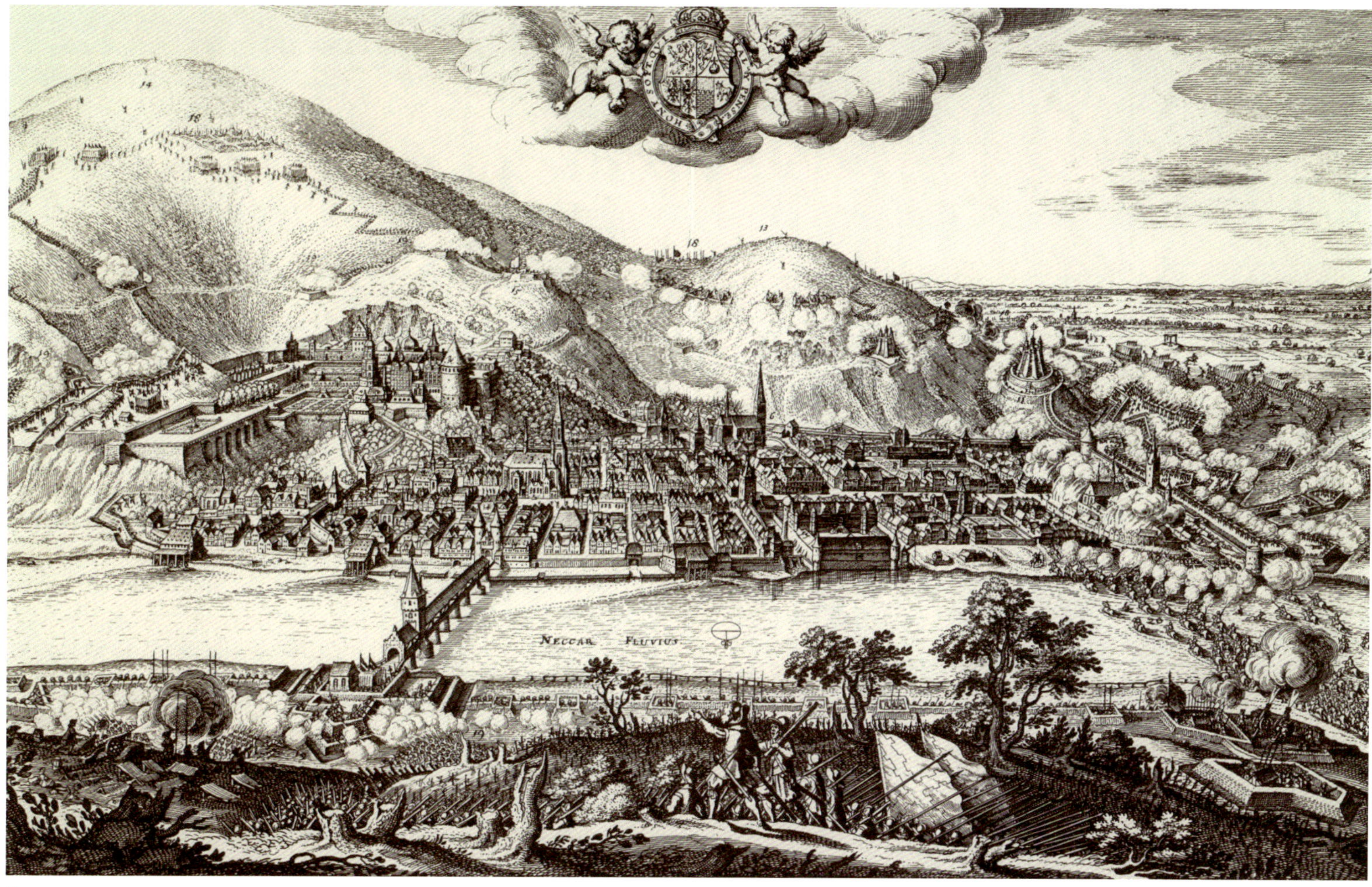

3 Eroberung Heidelbergs durch General Tilly 1622, Kupferstich von Matthäus Merian d. Ä. | Reiss-Engelhorn-Museen Mannheim

sass aus, da er hoffte, dort ein eigenes Fürstentum zu erwerben. Als Mansfeld zusammen mit der Armee des Markgrafen Georg Friedrich von Baden Monate später in die Pfalz zurückkehrte, begann der Krieg von neuem. Mit der Niederlage Georg Friedrichs bei Obereisesheim, nördlich von Heilbronn, am 6. Mai 1622 zeichnete sich die vollständige Inbesitznahme der Pfalz ab. Nachdem auch der militärische Ablenkungsversuch des Herzogs Christian von Braunschweig bei Höchst von Tilly abgewehrt wurde, ging der bayerische Feldherr an die Belagerung von Heidelberg, das am 19. September kapitulierte (Abb. 3). Schließlich wurden die letzten Bastionen des protestantischen Widerstands genommen. Nach der Burg Dilsberg bei Neckargemünd fielen Mannheim (Abb. 4) und Ende März 1623 auch Frankenthal in die Hände des Gegners. Anschließend wurde die Pfalz unter den katholischen Verbündeten aufgeteilt: Linksrheinisch hatten die Spanier und rechts des Rheins die Bayern das Sagen. Mit dem Krieg und der anschließenden Besetzung des Landes wurde die pfälzische Bevölkerung arg in Mitleidenschaft gezogen, vor allem in den Orten und Städten mit Winterquartieren oder Garnisonen. Denn die Raubzüge der Soldateska stellten sich immer dann ein, wenn Soldzahlungen ausblieben (Abb. 5).

Waren nach dem Ende des böhmisch-pfälzischen Krieges 1623 die Erwartungen Friedrichs V. auf eine Restitution stark gesunken, so schöpfte er neue Hoffnung mit der Landung von König Gustav II. Adolf von Schweden 1630 an der Ostseeküste und dessen schnellen Vormarsch an den Main. Rasch schlossen sich lutherische Fürsten mit eigenen Truppenkontingenten seiner finanziell mit französischen Subsidien abgesicherten Armee an. Nach dem Sieg über Tilly bei Breitenfeld am 7. September 1631 zog die Armee Gustav Adolfs über Franken in die Pfalz und setzte nach der Einnahme der Bergstraße zur Rückeroberung der gesamten Kurpfalz an. Mit Unterstützung der Bevölkerung öffneten sich manche Stadttore dem Schwedenkönig, und es gelang ihm binnen weniger Wochen, die spanisch-lothringische Besatzung aus den linksrheinischen Gebieten zu verdrängen. Noch vor Jahresfrist wurde Mannheim durch Kriegslist eingenommen. Nach der Frühjahrsoffensive 1632 im linksrheinischen Teil der Kurpfalz brach der Großteil der schwedischen Truppen nach Frankfurt auf und überließ die Rückeroberung des rechtsrheinischen Gebietes drei protestantischen Heerführern. Im Mai gelang die Einnahme Heidelbergs, die bayerische Besatzung des Schlosses ergab sich Ende Juni. Kurfürst Friedrich V. war von Gustav

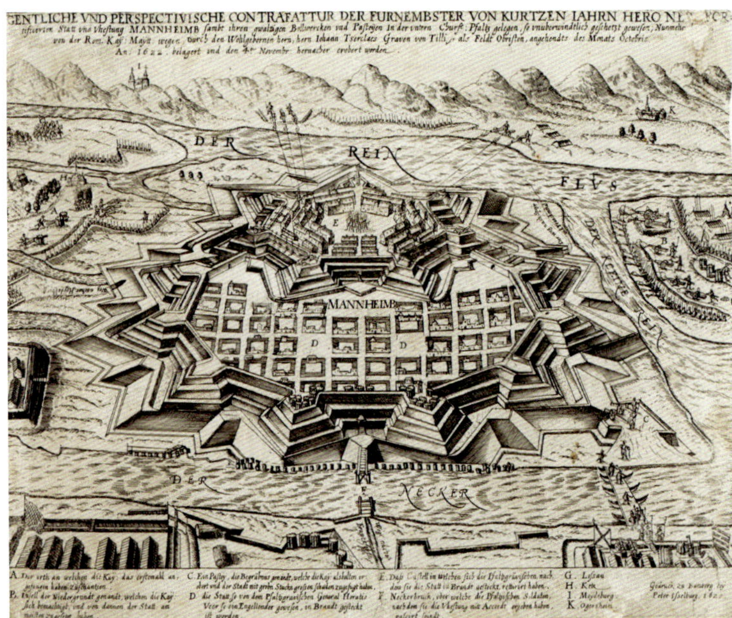

4 Perspektivische Ansicht der Stadt Mannheims und Festung Friedrichsburg bei der Eroberung durch General Tilly 1622, Kupferstich, gedruckt in Bamberg 1623 von Peter Isselburg | Reiss-Engelhorn-Museen Mannheim

Adolf am 10. Februar 1632 in Frankfurt feierlich als böhmischer König begrüßt worden. Aber während sein jüngerer Bruder, Pfalzgraf Philipp Ludwig von Simmern, die schwedischen Bedingungen zur Wiedereinsetzung annahm, wies der Kurfürst die Bedingungen als unerfüllbar zurück. Dreizehn Tage nach dem Tod Gustav Adolfs bei Lützen am 16. November starb Friedrich V. in Mainz an der Pest.

Nach einer relativ langen Pause von knapp zwei Jahren kehrte der Krieg nach der katastrophalen Niederlage der Schweden bei Nördlingen am 6. September 1634 in die Pfalz zurück. Anstelle der sich nach Vorpommern zurückziehenden Schweden ging Frankreich unter Kardinal Richelieu ab der Mitte des Jahres 1635 von dem bisher „verdeckten" in den offenen Krieg über. In die Pfalz kehrten die Kaiserlichen und Bayern zurück. Im Januar 1635 fiel Philippsburg, Heidelberg wurde Ende Juli, Frankenthal Mitte Oktober und Mannheim im Dezember zurückerobert. Während die Bayern somit den rechtsrheinischen Teil der Kurpfalz unter ihre Herrschaft zu bringen vermochten, war die Lage im linksrheinischen Teil unübersichtlicher, da sich Frankreich und Spanien gegenseitig bekämpften. Bei der Eroberung von Kaiserslautern im Juli 1635 richteten die kaiserlichen Truppen ein Blutbad unter der Bevölkerung an.[2]

Die Bilanz des Dreißigjährigen Krieges war für die Pfalz verheerend (Abb. 6). Im Oberamt Kaiserlautern waren 30 von 62 Dörfern entvölkert, wohingegen der Kraichgau weniger betroffen war. Bretten verzeichnete einen Bevölkerungsrückgang von 50 Prozent, während die Gesamtverluste für die Pfalz zwischen 75–80 Prozent betrugen. Kaiserslautern schrumpfte im Laufe des Krieges von einer Bevölkerungszahl von 3.200 Personen (1618) auf die Größe eines mittelgroßen Dorfes mit 200 Einwohnern (1635).[3] Mannheim lag vollkommen in Trümmern.

Nach langwierigen Verhandlungen einigten sich die kriegführenden Länder 1648 im Westfälischen Frieden auf die Wiedereinsetzung des Sohns des Winterkönigs, Karl Ludwig, der mit einer neuen, achten Kur betraut wurde. Die vormals pfälzische Kur und die Oberpfalz verblieben bei Bayern (vgl. Beitrag Lanzinner in diesem Band). Karl Ludwig kehrte in ein entvölkertes, teils zerstörtes und zudem aufgeteiltes Land zurück. Sein Onkel Ludwig Philipp, der bereits 1655 verstarb, erhielt das Nebenland Simmern-Lautern als eigenes Fürstentum zugesprochen, eine vorübergehende Landesteilung, die bereits 1673 durch Erbfall überwunden werden konnte.

Der Pfälzische Krieg (1688–1697)

Dem äußeren Anschein nach begann der Pfälzische Krieg mit dem Vormarsch französischer Truppen gegen die Festung Philippsburg am 24. September 1688 plötzlich und unerwartet, doch in Wirklichkeit hatte er eine lange Vorgeschichte. Nach 1648 wurde die Kurpfalz zum Spielball zwischen der französischen Hegemonialpolitik auf der einen und dem kaiserlichem Universalanspruch auf der anderen Seite. Dank der Politik der Kardinäle Richelieu und Mazarin, die den Grundstein für Frankreichs Vormachtstellung in Europa legten, konnte Ludwig XIV. 1667 eine aggressive Expansionspolitik an den nördlichen und östlichen Grenzen seines Reiches betreiben. Zur Unterstützung seines Hegemonieanspruchs setzte er juristische (Reunionen), dynastische (Heiratspolitik) und militärische Mittel ein. Um den Status quo der Kurpfalz abzusichern, sah sich Kurfürst Karl Ludwig seinerseits veranlasst, französische Subsidien zum Wiederaufbau seines zerstörten Landes in Anspruch zu nehmen. Und mit der Verheiratung seiner Tochter Elisabeth Charlotte mit dem Bruder des französischen Königs hegte er 1671 die Hoffnung, einem potenziellen Angriff auf sein Land vorbeugen zu können. Spätestens 1674, als französische Truppen unter Marschall Turenne die neutrale Pfalz erstmals verwüsteten, sollte sich diese vorsichtige Annäherungspolitik als Fehleinschätzung erweisen.

Als die Kurpfalz 1688, zum vierten Mal in einem Jahrhundert, zum Ziel französischer Expansionspolitik wurde, hatten sich die Rahmenbedingungen in der Kurpfalz und im Heiligen Römischen Reich grundlegend geändert. Nach der kurzen Regentschaft Karls II. (1680–1685), des politisch unerfahrenen und kränklichen Sohnes von Karl Ludwig, ging die Kurwürde an die Linie Pfalz-Neuburg über, womit nicht nur ein Wechsel zum katholischen Glauben, sondern vor allem ein Politikwechsel verbunden war. Der neue Kurfürst, Philipp Wilhelm von Pfalz-Neuburg, stand als Schwiegervater Kaiser Leopolds I. fest an der Seite der Habsburger, denen es mit Unterstützung aus Österreich, Polen, Sachsen, Bayern und Baden im Herbst 1683 gelungen war, Wien aus der existenziell bedrohlichen Belagerung durch die Osmanen zu befreien. Ludwig XIV. nutzte diese Krisensituation und machte bei der im Mai 1685 eintretenden pfälzischen Erbfolge eigene, überzogene Ansprüche im Namen seiner Schwägerin Liselotte von der Pfalz geltend. Aus Gründen der politischen Abschreckung und um einen Zweifrontenkrieg zu vermeiden, schlossen daraufhin der Kaiser, Spanien, Schweden und Mitglieder des oberrheinischen und fränkischen Reichskreises am 9. Juli 1686 die Augsburger Allianz, ein rein defensiv ausgerichtetes Bündnis zur Abwehr französischer Ansprüche und Übergriffe.

Dieser Bündnisinterpretation konnte und wollte sich Ludwig XIV. nicht anschließen. Im Gegenteil, er sah darin einen Akt der Bedrohung und Einkreisung durch die von den Habsburgern dominierte Liga, weshalb die französische Geschichtsschreibung bis heute vom *Guerre de la Ligue d'Augsbourg* spricht. Hingegen sprach die deutschnationale Geschichtsschreibung im 19. und bis weit ins 20. Jahrhundert hinein von den „Raubkriegen" Ludwigs XIV., die mit dem französischen Drang zum Rhein, einer daraus abgeleiteten Erbfeindschaft und stereotyp unterstellten negativen Charaktereigenschaften der Franzosen verbunden wurden.[4] Diese nationale Geschichtskonstruktion, die in ihrem Kern Beurteilungskategorien aus dem Zeitalter des Nationalismus auf die Frühe Neuzeit rückprojizierte, ist heute längst widerlegt.[5] Die Bezeichnungen Pfälzischer Krieg, Orléansscher Krieg oder *Nine Years' War*, wie dieser Krieg in der angelsächsischen Historiographie genannt wird, haben sich heutzutage weitgehend durchgesetzt. Der Krieg von 1688 bis 1697, der in der Kurpfalz das größte Zerstörungswerk ihrer Geschichte hinterließ, lässt sich auch nur sehr unpräzise als Pfälzischer Erbfolgekrieg klassifizieren. Die Motive und Absichten Frankreichs beinhalteten mehr als eine Auseinandersetzung um strittige Erbschaftsfragen, sie waren territorial, hegemonial und politisch umfassender.

Mit dem Angriff auf die Pfalz verband Ludwig XIV. drei Ziele: Erstens wollte er einen größeren Einfluss auf die Reichspolitik erlangen, indem er den Druck auf die vier rheinischen Kurfürstentümer (Trier, Köln, Mainz, Kurpfalz) erhöhte. Die Anlage von Festungen auf Reichsgebiet[6] sowie die Unterstützung seines Protegés Wilhelm Egon von Fürstenberg als Nachfolger des Anfang Juni 1688 verstorbenen Kurfürsten Max Heinrich von Wittelsbach im Erzstift Köln dienten diesem Zweck. Zweitens schickte sich sein hartnäckigster Gegner aus den Vereinigten Niederlanden, Wilhelm III. von Oranien, gerade an, die ihm vom englischen *Parliament* angetragene Krone anzunehmen, was seinen Schwiegervater Jakob II. zur Abdankung und zum Exil in Frankreich zwang. Als *Glorious Revolution* (1688/89) markierte dieser Sieg von Parlamentarismus und Protestantismus den größten Einschnitt in der neueren englischen Geschichte. Drittens war es den Habsburgern und ihren Verbündeten nicht nur gelungen, Wien aus feindlicher Umklammerung zu befreien, sondern die Osmanen über Ungarn hinaus zurückzudrängen. Am 6. September 1688 kapitulierte Belgrad, eine Nachricht, die Europa und natürlich auch Versailles in höchste Aufmerksamkeit versetzte.

Dort, in der neu errichteten, prunkvollen Residenz des französischen Königs, hatte man sich bereits Anfang August zum Angriff auf die Pfalz entschieden. Eine Art Präventivkrieg sollte der im Osten Europas wachsenden Bedeutung Habsburgs im Westen entgegenwirken. Aber Frankreich musste diesen Krieg ohne Verbündete führen. Mit der Aufhebung des Toleranzediktes von Nantes im Oktober 1685 suchten nicht nur die eigenen rund 20.000 hugenottischen Soldaten das Weite, man verprellte mit Brandenburg auch den letzten Verbündeten im Reich. Das von Ludwig XIV. am 24. September 1688 verkündete Manifest beinhaltete ein Friedensversprechen und zugleich eine Auflistung von Forderungen und Drohungen.[7] Ohne den ultimativ festgesetzten Termin abzuwarten, überschritten französische Truppen bei Straßburg den Rhein. Der schnelle Vormarsch in die Kurpfalz erfolgte aus drei Richtungen. Bis Mitte Oktober wurde die linksrheinische Pfalz besetzt. Allein die Festung Philippsburg leistete noch Widerstand, bevor sie am 29. Oktober kapitulieren musste. Mannheim und Frankenthal folgten wenig später. Die Franzosen brachten binnen weniger Wochen fast die gesamte Rheinlinie von Landau im Süden bis nördlich der niederrheinischen Stadt Wesel unter ihre Kontrolle. Der französische Überraschungscoup traf die wehrlose Kurpfalz hart. Mit der französischen Besetzung wurden den Städten und Gemeinden hohe Kontributionszahlungen auferlegt, und bei Nichtbegleichung drohten die Heerführer unverhohlen mit Plünderungen und Zerstörungen. Einzelne, kleinere Reitereinheiten erkühnten sich gar, entlang des Neckars Einfälle nach Franken und Bayern zu wagen, um auf ihrem Rückweg auch Ulm und Württemberg mit stattlichen Kontributionen zu belasten.[8] Ab Januar 1689 wurde die Kurpfalz niedergebrannt, Mannheim erneut dem Erdboden gleichgemacht.

Als sich im Mai eine große europäische Allianz formierte, um der französischen Aggression mit militärischen Mitteln Einhalt zu gebieten, kam ein Plan des Marquis de Chamlay vom 27. Oktober 1688 zur Anwendung, der eine Entfestigung und Zerstörung der Städte und Siedlungen sowie die Vertreibung der ansässigen Bevölkerung vorsah, um in der Kurpfalz eine Pufferzone für die anstehenden Auseinandersetzungen zu schaffen. Die Politik der „verbrannten Erde" mit den damit verbundenen unsäglichen Kriegsgräueln, die von der systematischen Niederbrennung der Pfalz, der Zerstörung der Existenzgrundlage der einheimischen Bevölkerung, d.h. deren Häuser, Felder, Gärten, Wälder und Weinberge, bis zur Schändung der Kaisergräber in Speyer und der Fürstengräber in Heidelberg reichten, ist in der historischen Fachlite-

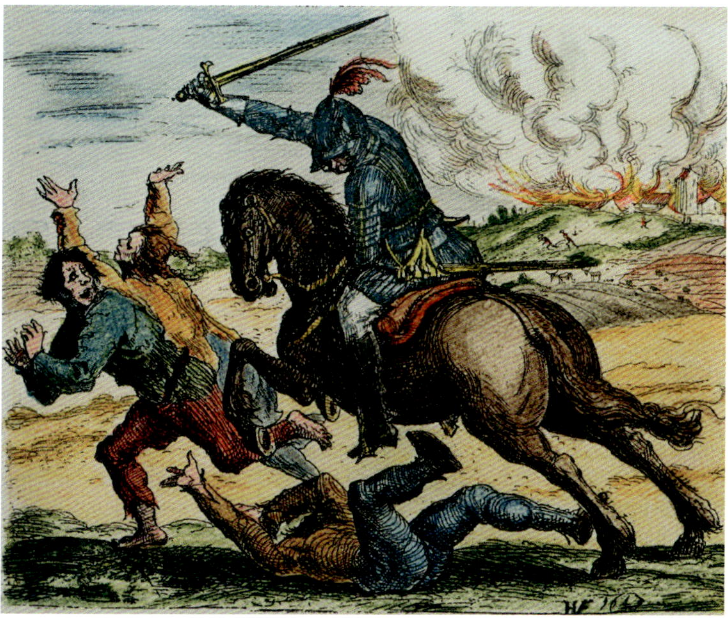

5 Der geharnischte Reiter, kolorierter Holzstich nach einer Radierung von Hans Ulrich Franck, 1643

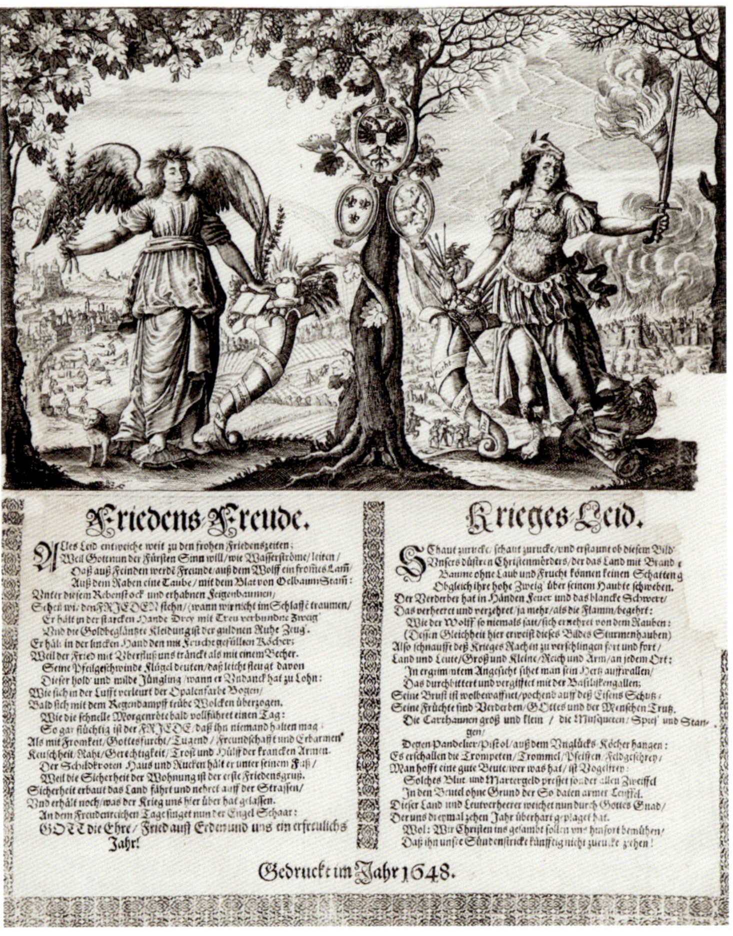

6 Flugblatt auf den Westfälischen Frieden, Friedens-Freude / Krieges – Leid, Kupferstich 1648 | Kurpfälzisches Museum der Stadt Heidelberg, S 4820

ratur ausführlich analysiert worden. Sucht man einen rationalen Kern hinter diesen heute als „Kriegsverbrechen“ zu bezeichnenden Aktionen, so lässt sich konstatieren, dass Frankreich ein überzogenes Sicherheitsbedürfnis vorschob, um damit das eigentliche Problem zu kaschieren. Denn in Wirklichkeit hatte die französische Krone ihren Hegemonialanspruch in Europa politisch und militärisch überdehnt beziehungsweise den Höhepunkt ihrer Macht überschritten. Letztlich führte man am Rhein einen Defensivkrieg zur Absicherung der französischen Reunionen, und die Rheinlinie samt der Kurpfalz sollte eine Art französisches Protektorat, ein entfestigtes Grenzgebiet, ein freies Vorfeld zwischen dem Heiligen Römischen Reich und Frankreich werden. Allein Weinheim an der Bergstraße überstand Krieg und Besetzung unversehrt, bevor kursächsische Truppen es in Besitz nahmen. 1693 kehrten die Franzosen nach Heidelberg zurück. Erst jetzt begann der Untergang der Stadt einschließlich der Zerstörung des Schlosses, indem bis auf wenige Ausnahmen alles niedergebrannt wurde, was bei der ersten Vernichtungswelle übrig geblieben war.

Als Fazit bleibt festzuhalten, dass der Begriff „Pfalzzerstörung“ ungenau ist, da das eben nicht zerstörte System französischer Festungen und Stützpunkte hiervon unberücksichtigt bleibt.[9] Stattdessen gilt es zu differenzieren zwischen einer Totalzerstörung, die das Gebiet zwischen Mannheim und Heidelberg betraf, Teilzerstörungen, die sich auf der rechten Rheinseite von Heidelberg bis ins südliche Lahr sowie linksrheinisch von Speyer bis an die Mosel erstreckten, und Streuzerstörungen in den angrenzenden Gebieten bis weit ins Rheinland sowie nach Franken und Schwaben. Die Verantwortlichen waren nicht nur die lokal kommandierenden Generäle wie der berüchtigte Ezéchiel Mélac (Abb. 1), sondern sie saßen in Versailles selbst. Sowohl der Kriegsminister Louvois als auch der König waren in alle Pläne und Aktionen eingeweiht. Indes befolgten nicht alle Generäle den Befehl zur Zerstörung: So machte Marschall Duc de Duras Minister Louvois darauf aufmerksam, welch negative Öffentlichkeitswirkung die Pariser Order „*Brûlez le Palatinat*“ für den Ruhm und die Größe Ludwigs XIV. besäße. Und der Heidelberger Stadtkommandant Comte de Tessé bewahrte am 2. März 1689 Heidelberg vor der vollständigen Zerstörung. Seinem Kriegsminister schickte er anschließend einen geschönten Vernichtungsbericht, was Louvois zwar erboste, aber für Tessé folgenlos blieb, weil er sich kurze Zeit später bei der Zerstörung Mannheims „Verdienste“ erwarb. Das hinterlassene Trümmerfeld auf der linken Rheinseite verblieb bis zum Frieden von Rijswijk (1797) in französischer Hand, während die rechtsrheinischen Gebiete vom Markgrafen Ludwig Wilhelm von Baden, dem „Türkenlouis“, zurückerobert wurden. Für die Bevölkerung der Kurpfalz war der jahrelange Zermürbungskrieg ein einziges Drangsal. Sie wurde am stärksten von Kriegslasten, Geiselnahmen, Ausplünderungen, Vertreibungen, Vergewaltigungen, Hunger, Seuchen und Requirierungszügen getroffen. Aber die Landbevölkerung wusste sich gleichwohl gegen Marodeure und Beutezüge der französischen Soldateska zu wehren, indem sich Bauern in irregulären Kampfgruppen, den sogenannten Schnapphähnen, zusammenrotteten, um teils aus dem Untergrund, teils in Kooperation mit regulären Reichstruppen, die Versorgungswege der Franzosen wirkungsvoll zu stören. Im Vergleich zum Dreißigjährigen Krieg waren in der Kurpfalz nach dem Ende des Pfälzischen Krieges die materiellen Schäden höher als die Bevölkerungsverluste.

Die Revolutionskriege (1792–1799)

Der Ausbruch der Französischen Revolution am 14. Juli 1789 wurde anfangs von den deutschen Schriftstellern, Publizisten und Intellektuellen mit Begeisterung als „Morgenröte“ einer neuen Zeit aufgenommen. In der Kurpfalz, im Heiligen Römischen Reich und im übrigen Europa begnügte man sich zunächst mit der Zuschauerrolle, wartete ab, wie sich die Ereignisse in Frankreich entwickeln würden, und traf Vorkehrungen, um ein Übergreifen von Ideen und „neufränkischen“ Freiheitsaposteln zu verhindern. Carl Theodor, der seit 1778 von München aus ein aus drei geografisch unterschiedlichen Landesteilen (Jülich-Berg, Kurpfalz, Bayern) uniertes Kurfürstentum regierte, hielt an seiner Neutralitätspolitik gegenüber Frankreich fest. Da sich etwa zwei Drittel des kurpfälzischen Territoriums auf der linken Rheinseite befanden, mussten hitzige Debatten in der Pariser Nationalversammlung im Herbst 1792 über das Ziel der „natürlichen Grenzen“ als alarmierendes Vorzeichen gedeutet werden. Ein halbes Jahr zuvor, am 20. April, hatte Ludwig XVI. unter dem Druck der Nationalversammlung dem „König von Ungarn und Böhmen" den Krieg erklärt. Der Revolutionskrieg hatte begonnen. Der Export der Revolution nach Europa, der – gewissermaßen im Vorgriff auf die 1834 in der Flugschrift *Der Hessische Landbote* geprägte – radikale Devise „Frieden den Hütten! Krieg den Palästen!" zur Befreiung noch unterdrückter Völker aufrief, offenbarte eine messianische und ideologische Botschaft zugleich. Anfangs blieb die an Frankreich angrenzende Kurpfalz noch vom Krieg verschont, den die Girondisten mit rhetorischer Emphase als Freiheit durch Befreiung propagiert hatten. Aber mit dem Überraschungsangriff des Generals Custine im Herbst 1792, der nacheinander Speyer, Worms und Mainz einnahm, der Hinrichtung Ludwigs XVI. im Januar 1793 sowie mit der Ausrufung der „Mainzer Republik" im März 1793 durch den dortigen Jakobinerklub änderte sich die Situation für die Kurpfalz schlagartig. Die kriegführende preußisch-österreichische Koalition zwang Ende März 1793 alle Reichsstände, in den Krieg gegen Frankreich einzutreten.

Auch wenn die pfälzische Politik in den Jahren 1793/94 am Neutralitätspostulat festhielt, so blieb die Lage kritisch. Immerhin fand der Krieg vor der eigenen Haustüre statt. Fragen des Durchzugs verbündeter oder feindlicher Truppen, der Stationierung und des Rheinübergangs bei Mannheim nahmen einen großen Raum ein und schürten das Misstrauen auf beiden Seiten. Die Politik des Kurfürsten war nicht ganz uneigennützig, hatte er doch für seinen Kurs aus Paris insgeheim beträchtliche Gelder erhalten. In der Folge kam es immer häufiger zu Übergriffen auf kurpfälzisches Gebiet. Bereits 1793 war der Herzog von Pfalz-Zweibrücken vertrieben worden und hielt seitdem pompös Hof in Mannheim. Im September 1795 übergab der besonnene Stadtkommandant Mannheim kampflos an den französischen General Pichegru. Drei Monate später, am 22. November, ergab es sich nach Belagerung und schwerem Artilleriefeuer den vorrückenden Österreichern. 1796 setzten die französischen Generäle Moreau und Jourdan erneut über den Rhein und drangen weit auf pfalzbayerisches Gebiet vor. Während Kurfürst Carl Theodor mit seinem Hof nach Sachsen flüchtete, drehte sich das Kriegsglück erneut zugunsten des österreichischen Erzherzogs Karl, dem es durch zwei Siege bei Amberg und Würzburg gelang, die französischen Heere wieder über den Rhein zurückzudrängen.

Was in Süddeutschland nicht mit Erfolg gekrönt war, gelang den Franzosen südlich der Alpen. Der Ausgang des Feldzugs Napoleon Bonapartes in Italien und Tirol (1796/97) gegen die Österreicher entschied über die Aufteilung des kurpfälzischen Territoriums. Nach dem Friedensschluss von Campo Formio am 17. Oktober 1797 wurden die linksrheinischen Gebiete gezwungen, ihren Anschluss an Frankreich zu bekunden, was zur Errichtung neuer Départements an der französischen Ostgrenze führte.[10] Im zweiten Koalitionskrieg 1798, dem nun neben Großbritannien und Österreich auch Russland beitrat, wurde Mannheim 1799 zum letzten Mal in die Revolutionskriege einbezogen. Nach der Besetzung der Stadt durch die Franzosen willigten die Österreicher und die Mannheimer Bürger freiwillig in die Schleifung der Festungsanlagen ein, in der Hoffnung, der Krieg werde in Zukunft ihre Stadt verschonen.

Der politische Traum Frankreichs, das Fortbestehen der Nation innerhalb natürlicher Grenzen, ging im Herbst 1797 in einem Geheimartikel des Friedensvertrages von Campo Formio erstmals in Erfüllung. Darin gab der Kaiser die politische Integrität des Reichsverbandes unter dem Vorbehalt der Zustimmung des Reichstages preis und trat das linke Rheinufer an die französische Republik ab. Vier Jahre später, im Frieden von Lunéville (1801), wurde die Abtretung formal von Reichsseite anerkannt. Das Reich und später ganz Europa, mit Ausnahme Großbritanniens, musste sich dem neuen Herrscher Frankreichs und seinen Vorstellungen von französischer Größe und hegemonialer Allmacht zunächst beugen, bis nach dem Feldzug von 1812 die Befreiung Europas vom napoleonischen Joch in die Tat umgesetzt wurde.

Quellen

von Raumer 1982 [1930] · Textor 1937

Literatur

Bosbach 1992 · Decker 1981 · Duchhardt 1976 · Dumont/Schütte 1984, S. 1458–1460 und S. 1468–1470 · Egler 1971 · Fritz/Schurig 1994 · Greiner 2007 · Hartwich 1984, S. 1414–1429 · Heß 1981 · Kohnle 2011, v.a. S. 112–136 und S. 149–155 · Keddigkeit 2007, S. 61-64 · Maier 1990 · Musall/Scheuerbrandt 1974 · Nieß/Caroli 2007 · Richter/Rosenberg 2010 · Rödel 1989 · Schaab 1992, v.a. S. 114–118 und S. 147–153 · Scherer 1983, S. 1398–1413 · Schlösser 2007 · Siben 1941 · Vetter 2002a · Vetter 2004 · Vetter 2009 · Voss 1992 · Wolgast 1989, v.a. S. 245 · Wunder 1971 · Wysocki 1965

Anmerkungen

1 Gemeint ist die Exklave Boxberg, die 1561 durch Kauf an die Kurpfalz gelangte. Zahlreiche Exklaven rundeten dieses Herrschaftsgebiet ab, während geistliche, weltliche und reichsstädtische Territorien sich inmitten des kurpfälzischen Kernlandes befanden.

2 Vgl. Keddigkeit 2007, bes. S. 63.

3 Vgl. Kohnle 2011, S. 138.

4 Selbst verdienstvolle Quellenstudien aus den 1930er Jahren wiesen noch diese Tendenz auf, vgl. von Raumer 1982 [1930] und Textor 1937.

5 Vgl. Hartwich 1984, S. 1414 f.; Vetter 2004, S. 12 f. sowie Bosbach 1992. In Bezug auf die französische Historiographie vgl. Voss 1992.

6 Gemeint sind die Festungen St. Louis auf einer Rheininsel gegenüber von Hüningen und Mont Royal bei Trarbach an der Mosel.

7 Vgl. Wysocki 1965, S. 46–108, bes. S. 92 f.

8 Vgl. Siben 1941. Die Brandschatzungsbriefe mit Geld- und Sachforderungen wurden zum Teil mit der Thurn- und Taxisschen Reichspost an die Städte und Reichsstände verschickt, vgl. dazu Wunder 1971, S. 102–110.

9 Vgl. Hartwich 1984, S. 1419.

10 Am 23. Januar 1798 wurde unter der Leitung des Pariser Regierungskommissars François-Joseph Rudler das linke Rheinufer in vier Départements eingeteilt. Ehemalige kurpfälzische Gebiete auf der linken Rheinseite gingen in den beiden Départements Mont-Tonnere (Donnersberg mit dem Verwaltungssitz in Mainz) und Rhin et Moselle (Rhein und Mosel mit Sitz in Koblenz) auf.

Freyheiten vnd Begnadigungen/ Welche der Durchleuchtigst Hochgeborne Fürst vnd Herr/ Herr Friderich Pfaltzgraff bey Rhein/ deß heiligen Römischen Reichs Ertztruchseß vnd Churfürst/ Hertzog in Beyern/ ꝛc. Den jenigen/ welche sich in Ihrer Churfürstlichen Gnaden newen Stadt vnd Vestung MANHEIM Häußlich niderzulassen gemeynt/ accordirt vnd bewilligt.

Privileges & Immunitez,

QVE LE TRESILLVSTRE ET TRESHAVLT PRINCE, MONSEIGNEVR FEDERIC, CONTE PALATIN DV RHIN, ELECTEVR DV SAINCT Empire, Duc en Baviere, &c. Ottroye, A ceux qui desirent resider en sa ville & forteresse de MANHEIM.

Privilegien ende Vryheeden/ Welcke den Doorluchtigsten Hochgeboren Vorst ende Heere/ Heere Frederich Paltzgraeve by Rhin/ des heiligen Roomschen Rychs Ertzdruchseß ende Keurvorst/ Hertoge in Beyeren/ ꝛc. Den geenen welke sick in haere Keurvorstlicke Genaden Niewestat ende Veste Manheim heuslicken nederte-laeten ende te wonen gesinnet syn/ Accordeert ende verwilligt.

Privilegia & Immunitates,

A SERENISSIMO ELECTORE PALATINO, CONCESSA IIS QVI MANHEIMII NOVO OPIDO ET MVNIMENTO, DOMICILIVM instituent.

Erstlich gedruckt zu Heydelberg im Jahr 1607. den 24. Januarii. Jetzt aber wider von Newem auffgelegt vnd

Nachgedruckt zu Manheim/ 1608.

Roland Paul

Die Pfalz – ein Ein- und Auswanderungsland

Als eine „Völkermühle“, eine „Kelter Europas“, bezeichnete Carl Zuckmayer in seinem Roman *Des Teufels General* das Land beiderseits des Rheins. Wilhelm Heinrich Riehl sprach von der Pfalz als der Bühne eines „Völker- und Stammesgemisches“. In der „bunten Mannigfaltigkeit der Familiennamen in der Pfalz“ sah er „ein Zeugnis des ab- und zuwogenden Volksstroms in den letzten Jahrhunderten“.[1] War die Pfalz im 16. und noch mehr im 17. Jahrhundert eine regelrechte Einwanderungsregion (Abb. 1), so wurde sie im 18. Jahrhundert zu einem der klassischen Auswanderungsgebiete Deutschlands.

Einwanderungen

Nach den Verfolgungen, denen die Anhänger der reformierten Lehre Calvins in den damals zum Königreich Spanien gehörenden Niederlanden ausgesetzt waren, setzte in den 1560er Jahren die erste große neuzeitliche Einwanderungswelle in die Kurpfalz ein. Die ersten Fremdengemeinden in die Kurpfalz entstanden 1562 damals in Frankenthal und Schönau bei Heidelberg, wo Kurfürst Friedrich III. (Abb. 2) Reformierte aus den spanischen Niederlanden ansiedelte, die der antiprotestantischen Politik Karls V. ausgewichen waren. In Schönau überließ Friedrich III. den Wallonen das kurz zuvor aufgehobene Zisterzienserkloster, in Frankenthal das Augustiner-Chorherrenstift. Die meisten dieser Glaubensflüchtlinge kamen aus dem südwestlichen Teil der damaligen Provinz Flandern und übten Berufe im Textilgewerbe aus. Viele kamen aus den Zentren der Teppichmanufaktur (Abb. 3) und waren demnach Tapissierer. Der ersten Gruppe, die unter Führung von Peter Dathenus in Roxheim an Land ging, folgten weitere Zuwanderer auch aus französischsprachigen Gebieten der Spanischen Niederlande. So bestanden in Frankenthal innerhalb weniger Jahre drei reformierte Gemeinden: eine niederländische, eine wallonische und eine deutsche. Die Exulantensiedlung erhielt 1576 starken Zuzug aus Schönau, wo der lutherische Kurfürst Ludwig VI. die Glaubensflüchtlinge nicht länger duldete. 1567 bildete sich in Lambrecht die zweite wallonische Ansiedlung in der Pfalz. Den Flüchtlingen, die vor allem aus dem Bistum Limburg (Stavelot-Malmedy) und aus der Markgrafschaft Franchimont um Verviers kamen, wurde das ehemalige Dominikanerinnenkloster St. Lamprecht überlassen (Abb. 4). Pfalzgraf Johann Casimir bestätigte ihnen 1577 ihre Privilegien. Die meisten Zuwanderer übten Berufe des Textilgewerbes aus und machten Lambrecht bald zu einem frühen Zentrum der Tuchindustrie in der Pfalz.

1 Privilegien der Stadt Mannheim, 1608 | Reiss-Engelhorn-Museen Mannheim

Dem Pfalzgrafen Johann Casimir verdankt auch die wallonisch-reformierte Gemeinde Otterberg ihr Entstehen. In der Kapitulation vom 15. Juni 1579 verschrieb er wallonischen Glaubensflüchtlingen, die sich zunächst im Kloster Schönau niedergelassen hatten, Häuser, Burg, Kloster, Kirche, Äcker etc. in Otterberg. Es wurde ihnen ausdrücklich gestattet, Prediger und Lehrer in ihrer Muttersprache selbst zu wählen.

Im Herzogtum Pfalz-Zweibrücken entstand im ausgehenden 16. Jahrhundert die wallonisch-hugenottische Fremdengemeinde Annweiler. Sie rekrutierte sich aus Einwanderern aus dem Raum Lüttich-Malmedy, der Picardie und Lothringen, die bald zu einem Aufblühen bestimmter Gewerbe, vor allem der Wollenweber und Gerber, beitrugen.

Mit Beginn des 17. Jahrhunderts und dem Ausbruch des Dreißigjährigen Krieges kam die Zuwanderung zum Erliegen. Stattdessen verließen die Menschen bald massenweise die Pfalz und machten sich in Gegenden ansässig, die nicht oder weniger stark vom Krieg heimgesucht waren. 1648 befand sich die Pfalz in einem trostlosen Zustand. Viele Dörfer waren zerstört und menschenleer. So heißt es in einem zeitgenössischen Bericht über das Gebiet um den Donnersberg:

> „Damals seynd auch die Dorfschaften so gar ruiniert, aller Vorrat an Viehe, Früchten etc. weggenommen worden, daß sowohl in selbigem als auch in der Stadt kein Mensch mehr bleiben, sondern selbige etliche Jahr oede und wüste stehen müssen, also daß Gras auf denen Gassen mehr als mannshoch gewachsen.“[2]

Die durch den Krieg, durch Abwanderungen und Seuchen verursachten Bevölkerungsverluste werden in der Pfalz auf ca. 60 bis 70 Prozent geschätzt. Manche Dörfer blieben jahrzehntelang unbewohnt. Das Schatzungsprotokoll für das Oberamt Lautern enthält für das Jahr 1656 den schrecklichen Satz: „Im Steinwinder Gericht wohnt noch gar niemand.“[3] Die überlebende Bevölkerung war völlig verarmt. Die Kurpfalz und die anderen Territorien im pfälzischen Raum waren durch Kriegsabgaben und fehlende Einnahmen verschuldet. Es dauerte Jahrzehnte,

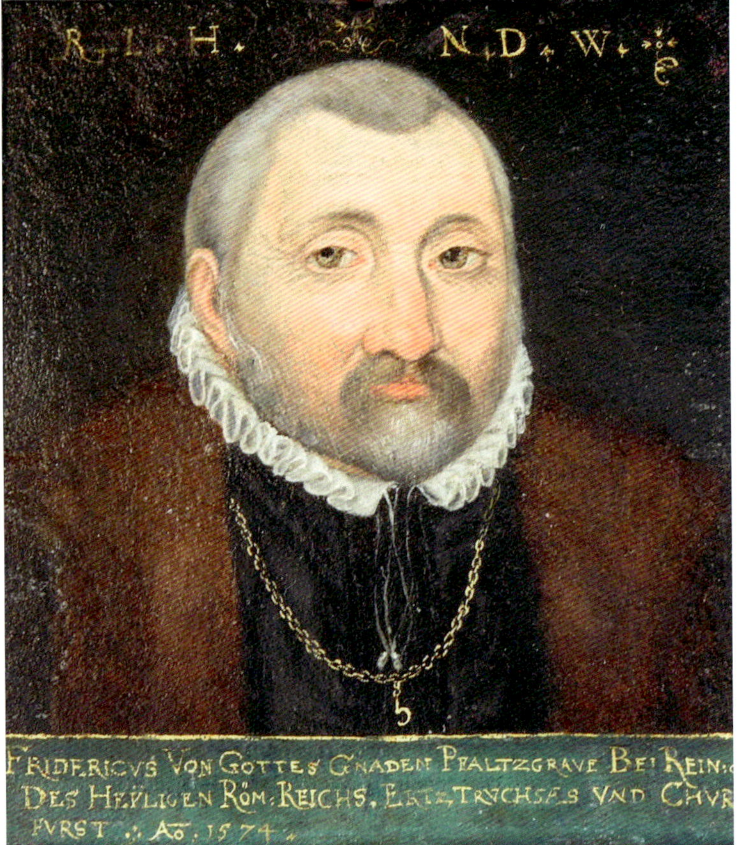

2 Kurfürst Friedrich III. von der Pfalz, Öl auf Messing | Frankenthal, Erkenbert-Museum, 2160

bis die Steuerkraft wieder den Stand von 1618 erreichte. Als Kurfürst Karl Ludwig 1649 aus England zurück nach Heidelberg kam, galt sein ganzes Streben, dem zerstörten und entvölkerten Land wieder neues Leben zu geben, Landwirtschaft, Gewerbe und Handel auf die Beine zu bringen. Um seine Pläne durchführen zu können, war der Kurfürst bestrebt, die Einwohnerzahl beträchtlich zu erhöhen. Unter der Drohung der Güterkonfiskation erließ er im Jahre 1650 einen Aufruf an alle aus dem Lande geflohenen Pfälzer, wieder in die alte Heimat zurückzukehren. Darüber hinaus versprach er „allen und jeden Ausländischen", die sich in der Kurpfalz „häuslich niederzulassen vorhaben", die „Befreiung von Einzugsgeld, Schatzungen, Kontributionen und anderen Beschwerungen", damit sie „nicht allein vor ihre Person, in Unseren churfürstlichen Landen sich niederzulassen, sondern auch andere mit sich bringen, Ursach und Anlaß haben werden". 1658 machte er konkrete Zusagen: Es sollten

> „diejenigen, so alte Häuser reparieren, auf zwei Jahre lang, welche ganz neue bauen, auf drei Jahre lang von allen Beschwerungen, die sie solcher Häuser wegen sonsten tragen müßten, gänzlich befreiet, diejenigen, so ganz wüste, mit Bäumen oder Gesträuch überwachsene Äcker in Bau bringen, auf drei Jahre lang, andere, so zwar wüste, jedoch dergestalt nicht überwachsene Äcker aufbringen, auf ein Jahr lang, schließlich diejenigen, so wüste Wingert in Bau bringen, auf sechs Jahre lang von allen Beschwerungen, wie die auch Namen haben, ganz und gar befreiet sein."[4]

1652 wiederholte der Kurfürst in seinen *Mannheimer Privilegien* seine Einladung an „Ausländische", in sein Land zu kommen und sich hier niederzulassen. Das Edikt wurde in vielen Ländern in verschiedenen Sprachen verbreitet (Abb. 5) und richtete sich – wie es darin heißt – an „alle ehrlichen Leute von allen Nationen", gleich welcher Konfession sie waren.[5]

Der Aufruf des Kurfürsten ist nicht ohne Resonanz geblieben. Schon 1656 berichtete die kurpfälzische Regierung „von den fremden aus Tyrol und Schweiz herkommenden Zimmerleuten und Maurern, welche in der Pfalz ein Großes verdienen und hernacher aus dem Lande tragen".[6] Die Regierung hätte es selbstverständlich lieber gesehen, wenn die Schweizer und Tiroler sich auch auf Dauer ansässig machten, und war daher bestrebt, eine Abzugszahlung vom weggezogenen Gewinn zu erheben, was jedoch nicht realisierbar war.

In Oggersheim und einigen umliegenden Dörfern im kurpfälzischen Oberamt Neustadt kam es 1657 zu einer Auflehnung der Untertanen, als der Kurfürst eine Verlängerung der auslaufenden Freiheit von Bede und Frondienst ablehnte. Da man aus Frankreich noch Siedler erwartete, bat der Hohe Rat darum, die Leute nicht zur Fron zu zwingen, sondern sie „nochmals gütlich dazu zu disponieren suchen". Die Verwaltung sollte mit den Neusiedlern „gelind" verfahren, „damit es keinen bösen Ruf gebe und andere, in Pfalz Landen zu kommen, nicht abgeschreckt werden".[7]

1664 konnte Kurfürst Karl Ludwig schließlich an die Gesandtschaft in Regensburg schreiben, dass seine Untertanen „großen Teils in Fremden bestehen". Es waren Familien und Einzelpersonen vom Niederrhein, aus dem Hessischen, aus den Spanischen Niederlanden, Luxemburg, Frankreich, der Schweiz, von den Alpen und aus Tirol, ja selbst aus England gekommen, um sich in der Pfalz eine neue Heimat aufzubauen.

Wenn auch viele Neusiedler der Einladung des Kurfürsten gefolgt waren, so ging der Wiederaufbau sehr schleppend voran. Im kurpfälzischen Oberamt Lautern, das vor dem Dreißigjährigen Krieg noch 62 bewohnte Siedlungen umfasste, lagen von 27 im Jahre 1656 entvölkerten Ortschaften 1684/85 immerhin noch zehn wüst. Erschwert wurde die Aufbauarbeit in der Pfalz vor allem durch die Pestepidemie 1665/66 wie auch durch die fast ständige Anwesenheit und den Durchmarsch von Militär. Auch der Reichskrieg zwischen dem Kaiser und dem französischen König Ludwig XIV. in den 1670er Jahren erschwerte die Wiederbesiedlung. Französische Einwanderer, die den Verfolgungen Ludwigs XIV. noch vor dem Widerruf des 1598 erlassenen Edikts von Nantes durch das Edikt von Fontainebleau (1685) zu entgehen suchten, fanden Aufnahme in den bestehenden Hugenotten- und Wallonensiedlungen Frankenthal (Abb. 6), Lambrecht, Otterberg und Annweiler sowie einige Jahre später in der im Jahre 1700 gegründeten französisch-reformierten Gemeinde Zweibrücken, die ihren Sitz in Ernstweiler hatte.

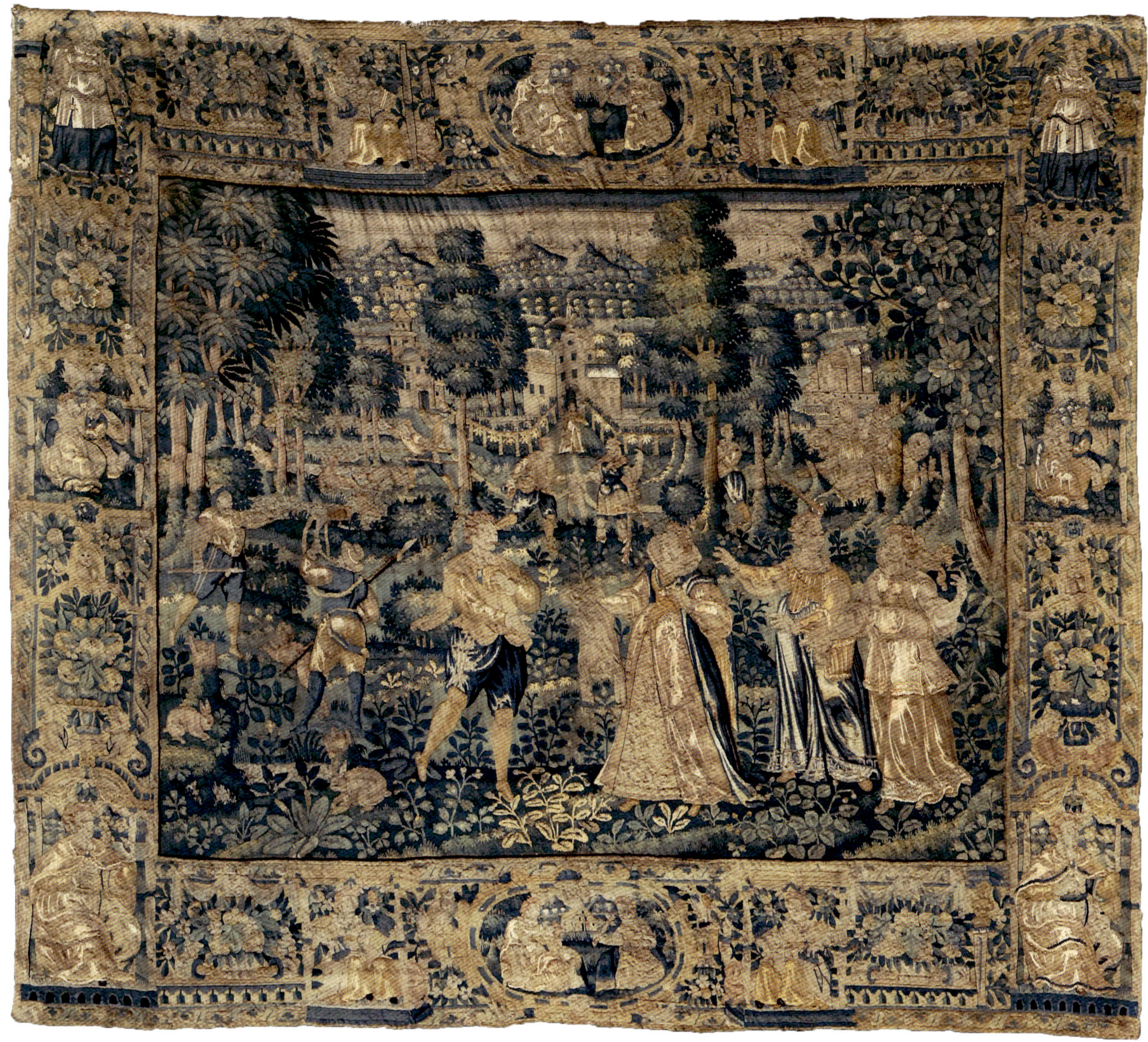

3 Gobelin aus Frankenthal | Historisches Museum der Pfalz Speyer, HM_1952_0082

Im vorder- und südpfälzischen Raum entstanden zu jener Zeit mehrere neue französische Fremdengemeinden, zum einen in den vorderpfälzischen Dörfern Alsheim-Gronau, Dannstadt, Friesenheim, Mutterstadt, Oggersheim, Oppau, Ruchheim, Schauernheim und (Klein-)Schifferstadt, zum anderen in der Südpfalz, südlich von Landau (Archenweiher, Billigheim, Erlenbach, Klingen, Rohrbach und Steinweiler sowie in den unter Pfalz-Zweibrückischer Oberhoheit stehenden Orten Minfeld, Sunkendierbach und Winden). In einigen dieser Dörfer wurde in der Folgezeit mehr Französisch gesprochen als Deutsch. Von dem im Dreißigjährigen Krieg zerstörten Friesenheim heißt es, dass „die Welschen und Holländer das Dorf in Aufbringung und baw setzen“ [8]. 1683 gab es dort nur eine französische Schule, und der Schulmeister war „der deutschen Sprach nicht kundig“. Auch die neuen hugenottischen Einwanderer trugen ganz entscheidend zur Wiederbelebung der Wirtschaft bei. So verdankte Mannheim sein schnelles Aufblühen vor allem den hugenottisch-wallonischen Zuwanderern. Als Bierbrauer und Tabak-

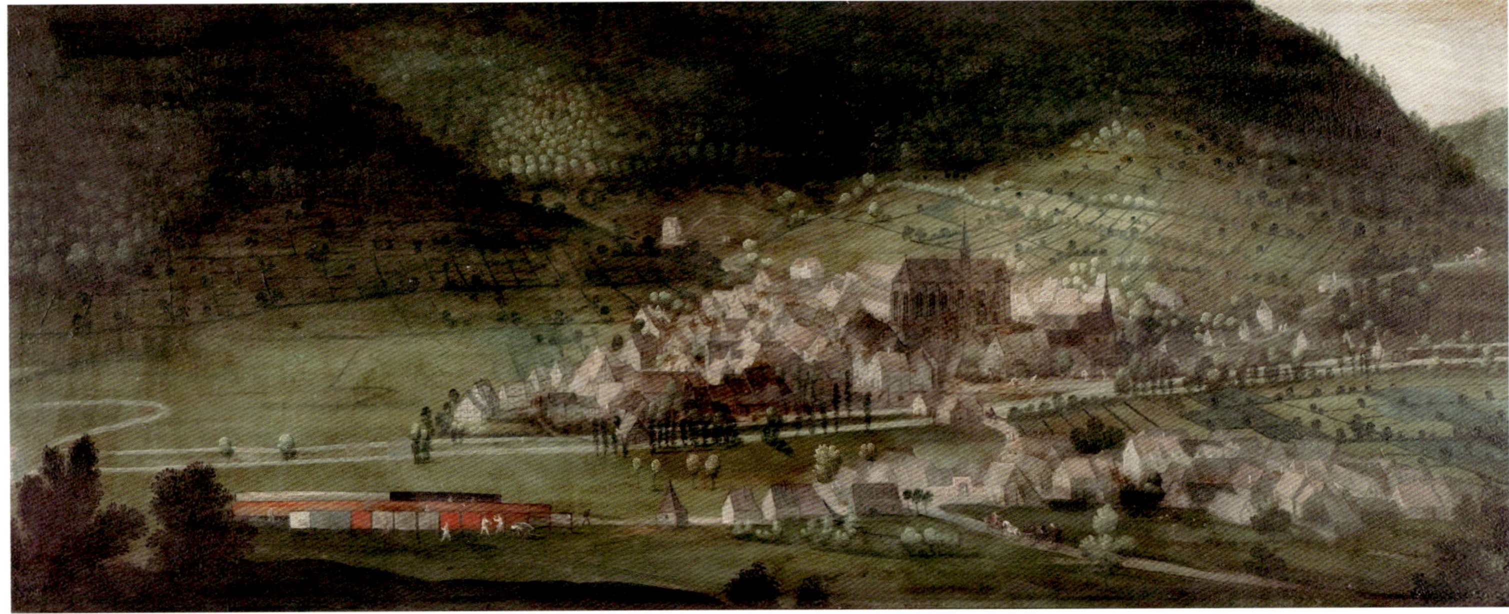

4 Ansicht des Ortes Lamprecht, Aquarell | Historisches Museum der Pfalz Speyer, Leihgabe der Bayerischen Staatsgemäldesammlungen, 2649

bauern, Tuchmacher, Wollenweber und Strumpfwirker, um nur einige Berufszweige zu nennen, trugen sie entscheidend zur Verbesserung der Infrastruktur bei.

Nach dem Dreißigjährigen Krieg sind auch einige Waldenser Familien aus Torre Pelice und anderen Orten des Luzernetals im Piemont in die Südpfalz eingewandert. 1665 gab ihnen Kurfürst Karl Ludwig eine Konzession und nannte darin die ihnen gewährten Rechte für eine Niederlassung im Klosterhof des ehemaligen Zisterzienserklosters Eußerthal in Mörlheim im kurpfälzischen Oberamt Germersheim. Die Waldenser sollen bei ihrer Einwanderung die Kartoffel in die Pfalz eingeführt haben.

Der Pfälzische Erbfolgekrieg versetzte der Bevölkerungspolitik einen schweren Schlag, indem vieles, was gerade wiederaufgebaut worden war, zunichte gemacht wurde. Vor allem der mit viel Unternehmungsgeist ausgestattete französische Bevölkerungsteil sah sich zur Flucht ins Ausland gezwungen. Schon 1685, als Ludwig XIV. das Edikt von Nantes in allen seinen Teilen aufgehoben und die Hugenottenverfolgung in Frankreich erneut grausame Formen angenommen hatte, war die Pfalz für viele geflüchtete Franzosen nur noch Transitstation auf dem Weg in den Norden. Im Zuge des Pfälzischen Erbfolgekriegs löste sich manche französische Fremdengemeinde auf. Ihre Mitglieder zogen über Frankfurt und Hanau nach Hessen und Brandenburg-Preußen, wo ihnen Landgraf Karl von Hessen-Kassel und der Große Kurfürst die Aufnahme zusicherten. Damals entstanden die hauptsächlich von Mannheimer Wallonen gegründeten Pfälzerkolonien in Magdeburg, Halle und Stendal sowie mehrere pfälzische Siedlungen in der Uckermark.

Insbesondere in der Schweiz stieß die kurpfälzische Einladung auf offene Ohren. Die Schweiz machte in der zweiten Hälfte des 17. Jahrhunderts mehrere schwere Wirtschaftskrisen durch, die schließlich auch 1653 in einigen Kantonen zu Bauernaufständen führten. Überbevölkerung in Teilen der Schweiz und das Fehlen von Verdienstmöglichkeiten waren gerade in den Zeiten von Missernten Gründe für das „Davonlaufen" – wie es in Schweizer Quellen häufig heißt. Für viele Schweizer war die Auswanderung ins Elsass, in den Kraichgau und in die linksrheinische Pfalz die einzige Möglichkeit, ihre soziale Lage zu verbessern. Die meisten Schweizer Einwanderer waren reformierten Glaubens. Sie ließen sich in allen Teilen der Kurpfalz insbesondere im Umkreis von Heidelberg, Kaiserslautern und Neustadt sowie im Herzogtum Zweibrücken nieder als Bauern, Handwerker, Hirten, Viehmelker („Schweizer"), Mägde und Knechte. Unter den Schweizern waren viele Täufer, die vom 16. bis weit ins 18. Jahrhundert hinein sowohl in den reformierten als auch in den katholischen Ständen der Eidgenossenschaft schweren Verfolgungen ausgesetzt waren. Ab etwa 1655 finden wir die ersten Täufer oder Mennoniten in Mannheim, im Kraichgau, im Elsass und in der Pfalz. Auch aus dem bergischen Amt Löwenburg im Siebengebirge wanderten zahlreiche Täufer in die nördliche Pfalz und das heutige Rheinhessen ein. Am Rheintor in Mannheim stellte ihnen Kurfürst Karl Ludwig einen Platz zur Verfügung, um ein Bethaus zu erbauen, was Unmut bei den reformierten Pfarrern hervorrief.

Kurfürst Karl Ludwig erteilte den Mennoniten im Jahre 1664 die sogenannte Generalkonzession. Gegen die Zahlung einer Art Sondersteuer wurden sie in der Pfalz geduldet und ihnen gestattet, sich im Stillen zu ihren Gottesdiensten zu versammeln. Diese „Konzession" lockte bald weitere Mennonitenfamilien aus der Schweiz und vom Niederrhein in die Pfalz. 1672 lebten in der Kurpfalz bereits 359 mennonitische Personen westlich des Rheins und 428 Personen im östlichen Teil der Kurpfalz. Wenn auch die Kurpfalz, erst viel später auch das Herzogtum Pfalz-Zweibrücken, den Mennoniten gegenüber eine gewisse Toleranz entgegenbrachten, so waren sie vor allem den Vertretern der reformierten Kirche oft ein Dorn im Auge. Dies führte schließlich dazu, dass die Zahl der Mennoniten ein gewisses Limit nicht überschreiten durfte. Das Erlernen eines Handwerks wurde ihnen erschwert. Jahrzehntelang durften sie keinen Grund und Boden erwerben, sondern nur pachten, wobei sich die Regierung die Möglichkeit offenhielt, ein von den Pächtern saniertes Bauerngut kraft Retraktrechts schon vor Ablauf der Pachtzeit wieder einzuziehen. All diese Beeinträchtigungen führten dazu, dass sich viele Mennoniten zur Auswanderung nach Nordamerika gezwungen sahen. Die Verbliebenen wirkten durch ihre vorbildlich betriebene, marktorientierte Landwirtschaft im 18. Jahrhundert wegweisend auf die pfälzische Agrarwirtschaft.

Die dritte große Gruppe der Einwanderer waren die Allgäuer und Tiroler. Im Gegensatz zu den Schweizern waren die Tiroler, die insbesondere aus den Gerichten Landeck und Reutte einwanderten, katholischen Glaubens. Sie übten hauptsächlich Berufe des Bauhandwerks aus, waren Maurer, Steinmetze und Zimmerleute.

Unter den eingewanderten Italienern waren ebenfalls viele Handwerker, z. B. Maurer und Stukkateure, die unter anderem durch den begabten Baumeister Franz Wilhelm Rabaliatti im 18. Jahrhundert an den kurpfälzischen Hof nach Mannheim kamen, aber auch Zinngießer und Kaminfeger. Mit dem Erlass strenger Brandordnungen durch verschiedene Territorialregierungen bestand gerade im 17. und 18. Jahrhundert ein großer Bedarf an Schornsteinfegern. Die meisten italienischen Einwanderer waren Hausierer und Kaufleute. Beliebte Handelswaren dieser italienischen Kaufleute waren neben Südfrüchten Oliven, Gewürze, Käse, Mandeln, Weine, Liköre etc. Die Einfuhr dieser Erzeugnisse hatte einen großen Einfluss auf die Konsumgewohnheiten der damaligen Zeit. Einige dieser Kaufmannsfamilien brachten es im 18. und 19. Jahrhundert zu großem Ansehen.

Neben den Hugenotten zog eine ganze Reihe katholischer Einwanderer aus Frankreich in den pfälzischen Raum. In die Westpfalz kamen vor allem viele Franzosen durch den von Vauban betriebenen Festungsbau in Homburg zwischen 1680 und 1697.

Im letzten Drittel des 17. und zu Beginn des 18. Jahrhunderts kamen auch verschiedene katholische, brabantische Einwanderer in die Pfalz. Die meisten waren sogenannte Tödden, Händler, die mit Manufakturwaren, vor allem mit Leinwand, aber auch mit Zinn und Glaswaren umherzogen und auf Märkten und Kirchweihen ihre Waren feilboten.

Unter den nach dem Dreißigjährigen Krieg in die Kurpfalz Eingewanderten befanden sich nicht nur Reformierte, Lutheraner, Katholiken und Mennoniten, sondern auch Juden, die aus anderen deutschen Gebieten sowie aus Polen und aus Portugal kamen. Nachdem sie in der Kurpfalz jahrhundertelang unerwünscht waren, gestattete ihnen Kurfürst Karl Ludwig die Niederlassung gegen die Entrichtung eines jährlichen Schutzgeldes und erlaubte ihnen den Bau einer Synagoge. Aus England wanderte eine aus etwa 100 Familien bestehende Gruppe ein, die sich als „Judenchristen" bezeichnete und von Kurfürst Karl Ludwig das Kloster Lobenfeld überlassen bekam.

In Pfalz-Zweibrücken hatte zwar Herzog Wolfgang in seinem Testament 1558 verfügt, dass seine Nachfolger keine Juden aufnehmen sollten, doch hielten sie sich nicht in aller Strenge an dieses Gebot. Vor allem aus ökonomischen Erwägungen ließen sie die Ansiedlung von Juden in Teilen des Herzogtums, zum Beispiel in den Oberämtern Bergzabern, Lichtenberg und Meisenheim zu, wo ansehnliche Judengemeinden entstanden. Nur in der Residenzstadt Zweibrücken, wie im gesamten Oberamt Zweibrücken, wurden keine Juden aufgenommen.

Auswanderungen im 17. und 18. Jahrhundert

Schon im Dreißigjährigen Krieg waren Tausende von Bewohnern aus den pfälzischen Landen geflüchtet. In den Kirchenbüchern manch weit entlegener Orte kann man daher lesen: „wegen der allzu großen Kriegsnoth aus der Pfaltz hierher geflüchtet". Manche emigrierten damals sogar nach Holland.

In der zweiten Hälfte des 17. Jahrhunderts begann bereits die Auswanderung nach Übersee. 1660 hatte sich der aus Calais stammende Hugenotte Jean Hasbrouck nach einem kurzen Aufenthalt in der Kurpfalz zusammen mit dem aus dem Artois gebürtigen Mannheimer Bürger Mathieu Planchan und dessen Schwiegersohn Louis du Bois in

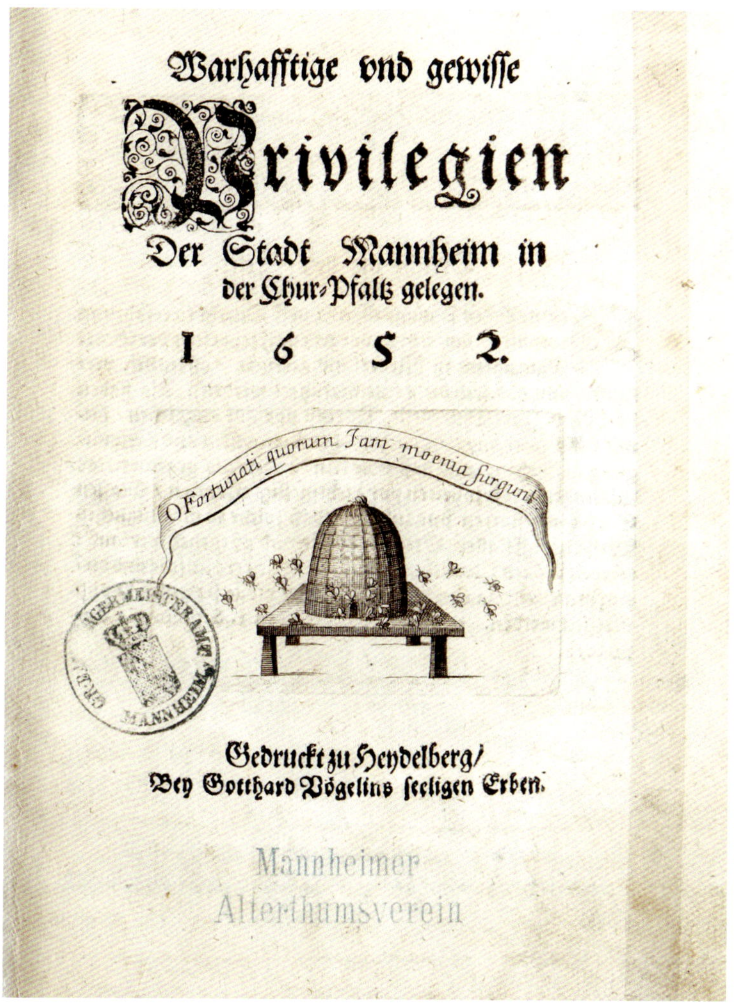
Warhafftige vnd gewisse
Privilegien
Der Stadt Mannheim in
der Chur-Pfaltz gelegen.
1 6 5 2.

Gedruckt zu Heydelberg/
Bey Gotthard Vögelins seeligen Erben.

5 Privilegien der Stadt Mannheim, 1652 | Reiss-Engelhorn-Museen Mannheim

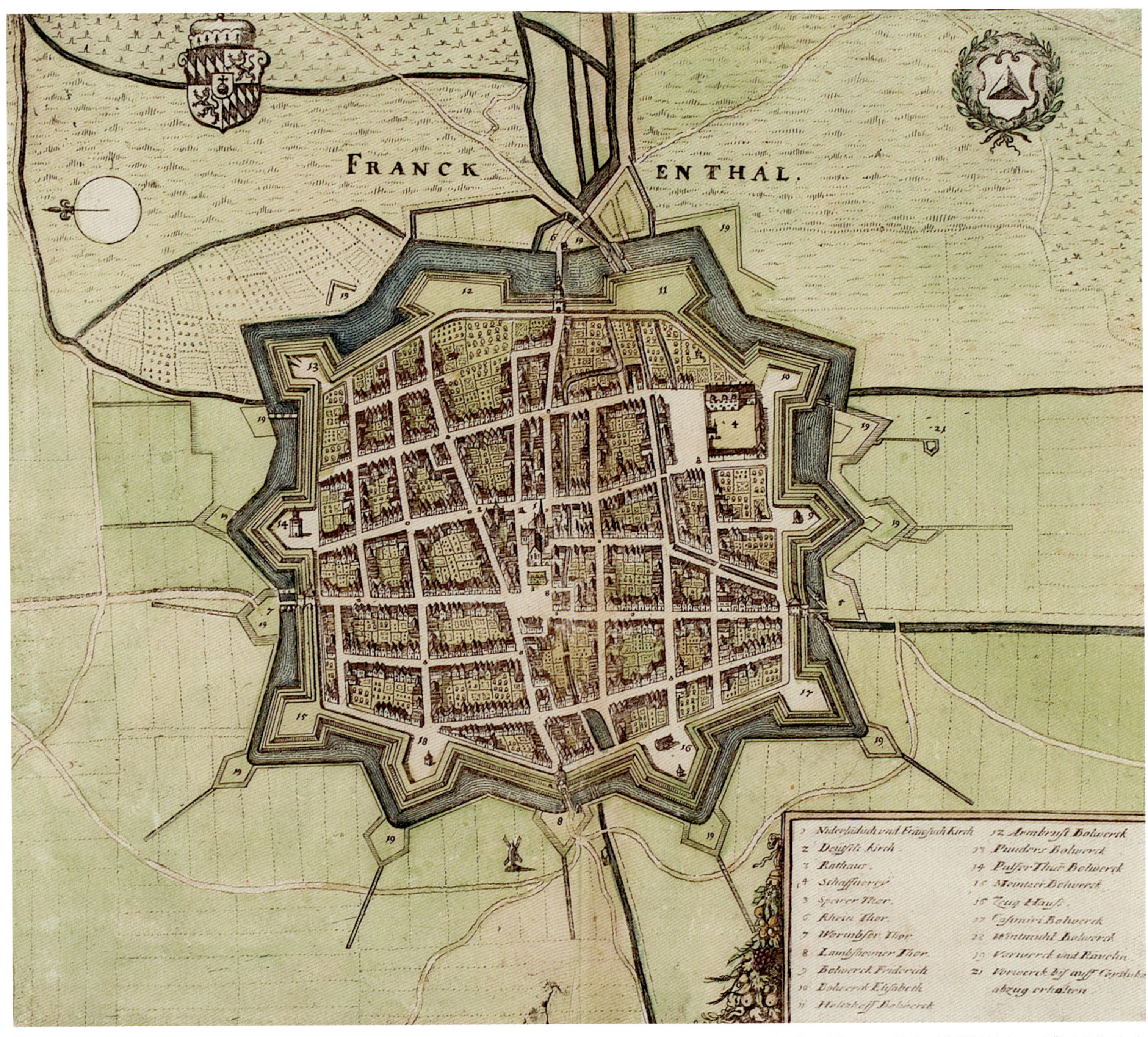

6 Plan der Festung Franckenthal, aus: Matthäus Merian und Martin Zeiller, Topographia Palatinatus Rheni, Frankfurt am Main 1945 | Universitätsbibliothek Heidelberg, Graphische Sammlung, A 0346

Hurley am Hudson angesiedelt. Jean Hasbroucks Bruder Abraham, der sich auf dem Deutschhof bei Bergzabern angesiedelt hatte, ließ sich 1675 mit mehreren hugenottischen Familien im Tal des Hudson River in der englischen Kolonie New York nieder. Die Hugenotten erbauten auf einem von Indianern erworbenen Stück Land eine Siedlung. In Erinnerung an ihre Zwischenheimat nannten sie ihre Gründung New Paltz. Der englische Quäker William Penn suchte bei seinen Missionsreisen 1671 und 1677 auch kurpfälzische Mennonitengemeinden auf und warb für die Besiedlung seiner in Nordamerika gelegenen, von seinem Vater ererbten Privatkolonie. Auf seiner Reise hatte Penn den aus dem fränkischen Sommerhausen stammenden Juristen Franz Daniel Pastorius sowie mehrere Mennoniten- und Quäkerfamilien aus Krefeld und dem kurpfälzisch-leiningischen Kriegsheim an der Pfrimm für Amerika begeistern können. Pastorius, der von einer „Frankfurter Land Compagnie“ beauftragt worden war, von William Penn 25.000 *acres* Land zu erwerben, segelte im Spätsommer 1683 nach Amerika, gefolgt von einer

Gruppe aus Krefeld, bald auch einer aus Kriegsheim. Gemeinsam legten sie in der Nähe Philadelphias die Siedlung Germantown an.

Die erste große Massenauswanderung aus der Pfalz nach Nordamerika setzte 1709 ein, nachdem die englische Königin Anne für die Besiedlung ihrer Kolonien in Nordamerika geworben hatte. Die Schriften von William Penn, später die von Franz Daniel Pastorius und Josua Kocherthal, hatten das Interesse für die „Neue Welt" geweckt. Die wirtschaftlich-soziale Lage, aber auch die infolge des Spanischen Erbfolgekrieges erfolgten Besetzungen und Plünderungen durch französische Truppen, waren die Hauptursachen für diesen Exodus. Der äußerst harte Winter von 1708/09 hatte sich auf die Landwirtschaft und den Weinbau katastrophal ausgewirkt. Etwa 15.000 Pfälzer sollen damals rheinabwärts gezogen sein, um von Rotterdam aus weiter nach England zu gelangen, wo ihnen die englische Regierung eine kostenlose Überfahrt nach Nordamerika zugesichert hatte. Ein großer Teil von ihnen musste in Südengland monatelang in großen Elendslagern auf Weiterbeförderung warten. Viele von ihnen waren gezwungen, wieder die Rückreise nach Deutschland anzutreten. Nahezu 4.000 dieser *poor Palatines* wurden in der irischen Grafschaft Limerick angesiedelt, von denen es in einem zeitgenössischen Bericht heißt, dass sie „weder zu brocken noch zu beisen haben"[9]. Manche von ihnen kehrten enttäuscht wieder in ihr Vaterland zurück.

Die Bezeichnung Pfälzer oder *Palatine* sollte von nun an zu einer gängigen Bezeichnung für alle deutschen Auswanderer werden, ob sie nun aus der Kurpfalz, aus Pfalz-Zweibrücken oder einem anderen südwestdeutschen Territorium kamen.[10]

Angesichts der Massenauswanderung aus der Pfalz befürchtete Kurfürst Johann Wilhelm eine „Depopulierung" seines Landes und erließ bereits im April 1709 eine Verordnung, die das Auswandern in die „sogenannte Insul Pensylvaniam" verbot. Aus „landesherrlicher Fürsorgepflicht" und in Anbetracht der Tatsache, dass die

> „aus hiesigen und umliegenden Landen bereits würklich emigrirte und noch täglich zu emigriren gesinnte einfältige arme Leuthe, so sich in die sogenanndte Landschaft Pensylvaniam zu begeben willens, zu dieser langwierig-, gefahr- und mühseeliger Reysz vermuthlich daher verleitet worden [und] etliche l 000 an der Zahl vor Rotterdam, auf denen sogenandten Dycken [festsitzen und] aus Ursach, damit diese arme Leuthe [...] nicht jämmerlich ertrinken möchten"

müsse dem Auswandern Einhalt geboten werden.[11] Auch in den folgenden Jahrzehnten hat die kurpfälzische Regierung immer wieder Auswanderungsverbote erlassen. Allerdings war die Regierung zeitweise der Meinung, dass man diejenigen Untertanen, die weniger Wohlstand und Nutzen brachten, lieber ziehen lassen sollte. So manche Verwaltungsbeamten klagten oft über viele heimlich erfolgte Auswanderungen. Für jede legale, das heißt mit Erlaubnis der Obrigkeit vorgenommene Auswanderung war die Zahlung verschiedener Gebühren verbunden, einmal für die Manumission, also die Entlassung aus der Leibeigenschaft, für die im 18. Jahrhundert in der Kurpfalz in der Regel der zehnte Teil des Vermögens gezahlt werden musste. Hinzu kam die sogenannte Nachsteuer, die grundsätzlich von jedem aus dem Land gehenden Besitztum und Vermögen erhoben wurde, sowie die Kanzlei- und Schreibgebühren.

Hauptzielgebiete blieben weiterhin die englischen Kolonien in Nordamerika (Abb. 7). Insgesamt landeten im 18. Jahrhundert etwa 100.000 Deutsche (*Palatines*) im Hafen von Philadelphia, überwiegend Angehörige des reformierten und lutherischen Glaubens sowie Mennoniten und die von ihnen abgespaltenen Amische. Ganze Teile des Landes Pennsylvanien und das nördliche Maryland besaßen bald „einen gründlich deutschen Charakter". In den relativ geschlossenen Siedlungen der Pennsylvaniendeutschen konnte sich auch die Mundart der *Palatines* weitestgehend erhalten. Noch heute ist das mit vielen englischen Ausdrücken vermischte sogenannte „Pennsylvanisch-Deitsch" lebendig.

In der zweiten Hälfte des 18. Jahrhunderts nahm die Auswanderung aus der Pfalz einen anderen Verlauf. Hauptziel war jetzt nicht mehr Nordamerika, sondern der Osten und Südosten Europas. Nach der Entwässerung des Oderbruchs, später auch der Warthe- und Netzeniederung und deren Urbarmachung betrieb auch Friedrich der Große eine breit angelegte Kolonisationstätigkeit. Er lud „fleißige und arbeitsame Ausländer" ein, sich in den preußischen Landen niederzulassen. 1747 kamen die ersten 325 Familien aus dem pfälzischen Raum. In Pommern, in der Kurmark und in der Neumark fanden sie eine neue Heimat. Zum Teil wurden sie in bereits bestehenden Niederlassungen, zum Teil auf Neuland angesiedelt, wie zum Beispiel 20 Familien aus den nordpfälzischen Dörfern Odernheim, Duchroth und Oberhausen, die damals den Ort Müggelheim bei Köpenick gründeten.

Kleinere pfälzische Siedlungen entstanden 1741 auf der Gocher Heide bei Kleve am Niederrhein (Pfalzdorf und Louisendorf), in Veltenhof bei Braunschweig (1747), auf der im nördlichen Teil der Halbinsel Jütland gelegenen Alheide in Dänemark („Kartoffeldeutsche"), ja selbst in Andalusien, wo König Karl III. von Spanien 1767 über einen preußischen Offizier für die Besiedlung des seit der Vertreibung der Mauren brachliegenden südlichen Abhangs der Sierra Morena warb. Traurig war das Schicksal der in den 1760er Jahren von der französischen Regierung angeworbenen pfälzischen Auswanderer auf der Insel Cayenne (Franz. Guyana). Viele von ihnen seien dort „dem mörderischen Klima" erlegen.

In zwei 1762/63 publizierten Manifesten sicherte Zarin Katharina II. von Russland deutschen Einwanderern großzügige Privilegien zu. Überall in Deutschland wurden die Erlasse der Zarin bekannt gemacht. Die Ansiedlungsregion an der Wolga wurde über alle Maßen gepriesen: „Die Gegend kommt derjenigen am Oberrhein gleich, was Mäßigkeit der Luft und Fruchtbarkeit des Erdreichs anbelangt, es sei an Wein, Getreide, Wiesenwachs, Holz und fischreichen Flüssen [...] Wer bei uns nichts hat, kann dort glücklich werden."[12] Unter den Tausenden von Auswanderern, die daraufhin in den folgenden Jahren in den über 100 Kolonien im Wolgagebiet und in den zehn Kolonien bei Petersburg angesiedelt wurden, waren viele Pfälzer. Unter Zar Alexander I. (1801–1825) kam es zu Beginn des 19. Jahrhunderts zu einer zweiten Auswanderungswelle nach Russland, die wieder Tausende von Deutschen, unter ihnen viele Pfälzer, ins Schwarzmeergebiet führte. Dort entstan-

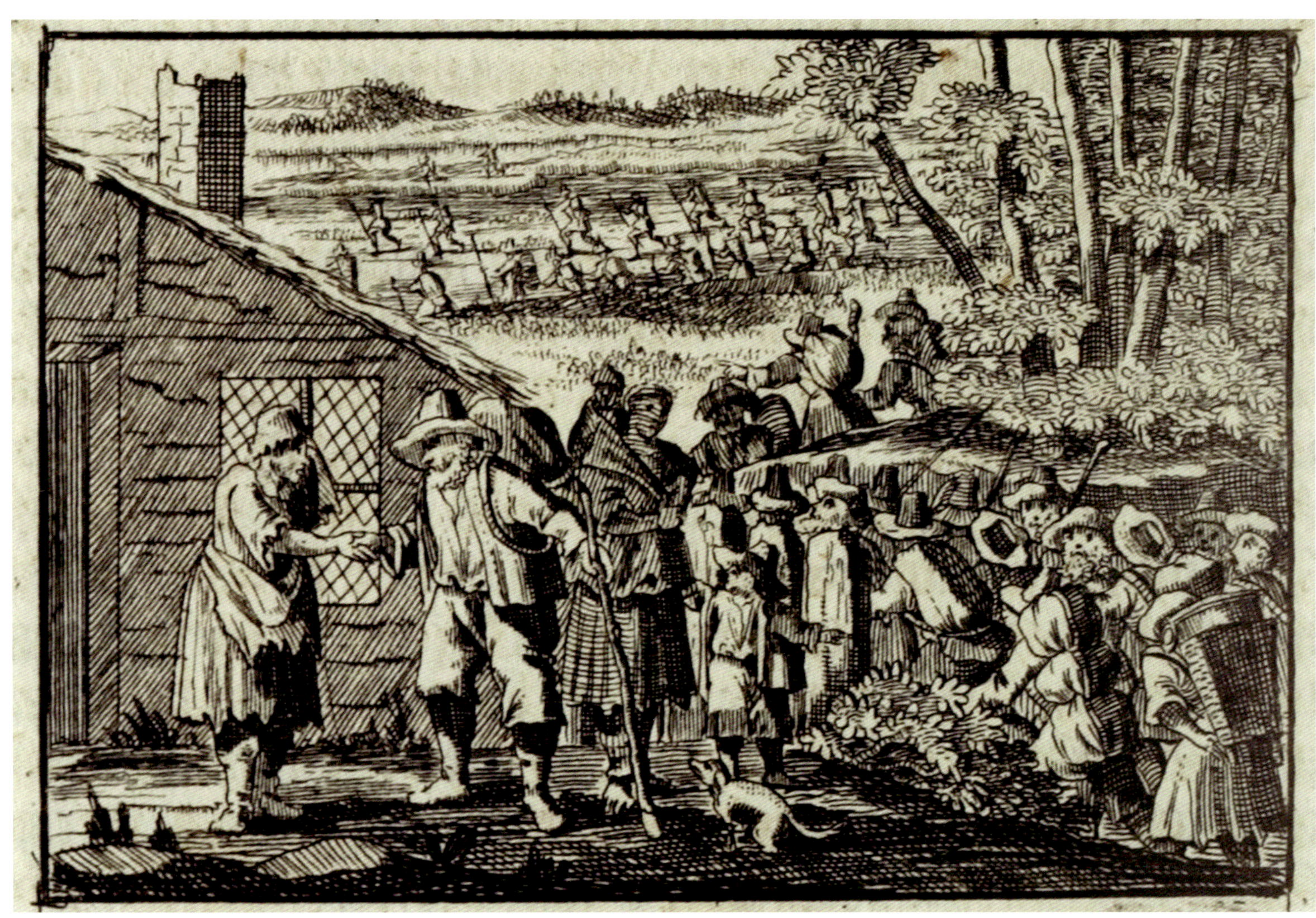

7 Aussiedler verlassen die Pfalz Richtung Amerika, Kupferstich, aus: Geschichte, welche sich unter … Carolo VI. vorn dem Jahr 1723. biß auf das Jahr 1733 … zugetragen, Nürnberg 1735 | Universitätsbibliothek Heidelberg, B 1705 B RES

den über 200 Kolonien, von denen 92 evangelisch, 68 katholisch und 44 mennonitisch waren. So manche Siedlungsnamen in Südrussland deuten auf die Herkunft vieler Auswanderer hin, zum Beispiel Mannheim, Kandel, Rohrbach, Landau und Speier.

Die in den 1720er Jahren vor allem im Gebiet des Hochstifts Speyer einsetzende Auswanderung nach Ungarn erfasste bald auch die Kurpfalz. Hauptzielgebiet war das 1715/18 von Reichstruppen eroberte und von der Türkei an Österreich abgetretene Banat. 1746 erteilte die kurpfälzische Regierung nur jenen Personen aus dem Oberamt Lautern die Auswanderungserlaubnis, die „dem *aerario* nichts nutzen und den Gemeinden nur zur Last fallen".[13] Ab etwa 1760 betrieben Kaiserin Maria Theresia und ihr Sohn Kaiser Joseph II. eine planmäßige Einwanderungspolitik, um den nur dünn besiedelten südlichen Teil der ungarischen Tiefebene durch deutsche Bauern kultivieren zu lassen. Das von Joseph II. 1782 erlassene „Ansiedelungs-Patent" war – nicht zuletzt dank der Tätigkeit der pfälzischen „Werbezentrale" in der österreichischen Grafschaft Falkenstein (Winnweiler) – bald auch in der Pfalz überall verbreitet. In den Krisenjahren 1783/84 verließen Tausende die Pfalz, reisten über Regensburg auf der Donau nach Wien, wo ihnen in der Hofkanzlei der Ansiedlungspass und ein Reisegeld ausgehändigt wurde. Etwa 3.500 Familien wurden zwischen 1784 und 1787 in 20 Dörfern des Batscher Komitats (Batschka) zwischen Donau und Theiß angesiedelt. Andere Pfälzer zog es in dieser Zeit nach Galizien, dem östlich des Weichseloberlaufs gelegenen und jahrhundertelang zu Polen gehörenden Gebiet, das bei der ersten polnischen Teilung (1772) von Österreich vereinnahmt worden war. Rund 25.000 Personen, unter ihnen wieder viele Pfälzer, wanderten zwischen 1782 und 1787 und in einer zweiten Welle nach 1800 in Galizien ein. Im Umkreis von Lemberg entstanden damals zahlreiche pfälzische Siedlungen. Ein Teil der für Galizien bestimmt gewesenen Ansiedler wurde ab 1787 in die Bukowina weitergeleitet. Auch hier hat sich bis zum Zweiten Weltkrieg eine blühende deutsche Volkskultur erhalten.

Literatur

Augel 1971 · Bütfering 1995 · Christmann 1960 · Collofong/Fell 1978 · Drumm 1950 · Drumm/Zink 1938 · Fischer 1939 · Frieß-Reimann 1996 · Fritz 1987 · Gebhard 1939 · Häberle 1909 · Hauck 1903 · Hein 1981 · Heinz 1989 · von Hippel 1984 · Kimmel 1973 · Knecht 1892 · Kohnle 2005 · Kollnig 1949 · Kremp/Paul 2002 · Kremp/Paul/Schmal 2010 · Meier-Braun/Weber 2009 · Mertens 1995 · Paul/Scherer 1995· Paul 1997 · Paul 2010 · Petto 1976 · Renzing 1989 · Riehl 1964 [1857] · Schaab 1992 · Scherer 1981 · Sellin 1978 · Stumpp 1972

Anmerkungen

1 Riehl 1964 [1857], S. 82 f.
2 Zitiert nach Kollnig 1949, S. 6.
3 Christmann 1960, S. 115 f.
4 Sellin 1978, S. 107 f.
5 Kollnig 1949, S. 12.
6 Zitiert nach Sellin 1978, S. 114.
7 Sellin 1978, S. 112.
8 Hier und nachfolgend Kimmel 1973, S. 76.
9 Häberle 1909, S. 56.
10 Vgl. Scherer 1981.
11 Zit. nach Heinz 1989, S. 98.
12 Häberle 1909, S. 144 f.
13 Ebd., S. 144.

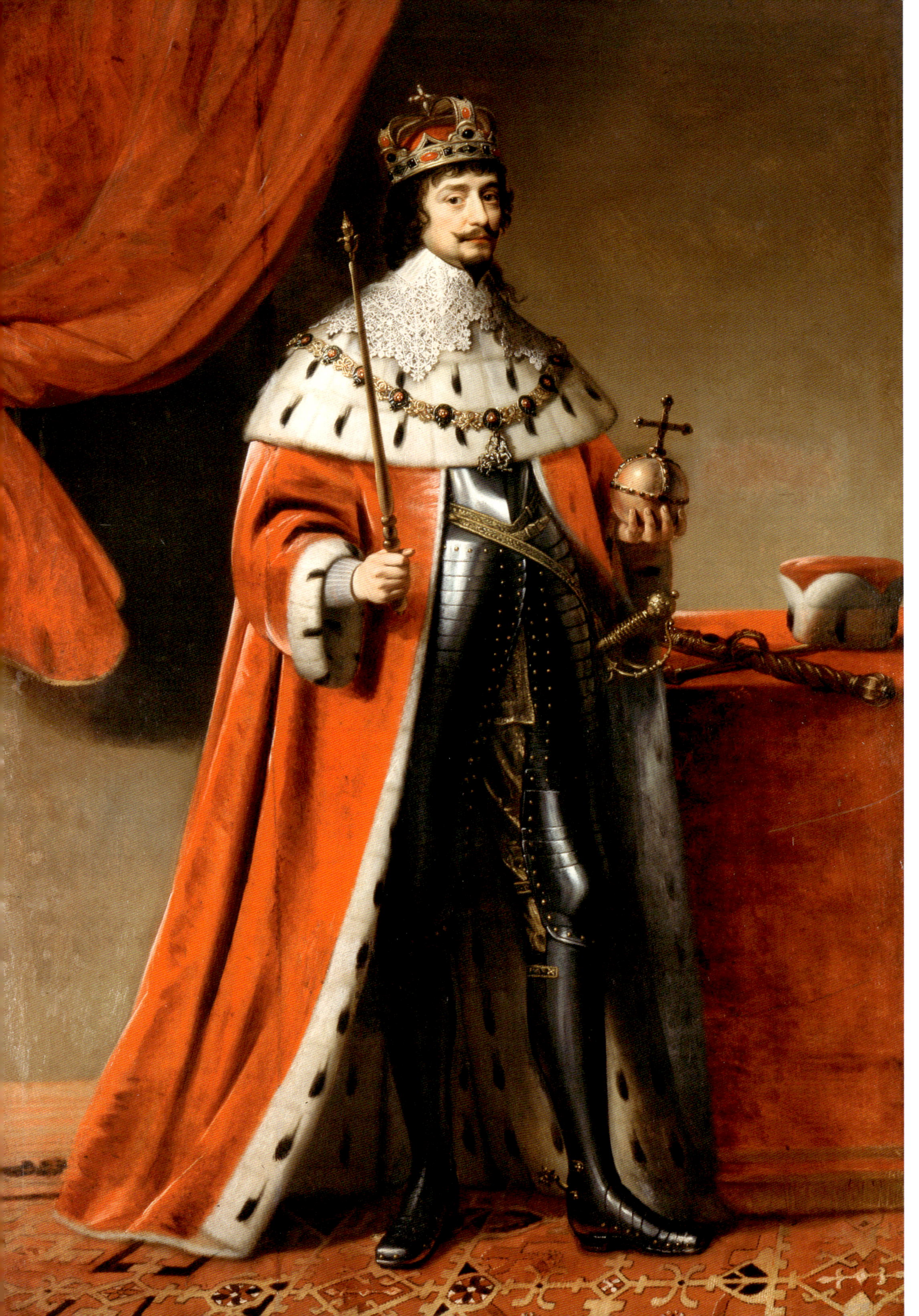

Sabine Witt

Kurfürstenbildnisse als Medien der Repräsentation und Propaganda

Die Kurfürsten und Pfalzgrafen bei Rhein treten uns in der Epoche der Neuzeit in vielfältiger Form bildlich entgegen. Ihre Konterfeis waren auf Münzen und Medaillen ebenso allgegenwärtig wie in gemalten Porträts oder den deutlich preisgünstiger und in hoher Auflage herzustellenden und somit massenhaft vertriebenen Kupferstichen oder Flugblättern. Letztere begleiteten vor allem die Krönung Friedrichs V. von der Pfalz zum König von Böhmen 1619 sowie den ein Jahr später erfolgenden jähen Sturz desselben und den Dreißigjährigen Krieg propagandistisch in bis dato unbekannter Art und Weise. Bei all dieser so offensichtlichen Omnipräsenz der Kurfürsten in verschiedenen künstlerischen und publizistischen Medien lohnt ein genauer Blick auf die Art der Darstellung, die Wahl des Formates und die Präsentation der beigegebenen Attribute oder des gewählten Hintergrundes, um die mögliche Intention des kurfürstlichen Bildnisses zu dechiffrieren.

Auf der von Hans Schwarz geprägten und inschriftlich 1526 datierten Porträtmedaille Ludwigs V. von der Pfalz (Abb. 2)[1] ist der Kurfürst bar jeder Insignien dargestellt. Bekleidet mit einer Schaube, das Haupt von einer ausladenden, an den Rändern gezackten Mütze bedeckt, könnte es sich auch um das Bildnis eines Reformators, eines Patriziers oder eines frühneuzeitlichen Wirtschaftsmagnaten handeln. Allein die Umschrift auf der Vorderseite – LUDOVVICVS D G D CO P RHE D BA PRIN ELEC[2] – und das revers gezeigte kurfürstliche Wappen mit dem steigenden Pfälzer Löwen und den weiß-blauen Rauten sowie die auf einem Schriftband beigegebene Titulatur identifizieren den Porträtierten als Ludwig V. Pfalzgraf bei Rhein, Herzog von Bayern und Kurfürst. Oftmals, so auch in diesem Fall, von herausragender künstlerischer Qualität stechen die als besondere Auszeichnungen oder Geschenke geprägten Porträtmedaillen weit über die in größerer Zahl gefertigten Münzen hinaus, die ebenfalls das Konterfei des amtierenden Herrschers, vor allem aber sein Wappen und eine Umschrift mit seinem Namen trugen.

Weite Verbreitung fanden auch Holzschnitt- und Kupferstichserien der regierenden Pfälzer Kurfürsten und ihrer Vorgänger, die nach Erfindung des Buchdrucks massenhaft produziert und vertrieben werden konnten. Wohl am bekanntesten sind die Blätter des Schweizer Kupferstechers Jost Amman, der Doppelporträts der Kurfürsten und ihrer Gemahlinnen schuf.[3] Von ihnen zeigt eines Kurfürst Ottheinrich und Susanna von Bayern vor einem Ausblick in eine Landschaft (Abb. 3). Die Herzogin steht dabei, in ein reich gefälteltes Kleid und einen sehr modischen Mantel mit geschlitzten Ärmel gewandet, mit demutsvoll gefalteten Händen neben ihrem sitzenden, durch seine massige Leibesfülle beeindruckenden und mehr als die Hälfte des Blattes einnehmenden Kurfürsten. Die auf den ersten Blick privat-familiär wirkende Szene darf nicht darüber hinweg täuschen, dass in der Darstellung das gesamte Repertoire fürstlicher Repräsentation entfaltet wird: Vor dem lieblichen Landschaftshintergrund, in dem sich eine Kutsche einem auf einer Anhöhe befindlichen Anwesen nähert, wird das Paar von zwei Säulen flankiert, Ottheinrich darüber hinaus von einem Vorhang hinterfangen. Auf ein solches *setting* – gerahmt und damit hervorgehoben durch die Herrschersymbole Säule und Vorhang – verzichtete kaum ein Herrscherporträt der nachfolgenden Jahrhunderte. Demonstrativ hält Ottheinrich, dem zu Füßen ein Löwe, das Pfälzer Wappentier, ruht, in seiner Linken einen überproportional großen Reichsapfel – Symbol des Erztruchsessenamtes und seines besonderen Vorrangs als Reichsvikar, das heißt als Stellvertreter des Königs bei einer Thronvakanz oder Abwesenheit des Reichsoberhauptes. In der Rechten hält er das Kurschwert. Seinen Rang als einer der sieben „Königsmacher" im Heiligen Römischen Reich Deutscher Nation kennzeichnen darüber hinaus der hermelingefütterte Mantel und der gleichfalls aus diesem exquisiten Pelz gefertigte doppelreihige Kragen sowie der Kurhut. Schließlich sind in der linken oberen und in der rechten unteren Ecke die Wappen der Eheleute – ein viergeteilter Wappenschild mit den weiß-blauen Rauten und dem Löwen, bei Ottheinrich zusätzlich der Reichsapfel im Herzschild – beigegeben. Über die Tatsache, dass Amman den Pfälzer Löwen im Wappen Ottheinrichs seitenverkehrt wiedergegeben hat, sei an dieser Stelle hinweggesehen.

1 Gerard van Honthorst: Kurfürst Friedrich V. als König von Böhmen, 1634, Öl auf Leinwand | Kurpfälzisches Museum der Stadt Heidelberg, L 156, Leihgabe des Ministeriums für Wissenschaft und Kunst Baden-Württemberg 1968

Staatsporträts – Anspruch oder Wirklichkeit?

Von den gemalten Porträts sind es nicht immer die offiziellen, repräsentativen Herrscherbildnisse, die heute unser Bild von den Kurfürsten und Kurfürstinnen prägen, auch wenn genau dies ehemals intendiert war: Das mit 195 cm überlebensgroße Ganzfigurenbildnis Kurfürst Friedrichs II. (1544–1556) von Hans Besser[4] etwa scheint weniger die kurfürstlichen Insignien in den Vordergrund zu rücken (Abb. 4). Es stellt stattdessen die Zugehörigkeit Friedrichs zu einem der bedeutendsten und exklusivsten katholischen Ritterorden – dem Orden vom Goldenen Vlies – markant zur Schau. Der Kurfürst ist gemäß dem spanisch-burgundischen Hofzeremoniell vollständig in Schwarz gekleidet, lediglich schmale Rüschen der Ärmel blitzen unter dem Gewand hervor. Ins Auge fällt vor allem die breite, goldene Collane (Ordenskette) des vom burgundischen Herzog Philipp dem Guten 1430 gegründeten Ordens, der eine eng begrenzte Anzahl an Rittern aus dem höchsten Adel aufnahm. Die Collane mit dem Widderfell als Kleinod umrahmt auch das von einem Kurhut gekrönte Wappen Friedrichs, dem 1544 von Kaiser Karl V. das Recht zugestanden worden war, im Herzschild den Reichsapfel zu tragen. Eine Inschriftenkartusche links nennt den Rang und Titel Friedrichs.

Neben der Betonung der Ordenszugehörigkeit offenbart sich das Interesse und zugleich die besondere künstlerische Meisterschaft Hans Bessers vor allem in der äußerst detailliert und veristisch wiedergegebenen Physiognomie des gealterten, von einem langen Backen- und Schnauzbart geschmückten Antlitzes und den ebenfalls aus dem schwarzen Gewand hervortretenden Händen, in denen er links einen Degen, rechts einen Handschuh hält.

Gänzlich anders tritt uns hingegen Friedrich V. aus der Linie Pfalz-Simmern auf einem gleichfalls ganzfigurigen, überlebensgroßen Porträt entgegen (Abb. 1). Gerard von Honthorst schuf ein veritables Staatsporträt des Pfälzers, der 1619 die böhmische Krone errang, in der Folge aber die Kurpfalz in eine ihrer größten Katastrophen riss.[5] Selbstbewusst, mit aufmerksam wachem Blick schaut Friedrich dem Betrachter entgegen. Über der metallisch schimmernden Rüstung eines Ganzkörperharnisches, der durch einen umgegürteten Degen ergänzt wird und seine vermeintliche militärische Stärke und Unverwundbarkeit suggeriert, trägt er einen bodenlangen, hermelingefütterten Krönungsmantel, darüber aber – ganz in der Mode der Zeit – ist ein Spitzenkragen gelegt. Schultern und Brust ziert eine Ordenskette, und schließlich präsentiert Friedrich die Insignien seines Königtums: auf dem Haupt die böhmische Königskrone, von Honthorst ebenfalls nur sehr schematisch gemalt, in den Händen hält er links den sogenannten böhmischen Reichsapfel, rechts ein Zepter. Auf einem Tisch zuseiten Friedrichs liegen der Kurhut und das Pfälzer Kurschwert.

Abgesehen von dieser geradezu plakativen Zurschaustellung der Insignien irritiert das Gemälde jedoch außerordentlich: Zunächst erstaunt die mehrheitlich recht summarisch ausgeführte Malweise, etwa des Mantels, dessen Faltenwurf kaum detailliert wiedergegeben ist. Dominiert wird das Gemälde von dem signalhaften Rotton des Mantels, eines zurückgezogenen Vorhangs, der ebenfalls als Herrschaftszeichen

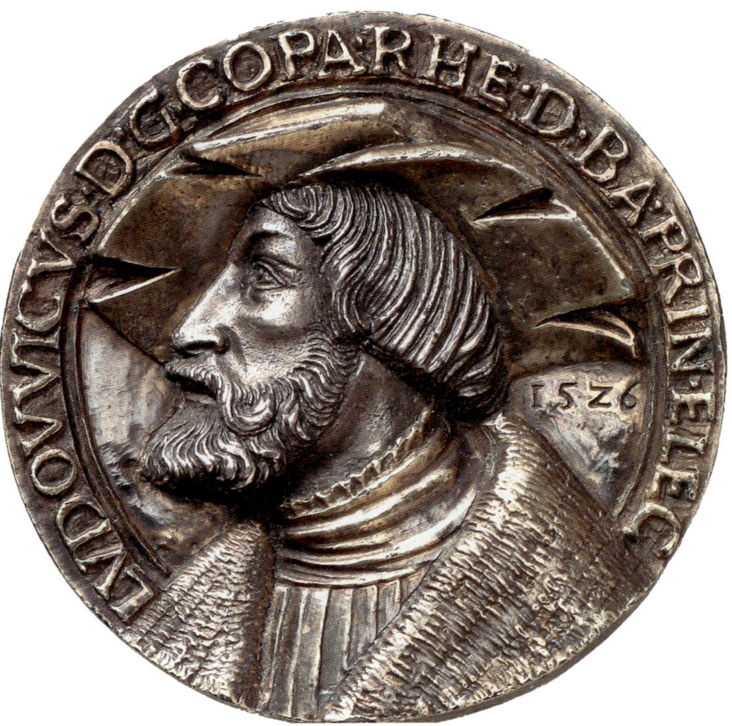

2 Hans Schwarz: Medaille auf Kurfürst Ludwig V. von der Pfalz | Staatliche Museen zu Berlin – Preußischer Kulturbesitz, Münzkabinett

fungiert, und des mit einer roten Tapisserie bedeckten Tisches, und dennoch dient die auffallende Farbigkeit nur als Folie für diese Inszenierung königlich-kurfürstlicher Würden. Dass dies eher Propaganda denn Wirklichkeit war, offenbart die Entstehungszeit des Porträts: Gemeinsam mit einem Bildnis ihrer selbst als Kurfürstenwitwe hatte es Elizabeth Stuart bei Honthorst in Auftrag gegeben. Vollendet war es 1634, und damit zwei Jahre nachdem Friedrich nach einem Jahrzehnt Exil am Hof der Oranier in Den Haag in Mainz verstorben war. Es ist daher vor allem ein „Erinnerungsbild" und zugleich ein postum erhobener Anspruch auf den einst königlichen Rang und die Kurwürde, die Friedrich verloren hatte. Letztere konnte sein Sohn Karl Ludwig erst Jahre später wieder erlangen.

Den Anspruch von Dignität und Rang im Kreise der Kurfürsten des Heiligen Römischen Reiches Deutscher Nation verkörpert denn auch das von Johann Baptist de Ruell geschaffene Staatsporträt Karl Ludwigs (vgl. Abbildung im Beitrag von Maximilian Lanzinner im vorliegenden Band).[6] Es entstand 1676, mithin ein gutes Vierteljahrhundert, nachdem die Kurpfalz im Westfälischen Frieden von 1648 erneut in den Kreis der Königswähler aufgenommen worden war, aber statt der im Rang deutlich prestigekräftigeren Pfälzer Kur eine neue, achte Kur erhalten hatte. Karl Ludwig stützt sich auf das 1653 von Abraham

3 Jost Amman: Kurfürst Ottheinrich von der Pfalz und seine Gemahlin Susanna von Bayern | Kurpfälzisches Museum der Stadt Heidelberg, S 57

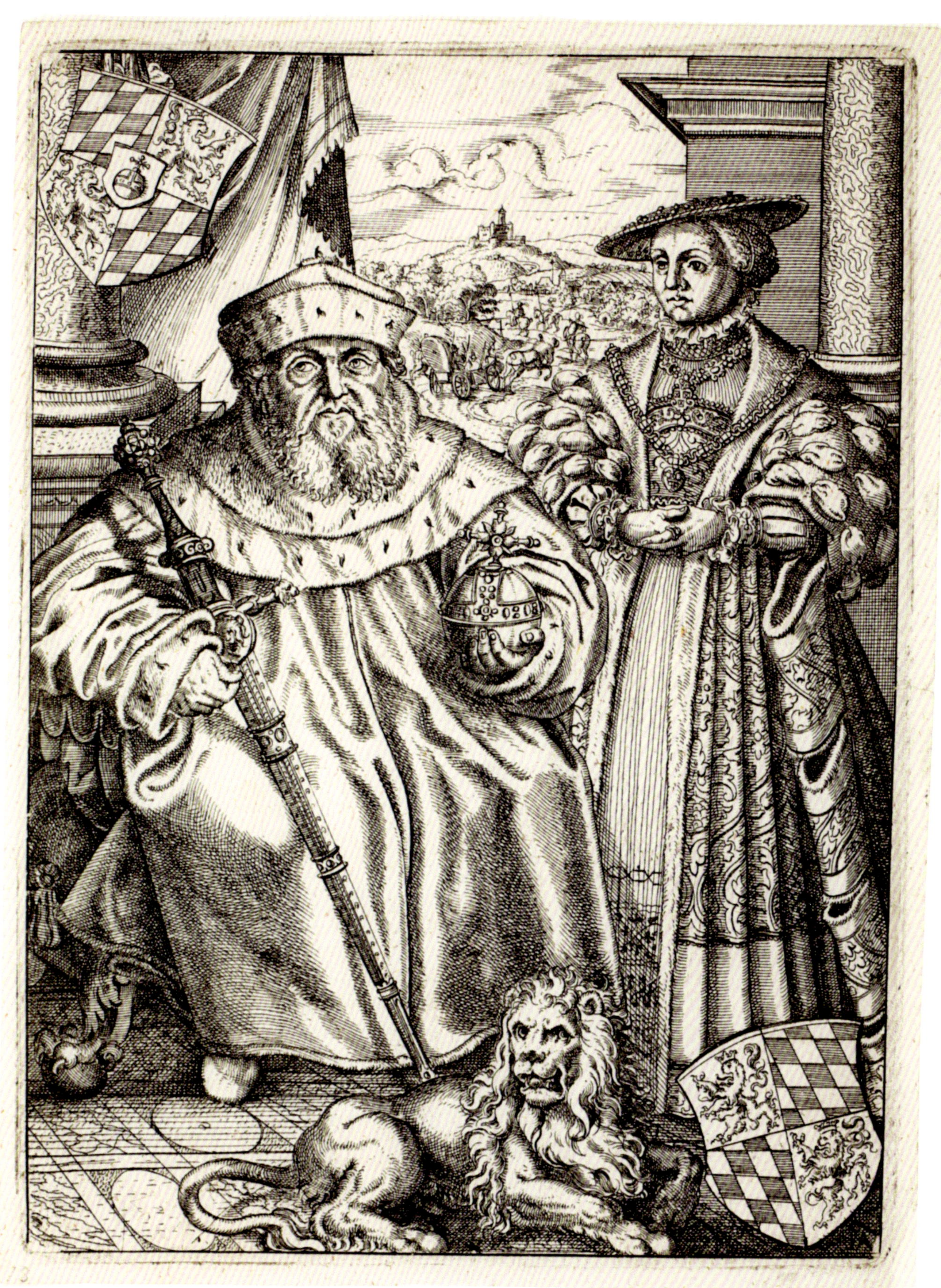

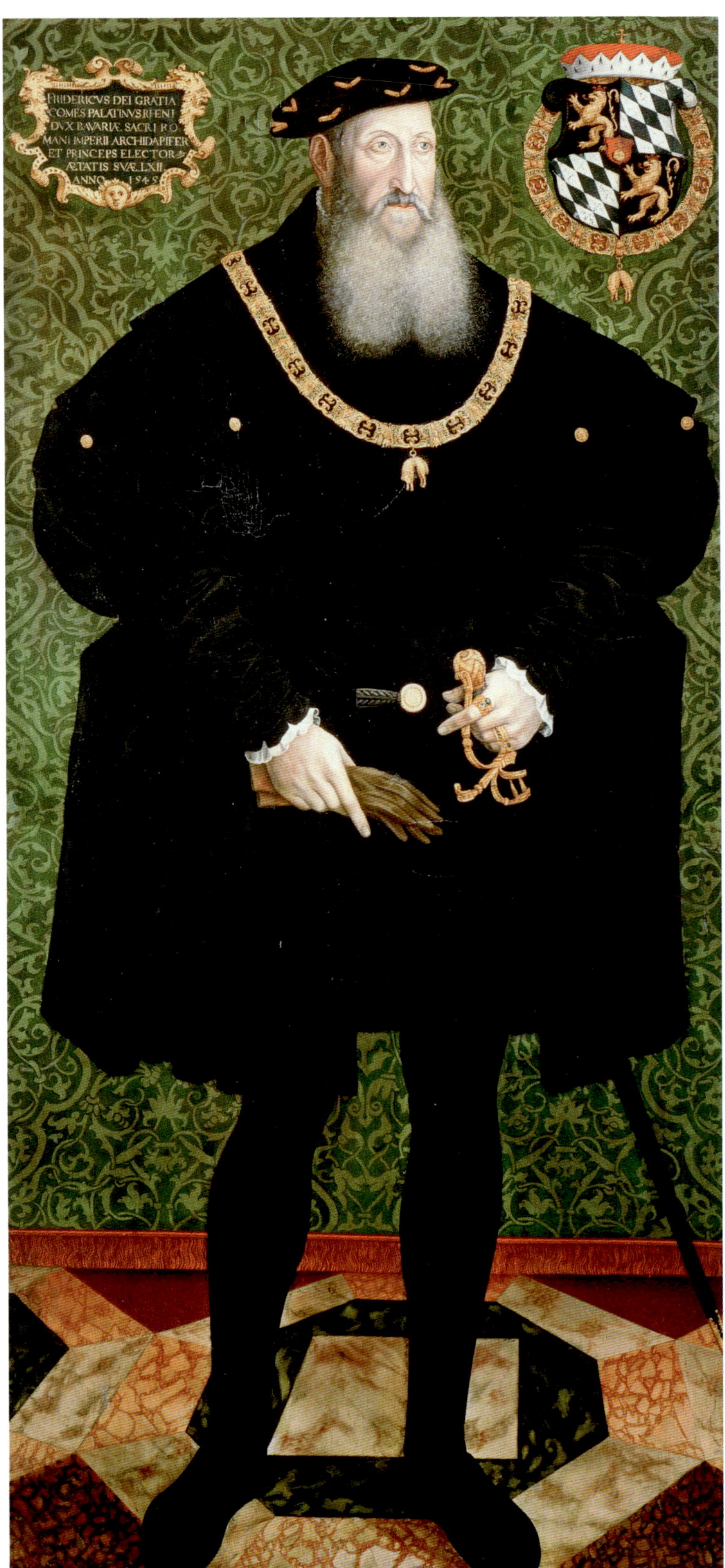

4 Hans Besser: Ganzfigurenporträt Kurfürst Friedrich II. von der Pfalz, Öl auf Leinwand | Wien, Kunsthistorisches Museum, GG 8177, Schloss Ambras

Drentwett, einem renommierten Augsburger Goldschmied, gefertigte und vom Kurfürst selbst in Auftrag gegebene Zeremonialschwert, das als Pfälzer Kurschwert diente. In der rechten Hand präsentiert er die Krone des Heiligen Römischen Reiches. Sie bei Kaiserkrönungen voranzutragen, gehörte zu den vornehmsten Pflichten, die Karl Ludwig mit der neuen Kur und dem damit verbundenen Erzschatzmeisteramt verliehen worden waren. Gleichwohl dürfte er mit der demonstrativen Zurschaustellung der kaiserlichen Insignie auch das Anrecht auf das Reichsvikariat untermauern, das 1623 ebenfalls an die bayerischen Wittelsbacher übergegangen war.[7]

Das Bildnis eines Barockfürsten

Die Variabilität des Herrscherbildnisses in verschiedenen Medien lässt sich am Beispiel Kurfürst Johann Wilhelms wohl am anschaulichsten darstellen. Dieser Fürst aus der Linie Pfalz-Neuburg, die mit den Fürstentümern Jülich und Cleve seit dem 17. Jahrhundert Territorien am Niederrhein besaß, regierte von seiner dortigen Residenz Düsseldorf aus. In Erinnerung geblieben ist Johann Wilhelm aber vor allem als bedeutender Kunstmäzen und als solcher auch in mehreren allegorischen Gemälden dargestellt.[8] Reiterbildnisse wie jenes von Jan Schoonjans (Abb. 5) betonen hingegen seine Rolle als Feldherr, etwa im Spanischen Erbfolgekrieg. Im Verlauf des Krieges errang Johann Wilhelm die alte Pfälzer Kurwürde von dem unter die Reichsacht gefallenen Maximilian Emanuel von Bayern zurück und konnte 1711 das Reichsvikariat ausüben. Dieses „*renversement*" der Kurwürde – es sei nur an die Ächtung Friedrichs V., den Verlust der Kurwürde und deren Vergabe an die bayerischen Wittelsbacher, zunächst an Maximilian I. von Bayern 1621/23 erinnert – dürfte Johann Wilhelm eine große Genugtuung gewesen sein,[9] auch wenn sie nur von kurzer Dauer war und der Friede von Utrecht 1713 die alten Verhältnisse wiederherstellte.

Eine frühere, geradezu phantastisch anmutende Episode offenbart Johann Wilhelms Streben nach einer Königswürde. Nach dem kurzen Zwischenspiel Kurfürst Friedrichs V. als König von Böhmen, den Zweibrücker Herzögen auf dem schwedischen Thron und den vergeblichen Versuchen, die Krone Polens zu erringen, wurde eben auch dieser Kurfürst aus der Linie Pfalz-Neuburg des Versuchs nicht müde, seinen fürstlichen Rang mit einer Königswürde zu krönen und so auf gleicher Stufe mit den Preußen (Königreich seit 1701), Welfen (seit 1714 auf dem englischen Königsthron) und den bayerischen Verwandten – Max Emanuel wurde vom Wiener Hof zum Statthalter in den habsburgischen Niederlanden erkoren – stehen zu können. 1698 führte Johann Wilhelm

5 Antoni Schoonjans: Reiterbildnis des Kurfürsten Johann Wilhelm, Pfalzgraf von Neuburg, Öl auf Leinwand | München, Bayerische Staatsgemäldesammlungen, Alte Pinakothek, 2543

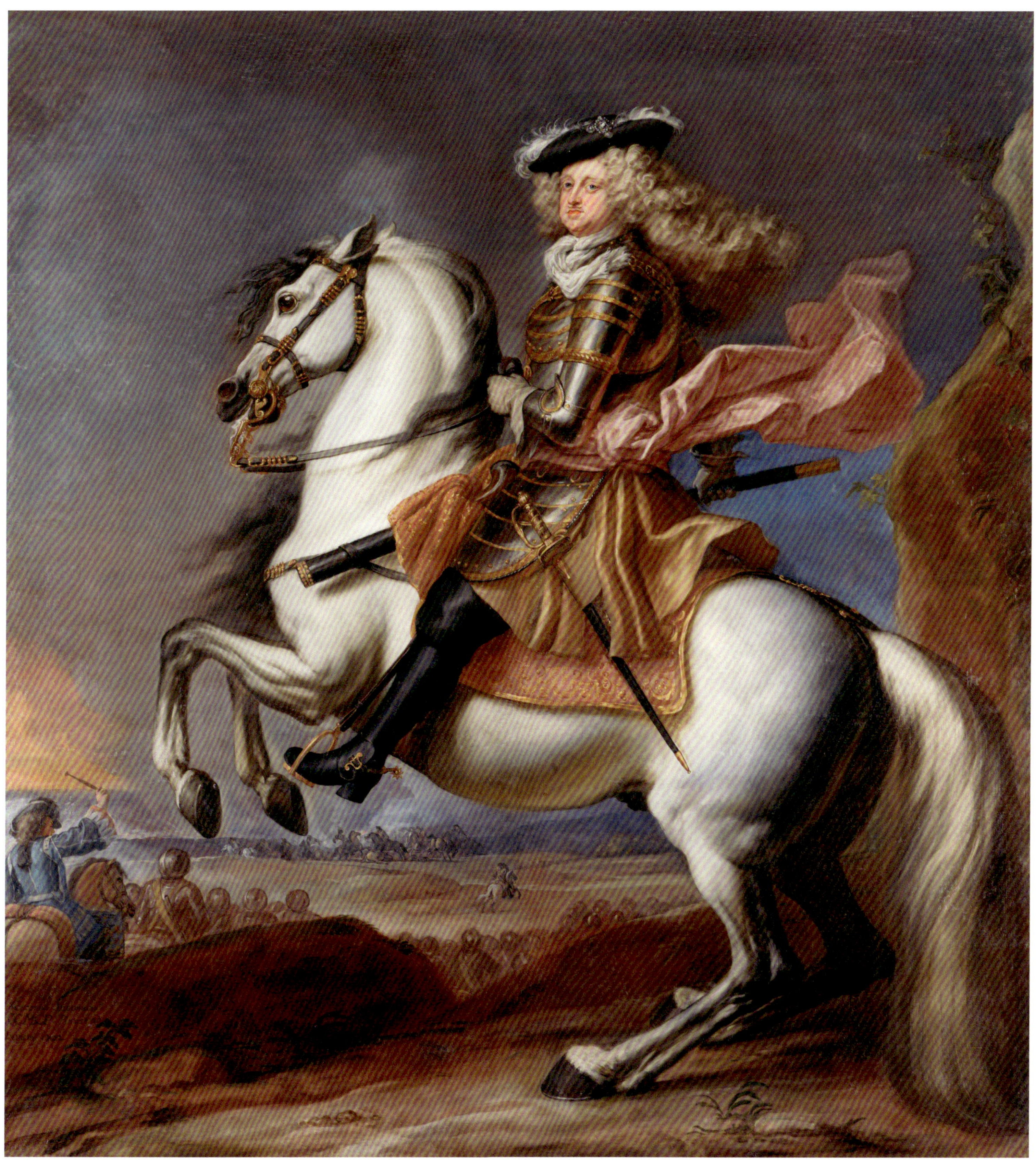

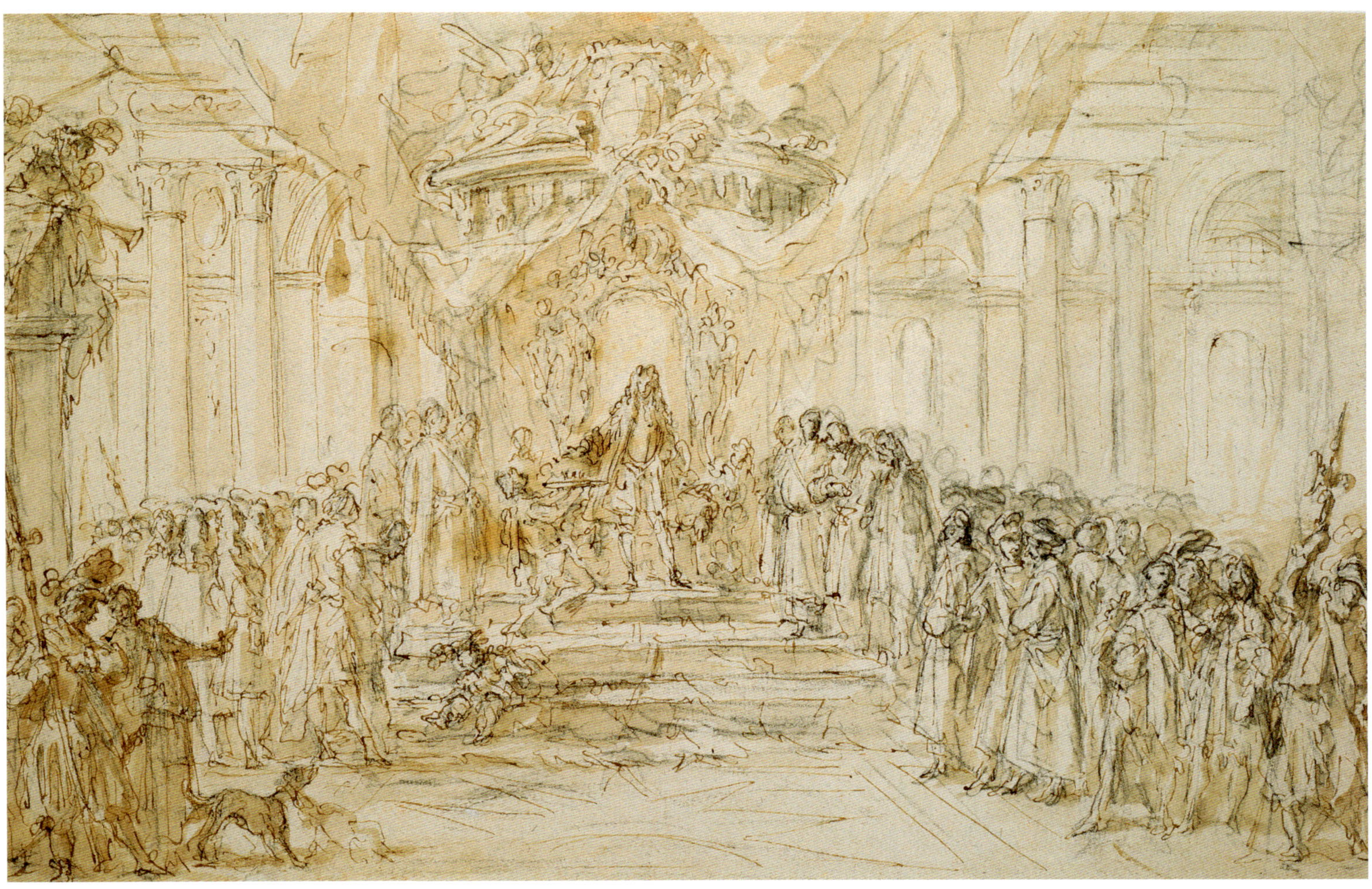

6 Giovanni Antonio Pellegrini: Johann Wilhelm wird die Krone des Königreichs Armenien angeboten, lavierte Federzeichung | Frankfurt am Main, Städel Museum, Graphische Sammlung

Verhandlungen mit dem in Düsseldorf ansässigen Wein- und Getreidekaufmann Israel Ory, der ihm die Krone Armeniens anbot, als Gegenleistung dafür, das Land für das Christentum zurückzuerobern (Abb. 6). Dieses Vorhaben – und damit auch die Königswürde – wurde mit dem Ausbruch des Spanischen Erbfolgekriegs jedoch ad acta gelegt.

Als Feldherr, vor allem aber als Barockfürst, porträtierte Gabriel de Grupello Johann Wilhelm in einer imposanten Marmorbüste (Abb. 7).[10] Der militärische Charakter tritt hier jedoch deutlich zurück. Der Brustpanzer, den Johann Wilhelm trägt, wird von dem eleganten Halstuch aus durchbrochener Spitze konterkariert. Unter dem Halstuch bleibt als wichtigste Ordensauszeichnung die Collane des Ordens vom Goldenen Vlies sichtbar. Dynamik gewinnt die Skulptur durch den schwungvoll vor den Körper gezogenen, mehrfach in sich verschlungenen Mantel und das wie von einer plötzlichen Körperwendung bewegte Halstuch. Auch die aufgetürmte Frisur der überreich gelockten Allongeperücke trägt zu diesem Eindruck bei. In ihrer künstlerischen Qualität muss das Werk den Vergleich mit Porträtbüsten Kaiser Leopolds oder Ludwigs XIV. von Frankreich nicht scheuen.

Gabriel de Grupello oblag die Skulpturenausstattung der niederrheinischen Schlösser und Gärten, sein Salär von 3.000 Gulden lag an der Spitze der Hofkünstler und -beamten. Grupello hatte fünf Jahre in Antwerpen bei dem Bildhauer Artus Quellinus gelernt, war mehrere Jahre am französischen Königshof tätig gewesen und hatte sich dort in der Kunst des Bronzegusses geschult. Dies kam ihm in Düsseldorf besonders zugute, da Johann Wilhelm – nach dem Vorbild des Sonnenkönigs – die Errichtung von Reiterstandbildern mit seinem Konterfei und dem seines Vaters, Kurfürst Philipp Wilhelm, plante. Verwirklicht wurde jedoch – auf städtischem Grund und daher von Anfang an in kommunalem Besitz – nur das Reiterstandbild Johann Wilhelms.[11]

7 Gabriel de Grupello: Bildnisbüste Kurfürst Johann Wilhelms von der Pfalz, um 1700, Marmor | Bayerisches Nationalmuseum München, R 4018

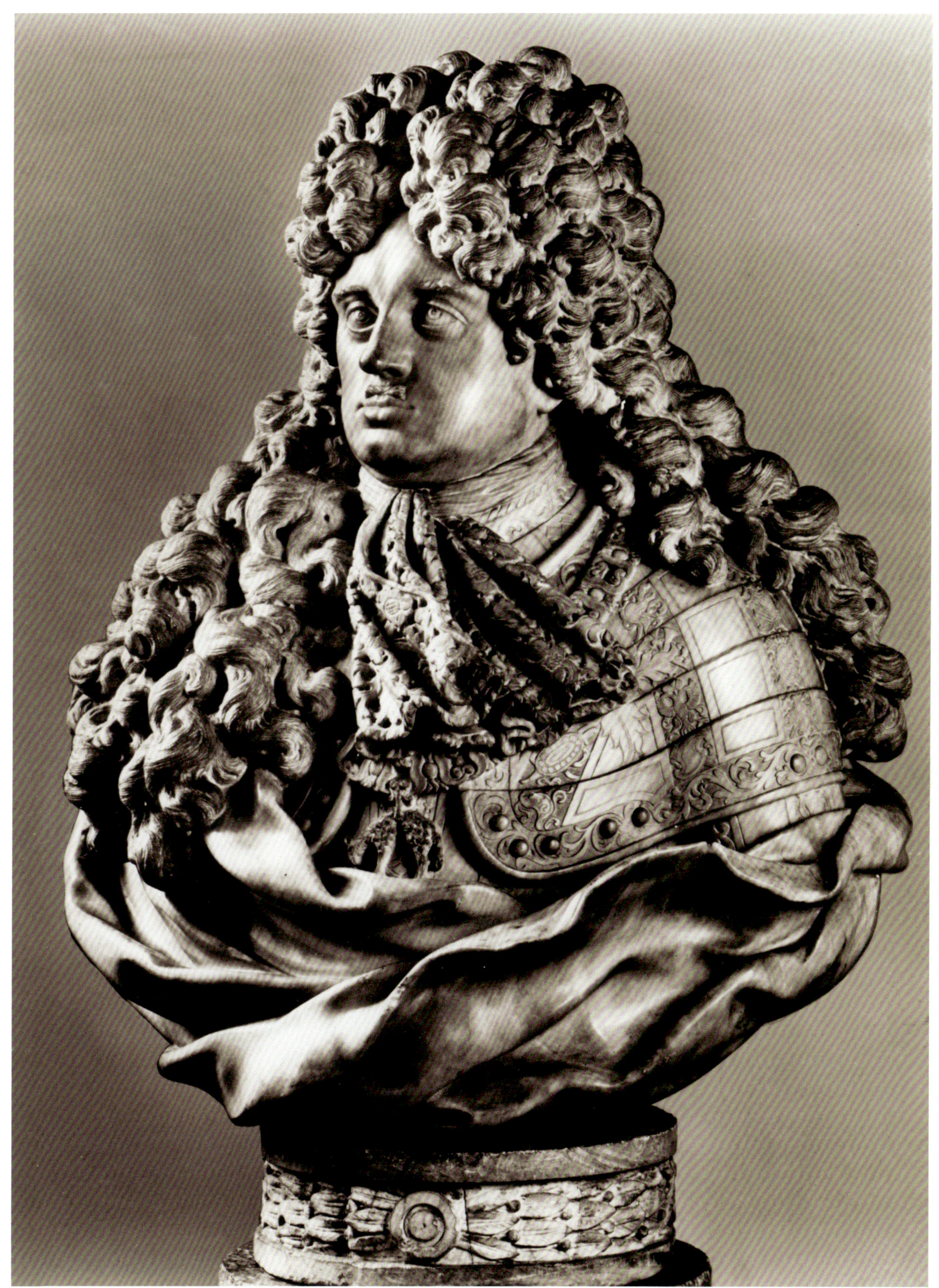

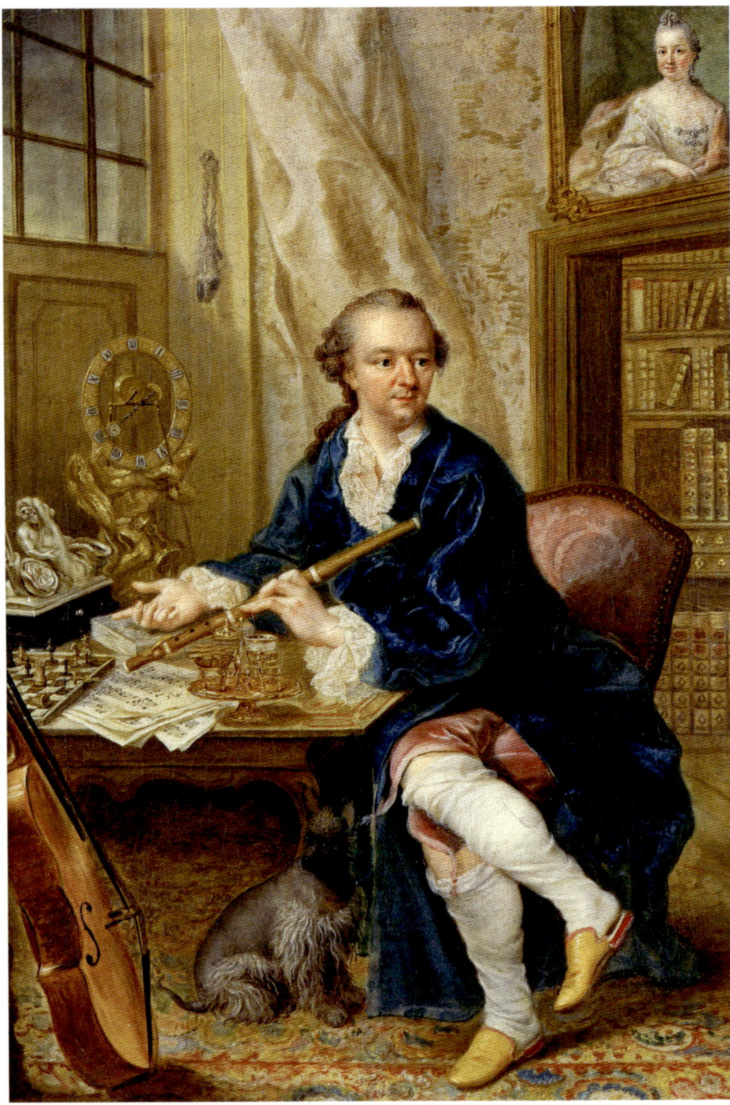

8 Johann Georg Ziesenis: Carl Theodor mit Traversflöte und Hund, 1757, Öl auf Leinwand I Bayerisches Nationalmuseum München, R 5783

Abseits der Staatsräson – die Kurfürsten und Kurfürstinnen „privat"

Abschließend sei auf zwei Porträts des Kurfürstenpaares Carl Theodor und Elisabeth Auguste eingegangen, die sich in der dargestellten Szene, der Wahl des Formats und des Bildausschnittes deutlich von den zuvor genannten Bildnissen unterscheiden. Eher „privat" erscheint das kleinformatige Gemälde *Carl Theodor mit Traversflöte und Hund* von der Hand Johann Georg Ziesenis' (Abb. 8).[12] Unbestritten hat sich Ziesenis die Freiheit genommen, dem Porträt mit dem beigefügten Hund zu Füßen Carl Theodors, der vordergründig unaufgeräumten Studierstube, der mit den heruntergerutschten Strümpfen etwas nachlässig scheinenden Kleidung des mit übergeschlagenen Beinen dasitzenden Kurfürsten ein Augenzwinkern beizugeben. Das Thema aber – Carl Theodor als einen Kunst und Kultur fördernden, ja selbst praktizierenden und musizierenden Fürsten zu zeigen – ist alles andere als rein privat, sondern Teil des politischen Programm eines absolutistischen Souveräns. Auch die Darstellung im Morgenrock ist dabei nicht ungewöhnlich. Hält man sich vor Augen, welche Bedeutung das *lever* bzw. *coucher* am französischen Hof hat, so war eine solche Kleidung, anders als man heute vermuten könnte, keineswegs unschicklich, und Galakleidung keineswegs nicht die Regel. Über der Tür, die einen Blick in die anschließende Bibliothek eröffnet, gibt Ziesenis übrigens ein Porträt von Carl Theodors Gattin Elisabeth Auguste wieder.

Einen geradezu intimen Blick auf diese Fürstin erlaubt auch das um 1765 von Heinrich Carl Brandt geschaffene Halbfigurenporträt (Abb. 9).[13] Es zeigt Elisabeth Auguste gleichermaßen elegant und entspannt auf einem Diwan, in der Linken eine mit Blumenmuster verzierte Kaffeetasse haltend, die Rechte auf der Sofalehne auf- und an den Kopf gestützt. Offenen Blicks, mit leichtem Lächeln schaut sie den Betrachter direkt an. Freizügigkeit offenbart auch das tief ausgeschnittene Dekolleté ihres hellen Kleides aus glänzendem Seidendamast. Über die Schultern trägt sie zudem einen hermelinverbrämten Mantel sowie einen duftigen Schleier; blaue Federn und Perlenschmuck zieren Ohren und Haar. Auf einem Tischchen vor ihr stehen eine zierliche silberne Kaffeekanne und eine Zuckerdose.

Doch Vorsicht ist geboten, das Porträt nur als *privatissime*, als „Bild aus dem Leben", gar als „Porträt beim Kaffeekränzchen" zu interpretieren. Es stellt vielmehr eine extreme Extravaganz zur Schau. Damit ist nicht allein die hoch elegante, etwas freizügige Mode gemeint, in der sich Elisabeth Auguste kleidet, sondern auch die Mode des Geschmacks. Seit Mitte des 17. Jahrhunderts war das exotische Getränk Kaffee in Europa bekannt, es war aber aufgrund des Fernhandels extrem kostspielig und wurde somit nur von sehr Vermögenden und vom Adel genossen. Ihm diente es entsprechend als luxuriöses Prestigegetränk und Zeichen von Vorrang. Eigens für das neumodische Getränk wurden Services geschaffen, wie es die Kurfürstin höchst anmutig und zugleich einen Hauch Orientexotik vermittelnd präsentiert. Bei aller Direktheit, mit der sie sich dem Betrachter zuwendet,[14] wahrt sie also dennoch Distanz, hält sich den Betrachter als Untertan „vom Leib".

> „Was ist denn eigentlich ein Porträt? Was verlangt denn eigentlich ein Porträt? Was verlangt denn das Publikum von den Künstlern? Die sogenannte Ähnlichkeit, einen höchst unbestimmten Begriff, der uns oft zur Verzweiflung bringt, um so mehr, als er sich mit der Forderung nach der Schönheit – dieser tyrannischsten aller Ideen – zu verschwestern pflegt."[15]

Für das Fürstenporträt sind es abgesehen von Ähnlichkeit und Schönheit noch ganz andere Aspekte, die es für die Maler umzusetzen galt.

9 Heinrich Carl Brandt: Elisabeth Auguste mit Kaffeegedeck, um 1765, Öl auf Leinwand I Kurpfälzisches Museum der Stadt Heidelberg, G 1194

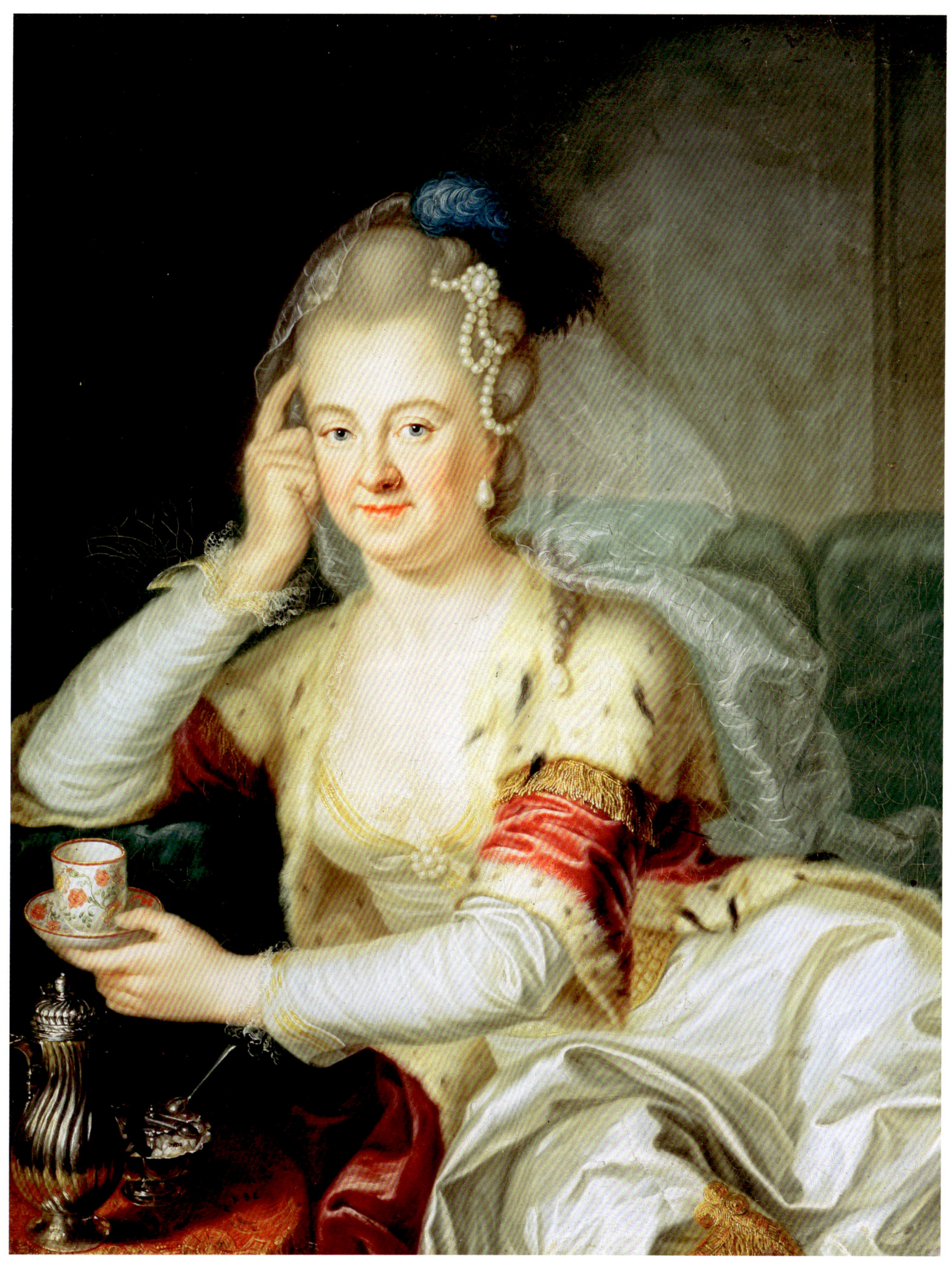

Das Format, die Entscheidung für eine halb- oder ganzfigurige Darstellung, die Wahl und Betonung der beigegebenen Attribute verraten weit mehr und führen weit darüber hinaus, ein Porträt als idealisiert oder realistisch beurteilen zu können. Sie sind vielmehr Ausdruck von Herrschaftsansprüchen, Machtdemonstrationen, Rang und Distinktion, der aus den Porträts spricht, in denen uns die Wittelsbacher und Wittelsbacherinnen am Rhein entgegentreten.

Literatur

Ausst.-Kat. Heidelberg 2013, S. 215, Kat.-Nr. HK 2 · Ausst.-Kat. Karlsruhe 1986, Bd. 1, S. 185 f., Kat.-Nr. C 15 · Ausst.-Kat. Münster/Osnabrück 1998, S. 425, Kat.-Nr. 1221 · Beyer 2002 · Grotkamp 1979 · Kastenholz 2006 · Kat. Heidelberg 1991, S. 86, Nr. 226; S. 101, Nr. 270; S. 103, Nr. 278 · Küster-Heise 2008 · Löcher 1996 · Polleroß 2000 · Rohrmüller 2000 · Schleier 1980 · Stemper 1997, Bd. I, S. 9, Nr. 3

Anmerkungen

1 Geprägt in Schwaben, Silber, Dm 47 mm, Staatliche Museen zu Berlin – Preußischer Kulturbesitz, Münzkabinett; vgl. Stemper 1997, S. 9, Nr. 3; Kastenholz 2006, S. 217 f., Nr. 86.

2 D. h. LUDOVVICUS DEI GRATIA COMES PALATINUS RHENI DUX BAVARIAE PRINCEPS ELECTOR

3 Jost Amman: Ottheinrich von der Pfalz mit seiner Ehefrau Susanna von Bayern, Radierung, um 1581, H 19,5 cm, B 14 cm, s. Ausst.-Kat. Heidelberg 2013, S. 215, Kat.-Nr. HK 2. Vgl. auch andere Kurfürstendarstellungen Jost Ammans im Mittelalterband des vorliegenden Katalogwerks, Kat.-Nr. D4.04.

4 Hans Besser: Bildnis Friedrichs II., Kurfürst und Pfalzgraf bei Rhein, Heidelberg 1545, Öl auf Leinwand, H 195 cm, B 95 cm, Kunsthistorisches Museum Wien, Gemäldegalerie, GG 8177. Zu Hans Besser und zu dem Gemälde vgl. v. a. Löcher 1996 und Ausst.-Kat. Karlsruhe 1986, Bd. 1, S. 185 f., Kat.-Nr. C 15.

5 Gerard van Honthorst: Kurfürst Friedrich V. als König von Böhmen, 1634, Öl auf Leinwand, H 216 cm, B 148,5 cm, Kurpfälzisches Museum der Stadt Heidelberg, L 156, Leihgabe des Ministeriums für Wissenschaft und Kunst Baden-Württemberg 1968.

6 Johann Baptist de Ruell: Kurfürst Karl Ludwig, 1676, Öl auf Leinwand, H 123,5 cm, B 98 cm, Kurpfälzisches Museum der Stadt Heidelberg, L 323, Leihgabe des Ministeriums für Wissenschaft und Kultur Baden-Württemberg 1981.

7 Vgl. Ausst.-Kat. Münster/Osnabrück 1998, S. 425, Kat.-Nr. 1221.

8 Vgl. das Gemälde von Adriaen van der Werff: Die Huldigung der Künste an das Kurfürstenpaar Johann Wilhelm und Anna Maria Luisa de' Medici, Kat.-Nr. B8.05 im Katalogteil des vorliegenden Bandes.

9 Vgl. Abb. 9 im Beitrag von Maximilian Lanzinner im vorliegenden Band sowie im Katalogteil Kat.-Nr. B8.06a/b (Medaille auf das Reichsvikariat Johann Wilhelms 1711).

10 Gabriel de Grupello (der Sockel von Augustin Egell): Bildnisbüste des Kurfürsten Johann Wilhelm, Anfang 18. Jahrhundert, Marmor, H 88 cm, Bayerisches Nationalmuseum München R 4018.

11 Vgl. Abb. 4 im Beitrag von Hartmut Ellrich im vorliegenden Band.

12 Johann Georg Ziesenis: Carl Theodor mit Traversflöte und Hund, 1757, Öl auf Leinwand, H 48 cm, B 31,8 cm, Bayerisches Nationalmuseum München, R 5783.

13 Heinrich Carl Brand: Kurfürstin Elisabeth Auguste von der Pfalz mit dem Kaffeegedeck, um 1765, Öl auf Leinwand, H 98 cm, B 75 cm, Kurpfälzisches Museum der Stadt Heidelberg, G 1194.

14 Eine noch größere Direktheit spricht aus dem Porträt Kurfürst Carl Theodors von Anna Dorothea Therbusch, vgl. Kat.-Nr. C3.01 im Katalogteil des vorliegenden Bandes.

15 Julius von Schlosser: Gespräch von der Bildniskunst, 1906.

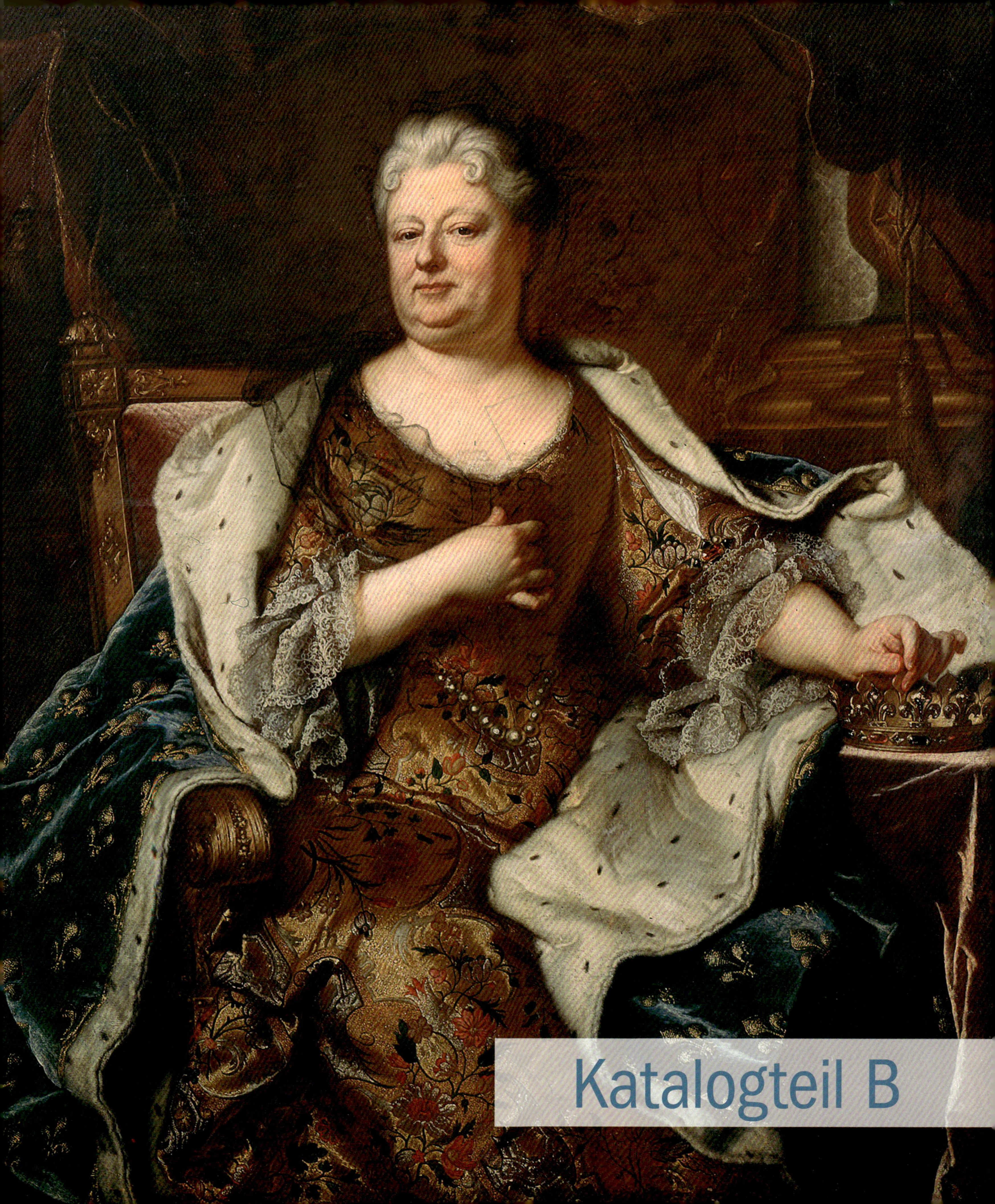

Katalogteil B

Europäische Allianzen und pfälzische Katastrophen

In prestigekräftigen Ehen suchte die Kurpfalz den Schulterschluss mit anderen reformierten Dynastien Europas. Konfessionell-dynastische Allianzen zogen die Kurpfalz jedoch wiederholt in kriegerische Auseinandersetzungen. Ihren Anspruch als protestantische Führungsmacht manifestierte Kurfürst Friedrich V., als er 1619 die böhmische Königskrone annahm. Diese Rangerhöhung war aber zugleich mitauslösend für den Dreißigjährigen Krieg, in dem die Kurpfalz einen Teil ihrer Territorien und nicht zuletzt die Kurwürde verlor. Erst 1648 wurde sie erneut in den Kreis der Königwähler aufgenommen.

Kriegserfahrung und Wiederaufbau bestimmten die Geschicke der Kurpfalz im langen 17. Jahrhundert. Kaum von Kriegsverwüstungen erholt, führte die aus strategischen Gründen geschlossene Ehe zwischen Liselotte von der Pfalz und dem Bruder König Ludwigs XIV. von Frankreich erneut in eine Katastrophe: Im Pfälzischen Erbfolgekrieg (1688–1697) verwüsteten und brandschatzten französische Truppen die kurpfälzischen Lande und hinterließen eine weitgehend zerstörte und entmilitarisierte Kurpfalz.

B1
Die Universität Heidelberg

Die Pfälzer Kurfürsten förderten die Universität Heidelberg wiederholt durch Privilegien. Unter Ottheinrich erfuhr sie mit der Statutenreform von 1558 eine grundlegend neue Organisation der Fakultäten. Wie viele andere Entscheidungen hing auch die Besetzung von Kirchenräten und Professuren an der Universität Heidelberg von der Konfession des Kurfürsten ab. Sie folgte damit dem damals gültigen Prinzip *cuius regio, eius religio,* demzufolge sich die vorherrschende Religion des Landes an der Glaubensüberzeugung des Regenten orientierte. Folglich war die Heidelberger Universität Ende des 16. Jahrhunderts neben Genf und Leiden die wichtigste Hochschule der Reformierten. Dies spiegelt sich in der Internationalität des Lehrkörpers wie auch in der Studentenschaft, die es aus ganz Europa nach Heidelberg zog.

B1.01
Statutenreform der Universität Heidelberg unter Kurfürst Ottheinrich

Heidelberg, 19. Dezember 1558
Papier, gebunden. H 31,8 cm, B 21,5 cm
Heidelberg, Universitätsarchiv, RA 224

Kurfürst Ottheinrich setzte die gleich zu Beginn seiner Amtszeit 1556 thematisierte Reform der Universität Heidelberg umgehend ins Werk. Bereits im folgenden Jahr ließ er den unter Mitwirkung der Professoren Jacob Micyllius, Jacob Curio und Thomas Erast erstellten Entwurf durch Philipp Melanchthon redigieren, als dieser nach seiner Teilnahme am Wormser Religionsgespräch im Oktober 1557 Heidelberg besuchte. Die endgültige Fassung wurde schließlich am 19. Dezember 1558 in einem Festakt auf dem Heidelberger Schloss dem Ehrenrektor Georg Johann von Pfalz-Veldenz übergeben, der den in rotes Leder gebundenen Text mit einer Dankesrede entgegennahm. In 160 Paragraphen regelte die Reform die „oeconomi und administration der gantzen universitet“ sowie den Aufbau der Theologischen, Juristischen, Medizinischen und Artistischen Fakultät. Letztere erfuhr eine Aufwertung und sollte nun in Abkehr von der mittelalterlich-scholastischen Tradition im Sinne des Humanismus lehren. Die Professoren der Theologischen Fakultät mussten sich dabei auf das Augsburger Bekenntnis verpflichten, in der Juristischen Fakultät kam es zu einer Dominanz des weltlichen Rechts auf Kosten der Kanonistik, und der Medizin wurde eine größere Praxisnähe verordnet. Insgesamt regelten die Paragraphen die Besetzung, Aufgaben und Besoldung der Professuren, das Disputationswesen, Ferien und Versäumnisse, Einschreibungen, Studium, Promotionen und Extraordinarien sowie den Fiskus der Fakultäten. Als zentrales Gremium regelte der aus den ordentlichen Professoren und einem Bursenregenten bestehende Senat alle Universitätsangelegenheiten, unterbreitete dem Kurfürsten Vorschläge für Lehrstuhlbesetzungen und wählte den im Wechsel aus jeweils einer der vier Fakultäten stammenden Rektor. Auch Neuordnung und Mehrung der Bibliothek wurden in den Statuten ausführlich behandelt, was bei Ottheinrich kaum erstaunen mag, sorgte er doch mit der Vereinigung von Schlossbibliothek und Universitätsbibliothek in der Heiliggeistkirche für die Grundlage der berühmten Bibliotheca Palatina.

Ingo Runde

Druck

Statuten und Reformationen der Universität Heidelberg vom 16. bis 18. Jahrhundert, bearb. von August Thorbecke, Leipzig 1891, S. 1–156

Regest

Urkundenbuch der Universität Heidelberg, hg. von Eduard Winkelmann, Band 2, Heidelberg 1886, Nr. 1049 f.

Literatur

Mugdan 1956, S. 207–222 · Schlechter 2009 · Wadle 1985, S. 290–313 · Wolgast 1986, S. 34 ff.

B1.02
Matrikelband der Universität Heidelberg

Heidelberg, 1579–1662
Pergamenthandschrift mit Illuminationen, gebunden.
H 36 cm, B 24 cm
Heidelberg, Universitätsarchiv, M 4

Die Überlieferung der Heidelberger Universitätsmatrikel beginnt sofort im Gründungsjahr 1386. Erhalten haben sich insgesamt 19 Bände, die bis zum Jahr 1945 reichen. Nach den ersten vier Bänden (1386–1432, 1433–1514, 1515–1579, 1579–1662) klafft allerdings eine Lücke bis zum fünften erhaltenen Band (1704–1803/04). Vermutlich fiel der am 22. Dezember 1662 in Gebrauch genommene und beim Rektor geführte Matrikelband dem großen Stadtbrand nach der Eroberung Heidelbergs durch französische Truppen im Jahr 1693 zum Opfer, während das Archiv und die seit 1604 ebenfalls dort verwahrten älteren Matrikelbände evakuiert worden waren. Trotz des Verlustes ist die Namensüberlieferung bemerkenswert. Allein in den ersten fünf Bänden bis zum Beginn des 19. Jahrhunderts finden sich annähernd 42.000 Einträge. Eingang in die Matrikellisten fanden nicht nur Studenten sondern sämtliche Mitglieder einer Universität, also auch *familiares* und *servitores* der eingeschriebenen Magister und Scholaren. Dennoch fehlen durchaus Namen, vor allem von Studenten, die nicht zuletzt aus Kostengründen auf einen Eintrag verzichtet hatten, denn erst allmählich setzte sich seit

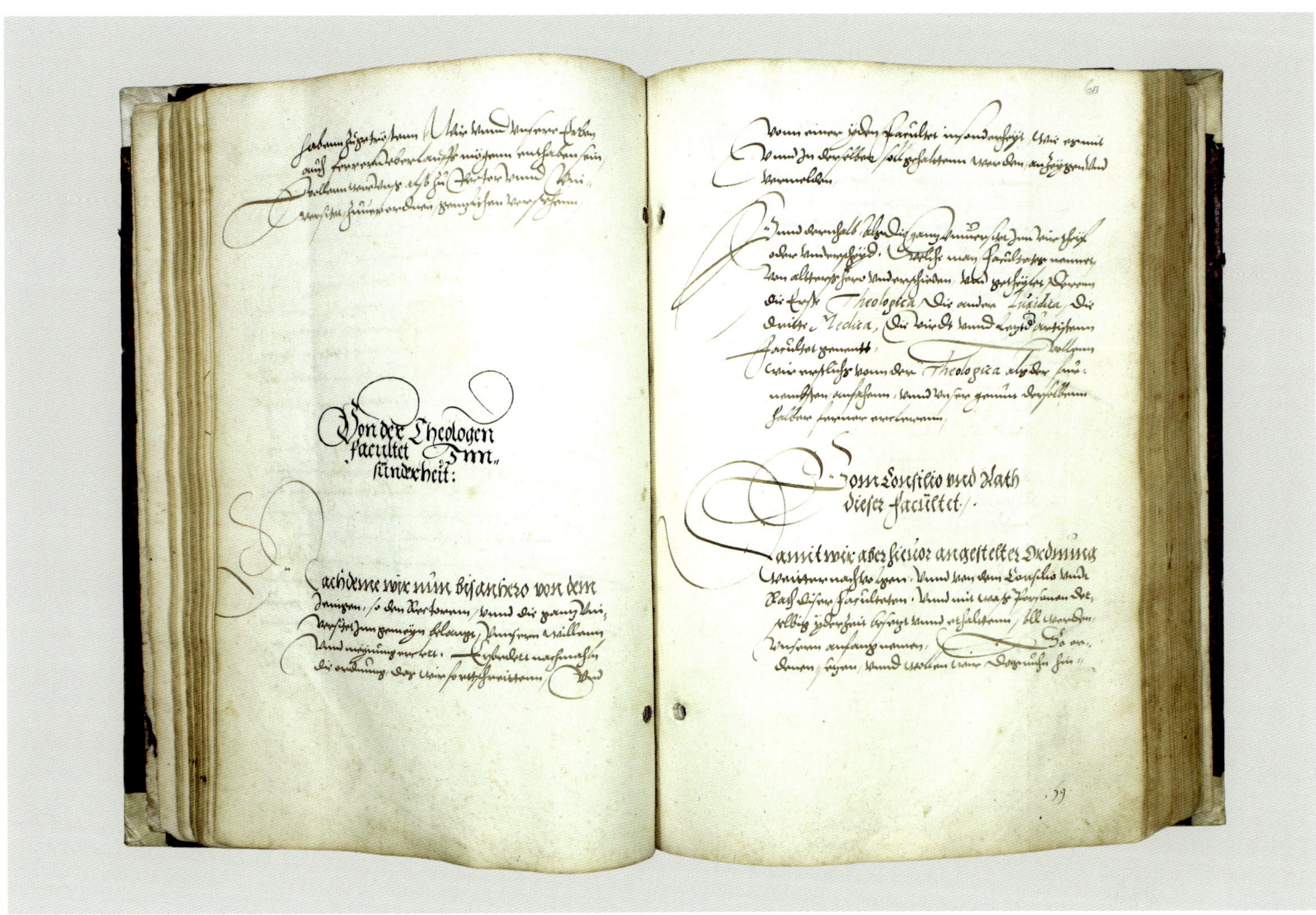

B1.01

dem Ende des 15. Jahrhunderts die Ansicht durch, dass nur Immatrikulierte als Angehörige der Universität deren Schutz und Privilegien genießen könnten. Zudem waren Art und Umfang der Matrikeleinträge durchaus Schwankungen unterworfen, so dass auch hier Informationen aus anderen Quellen wie z. B. Akten und Matrikeln der Fakultäten beschafft werden müssen.

In dem vorliegenden Matrikelband finden sich zudem farbenprächtige Illuminationen mit den Wappen der jeweiligen Pfalzgrafen sowie adeliger Studenten. Das Beispiel auf fol. 14v zeigt u. a. den Eintrag der Brüder Friedrich und Philipp, Erben zu Norwegen, Herzöge zu Schleswig, Holstein, Stormarn und der Dithmarschen, Grafen zu Oldenburg und Delmenhorst, die am 20. August 1582 im auch für damalige Verhältnisse zarten Alter von 14 und zwölf Jahren in die Heidelberger Universitätsmatrikel aufgenommen wurden.

Heike Hawicks

Druck

Die Matrikel der Universität Heidelberg 1386–1870, Band II: 1554–1662, hg. von Gustav Toepke, Heidelberg 1886 (Nendeln 1976)

Literatur

Giessler-Wirsig/Böhm-Klein 2006, S. 167–170 · Rasche 2000/2001, S. 29–46 und S. 84–109 · Runde 2011 · Schwinges 1986 · Wolgast 1986

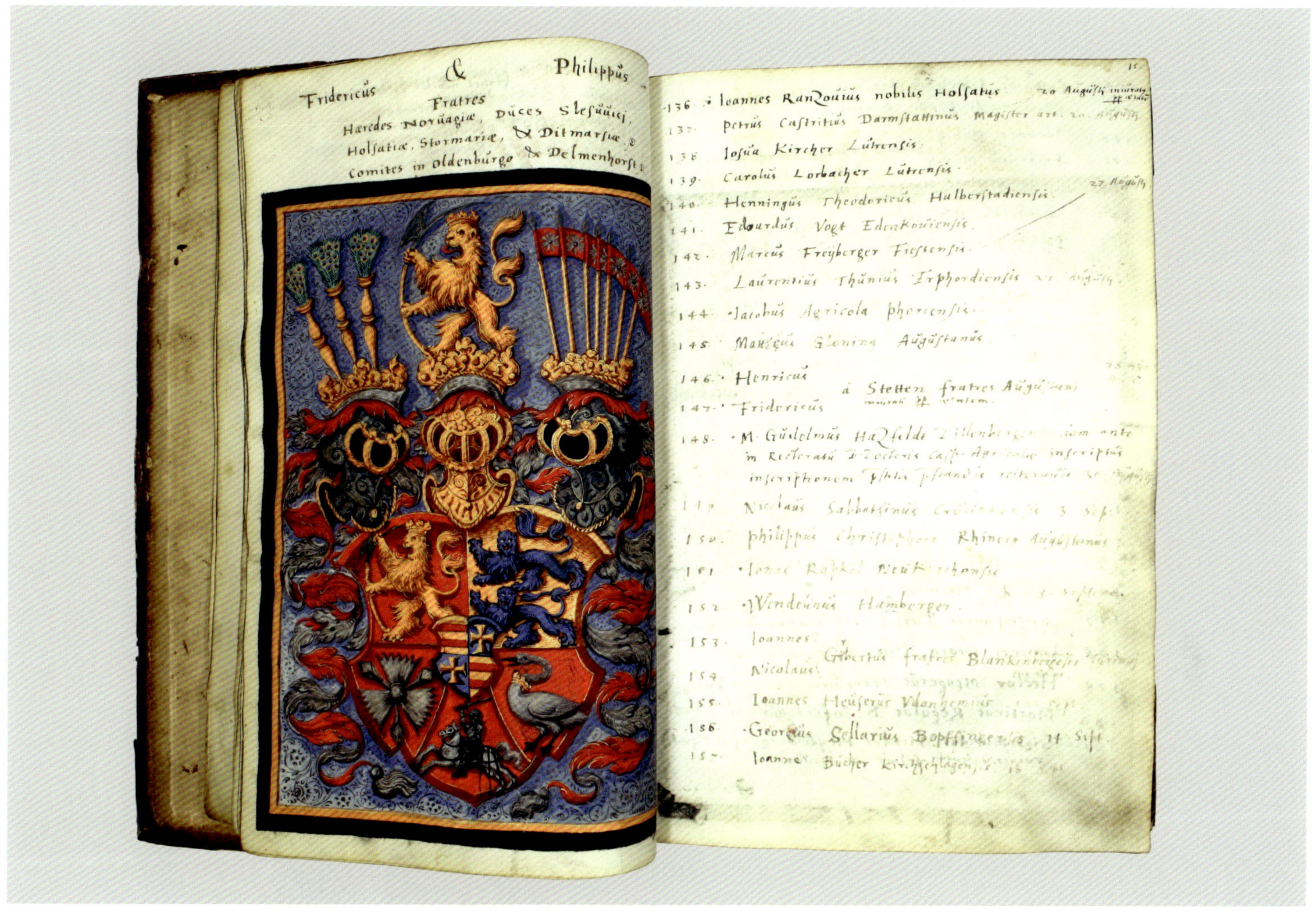

B1.02

B1.03

Privilegienbestätigung Carl Philipps von der Pfalz für die Universität Heidelberg

Neuburg an der Donau, 8. Juli 1718
Pergament, Siegel in Holzkapsel an weiß-blauer Seidenschnur.
H 47 cm, B 69,2 cm
Heidelberg, Universitätsarchiv, XII,2 Nr. 151

Der Pfälzische Erbfolgekrieg (1688–1697) zog mit der Besetzung und Zerstörung der Residenzstadt Heidelberg auch die dortige Universität stark in Mitleidenschaft. Die größtenteils nach Frankfurt geflohenen Professoren und Universitätsbeamten kehrten mit dem kurfürstlichen Hof über Weinheim Anfang des Jahres 1700 nach Heidelberg zurück, wo ab 1704 wieder Vorlesungen gehalten wurden. Die nun regierenden Kurfürsten aus der Linie Pfalz-Neuburg bemühten sich jedoch um eine Rekatholisierung der Kurpfalz. Entsprechend wirkten sie auch auf ihre zuvor als Hochburg des reformierten Bekenntnisses bekannte Universität ein, wo 1706 kurz nach Wiederaufnahme des Lehrbetriebs Lehrstühle für die Jesuiten eingerichtet wurden. Der aus Neuburg an der Donau stammende Kurfürst Carl Philipp bestätigte zwar mit dieser Urkunde vom 8. Juli 1718 wie seine darin namentlich aufgeführten Vorgänger formal die Freiheiten und Güter der Universität, doch wurde deren Autonomie nie so eingeschränkt wie im 18. Jahrhundert. Als der Kurfürst gegen den Gebrauch des Heidelberger Katechismus vorging und die komplette Abtretung des Langhauses der geteilt genutzten Heiliggeistkirche an die Katholiken forderte, eskalierte der Konflikt um das konfessionelle Miteinander in der Stadt. Mit kaiserlicher Unterstützung konnten die Protestanten zwar die Rückgabe der vereinnahmten Kirchenhälfte erreichen, als Konsequenz machte Carl Philipp aber seine Drohung wahr, die Residenz von Heidelberg nach Mannheim zu ver-

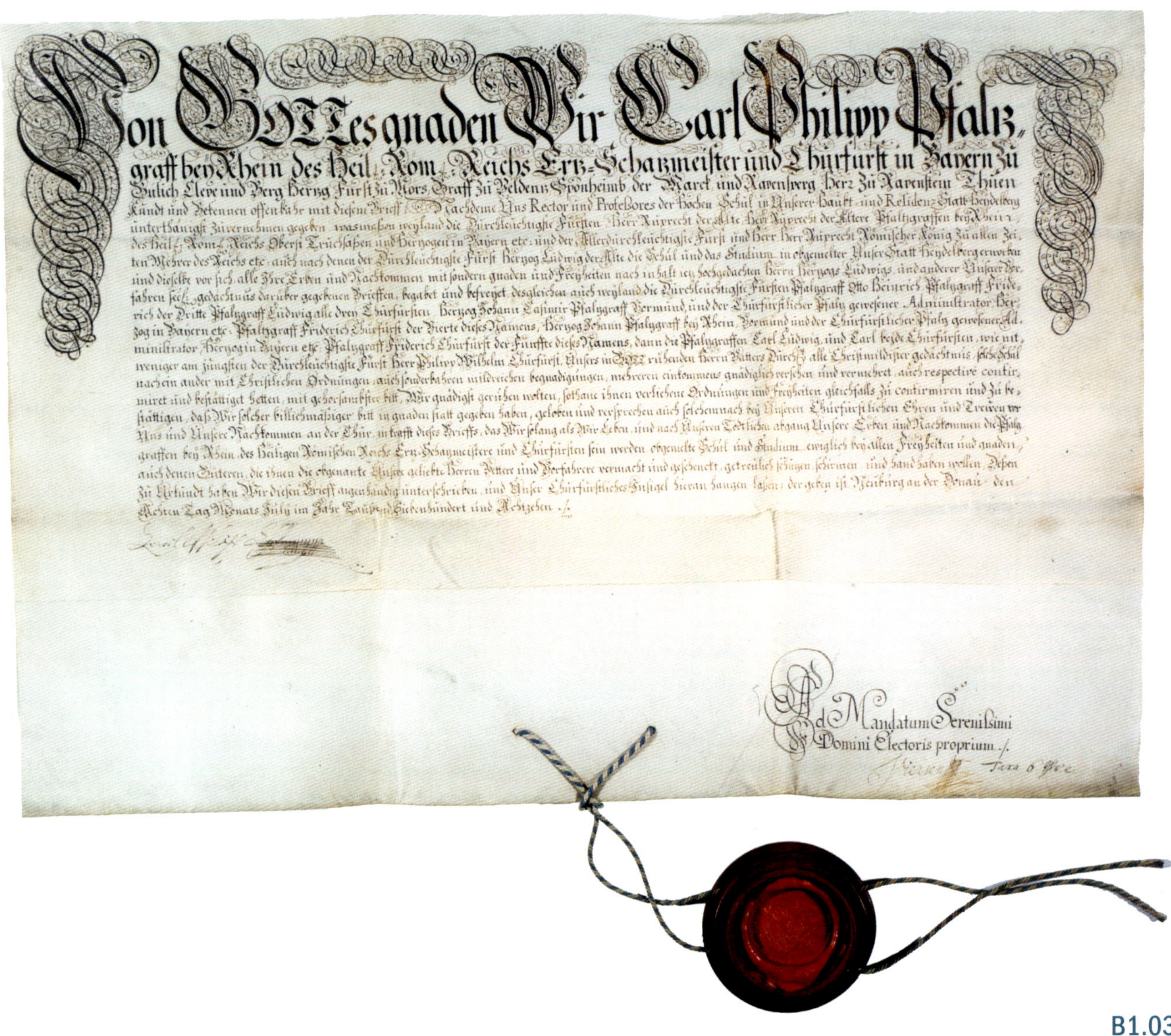

B1.03

legen, wo nicht zuletzt auch mehr Raum für einen repräsentativen Bau zur Verfügung stand. In Heidelberg schritt freilich der Wiederaufbau voran – nach dem Bau des Rathauses bestand dieser nicht zuletzt in der Errichtung der Alten Universität und des unweit davon gelegenen großen Gebäudekomplexes mit Jesuitenkirche, Jesuitenkolleg und Jesuitengymnasium.

Ingo Runde

Regest

Urkundenbuch der Universität Heidelberg, hg. von Eduard Winkelmann, Band 2, Heidelberg 1886, Nr. 1993

Literatur

Cser 2007, S. 133 ff. · Schmidt 1963, S. 90 ff. · Wolgast 1986, S. 68 ff.

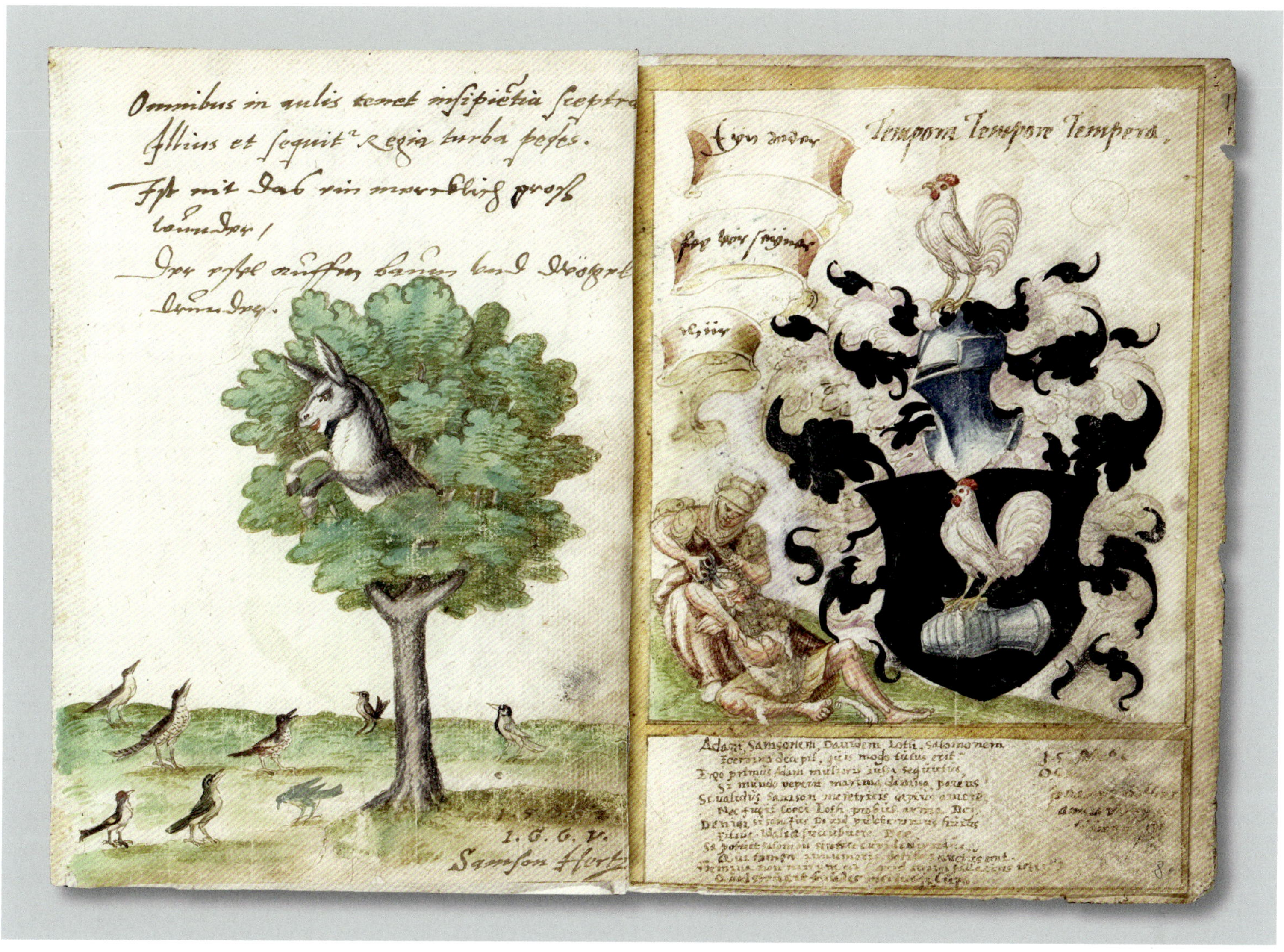

B1.04

B1.04

Stammbuch von Johann Michael Heuß und Johann Carl Heuß

Orléans, Tübingen, Heidelberg, Bourges, Paris, Straßburg u. a., 1558–1636
Papier. H 20 cm, B 14,8 cm
Badische Landesbibliothek in Karlsruhe, Cod. K 2978

Dieses frühe Stammbuch besteht ursprünglich aus zwei Fragmenten, die beide 1974 nach Karlsruhe kamen, aber erst später, nämlich 1976, zusammengebunden wurden. Die ersten 148 Bll. beinhalten einen Teil des Stammbuchs des Straßburger Juristen Johann Michael Heuß (Heyß) und seines Sohnes Johann Carl Heuß. Die Einträge der angebundenen weiteren 14 Stammbuchblätter sind ebenfalls meist einem der beiden gewidmet, lediglich einer, datiert auf 1589, richtet sich an einen Johann Friedrich Heuß (wohl ein weiterer Sohn Johann Michaels).

Anhand der Einträge lässt sich der Studienweg des Vaters verfolgen: Er hielt sich an verschiedenen Universitäten zunächst in Frankreich, dann in Tübingen, Heidelberg und nochmals in Frankreich auf, bevor er sich schließlich in Straßburg niederließ. Ab 1591 verwendete offenbar sein Sohn das Stammbuch weiter: Johann Friedrich studierte Theologie, die meisten Einträge stammen aus seiner Heidelberger Zeit, wo er seit 1599 immatrikuliert war.

Das Stammbuch, das zwei Generationen einer oberrheinischen Familie begleitete, veranschaulicht in besonders eindrücklicher Weise die vielfältigen Verbindungen, die diese in ihrer Studienzeit und danach knüpfen konnten. Sie dokumentieren das weitverzweigte und internationale Netzwerk an Bekanntschaften, dessen Entstehung eine akademische Ausbildung, möglichst an verschiedenen Orten, ermöglichte. So finden sich neben Einträgen von Kommilitonen aus der eigenen Heimatregion im vorliegenden Stammbuch auch solche von Studenten aus halb Europa, von Frankreich über Flandern bis nach Polen und Schlesien – entsprechend der bunt gemischten Studentenschaft, wie sie sich auch in den Matrikeln der Zeit von Universitäten wie Heidelberg spiegelt.

Literatur

Ausst.-Kat. Heidelberg 1986b, G 38, S. 457–459 · Matrikel der Universität Heidelberg, Bd. II, 1976 [1886], S. 30, S. 188

B2
Die Kurpfalz als Einwanderungsland

Als bedeutendstes weltliches Territorium, dessen Regenten protestantisch waren, bot die Kurpfalz im Zeitalter der Religionskriege Glaubensflüchtlingen Zuflucht. Für die 1607 gegründete Stadt Mannheim wurde ferner gezielt versucht, Neusiedler anzuwerben. Die Aufnahme religiös Verfolgter auf pfälzischem Territorium und die damit verbundene Privilegierung begünstigte die Entstehung neuer Wirtschafts- und Kulturzentren. Viele Exulanten waren hochqualifiziert, ihre Manufakturen wurden zu einem bedeutenden Wirtschaftsfaktor für die Region. So verdankt auch Frankenthal seine Gründung der Niederlassung von flämischen Glaubensflüchtlingen, die schließlich zur Verleihung von Stadtrechten führte. Unter ihnen waren viele renommierte Maler, die den Ruf der Stadt als Kunstzentrum begründeten.

B2.01a/b
Mannheimer Stadtprivilegien des Kurfürsten Friedrich IV. (Abb. 1, Essay Paul)

Freyheiten und Begnadigungen / Welche der Durchleuchtigst Hochgeborne Fürst und Herr / Herr Friderich / Pfaltzgraff bey Rhein / deß heiligen Römischen Reichs Ertztruchseß und Churfürst / Hertzog in Beyern / etc. Denjenigen / welche sich in Ihrer Churfürstlichen Gnaden newen Stadt und Vestung MANHEIM Häußlich niderzulassen gemeynt / accordirt und bewilligt.
Heidelberg, 24. Januar 1607;
neu aufgelegt und nachgedruckt in Mannheim, 1608
Druck, Papierlibell. H 20,8 cm, B 17 cm
Reiss-Engelhorn-Museen Mannheim, Mh 620

Mannheimer Stadtprivilegien des Kurfürsten Karl Ludwig

AUTHENTIQUE PRIVILEGIEN der Stadt MANHEIM in de Paltz gelegen; door Hare Cheurvorstelijcke Doorluchtigheydt CAREL LODEWYCK PALTZ-GRAEF BY DEN RHYN, etc. In´t jaer 1652 genadighlijck vergunt
Amsterdam: Jacob Lescaille, 1652
Druck, Papierlibell. H 19,5 cm, B 16 cm
Reiss-Engelhorn-Museen Mannheim, C 384 f

Die *Freyheiten und Begnadigungen* des Kurfürsten Friedrich IV., *Erstlich gedruckt zu Heidelberg im Jahr 1607, den 24. Januarii. Jetzt aber wider von Newem auffgelegt und Nachgedruckt zu Manheim / 1608.* gehen mit der Gründung Mannheims im Jahr 1607 einher. Ihr Datum – 24. Januar 1607 – feiert die Stadt Mannheim seither als ihren Gründungstag. Die Stadtprivilegien sollten die junge Stadt zwischen Rhein und Neckar für Neusiedler attraktiv erscheinen lassen und gleichzeitig der „ansehnliche[n] Förderung“ von Handel und Handwerk dienen. Daher wurden die günstige Lage Mannheims an zwei schiffbaren Flüssen, die Lebensqualität und die Fülle an Erwerbsmöglichkeiten besonders herausgestellt. Bezeichnenderweise druckte man die Privilegien nicht nur – wie sonst üblich – in Deutsch und Lateinisch, sondern auch in Französisch und Niederländisch. Das zeigt an, dass man eine Zuwanderung aus Nordwesteuropa erhoffte, wo im 16. Jahrhundert aus Glaubensgründen eine Konfessionsmigration größten Ausmaßes eingesetzt hatte.

Den Neubürgern wie auch den Alt-Mannheimern, die das ehemalige Dorf bewohnt hatten, wurde die Befreiung von Frondiensten garantiert. Das Bauen und Leben in Mannheim erleichterten äußerst günstige Konditionen, ob es sich zum Beispiel um einen unentgeltlichen Bauplatz verbunden mit einem verschwindend geringen jährlichen Bodenzins oder den günstigen Erwerb von Baumaterial handelte. Außerdem wurden erhebliche Steuererleichterungen gewährt. Die Fülle an Vergünstigungen für nordwesteuropäische Zuwanderer im Verhältnis zu jenen für die Alt-Mannheimer verdeutlicht, worauf es dem Kurfürsten letztendlich ankam: ein florierendes kaufmännisches Unternehmertum und neue, effektivere Handwerkstechniken. Namentlich eine „moderne“ Textilproduktion sollte mit dem Fachwissen der Niederländer aufgebaut werden, sogar eine kostspielige Walkmühle wurde daher qualifizierten, kapitalkräftigen und risikobereiten Zuzüglern in Aussicht gestellt.

Nicht zuletzt der Religionsparagraph der Privilegien mit Schutzbestimmungen für das reformierte Bekenntnis zielte auf auswanderungswillige niederländische Calvinisten.

Die *Privilegien der Stadt Manheim in de Paltz* aus dem Jahr 1652 wurden bei Jacob Lescaille in Amsterdam, „op de Middeldam, naest de Vismarckt“ verlegt. Dabei handelte es sich um die niederländische Version der Mannheimer Stadtprivilegien, die außerdem noch in französischer Sprache veröffentlicht wurden und mit denen ausdrücklich „alle ehrliche Leut von allen Nationen“ eingeladen wurden, sich in Mannheim niederzulassen. Denn das Ausmaß der Verwüstungen des Dreißigjährigen Krieges war verheerend. Mannheim war in hohem Maße zerstört und litt unter enormen Bevölkerungsverlusten. Jeder, der half,

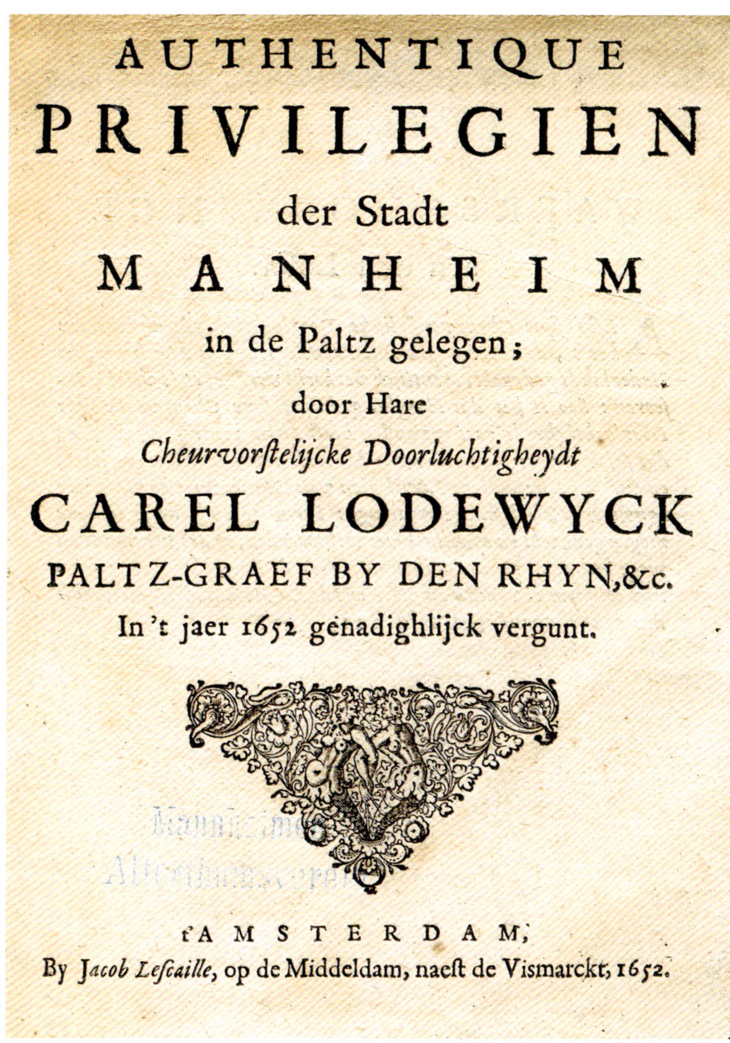
AUTHENTIQUE PRIVILEGIEN der Stadt MANHEIM in de Paltz gelegen; door Hare Cheurvorstelijcke Doorluchtigheydt CAREL LODEWYCK PALTZ-GRAEF BY DEN RHYN,&c. In 't jaer 1652 genadighlijck vergunt.

t'AMSTERDAM, By Jacob Lescaille, op de Middeldam, naest de Vismarckt, 1652.

B2.01b

die Stadt wieder aufzubauen, war willkommen. Aber ohne die Zusage von Vergünstigungen waren neue Ansiedler für den Wiederaufbau Mannheims kaum zu gewinnen. So legten die Privilegien fest, dass die Einwohner der Stadt von allen Dienstbarkeiten, Leibeigenschaft und Frondiensten befreit waren, 20 Jahre mussten sie keine landesherrlichen Steuern bezahlen. Das Handwerk wurde vom Zunftzwang befreit und dem Handel wurden u. a. Zollfreiheiten gewährt. Ohne Unterschied der Nationen konnte jeder Bürger in den Rat der Stadt gewählt werden. Die Stadtverwaltung war direkt dem Kurfürsten unterstellt. Umfassende Religionsfreiheit wurde garantiert, wenn auch keine öffentliche und rechtliche Gleichstellung der Konfessionen. Gewiss war es nicht nur Toleranz, die hier zu Tage trat, sondern vielmehr ebenso in hohem Maße wirtschaftliche Überlegungen. Die Wahl der Sprachen zeigt zudem, aus welchen Teilen Europas man sich Zuwanderer erhoffte. Der erste Mannheimer Stadtdirektor Henri Clignet, ein Kaufmann und Gewerbetreibender, dessen Familie aus dem französischsprachigen Teil der Niederlande stammte und der die Mannheimer Stadtprivilegien im Auftrag des Kurfürsten entworfen hatte, stellte sozusagen den „Prototyp" des gewünschten Siedlers dar. Der Erfolg der Privilegienübersetzungen ließ nicht lange auf sich warten. Schon bald waren Familien aus dem niederländisch-französischen Sprachraum in Mannheim nicht nur die größte, sondern auch die politisch einflussreichste und wirtschaftlich leistungsfähigste Bevölkerungsgruppe.

Tanja Vogel

Literatur

Nieß/Caroli 2007, Bd. I, S. 74 ff., S. 155 ff.

B2.02
Ansicht von Burg Winzingen und Dorf Haardt

Umkreis des Anton Mirou (1578–1627), um 1610
Ölhaltige Malfarbe auf Holz. H 32,2 cm, B 78,5 cm
Historisches Museum der Pfalz Speyer, HM_1987_0043

Oberhalb des Dorfes Haardt (heute zu Neustadt/Weinstraße gehörend) liegt das „Haardter Schlösschen" mit den Resten einer Burganlage, die bis in die salische Zeit zurückreicht und lange Zeit als „Burg Winzingen" firmierte. Seit dem 13. Jahrhundert befand sich die Burg in kurpfälzischem Besitz. Zeitweilig ging sie als Lehen an die Leininger Grafen. 1482 flüchtete sich die Pfalzgräfin Margarete – Ehefrau des Kurfürsten Philipp – vor der Pest in Heidelberg auf die Burg und gebar dort den späteren Kurfürsten Friedrich II. (1482–1556). 1582 nahm Pfalzgraf Johann Casimir (1543–1592) die Burg in Besitz und baute sie aus. Bereits 1578 hatte er handstreichartig die eigentlich seinem Bruder, dem regierenden Kurfürsten Ludwig VI., gehörende nahe Stadt Neustadt besetzt. Von hier und dem nahen Kaiserslautern aus verfolgte er eine streng calvinistisch geprägte Religionspolitik. In Frankenthal, Otterberg und Lambrecht förderte er die Ansiedlung von reformierten Glaubensflüchtlingen aus Wallonien (damals Spanische Niederlande und Fürstbistum Lüttich). Das Gemälde selbst stammt vermutlich aus der Zeit des Endes der Regentschaft Friedrichs IV. (1574–1610). Die Kurpfalz stand vor einer erneuten Landesteilung. Vor diesem Hintergrund wurde – vermutlich an eine Werkstatt im Umkreis des Frankenthaler Malers Anton Mirou – der Auftrag zur Erstellung von Ansichten kurpfälzischer Ortschaften und Burgen gegeben. Etwa 20 solcher Ansichten sind erhalten geblieben. Neun davon sind als Dauerleihgabe der Bayerischen Staatsgemäldesammlungen in der Sammlungsausstellung „Neuzeit" des Historischen Museums der Pfalz ausgestellt. Das Gemälde mit der Darstellung von Burg Winzingen und Dorf Haardt konnte 1987 für das Historische Museum der Pfalz aus dem Wiener Kunsthandel erworben werden. Es ist auch für die Darstellung der Geschichte des Weinbaus interessant. Deutlich ist auf dem Gemälde die damals geläufige Form

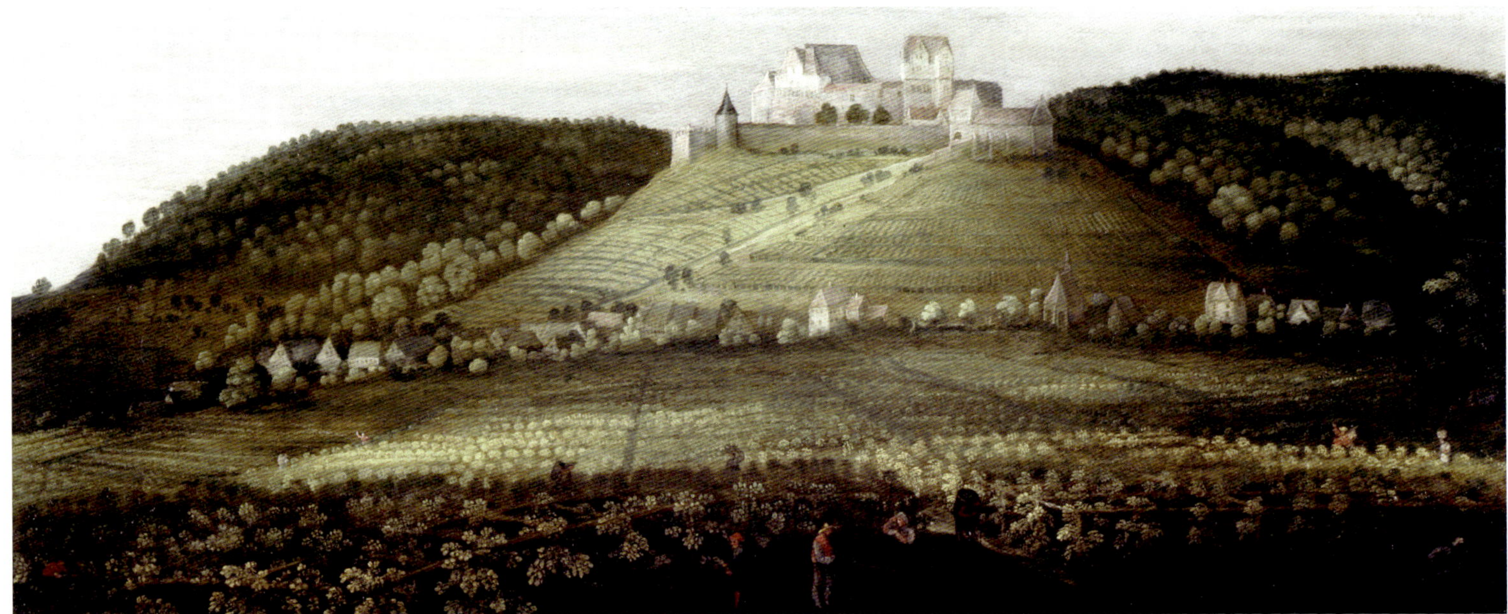

B2.02

der Rebenerziehung im sogenannten „Kammertbau“ zu erkennen, bei dem die Rebstöcke mit einem regelmäßigen Gerüst aus Holzlatten verbunden sind.

Ludger Tekampe

Literatur

Ausst.-Kat. Speyer 1993 · Neugebauer 1995 · Stein 1993

B2.03
Baumlandschaft mit Hohlweg und zwei Wanderern

Anton Mirou (zugeschrieben), 1. Viertel 17. Jahrhundert
Öl auf Kupfer. H 16,3 cm, B 24,8 cm
Frankenthal, Erkenbert-Museum, B 002

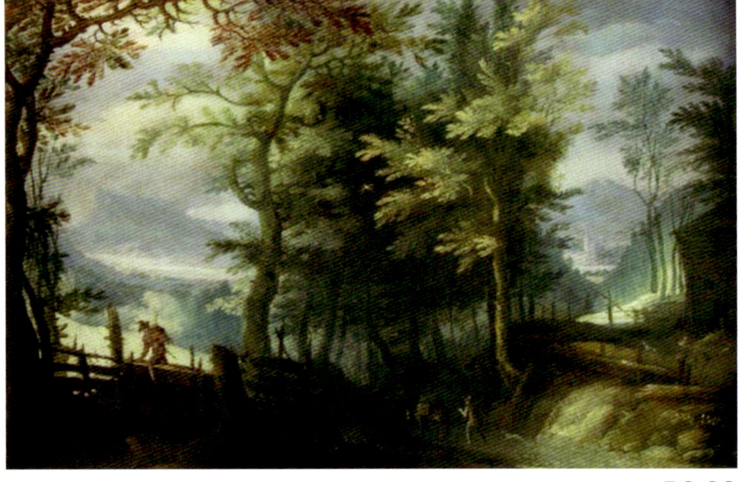

B2.03

Links im schattigen Vordergrund überklettert ein Mann einen Holzzaun, dahinter leuchtet eine ansteigende Wiese. Nur die Wipfel der vorderen großen Bäume sind im Licht. Auf die rechte untere Bildecke fällt ebenfalls Sonnenlicht; von dort zieht ein von Bäumen gesäumter und dadurch beschatteter Hohlweg zur Bildmitte, wo er sich zwischen Bäumen im abfallenden Gelände verliert. Auf ihm schreitet ein Wanderer mit Packesel und Hund, sein Bündel am Stecken geschultert, in die Landschaft hinab. Im hellen Bildmittelgrund liegen eine bewaldete Talsenke und ein Städtchen an einem Fluß. Dahinter erhebt sich ein Gebirge, von dem zwei hohe Gipfel durch die Bäume des Vordergrundes regelrecht eingerahmt werden. Rechts schließt das Bild mit einer Stallung, vor der Geflügel zu sehen ist.

Die Zusammenstellung zeigt wesentliche Merkmale der in Frankenthal praktizierten, gestaffelten Waldlandschaftsmalerei: einen dunklen Vordergrund mit rahmenden Bäumen, dahinter den hell beleuchteten, bunten Mittelgrund und abschließend den sich in zarten Blaugrün-, bisweilen auch Lavendeltönen verlaufenden Hintergrund, wodurch eine starke Räumlichkeit erzeugt wird. Gleich dreimal wird hier eine weitere Komponente eingesetzt, nämlich zweimal der Blick durch ein dunkel gerahmtes „Guckloch“ in die helle Ferne und einmal der eingerahmte Blick in den finsteren Tunnel des Hohlweges, auch dies ein Mittel der Raumillusion.

Edgar J. Hürkey

Literatur

Ausst.-Kat. Frankenthal 1995, S. 233, Kat.-Nr. M 19 · Kraus 1965

Maler in Frankenthal

Die Ansiedlung niederländischer Künstler in der Gegend um Frankenthal ist eng mit der Konfessionalisierung Europas im 16. Jahrhundert verknüpft. Ab den 1560er Jahren nahmen in den zum Habsburgerreich gehörenden Niederlanden die religiösen, aber auch wirtschaftlichen Spannungen zwischen den protestantischen Provinzen und den katholischen Regenten stetig zu. Aufstände der Niederländer, Glaubensverfolgungen, Verwüstungen und Plünderungen durch die „Spanische Furie" führten letztlich zur Abspaltung der meisten niederländischen Provinzen und der Gründung der «Republik der Sieben Vereinigten Provinzen». Antwerpen stand dabei als zeitweise größte und wirtschaftsmächtigste Stadt Europas im Zentrum der Auseinandersetzungen. Nach der Eroberung der Stadt durch die Spanier 1585 exilierten Angehörige nichtkatholischen Glaubens auch aus wirtschaftlichen Gründen aus der Kunst- und Handelsmetropole, so dass die einst bedeutendste niederländische Stadt mehr als die Hälfte ihrer Einwohner verlor und um 1600 nur noch ca. 42.000 Bewohner zählte. Neben den protestantischen Niederlanden boten die reformierten Länder des Heiligen Römischen Reiches (*cuius regio, eius religio*) Zuflucht, so auch Frankenthal. Der pfälzische Kurfürst Friedrich III. förderte bereits seit den 1560er Jahren die Ansiedlung von Glaubensflüchtlingen vor dem Hintergrund eines positiven wirtschaftlichen und kulturellen Impulses für die Region und der Festigung des Calvinismus in der Kurpfalz. Nach einem raschen Bevölkerungszuwachs erhielt Frankenthal 1577 das Stadtrecht.

Der bedeutendste Künstler, der zeitweise in Frankenthal lebte, war der gebürtige Antwerpener Gillis van Coninxloo, von seinem Zeitgenossen Karel van Mander (1548–1606) in dessen *Schilder-Boeck* als bester *Landschap-maker* seiner Zeit gerühmt. Nach einer Lehrzeit in Antwerpen war Coninxloo durch Frankreich und Italien gereist und hatte sich ab 1570 als Maler in Antwerpen etabliert. Nach der Besetzung Antwerpens wurde er 1587 in Frankenthal sesshaft, siedelte aber 1595 nach Amsterdam über und unterhielt dort eine florierende Werkstatt. Coninxloo spielte zusammen mit Jan Brueghel d. Ä. (1568–1625) Ende des 16. Jahrhunderts eine entscheidende Rolle bei der Etablierung der Landschaftsmalerei als autonomer Bildgattung, zumal das Sujet zunehmend bei adeligen und bürgerlichen Sammlern an Beliebtheit gewann. Neben seinen gerühmten mythisch-düsteren Waldlandschaften schuf er zahlreiche der sogenannten Überschaulandschaften, zu denen auch das Mannheimer Bild zählt.

Uta Coburger

B2.04
Tobias mit dem Engel

(Kopie nach?) Gillis van Coninxloo (1544–1607)
Frankenthal, um 1600
Öl auf Eichenholz. H 77 cm, B 120 cm
Reiss-Engelhorn-Museen Mannheim, ohne Inv.-Nr.

Das wohl als Kopie nach Coninxloo einzuordnende Gemälde *Tobias mit dem Engel* bietet eine Kombination aus Coninxloos Überschau- und Waldlandschaften und verfügt über vergleichbare Kompositionsprinzipien wie die *Tallandschaft*. Die linke Bildhälfte zeigt die braun-grün-blaugrau geschichtete Kulissenlandschaft eines felsenbegrenzten Flusstales. Pittoresk angeordnete Mühlen, Siedlungen und Burgen lockern die Szene auf. In der Bildmitte schlängelt sich ein Weg in die Tiefe, auf dem die titelgebenden Figuren von Tobias und dem Engel klein dargestellt sind. Die rechte Bildhälfte zeigt kontrastiv zur Weite des Tals eine dichte Waldlandschaft mit kleinem Teich, zu der eine Gillis van Coninxloo zugeschriebene Zeichnung existiert. Aufgrund dessen wurde das Gemälde einst Coninxloo selbst zugeschrieben, doch der im Gegensatz zur *Tallandschaft* sehr akkurate Duktus lässt eher eine zeitgenössische Kopie oder Werkstattarbeit vermuten, wobei eine kritische Prüfung von zugewiesenen und abgeschriebenen Werken Coninxloos noch aussteht.

Uta Coburger

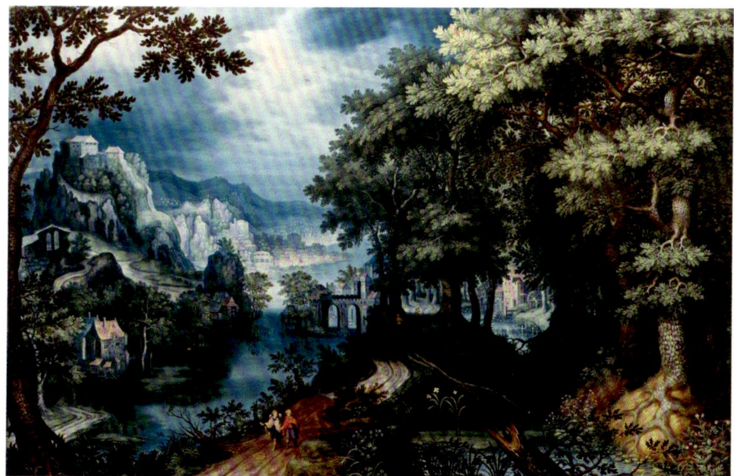

B2.04

B2.05
Landschaft mit Heiliger Familie auf der Flucht nach Ägypten

Pieter Schoubroeck (1570/73–1607)
Frankenthal, 1597 oder 1607
Öl auf Kupfer. H 23,5 cm, B 34,2 cm
Reiss-Engelhorn-Museen Mannheim, ohne Inv.-Nr.

Pieter Schoubroeck wurde zwischen 1570 und 1573 als Sohn eines bereits seit 1566 in Frankenthal lebenden calvinistischen Predigers geboren. Nach der Rückkehr der Familie nach Mecheln 1581 erhielt er dort seine Malausbildung. Durch die spanischen Eroberungen kehrte

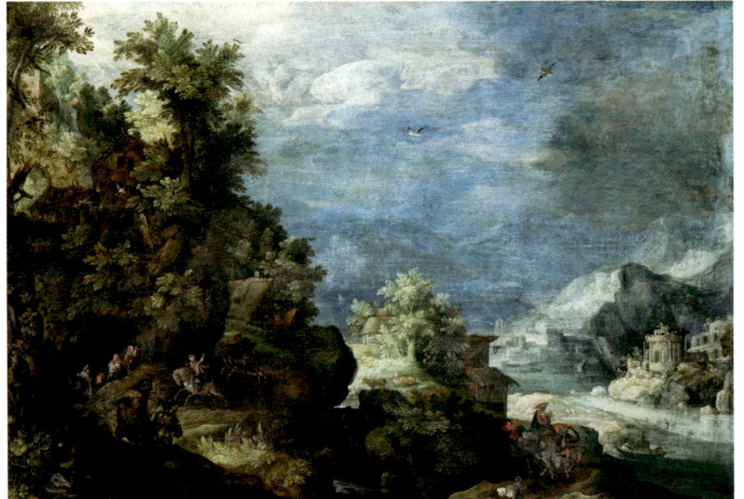

B2.05

renstaffage und seitlichem Landschaftsausblick vermittelt eine größere Lebendigkeit und ist typisch für Schoubroeck. Rechts öffnet sich der Blick in ein Flusstal mit antiken Ruinen, die an den römischen Vestatempel und das Marcellustheater erinnern. Durch das lichtere Kolorit und den zarteren Lasurauftrag in der rechten Bildhälfte gleitet der Blick in die Tiefe und verliert sich im dunstigen Grünblau des verschwimmenden Hintergrundes und Himmels. Die Verwendung von Kupfer als Bildträger ermöglichte Schoubroeck perfekt angelegte Lasurschichten, die eine eigene Räumlichkeit erhalten.

Uta Coburger

Literatur

Ausst.-Kat. Essen/Wien 2003 · Ausst.-Kat. Mannheim 2011 · Büttner 2003, S. 546–580 · Mander 1604, fol. 267v u. 268r

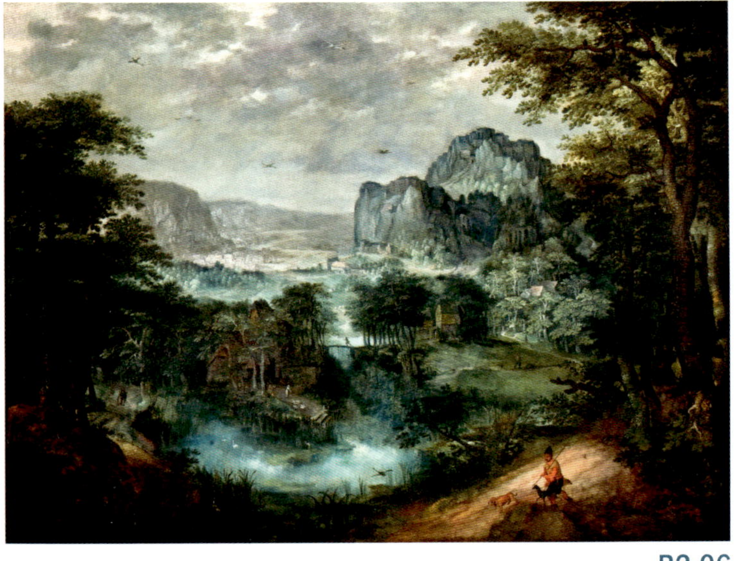

B2.06

die Familie in die Kurpfalz zurück, und es ist zu vermuten, dass Pieter bei van Coninxloo seine Lehrzeit fortführte. Gesichert ist eine Italien- und Romreise 1595, bei der er wohl in Kontakt zu den dort lebenden flämischen Landschaftsmalern Paul Bril (1556–1626) und Jan Brueghel d. Ä. kam. Den Einfluss der bedeutenden Künstler erkennt man im Werk Schoubroecks anhand von figurenreichen Landschaftsbildern, der Verwendung von antiken Ruinen und der Vorliebe für nächtliche Feuersbrünste vor historischer Kulisse, wie Schoubroecks zahlreiche Darstellungen des brennenden Troja belegen. Seine *Landschaft mit Heiliger Familie auf der Flucht nach Ägypten* folgt den Charakteristika der Überschaulandschaften samt des irrealen Kolorits, lockert aber die bei Coninxloo eher kulissenhaften Raumschichten auf. Der diagonal angelegte, dichte Vordergrund aus ansteigenden Felsen mit bewegter Figu-

B2.06
Weite Tallandschaft

Gillis van Coninxloo (1544–1607)
Frankenthal, 1590er Jahre
Öl auf Eichenholz. H 74 cm, B 98,8 cm
Reiss-Engelhorn-Museen Mannheim, ohne Inv.-Nr.

Die *Weite Tallandschaft* ist von einem erhöhten Betrachterstandpunkt aus konzipiert und leitet den Blick über drei kulissenhaft erscheinende Landschaftszonen in die Tiefe. Der brauntonige Vordergrund dient mit seinen mächtigen Bäumen als Rahmung der ländlichen Szenerie des Mittelgrundes, die, in kühlem Grünblau gehalten, eine idealisierte Staffage aus Höfen, Teichen mit wenigen Figuren und Tieren ist. Der grautonige Hintergrund öffnet den Blick in ein weites, von mächtigen Felsen begrenztes Flusstal mit locker angegebener Siedlung und Hafen. Ein bewölkter, nur an wenigen Stellen aufreißender Himmel mit Vögeln überfängt die Landschaft und verleiht dem Bild etwas geheimnisvoll Diffuses. Coninxloos Duktus ist zum Hintergrund hin zunehmend malerischer und verschwommener angelegt und unterstützt zusammen mit der Farbschichtung den Tiefensog des Bildes. Die im Hintergrund eingesetzte, fast durchscheinend zarte Lasurtechnik verstärkt diesen Effekt zusätzlich. Diese Gestaltungsmerkmale sowie das irreale und kühle Kolorit sind charakteristisch für Coninxloo und die flämischen Überschaulandschaften Ende des 16. Jahrhunderts. Die Figurenstaffage ist im Vergleich zur Landschaftsdarstellung nachrangig und verstärkt den Effekt der Monumentalität einer fast menschenleeren Naturdarstellung, in der die Darstellung des bei der Käuferschaft beliebten Jägermotivs zur Einfühlung des Betrachters in die Erhabenheit der Landschaft dient.

Uta Coburger

B3
Konfessionelle Bündnispolitik und Allianzen

Die pfälzischen Kurfürsten versuchten ihre durch das reformierte Bekenntnis bedingte politische Isolation im Heiligen Römischen Reich durch enge Beziehungen mit gleichgesinnten Fürsten in Europa auszugleichen. Als Speerspitze des internationalen Calvinismus unterstützte die Kurpfalz, insbesondere unter dem Kuradministrator Johann Casimir, Reformierte in Frankreich und in den Niederlanden auch militärisch. Durch sein Vorgehen trug er entscheidend zur Verschärfung der Konflikte mit den katholischen Mächten bei. Auch als Vormund wirkte Johann Casimir stark prägend auf seinen Neffen Friedrich (IV.) ein. Als jener 1592 die Regentschaft übernahm, verfolgte er, forciert von seinem Berater Christian I. von Anhalt, die Vereinigung der evangelischen Kräfte im Reich und in Europa. Sie mündete 1608 in die Gründung der Protestantischen Union, an deren Spitze Kurfürst Friedrich IV. trat.

B3.01
Heerzug des Pfalzgrafen Johann Casimir nach Frankreich am 8. Dezember 1576

Köln: Franz Hogenberg, nach 1576
Radierung. H 21 cm, B 27,7 cm
Frankenthal, Erkenbert-Museum, G 0045

Nur sechs Wochen nach dem Tod seines Vaters Friedrich III. am 26. Oktober 1576 brach Johann Casimir am 8. Dezember 1576 mit einem Heer nach Frankreich auf, um dort den ob ihrer Religion bedrohten Hugenotten zu helfen. Bereits 1568 hatte ihm sein Vater eine solche Mission aufgetragen. Doch wie schon die erste, war auch diese, bis August 1577 andauernde, erfolglos. Vermutlich veranlasste auch den zweiten Zug Friedrich „der Fromme", der nur zwei Jahre zuvor (1574) seinen jüngsten Sohn Christoph zu diesem Zweck zu den Calvinisten in die Niederlande und damit in den Tod geschickt hatte, während der im Luthertum verharrende älteste Sohn und Thronfolger Ludwig in der Oberpfalz mit solchen Aufgaben verschont wurde.

Benannt sind auf dem Blatt Johann Casimir, neben ihm reitend der Prinz von Condé, ein Cousin des protestantischen Königs Heinrich von Navarra und nachmaligen katholischen Königs von Frankreich, und links zum unteren Bildrand hin Niclas von Hatstat, ein oberelsässischer Offizier, der sich abwechselnd in einigen europäischen Ländern verdingte. Er dürfte mit seinen Truppen südlich von Straßburg zu Casimir gestoßen sein, das im rechten oberen Bildrand angedeutet ist. Vor den Truppen fließt die Mosel, doch liegt Saint Nicolas du Port an der Meurthe, etwa 12 km südlich von Nancy. Dort ist der Truppenübergang anzunehmen.

Die Bildunterschrift lautet: „Casimirus bey Rhein ein Pfaltzgraff / Bey seim Hern bruder in eim Hoff / Lebt in aller zugt gar bruderlich // Mitt reutter und knecht zeugt in Franckreich / Damit er eine ursach ist / Daß nitt so mancher frummer christ // Ward leib und gut, weib, kinder queidt / Gleich zu Parijs auf der Hochzeitt / Dan er den Kunig so gezwungen // Und zu dem frid mitt gwalt gedrungen / Das er mit im must componiern / Sunst must er leut und lant verliern.// Anno Dnj M.D.LXXVI. im VIII Decemb:"

Edgar J. Hürkey

Literatur

Ausst.-Kat. Heidelberg 2013, S. 218, Kat.-Nr. HK 9 · Hesse 1986, S. 79

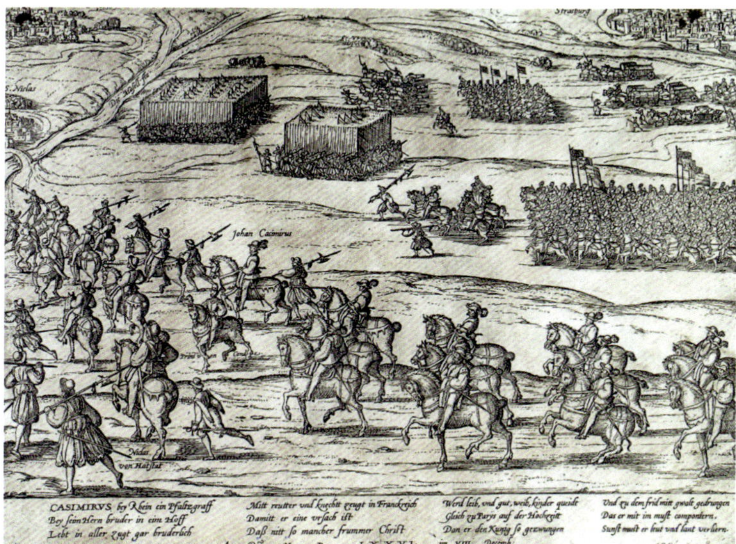

B3.01

B3.02
Auszug des Pfalzgrafen Johann Casimir zum Feldzug nach Flandern

Marcus zum Lamm (1544–1606)
Heidelberg, 19. Juni 1578
wasserlösliche Malfarben auf Pergament. H 17,5 cm, B 37 cm
Historisches Museum der Pfalz Speyer, HM_1932_58

Marcus zum Lamm wurde 1544 in Speyer geboren, 1606 starb er als geachteter Jurist und kurpfälzischer Kirchenrat in Heidelberg. Während seiner Heidelberger Zeit schuf er den einzigartigen *Thesaurus Picturarum* (Bilderschatz), ein 36-bändiges Werk, das heute in der Landes- und Universitätsbibliothek Darmstadt aufbewahrt wird und Zeugnis ablegt von den politischen und religiösen Kämpfen am kurfürstlichen Hof. Das Einzelblatt mit der Darstellung des Aufbruchs Johann Casimirs zu seinem Unterstützungsfeldzug für die Reformierten in Flandern (da-

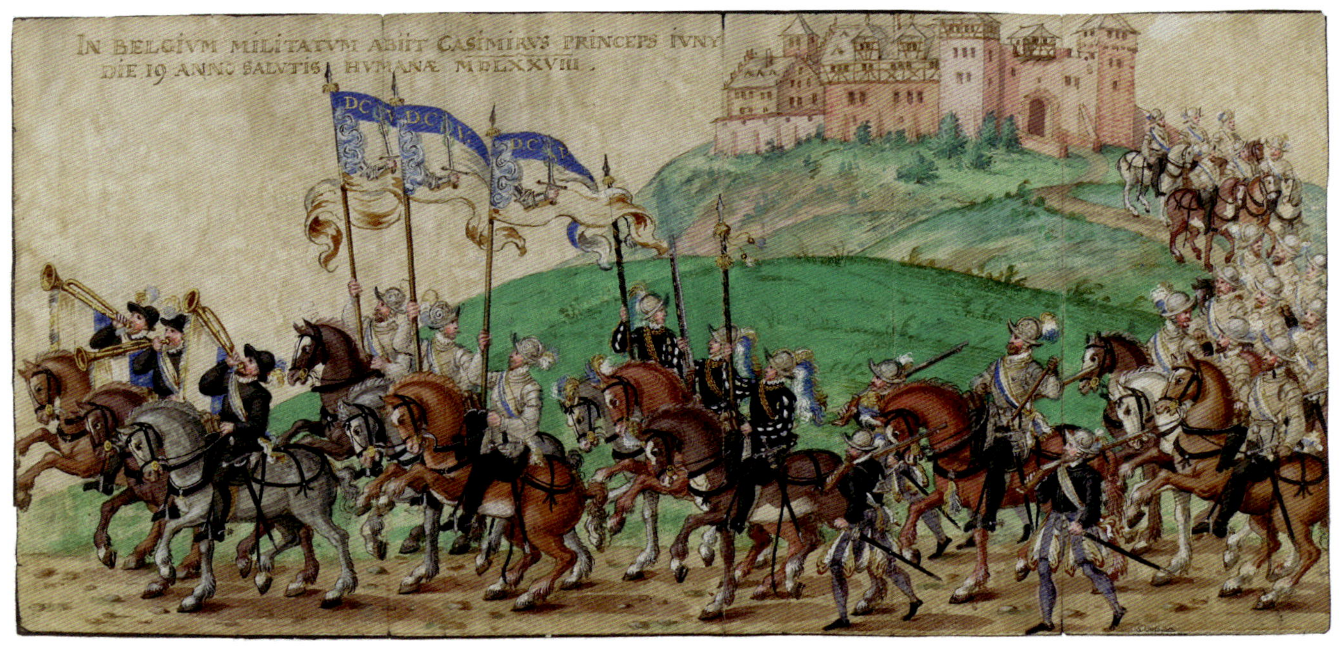
IN BELGIVM MILITATVM ABIIT CASIMIRVS PRINCEPS IVNY
DIE 19 ANNO SALVTIS HVMANÆ MDLXXVIII

B3.02

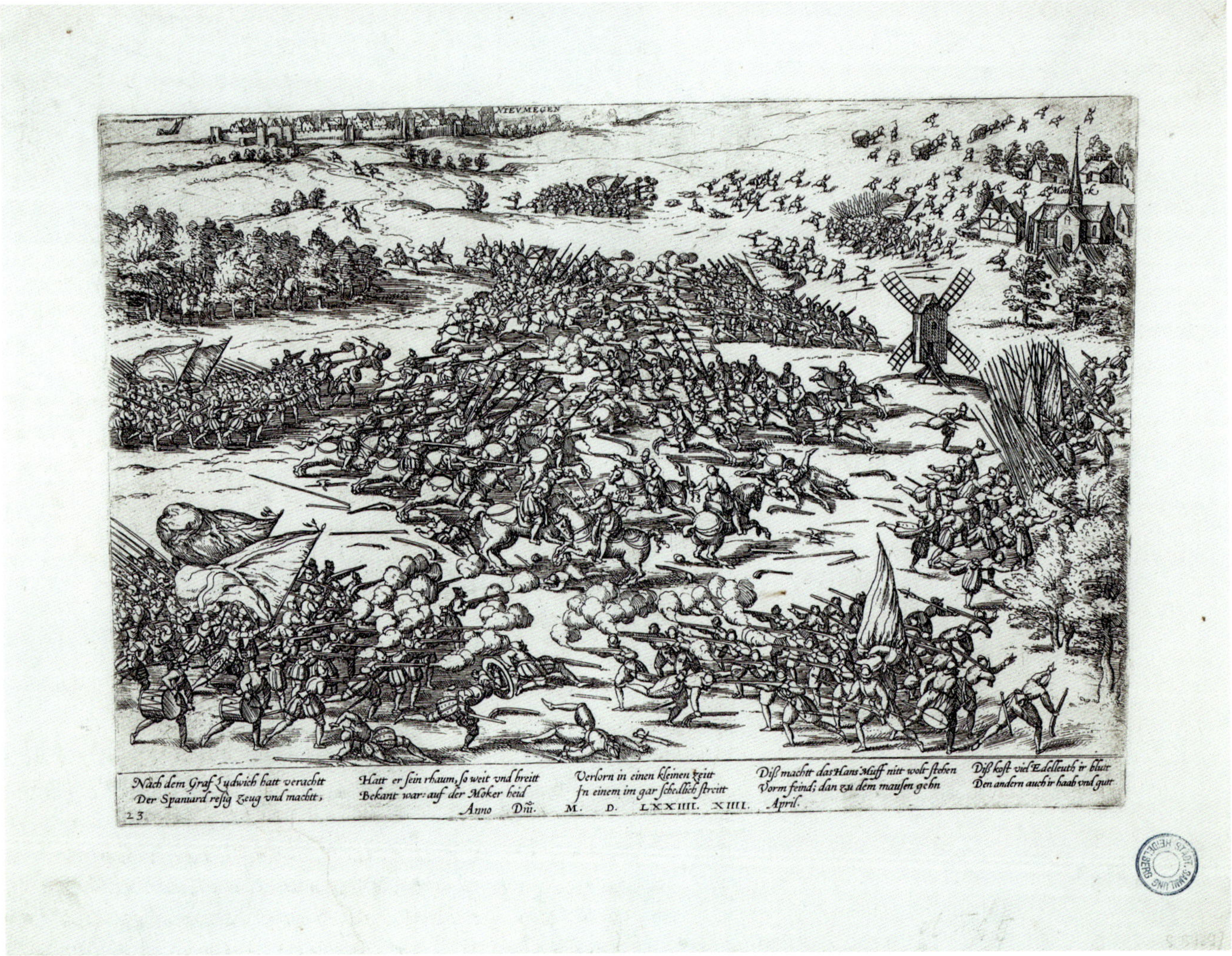

NIEUMEGEN
Nach dem Graf Ludwich hatt verachtt
Der Spaniard resig Zeug und machtt,
Hatt er sein rhaum, so weit und breitt
Bekant war: auf der Moker heid
Verlorn in einen kleinen zeitt
In einem im gar schedlich streitt
Diß machtt das Hans Muff nitt wolt stehen
Vorm feind; dan zu dem mausen gehn
Diß kost viel Edelleuth ir blutt
Den andern auch ir haab und gutt
Anno Dñi. M. D. LXXIIII. XIIII. April.
23

B3.03

mals Spanische Niederlande und Fürstbistum Lüttich) wurde wohl Anfang des 19. Jahrhunderts aus dem *Thesaurus Picturarum* entwendet und gelangte dann auf verschlungenen Wegen 1932 in die Sammlungen des Speyerer Museums. Lange Zeit führt es dort den Titel *Auszug Johann Casimirs aus der Burg Winzingen* in der Annahme, die dargestellte Burg im Hintergrund stelle Burg Winzingen dar. Günter Stein hat gezeigt, dass diese Zuschreibung nicht zu halten ist. Es muss sich um eine andere kurpfälzische Burg handeln. Unzweifelhaft ist indessen der Feldzug des Pfalzgrafen, von dem auch die Inschrift auf dem Blatt berichtet „IN BELGiVM MiLiTATVM ABiiT CASiMiRVS PRiNCEPS iVNY / DiE 19 ANNO SALVTiS HUMANAE MDLXXVII" (= Am 19. Juni 1578 im Jahre des Heils ist Fürst Casimir zum Feldzug nach Belgien aufgebrochen). Johann Casimir machte sich mit 15.000 Mann in die Spanischen Niederlande auf, um den bedrängten Reformierten zu Hilfe zu eilen. Zurück blieben von diesem Feldzug mäßige politische Erfolge, vor allem aber Schulden. Meinrad Schaab beurteilt die militärischen Fähigkeiten des Pfalzgrafen kritisch. Er meint, dieser „entbehrte aller strategischen Begabung, und seine überaus engagierte calvinistische Außenpolitik war geradezu unabhängig von einem Sinn für Realitäten." (Schaab 1992, S.51)

Ludger Tekampe

Literatur

Stein 1993, S. 191–209 · Schaab 1992

B3.03

Flugblatt „Schlacht auf der Mooker Heide bei Nimwegen am 14. April 1574"

Franz Hogenberg (um 1538/40 – um 1590), um 1574/1576
Radierung. H 20 cm, B 28,9 cm (Platte)
Kurpfälzisches Museum der Stadt Heidelberg, S 5929

Franz Hogenberg, Spross einer deutsch-flämischen Künstler- und Verlegerdynastie, kam um 1538/40 in Mecheln zur Welt. Er selbst arbeitete als Kupferstecher, Radierer, Kartograph und Verleger. 1564 ließ er sich in Köln nieder, jedoch war er auch in Antwerpen und Frankfurt am Main tätig. Mit seiner Werkstatt gab er ab 1569/70 fortlaufend und zeitnah Flugblätter zum Verlauf des Achtzigjährigen Krieges heraus.

Auch die vorliegende Radierung thematisiert ein Ereignis der Niederländischen Befreiungskriege. Der Feldzug, den kurpfälzische und nassauische Truppen 1574 gemeinsam unternahmen, endete am 14. April auf der Mooker Heide bei Nimwegen mit einem Desaster. Das Korps wurde vollständig aufgerieben, Pfalzgraf Christoph (1551–1574), der dritte Sohn Kurfürst Friedrichs III., sowie die Grafen Ludwig und Heinrich von Nassau fielen im Verlauf der Schlacht.

Das Blatt ist in der für Hogenberg typischen, scharf konturierten Manier radiert. Im Vordergrund steht sich die Infanterie mit Schwertern und rauchenden Musketen gegenüber, im Mittelgrund treffen Kavallerie und Pikeniere der Infanterie aufeinander. Hogenberg hält spannungsreich den dramatischen Wendepunkt des Kampfgeschehens fest. Im Vordergrund wenden sich erste Landsknechte zur Flucht, in Mittel- und Hintergrund sieht man in der rechten Bildhälfte ganze Truppenteile, die sich vor den vorrückenden Spaniern kopflos fliehend auflösen und dabei den kleinen Ort Mouck [Mook] passieren. Einige suchen ihr Heil auch in dem nördlich der Mooker Heide gelegenen „NIEVMEGEN" [Nimwegen], das am oberen Bildrand zu sehen ist. Im Zentrum der Darstellung kämpft ein Reiter, dessen Gegner gerade im Begriff ist, ihm ein Schwert ins Herz zu stoßen. Diese dramatische Szene ist quasi als „Herzstück" des Geschehens direkt bezeichnet, der Reiter wird benannt – es ist „Hertzog Christoffel".

„Nach dem Graf Ludwich hatt veracht / Der Spaniard resig zeug und macht" beginnt der erläuternde Text am unteren Darstellungsrand und endet treffend mit den Worten „Diß kost viel Edelleuth ir blutt / Den andern auch ir haab und gutt."

Anja-Maria Roth

Literatur

Allgemeines Künstlerlexikon, Bd. 74, 2012, S. 178 ff. · Arndt 1998 · Keller 1972, S. 472 f. · Merlo 1880, S. 650–652 · Mörke 2007

B3.04

Kurfürst Friedrich IV.

Jacques Granthomme (tätig 1588 – ca. 1622), um 1608
Kupferstich. H 29,5 cm, B 25,2 cm
Reiss-Engelhorn-Museen Mannheim, C 96 d

Unter Kurfürst Friedrich IV. von Pfalz-Simmern (reg. 1574–1610) forderte die Kurpfalz zunehmend ihre Rolle als protestantische Führungsmacht auf dem politischen Parkett ein. Vor diesem Hintergrund muss auch die Gründung Mannheims mit der Festung Friedrichsburg im Jahre 1607 gesehen werden: Der Entscheidung Friedrichs, am Zusammenfluss von Neckar und Rhein eine neue Stadt nach damals modernstem städtebaulichen Modell (Raster) zu erbauen und mit einer starken Festung zu verknüpfen, dürften sowohl geostrategisch-wirtschaftliche als auch vor allem militärstrategische Überlegungen zugrunde gelegen haben.

Der renommierte Zeichner und Kupferstecher Jacques Granthomme stellt den Stadtgründer Mannheims als Feldherrn, im Harnisch und mit dem Marschallstab in der Hand, hoch zu Ross auf einem geputzten Pferd dar. Zwischen den Läufen des sich aufbäumenden Pferdes zeigt er die Szene einer Hirschjagd und spielt so auf die ausgeprägte Jagdlust

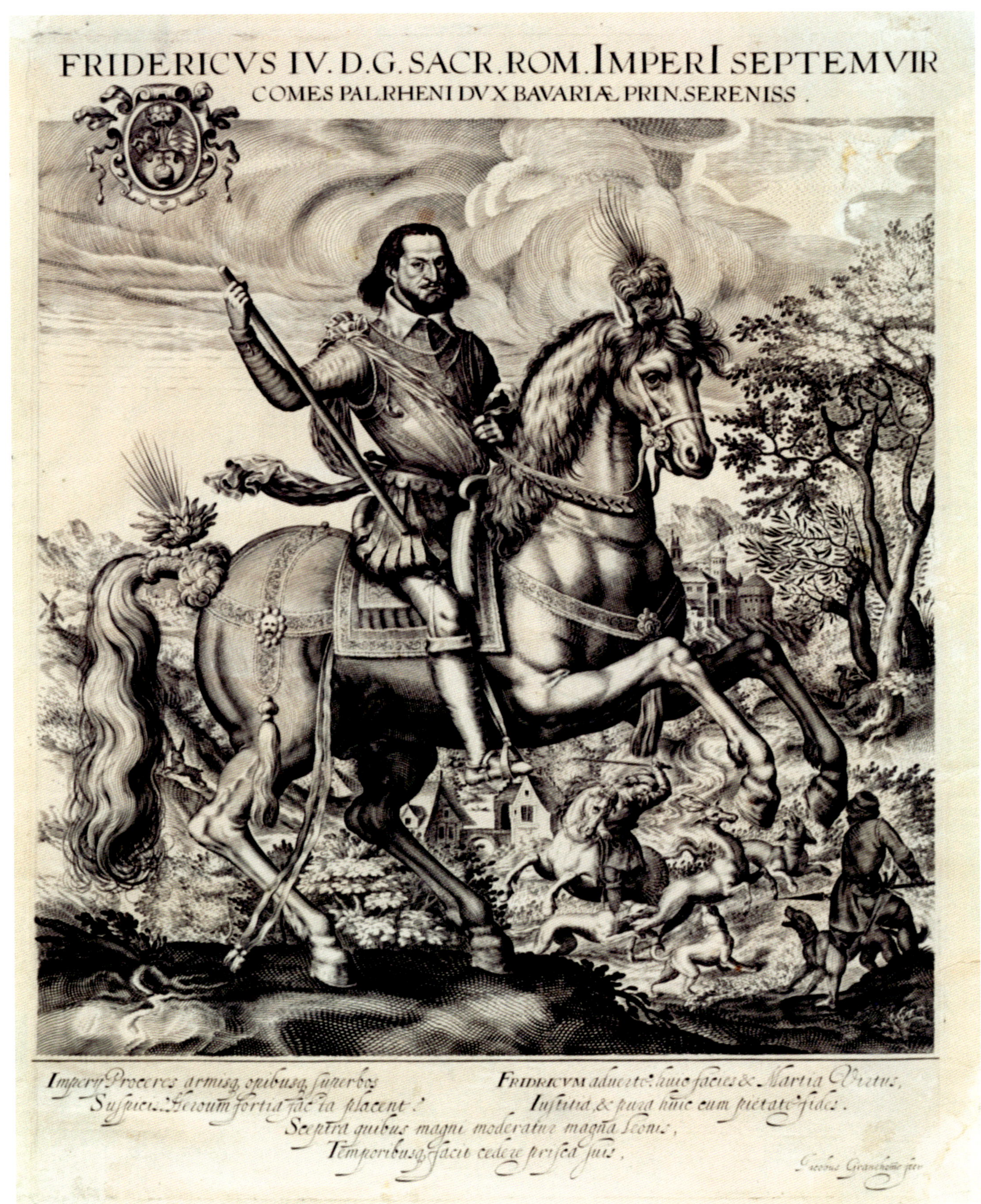
FRIDERICVS IV. D.G. SACR. ROM. IMPERI SEPTEMVIR
COMES PAL. RHENI DVX BAVARIÆ PRIN. SERENISS.
Imperij Proceres armisq. opibusq. superbos
Suspicis? Heroum fortia facta placent?
FRIDRICVM adverte: huic facies & Martia Virtus,
Iustitia, & pura huic cum pietate fides.
Sceptra quibus magni moderatur magna Leonis,
Temporibusq. facit cedere prisca suis.
Iacobus Granthome fec

B3.04

des Kurfürsten an. Weiter im Hintergrund ist eine Burganlage zu erkennen. Sie dürfte, obgleich nicht topographisch eindeutig wiedergegeben, die Burg Heidelberg darstellen, die der Kurfürst mit dem nach ihm benannten Friedrichsbau zu einer, der Stadt nun erstmals auch mit einer Schaufassade zugewandten Residenz ausbaute.

Der Titel und die Beischrift des Kupferstichs betonen den kurfürstlichen Rang und die militärische Stärke, aber ebenso die gerechte Regentschaft und Glaubenstreue des Porträtierten. Diese dezidierte Charakterisierung Friedrichs als entschiedener und mächtiger Vorkämpfer für Gerechtigkeit und wahren Glauben legt es nahe, das Blatt um 1608 zu datieren – dem Jahr, in dem die Protestantische Union unter Führung des Pfälzer Kurfürsten gegründet worden war.

Sabine Witt

Literatur

Ausst.-Kat. Heidelberg 1999b, S. 242 f., Kat.-Nr. 2.2 und Abb. S. 69 · Ausst.-Kat. Heidelberg 1991, S. 43 · Nieß/Caroli 2007, Bd. I, u. a. S. 53

B3.05
Taler auf Kurfürst Friedrich IV.

Umschrift Avers: FRID : IV : D : G · C : P : RHE : S : R : I : PRIN : EL : BA : DVX, Umschrift Revers: REGIER MICH HER NACH DEINEM WORT; 1610
Silber. Dm 4,1 cm
Reiss-Engelhorn-Museen Mannheim, III g, Nr. 1182

Der Taler auf Friedrich IV. (1574–1610) nennt das Todesjahr des Kurfürsten, der Mannheim 1607 gründete. Wie auch schon die Medaille auf den Regierungsantritt von 1592 zeigt die Vorderseite hier die Halbfigur Friedrichs im Harnisch und mit geschultertem Schwert sowie dem Reichapfel. Doch seine Gesichtszüge sind gealtert, das Haar und der Bart lang gewachsen. Auch die Rückseiten der beiden Medaillen mit der Darstellung des Kurpfälzischen Wappens entsprechen einander, wenn auch in abgeänderter Form: Unter dem Kurhut sammeln sich die drei Wappenschilde der Kurpfalz. Links erscheint der Schild der Pfalz mit dem steigenden Löwen, rechts die silber-blauen Wecken der Linie Wittelsbach, mittig unter ihnen der Schild mit dem Reichsapfel als Symbol für das Amt des Erztruchsessen. Das Wappen trennt die Jahreszahlen.

Camilla Narrog

Literatur

Stemper 1997a, S. 145–146

B3.06
Medaille mit Büste Friedichs IV.

Umschrift Avers: FRIDERICH PFALTZGRAVE BEY RHEIN; CDLD, Umschrift Revers: DES H(EILIGEN) Rö(MISCHEN) R(EICHS) ERTZTR(UCHESS) VND CHVRF(ÜRST) HERTZ(OG) IN BEYERN; 1596
Claude de la Cloche, 1596
Bronze, vergoldet (?). H 3,9 cm, B 3,3 cm
Reiss-Engelhorn-Museen Mannheim, III g, Nr. 1454

Die oval geformte Medaille mit Tragöse zeigt die Büste des Kurfürsten Friedrichs IV. (1574–1610) im Profil. Er trägt sein Haar sowie Kinn- und Schnurbart kurz und ist mit einem Harnisch samt Feldbinde bekleidet.

Die Rückseite zeigt das Wappen der Kurpfalz. Mittig platziert befindet sich ein Helm mit der Pfälzer Stammhelmzier, einem aufrecht sitzenden Löwen, er thront über den drei kurpfälzischen Wappenschilden. Der linke Wappenschild zeigt das Symbol der Pfalz, einen gekrönten, steigenden Löwen. Der mittlere Schild trägt den Reichsapfel und verweist damit auf das Amt des Erztruchsessen. Der dritte, schräggeweckte Schild in Silber und Blau steht für die Wittelsbacher Linie. Der Löwe des Helmes trennt die Jahreszahl des Prägestempels.

Als Medailleur ist Claude de la Cloche (* 1552) verzeichnet, der bereits in den Vorjahren in der Gestaltung sehr ähnliche Prägestempel entworfen hatte und diese Medaille von 1596 vermutlich auch noch im folgenden Jahr nachgegossen hatte.

Camilla Narrog

Literatur

Stemper 1997a, S. 147–148

B3.07
Hirschhalsband

Südwestdeutschland, 1609
Messing, gegossen, graviert. L 72,5 cm, B 3,9 cm
Bayerisches Nationalmuseum München, D 1124

Das Halsband ist eines der wenigen Objekte, die von der großen Jagdleidenschaft des Kurfürsten Friedrich IV. von der Pfalz künden, der weltlichen Vergnügungen deutlich stärker zugetan war als den politischen und konfessionellen Herausforderungen seiner Zeit. Das Band setzt sich aus zwölf gegossenen Messingplättchen mit profilierten Rändern zusammen, die durch Scharniere zusammengehalten werden. Als Verschluss dienen zwei durch einen Ring verbundene Ösen, von denen die eine durch einen Stift von dem Plättchen gelöst werden kann. Die zehn

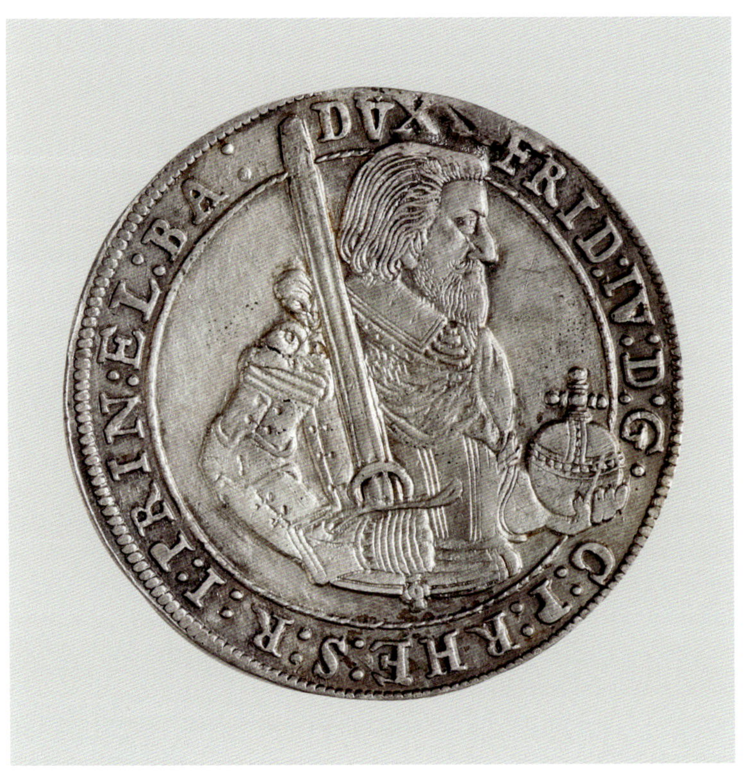
DUX FRID:IV:D:G:C:P:RHE:S:R:I:PRIN:EL:BA:

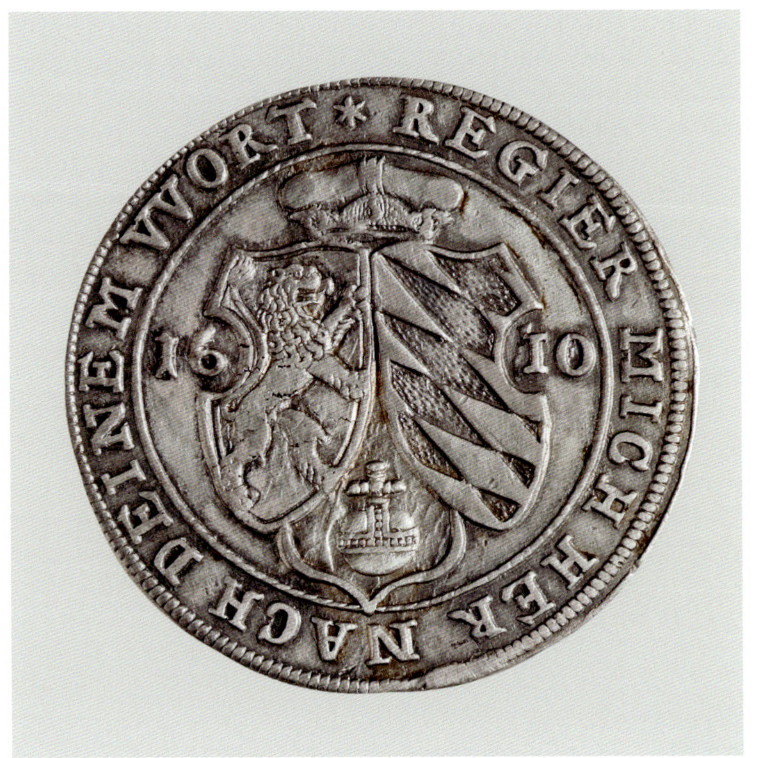
REGIER MICH HER NACH DEINEM WORT
16 10

B3.05

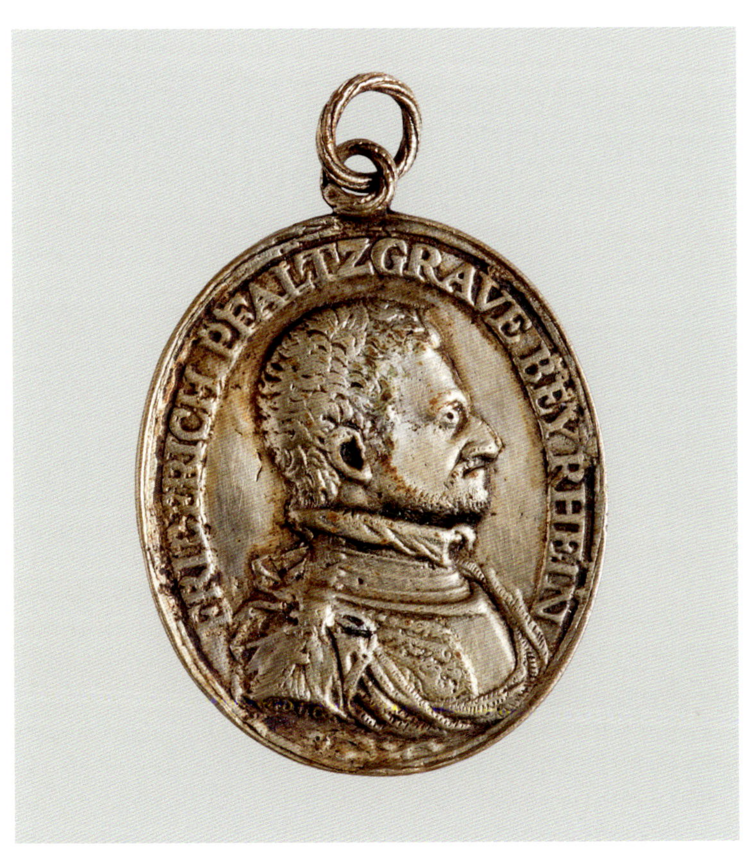
FRIDERICH PFALTZGRAVE BEY RHEIN

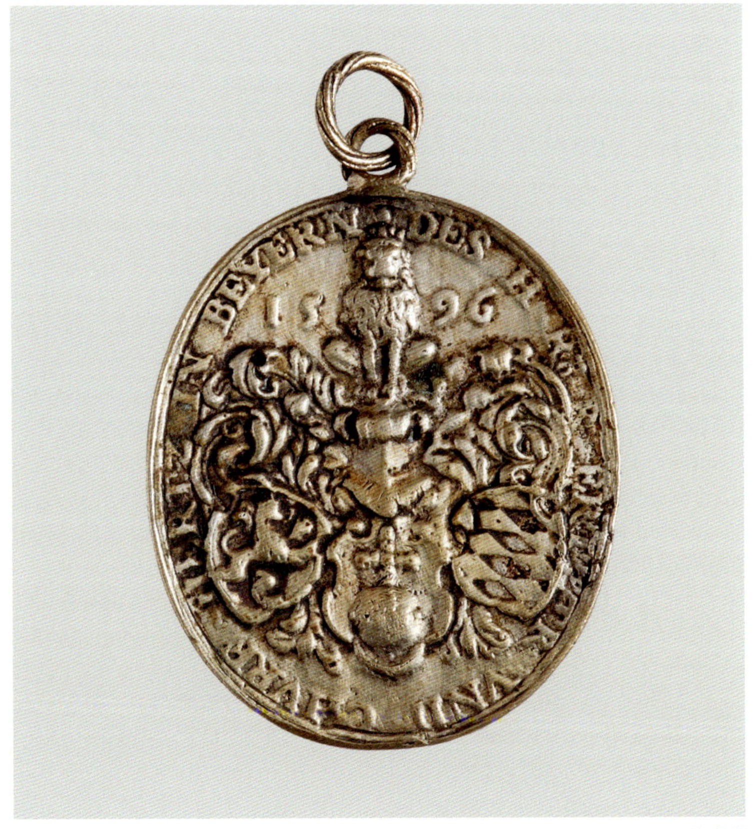
1596

B3.06

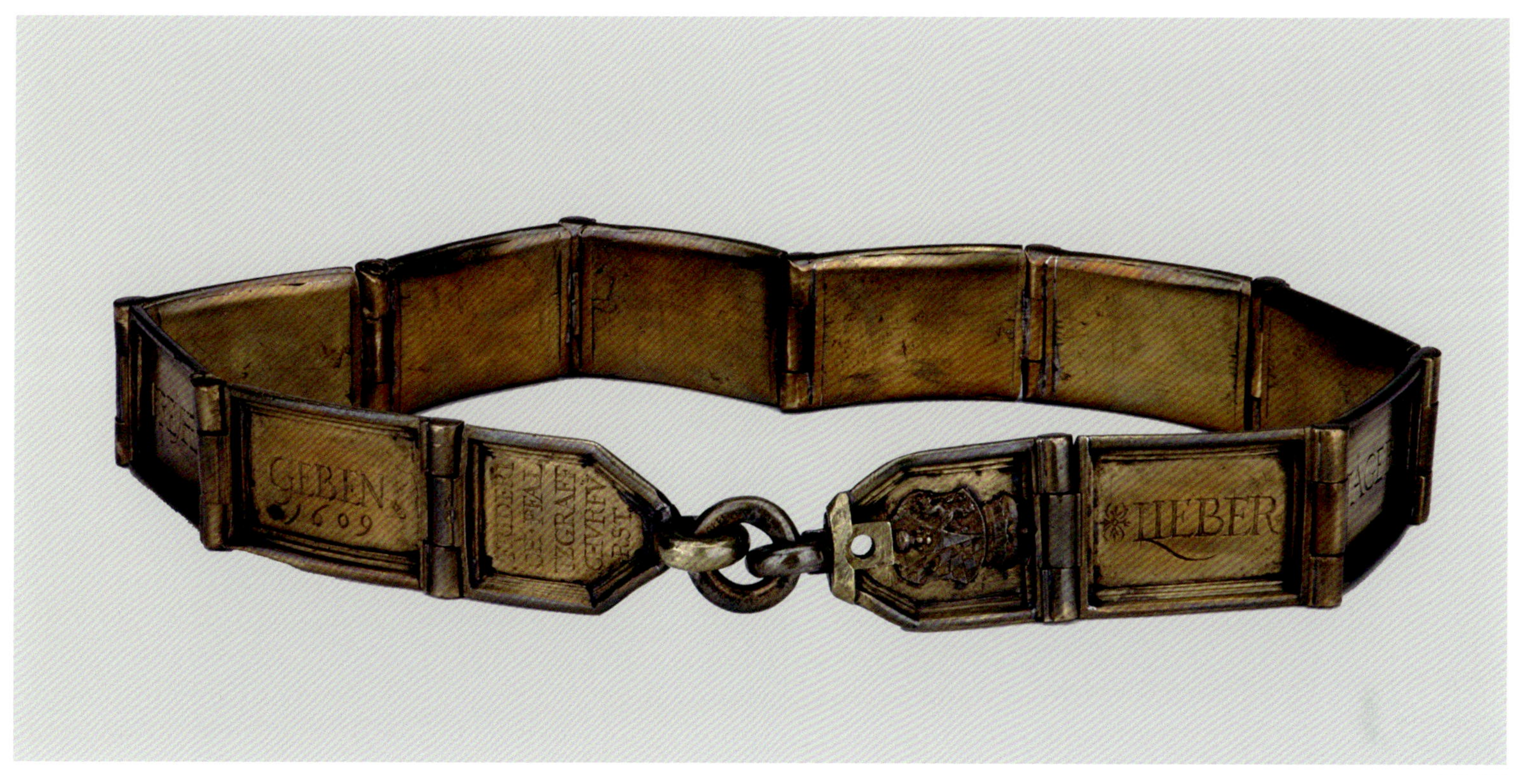

B3.07

inneren Plättchen tragen die gravierte Inschrift: LIEBER // JÄGER // LASS // MICH // LEBEN, // DER // CHVR / FVRST // HAT / MIR // FREYHEIT // GEBEN / 1609. Auf dem letzten Plättchen nächst dem Verschluss ist der Name des Auftraggebers zu lesen: FRIEDRI / CH PFAL / TZGRAFF / CHVRFV / RST. Das andere Endglied zeigt das kurpfälzische Wappen mit Löwe, Rauten und Reichsapfel unter dem Kurhut.

Offenbar war das Halsband einem bestimmten Hirsch angelegt, den der Kurfürst im Jahr 1609 von der Jagd verschont wissen wollte. Wahrscheinlich spielt das Halsband auf eine Legende um Karl den Großen an, der ebenfalls einem Hirsch ein Halsband umlegte mit der Aufschrift „Lieber Jäger, lass mich leben, ich will dir mein Halsband geben". Derartige Sagen liegen womöglich auch den zahlreichen silbernen Trinkgefäßen in Hirschgestalt zugrunde, die anders als andere tiergestaltige Gefäße der Zeit um 1600 ebenfalls ein Halsband tragen.

Im Fall des pfälzischen Halsbandes war der Träger womöglich ein Hirsch, der im Burggraben des Heidelberger Schlosses lebte. Im sogenannten Hirschgraben hielt der Kurfürst nämlich Rotwild, das gewöhnlich zum Abschuss bestimmt war. Sollte der Hirsch tatsächlich einen natürlichen Tod im Gehege gefunden haben, so war das Halsband sicher leicht wiederzufinden, so dass dieses einzigartige Stück danach seinen Platz in den Kuriositätensammlungen des Kurfürsten finden konnte.

Raphael Beuing

Literatur

Ausst.-Kat. Augsburg 2005, S. 524, Nr. VI.68 · Ausst.-Kat. Heidelberg 1999b, S. 245, Nr. 2.13 · Ausst.-Kat. Heidelberg 2013, S. 326, Nr. HS 101 · Ausst.-Kat. München 1980b, S. 106, Nr. 24 · Denkmale und Erinnerungen 1909, S. 123, Nr. 1296 · Hepp 1999, S. 63–84, hier S. 68 · Seelig 2006a, S. 31–49, hier S. 38

B3.08
Ofenplatte mit Allianzwappen Kurfürst Friedrichs IV. und seiner Gemahlin Juliane von Nassau-Oranien

Gusseisen. H 103 cm, B 119 cm
Vermögen und Bau Baden-Württemberg, Amt Mannheim,
ohne Inv.-Nr.

Eine im Herdguss entstandene Ofenplatte zieren die Wappen von Kurfürst Friedrich IV. und seiner Ehefrau Prinzessin Louise Juliana von Oranien-Nassau, die jeweils von der Jahreszahl 1600 gerahmt werden. Links findet sich das Wappen des Kurfürsten mit dem gevierten Hauptschild (Wecken, gekrönter, aufgerichteter Löwe, im Herzschild der Reichsapfel), der vom Kurhut bekrönt wird. Das um das Wappen laufende Band trägt die Devise Friedrichs IV.: „Regier mich, Herr, nach

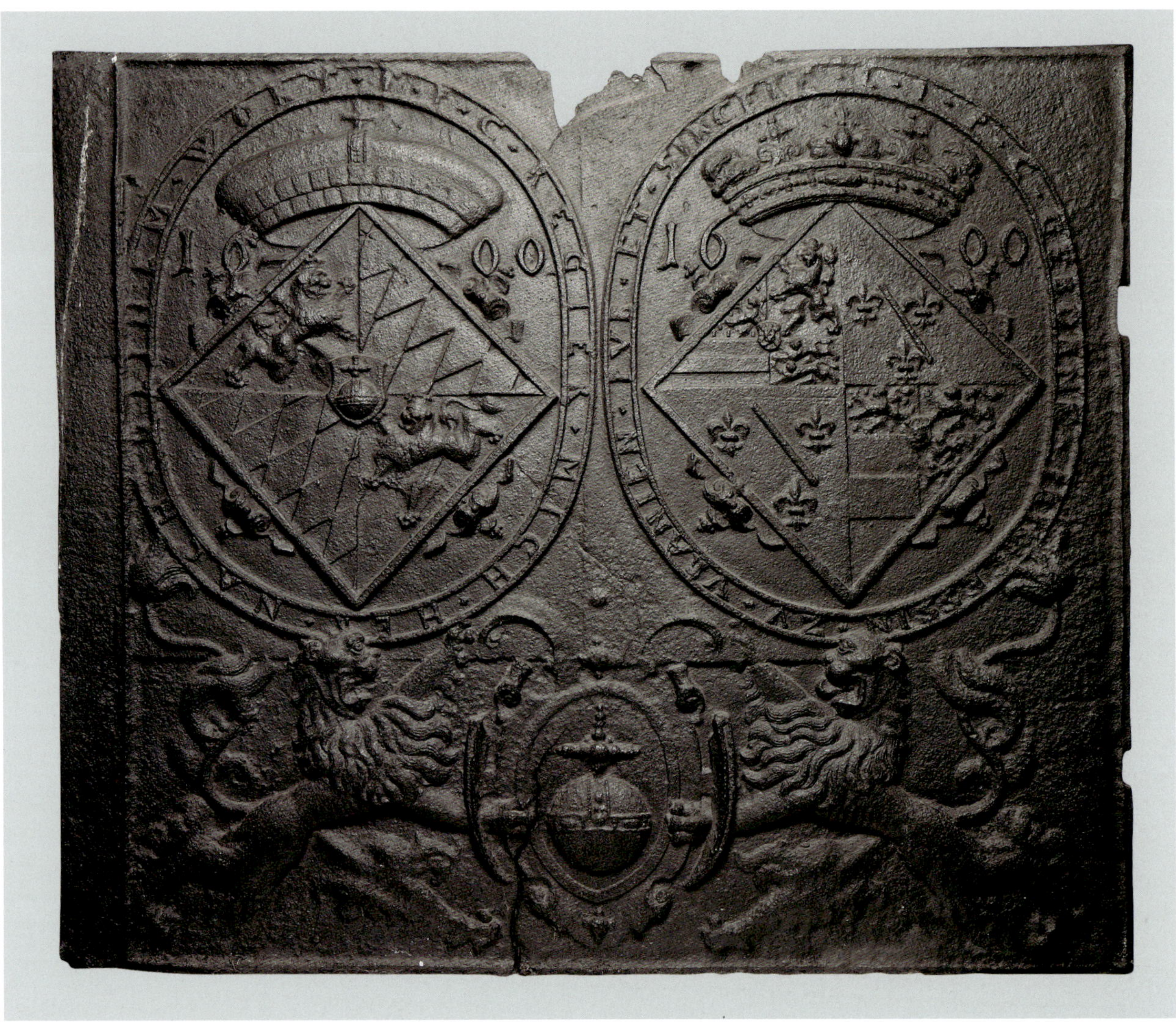

B3.08

deinem Wort“. Sie nimmt Bezug auf die Einführung der reformierten Lehre in der Kurpfalz, die 1563 unter Friedrichs Großvater Friedrich III. erfolgt war. Rechts zeigt sich das Wappen der Prinzessin mit dem ebenfalls gevierten und zusätzlich bekrönten Hauptschild.

Die 1593 auf Anregung von Johann VI. von Nassau-Dillenburg geschlossene Ehe von Friedrich IV. und Juliane von Oranien-Nassau gehört zu den europäischen Allianzen, die die Herrscher der Kurpfalz eingingen und die vor allem von der Zugehörigkeit zum calvinistisch-reformierten Bekenntnis geleitet waren. Auch das Haus Oranien, zu dem bereits seit Friedrichs Großvater eine außenpolitische Nähe bestand, gehörte der strengeren Ausrichtung des Protestantismus an. Der somit aus dynastischen wie religiösen Gründen entstandenen Ehe entstammte eine der tragischsten Figuren des kurpfälzischen Herrscherhauses – Friedrich V., dessen Annahme der böhmischen Königskrone und die daraus folgenden späteren Ereignisse zum Ausbruch des Dreißigjährigen Krieges führen sollten.

Claudia Braun und Sabine Witt

B3.09
Ofenplatte mit Kurpfälzer und Erbacher Wappen

1574
Gusseisen. H 72 cm, B 38 cm
Reiss-Engelhorn-Museen Mannheim, o. Inv. Nr.

Die entscheidende Voraussetzung für die Herstellung solcher Ofenplatten war die Verflüssigung des Eisens, die erst mit der Einführung der Hochofentechnik und den dort erreichten hohen Temperaturen möglich geworden war. Während der Eisenguss zunächst der Produktion von militärischem Gerät diente, wurde im ausgehenden 15. Jahrhundert die Herstellung von Ofenplatten eine der Hauptaufgaben der Eisenhütten. Wo sich die notwendigen Rohstoffe (Erz, Wasser, Holz) vorfanden, entstanden im 16. Jahrhundert solche Eisen verarbeitende Betriebe. Wie alle älteren Ofenplatten ist auch die vorliegende im soge-

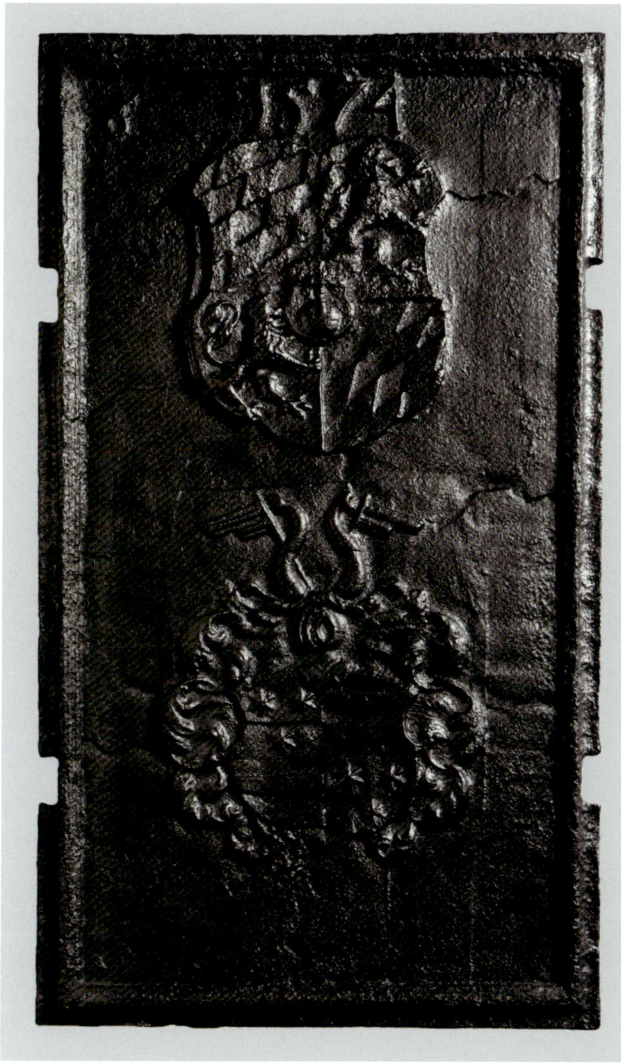

B3.09

pfalz. Der goldene Löwe im schwarzen Feld war das Wappen der Pfalzgrafen bei Rhein. Das Stammwappen der Grafen von Erbach zeigt in von Rot und Silber geteiltem Schild drei (2:1) Sterne verwechselter Farbe, auf dem Helm mit rot-silbernen Decken zwei von Silber und Rot übereck geteilte Büffelhörner.

Wie viele andere kunsthandwerkliche Produkte erfüllten solche gusseisernen Ofenplatten neben praktischen auch ästhetische Funktionen und trugen manchmal auch zur Vermittlung geistiger Inhalte bei. Die Herren von Erbach übten als Ministeriale das kurfürstliche Schenkenamt für die Pfalzgrafen bei Rhein aus. Im Jahr 1535 heiratete ein Erbacher Elisabeth von Pfalz-Simmern, eine Schwester des Kurfürsten Friedrich III. Die Hochzeit bildete einen Höhepunkt in den wechselvollen Beziehungen der Häuser Erbach und Wittelsbach. Mit der Aufnahme der Wappen beider Häuser ist auch die Ofenplatte als Bildträger zu betrachten, deren Datierung 1574 bislang mit keinem direkten Ereignis in Verbindung gebracht werden konnte. Die Ofenplatte aus Gusseisen besaß nicht nur einen optischen Zweck, sondern diente auch als Hitzespeicher. Sie speicherte die Wärme – je dicker und schwerer die Platte, umso besser – und gab diese wieder in den Raum ab.

Eva-Maria Günther

B3.10
Fahnenbuch pfälzischer Ämter und Städte

1604
Ledereinband mit Goldprägung, Papier. H 35,5 cm, B 25 cm
München, Bayerisches Hauptstaatsarchiv – Geheimes Hausarchiv, Handschrift 8

nannten offenen Herdguss hergestellt worden. In eine Masse aus Ton, Kiesel und Kohlenstaub wurde das aus Holz oder Metall gearbeitete Modell gepresst und die so entstandene Form mit dem flüssigen Eisen ausgegossen. Eine wichtige Voraussetzung für den Erfolg des Gusses war ein sauber ausgeführtes Modell, das von einem Kunsthandwerker, dem Formenschneider, gearbeitet wurde. Auf einem glatten Untergrund sind übereinander das Wappen der Kurpfalz (oben) und das Wappen der Grafen von Erbach zu sehen: Das Wappen der Kurpfalz hat ein geviertes Schild und ist im (heraldisch) rechten Obereck und im (heraldisch) linken Untereck von Weiß und Blau schrägrechts gerautet. Im (heraldisch) linken Obereck und im (heraldisch) rechten Untereck ist ein linksgewendeter (hier möglicherweise spiegelverkehrt durch den Negativabdruck aus der Form) goldener, rotbewehrter, rotbezüngter und rotgekrönter Löwe im schwarzen Feld angebracht. Die weiß-blauen Rauten waren das Wappen der Grafen von Bogen und wurden im Jahr 1242 an die Wittelsbacher vererbt. Sie stehen somit für die Herrschaft der pfälzischen Linie der Wittelsbacher über die Kur-

In diesem aus der Heidelberger *Bibliotheca Palatina* stammenden Buch werden von einem unbekannten Verfasser „Churpfälzischer Unterthanen Kriegsfähnlein und montouren“ beschrieben. Hier wiedergegeben ist die Hauptfahne der Kurpfalz: Der Löwe, im Zentrum des rot-blau-weiß-gelb gestreiften Fahnenblattes stehend, ist das Wappentier, der Reichsapfel in seiner rechten Pranke verweist auf das Kurfürstenamt des Erztruchsessen. Dieser Fahnendarstellung folgen 20 Feldzeichen verschiedener pfälzischer Ämter. Mit den Fahnenbildern sind Darstellungen exerzierender Infanteristen kombiniert, Musketiere demonstrieren auf ihnen den Gebrauch der Luntenschlossmuskete, Pikeniere die Handhabung der Pike. Bei diesen Soldaten handelt es sich nicht um angeworbene, oft nur schwer zu kontrollierende und nicht immer loyale Söldner, sondern um ein pfälzisches Volksaufgebot. Die Idee, die eigenen Untertanen zu Soldaten auszubilden, entwickelte sich zum Ende des 16. Jahrhunderts zunächst in den um ihre Unabhängigkeit von Spanien kämpfenden Niederlanden. Moritz von Oranien, Graf von Nassau-Dillenburg (1567–1625), griff dabei, unterstützt von Johann VI., Graf von

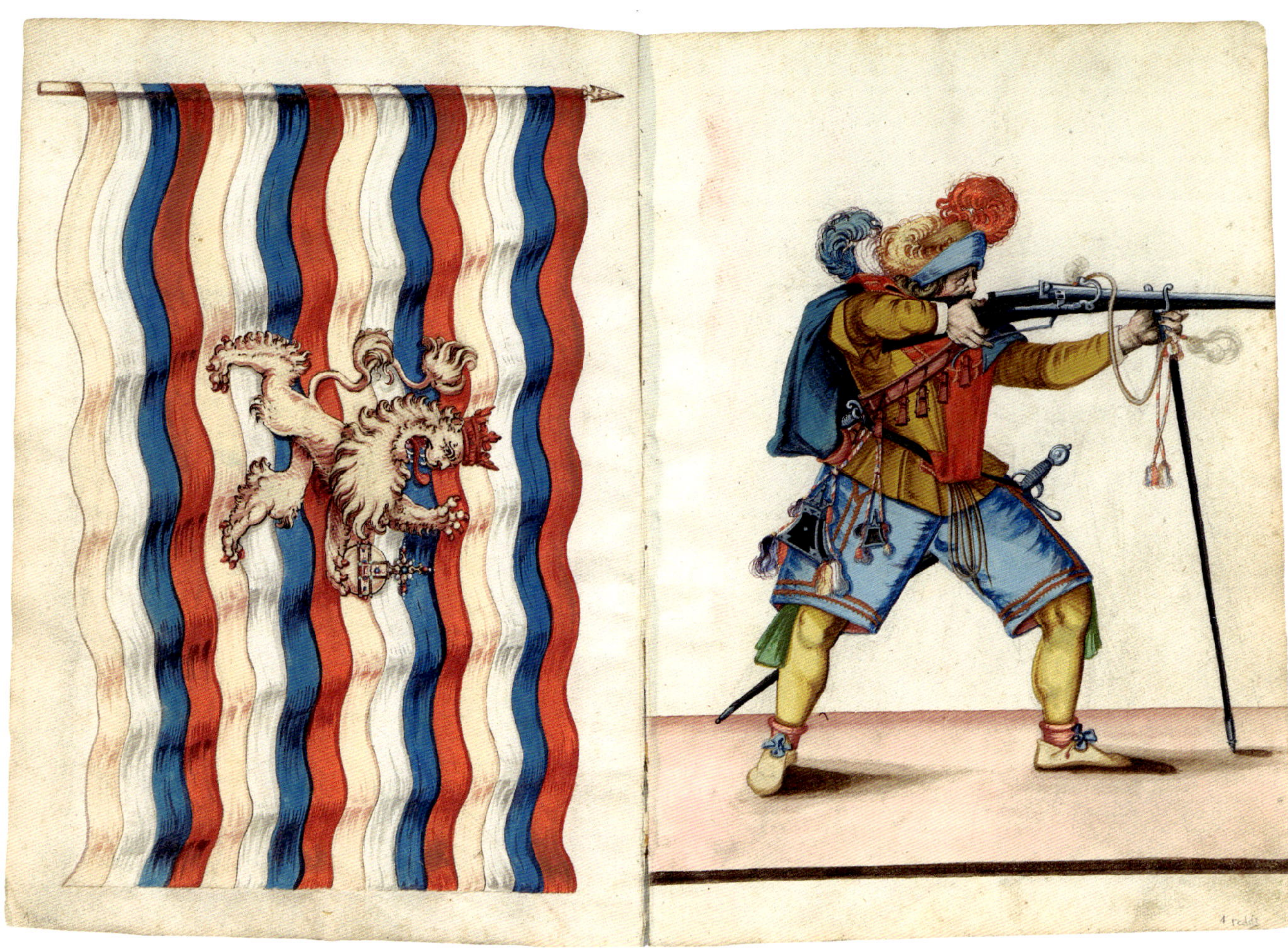

B3.10

Nassau-Dillenburg (1536–1606), die in der Antike etablierte Praxis wieder auf, die Bevölkerung des eigenen Landes zum Kriegsdienst heranzuziehen. 1599 trat Graf Johann als Generalobristleutnant in pfälzische Dienste und organisierte nun auch dort die sogenannte Landrettung oder Landesdefension, also die effektive Nutzung der einheimischen Kräfte. Mit rund 30.000 im Bedarfsfall aufzubietenden Wehrpflichtigen war die Kurpfalz von großer militärischer und politischer Bedeutung für das sich formierende protestantische Lager im Heiligen Römischen Reich. Im Jahre 1608 trat Kurfürst Friedrich IV. (1574–1610) an die Spitze der „Union", zu der sich protestantische Fürstentümer und Städte zusammengeschlossen hatten. Dieses neue Bündnis trug zur Intensivierung der konfessionellen Konflikte bei. Unter Herzog Maximilian von Bayern schossen sich im folgenden Jahr katholische Kräfte zum Gegenbündnis in der „Liga" zusammen.

Thomas Weißbrich

Literatur

Bezzel 1925, S. 50–58 · Hahlweg 1987 · Wilckens 1910

B3.11
Pfalzgraf Johann II. von Zweibrücken (1584–1635) als Administrator der Pfalz zu Pferd vor einer Ansicht der Stadt Heidelberg

Jacques Granthomme (um 1550, tätig 1588–1622), 1610/13
Kupferstich. H 39,1 cm, B 29,9 cm (Platte)
Kurpfälzisches Museum der Stadt Heidelberg,
S 1068

Die Bezeichnung *Iacobus Granthome fecit et exc.* am unteren Blattrand rechts weist das Blatt als eine Arbeit des bedeutenden niederländischen Kupferstechers Jacques Granthomme aus, der es auch verlegte. Um 1550 in Douai in den Spanischen Niederlanden geboren, wird er in seiner Tätigkeit erstmals 1588 in Paris erwähnt. Über seinen Werdegang bis dahin und seine Ausbildung gibt es keine gesicherten Kenntnisse. Der letzte Hinweis auf Granthomme findet sich 1622 in Heidelberg vor der Eroberung der Stadt durch die Truppen der Katholischen Liga. Als Kupfer-

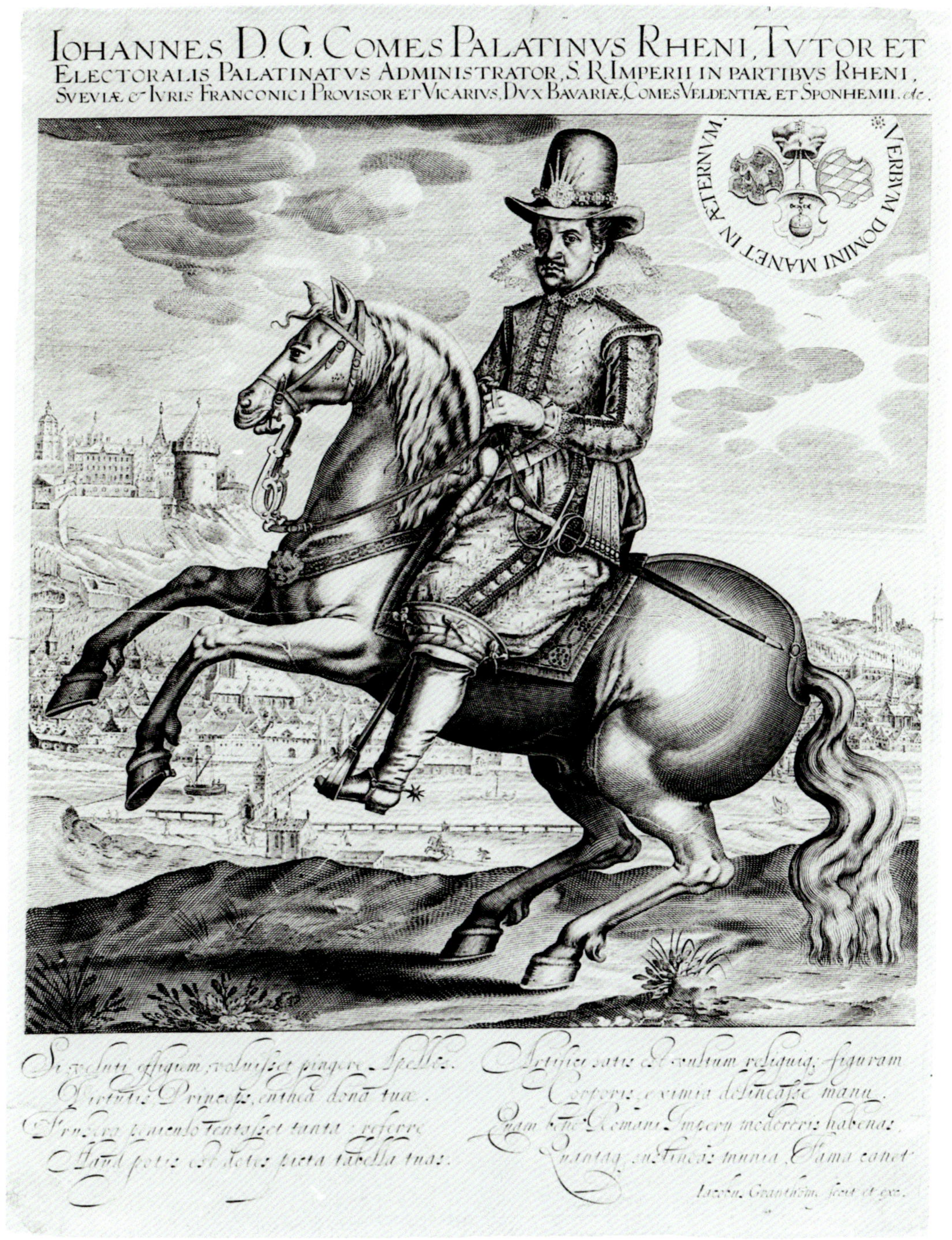
IOHANNES D. G. COMES PALATINVS RHENI, TVTOR ET
ELECTORALIS PALATINATVS ADMINISTRATOR, S. R. IMPERII IN PARTIBVS RHENI,
SVEVIÆ & IVRIS FRANCONICI PROVISOR ET VICARIVS, DVX BAVARIÆ, COMES VELDENTIÆ ET SPONHEMII. etc.
VERBVM DOMINI MANET IN ÆTERNVM

B3.11

stecher, Zeichner und Verleger genoss er in den 1580er Jahren in Paris hohes Ansehen und schuf u. a. eine Porträtfolge herausragender Persönlichkeiten des königlichen Hofes. Seit 1596 hielt sich der inzwischen zum protestantischen Glauben konvertierte Künstler in Heidelberg auf. Infolge des Toleranzedikts von Nantes kehrte Granthomme nach Paris zurück, verließ es jedoch 1610 nach der Ermordung König Heinrichs IV. erneut. Im gleichen Jahr starb auch Kurfürst Friedrich IV. Für seinen minderjährigen Sohn, den späteren Friedrich V., wurde dessen Onkel Johann II. von Pfalz-Zweibrücken als Vormund bestellt und übernahm als Administrator die Amtsgeschäfte. In diese Zeit nach 1610 und vor 1613, dem Jahr der Hochzeit Friedrichs V. mit der englischen Prinzessin Elisabeth Stuart, fällt die Entstehung des Reiterbildnisses des Pfalzgrafen.

Der als Vormund des pfälzischen Kurfürsten in Heidelberg residierende Pfalzgraf präsentiert sich in klassischer Feldherrenhaltung auf einem steigenden Hengst vor dem Panorama der Stadt. Am Himmel oben rechts prangt das kurfürstliche Wappen. Umlaufend ist der Wahlspruch des Pfalzgrafen „VERBUM DOMINI MANET IN ÆTERNUM“ (das Wort des Herrn bleibt in Ewigkeit [Jes 40,8; 1. Petr 1,25]) zu lesen. Im Hintergrund breitet sich detailliert ausgearbeitet die Stadt mit der sie bekrönenden Schlossanlage aus. Es handelt sich hierbei wohl um eine eigenständige Aufnahme des Künstlers, die einige kleinere Ungenauigkeiten aufweist.

Anja-Maria Roth

Literatur

Allgemeines Künstlerlexikon, Bd. 60, 2008, S. 388–391 · Press 1974, S. 514 f.

B3.12

Christian I. Fürst von Anhalt-Bernburg, Pfälzischer Statthalter in Amberg

um 1610
Kupferstich. H 22 cm, B 13 cm
Amberg, Stadtmuseum / Baustadel, N 3141

Als Statthalter residierte Christian I. Fürst von Anhalt-Bernburg (1568–1630) von 1595 bis 1619 mit großem Hofstaat im Amberger Schloss. Von hier aus beeinflusste er entscheidend die europäische Politik. Mit guter Erziehung, Bildung und diplomatischem Geschick erarbeitete er sich eine zentrale Stellung am pfälzischen Hof und als Führer der protestantischen Partei im Reich.

Der überzeugte Calvinist führte nach dem „Amberger Lärmen“ (1592), dem niedergeschlagenen Aufstand der protestantischen Amberger Bevölkerung gegen den reformierten Kurfürsten, ab 1595 die Calvinisierung der Oberen Pfalz konsequent durch. Aber auch die Gründung der Protestantischen Union 1608, die geschickte Vermittlung der Heirat zwischen Friedrich V. und der englischen Königstocher Elizabeth 1613 und die böhmische Königswahl Friedrichs (1619) waren sein Werk. Unter ihm wurde Amberg ein Zentrum der europäischen Diplomatie.

Gemeinsam mit Kurfürst Friedrich V. ging Christian von Anhalt 1619 nach Prag. Nach der verlorenen Schlacht am Weißen Berg wandte er sich von der pfälzisch-protestantischen Seite ab. Durch Unterwerfung unter den Kaiser konnte er die Rückkehr in sein Fürstentum erwirken. Aus der großen Politik musste er sich aber zurückziehen. 1630 starb Christian in Bernburg.

Judith von Rauchbauer

Literatur

Ausst.-Kat. Amberg 2003

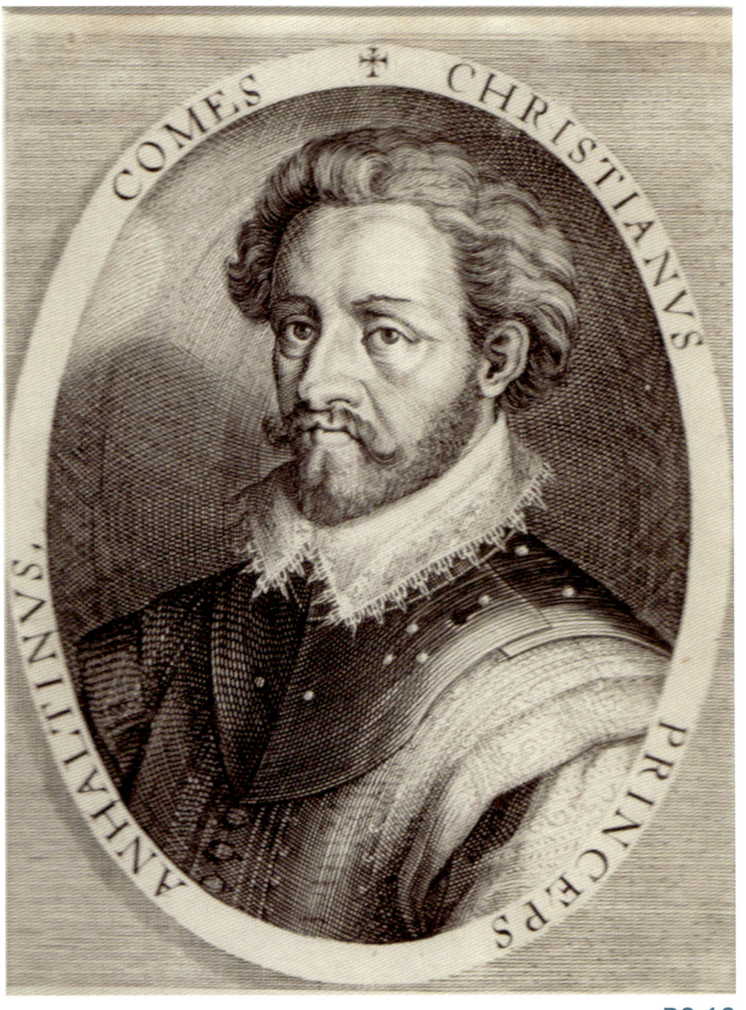

B3.12

B3.13

Gründungsvertrag der Protestantischen Union (Vertrag zu Ahausen)

Ahausen an der Wörnitz, 14. Mai 1608
Pergamentlibell, anhängend sechs Siegel in Holzkapseln.
H 37 cm, B 26 cm (?)
München, Bayerisches Hauptstaatsarchiv, Protestantische Union, Fasz. 1

Die sich zu Beginn des 17. Jahrhunderts quer durch Europa verschärfenden konfessionellen Spannungen führten auch die habsburgische Politik ebenso wie die Reichsverfassung in eine Krise. Folgenschwer manifestierte sich dies 1607 im Streit um die Reichsstadt Donauwörth. Das Eingreifen des Kaisers führte dort – entgegen geltendem Recht – zu einer Einnahme und Rekatholisierung der Stadt durch den bayerischen Herzog Maximilian I. Das dadurch geförderte Misstrauen in die Institutionen des Reichs auf Seiten der protestantischen Fürsten, die eine förmli-

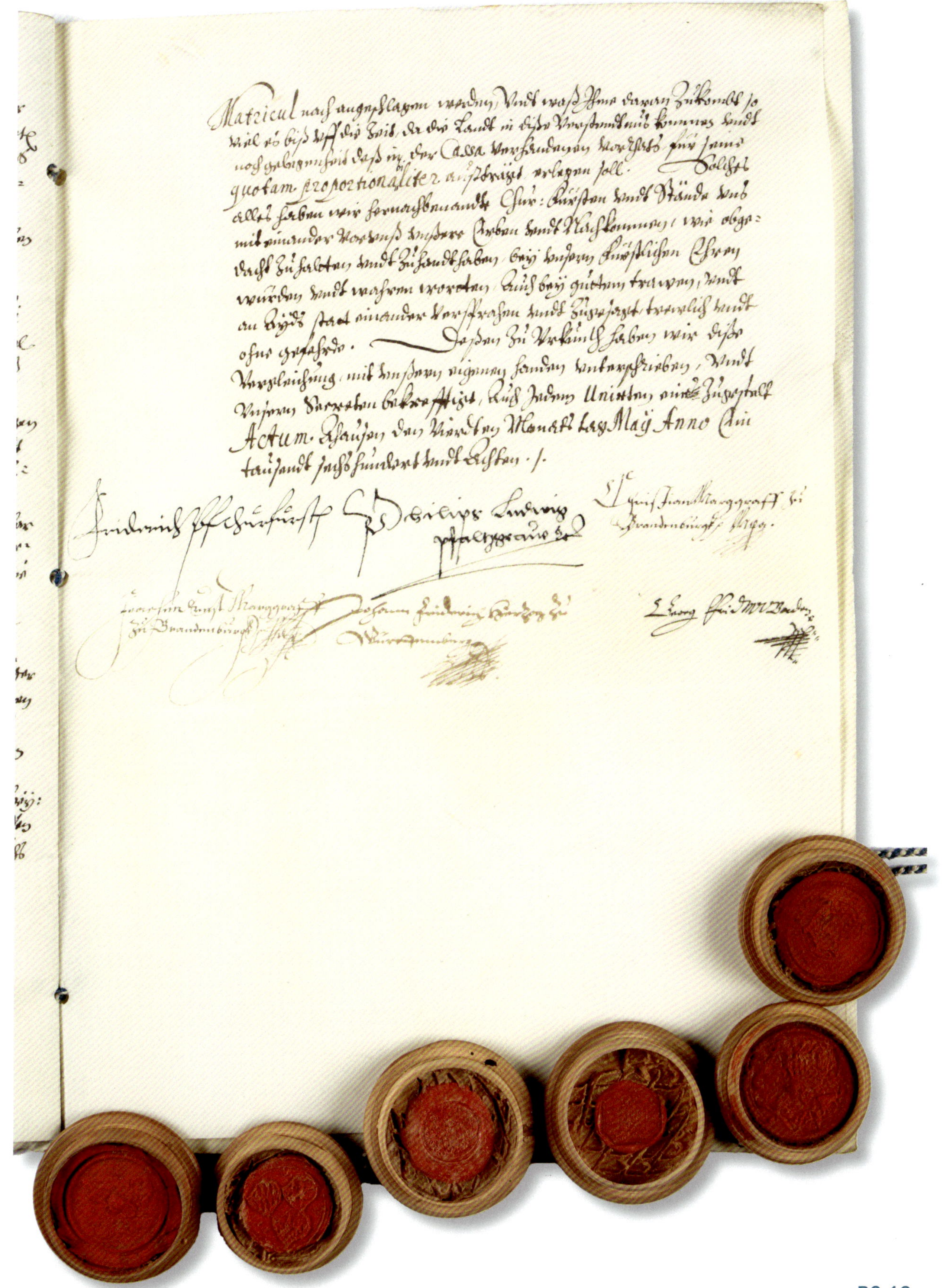

B3.13

che Bestätigung des Augsburger Religionsfriedens forderten, wurde mit dem Scheitern des Reichstags 1608 in Regensburg noch bestärkt.

Anfang Mai 1608 lud der Ansbacher Markgraf Joachim Ernst die protestantischen Fürsten Süddeutschlands zu Beratungen nach Auhausen ein. Mit der Gründung der Protestantischen Union wurde am 14. Mai 1608 zwischen Friedrich IV. von der Pfalz, Herzog Johann Friedrich von Württemberg, Markgraf Philipp Ludwig von Pfalz-Neuburg, Markgraf Wolfgang Wilhelm von Pfalz-Neuburg, Markgraf Georg Friedrich von Baden, Markgraf Christian von Brandenburg-Kulmbach und Markgraf Joachim Ernst von Brandenburg-Ansbach ein Defensivbündnis geschlossen. Die Führung der Union übernahm der Pfälzer Kurfürst Friedrich IV., der sich in Ahausen von seinem maßgeblichen Ratgeber, Fürst Christian I. von Anhalt, vertreten ließ. 1609 traten auch Kurfürst Johann Sigismund von Brandenburg, Pfalzgraf Johann von Zweibrücken und Landgraf Moritz von Hessen-Kassel sowie sämtliche anhaltinischen Fürsten, ferner die Städte Straßburg, Ulm und Nürnberg dem Bündnis bei.

Ebenfalls 1609 erfolgte in München unter Federführung Herzog Maximilians I. von Bayern die Gründung der Katholischen Liga aus der Mehrzahl der geistlichen Reichsfürsten, Spanien und den Spanischen Niederlanden, so dass sich an der Spitze der beiden politisch-konfessionellen Lager zwei Vertreter des Hauses Wittelsbach gegenüber standen.

Das auf zehn Jahre angelegte Bündnis der Protestanten wurde 1617 zwar erneuert, doch zeichnete sich – nicht zuletzt durch die offensiv-aggressive Politik Christians von Anhalt – bereits das Ende einer gemeinsamen Linie ab. 1619 riet die Union Friedrich V. von der Annahme der böhmischen Königskrone ab und kam ihm auch bei den nachfolgenden Kriegshandlungen nicht zu Hilfe.

Sabine Witt und Alexandra Berend

Literatur

Ausst.-Kat. Amberg 2003, S. 251, Kat.-Nr. 1.15 · Ernst/Schindling 2010

B4

Traumpaar des 17. Jahrhunderts: Friedrich V. und Elizabeth Stuart

Friedrich V., der älteste Sohn und Nachfolger Friedrichs IV., war beim Tod seines Vaters noch unmündig. Dies führte zu einem Streit zwischen einem lutherischen und einem calvinistischen Zweig der Familie über die Vormundschaft. Die Reformierten setzten sich durch, ein Umstand, der die pfälzische Heiratspolitik beeinflusste. Wie für seine Schwestern suchte man auch für Friedrich eine Allianz mit einer protestantischen Macht und warb erfolgreich in England um Elizabeth Stuart, die Tochter König Jakobs I. Der pfälzische Gesandte stellte die „königgleiche“ Stellung des Kurfürsten und seine Position an der Spitze der Protestantischen Union in den Vordergrund. Die Hochzeit wurde 1613 mit außergewöhnlichem Prunk in London gefeiert. Anschließend reiste das „Traumpaar“ in einem Triumphzug auf dem Rhein und über Land nach Heidelberg. Die dortige Residenz gelangte unter dem Kurfürstenpaar zur größten Blüte und zum Zentrum von Kunst, Humanismus und Literatur. Das Schloss selbst erhielt die berühmte Gartenanlage des *Hortus Palatinus*, welche der herrscherlichen Repräsentation diente.

B4.01a/b

Doppelporträt Friedrichs V. von der Pfalz und Elizabeth Stuarts

Michiel van Mierevelt (1567–1641), Werkstatt, um 1625
ölhaltige Malfarbe auf Holz. Jeweils H 31 cm, B 23 cm
Historisches Museum der Pfalz Speyer,
HM_1986_0053_a und HM_1986_0053_b

Die beiden zusammengehörigen Porträts stammen, wenn nicht von eigener Hand, dann doch aus der Werkstatt des Michiel van Mierevelt, der sich am niederländischen Hof der Oranier einen bedeutenden Ruf als Porträtmaler erarbeitet hatte. Den jungen Friedrich V. (1596–1632) hatte Mierevelt bereits 1613 einmal porträtiert, wohl anlässlich seiner Verlobung mit der englischen Prinzessin Elizabeth. Die hier gezeigten Porträts stammen dagegen aus der Zeit des niederländischen Exils (1621 bis zum frühen Tod 1632) des vormaligen Kurfürsten der Pfalz und kurzzeitigen Königs von Böhmen. Sie zeigen Friedrich V. – damals schon mit dem Spottnamen «Winterkönig» behaftet – und seine englische Gattin Elizabeth Stuart (1596–1662) beide im Alter von ca. 30 Jahren. Friedrich V. hatte 1619 als Exponent der Protestantischen Union zusätzlich zu seiner Kurwürde die böhmische Königskrone angenommen. Dies führte zu erheblichen Konflikten mit den katholischen Habsburgern. Die Auseinandersetzung endet mit der militärischen Niederlage Friedrichs V., der in der Folge zudem seine Königs- und Kurwürde verlor, in Reichsacht kam und sich mit seiner Gattin 1621 ins niederländische Exil flüchten musste. Friedrich gelang es nicht mehr, auf die politische Bühne zurückzukehren. Mit Elizabeth hatte er zwölf Kinder, erst der erstgeborene Sohn Karl Ludwig sollte später die Kurpfalz in verkleinerten Grenzen zurückerhalten.

Ludger Tekampe

Literatur

Ausst.-Kat. Amberg 2003 · Lemberg 1996

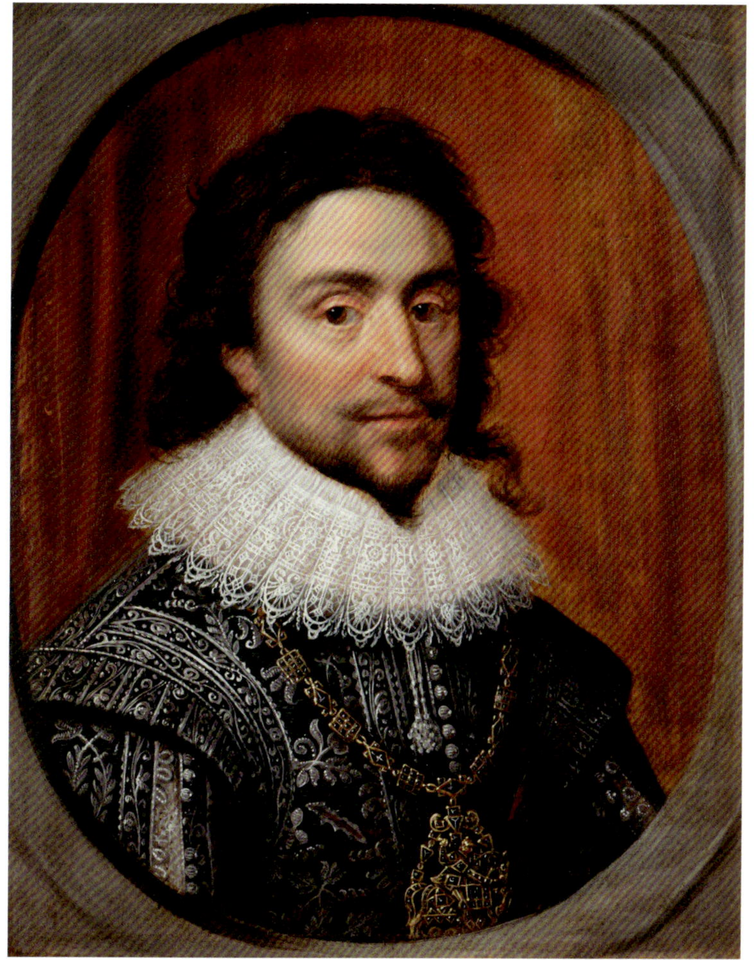

B4.01a

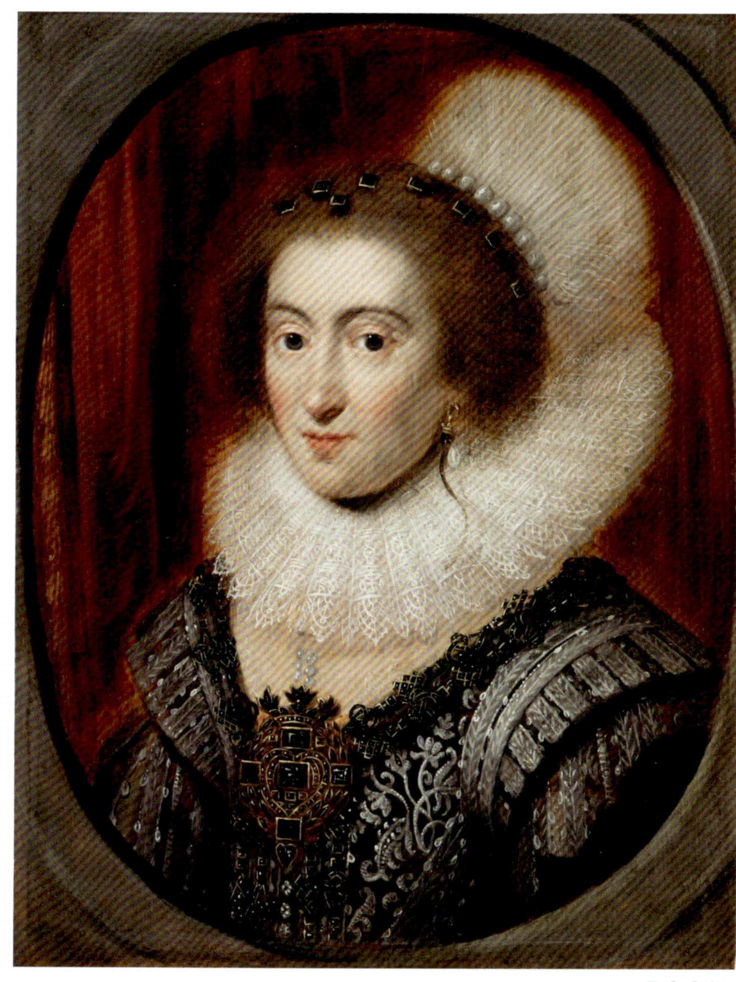

B4.01b

B4.02
Einzug Friedrichs V. in Heidelberg 1613

aus: Tobias Hübner: Beschreibung Der Reiß: Empfahung deß Ritterlichen Ordens: *Volbringung des Heyraths: und gluecklicher Heimfuehrung des Durchleuchtigsten Hochgeborenen Fürsten und Herrn, Herrn Friederichen deß Fünften Pfaltzgraven bey Rhein*
Georg Keller (Kupferstecher)
Heidelberg: Gotthard Vögelin, 1613
Kupferstich auf Papier. H 28 cm, B 21,5 cm
Reiss-Engelhorn-Museen Mannheim, Neuerwerb (Harling)

Am 14. Februar 1613 wird die Hochzeit des Jahrhunderts zwischen Kurfürst Friedrich V. von der Pfalz und der englischen Prinzessin Elizabeth Stuart in London gefeiert. Die Vermählung von Themse und Rhein, wie es sinnbildlich in den Quellen heißt, findet ihren Höhepunkt in der Ankunft des Paares in Heidelberg. Der Kupferstich zeigt den mit Salutschüssen begleiteten Empfang der fürstlichen Kutsche am 7. Juni im Feldlager vor der Stadt. Am rechten Bildrand ist Friedrich V. dargestellt, wie er seiner elegant gekleideten Angetrauten die Hand reicht, um ihr aus der Kutsche zu helfen. Die Graphik des Frankfurter Kupferstechers Georg Keller ist Teil der reich illustrierten Festchronik *Beschreibung der Reiß*, verfasst von Tobias Hübner. Während er das Paar begleitet, beschreibt er die Feierlichkeiten und Schauspielaufführungen in London und die nahezu ein halbes Jahr dauernde Rückreise. Auf dem kurz vorher fertiggestellten Flaggschiff der englischen Flotte, der *Prince Royal*, überqueren sie den Kanal zu Wasser. Das Paar macht auf zahlreichen Etappen, wie Den Haag, Amsterdam, Utrecht, Köln, Koblenz, Mainz und Bingen, Oppenheim, Worms und schließlich Frankenthal mehrfach Halt.

In vielen Städten wird dem Brautpaar ein eindrucksvoller Empfang mit Festumzügen und blumengeschmückten Ehrenpforten bereitet. Zwölf Fürsten, unzählige Grafen und Edelmänner empfangen das Paar im Feldlager. Dazu stehen 15 Kompanien Soldaten mit einer Stärke von etwa 4.500 Mann und einer Batterie von 26 Artilleriegeschützen in Formation. Eine Ritterschaft zu 2.000 Pferden soll das Paar gebührlich in die Residenz Schloss Heidelberg begleiten. Das hohe Militäraufgebot Kurfürst Friedrichs V. ist weit über die Grenzen hinaus eine Demonstration der militärischen Stärke der Kurpfalz. Überdies ist die Heirats-

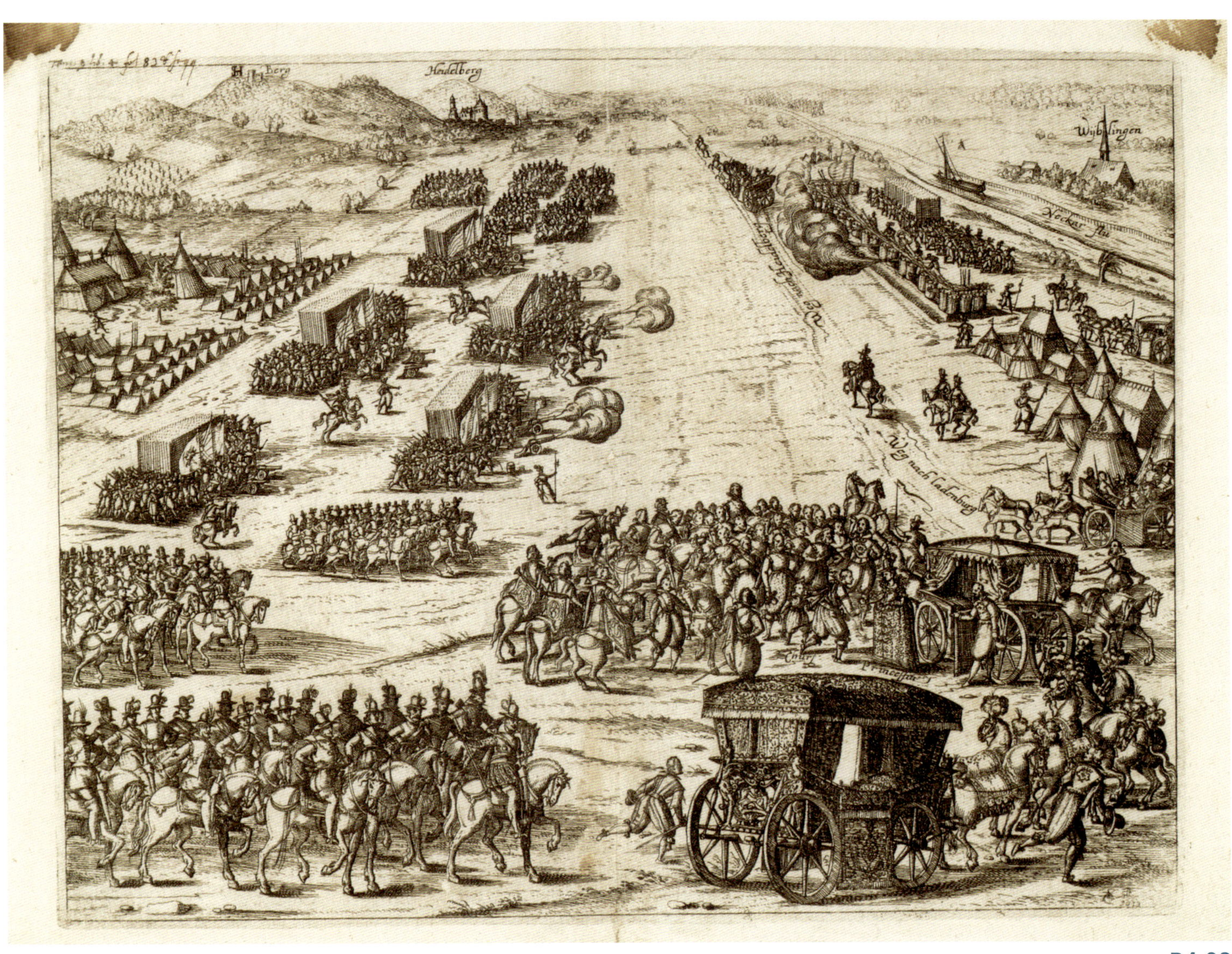

B4.02

verbindung der Kurpfalz mit England in der von Glaubensdiskursen geprägten Zeit von hoher Symbolkraft, da sie das konfessionelle Bündnis der Protestantischen Union unter den pfälzischen Fürsten stärkt.

Dinah Rottschäfer

Literatur

Ausst.-Kat. Amberg 2003 · Ausst.-Kat. Heidelberg 2013

Quelle

Beschreibung Der Reiß: Empfahung deß Ritterlichen Ordens: Volbringung des Heyraths: vnd glücklicher Heimführung: Wie auch der ansehnlichen Einführung: gehaltener Ritterspiel vnd Frewdenfests: Des Durchleuchtigsten/ Hochgebornen Fürsten vnd Herrn/ Herrn Friederichen deß Fünften/ Pfaltzgraven bey Rhein/ deß Heiligen Römischen Reichs Ertztruchsessen vnd Churfürsten/ Hertzogen in Bayern/ &c. Mit der auch Durchleuchtigsten/ Hochgebornen Fürstin/ vnd Königlichen Princessin/ Elisabethen/ deß Großmechtigsten Herrn/ Herrn Iacobi deß Ersten Königs in GroßBritannien Einigen Tochter. – Vorlageform des Erscheinungsvermerks: In Gotthardt Vögelins Verlag. Anno 1613, Heidelberg 1613

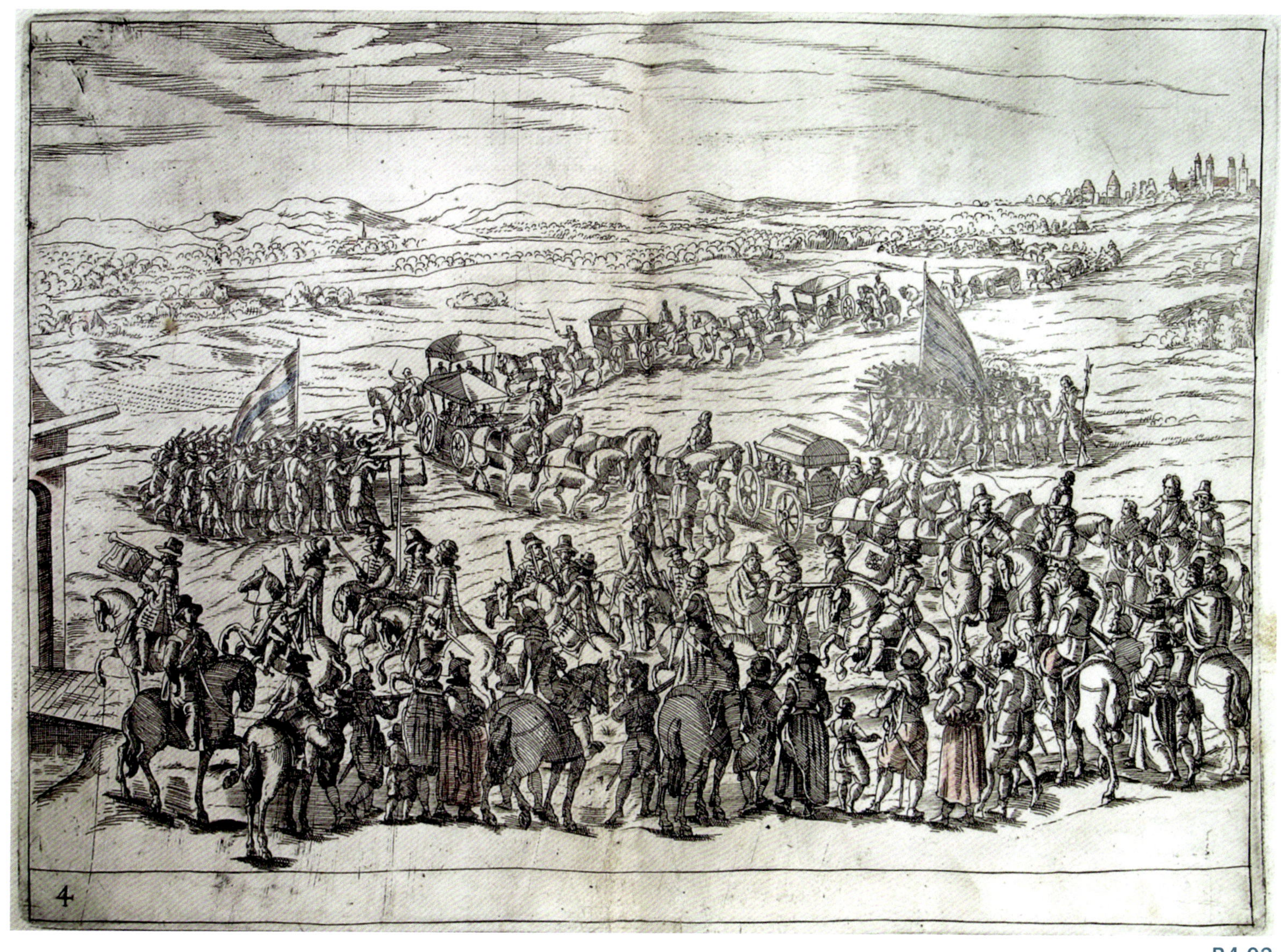

B4.03

B4.03

Kurtze und eigentliche Beschreibung ... (des Einzugs Friedrichs V. und Elizabeth Stuarts am 4. Juni 1613 in Frankenthal)

Kurtze und eigentliche/beschreibung alles dessen, Was/bei dem einritt dess Durch/leuchtigst. F. vnd H. H. Friedrich Churf. Pfaltzg. bei/Rhein. Hertzog in Beyern etc. Gedruckt zu Fran/ckenthal Anno 1613.
Isaac de Punder, Antonie Mirou, Hendrick van de Borcht
Frankenthal, 1613
Druck auf Papier, 55 Seiten Text zzgl. Tafeln.
H 26,8 cm, B 18 cm
Frankenthal, Erkenbert-Museum, G 0097

Fast genau 51 Jahre nach Ankunft der ersten Exulanten stellte ein großes gesellschaftliches Ereignis das Städtchen Frankenthal auf den Kopf: Der 17-jährige zukünftige Kurfürst Friedrich V. hatte am Valentinstag 1613 in London Elizabeth, die Tochter König James' I. geheiratet. Nach einmonatigen Feierlichkeiten brach er mit ihr in seine Heimat auf. Während sie in den „rechtgläubigen" Niederlanden Station machte, eilte ihr Gemahl, in dem viele politische Parteien des In- und Auslandes schon den neuen Römischen Kaiser witterten, nach Heidelberg voraus, um die Triumphreise durch die Pfalz und den Empfang in der Residenz vorzubereiten und dann zu seiner Herzensdame zurückzukehren.

Mit einer pfälzischen Flotte aus 35 Schiffen ging es rheinaufwärts nach Oppenheim und am 4. Juni zu Land über Worms nach Frankenthal, das zum Empfang des hohen Besuchs gerüstet war: Mit Reiterei zog man dem Tross entgegen. Tafel 4 zeigt den gewundenen Zug – ein Kunstkniff des Zeichners, der so mehr und abwechslungsreiche Details zeigen kann. Im Zentrum die sechsspännige Fürstenkutsche, in gebührendem Abstand flankiert von zwei „Fähnlein“ der Stadt, die mit angelegten Flinten Salut schießen. Während sich das Ende des Zuges vor der Vedute von Worms verliert, ist die Spitze im Vordergrund voller Gedränge und Trubel. Fanfarenbläser, Reiter und ein Wimpelträger reiten voran, am Wegesrand Zuschauer zu Pferd und zu Fuß. Ein Fanfarenreiter hat bereits die Zugbrücke über den Festungsgraben erreicht. Es folgten Reden, Gedichte, Kostümgruppen, Triumphbögen, eine Pyramide und ein Obelisk von stattlichen 15 m Höhe. Die Einwohner ließen sich eingedenk der fürstlichen Gnaden zum rasanten Aufstieg in den letzten Jahrzehnten wahrhaftig nicht lumpen.

In Frankenthal, das im Ehevertrag als Elizabeths Witwensitz bestimmt war und als reichste Stadt des Landes galt, hatten sich auch viele Fremde eingefunden, weshalb Quartiere knapp waren. Selbst Dächer wurden zum Teil abgedeckt, um mehr Zuschauerplätze bieten zu können. Höhepunkt war am 5. Juni der „Kampf um Troja“, ein abendliches Schauspiel auf dem heutigen Parsevalplatz, wo aus Holz, Stoff und Papier eine Stadt entstanden war, um die bis Einbruch der Nacht effektvoll gekämpft wurde. Natürlich gab es auch das trojanische Pferd, das die glücklichen Verteidiger nach Abzug der Belagerer in ihre Stadt schleppten, die daraufhin in einem spektakulären Feuerwerk unterging. Hoch befriedigt zog das Fürstenpaar am Montag weiter unter Zurücklassung einiger tausend Liter Wein als Spende an die abgekämpften Akteure.

Edgar J. Hürkey

Literatur

Ausst.-Kat. Frankenthal 1962, Nr. 75, S. 34 f. • Ausst.-Kat. Frankenthal 1991, S. 1, S. 8 • Blauth 1960 • Franz 1912, S. 46–52 • Kraus 1906, S. 11 • Rauth 1913 S. 1 f.

B4.04
Büchsenmeister- und Feuerwerksbuch

Bichssenmeistery, Aüch von allerley schimpflichen vnd ernstlichen Feüewerckhen
Friedrich Meyer
Straßburg, 1594
Papierhandschrift mit Federzeichnungen, 318 Bll.
H 44,5 cm, B 33 cm
München, Bayerische Staatsbibliothek, Cgm 8143

Der Straßburger Büchsenmeister und Feldzeugwart Friedrich Meyer legte mit seiner *Bichssenmeistery* ein Lehrbuch der Pyrotechnik vor, das in drei Exemplaren aus dem letzten Viertel des 16. Jahrhunderts überliefert ist (München, Bayerische Staatsbibliothek, Cgm 8112 und Cgm 8143; Kassel, Universitätsbibliothek, 2° Ms. Math. 4). In vier Abteilungen werden die Salpetergewinnung, die Bereitung von Pulver sowie unterschiedliche Formen des Feuerwerks zum Vergnügen und zu kriegerischen Zwecken abgehandelt. Die hier abgebildete Münchner Handschrift fügt außerdem ein Kapitel zu Belagerungstechniken und zum Bau von Befestigungen an. Mit 314 Federzeichnungen, die von einfachen schematischen Darstellungen im laufenden Text über gerahmte Miniaturen bis hin zu aufwendigen ganz- und doppelseitigen Illustrationen reichen, verfügt die Handschrift über eine auffallend reiche Ausstattung. Die zeichnerische Qualität und sorgfältige Kolorierung verweisen auf einen Gebrauch in fürstlich-höfischem Kontext. Einem 1630 ergänzten Nachtrag (fol. 4rv) zufolge habe sich die Handschrift zu Beginn des Dreißigjährigen Krieges in der Bibliothek des böhmischen Feldherren Jaroslaus Smirzizki befunden, der sie dem pfälzischen Kurfürsten und 1619/20 für wenige Monate böhmischen König („Winterkönig“) Friedrich V. (1596–1632) zu verehren gedacht habe. In der Tat war es ein Kurfürst aus dem Hause Wittelsbach, der sich später stolzer Besitzer der Handschrift nennen durfte. Doch hieß dieser nicht Friedrich V., sondern Maximilian I. (1573–1651), hing nicht der protestantischen, sondern der katholischen Konfession an und war kein Pfälzer, sondern Bayer. Werner Graf von Tilly, ein Neffe des Heerführers der Katholischen Liga, hatte das Buch als Kriegsbeute an sich gebracht und dem bayerischen Herzog, der sich ab 1623 Kurfürst von der Pfalz nennen durfte, als Geschenk überreicht.

Katharina Bull

Literatur

Ausst.-Kat. Heidelberg 1986b, S. 447, Kat.-Nr. G 23 • Ausst.-Kat. München 1978, S. 46–48, Nr. 31 • Bodemann 2010, Nr. 39.18.3

B4.05
Stammbuch der Kurfürstin Elizabeth von der Pfalz, geb. Prinzessin von England und Schottland

England (?), 1612–1633
Manuskript. Papier, Goldschnitt, grüner Samteinband.
H 11,5 cm B 17,4 cm
München, Bayerisches Hauptstaatsarchiv – Geheimes Hausarchiv, Handschrift 136

Seit der Mitte des 16. Jahrhunderts wurde es in den evangelischen Kreisen Europas Mode, ein „Stammbuch“ (*album amicorum*) zu führen. Der Quellenwert solcher – teils aufwendig gestalteter – Stammbücher beschränkt sich nicht auf die kunsthistorische Bedeutung, sondern lässt auch Rückschlüsse auf die soziale Vernetzung und biographische Stationen der Inhaber zu.

So steht die geplante Hochzeit der Elizabeth Stuart mit Friedrich V. auch am Anfang ihres Stammbuches – symbolisiert durch das Alli-

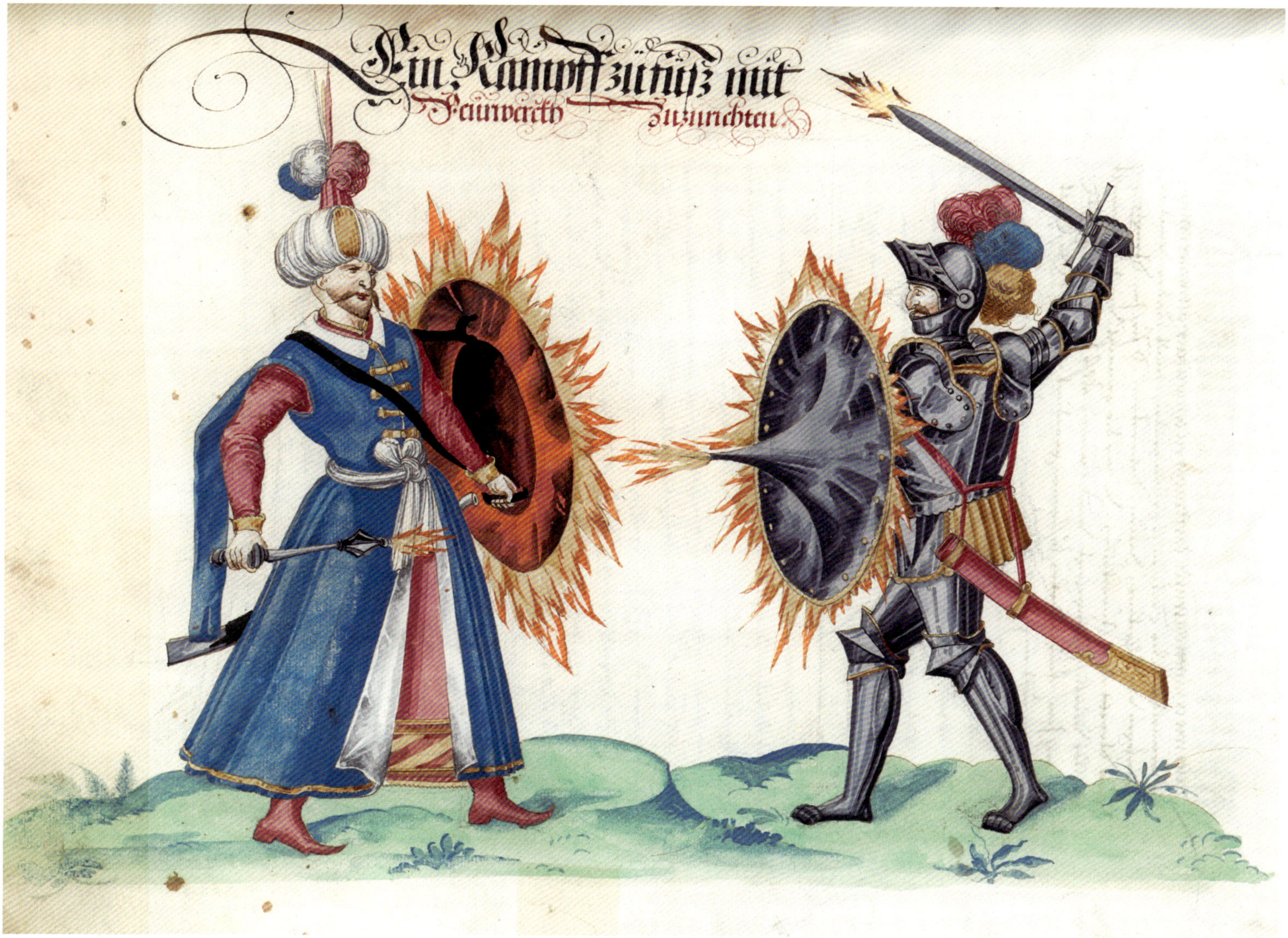

B4.04

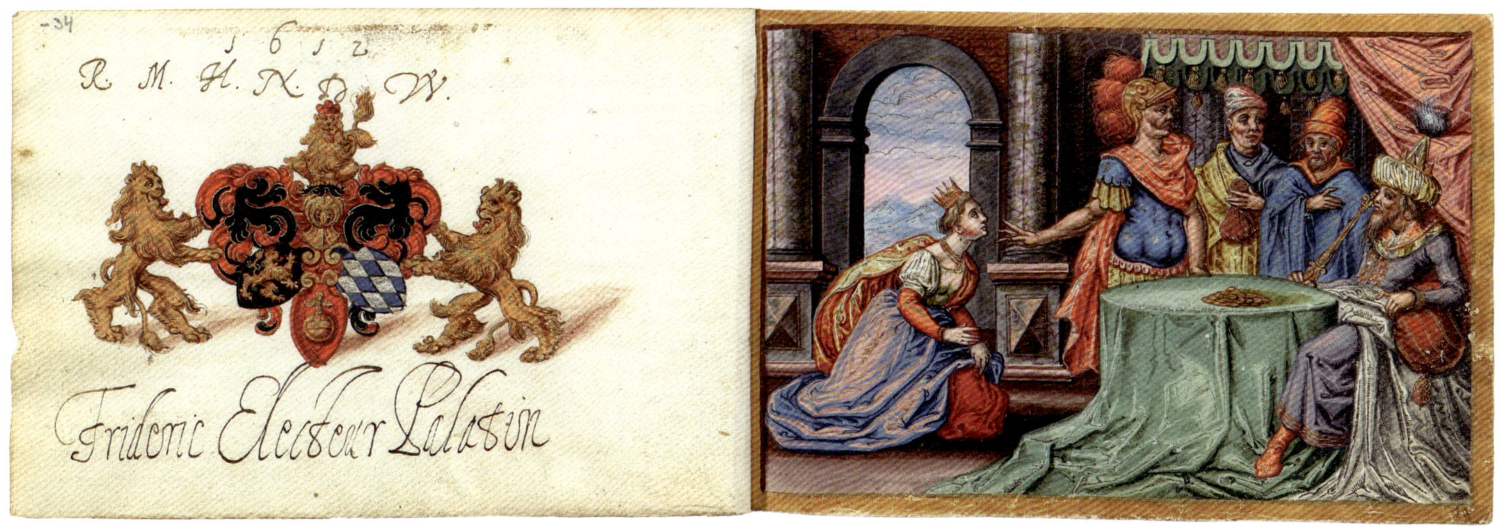

B4.05

anzwappen des Paares. Links von einem pfälzischen und rechts von einem „britischen" Löwen gehalten sowie von einer Grafenkrone und weiß-blauer Helmzier mit Pfälzer Löwen bekrönt, zeigt das Schild links das Kurpfälzer Wappen und rechts die Hoheitszeichen von England, Schottland und Irland.

Auf Seite 18 hat sich Kuradministrator Johann II. mit einer Widmung und dem Pfalz-Zweibrücker (=Veldenzer) Wappen eingetragen. Die Illustration gegenüber zeigt die biblische Szene „Judith mit dem Haupt des Holofernes", eine Anspielung auf die Rolle von Elisabeths Namenspatronin Elizabeth I. Tudor und ihrem Kampf gegen Philipp II von Spanien.

Der Eintrag Friedrichs V. als Bräutigam findet sich auf Seite 34 mit seinem Wappen und der Regierungsdevise R.M.H.N.D.W. (= „Regier mich, Herr, nach Deinem Wort"). Als Illustration ist hier die Ankunft der Königin von Saba bei König Salomo gewählt – ein beliebtes Sujet, das in den Lobeshymnen auf die Hochzeit Friedrichs mit Elizabeth aufgegriffen wurde (siehe Abb. B4.05).

Weitere Einträge sind von der nächsten Verwandtschaft, wie der Pfalzgräfin Luise Juliane, der Gattin Johanns II. (S. 30/31), mit der Devise Kurfürst Ludwigs VI. „All Ding zergenglich". Es folgen die Brüder Pfalzgraf Johanns II., Friedrich Casimir (S. 38/39) und Johann Casimir (S. 45). Letzterer ist der Stammvater der Zweibrücker Könige auf dem schwedischen Thron. Auf Seite 51 hat sich Friedrichs Vetter Henry de La Tremoille – wohl anlässlich seiner Hochzeit mit Marie de la Tour d'Auvergne – verewigt.

Peter Bilhöfer

Quelle

Tractatus 1613

Literatur

Keil 1893, S. 100 · Tractatus 1613 · Watkins 2002, S. 77

B4.06
Testament des Kurfürsten Friedrich V.
10. Oktober 1614

Pergamentlibell, anhängend neun Siegel. H 35,5 cm, B 29 cm
München, Bayerisches Hauptstaatsarchiv – Geheimes Hausarchiv, Hausurkunde 3168

Kurfürst Friedrich V. errichtete sein Testament kurz nach seinem Regierungsantritt als junger Mann. Er begründete das mit der guten Gewohnheit im pfälzischen Hause, rechtzeitig zu testieren. Die Errichtung und Beurkundung eines fürstlichen Testaments sowie der Testierakt an sich geschahen im Unterschied zum Spätmittelalter kaum mehr auf dem Sterbebett oder unmittelbar vor dem Tod eines Fürsten. Stattdessen entstanden fürstliche Testamente seit dem 16. Jahrhundert immer häufiger dann, wenn die Testatoren „mitten im Leben" standen, sich aber dennoch Veränderungen in Politik oder Dynastie abzeichneten. Auch der eigene Regierungsantritt und die damit übernommene Verantwortung für die Familie sowie Land und Leute war nicht selten Anlass zur Fixierung des letzten Willens als väterliche Vorsorge. Die Errichtung eines Testaments, die nun nicht mehr als eines der letzten Dinge im Sinne einer letzten Handlung vor dem eigenen Tod geschah, führte dazu, diesen Willen in Anlehnung an aktuelle Ereignisse im Leben öfter zu modifizieren und mehrere Testamente zu verfassen. Der Testierakt und die Beurkundung erforderten somit weniger große Eile und weniger Improvisationen hinsichtlich ihrer Durchführung, als wenn sie angesichts des drohenden Todes eines Menschen bei schlechter körperlicher Verfassung vorgenommen wurden.

Friedrich ging es in seinem Testament maßgeblich darum, hauspolitisch eine Kontinuität zu seinem Großvater und seinem Vater aufzustellen. Deshalb lehnte er sich inhaltlich sehr eng an die Verfügungen seiner Vorfahren an: „[...] damit auch [...] Unserer land und Leuth wie sichs gebühret Christlich und wohl regiert und allerdings bey ietzig Wesen und Ordnung so wohl in Religion – alß Politischen Sachen nach erhalten werden, so wollen Wir, soviel zu solchem endt dienlich seyn mag, daß Unserem geliebten Herrn Uhraltvatters Pfalzgrafen Friedrich Churfürsten und Unseren Herrn Vatters, beiden christmilden gedächtnuß, wol ufgerichte undt hinterlassene Testament undt Dispositiones" auch in Zukunft weiterhin Gültigkeit beigemessen werde. An solchen Bestimmungen zeigte sich das dynastische Verständnis einer fürstlichen Familie als Linie und die Funktion des Einzelnen, sich in die Tradition der Vorfahren einzuordnen.

Susan Richter

Literatur

Richter 2009

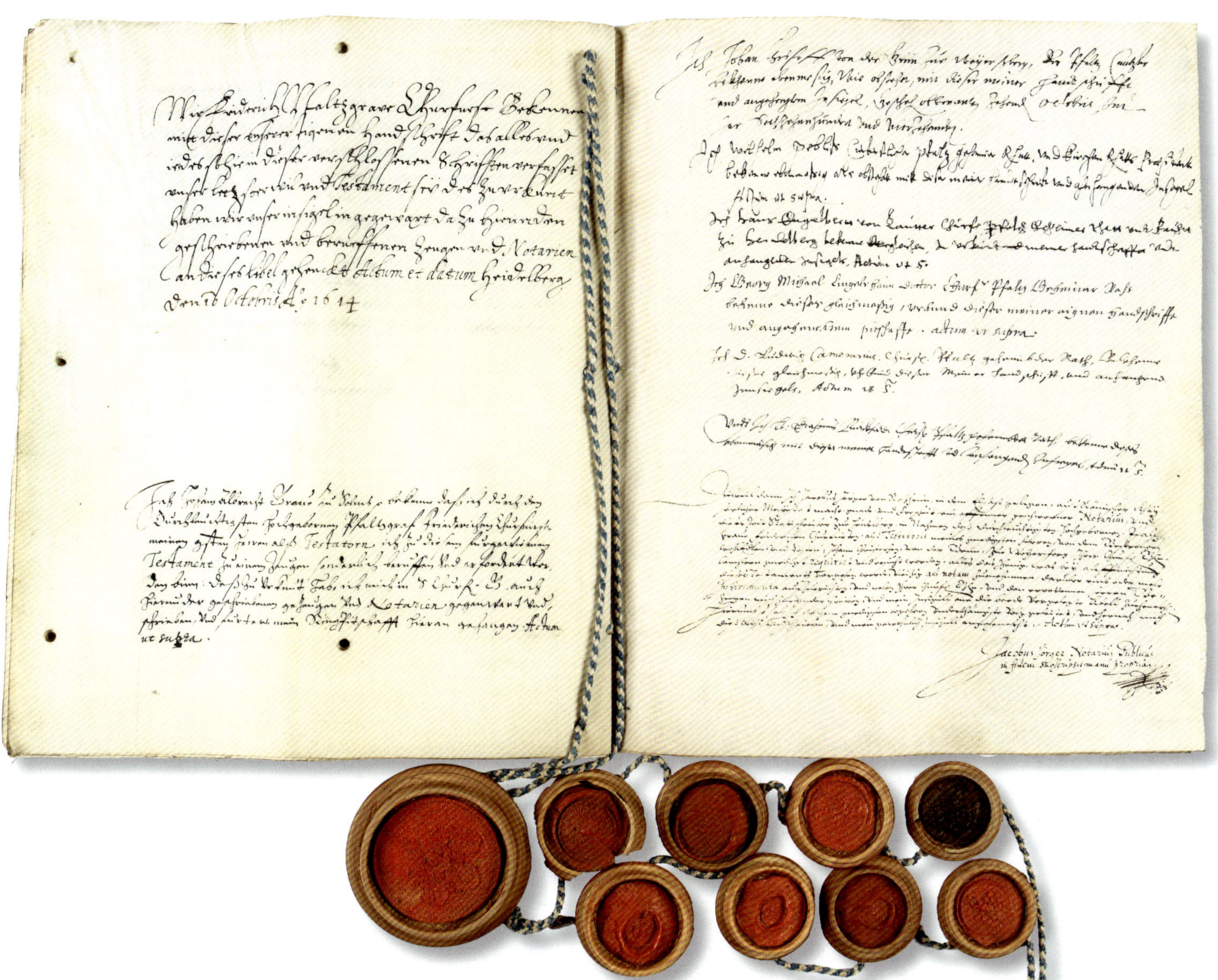

B4.06

B4.07

Familienporträt Friedrichs V. und Elizabeth Stuarts mit sechs ihrer Kinder

unbekannter Künstler, 1623
Kupferstich. H 17,9 cm, B 21,4 cm
Frankenthal, Erkenbert-Museum, G 0371

Kronen und Bildunterschrift weisen das Ehepaar als König und Königin von Böhmen aus. Zwischen den beiden sind sechs ihrer 13 Kinder. Das jüngste Kind in der Wiege ist die am 14. April 1622 im holländischen Exil geborene Louise Hollandine, wonach die Graphik höchstens 1623 entstanden sein dürfte. Ein qualitativ höherwertiges Blatt, eine Vorlage zum hier besprochenen, lagert im Kurpfälzischen Museum Heidelberg (S 2588) und weist nur fünf Kinder auf, von welchen Moritz, geb. am 6. Januar 1621, das jüngste ist und eigentlich noch genauso dargestellt ist wie auf vorliegendem Stich, so dass nicht allzu viel Zeit dazwischen liegen dürfte. Außer der Wiege gibt es als Zugabe beim Frankenthaler Blatt eine weitere kleine Vedute rechts im Hintergrund, dafür aber fehlt der im Himmel auf Englisch abgebildete Psalmvers 132,18, wonach der Herr „seine Feinde mit Schanden kleiden [will] und auf ihm sein Krone blühen möge".

Beim Heidelberger Blatt ist laut Information von Dr. Anja-Maria Roth, Heidelberg, Willem de Passe (ca. 1590–nach 1632) als Autor genannt.

Edgar J. Hürkey

Literatur

Zum Heidelberger Blatt: Ausst.-Kat. Amberg 2003, S. 35 f., Kat.-Nr. 11.2b · Zum Frankenthaler Blatt: Kat. Frankenthal 1990, S. 8

Kurfürst Friedrich V. von der Pfalz (1596–1632) und Elizabeth Stuart (1596–1662)

Kaum ein Fürstenpaar fesselte die Aufmerksamkeit des modernsten Propagandamediums der Frühen Neuzeit so sehr wie Friedrich und Elizabeth. So war es auch ein Flugblatt, das aus dem Chronogramm für 1619 einen frIDerICVs I. reX hyeMIs generierte und damit den Spottnamen „Winterkönig" – (böhmischer) König für einen Winter – erfand. Das dramatische Auf und Ab der Herrscherbiographie Friedrichs V., der eher ein Spielball denn ein Akteur europäischer Machtpolitik zu Beginn des Dreißigjährigen Krieges werden sollte, eignete sich bestens, um das Wirken der Schicksalsgöttin Fortuna zu illustrieren: „Wer Glück und Unglück wissen wil / Der seh sich an des Pfalzgrafen spil", wie ein zeitgenössisches Flugblatt formulierte.

Am 26. August 1596 war Friedrich wohl im Oberpfälzer Jagdschloss Deinschwang geboren und am 6. Oktober in der Amberger Martinskirche getauft worden. Sein Vater, Kurfürst Friedrich IV., starb bereits 1610. Durch einen geschickten politischen Coup der pfälzischen Politik, die das calvinische Glaubensbekenntnis durch europäische Heiratsdiplomatie absicherte, wurde der ranghöchste weltliche Kurfürst des Reiches im Februar 1613 mit der gleichaltrigen Elizabeth (geboren am 19. August 1596 wohl im schottischen Schloss Dunfermline) vermählt, der Tochter des englischen Königs James I. Stuart. Die glanzvolle Eheschließung und Hofhaltung in Heidelberg bewegte die Zeitgenossen. Es war gerade auch jene vielversprechende europäische Eheverbindung des Führers der Protestantischen Union, die die böhmischen Stände dazu bewog, Friedrich von der Pfalz am 26. August 1619 zum König zu wählen. Wohl auf Betreiben des Oberpfälzer Statthalters Christian von Anhalt-Bernburg (1568–1630) nahm Friedrich die Krone an. Das nunmehrige Königspaar Fridrich falcký und královna Alžběta, wie sie auf Tschechisch genannt wurden, nahmen im Herbst 1619 in Prag Residenz. Friedrichs Herrschaft in Prag – mit großen Ambitionen begonnen – endete bereits ein gutes Jahr später mit der für die böhmisch-tschechische Geschichte traumatischen Schlacht am Weißen Berg am 8. November 1620. Die pfälzisch-böhmischen Truppen wurden von den vereinigten Armeen des katholischen Bayernherzogs Maxmilian I. und des habsburgischen Kaisers und gewählten böhmischen Königs Ferdinand II. vernichtend geschlagen. Friedrich und Elizabeth mussten unter dramatischen Umständen fliehen. Der pfälzische Kurfürst verfiel der Reichsacht, verlor seine Herrschaftsrechte und lebte mit seiner Familie fortan in Den Haag, auf Kosten der niederländischen Verwandten aus dem Haus Oranien-Nassau. Hier residierte nun der Prager Exilhof, hier wuchsen auch die 13 Kinder auf, die Elizabeth im Lauf ihrer 19-jährigen Ehe zur Welt brachte, von denen drei im Kindesalter starben. Friedrich V., der sich vergeblich um Restituierung bemühte, verschied inmitten der Kriegswirren in Mainz am 29. November 1632 an einem „pestilenten Fieber". Die Grabstätte ist unbekannt. Seine Witwe Elizabeth pflegte sein Andenken und starb erst am 13. Februar 1662 in Leicester House. Sie wurde in Westminster Abbey im Grab ihrer Großmutter, der schottischen Königin Maria Stuart, beigesetzt. Elizabeths Enkel, Georg von Hannover, sollte im Jahr 1714 den englischen Thron erben.

Peter Wolf

Literatur

Ausst.-Kat. Amberg 2003, u. a. S. 12 · Bilhöfer 1999 · Laschinger 2004

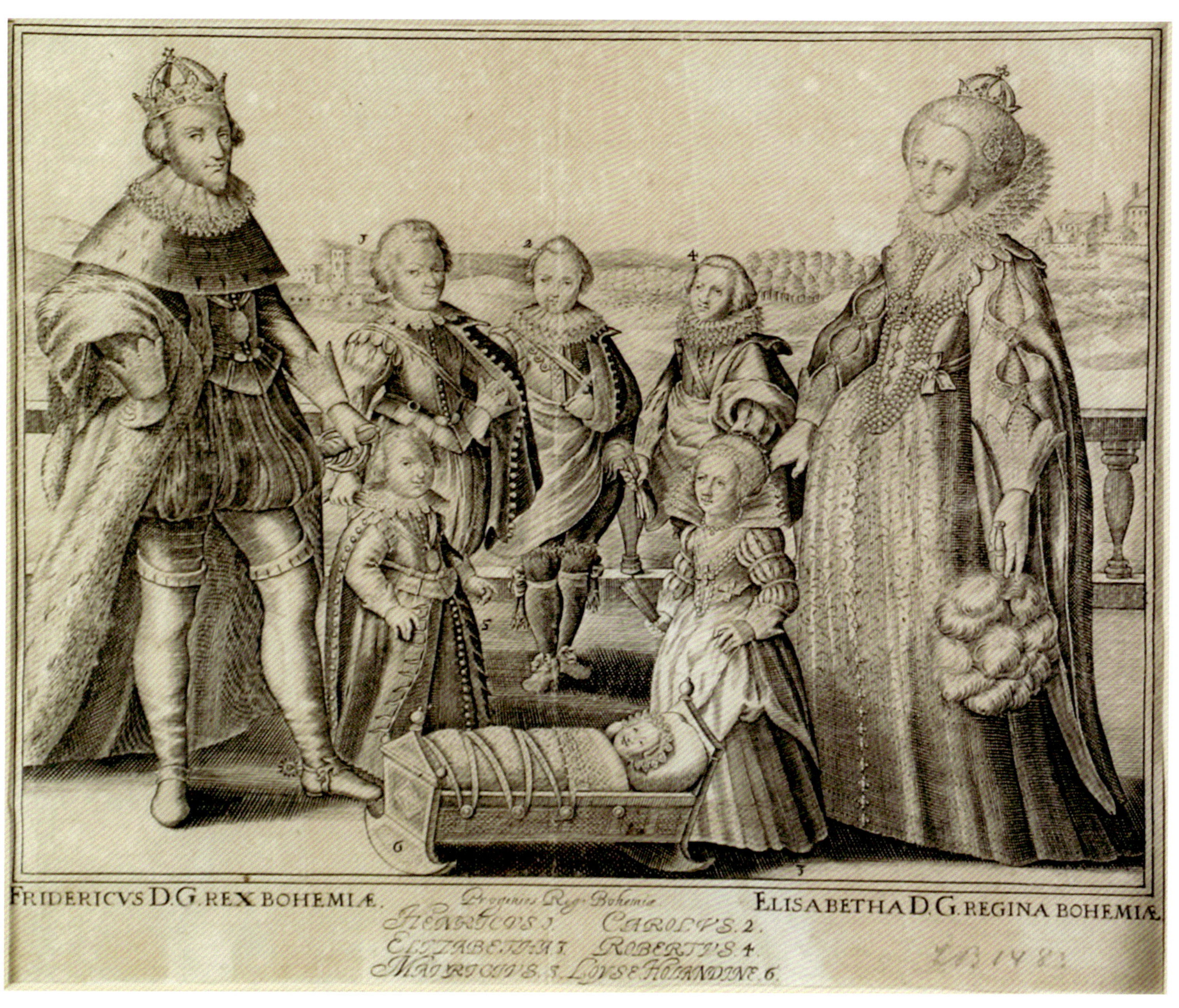
FRIDERICVS D.G. REX BOHEMIÆ.
Progenies Reg. Bohemiæ
HENRICVS 1 CAROLVS. 2.
ELIZABETHA 3 ROBERTVS. 4.
MAVRICIVS. 5 LVISE HOLANDINE. 6.
ELISABETHA D.G. REGINA BOHEMIÆ.

B4.07

B4.08
Teutsche Poemata

Martini Opicii. Teutsche Poemata und Aristarchus Wieder die Verachtung Teutscher Sprach, [...]. Sampt einem anhang Mehr außerleßener geticht anderer Teutscher Poëten. Der gleichen in dieser Sprach Hiebeuor nicht außkommen.
Martin Opitz (1579–1639)
Straßburg: Eberhard Zetzner, 1624
Druck. H 18,5 cm, B 14,5 cm
Universitätsbibliothek Heidelberg, G 5621-4 RES

Mit dem Schlesier Martin Opitz, bis ins 18. Jahrhundert als „Vater der deutschen Dichtung“ gerühmt, beginnt die muttersprachliche Einbürgerung des Formen- und Themenkanons der großen außerdeutschen Renaissancepoesie (zum Beispiel des sogenannten Petrarkismus) in allen wichtigen Gattungen der Literatur. Im Jahre 1619/20 studierte er im Umkreis des Philologen und Bibliothekars Janus Gruter und des Oberrats Georg Michael Lingelsheim in Heidelberg, schrieb dort zum Beispiel sein berühmtes Sonett *Vom Wolffsbrunnen bey Heidelberg*, aber auch antispanische Kampfgedichte. Bevor Opitz weiter an die niederländische Universität Leiden reiste, übergab er Gedichtmanuskripte seinem Heidelberger Gefährten Julius Wilhelm Zincgref, der sie 1624 in Straßburg ohne Mitwirken des Verfassers zum Druck brachte, Vorspiel der folgenden, nun von Opitz autorisierten Sammelausgaben (Breslau 1625, 1628 und öfter). Zincgref ergänzte dieses lyrische Textkorpus, beginnend mit *An die Teutsche Nation*, durch andere Schriften von Opitz sowie einen „Anhang“ von 55 Gedichten, der neben neuer Lyrik Zincgrefs auch Verswerke weiterer südwestdeutscher Autoren versammelte. Das Titelblatt der hier ausgestellten Straßburger Ausgabe von 1624 stellt im Kupferstich einen Architekturrahmen dar, dessen Unterbau „einen lorbeerbekränzten Dichter zeigt, der sitzend den ebenfalls sitzenden Musen vor einer hügeligen Landschaft zur Harfe vorträgt. Pegasus [das Musenross] erhebt sich von einer der Erhöhungen in die Luft“ (G. Schulz-Behrend). Dem Heidelberger Exemplar ist von der Hand eines späteren Besitzers (wohl des 18. Jahrhunderts) ein Kupferstichporträt des bedeutendsten pfälzischen Dichterhumanisten Paul Schede Melissus (1539–1602) beigegeben, sinnvoll insofern, als Schede, der Verfasser großer lateinischer Lyrikkollektionen, in der Zincgref'schen Sammlung auch als Urheber deutschsprachiger Gedichte in Erscheinung tritt.

Wilhelm Kühlmann

Literatur

Aurnhammer 2011 S. 263–283 · Kühlmann 2001 · Robert 2010, S. 207–229 · Schulz-Behrend 1978

B4.09
Emblematum Ethico-Politicorum Centuria

Julius Wilhelm Zincgref (1591–1635)
Frankfurt am Main: Johann Theodor de Bry, 1619
Druck. H 18,8 cm, B 14 cm
Universitätsbibliothek Heidelberg, G 5604-4 RES

Der in Heidelberg geborene promovierte Jurist Julius Wilhelm Zincgref gehörte mit lateinischer und vor allem deutscher Lyrik sowie anderen Publikationen, darunter einem Epos auf Kurfürst Friedrich V., und anonymen Flugschriften, außerdem mit der monumentalen patriotischen Apophthegmensammlung *Der Teutschen Scharpfsinnige kluge Sprüch* (zuerst Straßburg 1626, mit Kommentaren hg. von Dieter Mertens und Theodor Verweyen. 2 Bde. Berlin/Boston 2011) zu den herausragenden Repräsentanten der vom Späthumanismus geprägten literarischen Kultur der calvinistischen Pfalz. In amtlicher Stellung hielt er bis zuletzt im belagerten Heidelberg aus und schrieb dort ein von Trauer und Widerstandswillen gezeichnetes großes Kampfgedicht, das bis ins 19. Jahrhundert wirkte (*Vermanung zur Dapfferkeit*). Nach der Kapitulation (1622) ging er ins Exil, lebte zeitweise in Straßburg, zuletzt als Landschreiber in Kreuznach und Alzey. Das hier in der Erstausgabe vorliegende gelehrte Sammelwerk der „Einhundert Ethisch-Politischen Embleme“, von Matthäus Merian illustriert, bietet komplexe Bild-Text-Kombinationen. Links blickt der Leser jeweils auf ein Medaillon mit sinnreichen Bildmotiven, die unten von französischen, in späteren Ausgaben von deutschen Vierzeilern kommentiert und rechts durch einen lateinischen Prosatext erläutert werden, der Zitate namhafter Autoritäten (als ‚Cento‘) zusammenstellt. Historische und landschaftliche Bilder mit pfälzischen Motiven gesellen sich leicht verrätselten allegorischen Darstellungen, die moralische Handlungsmaximen, vor allem aber Imperative der gerechten Herrschaftsführung vermitteln. Bis 1698 erschien das Werk, auch als Stammbuch benutzt und teilweise verändert, in insgesamt elf Ausgaben, allein fünfmal im Jahr 1624.

Wilhelm Kühlmann

Literatur

Kühlmann/Wiegand 2011 · Zincgraf 1993

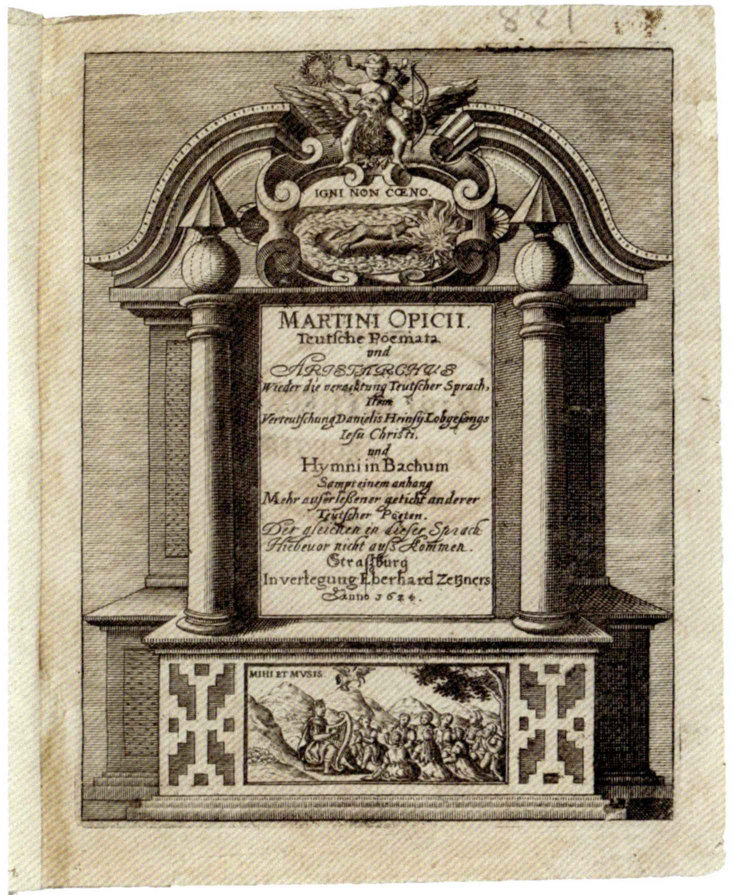

B4.08

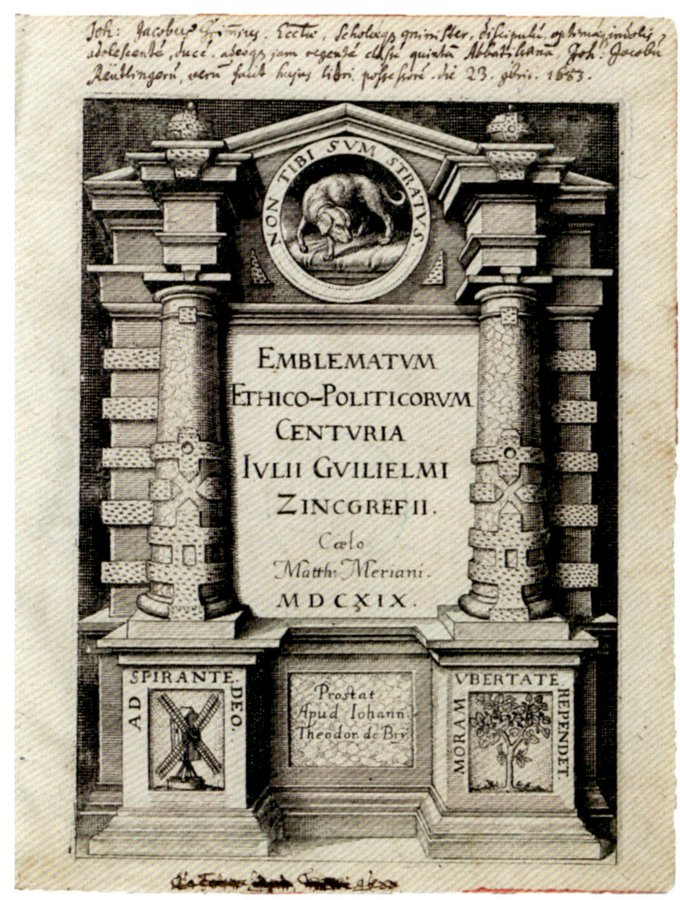

B4.09

B5
Das böhmische Abenteuer des Winterkönigs

Auch Friedrich V. verfolgte eine an protestantischen Allianzen orientierte Politik. Sie gipfelte in der Bewerbung des Pfälzers um die böhmische Königskrone. Auf diesem Weg sollte eine weitere Kurstimme für die Protestanten gewonnen und die Macht der katholischen Habsburger zurückgedrängt werden. Im August 1619 wurde Friedrich V. zum König von Böhmen gewählt, am 4. November fand die Krönung im Prager Veitsdom statt. Von Beginn an stand die Herrschaft Friedrichs unter keinem guten Stern. Die kaiserlich-habsburgische Partei, die ebenfalls Anspruch auf die Krone erhob, zeigte sich zum Handeln entschlossen.

Im Herbst 1620 kam es in Böhmen zu militärischen Auseinandersetzungen, die im November in der Schlacht am Weißen Berg vor den Toren Prags gipfelten. Die Schlacht endete für den Pfälzer in einem Desaster und verlieh ihm den Spottnamen Winterkönig: ein König (von Böhmen), der nur einen Winter (ein Jahr) regierte. Friedrich wurde geächtet und musste mit seiner Familie ins Exil in die Niederlande fliehen.

B5.01
Sogenannter Böhmischer Reichsapfel des „Winterkönigs“ Friedrich V.

Augsburg (?), 1619
Gold, Saphire, Smaragde, Rubine, Spinelle, Diamanttafeln.
H 19,5 cm, B 10 cm
München, Bayerische Verwaltung der staatlichen Schlösser, Gärten und Seen, Residenz München, Schatzkammer, ResMü.Schk. 238 (WL)

Noch ehe die römisch-deutschen Kaiser einen Reichsapfel führten, sollen schon die böhmischen Herzöge dieses Herrschaftszeichen besessen haben. Einem wohl aus dem 14. oder 15. Jahrhundert stammenden „gotischen“ Reichsapfel folgte in der Renaissance ein mit kostbaren Steinen und filigranen Goldschmiedearbeiten angefertigtes Exemplar. Letzterer – zuweilen als rudolfinischer Reichsapfel bezeichnet – gelangte wohl unter der Königsherrschaft von Matthias I. oder Ferdinand II. in die Wiener Schatzkammer und diente ab 1804 als Reichsapfel des neu proklamierten Kaisertums Österreich. Da im Gegensatz zur Wenzelskrone

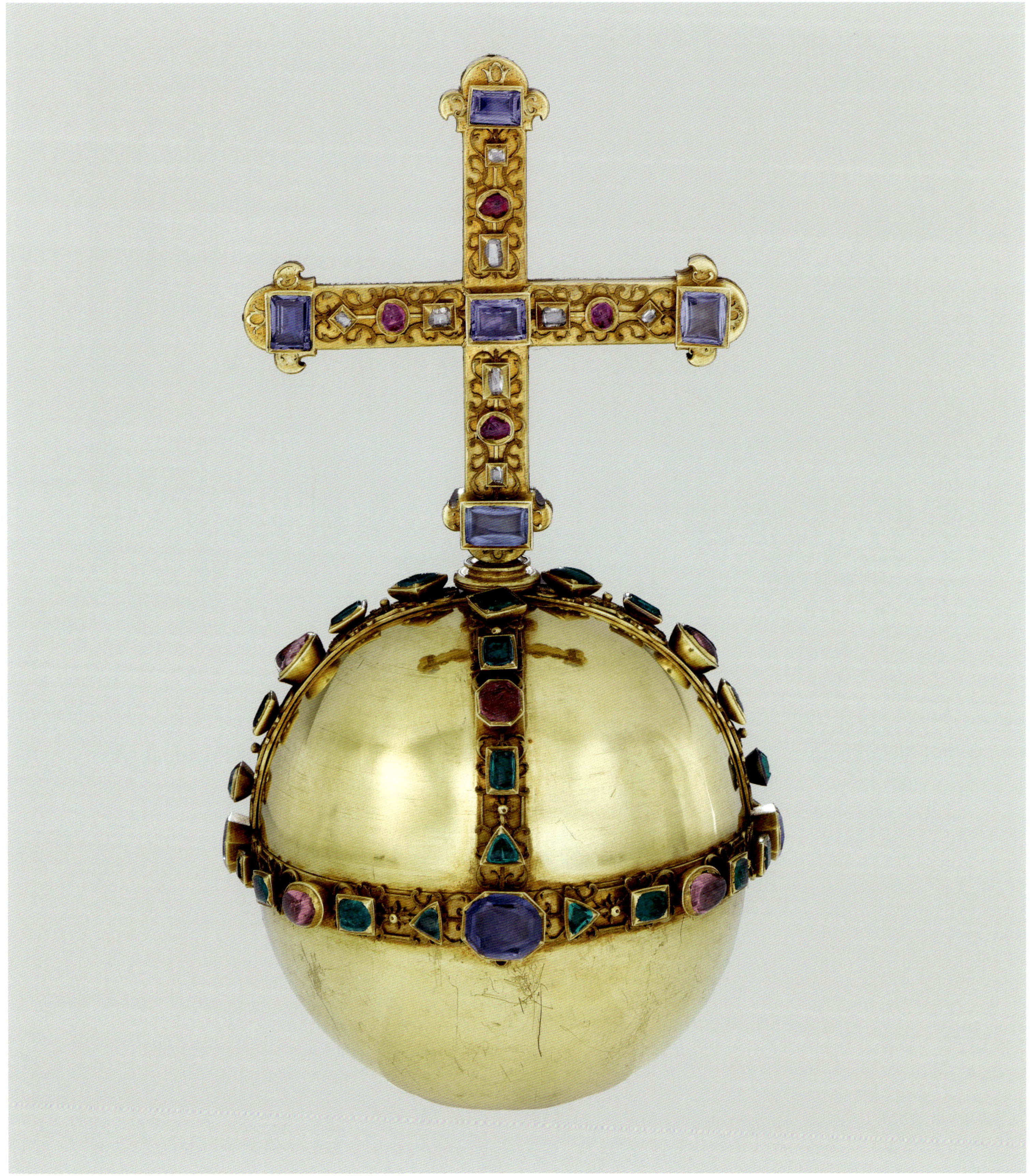

B5.01

so kein Reichsapfel den böhmischen Ständen 1619 zur Verfügung stand, ließ Friedrich V. von der Pfalz – vermutlich in Augsburg – einen eigenen Reichsapfel eiligst für seine Inthronisation anfertigen. Beim Krönungsakt am 4. November 1619 küssten die obersten Repräsentanten des Landes als Zeichen ihrer Lehnstreue zuerst den Reichsapfel und die rechte Hand ihres neuen Königs, bevor sie mit zwei Fingern zur Eidesleistung die Wenzelskrone berührten.

Dieses Kleinod blieb offenbar auch nach der Niederlage des „Winterkönigs" am Weißen Berg 1620 in seinem Besitz. Noch 1738 und 1745 führen Inventarlisten der kurpfälzischen Schatzkammer den „böhmischen Reichsapfel" an. Nach Wegzug Carl Theodors nach Bayern 1778 blieb der Reichsapfel in Mannheim, bis ihn die Behörden 1794 beim Anrücken französischer Truppen in die Schatzkammer der Münchener Residenz verbrachten.

Ohne seine genaue Bedeutung oder Herkunft zu kennen, brachen Goldschmiede im Auftrag des bayerischen Hofes 1806 in aller Eile fünf Saphire heraus, um damit den neuen Reichsapfel des Königreichs Bayern auszuschmücken. Mit dem von Kaiser Karl V. an die Pfälzer Kurfürsten 1544 verliehenen Regalienschild, das einen goldenen Reichsapfel als Zeichen der Erztruchsessenwürde zeigt, steht dieser böhmische Reichsapfel indes in keinem Zusammenhang.

Peter Bilhöfer

Literatur

Außführliche Beschreibung 1619 · Berning 2008, S. 32 f. · Brunner 1970, S. 128, Nr. 238 · Glückselig 1836, S. 36–38 · Heym 2006, S. 39 f.

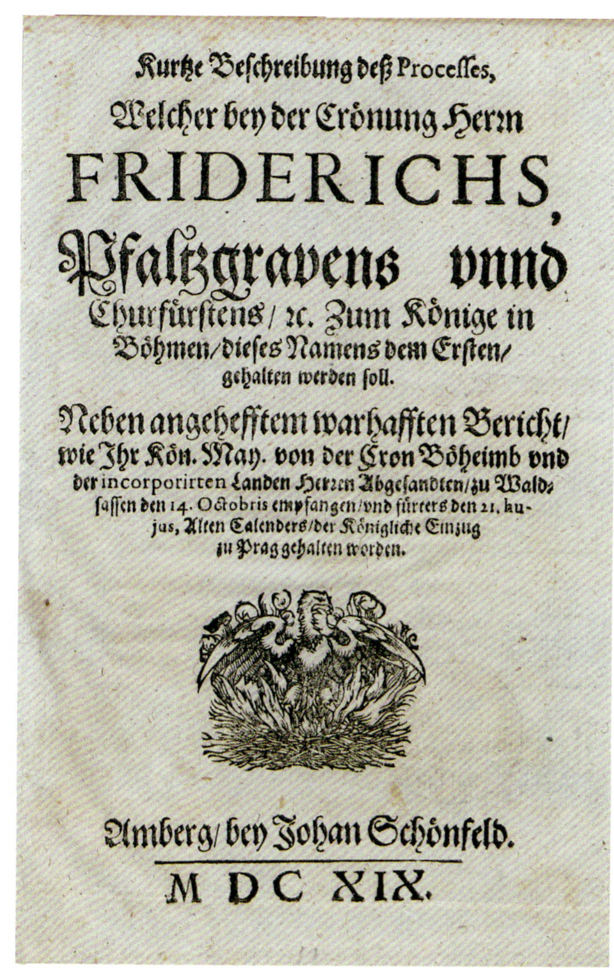

Kurtze Beschreibung deß Processes, Welcher bey der Crönung Herrn

FRIDERICHS,

Pfaltzgravens vnnd Churfürstens/ rc. Zum Könige in Böhmen/ dieses Namens dem Ersten/ gehalten werden soll.

Neben angehefftem warhafften Bericht/ wie Ihr Kön. May. von der Cron Böheimb vnd der incorporirten Landen Herren Abgesandten/ zu Waldsassen den 14. Octobris empfangen/ vnd fürters den 21. huius, Alten Calenders/ der Königliche Einzug zu Prag gehalten worden.

Amberg/ bey Johan Schönfeld.

M DC XIX.

B5.02

B5.02

Sammelband mit Gelegenheitsschriften zur Krönung Friedrichs V. von der Pfalz

„Kurtze Beschreibung des Processes [...]", „Triumphus Bohemicus [...]", „Oratio Ad Serenissimvm Ac Potentissimvm Principem Fridericvm [...]";
Bartholomaeus Agricola, Martin Opitz u. a.
Amberg: Johann Schönfeld, 1619; Oppenheim(?), 1619;
Heidelberg: Gotthard Vögelin, 1620
Druck auf Papier. H 20 cm, B 17 cm
Universitätsbibliothek Heidelberg, Blatt 194 RES

Gleich nach der englischen Hochzeit Friedrichs V. sorgten zahlreiche Flugschriften dafür, dass auch seine Krönung zum König von Böhmen zu einem internationalen Medienereignis wurde. Nach der nicht unumstrittenen Wahl stand Friedrich unter einem massiven Legitimationsdruck, weshalb detaillierte Schilderungen seiner Inthronisation am 4. November 1619 Gegner, Skeptiker, aber auch die neuen Untertanen von der Rechtmäßigkeit seiner Herrschaft überzeugen sollten. Die Berichte, wie die „Kurtze Beschreibung", wurden in verschiedenen Sprachen gedruckt, abgesehen von kleinen Abweichungen ist der Inhalt fast identisch.

Einen weiteren Beitrag zur Publizistik rund um die Krönung in Prag lieferte Bartholomaeus Agricola, ein Freund Julius Wilhelm Zincgrefs. Sein *Triumphus Bohemicus* ist eine Lobpreisung der Herrschaft Friedrichs V. Neben der Verteidigung der Königswahl und einer Beschreibung des Krönungsaktes hebt der Verfasser die Rolle der Wittelsbacher als Abkömmlinge Karls des Großen u. a. durch eine Auflistung der pfälzischen, böhmischen und englischen Herrscher hervor, deren glanzvoller Höhepunkt die Regierung Friedrichs und Elizabeths auf dem Hradschin darstelle.

Ein weiterer Autor, der das Königtum Friedrichs V. mit seiner Feder begrüßte, war der Dichter Martin Opitz. In Schlesien geboren und in Heidelberg u. a. als Hauslehrer tätig, verfasste er eine *Oratio Ad Serenissimvm Ac Potentissimvm Principem Fridericvm Regem Bohemiae*, die Friedrich V. im Februar 1620 auf seiner Huldigungsfahrt in Breslau überreicht wurde. Der Text teilt sich in eine Abschiedsrede für den vom Neckar an die Moldau ziehenden Friedrich sowie in eine Begrüßungsrede anlässlich seines Einzugs in Breslau. Opitz rühmt darin den Pfälzer, der als Böhmenkönig nun auch seine Heimat Schlesien regierte. Die Hoffnungen des Verfassers erfüllten sich freilich ebenso wenig wie die des nach der Niederlage am Weißen Berg in zahllosen Flugschriften als „Winterkönig“ verspotteten Friedrichs V.

Peter Bilhöfer

Quellen

Opitz. Lateinische Werke 2009–2011, S. 200–219

Literatur

Krummacher 1990 · Mertens 2011, S. 108 f. · Schlechter 1999, 205 f. D 6

B5.03a/b

Kurfürst Friedrich V. und Kurfürstin Elizabeth Stuart als König und Königin von Böhmen

1619
Kupferstich. H 25,3 cm, B 30,5
Reiss-Engelhorn-Museen Mannheim, C 128 k

Einzug Friedrichs V. in Prag

Eberhard Kieser, 1619
Kupferstich. H 30,3 cm, B 36,5 cm
Reiss-Engelhorn-Museen Mannheim, C 129m

Der anonyme Kupferstich stellt den König in Rüstung und mit Mantel, Krone und den Insignien dar, Elizabeth präsentiert sich in ihrer Würde als Königin von Böhmen. Vor dem Paar schreitet der Pfälzer Löwe neben dem doppelschwänzigen böhmischen und zwei weiteren Löwen mit königlichen Attributen und Kriegsutensilien.

Böhmen hatte eine Wahlmonarchie und wurde seit 1526 von Habsburgern regiert. Anfang des 17. Jahrhunderts gab es Widerstände gegen deren absolutistische Regierung, und der evangelische böhmische Adel opponierte gegen die Bemühungen von Kaiser Rudolf II., den Katholizismus wieder herzustellen. Mit (dem calvinistisch erzogenen) Friedrich als König von Böhmen sollte das protestantische Lager im Kurkollegium die Mehrheit bekommen, wodurch ein protestantischer Kaiser in greifbare Nähe gerückt wäre.

Am 26. August 1619 wurde Friedrich V. von der Pfalz schließlich als erster böhmischer König mit den Stimmen aller in der Böhmischen Konföderation zusammengeschlossenen Länder gewählt. Mit einem Gefolge von 568 Personen brach der Kurfürst am 27. September 1619 von Heidelberg nach Prag auf. Der Kupferstich von Eberhard Kieser bildet den langen Zug ab.

Vor Friedrich, der in der Menge am linken Rand der vierten Reihe kaum auszumachen ist, ziehen Truppen aus Prag, Angehörige seines Hofes, böhmische Ritterschaft und Herren sowie weitere Adelige. Dem Kurfürst folgen weitere Höflinge und Soldaten und schließlich Elizabeth mit ihrem Hofstaat.

Mathilde Grünewald

Literatur

Ausst.-Kat. Amberg 2003, S. 296, Nr. 6.54.

B5.04

Flugblatt auf die Krönung Friedrichs V.

Eberhard Kieser, 1619
Radierung. H 30,1 cm, B 36,6 cm (Platte)
Kurpfälzisches Museum der Stadt Heidelberg, S 3715

Nach Absetzung des katholischen Habsburgers Ferdinand II. trugen die böhmischen Stände Kurfürst Friedrich V. von der Pfalz die Herrschaft an. Nachdem dieser die Wahl angenommen hatte, hielt er am 31. Oktober 1619 mit seinem Tross feierlichen Einzug in Prag. Das Zeremoniell der Krönung folgte soweit als möglich der Tradition vorangegangener böhmischer Krönungen seit Regierungsantritt der Habsburger mit Einzug in den Veitsdom, Befragung, Litanei und Leisten der Eide durch den König, Salbung, Verleihung der Insignien, Inthronisation und Huldigung durch die Stände sowie Ritterschlag durch den König.

An der Messe und der Krönungsordnung hielt man weitgehend fest, obgleich im Hinblick auf das calvinistische Bekenntnis Friedrichs einige Änderungen im religiösen Bereich erforderlich geworden waren. So nahm beispielsweise ein Administrator die Stelle des Erzbischofs als Koronator ein. Im Unterschied zu den katholischen Krönungen diente der Akt der Salbung, wie durch das bei der Handlung gesprochene Gebet deutlich wurde, lediglich noch als Symbol göttlicher Erwählung.

Das Flugblatt zeigt, betitelt und mit ausführlicher Legende versehen, in zehn Bildern die Krönungsfeierlichkeiten im Prager Veitsdom sowie Porträts des Herrscherpaares Friedrich und Elizabeth. Mittig ist der zentrale Moment der Krönung durch den „*Administ: Archiepiscopatus Pragensis.*“ zu sehen. Sieben kleine Darstellungen zeigen weitere Akte der Zeremonie u. a. „Wie ihr Kön: W: den Königlichen Scepter und den Reichs Apfel empfahen.“

Die detailreiche Radierung stammt von dem aus Kastellaun im Hundsrück stammenden Pfarrerssohn Eberhard Kieser. Dieser, der zunächst das Goldschmiedehandwerk erlernte, erlangte 1609 durch Heirat das Bürgerrecht in Frankfurt am Main, wo er sich als Verleger und Radierer etablierte. Für seinen Verlag arbeiteten bedeutende Radierer und

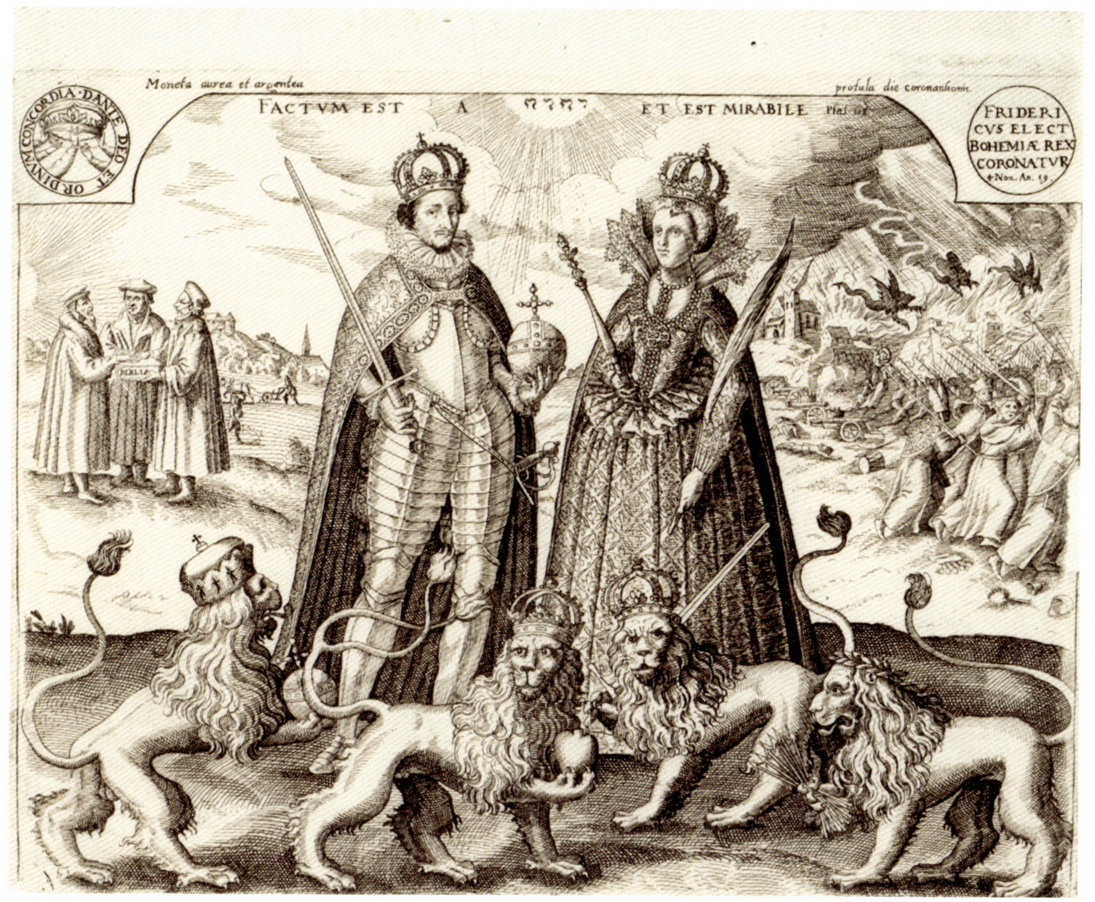
Moneta aurea et argentea
profusa die coronationis
FACTVM EST A ET EST MIRABILE
FRIDERICVS ELECT BOHEMIÆ REX CORONATVR
BIBLIA

B5.03a

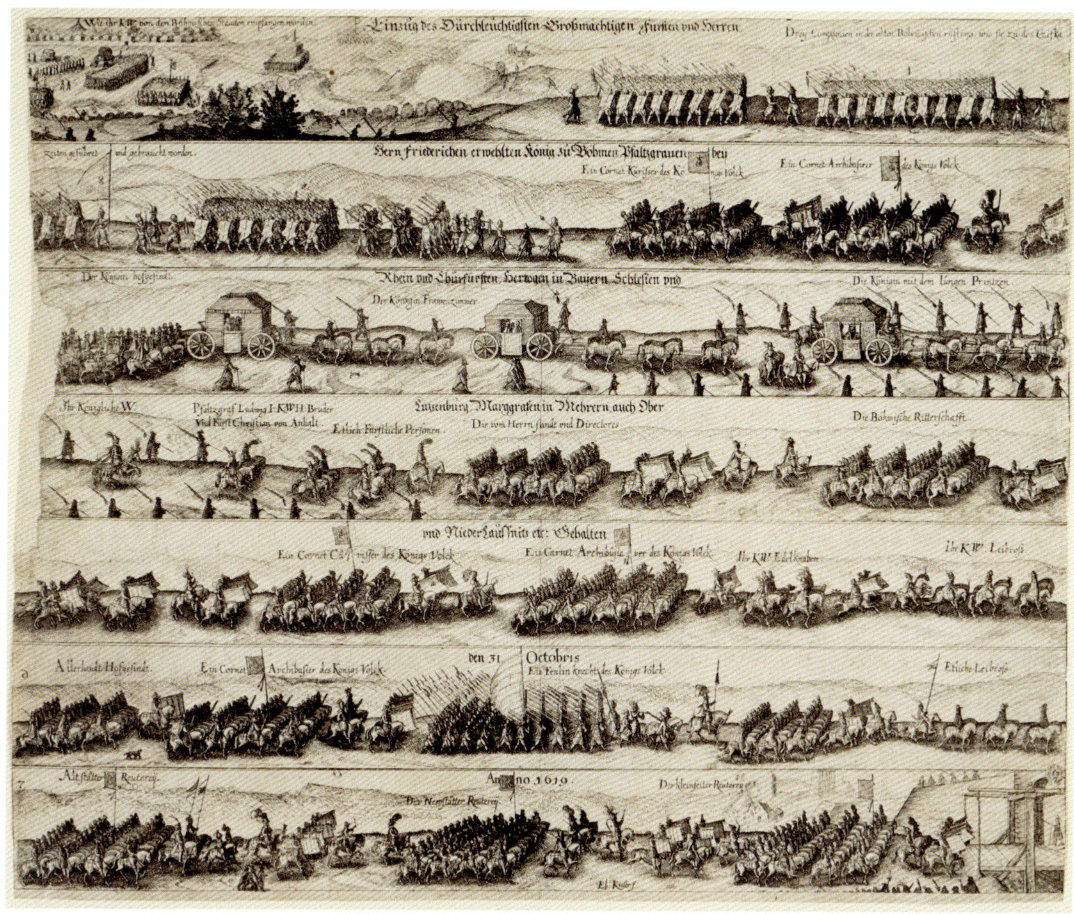

B5.03b

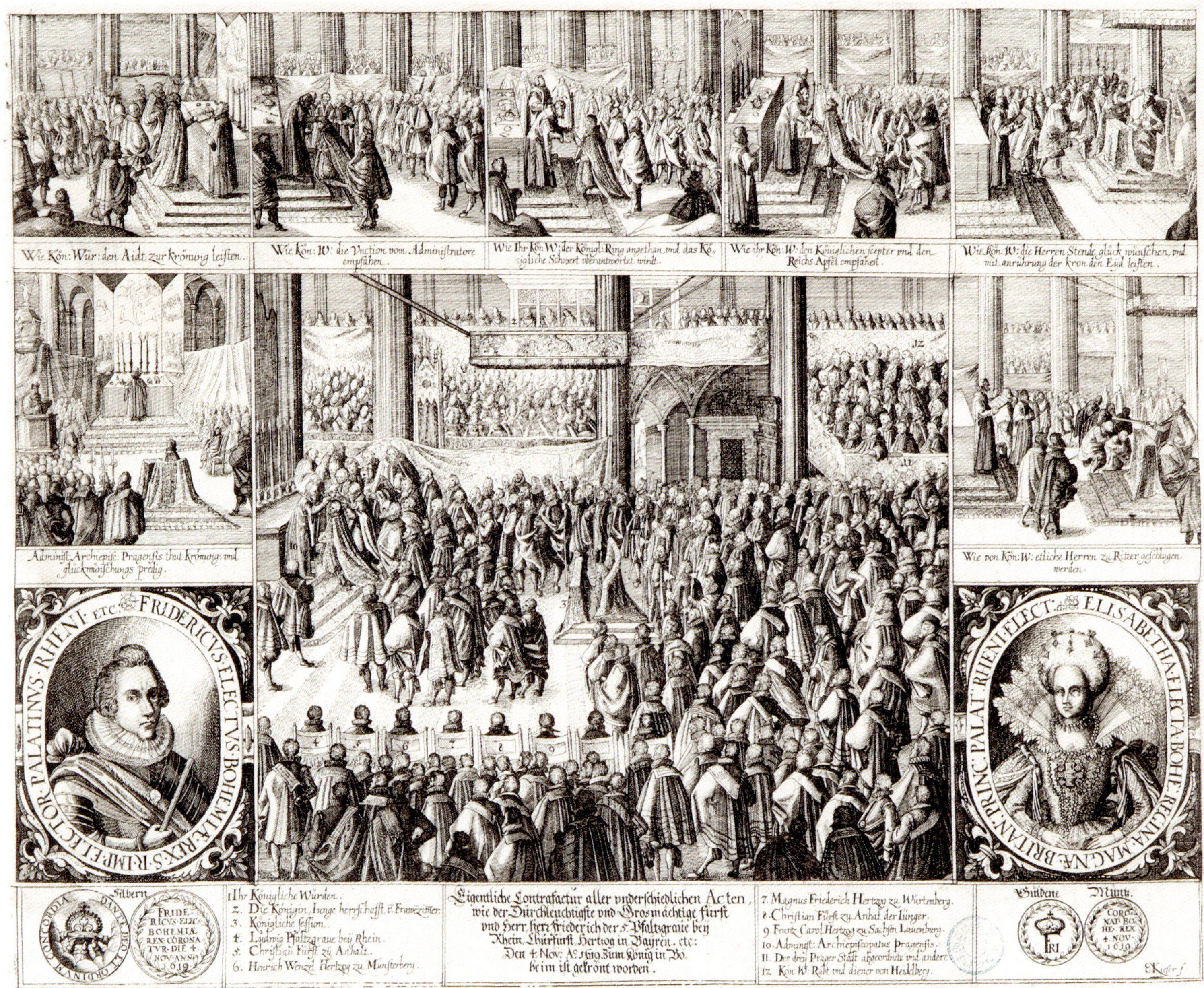

Wie Kön: Wür: den Aidt zur Krönung leisten.
Wie Kön: W: die Vnction vom Administratore empfahen.
Wie Ihr Kön: W: der Königl: Ring angethan, und das Königliche Schwert überantwortet wirdt.
Wie ihr Kön: W: den Königlichen scepter und den Reichs Apfel empfahen.
Wie Kön: W: die Herren Stende glück wünschen, und mit anrührung der kron den Eyd leisten.
Wie von Kön: W: etliche Herren zu Ritter geschlagen werden.
FRIDERICUS ELECTUS BOHEMIÆ REX S.R.IMP. ELECTOR PALATINUS RHENI ETC.
ELISABETHA ELECTA BOHE. REGINA MAGNÆ BRITAN. PRINC. PALAT. RHENI ELECT.
Silbern
Gülden Müntz
Eigentliche Contrafactur aller underschiedlichen Acten, wie der Durchleuchtigste und Grosmächtige fürst und Herr, herr Friederich der 5. Pfaltzgrave bey Rhein, Churfürst, Hertzog in Bayren, etc: Den 4 Nov: Aº 1619 zum König in Böheim ist gekrönt worden.
1 Ihr Königliche Würden.
2. Die Königin, Iunge herrschafft v. Frawezimer.
3. Königliche session.
4. Ludwig Pfaltzgrave bey Rhein.
5. Christian Fürst zu Anhalt.
6. Heinrich Wenzel Hertzog zu Münsterberg.
7. Magnus Friederich Hertzog zu Würtenberg.
8. Christian Fürst zu Anhalt der Iünger.
9. Frantz Carol Hertzog zu Sachsen Lauenburg.
10. Adminust: Archiepiscopatus Pragensis.
11. Der drey Prager Stadt abgeordnete und andere.
12. Kön: W: Raht und diener von Heidelberg.

B5.04

Kupferstecher wie Matthäus Merian und Georg Keller. Bekannt wurde Kieser insbesondere durch den *Thesaurus philopoliticus*, eine Sammlung von Stadtansichten, die er seit 1623 herausgab.

Anja-Maria Roth

Literatur

Ausst.-Kat. Amberg 2003 • Ausst.-Kat. Heidelberg 2004 • Berning 2008 • Bilhöfer 2004 • Vollmer 1907–1950, Bd. 20, 1927, S. 274 • Wehrens 2004, S. 99–110

B5.05

Brustbild des Kurfürsten Friedrich V. von der Pfalz

Michiel van Mierevelt (Werkstatt), um 1621 bis 1623
Öl auf Holz. H 43 cm, B 31 cm
Reiss-Engelhorn-Museen Mannheim, MAV 6719

Kaum ein anderer pfälzischer Kurfürst vereinigt Aufstieg und Fall derart in seiner Biographie wie der 1596 im oberpfälzischen Amberg geborene und hier dargestellte Friedrich V. (1596–1632). Vor dem Hintergrund protestantischer Bündnispolitik verheiratete sich der streng calvinistisch erzogene Friedrich 1613 mit Elizabeth Stuart (1596–1662), der Tochter König Jakobs I. von England (1566–1625). Daraufhin wurde er als *Prince Palatine* in den exklusiven englischen Hosenbandorden aufgenommen, den er hier an einem Band vor der Brust trägt. Der wegen seines niedrigeren Standes am Londoner Hof bestehenden Skepsis ihm gegenüber begegnete Friedrich durch exzellente Umgangsformen, einen „vielversprechenden Geist" sowie ein „angenehmes Äußeres", das auch in diesem Porträt zum Ausdruck kommt.

Michiel van Mierevelt war der damals bekannteste Porträtist in Den Haag und wurde daher auch bis 1630 von Friedrich V. bevorzugt. Das Kurfürstenpaar hatte den Maler bereits bei seinem ersten Besuch in den Niederlanden 1614 kennengelernt und nach der Flucht ins Exil in Den Haag wieder Kontakt zu ihm aufgenommen. 1621 schuf Mierevelt Porträts von beiden, die von Willem Jacobsz. Delff (1580–1638) nachgestochen wurden und daher große Verbreitung erlangten. Mierevelt selbst autorisierte mehrere Kopien seiner Gemälde und ließ durch seine inzwischen umfangreiche Werkstatt weitere Exemplare anfertigen, zu denen vermutlich das Mannheimer Bildnis gerechnet werden kann. Ende der 1620er Jahre löste der jüngere Gerrit van Honthorst (1590–1656) den mittlerweile über 60-jährigen Mierevelt zunehmend als Porträtmaler der inzwischen als Auftraggeberin fungierenden „Winterkönigin" ab. Bildnisse von den damals schon berühmtesten Porträtisten Anthonis van Dyck (1599–1641) und Rembrandt (1606–1669) waren für die im Exil lebende fürstliche Familie zu kostspielig und entsprachen außerdem nicht ganz deren Geschmack.

Andreas Krock

Literatur

Bilhöfer 2003, S. 1–14 · Hoogsteder 2003, 1907–1950, Bd. 20, 1927

B5.06

Porträt des Herzogs Maximilian I. von Bayern

anonymer Künstler, um/nach 1623
Öl auf Leinwand. H ca. 120 cm, B ca. 100 cm
München, Bayerische Staatsgemäldesammlungen, A 1283
(L.51.1, als Leihgabe im Bayerischen Armeemuseum Ingolstadt)

Das Gemälde ist stilistisch einem Ganzfigurenporträt Maximilians in den Bayerischen Staatsgemäldesammlungen eng verwandt, das um 1620 in München entstand. Die Darstellung des Fürsten als Feldherr und Führer der Katholischen Liga, angetan mit einem schlichten schwarzen Harnisch, bestimmte über Jahrzehnte – von der Jahrhundertwende bis etwa 1640 – die Ikonographie Maximilians. Variiert wurden zumeist lediglich die Art der Bein- und Fußbekleidung, die Kragenform oder die Handhaltung der Linken sowie der Hintergrund. Sowohl die Andeutung einer auf einem Podest ruhenden Säule im Hintergrund rechts, die Physiognomie Maximilians, seine Bart- und Haartracht, der steife, scharf geknickte weiße Kragen, die Haltung der Rechten und das Aufstützen der bloßen linken Hand auf einen Helm, der auf einem Tisch ruht, sind dem Münchner Porträt jedoch so ähnlich, dass das Ingolstädter Gemälde wie eine auf ein Halbfigurenformat verkleinerte Version desselben erscheint. Allein der deutlich kunstvoller geraffte Vorhang, dessen damastartige Stofflichkeit hervorragend wiedergegeben ist, unterscheidet das von einem anonymen Künstler geschaffene Porträt von seinem Pendant größeren Formats. Darüber hinaus trägt es eine markante Inschrift, die Maximilian als Erztruchsess benennt – ein Reichsamt, das mit der sogenannten Pfälzer Kur verbunden war – und damit eine Datierung des Gemäldes nach 1623 gebietet, als Maximilian eben jene Kurwürde von Kaiser Ferdinand II. übertragen wurde.

Sabine Witt

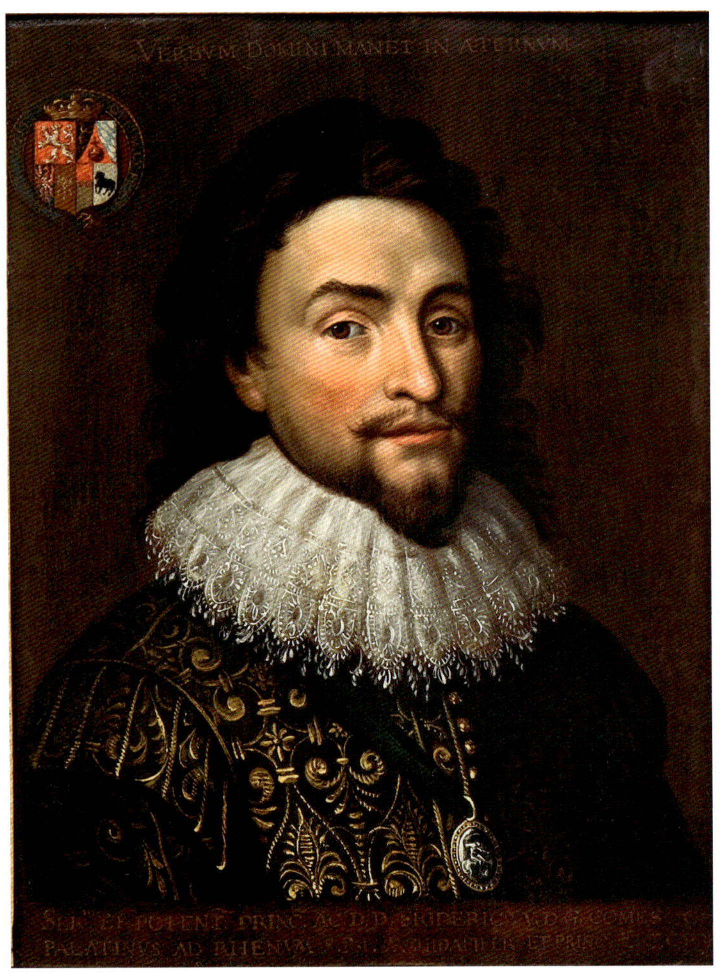

B5.05

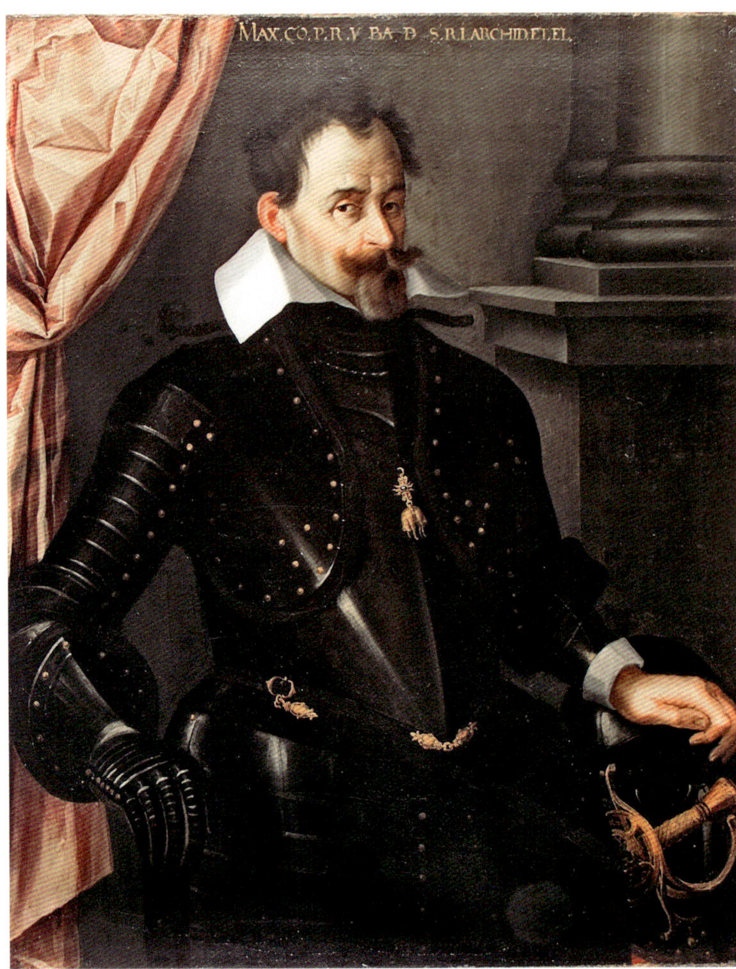

B5.06

B5.07

Sammelband mit Abschriften diverser Schreiben zwischen Friedrich V. und Maximilian

Wahre Copia etlicher Schreiben / erstlicher/ der Churpfalz / an die fürstl. Durchläuchtigkeit in Bayern / Zum anderen / der fürstlichen Durchläuchtigkeit in Bayern gnädigste Antwort an Churpfalz / zum Dritten / fernere gnädigste und trewhertzige Warnung und Vermahnung der fürstlichen Durchläuchtigkeit in Bayern an Churpfaltz
München, 1621
Typendruck, 12 Bll., geheftet. H 18,9 cm, B 15,2 cm
Regensburg, Fürst Thurn und Taxis Zentralarchiv-Hofbibliothek – Museen
Sammlung Häberlin X, 23b

Die vorliegende Flugschrift stammt aus der Sammlung Häberlin, einer Kollektion von ca. 1.900 Flugschriften aus der Zeit des Dreißigjährigen Krieges. Diese Sammlung wurde von dem Staatsrechtler und Historiker Franz Dominikus Häberlin (1720–1787) zusammengetragen. Vermutlich plante Häberlin in Weiterführung seiner Teutschen Reichsgeschichte eine Publikation der Geschichte des 17. Jahrhunderts, zu der es jedoch nicht kam. 1788 wurde die Sammlung für die Fürst Thurn und Taxis Hofbibliothek angekauft.

Der gezeigte Sammelband beinhaltet Abschriften der Korrespondenz der beiden wittelsbachischen Vettern Friedrich von der Pfalz und Maximilian von Bayern. Das politisch hoch brisante Thema ihres schriftlichen Disputes ist die böhmische Königwürde, die Friedrich von den böhmischen Ständen 1619 angetragen worden war. Er hatte sie entgegen zahlreicher Warnungen seiner Gegner (unter anderem Maximilians von Bayern), aber auch aus den Reihen seiner Verbündeten in der Protestantischen Union, angenommen. Die von ihm lange ersehnte Königswürde währte nicht lang, nach nur einem Jahr wurde das böhmisch-pfälzische Heer von einer katholischen Allianz unter Führung Maximilians in der berühmten Schlacht am Weißen Berg 1620 vernichtend geschlagen. Kaiser Ferdinand II. verhängte über Friedrich die Reichsacht, der Pfalzgraf floh mit seiner Familie nach Den Haag, die Kurpfalz musste beträchtliche territoriale Verluste, die Aberkennung der Pfälzer Kurwürde sowie deren Übertragung auf Maximilian von Bayern hinnehmen.

Die Schriftwechsel geben einen tiefen Einblick in die Ereignisse, auch wenn es sich nur um einen kleinen prägnanten Ausschnitt, nämlich

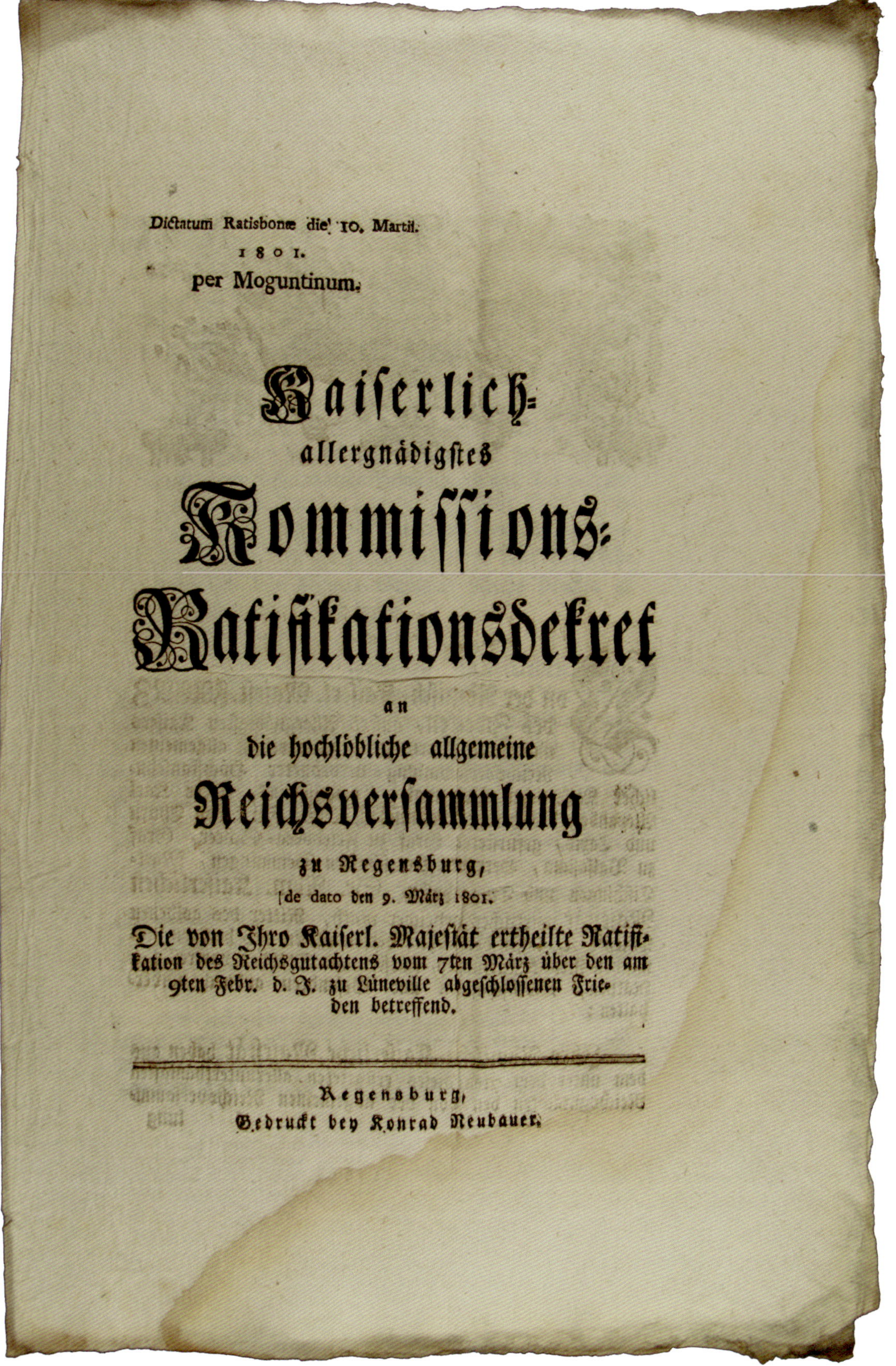

Dictatum Ratisbonæ die 10. Martii.
1801.
per Moguntinum.

Kaiserlich-
allergnädigstes
Kommissions-
Ratifikationsdekret
an
die hochlöbliche allgemeine
Reichsversammlung
zu Regensburg,
de dato den 9. März 1801.
Die von Ihro Kaiserl. Majestät ertheilte Ratifikation des Reichsgutachtens vom 7ten März über den am 9ten Febr. d. J. zu Lüneville abgeschlossenen Frieden betreffend.

Regensburg,
Gedruckt bey Konrad Neubauer.

B5.07

die Thronkandidatur Friedrichs, handelt. Friedrich, gedrängt von seinem politischen Berater Christian I. von Anhalt-Bernburg, sah in der böhmischen Krone die Chance, königlichen Rang zu erlangen und im Kampf zwischen Reformation und Gegenreformation ersterer zum Sieg zu verhelfen. Besonders brisant ist die Kandidatur dadurch, dass Friedrich die kurz zuvor erfolgte Kaiserwahl Ferdinands anerkannt hatte, in Böhmen aber in Opposition zum Habsburger trat und es als seine „protestantische Christenpflicht" ansah, die Krone Böhmens anzunehmen.

Über diese Haltung Friedrichs ist in der Literatur viel diskutiert worden, sie wird auch in dem hier vorliegenden Briefwechsel behandelt. Der neue König schließt seine Korrespondenz mit den Worten „gegeben auff unsrem königlichen Schloss zu Prag, euer allzeit getreuer Vetter Friedrich". Aus dieser Schlussformel wird auch klar das Datum der Korrespondenz – Ende 1619 – ersichtlich, während die Abschriften und der Druck des Sammelbandes erst wesentlich später, 1621, erfolgte, als das böhmische Königtum des „Winterkönigs" Friedrich bereits beendet war.

Peter Styra

B5.08a/b
Kriegskunst zu Pferdt

Frankfurt am Main: Johann Theodor de Bry, 1616
Johann Jacob von Wallhausen
Druck auf Papier. H 30 cm, B 18,5 cm
München, Bayerische Staatsbibliothek, Res/4 A.lat.b 800 k

B5.08b
Kriegskunst zu Fuß

Oppenheim: Johann Theodor de Bry, 1615
Johann Jacob von Wallhausen
Druck auf Papier. H 30 cm, B 20 cm
Stuttgart, Württembergische Landesbibliothek, HBb 1338

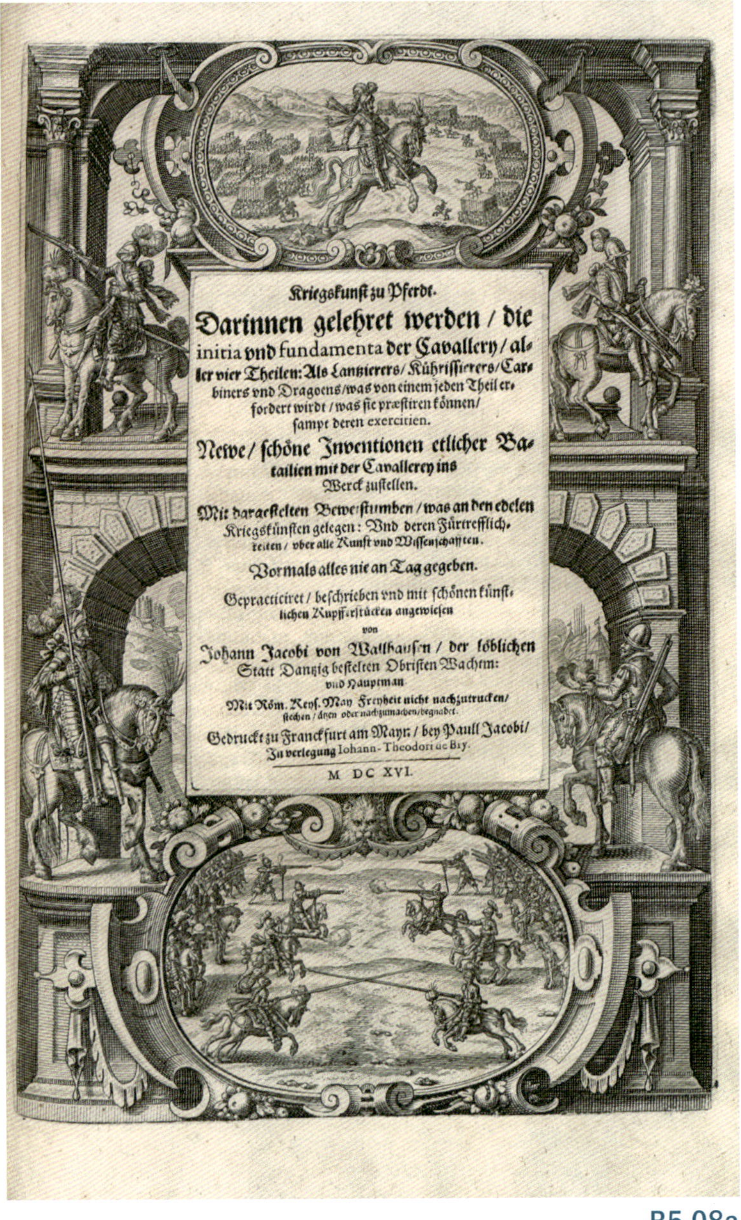
Kriegskunst zu Pferdt.
Darinnen gelehret werden / die initia vnd fundamenta der Cavallery / aller vier Theilen: Als Lantzierers / Kührissierers / Carbiners vnd Dragoens / was von einem jeden Theil erfordert wirdt / was sie præstiren können / sampt deren exercitien.
Newe / schöne Inventionen etlicher Batailien mit der Cavallerey ins Werck zustellen.
Mit dargestelten Beweißthumben / was an den edelen Kriegskünsten gelegen: Vnd deren Fürtrefflichkeiten / vber alle Kunst vnd Wissenschafften.
Vormals alles nie an Tag gegeben.
Gepracticiret / beschrieben vnd mit schönen künstlichen Kupfferstücken angewiesen
von
Johann Jacobi von Wallhausen / der löblichen Statt Dantzig bestelten Obristen Wachtm: vnd Hauptman
Mit Röm. Keys. May Freyheit nicht nachzutrucken / stechen / ätzen oder nachzumachen / begnadet.
Gedruckt zu Franckfurt am Mayn / bey Paull Jacobi / In verlegung Iohann-Theodori de Bry.
M DC XVI.

B5.08a

Zum Ende des 16. Jahrhunderts revolutionierte der systematische Gebrauch von Schusswaffen in den Schlachten die Kriegführung. Ausgehend von den Reformen, mit denen Moritz von Oranien (1567–1625) während des Achtzigjährigen Krieges seine niederländischen Armee modernisierte, entwickelte sich eine neue Kriegspraxis in Europa. Die oranischen Heeresreformen brachten kleinere Infanterieeinheiten aus Arkebusieren, Musketieren und Pikenieren, die im Kampf flexibel einzusetzen waren. Um deren Effizienz zu steigern, wurden die Soldaten ständigen Übungen und einem neuen Führungswesen unterworfen. Als einer der wichtigsten deutschen Militärschriftsteller, die sich mit diesen Ideen produktiv und kreativ auseinandersetzten, gilt Johann Jacob von Wallhausen (um 1580–1627). Seine hier gezeigten Abhandlungen über die Infanterie und Kavallerie waren zusammen mit dem 1617 in Hanau gedruckten Buch zur *Archiley-Kriegskunst*, zur Artillerie, als Teile eines umfangreichen Werkes über die Kriegswissenschaft gedacht, das jedoch nie vollständig erschien. Wallhausens Bücher gaben theoretische Anleitungen zu Übungen und zum Gebrauch der Waffen, zu Strategie und Taktik.

Neben erläuternden Texten finden sich dort auch zahlreiche Kupferstiche. Die praktische Ausbildung der Soldaten erfolgte indes zumeist fernab der Schreib- und Gelehrtenstuben auf den Schlachtfeldern. Der 1618 beginnende und 30 Jahre dauernde Krieg wurde zum Einsatzgebiet und Experimentierfeld dieser modernen Kriegführung, die

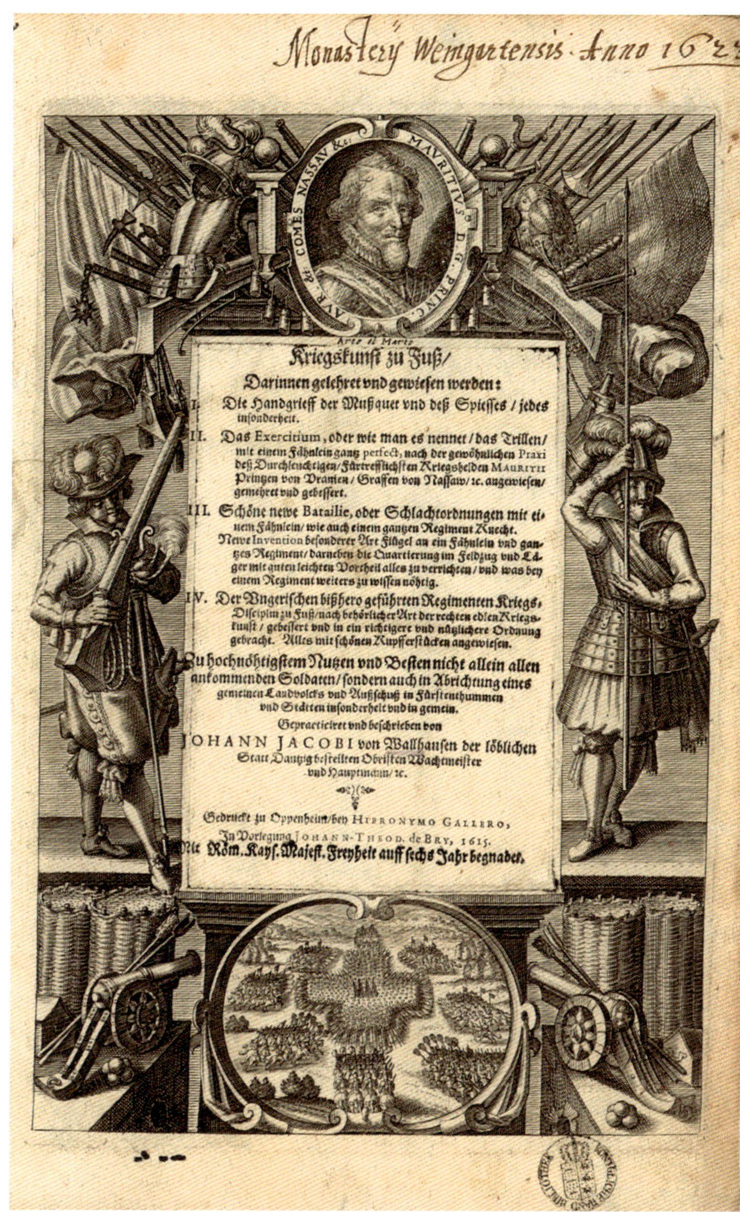

Monasterij Weingartensis Anno 1623

Arte et Marte

Kriegskunst zu Fuß/

Darinnen gelehret vnd gewiesen werden:

I. Die Handgrieff der Mußquet vnd deß Spiesses / jedes insonderheit.

II. Das Exercitium, oder wie man es nennet / das Trillen/ mit einem Fähnlein gantz perfect, nach der gewöhnlichen Praxi deß Durchleuchtigen/ Fürtrefflichsten Kriegshelden Mauritii Printzen von Vranien / Graffen von Nassaw / etc. angewiesen/ gemehret vnd gebessert.

III. Schöne newe Batailie, oder Schlachtordnungen mit einem Fähnlein/ wie auch einem gantzen Regiment Knecht. Newe Invention besonderer Art Flügel an ein Fähnlein vnd gantzes Regiment/ darneben die Quartierung im Feldzug vnd Läger mit guten leichten Vortheil alles zu verrichten / vnd was bey einem Regiment weiters zu wissen nöhtig.

IV. Der Vngerischen bißhero geführten Regimenten Kriegs, Disciplin zu Fuß/nach gebührlicher Art der rechten edlen Kriegskunst / gebessert vnd in ein richtigere vnd nützlichere Ordnung gebracht. Alles mit schönen Kupfferstücken angewiesen.

Zu hochnöhtigstem Nutzen vnd Besten nicht allein allen ankommenden Soldaten/ sondern auch in Abrichtung eines gemeinen Landvolcks vnd Außschuß in Fürstenthummen vnd Stätten insonderheit vnd in gemein.

Gepracticiret vnd beschrieben von

JOHANN JACOBI von Wallhausen der löblichen Statt Dantzig bestellten Obristen Wachtmeister vnd Hauptmann/ etc.

Gedruckt zu Oppenheim/ bey Hieronymo Galliero, In Verlegung Johann-Theod. de Bry, 1615.

Mit Röm. Kays. Majest. Freyheit auff sechs Jahr begnadet.

B5.08b

in kurzer Zeit vor allem in den protestantischen Territorien des Heiligen Römischen Reiches eingeführt worden war. Die Niederlage, die das vom Prinz Christian I. von Anhalt-Bernburg (1568–1630) befehligte Heer 1620 in der Schlacht am Weißen Berg gegen die von Johann t'Serclaes Tilly (1559–1632) kommandierten katholischen Truppen erlitt, führte der Prinz darauf zurück, dass viele seiner Offiziere die oranische „Kriegskunst" nicht richtig verstanden hatten.

Thomas Weißbrich

Literatur

Delbrück 2000 · Robert 2010a · Schwager 2012.

B5.09

Kissen, gefertigt aus einer Trompetenfahne Kurfürst Friedrichs V. von der Pfalz

1613
Stickerei auf Seide. L 50 cm, B 50 cm, H 20 cm
Ingolstadt, Bayerisches Armeemuseum, A 6161

Im Zuge der vernichtenden Niederlage des böhmisch-pfälzischen Heeres Friedrichs V. in der Schlacht am Weißen Berg bei Prag 1620 gingen eine Vielzahl an Trophäen, Kunstschätzen, persönlichen Gegenständen und die Geheimkanzlei in die Hände des Siegers, Herzog Maximilian I. von Bayern, über. Als eine der bedeutendsten Kleinodien gelangte so auch der Hosenbandorden, den Friedrich von seinem Schwiegervater König Jakob I. von England anlässlich seiner Hochzeit mit dessen Tochter Elizabeth verliehen bekommen hatte, in Maximilians Besitz. Ebenso erging es zwei Trompetenfahnen, die anlässlich dieser Eheschließung 1613 gefertigt worden waren und die das Heer Friedrichs in der Schlacht vor Prag mit sich führte. Von ihrem neuen Eigner wurden sie zu einem Kissen umgearbeitet. Erhalten blieb von dem Textil dabei lediglich das dreiteilige, von zwei Löwen gehaltene Wappen des Kurfürsten – bestehend aus dem Pfälzer Löwen, den weiß-blauen Rauten und einem dritten Schild mit dem Reichsapfel – umgeben von der Collane des englischen Hosenbandordens und dessen Devise „Honi soit qui mal y pense". In äußerst sinnfälliger Weise nahm Herzog Maximilian damit gewissermaßen die „Insignien" des Pfälzer Verwandten in Besitz und Gebrauch.

Im Verlauf des Dreißigjährigen Krieges wurden die Kissen von schwedischen Söldnern erbeutet. Seit 1886 verwahrte das Stockholmer Nationalmuseum beide Exemplare, von denen eines heute dem Bayerischen Armeemuseum gehört.

Sabine Witt

Literatur

Ausst.-Kat. Heidelberg 2013, S. 353, Kat.-Nr. HS 155 · Ausst.-Kat. München 1980b, II/2, S. 335, Kat.-Nr. 510 f. · Ausst.-Kat. Münster 1998, S. 345, Kat.-Nr. 973.

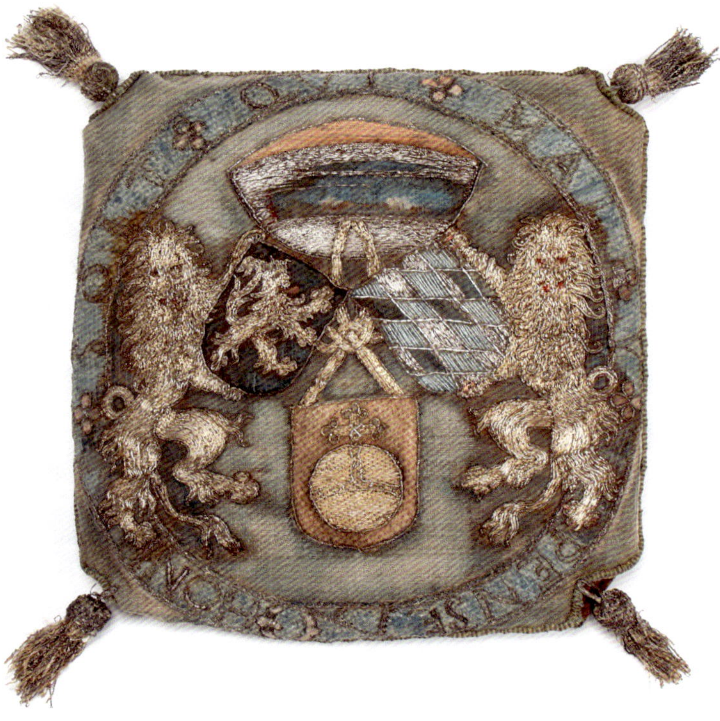

B5.09

tet wird, wird demnach gänzlich von außen gesteuert. Scultetus und Camerarius sind vom Autor als Schuldige ausgemacht: Sie haben im wahrsten Sinne das Rad überdreht und die Herrschaft Friedrichs V. von der durchaus positiv bewerteten Zeit als Kurfürst durch die Krönung zu einem Desaster werden lassen, in dem Friedrich eine eher passive Rolle zugestanden wird.

Christoph Lind

Literatur

Ausst.-Kat. Karlsruhe/Heidelberg 1986, S. 414, Kat.-Nr. F 47 · Kat. Coburg 1983, Nr. 79

B5.10
Des gewesten Pfalzgrafen Glück und Unglück

Spottflugblatt auf Friedrich V. von der Pfalz
1621
Kupferstich und Typendruck auf Papier. H 31,4 cm, B 27 cm
Reiss-Engelhorn-Museen Mannheim, C 147 (MAV)

Mit Spott und Ironie erzählt das abgedruckte Gedicht vom Aufstieg und Fall des Winterkönigs. Versinnbildlicht wird die Schilderung mit der Darstellung Friedrichs am Rad der Fortuna. Allerdings dreht er nicht selbst am Rad, sondern wird gedreht: von seinem Hofprediger Abraham Scultetus, der als rigoroser Calvinist durch seine Maßnahmen insbesondere in Prag die dortige Bevölkerung gegen sich aufbrachte, und von Hofrat Ludwig Camerarius, der auch nach dem Fall Friedrichs versuchte, neue Bündnispartner zu gewinnen. Die oft bissige Einseitigkeit vieler Spottschriften ist dem vorliegenden Blatt nicht eigen: Sowohl im Gedicht als auch in der bildlichen Darstellung wird die Zeit Friedrichs als Kurfürst durchaus positiv dargestellt und der kurze Höhepunkt seiner Macht zeigt ihn würdig mit königlichen Insignien. Der jähe Fall, durch den er Krone und Zepter verliert und in den Fluss stürzt, aus dem er – in den Niederlanden! – von Fischern mit einem Netz geret-

B5.11
Die drei Blinden aus Böhmen

Flugblatt mit Spottgedicht auf den Fall des Winterkönigs
1621
Holzschnitt auf Papier. H 45,2 cm, B 34,4 cm
Reiss-Engelhorn-Museen Mannheim, C 153

Auch dieses Spottgedicht nimmt Bezug auf den Fall des *Winterkönigs* Friedrich V. Von Kaiser Ferdinand II. geächtet, musste er über Schlesien ins Exil fliehen und fand schließlich mit seiner Familie Aufnahme am Oranierhof in Den Haag. Die Pfalzgrafschaft verlor Territorien und die Kurwürde.

Die Flucht aus Böhmen ist das Hauptthema des Flugblattes, das dafür eine besondere Form wählt: Einzelne Worte der Verse sind durch Tier- oder Sachmotive ersetzt, so dass der Text als eine Art Bilderrätsel (Rebus) zu entziffern ist. Solche Bild-Text-Kombinationen waren in dieser Zeit durchaus verbreitet, das hier gezeigte Blatt ist ein reich illustriertes und durchaus anspruchsvolles Beispiel. Mit den drei im starken Gegenwind aus „Staub und Sandt" Erblindeten sind Friedrich selbst sowie vermutlich seine Begleiter bzw. Berater Ludwig Camerarius und Abraham Scultetus gemeint. In der vorletzten Strophe beklagen sie, die Mitglieder des exklusiven englischen Hosenbandordens gewesen waren, zuvor „Städte und Landt" besessen zu haben und dass „[d]ie Augen jetzt nicht sehen mehr. Kein Zepter und kein Krone".

Sabine Witt

Literatur

Ausst.-Kat. Karlsruhe/Heidelberg 1986, S. 414, Kat.-Nr. F 48 · Harms III, 1989, S. 168 f. · Kat. Coburg 1983

Deß gwesten Pfaltzgrafen Glück vnd Vnglück.

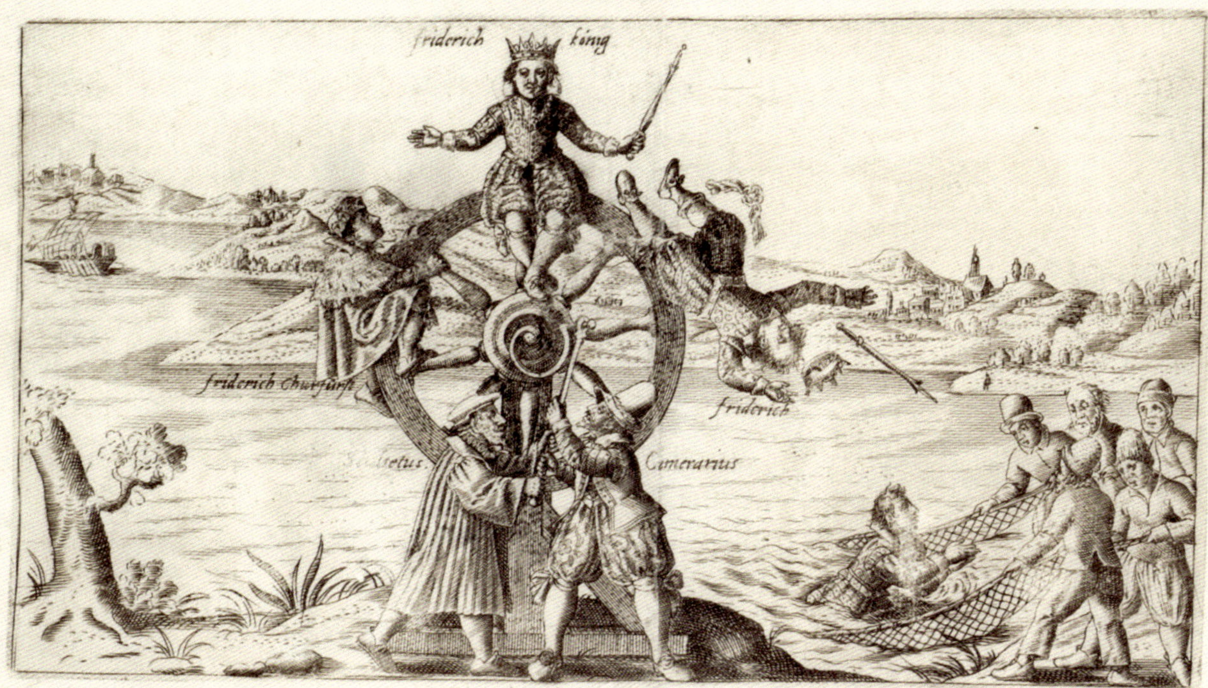

WEr Glück vnd Vnglück wissen wil/
Der seh an deß Pfaltzgrafen spil.
Sehr glücklich war er in dem Reich/
So bald hett er nit seines gleich/
Jhm manglet nit an Leit vnd Land
Regieret weißlich mit Verstand
Ein Fraw von Königlichem Stam̃/
Die mehret jhm sein hohen Nam/
War glückhafftig mit jungen Erben
Sein Stam̃ so bald nit solt absterben.
Von reich vnd arm von jung vnd alten
Ward er in grosser Ehr gehalten.
Wie solches dann auch billich gschach
Weil er die höchste Chur versach
Auß Weltlichen Churfürsten vier
Dem Römischn Reich war er ein zier.
In Summ jhm war wol allermassen
Wann er sich nur hett gnügen lassen.
O Ehrgeitz du verfluchte sucht:
Hie sicht man dein vergiffte frucht/
Die Ehr vnd Würd machst manchem süß
Biß er kompt andern vnder dFüß.
Wie ansehlich wie zierlich wol
Wie dapffer alles Glücks so vol
War Pfaltzgraf Friderich zuuor/
Ehe das jhn Hoffart hebt empor.
Die besten Maister in dem Rath
Die waren da sein höchster schad
Der Blessen/ Camerarins/
Kein Müh kein Arbeit sie verdruß/
Biß sie jhn in die höch gebracht
Vnd auß jhm einen König gmacht
Das hett doch in die läng kein bstand
Weil er sich brauchet frembder Land
Sein Reich war nit von diser Welt
Darumb er bald zu boden felt.
Wo felt er hin? Ins tieffe Möhr/
Verlassen von seim gantzen Heer/
Die Staden haben jhn auffgfangen
Thun mit dem newen Fisch jetzt prangen
Vnd halten jhn für ein Gschauessen
Das Glück hat seiner gar vergessen
Hat jhn zu spott gmacht vor der Welt
Vnd wie ein Spiegel fürgestellt
Daß sich ein jeder hinfürbaß
Am seinigen genügen laß
Wie gern wolten jhn seine Räth
(Die das Rath zu starck vmbgedräht)
Jetzt wider in die höch auffschwingen
Es wil jhn aber alls mißlingen
Er ist zu tieff hinab gesuncken
Er wer villeicht gar wol ertruncken
Wann nit Holland geholffen hett
Da es vmb jhn noch mißlich steht
Dann als er auß dem Netz gekrochen
Hand sie jhm weiter nichts versprochen
Als daß er mög bey jhnen wohnen
Jetzt seynd hindurch vil gute Cronen.
Der hett zuuor vil Leit vnd Land
Der hat jetzund ein läre Hand
Der vor hett auff dem Haupt ein Cron
Hat jetzt kaum ein gantz Hemet an
Helff Gott dem armen Friderich
Er kompt doch nimmer vbersich.

Getruckt im Jahr/ 1621.

B5.10

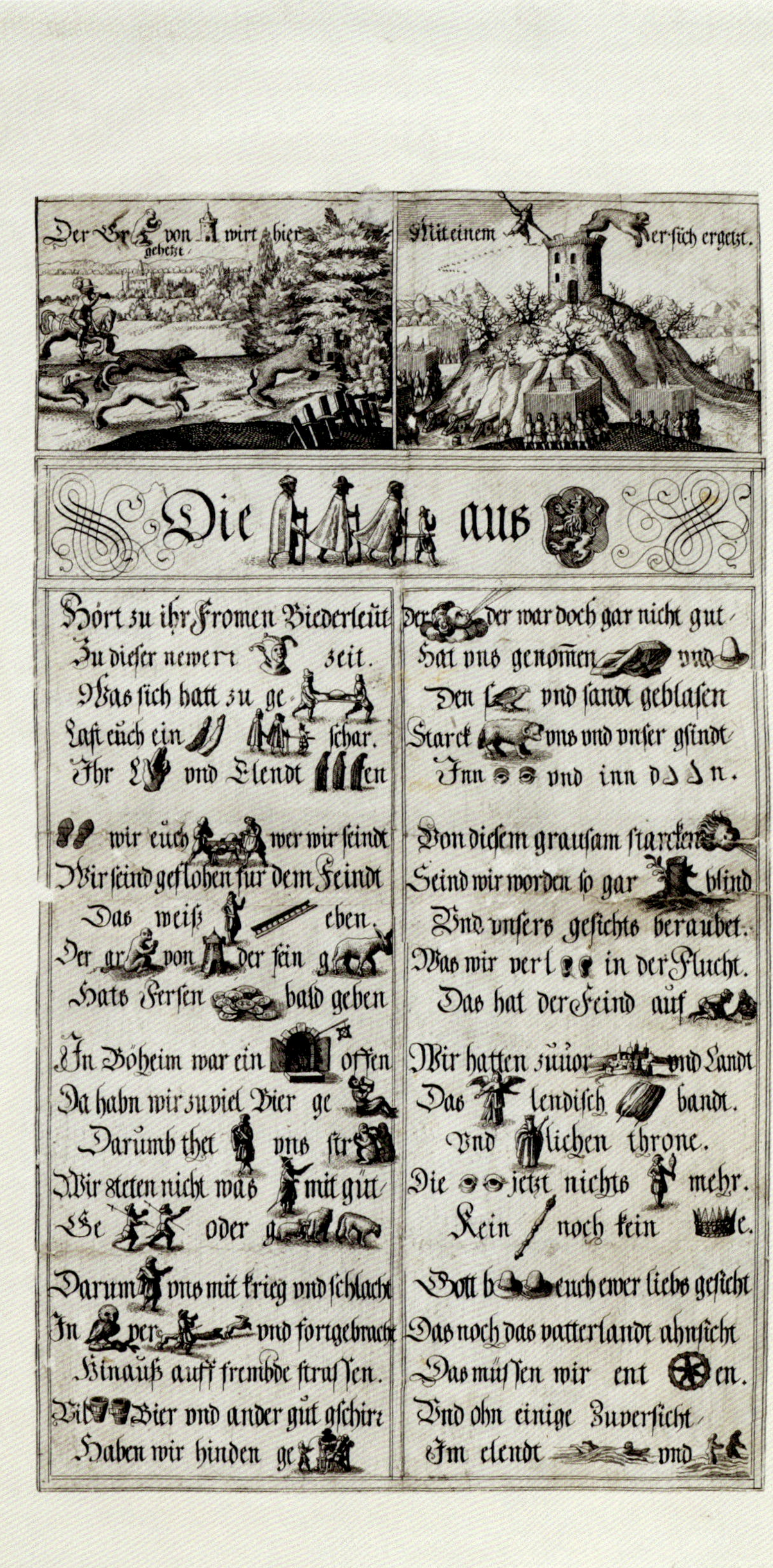
Der Gr von wirt hier gehetzt
Mit einem er sich ergetzt.
Die aus
Hört zu ihr Fromen Biederleüt
Zu dieser newen zeit.
Was sich hatt zu ge
Last euch ein schar.
Ihr vnd Elendt en
wir euch wer wir seindt
Wir seind geflohen für dem Feindt
Das weiß eben.
Der gr von der sein g
Hats Fersen bald geben
In Böheim war ein offen
Da habn wir zuviel Bier ge
Darumb thet vns str
Wir steten nicht was mit gut
Ge oder g
Darum vns mit krieg vnd schlacht
In per vnd fortgebracht
Hinauß auff frembde strassen.
Vil Bier vnd ander gut gschirr
Haben wir hinden ge
Der der war doch gar nicht gut
Hat vns genomen vnd
Den vnd sandt geblasen
Starck vns vnd vnser gsindt
Inn vnd inn n.
Von diesem grausam starcken
Seind wir worden so gar blind
Vnd vnsers gesichts beraubet.
Was wir verl in der Flucht.
Das hat der Feind auf
Wir hatten zuuor vnd Landt
Das lendisch bandt.
Vnd lichen throne.
Die jetzt nichts mehr.
Kein noch kein e.
Gott b euch ewer liebs gesicht
Das noch das vatterlandt ahnsicht
Das müssen wir ent en.
Vnd ohn einige Zuversicht
Im elendt vnd

B5.11

B6

Der Verlust der Kurwürde und das Ringen um Restitution

Die Niederlage Friedrichs bedeutete einen tiefen Sturz für die pfälzischen Wittelsbacher. Friedrich wurde geächtet, die Kurpfalz verlor einen Teil ihres Territoriums, darunter auch die Oberpfalz, die an Bayern fiel, und die Kurwürde. Der Anführer der Liga, Herzog Maximilian von Bayern, ein Vetter des Winterkönigs, wusste die Gunst der Stunde zu nutzen. Im Gegenzug für seine militärische Unterstützung des Kaisers hatte Maximilian sich von Ferdinand II. die Übertragung der Pfälzer Kur an die bayerische Linie der Wittelsbacher zusichern lassen. Das Symbol dieser Kurwürde, der Reichsapfel, zierte fortan das bayerische Wappen. Das Ende des Dreißigjährigen Krieges ließ die Kurpfalz verwüstet und um die Hälfte ihrer Bevölkerung dezimiert zurück. Auch bedeutende Kunstschätze gingen verloren, die Heidelberger *Bibliotheca Palatina* wurde der Vatikanischen Bibliothek einverleibt. Bei den Verhandlungen zum Westfälischen Frieden 1648 scheiterten die Versuche, die vornehmste weltliche Kur für die Pfälzer zurückzugewinnen. Als Ausgleich wurde für Friedrichs Sohn Karl Ludwig eine neue, achte Kur geschaffen, die im Rang jedoch allen anderen nachstand.

B6.01a/b

Erste geheime Übertragung der Kurwürde auf Maximilian von Bayern durch Kaiser Ferdinand II.

22. September 1621
Papierlibell, Papiersiegel. H 32,5 cm, B 21 cm
München, Bayerisches Hauptstaatsarchiv, Kurbayern Urkunden 1624

Belehnung des Herzogs Maximilian von Bayern mit der pfälzischen Kurwürde

25. Februar 1623
Pergamenturkunde, angehängte Goldbulle an Seidenschnur.
H 48 cm, B 70,5 cm
München, Bayerisches Hauptstaatsarchiv, Kurbayern Urkunden 22118

Das „böhmische Abenteuer" Friedrichs V. (1596–1632) dürfte dem bayerischen Herzog Maximilian (1573–1651) ideal in die Hände gespielt haben. Der Wahl des Pfälzer Kurfürsten zum böhmischen König am 26. August 1619 folgte umgehend eine Analyse der eventuellen politischen Folgen durch den Sekretär Maximilians Christoph Gewold. In Berufung auf eine zweifelhafte Rechtmäßigkeit der Goldenen Bulle stellte jenes Gutachten im Falle der Verhängung der Reichsacht über Friedrich die Übertragung der Pfälzer Kurwürde auf Herzog Maximilian in Aussicht. Am 9. Oktober 1619 kam es in München zu einer geheimen mündlichen Vereinbarung zwischen dem frisch gekrönten Kaiser Ferdinand II., der dringend finanzielle und personelle Unterstützung brauchte, und dem bayerischen Herzog, dass die Kurwürde auf die bayerische Linie übergehen würde, wenn Maximilian mit finanziellen Mitteln und Truppen Böhmen für das Kaiserhaus zurückerobern würde. Nach dem kaiserlichen Sieg der Katholischen Liga, geführt von Maximilian und zusätzlich unterstützt durch päpstliche Zahlungen, in der Schlacht am Weißen Berg im Dezember 1620 und der Ächtung Friedrichs V. im Januar des Folgejahres forderte der bayerische Herzog unermüdlich den Lohn für seine Unterstützung gegenüber dem zögernden Kaiser ein, wie zahllose Dokumente belegen. Schließlich besänftigte Ferdinand den hartnäckigen Herzog mit einem am 22. September 1621 verfassten Geheimdokument über die erbliche Übertragung der Pfälzer Kurwürde an die bayerischen Wittelsbacher (Kat. B6.01a). Nur drei Berater des Kaisers wussten um die Geheimbelehnung, die aus diesem Grund auch nicht auf Pergament und ohne großes Siegel verfasst wurde, damit sie unauffällig auf dem Postweg nach München gelangen konnte. Neben der Unterschrift des Kaisers verifiziert ein kleines kaiserliches Siegel das Dokument, auf dessen vierter und fünfter Seite Friedrich V. sämtliche Rechte und Würden aberkannt und auf der achten Seite die Kurfürstenwürde Maximilian zugesprochen wurde. Der Grund der Geheimhaltung lag im Widerstand der protestantischen Reichsfürsten aber auch der katholischen Spanier gegen die Translation der Kur. Vor allem die spanische Diplomatie bekämpfte eine offizielle und endgültige Kurübertragung vehement, da man eine Ausweitung der Kriegshandlungen und die Unmöglichkeit einer diplomatischen Beilegung des Pfälzischen Konflikts befürchtete. Doch dies nahm Maximilian in Kauf, wenn auch sicher nicht ahnend, wie sich die Kriegshandlungen ausweiten würden.

Die offizielle Belehnung erfolgte auf dem Regensburger Fürstentag am 25. Februar 1623. Die Urkunde der Belehnung Maximilians mit der pfälzischen Kur zeigt formal erhebliche Unterschiede zum Geheimdokument: in repräsentativer Größe, auf kostbarem Pergament verfasst und mit prächtiger Goldbulle des Kaisers ausgezeichnet. Die Rezeption der Investitur erfolgte vor allem in Bildquellen in beschönigender Weise (vgl. Kat.-Nr. B6.02), eine repräsentative Zeremonie und Einigkeit unter den Reichsfürsten suggerierend. Der tatsächliche Hergang mit bescheidener Zeremonie hinter verschlossenen Türen sowie dem demonstrativen Abreisen der protestantischen Kurfürsten und dem Fernbleiben der spanischen und französischen Gesandten muss als Affront gegen Kaiser und Bayern erachtet werden. Der Traum Maximilians von Rangerhöhung und dem Erhalt des mit der Pfälzer Kur einhergehenden Reichsvikariats ging in Erfüllung, ebenso erhielt er die Hoheit über die rheinpfälzischen und die reichen oberpfälzischen Territorien. Doch der Wunsch des Kaisers, am Ende der Translationszeremonie geäußert, nach einer Glück und Heil bringenden Kurwürde blieb verwehrt und sollte erst mit dem Ende des Dreißigjährigen Krieges und einer Neuordnung der *Causa Palatina* in Erfüllung gehen.

Uta Coburger

Literatur

Ausst.-Kat. Landshut 1980 · Ausst.-Kat. München 1979, S. 188–190 · Ausst.-Kat. Münster/Osnabrück 1998 · Lanzinner 2007 S. 248–262

vnd büeßdie verbrecher, sonder auch alle derselben
leibs erben vnd nachkommen begreiffen, dergestalt
das dieselbe sambt vnd sonders aller digniteten
ehr vnd würden, landt vnd herschafften gleichmessig
zu ewigen zeiten entsetzt werden; Als erkleren
wir hiemit, vnd zu volg vnserer ergangenen
Achts denunciation, zu allem vberfluß, auß eig=
ner bewegnuß, rechter wissen, vorgehendem guten
rhatt, auch auß kaiserlicher volmacht, erstgedachten
Friedrichen vnd alle dessen nachkommen, von allen
rechten, würden, hochheit, titel vnd ambt der Churfürsten
thumbs vnd Ertztruchsessen, wie auch der stimm,
session, vnd was von disem allem nur herrühret,
von rechtswegen gefallen, vnd dessen allen nun
obgesetzt verlüstig vnd vnfehig zu sein, setzen
auch vorgenanten Friedrich hiemit außer der
Zahl anderer Churfürsten, dergestalt das weder er
noch seine nachkommen hinfüro solches Ertztruchs=
essen vnd Churfürstlichen ambts, sambt dessen recht
gerechtikeit, priuilegien, stimm, session, würde,
vnd praeminenz, gebrauchen sollen noch mögen
in keinerlei weg.

Was aber der heilig Reichs ordnung nach,
insonderheit Kaiser Caroli IV güldenen Bull,
vns gepürt, auch macht vnd gewalt haben, von der
erledigten Churfürstlichen dignitet nach vnserem gefallen
verordnung zu thun, vnd wir dahin sonderlich
geflissen sein, damit das Römische Reich in seiner
vralten löblichen verfassung, auch der volkommenen

B6.01a

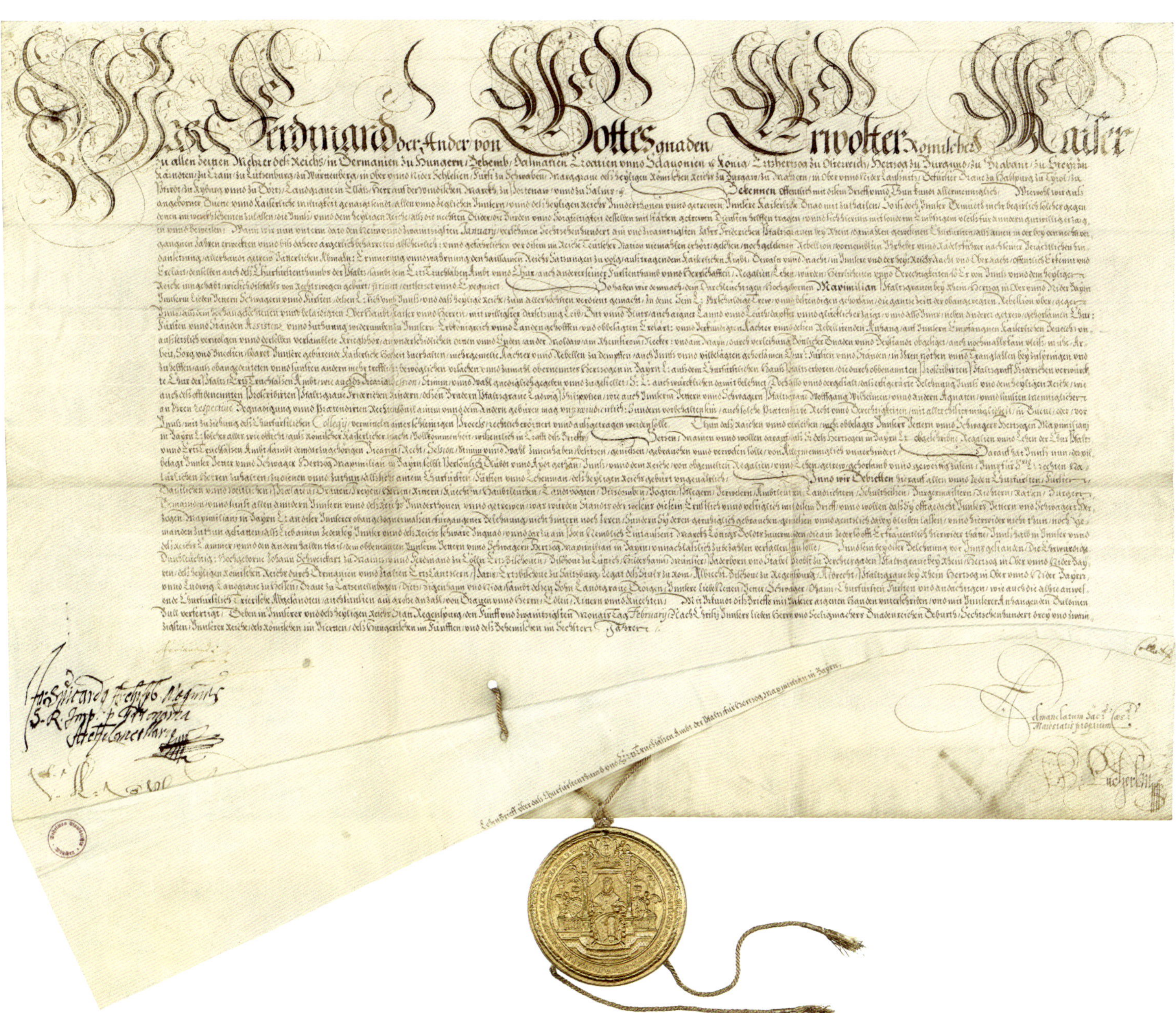

B6.01b

B6.02*

Die Belehnung Herzog Maximilians I. von Bayern mit der Kurwürde 1623

Scheyern, um 1624/25
Öl auf Holz. H 74 cm, B 141 cm
Scheyern, Benediktinerabtei zum Heiligen Kreuz, Fürstenzyklus Nr. 20

Für mehr als 100 Jahre war das Kloster Scheyern das Hauskloster und die zentrale Begräbnisstätte des Hauses Wittelsbach. Otto von Wittelsbach wurde dort ebenso zur letzten Ruhe gebettet wie sein Sohn Ludwig der Kelheimer und sein Enkel Otto der Erlauchte. Die *Memoria* der Stifter wurde im Kloster auch dann noch weiter gepflegt, als diese schon andere Begräbnis- und Gedächtnisorte gestiftet hatten. Zeugnis für die Bedeutung der Wittelsbacher als Gründer legt auch der Scheyerner Fürstenzyklus ab. Der heute aus 20 Gemälden bestehende, von anonymer Hand geschaffene Bilderzyklus schildert zentrale Ereignisse aus der Geschichte des Klosters und des Hauses Wittelsbach. Von ihnen zeigt das Bild Nr. 20 die Belehnung des Herzogs Maximilian I. von Bayern mit der Kurwürde durch Kaiser Ferdinand II. am 25. Februar 1623.

Die Erlangung der Kurwürde war seit langem ein Anliegen der ludowizischen Linie des Hauses Wittelsbach. Das „böhmische Abenteuer" seines Vetters, Friedrich V. von der Pfalz, bot eine hervorragende Gelegenheit, diese höchste Fürstenwürde im Heiligen Römischen Reich zu erringen. Denn mit der Verhängung der Reichsacht über Friedrich wurde die Kur vakant. In geheimen, mündlichen Verhandlungen hatte Herzog Maximilian von Bayern seinen Anspruch auf das „künftig heimfallende Reichslehen und insbesondere aber die Churpfalz" formuliert. Gegen diese Übertragung hatten – auch aufgrund ihres engeren Verwandtschaftsgrades mit Friedrich V. von der Pfalz – die Kurfürsten von Brandenburg und Sachsen sowie Maximilians Schwager, Wolfgang Wilhelm von Pfalz-Neuburg, Protest eingelegt. Daher belehnte Kaiser Ferdinand II. den bayerischen Herzog offiziell und in Form einer feierlichen öffentlichen Thronbelehnung erst ein gutes Jahr später auf dem Regensburger Reichstag von 1623. Auch dann war die Vergabe der Kur, die zunächst nur Maximilian persönlich galt und damit auf Lebenszeit begrenzt war, noch umstritten, da sie nach dem Reichsrecht die Zustimmung der amtierenden Kurfürsten sowie der römischen Kurie erforderte. Daher wählte man für die Belehnung wohl nicht unbewusst den 25. Februar: Ferdinand und Maximilian verwiesen damit auf einen Präzedenzfall – die Übertragung der sächsischen Kur auf Moritz von Sachsen durch Kaiser Karl V. – die vor exakt 75 Jahren, am 25. Februar 1548, auf dem „Geharnischten Reichstag" in Augsburg stattgefunden hatte. Dieses Ereignis war von Matthäus Gundlach für eines der Fürstenzimmer im Augsburger Rathaus bildlich festgehalten worden – und es ist genau diese Komposition, die nun das Scheyerner Werk rezipiert. Dabei wird jedoch das Geschehen, anders als die Quellen berichten, in den öffentlichen Raum verlegt. Ebenso suggeriert das Gemälde in legitimierender Absicht eine große Einigkeit unter den versammelten Kurfürsten, von denen nur die Kurfürsten von Mainz und Trier persönlich anwesend, Sachsen und Brandenburg hingegen bereits demonstrativ abgereist waren. Eine Inschrift weist ausdrücklich darauf hin, dass Maximilian die Kurwürde, die damit „nach 246 Jahren nach Bayern zurückgebracht" wurde, aufgrund seiner Tapferkeit und Waffenerfolge erhalten habe.

Sabine Witt

Literatur

Ausst.-Kat. Berlin 2006, S. 283–284, Kat.-Nr. IV.48 · Ausst.-Kat. München 1980, Bd. 2, S. 352, Kat.-Nr. 5.42 · Ausst.-Kat. Regensburg 2000, S. 105, Kat.-Nr. 5.22 · Stollberg-Rilinger 2006

B6.03

Breve Papst Gregors XV. an Herzog Maximilian I. von Bayern

Rom, 15. Oktober 1622
Pergamenturkunde mit Resten des rückseitig aufgedrückten, roten Wachssiegels. H 24 cm, B 41,5 cm
München, Bayerisches Hauptstaatsarchiv – Geheimes Hausarchiv, Hausurkunde 1496

Zu Beginn des Dreißigjährigen Krieges standen die beiden Linien der Wittelsbacher in unterschiedlichen Lagern: Kurfürst Friedrich V. von der Pfalz, das Oberhaupt der Protestantischen Union, ließ sich von den evangelischen Ständen des Königreichs Böhmen, deren Aufstand gegen die habsburgische Herrschaft den Krieg ausgelöst hatte, zum König wählen. Da dadurch die katholische Mehrheit im Kurfürstenkollegium bedroht war, gelang es Kaiser Ferdinand II., seinen Schwager, den Herzog Maximilian I. von Bayern, Bundesoberst der Katholischen Liga, auf seine Seite zu ziehen, wobei er ihm im Falle eines Sieges über die Truppen Friedrichs V. und der böhmischen Aufständischen die Übertragung der pfälzischen Kurwürde in Aussicht stellte. Spanien und die päpstliche Kurie unterstützen die Liga finanziell. Schon bevor deren Truppen am 19. September 1622 die pfälzische Hauptstadt Heidelberg eroberten, hatte Papst Gregor XV. sein Interesse an der dortigen Bibliothek bekundet, falls sie für die katholische Partei als Kriegsbeute verfügbar werden sollte. Maximilian, der die wertvolle Büchersammlung gerne selbst behalten hätte und tatsächlich einige Handschriften zur Geschichte des Hauses Wittelsbach zurückbehielt, kam nicht umhin, dem Papst, dem er zu Dank verpflichtet war und dessen Unterstützung er für die Kurtranslation weiter benötigte, die Masse der Bücher zum Geschenk zu machen.

Das gezeigte Archivale ist ein Breve, d. h. ein formal zwischen Urkunde und Brief stehendes Schriftstück, wie es in der päpstlichen Kanzlei zur Beurkundung von Angelegenheiten mit zeitlich begrenzter Be-

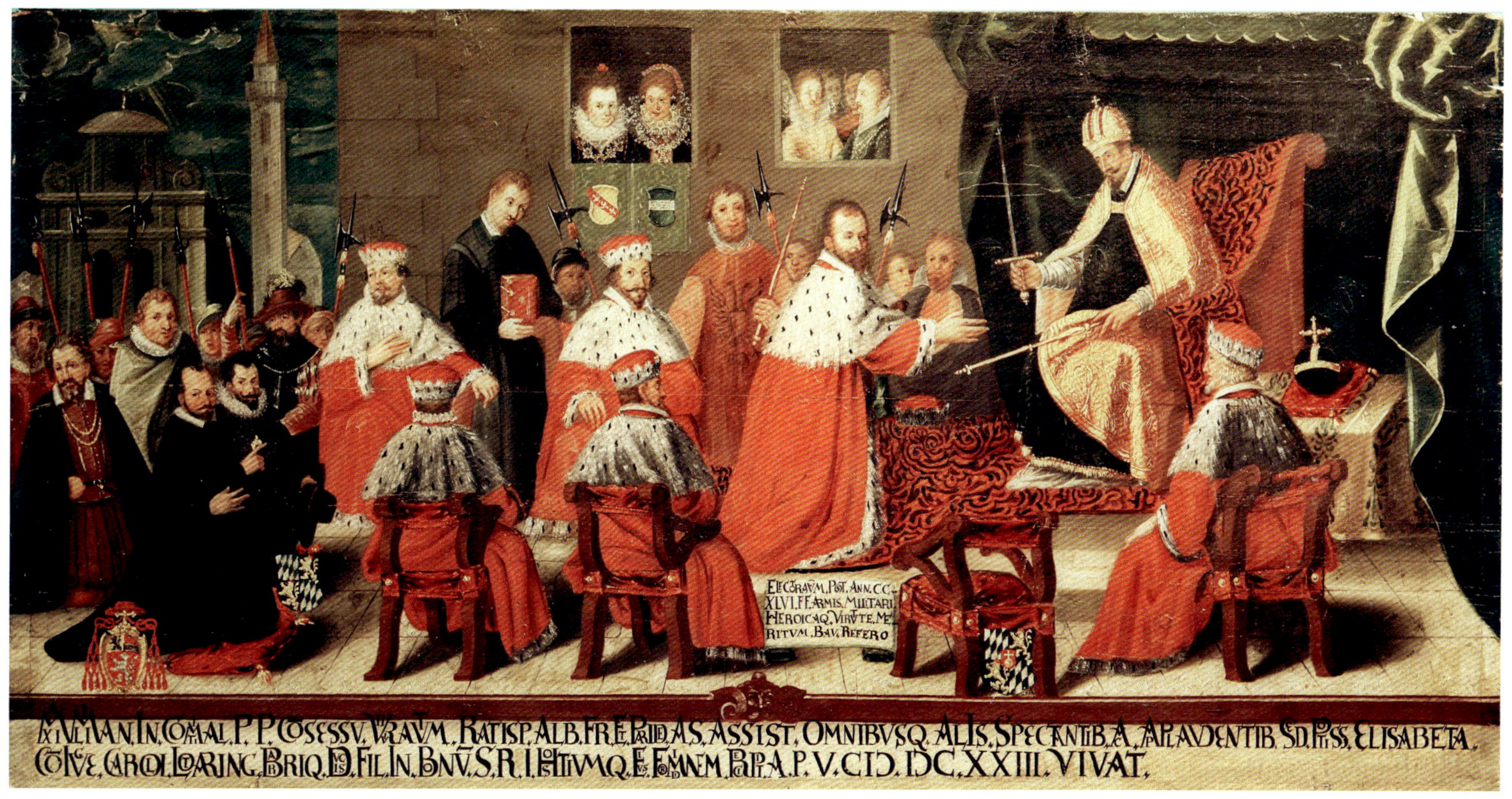

B6.02

GREGORIVS·PP·XV·[s]

Dilecte fili Nobilis uir Salutem et Apostolicam benedictionem. Virtuti coelum fauet, et militum fortitudinem plurium triumphorum gloria comitatur. Induat se tandem aliquando Germania uestibus iucunditatis, quæ in squallore, et luctu tamdiu iacuit deformata ærumnis, et moerore confecta, nouisque canticis personet, Bellatoris Omnipotentis trophæa, et Catholici foederis arma concelebrans. Dominus regnauit, et dissipantur inimici eius. Eiusmodi uocibus Heidelberga capta libet affari Nobilitatem tuam, cuius uictoriæ securitatem Catholicæ Religioni restituunt, et Romani Imperij ditionem propagant, nec Bauarici modò nominis decus sunt, sed gaudium vniuersæ terræ. Nos quidem ubi epistolam tuam accepimus nuntiam tam optatæ foelicitatis, manibus ad coelum passis exercituum Deo gratias egimus, atque ex hac sede coelo proxima Nobilitati tuæ, victricibusque legionibus amantissimè benediximus. Porrò autem incredibile dictu est, quanto Nos gaudio cumulauerit donum illud Romanæ Ecclesiæ gratissimum, et Bauarico nomini gloriosum, quod triumphator religiosissimus tamquam hæresis oppressæ monumentum Apostolorum Principi, ac Nobis obtulisti. Id enim et orthodoxam fidem iuuabit, et laudibus tuis consulet. Quis autem non uidet te, dum mirificâ uoluminum copiâ opulentam Bibliothecam Palatinam Vaticanæ adiungendam ex istis prouincijs asportari cupis, ancipites gladios è sacrilegis hæreticorum manibus extorquere, quos illi ad ueritatem profligandam assiduè distringunt, fabricatores mendacij, et cultores peruersorum dogmatum? Tum autem in amplissima hac Orbis patria, et nationum omnium Theatro, nouam Christianæ sapientiæ turrim extruxisse dicêris, è qua mille clypei pendent, omnis armatura fortium. Ita quæ illic fuerant hæreticæ impietatis tela, fient hic Catholicæ doctrinæ propugnacula, atque viri scientiam salutis edocti inde beneficio tuo arma lucis sument diabolicæ falsitatis excidio decoranda. Iure quidem cum sanctissimo illo Rege lætari poterit Nobilitas tua super eloquia Dei, sicut qui inuenit spolia multa. Quod si præcipuum uictoribus decus est, hostium manubijs templa exornare, quas tamen inde haud multò post temporis iniuria detraxerit, ad perpetuitatem famæ certè pluris interest, tanta librorum opulentia Bibliothecam Vaticanam amplificasse. Quot enim in ea codices erunt, tot Romæ habebis tuarum laudum testes, qui æternis uocibus Bauarici Ducis triumphos, et munificentiam loquentur. Vt autem quamprimum venerabile hoc tuæ pietatis documentum Romanam Ecclesiam, et Pontificios oculos lætificet, decreuimus isthuc allegare dilectum filium Leonem Allatium Theologiæ Doctorem, Scriptoremque Bibliothecæ Vaticanæ, ut à Nobilitate tua, tuisque Ministris Romam auehendos accipiat non solum Palatinos omnes libros, sed etiam Bullas, Breuia, Instrumenta, Relationes, ac quæcunque ibi reperiuntur, siue manuscripta, siue typis impressa, uel clarissimorum ingeniorum, uel Principum monumenta. Expectamus ergo à Nobilitate tua, ut ei vniuersum illum, quantuscumquè est, Palatinorum librorum thesaurum tradendum iubeas, eumquè fauore tuo complectaris, ac patrocinio munias, quo illi et aditus patefiant, atque itinera tuta sint. Hoc beneficio et nomini suo æternam gloriam emet, et Italiam cunctam sibi arctissimè deuinciet, Nos uerò sui amantissimos mirifico solatio afficiet Nobilitas tua, cui Apostolicam benedictionem amantissimè impartimur. Datum Romæ apud Sanctam Mariam Maiorem sub Annulo Piscatoris die xv. Octobris MDCxxij. Pontificatus Nostri Anno Secundo.

Ioannes Ciampolus.

B6.03

deutung, aber auch für feierliche diplomatische Korrespondenzen verwendet wurde. Letzteres war hier der Fall, denn der Papst spricht Herzog Maximilian seinen Glückwunsch zur Eroberung von Heidelberg durch Truppen der Liga aus und bedankt sich für die Schenkung der dortigen Bibliothek an den heiligen Petrus *tamquam haeresis oppressae monumentum* (als Denkmal der unterdrückten Ketzerei). Zugleich kündigt er an, der Bibliothekar der Vatikanischen Apostolischen Bibliothek, Leo Allacci, solle für den Transport der Bücher nach Rom Sorge tragen.

Gerhard Immler

Literatur

Albrecht 1998, S. 561, S. 575–577 · Ausst.-Kat. Heidelberg 1986a, insbes. Bd. I, S. 458–493

B6.04
Reichsapfel der *Tellus Bavarica*

Umkreis des Hans Krumper (um 1570–1634), um 1623
Eisen und Bronze. H 31 cm, Dm 16 cm
München, Bayerische Verwaltung der staatlichen Schlösser, Gärten und Seen – Residenz München, Res Mü P II 138

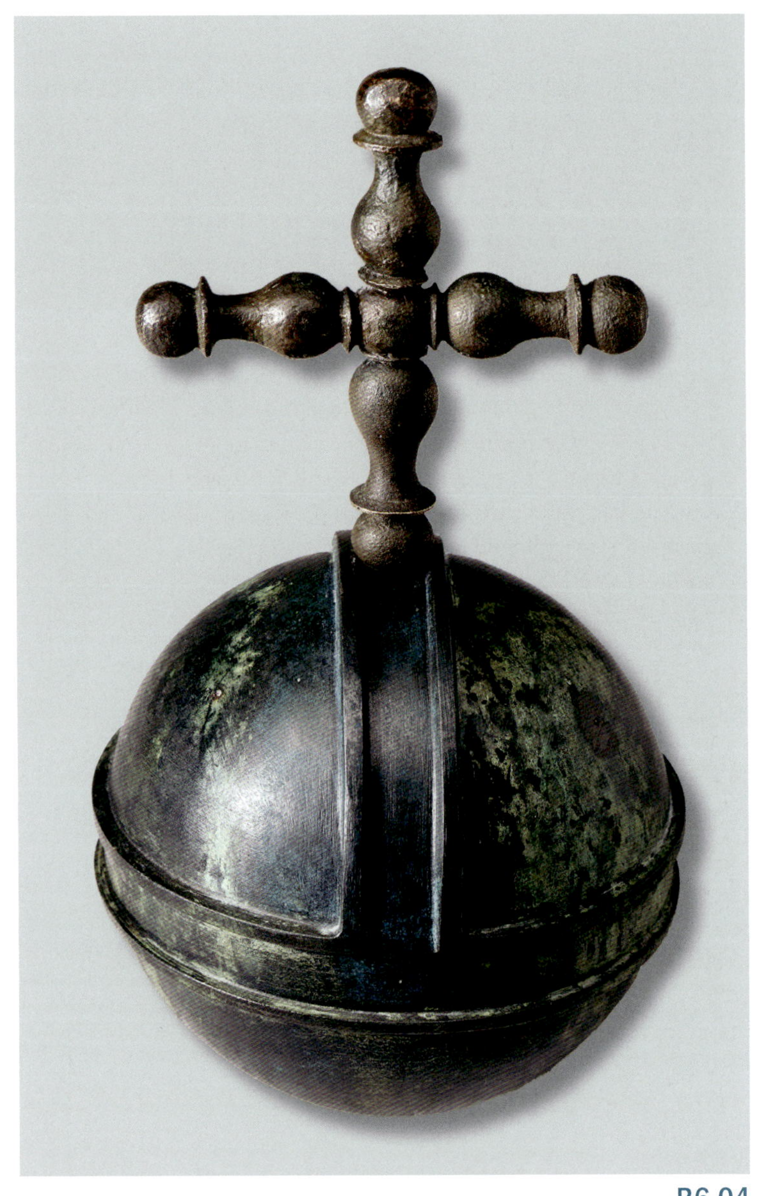

B6.04

Der bronzene Reichsapfel mit dem bekrönenden Kreuz ruhte einst als weithin sichtbares Herrschaftssymbol in der Hand der sogenannten *Tellus Bavarica*. Diese personifizierte Darstellung des Landes Bayern schuf der niederländische Bildhauer Hubert Gerhard vor 1589 im Auftrag Herzogs Wilhelms V. (reg. 1579–1597). Als lockende nackte Schönheit, umgeben von zahlreichen Attributen wie Salzfass, Wasserurne und Hirschfell, repräsentierte die *Tellus* als Verkörperung der fruchtbaren Erdgöttin die Bodenschätze des Wittelsbacher Herzogtums und den Wildreichtum seiner Wälder. Ursprünglich bereits wohl als Brunnenfigur konzipiert, fand Gerhards Bronzeskulptur spätestens unter Maximilian I., dem Sohn Wilhelms V., als zentraler Figurenschmuck einer aufwendigen Brunnenanlage im südlichen Garten der Münchner Residenz Aufstellung, wo sie um 1611 dokumentiert ist. Schon nach wenigen Jahren wurde sie jedoch in den neuen Hofgarten im Norden des Residenzareals verbracht und dort auf der Kuppel des zentralen Pavillons platziert (dort heute Kopie). An diesem prominenten Standort erfuhr die *Tellus* um 1623 dann eine entscheidende Umdeutung: In diesem Jahr verlieh Kaiser Ferdinand III. seinem Vetter und engem politischen Verbündeten Maximilian die Kurwürde, die zuvor dem geächteten Friedrich V. von der Pfalz aberkannt worden war. Mit der ehemaligen Pfälzer Kurwürde verbunden war das ranghöchste Erzamt, das des Erztruchsessen, auf welches der Inhaber durch den Reichsapfel im Wappen hinzuweisen berechtigt war. Mit Empfang der lang angestrebten Würde ließ Maximilian daher den Reichsapfel als sprechendes Zeichen des nunmehr bayerischen Kurfürstentums prominent in den Räumen und auf den Kunstwerken seiner Residenz darstellen. Auch der *Tellus Bavarica* wurde nun der in der Werkstatt Hans Krumpers, Gerhards Nachfolger, gefertigte Globus in die ausgestreckte Rechte gegeben. Damit wandelte sich die Figur von einer Verkörperung des bayerischen Territoriums in ein politisches Symbol der zukunftsträchtigen Rangerhöhung.

Christian Quaeitzsch

Literatur

Ausst.-Kat. Amberg 2003, Kat.-Nr. 10.4, S. 344 · Ausst.-Kat. Landshut 2009, Kat.-Nr. 16.20, S. 396 · Diemer 2004, Bd. 2, Kat.-Nr. G4, S. 145

B6.05
Kurbayerisches Wappen

um 1623/1635
Lindenholz, geschnitzt und farbig gefasst. H 57,5 cm, B 35 cm
Museum Pfalzgalerie Kaiserslautern, K 1629

Mit der Schlacht am Weißen Berg im Jahre 1620 verlor Friedrich V., genannt der „Winterkönig", in einer vernichtenden Niederlage gegen die Katholische Liga unter Führung des Herzogs Maximilian I. von Bayern die Herrschaft über Böhmen. Truppen der Liga unter dem Feldherrn Tilly besetzten nachfolgend das Gebiet der Oberpfalz und die kurpfälzischen Territorien am Rhein. Als 1621 die Reichsacht über Friedrich V. von der Pfalz verhängte wurde, verlor jener auch die Kurwürde. Sie übertrug Kaiser Ferdinand II. 1623 Herzog Maximilian I. von Bayern. Dieser offizielle Akt besiegelte, was in Geheimabsprachen zwischen Maximilian und dem Kaiser bereits zwei Jahre zuvor verhandelt worden war.

Mit dieser Kur war auch das bedeutende Amt als Erztruchsess und Reichsvikar, d. h. die Stellvertretung des Kaisers in Zeiten der Vakanz oder Abwesenheit im Reich, verbunden. Ihre Übertragung bedeutete somit einen immensen Machtverlust für die rheinischen Pfalzgrafen und einen enormen Prestigegewinn für ihre bayerisch-wittelsbachischen Verwandten. Dies manifestiert sich in ganz besonderer Weise in dem kurbayerischen Wappen, das noch im Jahr der Übertragung 1623 angefertigt wurde. Es zeigt einerseits das Wittelsbacher Wappen mit den weiß-blauen Rauten („Wecken") und dem das Haus Wittelsbach symbolisierenden Wappentier, den steigenden Löwen. Diese Heraldik aus Rauten und Löwen war bereits im 14. Jahrhundert gebräuchlich. Herzog und nunmehr Kurfürst Maximilian I. von Bayern ließ jedoch im Zentrum des Wappens ein rotes Herzschild mit dem goldenen Reichsapfel hinzufügen. Der Reichsapfel war das Symbol für das Amt des Truchsessen, dem bei der Kaiserkrönung die Ehre zukam, diese Insignie dem neu gekürten Kaiser voranzutragen. Eine weitere Auszeichnung erhält das Wappen durch den bekrönenden Kurhut und die Collane des Ordens vom Goldenen Vlies – einem der bedeutendsten katholischen Adels- und Ritterorden – die das Wappen umgibt. Es war damit ein öffentlichkeitswirksames Zeichen von Rang und Macht.

Sabine Witt

Literatur

Albrecht 1998, S. 539–580 · Ausst.-Kat. Amberg 2003, S. 344, Kat.-Nr. 10 · Ausst.-Kat. Berlin 2006, S. 288 · Ausst.-Kat. Burghausen/Braunau/Mattighofen 2012, S. 133, Kat.-Nr. 03.38

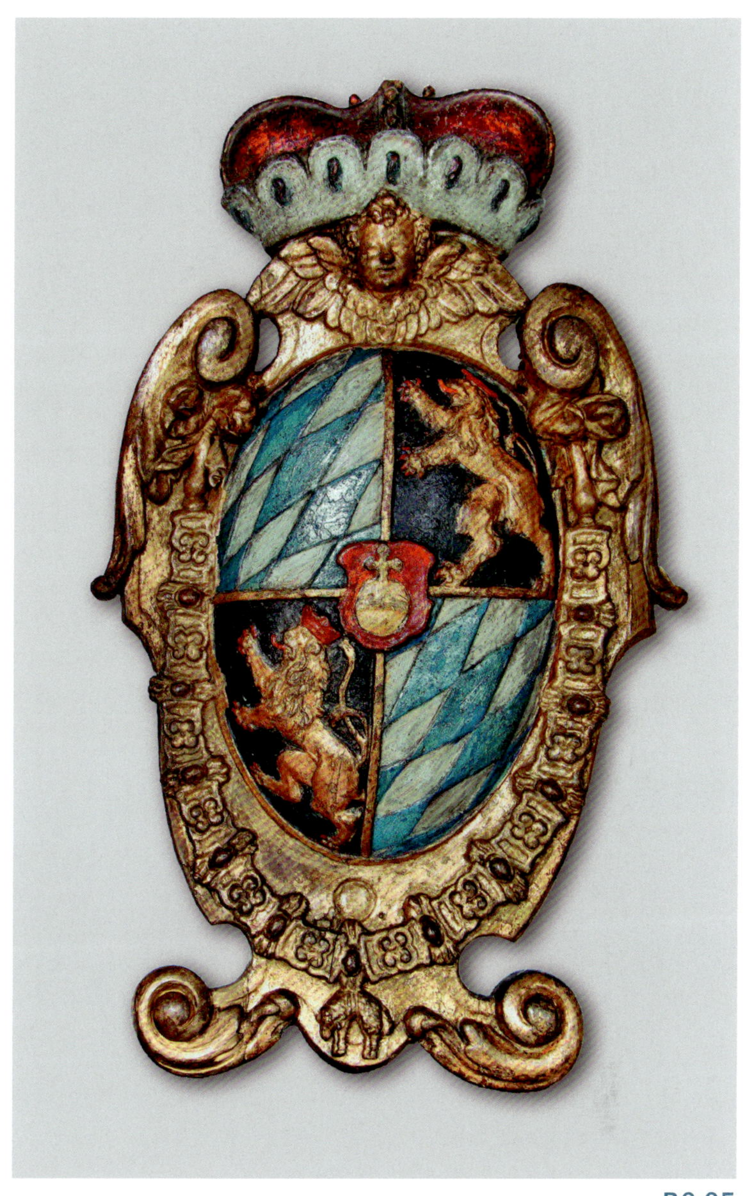

B6.05

B6.06
Bildnis Kurfürst Karl I. Ludwig von der Pfalz (1617–1680)

Johann Baptist Ruell (um 1634–1685), um 1670
ölhaltige Malfarbe auf Leinwand. H 82,8 cm, B 67,4 cm
Historisches Museum der Pfalz Speyer,
HM_1926_70 (BS_2780)

Das Herrscherbildnis ist eines der wenigen Bildzeugnisse des Kurfürsten Karl I. Ludwig, der nach den politischen Abenteuern seines Vaters Friedrich V. große Mühe hatte, die Kurpfalz in der Mitte des Reiches neu zu etablieren. 1649 trat er seine Regierung an. Nach den Verwüs-

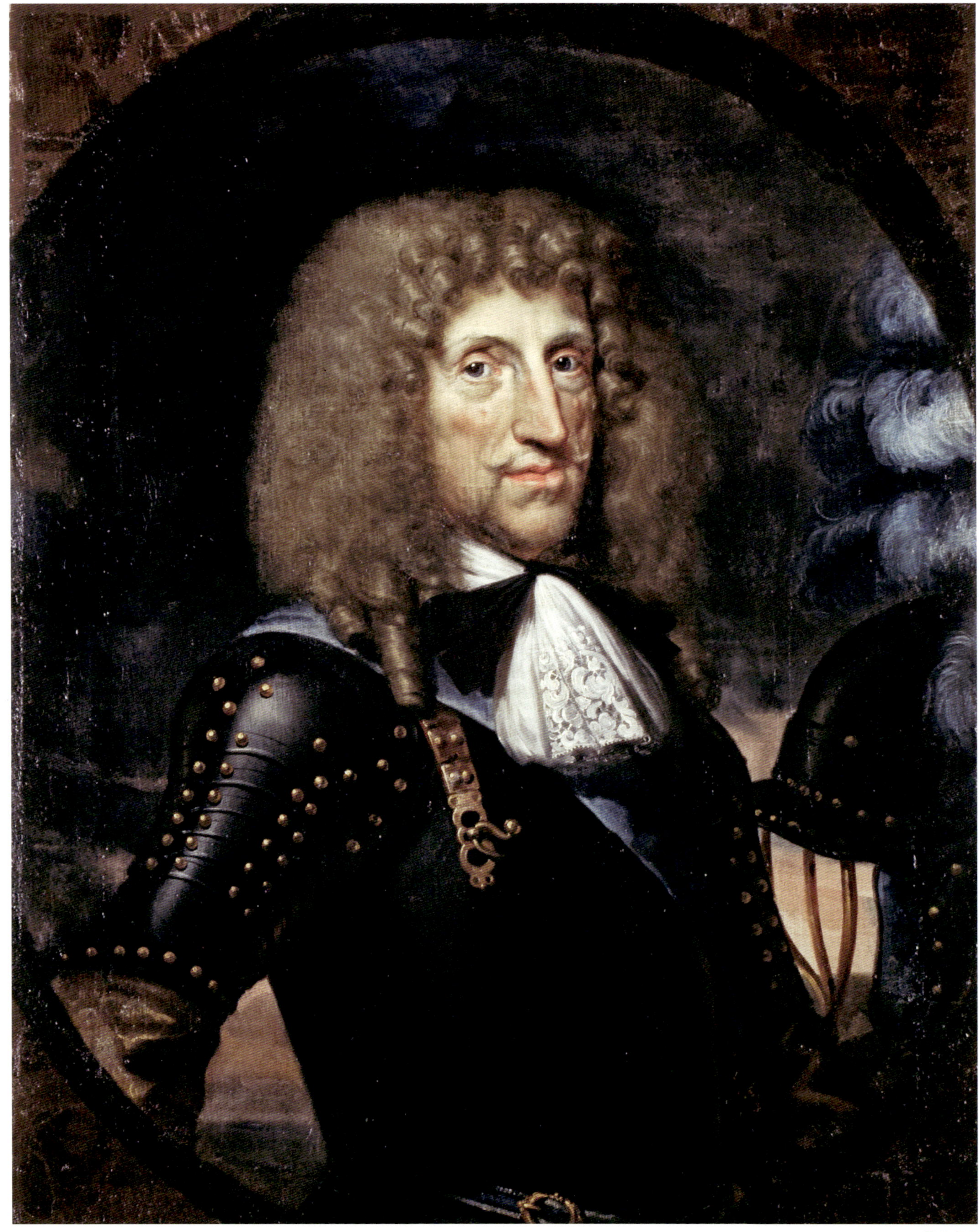

B6.06

tungen des Dreißigjährigen Krieges war es sein Bestreben, das entvölkerte Land wieder aufzubauen. Außenpolitisch sah er sich zunehmend französischen Pressionen ausgesetzt. Die Kurpfalz geriet immer mehr zwischen die Fronten von Deutschem Reich einerseits und dem Königreich Frankreich andererseits. 1674 verwüstete ein französisches Heer erstmals die Kurpfalz als Vergeltung für ein ausgeschlagenes Bündnis gegen das Reich. Die Verheiratung seiner Tochter Elisabeth Charlotte, genannt Liselotte von der Pfalz, mit dem Bruder des französischen Königs Ludwig XIV. führte nicht zu der erhofften Entspannung mit dem französischen Nachbarn. Nach dem Tode Karl I. Ludwig verwüsteten im Pfälzischen Erbfolgekrieg noch zweimal französische Heere das Gebiet der Kurpfalz und umliegender Herrschaften.

Das ovale Halbfigurenbildnis zeigt Kurfürst Karl I. Ludwig von der Pfalz in zeitgenössischer Kriegsrüstung. Der eine Allongeperücke tragende Fürst blickt aus dem Bild heraus direkt zum Betrachter. Das helle Gesicht hebt sich aus dem Dunkel des Bildgrundes deutlich ab. Über dem Panzer trägt der Kurfürst eine Schärpe, um den Hals ein Spitzentuch. Rechts neben ihm der mit blauen Federn geschmückte Helm.

Zur Provenienz: Das Gemälde wurde dem Historischen Museum der Pfalz 1926 von Ludwig Altschüler aus Neustadt an der Haardt (heute: an der Weinstraße) geschenkt. Es stammte ursprünglich aus dem Besitz des sächsischen Königshauses. Ludwig Altschüler war Jude. Gemeinsam mit seiner Frau Margarete wurde er 1942 von den Nationalsozialisten nach Polen deportiert und in Majdanek ermordet.

Ludger Tekampe

Literatur

Schaab 1992 · Sellin 1980

Kurfürst Karl I. Ludwig von der Pfalz (1617–1680)

Im Dreißigjährigen Krieg hatte der seit der Besetzung der Kurpfalz im Exil lebende Karl Ludwig um die Restitution seiner Erblande gekämpft. Erst im Westfälischen Frieden von 1648 gelang dem zweitgeborenen Sohn von Kurfürst Friedrich V. die Klärung der *Causa Palatina*, wenngleich mit deutlichen Einbußen für die Kurpfalz: Zwar erhielt Karl Ludwig seinen Rang in Form einer neugeschaffenen achten Kur erneut zugesprochen, die vornehmere ehemals pfälzische Kur blieb allerdings dauerhaft bei den bayerischen Wittelsbachern. Auch territorial erlitt die Kurpfalz große Verluste, da die Oberpfalz und weitere Gebiete abgetreten werden mussten.

Nach der Restitution als Landesherr kehrte Karl Ludwig nach 29-jähriger Abwesenheit 1649 in die Kurpfalz zurück. Der Wiederaufbau des schwer zerstörten Landes wurde ihm zur dringlichsten Aufgabe, um politisch wieder handlungsfähig zu werden. Er betrieb eine gezielte Peuplierungspolitik, die durch Vergünstigungen die Ansiedlung neuer Untertanen fördern sollte. Die Bemühungen des reformierten, in Glaubensangelegenheiten undogmatischen Kurfürsten waren durchaus erfolgreich: Neben Reformierten und Lutheranern, die Zugang zum Hof und zur Universität erhielten, kamen auch Katholiken in die Kurpfalz. Außerdem öffnete der Kurfürst sein Land für christliche Sekten und Juden, die insbesondere in Mannheim siedelten. Sichtbare Zeichen der auf Einheit zielenden Konfessionspolitik waren der Bau der lutherischen Providenzkirche in Heidelberg 1659 und der Mannheimer Konkordienkirche 1677. Sie sollten die – allerdings nicht dauerhafte – Liturgieunion der Protestanten in der Kurpfalz symbolisieren. Zielte die Innenpolitik auf die Hebung der Wirtschaftskraft, so versuchte Karl Ludwig sein Territorium militärisch durch ein kostspieliges Heer zu sichern. Außenpolitisch lehnte er sich an Frankreich an. Diese Bindung gipfelte 1671 in der Verheiratung seiner Tochter Liselotte mit dem Königshaus, gleichzeitig bemühte sich der Kurfürst um ein gutes Verhältnis zum Kaiser. In den 1670er Jahren geriet die Kurpfalz in das expansive Blickfeld Ludwigs XIV. von Frankreich, dessen Truppen wiederholt plündernd einfielen. Auch Konflikte mit Reichsfürsten um die Durchsetzung alter Rechte führten zu verlustreichen Feldzügen und warfen die Aufbauleistungen wieder weit zurück.

Nachdem er seine Frau Charlotte von Hessen-Kassel verstoßen hatte, war Karl Ludwig seit 1658 morganatisch, d. h. nicht standesgemäß und „zur linken Hand“, mit der Lutheranerin Luise von Degenfeld verheiratet, die ihm mehrere Kinder gebar. Er starb am 28. August 1680 und wurde in der Heidelberger Heiliggeistkirche bestattet. Sein aus erster Ehe stammender Sohn Karl (II.) folgte ihm als Kurfürst nach.

Michael Roth

Literatur

Benrath 1968 · Bunz 2011 · Ernst 1996 · Flegel 1999 · Hauck 1903 · Roth 2012 · Roth 2013 · Schmidt 2011 · Sellin 1978

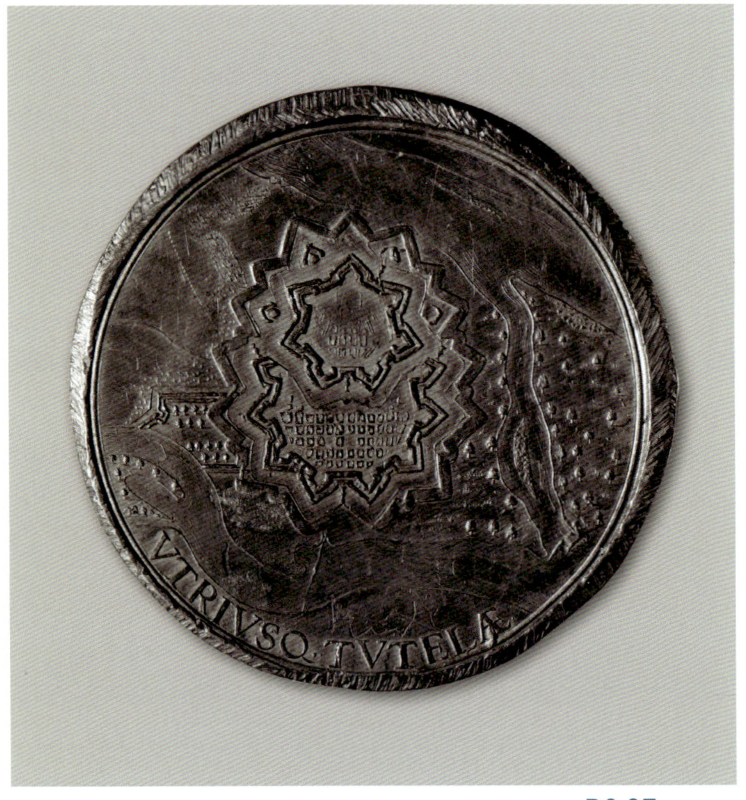

B6.07 revers

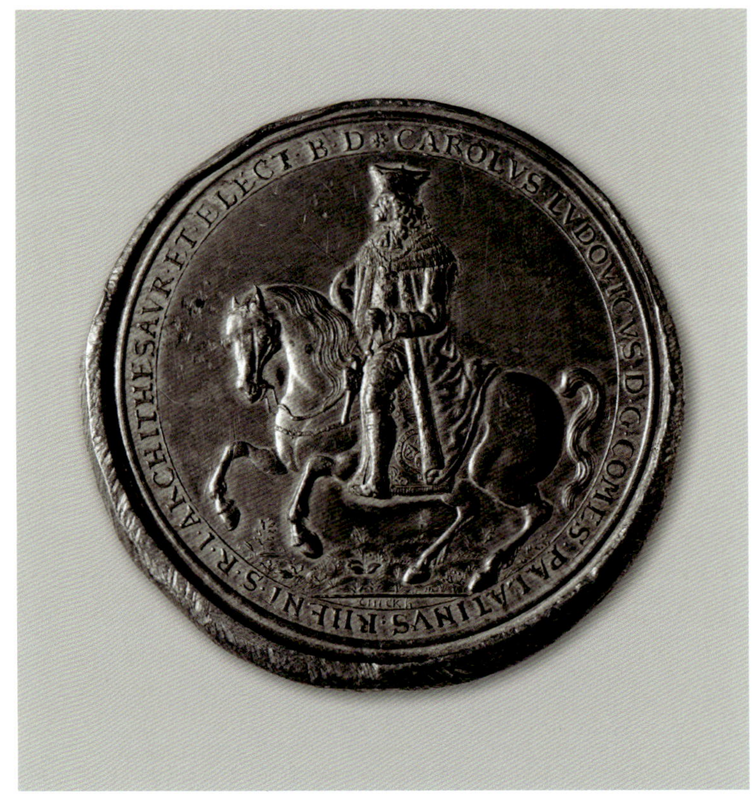

B6.07 avers

B6.07

Medaille mit Reiterbildnis des Kurfürsten Karl I. Ludwig und Ansicht auf Mannheim

Umschrift Avers: CAROLVS · LVDOVICUS · D(EI) · G(RATIA) · COMES · PALATINVS · RHENI · S(ACRI) · R(OMANI) · I(MPERII) · ARCHITHESAVR(ARIUS) · ET · ELECT(OR) · B(AVARIAE)· D(UX),
Umschrift Revers: VTRIVSQVE TVTELAE
Heidelberg: Johann Linck (tätig 1659–1711)
Silber. Dm 7,4 cm
Reiss-Engelhorn-Museen Mannheim, III g, Nr. 21

Nachdem sein Vater Friedrich V. (1596–1632) die Kurwürde verloren hatte, erlangte Karl I. Ludwig (1617–1680) die Rheinpfalz – wenn auch nicht die Weinstraße und Oberbayern – zurück. Auf diesen Verdienst und auf den Erhalt der achten Kur des Erzschatzmeisters verweist die Vorderseite der Medaille des Kurfürsten: Sie zeigt Karl Ludwig mit Kurhut und Fürstenmantel repräsentativ auf einem nach links sprengenden Pferd, auf dessen Satteldecke das pfälzische Wappen prangt. Dieses wird von der Devise des Hosenbandordens geziert, den der Kurfürst an seinem Mantel trägt und der darauf hindeutet, dass ihm der Rückhalt Englands gewiss ist. Der Medailleur Johann Linck (tätig 1659–1711) gibt hier die repräsentative Darstellung des Kurfürsten mittels eines Stichs von Wolfgang Kilian (1581–1663) aus dem Krönungsdiarium 1658/60 wieder. Die ansonsten sehr saubere Ausführung wird gestört durch die auffallende Haltung des rechten Armes des Kurfürsten, da Linck die Vorgabe zugunsten der Medaillenform abändern musste.

Die Entschlossenheit Karl Ludwigs und die Verfolgung seiner Ziele spiegeln sich in dem Galopp des Pferdes wider. Eines dieser Vorhaben war der Wiederaufbau der Friedrichsburg nach den Zerstörungen des Dreißigjährigen Krieges, um Mannheim zum Schutz der Pfalz in ein Bollwerk zu verwandeln, das die Grenzen der Länder beiderseits des Rheins und Neckars sicherte. Darauf nimmt auch die Rückseite der Medaille mit einer Darstellung der Friedrichsburg Bezug. Linck hat wohl auch hier nach einer Graphik gearbeitet, musste jedoch zu den Seiten hin das Bild stauchen, um die Zitadelle in ihrer Ganzheit wiederzugeben. Das Zentrum der Festung erscheint noch unbebaut. Sollte es sich bei einem der kirchenähnlichen Bauten um die Konkordienkirche handeln, die 1677 bis 1680 errichtet wurde, so muss die Medaille danach entstanden sein und von einer Datierung nach dem Stich Kilians muss abgesehen werden.

Camilla Narrog

Literatur

Gesche 1981 · Stemper 1997, S. 235 · Ausst.-Kat. Bruchsal 1981, S. 507

B6.08
Porträt des kurpfälzischen Rates Joachim Camerarius

Anselmus von Hulle, um 1648
Öl auf Leinwand. H 74 cm, B 59 cm
Kurpfälzisches Museum der Stadt Heidelberg, G 1222

Joachim Camerarius (1601–1687) war der Sohn von Ludwig Camerarius (1573–1651), des Beraters Friedrich V., Befürworters der böhmischen Kronannahme und späteren Leiters der Exilregierung des „Winterkönigs". Durch Studium und Disputation in Heidelberg, Tübingen und Leiden sowie eine europaweite Reisetätigkeit empfahl sich Joachim Camerarius als Gesandter und trat 1631 in den Dienst des Schwedenkönigs Gustav II. Adolf (1594–1632). Nach Gesandtschaften, die ihn auch in die Pfalz führten, sowie weiteren Reisen in Europa vertrat Camerarius als kurpfälzischer Rat die Interessen des Erbprinzen Karl Ludwig bei den Friedenskongressen in Osnabrück und Münster. Trotz der schwedischen und protestantischen Unterstützung gelang es nicht, den Plan des Kaisers zu Beginn der Friedensverhandlungen von einer „salomonischen" Teilung der Kurwürde in Form eines alternierenden Wechsels zwischen Pfälzischer und Bayerischer Linie aufrechtzuerhalten. Nach dem Friedensschluss mit Erschaffung der achten Kur für die Pfalz lebte Camerarius als schwedischer und kurpfälzischer Rat in den Niederlanden und in Heidelberg, von wo er 1674 vor dem Einfall der Franzosen im französisch-holländischen Krieg floh.

Das Bildnis des Gesandten von Anselmus von Hulle entstand während der laufenden Verhandlungen in Münster und Osnabrück und stammt aus einer Serie von Diplomatenporträts. Von Hulle und Gerhard ter Borch schufen im Auftrag der Diplomaten zahllose Porträts, die der Selbstdarstellung dienten und von Diplomatenkollegen teils in Serien erworben wurden. Die Porträts folgen einem Gestaltungsschema, welches ganz das Antlitz des Dargestellten in den Mittelpunkt rückt: dunkler, ungestalteter Hintergrund, Brustbild im Dreiviertelporträt, Blick zum Betrachter. Wegen der enormen Nachfrage nach den Bildnissen ließ von Hulle sie zudem als Kupferstiche vervielfältigen, 1697 zusammen gefasst im Traktat *Pacificatores Orbis Christiani*.

Uta Coburger

Literatur

Ausst.-Kat. Münster/Osnabrück 1998, S. 202–209, Kat.-Nr. 603 · Droste 2006, S. 383

B6.08

B6.09
Friedensvertrag von Münster 1648 zwischen Frankreich, dem Kaiser und dem Reich

24. Oktober 1648 (Nachausfertigung 1649)
Papierlibell, Siegel, pergamentbezogener Pappeinband mit Goldpressung. H 34,5 cm, B 23 cm
München, Bayerisches Hauptstaatsarchiv, Kurbayern Urkunden 1624

Zwei Friedensverträge (*Instrumentum Pacis Osnabrugense / IPO* und *Instrumentum Pacis Monasteriense / IPM)* beendeten formal den Dreißigjährigen Krieg, der als konfessionelle Auseinandersetzung begonnen, sich aber zunehmend zum Kampf um die europäische Vorherrschaft zwischen Frankreich und Habsburg entwickelt hatte. Doch der konfessionelle Konflikt prägte auch die Friedensverhandlungen, da die Kurie direkte Verhandlungen mit den „Ketzern" verweigerte, so dass die katholischen Diplomaten in Münster, die protestantischen in Osnabrück verhandelten, woraus die beiden Verträge resultierten, die der Kaiser mit Schweden (IPO) und Frankreich (IPM) schloss. Auch die endgültige Klärung der *Causa Palatina* war Vertragsgegenstand. Der bayerische Kurfürst suchte mit kaiserlicher und französischer Unterstützung die errungene pfälzische Kur samt Reichsvikariat, Erztruchsesswürde und den pfälzischen Territorien als erbliche Übertragung an die bayerische Linie zu fixieren. Auf der Gegenseite betrieb der pfälzische Erbe Karl Ludwig schon seit Mitte der 1630er Jahre intensive Bemühungen um eine

Liberam Imperij Nobilitatem per Franconiam Sueuiam, et tractum Rheni, cum districtibus appertinentibus in suo statu immediato inuiolatè relinquat.

Feuda etiam ab Imperatore in Baronem Gerhardum de Waldenburg, dictum Schencktern, Nicolaum Georgium Reigersperg Cancellarium Moguntinum et Henricum Brömbser Baronem de Rudesheim, Item ab Electore Bauariæ, in Baronem Joannem Adolphum Wolff dictum Metternich collata, rata maneant, teneantur tamen eiusmodi Vasalli Domino Carolo Ludouico, velut Domino directo eiusque Successoribus juramentum fidelitatis præstare, atque ab eodem feudorum suorum renouationem petere.

Augustanæ Confessionis consortibus, qui in possessione templorum fuerant, interque eos Ciuibus et incolis Oppenheimensibus, seruetur status Ecclesiasticus Anni millesimi Sexcentesimi vicesimi quarti, cæterisque id desideraturis Augustanæ Confessionis exercitium, tam publicè in templis ad statas horas, quam priuatim in ædibus proprijs aut alienis ei rei destinatis, per suos aut vicinos verbi diuini ministros peragere liberum esto.

Paragraphi Princeps Ludouicus Philippus etc. Princeps Fridericus etc. et Princeps Leopoldus Ludouicus etc. hic eodem modo inserti intelligantur, prout in Instrumento Cæsareo Suedico continentur.

Controuersia quæ vertitur inter Episcopos respectiue Bambergensem et Herbipolensem, ac Marchiones Brandenburgicos Culmbachi et Onoltzbachi, de Castro, Oppido, Præfectura et Monasterio Kitzingen in Franconia ad Mœnum, aut amicabili compositione aut summario iuris processu terminetur intra biennium, sub pœna perdendæ prætensionis imponenda tergiuersanti, interim dictis Dominis Marchionibus restituatur nihilominus fortalitium Wiltzburg in eum statum, qui tempore traditionis descriptus fuit, ex conuentione et promisso.

Conuentio inita circa alimenta Domini Christiani Wilhelmi Marchionis Brandenburgici hic repetita censeatur, prout continetur Articulo decimo quarto Instrumenti Cæsareo Suedici.

Rex Christianissimus tempore et modo inferius definitis circa deductionem præsidiorum, restituet Duci Würtenbergico Ciuitates et fortalitia Hohenwiel, Schorendorff, Tübingen, aliaque omnia loca sine vlla reseruatione, quæ in Ducatu Würtenbergico præsidijs suis tenet. In reliquis Paragraphus (Domus Würtenbergica) etc. sicut in Instrumento Cæsareo Suedico insertus est, hic insertus intelligatur.

Principes quoque Würtenbergici lineæ Montpelgardensis restituantur in omnes suas Ditiones in Alsatia vel vbicunque sitas, et nominatim in duo Feuda Burgundica

B6.09

vollständige Restitution, finanziell und politisch unterstützt von seinem Onkel Karl I. von England. 1637 verfasste der Erbprinz selbstbewusst als Pfalzgraf bei Rhein ein Manifest bezüglich seiner Sukzessionsrechte an den Kaiser, welches umgehend abgelehnt wurde. Doch die Pfälzische Restitution wurde weiterhin im Reich verhandelt, auch unterstützt durch Schweden und protestantische Reichsstände, die eine katholische Dominanz fürchteten.

Der Friedensschluss sah nun nach langem Widerstand Karl Ludwigs für die Pfalz die Schaffung einer neuen, achten Kurwürde vor sowie die Restitution der rheinpfälzischen Gebiete, während Bayern endgültig die Ämter und Würden der einst pfälzischen Kur und die rohstoffreiche Oberpfalz zuerkannt wurden. Karl Ludwig erhielt zwar den kurfürstlichen Rang zurück, jedoch ohne den einstigen Status und rückte an die letzte Stelle des Kurkollegs. Auch die Rückkehr in ein verwüstetes und entvölkertes Gebiet bot keine idealen Bedingungen, die der Kurfürst aber durch eine intensive Ansiedlungspolitik rasch kompensierte. Durch die Friedensverträge von Münster und Osnabrück waren nun die Reichsstände paritätisch verteilt.

Uta Coburger

Literatur

Ausst.-Kat. München 1979, S. 190–192 · Ausst.-Kat. Regensburg 2000, S. 278–279 · Schorn-Schütte 2010 · Sellin 1980

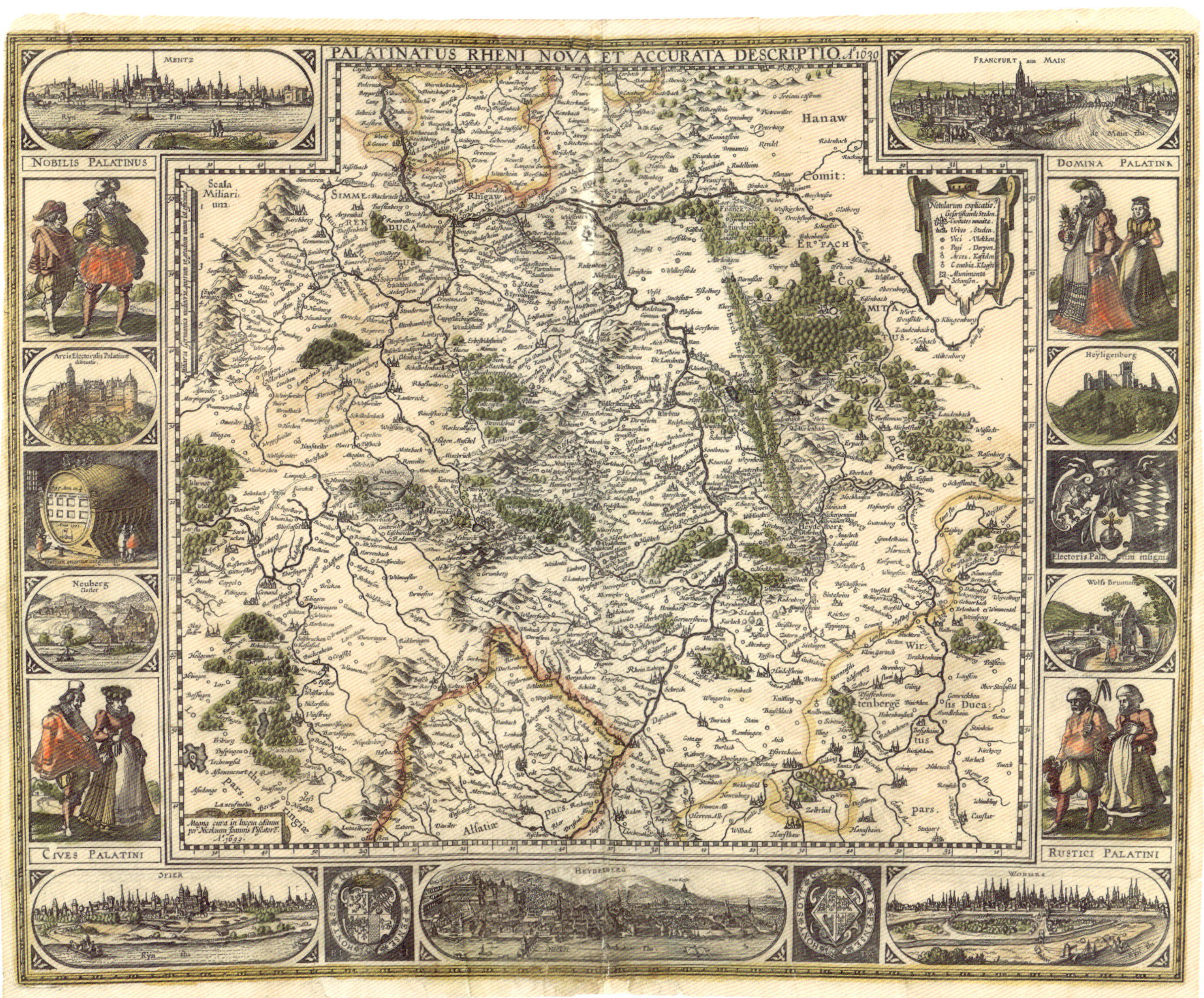

B6.10

B6.10
Rheinpfalz

PALATINATUS RHENI NOVA ET ACCURATA DESCRIPTIO A[nno] 1630
Nicolaus Joannes Piscator (Claes Janszoon Visscher, 1587–1652)
Amsterdam, 1633 (?)
Kupferstich in altem Kolorit, Maßstab: ca. 1:450.000.
H 45,9 cm, B 56,7 cm, Kartenbildgröße: H 44,3 cm, B 55,4 cm
Landesarchiv Saarland, Landesarchiv Saarbrücken, K Hellwig 355

Die Karte der Kurpfalz des Amsterdamer Verlegers Claes Janszoon Visscher oder Nicolaus Joannes Piscator erschien in mehreren Auflagen seit 1621, und zwar aus Anlass des böhmisch-pfälzischen Krieges. Nach dem böhmischen Aufstand und dem Prager Fenstersturz von 1618 hatte sich der pfälzische Kurfürst Friedrich V. 1619 von den böhmischen Ständen zum König des bisher habsburgischen Landes wählen lassen und war nach einem Winter – deshalb „Winterkönig" genannt – in der Schlacht am Weißen Berg bei Prag am 8. November 1620 besiegt und aus Böhmen vertrieben worden. Gleichzeitig wurde ihm vom Kaiser sein Kurfürstentum genommen. Damit hatte der Dreißigjährige Krieg begonnen.

Die Karte ist von einem Kranz von Bildern eingerahmt, die Städte, Burgen, Klöster und Bewohner der Pfalz zeigen. Der Adlige (*Nobilis Palatinus*) und die Herrin (*Domina Palatina*), die Bürger (*Cives Palatini*) und die Bauern (*Rustici Palatini*) werden gezeichnet. Stiche der pfälzischen Residenzstadt Heidelberg, der Erzbischofsstadt Mainz und der Freien Reichsstädte Frankfurt am Main, Speyer und Worms stellen diese Städte in einem Panorama an ihren Flüssen dar. Ergänzt werden diese Ansichten durch Stiche der Klöster Neuberg und Heiligenberg, des Wolfsbrunnens und der Burg oder des Schlosses und des großen Weinfasses von 1591, alles in Heidelberg, der Hauptstadt der Pfalz, gelegen. Unten finden sich zwischen den Städtedarstellungen die Wappen Friedrichs V. und seiner englischen Gemahlin Elizabeth Stuart, an der rechten Seite in der Mitte das Wappen des Kurfürstentums Pfalz.

Die Karte wird durch das Flussnetz gegliedert. Dazwischen findet man eine Vielzahl von Orten. Ihre Namen sind der Zeit gemäß nach Gehör geschrieben und oft erst nach einigen Überlegungen mit den heutigen Ortsnamen zu identifizieren. Städte werden durch eine stilisierte Häusergruppe mit Kirche gekennzeichnet. Berge werden noch in der alten Form der „Maulwurfshügel" dargestellt. Hinzu kommen stilisierte Bäume als Zeichen für Wälder. Zwei gepunktete Linien stellen die Kaiserstraße von Saarbrücken zum Rhein dar. Grenzen werden ebenfalls als eine gepunktete Linie gezeichnet. Diese, die Wälder und die Stiche am Rande wurden von Hand koloriert. Dabei kam es auch zu Fehlern, etwa wenn die Weiher der Westpfalz so koloriert wurden, als ob sie territoriale Exklaven bildeten. Im Süden ist die Grenze zum Elsass dargestellt, im Südosten die zu Württemberg und im Norden die zur hessischen unteren Grafschaft Katzenelnbogen.

Michael Sander

Literatur

Hellwig/Reiniger/Stopp 1984, S. 108, Nr. 25.4· Hellwig 1977, S. 194–228 · Hellwig 1981, S. 159–242

B7
Neue politische Allianzen und Pfälzischer Erbfolgekrieg

Kurfürst Karl Ludwig trieb nach Kräften den Wiederaufbau der Pfälzer Kernlande voran. Politisch war er auf Ausgleich, vor allem mit dem französischen Nachbarn, bedacht. Seine Entscheidung, die Kurpfalz durch eine strategische Ehe seiner Tochter Elisabeth Charlotte (Liselotte) mit dem Bruder des französischen Königs abzusichern, sollte sich langfristig jedoch als fatal erweisen. Als ihr Bruder, Kurfürst Karl II., kinderlos starb, nutzte Ludwig XIV. von Frankreich seine Chance zur Expansion und besetzte die rechtsrheinischen Lande. Von 1688 bis 1697 riss dieser Pfälzische Erbfolgekrieg die Kurpfalz in eine neuerliche Katastrophe: Städte und Landstriche wurden verwüstet, das Heidelberger Schloss gesprengt. „Brûlez le Palatinat" („brennt die Pfalz nieder!") – so lautete die Devise der französischen Truppen, und aus dem fernen Paris musste Liselotte machtlos zusehen, wie ihre geliebte Heimat in Flammen aufging.

B7.01
Karte des Kurfürstentums Pfalz, der Bistümer Worms und Speyer, der Herzogtümer Zweibrücken und Simmern sowie der Grafschaften Veldenz und Sponheim

ELECTORATUS et PALATINATUS AD RHENUM, EPISCOPATUUM VORMACIENSIS ET SPIRENSIS DUCATUUM BIPONTINI et SIMMERAE COMITATUUM VELDENSIS SPONHEIMENSIS etc. NOVISSIMA TABULA
Amsterdam: Justus Danckerts (1635–1701), ca. 1688
Kupferstich in altem Kolorit, Maßstab: ca. 1:350.000.
H 54,5 cm, B 65,2 cm
Landesarchiv Saarland, Landesarchiv Saarbrücken, K Hellwig 375

Der Kupferstich Justus Danckerts des pfälzischen Raumes aus dem späten 17. Jahrhundert wurde mit der Erlaubnis der Stände von Holland und Westfriesland gedruckt. An den nachkolorierten Grenzen ist die politische Zersplitterung dieses Raumes gut zu erkennen. Allerdings sind nicht alle verzeichneten Grenzen koloriert, so dass die tatsächliche territoriale Zersplitterung noch wesentlich größer war, als die farbigen

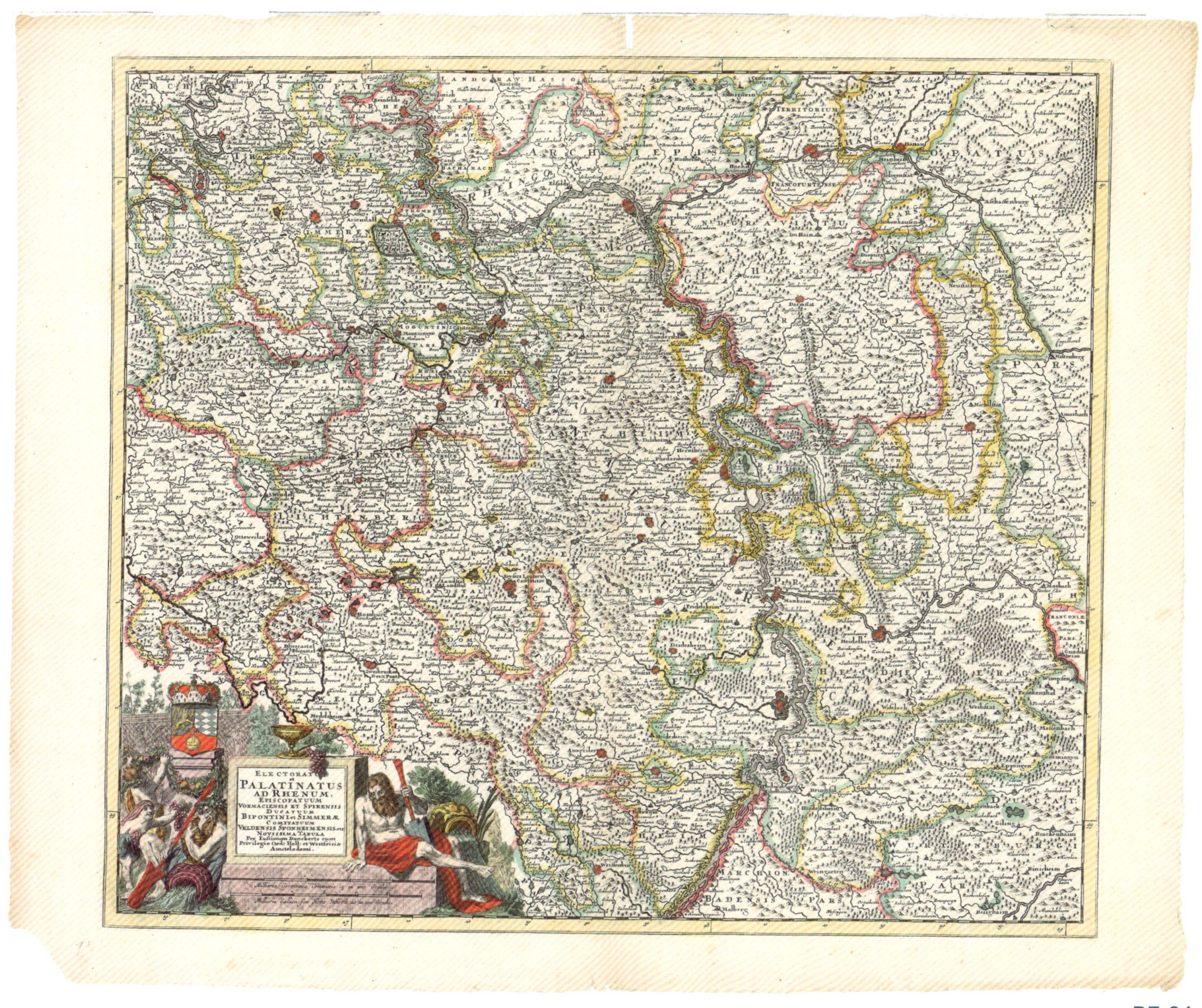

B7.01

Grenzlinien es erscheinen lassen. Der Verlauf der Grenzen entspricht in etwa den Tatsachen. Bei der Kolorierung kam es allerdings auch zu Fehlern, so wenn die Weiher der Westpfalz mit Farblinien umgeben wurden, als ob sie territoriale Exklaven bildeten.

Die Landschaft ist durch das Flusssystem gegliedert. Zwischen den Gewässern liegen die Ortschaften. Die Städte sind durch stilisierte Häuser mit Kirchen gekennzeichnet. Die größeren Städte sind in der Form einer Festung dargestellt und rot koloriert. Stilisierte Bäume und Berge – wie „Maulwurfshügel" – stellen die Elemente der Landschaft dar. Der gesamte Raum ist damit ausgefüllt. Die Bergstraße ist durch parallele Baumreihen als Allee dargestellt. Bei Trarbach an der Mosel ist die französische Vauban-Festung Mont-Royal zu erkennen. Der dargestellte Raum erstreckt sich im Norden von Beilstein an der Mosel bis zum Spessart nordöstlich von Aschaffenburg und im Süden vom heute saarländischen Warndt und einem Gebiet westlich von Weißenburg im Elsass bis Besigheim am Neckar.

Die Kartusche zeigt neben dionysischen Gestalten, die Trauben in den Händen tragen und Girlanden mit Obst aufhängen, und Flussgöttern, die Paddel tragen und Wasser mit Fischen ausgießen, das Wappen des Kurfürstentums Pfalz mit dem Pfälzer Löwen, den bayerischen weiß-blauen Rauten und dem Reichsapfel als Zeichen des Reichsvikariats der Pfälzer Kurfürsten, die während der Vakanz des Kaisertums dieses Amt vertraten, und darüber dem Kurhut.

Michael Sander

Literatur

Hellwig/Reiniger/Stopp 1984, S. 156 f., Nr. 47.1 · Hellwig 1977, S. 194–228 · Hellwig 1981, S. 159–242

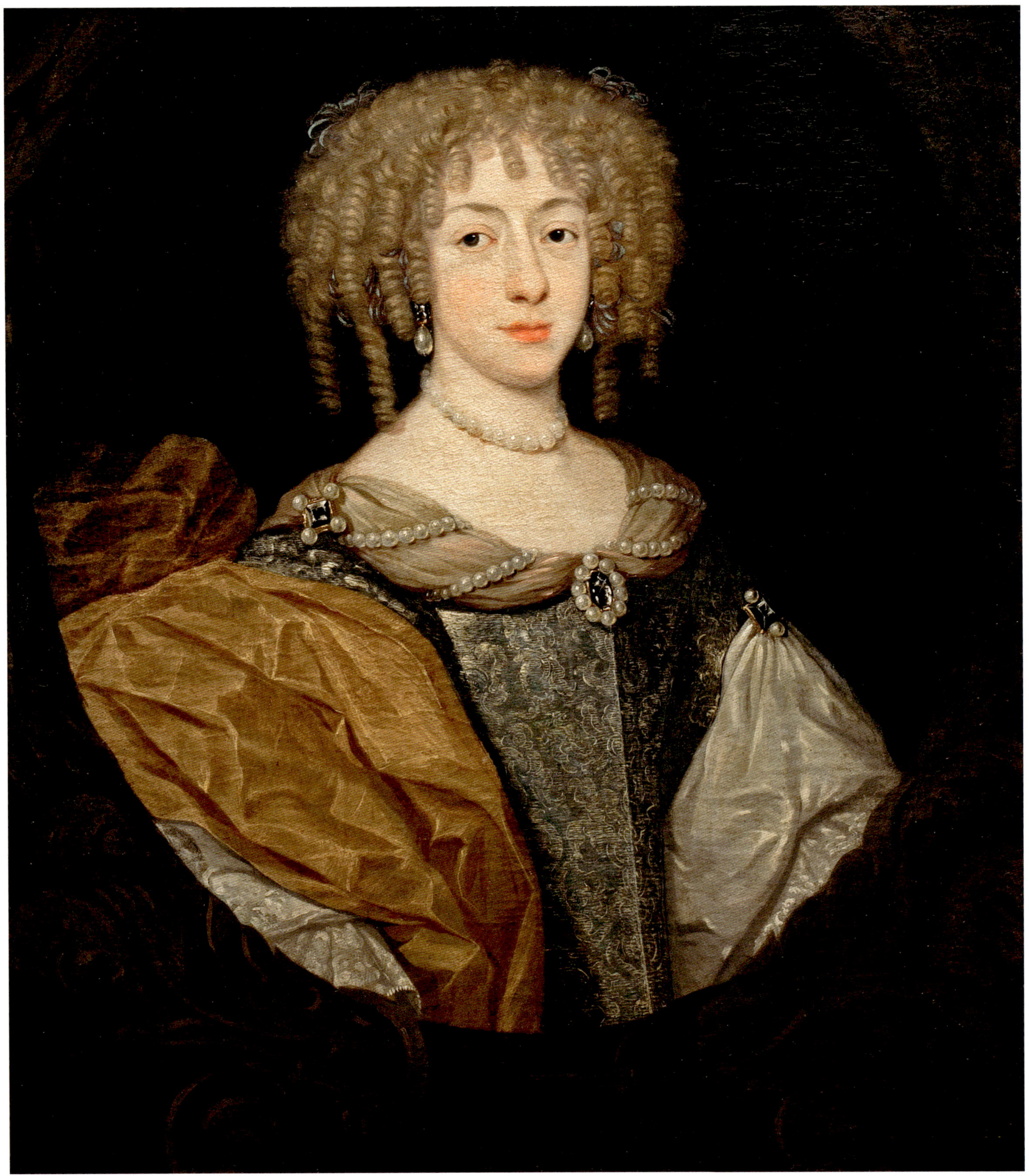

B7.02

B7.02

Bildnis der jungen Elisabeth Charlotte (Liselotte) von der Pfalz

unbekannter Künstler, um 1670
Öl auf Leinwand. H 89,7 cm, B 76,2 cm
Reiss-Engelhorn-Museen Mannheim, O 458

Elisabeth Charlotte wurde 1652 als Tochter des Kurfürsten Karl Ludwig von der Pfalz (1618–1680) und seiner ersten Gemahlin Charlotte von Hessen-Kassel in Heidelberg geboren. Trotz der zerrütteten Ehe ihrer Eltern entwickelte sie sich zu einer aufgeweckten, lebenslustigen jungen Frau, die im Alter von 19 Jahren vom Erzieher ihres Bruders Karl, Ezechiel Spanheim, folgendermaßen beschrieben wurde: „… eine schöne und freie Gestalt, eine ungezwungene Haltung, ein offenes und unbefangenes Wesen, ein Gesicht, das zwar nicht die Züge einer ebenmäßigen Schönheit trug, an Liebreiz aber nichts zu wünschen übrig ließ." Außerdem zeichne sie sich „durch Noblesse und Sanftmut aus", was in dem Mannheimer Porträt recht gut eingefangen ist. Es zeigt sie wohl kurz vor ihrer Verheiratung 1671 mit dem Herzog Philipp von Orléans (1640–1701), dem Bruder Ludwigs XIV. Durch diese Verbindung wurde die pfälzische Prinzessin als „La Palatine" zu einer der bekanntesten Personen am Hof des Sonnenkönigs, was jedoch auch dazu führte, dass Frankreich im „Orléanschen Krieg" (1688–1697) territoriale Ansprüche auf pfälzische Gebiete geltend zu machen versuchte.

Das Porträtgemälde gibt sie mit der Frisur wieder, die auch für ihre Darstellungen aus den ersten Pariser Jahren typisch wurde. Das rostbraune Haar zeigt einen angedeuteten Mittelscheitel, zu dessen beiden Seiten die langen Korkenzieherlocken nach unten fallen. Der damaligen Mode entsprechend trägt sie ein bis zu den Schultern ausgeschnittenes Kleid mit weit gebauschten Ärmeln und spitz zulaufendem Mieder.

Elisabeth Charlotte (Liselotte) von der Pfalz, Herzogin von Orléans (1652–1722)

Elisabeth Charlotte von Pfalz-Simmern wurde 1652 in Heidelberg geboren und starb 1722 in St. Cloud bei Paris. Ihre Eltern waren Kurfürst Karl Ludwig von Pfalz-Simmern und Charlotte von Hessen-Kassel. Die Ehe der beiden war unglücklich, Karl Ludwig ging deswegen eine Verbindung „zur linken Hand" mit der Hofdame Louise von Degenfeld ein, der 13 Kinder entstammten. Wegen dauernder Streitigkeiten mit Charlotte, die weiter im Heidelberger Schloss wohnte, schickte der Kurfürst Liselotte 1659 zu seiner Schwester, der Herzogin Sophie von Hannover. Erst als Kurfürstin Charlotte 1663 Heidelberg verlassen hatte, durfte Liselotte zurückkehren.

1671 wurde sie aus politischen Gründen mit dem Bruder König Ludwigs XIV. von Frankreich, Herzog Philippe von Orléans (1640–1701), verheiratet. Ihrer Rolle als Opfer staatspolitischen Kalküls war sich Liselotte wohl bewusst. Ludwig XIV. baute seine Vormachtstellung in Europa aus und „arrondierte" sein Staatsgebiet, auch mit Blick auf die Pfalz. Diesseits des Rheins fädelte der Kurfürst gegen den Willen Liselottes ihre Vermählung mit Philippe von Orléans in der Hoffnung ein, diese dynastische Verbindung würde die Pfalz vor der Einverleibung durch Frankreich schützen. Im Herbst 1671 reiste Liselotte über Straßburg nach Metz. Dort musste sie für die Eheschließung zum Katholizismus konvertieren und wurde *per procurationem* vermählt. Ihren Gemahl sah die neue Herzogin von Orléans erst in Chalons. Trotz Philippes homosexueller Neigung gingen drei Kinder aus dieser Ehe hervor: Der erstgeborene Sohn starb mit drei Jahren, der zweite übernahm nach dem Tod Ludwigs XIV. von 1715 bis 1723 die Regentschaft für den noch minderjährigen Ludwig XV. Die Tochter heiratete 1698 den Herzog von Lothringen, beider Sohn Franz Stefan wurde später als Gemahl Maria Theresias Kaiser des Heiligen Römischen Reiches Deutscher Nation.

Das Leben am Hof ihres Schwagers, des Sonnenkönigs, fiel Liselotte schwer. Das anfänglich gute Einvernehmen mit ihm kühlte im Laufe der Jahre ab. Durch eine immense Korrespondenz mit ihren Geschwistern, ihrer Tante Sophie und weiteren in Europa verstreuten Verwandten bekämpfte sie ihre zunehmende Isolation. Sie beschrieb den Versailler Hof mit Scharfsicht, Sarkasmus, Humor, Spott und Bitterkeit, beklagte Intrigen, den Einfluss der Mätressen auf den König, die Günstlingswirtschaft ihres Gemahls, seine Verschwendungssucht und ihre Ohnmacht alldem gegenüber. Durch ihre schätzungsweise rund 60.000 Briefe, von denen etwa 6.000 erhalten sind, wurde sie zur Chronistin ihrer Epoche.

Besonders schwer traf sie der Pfälzische Erbfolgekrieg, der in ihrem Namen, aber gegen ihren Protest geführt wurde. 1685 war ihr Bruder, Kurfürst Karl II., kinderlos gestorben. Ludwig XIV. erhob Erbansprüche und schickte seine Truppen in die Pfalz. Ab 1689 verwüsteten diese Land und Städte, Speyer und Heidelberg wurden niedergebrannt. Liselotte war verzweifelt, aber machtlos. Sie sah sich als Rad in einem Getriebe, aus dem man nur durch den Tod erlöst wird.

Sigrun Paas

Literatur

Ausst.-Kat. Heidelberg 1996 · van der Cruysse 1995 · Haberl 1996 · Helfer 2007 · Herz 1972 · Kiesel 1996

Dazu hat sie, wie auf vielen weiteren Darstellungen, reichhaltigen Perlschmuck angelegt, was den repräsentativen Charakter des Bildes unterstreicht. Bei dem ehemals aus österreichischem Adelsbesitz stammenden Gemälde könnte es sich um eines der zahlreichen Verlobungsbilder Elisabeth Charlottes handeln, die vorwiegend innerhalb der Verwandtschaft weitergereicht wurden und besonders das anmutige wie liebreizende Wesen der Dargestellten hervorheben sollten.

Andreas Krock

Literatur

Ausst.-Kat. Heidelberg 1996 · Paas 1996

B7.03

Messbuch der Elisabeth Charlotte von der Pfalz (1652–1722), Herzogin von Orléans

Landry, Sieur de Courval, 1716
Typendruck, Kupferstich. Klein-Oktav
Kurpfälzisches Museum der Stadt Heidelberg, HS 5

Der kleine Band des auf dem Titelkupfer bezeichneten *L'OFFICE / De La / SEMAINE S.te / et de Loctaue [l'octave] de Pasques / […] par le S.r de Courval* wurde 1716 in Paris bei Nicolas Pepie (auch Pepié, Pépie, Pepée) verlegt und erhielt einen braunen Ledereinband mit Goldprägung. Auf dem vorderen und hinteren Buchdeckel ist das Allianzwappen Pfalz-Orléans, auf dem Buchrücken ein Monogramm, französische Lilien, Krone und der Titel *SEMAINE SANTE* zu sehen.

Das Messbuch enthält neben den kirchlichen Stundengebeten die Messtexte, die Teil der Gottesdienste in der Karwoche, auch heilige Woche genannt, waren. Für die Verwendung in Rom und Paris sind diese zusätzlich in Latein und Französisch verfasst.

Dem Titelkupfer und der Titelseite folgt eine Widmung des Verlegers an „Son Altesse Royale Madame", mit der Pepie der Herzogin von Orléans eine neue Auflage der *Semaine Sainte* verehrt: *„qu' on distribuë tous les ans aux Officiers de Sa Maison"*.

Die Illustrationen – wie der „Einzug Jesu in Jerusalem" und die „Fußwaschung" – sind teilweise mit „Landry" bezeichnet und lassen sich mit Blick auf die Datierung bzw. die Zeitspanne, in der die *Office de la Semaine Sainte* bei Pepie verlegt wurden, wohl dem in Paris tätigen Kupferstecher und Verleger Pierre Landry oder einem seiner Söhne zuschreiben. Zeitlich lässt sich François Landry (1669–1720) am schlüssigsten zuordnen. Da der Band, wie Pepie in seiner Widmung schreibt, regelmäßig neu aufgelegt wurde, wäre es jedoch auch möglich, dass die Kupferplatten noch von Pierre Landry oder seinem älteren Sohn Denis stammten, die beide 1716 bereits verstorben waren.

Auch der Einband mit Wappen, Fleur-de-Lys und anderem Dekorum weist den Band als Messbuch im Eigentum Elisabeth Charlottes (Liselotte) von der Pfalz aus. Die 1652 in Heidelberg geborene Tochter Kurfürst Karl Ludwigs und seiner ersten Gattin Charlotte von Hessen-Kassel war 1671 aus politischen Erwägungen mit Philippe von Orléans, dem Bruder des Sonnenkönigs Louis XIV. vermählt worden. Eine Voraussetzung für diese Eheschließung war der Glaubenswechsel der protestantisch erzogenen Kurpfälzerin zum Katholizismus.

Anja-Maria Roth

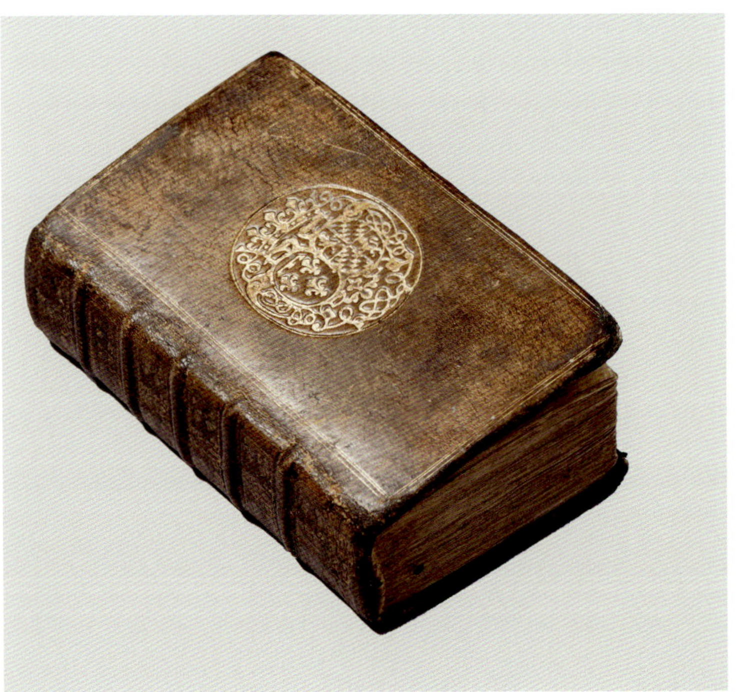

B7.03

Literatur

Ausst.-Kat. Heidelberg 1996 · Vollmer 1907–1950, Bd. 22, 1928, S. 303

B7.04

Brief Elisabeth Charlottes von der Pfalz an Papst Clemens XI.

Versailles, 26. Juni 1701
Manuskript auf Papier. H 23 cm, B 16,5 cm
Reiss-Engelhorn-Museen Mannheim, 642 (MAV)

Elisabeth Charlotte (genannt Liselotte) von der Pfalz, Tochter des Kurfürsten Karl I. Ludwig, hinterließ eine Fülle von handschriftlichen Briefen. Aus ihrer Feder stammen mindestens 60.000 Briefe, von denen zwei Drittel in Deutsch und ein Drittel in französischer Sprache ver-

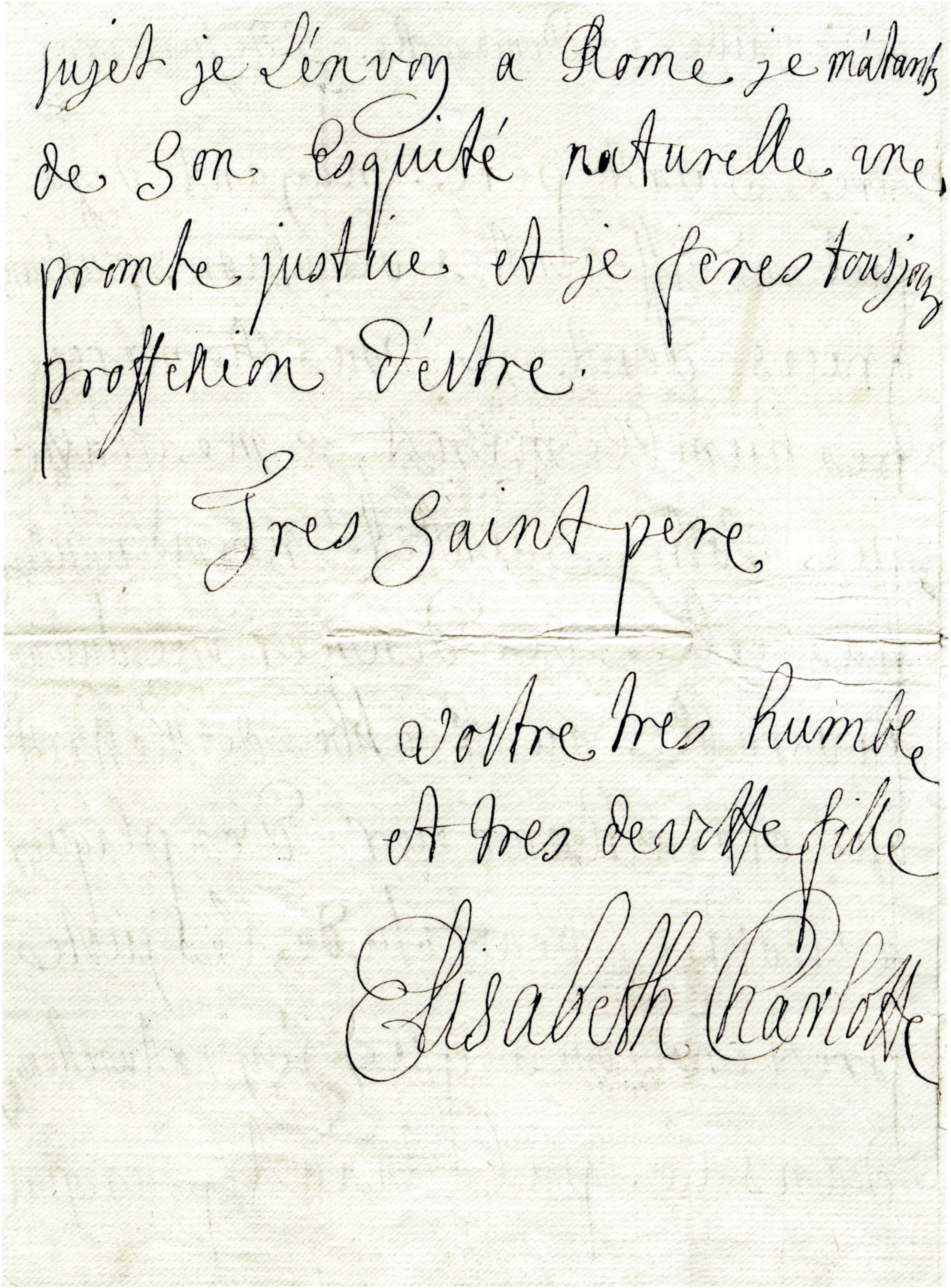

sujet je l'envoy a Rome je m'attants
de son Esquité naturelle une
promte justice et je feres toujours
proffection d'estre.

Tres saint pere

vostre tres humble
et tres devotte fille
Elisabeth Charlotte

B7.04

fasst sind. Erhalten hat sich von ihnen indes nur ein Zehntel. Die Briefe Liselottes wurden in den 51 Jahren, die sie nach der Heirat mit Philippe I., Herzog von Orléans, am Hofe ihres Schwagers König Ludwig XIV. verbrachte, immer zahlreicher. Gründe hierfür waren neben ihrer Schwierigkeit, sich der französischen Hofetikette anzupassen, vor allem ihre Sehnsucht nach der pfälzischen Heimat, das Leid im Zuge des Pfälzischen Erbfolgekriegs sowie ihre isolierte Position am Hofe infolge etlicher Intrigen. Dank der Briefe Liselottes ist es möglich, Details ihres Privatlebens, Denkens und Handelns nachzuvollziehen.

Der Brief ist in französischer Sprache an Papst Clemens XI. gerichtet. In ihm legt Liselotte ihre Rechte auf die in weiblicher Linie vererbten Lehen in der Pfalz dar, die seit dem Regierungsantritt Philipp Wilhelms und damit dem Übergang der Kurfürstenwürde an die Linie der Pfalz-Neuburger im Jahr 1685 verhandelt wurden. Das Testament Kurfürst Karls II. hatte Liselotte enterbt, war jedoch durch Ludwig XIV. für ungültig erklärt worden, sodass man fortan um Allodien des Kurhauses und Gebietsansprüche stritt. Die Lage verschärfte sich noch durch die Forderung Frankreichs nach der Mitgift Liselottes, die man bei der Eheschließung mit Philippe ausgeschlagen hatte. Johann Wilhelm, seit 1690 Kurfürst von der Pfalz, strebte einen vollständigen Verzicht Frankreichs im Erbschaftsstreit an, aber Ludwig XIV. beharrte auf seinen Ansprüchen. Liselotte erhoffte sich mit ihrem Brief ein für sie günstiges Urteil des Papstes, doch ihre Klage wurde abgewiesen und eine Restzahlung an Frankreich festgelegt. Es handelt sich hier um den einzigen Brief Liselottes an einen Papst. Bemerkenswert ist der von ihr gewählte respektvolle, aber selbstbewusste Tonfall. Der Brief wurde 1909 durch den Mannheimer Altertumsverein von dem Heidelberger Antiquar Ernst Carlebach aufgekauft und 1910 im Stadtgeschichtlichen Museum Mannheim – einem der Vorläufer der späteren Reiss-Engelhorn-Museen – ausgestellt.

Mirjam Schnorr

Literatur

Lebigre 1988 · Van der Cruysse 2000

B7.05
Spunden vom großen Fass auf dem Heidelberger Schloss

Heidelberg, 1737
Holz, geschnitzt, bemalt und teilvergoldet. L 11 cm, Dm 10 cm
Kurpfälzisches Museum der Stadt Heidelberg, GH 12

Wein war als Wirtschaftsfaktor für die Kurfürsten von großer Bedeutung. Die Weinsteuern, die in Form von Naturalabgaben an den Landesfürsten zu entrichten waren, spielten für die Einnahmen des Landesherrn eine wichtige Rolle. Schon 1591 errichtet Pfalzgraf Johann

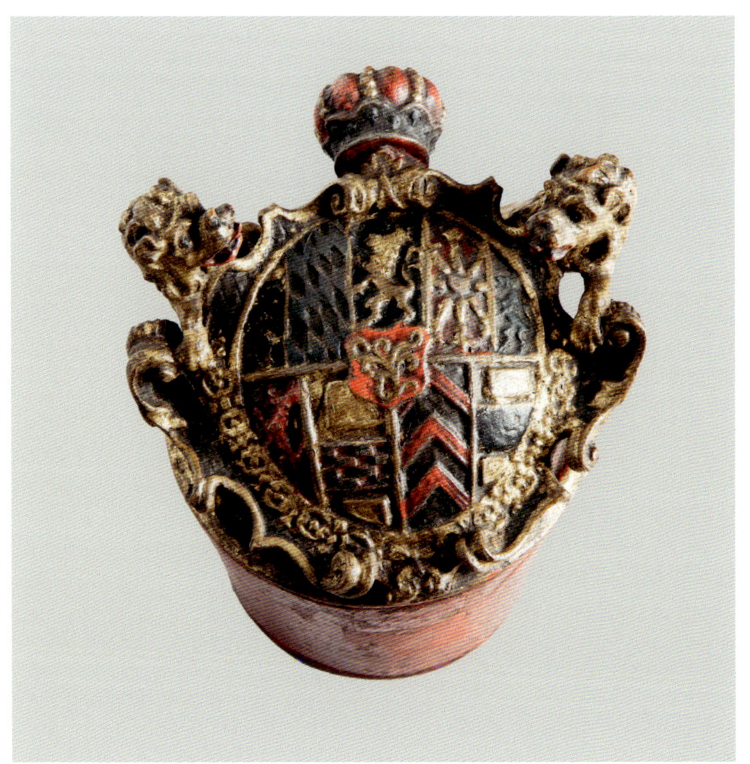

B7.05

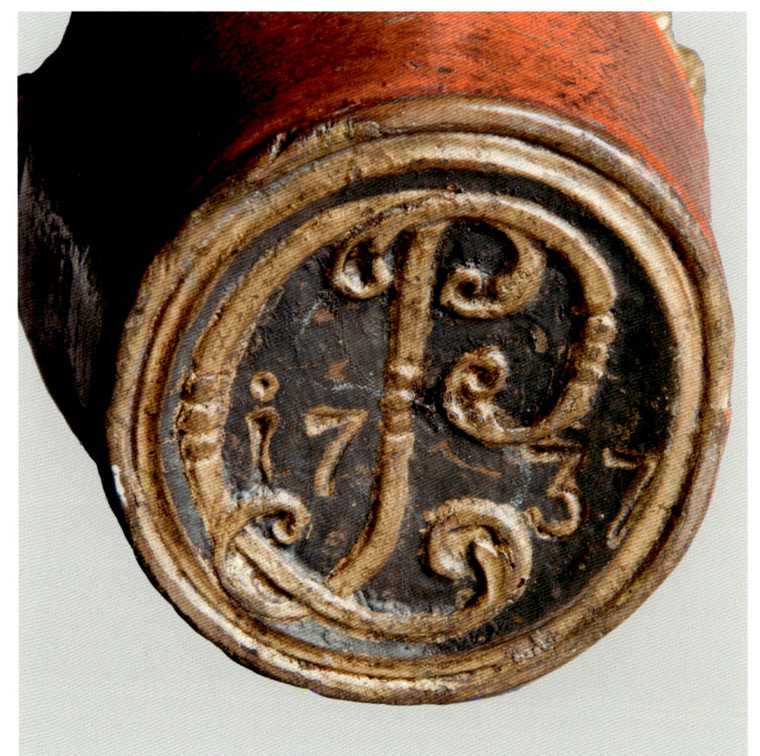

B7.05

Casimir während seiner Zeit als Administrator der Kurpfalz das erste große Fass mit einem Fassungsvermögen von 122.794 Litern. Dieses zerfiel während des Dreißigjährigen Krieges, so dass Kurfürst Karl I. Ludwig 1664 ein neues Fass mit einem Volumen von 197.337 Litern erbauen ließ. Neu waren ein Tanzboden und der aufwendigere figürliche Schmuck. Trotz des Brandes des Heidelberger Schlosses während des Pfälzischen Erbfolgekrieges überstand das zweite große Fass die Wirren der Zeit, verfiel aber danach zusehends. Reparaturen 1702, 1724 und eine Runderneuerung 1728 ergaben das dritte Fass mit einem Fassungsvermögen von 202.000 Litern. Der Fassboden war mit dem großen Wappen des Kurfürsten Carl Philipp geschmückt, das von zwei heraldischen Löwen gehalten wurde. Über dem bekrönenden Kurhut thront Weingott Bacchus. Der prunkvolle figürliche Schmuck sollte das Fass als ein Symbol des kurfürstlichen Repräsentationsanspruches ausweisen. Bei der Füllung des Fasses wurden alle als Steuern gelieferten Weine ohne Unterschied eingeschüttet. Anschließend sollten angeblich die Hofbediensteten ihr tägliches Quantum Wein davon bekommen haben.

Selbst Liselotte von der Pfalz erwähnt das große Fass am 26. September 1715 in einem Brief an Wilhelm von Leibniz: „Ich fürchte auch, es wird meinem sohn gehen, ohne vergleichung, wie es mit den großen fässern zu Heidelberg gegangen: alle kurfürsten, so nicht getrunken, haben sie gebauet, und die, so viel getrunken, haben keine gemacht." Das heutige vierte Fass wurde 1751 unter Carl Theodor erbaut und hatte ein Fassungsvermögen von 228.000 Litern, das nach Eintrocknung heute noch 219.000 Liter beträgt.

Ralf Richard Wagner

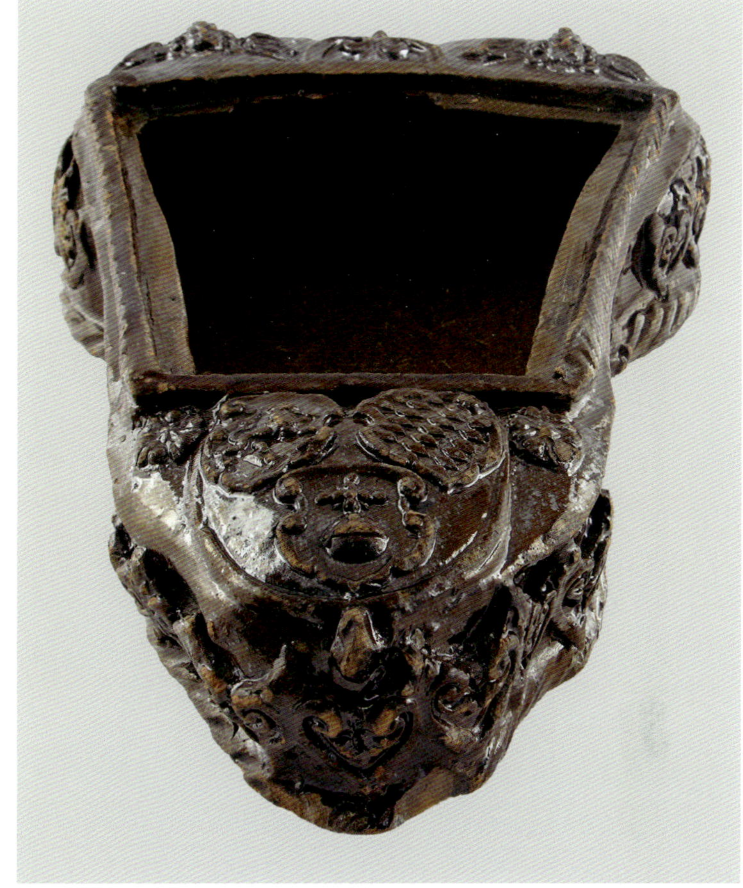

B7.06

B7.06
Fußwärmer mit dem Wappen der Pfalzgrafschaft

Speyer (?), 1598
Irdenware, braun glasiert. H 9 cm, B 27 cm, L 39 cm
Frankenthal, Erkenbert-Museum, G 580

Die befremdlich anmutende, wahrscheinlich als Unikat gefertigte Keramik gleicht, von oben betrachtet, zwei nebeneinender gestellten Pantoffeln. Der aus keramischen Platten sowie aus scheibengedrehten Segmenten zusammengesetzte Gefäßkörper ist mit Ausnahme seiner Unterseite über und über mit Reliefs besetzt. An der Spitze der Keramik sitzt ein großes Wappenschild. Darin integriert sind die als eigenständige Wappenschilde ausgebildeten Wappen der Kurpfalz: der steigenden Löwe, die Rauten sowie der Reichsapfel. Das Ganze wird von zwei Blüten flankiert. Einen Großteil der Oberfläche nimmt eine trapezförmige, einfach gefalzte Aussparung für einen heute nicht mehr vorhandenen Deckel ein. Der hintere Teil des Gefäßkörpers weist zwei kalottenartige Ausbuchtungen auf. Zwischen einem Blattbesatz finden sich die Appliken zweier zur Gefäßöffnung weisender, geflügelter Puttenköpfe mit Serviettenkrägen. Darunter wurde vom Hersteller des Stückes die Jahreszahl 1598 eingeritzt. Ein horizontal umlaufendes, kleinteilig durchbrochenes Band unterstreicht den schuhartigen Charakter des Gefäßes, erinnert dieses doch an die Naht zwischen Oberleder und Sohle

Mangels vergleichbarer Keramiken kann über die ursprüngliche Funktion der manieristischen Keramik lediglich spekuliert werden. Die aktuelle Funktionsansprache resultiert aus ihrer schuhartigen Gesamtform, der Andeutung einer Naht und ihrer Dimensionierung. Möglicherweise heizte man die Keramik durch Befüllen mit heißem Wasser auf. Nach dem Auskippen des Wassers konnte man dann seine Füße in die noch warme Keramik stellen.

Harald Rosmanitz

Literatur

Huber 2000

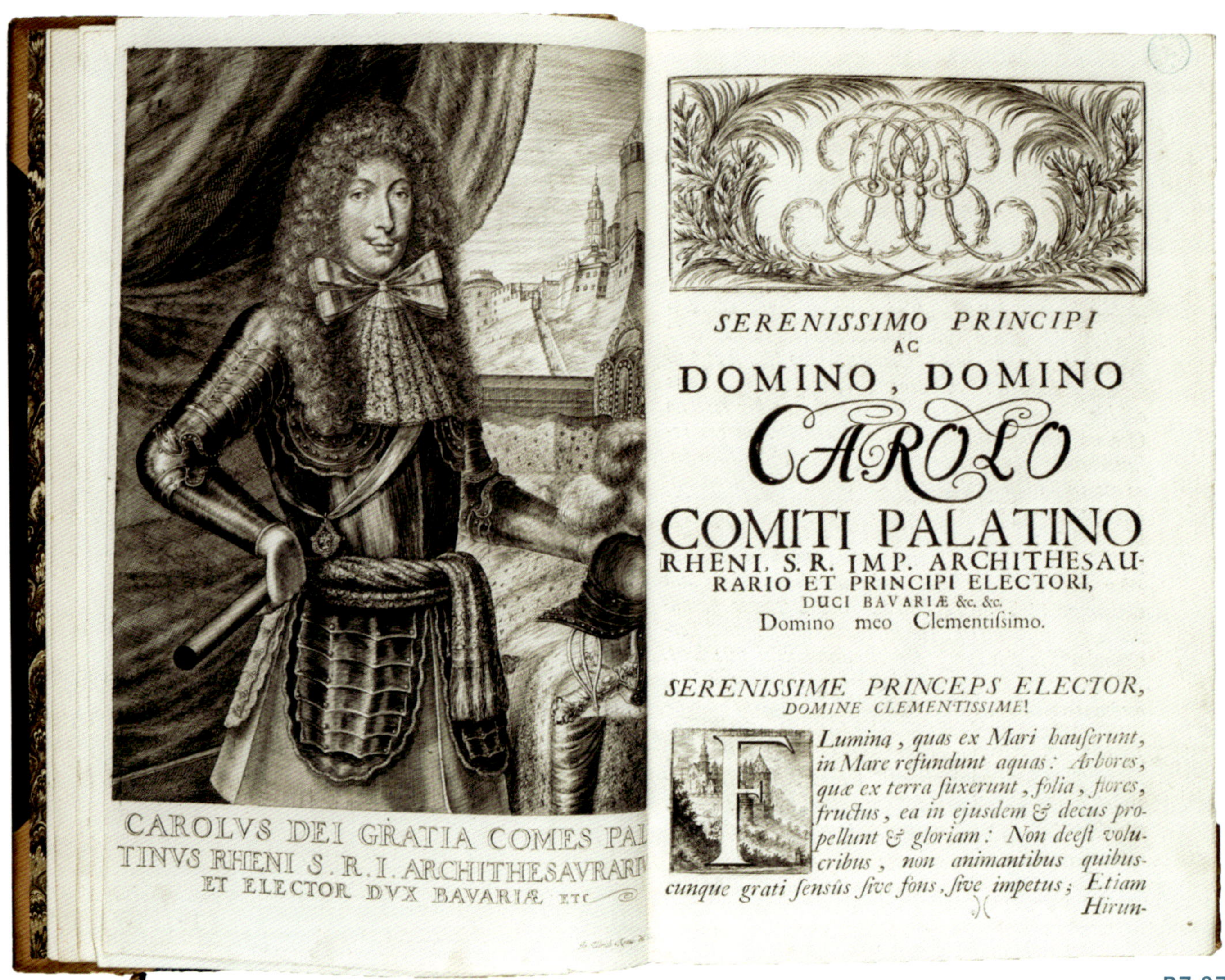
CAROLVS DEI GRATIA COMES PAL
TINVS RHENI S. R. I. ARCHITHESAVRARI
ET ELECTOR DVX BAVARIÆ ETC

SERENISSIMO PRINCIPI
AC
DOMINO, DOMINO
CAROLO
COMITI PALATINO
RHENI, S. R. IMP. ARCHITHESAU-
RARIO ET PRINCIPI ELECTORI,
DUCI BAVARIÆ &c. &c.
Domino meo Clementiſsimo.

SERENISSIME PRINCEPS ELECTOR,
DOMINE CLEMENTISSIME!

Flumina, quas ex Mari hauſerunt, in Mare refundunt aquas: Arbores, quæ ex terra ſuxerunt, folia, flores, fructus, ea in ejusdem & decus propellunt & gloriam: Non deeſt volucribus, non animantibus quibuscunque grati ſenſûs ſive fons, ſive impetus; Etiam
)(Hirun-

B7.07

B7.07

Beschreibung der Münz- und Gemmensammlung des Kurfürsten Karl II.

Thesaurus ex thesauro palatino selectus sive Gemmarum et Numismatum quae in electorali cimeliarchio continentur …
Lorenz Beger (Verfasser), Johann Ulrich Kraus (Kupferstiche)
Heidelberg: Philipp Delborn, 1685
Druck mit Kupferstichen. H 36,2 cm, B 24,3 cm
Reiss-Engelhorn-Museen Mannheim, B 160

Unter dem Einfluss seines Lehrers Paul Hachenberg war Karl II. zu einem sehr entschiedenen Calvinisten erzogen worden. Dies hinderte ihn freilich nicht, in Heidelberg eine sehr aufwendige Hofhaltung zu pflegen, in der Mannheimer Festung militärische Planspiele aufzuführen und sich der Pflege seiner Kunstsammlungen zu widmen, so auch der Sammlung von Münzen, Medaillen, Intaglien und Gemmen (geschnittenen Steinen). Der von Lorenz Beger verfasste Katalog dieser Preziosen zeigt in mehreren, von Johann Ulrich Kraus gezeichneten und gestochenen Titelkupfern zum einen das große Interesse an solchen Sammlungen seitens des Hochadels zu dieser Zeit – auch Karls Schwester Liselotte war nicht nur eine leidenschaftliche Briefschreiberin, sondern ebenso eine große Connaisseurin und Sammlerin von Gemmen und Münzen. Ein zweiter Kupferstich im *Thesaurus* gibt eine Szenerie wieder, in der sich allegorische Figuren vor einem geöffneten Münzschrank am Betrachten dieser Preziosen delektieren. Ihnen zu Seiten stehen erhöht auf Postamenten die Götter Apoll und Pallas Athene, im Vordergrund streben Neptun sowie eine weitere weibliche Allegorie dem Schrank zu. Letztere sitzt in einem von zwei Löwen gezogenen Wagen und trägt eine randvoll mit weiteren Münzen gefüllte Schale. Bekrönt wird die Szene vom Pfälzer Wappen und mehreren Putten.

Ein drittes Titelkupfer schließlich zeigt den Auftraggeber des Katalogs, Karl II. selbst, von einem Vorhang als Herrschaftszeichen hinterfangen, vor dem steil aufragenden Burgberg Heidelbergs und der Nordwestflanke des dortigen Schlosses. Die Darstellung des Kurfürsten bleibt etwas ambivalent, in dem sie ihn einerseits in Rüstung und mit Marschallstab, die linke Hand auf einen Turnierhelm gestützt, präsentiert, andererseits durch eine auffällige Schleife am Hals und ein leger um die Hüfte gebundenes Tuch der höfischen Mode seiner Zeit folgt. Den Anspruch auf das Reichsvikariat – ein Amt, dass die Kurpfalz 1623 an die bayerischen Verwandten verloren hatte – unterstreicht die neben dem Kurhut platzierte Krone des Heiligen Römischen Reichs.

Sabine Witt

Literatur

Wiegand 2007, v. a. S. 345

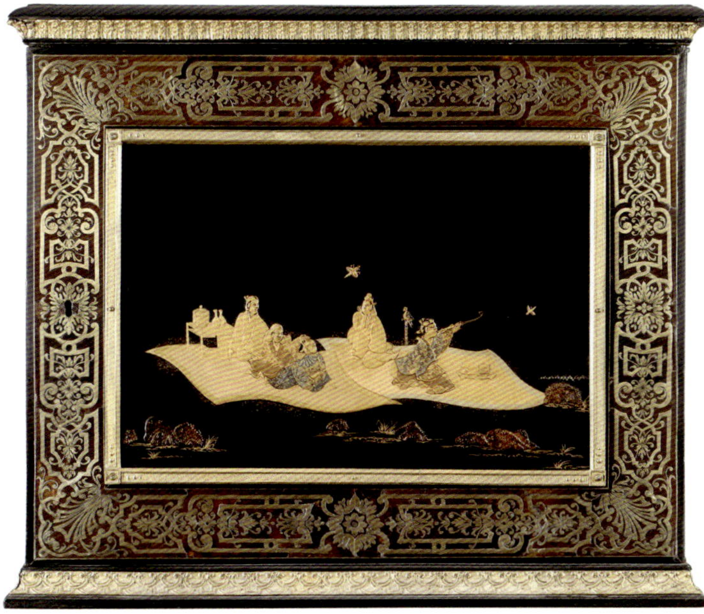

B7.08a

B7.08a/b
Kabinett („Mannheimer Schrank") und Gemmen

Korpus: französisch oder deutsch, Anfang 18. Jahrhundert
Lackarbeit: Japan, zweite Hälfte 17. Jahrhundert.
H 58,3 cm, B 67,7 cm, T 43,2 cm
München, Staatliche Münzsammlung, LK 004 (Schrank), 1175, 1192, 1193, 1194, 1243, 1375, 1385, 1401, 1405, 1406, 1411 (Kameen)

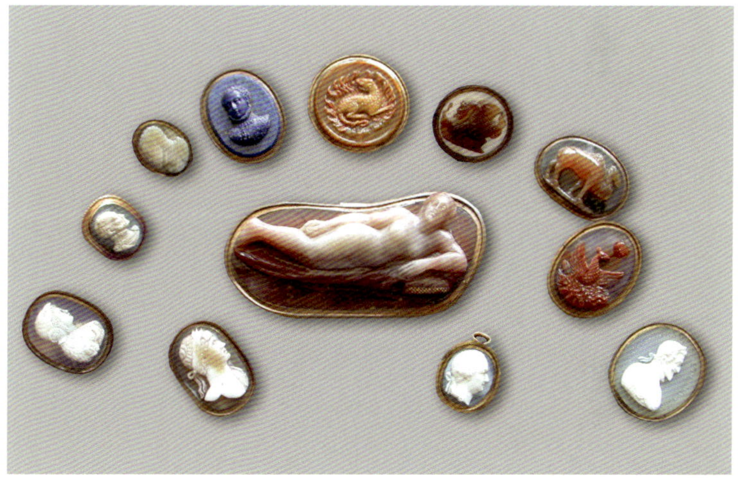

B7.08b

Das eintürige Kabinett wird als „Mannheimer Schrank" bezeichnet, da es 1746 und 1775 in den Möbelinventaren des Mannheimer Hofes aufgeführt wird. 1785 wurde es unter Carl Theodor nach München transferiert. Aus den Überführungslisten ist bekannt, dass damals in dem Schrank Gemmen aufbewahrt wurden. Die Gemmen (siehe Abb. B7.08b) und die Datierung des Möbels machen es möglich, es mit einem noch früheren pfälzischen Besitzer, nämlich mit Johann Wilhelm von der Pfalz und seiner bedeutenden Gemmensammlung am Düsseldorfer Hof, in Verbindung zu bringen. Vermutlich wurde das Möbel von oder für Johann Wilhelm angefertigt. Die Inventarangaben erlauben allein bei diesem Möbel, innerhalb der Reihe der Lackkabinette der Münzsammlung, die sichere Angabe zur Provenienz von den pfälzischen Höfen der Wittelsbacher.

Kulturgeschichtlich ist das Kabinett ein interessantes Objekt, zeigt es doch innerhalb der wittelsbachischen Sammlungen eines der frühesten Beispiele dafür, dass man japanische und europäische Teile an einem Möbel zusammengeführt hat. Später im 18. Jahrhundert sollten solche Kombinationen in verschiedenen Bereichen des Kunsthandwerks häufiger vorkommen. Japanisch sind die drei Lacktafeln vorn und auf den Seiten. Sie zeigen in außerordentlicher Qualität die wohl ehemals zusammengehörenden Teile eines Picknicks und von Landschaftsfragmenten. Von hoher Kunstfertigkeit sind die bläulichen Gewanddekore der jungen Personen im Vordergrund. Sie wurden mit einer der raffiniertesten japanischen Lacktechniken, dem Streubild mit Blattgold und -silber sowie mit Perlmuttpartikeln, hergestellt. Vorne ist die Picknick-Gesellschaft mit Pfeifen und Reiswein auf einer Matte sitzend zu sehen. Auf den Seiten erkennt man einen Berg, der wahrscheinlich den Fuji darstellt. Es dürfte sich um eines der im alten Japan beliebten Picknicks zur Zeit der Kirschblüte gehandelt haben. Die europäische Arbeit an dem Möbel ist der Korpus mit seiner von Charles André Boulle (1642–1732) in Paris perfektionierten Technik der Einlegearbeit von Messingteilen in Schildpatt. Der Deckel und die Innenseite der Tür sind mit Ornamenten verziert, die an eine Entstehung in Paris zu Anfang des 18. Jahrhunderts denken lassen.

Martin Hirsch

Literatur

Ausst.-Kat. München 2011, S. 112–119, Nr. 3

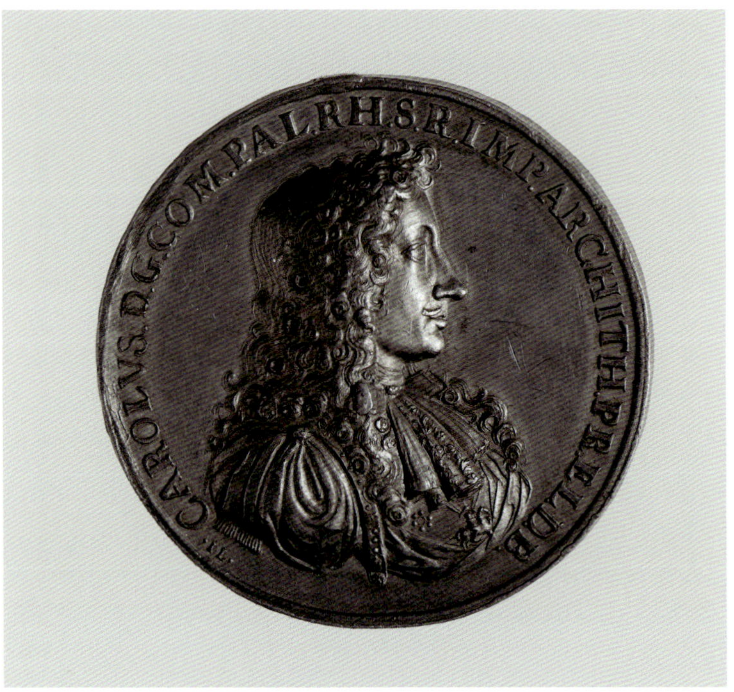

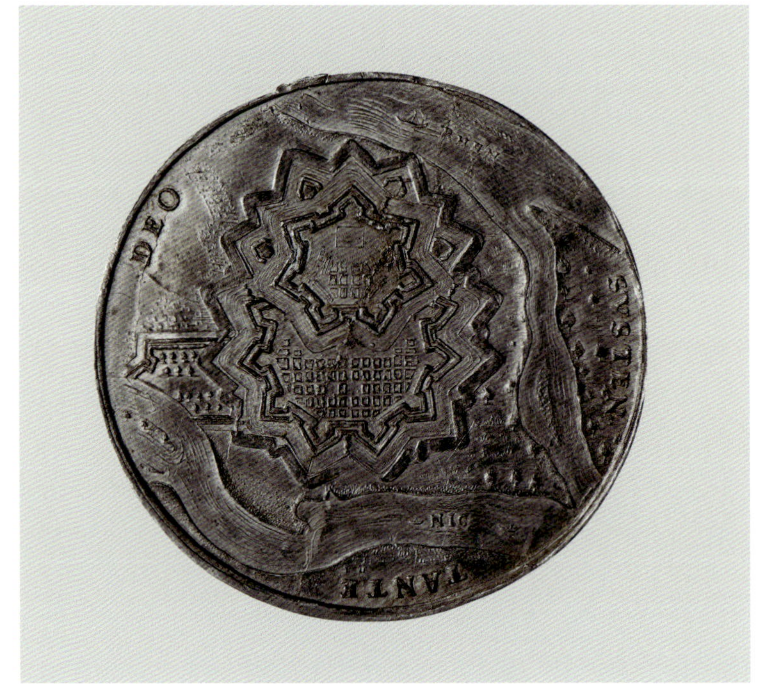

B7.09

B7.09

Medaille auf Mannheim und die Festung Friedrichsburg

Umschrift Avers: CAROLVS · D(EI) · G(RATIA) · COM(ES) · PAL(ATINUS) ·RH(ENI) · S(ACRI) · R(OMANI) · IMP(ERII) · ARCHITH(ESAURARIUS) · PR(INCEPS) · EL(ECTOR) · D(UX) · B(AVARIAE) · ; · I(OHANN) L(INCK) · , Umschrift Revers: SVSTEN – TANTE – DEO; RHEN(US); NIC(ER)
Johann Linck, um 1680
Dm 6,8 cm
Reiss-Engelhorn-Museen Mannheim, ohne Inv.-Nr.

Das Brustbild des Kurfürsten auf der Vorderseite im Relief zeigt Karl II. (1651–1685) mit langen Locken, einer Feldbinde mit Agraffe und dem Hosenbandorden. Der Medailleur Johann Linck (tätig 1659–1711) orientierte sich – abgesehen von wenigen Abweichungen – an einer Darstellung von Karls Vater Karl I. Ludwig (1617–1680) von 1676. In beiden Fällen thematisieren die Medaillen die Mannheimer Festung Friedrichsburg auf der Rückseite. Sie zeigt die Festung und die Stadt im Grundriss und benennt die umgebenen Flüsse.

Anhand der Darstellungen kann eine ungefähre Datierung des Prägestempels erfolgen: Der Friedrichsburg fehlt die am 9. Mai 1681 begonnene Stadtmauer, die Medaille muss folglich zuvor entstanden sein. Hingegen trägt Karl bereits den Hosenbandorden, den er am 2. Oktober 1680 erhalten hatte. Nicht nur gestalterisch greift die Medaille die des Vaters auf, um die Weiterführung der Herrschaft Karl I. Ludwigs durch seinen Erben auszudrücken, sondern sie folgt ihr auch in der Absicht, Mannheim als trotzende und schützende Bastion zu präsentieren.

Camilla Narrog

Literatur

Stemper 1997a, S. 269–270 · Ausst.-Kat. Bruchsal 1981, S. 509

B7.10

Medaille auf den Einfall der Franzosen in die Pfalz

Umschrift Avers: SECVROS SIC TRACTAT GALLVS AMICOS; DENCK / TEVTSCHLAND AN DEN FRIDENBRUCH · / MDCLXXXVIII ·
Umschrift Revers: DIE HVLFF DVRCH / TREV U · EINTRACHT / SVCH · / G(EORG) · H(AUTSCH) ·, Randschrift: DAS SOLL DIR EIN EWIGER BVUND SEYN, DIR VND DEINEN KINDERN.
Heidelberg
Silber. Dm 4,5 cm
Reiss-Engelhorn-Museen Mannheim, III g, Nr. 112

Französische Soldaten marodieren durch das Land und greifen Einheimische an, sie marschieren in Karrees und zerstören die Häuser. Dieses Bild des Einfalls der Franzosen, die Ende September 1688 – vier Jahre nach dem offiziellen Bruch des Regensburger Waffenstillstandes seitens

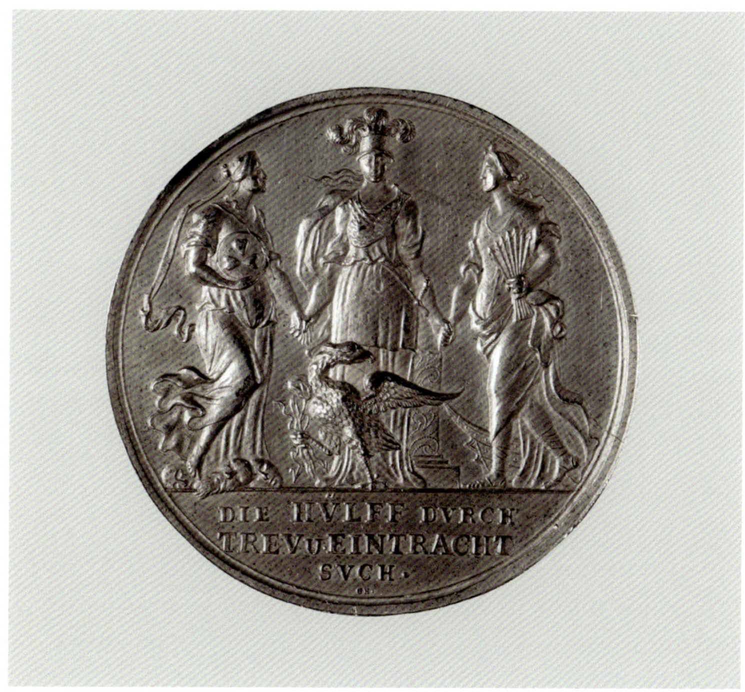

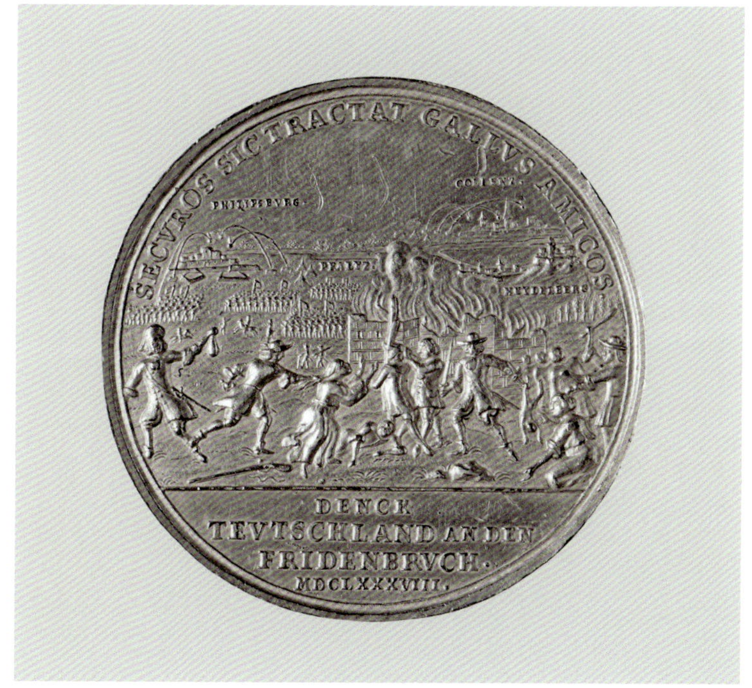

B7.10

Ludwigs XIV. (1638–1715) – in die Pfalz und in das Rheinland eindrangen, zeigt die Medaille. Heidelberg, dessen Schloss am rechten Rand angedeutet ist, bildet die Kulisse, während im Hintergrund Koblenz und die Festung Philippsburg angegriffen werden. Sollte Koblenz fallen, würde es das Einrücken der Franzosen in das Mittelrheingebiet bedeuten; sollte die Philippsburg eingenommen werden, wäre dies der Verlust der letzten Bastion an der Grenze zur Kurpfalz und Süddeutschland. Um Frankreich zurückzudrängen, sandten der Kurfürst von Brandenburg und Sachsen, Herzog von Hannover und Landgraf von Hessen-Kassel Verstärkung nach Frankfurt und an den Mittelrhein. Auch wenn die Festung fiel, Koblenz konnte dem Einfall Stand halten.

Die Medaille ist in unterschiedlichen Materialien weit verbreitet worden, um den Nationalstolz zu wecken und die Deutschen zur Gegenwehr zu mobilisieren. Sie sollten sich den Versprechungen Frankreichs widersetzen und sich an den nicht eingehaltenen Waffenstillstand erinnern. Um daran zu gemahnen, zeigt die Rückseite die Personifikation der Treue, die die Masken der Falschheit zertritt und ein Schild mit drei Herzen trägt, und die Einigkeit vor einem Schiffsschnabel – aufgrund der sieben Pfeile auch als Niederland gedeutet. Beide blicken auf zu Minerva mit dem Adler vor einer zerstörten Säule, die auch als Germania interpretiert wurde. Sie halten sich die Hände und zeigen so die Treue, die von den Deutschen verlangt wurde. Sollten die Personifikationen Ländern entsprechen, so stellt die Treue England dar, so dass die drei verbündeten Länder vereint wären.

Camilla Narrog

Literatur

Stemper 1997a, S. 301–302 · Ausst.-Kat. Bruchsal/Karlsruhe 1981, S. 492

B7.11
Medaille auf die Zerstörung Heidelbergs

Jérôme Roussel, 1693
Bronze. Dm 7,6 cm
Kurpfälzisches Museum der Stadt Heidelberg, M 5505

Am 22. Mai 1693 erlebte Heidelberg seinen schwärzesten Tag. Innerhalb weniger Stunden vollendeten die Truppen des französischen Sonnenkönigs das Zerstörungswerk, das sie vier Jahr zuvor im sogenannten Orléansschen Krieg begonnen hatten. Das Schloss gesprengt, die Häuser verbrannt, die Bevölkerung massakriert, diese Meldung über die Ausführung seines Befehls, die Pfalz zu verbrennen, feierte der allerchristlichste König Ludwig XIV. mit einem Festgottesdienst und gab zugleich zur ewigen Erinnerung eine bronzene Gedenkmünze in Auftrag.

Die Vorbereitungen lagen bei der Académie royale des Inscriptions et Belle Lettres. Die von ihr gefundene Devise „*Heidelberga deleta*“ erinnert an die Äußerung des älteren Cato, die während des dritten Punischen Krieg zur geflügelten Redewendung wurde: „*Ceterum censeo Carthaginem esse delendam*“ (Im Übrigen beantrage ich, Karthago müsse zerstört werden). Auch sie beinhaltete wie im Fall Heidelbergs das Wiederansiedlungsverbot der vertriebenen Einwohner. Nach der Idee des Dichters Boileau (1636–1711) hat der Maler und Kupferstecher Sebastian Le Clerc (1637–1714) den Entwurf gestaltet. Die Wachsmodelle und Stempel lieferte im Laufe des Jahres 1694 der Hofmedailleur Jérome Roussel (1663–1773) für die *Histoire métallique du règne de Louis XIV.*

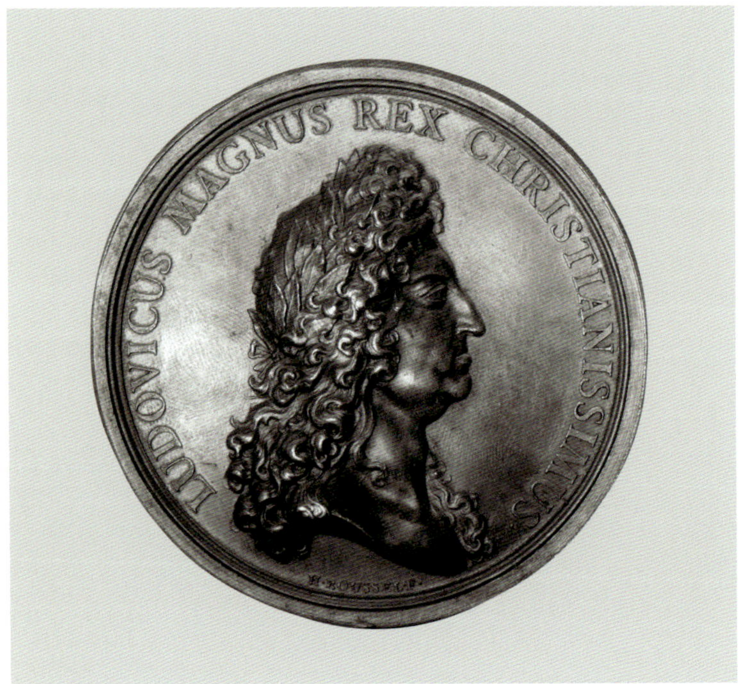

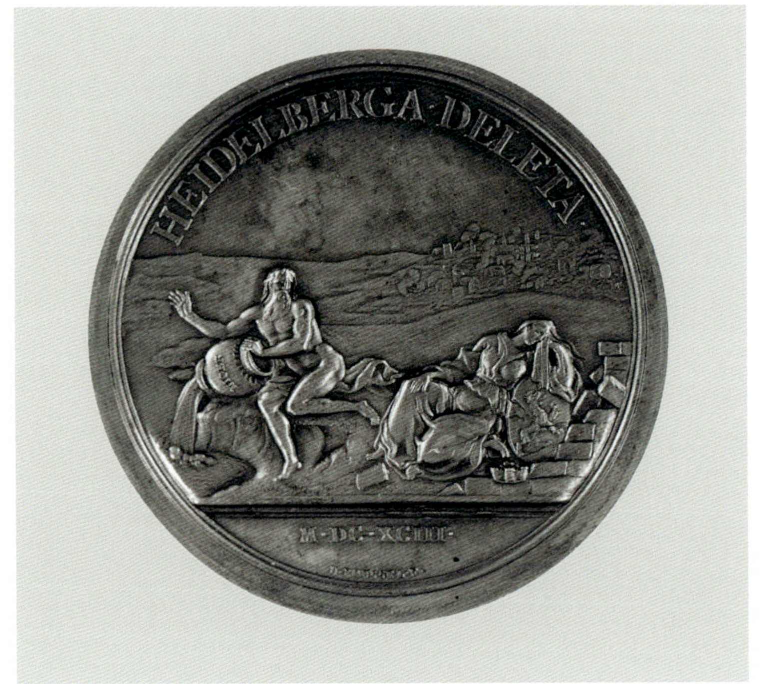

B7.11

Dargestellt ist auf der Vorderseite der Kopf des Monarchen mit Allongeperücke und Lorbeerkranz im Profil nach rechts und der Umschrift LUDOVICUS MAGNUS REX CHRISTIANISSIMUS. Am Halsabschnitt H.(ierome) ROUSSEL.F(ecit). Die Rückseite zeigt im Vordergrund links den bärtigen Flussgott Nicarius, eine Wasserurne ausleerend, rechts die trauernde, nach antikem Vorbild gewandete Stadtgöttin Heidelberga. Sie stütz sich auf den zerbrochenen Wappenschild mit dem Heidelberger Löwen und beweint das Ausmaß der Zerstörung. Eine Fürstenkrone liegt zu ihren Füßen. Dahinter öffnet sich der Blick auf eine Landschaft mit brennender Stadt, die Umschrift HEIDELBERGA – DELETA verkündet das Ergebnis: „Heidelberg ist zerstört". Im Kreissegment M-DC-XCIII darunter H. ROUSSEL F(ecit).

Das Exemplar des Kurpfälzischen Museums wurde 1867 auf Ansuchen des Heidelberger Rechtsanwalts Albert Mays in der Pariser Münze aus dem Originalstempel nachgeprägt und der Städtischen Altertümersammlung des Grafen Charles de Graimberg überlassen.

Frieder Hepp

Literatur

Hepp 2008, S. 123–144, S. 302 f., Nr. 292, S. 143 f. · Hepp 2010, S. 53–76, S. 62 ff. · Stemper 1997a, Nr. 292, S. 302 f. · Vetter 2009, S. 87

B.7.12a-d
Skulpturenfragmente aus dem Heidelberger Schloss

a) Hermenpilaster
Kalkstein. H 182 cm, B 27 cm, T 38 cm
Vermögen und Bau Baden-Württemberg/Amt Mannheim, 463
b) Hermenpilaster
Kalkstein. H 129 cm, B 26 cm, T 32 cm
Vermögen und Bau Baden-Württemberg/Amt Mannheim, 357
c) Fragment eines Pilasters (?) mit Roll- und Bandelwerk
Kalkstein. H 94 cm, B 36 cm, T 37 cm
Vermögen und Bau Baden-Württemberg/Amt Mannheim, ohne Inv.-Nr.
d) Kurhut
Kalkstein. H 33 cm, B 56 cm, T 50 cm
Vermögen und Bau Baden-Württemberg/Amt Mannheim, ohne Inv.-Nr.

Der nordöstliche Bereich des Innenhofs gilt vielen Besuchern als das reizvollste Areal des Heidelberger Schlosses. Und dies ganz zu Recht, beeindruckt er doch mit gleich drei prachtvollen Renaissance-Palastbauten, die binnen eines halben Jahrhunderts entstanden sind und damit gut die Entwicklung der Architektur ab der Mitte des 16. Jahrhunderts begreifbar machen.

Chronologisch muss man mit dem mittig platzierten Bauwerk Kurfürst Friedrichs II. beginnen, das seinen Namen nach einem mit Spiegeln ausgestalteten Saal erhielt, ein unerhörter Luxus, der den Raum im Obergeschoss zudem optisch vergrößerte. Der ab 1549 entstandene Glä-

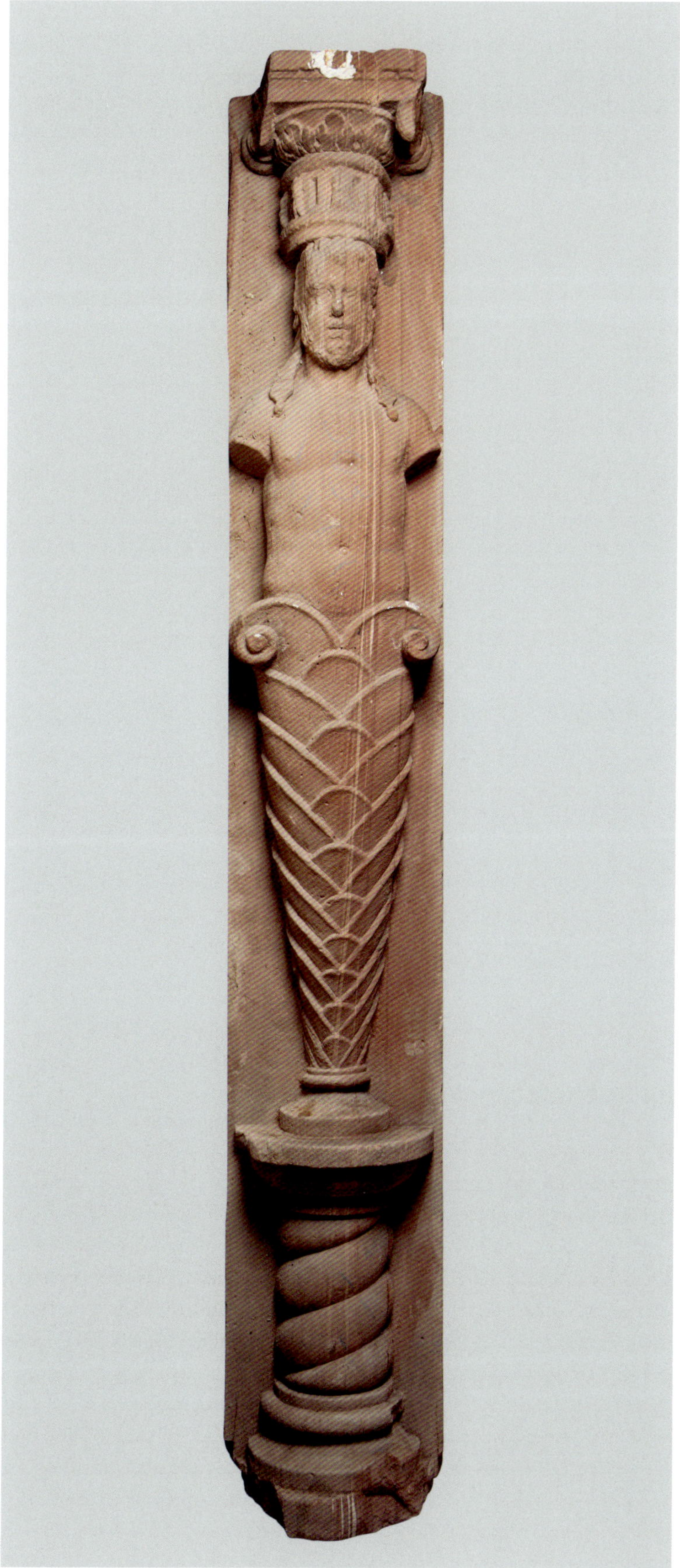

B7.12a

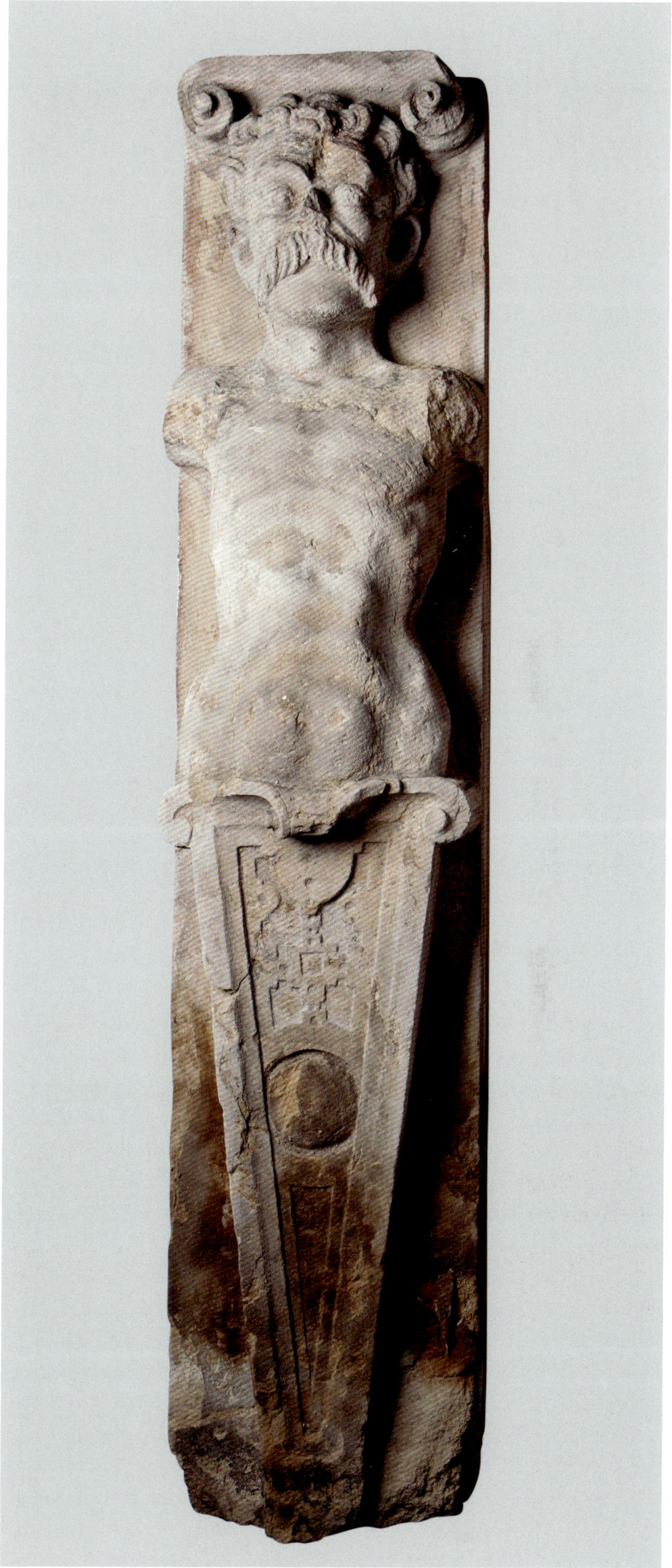

B7.12b

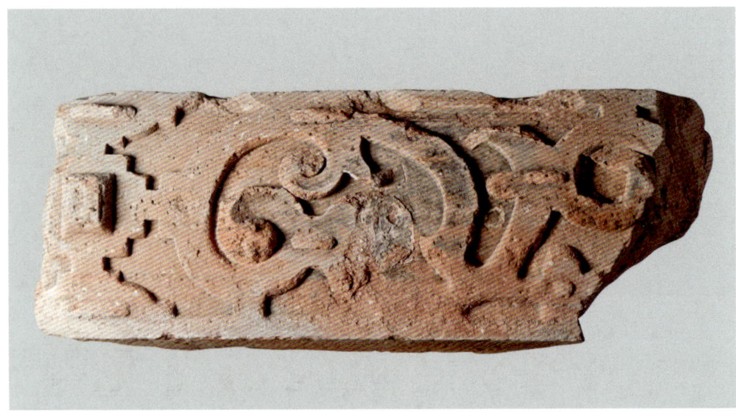

B7.12c

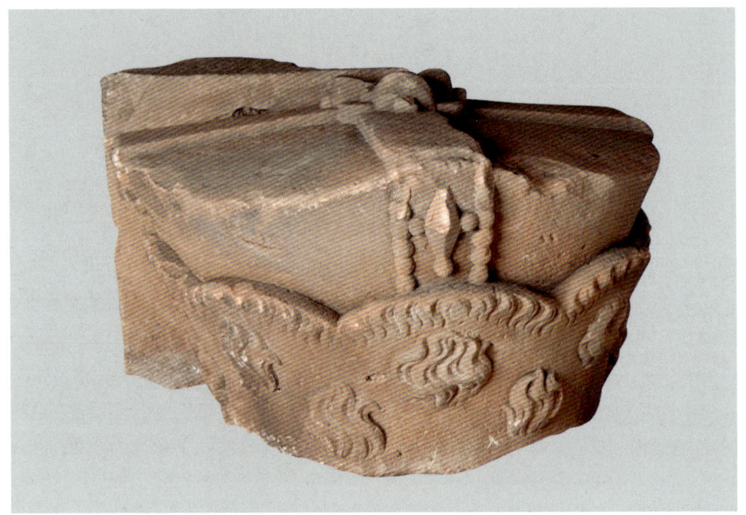

B7.12d

serne Saalbau markiert den Beginn des Renaissancezeitalters im Heidelberger Schloss, obgleich die stämmige Arkadenarchitektur noch ein wenig gedrungen wirkt und sich dahinter spätgotische Gewölbe finden.

Deutlich prächtiger zeigt sich die Hofseite des rechter Hand anschließenden Ottheinrichsbaus, der mit seiner schieren Masse und Pracht in der deutschen Kunstgeschichte seinesgleichen sucht. Dabei beeindruckt vor allem die reich geschmückte Fassade, gestaltet von dem flämischen Bildhauer Alexander Colin (1526–1612), mit ihrem geradezu überbordenden Dekorum aus Skulpturen, dekorativen Steinmetzarbeiten und Reliefdarstellungen. Die Standbilder verkörpern allegorische Darstellungen und Gestalten aus antiker Götterwelt und Altem Testament und können als Spiegel einer idealen fürstlichen Regierung betrachtet werden. Die Hoffassade des Baus zieren zahlreiche Hermenpilaster – indes nur hier, wurde doch die nach außen weisende Fassade des ab 1556 errichteten Palasts betont schmucklos gehalten.

Ganz anders verhält es sich mit dem Friedrichsbau, den Friedrich IV. ab 1601 errichten ließ. Er erhielt als erster Palast des Schlosses auch eine repräsentative Fassade zur Stadtseite hin. Zudem stellt er eine charmante Mehrzwecklösung dar, wie eine Bauinschrift an der Südseite verrät: So sollte der Palast „divino cultui et commodae habitationi" dienen, also eine Fürstenwohnung mit einem Gotteshaus vereinen. Die Schlosskirche im Erdgeschoss wird bis heute genutzt, die einstigen Wohnräume im Obergeschoss sind inzwischen in musealer Verwendung, wobei die Erneuerung des Palasts um 1900 mit ein Auslöser war für den Heidelberger Schlossstreit, der den Umgang mit Denkmälern bis in unsere Zeit prägt. Auf Friedrich IV. geht jedoch nicht nur der nach ihm benannte Palast mit seiner hofseitigen Ahnengalerie in Stein gehauener Herrscher zurück, sondern auch die Festung Friedrichsburg, aus der sich später Residenz und Stadt Mannheim entwickeln konnten. Zudem sollte aus seiner Ehe mit Prinzessin Louise Juliana von Oranien-Nassau eine der tragischsten Figuren des 17. Jahrhunderts hervorgehen. Denn unter Friedrich V. erreichte das Heidelberger Schloss mit seinen Renaissancepalästen und dem begonnenen *Hortus Palatinus* zwar den ästhetischen Zenit, der Herrscher ging aber auch als „Winterkönig" in die Geschichte ein. Der durch seinen Griff nach der böhmischen Königskrone mit entfachte Dreißigjährige Krieg war eine tiefe Zäsur in der fürstlichen Prachtentfaltung, die in den hier gezeigten Exponaten deutlich spürbar wird.

Heiko P. Wacker

Literatur

Alt 1898 · Alt 1905 · Bacher/Riegl 1995 · Benner/Wendt 2000 · Bilhöfer 2003 · Bilhöfer 2004 · Dehio 1914 · Dehio/Riegl 1988 · Dollen/Schock-Werner 1999 · Koch/Seitz 1891, Bd. 1 und Bd. 2 · Koch/Seitz 1896 · Koch/Seitz 1903 · Oechelhaeuser 1910 · Oechelhauser 1913a · Oechelhaeuser 1913b · Oechelhaeuser 1913c · Oechelhaeuser 1987 · Reichold 2004 · Roth 1999 · Wacker 2012

B8
Johann Wilhelm

Der Übergang der pfälzischen Kurwürde an die katholische Nebenlinie Pfalz-Neuburg nach dem Tod Karls II. zeitigte abgesehen von einer Rekatholisierung des Landes, die mit einer starken Förderung des Jesuitenordens einherging, weitere gravierende Folgen. Zum Erbe des neuen Kurfürsten Philipp Wilhelm gehörten auch die Herzogtümer Jülich und Berg, so dass sich der Flickenteppich der kurpfälzischen Länder um diese Territorien am Niederrhein erweiterte. Zu Recht bezeichnet man den Fürsten auch als „Schwiegervater Europas", denn seine Nachkommen heirateten in die mächtigsten Adelshäuser des Reiches, Polens, Portugals und Spaniens ein. Sein Sohn und Nachfolger Johann Wilhelm regierte von der niederrheinischen Residenz Düsseldorf aus und begründet dort gemeinsam mit seiner Gattin Anna Maria Luisa de'Medici eine herausragende Kunstsammlung. 1708 konnte er von Max Emanuel von Bayern kurzfristig die Pfälzer Kur zurückgewinnen und übte nach dem Tod Kaiser Josephs I. 1711 das Reichsvikariat aus.

B8.01

Porträt Johann Wilhelms von der Pfalz

Jan Frans van Douven, vor 1708
Öl auf Leinwand. H 126,8 cm, B 99,3 cm
Reiss-Engelhorn-Museen Mannheim, O 230

Johann Wilhelm von der Pfalz regierte über Pfalz-Neuburg, die niederrheinischen Herzogtümer Jülich und Berg und die Kurpfalz. Er hatte 1690 die Kurwürde übernommen und Düsseldorf zu seiner Residenzstadt gemacht, da Heidelberg infolge des Pfälzer Erbfolgekrieges noch weitgehend zerstört war. 1682 hatte Johann Wilhelm Jan Frans van Douven als Hofporträtisten an seinen Hof berufen. Van Douven hatte sich in Geldern einen Namen gemacht, wo er für einen Minister Karls II. italienische Gemälde kopiert hatte. In Düsseldorf wurde der Niederländer am Aufbau der Gemäldegalerie beteiligt und erhielt Porträtaufträge. 1708 sollte er den Kurfürsten porträtieren. Durch gemeinsame Reisen mit Johann Wilhelm an die Höfe nach Wien, Modena und Florenz und dortige Aufträge erlangte der Maler internationale Bekanntheit.

Der Kurfürst ist in Dreiviertelansicht mit Kommandostab und in einer Prunkrüstung, dem damaligen ‚Anzug' für öffentliche Auftritte, dargestellt. Auf die Kurfürstenwürde verweisen der hermelinbesetzte rote Mantel und der Orden vom pfälzischen Löwen. Das Bildnis des Johann Wilhelm wurde wohl gemeinsam mit dem seiner zweiten Gemahlin, Anna Maria Luisa de'Medici, entworfen, wie nicht zuletzt der Ausblick in die Landschaft verdeutlicht.

Die Landschaft war dem Künstler die Spielwiese für erfinderisches Tun – hier für den Blick auf ein Schlachtfeld, das evtl. auf die ständig zu behebenden Kriegsschäden in Jan Willems Ländern verweist –, während es bei der Person galt, die Nachahmung der unverwechselbaren Ähnlichkeit zu schaffen und bei den Zutaten wie Vorhang, Mantel und Rüstung der Forderung nach offizieller Repräsentanz gerecht zu werden. Wie der Kurfürst wirklich aussah, ist aus den Zeichnungen von van Douven und Grupello zu erschließen. Er hatte einen großen Kopf und eine hohe Stirn, die zwei senkrechte Falten zeigte, wenn er nachdachte.

Irmgard Siede

Literatur

Ausst.-Kat. Mannheim 2011, S. 150, Kat.-Nr. 71, S. 240 · Kühn-Steinhausen 1941 · Kühn-Steinhausen 1958, bes. S. 100, Abb. 42, 43 ·

B8.02

Porträt der Anna Maria Luisa von der Pfalz, geborene de' Medici

Jan Frans van Douven, vor 1708
Öl auf Leinwand. H 127 cm, B 99 cm
Reiss-Engelhorn-Museen Mannheim, O 231

Anna Maria Luisa de'Medici wurde am 3. Juni 1691 in Innsbruck mit Johann Wilhelm, dem verwitweten katholischen Wittelsbacher Kurfürsten von Pfalz-Neuburg, verheiratet. Zuvor kam es bereits im Florentiner Dom zu einer Trauung *per procurationem*, bei der ihr Bruder den abwesenden Bräutigam vertrat. Mit dem Tod Anna Maria Luisas, der Tochter von Cosimo de'Medici, im Jahre 1743 endete die Dynastie der Medici.

Jan Frans van Douven, der als Porträtist für den Düsseldorfer Hof arbeitete, hat Anna Maria Luisa als Dreiviertelfigur sitzend ins Bild gebracht. Als Pendant fertigte der Maler ein Bildnis ihres Gemahls und wenige Jahre später bannte er Johann Wilhelms Nachfolger, Carl Philipp, auf die Leinwand. Auf Anna Maria Luisas Stellung verweist der mit Hermelin gefütterte rote Mantel, den sie über einem blauen Kleid trägt. Die üppige Stofffülle, die die schlanke Dame umgibt, dient der Steigerung der Würde der Person. Auffallend ist der reiche Perlen- und Steinschmuck am Halsausschnitt. Für den Betrachter wird im Bildhintergrund der Blick auf eine antike Vase und eine Landschaft geöffnet – vermutlich Hinweise auf die Düsseldorfer Antikensammlung und die Jagd, zu der sie gemeinsam mit ihrem Gemahl zog, zum Teil mit Pferden und einem Falken aus der Toskana. Die heitere, sprachlich und musisch sehr gebildete Dame unterstützte die Politik ihres Mannes und förderte die Kunst. Ihr ist die Bereicherung der Düsseldorfer Sammlungen um die sogenannte Kleinkunst, u. a. Werke in Elfenbein, zu verdanken. Ihre Mitgift verwendete sie zum Teil für Silberwaren und Juwelen – daher wohl die minutiöse Wiedergabe des Schmuckes auf dem Bild – und transferierte sie später rechtmäßig nach Florenz, wohin sie nach dem Tod ihres Mannes wieder zurückgekehrt war. Wohl bedacht war auch ihre Verfügung, nach der alle Kunstwerke, die ihre Familie in Florenz im Lauf der Jahrhunderte zusammengetragen hatte, in Florenz verbleiben sollten „zur Zierde des Staates, zum Nutzen des Publikums und um die Neugier der Fremden anzuziehen".

Irmgard Siede

Literatur

Ausst.-Kat. Mannheim 2011, S. 152, Kat.-Nr. 72, S. 240 · Homering 2013, S. 374–376 · Kühn-Steinhausen 1941 · Vossen 1989, S. 118–120 · Strunck 2011 ·

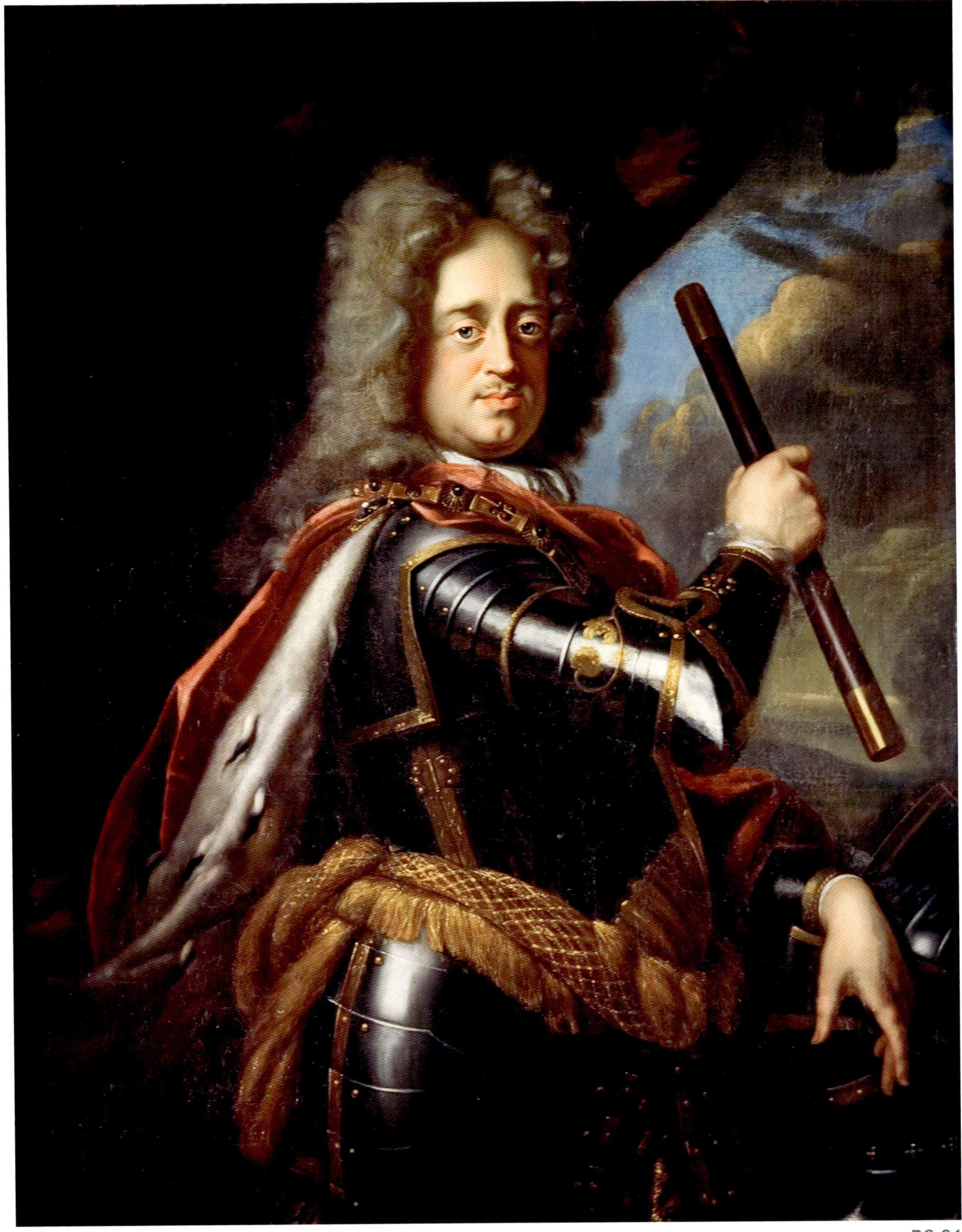

B8.01

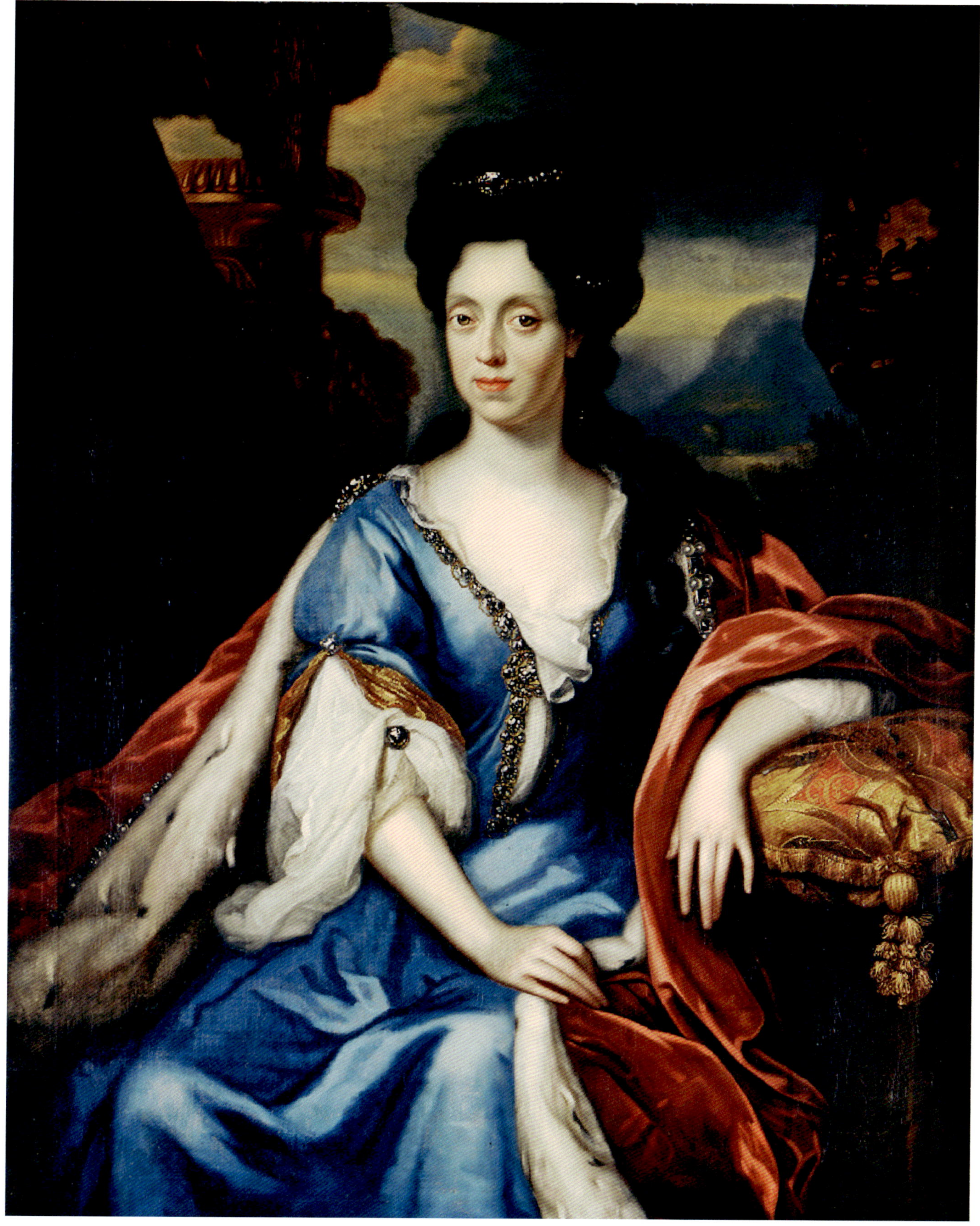

B8.02

Durch Erbfall kam einige Jahre später noch die pfälzische Kurwürde hinzu. Auf die Eheschließung, die am 25. Oktober 1678 in Wien stattfand, verweisen u. a. der Ring im Schnabel des Adlers und ein unter dem Baum sitzender Putto, der das vor ihm an den Stamm gelehnte Wappenschild malend ergänzt. Auf den Spruchbändern sind die Namen des Brautpaares zu lesen. Eingerahmt von den herzförmig gebogenen Ästen präsentiert sich in halbfiguriger Darstellung das fürstliche Paar – Johann Wilhelm in prunkvoller Rüstung mit wallender Allongeperücke, den Marschallstab in der Hand, und seine junge Frau in kostbarer Robe mit Perlenschmuck und Fächer. Über der Heimatstadt der Braut – Wien – und der Geburtsstadt des Bräutigams und künftigen Residenz des Paares – Düsseldorf – schütten Putten ihr Füllhorn aus. Unter dem Baum und dem Schriftzug *„florebit in aevum"*, der ebenfalls ewiges Blühen und Gedeihen verheißt, flechten Putten Lorbeerkränze.

Die Bildnisse Johann Wilhelms und Maria Annas radierte der Augsburger Kupferstecher und Radierer Leonhard Heckenauer mit großer Akkuratesse und fein abgestimmter Hell-Dunkel-Modellierung nach Porträtvorlagen des Malers Johann Jakob Posner. Beide Künstler sind in den Bezeichnungen am unteren Darstellungsrand genannt – links „Joan. Jac. Posner delin. Neoburgi ad Danub." und rechts „Leon. Heckenauer Sculps. Aug.". Letztgenannter entstammte einer Augsburger Familie, aus der einige namhafte Gold- und Silberschmiede sowie Kupferstecher hervorgingen. Er selbst war Schüler des bekannten Augsburger Kupferstechers Bartholomäus Kilian, bereiste Italien und führte dann in Augsburg eine Zeichenakademie.

Anja-Maria Roth

Literatur

Ausst.-Kat. Heidelberg 2009, S. 237–253 · Allgemeines Künstlerlexikon, Bd. 70, 2011, S. 512 · Braubach 1974

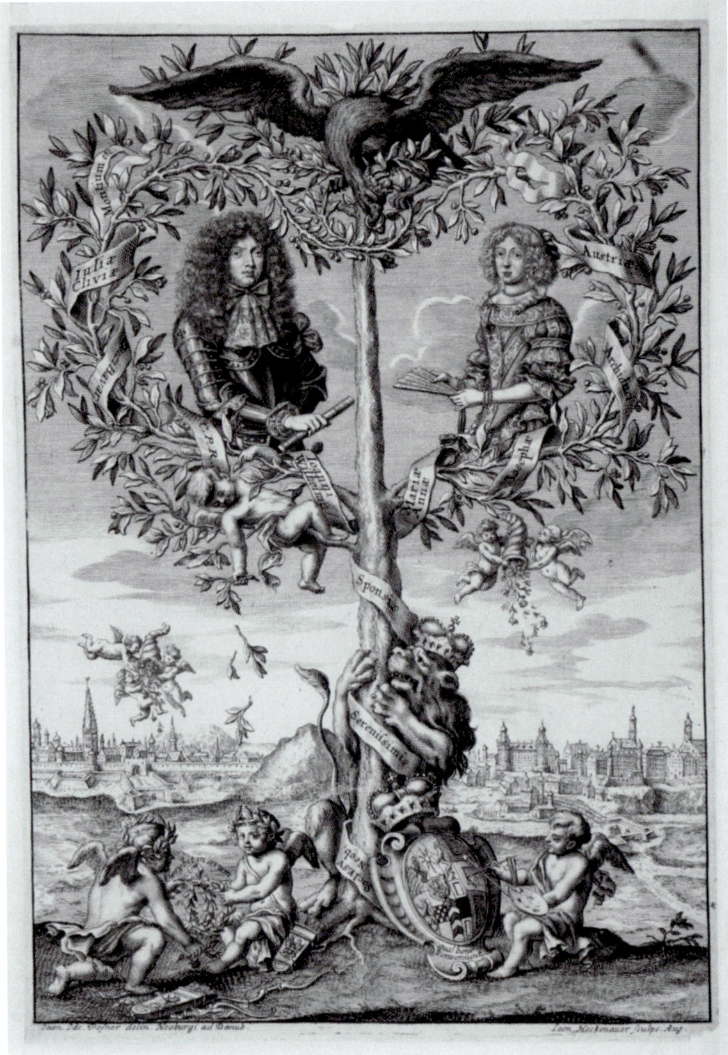

B8.03

B8.03

Stammtafel mit Büsten Johann Wilhelms von Pfalz-Neuburg (1658–1716) und seiner ersten Gemahlin Maria Anna Josepha (1654–1689)

Leonhard Heckenauer (um 1650 – um 1704)
nach Johann Jakob Posner, 1678
Radierung. H 28,4 cm, B 19,4 cm (Platte)
Kurpfälzisches Museum der Stadt Heidelberg, S 2604[2]

Umgeben vom Geäst eines von Spruchbändern umwundenen Lorbeerbaums ist das junge Paar, Johann Wilhelm (Jan Wellem) mit seiner Gattin, Erzherzogin Maria Anna Josepha, der Tochter Kaiser Ferdinands III., zu sehen. Da der Wiener Hof zur Bedingung machte, dass die Prinzessin nur einen regierenden Fürsten heiraten dürfe, übertrug ihm sein Vater die Regierungsgeschäfte der Herzogtümer Jülich-Berg.

B8.04

Die Übertragung der Interimsregentschaft an Kaiserin Eleonora Magdalena

Giovanni Antonio Pellegrini (1675–1741) zugeschrieben, um 1713
schwarze Kreide, Bleigriffel, Pinsel/Bister und Tuschlavierung.
H 39 cm, B 28 cm
Kurpfälzisches Museum der Stadt Heidelberg, Z 4306

Die Zeichnung, ursprünglich als Arbeit Antonio Belluccis erworben, wurde später als Vorstudie zu einem Gemälde Pellegrinis erkannt. Pellegrini war zwischen 1713 und 1716 am Hofe des seit 1687 regierenden Kurfürsten Johann Wilhelm von Pfalz-Neuburg als Hofmaler tätig und zusammen mit Bellucci an der Innenausstattung des Schlosses Bensberg beteiligt. Er gehörte als einer der herausragenden Vertreter der vene-

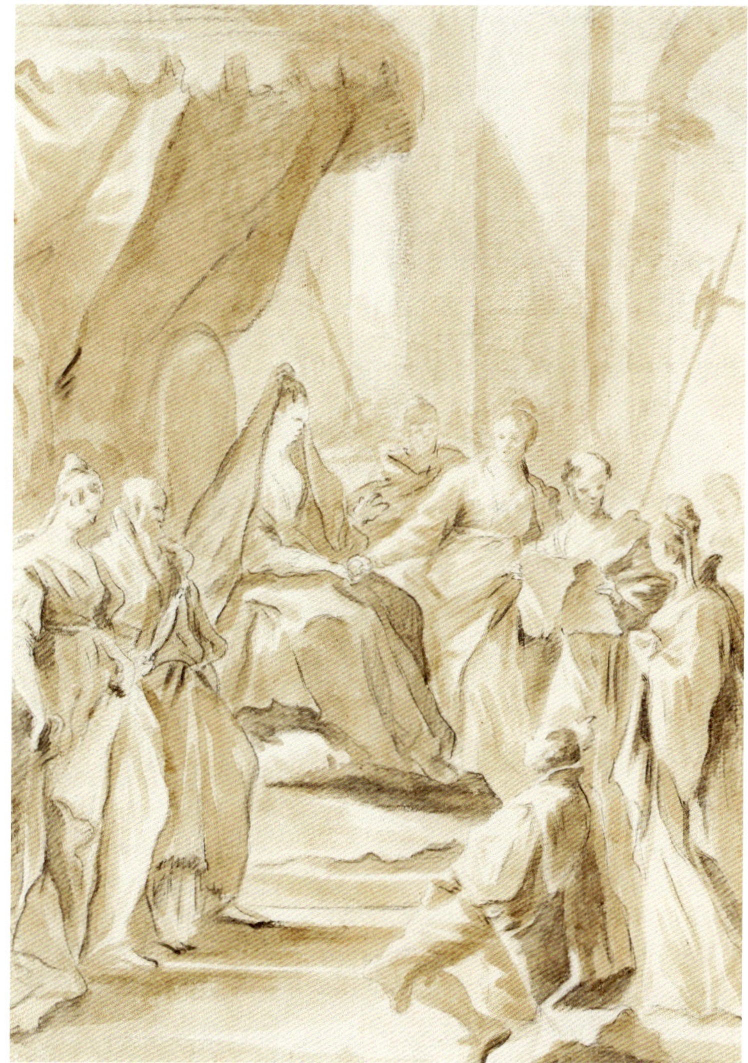

B8.04

zianischen Schule vor Tiepolo zu den Künstlern, deren Wirken große Ausstrahlung auf ganz Europa hatte. Als Dekorationsmaler war er an allen bedeutenden Höfen Europas tätig, arbeitete u. a. in London, Paris, Dresden, Wien und Mannheim, wo er 1737 die Deckenfresken für das Mannheimer Schloss beendete.

Die Zeichnung stellt einen Entwurf zu einem Gemälde Pellegrinis für den Zyklus des kurfürstlichen Jagdschlosses Bensberg dar, wo Johann Wilhelm zu seiner repräsentativen Prachtentfaltung zahlreiche Künstler beschäftigte.

Mit der Darstellung Eleonora Magdalenas von Pfalz-Neuburg, der Schwester Johann Wilhelms und Gemahlin Kaiser Leopolds I., die 1711 mit der Interimsregentschaft über alle Erbkönigreiche, Fürstentümer und Länder des Heiligen Römischen Reiches betraut wurde, konnte an prominenter Stelle auf die Bedeutung des Hauses Pfalz-Neuburg hingewiesen werden. Aus den Händen einer neben ihr stehenden jungen Frau empfängt die auf einem Thron sitzende, verschleierte Witwe Eleonora den Reichsapfel. Neben dieser verliest ein kahlköpfiger Mann die Regentschaftsurkunde. Das rechts der Kaiserin auf den Thronstufen stehende Paar steht für die Tugenden der Regentin, Klugheit und Weisheit. Die manieriert überlängten Figuren sind in üppige Gewänder gehüllt. Die Körpermodellierung, der bewegte Faltenwurf werden durch Kreideschraffuren sowie die virtuos und farblich differenziert aufgetragenen Lavierungen herausgearbeitet. Der freigelassene Papierton unterstützt dabei den starken Helldunkel-Effekt, der die spätere malerische Umsetzung erahnen lässt.

Annette Frese und Anja-Maria Roth

Literatur

Ausst.-Kat. Heidelberg 1982, S. 26, Kat.-Nr. 38 · Ausst.-Kat. Heidelberg 2008, S. 54 f. · Kat. München 1991, S. 101–174, Inv. Nr. 4570, S. 153–54, Abb. 104 · Knox 1995 · Langedijk 1981, S. 297, Nr. 117 · Poensgen 1967, S. 68, Abb. 72, S. 149, Nr. 72

B8.05

Die Huldigung der Künste an das pfälzische Kurfürstenpaar Johann Wilhelm und Anna Maria Luisa de‘ Medici

Inschriftenkartusche am Sockel des Obelisken: Iussu / Augustorum Temporis Nostri Mecaenatum / Serenissimi IOHANNIS GUILLELMI / Comitis Palatini Rheni S:R:I: Archi Dapiferi / et Electoris. etc. etc. / atque / Serenissimae MARIAE ANNAE LOVISAE Natae Regiae / Principis Etruriae, Coniugis / Has / Quindecim Mysteriorum Tabulas / Obsequiosissimo Penicillo / Expressit / Adrianus van der Werff / Eques et S:E: Palat: Pictor / AO MDCCXVI
Adriaen van der Werff, 1716
Öl auf Eichenholz. H 81,3 cm, B 57,3 cm
München, Bayerische Staatsgemäldesammlungen, 260

Als Johann Wilhelm (1658–1716) im Jahr 1690 seinem Vater als zweiter Kurfürst der jüngeren Pfalz-Neuburger Linie nachfolgte, war die Kurpfalz Schauplatz des Pfälzischen Erbfolgekriegs. Da das Heidelberger Schloss in Trümmern lag, regierte Johann Wilhelm von Düsseldorf, Zentrum seines Herzogtums Jülich-Berg, aus. Mit seiner prächtigen Hofhaltung und als Kenner und Förderer der Künste bescherte er seiner Residenzstadt Düsseldorf eine kulturelle Blüte. Architekten, Maler und Bildhauer waren ebenso Gäste am kurfürstlichen Hof wie Musiker oder Wissenschaftler. Die gemeinsam mit seiner Gemahlin Anna Maria Luisa de‘ Medici (1667–1743) eingerichtete kurfürstliche Galerie mit niederländischen, flämischen und italienischen Werken aus Renaissance und Barock zog zahlreiche Besucher aus ganz Europa an. Einer der vom Kurfürstenpaar geförderten Künstler war der niederländische Maler Adriaen van der Werff (1659–1722). Nach einem Besuch in dessen Rotterdamer Atelier 1696 hatte Johann Wilhelm ihn zum

Hofmaler ernannt und 1703 für seine Verdienste in den Adelsstand erhoben. Mit seinem 1716 entstandenen Gemälde „Huldigung der Künste" setzte van der Werff seinem Gönner und dessen Gemahlin ein Denkmal. In einer Art Innenhof sind drei mit Palmzweigen und Lorbeerkranz ausgestattete geflügelte Genien im Begriff, an einem von zwei steinernen Pfälzer Löwen flankierten Obelisken ein Medaillon mit dem Doppelbildnis des Kurfürstenpaares anzubringen. Am Schaft des Obelisken prangt, oberhalb eines Reliefs mit der Darstellung des gegen die Laster kämpfenden Herkules, das pfälzisch-mediceische Allianzwappen. Auf den Stufen des Monuments haben sich Allegorien der Künste versammelt. Vorn rechts scheinen *geographia*, die ihren Erdenglobus im Vordergrund abgelegt hat, und die mit einem Sternendiadem geschmückte *astronomia* in ein Gespräch vertieft. Rechts dahinter stehen die helmbewehrte *dialectica*, *rhetorica* mit einer Schriftrolle in Händen und *grammatica*. Auf der linken Seite des Obelisken hat *arithmetica* im Schatten der Mauer Platz genommen und scheint mit ihrer Rechentafel beschäftigt. *Musica* begleitet die Anbringung des Kurfürstenbildnisses auf ihrer Laute. In diesem Kreis der *septem artes liberales* ist *geographia* an die Stelle der *geometria* getreten, die ursprünglich Teil des Kanons ist. Als achte Kunst hat sich *pictura* hinzugesellt, die aufgrund ihrer eher handwerklichen Tätigkeit den *artes mechanicae* zugerechnet wird. Die Fremde in der Gemeinschaft der Künste hat als Zeichen der Demut ihre Sandalen gelöst, nimmt aber innerhalb der Komposition eine herausgehobene Stellung ein. Auf der Stufe im Vordergrund hingelagert, ist sie dem Betrachter am nächsten und blickt ihn direkt an. In ihrem rechten Arm präsentiert sie ein ungerahmtes

Kurfürst Johann Wilhelm von der Pfalz (1658–1716) und Anna Maria Luisa de' Medici (1667–1743)

Johann Wilhelm, auch Jan Wellem genannt, wurde als erster Sohn von Kurfürst Philipp Wilhelm von der Pfalz-Neuburg (1615–1690) und Elisabeth Amalie Magdalena von Hessen-Darmstadt (1635–1709) am 19. April 1658 in Düsseldorf geboren. In den Kinder- und Jugendjahren erhielt der Pfalzgraf von Neuburg und Herzog von Jülich-Berg eine umfassende Bildung. Er sprach neben Französisch und Spanisch auch Italienisch und war sehr an Kunst und Musik interessiert. Mit zwanzig heirate er eine Tochter Kaiser Ferdinands III, Erzherzogin Maria Anna Josefa von Österreich (1654–1689). Nach dem Tod seines Vaters übernahm Johann Wilhelm 1690 als Kurfürst die Regierungsgeschäfte. Wegen des Pfälzischen Erbfolgekrieges (1688–1697) und der bis 1697 andauernden französischen Besetzung der Pfalz residierte er nicht in Heidelberg, sondern in Düsseldorf, der Hauptstadt seiner niederrheinischen Territorien. Von hier aus versuchte Johann Wilhelm in verschiedenen Richtungen und mit unterschiedlichem Erfolg Einfluss auf die europäische Politik zu nehmen. Als Höhepunkt der Herrscherlaufbahn gilt sein halbjähriges Wirken als Reichsvikar im Jahre 1711.

Nach dem Tod seiner ersten Frau – die 1683 und 1686 zwei Totgeburten erleben musste – heiratete Johann Wilhelm 1691 Anna Maria Luisa de'Medici, die einzige Tochter von Cosimo III., Großherzog der Toskana. Auch diese zweite Ehe blieb kinderlos. Nach einer Fehlgeburt wurde Anna Maria Luisa nicht wieder schwanger. Das Paar war dennoch glücklich, da beide Jagd, Musik und Kunst gleichermaßen liebten. Ihnen ist es zu verdanken, dass sich Düsseldorf in mehrfacher Hinsicht zu einer bedeutenden Metropole entwickelte. Eine erste Brücke wurde über den Rhein geschlagen, eine Straßenbeleuchtung installiert und mehrere Prunkbauten errichtet. Besonders erwähnenswert ist die Gemäldegalerie am Schloss, deren Bestand nach Residenzverlagerungen im 18. Jahrhundert zunächst nach Mannheim kam, dann nach München gelangte und heute in großen Teilen in der dortigen Alten Pinakothek zu bestaunen ist. Ab 1711 verschlechterte sich der Gesundheitszustand Johann Wilhelms mehr und mehr. Er überlebte einen ersten Schlaganfall im November 1712 nur dank der intensiven Pflege seiner Frau. Nach einem weiteren Schlaganfall, einem Blutsturz und Fieber starb Johann Wilhelm stark geschwächt am 8. Juni 1716. Die Obduktion ergab ein stark vergrößertes Herz, Gallensteine und Wasser im Hirn. Die Bestattung erfolgte im August 1716 in der Düsseldorfer Andreaskirche. Die Kurwürde ging an Johann Wilhelms Bruder Carl III. Philipp über.

Nach dem Tod ihres Mannes kehrte Anna Maria Luisa nach Florenz zurück und nahm, wie es im Ehevertrag festgelegt war, ihre gesamte private Kunstsammlung mit. Außerdem musste Düsseldorf die Mitgift in Höhe von 400.000 Reichstalern zurückzahlen. Anna Maria Luisa starb 27 Jahre nach ihrem Mann in Florenz, vermutlich an Brustkrebs. Ihre Schätze vermachte sie der Stadt Florenz, wo sie noch heute zu bewundern sind.

Winfried Rosendahl und Gaëlle Rosendahl

Literatur

Ausst.-Kat. Mannheim 2013 · Braubach 1974 · Dominikaner-Kloster Düsseldorf 2008

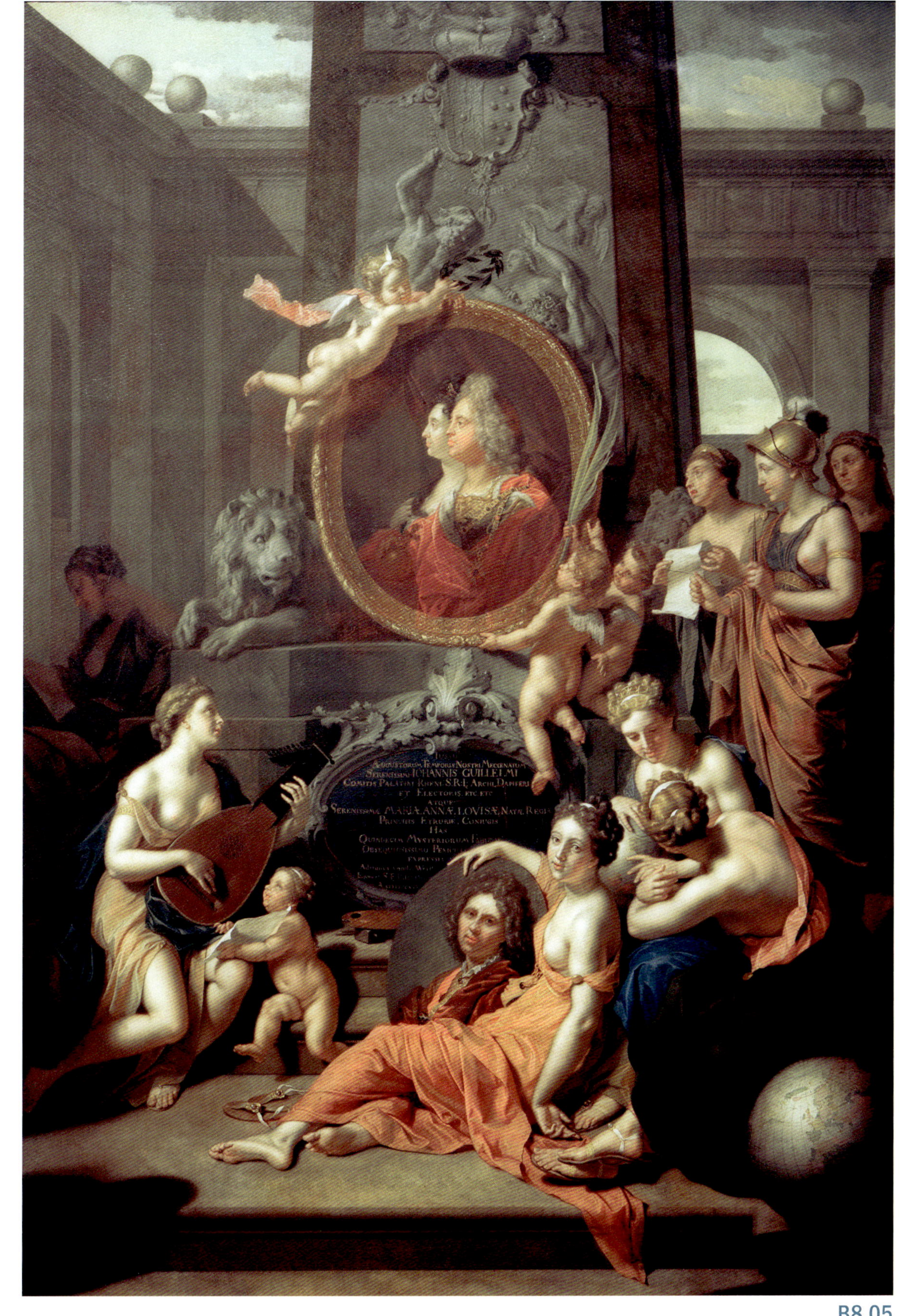
IUSSU
AUGUSTORUM TEMPORIS NOSTRI MECENATUM
SERENISSIMI IOHANNIS GUILLELMI
COMITIS PALATINI RHENI S.R.I. ARCHI DAPIFERI
ET ELECTORIS ETC ETC
ATQUE
SERENISSIMAE MARIAE ANNAE LOVISAE NATAE REGIE
PRINCIPIS ETRURIE, CONIUGIS
HAS

B8.05

Medaillonbildnis van der Werffs, das der Maler nach einem 1705 geschaffenen Selbstporträt (Rotterdam, Historisches Museum) gestaltet hat. Auf diese Weise vereint sich Mäzenatenlob mit der Präsentation künstlerischen Selbstbewusstseins. Die Inschrift am Sockel des Obelisken nennt van der Werff als Hofmaler und Schöpfer eines Zyklus der *Fünfzehn Geheimnisse des Rosenkranzes.* Die in den Jahren zwischen 1703 und 1714 entstandenen Gemälde mit Darstellungen zum Leben Mariae und Christi von der Verkündigung bis zur Krönung Mariae waren in der kurfürstlichen Galerie in Düsseldorf ausgestellt. Die *Huldigung der Künste*, die erst nach dem Tod Johann Wilhelms vollendet war, ist als eine Art Titelstück der Serie zu verstehen.

Katharina Bull

Literatur

Ausst.-Kat. Düsseldorf 2008, S. 47 f. • Ausst.-Kat. Köln/Dordrecht/Kassel 2006, S. 320, Kat.-Nr. 100 • Ausst.-Kat. München 1972, S. 22 f., Kat.-Nr. 32 • Ausst.-Kat. Rotterdam 1973, S. 19, Kat.-Nr. 1 • Gaehtgens 1987, S. 154 f., S. 261–263, Nr. 41 • Kat. München 2006, S. 231 •

B8.06a/b

Medaille auf die Ausübung des Reichsvikariats nach 1711

Umschrift Avers: D(EI) · G(RATIA) · IO(HANNES) · WILL(HELMUS) · C(OMES) · P(ALATINUS) · R(HENI) · S(ACRI) · R(OMANI) · I(MPERII) · ARCHID(APIFER) · EL(ECTOR) · EIVSQ(UE) · IN · P(ARTIBUS) · R(HENI) · S(UEVICI) · ET F(RANCONICI) · I(URIS) · PROVISOR ET VICARIVS; MDCCXI ·, Umschrift Revers: HIS TVTO CONCREDERE POSSVM · ; P(HILLIP) · H(EINRICH) · M(ÜLLER)
a) Silber. Dm 6,5 cm
Reiss-Engelhorn-Museen Mannheim, III g, Nr. 39
b) Silber. Dm 6,6 cm
Reiss-Engelhorn-Museen Mannheim, III g, Nr. 1491

Der Heros Herkules und der Titan stemmen die Weltkugel – bildhaft beschreibt die Rückseite die Situation nach dem Tod Kaiser Josephs I. (1678–1711): Da es keinen Thronerben gab und kein Nachfolger bestimmt war, übernahmen entsprechend der Goldenen Bulle Kurfürst August der Starke von Sachsen (1670–1733) und Johann Wilhelm (1658–1716), Kurfürst der Pfalz, die Reichsverwesung. Zusammen trugen die beiden Vikare die Verantwortung für das Reich während des Interregnums. Die Prägung stammt folglich aus der Zeit zwischen dem 18. April und der Krönung Kaisers Karl VI. (1685–1740) am 22. Dezember 1711. Die Darstellung resultiert möglicherweise aus Anregungen eines Entwurfs Giorgio Rapparinis (1660–1716) für eine Medaille auf Freiherr von Schaesberg oder aber von einer Medaille François Chérons (1635–1698) auf Kardinal Jules Mazarin (1602–1661), auf denen ebenfalls Atlas und Herkules mit der Weltkugel die Macht der Dargestellten repräsentierten. Die Vorderseite der Medaille zeigt Johann Wilhelm zu Pferde im Harnisch, mit Allongeperücke und Kurhut, Kommandostab und Hubertusorden. Die Darstellung geht auf das von Gabriel Grupello (1644–1730) geschaffene Düsseldorfer Reiterstandbild des Pfalzgrafen zurück. Aufgrund der Genauigkeit der Wiedergabe ist nicht auszuschließen, dass der Medailleur, der Augsburger Philipp Heinrich Müller (1654–1719), vor Ort nach dem Original gearbeitet hat.

Camilla Narrog

Literatur

Ausst.-Kat. Bruchsal 1981, S. 511–512 • Stemper 1997a, S. 415–416 •

B8.07

Kleines Reiterdenkmal des Kurfürsten Johann Wilhelm

Wilhelm Lehmbruck (nach Gabriel de Grupello), 1905
Bronze. H 41 cm
Kurpfälzisches Museum der Stadt Heidelberg,
PM 65 (Standort: Schloss Schwetzingen)

Die Statuette gibt das Reiterstandbild des Kurfürsten Johann Wilhelm wieder, ein Wahrzeichen Düsseldorfs, das auf dem dortigen Markplatz steht. Dieses 1711 in Düsseldorf gegossene Kunstwerk aus Bronze stammt von Gabriel de Grupello (1644–1730), einst Hofbildhauer Karls II. von Spanien in Brüssel und schließlich ab 1695 in gleicher Funktion am Hofe des Kurfürsten in Düsseldorf tätig. Zugrunde lag der Auftrag, den Herrscher und seinen Vater in Reiterstandbildern darzustellen, die für den Hof von Schloss Bensberg gedacht waren. Vermutlich scheiterte dieser Plan aus finanziellen Gründen. Daher konzentrierte sich der seit 1699 mit den Planungen beschäftigte Grupello schließlich auf ein Denkmal allein für Johann Wilhelm. Dieser zeigt sich hier als tugendhafter, wohlwollender Landesvater im Harnisch mit Allongeperücke und Feldherrnstab. Der Kurhut unterstreicht seine Stellung als loyaler Fürst des Heiligen Römischen Reichs. Der Sockel war ursprünglich nicht beschriftet.

Es war ein Monument fürstlicher Selbstdarstellung, das bei den Bürgern Verehrung und Bewunderung hervorrufen sollte. Der Herrschaftsanspruch „Jan Wellems“ kommt in diesem Reiterstandbild deutlich zum Ausdruck. Die Reihe berühmter Vorbilder ist lang, es sei nur an die Beispiele aus der Neuzeit erinnert, die Johann Wilhelm sicherlich kannte, etwa das Reiterstandbild Cosimos I. Medici in Florenz (1594/98,

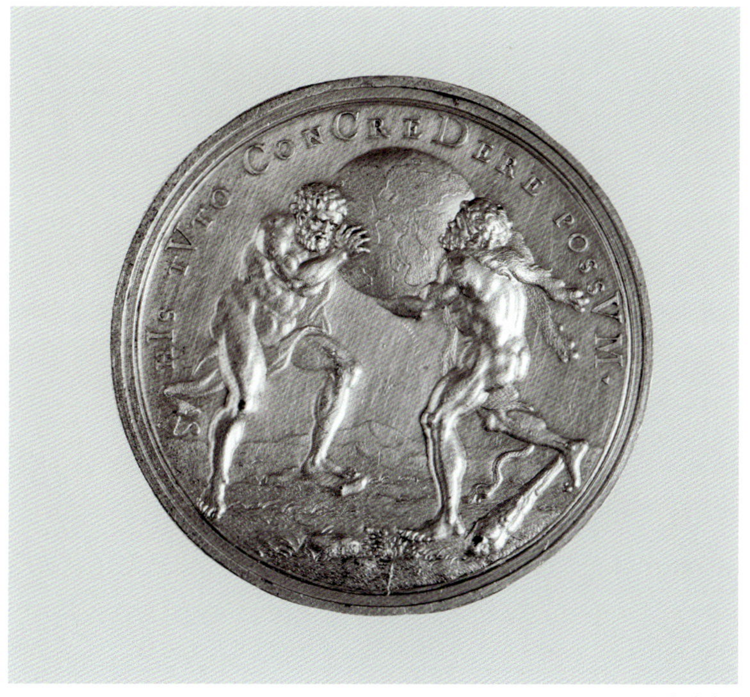

B8.06a

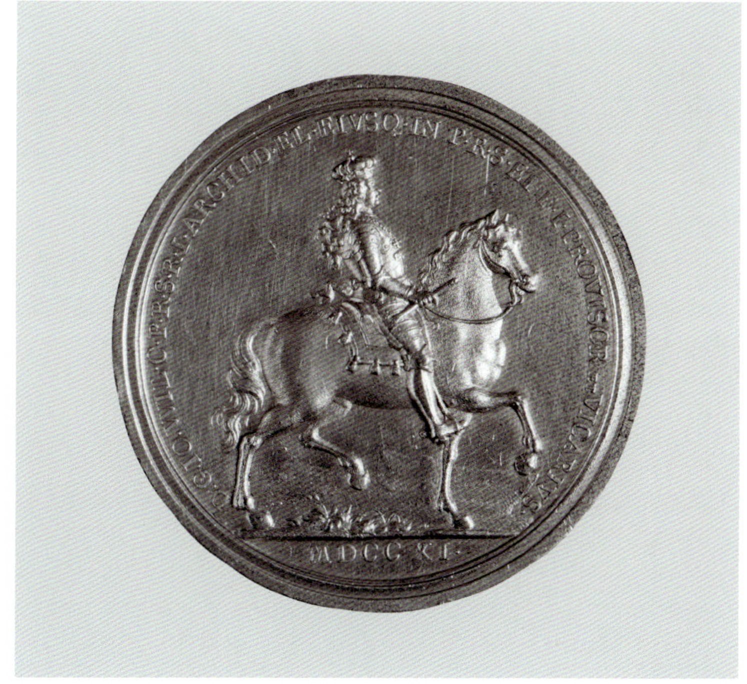

B8.06b

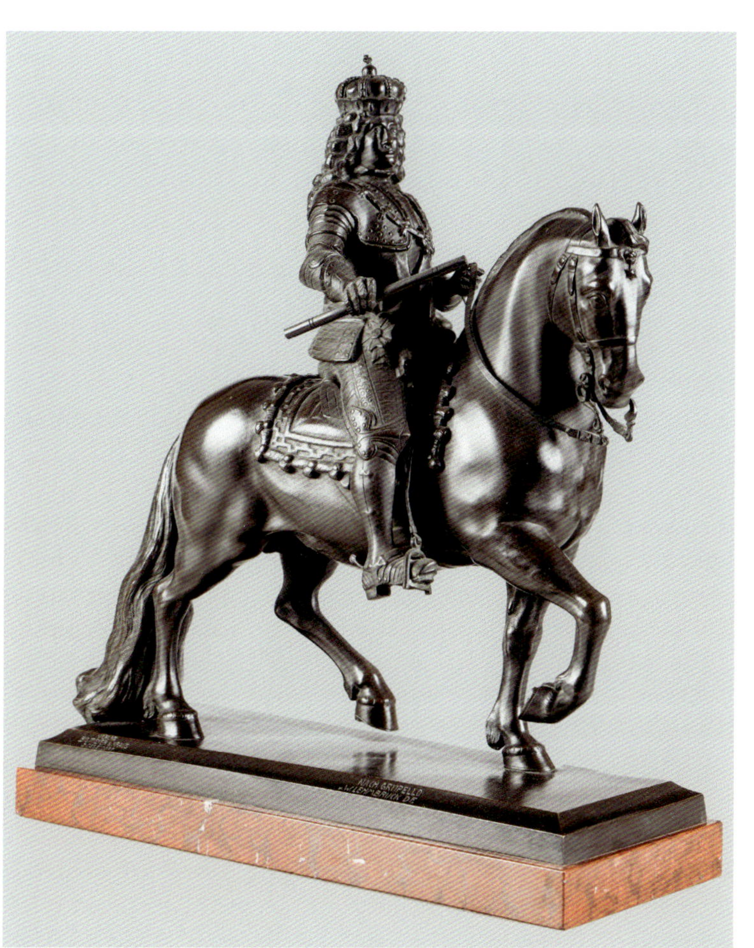

B8.07

Giambologna). 1905 schuf Wilhelm Lehmbruck noch als Schüler an der Düsseldorfer Kunstakademie diese detailreich ausgearbeitete Kopie des berühmten Reiterstandbilds „Jan Wellems" für die Bismeyersche Hofkunsthandlung in Düsseldorf (rechts auf der Plinthenkante bez.: NACH GRUPELLO / v. W. LEHMBRUCK DF. // VERLAG / BISMEYER & KRAUS / DÜSSELDORF). Sie stellte für den jungen Künstler einen der ersten Erfolge dar.

Die hier vorliegende Kopie steht auf einem kleinen Marmorsockel. Die Nachbildung des Originalsockels aus Holz, die bei anderen Kopien vorhanden ist, fehlt dagegen. Der absolutistische Herrscher Johann Wilhelm wurde seit dem 19. Jahrhundert sehr positiv gesehen, verkörperte er gerade in der Zeit der Industrialisierung die alte Kunst- und Kulturstadt Düsseldorf. In der Weimarer Republik förderte dann die französische Besatzung den Lokalpatriotismus und „Jan Wellems" Verklärung. Seine Volkstümlichkeit ist legendär, 1897 benannte sich sogar ein Kegelclub nach ihm. Diese hohe Wertschätzung des Herrschers trug dazu bei, dass seine Bildnisse oft kopiert und weit verbreitet wurden.

Eva-Maria Günther

Literatur

Ausst.-Kat. Heidelberg 2009, S. 254, S. 276, Kat.-Nr. 71

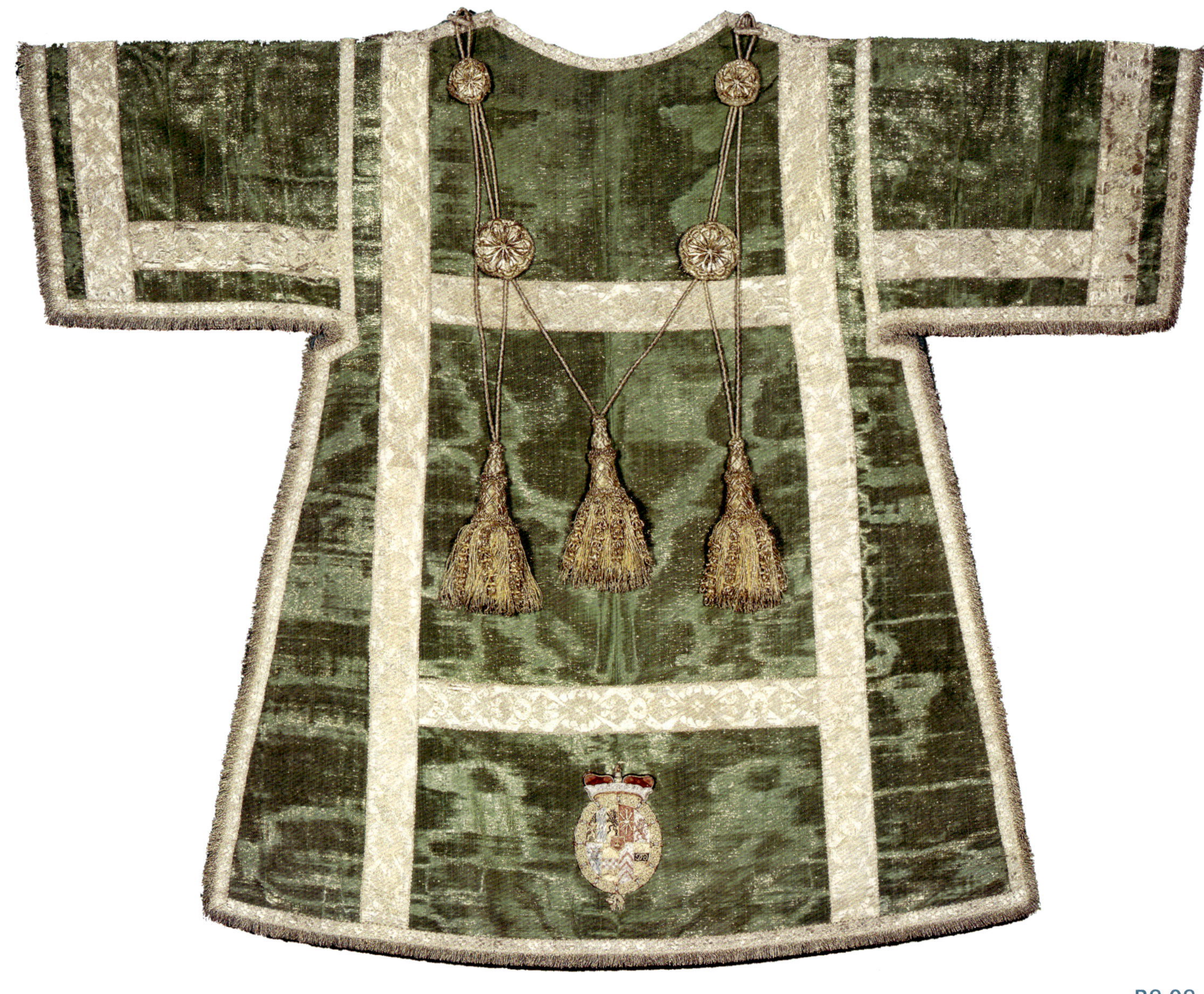

B8.08

B8.08

Dalmatika eines Ornats mit dem Wappen des Kurfürsten Johann Wilhelm von der Pfalz

Frankreich (?), um 1710
Seide und Metallfäden, Futter aus Seidentaft.
H 102 cm, B 131 cm
München, Bayerische Verwaltung der staatlichen Schlösser, Gärten und Seen – Residenz München,
Res Mü.T0010.05

Die prachtvolle Dalmatika, das liturgische Obergewand des Diakons, aus changierendem Seidenstoff mit reichem Besatz von Goldfäden ist Teil eines heute noch neunteiligen Ornats. In ihrer materiellen Kostbarkeit belegt sie den Aufwand, mit dem an den Höfen der katholischen Wittelsbacher die Messfeier zelebriert wurde. Zugleich erscheint das kostbare Textil als Dokument der wechselvollen Geschichte der verzweigten Dynastie.

Den leuchtend grünen Grund schmückt, gerahmt von breiten Goldborten, das gestickte Wappen des pfalz-neuburgischen Zweigs des Hauses. Es verweist auf den Wittelsbacher Johann Wilhelm von der Pfalz (1658–1716) als wahrscheinlichen Auftraggeber des Ornats. Seit 1679 Regent der niederrheinischen Herzogtümer Jülich und Berg mit Residenz in Düsseldorf, folgte er 1690 seinem Vater Philipp Wilhelm in der Würde des pfälzischen Kurfürsten nach. Der im Zentrum des Wappens sichtbare Reichsapfel verweist auf den – kurzfristigen – Höhepunkt von Johann Wilhelms politischer Laufbahn und ermöglicht eine genauere Datierung des Ornats: Er sym-

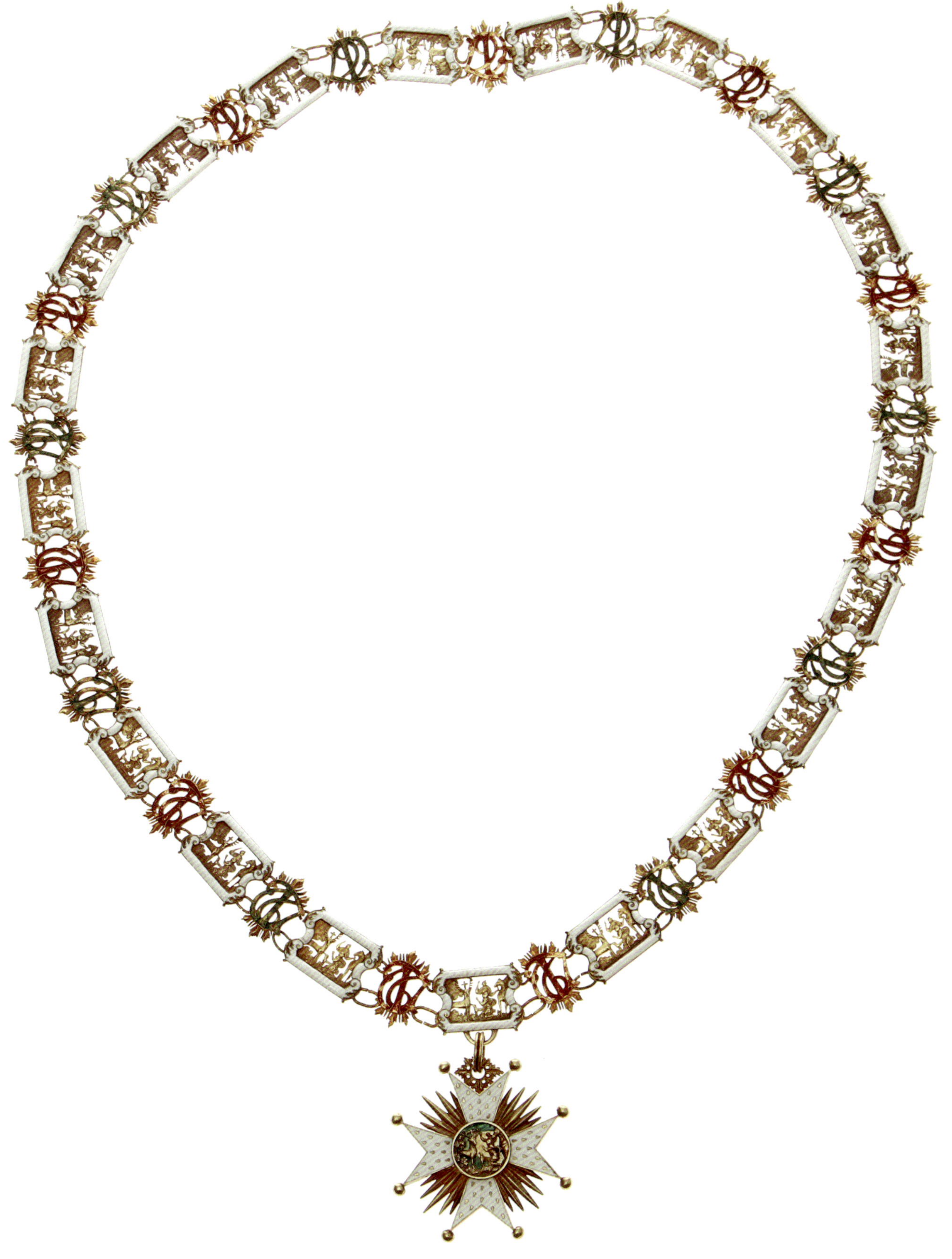

B8.09a

bolisiert das Amt des Erztruchsessen, das den pfälzischen Wittelsbachern 1623 entzogen und ihren bayerischen Vettern übertragen worden war. Als sich der bayerische Kurfürst Max Emanuel im Spanischen Erbfolgekrieg an der Seite Frankreichs gegen das Habsburger Kaiserhaus wandte, verfiel er 1706 der Reichsacht und Johann Wilhelm vermochte die alte Würde ab 1708 für wenige Jahre noch einmal für sein Haus zurückzugewinnen. Zudem konnte er das daran geknüpfte Amt des Reichsvikars wahrnehmen, d. h., er fungierte nach dem Tod seines Großneffen Kaiser Josephs I. 1711 bis zur Wahl eines Nachfolgers als Reichsoberhaupt.

Als die Pfälzer Linie schließlich 1777 nach Aussterben des altbayerischen Zweiges die Herrschaft über das vereinigte Pfalz-Bayern antrat und der kurfürstliche Hof in Erfüllung der Hausverträge nach München verlegt wurde, gelangte ein Großteil der pfälzischen Kunstschätze, darunter wohl auch der kostbare Ornat, in die Münchner Residenz.

Christian Quaeitzsch

Literatur

Ausst.-Kat. München 1984, S. 116–118, Kat.-Nr. 45

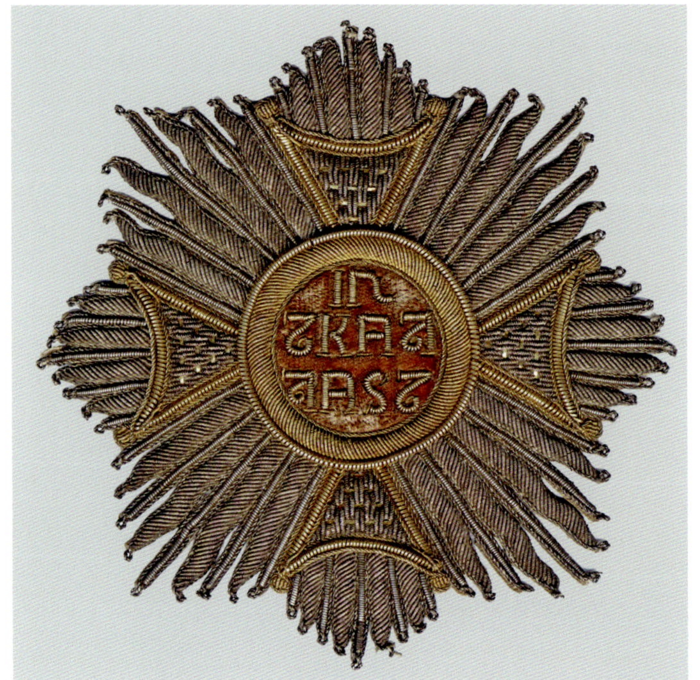

B8.09b

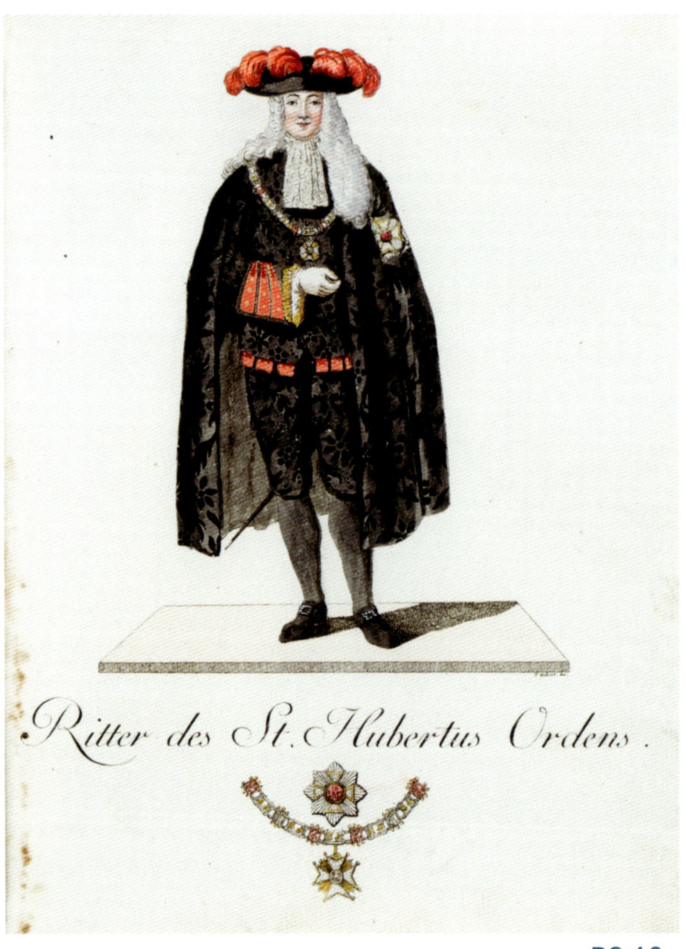

B8.10a

B8.09a/b

Haus-Ritterorden vom heiligen Hubertus: Bruststern und Collane mit Ordenskreuz

1708 – ca. 1812
Gold- und Silberstickerei mit Seide. H 12,5 cm, B 12,5 cm
Gold mit Emaille. Kettenlänge 121 cm, Kreuz H 7,4 cm, B 6,91 cm
Ingolstadt, Bayerisches Armeemuseum, N 1328 und N 1329

Der höchste Orden des Hauses Wittelsbach wurde bereits im Jahre 1444 durch Herzog Gerhard IV. von Jülich und Berg anlässlich seines Sieges über den Grafen Egmont am Hubertustag (3. November) gestiftet. Im 17. Jahrhundert untergegangen, wurde der Orden durch den Pfälzer Kurfürsten Johann Wilhelm im Jahre 1708 erneuert.

An bestimmten Festtagen erschienen die Ordensritter im Ornat und trugen das Ordenskreuz an der kostbaren Halskette (Collane). Sonst wurde das Kreuz an einer roten, grün eingefassten Schärpe getragen, der Bruststern dazu bzw. allein auf der linken Brustseite der normalen Bekleidung bzw. der Uniform. Über dem Ordenskreuz wurde nach 1806 (vermutlich 1812) eine Königskrone angebracht. Die gestickten Brustkreuze wurden bis zur Mitte des 19. Jahrhunderts getragen.

Als Devise des Hubertusordens diente der Wittelsbacher Wahlspruch „IN TRAV VAST“ (In Treue fest). Er ist im Mittelfeld des Bruststerns zu finden und in Form verschlungener Lettern „I.T.V“ an den rot und grün emaillierten Zwischengliedern der Collane.

Daniel Hohrath

B8.10a/b
Schwansches Ordensbuch

Abbildungen derjenigen Ritter-Orden welche eine eigene Ordenskleidung haben, nebst einer jedem Orden beigefügten historischen Nachricht
Christian Friedrich Schwan; Mannheim: Schwan und Götz, 1791
Druck auf Papier, kolorierte Stiche. B 21 cm, H 25,5 cm
Reiss-Engelhorn-Museen Mannheim, Mh 9132

Kalender des St. Hubertus-Ritterordens

Calendarium inclyti ordinis equestris D. Huberto sacri
Augsburg: Schlichten und Gebrüder Glauber, 1761
Druck mit Kupferstichen, Goldschnitt,
Einband aus goldgepunztem Leder. H 16,3 cm, B 10,2 cm
Reiss-Engelhorn-Museen Mannheim, Mh Zs 81

Als aufwendigstes seiner Verlagsunternehmen druckte der Schillerverleger Christian Friedrich Schwan (1733–1815) 1791 ein kostbar ausgestattetes Verzeichnis aller Ritterorden, nachdem er schon 1770 ein ähnliches Werk publiziert hatte.

Der hier gezeigte Ordensritter und Herold des St. Hubertusordens nimmt Bezug auf den ältesten Ritterorden des kurpfälzischen Hauses. Er war 1444 von Herzog Gerhard IV. von Jülich und Geldern am Tag des Heiligen der Jäger, Hubertus, gestiftet worden und erhielt von Gerhards Sohn Wilhelm 1476 die ersten Statuten. Zunächst führte er den Namen „Orden vom Horn", denn die Ordenskette war aus kleinen Jagdhörnern zusammengesetzt. Den in Abgang geratenen Orden erneuerte Kurfürst Johann Wilhelm am 29. September 1708 in Düsseldorf und erklärte sich selbst zu seinem Großmeister. 1744 deklarierte ihn Kurfürst Carl Theodor als kurpfälzischen Hausorden und gab ihm 1760 neue Statuten. Kurfürst Maximilian IV. Joseph bestätigte ihn am 30. März 1800 und verlieh dem Orden erneut Statuten. Er wurde damit zum ranghöchsten Orden Bayerns mit einem Ordensgroßkomtur und je zwölf gräflichen und freiherrlichen Kapitularen. Er wird noch heute als Wittelsbacher Hausorden verliehen. Die Ordensdekoration zeigt ein weiß emailliertes goldenes Kreuz mit acht Spitzen und goldenen Kugeln, in den Winkeln des Kreuzes sind drei goldene Strahlen und über dem Kreuz eine goldene Krone zu sehen. Auf dem Avers des grünen Mittelschildes ist die Bekehrung des hl. Hubertus abgebildet mit der Unterschrift *„IN TRAV VAST* (in Treue fest); ein Reichsapfel ziert das Revers mit der lateinischen Umschrift *In memoriam recuperatae dignitatis avitae 1708* („Zur Erinnerung an die wiedererlangte altererbte Würde 1708").

In dem gedruckten Ordenskalender des St. Hubertusordens finden sich, gestochen von Jan Philipps von Schlichten, die Wappenkupfer der Ordensmitglieder, ein Bild Marias als Ordenspatronin, ein Bild der Schlacht von Linnich 1444, die Gerhards V. Ansprüche gegen seinen Vetter Arnold von Geldern sicherte, eine Abbildung der Ordensverleihung mit der Unterschrift *Actus solennis inaugurationis equitum* („Feierlicher Akt zur Aufnahme der [Ordens-]Ritter"), ein Bildnis des Ordensgründers und eines des amtierenden Ordensmagisters Kurfürst Carl Theodor sowie zum Abschluss ein Kalendarium.

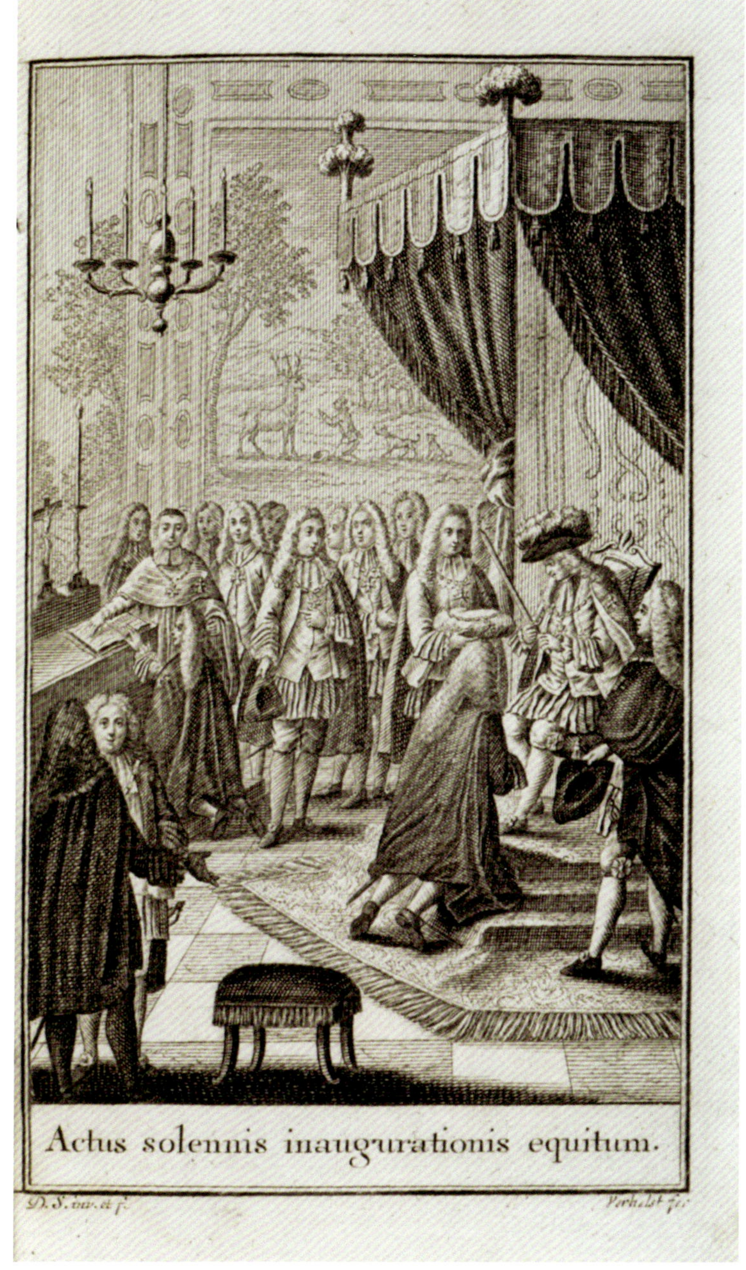

B8.10b

Hermann Wiegand

Literatur

Ausst.-Kat. Mannheim 1999, S. 103, S. 106, Nr. 2.6.5–2.6.7 · Klenau 2008

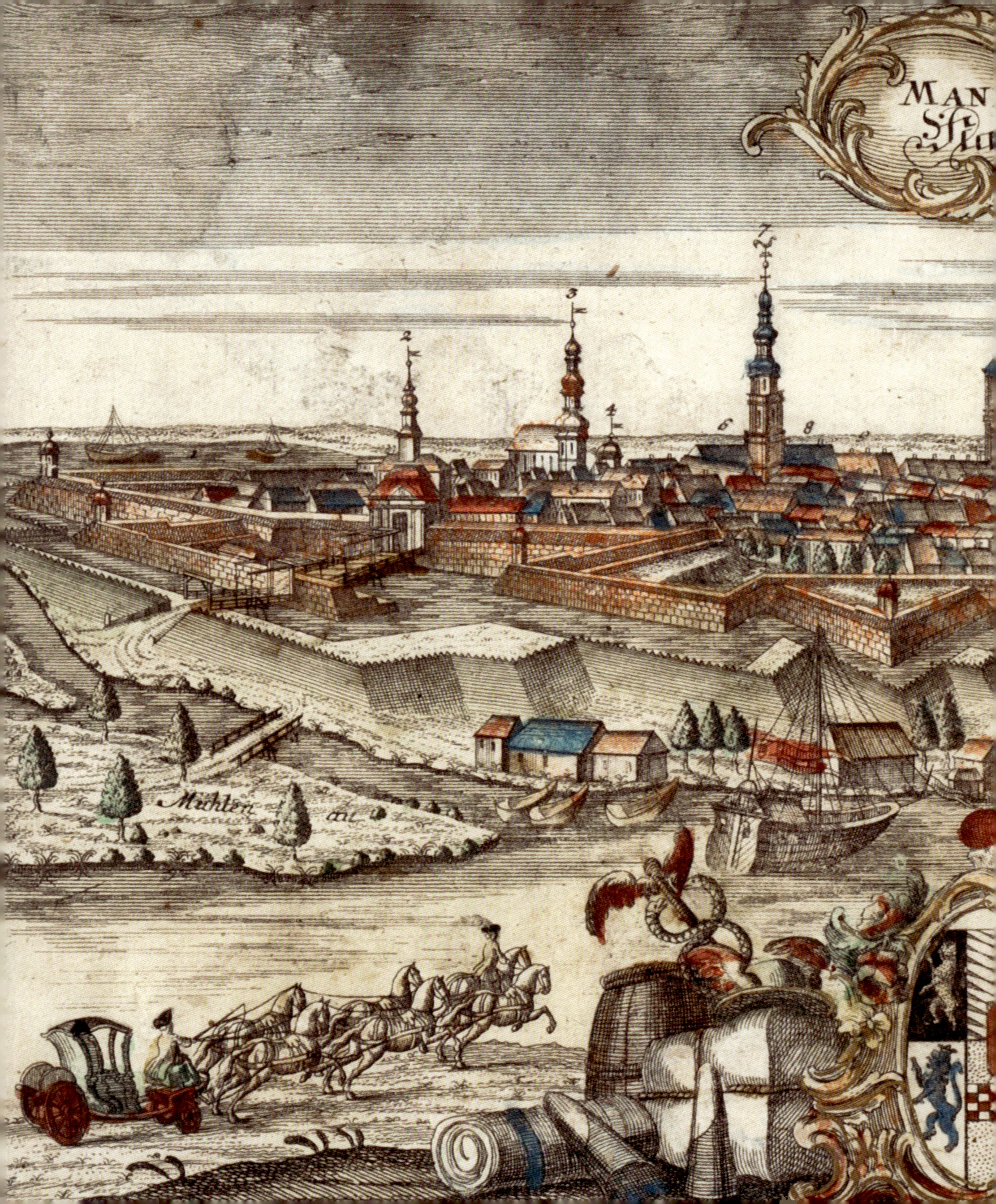
MAN
Mühlen au

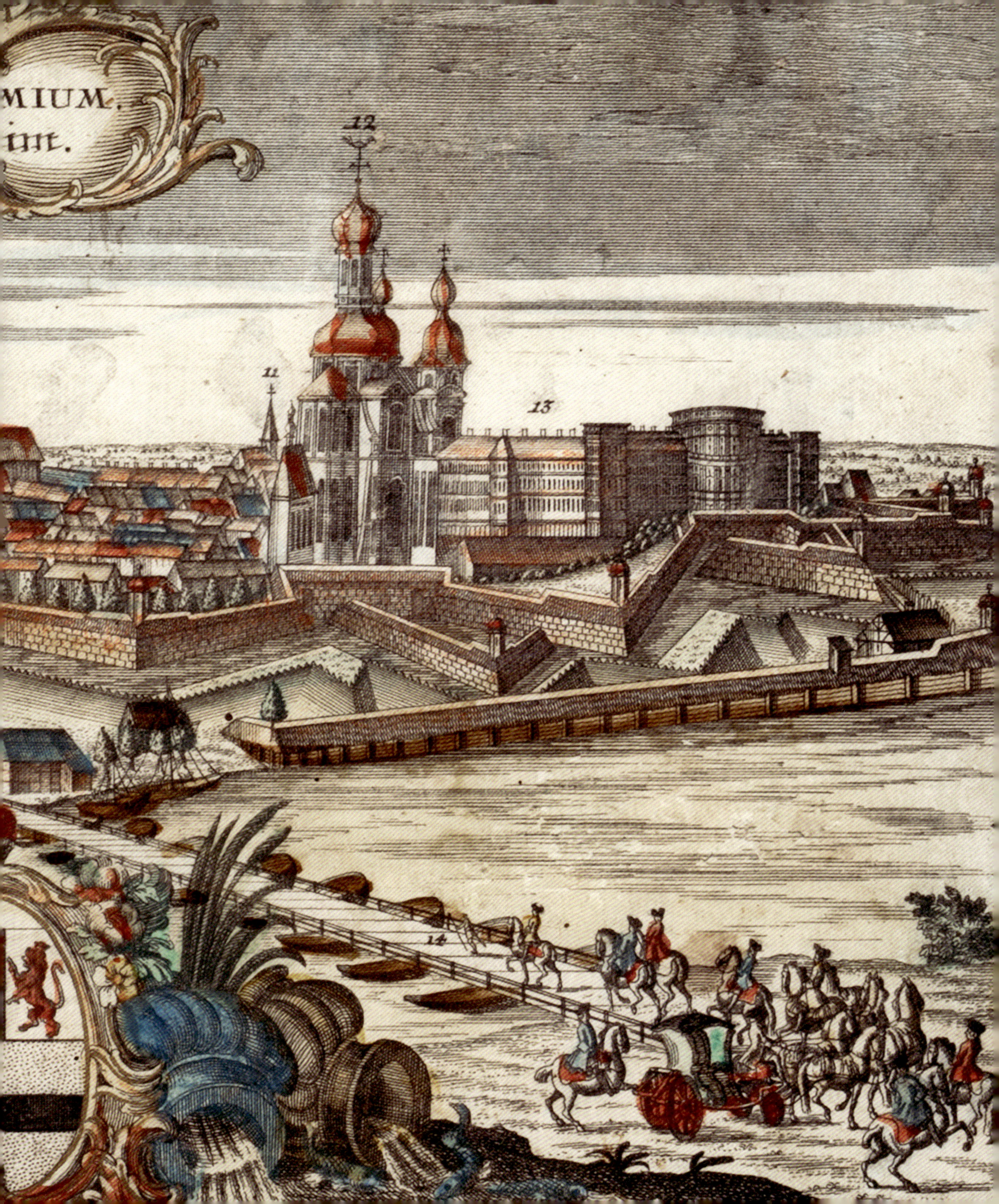
MIUM.
12
11
13
14

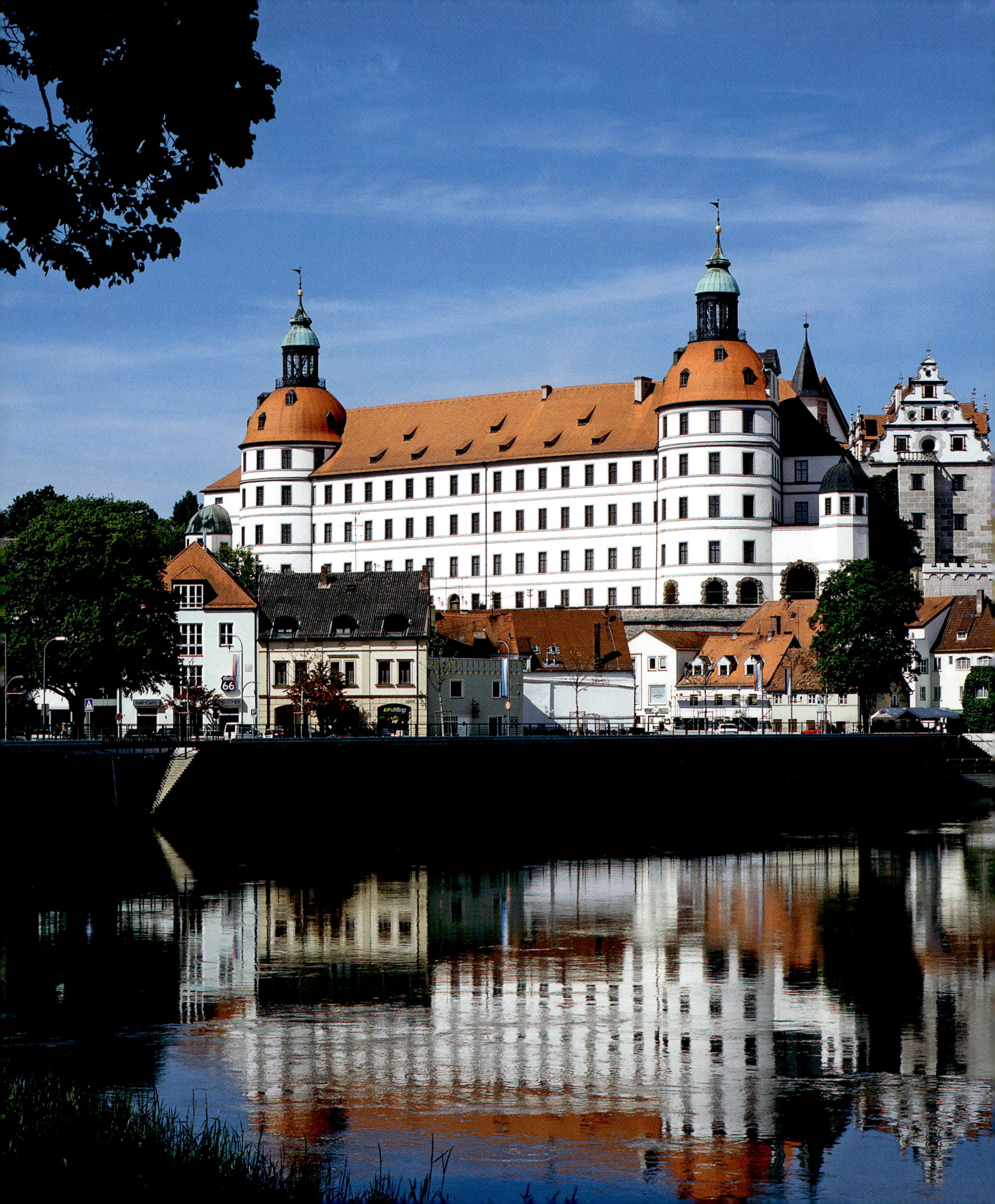
66
BAR-CAFE
P

Hartmut Ellrich

Die kurfürstlichen Residenzen in der Epoche der Neuzeit

Die kurfürstlichen Residenzen der Wittelsbacher konzentrierten sich in der Neuzeit auf wenige Regionen. Durch die Wittelsbachische Primogeniturordnung vom 8. Juli 1506, das heißt der Regelung der monarchischen Erbfolge durch das Erstgeburtsrecht, wurde München formell zur Residenzstadt des politisch wiedervereinigten Herzogtums Bayern. Das politische und administrative Zentrum der Kurpfalz bildete bis 1720 Heidelberg, dann verlegte Kurfürst Carl Philipp die Residenz nach Mannheim. Den Auseinandersetzungen Kurfürst Carl Philipps mit der Stadt Heidelberg und der dortigen reformierten Kirche, vermutlich aber auch dem Wunsch nach einem angemessenen barocken Schloss in der Ebene, verdankte Mannheim diese bedeutende Rangerhöhung. Die 1505 gegründete Pfalzgrafschaft Pfalz-Neuburg schließlich spannt den Bogen zwischen den altbayerischen Herzögen und Kurfürsten und den Pfälzer Wittelsbachern. Prominentester Vertreter war Pfalzgraf und Kurfürst Ottheinrich, der zunächst in Neuburg regierte und zu dessen Versorgung die Pfalzgrafschaft gegründet worden war. Mit dem Erbe der Herzogtümer Jülich und Berg 1614 verlagerte sich das Hauptgewicht des Fürstentums an den Niederrhein nach Düsseldorf.

Heidelberg

„Vormals war Heidelberg die eigentliche Hauptstadt der ganzen Pfalz bei Rhein, und fünf Jahrhunderte hindurch meistentheils die ordentliche Residenz ihrer Durchleuchtigsten Beherrscher“[1], bemerkte Johann Goswin Widder 1786 in seiner *Geographische[n] Beschreibung der Kur=Pfalz*. Heute gehört das Heidelberger Schloss „zu den herausragendsten Besonderheiten deutscher Kulturgeschichte [...] und stellt [...] jährlich für mehr als eine halbe Million Besucher einen Anziehungspunkt dar.“[2] Der Stammsitz der Kurfürsten von der Pfalz wandelte sich Anfang des 16. Jahrhunderts unter den Kurfürsten Friedrich I. dem Siegreichen und Ludwig V. von einer Burg zur Festung und Residenz. Die Kurfürsten Friedrich II., Ottheinrich und Friedrich IV. schlossen mit dem „Gläsernen Saalbau“, Ottheinrichs- und Friedrichsbau das Hofgeviert.

Mit dem zwischen 1556 und 1566 errichteten Ottheinrichsbau entstand der größte Palastbau des Schlosses und zugleich eines der wichtigsten profanen Zeugnisse der Architektur der deutschen Renaissance. Den reichen ornamentalen und skulpturalen Schmuck der aus rotem Sandstein errichteten Fassade schuf der aus Mecheln stammende Alexander Colin. Zu den markantesten Gebäuden des Schlosses gehört der nach Kurfürst Friedrich IV. benannte Friedrichsbau, der zwischen 1601 und 1607 durch Johannes Schoch entstand. Dabei verwirklichte er, offenbar unter Zuhilfenahme des kurpfälzischen Hofhistoriographen Marquard Freher, ein umfangreiches Figurenprogramm an der zum Schlosshof gewandten Hauptfassade, das die Ahnen des Bauherrn darstellte. Der Figurenschmuck hatte nicht nur programmatischen Charakter für die eigene Familie und die Untertanen, sondern wirkte auch zielgerichtet gegen das Haus Habsburg. Durch die mit Karl dem Großen beginnende und bis zu Friedrich IV. reichende Ahnenreihe suchten die pfälzischen Wittelsbacher ihre älteren Herrschaftsansprüche in Stein zu manifestieren. Nicht von ungefähr „ruhen“ sämtliche Ahnen über der Schlosskapelle, die das unterste Geschoss des Friedrichsbaues einnimmt. Nach den verheerenden Bränden im Pfälzischen Erbfolgekrieg 1689 und 1693, die Schloss und Garten als Ruine zurückließen, wurde der Friedrichsbau als einziger Teil wieder aufgebaut und erhielt nach dem Brand von 1764 ein Notdach. Zwischen 1897 und 1903 wurde er nach Entwürfen des Karlsruher Professors Karl Schaefer im Stil des Historismus erneuert. Die wohl größte Attraktion des Schlosses ist das Große Fass im Fasskeller von 1591. Das Ur-Fass von 1591 hatte ein Fassungsvermögen von 130.000 Litern. Unter Kurfürst Karl Ludwig wurde es durch ein größeres ersetzt. Kurfürst Carl Philipp ließ es anlässlich seines Namenstages am 1. Mai 1728 mit Pfälzer Landwein füllen. Das heutige Fass ließ Kurfürst Carl Theodor 1750/51 mit einem Fassungsvermögen von 221.726 Litern herstellen.

Bereits unter Friedrich V. war zwischen 1613 und 1690 der berühmte *Hortus Palatinus* (Pfälzischer Garten) entstanden. Er genoss früh und europaweit Anerkennung, wurde als ‚achtes Weltwunder' und bedeutendste Gartenschöpfung des frühen 17. Jahrhunderts im deutsch-

1 Neuburg an der Donau, Ostflügel des Schlosses (Philipp-Wilhelm-Bau) | Bayerische Verwaltung der staatlichen Schlösser, Gärten und Seen

sprachigen Raum angesehen. Die Idee zu dem unvollendet gebliebenen Garten hatte Salomon de Caus aus Dieppe. Er galt als einer der größten Physiker seiner Zeit, der mit seinen Erfindungen unter anderem versuchte, Wasser mittels Dampfdruck zu heben. De Caus ließ die das Schloss deckenden Steilhänge des Friesenberges teilweise sprengen und das Tal bis zu einer Höhe von 70 Fuß auffüllen, um ebenes Terrain zu gewinnen. Damit schwächte er die Verteidigungsfähigkeit des Schlosses. Statt militärischer Stärke sollte der Garten Friedrichs Gegnern durch seine künstlerische Gestaltungskraft und sein herrschaftliches Gepräge Respekt einflößen. Jacques Fouquières' (um 1590/91–1659) berühmtes Ölgemälde hielt den sich über drei Terrassen erstreckenden *Hortus Palatinus* ebenso für die Nachwelt fest (Abb. 2) wie Matthäus Merians 1620 entstandenes Panorama von Heidelberg. Beide zeigen die ganze spielerische Vielfalt eines manieristischen Gartens mit seinen Terrassen, Grotten und Weihern, Teppichbeeten, Wasserkünsten und Bildwerken. Die Anlagen wurden auch in dem 1620 erschienenen Stichwerk *Hortus Palatinus a Friderico Rege Boemiae Electore Palatino Heidelbergiae Exstructus* festgehalten.

Neuburg an der Donau

Das mächtige Renaissanceschloss von Neuburg an der Donau erhebt sich weithin sichtbar und steil über der Donau auf dem Stadtberg, nordöstlich der Altstadt (Abb. 1). Es entstand ab 1527 an Stelle der mittelalterlichen Burg Herzog Ludwigs des Gebarteten von Bayern-Ingolstadt als neue Residenz des 1505 gegründeten Fürstentums Pfalz-Neuburg. Auftraggeber war der Pfalzgraf und nachmalige Kurfürst Ottheinrich, der 1522 die Herrschaft der sogenannten ‚Jungen Pfalz' gemeinsam mit seinem Bruder Philipp angetreten hatte. Im Rahmen des Umbaus entstand unter der Leitung von Hans Knotz zunächst der dreigeschossige Rundstubenbau, in dem eine Porträtgalerie mit 20 Familienbildnissen eingerichtet wurde, welche der Hofmaler Peter Gertner nach einem einheitlichen Konzept schuf. Neben dem Südflügel des Küchenbaues (1532/33) und dem Nordflügel des Neuen Baues (1534–1538) ließ Ottheinrich ab 1537 auch den später nach ihm benannten Trakt des Westflügels errichten, der die neue Formensprache der italienischen Renaissance aufnahm. Es ist zugleich der anspruchsvollste Bautrakt der neuen

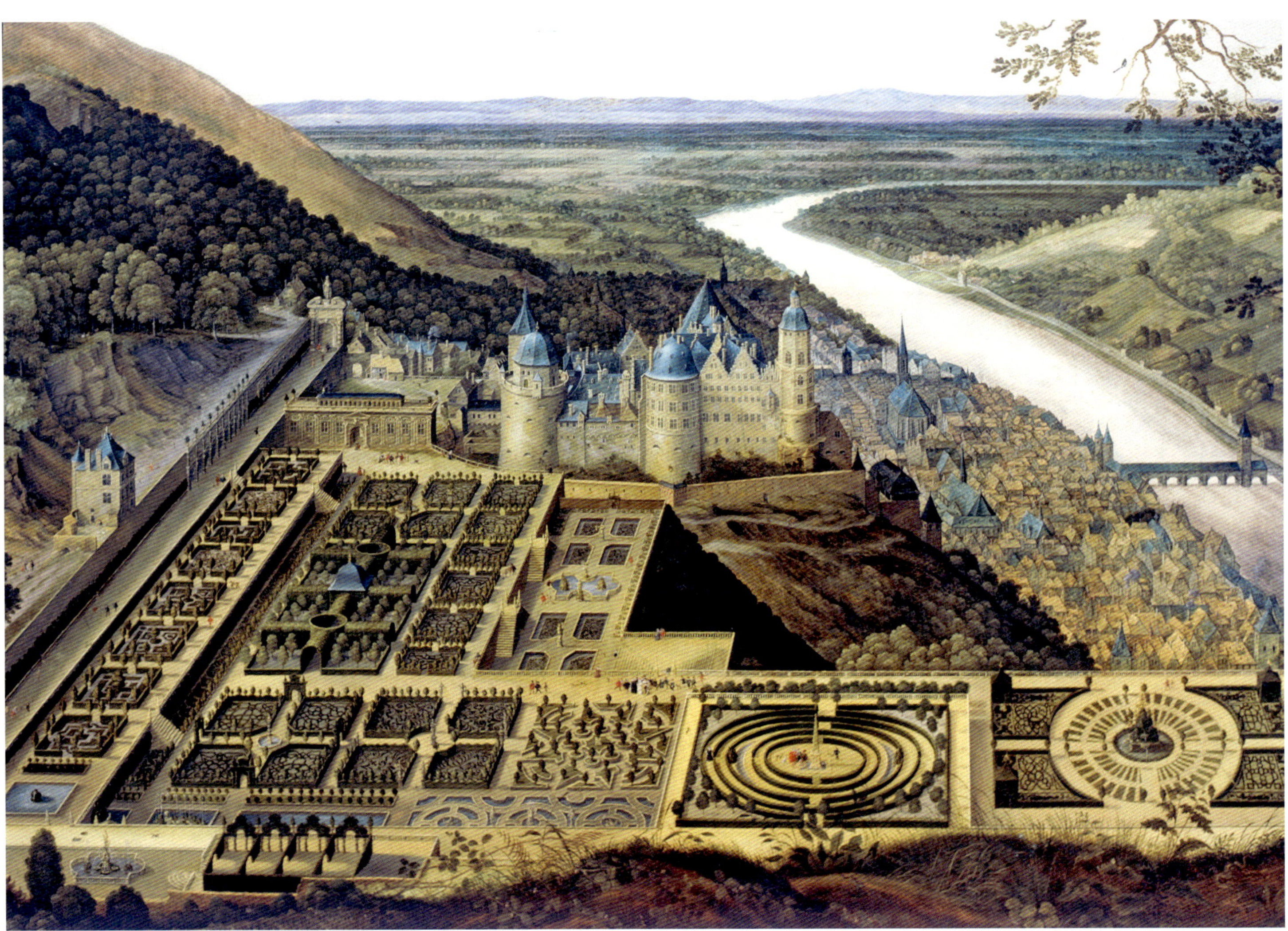

2 Jacques Fouquières: Hortus Palatinus, Öl auf Leinwand, vor 1620 | Kurpfälzisches Museum der Stadt Heidelberg, G 1822

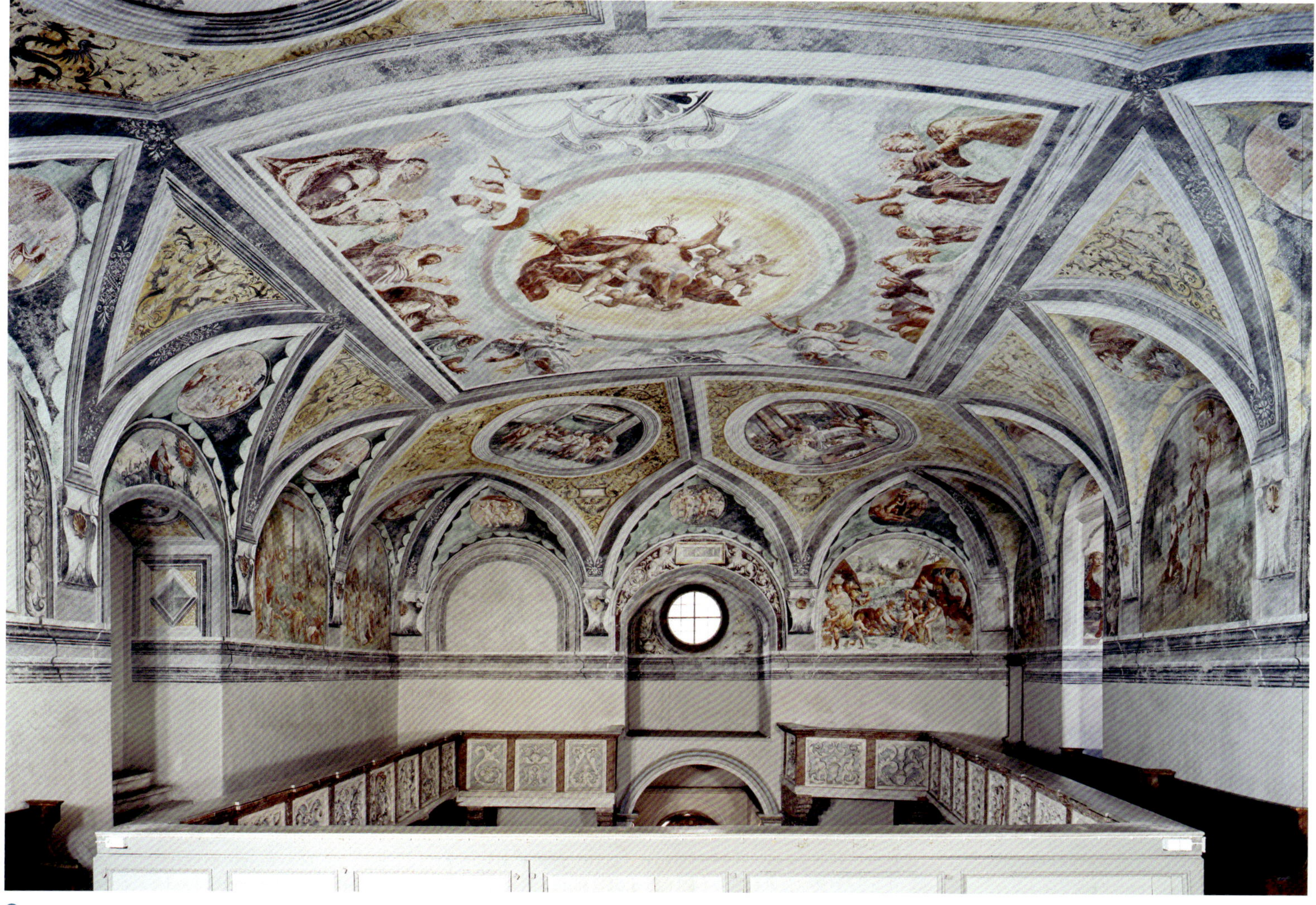

3 Deckengemälde der Schlosskapelle in Neuburg an der Donau, nach 1543 | Bayerische Verwaltung der staatlichen Schlösser, Gärten und Seen

Residenz. Die Einführung der Reformation 1542 beherrscht hier sowohl die hofseitige Front samt Treppenturm als auch das Innere der Schlosskapelle (1537–1543). Die Fassade zeigt Sgraffito-Malerei mit alttestamentarischen Szenen, die Hans Schroer d. Ä. für Ottheinrichs Nachfolger Herzog Wolfgang ausführte, während der Salzburger Kirchenmaler Hans Bocksberger d. Ä. im Inneren der Schlosskapelle wirkte. Sie ist neben der 1544 eingeweihten Schlosskapelle von Torgau der früheste für den evangelischen Gottesdienst geschaffene Kirchenraum und beherbergt „den ältesten erhaltenen protestantischen Gemäldezyklus“[3]. Das im italienisch-antikisierenden Stil gemalte Bildprogramm (Abb. 3) stellt die „wohl bedeutendste Ausmalung jener Zeit in Deutschland“[4] dar und basiert in seiner Gestalt vermutlich auf einer Idee des Nürnberger Theologen Andreas Osiander zum Thema der Gerechtwerdung des Menschen vor Gott durch Christi Erlösungswerk im Sinne des Reformators Martin Luthers. Wie der Landshuter Stadtresidenz des Schwagers Ottheinrichs, an der Bocksberger zuvor gewirkt hatte, „so blieb auch der Neuburger Schlosskapelle wegen ihrer Fremdartigkeit jede Nachfolge versagt“[5].

Der jüngste Teil des Philipp-Wilhelm-Baues bestimmt mit seinen mächtigen Kuppelrisaliten die Fernwirkung des Schlosses. Mit seinem Namen verbindet sich 126 Jahre nach Ottheinrichs Tod 1559 die zweite glanzvolle Epoche Neuburgs. „Wenn auch die Wohnorte der Familie zwischen den Residenzen in Neuburg und Düsseldorf wechselten, so galt dem Neuburger Schloss doch große Aufmerksamkeit.“[6] So ließ der Pfalzgraf und spätere Kurfürst Philipp Wilhelm 1664 bis 1668 den mächtigen barocken Osttrakt für die Wohn- und Staatsräume der fürstlichen Familie errichten und die Schlossgrotten anlegen. Infolge der Residenzverlegung nach Düsseldorf 1702 diente Schloss Neuburg als Nebenresidenz und Witwensitz.

Düsseldorf

„Die erste Stadt zu der ich kam, war Düsseldorf […] Sie ist bemerkenswert durch zwei Dinge: Das eine ist ein großartiger Palast, der dem Herzog gehört und dann ist dort eine Residenz des herzoglichen Hofes

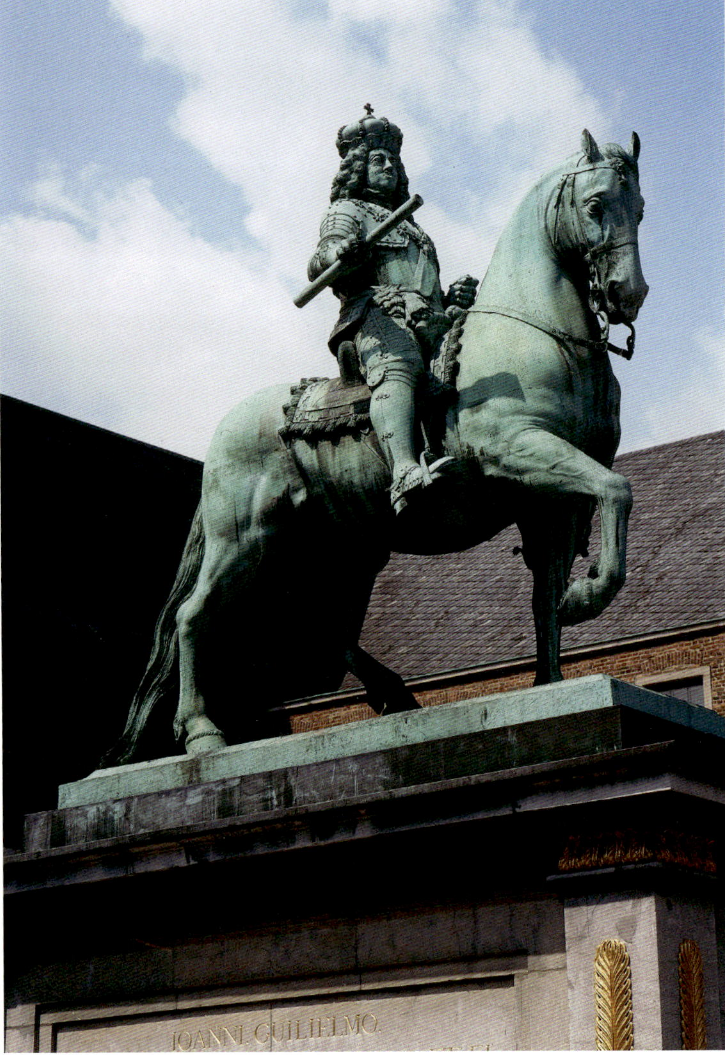

4 Gabriel de Grupello: Reiterstandbild Kurfürst Johann Wilhelms auf dem Düsseldorfer Marktplatz, Bronze, vor 1714

[…]“[7], bemerkte Thomas Coryate 1611. Von 1609 bis 1799 residierten insgesamt sechs Wittelsbacher als Herzöge von Berg und Jülich in Düsseldorf. Der prominenteste unter ihnen war Kurfürst Johann Wilhelm (Jan Wellem, 1690–1716), der 1702 die Residenz aus dem zerstörten Heidelberg hierher verlegt hatte. Das zwischen 1548 und 1559 von Alessandro und Maximilian Pasqualini um- und ausgebaute Schloss wurde durch Domenico Martinelli teilweise modernisiert. Seiner Sammelleidenschaft folgend ließ Jan Wellem zwischen 1709 und 1714 durch seinen Oberbaudirektor Matteo Alberti ein schlichtes dreiflügeliges, zweigeschossiges Galeriegebäude errichten und mit dem Schloss verbinden. „Das zunächst im Hinblick auf den geplanten Schlossneubau […] eigentlich nur als Provisorium gedachte Gebäude gilt als einer der frühesten selbstständigen Museumsbauten in Europa.“[8] Dort und im Schloss trug er „in Düsseldorf den wohl umfangreichsten und qualitätvollsten fürstlichen Kunstbesitz der Zeit um 1700 zusammen“[9] und schuf damit eine besondere Form fürstlicher Selbstdarstellung. Dazu gehörte auch das vermutlich 1714 auf dem Düsseldorfer Marktplatz aufgestellte, von Gabriel de Grupello geschaffene Reiterstandbild des Kurfürsten (Abb. 4). „Letztlich war auch das 1660 bis 1667 von [Kurfürst] Philipp Wilhelm errichtete Wasserschloss in Benrath Teil der Residenzlandschaft des Fürsten.“[10] Unter Kurfürst Carl Theodor folgte 1743 die Instandsetzung des Residenzschlosses durch den Düsseldorfer Hofbaumeister Johann Heinrich Nosthoffen. Unter Nicolas de Pigage erhielt der Bau nach 1752 ein viertes Geschoss und ein hohes Dach, das drei Etagen mit Dienerschaftsräumen aufnahm. Kriegsbedingte Schäden erlitt das Schloss 1758 und 1794 und brannte 1872 komplett aus. Bis auf den Schlossturm verschwand es 1881 aus dem Stadtbild.

Mannheim

„Man mag Mannheim betrachten, von welcher Seite man will, so muß man allezeit einräumen, daß es eine von den schönsten und merkwürdigsten Städten sey […] Unter allen Gebäuden bleibt freylich die Residenz das vornehmste“[11] stellte Johann Friedrich Carl Grimm 1775 in seinen *Bemerkungen eines Reisenden* fest. Detailreich beschrieb er darin das Schloss, das als politisches, administratives und vor allem auch kulturelles Zentrum auf keiner Grand Tour fehlen durfte. Dort, wo sich von 1606 bis zu ihrer Zerstörung im Pfälzischen Erbfolgekrieg die unter Kurfürst Friedrich IV. gegründete Zitadelle Friedrichsburg erhob, ließ Kurfürst Carl Philipp ab 1720 ein imposantes Barockschloss von 440 m stadtseitiger Fassadenlänge errichten, das unter seinem Nachfolger Kurfürst Carl Theodor 1760 vollendet wurde (Abb. 5). Infolge der Zuspitzung des Konfessionsstreites drängte Kurfürst Carl Philipp nach Mannheim. Doch „im Unterschied zu Johann Wilhelm, der 1702 nur die Residenz und den Hof nach Düsseldorf verlegt hatte, wurde jetzt auch der pfälzischen Landesregierung und ihren Behörden der Umzug nach Mannheim befohlen.“[12] Mannheim gilt als erfolgreichste Residenzgründung des 18. Jahrhunderts im Heiligen Römischen Reich. Hier wurde mit der Schlosskirche samt eigener Grablege, dem ‚Hofkloster‘ der Jesuiten samt zugehöriger großer Hofkirche (St. Ignatius und Franz Xaver), Opernhaus, Hofbibliothek, Gemäldegalerie, Münzkabinett, Naturaliensammlung, Akademie der Künste, Antikensammlung, der 1763 gegründeten Akademie der Wissenschaften, dem Botanischen Garten und der Sternwarte, dem Ballhaus und der Reitschule eines der umfassendsten Bauprogramme realisiert. Tatsächlich konnten andere Residenzen größerer Territorien in ihren kulturellen Einrichtungen nicht mit Mannheim konkurrieren. Während erste Planungen zur Gesamtanlage des Schlosses wohl auf Louis Remy de la Fosse zurückgehen, bestimmte der Mainzer Architekt Johann Caspar Herwarthel dessen innere und äußere Aufteilung. Nach Herwarthels Tod folgte ihm 1720 Johann Clemens Froimon, der 1726 in Ungnade fiel und durch Guillaume d’Hauberat, einen Schüler Robert de Cottes, abgelöst wurde und unter dessen Leitung die zentralen Räume von Haupttreppenhaus und Rittersaal im turmartig bekrönten Mittelbau vollendet werden konnten.

Schwetzingen

Seit dem Mittelalter und der Frühen Neuzeit diente Schwetzingen als Nebenresidenz der Pfalzgrafen und nachmaligen Kurfürsten bei Rhein. Um 1470 ließen die Kurfürsten hier eine gotische steinerne Kemenate errichten, die als Aufenthaltsort zu den Jagdgebieten im Haardtwald diente. Der mehrgeschossige Bau maß nur rund fünf mal fünf Meter und eignete sich kaum für längere Aufenthalte. So plante man um 1500 einen Neubau, der bis zum Dreißigjährigen Krieg Bestand hatte, 1635 jedoch durch General Gallas niedergebrannt wurde. Kurfürst Karl Ludwig ließ das Schloss zwischen 1655 und 1658 für seine morganatisch angetraute zweite Frau Luise von Degenfeld wiederaufbauen. In dieser Zeit entstand auch der Schlossgarten, der aus einem Lust- und Nutzgarten bestand. Hier ließ der Kurfürst den ersten Pfälzer Spargel kultivieren. Seine Tochter Liselotte von der Pfalz berichtete darüber in ihren berühmten Briefen. Im Pfälzischen Erbfolgekrieg ging Liselottes Paradies 1689 erneut in Flammen auf. 1698 bis 1701 ließ Kurfürst Johann Wilhelm das Schloss wiederaufbauen und erweitern. Dabei entstanden 1710 die beiden Ehrenhofflügel nach Plänen Johann Adam Breunigs. 1720 ließ Carl III. Philipp eine Orangerie nach Plänen Alessandro Galli da Bibienas errichten und zu ihrer Ausstattung die Düsseldorfer Orangerie, bestehend aus 700 wertvollen Bäumen, nach Schwetzingen bringen. Kurfürst Carl Theodor plante den Neubau des Schwetzinger Schlosses, zunächst als barocken Jagdstern in Höhe des heutigen Arionbrunnens, später an Stelle des alten Schlosses. Unter seiner Herrschaft verließ der Mannheimer Hof etwa zwischen Ende April und Ende Oktober in steter Regelmäßigkeit die Haupt- und Residenzstadt Mannheim, um nach Schwetzingen überzusiedeln. Der logistische Aufwand war enorm. „Lebensmittel und Holz wurden in Fronfuhren herangeschafft, denn selbst diese Dinge des täglichen Bedarfs wurden in Schwetzingen nicht vorgehalten. Der Tross aus Mannheim transportierte Wäsche, Möbel, Geschirr und Personal in großer Zahl nach Schwetzingen. 624 Personen standen laut Hofkalender von 1776 auf der Gehaltsliste des kurpfälzischen Hofes."[13] Die verheirateten Hofbediensteten lebten in Quartieren außerhalb des Schlosses, insgesamt rund 1.500 Menschen. Die Schwetzinger profitierten doppelt: Neben Mieteinnahmen und solchen aus dem Verkauf von Waren konnten sie am öffentlichen kulturellen Leben des Hofes teilhaben. 1753 legte der im Herzogtum Pfalz-Zweibrücken geschulte Hofgärtner Johann Ludwig Petri den Entwurf vor, der die Zukunft

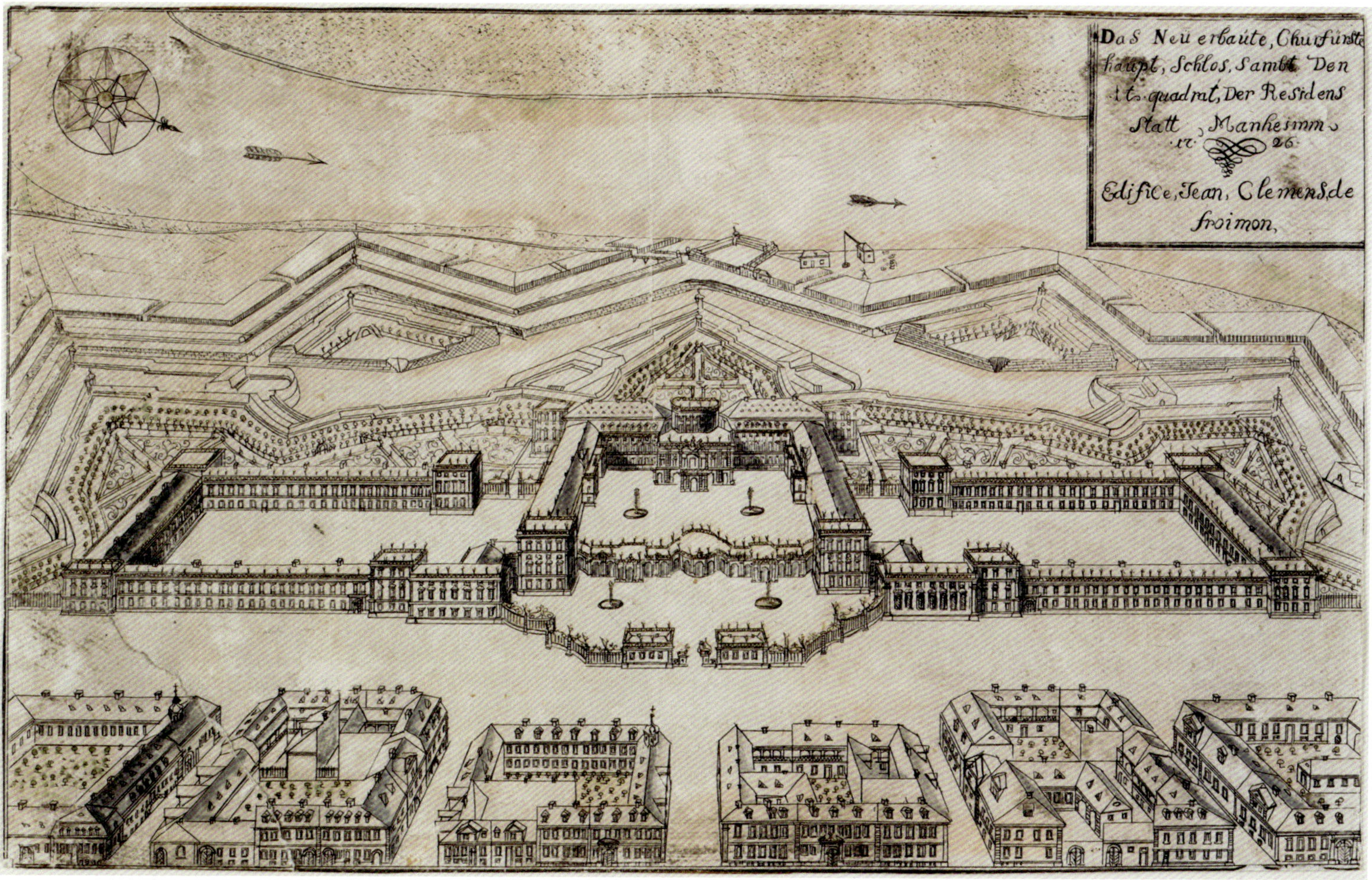

5 Jean Clemens de Froimon: Ansicht des neuen Residenzschlosses in Mannheim, 1726, Zeichnung | Reiss-Engelhorn-Museen Mannheim

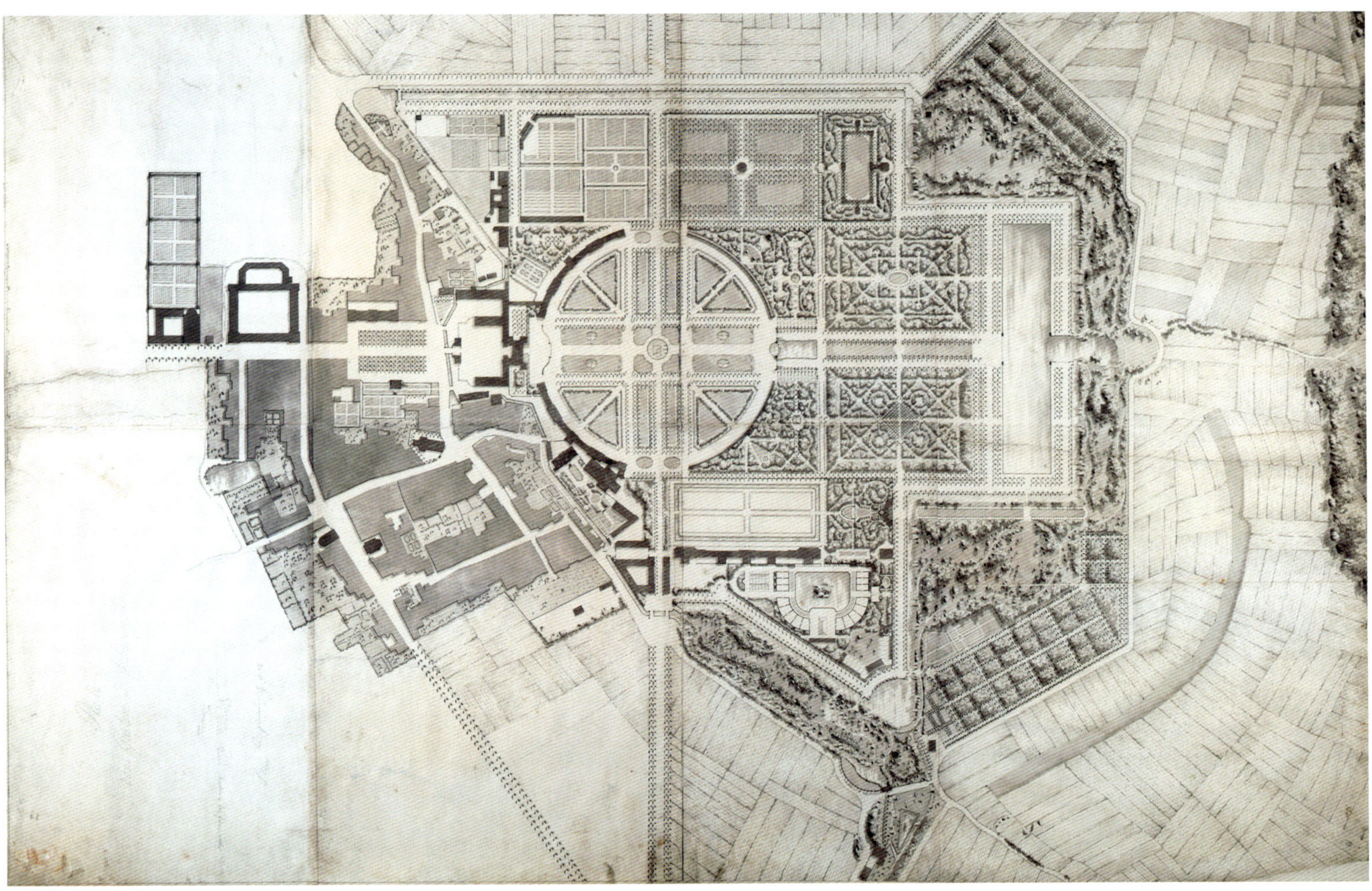

6 Gartenplan der Residenz Schwetzingen, Nicolas de Pigage zugeschrieben oder Friedrich Ludwig Sckell (?), 1783, lavierte Federzeichnung | München, Bayerische Verwaltung der staatlichen Schlösser, Gärten und Seen, Gärtenabteilung, B 13/4

des Schlossgartens bestimmen sollte: das Kreisparterre aus den beiden Zirkelhäusern, als deren Entsprechung zwei Laubengänge vorgesehen wurden. In den Details folgte Petri dem berühmten Gartentheoretiker Dezallier d'Argenville und dessen Werk *Théorie et Pratique de Jardinage* (Theorie und Gebrauch der Gartenkunst). Um 1758 scheint die Entwicklung des Kreisparterres abgeschlossen gewesen zu sein. 1762 übernahm der zum Gartendirektor ernannte Nicolas de Pigage die weitere Planung (Abb. 6), im selben Jahr begann auch der Bau des Naturtheaters, des Apollotempels samt Belvedere und der dortigen neuen Angloise. Ab 1766 folgte verstärkt die skulpturale Ausstattung, bei der Pigage durch den Hofbildhauer Peter Anton von Verschaffelt unterstützt wurde. Dabei erhielt der Park 130 Skulpturen aus Marmor, Sandstein oder Blei, Arbeiten aus Düsseldorf und Ankäufe etwa aus Lunéville. Zwischen 1766 und 1773 entstand der Minervatempel und 1768 begann der Bau des Badehauses. Noch während der Arbeiten am französischen Garten setzten Überlegungen zur teilweisen Neugestaltung im Sinne eines englischen Landschaftsgartens ein. Ihre Umsetzung erfolgte ab 1777 in der Nordwestecke des Geländes, unter der Oberleitung Pigages durch Friedrich Ludwig Sckell. Dieser hatte bei mehreren Aufenthalten in England den neuen Gartenstil kennengelernt. Aufgrund der kurfürstlichen Verfügung, die Boskettzonen beizubehalten, schuf Sckell das heute bekannte Gesamtkunstwerk, in dem er beide Teile geschickt miteinander verknüpfte. Heute gehört der Schwetzinger Schlossgarten zu den bedeutendsten Zeugnissen der europäischen Gartenkunst.

Oggersheim

Pfalzgraf Joseph Carl Emanuel von Pfalz-Sulzbach, der Vater der späteren Kurfürstin Elisabeth Auguste, legte 1720 den Grundstein des von seiner Tochter vollendeten Schlosses. Er ließ ein kleines Lustschloss und 1729 eine Loretokapelle errichten. Als Schwiegersohn des regierenden Kurfürsten Carl Philipp und Kurprinz sollte er dessen Nachfolge antreten, starb jedoch bereits 1729, und das Schloss verwaiste für 22 Jahre. Pfalzgraf Friedrich Michael von Pfalz-Birkenfeld, der Schwager Kurfürst Carl Theodors, ließ das Schloss zwischen 1751 und 1757 von Nicolas de Pigage zu seinem Sommersitz ausbauen. Friedrich Michael wirkte ab

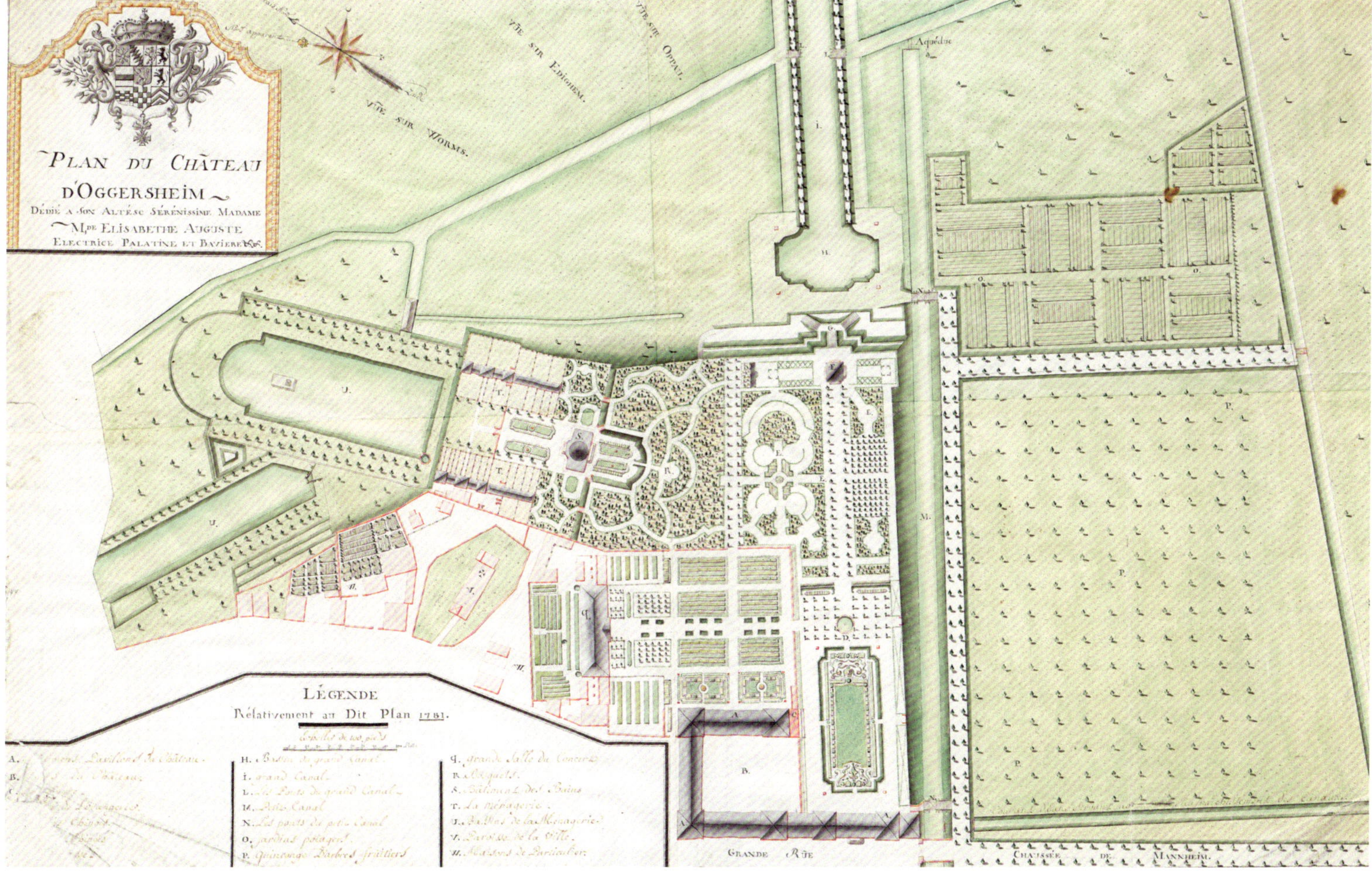

7 Gartenplan der Residenz Oggersheim, 1781, kolorierte Tuschezeichnung | Universitätsbibliothek Heidelberg, Sammlung BATT, VII 47

1751 als Gouverneur der Stadt Mannheim und seit 1754 als Generalfeldmarschall des oberrheinischen Kreises. An der Ausstattung waren unter anderem der Bildhauer Augustin Egell, der Maler Philipp Hieronymus Brinckmann und die Stuckateure Antonio Albuzzio und Giuseppe Pozzi beteiligt. Unter Friedrich Michael entstand durch Johann Ludwig Petri auch der weiträumige Schlossgarten (Abb. 7) mit Badehaus, *Chinoise*, Orangerie und Menagerie. Nach seinem Tod 1767 gelangte die Anlage durch Verkauf an Kurfürst Carl Theodor, der sie 1768 seiner Gemahlin schenkte. Elisabeth Auguste nutzte Oggersheim zunächst als Sommerresidenz und bewohnte es nach dem Wegzug des Hofes nach München 1778 ganzjährig. „Das Schloss in Oggersheim ließ sie von Nicolas de Pigage im französischen Geschmack auf das Feinste ausstatten. Vergleichbar war es mit dem [damals] bei Düsseldorf gelegenen Schloss Benrath, das als Witwensitz für Elisabeth Auguste gebaut wurde“.[12] Zwischen 1774 und 1777 ließ sie die Loretokapelle mit dem bis heute einzigen Kirchenbau des Mannheimer Hofbildhauers Peter Anton von Verschaffelt als Schloss- und Wallfahrtskirche überbauen. Verschaffelt, der als bedeutendster Bildhauer des Frühklassizismus im Rheingebiet gilt, schuf einen hohen fünfachsigen Saalbau an der Schwelle vom Spätbarock zum Frühklassizismus. 1793 floh Elisabeth Auguste vor den französischen Revolutionstruppen nach Weinheim, wo sie im Sommer des Folgejahres starb. Ihr Schloss war bereits 1793 in Flammen aufgegangen. 1797 wurde das Terrain versteigert und parzelliert.

München

Keimzelle der Münchner Residenz war die ab 1385 von den Herzögen Stephan III., dem „Kneißl“, und seinen Brüdern Friedrich und Johann im Nordostwinkel der erweiterten Stadtmauer errichtete Neuveste, die vor allem als Fluchtburg für den nahe gelegenen Alten Hof dienen sollte. Zwischen 1470 und 1500 wurde diese Fluchtburg zu einer vierflügeligen Wasserburg erweitert. Mit der Rangerhebung Münchens zur Hauptstadt Gesamtbayerns 1505 und der Einführung der Primogenitur 1506 unter Herzog Albrecht IV. verlor die Neuveste zunehmend ihren wehrhaften Charakter und wandelte sich unter ihrem Baumeister Leonhard Halder zum neuen festen Regierungssitz. Während der folgenden Herrschaft Albrechts V. erlebte die Neuveste durch Wilhelm Egkl ihre letzte

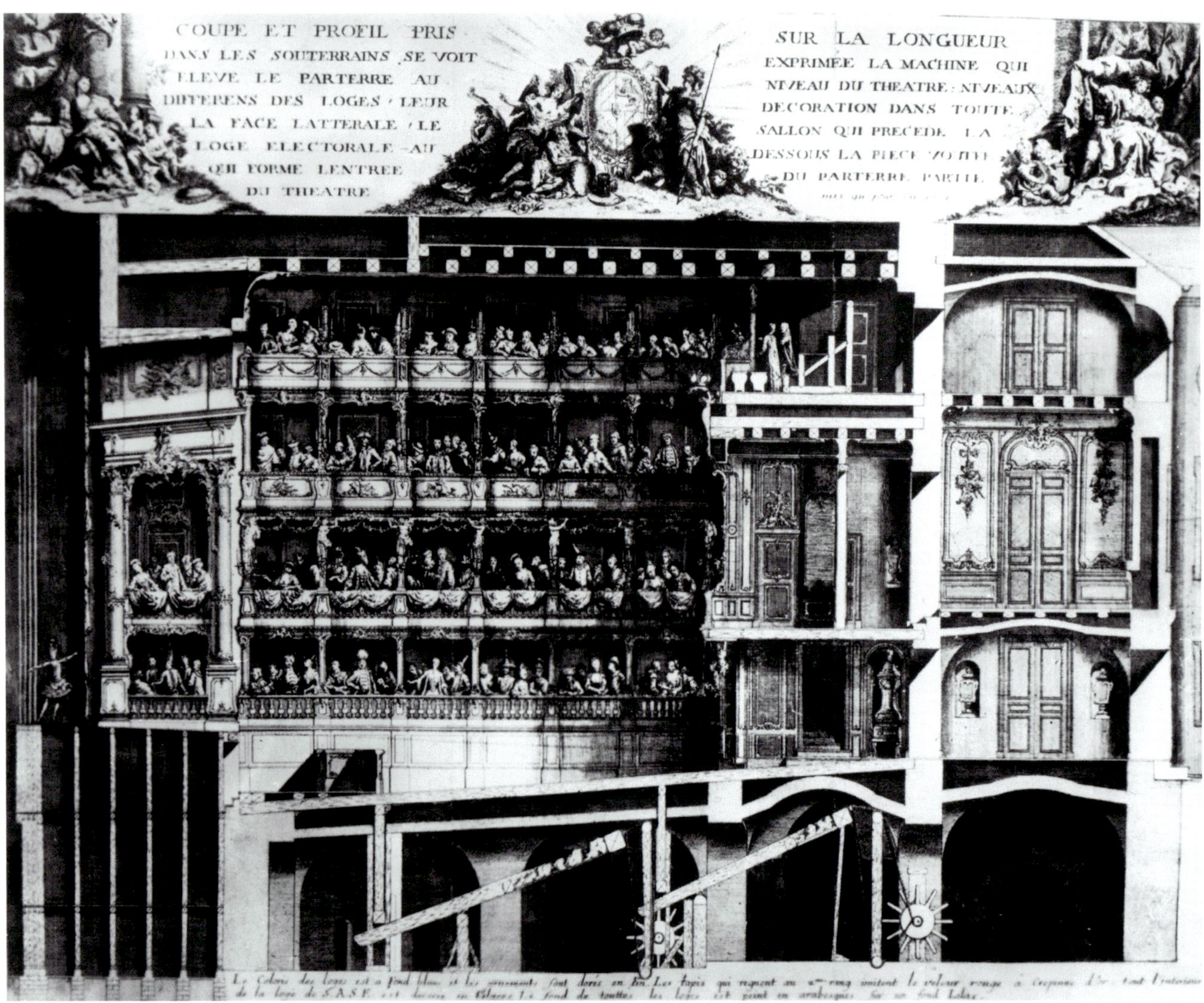

8 Längsschnitt durch das Münchner Hofopernhaus (Cuvilliéstheater) 1751–1753 von François Cuvilliés d. Ä. erbaut, Kupferstich von Valerian Funck nach François Cuvillliés, 1771

prunkvolle Ausgestaltung mit dem St. Georg-Saal, der seinerzeit zu den größten und prächtigsten Prunksälen ganz Süddeutschlands gehörte, jedoch beim Residenzbrand von 1750 vollständig zerstört wurde. Ein anderes Gebäude aus dieser Zeit hat hingegen überdauert, das von 1568 bis 1571 südlich der Neuveste entstandene Antiquarium zur Aufnahme der Antikensammlung und der darüber gelegenen Hofbibliothek. Dieser größte profane Renaissancesaal nördlich der Alpen wurde unter den Herzögen Wilhelm V. und Maximilian I. prunkvoll ausgestattet, die Residenz vor allem unter Maximilian I. durch Heinrich Reiffenstuel und Heinrich Schön d. Ä. großzügig ausgebaut. Dabei entstanden zwischen 1612 und 1616 die Kaiserhoftrakte mit den Stein- und Trierzimmern, der Reichen Kapelle, der Kaiserhoftreppe und dem Hofgarten. Hinzu traten unter seinen Nachfolgern die nicht minder prunkvollen Raumfluchten der Kurfürsten- und Reichen Zimmer sowie des Opernhauses nach Entwürfen François Cuvilliés (Abb. 8 und 9) und schließlich im 19. Jahrhundert Leo von Klenzes Königs- und Festsaalbau für König Ludwig I. Die von Ludwig Schnorr von Carolsfeld für den Königsbau geschaffenen Wand- und Deckenmalereien der Nibelungensäle waren damals die ersten monumentalen Darstellungen des Nibelungenliedes. Ludwig II. richtete hier neben einem riesigen Wintergarten von 1867 bis 1869 eine erste Wohnung ein. Nach Ende der Monarchie öffnete 1920 das Residenzmuseum seine Pforten und zeigte neben den fürstlichen Wohnräumen (Abb. 9) auch die Spezialsammlungen der Silber-, Reliquien- und Paramentenkammern und nicht zuletzt der Schatzkammer.

Als Sommerresidenz der bayerischen Herrscher genoss das einst vor den Toren Münchens gelegene, unter Kurfürst Ferdinand Maria ab 1664 errichtete Schloss Nymphenburg zu allen Zeiten große Wertschätzung. Seit Kurfürst Max Emanuel beherbergte es von Mai bis September den kurbayerischen Hofstaat. Es ist in seiner Verbindung von Architektur (Henrico Zucalli, Joseph Effner, Francois Cuvilliés d.Ä.) und Gartengestaltung (Joseph Effner, Dominique Girard, Friedrich Ludwig von Sckell) ein Denkmal von europäischem Rang.

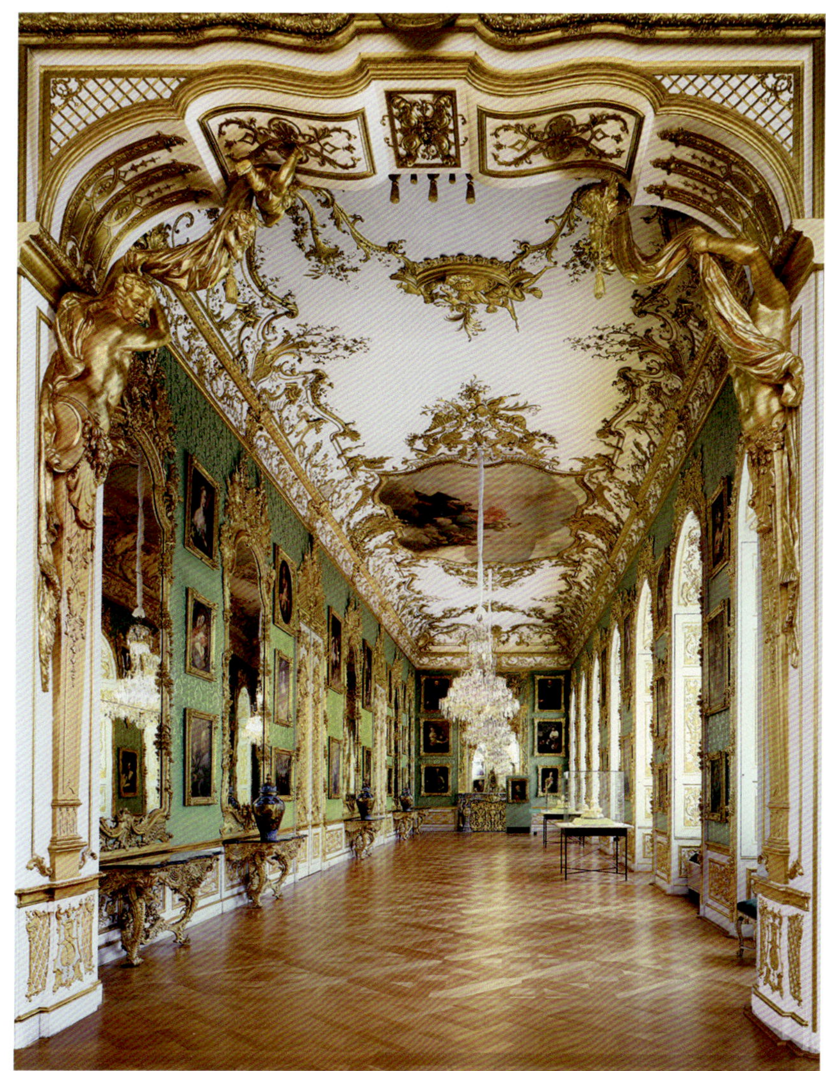

9 Residenz München, Blick in die Grüne Galerie | München, Bayerische Verwaltung der staatlichen Schlösser, Gärten und Seen

Quellen

Grimm/Ullrich 1775

Literatur

Ausst.-Kat. Düsseldorf 1996 · Ausst.-Kat. Heidelberg 2009 · Ausst.-Kat. Mannheim 1999 · Ausst.-Kat. München 2009, v.a. S. 7–19 · Ausst.-Kat. Neuburg an der Donau 2005 · Dehio 2006, v.a. S. 941–946 · Faltlhauser 2006 · Fimpeler-Philippen/Schürmann 1999 · Flum/Flum 2009 · Fuchs/Reisinger 2001 · Heckner 1995 · Kaeß/Stierhof 1977 · Kat. Düsseldorf 2008 · Langer 2007 · Lochner 1960 · Looz-Corswarem 2008 · Mauer 2008 · Mörz 1997 · Müller 2008 · Oechelhäuser 1987 · De la Riestra 2003, v.a. S. 159–163 · Schröck-Schmidt/Wagner/Wiese 2009 · Staatliche Schlösser und Gärten Baden-Württemberg 2007 · Werner 2006 · Widder 1786 · Wiese 1998

Anmerkungen

1 Widder 1786, S. 125.
2 Wiese 1998, S. 5.
3 Kaeß/Stierhof 1977, S. 20.
4 Dehio 2006, S. 944.
5 De la Riestra 2003, S. 163.
6 Langer 2007, S. 84.
7 Fimpeler-Philippen/Schürmann 1999, S. 32.
8 Müller 2008, S. 29.
9 Ausst.-Kat. München 2009, Bd. II., S. 7.
10 Looz-Corswarem 2008, S. 37.
11 Grimm/Ulrich 1775, S. 87.
12 Flum/Flum 2009, S. 113.
13 Schröck-Schmidt/Wagner/Wiese 2009, S. 18.
14 Fuchs/Reisinger 2001, S. 20.

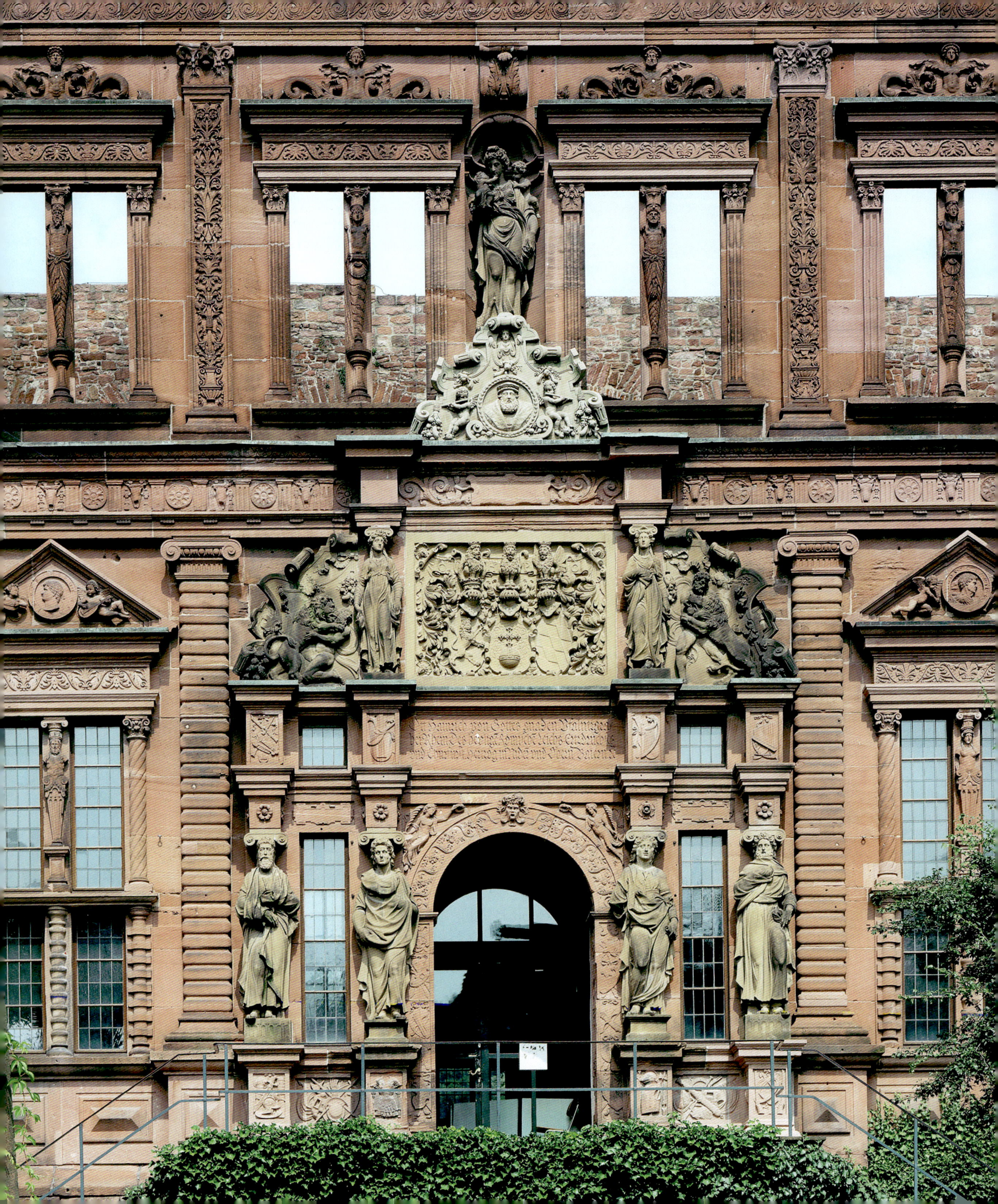

Julian Hanschke und Peter Thoma

Das Heidelberger Schloss

Die bauliche Gestalt der Residenz der pfälzischen Wittelsbacher seit 1600

Zu Beginn der Neuzeit war das Heidelberger Schloss durch mehrere Kurfürsten bedeutend erweitert worden, die jeweils zu Namensgebern für die von ihnen errichteten Bauten wurden (Abb. 2). Zu nennen wären hier zuvorderst der unter Ludwig V. erbaute Ludwigsbau, der von Kurfürst Ottheinrich in Auftrag gegebene und durch sein umfangreiches ikonographisches Skulpturenprogramm besonders markante Ottheinrichbau sowie der unter Friedrich II. entstandene Gläserne Saalbau. Im 17. Jahrhundert erfuhr die Residenz der Pfälzischen Wittelsbacher ihre letzte umfassende Umgestaltung und gelangte zu größter Prachtentfaltung (Abb. 3): Unter Kurfürst Friedrich IV. (reg. 1582–1610) und Friedrich V. (reg. 1614–1623) wurden der Friedrichsbau und der Englische Bau errichtet, die mit ihren zur Stadt gerichteten Schaufassaden die Verwandlung der einst befestigten Burg zu einem wehrhaften, vor allem aber repräsentativen Schloss demonstrieren. Der Schlosshof war nunmehr vollständig umschlossen und dicht bebaut. Angestrebt war ein möglichst einheitliches Erscheinungsbild der Residenz; zu diesem Zwecke wurden die Traufhöhen der Bauten der Nordseite einander angeglichen. Der Gartenarchitekt Salomon de Caus legte ab 1613 den als Weltwunder gepriesenen Schlossgarten *Hortus Palatinus* an, dessen Vollendung jedoch der Dreißigjährige Krieg verhinderte. Die während der Belagerungen entstandenen Schäden wurden nach 1648 beseitigt, die Bauten repariert oder durch reichere Bauteile ersetzt und überformt. Nie wieder sollte das Schloss zu solcher Vollkommenheit gelangen.

Die nach 1600 vorgenommen Veränderungen seien im Folgenden anhand der Zeichnungen 1–6 kurz skizziert:[1] Am Ruprechtsbau wurden die Treppengiebel aus der Zeit um 1550, die sich aus dem Baubefund rekonstruieren lassen, bis auf den mittleren Giebel durch Krüppelwalmdächer ersetzt. Die Fassaden und das Raumgefüge blieben ansonsten unverändert. Auch für den Bibliotheksbau sind keine substantiellen Veränderungen nachzuweisen; die beiden großen Rollwerkgiebel bestanden offenbar unverändert fort.[2] Völlig überformt wurde dagegen der Frauenzimmerbau, dessen Gestaltung dem reichen Dekorum des Friedrichs- und Ottheinrichsbaus angeglichen wurde: Sowohl die Nordfassade als auch die Süd- und Ostfassade erhielten eine aufwendige Trompe-l'œil-Malerei mit Pilastern, Halbsäulen, Geschossgesimsen und Figurennischen, welche die Fassade gliederte. Auf den Dächern errichtete man Zwerchhäuser, die Bedachungen und Obergeschosse der Erker wurden abgetragen. Allein in der Fenstergliederung offenbarte sich der mittelalterliche Kern dieses Baukörpers.

Neben dem Ruprechtsbau bewahrten auch die Bauten der Ostseite – der Ludwigsbau und das Ökonomiegebäude – im Wesentlichen ihr spätgotisches Erscheinungsbild, etwa die drei Bogenfenster im Obergeschoss des Ludwigsbaus. Ebenfalls unverändert bestanden die Turmbauten der Ostseite fort, die zu Beginn des 17. Jahrhunderts geschweifte Hauben erhalten hatten. Lediglich der Ökonomietrakt erhielt auf seiner Ostseite wohl schon vor 1689 eine regelmäßige Fensterreihung mit einheitlicher Überdachung.

Am Gläsernen Saalbau und am Glockenturm sind die markanten Umbaumaßnahmen im 17. Jahrhundert, insbesondere im heutigen Zustand durch die freiliegenden, unverputzten Wände, deutlich ablesbar. Hierzu zählten die Umgestaltung am Glockenturm unter Friedrich IV. und die über dem ersten Obergeschoss veränderte Deckenhöhe des Gläsernen Saalbaus unter Kurfürst Karl Ludwig. Letzterer ließ vom Festsaal des südlich angrenzenden Ottheinrichsbaus eine Treppe zum zweiten Obergeschoss des Gläsernen Saalbaus anlegen. Die niedrigere Decke ist sowohl im Inneren als auch außen anhand der unterschiedlichen Fensterhöhen erkennbar. Gleichzeitig wurde eine zweite Reihe großer Bogenfenster eingefügt. Hofseitig wurde der steinernen Arkade ein drittes, hölzernes Obergeschoss aufgesetzt.

Am Ottheinrichsbau (Abb. 1 und 4) wurden nach dem Dreißigjährigen Krieg die großen Rollwerkgiebel des späten 16. Jahrhunderts durch ein Walmdach mit zwei Zwerchhäusern ersetzt, dabei jedoch einzelne Teile der Vorgängergiebel übernommen. Reste dieser Zwerchhäuser sind heute noch vorhanden. Nach dem Abbruch des Vorgängerbaus wurde 1601 bis 1607 der imposante achtachsige Friedrichsbau errichtet (Abb. 5). Die stark rhythmisierte Fassade geht auf einen Entwurf des

1 Portal und Detailansicht des Ottheinrichsbaus

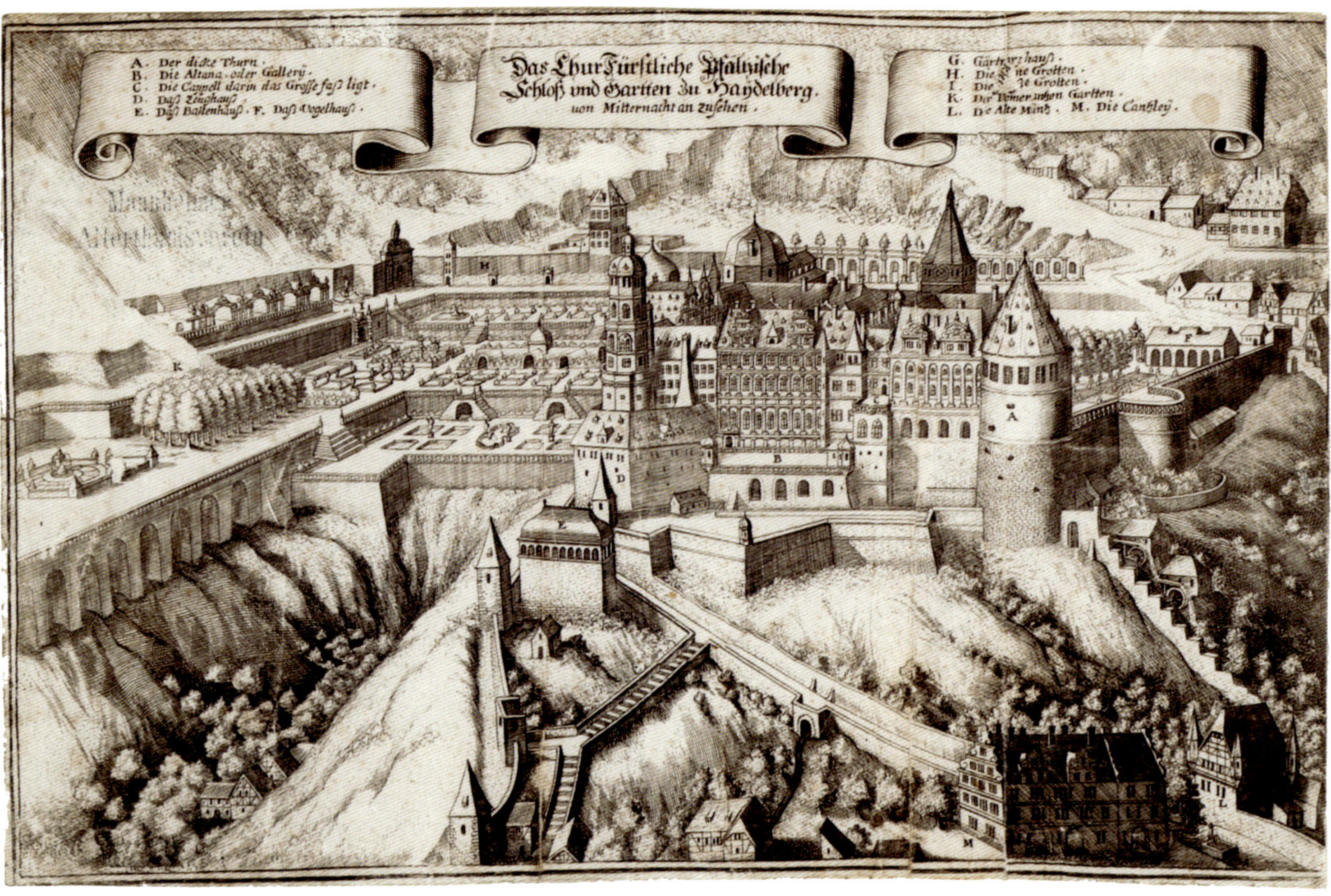

2 Matthias Merian d. Ä.: Ansicht Heidelberger Schloss von Süden, um 1550 oder 1650

Straßburger Baumeisters Johannes Schoch zurück. Die Fassadenskulpturen bilden eine Ahnengalerie der Wittelsbacher, beginnend beim fiktiven „Stammvater“ Karl dem Großen und endend mit dem Bauherren selbst, Kurfürst Friedrich IV. Die im Erdgeschoss des Palastes eingebaute Schlosskirche nimmt in ihrer Disposition und im Detail deutlich Bezug auf den Vorgängerbau; ihr Altar wurde jedoch nun, entgegen der Usance, im Westen platziert.

Über der noch aus der Regierungszeit Kurfürst Ludwigs V. stammenden nordwestlichen Wehranlage entstand der Englische Bau, den Friedrich V. als Palast für seine Gemahlin, die englische Prinzessin Elizabeth aus dem Hause Stuart, errichten ließ. Die Fassade der Stadtseite war mit ihrer Kolossalordnung deutlich am Vorbild der Werke des berühmten italienischen Architekten und Architekturtheoretikers Andrea Palladio (1508–1580) orientiert. In den 1970er Jahren erfolgte eine vollständige Rekonstruktion des östlichsten Fassadenjoches der Nordseite. Zum Hirschgraben hin ist die Front wesentlich sparsamer, lediglich mit geohrten Fenstereinfassungen, gegliedert. Im Zusammenhang mit der Errichtung des Englischen Baus wurde das Obergeschoss des benachbarten Dicken Turmes, das zu jener Zeit einen womöglich an englischen Vorbildern orientierten Theatersaal aufnahm, unter Beibehaltung des alten Kegeldaches zugunsten einer größeren Raumhöhe erneuert. Insgesamt führte die Bautätigkeit unter Friedrich V. über der Nordwestflanke des Schlosses zu einer Minderung der Wehrfähigkeit, was sich wenig später während des Dreißigjährigen Krieges rächen sollte.

An den Wehranlagen nahm man während des gesamten 17. Jahrhunderts einzelne Veränderungen vor. So wurde beispielsweise die Ostseite des Schlosses mit einer Kasematte deutlich verstärkt. Unverändert blieb dagegen der innere Mauerring mit dem Torturm, lediglich das spätmittelalterliche Walmdach wurde später unter Kurfürst Carl Philipp durch das noch heute vorhandene, aus der Zeit des Wiederaufbaus um 1718 stammende Dach ersetzt. Die Wehranlagen des Barock modifizierten zum Teil die älteren vorhandenen Anlagen; trotzdem hielten sie den Angriffen des französischen Heeres nicht stand.

Zerstörung und bauliche Veränderungen im ausgehenden 17. und im 18. Jahrhundert

Am 29. September 1688 wurde Heidelberg im Zuge des Pfälzischen Erbfolgekrieges von französischen Truppen besetzt. Ein halbes Jahr später, als sich abzeichnete, dass die eroberten Gebiete angesichts der gegnerischen Allianz nicht zu halten sein würden, setzte General Mélac den Befehl *„brûler le Palatinat“* um und ließ Burg und Stadt ein erstes Mal zerstören. Unter Kurfürst Johann Wilhelm (reg. 1690–1716) erfolgte die teilweise Wiederherstellung der Befestigungen, doch kam es 1693 schließlich zur umfassenden Brandzerstörung des Schlosses und der Stadt. In den darauffolgenden Jahren wurden einzelne Gebäude eher notdürftig repariert. So versah man den bis auf ein Geschoss zerstörten Frauenzimmerbau mit einem neuen Dachstuhl; ebenso wurde die Nordostecke, welche den Friedrichsbau, Gläsernen Saalbau und Ottheinrichsbau umfasst, instand gesetzt.[3] Genau in diese Nordostecke schlug jedoch 1764 ein Blitz ein und machte alle Wiederaufbaubemühungen zunichte.

Abgesehen von diesen Notüberdachungen und Reparaturen aber war das frühe 18. Jahrhundert für das Heideberger Schloss eine Zeit der ungebauten Architekturen. Matteo Alberti entwarf, wohl für Heidelberg, um 1700 eine anspruchsvolle Schlossanlage in der Ebene. Eine

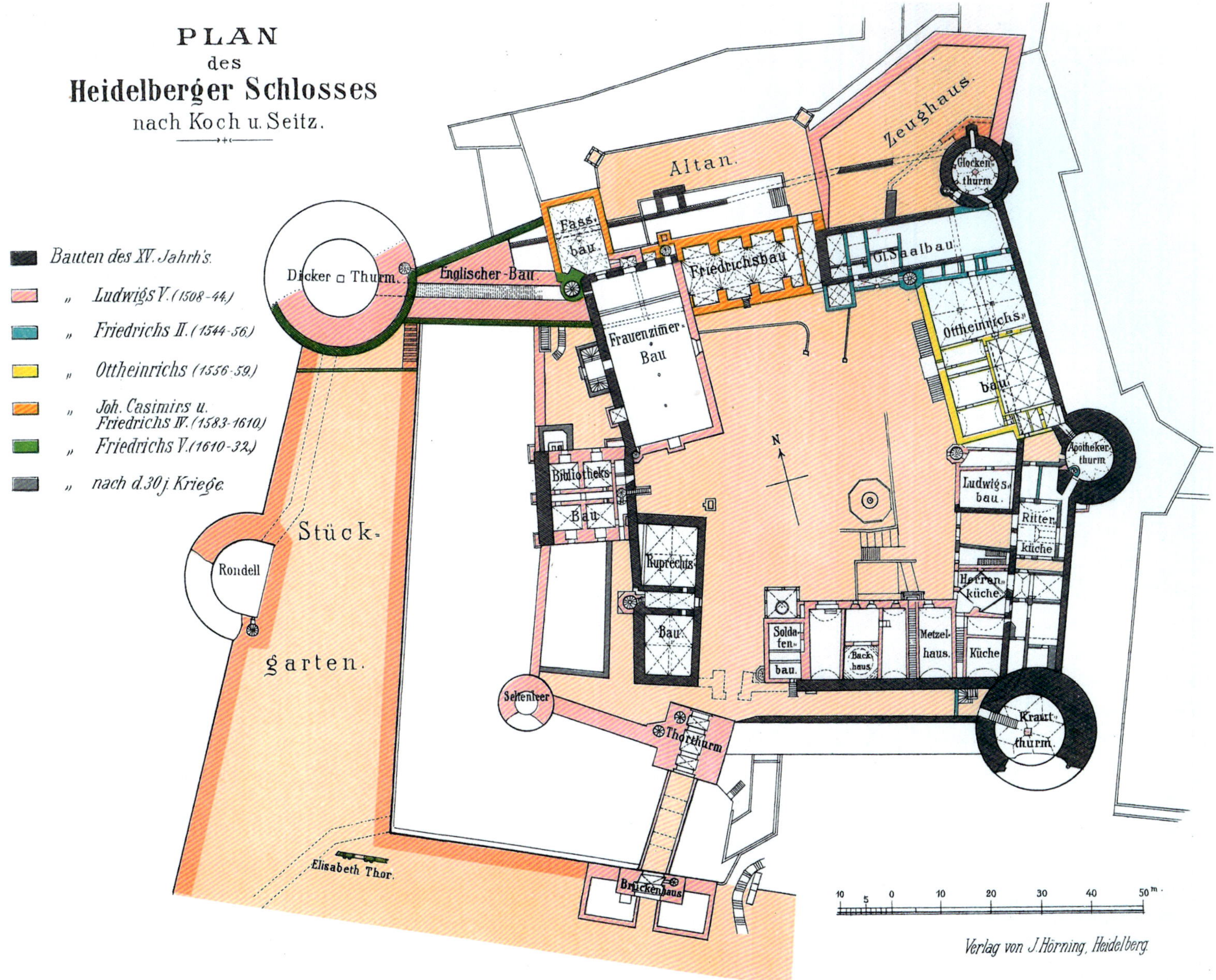

3 Plan des Heidelberger Schlosses nach Koch/Seitz, 1891

Zeichnungen 1–6

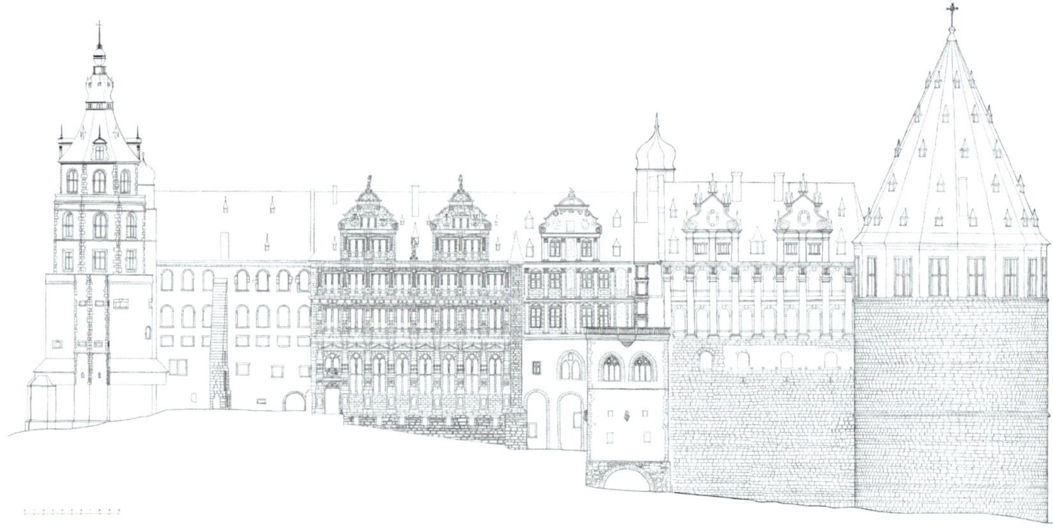

1a Ansicht der äußeren Nordfassade des Heidelberger Schlosses im Barock

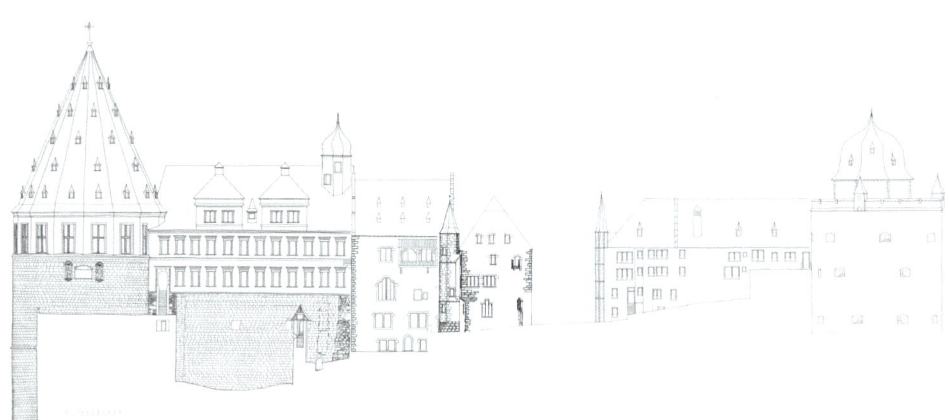

2a Ansicht der äußeren Westfassade des Heidelberger Schlosses im Barock

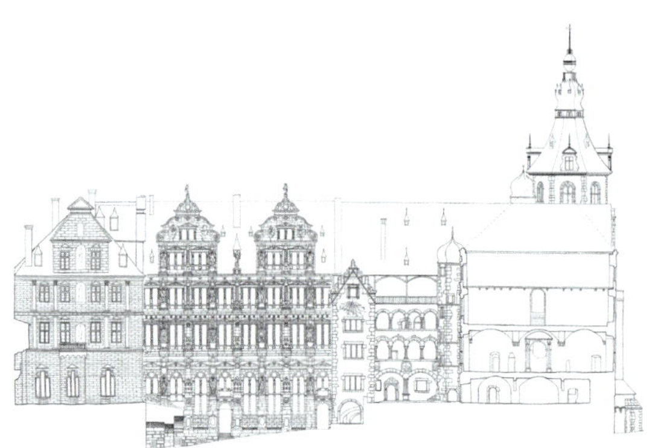

3a Ansicht der inneren Nordfassade des Heidelberger Schlosses im Barock

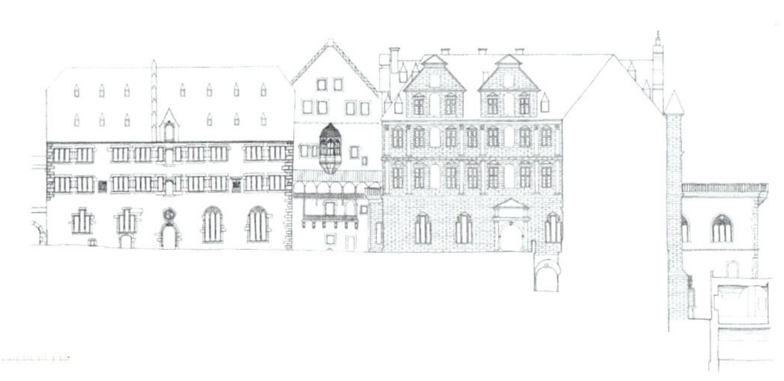

4a Ansicht der inneren Westfassade des Heidelberger Schlosses im Barock

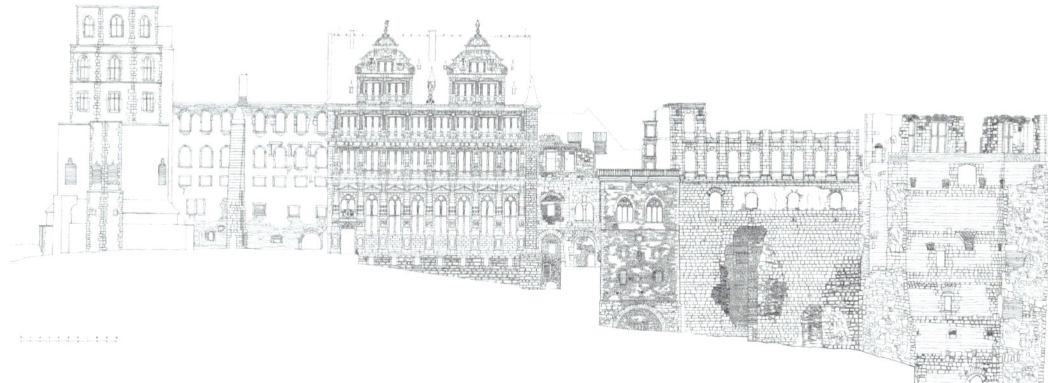

1b Ansicht der inneren Nordfassade des Heidelberger Schlosses im heutigen Zustand

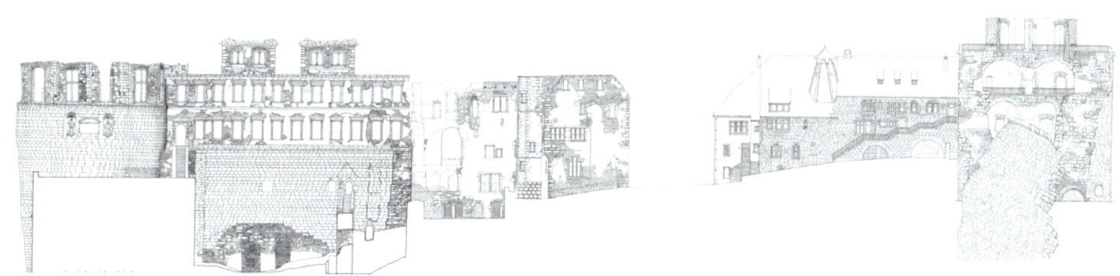

2b Ansicht der äußeren Westfassade des Heidelberger Schlosses im heutigen Zustand

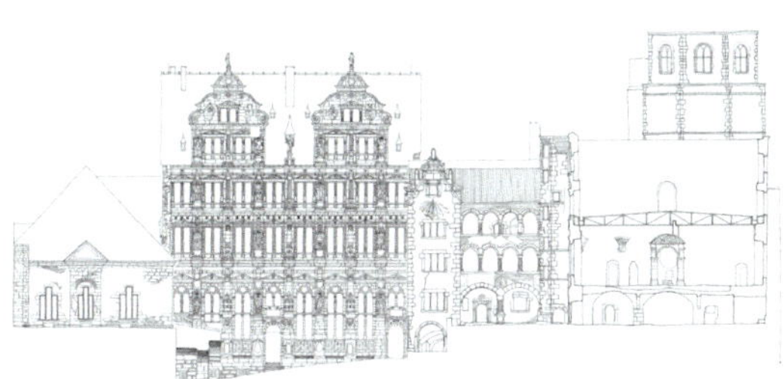

3b Ansicht der inneren Nordfassade des Heidelberger Schlosses im heutigen Zustand

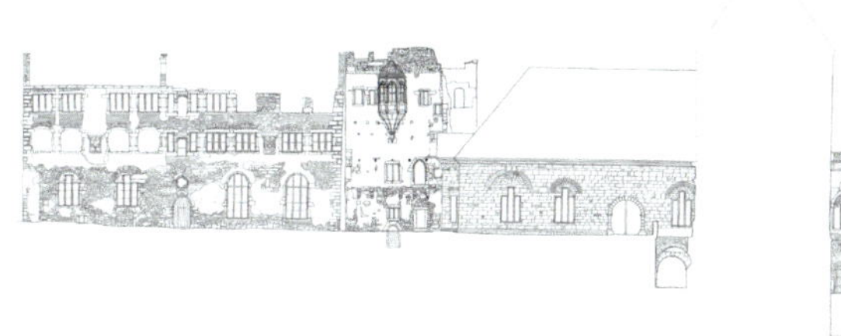

4b Ansicht der inneren Westfassade des Heidelberger Schlosses im heutigen Zustand

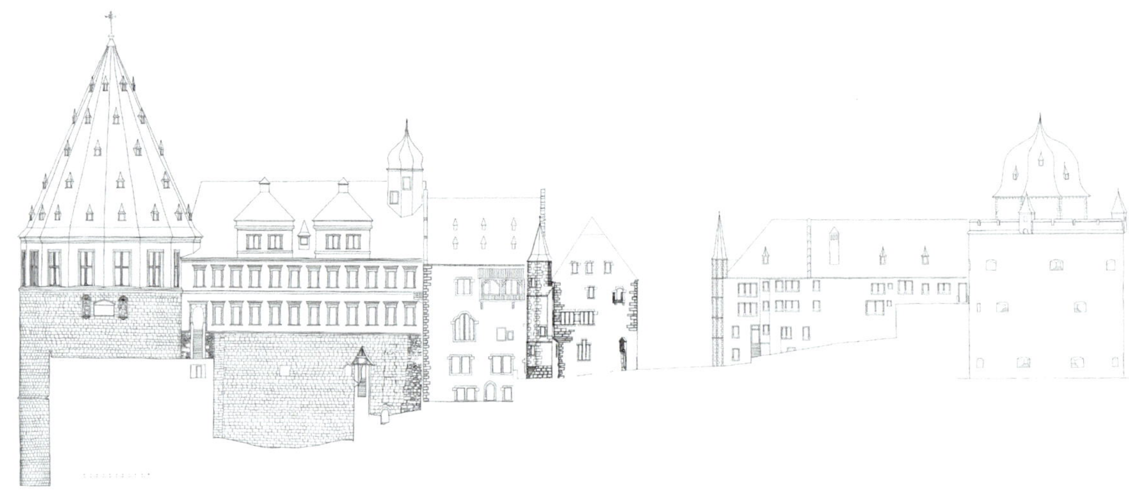

5a Ansicht der äußeren Südfassade des Heidelberger Schlosses im Barock

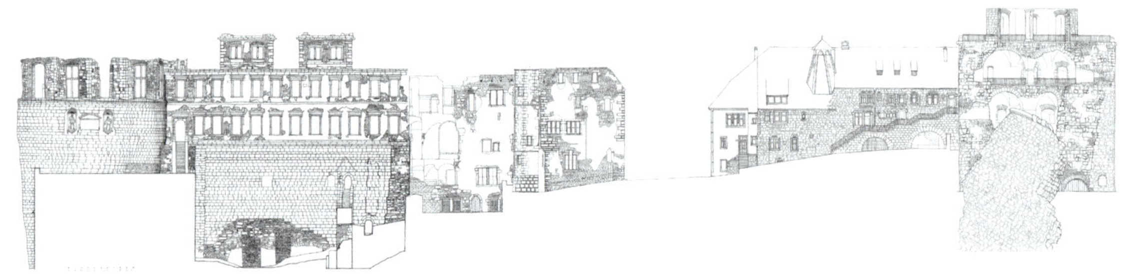

5b Ansicht der äußeren Südfassade des Heidelberger Schlosses im heutigen Zustand

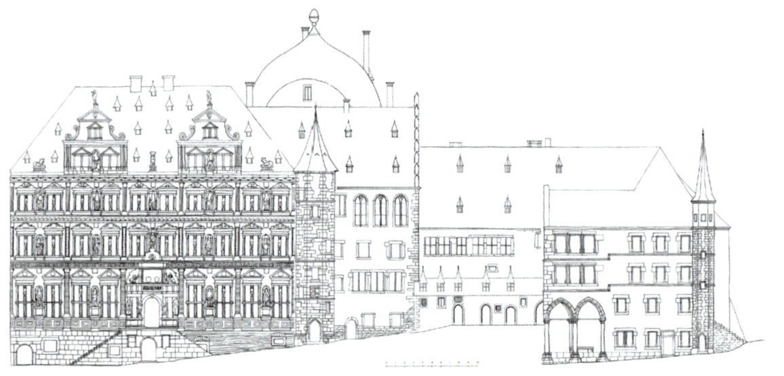

6a Ansicht der inneren Ostfassade des Heidelberger Schlosses im Barock

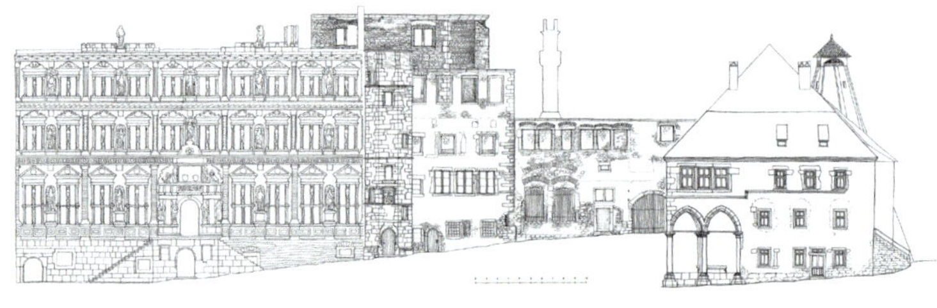

6b Ansicht der inneren Ostfassade des Heidelberger Schlosses im heutigen Zustand

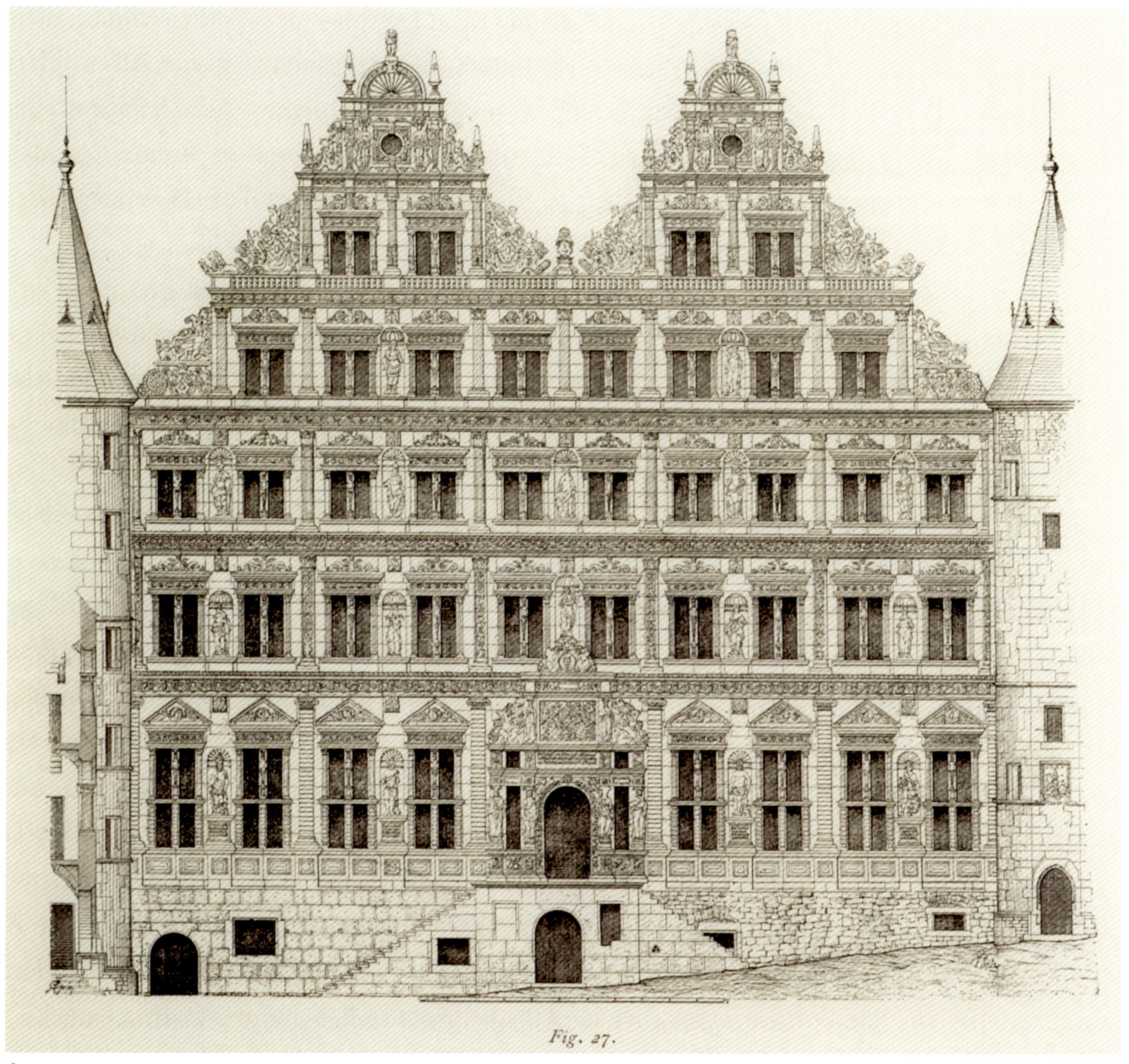

4 Ansicht des Ottheinrichsbaus, gezeichnet von Johann Ulrich Kraus 1683, aus Koch/Seitz 1891

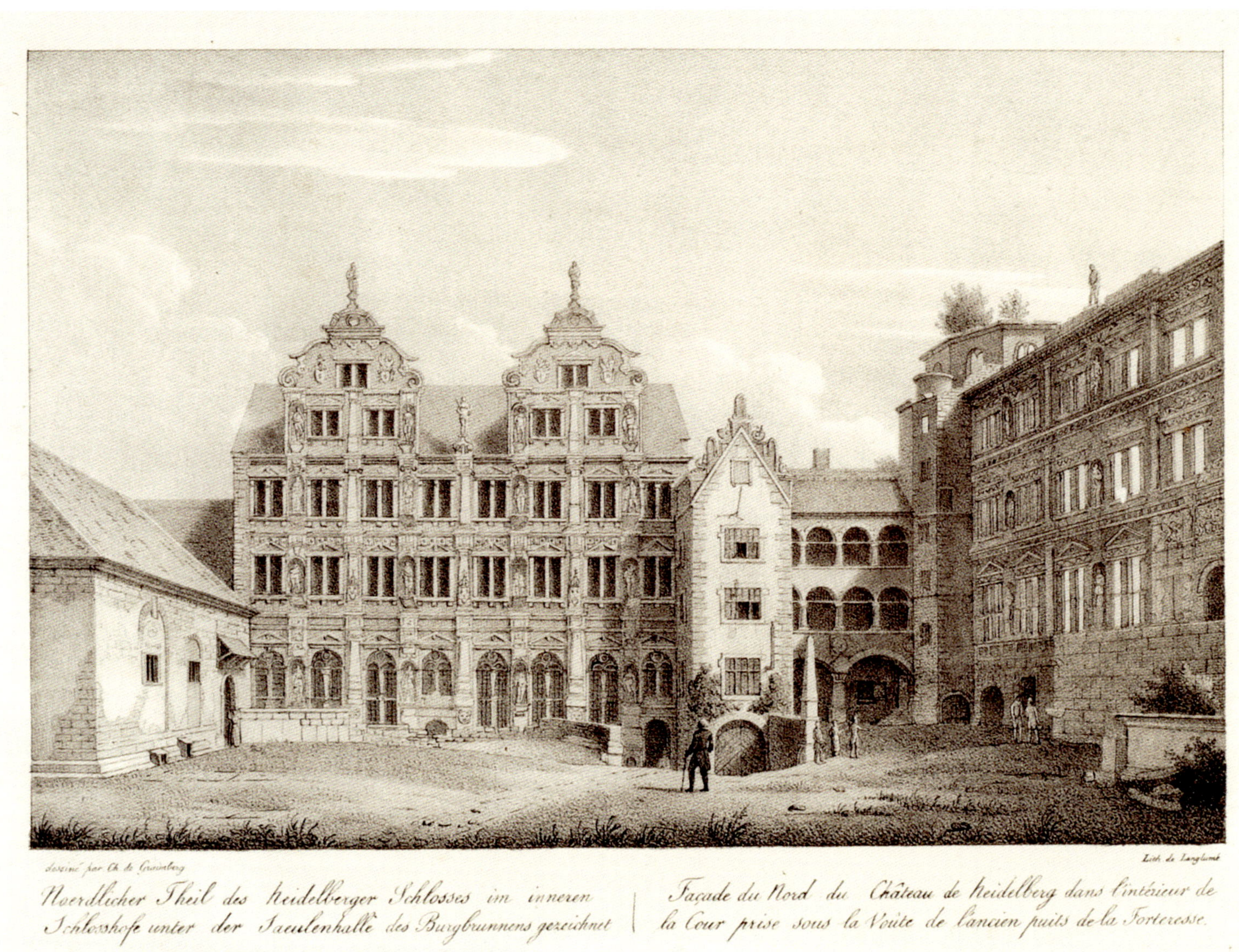

dessiné par Ch. de Graimberg
Lith. de Langlumé
Noerdlicher Theil des Heidelberger Schlosses im inneren Schlosshofe unter der Saeulenhalle des Burgbrunnens gezeichnet
Façade du Nord du Château de Heidelberg dans l'intérieur de la Cour prise sous la Voûte de l'ancien puits de la Forteresse.

5 Charles de Graimberg: Ansicht des Friedrichsbaus, des Gläsernen Saalbaus und des Ottheinrichsbause I Reiss-Engelhorn-Museen Mannheim

Planung von Johann Jakob Führer sah nach 1720 vermutlich den Abbruch, mindestens eine weitgehende Überformung der Westseite des Schlosses – also des Ruprechtsbaus, des Bibliotheksbaus und des Frauenzimmerbaus – vor. Zur Erschließung war eine Rampe zum Schloss geplant, von der ebenfalls eine Zeichnung Führers vorliegt. Mit der Verlegung der Residenz nach Mannheim im Jahre 1720 wurden beide Projekte nicht weiter verfolgt.

Das Heidelberger Schloss – Denkmal der Romantik und der zeitgemäße Umgang mit der Ruine

Die Romantik lehrt uns, in Ruinen nicht nur etwas Unvollkommenes, Zerstörtes, sondern im Zusammenspiel von Natur und Kunst etwas Neues, Eigenes zu sehen. Dieser Interpretation nach stünde die heutige Ruine des Heidelberger Schlosses (Abb. 6) gleichberechtigt neben dem Erscheinungsbild früherer Bauphasen. Ironischerweise ist dieser labile Zustand des Übergangs vom Gebauten zum Zerstörten derjenige Zustand, der bisher am längsten währte und währt. „Lebensverlängernd" für die Ruine waren die Ergebnisse des Schloss-Streits um 1900, die letzten Endes gemäß der Forderung des Denkmalschützers Georg Dehio das Konservieren über das Restaurieren setzten. Die Bestrebungen des ausgehenden 19. Jahrhunderts, das Heidelberger Schloss umfassend zu rekonstruieren, hatten dem Geschichtsverständnis und Repräsentationsbedürfnis des neugegründeten Kaiserreichs entsprochen. Sie fanden jedoch nach dem umstrittenen Wiederaufbau des Friedrichsbaus, der von Carl Schäfer (1844–1908) als einziger Baukörper vollständig rekonstruiert wurde, keine Unterstützung mehr und kamen nicht zuletzt aufgrund des sich wandelnden Stilempfindens zum Erliegen. Fortan orientierte sich der Umgang mit dem Baudenkmal an der von Georg Dehio und Alois

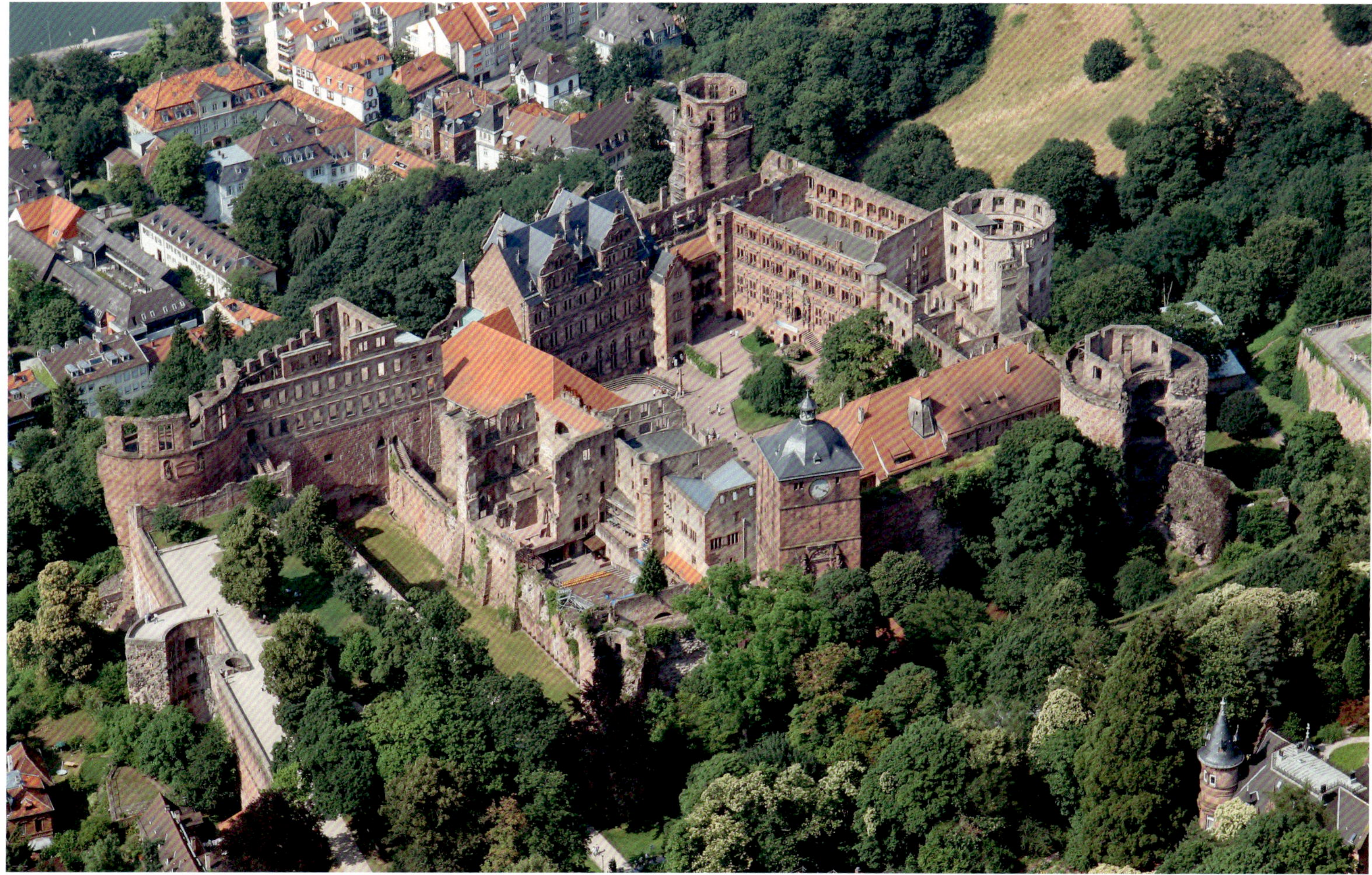

6 Luftaufnahme des Heidelberger Schlosses

Riegel entwickelten Leitlinie „Konservieren, nicht restaurieren". Das 20. Jahrhundert hielt sich an die Vorgaben, die Ruine als Ruine zu erhalten; allerdings war der Bedarf an weiteren Nutzungen so gestiegen, dass im Laufe des Jahrhunderts nahezu sämtliche Erdgeschossflächen für Ausstellungsräume, gastronomische Nutzungen etc. ausgebaut wurden. Einzelne kleinere rekonstruktive Baumaßnahmen in den 1930er und 1950er Jahren blieben auf die Wiederherstellung von Rippengewölben, etwa im Nordsaal des Ruprechtsbaus und in der Fassbaukapelle, beschränkt. Über diesen „Nutzzonen" wurden neue Dächer errichtet, über denen die Außenwände hinausragen und so das Bild der Ruine bewahren. Bei Instandsetzungsmaßnahmen gilt bis heute die Leitlinie, originale Bauteile zu erhalten; wo dies nicht möglich ist, werden neue Bauteile nach altem Vorbild ersetzt. In einem erweiterten Begriff des Originals entsteht so jedes Mal ein „neues" Original, das noch das „alte" ist.

Literatur

Hepp 1994b · Hepp/Mumm 2009 · Huffschmid 1895 · Kat. Heidelberg 1999 · Koch/Seitz 1891 · Oechelhäuser 1998 · Rosenberg 1882 · Traum und Wirklichkeit 2005

Anmerkungen

1 Die zeichnerische Rekonstruktion der Bauten des Heidelberger Schlosses in den vier relevanten Bauphasen erfolgte von 2008 bis 2012 am Institut für Kunst- und Baugeschichte des Karlsruher Instituts für Technologie (Universität Karlsruhe).

2 Zu den Veränderungen vgl. auch die verschiedenen Ansichten von Kraus in Koch/Seitz 1891.

3 Dargestellt von Peter Friedrich von Walpergen in einer Gesamtansicht von Schloss und Stadt aus dem Jahre 1763.

Die Festung Mannheim

Benedikt Stadler

Noch nach 400 Jahren bewegter Stadtgeschichte spiegelt sich die barocke Stadtanlage Mannheims in der Quadratestruktur der Innenstadtbebauung wider. So gut wie nicht erhalten ist hingegen das Festungswerk der Stadt; immerhin war Mannheim knapp 200 Jahre lang einer der wichtigsten militärischen Stützpunkte der Kurpfalz.

Die Entstehung der Festung und damit auch der Stadt verdankt sich der geographischen Lage, die Position im Rheintal an der Einmündung eines Zuflusses ist sowohl wirtschaftlich wie auch militärisch günstig. Seit Jahrtausenden ist der Rhein ein wichtiger Verkehrsweg, bildet aber zugleich eine Grenze. So verfestigte sich im Laufe des 16. Jahrhunderts im Rheingraben die tiefgreifende konfessionelle Kluft zwischen den Anrainerstaaten: Über den Rhein unterstützte Frankreich das katholische Spanien im Freiheitskampf der Niederlande. Dagegen verstanden sich die der reformierten Lehre anhängenden Pfalzgrafen bei Rhein als Speerspitze der Calvinisten im Reich. Daher wurden von Kurfürst Friedrich IV. am Vorabend des Dreißigjährigen Krieges die Festung und Stadt Mannheim im Mündungsbereich des Neckars angelegt.

Die Konzeption und Verwirklichung der Gesamtanlage ist geradezu idealtypisch für die Frühe Neuzeit. Entsprechend den fortifikatorischen Erfordernissen zu Anfang des 17. Jahrhunderts wurde die Verteidigungsanlage als Festungswerk ausgeführt. Wie viele andere Planstädte der Renaissance und des Barock wurde Mannheim als Doppelbefestigung mit ziviler Stadtanlage und militärischer Festung strategisch ausgebaut. Die Anwerbung von Neubürgern, etwa durch die Aufnahme von Glaubensflüchtlingen, sollte ihr zusätzlich zu wirtschaftlicher Macht verhelfen.

Das Erscheinungsbild im 17. Jahrhundert

Zeitgenössische Schrift- und Bildquellen geben Auskunft über die Entstehung und das Aussehen von Mannheims erster Festungsanlage: Die Wehrbauten entsprachen der altniederländischen Manier, die sich im Kampf gegen die Spanier sehr bewährt hatte und bei vielen Neubefestigungen reformierter Städte Anwendung fand. Im Gegensatz zu anderen „Manieren" waren dergestalt errichtete Festungswerke beinahe vollständig aus Erde, mit Grassoden bedeckt und von Wassergräben umgeben.

Die erste Festung (Festung I) von Mannheim ist auf Kupferstichen von Kieser (1622) und Merian (1645) dargestellt (Abb. 1). Demnach bestand die Doppelanlage aus einem Befestigungsring mit acht Bastionen, dem die sternförmige Feste Friedrichsburg mit sieben Bastionen angegliedert war. Die Stadt erstreckte sich ca. 600 m im Durchmesser, die Friedrichsburg ca. 450 m. Die Befestigung selbst bestand aus einem Hauptwall mit einem Niederwall davor. Der vorgelagerte Festungsgraben war ca. 30 m breit, die gesamte Verteidigungsanlage etwa 100 m. Handzeichnungen und Beschreibungen belegen, dass die drei Toranlagen und einzelne Bauten der Festung in Natur- und Backstein ausgeführt waren, alle anderen Befestigungen als Erdwälle.

Zu Beginn des Dreißigjährigen Krieges war die Festung noch nicht fertiggestellt. Dies sollte sich als fatal erweisen, denn über die im Nordosten noch unvollendeten Wälle konnte Mannheim 1622 erobert werden. Nach dem Krieg wurden die Festungsanlagen offenbar wieder in gleicher Weise aufgebaut. Darstellungen von 1650 zeigen Querschnitte der Wallanlagen im gründungszeitlichen Aufbau. Eine aufgrund drohender Kriegsgefahr begonnene Verblendung der Erdwälle mit Natur- oder Backstein lässt sich archivalisch ab 1681 nachweisen. Hier ist erstmalig von einer „Stadtmauer" die Rede, das System reiner Erdwälle hatte sich nicht bewährt. Auch sie wurde nicht vollendet, denn der Pfälzische Erbfolgekrieg brachte 1689 die totale Zerstörung Mannheims sowie die Schleifung der Festungsanlagen mit sich.

Das Erscheinungsbild im 18. Jahrhundert

Nach dem Frieden von Rijswijk wurden Festung und Stadt ab 1698, nun in neuniederländischer Manier, wieder aufgebaut (Festung II). Dabei gab man die Feste Friedrichsburg auf und band ihr Areal in den Gesamtfestungsring ein. Eine der eindrücklichsten zeitgenössischen Darstellungen ist der Vogelschauplan von Joseph Anton Baertels aus dem Jahre 1758: Ein gewaltiger ovaler Festungsring von etwa 1.000 m Durchmesser zog sich um die Stadt. Die 13 neu errichteten Bastionen wurden nach Heiligen benannt. Sowohl Haupt- als auch Niederwall trugen außen eine 2 m starke und bis zu 5 m hohe Steinverblendung. Neben kleineren Kasematten in den Wällen schützten weitläufige Kasematten die Tore. Erst Mitte des 18. Jahrhunderts konnte die Gesamtanlage fertiggestellt werden. Nach einer abermaligen Zerstörung der Stadt 1795 durch die Österreicher wurden die Anlagen schließlich aufgegeben. Kurfürst Carl Theodor verfügte, dass die Stadt Mannheim keine Festung mehr sein solle. Die Schleifung des Festungswerks wurde 1799 begonnen und in der ersten Hälfte des 19. Jahrhunderts beendet.

Überlieferter Baubestand

Schrift- und Bildquellen lassen die große strategische Bedeutung Mannheims im 17. und 18. Jahrhundert erahnen, die jedoch nur durch wenige Baureste zu belegen ist. Die Abteilung Archäologische Denkmalpflege und Sammlungen der Reiss-Engelhorn-Museen dokumentiert seit Jah-

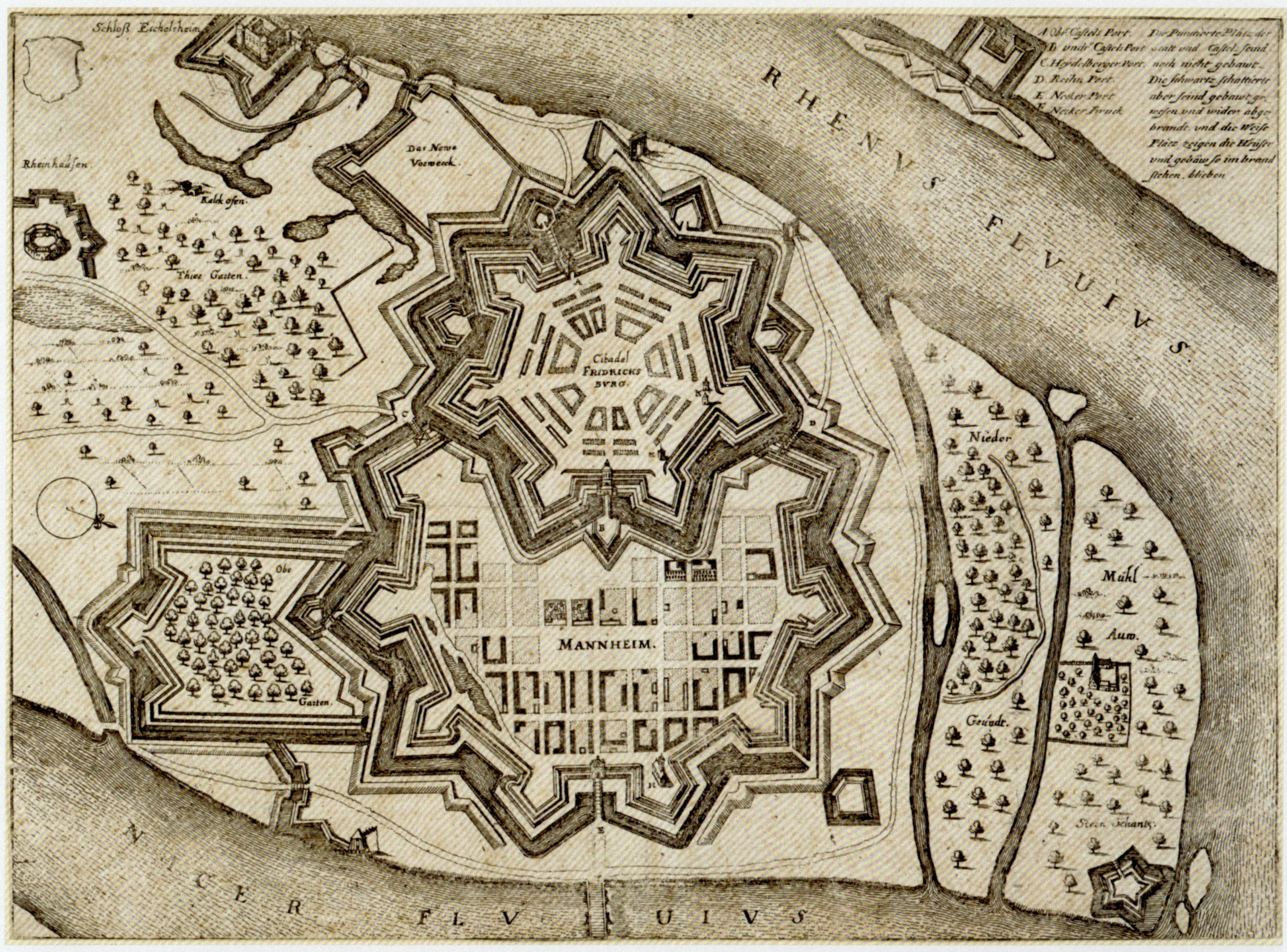

1 Matthias Merian d. Ä: Stadt Mannheim und Festung Friedrichsburg, 1645 | Reiss-Engelhorn-Museen Mannheim, E11157

ren die bei Ausgrabungen zutage tretenden Festungsrelikte. Kartiert wird dabei ihre genaue Lage, untersucht werden ferner ihre Bauweise, ihr Zustand sowie die Frage nach der tatsächlichen Umsetzung der barocken Planungen. Wie zu erwarten, hat sich vom ursprünglichen Festungswerk nur wenig erhalten. Zu den noch sichtbaren Relikten gehört die steinerne Einfassung des Festungsgrabens am Luisenring aus der zweiten Hälfte des 17. Jahrhunderts. Im Quadrat L 6 konnte im Frühjahr 2012 der Verlauf des Festungsgrabens der Friedrichsburg auf einer Länge von 12 m nachgewiesen werden. Bei Grabungen in den Quadraten C 5, in B 4, 13 sowie in C 4, 8a wurde der zugeschüttete Graben zwischen Friedrichsburg und Stadt freigelegt. Bislang sind die oft nur indirekten Relikte von Festung I noch zu spärlich, um sie mit den bildlichen Darstellungen abzugleichen. Dies ist zum einen auf die nicht massive Bauweise, zum anderen auf die Zerstörungen von 1689 und den danach erfolgten Bau von Festung II zurückzuführen.

Von dieser zweiten Fortifikation blieb ein deutlich größerer Bestand an Mauerwerk erhalten. So kann in manchen Stadtteilen der Verlauf der Festung des 18. Jahrhunderts genau rekonstruiert werden. Bei den Ausgrabungen zeigen sich auch Baulösungen, die von den überlieferten Planungen abweichen. Eine in zeitgenössischen Plänen verzeichnete Vorbefestigung war bei der Grabung im Quadrat R 3 nicht nachweisbar. Zum Festungswerk gehöriges Mauerwerk im Quadrat C 7, 6 entsprach nicht den aus den barocken Darstellungen bekannten Planungen. Offenbar aus strategischen Gründen bzw. zur „Spionageabwehr" waren in keinem zeitgenössischen Plan die sogenannten Kommunikationsgänge zwischen den Bastionen verzeichnet. Die Bauweise der Befestigungsanlagen war offenbar genau vorgegeben. Bei dem Bastionsrest in den Lauer'schen Gärten sowie dem im archäologischen Befund der Bauten in R 3, 3–7, C 7, 6 und in den Quadraten T 4/ T 5 nachgewiesenen Festungsmauerwerk (Abb. 2 und 3) wurde in der

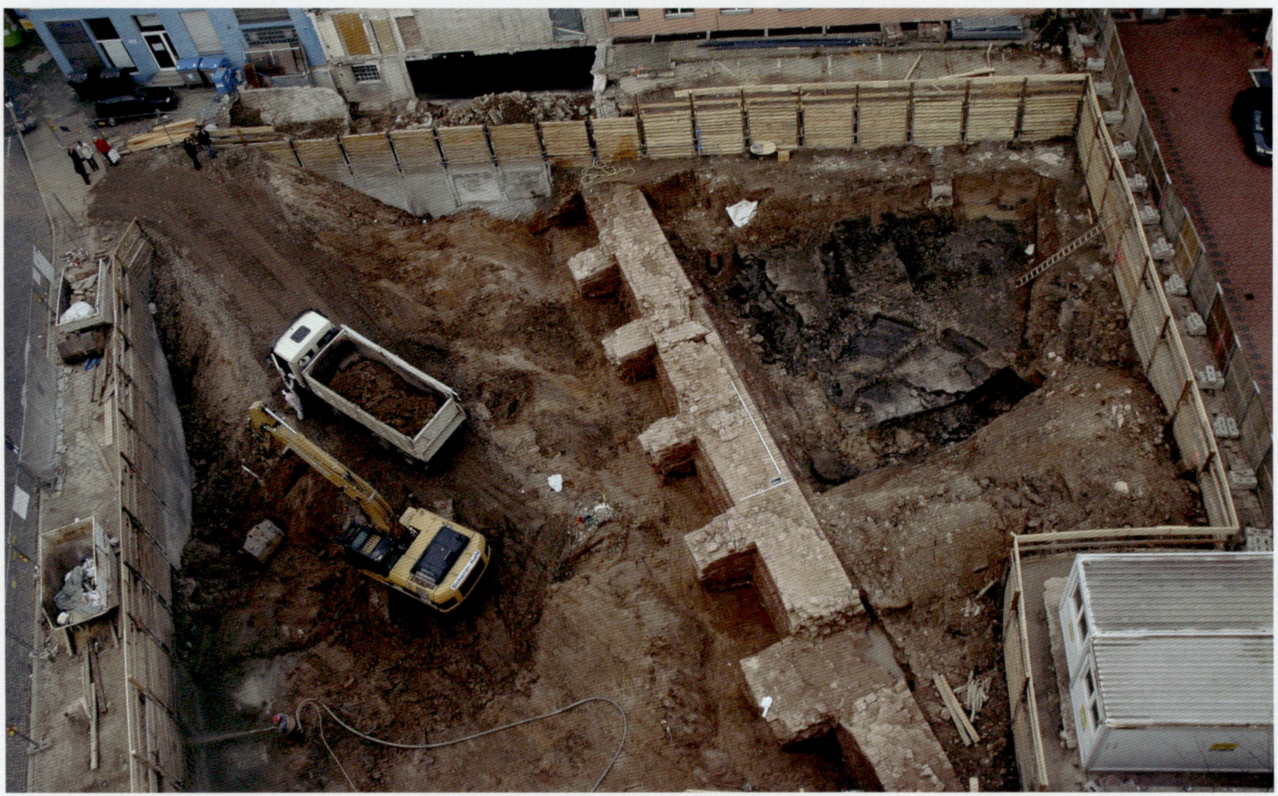

2 Grabungsbefund der einstigen Stadtbefestigung Mannheims

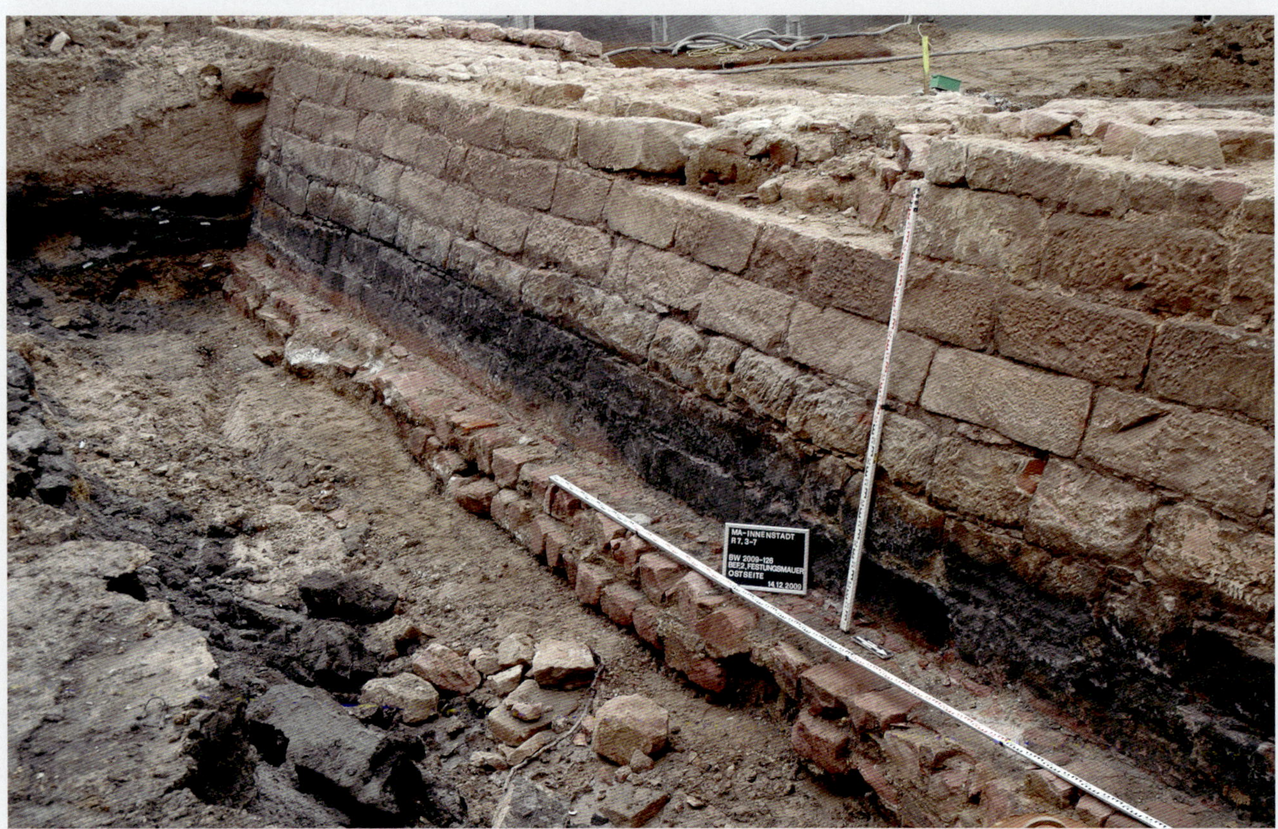

3 Grabungsbefund der einstigen Stadtmauer Mannheims im Quadrat R7, 3–7

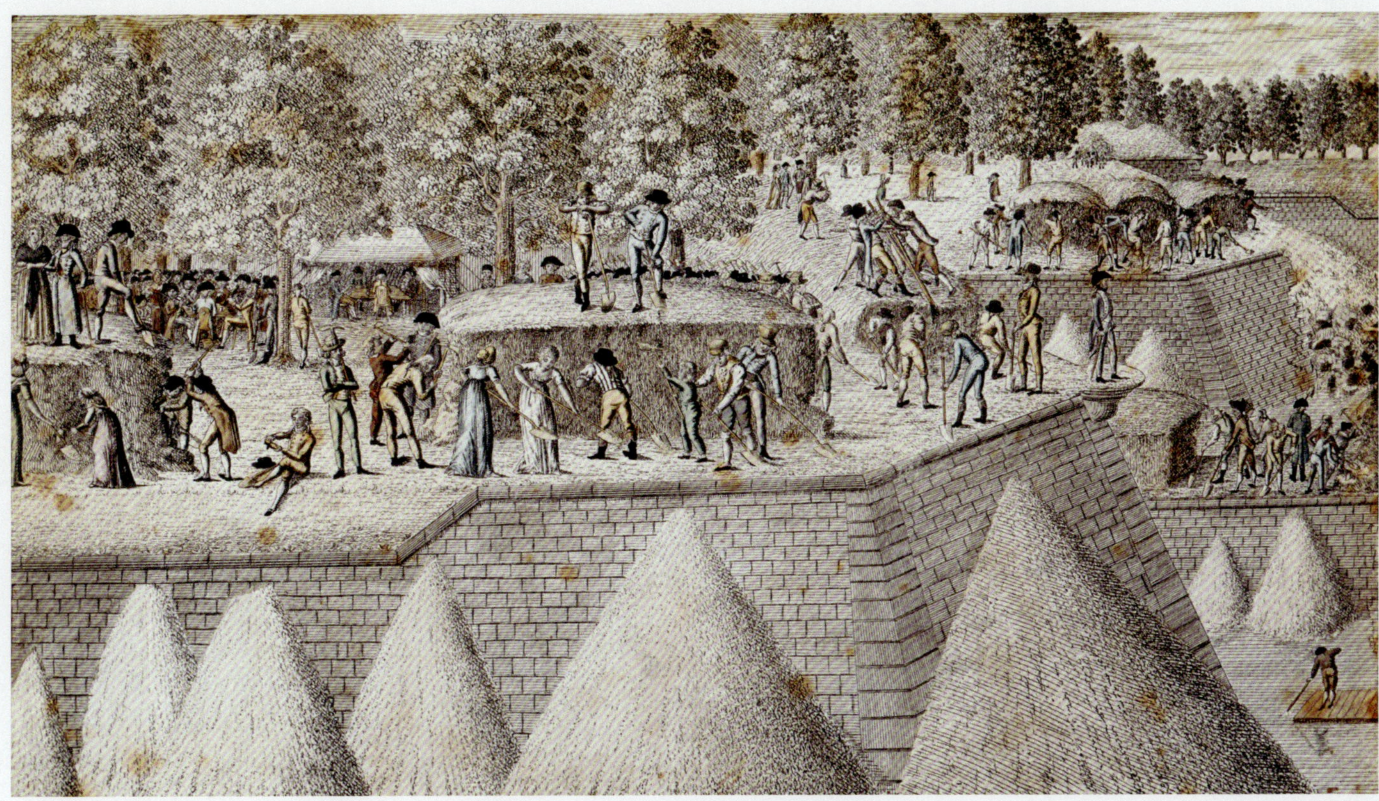

4 Schleifung der Festungswälle Mannheims, 1799 I Reiss-Engelhorn-Museen Mannheim

Regel roter Sandstein verwendet, meist in einheitlicher Steinbearbeitung und -größe (Abb. 4). Das Mauerwerk der Festung II vermittelt den Eindruck sorgfältiger Ausführung.

Zusammenfassung

Wird in den Schrift- und Bildquellen das jahrhundertelange Bemühen um die militärische Stärke Mannheims deutlich, steht dem der Befund des überlieferten Baubestandes gegenüber. Die gründungzeitliche Festung I ist kaum mehr nachweisbar, die fragmentarisch erhaltene Festung II lässt den gewaltigen Akt der Erbauung und den monumentalen Charakter der Anlage erahnen. Beinahe alle Fortifikationen verschwinden im Laufe des 19. Jahrhunderts aus dem Stadtbild. Auch darin spiegelt sich die wechselvolle Frühgeschichte der Stadt. An dieser Entwicklung hatten die pfälzischen Wittelsbacher wesentlichen Anteil, sie reicht bis hin zur heutigen regionalen Vorrangstellung der Stadt in Wirtschaft und Kultur.

Literatur

Bessel 1926 · Huth 1982 · Nieß/Caroli 2007 · Stadler 2010 · Stadler 2012a · Vetter 2002b · Walter 1907

Zur Stadtarchäologie in Mannheim: Eine Momentaufnahme

Klaus Wirth

Mannheim wird im Lorscher Codex 41 mal genannt, erstmalig im Jahre 766. Althochdeutsche Ortsnamen auf -heim werden auf fränkische Gründungen im Rahmen der sogenannten merowingischen Landnahme im 6. Jahrhundert zurückgeführt. Diese Ortsnamen können Personennamen als Bestimmungswort haben oder eine örtliche Besonderheit anzeigen. Im Fall von Mannheim ist das Dorf die Siedlung des Manno.[1] Während die Schriftquellen Aussagen hinsichtlich Größe und Struktur des Dorfes erlauben, kann ein archäologischer Nachweis des Dorfes Mannheim mit den üblichen Grubenhäusern und Langbauten bislang nicht geführt werden (Abb. 1). Als singulärer Hinweis auf eine Teillokalität des Dorfes ist bislang eine einzige Herdstelle im Quadrat C 5 zu werten.[2] Für eine Lokalisierung auf dem Mannheimer Schlosshügel gibt es keine archäologischen Belege. Es fanden sich bei zahlreichen Baumaßnahmen dort weder Strukturen, Grab- oder Siedlungsfunde, die diese lieb gewonnene These untermauern würden.[3] Ab 1606 errichtete der Kurfürst Friedrich IV. von der Pfalz die nach ihm benannte Festung Friedrichsburg. Die Doppelsternanlage ließ er mit Erdwällen, Kasematten und Bastionen befestigen, was dem damaligen technischen Stand der Artillerie und den damit verbundenen Belagerungstechniken geschuldet war. Die Gliederung des Stadtraums erfolgte nach einem strengen Rastersystem („Quadrate") und vereinte damit die Prinzipien der frühneuzeitlichen Idealstadt mit dem Festungsbau.[4] Mit der Verlegung der Residenz von Heidelberg nach Mannheim im frühen 18. Jahrhundert und dem Neubau des Schlosses bildet diese Stadtanlage schließlich den architektonischen Ausdruck einer absolutistischen Herrschaftsordnung.[5]

Während die Lage der frühmittelalterlichen Siedlung „Mannenheim" bislang nicht eindeutig lokalisiert werden kann, können die Entstehungsvoraussetzungen der Stadt Mannheim detaillierter beschrieben werden. Die topografischen Gegebenheiten sind im Belagerungsplan von Eberhard Kieser/Lorenz Engelhard (1622) dargestellt. Demnach nimmt die Doppelsternanlage der Festung am Zusammenfluss von Rhein und Neckar eine strategisch wichtige Position ein. Im Ostteil der Stadt wurden Altwasserläufe in die Festung integriert. Im Grabungsbefund wurden diese erstmals bei Baumaßnahmen in den Quadraten R 5 (Abb. 2) und Q 7 als bis zu 0,4 m starke, schwarzgraue Ablagerungsschichten nachgewiesen. Jüngste Ausgrabungsergebnisse in T 3, 15/16 zeigten Planierschichten über diesen latrinös riechenden Sedimenten. Hier hatte man zur Trockenlegung der vernässten Bereiche und zur Vergrößerung der zu bebauenden Areale in Festungsnähe Bau- und Kulturschutt der 1689 zerstörten Stadt Mannheim in mächtigen Schichten aufgetragen.

Aussagen zu Bebauungsstrukturen der Grundstücke konnten nur an wenigen Stellen durch Ausgrabungen gesichert werden. Vollständig archäologisch untersucht wurden die Parzellen H 3, 11[6], C 4, 8/9a/9b[7] und B 4, 11–14.[8] Teiluntersuchungen fanden auf den Parzellen O 3, 2[9], H 3, 15[10], D 4, 16[11], M 1, 2[12] sowie C 7, 6[13] statt.

Erkenntnisse zum Hausbau im 17. Jahrhundert liegen nur in geringer Zahl vor. In M 1, 2 konnte für diese Zeit der Wechsel vom Pfostenbau zum Fachwerkgebäude nachgewiesen werden. Der Holzrahmen eines Fachwerkhauses ruhte auf Neckarkieselsteinen. Auch in T 2, 15 ließ sich die bauliche Entwicklung bis in das frühe 17. Jahrhundert zurückverfolgen.[14] Hier fanden sich verkohlte Reste von Schwellbalken eines Fachwerkhauses auf niedrigen Backsteinfundamenten. Das Prägejahr einer unter dem Schwellbalken versteckten Münze Leopolds I. von 1672 gibt für die Errichtung des Hauses einen sogenannten *terminus post quem*. Es wurde im Pfälzischen Erbfolgekrieg 1689 durch Feuer zerstört. Ein Werkstattgebäude für die Produktion von Tonpfeifen aus der 2. Hälfte des 17. Jahrhunderts wurde in H 3, 15 in kleinen Teilen freigelegt. Auch dieser Bau fiel dem Feuer von 1689 zum Opfer.

Die Architektur des 18. Jahrhunderts sah eine zunehmende Versteinerung der Bauten vor. Musterhäuser, wie in B 4, 11–14, erhielten massive Steinkeller sowie eine straßenseitige Fassade aus Bruchsteinen (Sandstein), während die rückwärtigen Gebäudemauern in Fachwerktechnik errichtet wurden. Fälldaten von verbauten Hölzern in B 4, 13[15] zeigen den Bauzeitpunkt um 1725 an, während das Nebengebäude in seiner jüngsten Bauphase 1834 errichtet wurde. Die Auswertung von Schriftquellen zu Besitzern von Wohnhäusern in C 4, 8 führte zu einem besseren Verständnis von in Kellern entdeckten Baufugen, die mit archäologischen Methoden nur grob in das 18. Jahrhundert datiert werden konnten. Es zeigte sich, dass es innerhalb weniger Jahre nach der Errichtung im Jahre 1725 zu zahlreichen Umbauten kam, die mit dem häufigen Wechsel von namentlich bekannten Besitzern korrelierten. In M 1, 2 wurden im rückwärtigen Hofbereich Reste eines Palais aus dem 18. Jahrhundert freigelegt, das nach Schriftquellen dem Bakke von Bergenstein gehörte.[16] Hygienisch motivierte Entsorgungseinrichtungen befanden sich meist in den Ecken der rückwärtigen Parzellenbereiche. Sie waren als Holz- oder Steinschächte ausgeführt.

Zur barocken Infrastruktur sind bislang nur einschränkend Aussagen möglich. In jüngsten Ausgrabungen konnten erstmalig Teile der ehemaligen Münzgasse zwischen den Quadraten Q 6 und Q 7 dokumentiert werden. Die frühbarocke Straße, ca. 0,8 m unter heutigem Straßenniveau gelegen, bestand aus einer mit Baustoffen, Kieselsteinen und Resten von Kulturschutt befestigten Oberfläche, die sich im Laufe ihrer Nutzungszeit durch Auftrag von Lehm erhöhte. Das Straßenpflaster aus dem 19./20. Jahrhundert bestand dagegen aus hochkant gestellten Bruchsteinen (Sandstein), die wiederum von Schotter und Asphalt überlagert waren. Es erscheint denkbar, dass der barocke Straßenkörper randlich von einem Sohlgraben begleitet wurde, der, dies legt das Fehlen von Fundeinschlüssen in seiner Verfüllung nahe, offenbar regelmäßig gereinigt worden ist. Die Art der Anlage dieses Weges am Stadtrand und in unmittelbarer Nähe der Festungsanlagen kontrastiert mit den bildlich überlieferten, aufwendig gepflasterten Prachtstraßen, die zum Schloss führten.

Reste der Verteidigungsanlagen kamen bei zahlreichen stadtarchäologischen Untersuchungen zutage. Eindrucksvoll war die Wallmauer mit Pfeilervorlagen im Quadrat R 7, 3–7. Der stadtauswärts gelegene „nasse" Graben enthielt zahlreiche Überreste von Waffenteilen und Kanonenkugeln.

Waren, die man nicht in Mannheim herstellte, wurden importiert. Archäologisch lässt sich dies vor allem an keramischen Produkten veranschaulichen, die im einheimischen Fundmaterial oft nur in kleinen Anteilen vorhanden sind. Für die Produktion von Tonpfeifen muss laut Funden in H 3, 15 der Import von Ton aus tertiären Lagerstätten vorausgesetzt werden. Bislang sind im Umkreis von Mannheim keine Abbaugebiete für weißbrennende Tone bekannt geworden. Möglicherweise stammen die hier verarbeiteten Tone aus Gruben im Eisenberger Becken.

In der Wiederaufbauphase nach dem Dreißigjährigen Krieg erfolgte unter Kurfürst Karl Ludwig (1632/48–1680) eine Intensivierung des Anbaus von Tabakpflanzen und deren Verarbeitung. So entwickelte sich in dieser Zeit ein lukrativer Erwerbszweig für die Kurpfalz.[17] In Mannheim arbeiteten im 17. Jahrhundert 15 Pfeifenmacher. Erst sieben Pfeifenformen können ihnen aufgrund von Fersenmarken oder Namensumschriften zugewiesen werden.

Importierte Gefäße aus Steinzeug wurden im Westerwald sowie in den Töpferorten Raeren, Frechen und Siegburg hergestellt.[18] Gefäße aus Fayence stammen aus Straßburg, Mosbach, Sulzbach und Hanau, Frankfurt bzw. dem Untermaingebiet, teilweise aus kurpfälzischen Manufakturen. Viele schön dekorierte Bruchstücke aus Fayence sind bislang nicht identifiziert. Porzellan erreichte Mannheim über nationale und internationale Handelsstationen, in denen Waren aus Asien, Meißen, Frankenthal und anderen Regionen für den hiesigen Markt eingekauft wurden. Als Glücksfall für die Archäologie erwies sich die Verfüllung einer Latrine unter der Spitalkirche im Mannheimer Quadrat E 6, 1.[19] Hier war die Ausstattung eines adeligen Haushaltes zusammen mit Bauschutt in einem überwölbten Latrinenschacht entsorgt worden, nachdem man ein an dieser Stelle stehendes Wohnhaus komplett entfernt und den Platz für den Bau der Spitalkirche (Altarweihe 1788) vorbereitet hatte. Im Bauschutt befanden sich über 40 zerstörte Gefäße aus Porzellan, die Manufakturen in China, Japan und Meißen zugeordnet werden konnten. Ein Teil des chinesischen Porzellans war während der Regierungszeit (1662–1722) des Kaisers Kangxi (Qing-Dynastie) hergestellt worden.

Die Ausübung von Handwerk im 17./18. Jahrhundert ist archäologisch zumeist an den Nachweis von Halbfertig-, Fertig- und Fehlprodukten gebunden, während von Produktionseinrichtungen (technischen Öfen und anderem) bislang nur Teile entdeckt wurden. Die durch Töpferton und ungerauchte Tonpfeifen identifizierte Werkstatt in H 3, 15 bleibt eine Ausnahme.

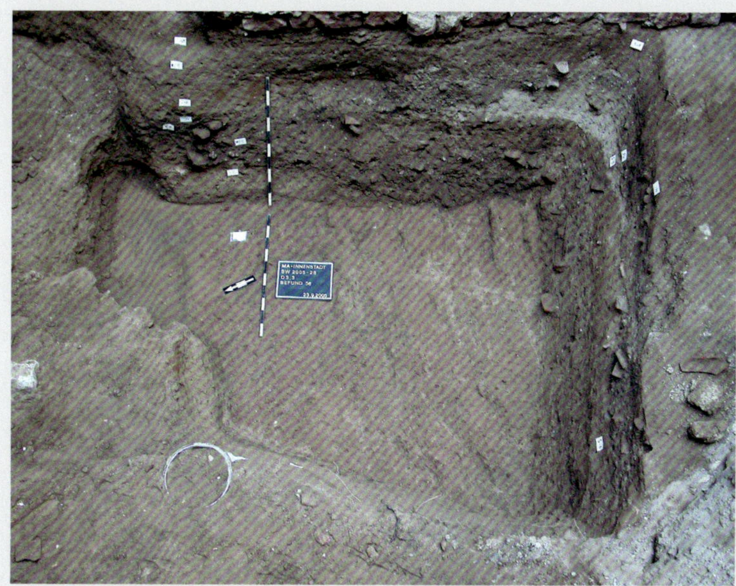

1 Mannheim, Quadrat O 3, 2: Die Siedlungsschichten des 17. Jahrhunderts liegen auf alter Mannheimer Ackerflur, von der sich Pflugfurchen in der Fläche erhalten haben.

Fehlbrände und Brennhilfen zur Glasur zeugen von einer Pfeifenproduktion auch im Quadrat E 6, 1. Die in den Mannheimer Ratsprotokollen aus der zweiten Hälfte des 17. Jahrhunderts beschriebenen Rechtsstreitigkeiten zwischen einzelnen Hafnern gewähren ergänzend dazu Einblicke in damalige Wettbewerbssituationen. Auch die Produktion von Ofenkacheln und Tongefäßen in Mannheimer Werkstätten ist durch Model, Patrizen, Fehlbrände und Brennhilfen mittlerweile mehrfach gesichert.[20]

Halbfertig zugeschnittene Fragmente aus Horn in C 4, 8 und E 6, 1 (Abb. 3) zeugen von der Tätigkeit eines Kammmachers oder Horndrechslers; Rippenknochen mit kreisförmigen Bohrlöchern und erhaltenen Knöpfen in C 5 und B 4, 11 belegen einen Knopfmacher. Ein Drahtwickel in B 4, 13, Schneidereste von Kupferblech in C 4, 8, Nägel aus Eisen in verschiedenen Längen in C 4, 8, Klingenreste in C 4, 8 und B 4, 13, mehrfach belegte Schmiedeschlacken sowie eine Gussform (E 6, 1) sind Zeugnisse für metallverarbeitendes Gewerbe (Drahtzieher, Klempner, Blechschmied, Nagelschmied, Klingen- und Messerschmied, eventuell auch Gürtler). Fragmente von Backsteinen mit anhaftender Kupferlegierung in H 3, 11, B 4, 11–14 und C 5 verweisen auf zerstörte Öfen von Gelbgießern. Ebenfalls im Quadrat C 4, 8 wurden Arbeitsutensilien (Schneiderkreide, Wollnadel, Haarnadeln, Hefteln, Fingerhut, Wetzsteine aus Sandstein beziehungsweise Schiefer, diverse Knöpfe aus Knochen und Glas) eines Schneiders/einer Schneiderin geborgen. Uhrenschlüssel als Fertig- und Halbfertigprodukte stammen wohl aus der Werkstatt eines Uhrmachers (C 4, 8). Ob ein Glashafen in C 4, 8 auf die Ausübung von mit erhöhter Feuergefahr verbundener Glasherstellung hinweist, ist nicht zu entscheiden. Eine Intarsie aus Perlmutt sowie Sägeblätter (B 4, 13; C 4, 8) könnten in das Tätigkeitsfeld von Schreinern gehören. Schuhsohlen und Schneideabfälle aus Leder (B 4, 13) sind einem Schuhmacher zuzuweisen. Auf diesem Quadrat belegen Funde aus neuesten Ausgabungen die Anwesenheit von Alchimisten. Gusstiegel mit dreieckiger Mündung, Destilliergefäße aus grünem Waldglas, eine Probierschale sowie weitere funktional schwer zu deutende Gefäße bildeten die Ausstattung eines chemischen Labors. Laboreinrichtungen solcher Art wurden nach Ausweis der schriftlichen Quellen kurz nach Mitte des 18. Jahrhunderts auf kurfürstlichen Erlass zerstört.[21]

Als Hinweise auf Volksfrömmigkeit können der Rosenkranz aus dem Grundstein der Garnisonskirche (C 5) sowie Pilgerzeichen in Anhängerform (Funde in C 4, 8; C 7, 6 und B 4, 13) gelten. Der Freizeitbeschäftigung dienten Spiel- und Unterhaltungsgegenstände. Dazu zählen Würfel (C 4, 8) und rechteckige Wertmarken aus Horn (E 6, 1). In eine Spielmarke war die Zahl „50" eingraviert. Als Spielsteine wurden gedrechselte Scheiben aus Horn (C 4, 8) sowie gerundete Wand- und Bodenscherben glasierter Irdenwaren (H 3, 11) verwendet. Kugeln aus Kalkstein wurden nicht nur beim Murmelspiel (B 4, 11; O 3, 2; C 4, 8), sondern auch bei der Vogeljagd verwendet.

Wenngleich viele Gräber von Mannheimern des 17./18. Jahrhunderts bei Baumaßnahmen in Bereichen der bekannten Friedhöfe in den Quadraten K 2/3 (Katholischer Friedhof), Q 7 (Lutherischer Friedhof) oder C 7 – eine Bastion wurde nach diesem Friedhof als Knochenbollwerk bezeichnet – entdeckt wurden, fehlen anthropologische Untersuchungen der Skelettknochen. Aussagen zu Gesundheit, Hygiene, Ernährung und Tod sind daher erst in Zukunft zu erwarten. Zum Thema Hygiene sind aber schon einige Funde bekannt geworden: Zahnbürsten des 18. Jahrhunderts aus C 4, 8 und E 6, 1, Teile von Klistierspritzen und Knochenkämmen aus E 6, 1, M 1, 2, und O 3, 2. In B 4, 11 entdeckte man außer einem Kamm auch eine aufwendig verarbeitete Flohfalle.

Auch wenn an dieser Stelle nur ausgewählte Themen skizzenhaft umrissen werden konnten, erscheint das Stadtleben unter Berücksichtigung der bisher vorliegenden Ausgrabungsfunde und -befunde facettenreich und vielschichtig. Viele Details waren bisher unbekannt und sind in keiner Schriftquelle erläutert. So überraschen die vielen ver-

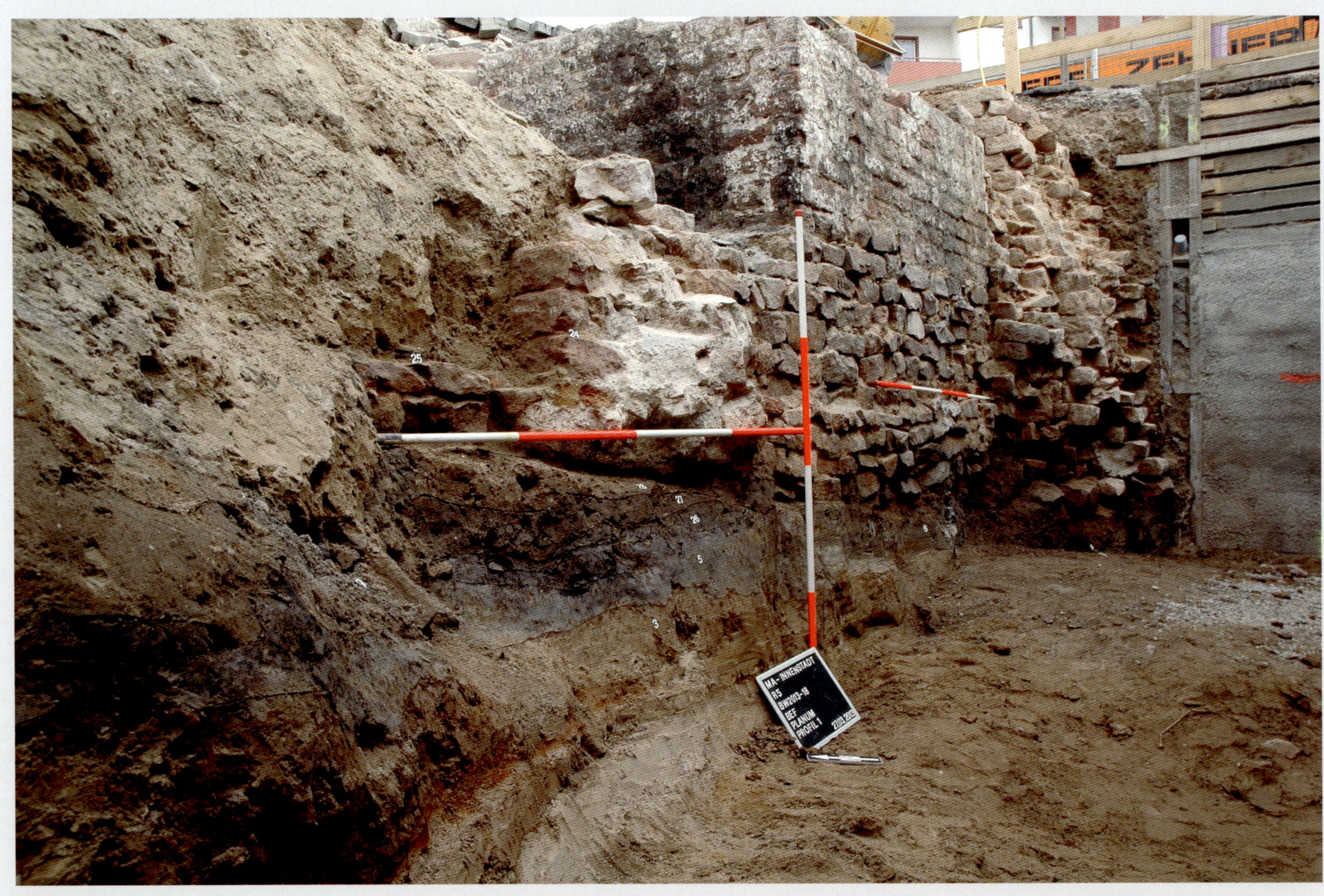

2 Mannheim, Quadrat R 5: Gebäudefundamente des 18./19. und Planierschichten des 17. Jahrhunderts über schwarzgrauen Sedimenten (Nr. 5) Mannheimer Altwasserläufe im Osten der Stadt

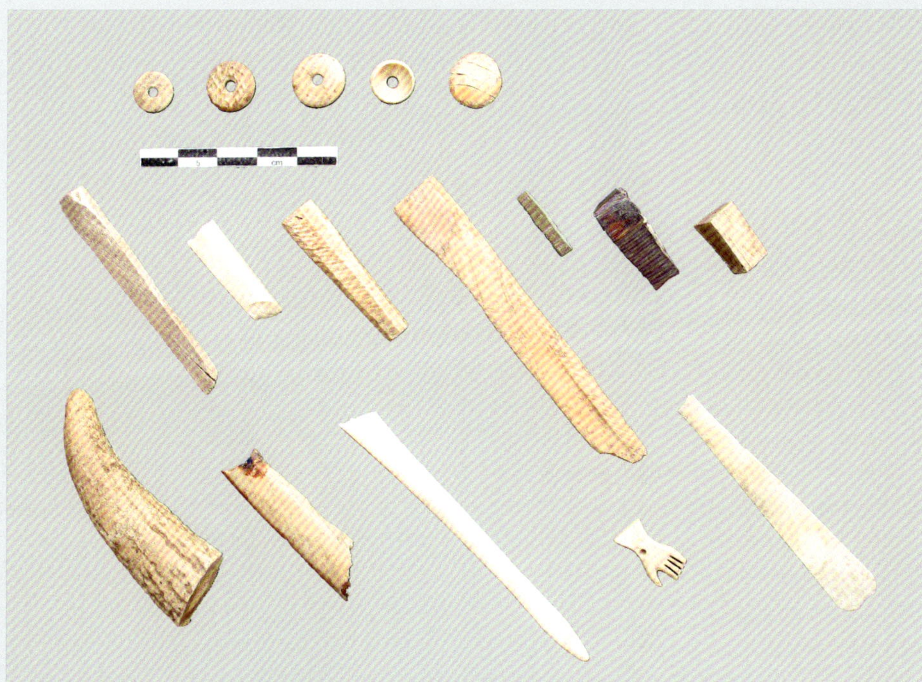

3 Mannheim, Quadrat E 6, 1: Objekte aus Horn und Knochen aus der Latrine unter der Spitalkirche. Der abgesägte Hornzapfen und die Halbfertigprodukte stammen aus der Werkstatt eines Kammmachers oder Horndrechslers.

schiedenen Gewerke in C 4, 8, die nur im archäologischen Fundmaterial erkannt wurden. In einem nicht aufzulösenden Widerspruch steht dagegen das Fundmaterial von B 4, 11 und B 4, 13 zu den archivalisch überlieferten Bewohnern und ihren Berufen. Welche Personen haben sich in B 4, 11, B 4, 13 und B 4, 14 alchimistisch betätigt? Welche Bedeutung hatte für Bewohner aus B 4, 11 und B 4, 13 der Besitz von Luxusartikeln aus chinesischem Porzellan, deren Fragmente in Latrinen gefunden wurden? Aus welchem Grund fertigte ein nur nach archäologischen Funden identifizierter Schuhmacher in B 4, 13 Schuhe nach höfischem Vorbild?

Die Stadtarchäologie vervollständigt mit ihren mittelalterlichen und neuzeitlichen Sachquellen – Funden und Befunde – die nur fragmentarisch erhaltenen Schrift- und Bildquellen. Der Untersuchung von kleinsten Parzellenbereichen innerhalb der Mannheimer Altstadt kommt aus diesem Grunde eine große Bedeutung zu, da sonst wichtige Mosaiksteinchen zur Rekonstruktion der Stadtgeschichte verloren gehen.

Literatur

Ausst.-Kat. Mannheim 1986/87 · Dietsche-Pappel 2011 · Heege 2009 · Hohrath 2010 · Jensen 1990 · Jensen 1999 · Keruzec 2011 · Maag 2006/07 · Nieß 2006 · Nieß 2011 · Probst 2007 · Rau 2010 · Schmidt 2007 · Schneider 2000 · Schwab 2011 · Stadler 2006/07 · Stadler 2012a · Stadler 2012b · Teutsch 2008 · Teutsch 2010 · Winter 2007 · Wirth 2006 · Wirth 2006/07 · Wirth 2008a · Wirth 2008b · Wirth 2010 · Wirth 2011 · Wirth 2012 · Wirth 2013 · Wirth/Teutsch 2007

Anmerkungen

1 Probst 2007.
2 Wirth 2006/07.
3 Wirth 2008a.
4 Hohrath 2010; Rau 2010; Winter 2007.
5 Nieß 2006.
6 Mannheimer Grabung BW 2005–35, siehe Wirth 2006.
7 Mannheimer Grabung BW 2008–16, siehe Wirth 2008b.
8 Mannheimer Grabungen BW2007–10 und BW 2012–140, siehe Wirth 2013.
9 Mannheimer Grabung BW 2005–28.
10 Mannheimer Grabung BW 2006–07, siehe Wirth/Teutsch 2007a.
11 Mannheimer Grabung BW 2008–15.
12 Mannheimer Grabung BW 2006–67.
13 Mannheimer Grabung BW 2011–132, siehe Stadler 2012a.
14 Wirth 2011.
15 Stadler 2006/07; Maag 2006/07; Wirth 2010; Teutsch 2010; Dietsche-Pappel 2011; Keruzec 2011; Schwab 2011; Stadler 2012b.
16 Teutsch 2008.
17 Ausst.-Kat. Mannheim 1986/87; Jensen 1990; Jensen 1999.
18 Heege 2009; Schneider 2000.
19 Wirth 2012.
20 Funde in H 3, 11; E 6, 1; B 4, 11–14; B 4; C 4, 8; H 3, 15; C 5; T 3, 15/16.
21 Schmidt 2007; Nieß 2011.

„Schwiegervater Europas" – Philipp Wilhelm von Pfalz-Neuburg

Barbara Zeitelhack

Diese Titulierung des Herzogs von Pfalz-Neuburg, ab 1685 Kurfürst von der Pfalz, ist nach heutigen Vorstellungen von Ehe und Familie positiv besetzt und sie beschreibt einen privaten Status. Die weitverzweigten Familienbande waren jedoch Resultat gezielter Politik. Fürstliche Familien stellten keine privaten Kernfamilien dar, auch die Dynastie Pfalz-Neuburg war eine „optimierte Erscheinungsform der Familie"[1] zur Sicherung des Status, des Territoriums und zur Organisation der Herrschaft. Die Verantwortung für den Fortbestand des Hauses und für die Erhöhung des Sozialprestiges – durch gezielte Eheverbindungen und geregelte Erbfolge – trug das Familienoberhaupt, die Mitglieder hatten sich in die ihnen zugewiesene Funktion zu fügen.

Dem Haus Pfalz-Neuburg, ein – abgesehen vom Intermezzo Ottheinrichs als pfälzischer Kurfürst – unbedeutender und zersplitterter Kleinstaat, eröffnete die Eheverbindung Philipp Ludwigs mit Anna von Kleve-Jülich-Berg die Aussicht auf territoriale Erweiterung und auf einen höheren Rang in der Reichspolitik. Konsequenterweise konzentrierte sich die Politik der Herzöge im 17. Jahrhundert neben erfolglosen Ambitionen auf den polnischen Königsthron auf die Sicherung der niederrheinischen Gebiete (und die Sukzession in der Kurpfalz) und auf die Strategie, hochrangige dynastische Verbindungen einzugehen.

Philipp Wilhelm (Abb. 1) selbst heiratete nach erfolglosen Werbungen in Brandenburg, England und Florenz 1642 auf Anraten des Kaisers die Tochter des polnischen Königs. Der Kinderreichtum seiner zweiten Ehe mit Elisabeth Amalie von Hessen-Darmstadt eröffnete dem ehrgeizigen Herzog durch eine gezielte Reichskirchen- und Heiratspolitik ganz neue Möglichkeiten zur „Avantage unseres Hauses"[2]. Die erfolgreiche Umsetzung war mit der politischen Anlehnung an die wieder aufstrebende Macht Habsburg verknüpft, in deren Gefolgschaft sich die Pfalz-Neuburger ab 1674 begeben hatten.

Was diese als politische Verbündete und die Nachkommen als Heiratskandidaten für das Kaiserhaus attraktiv machte, war – politisch – das zu den wohlhabendsten des Reiches zählende und strategisch bedeutsame Territorium am Niederrhein. Die „persönlichen" Qualitäten – katholisch, jugendliches Alter, zu erwartende Fertilität und die übliche hochadelige Bildung – waren ebenfalls gegeben. Zugute kam den Neuburger Ambitionen auch der Mangel an geeigneten Kandidaten aus den Häusern Habsburg und Wittelsbach.

Zur Bekräftigung des Bündnisses erfolgte 1676 nach komplizierten Verhandlungen die Eheschließung Kaiser Leopolds I. mit Eleonore Magdalene (Abb. 2). Grund für die Wahl der Kandidatin war neben dem Votum der Minister wohl der Bericht des Leibarztes. Dieser wies mit Blick auf die zahlreichen Geburten der Brautmutter auf eine zu erwartende Fruchtbarkeit und die robuste Gesundheit der Prinzessin hin.

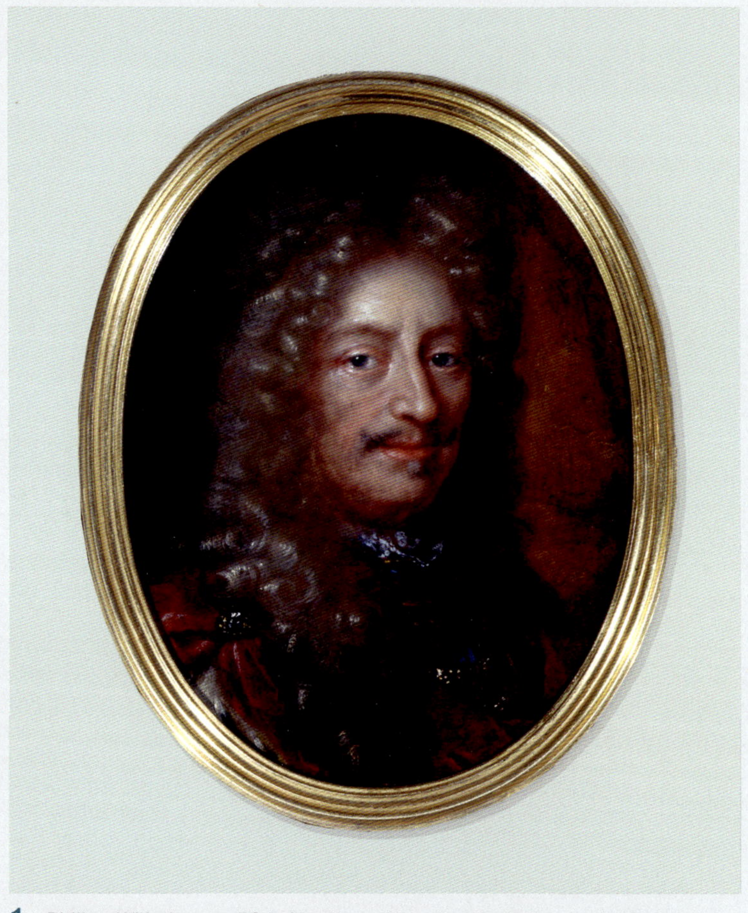

1 Philipp-Wilhelm von Pfalz-Neuburg, Porzellanmedaillon nach Miniaturen von Jan Frans von Douven | Wittelsbacher Ausgleichsfonds, Schloss Berchtesgaden, WAF B III a 30

2 Eleonore Magdalena von Pfalz-Neuburg, Porzellanmedaillon nach Miniaturen von Jan Frans von Douven | Wittelsbacher Ausgleichsfonds, Schloss Berchtesgaden, WAF B III a 34

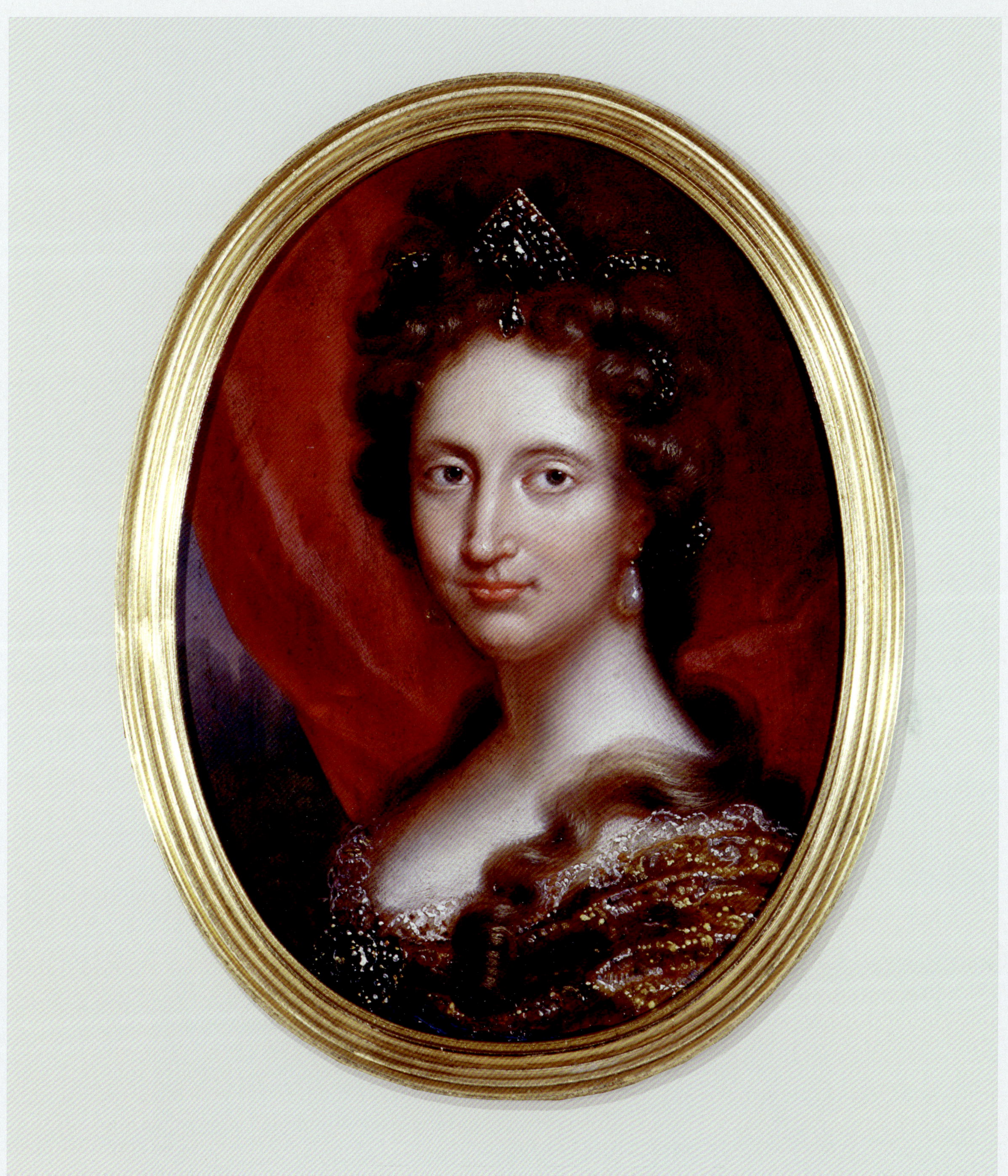

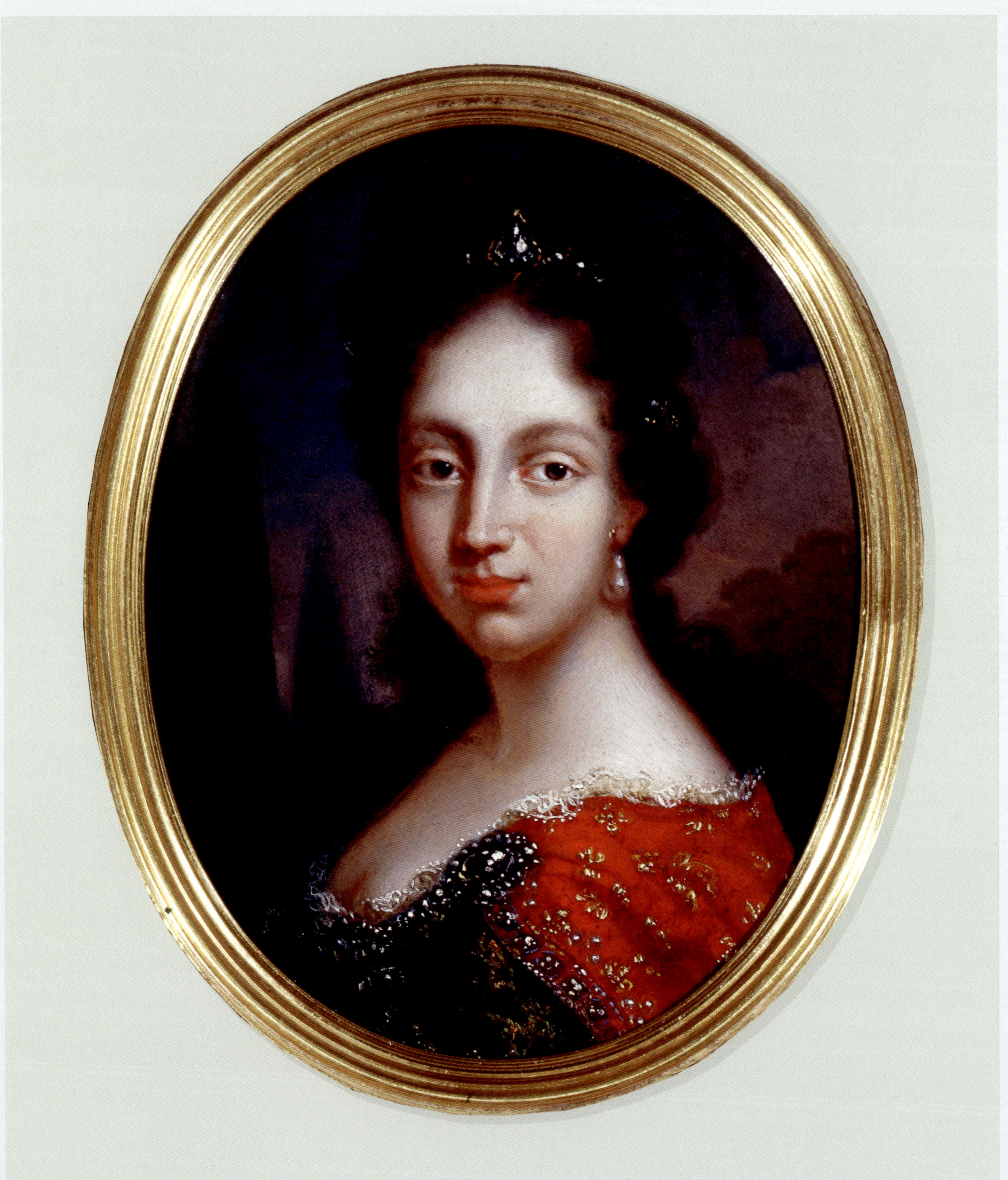

Die persönlichen Wünsche der Protagonisten waren andere: Die Braut wäre lieber in ein Kloster eingetreten, der um seine verstorbene Frau trauernde Kaiser sah sich zur Sicherung der Dynastie zur raschen Wiederverheiratung gezwungen.

Alle folgenden, auf dieser hochrangigen Verbindung basierenden Ehearrangements dienten der Erhöhung des Prestiges des Hauses Pfalz-Neuburg und ganz maßgeblich den politischen Interessen des Hauses Habsburg. Die Vermählung der Schwester des Kaisers, Maria Anna, mit dem Erbprinzen Johann Wilhelm (1678) und dessen Regierungsantritt in Düsseldorf eröffneten Wien eine weitere Option auf die niederrheinischen Territorien. Und durch die Eheschließung Maria Sophia Elisabeths (Abb. 3) mit König Peter II. von Portugal (1687) sollte nicht nur der Fortbestand der Dynastie gewährleistet, sondern das Land im Sinne des Kaiserhauses vom befürchteten Anschluss an Frankreich abgehalten werden. Auch auf der iberischen Halbinsel erhoffte man als Resultat der Verheiratung Maria Annas mit dem letzten spanischen Habsburger Karl II. (1690) – vergeblich – den Erben, um das Territorium im Sinne des österreichischen Zweiges der Dynastie zu sichern. Mit der Eheschließung Dorothea Sophies mit Odoardo von Farnese (1690) intendierte das Kaiserhaus eine enge Anbindung des oberitalienischen Territoriums und die Verhinderung einer politischen Einflussnahme Frankreichs. Die Verbindung Hedwig Elisabeths mit Jakob Sobieski, dem Sohn des polnischen Königs (1691), und beide Ehen Carl Philipps (Abb. 4) mit polnischen Prinzessinnen, Luise Charlotte Radziwill (1688) und Therese von Lubomirska (1701), setzten die von Habsburg zur Abwehr französischer Interessen unterstützten Neuburger Ambitionen auf den polnischen Thron fort.

Die ehrgeizigen Pläne Philipp Wilhelms, Pfalz-Neuburg als Parteigänger des Kaiserhauses zu einer in der Reichs- und der europäischen Politik wahrgenommenen Macht aufsteigen zu lassen, waren Realität geworden. Durch eine engagierte dynastische Politik mit gezieltem Einsatz der Familie gelang dem Haus Pfalz-Neuburg innerhalb einer Generation der Aufstieg in hohe Kirchenämter und der Aufbau verwandtschaftlicher Beziehungen zu den bedeutendsten Adelshäusern Europas. Diese Machtposition blieb jedoch Episode. Eine weitere Expansion und auch eine dauerhafte Sicherung scheiterte – am Fehlen der notwendigen männlichen Erben.

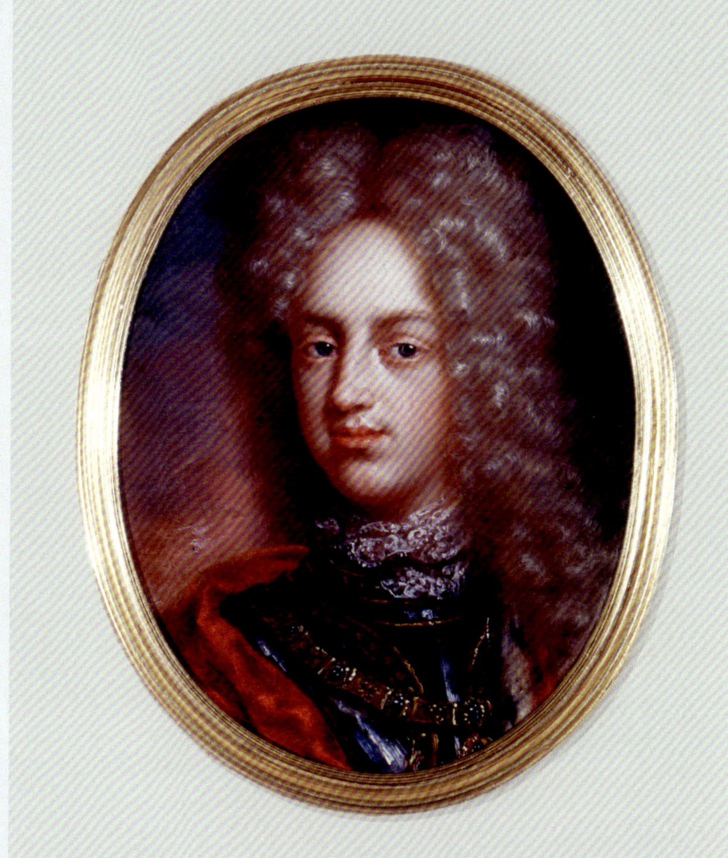

4 Carl Philipp von Pfalz-Neuburg, Porzellanmedaillon nach Miniaturen von Jan Frans von Douven | Wittelsbacher Ausgleichsfonds, Schloss Berchtesgaden, WAF B III a 53

Literatur

Bender 2011 · Dall'Acqua 1981 · Deutschländer 2012 · Duchhardt 2001 · Fouquet 2002 · Hamann 2002 · Hammerstein 1984 · Kohler 1994 · Press 1982 · Schildt-Specker 2004 · Schmidt 1899 · Schmidt 1973 · Schmidt 1981 · Schmidt 1982 · Schmidt 1992 · Seifert 1988, S. 50–57, S. 61 f. · Spieß 1993 · Weber 1998 · Zeitelhack 2005

Anmerkungen

1 Weber 1998, S. 95
2 München, Bayerisches Hauptstaatsarchiv, Geheimes Hausarchiv, Pfalz-Neuburg Korrespondenzakten 130/2.

3 Maria Sophia Elisabeth von Pfalz-Neuburg, Porzellanmedaillon nach Miniaturen von Jan Frans von Douven | Wittelsbacher Ausgleichsfonds, Schloss Berchtesgaden, WAF B III a 44

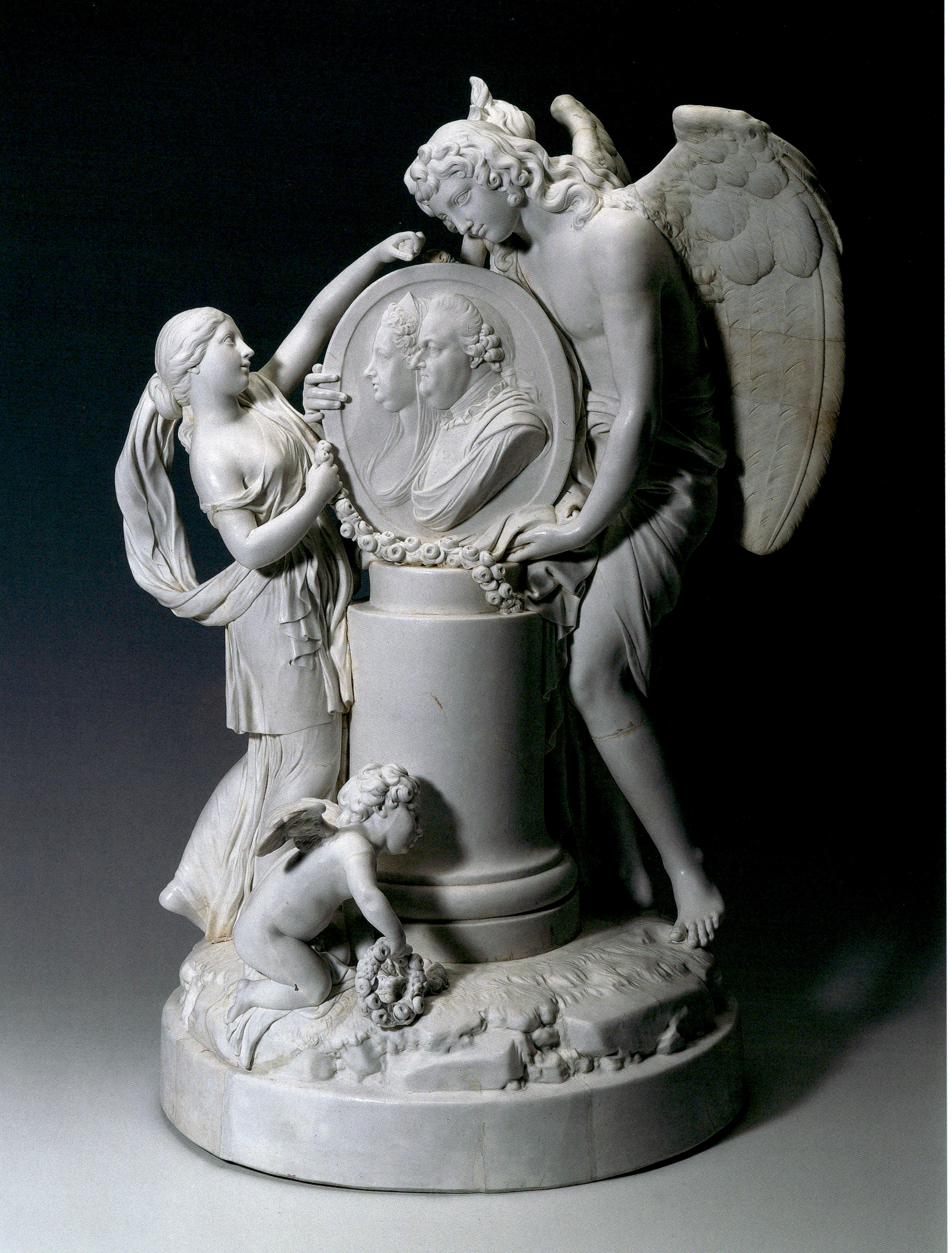

Stefan Mörz

„Der Tempel der Wissenschaften, der Erstaunen erreget...“[1]

Akademiegründungen im Kontext des kurpfälzischen aufgeklärten Absolutismus Kurfürst Carl Theodors

Jeden Abend lausche ihr der kleine Prinz „mit kaum glaublicher Aufmerksamkeit und Vergnügen“, wenn sie ihm aus Josephus Flavius‘ *Geschichte des Jüdischen Volkes* vorlese. „Wo gibt es sonst ein Kind von sieben Jahren mit solchen Vorlieben und solcher Ausdauer?“[2]

Mit diesen Worten beschrieb im Jahr 1732 die alte Herzogin von Arenberg, Urgroßmutter des künftigen Kurfürsten Carl Theodor, das erstaunliche Verhalten des Frühverwaisten, der in ihrem Haus in den Habsburgischen Niederlanden lebte. Der junge Prinz wuchs zu einem intelligenten, vielseitig gebildeten und sehr belesenen, für die geistigen Strömungen seiner Zeit offenen Menschen heran. Intellektuelle Neugier war zweifelsohne eine seiner hervorstechendsten Eigenschaften. Ganz im Gegensatz zu seinem Vorgänger begann er nach seinem Regierungsantritt eine große Bibliothek und weitere gelehrte Sammlungen aufzubauen, in denen sich seine Interessen spiegelten.

Carl Theodor blieb ein von vielen Menschen und Strömungen beeinflussbarer Skeptiker. Er beschwor in seinen Erlassen „unser aufgeklärtes Jahrhundert“[3], sonnte sich im Lob Voltaires – und glaubte nach dem Attentatsversuch auf König Ludwig XV. das angeblich goldene Zeitalter doch eher ähnlich „jenen Sirenen, deren eine Hälfte eine schöne Nymphe, die andere aber ein scheußlicher Fischschwanz war“.[4] Solche Zweifel machten ihn jedoch keineswegs – zumindest die längste Spanne seines Lebens – zum Reaktionär. Einerseits betonte er die ihm – neben dem Stolz auf sein Haus und seinen fürstlichen Rang – gleichsam mit der Muttermilch eingepflanzte katholische Religiosität. Er sei „ein eiferndes Söhnchen“ der römischen Kirche, ließ er verlauten und bekämpfte doch die Macht der Kirche, drang auf aufgeklärte religiöse Volksbildung. Das *Leben der Heiligen* des Mannheimer Jesuitenpaters Matthäus Vogel (vgl. Beitrag von Hermann Wiegand im vorliegenden Band) bezeichnete er kurz als „einen Haufen Lügen“.[5]

Carl Theodor hat keine Abhandlungen über seine Ansichten hinterlassen, trat nicht mit Essays in die Diskussion der aufgeklärten Geister.[6] Doch spricht sein Regierungshandeln vom Ausmaß – und den Grenzen – aufgeklärten Gedankenguts auf seine Entwicklung. So ließ er in seinen jüngeren Jahren Ratschläge für die kräftige Anwendung der Folter an seine Behörden senden. 1776 schaffte er sie ab. Ebenso rechtfertigte er anfangs Zwangskonversionen von Kindern zum Katholizismus. Später verbot er sie. Wurden seine Maßnahmen zuerst vor allem mit Geboten der Religion begründet, tauchte später der „Geist unseres Jahrhunderts“ oft als Rechtfertigung auf. Praktisch alle Lebensbereiche gerieten ins Visier kurfürstlicher Verbesserungsbemühungen. Ähnlich anderen aufgeklärten Monarchen bereiste der Kurfürst seine Lande, besuchte beispielhafte Einrichtungen und suchte sich persönlich ein Bild zu machen.

Die kurpfälzische Reformära gewann nach 1770 an Fahrt, blieb freilich in vielem Stückwerk. Zu viel wurde zu schnell in Angriff genommen, verfing sich im Dickicht der Bürokratie, geriet aus dem Blick des Kurfürsten und versandete. Auch war Carl Theodor zwar zu vielen Reformen bereit, wollte jedoch keinesfalls auf seine Machtvollkommenheit und auf den Vorrang des Katholizismus in der Staatsführung in seinen seit der Zeit der Reformation überwiegend protestantischen Landen verzichten. Jene Lande waren zudem ein territorialer Flickenteppich. Zahllose Rechte benachbarter Reichsfürsten „ragten“ da herein, machten durchgreifende Veränderungen praktisch unmöglich. Und auch die Menschen, die von des Kurfürsten Reformen profitieren sollten, fühlten sich wiederholt in ihrem traditionellen Lebenszuschnitt bedroht und opponierten genauso wie jene Kreise, deren Privilegien angetastet wurden. Je ferner der Kurfürst, desto weniger konnten seine Gebote sich durchsetzen. Als Carl Theodor in einem dörflichen Besitzkonflikt eher die Armen stützte, betonten die Bessergestellten: „Wenn auch der gnädige Churfürst zehnmal für sie [i.e. die Armen] gesprochen

1 Apotheose des Kurfürsten Carl Theodor, Biskuitporzellan mit Porträtmedaillon | Staatliche Museen zu Berlin – Preußischer Kulturbesitz, Kunstgewerbemuseum

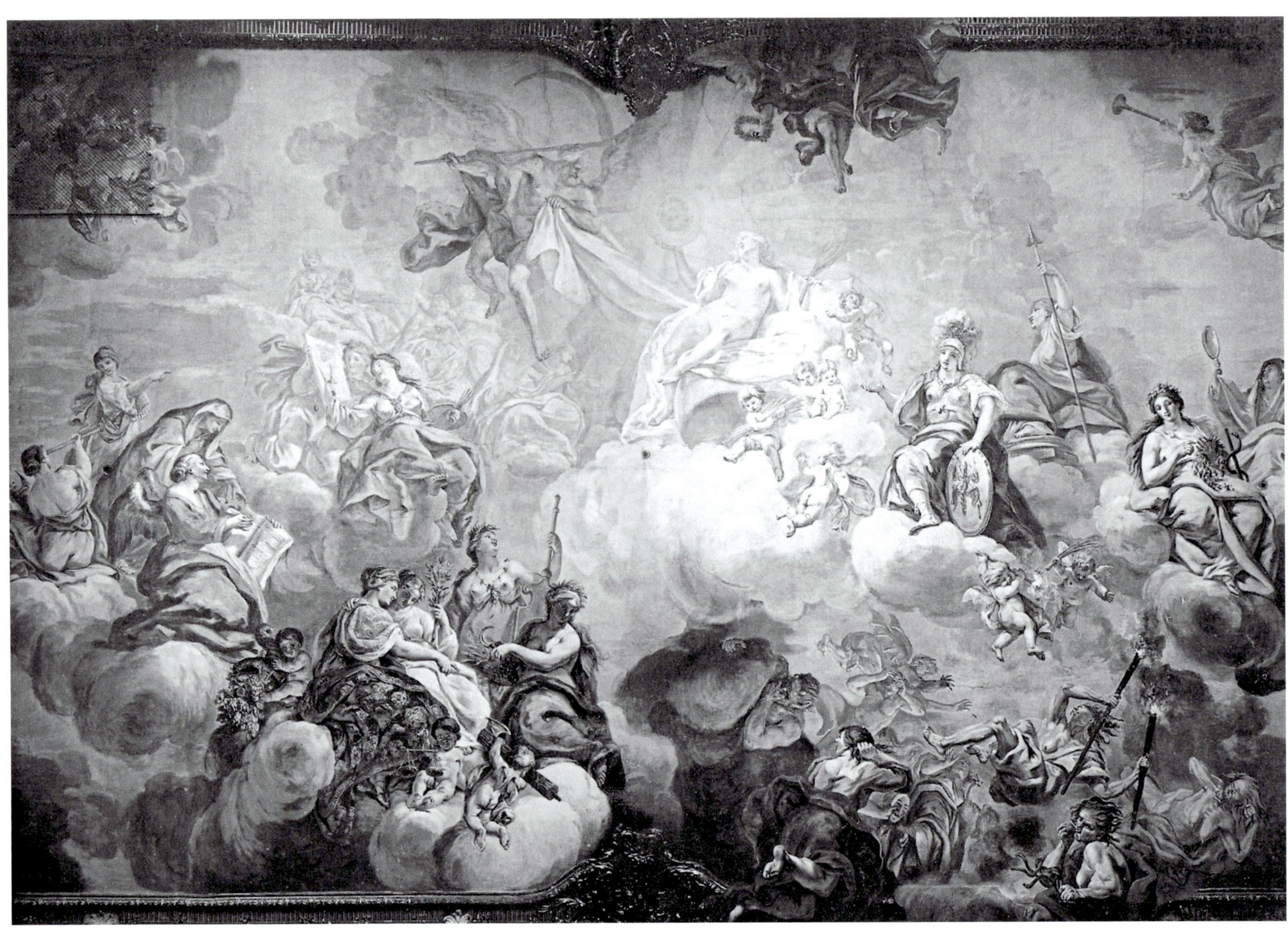

2 Der „Tempel der Wissenschaften“: Das kriegszerstörte Deckengemälde *Entschleierung der Wahrheit durch die Zeit* von Lambert Krahe im ehemaligen Bibliothekssaal des Mannheimer Schlosses, um 1758

haben würde, so soll es doch nach seiner Abreise [...] ohne Folge für uns [...] sein.“[7]

Letztendlich fehlte dem Kurfürsten wohl der eherne Durchsetzungswille, der freilich, wie das Beispiel Josephs II. und seines Scheiterns zeigt, nicht alles bewirken kann. Mit dem bayerischen Erbfall und dem Weggang Carl Theodors nach München endete die kurpfälzische Reformära viel zu früh, in vielen Bereichen setzte Stagnation ein. Erschreckt vom radikal-aufklärerischen Geheimorden der Illuminaten und zuletzt vom Ausbruch der Französischen Revolution, wurde der alternde Carl Theodor immer konservativer, ja reaktionärer. Doch erlosch der Reformgeist nie ganz: der Prototyp des Englischen Gartens als eines kombiniert sozialen und ästhetischen Projekts entstand 1788/89 in Mannheim, wohin der Kurfürst damals aus Furcht vor einer Revolution in München (!) geflohen war.

Die in die Geschichte der kurpfälzischen Aufklärung und Reformära eingebettete Gründung bzw. Förderung von Bildungs- und gelehrten Sozietäten entsprang selbstverständlich nicht allein dem kurfürstlichen Willen. Es bedurfte zahlreicher Anregungen bzw. Anreger. Allerdings ebneten Carl Theodors geistige Offenheit sowie die Nähe der Einrichtungen bzw. ihrer Förderer zum ihm sicherlich den Weg. Daneben spielte natürlich auch sein Wunsch eine große Rolle, als Musenfürst (Abb. 1) und aufgeklärter Geist den Applaus der immer wichtigeren öffentlichen Meinung der „modernen“ Geister ebenso wie die Bewunderung seiner Mitfürsten zu erringen.

Zur Betonung seines Rangs hatte der Kurfürst zuerst andere Wege beschritten. Militärisch konnte er mit seinem zerrissenen und eher kleinen Territorium kaum glänzen, wollte es wohl auch nie. So hat Carl Theodor seine Bedeutung zuerst vor allem durch den Aufbau eines glänzenden Hoflebens und einer europaweit gerühmten Musikkultur hervorgehoben.

Vor allem in den fünfziger und sechziger Jahren des 18. Jahrhunderts hatte der kurpfälzische Hof mit einer unglaublich dichten Folge an aufwendigen Veranstaltungen geglänzt. „Feste folgten auf Feste, und der gute Geschmack […] verlieh ihnen immer neue Reize", so beschrieb es der ehemalige Sekretär Voltaires und kurpfälzische Hofhistoriograph Collini.[8]

Während Mannheim sich so zu einem Musikzentrum europäischen Zuschnitts entwickelte, war die Stadt als Ort höherer Bildung oder wissenschaftlicher Forschung unbedeutend. Um der oft verheerten Kurpfalz ein besseres Corps von modern ausgebildeten Staatsdienern aller Art zu gewinnen, wurden ab 1754 in Mannheim zuerst die militärische Chirurgenschule, gefolgt von der Ingenieur- und der Hebammenschule, eingerichtet. Die bedeutendste Bildungseinrichtung dieser Art, die 1774 zur Heranbildung von Verwaltungsbeamten gegründete Kameral Hohe Schule, entstand allerdings durch eine Privatinitiative in Kaiserslautern.[9] Ihre Keimzelle war die 1769 von dem später als preußischem und sächsischem Bienen-Ökonomen hochgelobten Lauterer Apotheker Johann Riem gegründete Bienengesellschaft, die sich später zu einer Physikalisch-ökonomischen Gesellschaft entwickelte, deren Zweck die Förderung moderner Methoden in der Landwirtschaft und die generelle Aufklärung der Landbevölkerung war. Namhafte Vertreter der Mannheimer *lumières* wie der Hochbuchhändler, Verleger und Schriftsteller Christian Friedrich Schwan sowie der Arzt und Botaniker Friedrich Casimir Medicus förderten die Gesellschaft und erwirkten die Unterstützung des Kurfürsten für das Projekt und die Schule. Doch sorgte Medicus auch dafür, dass die Einrichtung durch ihr Verbleiben in der Provinz dem unmittelbaren Einfluss des Hofs entzogen blieb. So gelang es, ein Institut mit einem rein protestantischen Lehrkörper zu etablieren. 1778 schrieb Carl Theodor allen seinen künftigen Verwaltungsbeamten den Besuch der Schule vor, 1784 wurde sie der Universität Heidelberg angegliedert.

Für die Heranbildung einer pfälzischen Künstlerschaft wichtig wurde die 1758 von Hofbildhauer Peter Anton von Verschaffelt gegründete Bildhauerakademie, die 1769 zur Zeichnungsakademie erweitert wurde (Abb. 3). Sie nutzte die Schätze der kurfürstlichen Galerie, des Kupferstichkabinetts und der schon aus der Zeit Kurfürst Johann Wilhelms stammenden Abgüsse antiker Kunstwerke, deren Qualität und ideale Aufstellung von zahlreichen Besuchern, Johann Wolfgang von Goethe eingeschlossen, in höchsten Tönen gelobt wurde. Waren die unter Carl Theodor in Mannheim tätigen Künstler zumeist Ausländer – allen voran der Niederländer Verschaffelt und der Franzose Nicolas de Pigage –, so „produzierte" die Kunstschule in der Tat eine Riege hervorragender pfälzischer Künstler, die, zum Teil aus kleinen Verhältnissen kommend, als Talente entdeckt wurden. Erinnert sei hier an Johann Christian Mannlich und die Malerfamilie Kobell. Der Kurfürst förderte ihre Ausbildung durch Stipendien, die die jungen Menschen vor allem nach Italien führten. Die so erfolgten Investitionen waren allerdings für Mannheim und die Pfalz meist verloren, denn durch den Wegzug des Hofes machten die besten Künstler vor allem im München des späten 18. und frühen 19. Jahrhunderts Karriere oder gingen in andere Kunstzentren.

Neben diesen Bildungseinrichtungen gab es bis in die Jahre des Siebenjährigen Krieges wenig, was Wissenschaftler von Rang nach Mannheim hätte ziehen können. Nur einige Literaten und Gelehrte arbeiteten hier, unter ihnen der Hofbibliothekar Maillot de la Treille und der erwähnte Hofhistoriograph Collini. Allein die Hofbibliothek war bereits in den fünfziger Jahren wissenschaftlich recht bemerkenswert. Sie umfasste 1755 schon über 20.000 Bände. Wie das übrige Süddeutschland zeigte sich der katholische Hof aber gegenüber dem Aufblühen der von der Aufklärung geprägten Wissenschaftslandschaft im Norden Deutschlands trotz der geistigen Offenheit Carl Theodors zuerst wenig aufgeschlossen. Mannheim brillierte selbst während des Krieges vor allem mit prächtigen höfischen Festlichkeiten.

Seit der Mitte der sechziger Jahre begann sich jedoch ein Wandel abzuzeichnen. Während die Qualität der musikalischen Darbietungen und die Pracht des höfischen Lebens weiterhin höchsten Ansprüchen genügten, wurde die Zahl der Veranstaltungen deutlich beschnitten. Hier vollzog sich eine Verschiebung weg von dem Wunsch, durch Prunk und Gold zu beeindrucken, hin zum Bestreben, den Applaus einer anderen, der aufgeklärten Öffentlichkeit zu erringen. Die kostbare, exquisit schöne Rokoko-Ausstattung des Sammlungsflügels des Mannheimer Schlosses, insbesondere des Bibliothekssaals, dokumentierte die Wertschätzung, die man nunmehr geistigen Gütern entgegenbrachte. Das Deckengemälde Lambert Krahes im Bibliothekssaal (Abb. 2) verherrlichte die *Entschleierung der Wahrheit durch die Zeit* – und damit wurde jenem zeitgemäßen, aufgeklärten „Leuchten", das von Mannheim ausgehen sollte, ein sprechendes Denkmal gesetzt.

Der Wandel zum aufgeklärten Leuchten wurde bezeichnenderweise von Impulsen aus dem (französischen) Westen und dem Süden und nicht dem deutschen Norden ausgelöst. Durch die Gründung der Akademie der Wissenschaften im Jahr 1763 wurde Mannheim Teil der europäischen, von der Aufklärung geprägten Gelehrtenrepublik. Nur in fünf anderen Städten des Reiches, angefangen mit Berlin im Jahr 1700, entstanden während des 18. Jahrhunderts solche Wissenschaftsinstitute. Selbst in der Reichsmetropole Wien scheiterten Versuche. Zur Gründung angeregt hatte den Kurfürsten der berühmte Straßburger Professor Daniel Schöpflin, von dem Carl Theodor die Erstellung einer modernen Geschichte der Kurpfalz erbeten hatte, die die veralteten und ganz vom Geist der Reformationszeit geprägten Werke ablösen sollte. Schöpflin erklärte sich zu dieser Arbeit außerstande und regte stattdessen die Gründung einer Akademie zum Studium der Landesgeschichte an. Auch die Gründung der Kurbayerischen Akademie in München 1759 war für die Pfälzer Ansporn, etwas Gleichwertiges aufzubauen.

Die Akademie, deren von Schöpflins Sekretär Andreas Lamey entworfene Statuten sich an denen der Pariser Académie des Inscriptions et Belles Lettres orientierten, besaß zuerst zehn, später 15 besoldete Mitglieder – eine Zahl, die nur von den Akademien in Paris und Berlin übertroffen wurde. Lamey wurde ständiger Akademie-Sekretär und siedelte nach Mannheim über. Finanziert wurde das Unternehmen vom Kurfürsten, der ungeachtet aller Bekenntnisse zur Unabhängigkeit, natürlich auch auf die Auswahl der Mitglieder und die Forschungsschwerpunkte Einfluss nahm. Die Akademie war, was die Ausstattung anging, ganz auf der Höhe der Zeit: Die höfischen Sammlungen wurden ihr zugeordnet, und so verfügte sie über die Bibliothek, das Archiv, über das Münz-, Naturalien- und (seit 1775) das Physikalische Kabinett, über

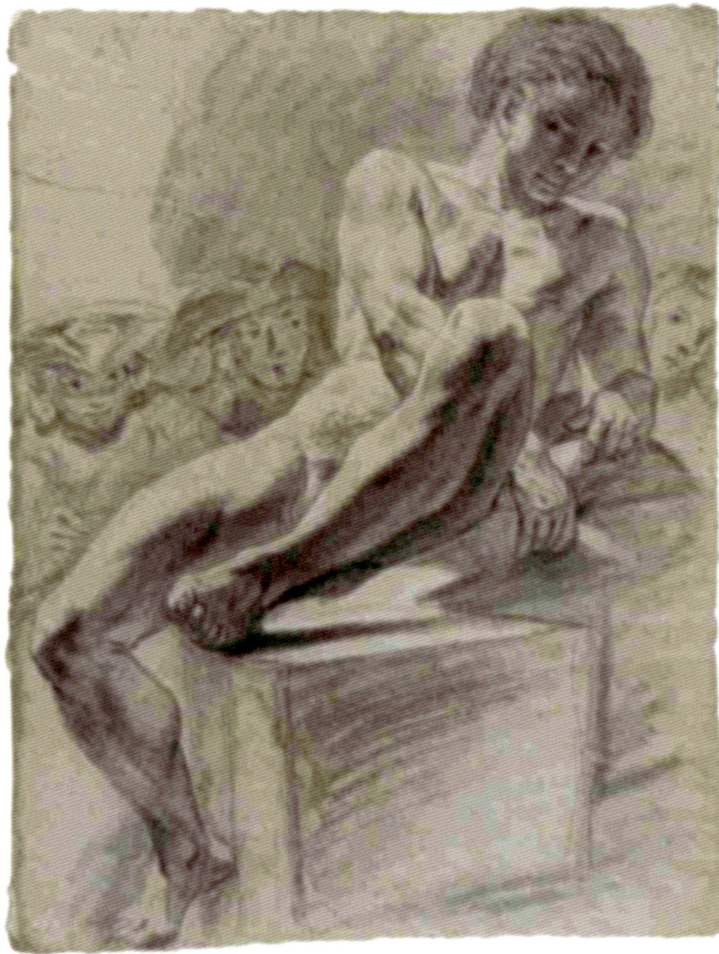

3 Die Förderung des künstlerischen Nachwuchses: Zeichenklasse der Mannheimer Zeichenakademie beim Aktstudium, Zeichnung von Franz Anton von Leydensdorff, um 1769 | Kurpfälzisches Museum der Stadt Heidelberg, Z 1193

die Sammlung römischer Fundstücke, den Botanischen Garten (seit 1767) und die Sternwarte (seit 1775) sowie eine eigene Druckerei (seit 1765) zur Publikation ihrer Forschungsergebnisse. Die Hofbibliothek wurde dementsprechend 1763 für die Benutzung durch einheimische wie fremde Gelehrte als Präsenzbibliothek drei Tage in der Woche geöffnet. Im Gegensatz zu manchen anderen Akademien, die sich mit einem monatlichen Treffen zufrieden gaben, hielt die Mannheimer Akademie 40 Sitzungen im Jahr. Die Sprachen der seit 1766 erscheinenden *Acta* der Akademie (Abb. 4) waren Latein, Deutsch und Französisch, womit sie eine größere Offenheit zeigte als die exklusiv französische Berliner Akademie und die der Vorherrschaft von Latein und Deutsch verpflichteten übrigen deutschen Akademien.

Gemäß dem Wunsch des Kurfürsten lag der Schwerpunkt der Arbeit in den ersten Jahren in der Historischen Klasse. Historische Besichtigungsreisen wurden veranstaltet, an alle Gemeinden ein großer historischer Fragebogen verschickt, auf pfälzischem Boden gefundene römische Antiquitäten verstärkt gesammelt und in Mannheim zusammengetragen. Die Akademie nahm sich der Herausgabe des Lorscher Codex und insbesondere der Erforschung der mittelalterlichen Wurzeln des Pfalzgrafenamtes an, an dessen möglichst großer Altehrwürdigkeit ein starkes landesherrliches Interesse bestand. Der Tod Schöpflins (1771), der als Ehrenpräsident weiterhin großen Einfluss ausgeübt hatte, und des hervorragenden Historikers Kremer (1777) – übrigens wie alle bedeutenden Historiker der Akademie ein Protestant – beendeten die hervorragende Rolle der Historischen Klasse.

Ohnehin war es vor allem die nunmehr hervortretende Physikalische Klasse, die weit mehr noch als die landesgeschichtlich „beschränkte" Historische Klasse zur europaweiten Vernetzung der Akademie beitrug. Weite Beachtung fanden die Forschungen Collinis zur Naturgeschichte, die des Hofkaplans und Physikers Johann Jakob Hemmer zur Physik, des Jesuiten und Hofastronomen Christian Mayer zur Astronomie sowie diejenigen von Friedrich Casimir Medicus zur Botanik.

Die Besetzung der Akademie war insgesamt allerdings sehr heterogen.[10] Die wissenschaftlichen „Sterne" wie die vorerwähnten Naturwissenschaftler oder der Akademiesekretär Lamey, Schöpflin selbst und die Historiker Crollius und Kremer leisteten den Löwenanteil der Arbeit. Viele andere Mitglieder blieben weitgehend stumm. Dies kann angesichts der Tatsache, dass oft Verbindungen zum Hof oder auch der Rückgriff auf den nicht immer exzellenten „Pool" der Mitglieder der Heidelberger Universität die Berufungen bestimmten, nicht überraschen.

Sowohl durch die Berufung von Mannheimer Akademiemitgliedern in vor allem französische Akademien als auch durch die Ernennung hervorragender Wissenschaftler und einflussreicher ausländischer Persönlichkeiten zu Ehren- bzw. außerordentlichen Mitgliedern der Mannheimer *Theodoro Palatina* fand die Einbindung der Akademie in das europäische Netzwerk aufgeklärter Wissenschaft sinnfälligen Ausdruck. Die Franzosen dominierten unter den ausländischen Mitgliedern. Zu ihnen gehörte neben Voltaire auch der in Edesheim geborene Radikalaufklärer Baron d'Holbach, den die Mannheimer allerdings vor allem als Übersetzer agrarisch-ökonomischer Abhandlungen ehrten. Auch niederländische, italienische, britische und Schweizer Gelehrte wurden zu außerordentlichen Mitgliedern gewählt. Mit dem Basler Daniel Bernoulli und dem Genfer Horace Bénédict de Saussure gehörten herausragende Wissenschaftler des 18. Jahrhunderts dazu. Die Preisfragen der Mannheimer Akademie fanden in der französischen Publizistik positive Resonanz.

Dem Charakter der Akademie als Einrichtung unter dem Protektorat eines der Aufklärung aufgeschlossenen, aber doch zutiefst katholischen Fürsten entsprach die Ernennung einer ganzen Reihe von vatikanischen Würdenträgern zu Ehrenmitgliedern. Doch wurden wie erwähnt auch viele Protestanten ordentliche wie außerordentliche Mitglieder, und die Statuten sahen ausdrücklich den Ausschluss von Ordensgeistlichen vor, was dazu führte, dass der Hofastronom Mayer und der Physiker Hemmer erst nach der Aufhebung des Jesuitenordens Zugang fanden.

Die enge Verbindung der Akademie zum französischen Sprachraum entsprach ganz der grundlegenden Orientierung der höfischen Kreise. Mannheim war unbezweifelbar eine „Drehscheibe des deutsch-französischen Kulturaustausches“[11]. Der Hof zog zahlreiche Welsche, also Franzosen und Italiener, als Künstler, Mitglieder des Theaters, des Balletts und der Musik an. Bis 1771 bestand bei Hof ein französisches Schauspiel, das über ein enormes Repertoire verfügte. Franzosen waren die führenden Persönlichkeiten der 1756 gegründeten Freimaurerloge Mannheims, und auch eine große französische Buchhandlung, die sich zu einem der wichtigsten Zentren für die Verbreitung französischer Literatur im Reich entwickelte, nahm in der Stadt ihren Sitz. Die Nähe Frankreichs und der Einfluss der französischen Kultur veranlassten manchen französischen Publizisten, seine Journale in Mannheim herauszugeben. Allzu viel Kritik durften sie aber nicht üben, da dies zu diplomatischen Verwicklungen führte. Der aus Frankreich vertriebene Jesuit Desbillons, der engagiert anti-aufklärerische Publikation verfasste, wurde vom Kurfürsten aufgenommen. Er hinterließ eine Büchersammlung von ca. 17.000 Bänden, die neben der kurfürstlichen Hofbibliothek die bedeutendste der Stadt war.

Eine eher milde und ganz überwiegend von aufgeklärten Persönlichkeiten geübte Zensur sorgte dafür, dass in der Kurpfalz moderne geistige Strömungen Platz greifen konnten. Und so begann sich dann auch aus dem protestantischen Norden Deutschlands die „deutsche Bewegung“ zu verbreiten. Neben der Buchhandlung von Christian Friedrich Schwan, des „pfälzischen Nicolai“, war dabei vor allem das Theater entscheidend. 1770 entließ der Kurfürst die französische Truppe und setzte fortan ganz auf das deutsche Schauspiel.

So öffnete sich der Kurfürst mehr und mehr der „deutschen Bewegung“ und ließ sich von Schwan auch deutsche Literatur für seine Bibliothek besorgen. Als um 1770 der französische Botschafter behauptete, die deutsche Sprache besitze im Gegensatz zum Französischen nicht genug Biegsamkeit zum Gesang, trug ihm Carl Theodor höchstselbst eine bestimmte Partie einer französischen leichten Oper vor und betonte, „er finde gar nicht, dass dies deutsch gesungen schlechter laute als französisch“[12]. Seit 1775 erfasste die Nationalbewegung auch das Musiktheater. Deutsche Opern lösten die italienischen ab. *„Notre Cour est devenue tout-à-fait allemande“*, stellte Collini in einem Schreiben an Voltaire 1777 resigniert fest.

Zu den wichtigen Exponenten der Nationalbewegung in Mannheim gehörte auch der erwähnte Hofkaplan Hemmer. Bereits 1769 hatte er in der Akademiedruckerei eine *Abhandlung über die deutsche Sprache zum Nutzen der Pfalz* (Abb. 5) veröffentlicht, die eine Reinigung des Dialekts und der Behördensprache des Landes forderte. Hemmer und der junge Kabinettsekretär des Kurfürsten, Stefan von Stengel, entwickelten in abendlichen Gesprächen den Plan einer Gesellschaft zur Sprachpflege in der Pfalz, der auch von Schwan und dem jungen Hofkaplan Jakob Haeffelin unterstützt wurde. Solche Sozietäten waren schon im 17. Jahrhundert in Norddeutschland entstanden. Die Pfalz war hier also recht verspätet. Angespornt durch den Besuch Klopstocks, der im Frühjahr 1775 nach Mannheim gekommen war, griff Carl Theodor die von Stengel an ihn herangetragene Idee auf und gründete 1775 nach Leipziger Vorbild die Kurpfälzische Deutsche Gesellschaft (Abb. 6), die sich bald zu einem der wesentlichen Träger aufgeklärter und volkspädagogischer Bestrebungen im Land entwickelte. Angesichts der Mitgliedschaft zahlreicher Akademiemitglieder konnte man die Gesellschaft durchaus mit Recht als „verkappte“ belletristische Klasse der Akademie ansprechen. Allerdings blieb die vom Kurfürsten gewährte finanzielle Ausstattung mit 600 Gulden recht bescheiden.

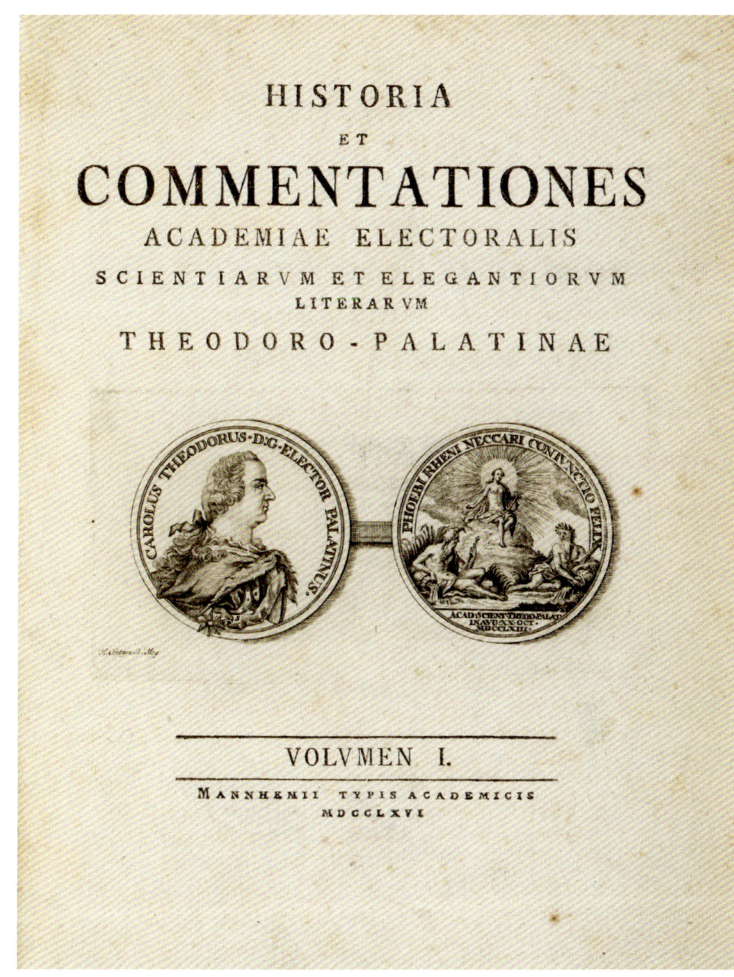

4 Titelblatt des 1766 herausgegebenen ersten Bandes der Veröffentlichung der Kurpfälzischen Akademie der Wissenschaften (Historia et Commentationes) | Reiss-Engelhorn-Museen Mannheim

Im selben Jahr beschloss der Kurfürst, ein deutsches Schauspielhaus zu errichten. Das Nationaltheater war als völlig neue, dem Geist der Volksbildung verpflichtete höfische Institution angelegt, da der Zutritt allen Menschen, die eine Eintrittskarte lösten, offen stand.

Nach dem Wegzug des Hofes nach München 1778 gewann die bürgerliche Aufklärung in Mannheim an Freiheit und Ausdrucksmöglichkeit. So schrieb 1790 der Heidelberger Professor Aloys Wilhelm Schreiber, in Mannheim sei „unstreitig […] viel Geisteskultur verbreitet; auch herrscht im Pfälzischen eine ungleich größere Freiheit der Meinungen als in Baiern, da doch beide Länder unter einem Fürsten stehen“.[13]

Und auch die gelehrten Sozietäten lebten durchaus weiter. Zwar gab es gelegentlich Gerüchte, der Kurfürst plane, die Akademie der Wissenschaften mit ihrer bayerischen Schwestereinrichtung zu vereinigen.

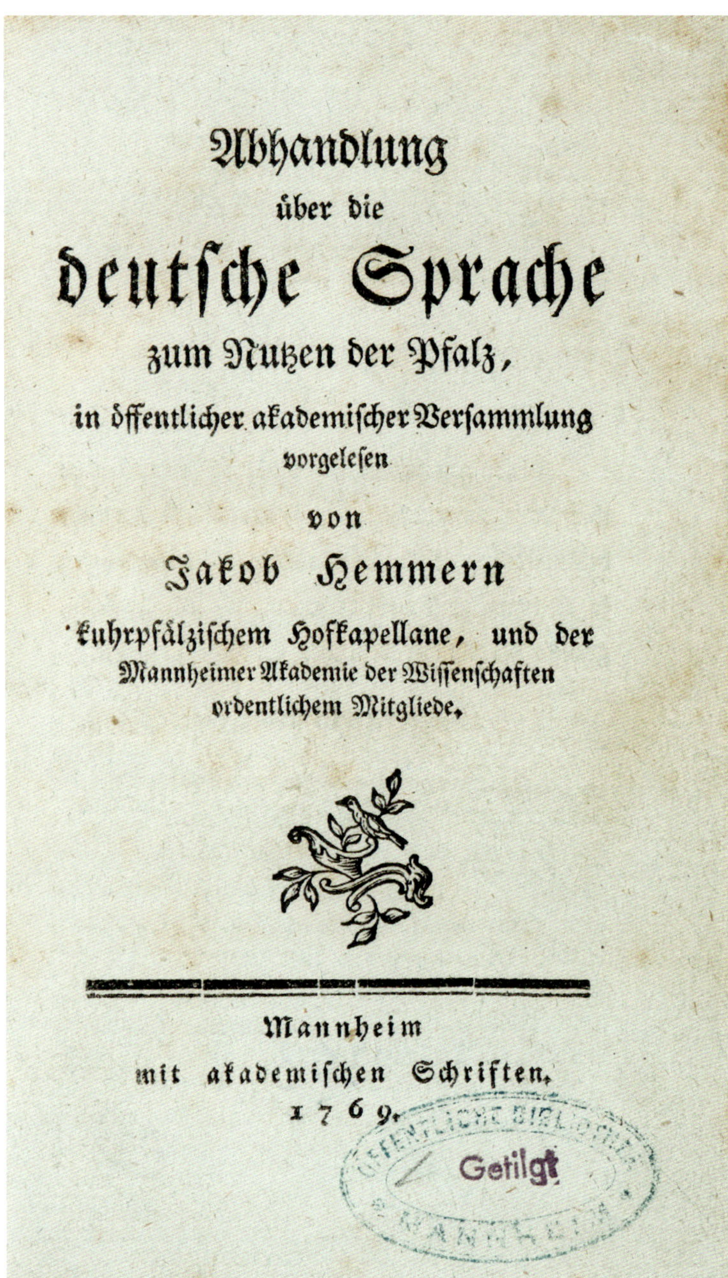
Abhandlung
über die
deutsche Sprache
zum Nutzen der Pfalz,
in öffentlicher akademischer Versammlung
vorgelesen
von
Jakob Hemmern
kuhrpfälzischem Hofkapellane, und der
Mannheimer Akademie der Wissenschaften
ordentlichem Mitgliede.

Mannheim
mit akademischen Schriften.
1769.

5 Johann Jakob Hemmer: Abhandlung über die deutsche Sprache zum Nutzen der Pfalz, Titelblatt 1769 | Reiss-Engelhorn-Museen Mannheim

Geschehen ist dergleichen aber nicht. Vielmehr wurde die Akademie auf Anregung des Kabinettsekretärs Stefan von Stengel und Hemmers im Jahr 1780 sogar um eine dritte, Meteorologische Klasse erweitert. Gerade der Wegzug des Kurfürsten, der der Historischen Klasse großen Wert beigemessen hatte, trug dazu bei, neue, pragmatisch-naturwissenschaftliche Forschungen in den Vordergrund treten zu lassen. Von 1781 an veröffentlichten die *Ephemerides* der *Societas Meteorologica Palatina* Wetterbeobachtungen eines Netzes von 39 europäischen und nordamerikanischen Stationen. Alle wurden von Mannheim aus mit standardisierten Messgeräten ausgestattet, die unter Hemmers Leitung von dem berühmten italienischen Künstler Artaria gefertigt worden waren. „Zum ersten Mal wurde nach einheitlichen Richtlinien beobachtet und gemessen, wobei überall die gleichen Beobachtungszeiten um 7, 14 und 21 Uhr mittlerer Ortszeit eingehalten wurden, die noch heute als ‚Mannheimer Stunden' im Klimadienst gebräuchlich sind".[14] So war das erste weltumfassende Wetterbeobachtungsnetz der Geschichte entstanden, bis in die erste Hälfte des 19. Jahrhunderts die einzige zuverlässige Quelle vergleichbarer meteorologischer Beobachtungen.

Auch die Historische Klasse der Akademie veränderte sich: Sie gab ihren stark regionalgeschichtlichen Bezug auf und widmete sich nach 1778 verstärkt Fragen der Reichsgeschichte. In den von ihm herausgegebenen *Rheinischen Beiträgen zur Gelehrsamkeit* rief Friedrich Casimir Medicus die Historiker auf, „etwas für die Ehre von Deutschland" [15] zu tun. Neuhistorische Studien, wie sie vor 1777 Collini getrieben hatte, fanden nun mehr Anklang, ja man öffnete sich „mehr und mehr politisch brisanten Themen".[16] Die Deutsche Gesellschaft begann sich verstärkt allgemein literarisch-ästhetischen Fragen zuzuwenden, die immer wieder Bezüge zur Tagespolitik hatten. In ihren ab 1785 erscheinenden Schriften widmete Anton Klein eine Serie den „großen Deutschen", zu denen selbstverständlich Ulrich Hutten und Martin Luther gehörten. Auch der mit Freiheitspathos stark verquickte Hermannskult oder das Lob der „freien" Schweizer fanden hier Eingang.

Zur reichsweit beachteten und einflussreichen Institution entwickelte sich freilich insbesondere das 1779 neu gegründete Nationaltheater, das Carl Theodor den Mannheimern gewissermaßen als geistig-ökonomischen Ersatz für die verlorene Präsenz des Hofes hinterließ. Es überlebte auch das Ende der Kurpfalz im Gefolge der Französischen Revolutionskriege und blieb eine der großen deutschen Bühnen.

Die Akademie hingegen teilte das Schicksal des jahrhundertealten Reichsterritoriums.[17] Anfang 1794 wurde ihr mitgeteilt, „dass die Unterhaltung Churfürstlicher Academie der Wißenschaften dahier, als ein dermal leicht zu entbehrender Gegenstand bei solchen Zeitläuften ganz unterbleiben solle"[18]. Durch den Verzicht auf jegliche kostenverursachende Aktivitäten konnte dieser Beschluss noch abgewendet werden. So begann ein achtjähriges Siechtum, an dessen Ende, im Vorfeld der Übertragung der rechtsrheinischen Kurpfalz an Baden, die Vereinigung mit der Münchner Akademie stand. Die verbliebenen Akademiemitglieder durften in Mannheim bleiben „und die Liquidation persönlich abwickeln helfen".[19]

Literatur

Cappel 1980 · Carlebach 1929 · Fuchs 1963 · Hesse 1999 · Kreutz 1996 · Kreutz 2008b · Mörz 1991 · Mörz 2007 · Pelker 2007

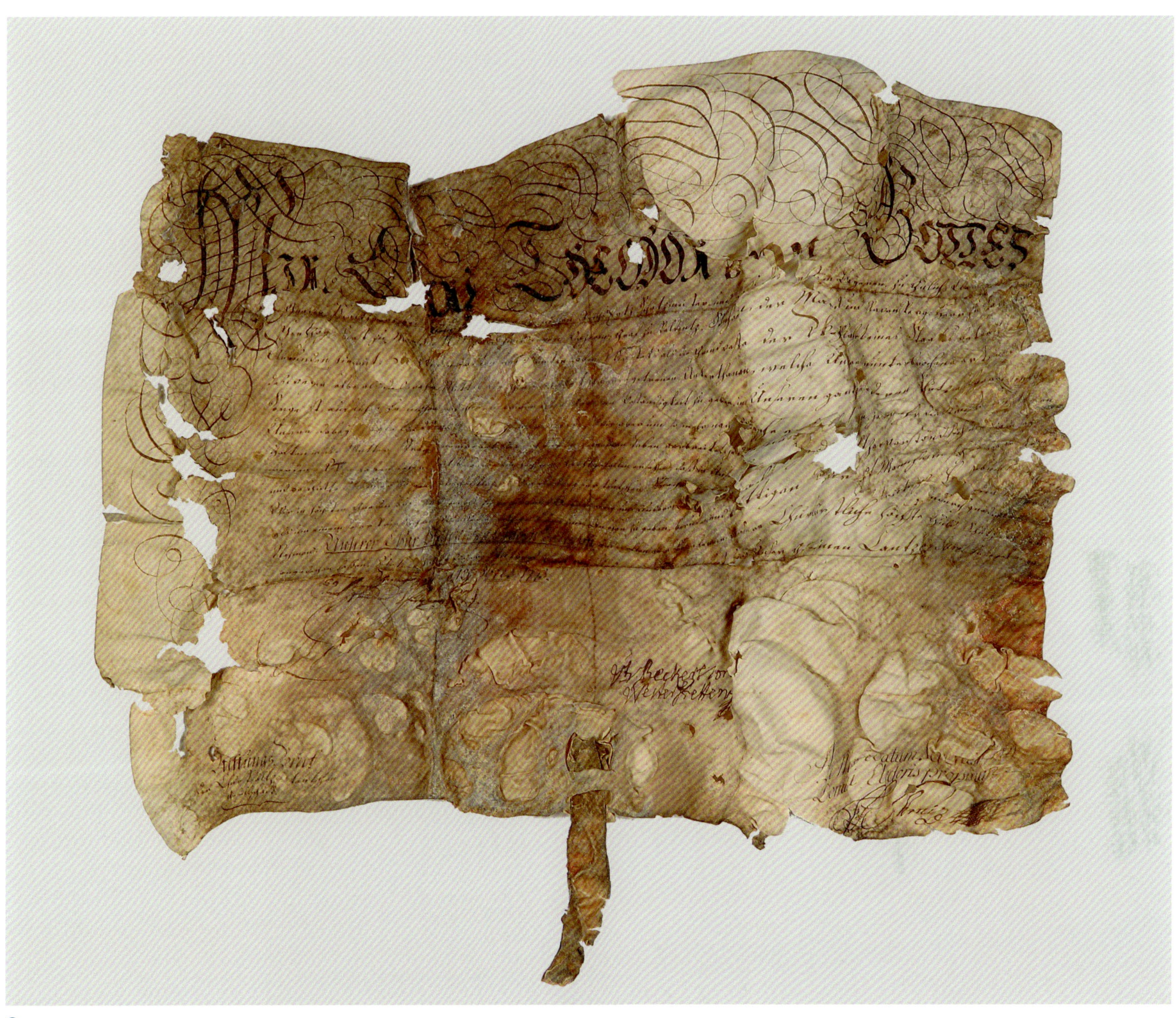

6 Wiedergefundenes Original der Stiftungskurkunde der Kurpfälzischen Deutschen Gesellschaft von 1775 nach der Restaurierung.

Anmerkungen

1 Anton von Klein 1775, zit. nach Kreutz 2008, S. 11. Der folgende Aufsatz übernimmt wesentlich die Darstellung im Beitrag Mörz 2007, ergänzt durch Informationen vor allem aus Kreutz 2008 und Mörz 1991.
2 Zit. nach Mörz 1991, S. 56.
3 Zit. nach ebd., S. 78.
4 Zit. nach ebd., S. 84 f.
5 Zit. nach ebd., S. 79, S. 83.
6 Kreutz 2008, S. 13.
7 Zit. nach Mörz 2007, S. 582.
8 C. A. Collini, zit. nach Hesse 1999, S. 112.
9 Kreutz 2008, S. 16, S. 21 f.
10 Vgl. Kreutz 1996, S. 284.
11 Kreutz 1996, S. 278.
12 Dieses und das folgende Zitat zit. nach Mörz 1991, S. 57.
13 Carlebach 1929, Sp. 175.
14 Cappel 1980, S. 127.
15 Kreutz 1996, S. 288.
16 Ebd. S. 290.
17 Fuchs 1963, S. 384 ff.
18 Zit. nach ebd., S. 384.
19 Ebd., S. 388.

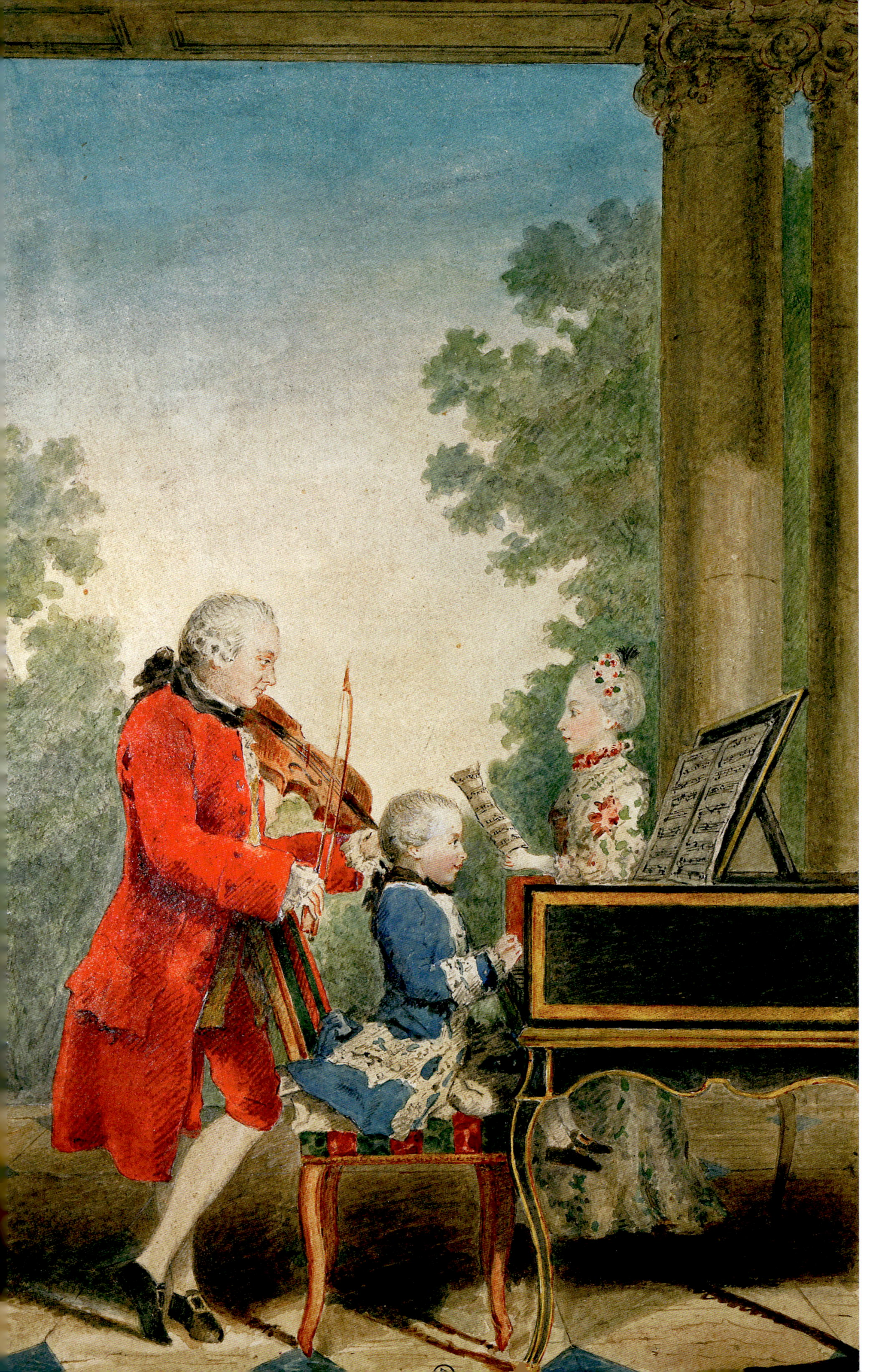

Silke Leopold

Die „Schule des wahrhaft guten Geschmacks in der Tonkunst“

Carl Theodor und die Mannheimer Hofmusik

Üblicherweise war das Dasein als Musiker bei Hofe nicht unbedingt ein Zuckerschlecken. Dem Status des Lakaien zugeordnet, hatte der Musiker zu jeder Zeit auf Abruf zur Verfügung zu stehen, war den Launen seines Herrn ausgeliefert und konnte sich weder der pünktlichen Zahlung seines Salärs noch überhaupt seiner Anstellung sicher sein. Er musste bei offiziellen Anlässen zum Glanz der Hofhaltung beitragen, war aber für den dafür notwendigen Aufwand etwa an Kleidung selbst verantwortlich. Jeder Herrscherwechsel bedeutete existentielle Unsicherheit, denn womöglich interessierte sich der neue Fürst wenig für Musik und entließ alle Musiker, mit denen sich sein Vorgänger umgeben hatte. Und jede Sparmaßnahme, etwa weil es einen Krieg zu finanzieren oder Staatsschulden einzudämmen galt, traf zuallererst die Musiker, denn sie waren zahlreich und ihre Kunst flüchtig. „*Gens inutiles*“ – nutzloses Volk – nannte Kaiserin Maria Theresia den jungen Komponisten namens Wolfgang Amadeus Mozart (Abb. 1), den ihr Sohn Erzherzog Ferdinand Ende 1771 in Mailand als Hofkomponisten einstellen wollte, und sie riet ihm dringend, solchen Leuten („*ces sortes de gens*“) bloß niemals einen Titel zu verleihen. Zu der materiellen Gefährdung des Hofmusikers gesellte sich die allgegenwärtige Demütigung des Künstlers, der nach Anerkennung lechzte und sich mit permanenter Missachtung konfrontiert sah. In Paris erging es Mozart sieben Jahre nach dem Verdikt der Kaiserin nicht besser als in Mailand. In den Kreisen des französischen Adels erfuhr er eine Schmach nach der anderen. Die Duchesse de Bourbon etwa bestellte ihn zum Klavierspielen, ließ ihn dann aber stundenlang in einem ungeheizten Vorzimmer warten und demonstrierte schließlich, als er dann doch mit klammen Fingern auf einem miserablen Instrument sein Können zeigen sollte, ein Desinteresse, das Mozart in einem Brief an seinen Vater zu der Bemerkung veranlasste, er habe „für sessel, tisch und mäuern spiellen“[1] müssen.

1 Leopold Mozart mit seinen Kindern Nannerl und Wolfgang Amadeus beim Musizieren, Aquarell von Louis Carrogis de Carmontelle, 1763 | Chantilly, Musée Condé

Wie anders stellte sich die Lebenssituation der Musiker am Hof von Mannheim dar! Mozart, der doch zeit seines Lebens an den Ketten der Ständegesellschaft zerrte, der mit Sätzen wie „ein Cavalier kann keinen kapellmeister abgeben, aber ein kapellmeister wohl einen Cavalier“[2] ein künstlerisches wie gesellschaftliches Selbstbewusstsein demonstrierte, das ihm bei seinen adligen Auftraggebern nicht unbedingt Sympathien einbrachte – dieser allzeit zum Aufbegehren bereite Mozart hätte sich nichts Schöneres vorstellen können als eine Anstellung am Hof Carl Theodors (1742–1799) in Mannheim oder München. Es war sein Lebenstraum, Mannheimer Hofmusiker zu werden.

> „Ja wenn die Musique so bestellt wäre wie zu Mannheim! – die subordination, die in diesem orchestre herscht! – die auctorität die der Cannabich hat – da wird alles ernsthaft verrichtet; Cannabich, welcher der beste Director ist den ich je gesehen, hat die liebe und forcht von seinen untergebenen – er ist auch in der ganzen stadt angesehen, und seine Soldaten auch – sie führen sich aber auch anderst auf – haben lebens=art, sind gut gekleidet, gehen nicht in die wirths=häuser und sauffen.“[3]

Tatsächlich war die Mannheimer Hofmusik etwas Besonderes. Sie lockte Bildungsreisende von überallher in die Stadt am Rhein. Der englische Gelehrte Charles Burney, der auf seiner musikalischen Europareise zu Beginn der 1770er Jahre auch in Mannheim und in Schwetzingen Station machte, war vor allem von dem kurfürstlichen Orchester beeindruckt. In seinem Tagebuch notierte er:

> „Ich kann diesen Artikel nicht verlassen, ohne dem Orchester des Churfürsten Gerechtigkeit zu erweisen, welches mit Recht durch ganz Europa so berühmt ist. Ich fand wirklich alles daran, was mich der allgemeine Ruf hatte erwarten lassen. Natürlicher Weise hat ein stark besetztes Orchester grosse Kraft. Die bey jeder Gelegenheit richtige Anwendung dieser Kraft aber muß die Folge einer guten Disciplin seyn.

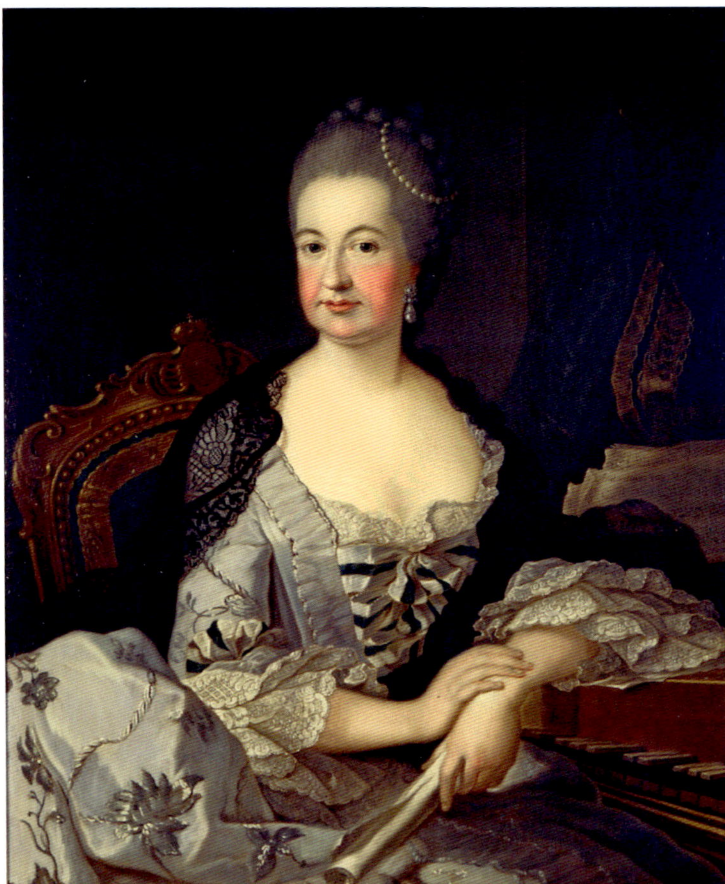

2 Johann Heinrich Tischbein d. Ä.: Kurfürstin Elisabeth Auguste am Cembalo, um 1752, Öl auf Leinwand | Reiss-Engelhorn-Museen Mannheim, 1970/6

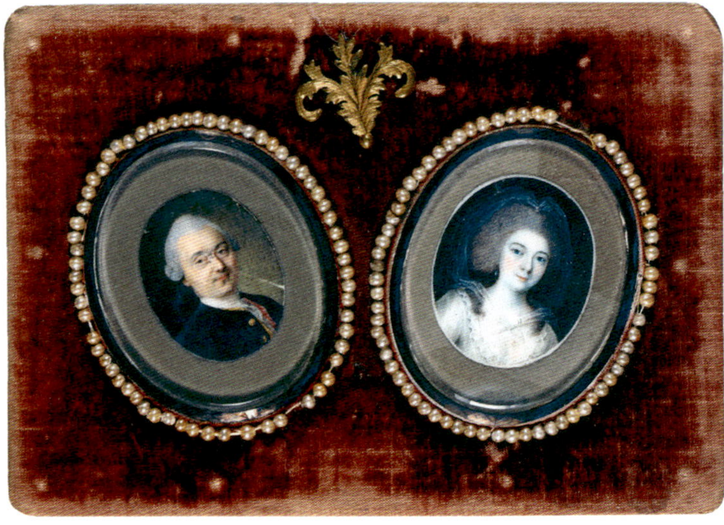

3 Miniaturporträts der Eheleute Johann Baptist und Dorothea Wendling, Miniaturen auf Pergament | Salzburg, Internationale Stiftung Mozarteum

> Es sind wirklich mehr Solospieler und gute Komponisten in diesem, als vielleicht in irgend einem Orchester in Europa. Es ist eine Armee von Generälen, gleich geschickt einen Plan zu einer Schlacht zu entwerfen, als darin zu fechten."[4]

Burney schob die herausragende Qualität der Mannheimer Hofmusik auf die ausgeprägte Liebe Kurfürst Carl Theodors zur Musik: „Musik scheint Sr. Churfürstl. Durchl. liebster und beständigster Zeitvertreib zu seyn; und die Opern und Concerte, wozu alle seine Unterthanen Zutritt haben, bilden durchs ganze Churfürstenthum den musikalischen Geschmack."[5]. Gerechterweise hätte Burney auch die Kurfürstin Elisabeth Auguste erwähnen müssen, denn ihre Liebe zur Musik war nicht geringer als die ihres Gemahls (Abb. 2).

Was Burney allerdings wohl nicht wusste, waren die komfortablen Voraussetzungen, die es Carl Theodor ermöglichten, seiner musikalischen Leidenschaft auch tatsächlich freien Lauf zu lassen, ohne über die Finanzierung der teuren Hofmusik nachdenken zu müssen. Dies verdankte er Anna Maria Luisa de' Medici, der Witwe Johann Wilhelms von der Pfalz. Sie hatte nach dem Tod ihres Gemahls angeordnet, der Hofkapelle jährlich eine große Summe Geldes – die Angaben reichen von 52.000 Gulden bis zu 80.000 Gulden – zur Verfügung zu stellen. Es durfte nur für musikalische Belange ausgegeben werden und war deshalb dem Zugriff durch andere Begehrlichkeiten wie etwa Ausstattung und Unterhalt von Soldaten oder große Bauvorhaben entzogen. Dieser einzigartige, schon im 18. Jahrhundert als „mediceische Stiftung"[6] bezeichnete Etat machte es möglich, Hofmusiker über Jahrzehnte hinweg in beamtenähnlicher Position zu beschäftigen, ihnen eine andernorts schier unvorstellbare soziale Sicherheit zu bieten, gerecht nach Leistung und Position gestaffelte Gehälter zu zahlen und sogar Pensionsleistungen und Hinterbliebenenversorgung zu finanzieren. Zwar konnte niemand auf derartige Leistungen Anspruch erheben; der Etat der Hofkapelle aber ermöglichte dem Kurfürsten eine Großzügigkeit, die durch keinerlei Hintergedanken über eine mögliche andere Verwendung der Gelder getrübt werden konnte.

Die aus derlei Arbeitsbedingungen resultierende Kontinuität in der Orchesterbesetzung und den musikalischen Leitungsfunktionen wirkte sich in hohem Maße auf die künstlerische Qualität aus. In Mannheim konnte sich zum ersten Mal über Jahre und Jahrzehnte hinweg das entwickeln, was heute zum Proprium international renommierter Orchester wie etwa der Berliner oder der Wiener Philharmoniker, des Chicago Symphony Orchestra oder des Koninklijk Concertgebouworkest gehört – ein homogener, individueller Orchesterklang, bei dem viele Einzelinstrumente zu einem einzigen großen Klangkörper verschmolzen. In seinen 1806 postum veröffentlichten *Ideen zu einer Ästhetik der Tonkunst* schwärmte Christian Friedrich Daniel Schubart von diesem spezifischen Orchesterklang:

> „Kein Orchester der Welt hat es je in der Ausführung dem Manheimer zuvorgethan. Sein Forte ist ein Donner, sein Crescendo ein Catarakt, sein Diminuendo – ein in die Ferne hin plätschernder Krystallfluss, sein Piano ein Frühlingshauch.

Die blasenden Instrumente sind alle so angebracht, wie sie angebracht seyn sollen: sie heben und tragen, oder füllen und beseelen den Sturm der Geigen.“[7]

Von Musikern in derart paradiesischen Arbeitsverhältnissen durfte man eine gleichbleibend hohe künstlerische Qualität erwarten. Die Selbstkontrolle innerhalb der musikalischen Institutionen funktionierte ebenso gut wie innerhalb der Familien. Je mehr Familienmitglieder Anstellung als Hofmusiker fanden, umso höher fiel das Familieneinkommen aus. Die Familie Danzi etwa brachte es auf drei bestallte Hofmusiker, die Familie Wendling (Abb. 3) gar auf fünf. Dazu zählten auch jene Ehefrauen und Töchter, die zwar nicht im Orchester Dienst tun konnten, die aber als Sängerinnen ein nicht unerhebliches Gehalt bezogen. Dorothea Wendling etwa, die Sopranistin, die später in München die Rolle der Ilia in Mozarts *Idomeneo* aus der Taufe heben sollte, verdiente im Jahre 1778 mit ihren 1.300 Gulden Jahresgehalt deutlich mehr als ihr Ehemann, der Flötist Johann Baptist Wendling, der es, als bestbezahlter unter den Bläsern, immerhin auf 1.000 Gulden brachte. Fridolin Weber, Mozarts künftiger Schwiegervater, bezog als Basssänger dagegen lediglich 400 Gulden.

Carl Theodor, der selbst Flöte und Violoncello spielte (Abb. 4), liebte die Musik nicht nur als Zeitvertreib und nutzte sie als Instrument fürstlicher Selbstrepräsentation, sondern verstand sie auch, ganz im Sinne der Aufklärung, als Mittel zur Volksbildung. Seine musikalische Neugier richtete sich auf alles, was in Europa komponiert und gespielt wurde; er brachte Musik aus aller Welt nach Mannheim und ließ sie dort aufführen. Reisende Musiker und das, was sie mitbrachten, waren an seinem Hof immer willkommen. Er ließ seine Untertanen an Konzerten und Opernaufführungen teilnehmen, gewährte begabten Landeskindern Stipendien zum Erlernen der Musik und ermöglichte talentierten Musikern, ihrerseits zu reisen, um sich fortzubilden. So entstand der Begriff der „Mannheimer Schule“, der zunächst rein gar nichts mit jenen kompositorischen Besonderheiten im Bereich der Orchestermusik zu tun hatte, die Hugo Riemann Anfang des 20. Jahrhunderts unter diesem Begriff zusammenfasste. Schubart sah die Internationalität des Repertoires als das Besondere der von ihm so genannten „Manheimer Schule“ an: „Wenn sich Neapel durch Pracht, Berlin durch kritische Genauigkeit, Dresden durch Grazie, Wien durch das Komischtragische auszeichnete, so erregte Manheim die Bewunderung der Welt durch Mannigfaltigkeit.“[8] Schubart zufolge gab es keinen Ort der Welt, „wo man seinen musikalischen Geschmack in einer Schnelle so sicher bilden konnte als in Manheim.“[9]

Der Schmelztiegel, aus dem die Mannheimer Hofmusik ihren eigentümlichen Charakter ableitete, manifestiert sich zuallererst in der Herkunft der Musiker. In Mannheim trafen Römer und Mailänder, Sizilianer und Bologneser, Pariser und Elsässer sowie Musiker aus allen möglichen Regionen des Habsburgerreiches zusammen – Böhmen und Mähren, Tirol und Schlesien, Brüssel und Düsseldorf. Sie alle brachten ihre eigenen Vorstellungen und Traditionen mit und verschmolzen doch über die Jahre zu einem homogenen Klangkörper. Sie bildeten die nächste Generation von Musikern heran, für die das Zusammenführen der verschiedenen Kompositions- und Interpretationsstile eine Selbstverständlichkeit geworden war – der aus Mannheim gebürtige Christian Cannabich (Abb. 5) etwa, den Mozart für den besten aller Orchesterleiter hielt, war Schüler jenes Johann Stamitz, der, aus Deutschbrod in Böhmen stammend, das Mannheimer Orchester seit 1743 geleitet und bis zu seinem Tod im Jahre 1757 zu dem gemacht hatte, was später europaweit Bewunderung hervorrief.

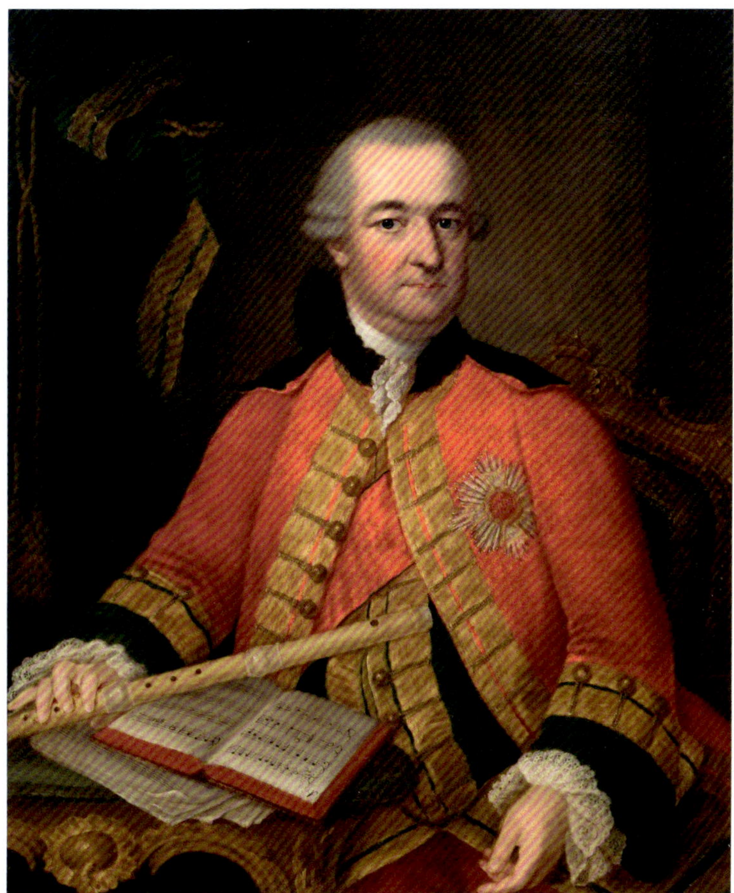

4 Heinrich Carl Brandt (Werkstatt, Kopie nach Johann Heinrich Tischbein d. Ä.): Kurfürst Carl Theodor von der Pfalz mit Traversflöte, um 1770, Öl auf Leinwand | Reiss-Engelhorn-Museen Mannheim, O 390

Als Schmelztiegel präsentierte sich die Mannheimer Hofmusik aber auch in musikalisch-stilistischer Hinsicht. Für die Entwicklung der Symphonie und der Orchestermusik können die Mannheimer Aktivitäten gar nicht hoch genug eingeschätzt werden. Denn die Bemühungen Johann Stamitz' um eine neue Orchesterkultur fallen in eine Zeit, da sich die Instrumentalmusik endgültig von der Vorherrschaft der Vokalmusik zu emanzipieren und eine eigene musikalische Aussagekraft, gleichsam ohne Worte, zu entwickeln begann. Instrumentalmusik galt seit Urzeiten gegenüber der wortgezeugten Vokalmusik als unvollkommen, weil sie buchstäblich keinen Sinn und keine Bedeutung hatte. Lehrbücher über das richtige Spiel eines Instruments, wie sie seit der Mitte des 16. Jahrhunderts gedruckt wurden, begannen unabhängig davon, welches Instrument gelehrt wurde, generell mit dem Hin-

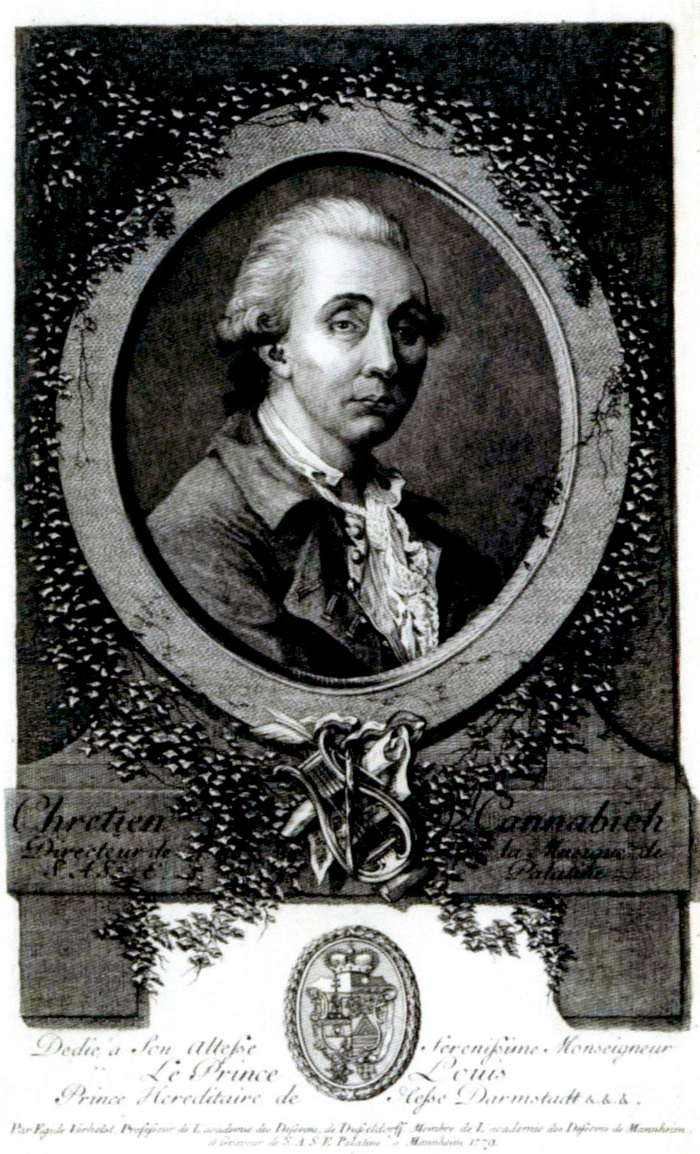

5 Egid Verhelst d. J.: Christian Cannabich, Kupferstich, 1779 | Reiss-Engelhorn-Museen Mannheim, E 25

weis, dass es die edelste Aufgabe dieses Instruments sei, die menschliche Stimme nachzuahmen. Bis in die Mitte des 18. Jahrhunderts, also die Blütezeit des Mannheimer Orchesters hinein, sind derartige Bemerkungen in den Lehrbüchern zu finden – zuletzt noch in Leopold Mozarts Violinschule von 1756.

Mit seinem straff geführten Orchester wie auch und vor allem mit seinen für dieses Orchester komponierten Sinfonien trat Stamitz den Beweis an, dass Instrumentalmusik sehr wohl etwas Eigenes zu „sagen" hatte und dass das Geheimnis einer spezifisch instrumentalen Sprache in der von vokalen Formen gänzlich unabhängigen Struktur des Tonsatzes liegen konnte. Zu Beginn des 18. Jahrhunderts gehörte die Sinfonie mit zwei schnellen Ecksätzen und einem langsamen Mittelsatz als instrumentales Eröffnungsstück noch zum Bereich der Oper oder des Oratoriums. Johann Stamitz löste sie aus diesem Kontext und erweiterte sie um einen Menuettsatz zur Viersätzigkeit. Er entwickelte eine musikalische Sprache, die ohne Text oder Kontext auskam und allein aus sich selbst heraus zu formulieren imstande war – in einem Dialog der musikalischen Motive, der Satzglieder und Formteile, der Klangfarben und Instrumentengruppen. Für die Entwicklung der klassischen Sinfonie, der Werke Haydns und Mozarts, gehörte Stamitz mit seiner speziell für das Mannheimer Orchester entwickelten symphonischen Diktion zu den wichtigsten Anregern.

Einen Schmelztiegel stellte die Mannheimer Hofmusik auch im Bereich der Oper dar – dort, wo das Orchester lediglich dienende Funktion hatte. Oper war die repräsentativste und die teuerste aller musikalischen Gattungen, und Mannheim unterschied sich von den zahlreichen anderen Residenzen im Reich nicht darin, mit prächtigen Opernaufführungen den Glanz der eigenen Herrschaft zu dokumentieren. Seit der Mitte des 17. Jahrhunderts hatte sich die italienische Oper überall in Europa etabliert; italienische Sänger, ausgebildet in den Konservatorien von Neapel und Venedig, namentlich die Kastraten, beherrschten den Markt und verdienten Unsummen Geldes. Um die An- und Abwerbung von Komponisten und Sängern konnten gravierende diplomatische Auseinandersetzungen entstehen. Die Verpflichtung Ignaz Holzbauers als Kapellmeister in Mannheim etwa bedeutete einen wichtigen Sieg über den württembergischen Hof, der Holzbauer kurz zuvor nach Stuttgart verpflichtet hatte. In diesem internationalen Netzwerk italienischer Hofopern bildete lediglich Frankreich, wo sich eine eigene, spezifisch französische und von der italienischen weit entfernte Opernkultur herausgebildet hatte, eine Ausnahme. Um die Mitte des 18. Jahrhunderts regte sich an den festgefahrenen dramaturgischen Strukturen und den nicht minder betonierten musikalischen Konventionen der italienischen Oper Kritik. Francesco Algarotti, langjähriger Vertrauter Friedrichs II. von Preußen und am Berliner Hof sowohl in der italienischen Oper als auch in der französischen Kultur bewandert, machte in seinem *Saggio sopra l'opera in musica* (*Abhandlung über die Oper*, 1755) den viel beachteten Vorschlag, Elemente der italienischen mit solchen der französischen Oper zu verbinden, um die *Opera seria* wieder zu einem wahren musikalischen Drama zu machen.

Auch die Mannheimer Hofoper reihte sich in das internationale Netzwerk italienischer Hofopern ein. Die Geburts- und Namenstage des kurfürstlichen Paares – der 4. und 19. November, der 10. Dezember und der 17. Januar – fielen alle in die Zeit, in der der Hof in Mannheim weilte, und sie boten Gelegenheit, alljährlich *Opere serie* aufzuführen. Es waren Werke der beiden Hofkapellmeister Carlo Grua und Ignaz Holzbauer sowie Opern aus der Feder anderer Komponisten wie Nicolò Jommelli oder Baldassare Galuppi, die andernorts bereits Erfolg gehabt hatten. Seit den 1760er Jahren aber mehrten sich Kompositionsaufträge bevorzugt an auswärtige Komponisten, die sich den Reformideen Algarottis gegenüber aufgeschlossen zeigten. Mannheim wurde zu einem, wenn nicht gar zum wichtigsten, Zentrum der Reformoper im Sinne einer Verschmelzung italienischer und französischer Stilelemente. Wer in Europa Rang und Namen hatte, wurde nach Mannheim ver-

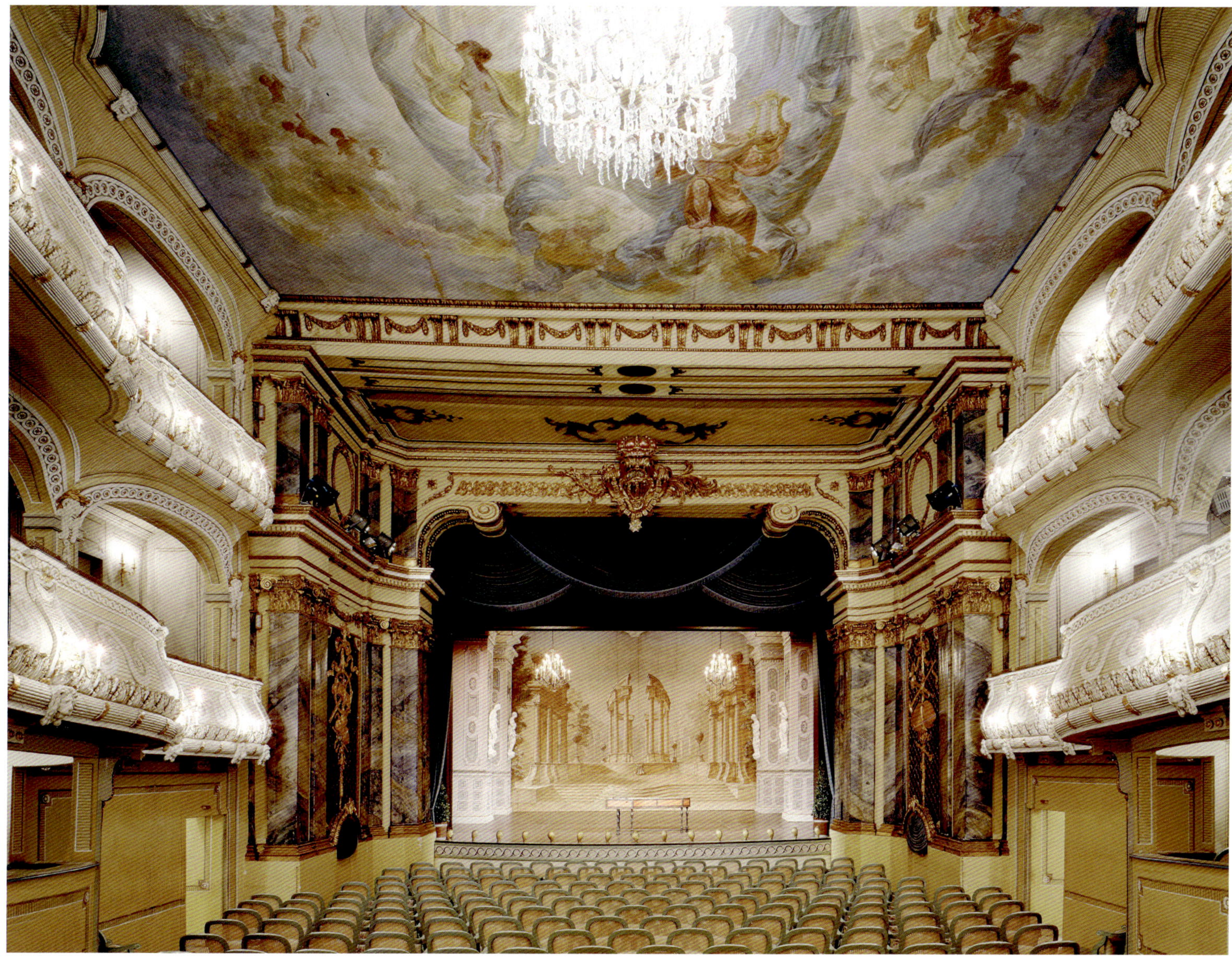

6 Innenansicht des Schwetzinger Schlosstheaters, errichtet 1752 von Nicolas de Pigage

pflichtet – Tommaso Traetta, Gian Francesco di Maio, Johann Christian Bach.

Daneben aber ließ das kurfürstliche Paar in der Schwetzinger Sommerresidenz seinem schier unersättlichen Appetit auf Opern aller Arten freien Lauf (Abb. 6). Wo das Zeremoniell gelockert und die Anlässe weniger offiziell waren, konnte gespielt werden, was nicht zum verbindlichen Kanon gehörte – französische *Opéra comique*, italienische *Opera buffa*, deutsche Singspiele, Pastoralen, Intermezzi und mit Anton Schweitzers Weimarer *Alceste* sogar eine musikalische Tragödie in deutscher Sprache. Manches davon fand später sogar Eingang in die repräsentative Mannheimer Hofoper, und es war Ignaz Holzbauer, der die Verschmelzung der unterschiedlichen Opernkulturen vorantrieb: mit *Ippolito e Aricia* (1759), der italienischen Übertragung eines ursprünglich französischen *Tragédie en musique* für Jean Philippe Rameau, mit *Zemira e Azor* (1776), der italienischen Bearbeitung einer französischen *Opéra comique* André Ernest Modeste Grétrys, mit *Günther von Schwarzburg* (1777, Abb. 7), einer deutschsprachigen Oper im musikalischen Gewand der *Opera seria*, schließlich mit *Tod der Dido* (1780), der deutschen Übersetzung von Pietro Metastasios Libretto *Didone abbandonata* (1724), einer der bekanntesten und am häufigsten vertonten italienischen *Opera seria*.

Und schließlich war Mannheim ein musikalischer Schmelztiegel selbst dort, wo man es am allerwenigsten vermuten würde – in der geistlichen Musik, die andernorts nach Konfessionen streng getrennt war, in Mannheim aber zu einer neuen, gleichsam überkonfessionellen Musik zusammengeführt wurde. Natürlich blieb der Gottesdienst in der katholischen Schlosskirche von anderen Einflüssen frei – die Messen und Vespern unterschieden sich nur in der prächtigen orchestralen Ausge-

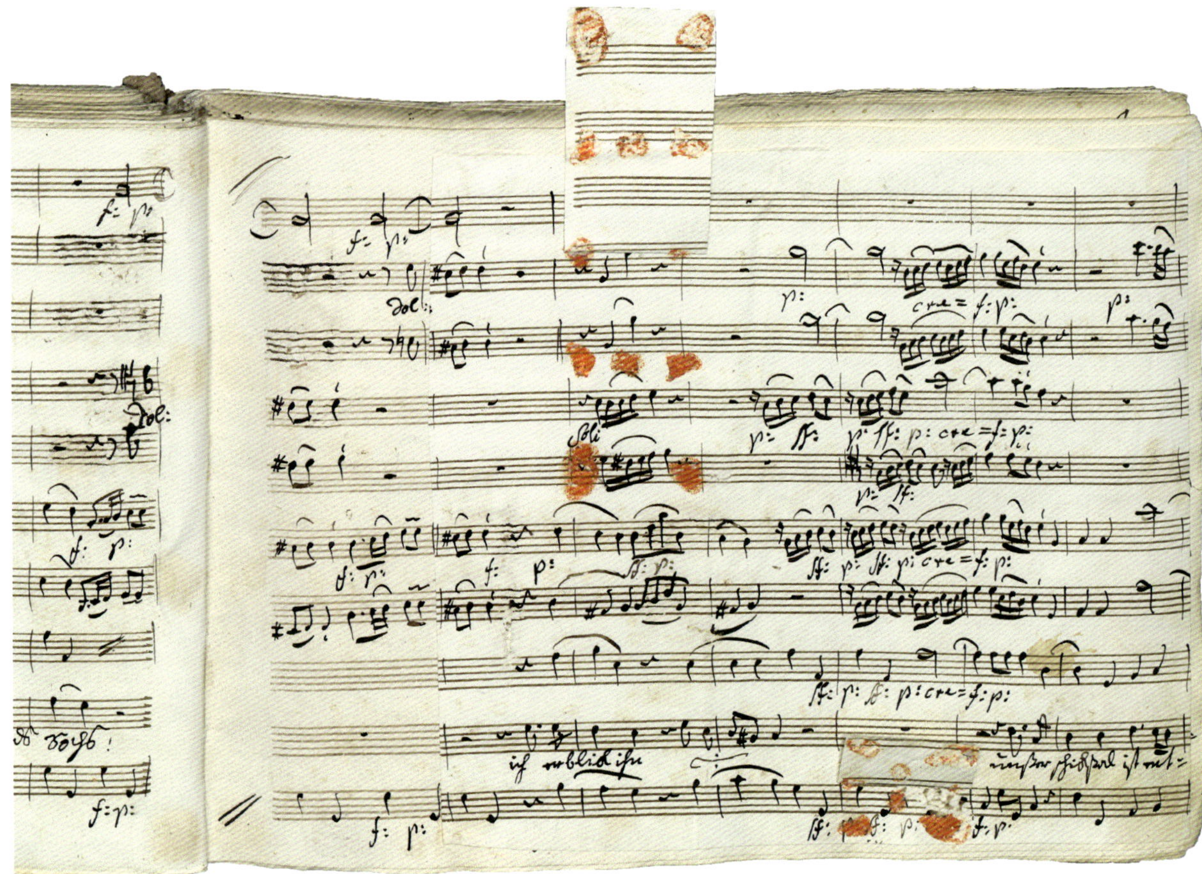

7 Partiturseite aus der Oper Günther von Schwarzburg von Ignaz Holzbauer, 1777 | Hohenlohe-Zentralarchiv Neuenstein, Ba 120 Bü 111/4

staltung von denen in anderen Hofkirchen. Doch mit der Einrichtung der *Concert spirituel* genannten Konzertreihe in der Fastenzeit, bei der das Mannheimer Hoforchester Benefizkonzerte für die Armen veranstaltete, konnten die Mannheimer auch jene deutschsprachigen Oratorien kennenlernen, die im protestantischen Deutschland entstanden waren – darunter auch das Passionsoratorium *Der Tod Jesu* des preußischen Hofkapellmeisters Carl Heinrich Graun, das in Berlin ein alljährlich wiederkehrendes musikalisches Ereignis darstellte.

Welche Möglichkeiten die deutsche Sprache aber vor allem für die Volksbildung und gleichzeitig für die Annäherung der Konfessionen haben konnte, erkannte kein Geringerer als der Abbé Georg Joseph Vogler (Abb. 8), kurfürstlicher Vizekapellmeister und nach Mozarts nicht gänzlich unzutreffender Einschätzung ein „e[len]der Musickalischer spaß=macher, ein Mensch, der sich recht viell einbildet und nicht viell kann“[10]. Ungeachtet seiner kompositorischen Fähigkeiten sprühte Vogler jedoch allzeit vor neuen Ideen. Dazu gehörte, die Heilige Messe auch in deutscher Sprache und mit einer schlichten, für jedermann leicht verständlichen Musik unters Volk zu bringen. 1778 vertonte er die ein Jahr zuvor veröffentlichte Messtext-Nachdichtung Franz Anton Seraph Kohlbrenners unter dem Titel *Deutsche Kirchenmusik* in einem sehr einfachen vierstimmigen Satz mit Orgelbegleitung, „so daß sie in allen armen Dörfern füglich können abgesungen werden, wenn anderst gemäs der neuen preiswürdigsten kuhrpfälzischen Verordnung die Schulmeister von den drei Religionen die erforderliche Singschule nach dem Voglerischen Schulbuche der kuhrpfälzischen Tonschule nicht vernachlässigen wollen.“[11]

Als Carl Theodor den Hof nach München verlegte, nahm er seine Hofmusiker mit – zumindest die, die ihm dorthin folgen wollten. Es war ein Einschnitt, von dem sich das Mannheimer Musikleben lange nicht erholte, und umso schmerzlicher, als der Kurfürst mit seiner „Schule des wahrhaft guten Geschmacks in der Tonkunst“[12] über Jahrzehnte hinweg so erfolgreich gewesen war, dass seine Untergebenen die Zäsur nun als herben Verlust empfanden.

Quellen

Burney 1773 · Mozart. Briefe und Aufzeichnungen 1962 · Schubart 1806 · Vogler 1778

Literatur

Betzwieser/Leopold 2003 · Finscher 1992 · Finscher/Pelker/Thomsen-Fürst 2002 · Leopold/Pelker 2004 · Pelker 2002

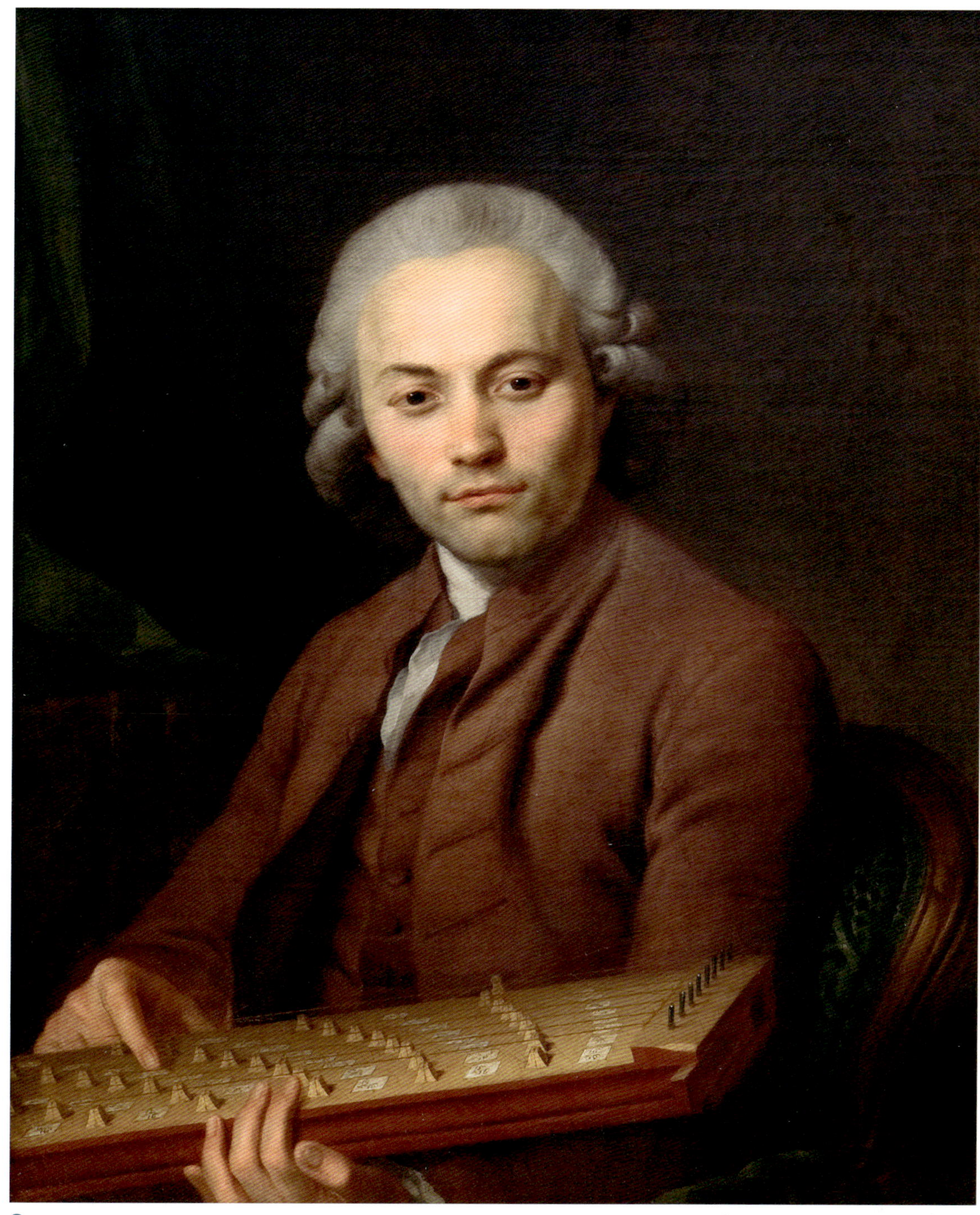

8 August Friedrich Oelenhainz (zugeschrieben): Abt Georg Joseph Vogler, um 1790, Öl auf Leinwand | Reiss-Engelhorn-Museen Mannheim, O 268

Anmerkungen

1 Mozart. Briefe und Aufzeichnungen 1962, S. 344.
2 Ebd., S. 395.
3 Ebd.
4 Burney 1773, S. 73.
5 Ebd., S. 76.
6 Zitiert nach Pelker 2002, S. 23.
7 Schubart 1806, S. 130.
8 Ebd., S. 129.
9 Ebd., S. 130.
10 Mozart. Briefe und Aufzeichnungen 1962, S. 102.
11 Vogler 1778, S. 198.
12 Schubart 1806, S. 129.

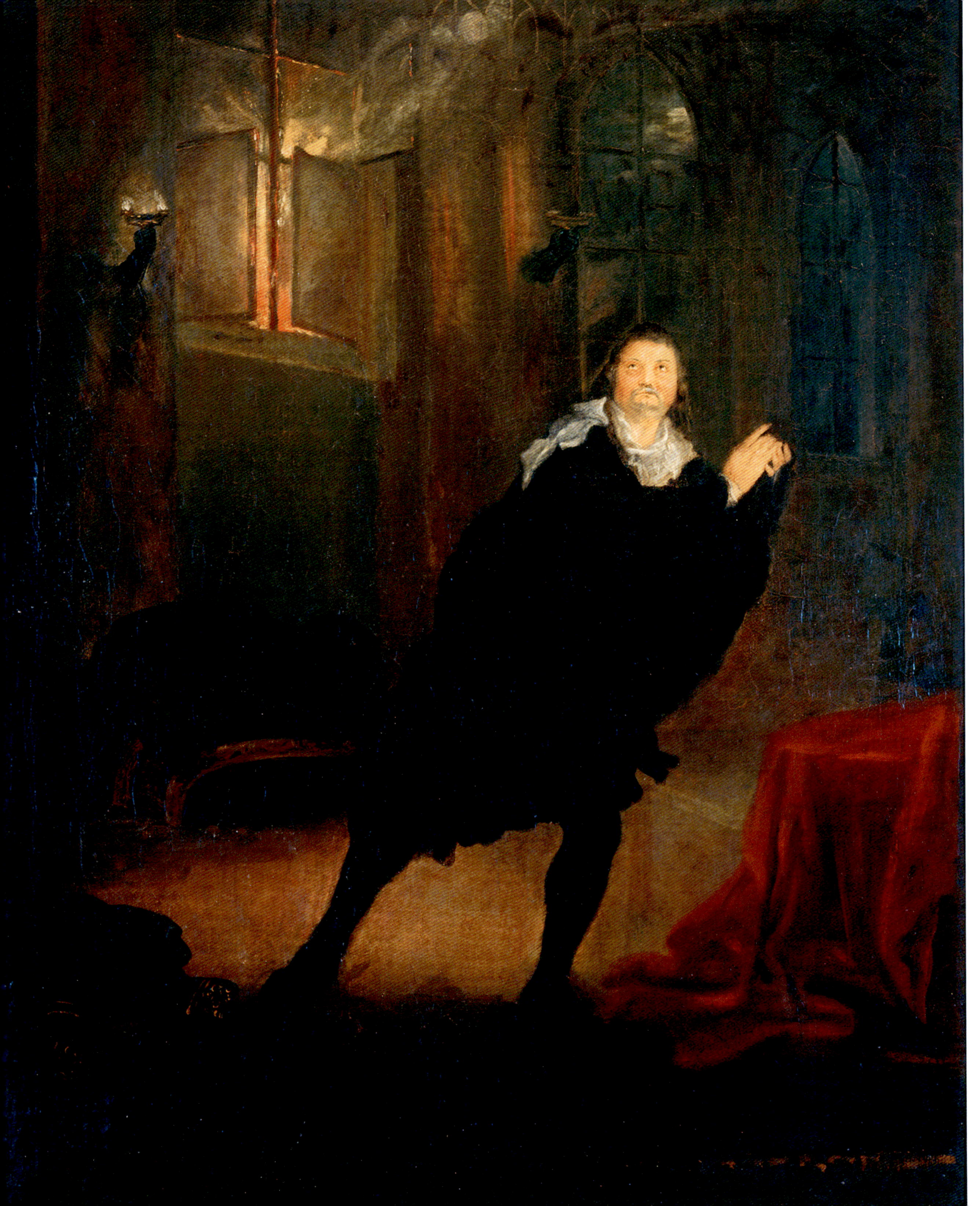

Liselotte Homering

„KurPfalz ist mein Vaterland"

Literatur und Theater am kurpfälzischen Hof im 18. Jahrhundert

> „Jetzt lebe ich zu Mannheim in einem angenehmen dichtrischen Taumel – KurPfalz ist mein Vaterland, denn durch meine Aufnahme in die gelehrte Gesellschaft, deren Protector der Curfürst ist, bin ich nazionalisiert, und kurfürstlich Pfalz bairischer Unterthan. Mein Clima ist das Theater, in dem ich lebe und webe, und meine Leidenschaft ist glücklicherweise mein Amt",[1]

so schrieb Friedrich Schiller (1759–1805) am 19. Januar 1784 allzu begeistert an seinen Freund, den Komponisten Johann Rudolf Zumsteeg (1760–1802). Mochte Schiller die tatsächliche Bedeutung seiner Aufnahme in die Kurpfälzische Deutsche Gesellschaft erheblich überschätzt haben,[2] so entsprach die Aussage jedenfalls seiner subjektiven Empfindung zum damaligen Zeitpunkt. Als Mitglied dieser respektablen sprachhistorisch-literarischen Vereinigung fühlte er sich endlich sicher vor dem eventuellen Zugriff seines ehemaligen Landesherrn, Herzog Carl Eugen von Württemberg (1728–1793), dessen Machtbereich er sich im September 1782 durch seine Flucht nach Mannheim entzogen hatte. Die spektakuläre Uraufführung seines ersten Dramas *Die Räuber* am 13. Januar 1782 im Mannheimer Nationaltheater lag da schon gute acht Monate zurück (Abb. 1). Damals, noch als Regimentsarzt in Stuttgart, schrieb er, von seinem Sensationserfolg vollkommen überwältigt, am 17. Januar 1782 an den Mannheimer Intendanten Wolfgang Heribert von Dalberg (1750–1806): „[…] ich glaube wenn Teutschland einst einen Dramatischen Dichter in mir findet, so muß ich die Epoche von der vorigen [gesperrt gedruckt] Woche zählen".[3] Wie Recht er hatte.

Dass aber im kurpfälzischen Mannheim Dalberg (Abb. 2) mutig ermöglicht hatte, was in Württemberg nicht denkbar war, hing einerseits mit der politischen Konstellation nach 1777/78 in Pfalz-Bayern zusammen, andererseits letztendlich mit der Vorliebe des unterdessen von München aus regierenden Kurfürsten Carl Theodor (1724–1799) für Künste und Wissenschaften. Doch mit all dem ist schon allzu weit vorgegriffen, auf eine Entwicklung, die bereits eine Art Endpunkt bedeutete.

1 August Wilhelm Iffland als Franz Moor in der Uraufführung von Friedrich Schillers Die Räuber am 13. Januar 1782 im Nationaltheater auf B3, Gemälde von Heinrich Anton Melchior, Öl auf Leinwand, um 1790 | Reiss-Engelhorn-Museen Mannheim

Exkurs: Literatur und Theater am kurpfälzischen Hof vom 15. bis zum 18. Jahrhundert

Nicht nur Mitglieder des bayerischen, sondern auch des pfälzischen Hauses Wittelsbach haben sich immer wieder mehr als nur interessiert für Literatur und das Theater, wenn auch ihr Engagement für die Künste zunächst eher repräsentativen oder staatstragenden Erwägungen geschuldet war und unterschiedlich häufig zur Ausführung gelangte. Dies hat bereits 1898 der Mannheimer Stadthistoriker Friedrich Walter grundlegend in seiner *Geschichte des Theaters und der Musik am kurpfälzischen Hofe* dargestellt.[4] Vor allem für den Zeitraum vom 15. Jahrhundert mit der Residenz Heidelberg bis zum Beginn der Regierungszeit 1690 von Kurfürst Johann Wilhelm (1658–1716) in Düsseldorf ist dem bis heute kaum erschöpfend Neues hinzugefügt worden. Zum Thema Literatur hingegen sei auf Karl Hartfelders *Studien zum Pfälzischen Humanismus*[5] verwiesen sowie auf den 2011 erschienenen Tagungsband von Wilhelm Kühlmann und Hermann Wiegand, der dem pfälzischen Dichter, Gelehrten, Publizisten und Politiker Julius Wilhelm Zincgref (1591–1635) und dem Heidelberger Späthumanismus gewidmet ist.[6] Zincgrefs Name verbindet sich direkt mit einem der politisch hoch ambitionierten, aber unglücklich agierenden pfälzischen Wittelsbacher, mit Friedrich V. (1596–1632), dem sogenannten Winterkönig.

Zu Recht hebt Friedrich Walter aber die besondere Bedeutung des wie Friedrich V. aus der pfalz-simmernschen Linie der Wittelsbacher stammenden Kurfürsten Karl Ludwig (1617–1680) im Hinblick auf Literatur und Sprechtheater hervor. Er war der Vater Elisabeth Charlottes von der Pfalz (1652–1722), der späteren Herzogin von Orléans, um deren Erbe willen mit dem Orléansschen Krieg in den Jahren 1688–1697 eine der großen europäischen kriegerischen Auseinandersetzungen der Neuzeit geführt wurde, die überwiegend katastrophale Zerstörungen in der Kurpfalz zur Folge hatte. Während seiner langen Regentschaft (1649–1680) hatte er ausgesprochen segensreich für die pfälzischen Lande gewirkt.

So nimmt es nicht Wunder, dass er sich in seinen vor allem späteren Regierungsjahren auch und zunehmend der Pflege der Dramatischen Künste hingab und ebenso Dramen von William Shakespeare wie italienisches und französisches Sprechtheater oder mit Vorliebe Stücke des deutschen Barockdichters Andreas Gryphius (1616–1664) im Heidelberger Schloss (Theater im Dicken Turm) aufführen ließ. Dies erfolgte sowohl durch Studenten der Universität als auch durch renommierte Theatertruppen, wobei darüber hinaus „englische Schauspieltruppen, die in Deutschland umherzogen, […] dem Heidelberger Hofe nicht ferngeblieben" [sind].[7] Im einen oder anderen Fall veranlasste Karl Ludwig auch Aufführungen in Mannheim bzw. in der Zitadelle Friedrichsburg (Abb. 3), wo er sich infolge der Zerstörungen des Heidelberger Schlosses im Dreißigjährigen Krieg oft und gern aufhielt.[8]

Zu erwähnen bleibt, dass unter Karl Ludwigs Sohn, Karl II. (1651–1685), „die Aufführungen bei Hofe prunkhafter [wurden], an die Stelle einfacher Komödien traten prächtige Ausstattungsstücke in französischem Geschmack, die ein merkwürdiges Gemisch von Oper, Schauspiel und Maskerade" bildeten.[9] Aufführungsort war häufig der Große Festsaal des Schlosses, und in der Regel mündete diese Art „Heidelberger Festspiele"[10] in größere Tafelgelage. Sie stellten also eine Art stets aufwendiger zelebriertes *Hors d'œuvre* vor dem eigentlichen Festmahl dar. Mit seiner Theaterleidenschaft, die immer mehr zur Selbstinszenierung geriet und ihn neben seiner Passion für große Jagdevents in erhebliche finanzielle Schwierigkeiten brachte, mag er seine ansonsten wenig glanzvolle Regierungszeit zu übertünchen versucht haben, der Kunst selbst erwies er damit freilich wenig gute Dienste. Immerhin verdankt ihm Mannheim die vermutlich erste musikalisch-theatrale Festaufführung im Schloss Friedrichsburg, *Die über Mars triumphierende Anmut* zu Ehren des Markgrafen Johann Friedrich von Brandenburg und unter persönlicher Beteiligung der fürstlichen Herrschaften am 23. Oktober 1683 aufgeführt.[11]

Die kunstsinnigen Pfalz-Neuburger

Mit Karl II. erlosch die Linie Pfalz-Simmern. Ihr folgte die Jüngere Pfalz-Neuburger Linie, die sich 1596 von der Pfalz-Zweibrücken'schen losgelöst und 1614 Jülich und Berg zum „pfälzischen Länderkonglomerat"[12] hinzuerworben hatte. Die Vertreter dieser Linie, die Kurfürsten Philipp Wilhelm (1615–1690), der nur kurz (1685–1690) regierte, Johann Wilhelm (1658–1716) und dessen Bruder Carl Philipp (1661–1742), waren es, die zunächst in Düsseldorf, dann in Mannheim nach und nach die Wende vor allem zur großen italienischen Oper (*opera seria*) als staatsrepräsentativer Kunstform vollzogen und, orientiert am Vorbild des französischen Hofes, im letzteren Fall auch das französische Schauspiel in der Originalsprache als Staatstheater einführten. Ein prachtvolles und technisch hervorragend ausgestattetes Zeugnis dieser Entwicklung war das Mannheimer Hofopernhaus im Westflügel des von Carl Philipp begonnenen Schlossbaus, mit dessen Eröffnung im Jahr 1742 sich dieser ein ganz besonderes Denkmal geschaffen hatte, dessen Blütezeit er jedoch nicht mehr erlebte. Schließlich wurde es nur wenige

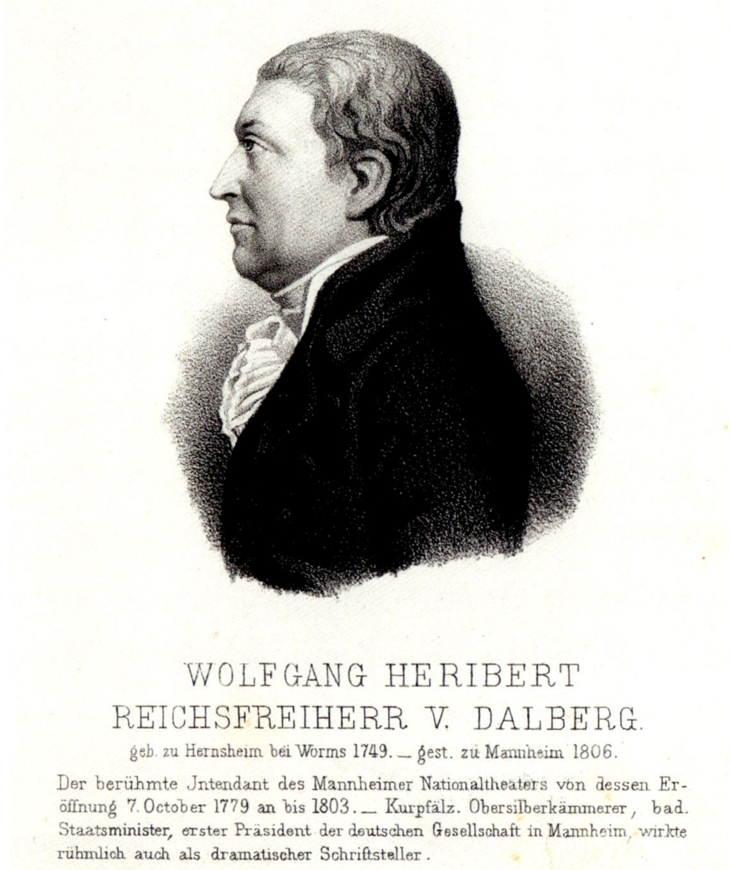

2 Wolfgang Heribert von Dalberg, von 1779–1803 Intendant des Mannheimer Nationaltheaters, Lithographie von Valentin Schertle, in: Friedrich Götz: Geliebte Schatten. Bilder und Autographen […], Mannheim, 1858 | Reiss-Engelhorn-Museen Mannheim, Bibliothek

Jahrzehnte später, 1795, als eines der schönsten, wenn auch seit 1778 nicht mehr genutzten, Opernhäuser Opfer der kriegerischen Auseinandersetzungen infolge der Französischen Revolution (Koalitionskriege) und wie ein Fanal am Ende des *Ancien régime* ausgerechnet von kaiserlichen Truppen in Schutt und Asche gebombt.

Literatur und Theater unter Kurfürst Carl Theodor

Zunächst konnte der aus dem Haus Pfalz-Sulzbach stammende Carl Theodor auf den Leistungen seines Vorgängers aufbauen und tat dies schließlich auch – nach anfänglicher Zurückhaltung – in extensiver Weise. Er führte am Mannheimer Hof neben seinen wissenschaftlichen und künstlerischen Ambitionen sein Hoforchester, seine Oper, das Ballett sowie das französischsprachige Theater zur höchsten Blüte und reihte seine pfälzische Residenzstadt zeittypisch in die Folge bedeutender europäischer Kunststädte wie Paris, London, München oder Dresden ein. Allein damit wäre ihm ein Platz in der Musik- und Theatergeschichte sicher gewesen. Wobei die Pflege der deutschen Sprache und Literatur deutlich im Argen lag:

„Noch um 1770 überwog in Mannheims Buchwesen der Einfluss der französischen Sprache und Literatur. So liegt beispielsweise Goethes Die Leiden des jungen Werthers als früher Mannheimer Druck (1777) nur in einer französischen Übersetzung vor, und der Verleger Christian Friedrich Schwan (1733–1815) sah sich zu Beginn seiner Buchhändlerlaufbahn in Mannheim gezwungen, seine importierten deutschsprachigen Bücher in französische Einbände binden zu lassen (‚Franzband'), damit sie nicht zu Ladenhütern verkamen"[13] (Abb. 4).

Umso bemerkenswerter sind die Entwicklungen unter Kurfürst Carl Theodors Regentschaft, die sich hinsichtlich des deutschsprachigen Theaters ergaben, wobei die Bemühungen um die deutsche Sprache und Literatur zunächst weniger von ihm, als von in Mannheim im Kreis und Umkreis des Hofes wirkenden Intellektuellen unterschiedlicher Couleur getragen wurden. Der ehemalige Jesuit und seit 1774, einem Jahr nach der Aufhebung des Jesuitenordens, Mannheimer Professor von Carl Theodors Gnaden für Dichtkunst und Philosophie, Autor und Verleger Anton Klein (1746–1810)[14] fasste die Lage der Literatur in der Pfalz in seinem Beitrag *Vom Ursprunge der Aufklärung der Pfalz in der Vaterlandssprache, und von derselben Verbreitung durch die Kurpfälzisch(e) deutsche Gesellschaft*, der 1787 im Ersten Band der *Schriften der Kurfürstlichen deutschen Gesellschaft in Mannheim* (Abb. 5) erschienen war, wohl treffend zusammen: „In manchen Gegenden waren Sprache und Dichtkunst schon in einem blühenden Zustande, als der große Theil unseres Publikums die vortreflichsten [sic!] Schriftsteller der deutschen Nation kaum dem Namen nach kannte." [15]

Um eine gemäßigte Aufklärung in der Kurpfalz sowie die geradezu gebetsmühlenartig apostrophierte Förderung des „guten Geschmacks" in Sprache und Literatur bemühten sich auf vielfältige Weise und mit wechselndem Erfolg Mannheimer Intellektuelle wie der bereits genannte Anton Klein oder der Meteorologe, Physiker und Sprachforscher Johann Jakob Hemmer (1733–1790) mit seinen sprachaufklärerischen Publikationen, außerdem der gleichfalls schon erwähnte weltläufige Hofbuchhändler, Hofkammerrat, Verleger und Autor Christian Friedrich Schwan. Er ging nicht nur als Herausgeber der kritischen Zeitschrift *Die Schreibtafel* (1774–1779) sowie als erster Verleger der drei frühen Dramen Schillers, *Die Räuber* (1782, Abb. 7), *Die Verschwörung des Fiesko zu Genua* (1783) und *Kabale und Liebe* (1784), in die Literaturgeschichte ein, sondern er hat neben zahlreichen wirkungsvollen Dramenübersetzungen aus dem Französischen auch im Bereich der Lexikologie mit seinen umfangreichen Deutsch-Französisch-Deutschen Wörterbuchprojekten Bedeutendes geleistet. Gleichermaßen zählen zu diesem einflussreichen Personenkreis der Maler, Kupferstecher und Dichter Friedrich „Maler" Müller (1749–1825), dem 1777 Kurfürst Carl Theodor den erfolgreich absolvierten Auftrag erteilte, sich grundsätzlich Gedanken zur Einrichtung eines deutsch-

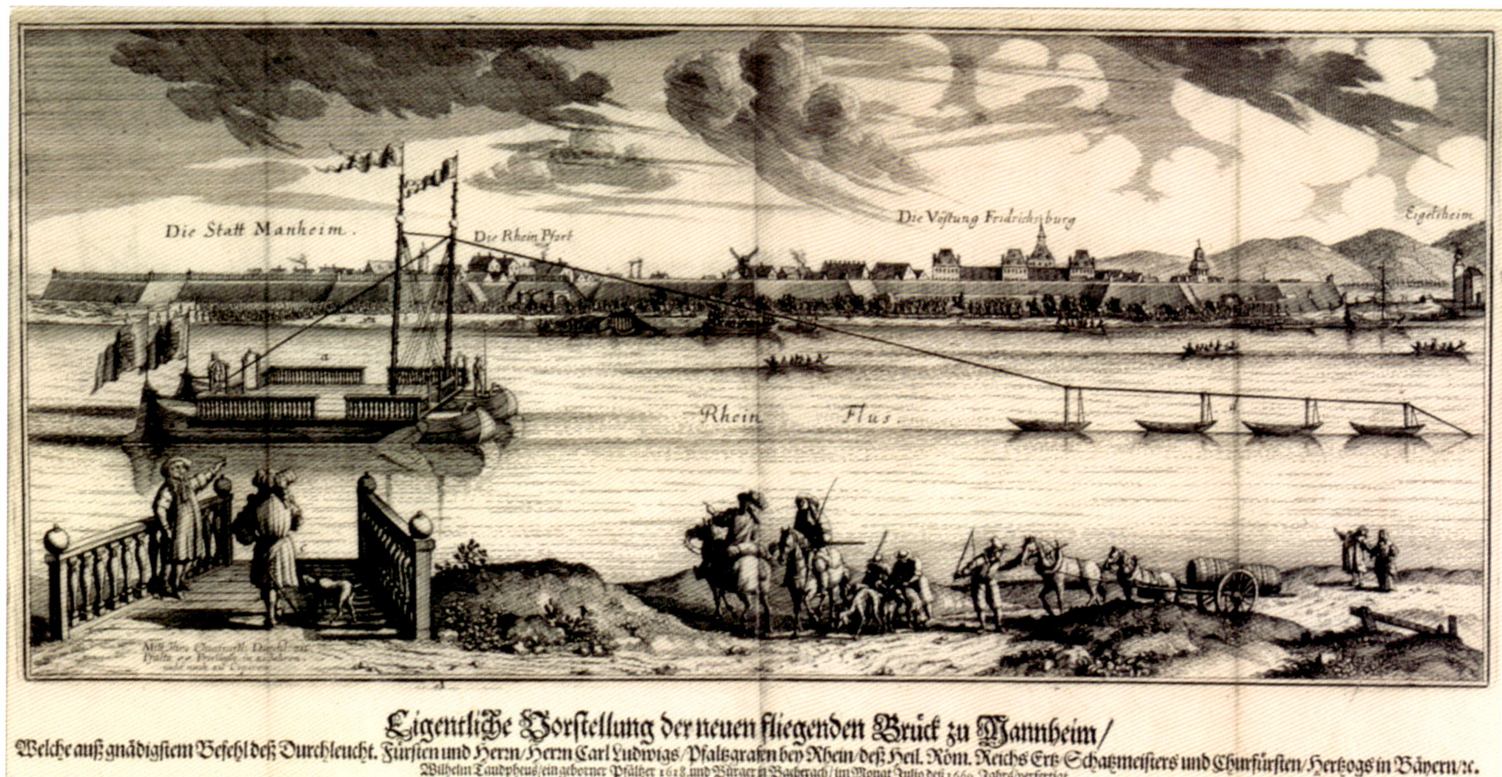

3 Blick auf Mannheim mit der Festung Friedrichsburg und der Fliegenden Brücke, von der gegenüberliegenden Rheinseite aus gesehen (Ausschnitt), Kupferstich, 1669 | Reiss-Engelhorn-Museen Mannheim

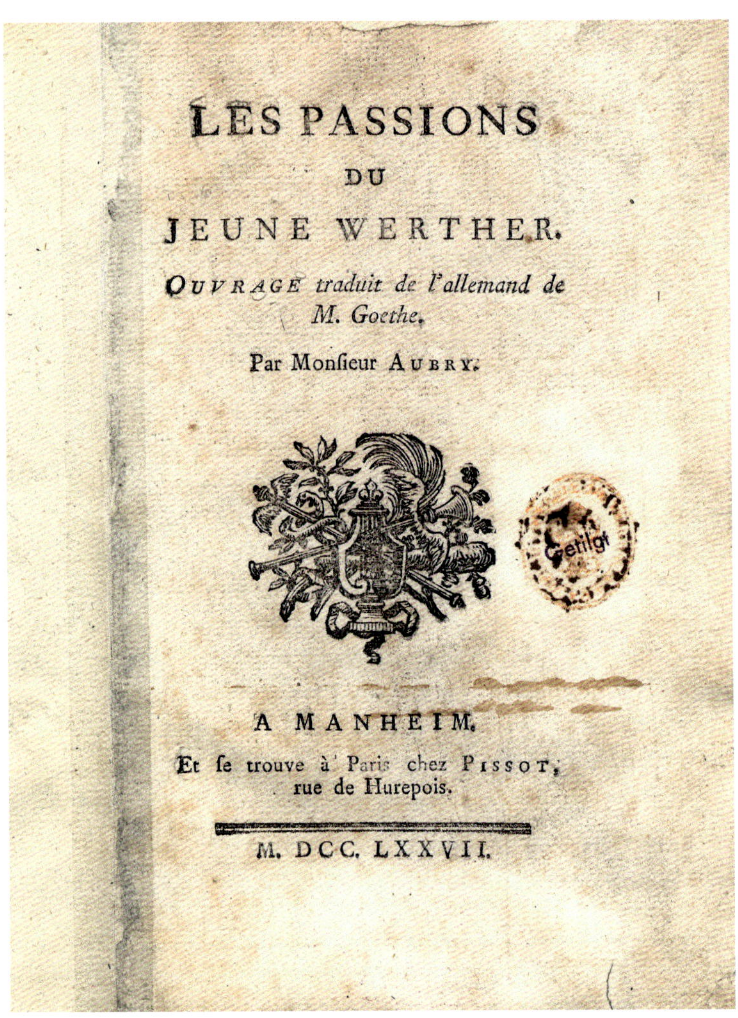
LES PASSIONS
DU
JEUNE WERTHER.
Ouvrage traduit de l'allemand de M. Goethe.
Par Monſieur Aubry.

A MANHEIM.
Et ſe trouve à Paris chez Pissot, rue de Hurepois.
M. DCC. LXXVII.

4 Titelseite zur französischsprachigen Ausgabe von Johann Wolfgang Goethes Die Leiden des jungen Werther (Les passions du jeune Werther), Mannheim 1777 | Reiss-Engelhorn-Museen Mannheim, Bibliothek, Mannheimer Drucke

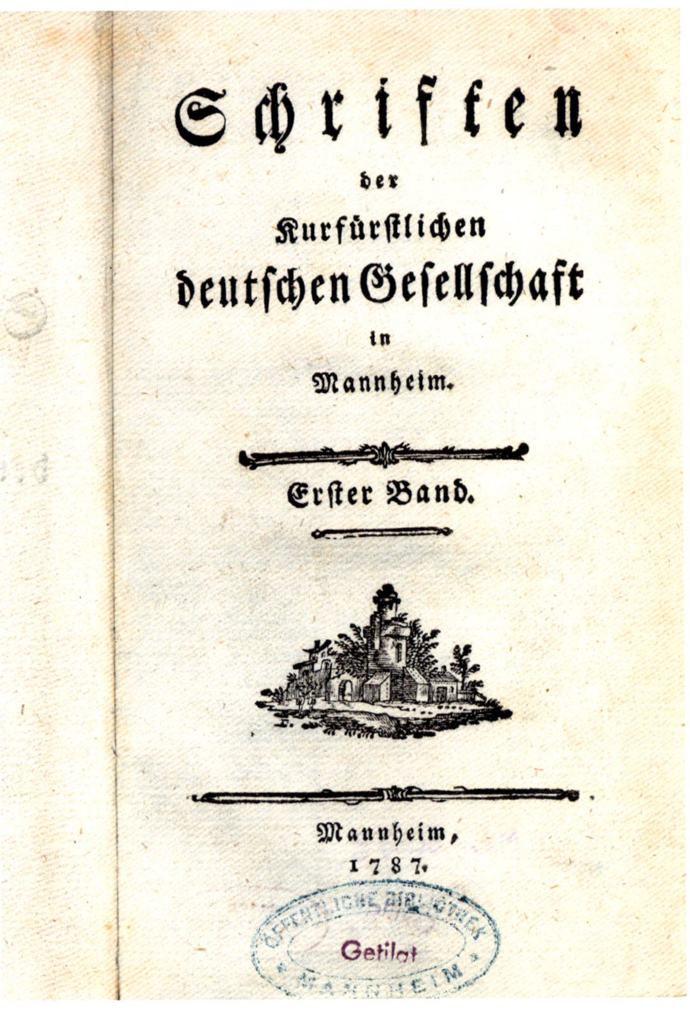
Schriften
der
Kurfürſtlichen
deutſchen Geſellſchaft
in
Mannheim.
Erſter Band.

Mannheim,
1787.

5 Titelseite des ersten Bandes der Schriften der Kurfürstlichen Deutschen Gesellschaft in Mannheim, Mannheim 1787 | Reiss-Engelhorn-Museen Mannheim, Bibliothek

sprachigen Theaters in Mannheim zu machen, oder auch der Kabinettsekretär Stephan von Stengel (1755–1822), der die Gründung der Kurpfälzischen Deutschen Gesellschaft in Mannheim forcierte.[16] 1775 war es soweit: Kurfürst Carl Theodor, inzwischen von großer Zuneigung zum deutschsprachigen Schauspiel ergriffen, wie es von zum Teil sehr renommierten Wandertruppen vor allem auf dem Mannheimer Marktplatz, aber auch im Schwetzinger Residenztheater aufgeführt wurde,[17] gründete die Kurpfälzische Deutsche Gesellschaft, die sich neben der Sprach- und Literaturpflege besonders für die Etablierung eines Nationaltheaters in Mannheim einsetzte.

Zeit des Umbruchs

Dass sich der Kurfürst 1770/71 ganz und gar von seinem französischsprachigen Schauspiel verabschiedete, wird zu ähnlich gleichen Teilen seiner gewachsenen Vorliebe für deutschsprachiges Theater, seiner Unzufriedenheit mit den Leistungen der seinerzeitigen französischen Schauspieltruppe, den erheblichen Kosten für den Unterhalt der Truppe, wohl aber auch den dauernd schwelenden Querelen, die zwischen ihm und der Kurfürstin Elisabeth Auguste (1721–1794) auf- und abwogten, zuzuschreiben sein. Denn sie traf er besonders mit seiner kurzfristigen Maßnahme, war sie doch eine glühende Verehrerin des französischen Schauspiels.[18]

6 Theaterzettel der zweiten Aufführung (10. Januar 1777) nach Eröffnung der Mannheimer National-Schaubühne (Nationaltheater in B 3: Trau, Schau, Wem! von Johann Christian Brandes, darauf Der dankbare Sohn von Johann Jacob Engel | Reiss-Engelhorn-Museen Mannheim

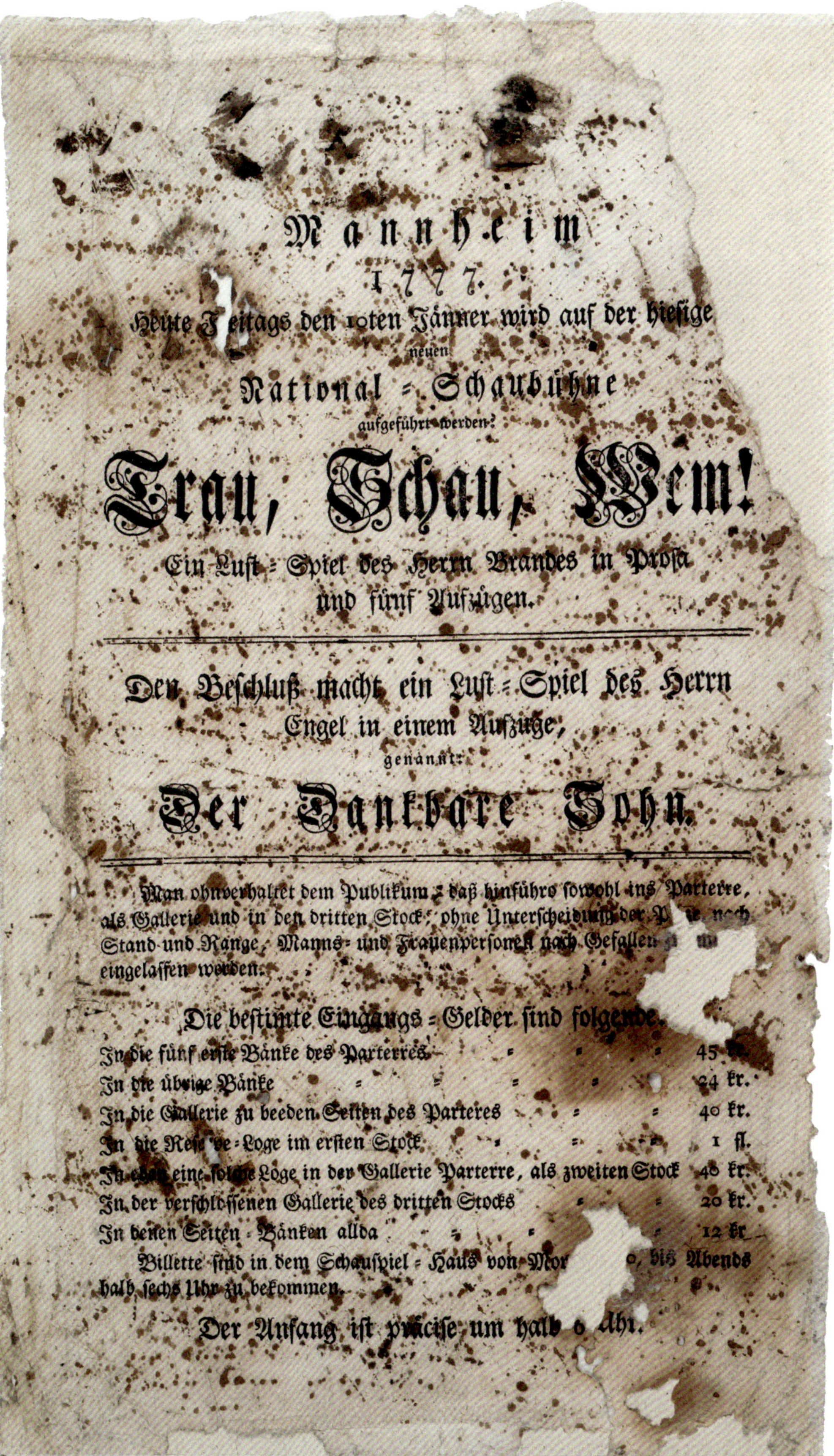

Mannheim

1777.

Heute Freitags den 10ten Jänner wird auf der hiesige

neuen

National-Schaubühne

aufgeführt werden:

Trau, Schau, Wem!

Ein Lust-Spiel des Herrn Brandes in Prosa
und fünf Aufzügen.

Den Beschluß macht ein Lust-Spiel des Herrn
Engel in einem Aufzuge,

genannt:

Der Dankbare Sohn.

Man ohnverhaltet dem Publikum: daß hinführo sowohl ins Parterre, als Gallerie und in den dritten Stock, ohne Unterscheidung der P[illegible] nach Stand und Range, Manns- und Frauenpersonen nach Gefallen [illegible] eingelassen werden.

Die bestimte Eingangs-Gelder sind folgende.

In die fünf erste Bänke des Parterres	45 kr.
In die übrige Bänke	24 kr.
In die Gallerie zu beeden Seiten des Parteres	40 kr.
In die Re[illegible]ve-Loge im ersten Stock	1 fl.
In [illegible] eine solche Loge in der Gallerie Parterre, als zweiten Stock	40 kr.
In der verschlossenen Gallerie des dritten Stocks	20 kr.
In denen Seiten-Bänken allda	12 kr

Billette sind in dem Schauspiel-Haus von Mor[illegible]o, bis Abends halb sechs Uhr zu bekommen.

Der Anfang ist präcise um halb 6 Uhr.

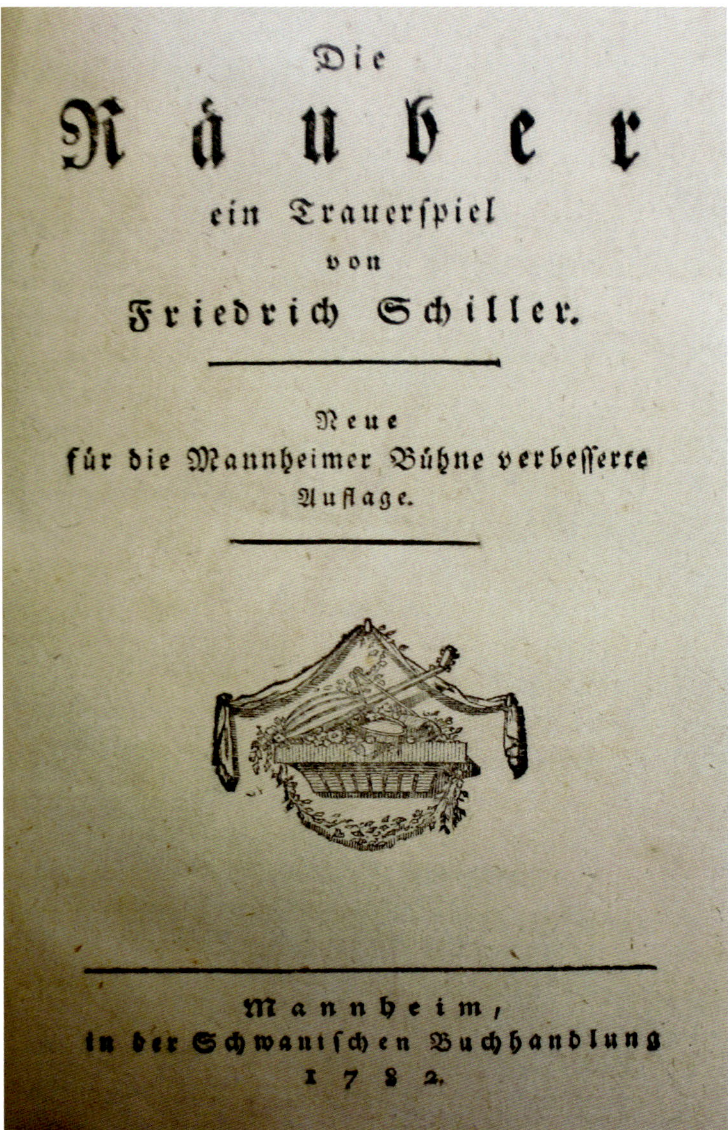

7 Titelseite zu Friedrich Schillers Die Räuber. Neue für die Mannheimer Bühne verbesserte Auflage, Mannheim: Schwan 1782 | Reiss-Engelhorn-Museen Mannheim, Bibliothek, Mannheimer Drucke

Wilhelm Herrmann ist zu verdanken, dass er mit einer Publikation zu dem Schauspieler Johann Heinrich Friedrich Müller (1738–1815) eine authentisch wirkende Quelle für die expliziten Intentionen des Kurfürsten im Hinblick auf die Wendung von der italienischen zur deutschen Oper und vom französischen zum deutschen Schauspiel erschlossen hat. Müller weilte vom 19. bis zum 24. Dezember 1776 in Mannheim und erhielt bei dieser Gelegenheit auch eine Audienz bei Carl Theodor. In deren Verlauf habe sich der Kurfürst

> „wie folgt" [geäußert]: ‚Ich habe bereits ein Haus erbauen lassen, worin nichts als deutsche Trauer- und Lustspiele aufgeführt werden sollen'[…]; man wolle ‚von nun an kein ausländisches Spektakel mehr' […] tolerieren. Carl Theodor wies auch auf die Hofoper hin, die gleichfalls von solcher Gesinnung belebt werden solle. So habe er sich entschlossen, dort ‚große deutsche Singspiele aus der vaterländischen Geschichte vorstellen zu lassen' […]; der Anfang werde am 5. Januar 1777 mit Ignaz Holzbauers *Günther von Schwarzburg* gemacht".[19]

Mit dem bereits „erbauten Haus" war das neue, aus einem Zeughaus in ein Theater umgebaute Schauspielhaus auf dem Quadrat B 3 gemeint, das am 6. Januar 1777 mit Johann Christian Brandes' *Der Schein trügt* der Öffentlichkeit übergeben wurde. (Abb. 6), und dessen eigentliche Blütezeit mit dem ersten Auftreten des Dalberg-Ensembles am 7. Oktober 1779[20] und mit der Aufführung eines Lustspiels nach Goldoni, *Geschwind, eh' es jemand erfährt oder der besondere Zufall* von Johann Christian Bock (1724–1785), einsetzte, und dem Talente wie der Charakterdarsteller August Wilhelm Iffland (1759–1814)[21], der Darsteller von „Helden" und Jugendlichen Liebhabern, Johann Michael Boeck (1743–1793), das Multitalent Heinrich Beck (1760–1803) oder der sowohl in tragischen Rollen als auch in der Komödie gefeierte Johann David Beil (1754–1794) ihre besondere Prägung gaben.

Der von Kurfürst Carl Theodor ebenso zielstrebig wie zügig realisierte Bau eines freistehenden Deutschen Schauspielhauses (Abb. 8) – gleichsam als Abschiedsgeschenk für die abgehalfterte Residenzstadt – wirkt im Nachhinein erstaunlich. Kaum konnte dies mit weiser Voraussicht zusammenhängen. Denn niemand vermochte zu ahnen, dass der bayerische Kurfürst Maximilian III. Joseph (1727–1777) eben erst 50-jährig am 30. Dezember 1777 an den Pocken versterben würde, womit automatisch die wittelsbachische Hausregelung in Kraft trat, der zufolge der pfälzische Kurfürst dessen Nachfolge anzutreten, seine Residenz nach München zu verlegen hatte und die Pfalz mit Bayern zu vereinen war. Der fast vollständige Wegzug des Hofes wirkte sich für Mannheim zu diesem Zeitpunkt katastrophal aus. Aus der Retrospektive gesehen, bot dieser Umbruch jedoch längerfristig auch die Chance zur Veränderung, zu einer anderen Entwicklung, die von der Durchsetzung bürgerlicher Emanzipation und manchem Zugewinn an Freiheit begleitet war. Ein Sachverhalt, von dem schon zu Beginn dieser Ausführungen die Rede war, und dem es Friedrich Schiller sicher auch zu verdanken hatte, dass sein Weg zum großen deutschen Dramatiker eben nicht in Stuttgart oder in München, sondern gerade in Mannheim begann.

Quellen

Schillers Briefe 1772–1785 [1956]

Literatur

Bauer 2008 · Dümas 2005 · Erb 2008 · Hartfelder 1993 · Herrmann 1999 · Homering 1999 · Homering 2010 · Homering 2012 · Kreutz 2008a · Kühlmann/Wiegand 2011 · Richter 2004 · Walter 1898 · Wiegand 2008

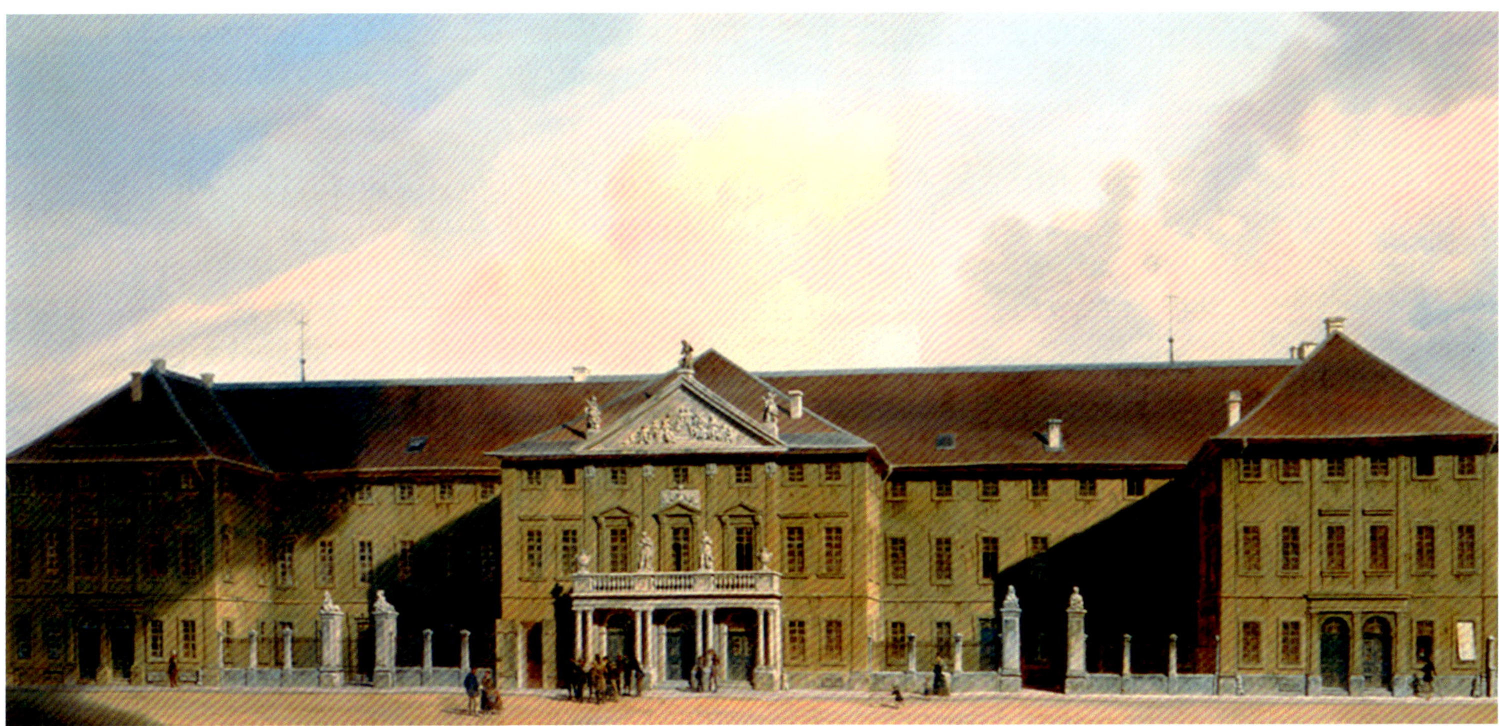

8 Mathias Artaria: Das Mannheimer Nationaltheater in B 3 im alten Zustand vor dem Umbau durch Joseph Mühldorfer, Öl auf Leinwand, 1853 |
Reiss-Engelhorn-Museen Mannheim

Anmerkungen

1 Schillers Briefe 1772–1785 [1956], S. 130.
2 Kreutz wies 2008 in seinen Ausführungen zu *Friedrich Schiller und die Konflikte in der und um die ‚Kurfürstliche Deutsche Gesellschaft‘*, S. 75 und Anm. 20, S. 81, nochmals darauf hin, dass die Ernennung Schillers zum Mitglied der Kurpfälzischen Deutschen Gesellschaft nichts mit dem Erwerb einer ihn schützenden, neuen Staatsangehörigkeit zu tun hatte. Er war und blieb württembergischer Untertan.
3 Schillers Briefe 1772–1785 [1956], S. 30.
4 Walter 1898.
5 Hartfelder 1993.
6 Kühlmann/Wiegand 2011.
7 Vgl. Walter 1898, S. 25–33 und S. 27.
8 Vgl. ebd. S. 31.
9 Ebd., S. 34.
10 Ebd., S. 34.
11 Vgl. ebd., S. 39–41.
12 Siehe Richter 2004, S. 89.
13 Siehe Dümas 2005, S. 7. Der Aufsatz bietet einen hervorragenden Überblick über die literarischen Gepflogenheiten der Aufklärung mit besonderem Schwerpunkt auf die Mannheimer Verhältnisse.
14 Neuerdings ausführlich zu Person und (im Hinblick auf seine Tätigkeit in der Kurpfälzischen Deutschen Gesellschaft zwiespältigen bis verhängnisvollen) Leistung Anton (von) Kleins vgl. das Schwerpunktthema der Mannheimer Geschichtsblätter 16/2008, umfassend die Darstellungen von Wiegand 2008, Bauer 2008, Kreutz 2008 und Erb 2008.
15 Erster Band der Schriften der Kurfürstlichen Deutschen Gesellschaft in Mannheim, 1787, S. 3.
16 Vgl. insgesamt hierzu Homering 1999, S. 312–313. Ausführlich zu Friedrich Müllers Idee des Nationaltheaters siehe die Darstellung von Herrmann 1999, S. 226–231.
17 Zu den Gastspielen der unterschiedlichsten Theatertruppen in Mannheim, vgl. die umfassende Darstellung von Herrmann 1999.
18 Vgl. Herrmann 1999, S. 192 f.
19 Johann Heinrich Friedrich Müller, J.H.F. Müllers Abschied von der k.k. Hof- und National-Schaubühne. Mit einer kurzen Biographie seines Lebens und einer gedrängten Geschichte des hiesigen Hoftheaters, Wien 1802. Vgl. Herrmann 1999, S.239–242 und ebd. zitiert nach S. 241–242.
20 Vgl. auch Homering 2012.
21 Vgl. auch Homering 2010.

Kurfürstliche Galerien in Düsseldorf, Mannheim und München (1680–1800)

Eva-Bettina Krems

Als bedeutendste Figur für die Geschichte der kurfürstlichen Sammlungen in Düsseldorf, Mannheim und später München gilt Johann Wilhelm von der Pfalz (1658–1716), der im Jahre 1679 das Herzogtum Jülich und Berg übertragen bekommen und im gleichen Jahr die Residenz in Düsseldorf bezogen hat.[1] Sein Interesse für luxuriöse Kunstsammlungen reicht weit zurück: Bereits auf seiner Kavalierstour (1674–1677) lernte er die wichtigsten europäischen Sammlungen aus eigener Anschauung kennen, etwa in Versailles, London, Madrid, Wien, Neapel, Florenz und Rom. Bei der Einrichtung seines Hofes in Düsseldorf wurden vor allem die Sammlungen, ihr Ausbau und ihre Pflege zu einem der wichtigsten höfischen Repräsentationsmittel. Diese Konzentration war gut gewählt, denn die finanziellen und auch politischen Möglichkeiten waren eingeschränkt. Somit versprach eine international zusammen getragene Sammlung, die später sogar noch in einem eigenen Gebäude präsentiert wurde, eine weite Resonanz.

Schon ab 1680 ließ Johann Wilhelm alle Gemälde aus Schlössern und Kirchen seiner Vorfahren in Düsseldorf zusammenführen. Sein Großvater, Wolfgang Wilhelm (1578–1653), Pfalzgraf bei Rhein zu Neuburg, Herzog zu Jülich-Berg, besaß eine berühmte Gemäldegalerie, unter anderem mit Werken von Rubens. Ab den 1690er Jahren spielte Johann Wilhelms zweite Gemahlin Anna Maria Luisa de' Medici (1667–1743), zweites Kind von Cosimo III., Großherzog von Toskana (1642–1723), und Marguerite Louise von Orléans (1645–1721), eine kaum zu überschätzende Rolle bei seinen Bemühungen um eine repräsentative und erlesene Sammlung.[2] Die Hochzeit fand 1691 statt. Johann Wilhelm, der seit 1690 Kurfürst war, kam auf diese Weise mit dem Bruder von Anna Maria Luisa, Ferdinando de' Medici (1663–1713), in Kontakt, der in der Villa Poggio a Caiano ebenfalls ein ab 1699 angelegtes Bilderkabinett – *Gabinetto d'Opere in piccolo* – besaß.

Da der Platz besonders für die großformatigen Gemälde im Düsseldorfer Stadtschloss nicht ausreichte, entstand 1709–1714 der berühmte Galeriebau und somit ein eigenes Gebäude für die Sammlung südlich des Schlosses nach Plänen des venezianischen Architekten Matteo Alberti (1646–1735) und unter der Bauleitung des Hofarchitekten Jacques du Bois (Dubois, tätig 1700–1716). Vermutlich 1709 verfasste Rapparini seine berühmte Huldigungsschrift *Le Portrait du Vrai Mérite*, in welcher der nicht zur Ausführung gekommene Erstentwurf der Galerie überliefert ist.[3] Die 1778 erschienene Publikation von Nicolas de Pigage

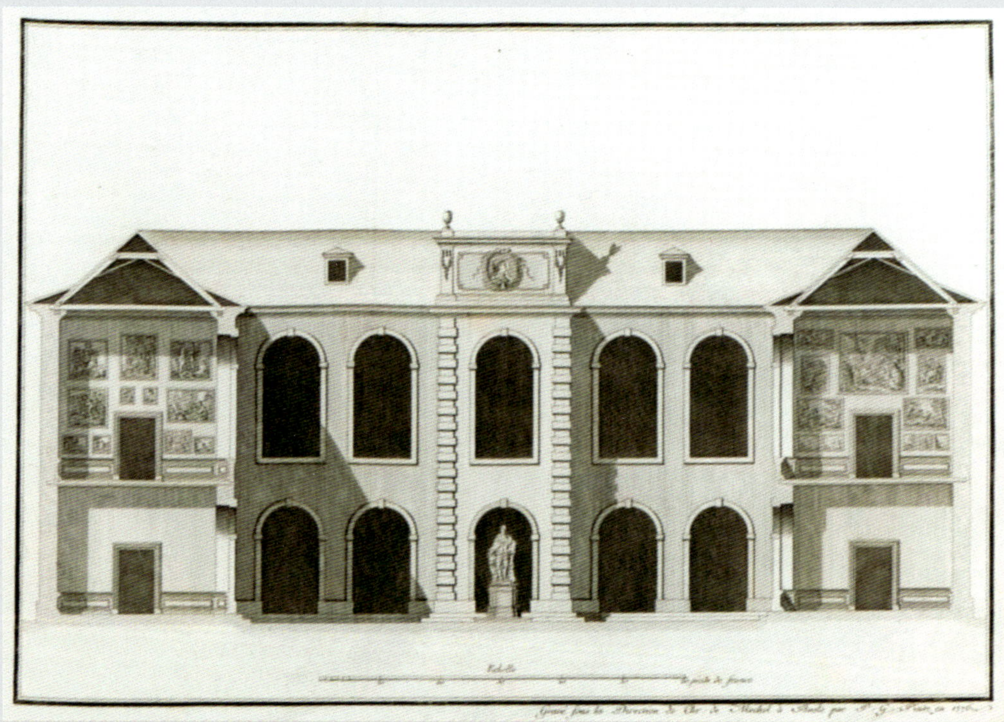

1 Nicolas de Pigage und Christian von Mechel: La Galerie Électorale de Dusseldorf, 1778, Tafel C: Fassade und Schnitt des Galeriegebäudes | Stadtmuseum Düsseldorf, D VII/3

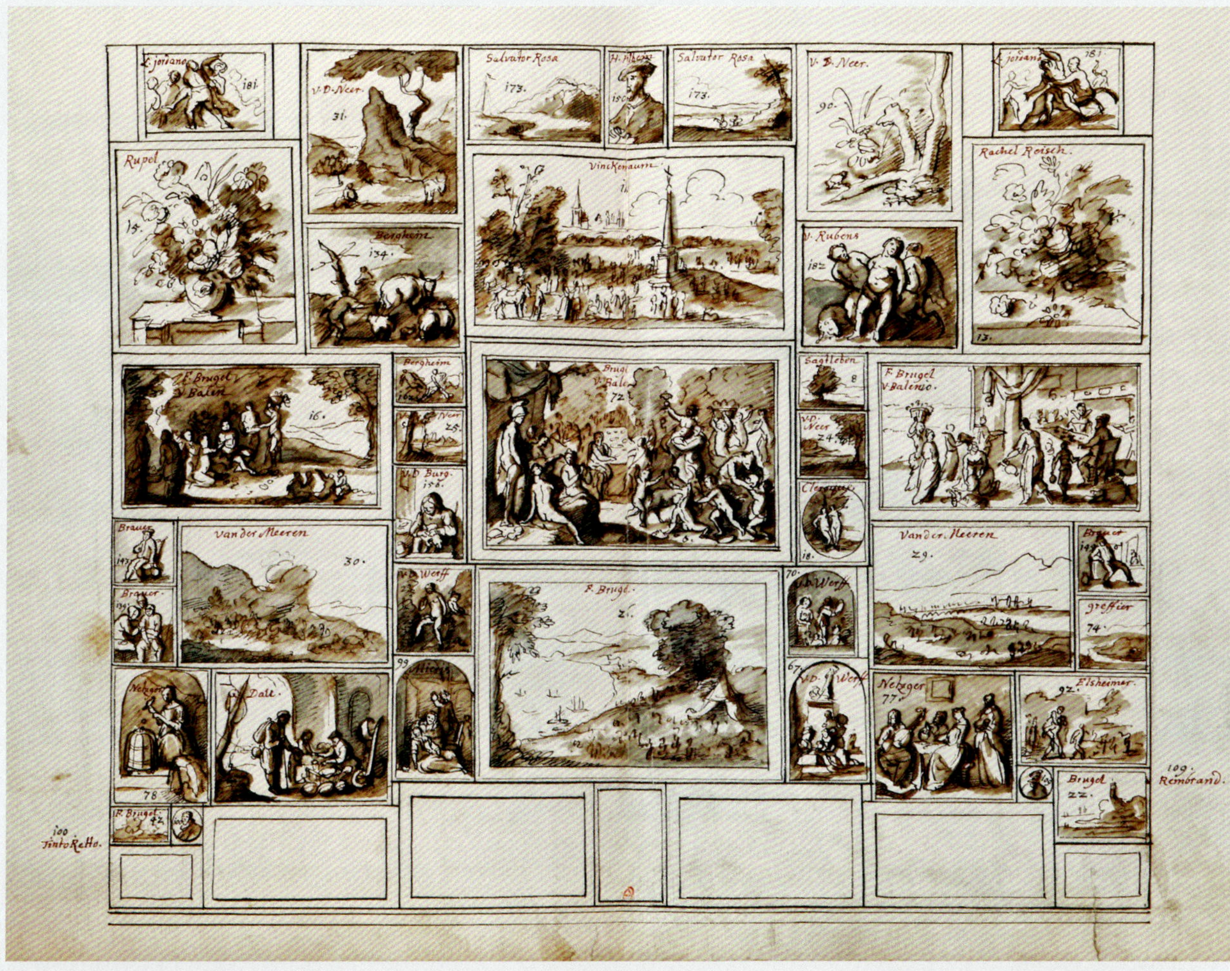

2 Jan Philipps van der Schlichten: Gemäldekabinette des Kurfürsten Carl III. Philipp von der Pfalz im Residenzschloss Mannheim, Anordnung der Gemälde im Ersten Gemäldekabinett, Wand I, 1731 | Paris, Bibliothèque de l'INHA, Collections Jacques Doucet

zur Galerie zeigt den zweigeschossigen Baukörper als Dreiflügelanlage, einer kleinen *Maison de Plaisance* gleich, dessen Eingangsportal durch einen Mittelrisalit hervorgehoben wird (Abb. 1).[4]

Nach Errichtung des Galeriebaus verteilte sich die kurfürstliche Sammlung in Düsseldorf auf die Galerie, die etwa 350 Gemälde beherbergte, und zwei Gemäldekabinette im Schloss. Schwerpunkte der Kabinettsammlung Johann Wilhelms, die einer sehr intimen Kunstbetrachtung dienten, waren die Werke Jan Brueghels d. Ä. und seines Umkreises sowie die holländische Feinmalerei von Dou bis Adriaen van der Werff (1659–1722), der zugleich sein Hofmaler war. Mehr als andere Fürsten seiner Zeit suchte der Kurfürst die Konversation mit seinen Hofkünstlern.[5]

Im Galeriebau wurden die Gemälde im ersten Geschoss in fünf Sälen präsentiert. Höhepunkt der Sammlung waren die Werke von Rubens. Die ursprüngliche Hängung der Gemälde unter Johann Wilhelm ist nicht bekannt. Der erste Katalog stammt von 1719 und wurde von Gerhard Joseph Karsch, der später als Erster das Amt des Galerieinspektors bekleidete, zur Regelung der Erbschaft des 1716 verstorbenen Kurfürsten angefertigt.[6] Dieser Katalog veranschaulicht Johann Wilhelms ungemein beeindruckende und einzigartige Sammlung an Meisterwerken europäischer Kunst. In den Parterreräumen des Galeriegebäudes und damit für den Kurfürsten und seine Gäste beim Betreten des Gebäude zunächst zu bestaunen, wurde die Sammlung von Antikenabgüssen in Gips und Scagliola ausgestellt, die Johann Wilhelm ab 1707 mit Hilfe von Graf Antonio Maria de Fede in Rom aufgebaut hatte. Sie bot einen der wichtigsten Studienorte für Meisterwerke der Antike nördlich der Alpen.

Das eigenständige Galeriegebäude in Düsseldorf markiert einen wichtigen Schritt vom Privatkabinett zum öffentlichen Sammlungsgebäude.[7] Wenige Jahre früher (1700) war mit der „Großen Galerie" in Salzdahlum der früheste selbständige Museumsbau in Europa entstanden. Salzdahlum und Düsseldorf, die letztlich auf das Konzept der *Tribuna Buontalentis* in den Florentiner Uffizien aus den späten 1580er Jahren zurückgehen, sollten wegweisend für eine Reihe ähnlicher Projekte in Europa sein, etwa in Dresden, Berlin, Mannheim, München und auch Paris.

Nach Johann Wilhelms Tod 1716 verlegte sein Nachfolger Carl Philipp von der Pfalz (1661–1742) die Residenz 1720 nach Mannheim und ließ aus dem Düsseldorfer Schloss 300 Gemälde, ferner die Schatzkammer, die Elfenbein-, Münz-, Medaillen- und Waffensammlung und Skulpturen nach Mannheim bringen. Die Gemäldegalerie blieb jedoch weitgehend unangetastet, ebenso die Antikensammlung im Erdgeschoss der Galerie. 1730 wurden die Gemälde aus den beiden Kabinetten des Düsseldorfer Schlosses auf Weisung des Kurfürsten nach Mannheim gebracht, wo sie ebenfalls in zwei Privatkabinetten im Mannheimer Schloss untergebracht wurden. Die Hängung der knapp 250 Gemälde in den Kabinetten des Mannheimer Schlosses ist durch vier lavierte Zeichnungen von 1731 überliefert, die Jan Philipps van der Schlichten zugeschrieben werden (Abb. 2).[8] Sie dienen auch zur Rekonstruktion der Kabinette im Düsseldorfer Schloss.

Mit dem Tod Carl Philipps 1742 starb auch das Haus Pfalz-Neuburg aus. Die Kurwürde und alle Besitzungen gingen an die Linie Pfalz-Sulzbach über. Kurfürst Carl Theodor von Pfalz-Sulzbach (1724–1799) ließ die Gemäldegalerie in Düsseldorf ebenfalls unangetastet, doch wurden die Antikenabgüsse im Erdgeschoss in den Mannheimer Antikensaal integriert. Carl Theodor begann mit dem Aufbau einer eigenen Gemäldegalerie in Mannheim, die 1799/1802 nach München überführt wurde.[9]

1758 gab es im Siebenjährigen Krieg die erste Verlagerung der kurfürstlichen Galerie von Düsseldorf ins Mannheimer Schloss. 1763 kehrte die weitgehend intakte Sammlung nach Düsseldorf zurück. Die Rückkehr war Anlass für Krahes Neuordnung der Gemälde. Diese „zweite Hängung" ist durch das berühmte Galeriewerk von Nicolas de Pigage und dem Schweizer Verleger Christian von Mechel von 1778 genau überliefert.[10] Im Mannheimer Schloss zogen die beiden Gemäldekabinette zwischen 1746 und 1799 mehrmals um.[11] 1755 erfolgte eine Neueinrichtung der Kabinette und ihre Neuinventarisierung durch den Hofmaler Philipp Hieronymus Brinckmann (1709–1760), die auch durch einen Katalog dokumentiert wurde. Jedoch schon Mitte der 1760er Jahre wurden die Gemälde der Kabinette mit den großformatigen Galeriegemälden Carl Theodors vereint und im neuen, in den 1750er Jahren errichteten Ostflügel des Mannheimer Schlosses zusammengeführt. Dieser Flügel war den Wissenschaften und Künsten gewidmet und bot Platz für neun Galeriesäle. Die berühmte Mannheimer Galerie war spätestens ab 1770 öffentlich zugänglich.

1777 wurde Carl Theodor durch Erbfall auch Kurfürst von Bayern und verlegte die Residenz von Mannheim nach München. Er ließ die von Kurfürst Max Emanuel (1662–1726) aufgebaute Gemäldesammlung von Schloss Schleißheim für die Öffentlichkeit öffnen und ordnete den Bau eines eigenständigen Galeriegebäudes im Hofgarten an, errichtet zwischen 1777 und 1783, zur Aufnahme der verschiedenen Wittelsbacher Kunstsammlungen. 1799 wurde die Mannheimer Galerie nach München verlagert und gelangte in das Schloss Nymphenburg, dokumentiert durch ein ab dem 19. November 1799 aufgestelltes Inventar unter dem Titel *Catalogue de la Gallerie du Mannheim actuellement au Chateau de Nymphenbourg*. 1805 fand die dritte und letzte Auslagerung der Düsseldorfer Galerie während der Napoleonischen Kriege nach Mainz (Kirchheimbollanden) und von dort per Resolution des Kurfürsten Maximilian IV. Joseph (1756–1825) nach München statt, wo sie 1806 eintraf und zusammen mit den ab 1799 aus Mannheim abgezogenen Bildern zunächst in Nymphenburg deponiert wurde. Sie kehrte nie nach Düsseldorf zurück, sondern fand ihren Platz in der 1836 eröffneten Alten Pinakothek.[12] 1822 begann der neue Central-Galerieinspektor Johan Georg von Dillis die Düsseldorfer Bilder in ein systematisches Verzeichnis aufzunehmen. Der Ruhm der Alten Pinakothek in München beruht somit auch auf Kurfürst Johann Wilhelms großer Sammelleidenschaft um 1700.

Quellen

Karsch o. J. [1717] · Karsch o.J. [1719] · Pigage 1778 [2009] · Rapparini 1709 · Van Gool 1751

Literatur

Ausst.-Kat. Düsseldorf 2008 · Ausst.-Kat. München 2009b · Gaehtgens/Marchesano 2011 · an der Heiden 1998 · Hofmann 1999 · Koch 2006 · Korthals Altes 2003 · Kühn-Steinhausen 1939 · Opel 2011 · Tipton 2006 · Valentini 2009

Anmerkungen

1 Es sei hier nur die wichtigste und Maßstäbe setzende Literatur der letzten Jahre genannt: Tipton 2006; Ausst.-Kat. Düsseldorf 2008; Ausst.-Kat. München 2009.

2 Grundlegend Kühn-Steinhausen 1939; zuletzt besonders Valentini 2009.

3 Rapparini 1709.

4 Pigage 1778 [2009].

5 Siehe v. a. Ausst.-Kat. München 2009, Bd. I, S. 77–79.

6 Vgl. Karsch o. J. [1719]; Johan van Gool verfasst ebenfalls 1716 einen *Catalogus* der Düsseldorfer Bilder, der jedoch erst 1751 publiziert wird, vgl. daher Van Gool 1751.

7 Zur Bedeutung der Gemäldegalerie in Düsseldorf als einer der ersten öffentlich zugänglichen Gemäldesammlungen für die Entstehung des öffentlichen Museums in Deutschland siehe v. a. Koch 2006, Hofmann 1999 zur Sammlung in Mannheim, Opel 2011. Zur Hängung der Gemälde in Düsseldorf nach zunehmend wissenschaftlichen und kunsthistorischen Kriterien im Zuge der Aufklärung siehe Gaehtgens/Marchesano 2011.

8 Siehe v. a. Korthals-Altes 2003 und Ausst.-Kat. München 2009, Bd. II, S. 250–257.

9 Siehe die Inventare Mannheim 1799/1802 im Ausst.-Kat. München 2009, Bd. II, S. 252.

10 Dieser erste kritische und illustrierte Katalog einer deutschen Gemäldesammlung erschien in Basel: Pigage 1778 [2009].

11 Zu den Mannheimer Sammlungen unter Carl Theodor siehe v. a. Hofmann 1999.

12 Zur Geschichte der Alten Pinakothek vgl. an der Heiden 1998.

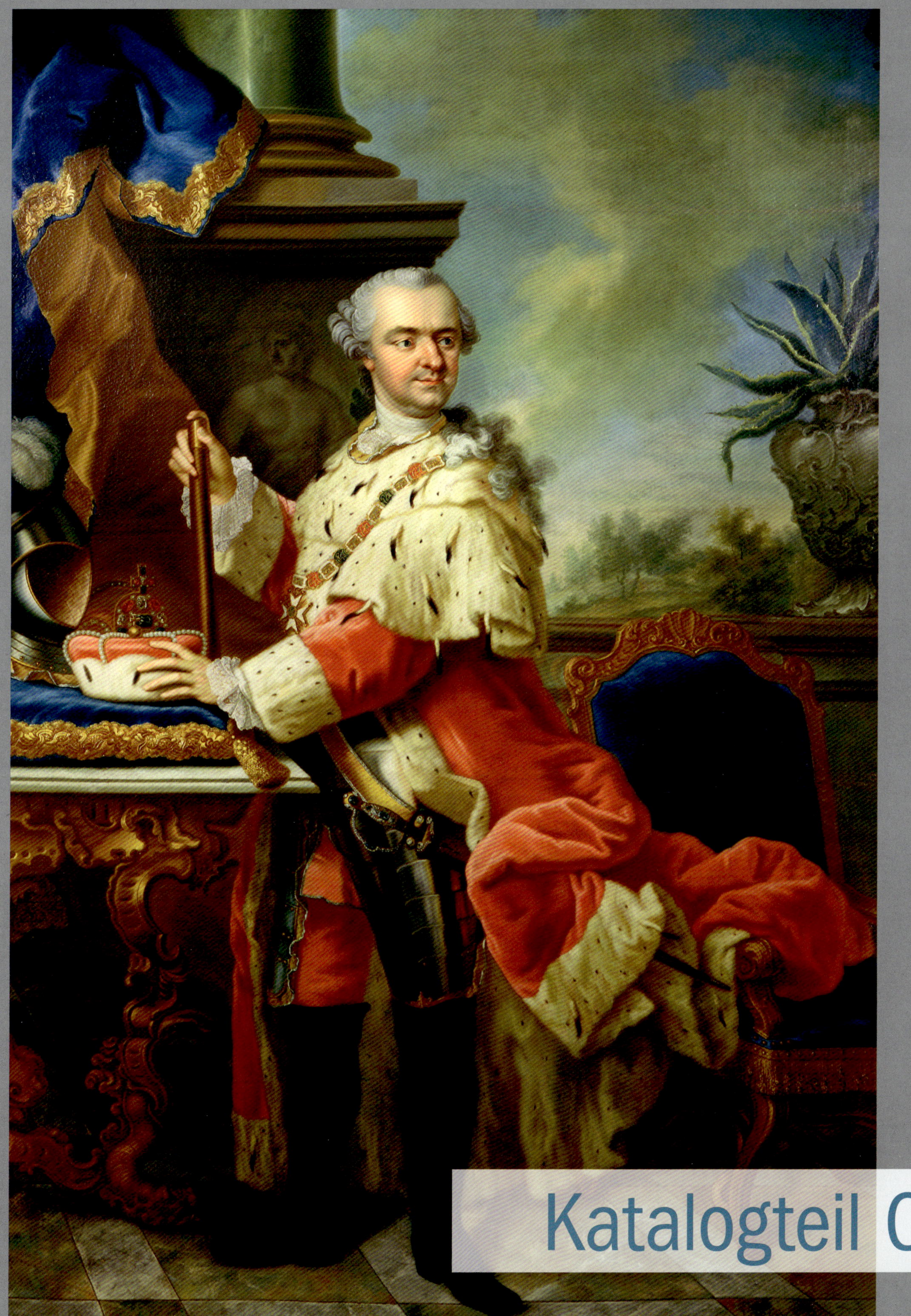

Katalogteil C

Kurpfälzischer Hof und Residenzstadt Mannheim

Kurfürst Carl Philipp verlegte 1720 seine Residenz von Heidelberg nach Mannheim. Er ließ dort nach dem Vorbild Versailles mit dem Bau des Barockschlosses, der größten Schlossanlage Europas, sowie der Hof- und Jesuitenkirche beginnen. Unter seinem Nachfolger Carl Theodor erlebte die Stadt als europäisches Zentrum der Literatur, Wissenschaften, Kunst und Kommerz ihre glanzvollste Epoche: Schiller und Mozart gaben sich hier ein Stelldichein und die Mannheimer Hofmusik gilt als Wegbereiterin der Wiener Klassik. Neben dem Ausbau der kurfürstlichen Kunst- und Naturkundesammlungen sowie der Gründung von Akademien erfuhren auch die „modernen Naturwissenschaften" eine Förderung. Die Mannheimer Sternwarte zog Besucher aus aller Welt an. Mannheims Blütezeit währte jedoch nur kurz, denn als Carl Theodor nach Aussterben der bayerischen Wittelsbacher 1777 die Linien der Pfalz und Bayerns vereinigte, bedingte dies eine erneute Verlegung der Residenz nach München.

C1

Carl III. Philipp – Die Verlegung der Residenz nach Mannheim

Carl III. Philipp, der als jüngerer Sohn einst für ein kirchliches Amt vorgesehen gewesen war, trat nach dem Tod seines kinderlosen Bruders die Herrschaft über die Kurpfalz an. Die Freude war groß, als er sich entschloss, statt in Düsseldorf fortan wieder in Heidelberg zu residieren. Dort kam es jedoch zunehmend zu Auseinandersetzungen mit den reformierten Kirchenräten. Als der katholische Kurfürst beschloss die simultan, also von beiden Konfessionen genutzte Heiliggeistkirche den Katholiken zu überlassen, eskalierte der Konflikt. Der Kurfürst machte 1720 seine Androhung war, die Residenz und alle Behörden von Heidelberg nach Mannheim zu verlegen und ließ mit dem Bau des dortigen Barockschlosses beginnen. Neben dem konfessionellen Streit dürfte Carl Philipps Entscheidung aber auch beeinflusst haben, in Mannheim eine repräsentative Residenz nach dem glänzenden Vorbild Versailles errichten zu können, wie sie in Heidelberg nie möglich gewesen wäre. So entstand innerhalb von vier Jahrzehnten in Mannheim eine der größten Schlossanlagen Europas.

C1.01

Gesamtansicht Mannheims vom linken Rheinufer

Zeichnung Friedrich Bernhard Werner, Radierung Alexander Glässer
Augsburg: Martin Engelbrecht, vor 1742
kolorierte Radierung auf Papier. H 20,8 cm, B 30 cm
Reiss-Engelhorn-Museen Mannheim, G Ad 31a, k (Abb. S. 314–315)

Das Blatt zeigt die Residenzstadt Mannheim, gesehen von einem erhöhten Standort vom linken Rheinufer aus, hinter dem beeindruckenden Ring ihrer Bastionen. Eine hölzerne Schiffsbrücke überspannt den Rhein. Im Hintergrund, links im Bild, ist gerade noch der Neckar zu erkennen. Schloss und Jesuitenkirche rechts im Bild geben der Vedute ihren Charakter. Die Bürgerstadt breitet sich links im Bild in Form eines zumeist gleichförmig gestalteten Dächermeeres aus, unterbrochen nur von wenigen, besonders hervorgehobenen Gebäuden und vor allem Türmen, die emporragen: in der Bildmitte jener der reformierten Kirche, vom Betrachter aus links davon der gemeinsame Turm der katholischen Pfarrkirche St. Sebastian und des Rathauses, dann jener der lutherischen Kirche und der Dachreiter des Rheintors. Eine aufwändige Wappenkomposition ist der Stadtansicht vorgelegt. In der Mitte das von einem Kurhut bekrönte Wappen des Kurfürsten Carl Philipp; links davon Attribute des Handelsgottes Merkur sowie Warenballen, Fässer und Zuckerhüte und rechts davon zwei Gefäße, denen Wasser entströmt – Sinnbilder für Rhein und Neckar. Der Vordergrund wird außerdem von zwei prächtigen sechsspännigen Kutschen und Reitern belebt. Das Blatt ist vor Vollendung der Jesuitenkirche im Jahre 1760 entstanden. Zeichnungen oder auch Modelle des Kirchengebäudes dienten als Vorlage. So erklärt sich auch, dass die Vierungskuppel noch den Plänen Alessandro Galli da Bibienas nachempfunden ist, jedoch letztendlich in dieser Form nicht verwirklicht wurde. Da es sich auf der Darstellung um das Wappen Carl Philipps handelt, der 1742 verstorben ist, ist anzunehmen, dass das Blatt vor diesem Datum geschaffen wurde. Die Grafik erschien als Teil einer Vedutenfolge im Verlag des Augsburger Kupferstechers und Kunstverlegers Martin Engelbrecht. Der Stecher Alexander Glässer hat in den Jahren um 1738 für Engelbrecht gearbeitet. Als Vorlage diente offenbar eine Zeichnung von Friedrich Bernhard Werner aus dem Jahr 1729.

Tanja Vogel

Literatur

Arnscheidt 1989, S. 25 ff.

C1.02

Die Mannheimer „Fliegende Brücke" über den Rhein 1669 (Abb. Essay Erbe, Abb. 6)

Grundrichtige Abbildung
Der Anfangs zu Mannheim /erfundnen / und Betrachtungs
würdigen fliegenden Brucken/
Dergleichen sich in diesem Kriegswesen gleichfalls
die Französischen Völcker/ dem vielfaltigem Bericht nach/ bediendt
1669
zeitgenössisches Aquarell. H 20,8 cm, B 30 cm
Reiss-Engelhorn-Museen Mannheim, ohne Inv.-Nr.

Das Aquarell zeigt die sogenannte Fliegende Brücke über den Rhein von Wilhelm Taudpheus aus dem Jahr 1669. Der Begriff „Brücke" ist nach heutigem Verständnis irreführend, da es sich bei dieser Konstruktion um eine Gierfähre handelte, die aus zwei Kähnen bestand, über die eine Plattform gelegt war. Sie bewegte sich zwischen den beiden Rheinufern mit Hilfe von Strömung, Steuerruder und Giertau. Letzteres war an zwei hohen Masten auf der Fähre befestigt und verlief stromaufwärts über kleine Nachen, um dann im Rheingrund verankert zu sein. An diesem Tau gleitend, wurde die „Fliegende Brücke" durch die am Heck angebrachten Steuerruder schräg gestellt und auf die jeweils andere Seite des Flusses gezogen. Die Tragfähigkeit der Fähre war immens, ein zeitgenössisches Preisgedicht spricht von „vierhundert Mann, Pferd und geladene Wagen".

Der Betrieb der Fähre wurde verpachtet und half somit, die kurfürstlichen Kassen zu füllen. Dem Pächter war die Höhe des Brücken- bzw. Fährgelds vorgeschrieben, die Tarife erschienen 1669 sogar im Druck. Mannheimer Bauern, Viehhändler und Marktbesucher genossen den Vorzug eines ermäßigten Tarifs. Das kurpfälzische Militär musste gar umsonst von Ufer zu Ufer befördert werden.

Wilhelm Taudpheus war Schiffsbauer und Brückenkonstrukteur. Er führte sowohl die Oberaufsicht über die „Fliegende Brücke" als auch über den kurfürstlichen Jachtbetrieb.

Letztendlich erfüllte die Gierfähre jedoch nicht die an sie gestellten Erwartungen. Sie war aufgrund der Größe und Konstruktion nur schwer zu manövrieren. Im 18. Jahrhundert ging man zur Schiffsbrücke über. Dennoch wurde die Fähre zu ihrer Zeit als Wunder der Technik gerühmt, ja selbst ihre Bezeichnung als „Fliegende Brücke" steht bis heute respektvoll für das „Betrachtungs würdige", das man mit ihr verband.

Tanja Vogel

Literatur

Nieß/Caroli 2007, S. 170 f. · Rings 2003, S. 27

C1.03
Medaille auf das Reichsvikariatshofgericht in Augsburg

Umschrift Avers: UTRUMQ(E) : (-) UNUM · ; CAROL(US) · ALB(ERTUS) · ET CAROL(US) · PHIL(IPPUS) · S(ACRI) · R(OMANI) · I(MPERII) · IN PART(IBUS) · RHEN(I) · SUEV(IAE) · ET FRANC(ONICI) · IUR(IS) · PROV(ISORES) · ET CON(-)· VIC(ARII) · , Umschrift Revers: IUSTITIA ET CON : / CORDIA; IUDIC(IUM) · GEMINI VICARIAT(US) · RHEN(ANI) · APERT(UM) · AUG(USTAE) · VIND(ELICORUM) · D(IE) · I(.)· FEBR(UARII) · MCCCXLI · CLAUS(UM) · IBID(EM) · D(IE) · XX(.) · FEBR(UARII) · MDCCXLII · ; THIEBAUD FECIT ·
Augsburg, 1742
Zinn. Dm 5,5 cm
Reiss-Engelhorn-Museen Mannheim, III g, Nr. 1968

Der römische, doppelgesichtige Gott Janus blickt sowohl in die Zukunft, als auch in die Vergangenheit. Er prangt auf der Vorderseite der Medaille auf einem Postament und zeigt eine deutliche Parallele zu dem doppelköpfigen Reichsadler über ihm. Doch die Gesichter der Büste sind jene von Kurfürst Carl Philipp (1661–1742) und Karl Albrecht von Bayern (1697–1745), die zusammen nach dem Tod Karls VI. (1685–1740) das Amt des Reichsverweser übernahmen. Die ineinandergreifenden Initialen ihrer Vornamen betonen die Zusammenarbeit beider, ebenso wie die Wappenschilder von Pfalz und Bayern auf der Brust des Adlers. Über die gemeinsame Reichsverwesung waren beide 1724 im Wittelsbacher Hausunionsvertrag übereingekommen, der die Erbfolge im Falle des Aussterbens der bayerischen oder pfälzischen Linie festlegen sollte. Als das Amt vakant wurde und der Westfälische Friede keine Regelung für die Führung des Rheinischen Vikariats im Falle des Todes des Kaisers bestimmt hatte, wollten Pfalz und Bayern in Absprache mit Sachsen 1741 den Vikariatsgerichtshof in Augsburg errichten. Der Pinienzapfen im Sockel des Januskopfes kann als Hinweis darauf gedeutet werden. Doch der Hausunionsvertrag war weder vom Kaiser noch vom Reich anerkannt worden. Zudem sahen die protestantischen Reichs-

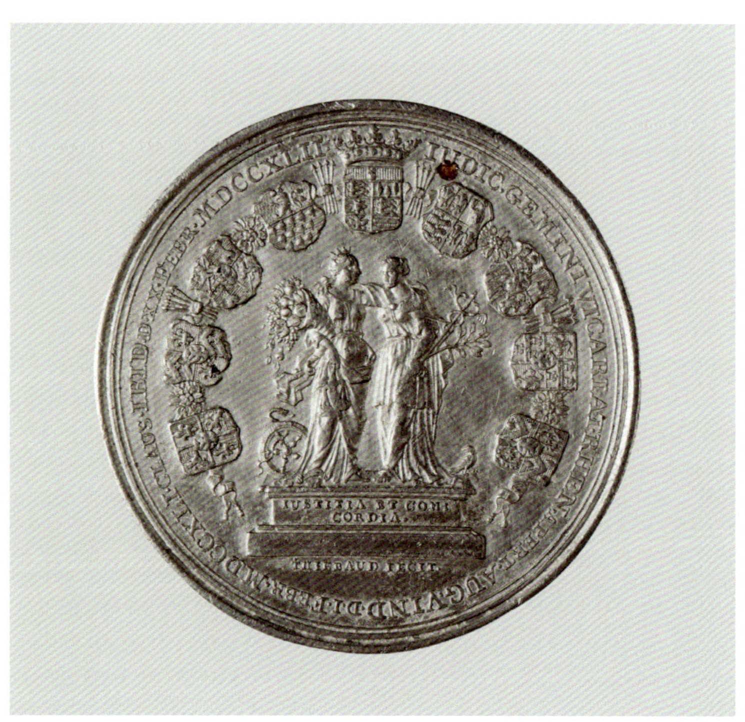

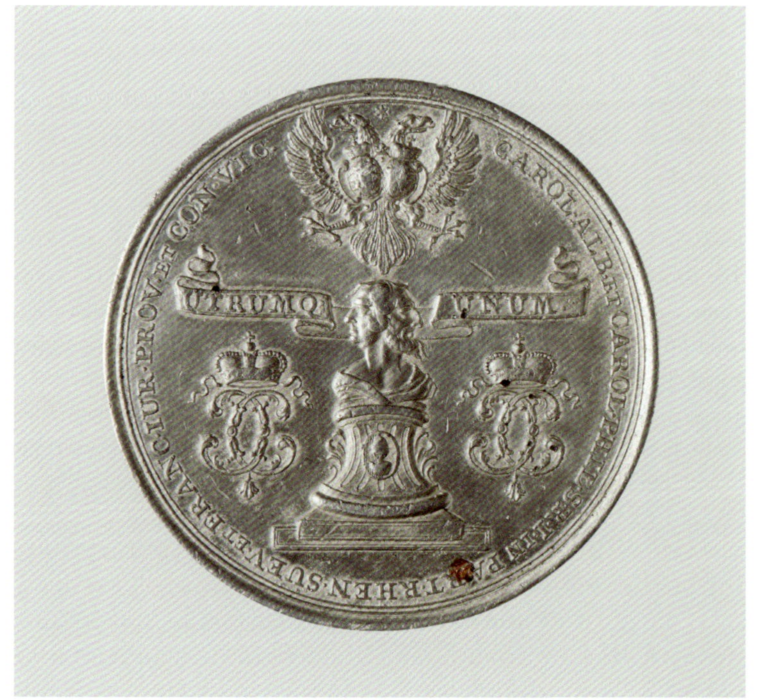

C1.03

stände aufgrund der ausschließlich katholischen Besatzung des Vikariats ihre Interessen nicht vertreten und beklagten den Verstoß gegen die Goldene Bulle. Zu der Vikariatskommission wurden daraufhin die evangelischen Ratskonsulenten Amman und Hertenstein hinzugezogen. Die neun höchsten Mitglieder des Vikariatsgerichts sind auf der Rückseite durch ihre Wappen vertreten, zur Verdeutlichung ihres Zusammenhalts verbunden durch Pfeilbündel. Sie umgeben die Tugenden Eintracht und Gerechtigkeit. Um das Zepter der Concordia windet sich eine Schlange als Zeichen der Schläue, wie sie es auch am Schicksalsrad der Justitia versinnbildlicht. Des Weiteren versichern das Füllhorn und der Ölzweig Reichtum und Frieden.

Camilla Narrog

Literatur

Gesche 1981, S. 13–15 · Stemper 1997a, S. 462–463

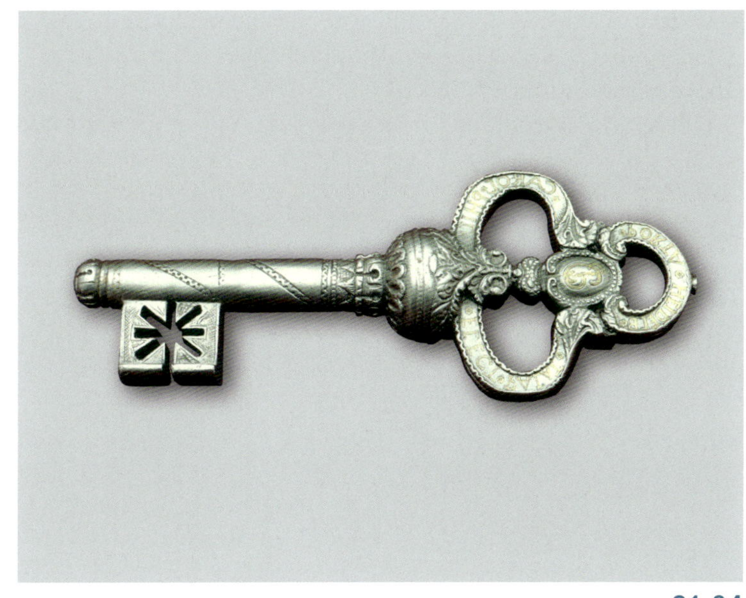

C1.04

C1.04

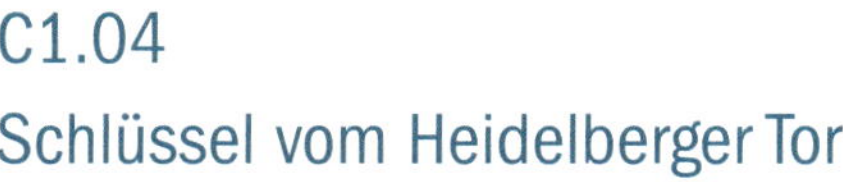

Schlüssel vom Heidelberger Tor

Mannheim, 1727
Schmiedeeisen mit Messingeinlagen
Kurpfälzisches Museum der Stadt Heidelberg, GM 118

Vom 12. April 1720 datiert der Erlass des Kurfürsten Carl Philipp zur Verlegung aller Regierungsbehörden und der Residenz nach Mannheim. Durch wegweisende urbanistische Projekte wie Schloss, Kaufhaus, Jesuitenkirche mit Kolleg wurde unter seiner Regierungszeit die neue Hauptstadt als künstlerisches Ganzes gestaltet. Die Bauten und Straßen sollten durch eine residenzgemäße Bauweise den höfischen Rahmen bilden. Das Entrée in die Stadt wurde durch die Anlage repräsentativer Tore in den Festungsmauern aufgewertet. Das 1722 in Sandstein erbaute Heidelberger Tor lag zwischen den Quadraten O 6 und O 7, also nicht in der Verlängerung der heutigen Planken, sondern zwischen den Bastionen St. Bartholomäus und St. Jacobus, gegenüber dem Hofkammerstallgebäude. Den plastischen Schmuck der Feldseite bildeten zwei gekuppelte toskanische Säulen, die über einem verkröpften Gesims einen mit Voluten geschmückten Dreiecksgiebel trugen. Im Giebelrelief hielten zwei Löwen das große pfälzische Wappen und im Tympanonfeld waren Kriegstrophäen dargestellt. Eine lateinische Inschrift auf einer Tafel über der Tordurchfahrt schilderte im Stil der Zeit eine kurze Stadtgeschichte. Dabei orientierte sich der Bildhauer Johann Joachim Gernet mit dem plastischen Schmuck stilistisch an den Torbauten von Saint-Denis (1672) und von Saint-Martin (1674) in Paris, die von François Blondel und seinem Schüler Jean Bullett in der Form von antiken Triumphpforten zum Ruhme des Sonnenkönigs Ludwig XIV. errichtet wurden. Bei der Beschießung der Festung Mannheim 1795 wurde das Heidelberger Tor schwer beschädigt und daraufhin 1806 abgebrochen. Allein der Schlüssel mit den Initialen CP für Carl Philipp hat sich erhalten. Die Stadttore galten auch unter touristischen Gesichtspunkten als sehenswert. So heißt es in den Pfälzischen Merkwürdigkeiten von 1784 über Mannheim: „Sie hat 3 schöne Thore, das Rhein= Neckar= und Heidelberger = Thor, welche mit Kriegs= und Siegeszeichen und anderen in Stein behauenen Bildern gezieret sind."

Ralf Richard Wagner

C1.05a/b

Entwurf für die Steinskulptur eines Propheten am Mannheimer Schloss

Bozzetto eines Propheten
zugeschrieben an Johann Paul Egell (1691–1752)
mündlich durch Theodor Müller
wohl Mannheim, um 1725
Lindenholz. H 11,2 cm
Paris, Musée du Louvre, Département des Sculptures, RF 2009-02

Entwurf für die Steinskulptur einer hl. Magdalena am Mannheimer Schloss

Bozzetto der hl. Maria Magdalena
zugeschrieben an Johann Paul Egell (1691–1752)
mündlich durch Theodor Müller
wohl Mannheim, um 1725
Lindenholz. H 12 cm
Paris, Musée du Louvre, Département des Sculptures, RF 2009-01

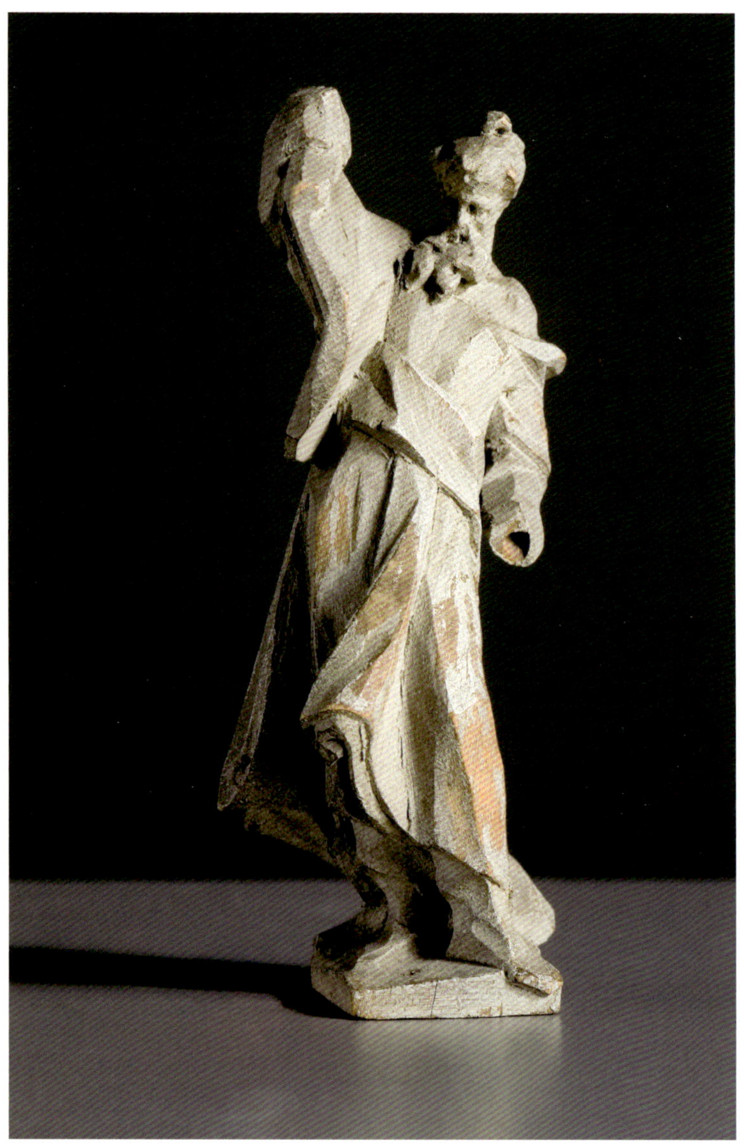

C1.05a

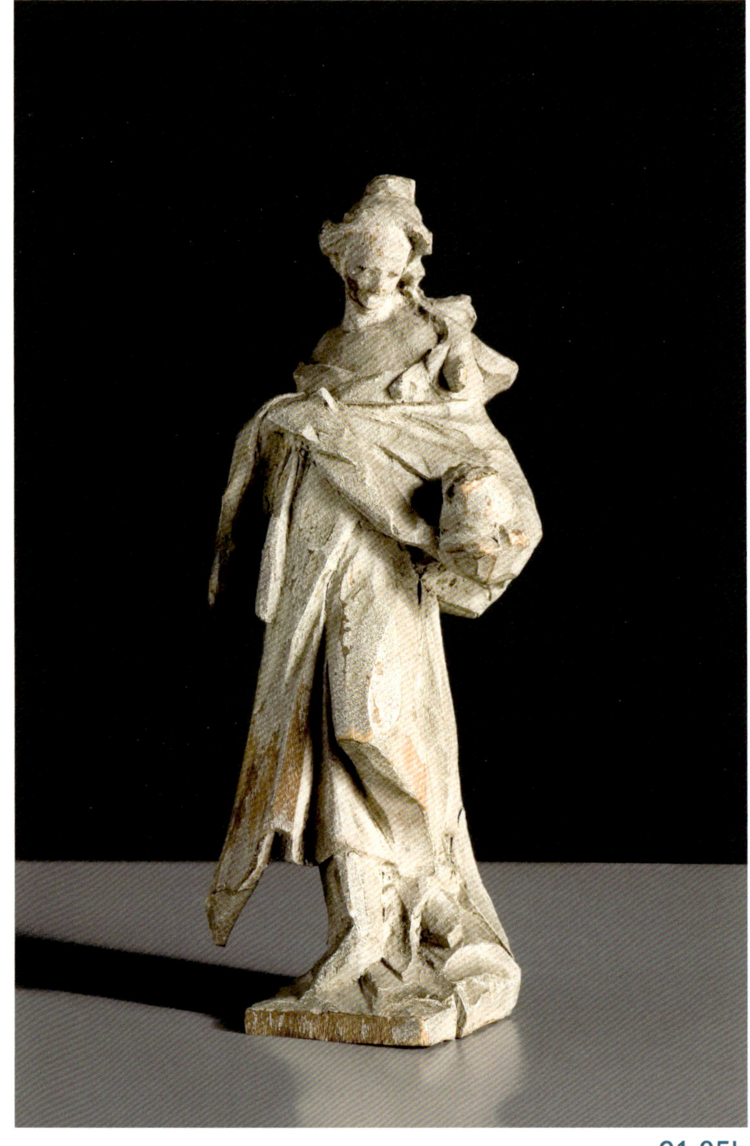

C1.05b

Die Mannheimer kurfürstliche Residenz wurde in Zusammenhang mit der Neugestaltung der dazugehörigen Stadt geplant und sollte in ihrer baukünstlerischen Gestaltung den Ambitionen eines Kurfürsten entsprechen, der durch den Erhalt der Kurwürde im Jahr 1716 zu einem der mächtigsten Fürsten im Reich aufgestiegen war. Den Abmessungen nach ist das Mannheimer Schloss das größte Schloss in den Ländern des Heiligen Römischen Reiches deutscher Nation.

Carl III. Philipp von der Pfalz (1661–1742) war in Neuburg an der Donau geboren und von Jesuiten erzogen worden. Er beabsichtigte deshalb innerhalb eines weitgespannten Figurenprogramms auf den Dachbalustraden des Schlosses auch solche mit theologischen Bezügen aufstellen zu lassen, um seinem Selbstverständnis als frommer katholischer Fürst gegenüber den protestantischen und reformierten Stadtgemeinden sichtbar Ausdruck zu verleihen. Ein gezeichneter Plan des Schlosses von dem Baumeister Jean Clemens Froimon (1686–1742) aus dem Jahr 1725 zeigt den geplanten Statuenschmuck. Darüber hinaus ist eine Serie von vier kleinformatigen geschnitzten Bozzetti von der Hand Egells erhalten. Sie zeigen biblische Gestalten. Hierbei handelt es sich wahrscheinlich um Entwürfe für die Ausführung von Steinskulpturen für das Schloss. Ihnen gingen vermutlich Entwurfszeichnungen voran. Die Klötzchen dienten dem Künstler zur Vorbereitung der dreidimensionalen Ausführung der Figuren. Mit Hilfe von Egells Bildwerken sollte der Schlossbau ideell zu einem „Neuen Jerusalem" überhöht werden.

Diese figürlichen Entwürfe konnten wegen der leichten Formbarkeit aus Ton bestehen – von Egell ist ein derartiger Bozzetto des hl. Judas Thaddäus aus dem Jahr 1739 im Landesmuseum Mainz erhalten – aber die deutschen Bildschnitzer verwendeten auch gern das weiche Lindenholz hierfür. Oft fertigten die Künstler, so auch Egell, im weiteren Formgebungsprozess großformatigere Modelle an, die mit einem Liniennetz zur Übertragung im Punktierverfahren auf den Steinblock versehen wurden. Eine solche Rasterung weist der erwähnte Tonbozzetto des hl. Judas Thaddäus in Mainz auf.

Die vier kleinformatigen Schnitzwerke für das Mannheimer Schloss zeigen neben einer Darstellung des jugendlichen David mit der Steinschleuder und eines hl. Judas Thaddäus einen Propheten und eine Figur der hl. Maria Magdalena. Alle Figuren sind ihrem späteren Standort entsprechend frontalansichtig konzipiert, wenden sich aber ihrem jeweiligen Attribut zu. Der bärtige Prophet mit bodenlangen Gewand und der Kappe ist besonders durch die entfaltete Schriftrolle in der Hand gekennzeichnet. Sein Gegenstück, die langhaarige hl. Maria Magdalena trägt ein langes Kleid, das aber von den Schultern geglitten ist und so ihren sündhaften Charakter betont. Ihr andächtiger Blick ist auf einen Totenschädel in ihrer linken Armbeuge als Symbol der Vanitas gerichtet.

In der Gegenüberstellung der Schnitzwerke tritt die ausdrucksstarke Torsion der Figuren deutlich hervor. Die Figur der hl. Maria Magdalena zeigt das für Egell charakteristische Bewegungsmotiv aus zurückgezogenem Stand- und betontem Spielbein, welches durch eine langgezogene spitzzipflige Faltenbahn hervorgehoben wird. Hiermit erweist das kleine Bildwerk sich als ein prägnantes Beispiel für den Personalstil des Bildhauers. Seine Meisterschaft kam für den bekannten Egell-Forscher Klaus Lankheit in den vorliegenden Bildwerken darin zum Ausdruck, dass „alle Einzelheiten zugunsten der Gesamtwirkung unterdrückt sind. Mit wenigen sicheren Schnitten sind die Leitlinien aus dem weichen Lindenholz freigelegt, wobei sich flächiges und dreidimensionales Sehen gegenseitig bedingen und steigern“ (Lankheit, 1988a, S. 53.).

Stefanie Leibetseder

Literatur

Lankheit 1988a, S. 52 f. · Lankheit 1988b, S. 286 · Werner 2006, S. 118, S. 122 · Leibetseder 2013, S. 28, S. 52

C1.06
Prunkuhr

Paris: André Charles Boulle und Jacques Thuret, um 1712–1715
Bronze, Palisander, Ahorn gefärbt, Schildpatt, Emaille.
H 140,5 cm, B 61 cm, T 32 cm
Staatliche Schlösser und Gärten Baden-Württemberg, G 7503

Die prunkvolle Boulle-Uhr ist eines der wenigen im Mannheimer Schloss erhaltenen Objekte, die bereits Teil der ersten Schlossausstattung waren. Kurfürst Johann Wilhelm von der Pfalz (1658–1716) hatte sie für die Repräsentation an seinem Düsseldorfer Hof in Auftrag gegeben. Mit seinem Nachfolger und Bruder Carl Philipp, der seine Residenz nach Mannheim verlegte, gelangte die Uhr 1731 in die Bel Etage des dort neu erbauten Schlosses. Hoch ragt die in Paris gefertigte Tischuhr auf. Das mit Schildpatt- und Messingeinlagen reich geschmückte Gehäuse wurde vom Namensgeber dieser aufwendigen Technik, André Charles Boulle (1642–1732), hergestellt. Das Uhrwerk sowie der Barometer des Stückes wurden von Jacques Thuret (1669–1739), der aus einer Pariser Uhrmacherfamilie stammt, gefertigt. Selbstbewusst ziert seine Signatur „THURET A PARIS“ auf einem blauen Emailschild das Gehäuse. Zwei

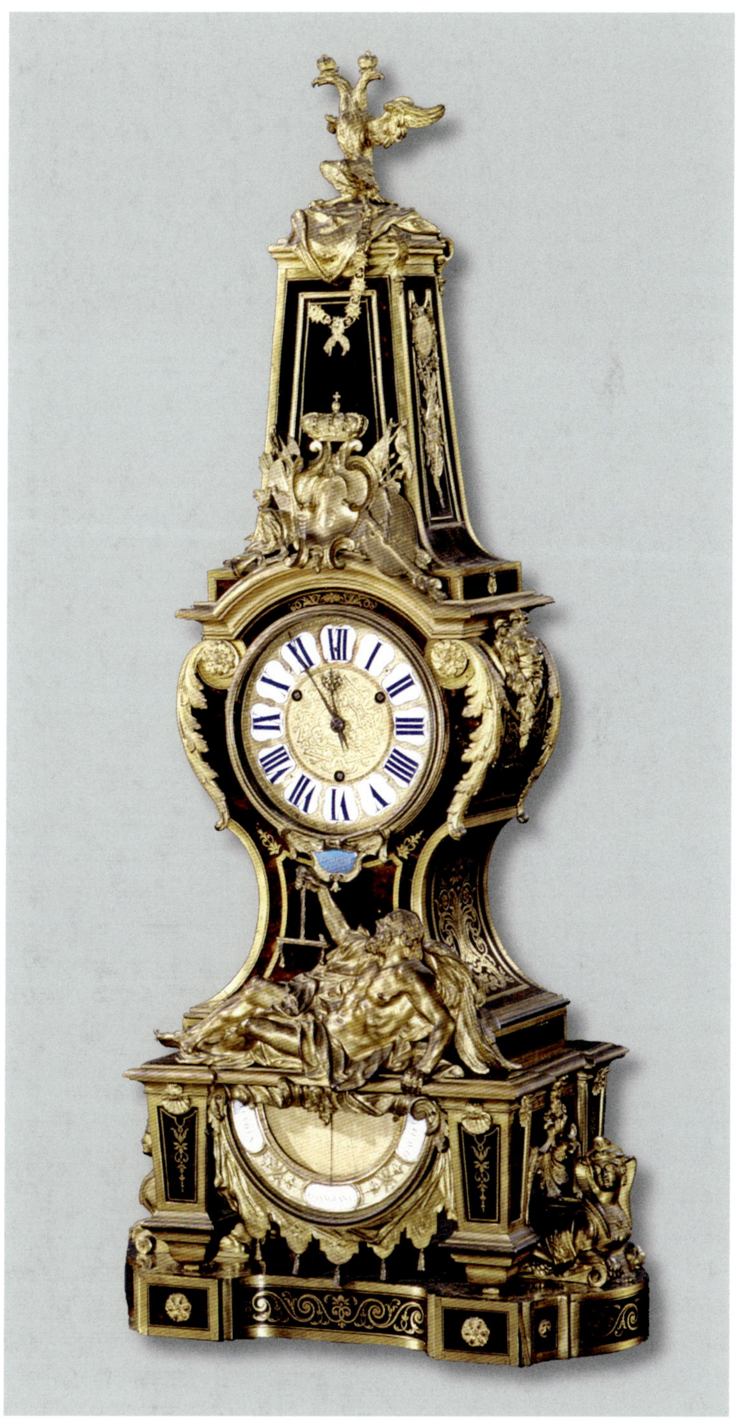

C1.06

seitlich lagernde, vollplastische Bronzesphingen schmücken den Sockelbereich des Gehäuses, in dem die halbkreisförmige Skala des Barometers sitzt. Darüber und vor dem Uhrkastenfuß ruht ein plastischer, geflügelter Chronos, die Versinnbildlichung des Ablaufs der Zeit. Er entstand nach der Figur des Ruhenden Chronos von François Girardon (1628–1715) und wurde von Boulle, wie auch weitere Zierelemente, mehrfach verwendet.

Auf dem obeliskenartigen Abschluss des Gehäuses, dessen Seitenfelder mit Kriegstrophäen und Medaillons geschmückt sind, thront ein gekrönter Doppeladler als Hinweis darauf, dass Johann Wilhelm beim Tode Kaiser Josephs I. 1711 Reichsvikar geworden war. Das mit dem Kurhut geschmückte Wappenschild am Fuß des Aufsatzsockels, über dem das Goldene Vlies hängt, zeigt in seiner Mitte den Reichsapfel als Zeichen der alten Kurwürde. Erst 1708 hatte er diese, von Friedrich V. nach der Schlacht am Weißen Berg bei Prag 1621 an die bayerischen Verwandten verlorene Kurwürde, von Kaiser Joseph I. zurückerhalten.

Heute ist die Prunkuhr im Mannheimer Schlossmuseum Teil der Ausstattung des Großen Kabinetts.

Gabriele Kleiber

Literatur

Jahrbuch der Staatlichen Kunstsammlungen in Baden Württemberg 35, 1998, S. 176, Abb. 2 · Ausst.-Kat. Frankfurt a.M. 2009

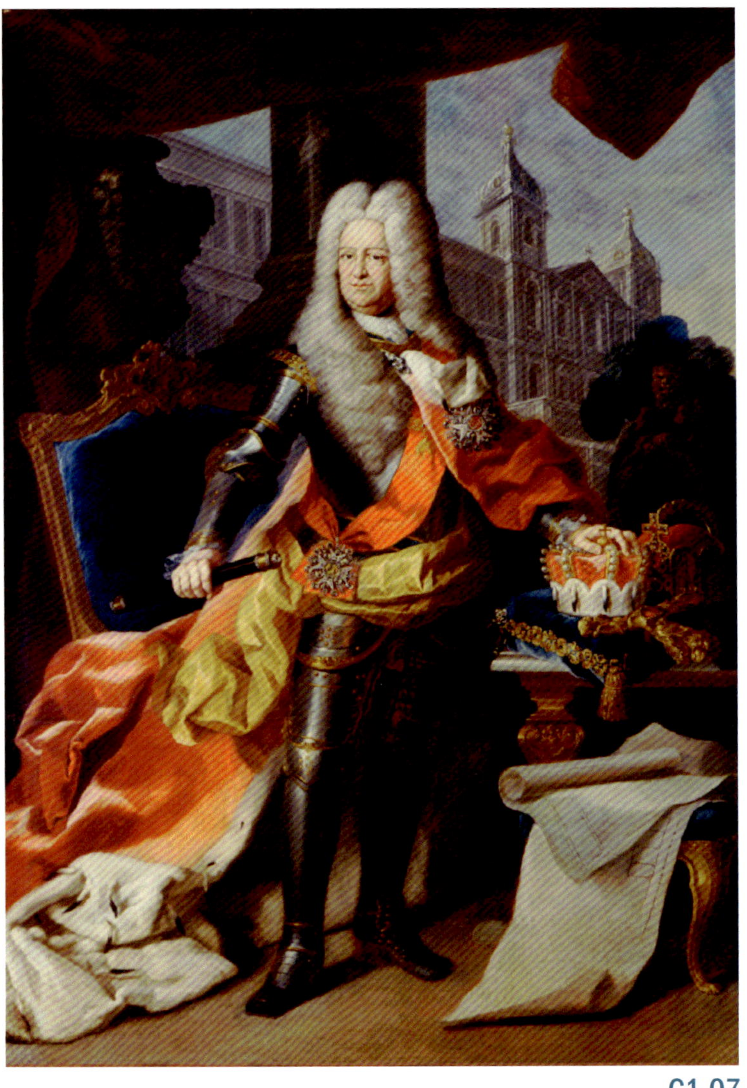

C1.07

C1.07
Carl Philipp als Stifter des Jesuitenkollegs

Jan Philips van der Schlichten, 1727/28
Öl auf Leinwand. H 239 cm, B 168 cm
Reiss-Engelhorn-Museen Mannheim, O 197

Anlass für dieses Gemälde war wohl die Stiftung der Bauplätze für Jesuitenkirche und -kolleg im Jahr 1727 durch den Kurfürsten. Darauf deuten auch die Pläne des Jesuitenkollegs und der Jesuitenkirche in Mannheim, die im Bildvordergrund dargestellt sind, und deren Bau 1730 respektive 1733 begonnen wurde. Die vollendeten Bauten, die im Hintergrund gezeigt werden, weichen von den tatsächlich errichteten ab. Die Kollegbauten sind zum größten Teil heute nicht mehr erhalten.

Seit 1716 hatte Carl Philipp das Amt des Kurfürsten inne. Diese Position macht das Bild durch Harnisch und Kommandostab des militärischen Befehlshabers und die rote Schärpe des Hubertusordens, das Mantelkreuz des Hubertusordens sowie die Halskette des Goldenen Vlieses deutlich. Symbole der Regierungsgewalt sind darüber hinaus die Säule, der Vorhang, der Prunksessel, der Tisch mit Kurhut und Kaiserkrone, die Vase sowie der Helm mit dem Pfälzer Löwen als Helmzier.

Carl Philipp war Carl Theodors Vormund. Er brachte Carl Theodor 1734 an den Mannheimer Hof und übergab ihn dem Jesuitenpater Franz Seedorf, der mehr als 25 Jahre Mentor Carl Theodors sein sollte. Als Carl Philipp 1742 starb, trat Carl Theodor die Regierung in der Kurpfalz an.

Jan Philips van der Schlichten wurde noch ein weiteres Mal mit einem Bildnis Carl Philipps beauftragt: 1729 entstand das heute im Kurpfälzischen Museum der Stadt Heidelberg präsentierte Porträt (G 1861). Van der Schlichten schuf ansonsten Genrebilder oder Gemälde mit religiösen und mythologischen Themen. Ihm werden z. B. das Bildnis eines Malers und ein Gemälde mit dem Titel *Der Landmann* zugeschrieben. In allen diesen Werken wird sein Lehrer spürbar, der Porträtist und Genremaler Adriaen van der Werff (1659–1722). Van der Schlichten wurde 1681 in Rotterdam geboren, arbeitete ab 1720 in Heidelberg und dann ab 1721 als kurfürstlicher Hofmaler.

Irmgard Siede

Literatur

Ausst.-Kat. Heidelberg 1959, S. 23, S. 45 · Ausst.-Kat. Mannheim 1999, S. 160. · Ausst.-Kat. Mannheim 2011, S. 246

Kurfürst Carl III. Philipp von der Pfalz (1661–1742)

Carl Philipp wurde am 4. November 1661 als vierter Sohn des Herzogs Philipp Wilhelm von Pfalz-Neuburg geboren. Er erhielt durch Jesuiten eine sorgfältige Erziehung. Als nachgeborener Sohn war er zunächst für den geistlichen Stand bestimmt. Nachdem jedoch seine Neigungen eher auf dem militärischen Gebiet lagen, trat er 1684 in kaiserliche Dienste und wurde Inhaber eines Kürassierregiments. In den Folgejahren nahm er an zahlreichen Feldzügen insbesondere im Rahmen der Türkenkriege teil. 1705 wurde er vom Kaiser zum Statthalter von Tirol ernannt und residierte deshalb bis 1717 in Innsbruck. Nachdem am 8. Juni 1716 sein Bruder – Kurfürst Johann Wilhelm von der Pfalz – kinderlos gestorben war, folgte ihm Carl Philipp als Kurfürst nach. Gleich zu Beginn seiner Regierungszeit verlegte er 1720 die kurfürstliche Residenz von Heidelberg nach Mannheim. Dieser Entscheidung waren heftige Streitigkeiten zwischen dem Heidelberger protestantischen Kirchenrat und dem Kurfürsten um den Wortlaut des Heidelberger Katechismus vorausgegangen, in dem seit der Erstausgabe im Jahre 1563 die katholische Messe als „Abgötterey" bezeichnet wurde. Es ging auch um den Besitz der Heiliggeistkirche, die – zwischen Katholiken und Protestanten geteilt – von Carl Philipp als Hofkirche beansprucht wurde. Durch einen kaiserlichen Erlass zum Verzicht aufgefordert, gab er in dieser Frage nach, beschloss aber zugleich die Verlegung der Residenz. Dies bot ihm die Chance zu einem repräsentativen Schlossneubau, wie es Anfang des 18. Jahrhunderts in den südlichen Territorien des Alten Reiches nicht selten war. So entstand in Mannheim einer der größten Schlossanlagen Europas mit genügend Raum für die Regierung und Hofverwaltung sowie einem Hoftheater und einer Schlosskapelle. Die Außenpolitik Carl Philipps zielte hauptsächlich auf die Abwehr preußischer Ansprüche auf die niederrheinischen Herzogtümer Jülich und Berg und damit auf den Erhalt dieser Territorien für seine Nachfolger. Zugleich setzte er sich für die Errichtung einer Wittelsbachischen Hausunion ein, die das Verhältnis zwischen den seit langem getrennten pfälzischen und bayerischen Linien neu regeln sollte. Beide Ziele erreichte er: Die Wittelsbachische Hausunion wurde 1724 zur gegenseitigen Förderung der Hausinteressen, der Abwehr gemeinsamer Feinde und der Vereinbarung einer wechselseitigen Erbfolge unterzeichnet. Preußen verzichtete nach langen Verhandlungen 1740 auf seine Ansprüche.

Aus seinen zwei standesgemäßen Ehen besaß Carl Philipp keine männlichen Nachkommen, sondern nur eine Tochter, die bereits 1728 starb, sowie drei Enkelinnen, deren älteste, Elisabeth Auguste, 1742 mit dem nächsten männlichen Verwandten und Erben der Kurpfalz – Herzog Carl Theodor von Sulzbach – verheiratet wurde. Carl Philipp starb am 31. Dezember 1742, gemäß seinem Testament wurde „sein verstorben Leichnahm mit der Ritterlichen Sti. Huberti Ordens Kleidung bekleidet, mit einem Creutz und Rosenkrantz in der Hand, in einen Sarg geleget" und in der Mannheimer Schlosskapelle beerdigt.

Susan Richter

Literatur

Mörz 1997 · Schmidt 1963 · Schnettger 2004

C1.08

Festschrift zur Einweihung der Mannheimer Jesuitenkirche

Basilica Carolina, opus grande, non homini,
sed deo praeparata habitation …
Mannheim: Kurfürstliche Hofbuchdruckerei, 1760
Buchdruck mit Kupferstichen. H 40,5 cm, B 27 cm
Reiss-Engelhorn-Museen Mannheim, Mh 9801

Nach mehreren Jahrzehnten Bauzeit wurde am 18. Mai 1760 die Jesuitenkirche in Mannheim feierlich eingeweiht, die zur Grablege der Pfalz-Neuburger Kurfürsten bestimmt war. Zu diesem Anlass publizierte das Mannheimer Jesuitenkolleg unter dem Titel *Basilica Carolina* eine monumentale Festschrift in lateinischer Sprache mit zahlreichen Kupferstichen. Sie steht in einer langen Tradition jesuitischer Einweihungsschriften, etwa der der Michaelskirche in München. In kunstvollem Wechsel von rhythmisierter Prosa und sorgfältig ausgearbeiteten elegischen Versen wird im ersten Teil der Bauherren Carl Philipp und Carl Theodor gedacht, die den Bau begannen und vollendeten, im zweiten Teil der Bauplan der Basilica mit typologischem Bezug auf den Jerusalemer Tempel Salomons dargelegt. Die beiden letzten, ebenfalls im Wechsel von Prosa und Versen gestalteten Teile der Festschrift dienen schließlich der Darlegung der *Pietas* („Frömmigkeit", Teil 3) und der *Gloria* („Ruhm", Teil 4) des pfalz-neuburgischen Hauses seit der Konversion

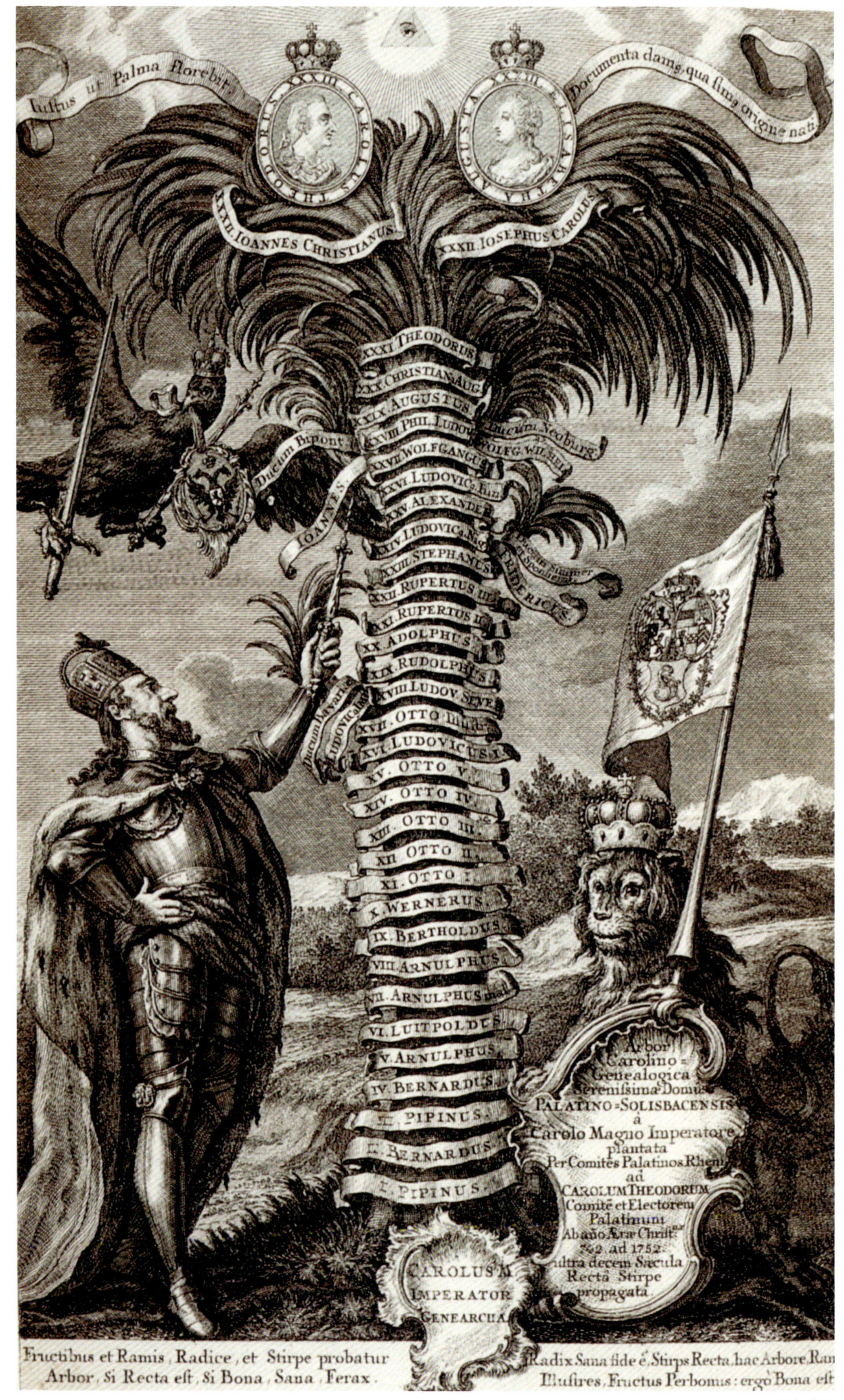

Iustus ut Palma florebit
Documenta dams, qua sims origine nati
XXXII. IOANNES CHRISTIANUS
XXXII. IOSEPHUS CAROLUS
XXXI. THEODORUS
XXX. CHRISTIAN AUG
XXIX. AUGUSTUS
XXVIII. PHIL. LUDOV
XXVII. WOLFGANGUS
XXVI. LUDOVICUS
XXV. ALEXANDER
XXIV. LUDOVICUS
XXIII. STEPHANUS
XXII. RUPERTUS III
XXI. RUPERTUS II
XX. ADOLPHUS
XIX. RUDOLPHUS
XVIII. LUDOV. SEVER
XVII. OTTO Illustr
XVI. LUDOVICUS I
XV. OTTO V
XIV. OTTO IV
XIII. OTTO III
XII. OTTO II
XI. OTTO I
X. WERNERUS
IX. BERTHOLDUS
VIII. ARNULPHUS
VII. ARNULPHUS
VI. LUITPOLDUS
V. ARNULPHUS
IV. BERNARDUS
III. PIPINUS
II. BERNARDUS
I. PIPINUS
Ducum Bipont
IOANNES
Ducum Neoburg
WOLFG. WILHELM
FRIDERICUS
LUDOVICUS
CAROLUS M. IMPERATOR GENEARCHA
Arbor Carolino= Genealogica Serenissimae Domus PALATINO=SOLISBACENSIS a Carolo Magno Imperatore plantata Per Comites Palatinos Rheni ad CAROLUM THEODORUM Comitē et Electorem Palatinum Ab año Æræ Christ. 752 ad 1752 ultra decem Sæcula Rectâ Stirpe propagata.
Fructibus et Ramis, Radice, et Stirpe probatur Arbor, Si Recta est, Si Bona, Sana, Ferax.
Radix Sana fide é, Stirps Recta, hac Arbore Ram Illustres, Fructus Perbonus: ergò Bona est

C1.08

des Neuburger Fürsten Wolfgang Wilhelm (1613) bis hin zur Gemahlin Carl Theodors, Elisabeth Auguste. Ein auch graphisch dargestellter Stammbaum führt das Pfälzer Haus – ähnlich wie die bayerischen Vettern – in 33 Generationen bis auf Karl den Großen zurück. Besonderer Wert wird auf die Heiligen und Seligen gelegt, die dem Herrscherhaus entstammen. In einem Schlussteil dankt die Gesellschaft Jesu dem Stifterpaar und gelobt, ihm in Fürbittgebeten zu gedenken. Die *Basilica Carolina* ist ein eindrucksvolles Beispiel für die enge Verbindung der *Societas Jesu* mit dem Herrscherhaus.

Hermann Wiegand

Literatur

Schlegelmilch 2003, S. 570 f. · Weich 1997, S. 61–65 · Wiegand 2013

C1.09

Messkasel aus einem weltlichen Gewand Kurfürst Carl III. Philipps (Bassgeigenkasel)

1740/50
Seidengewebe mit Metallstickerei in Gold und Silber, Pailletten, Goldborten, Leinenfutter. L 104 cm, B 63 cm
Reiss-Engelhorn-Museen Mannheim, Leihgabe der Jesuitenkirche Mannheim

Sakrale Textilien (Paramente) sind ein wichtiger Bestandteil des Kultus der römisch-katholischen Kirche und dienen in höchstem Maße der liturgischen Inszenierung. In diesem Sinne soll auch die Kasel, das liturgische Obergewand des Priesters oder Bischofs, nicht nur das Mysterium der Messe, sondern auch die besondere Stellung des Klerikers vergegenwärtigen. Die Kasel erhielt diese Funktion erst im Laufe der Jahrhunderte. Zunächst gehörte dieser Mantel in vorchristlicher Zeit zur Alltagskleidung der römisch-griechischen Welt. Erst als sie dort durch andere Kleidung verdrängt wurde, setzte sie sich als liturgische Tracht bis heute durch. Die wenig benutzerfreundlichen, da durch eine enorme Stofffülle gekennzeichneten, frühen Varianten wurden immer stärker eingekürzt. In der Barockzeit waren Ausprägungen wie die hier vorliegende Kasel in Bassgeigenform üblich, die dem Geistlichen größte Beweglichkeit ermöglichte und ihn von den Faltenmassen der Vorgängermodelle befreite.

Das blaue Seidengewebe der Kasel ist mit kostbarer Silberstickerei verziert. Einzelne, über den Untergrund verteilte Blattgebilde, Ranken und Schleifen scheinen zunächst scheinbar unregelmäßig über den Untergrund verteilt zu sein, doch bei genauerer Betrachtung ist die Parallelität der Ranken zu erkennen. Die achsensymmetrische Goldstickerei des Kaselkreuzes und -stabs besteht aus sehr dichten, vegetabilen und ornamentalen Ranken- und Schmuckbändern. Eine breite Goldborte dient als Einfassung der Kanten. Der blaue Grundton des Stoffes ist eher ungewöhnlich für ein liturgisches Gewand, da Blau nicht zu den gebräuchlichen liturgischen Farben gehört. Die Farbe, aber auch die Tatsache, dass der Fadenverlauf des Grundstoffs mehrfach wechselt, d. h. das Gewand aus mehreren Stücken zusammengesetzt wurde, und zudem ungewöhnliche, zum Teil überstickte Nahtstellen vorhanden sind, verweisen auf eine Zweitverwendung des Stoffes. Es darf angenommen werden, dass es sich hier um eine der in den Archivalien nachgewiesenen Kleiderstiftungen des pfälzischen Hofes an die Jesuitenkirche handelt. Möglicherweise entstand der hier verwendete Gewandstoff zur Zeit Carl III. Philipps und wurde nach dessen Tod 1742 umgearbeitet.

Eva-Maria Günther

Literatur

Bisher unveröffentlicht

C1.10

Gedenkblatt zur Schlossbautätigkeit des Kurfürsten Carl III. Philipp von der Pfalz

Johann Daniel Hertz d. Ä. (?), zwischen 1725 und 1731
Radierung. H 31,8 cm, B 20 cm
Reiss-Engelhorn-Museen Mannheim, G Ad 162 a, k

Das Blatt zeigt den Kurfürsten Carl Philipp (1661–1742) als Erbauer des Mannheimer Schlosses. Derartige Gedenkblätter fanden – ähnlich wie auch Almanachblätter – hohe Verbreitung und kündeten weithin von den Taten des Herrschers. Im Vordergrund befinden sich Allegorien der vier Kardinaltugenden – quasi als Rahmung des eigentlichen Bildinhalts – auf einer imaginären Brüstung, die durch eine Balustrade begrenzt wird. Über diese wird der Blick des Betrachters in die dahinter dargestellte Rheinebene geführt, wo das Mannheimer Schloss und die Rheinschanzen dargestellt sind. Die Stadt Mannheim, auf deren Grundriss das Schloss ja Bezug nimmt, ist demgegenüber nicht zu erkennen.

Das Mannheimer Schloss wurde seit 1720 zunächst nach Plänen von Louis Rémy de la Fosse, bald nach Grundsteinlegung aber schon vom neu eingesetzten Baumeister Jean Clement Froimont nach dessen Plänen errichtet. Seine Nachfolger als Bauleiter, Guillaume d'Hauberat, Allessandro Galli da Bibiena und später Nicolas de Pigage, arbeiteten mit einigen Änderungen weitgehend nach dem ursprünglichen Plan von Froimont. Dieser, 1720 entstanden, wurde 1725 durch eine großformatige Radierung von Heinrich Jonas Ostertag und Bartholomäus Anton publiziert. Das Gebäude war zu diesem Zeitpunkt weder vollendet noch vom Kurfürsten bezogen; für das hier vorliegende Blatt

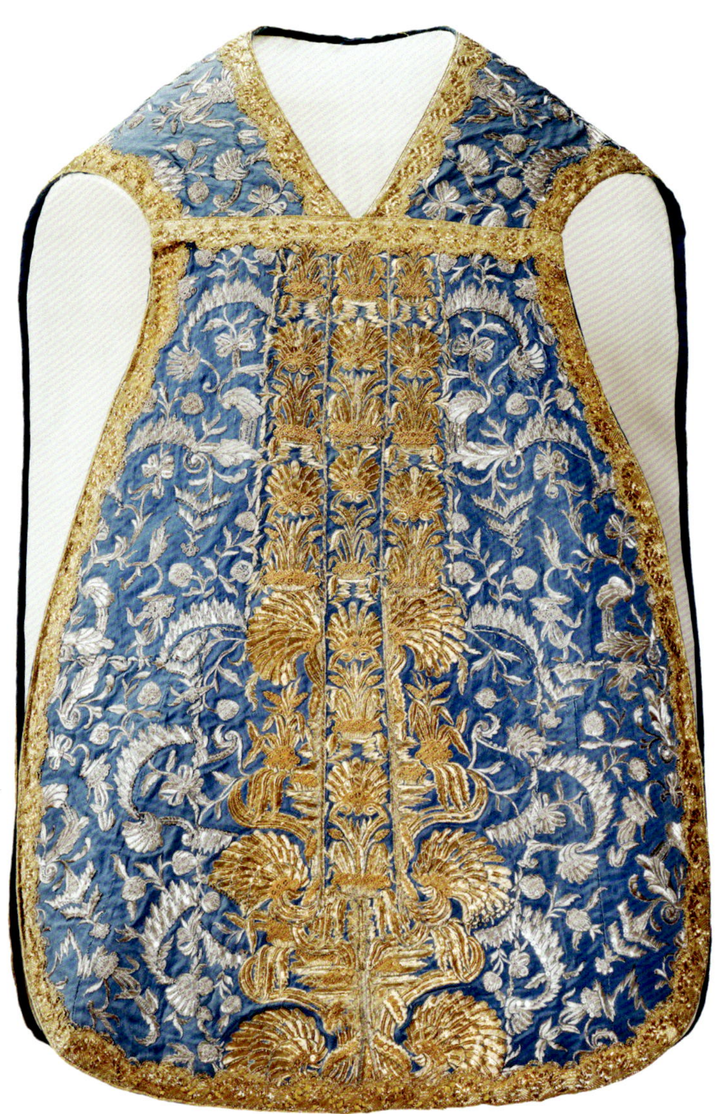

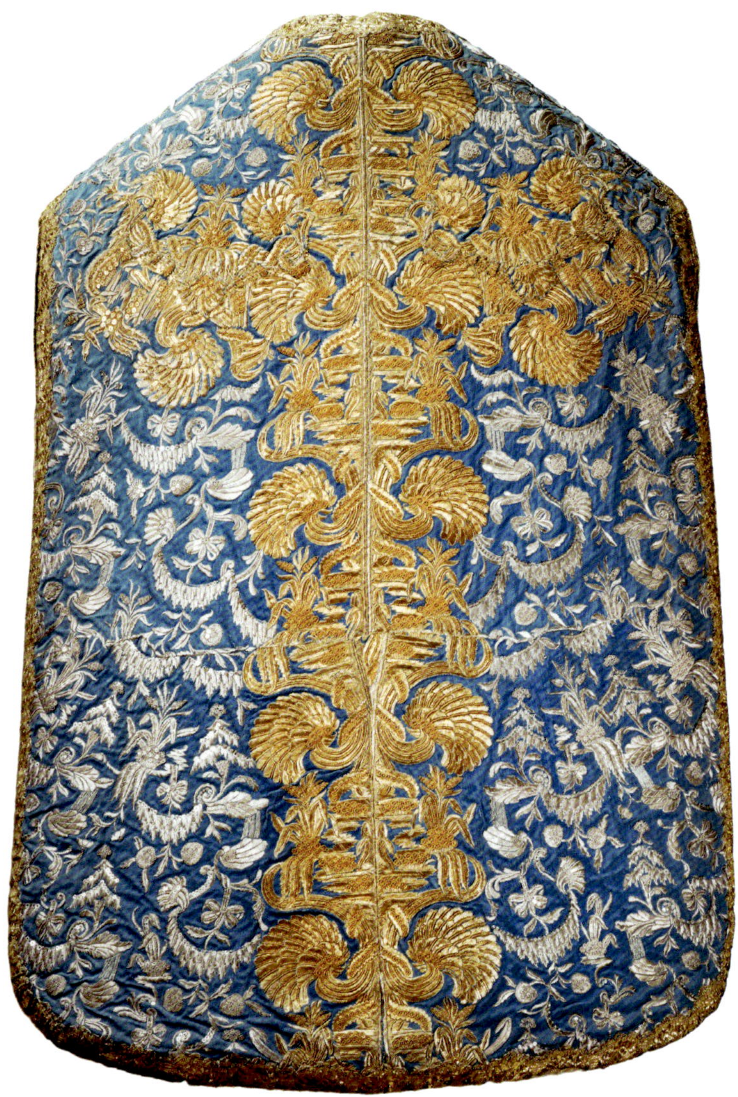

C1.09

war diese Radierung jedoch Vorbild zur Ausformulierung des Schlosses: Eine gegenüber der Vorlage gesteigerte Vogelperspektive führt zu einzelnen Verzerrungen; einige später nicht oder abgeändert realisierte Bereiche (beispielsweise das Hauptportal und die den Ehrenhof nach Nordosten begrenzende Abschlussgalerie) sind hier noch gemäß des Froimont'schen Plans wiedergegeben.

Der Kurfürst bezog das Schloss im Jahre 1731, als es noch nicht zur Gänze fertiggestellt war. Bis dahin residierte er in Mannheim in einem angemieteten Haus und in seiner Sommerresidenz, dem Schloss Schwetzingen, das seit 1693 nach diversen Zerstörungen wieder aufgebaut wurde. Das Schwetzinger Schloss bildet im vorliegenden Blatt den Hintergrund zum Porträt Carl Philipps oberhalb der Mannheimer Schlossdarstellung: Der Kurfürst ist würdevoll dargestellt mit den dazugehörigen Attributen in einem von Blumengirlanden umkränzten Medaillon vor der Fassade des Schwetzinger Schlosses. Seitlich flankierend verkündet eine Fama den Ruhm Carl Philipps als Schlossbauer, überragt auf der gegenüberliegenden Seite durch eine Fortitudo, die die militärische Tapferkeit des Kurfürsten versinnbildlicht. Die Aussage, dass Carl Philipp von Schwetzingen aus den Schlossbau in Mannheim errichtet – und ihn noch nicht bezogen hat – lässt es zu, das Blatt zwischen 1725 und 1731 zu datieren.

Christoph Lind

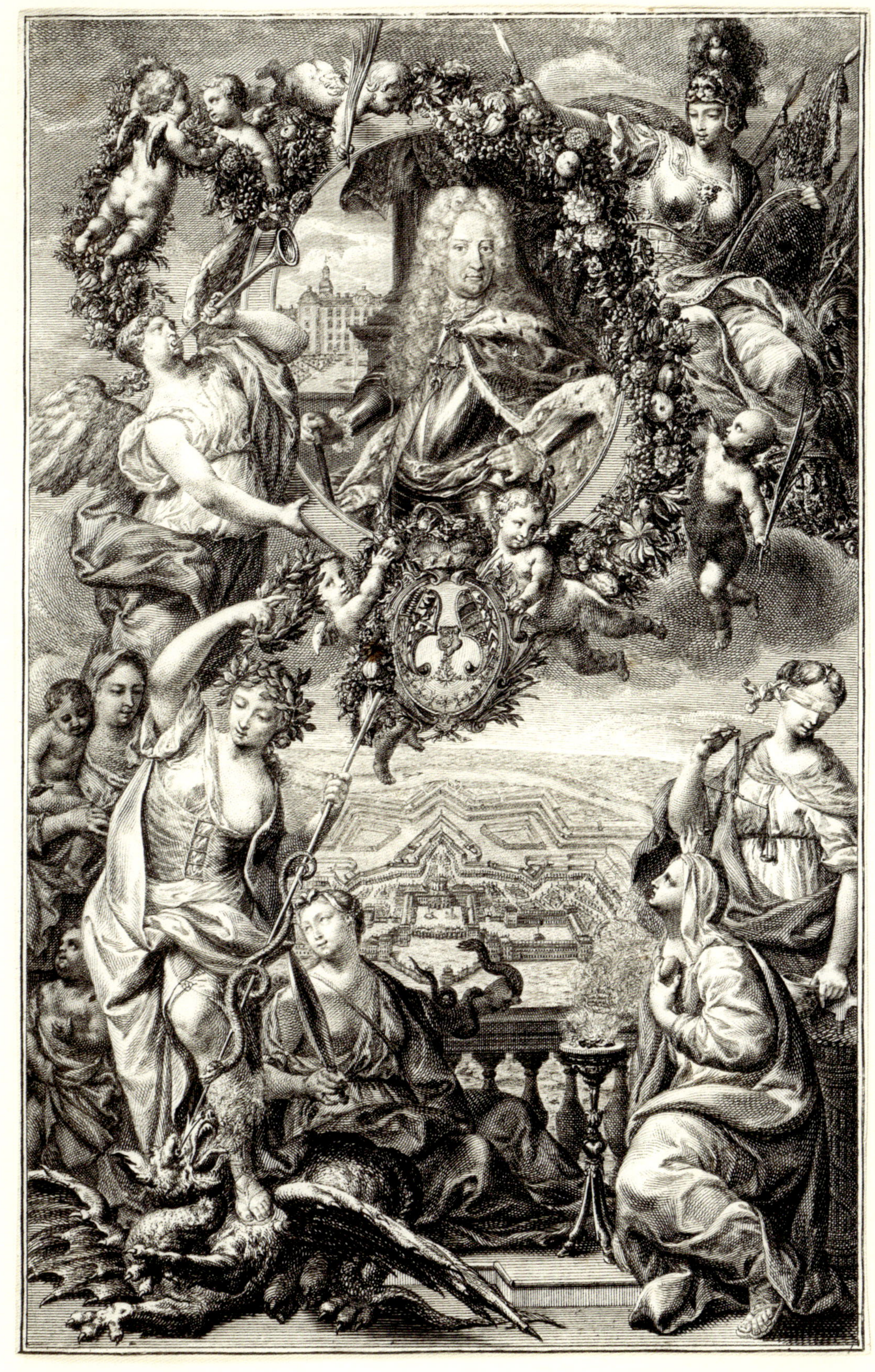

C1.10

C2
Die städtische und bauliche Entwicklung Mannheims

Im 18. Jahrhundert erlebte Mannheim sein „Goldenes Zeitalter“. Gegründet worden waren die Stadt und die mit ihr verbundene Festung Friedrichsburg – benannt nach dem Stadtgründer Friedrich IV. – im Jahre 1607. Die noch heute charakteristische Quadratestruktur geht bereits auf diese Zeit zurück. In den Kriegen des 17. Jahrhunderts war die Doppelstadt mehrfach zerstört worden. Erst mit der Verlegung der Residenz verschmolzen Mannheim und Friedrichsburg zu einer, von einer Fortifikation begrenzten Stadt. Anstelle der einstigen Festung entstand nun das kurfürstliche Schloss, gemeinsam mit der Hofbibliothek, der Schlosskirche und dem Kolleg des Jesuitenordens und der Jesuitenkirche. Die spätere Geschichte, insbesondere die Zerstörungen im Zweiten Weltkrieg, haben das Stadtbild entscheidend verändert. Von der einstigen baulichen Entwicklung der Stadt und ihrer Wirtschaftszweige zeugen vielfältige Funde, die bei archäologischen Ausgrabungen der letzten Jahre gemacht wurden.

C2.01
Geschichtswerk der Kurpfalz in zwei Bänden

Marquard Freher: Originum Palatinarum pars prima/pars secunda
Heidelberg: Gotthard Vögelin, 1612-1613
Druck. H 30 cm, B 20 cm
Universitätsbibliothek Heidelberg, BATT 9-B Folio RES 1/2

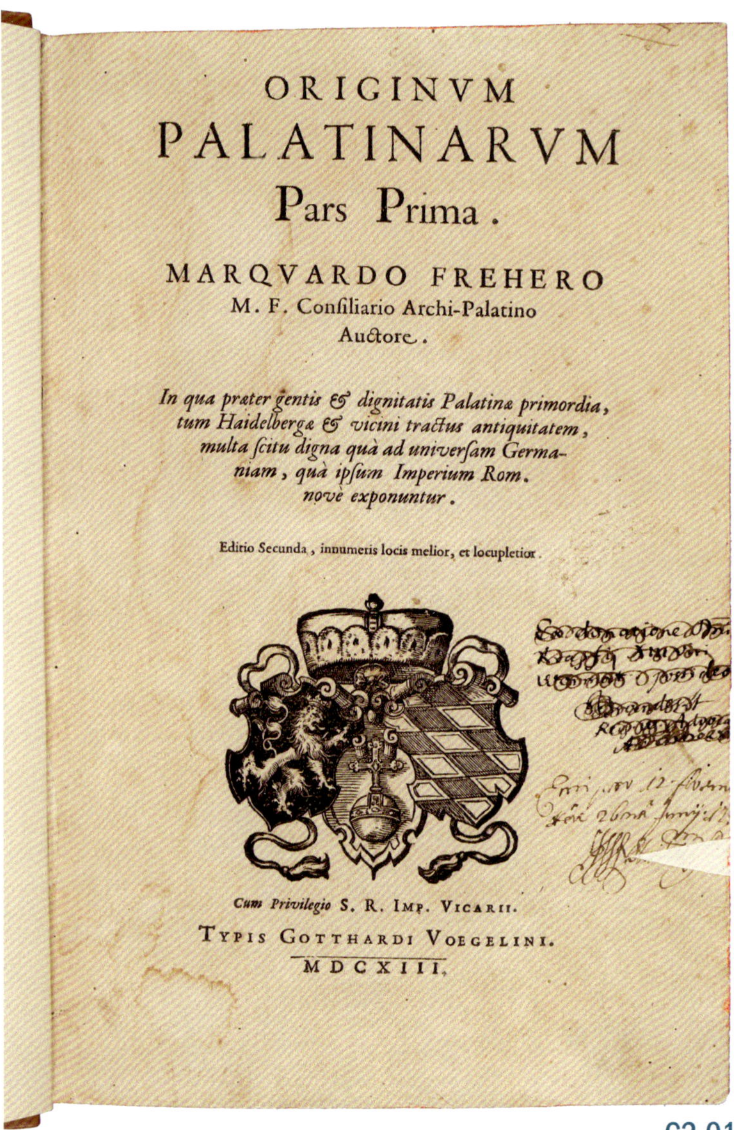
ORIGINVM
PALATINARVM
Pars Prima.
MARQVARDO FREHERO
M. F. Consiliario Archi-Palatino
Auctore.

In qua præter gentis & dignitatis Palatinæ primordia, tum Haidelbergæ & vicini tractus antiquitatem, multa scitu digna quà ad universam Germaniam, quà ipsum Imperium Rom. nove exponuntur.

Editio Secunda, innumeris locis melior, et locupletior.

Cum Privilegio S. R. Imp. Vicarii.
Typis Gotthardi Voegelini.
MDCXIII.

C2.01

Mit seinen zuerst 1599 in zwei Teilen erschienenen *Origines Palatinae* eröffnet der Kurpfälzische Jurist, Rat und Vizepräsident des Hofgerichts Marquard Freher (1565–1614) glanzvoll die kurpfälzische Geschichtsschreibung der Neuzeit und gilt zu Recht als deren „Vater.“ Nach Studien in Altdorf und Bourges wurde Freher 1587 von Johann Casimir zum Rat ernannt, 1588 erhielt er den Wappen- und Adelsbrief verliehen. 1596 wurde er Mitglied des Lehrkörpers der Universität Heidelberg, sein juristisches Professorenamt legte er schon 1598 wegen seiner politischen Aufgaben wieder nieder und wirkte u. a. als pfälzischer Gesandter in Warschau, Ladenburg, Speyer und Aachen. In zwei Reden wehrte Freher nach dem Tod Johann Casimirs die Ansprüche des Lutheraners Pfalzgraf Richard von Simmern auf die Vormundschaft für Kurfürst Friedrich IV. erfolgreich ab und sicherte so das calvinistische Bekenntnis für die Kurpfalz. Spätere Arbeiten verwickelten ihn in Auseinandersetzungen mit dem bayerischen Archivar Christoph Gewold um die pfälzische Kurwürde.

In ausgedehnten historischen und rechtsgeschichtlichen Sammelwerken und in Spezialuntersuchungen etwa zum Ort des römischen *Lupodunum* erweist sich Freher als einer der wichtigsten Kompilatoren zur deutschen Reichs- wie zur pfälzischen Landesgeschichte der Frühen Neuzeit, dessen Werke bis in das 18. Jahrhundert immer wieder neu aufgelegt wurden. In den *Origines Palatinae* sammelte Freher das ihm zugängliche urkundliche und archäologische Material und sichtete es kritisch. In der zweiten Auflage dieses Werkes 1612/13 findet sich der einzige zeitgenössische Bericht über die Gründung der Festung Friedrichsburg und der Stadt Mannheim durch Kurfürst Friedrich IV. Für ihn ist der Gründungsort am Zusammenfluss von Rhein und Neckar ein *incomparabilis locus* – ein „unvergleichlicher Ort“, um der schwierigen politischen Situation der Kurpfalz wirkungsvoll zu begegnen.

Hermann Wiegand

Literatur

Kornexl 1967 · Wiegand 1998 · Kühlmann/Hartmann/El Kholi 2005 · Kühlmann 2012, S. 429–440

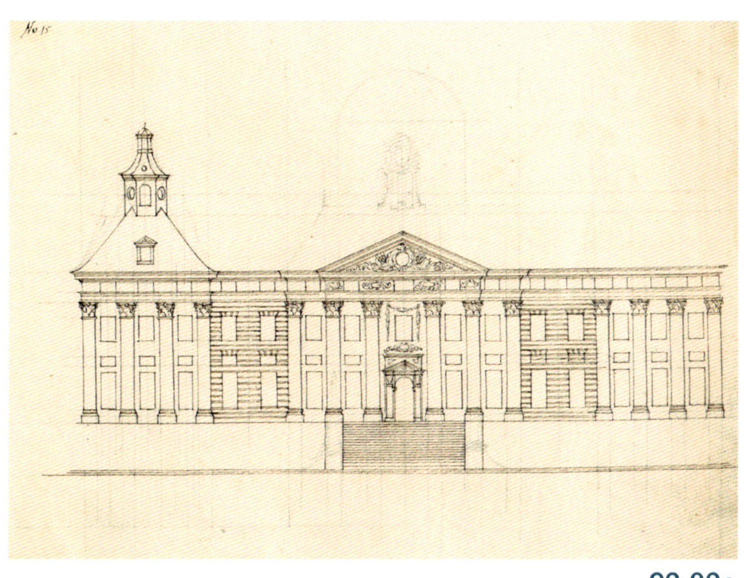

C2.02a

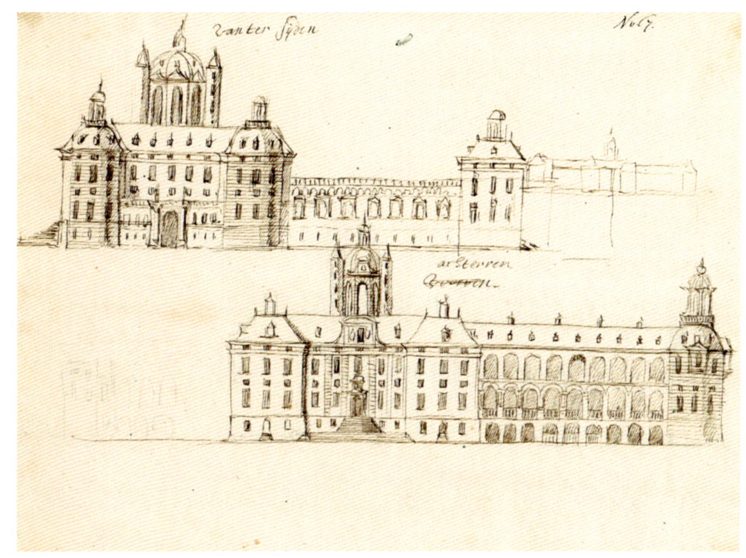

C2.02b

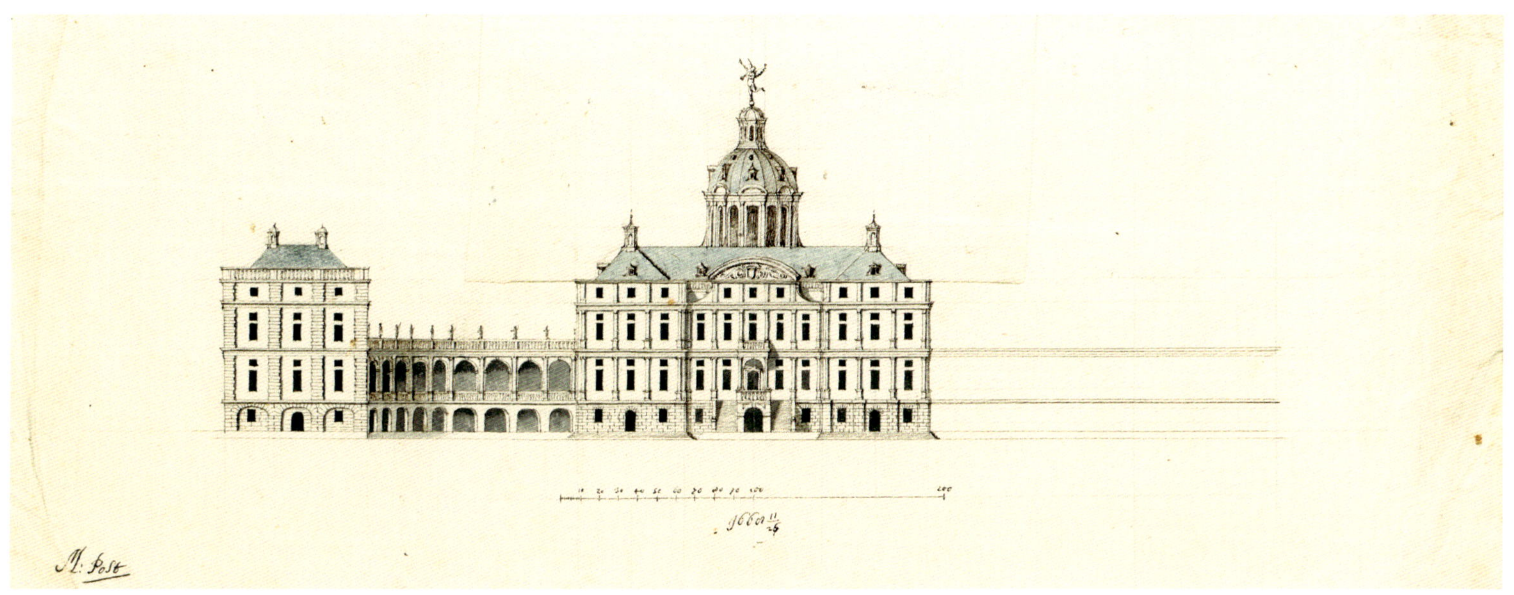

C2.02c

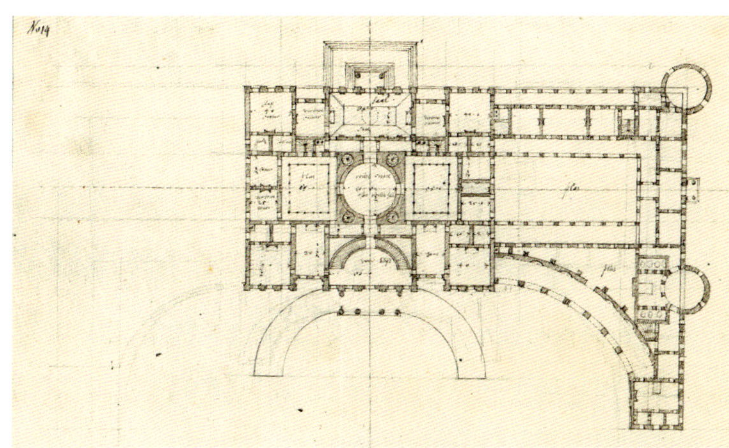

C2.02d

C2.02a-d

Zeichnungen und Risse zu den Planungen eines Schlossneubaus innerhalb der Festung Friedrichsburg

in: Sammelband von Schloss- und Festungsplänen
anonym, bzw. z. T. signiert von Maurits Post, um 1663
Zeichnungen, z. T. freihand, z. T. aufgrund von Vorzeichnungen, teilweise koloriert. Unterschiedliche Maße
Gotha, Forschungsbibliothek, Chart. A 1344 c

Stadt und Festung Mannheim waren 1607 von Kurfürst Friedrich IV. gegründet worden; sie erfuhren im Dreißigjährigen Krieg erhebliche Zerstörungen und wurden im Pfälzischen Erbfolgekrieg 1688–1697 nahezu dem Erdboden gleichgemacht. Die Residenz der Pfälzer Kurfürsten aus dem Hause Wittelsbach war zu dieser Zeit jedoch Heidelberg. Erst die Kurfürsten aus der Nebenlinie Pfalz-Neuburg regierten von Düsseldorf aus, bevor der Herrschersitz schließlich 1720 nach Mannheim verlegt und dort mit dem Bau des Barockschlosses begonnen wurde. Letzteres ist wohlbekannt, von dem fürstlichen Palast, der im 17. Jahrhundert in Mannheim bestand, hatte man bislang jedoch keine Vorstellung. Auf den Stadtplänen Mannheims, etwa von J. van Deyl 1663, ist der „Plan zu dem Churfürstlichen Pallast“ als ein schlichtes Rechteck markiert. Die Forschungsbibliothek Gotha ist im Besitz von vier Sammelbänden mit Zeichnungen und Rissen von Schloss- und Festungsplänen, von denen der dritte Band insgesamt 15 Blätter mit Ansichten, Grund- und Aufrissen einer Schlossanlage enthält, die innerhalb der Festung Friedrichsburg unmittelbar neben der Stadt Mannheim geplant war. Für den Hinweis auf diesen Band dankt die Autorin Herrn Franz-Josef Lensing.

Die in dem Gothaer Band versammelten Zeichnungen sind damit die ersten bekannten Zeugnisse einer architektonisch anspruchsvollen Schlossanlage innerhalb des Festungssterns. Ihre Überlieferungsgeschichte und die bibliographischen Angaben zu den Zeichnungen wie zum gesamten Sammelband sind gleichwohl mager: Nur eine der Zeichnungen lässt eine Signatur Maurits Posts (1645–1677) erkennen, Sohn des bekannten niederländischen Architekten Pieter Post, der in Den Haag, Leiden und Maastricht Stadthäuser errichtete und 1648 ein offizielles Amt in Den Haag übernahm. Auch Datierungen fehlen auf den Zeichnungen fast völlig. Allein aus dem Stadtplan der Friedrichsburg und Mannheims, der das Auftaktblatt dieses Bandes bildet und welcher dem van Deyl-Plan gleicht, nun jedoch deutlich präzisere Informationen zur Schlossanlage liefert, ist eine Datierung in die 1660er Jahre wahrscheinlich. Den spärlichen Beschriftungen, vor allem aber den in den Fassadenansichten präsentierten Architekturformen zufolge kann man in dem Verfasser/Entwerfer einen Architekten vermuten, der die niederländische Baukunst genauestens kannte und in den Zeichnungen aufgriff. Dies zeigt sich beispielsweise in der charakteristischen Mischung aus Backsteinfassaden mit Natursteinelementen, dem Motiv einer kuppelbekrönten Halle als Zentrum der symmetrischen Schlossanlage mit Freitreppen, flankierenden Arkadengängen, die vorgelagerte (Wirtschafts-) Bauten mit dem Hauptbau verbinden und einer deutlichen Betonung des Hauptgeschosses, wie sie auch die Amsterdamer Bauten des „Hofarchitekten“ Jacob van Campen oder Hendrick de Keysers auszeichnete.

Aufgrund dieser wenigen Informationen lässt sich nicht definitiv sagen, ob es sich bei den Zeichnungen um die Entwürfe eines oder mehrerer Architekten – die Handschrift spricht eher für einen Entwerfer – handelt, die er seinem potentiellen Bauherrn Kurfürst Karl Ludwig von der Pfalz (reg. 1649–1680) vorlegte, oder ob das kurfürstliche Palais in Mannheim, von dem die junge Liselotte von der Pfalz in ihren Briefen berichtete, tatsächlich bis zur Zerstörung im Pfälzischen Erbfolgekrieg so ausgesehen hat. Gleichwohl handelt es sich um die ersten, erstaunlich detaillierten Ansichten dieser Mannheimer „Nebenresidenz“ der Wittelsbacher Kurfürsten, von denen in der Ausstellung nun acht erstmals öffentlich gezeigt werden. Die Wahl eines niederländischen Architekten mag dabei nicht verwundern, hatte Karl Ludwig selbst doch lange im Exil am Oranierhof in Den Haag gelebt und kannte daher die lokale Bautradition sehr gut und deren Vertreter wie die Architekten- und Malerfamilie Post vielleicht sogar persönlich.

Sabine Witt

C2.03

Wahrzeichen der Löwen-Apotheke Mannheim

Löwen-Apotheke Mannheim, 18. Jahrhundert
Holz, überfasst. H 60 cm, B 25 cm, T 54 cm
Heidelberg, Deutsches Apotheken-Museum, VII E 12

Zum äußeren Erscheinungsbild einer Apotheke gehörte Jahrhunderte lang ein Apothekenwahrzeichen. Bemalte Schilder wiesen auf den Namen der Apotheke, den ihres Besitzers und manchmal auf das Gründungsjahr hin. Die Namensgebung war vielseitig. Neben dem Hinweis auf rechtliche Verhältnisse (etwa bei einer ratseigenen „Rats-Apotheke“) konnte der Name auf biblische Themen oder einen markanten Standort abheben, auch regionale Bezüge kamen vor, wie vermutlich bei diesem Beispiel: Für die zweite in Mannheim gegründete Apotheke – die heute noch existierende Löwen-Apotheke, die im Jahr 1709 erstmals als Apotheke zum güldenen Löwen bezeichnet wurde – wählten die damaligen Besitzer das Wappentier der Pfalzgrafen als Wahrzeichen und Namensgeber.

Wohl ab dem späten 18. Jahrhundert versinnbildlichte dann die hier gezeigte Skulptur auch leseunkundigen Zeitgenossen den Apothekennamen. Die Löwenplastik ist voll ausgeformt, meisterlich bis ins Detail, und heute in einem dunklen Bronzeton gefasst. Mit festem Stand auf den Hinterbeinen ruhend, die rechte Pranke leicht vor die linke gesetzt, zeigt sich das kraftvolle Geschöpf mit erhobenem Schweif dem Betrachter der ganzen Länge nach und hoch über einem schweren Mörser aufgerichtet. Mit der linken Vorderpranke umfasst es fest das Pistill, während die rechte majestätisch auf dessen Knauf ruht. Üppig umwogt die Mähne das Löwenhaupt, mit breiten Rundungen ist die Maske geformt, das Maul leicht geöffnet, die Zunge weit herausgestreckt. Dichte, gewölbte Brauen betonen die Augen, mit denen das Tier dem Betrachter entgegen blickt – von oben herab, denn die Skulptur stand früher an einem erhöhten Platz.

Eine ursprüngliche Farbfassung in den Farben des „Pfälzer Löwen" ist wahrscheinlich: gänzlich vergoldet und mit roten Akzenten, wie etwa bei der Zunge. Die höchste Stelle des Schädels zeigt sich abgeflacht und mit geringer Lockenzier. Dies spricht dafür, dass einstmals eine Krone das Haupt des kostbaren Tieres zierte.

Elisabeth Huwer / Claudia Sachße

Literatur

Krämer 2009, S. 114 · Kat. Heidelberg 2006, S. 154, Abb. 178 · Hein/Müller-Jahncke 1993, S. 134

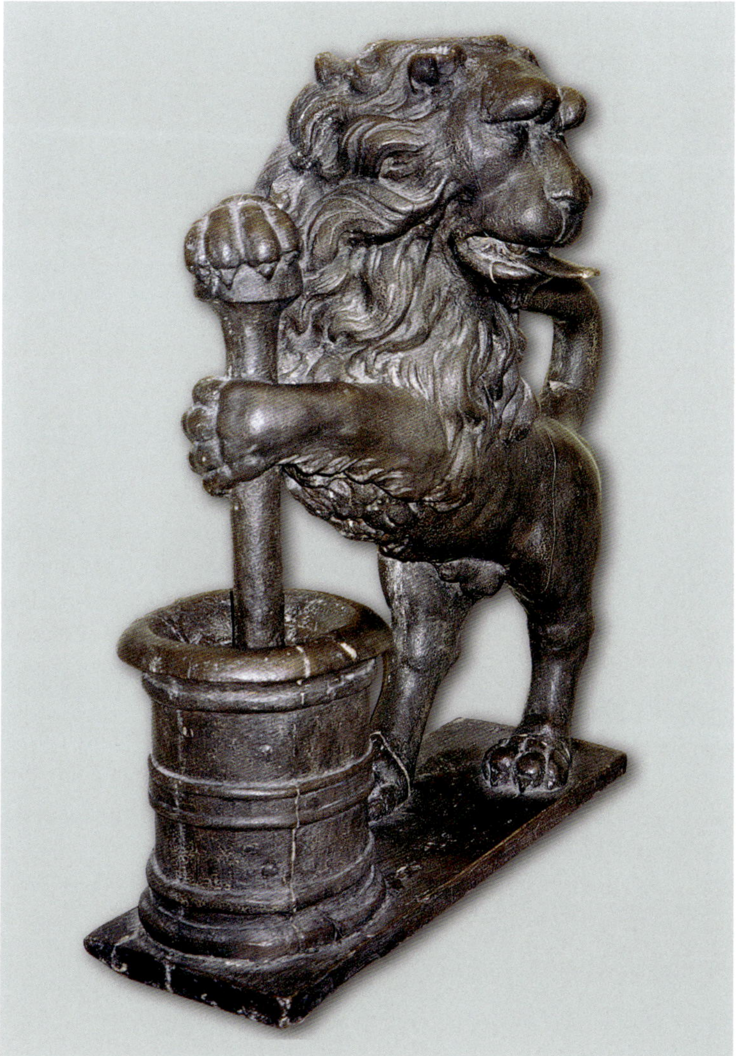

C2.03

C2.04

Fragment einer Blattkachel mit der Allegorie des Glaubens

Speyer (?), Ende 16. Jahrhundert
Irdenware, braun glasiert. H 24,3 cm, B 15,2 cm
Reiss-Engelhorn-Museen Mannheim, BW 2005-35-62-108

Das Kachelfragment zeigt im Innenfeld vor planem Hintergrund die stehende Ganzfigur einer jungen Frau. Die in antikisierende, wallende Gewänder gehüllte Gestalt ist dem Betrachter zugewandt. In ihren Händen hält sie ein Kreuz und einen Kelch. Die Figur ist eingestellt in eine Arkade mit wuchtigen, sich nach unten verbreiternden, kannelierten Pfeilern. Die mit Rankenwerk und Eierstab besetzte Bogenlaibung fehlt auf dem Mannheimer Stück ebenso wie die hornblasenden Putten in den Zwickeln. Beide Bildelemente lassen sich mit Hilfe einer Kachel mit Orgelspielerin vom Kornmarkt in Heidelberg ergänzen.

Die Attribute Kelch und Kreuz weisen die Figur des Innenfelds als Verkörperung des Glaubens, einer der drei Kardinaltugenden, aus. Als Vorlage für die Gestaltung diente ein Kupferstich des Nürnberger Kleinmeisters Hans Sebald Beham (1500–1550). Die 1539 entstandene Druckvorlage wurde weitgehend ins Relief umgesetzt. Ein Unterschied ist jedoch bemerkenswert: Die Allegorie auf dem Beham´schen Kupferstich steht auf einer sich windenden Schlange und einer der beiden steinernen Tafeln mit den Zehn Geboten. Damit wird die eigentliche Bildaussage deutlich, die der reformatorisch aktive Nürnberger Beham in seiner Bildfolge zum Ausdruck bringen wollte. Demnach manifestiert sich der Glaube in erster Linie in der Überwindung des alten durch den neuen Bund. Der Modelschneider des Mannheimer Kachelreliefs entschied sich zu einer deutlichen Vereinfachung. Er übernahm neben den christlichen Attributen lediglich die stark stilisierte Schlange. Der Blick der Frau ist auf das Kreuz gerichtet, das sie in ihrer Linken hält.

Die siebenteilige Serie der Tugenden nach Beham war in der zweiten Hälfte des 16. Jahrhunderts am nördlichen Oberrhein weit verbreitet. Datierungen auf den Innenfeldern mit der Jahreszahl 1561 lassen darauf schließen, dass die Bildfolge bereits eine Generation nach der Entstehung der Bildidee auf Ofenkacheln übertragen wurde. Für das Mannheimer Stück von Belang ist das Model mit der Allegorie der Erkenntnis aus der Greifengasse in Speyer. Dort fertigte man auch über eine Variante der Serie in weit aufwendigerem Rahmen. Diesem liegt ein zwischen 1535 und 1545 gefertigter Holzschnitt von Hans Holbein d. J. (1497/98–1543) zugrunde. Ein weiteres Produktionszentrum bildete Köln. Von der rheinischen Metropole aus verhandelte man entsprechende Kacheln bis in das niederländische Deventer.

Der Fund einer Kachel mit einem Bild aus der Beham´schen Serie der Tugendallegorien in Mannheim wirft ein Licht auf die Bedeutung der Siedlung vor der Verleihung der Stadtprivilegien im Jahre 1607. Schmauchspuren auf der Rückseite belegen, dass die Kachel vor ihrer Zerstörung in einem Ofen eingebaut war. Es stellt sich vor allem die Frage, wer seine gute Stube mit einer so repräsentativen Raumheizung ausstattete, blieb diese Art von Kacheln normalerweise doch Öfen in Patrizierhäusern, in Klöstern und Schlössern vorbehalten.

Harald Rosmanitz

Literatur

Oude-de Wolf/vrielink 2012, S. 563, Kat.-Nr. 182 · Lutz 1992, S. 779, Abb. 87 · Unger 1988, S. 129–136 · Wirth 2005

C2.04

C2.05
Fragment einer Supraporte oder Kamineinfassung

Mannheim (?), Anfang 17. Jahrhundert
Irdenware, unglasiert. H 14,1 cm, B 22,3 cm
Reiss-Engelhorn-Museen Mannheim, BW 2005-35-062-104

Die aus vier Fragmenten zusammengesetzte Keramik fand sich gemeinsam mit weiteren, ähnlich gearbeiteten Reliefteilen bei Ausgrabungen in H 3,11 in Mannheim. Die Stärke des Scherbens von mehr als drei cm, die Dimensionierung der Dekore sowie fehlende rückseitige Halterungen weisen das Stück der Baukeramik zu.

Regionen ohne Vorkommen von leicht zu bearbeitendem Haustein mussten seit der Spätgotik auf formgepresste Keramikelemente für den Dekor von Fenster- und Türgewänden zurückgreifen. Sehr beliebt war in der Profanarchitektur die Supraporte, die Verzierung einer Tür oder eines Portals durch ein über dem Türsturz angebrachtes, großflächiges Zierelement. Es bot dem Hauseigentümer die Möglichkeit, an einer für jedermann leicht einsehbaren Stelle eine Inschrift oder sein Wappen einzufügen. Eine weitere Einsatzmöglichkeit für solche mit großflächigem Rollwerk versehenen Keramikplatten war die Ausschmückung großer Kamine. Die Mannheimer Fragmente sind heute unglasiert. Nach ihrem Einbau in die Fassade eines Gebäudes dürften sie entweder weiß gekalkt oder farbig gefasst gewesen sein.

In Südwestdeutschland stellen spätrenaissancezeitliche Baukeramiken dieser Art eine Ausnahme dar. Sie werden oft mit regional aktiven Künstlerpersönlichkeiten in einen ursächlichen Zusammenhang gebracht. So werden dem Villinger Keramiker Hans Kraut in seiner Heimatstadt eine Vielzahl großformatiger keramischer Reliefs zugewiesen. Anregungen für den Einsatz von Baukeramik dürften sich in Mannheim aus etwa zeitgleichen Keramikreliefs im oder am Heidelberger Schloss ergeben haben.

Harald Rosmanitz

Literatur

Ring 1998 · Sarre 1890

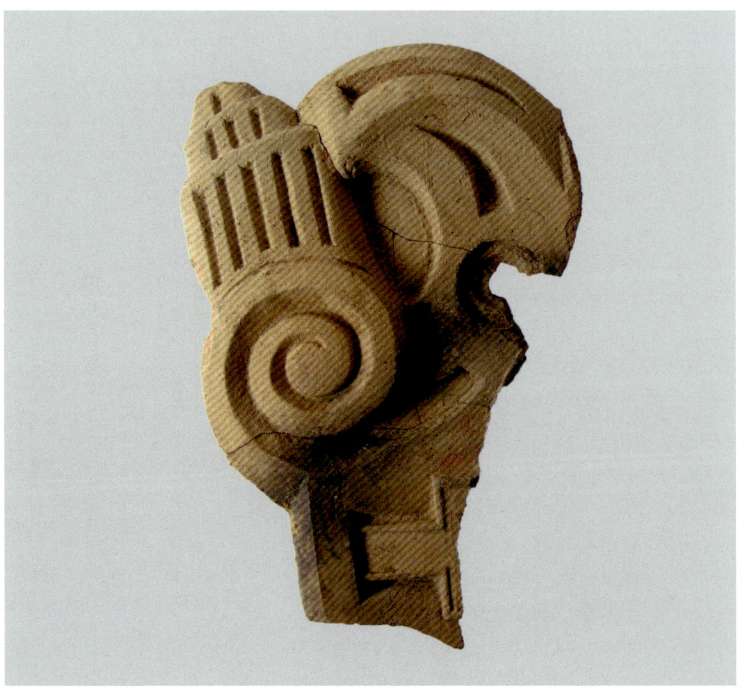

C2.05

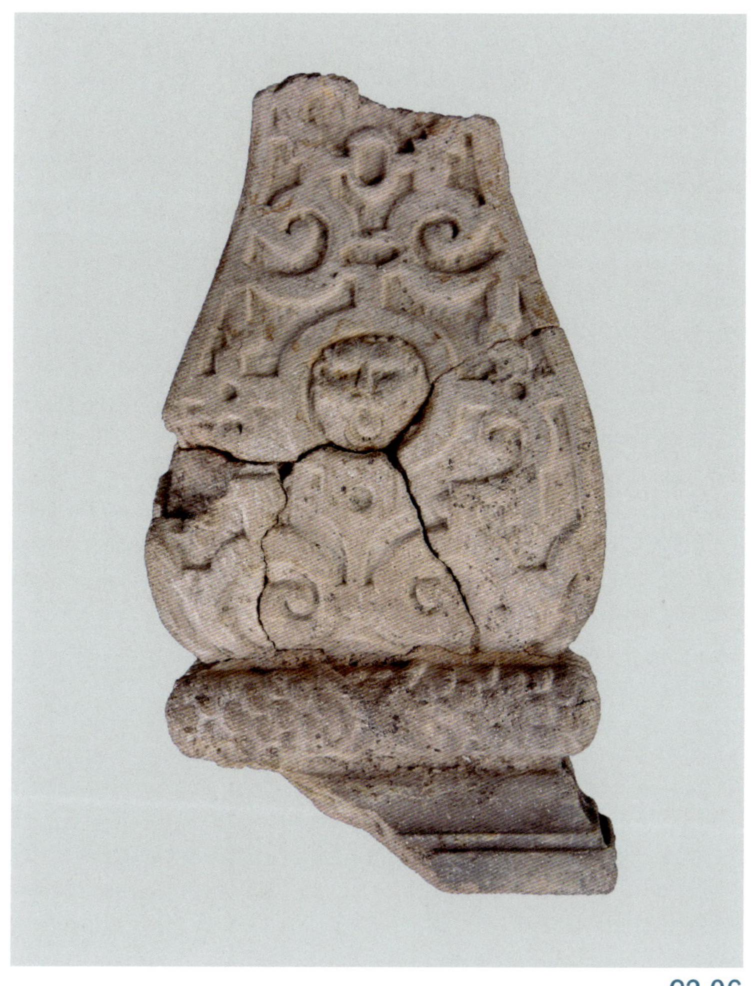

C2.06

zweistufiger Ofen errichtet werden konnte. Die untere Hälfte eines solchen Kombinationsofens dürfte, wie zeitgenössische Ofenmodelle nahelegen, aus gusseisernen Ofenplatten bestanden haben. Die einzelnen Ofenbestandteile wurden nach dem Setzen des Ofens durch den Auftrag eines mit Leinöl gemischten Graphitpuders farblich aufeinander abgestimmt.

Identische Ofenfüße in Bad Kreuznach, Heidelberg, Mainz und Speyer zeigen die große regionale Beliebtheit dieser Form. Bislang ist es noch nicht gelungen, die Werkstatt zu identifizieren, in der in den Jahrzehnten vor dem Dreißigjährigen Krieg solche Ofenfüße in größerer Stückzahl gefertigt wurden. Technisch gesehen war man in Mannheim zu dieser Zeit durchaus in der Lage, so etwas zu produzieren, und zwar sowohl als unglasierte, nachträglich zu graphitierende oder bereits als braun glasierte Ofenbauteile.

Stilistisch kann mit dem in Mannheim H 3,11 gefundenen Fragment eines Ofenfußes der für den deutschen Manierismus charakteristische Trend zum *horror vacui* gefasst werden. Maßgeblichen Einfluss übte die Werkstatt des in Frankfurt am Main ansässigen Formenscheiders Johannes Vest aus. Bald schon schlossen sich weitere Werkstätten wie das in Heidelberg in der Unteren Neckarstraße tätige Kachelatelier im Umfeld von Sebastian Götz an. Jener Sebastian Götz schuf zwischen 1607 und 1614 die Skulpturen am Friedrichsbau des Heidelberger Schlosses.

Harald Rosmanitz

Literatur

Lutz 1992, S. 779, Abb. 87 · Wirth 2005

C2.06
Fragment eines Ofenfußes in Gestalt eines Balusters

Rhein-Neckar-Raum, Anfang 17. Jahrhundert
Irdenware, unglasiert. H 19,2 cm, B 10,4 cm
Reiss-Engelhorn-Museen Mannheim, BW 2005-35-62-111

Der Sockel des ursprünglich schlanken Ofenfußes setzt sich aus einer glatten Platte unter einer akanthusblattbesetzten Kehle zusammen. Darüber kragt eine als glatter Halbstab gebildete Leiste kissenartig aus. Den Gutteil des Raumes nimmt darüber ein tropfenförmig sich nach unten verbeiterndes Versatzteil ein. Es weist ebenso wie die Leiste darunter eine Verzierung mit kleinteiligem Beschlagwerk auf. Darüber hinaus sind auf dem trapezförmigen Gebilde die zentralen, hochovalen Medaillons auf allen vier Seiten jeweils mit einem Löwenkopf besetzt. Der an dem Mannheimer Stück nicht mehr erhaltene obere Abschluss war ein spiegelbildliches Gegenstück zum Sockel.

Rein funktional handelt es sich hier um ein Element einer ursprünglich paarweise angeordneten keramischen Umhüllung von Eisenstäben. Diese trugen die Vorderseite einer Steinplatte, auf der ein mindestens

C2.07
Fragment des Models einer Blattkachel mit Johannes und dem Jesusknaben

Mannheim (?), Anfang 17. Jahrhundert
Irdenware, unglasiert. H 8 cm, B 9 cm
Reiss-Engelhorn-Museen Mannheim, BW 2011-139-24-100

Das in Mannheim, E 6, im Jahre 2011gefundene Modelfragment ist Teil eines vielfigurigen Rahmens. Von diesem hat sich der Mittelteil der Sockelleiste erhalten. Man erkennt ein horizontal nach recht ausgestrecktes Bein und darüber den Unterbau einer Sphärenkugel. Die Darstellung lässt sich mit Hilfe eines vollständig erhaltenen Rahmenmodels im Hällisch-Fränkischen Museum in Schwäbisch Hall als zwei kniende beziehungsweise annähernd liegende, sich umarmende Knaben identifizieren. Als Attribute sind ihnen eine Sphärenkugel sowie ein Lamm beigegeben. Nimben über ihren Köpfen weisen sie als Heilige aus. Eine genauere Zuordnung ist mit Hilfe der Buchstabenkürzel I*CH und S*I auf Kopfhöhe als **I**esus **CH**ristus und **S**anktus **I**ohannes möglich. Als

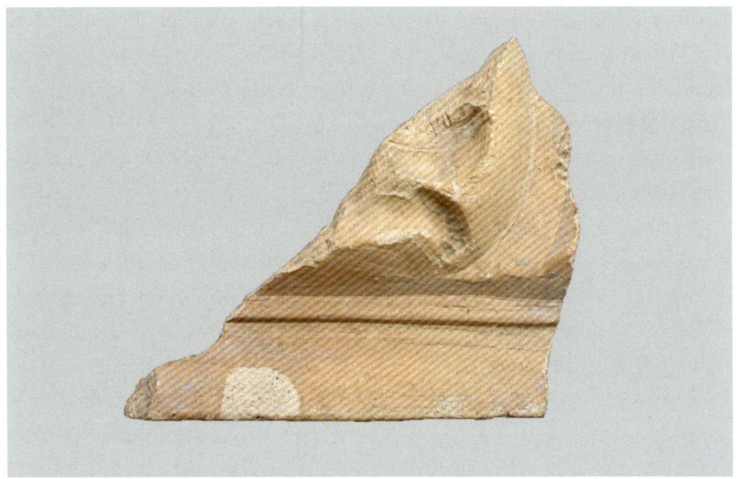

C2.07

graphische Vorlage für die Figurengruppe kann ein bei dem Nürnberger Verleger Bathasar Caimox im Jahre 1613 gedruckter Kupferstich gelten.

Die Figurengruppe von Jesus und Johannes dem Täufer war ursprünglich um die Allegorien des Glaubens und der Weitsicht bereichert. Die das Innenfeld seitlich flankierenden Allegorien sind als ganzfigurige Engel gearbeitet. Sie halten ein Kreuz und einen Handspielgel in ihren Händen. Die sich innig umarmenden Knaben vervollständigen im übertragenen Sinne als Verkörperung von Liebe und Hoffnung zwei weitere Tugenden. In ihrer Gesamtheit versteht sich das Bildprogramm damit als deutlicher Hinweis auf eine für die Zeit anzustrebende Lebensführung, geprägt von den Idealen Liebe, Hoffnung, Glaube und Weitsicht. Flankiert von Fruchtgebinde haltenden, stehenden Putten in den Zwickeln vervollständigt der Heilige Geist in Form einer nimbierten Taube im Bogenscheitel das durch und durch christliche Bildprogramm.

Vergleichbare Rahmen sind aus Hanau, Kirchheim unter Teck, Meiningen und Schwäbisch Gmünd bekannt. Ein Fehlbrand aus dem Werkstattabfall einer Hafnerei in der Klosterstraße 8 in Schwäbisch Hall belegt die Produktion entsprechender Kacheln im Hohenlohischen.

Mit dem Mannheimer Model gelingt nicht nur der Nachweis der Kachelfertigung solcher manieristischer Kacheln im Rhein-Neckar-Raum. Das auf den ersten Blick eher unscheinbare Fragment liefert den ersten sicheren Nachweis einer Mannheimer Kachelproduktion zu Beginn des 17. Jahrhunderts überhaupt. Die ortsansässigen Hafner standen mit ihren Produkten in Konkurrenz zu längst etablierten Heidelberger Werkstätten wie jener in der Unteren Neckarstraße. Konnten die Heidelberger für ihre Produktion auf bedeutende Künstler vor Ort zurückgreifen, so dürften die Rahmenbedingungen in Mannheim aufgrund günstiger Versorgung mit Brennholz wesentlich besser gewesen sein. Zudem erhoffte man sich in der erst 1607 mit den Privilegien ausgestatteten Stadt einen größeren Absatzmarkt.

Harald Rosmanitz

Literatur

Burrows/Lasch 2008 · Wirth 2011

C2.08

Fragment einer Blattkachel mit dem Wappen des Pfalzgrafen Friedrich

Mannheim (?), um 1560
Irdenware, braun glasiert. H 10,2 cm, B 19,4 cm
Reiss-Engelhorn-Museen Mannheim, BW 2005-35-62-112

Das Bildfeld des Kachelfragments aus Mannheim H 3,11 war ursprünglich besetzt mit drei sich leicht überlappenden, von üppigem Rankenwerk umfassten Wappenschilden. Die Helmzier über den Wappenschilden zeigte einen sitzenden, gekrönten Löwen zwischen schräggeweckten Büffelhörnern. Heraldisch lassen sich die Wappenbesätze mit dem steigenden Löwen, dem Reichsapfel und dem Rautenbesatz dem Pfalzgrafen bei Rhein zuweisen. Das Relief schloss nach unten in einer inschriftenbesetzten Kartusche ab, die beidseitig von Sphingen flankiert war. Das Inschriftenkürzel FPC lässt sich als **F**riedericus **P**alatinus **C**omes auflösen, mit Blick auf die Datierung dürfte Friedrich III. gemeint sein.

Kacheln mit landesherrlichen Wappen zierten in der zweiten Hälfte des 16. Jahrhunderts zahlreiche repräsentative, südwestdeutsche Öfen. So verwundert es wenig, dass dieser Kacheltyp in jener Zeit das Gros der für den Kornmarkt in Heidelberg nachgewiesenen, reliefierten Kacheln bildete. In der Spätgotik beschränkte man sich auf die Kombination von Wappenschilden mit steigendem Löwen und Rautenbesatz. Ab 1544 verwies man auf das mit der Kurfürstenwürde verknüpfte Erzamt. Seit dieser Zeit durfte man mit Billigung von Kaiser Karl V. im Wappen an zentraler Stelle den Reichsapfel führen.

Für Mannheim sind fünf Varianten des Motivs archäologisch belegt. Eine davon wurde in der Heidelberger Kachelwerkstatt im Umfeld von Sebastian Götz entworfen und in Serie gefertigt. Auch die vorliegende Ausführung weist im Bildaufbau große Ähnlichkeit mit Patrizen, Modeln und Fehlbränden von wappentragenden Blattkacheln von der Unteren Neckarstraße auf. Das Bemühen, ein heraldisches Motiv mit modernstem Design möglichst ansprechend zu gestalten, manifestiert sich im Mannheimer Fragment in den die Inschriftenkartusche flankieren-

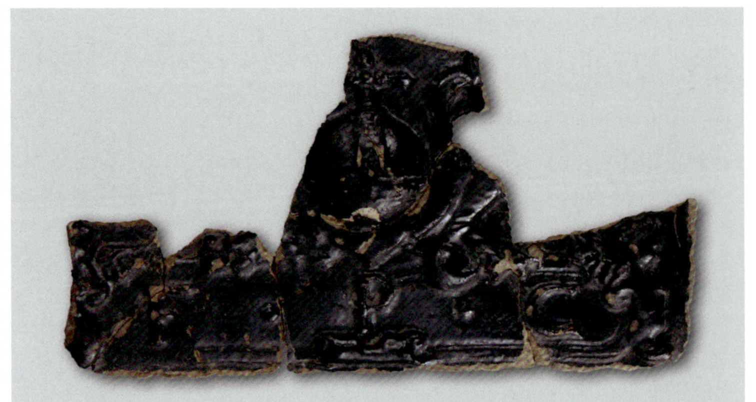

C2.08

den, nach außen blickenden Sphingen. Sie orientieren sich an ornamentalen Vorlageblättern Antwerpener Kupferstecher.

Harald Rosmanitz

Literatur

Ludwig/Brenner/Klein 2003 · Lutz 1992, S.779, Abb. 87 · Wirth 2005

C2.09

Goldmünze des bayerischen Kurfürsten Maximilian II. Emanuel (*Max d'or*)

Christian Ernst Müller (1696–1776)
Augsburg, 1720
Gold. Dm 2,38-2,39 cm, G 6,48 g
Reiss-Engelhorn-Museen Mannheim, BW2011-139-65-101

Ludwig XIII. von Frankreich führte in den Jahren 1640/41 eine neue Münzsorte ein, die seinen Namen trug: den *Louis d'or* („Ludwig aus Gold"). Dem Beispiel des französischen Königs folgten im 18. Jahrhundert mehrere deutsche Fürsten, darunter der bayerische Kurfürst Maximilian II. Emanuel, der 1715 mit dem *Max d'or* ebenfalls eine neue goldene Münze prägen ließ. Ein Exemplar dieser Münze konnte 2011 bei einer Ausgrabung im Quadrat E 6 in Mannheim gefunden werden.

Die Vorderseite des *Max d'or* zeigt den Kopf des Prägeherrn mit Allongeperücke nach rechts. Die Inschrift nennt den Namen und die vielen Titel des Prägeherrn. Da diese Münze einen Durchmesser von nur 23,8 mm hat, konnten lediglich die jeweiligen Anfangsbuchstaben angegeben werden: M(aximilianus) E(manuel) V(triusque) B(avariae) & P(alatinatus) S(uperioris) D(ux) C(omes) P(alatinus) R(heni) S(acri) R(omani) I(mperii) A(rchidapifer) & E(lector) L(angravius) L(euchtenbergensis) (Maximilian Emanuel, Herzog von beiden Bayern und der Oberpfalz Herzog, Pfalzgraf bei Rhein, Erztruchsess und Kurfürst des Heiligen Römischen Reiches, Landgraf von Leuchtenberg.) Der sechsstrahlige Stern im Halsabschnitt ist die Signatur des Augsburger Medailleurs Christian Ernst Müller.

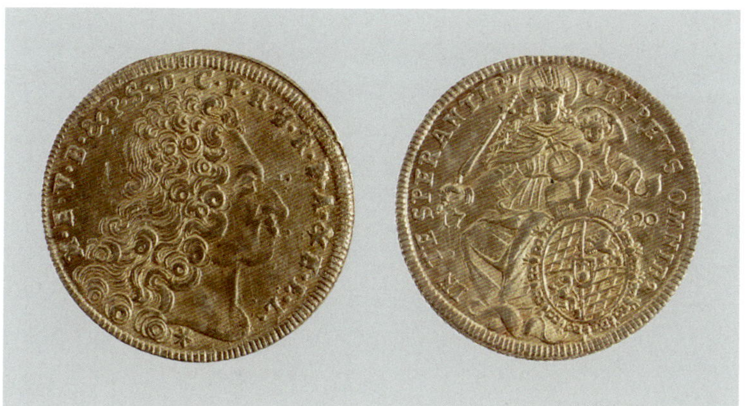

C2.09

Auf der Rückseite des *Max d'or* findet sich eine Madonnendarstellung. Maria hält ein Zepter und einen Schild mit dem kurbayerischen Wappen, das Jesuskind auf ihrem Schoß einen Reichsapfel. Die Inschrift betont die Bedeutung Mariens als Schutzherrin Bayerns: *CLYPEVS OMNIB(us) IN TE SPERANTIB(us)* (Schutzschild für alle, die auf Dich hoffen.) Der *Max d'or*, der einen Wert von zwei Goldgulden hatte, wurde bis zum Tod Max Emanuels in großer Anzahl geprägt. Anschließend wurde diese Münzsorte durch eine neue bayerische Goldmünze abgelöst: Karl Albrecht, Max Emanuels Sohn und Nachfolger, führte den nach ihm benannten Karolin (*Karl d'or*) ein.

Matthias Ohm

Literatur

Ausst.-Kat. Berlin 2010, S. 124, Nr. I 4.31 · Hahn/Hahn-Zelleke 2007, S. 90–92 , Nr. 206

C2.10

Amtssiegel, wohl des Zentgerichts Boxberg

Abdruck (Fragmente) wahrscheinlich zwischen 1740 und 1751
Mannheim, 18. Jahrhundert
roter Siegellack. Dm ca. 1,8 cm
Reiss-Engelhorn-Museen Mannheim, ohne Inv.-Nr.

Das Verfüllmaterial aus dem Untergeschoss mit Tonnengewölbe des Vorgängerbaus der katholischen Bürgerhospitalkirche in Mannheim, E 6,1, enthielt auch zahlreiche Siegelreste. Da es sich überwiegend um Wappensiegel handelt, erlauben größere Bruchstücke gegebenenfalls die Identifikation des Wappens, teilweise auch die Erschließung der Siegelumschrift.

Bei der vorliegenden Montage aus drei Fragmenten kann es sich nur um ein kurpfälzisches Amtssiegel aus Boxberg handeln. Denn das Siegelbild zeigt unter dem Fürstenhut im ovalen, gespaltenen Schild mit eingeschobener eingebogener Spitze heraldisch rechts den doppelschwänzigen Löwen (Pfalz), links ein schräg gerautetes Feld (Bayern) und eine „leere", aber floral damaszierte Spitze (Kurschild). Gut lesbar im Uhrzeigersinn und sicher richtig ergänzbar (in eckiger Klammer) sind die Buchstabenfolgen …S I G E [L]… [G E R I C]H T S B O X B E [R G]…

Da Boxberg auch Sitz des kurpfälzischen Zentgerichts war, kann es sich eigentlich nur um dessen Siegel handeln. Die Zeitstellung für die Festlegung des Siegelbilds und die Anfertigung des Siegelstocks ergibt sich aus der Wiedereinlösung des Oberamts Boxberg aus Würzburgischer Pfandherrschaft 1740. Erster kurpfälzischer Oberamtmann war dann bis 1751 Johann Bernhard Franz Freiherr von Hallberg. Er war

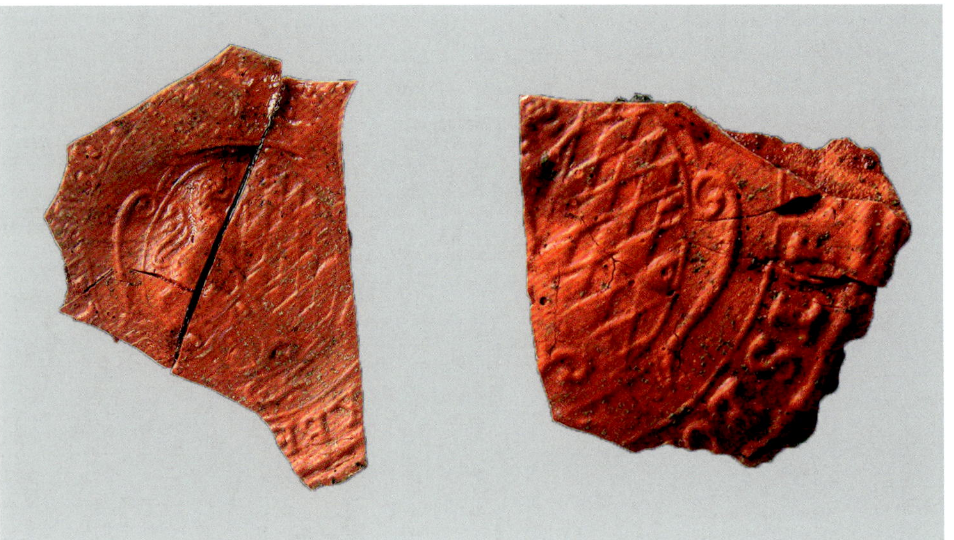

C2.10

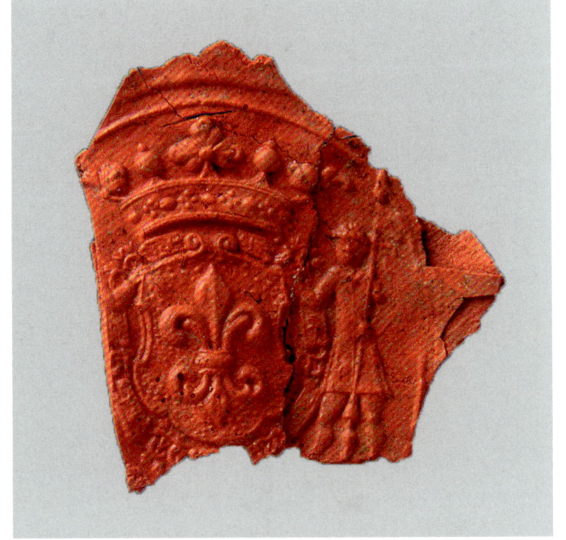

C2.11

1744 Erbe und bis 1751 Eigentümer von E 6,1. Weil er aber seine Amtsgeschäfte von Mannheim aus führte, wickelte der Oberamtsverweser die Vorgänge schriftlich ab. Die Postsendungen aus Boxberg verschloss man dabei mit dem betreffenden Amtssiegel.

Für die beiden nachfolgenden Eigentümer von E 6,1 bestanden dagegen keine erkennbaren dienstlichen Bezüge zu Boxberg.

Friedrich Teutsch

Literatur

Drös 1991, S. 237 ff., Nr. 502, Nr. 509, Nr. 510, S. 241 f., Nr. 514, S. 270, Nr. 564, S. 394–396, Farbtafel 15, 16 • Widder 1786, S. 42 f. • Chur-Pfältzischer Hoff-und Staats-Calender auf das Jahr 1748, S. 47, S. 54 f., S. 80 • Ausst.-Kat. Mannheim 1986/87, S. 62 f., Taf. 32-39 • Stadtarchiv Mannheim, Mannheimer Kaufprotokolle 1728, 1731, 1734, 1737, 1751 [Ein Abriss der Geschichte von E 6,1 für die Mannheimer Geschichtsblätter wird vom Verfasser vorbereitet.]

C2.11

Siegel, offenbar des Hermann Arnold Freiherr von Wachtendonck

Abdruck (Fragment) wahrscheinlich zwischen 1751 und 1768
Mannheim, 18. Jahrhundert
roter Siegellack. Dm ca. 2 cm
Reiss-Engelhorn-Museen Mannheim, ohne Inv.-Nr.

Im gesamten Fundmaterial befanden sich auch die beiden zusammengehörenden Bruchstücke dieses Siegelabdrucks.

Hermann Arnold Freiherr von Wachtendonck (1694–1768) führte nach seinem Porträt und dem kurfürstlichen Kalenderblatt für 1745 bei repräsentativen Verwendungen nur den Wappenschild, umrahmt vom kurpfälzischen Sankt Hubertus-Orden mit zwei Schildhaltern und darüber eine Adelskrone. Diese ungewöhnliche Darstellung zeigt auch sein Siegel.

Der Siegler erhielt bereits 1708 die Anwartschaft auf das Amt des Burggrafen von Alzey. Unter Kurfürst Carl Philipp diente er als Diplomat. Diesen politisch erfahrenen Geheimen Rat beförderte Kurfürst Carl Theodor 1743 zum Obristkämmerer und Geheimen Staats-und Conferenz-Minister. Freiherr von Wachtendonck behielt alle Ämter bis zu seinem Ableben 1768.

Die Aufnahme in den Sankt-Hubertus-Orden ist der eingesehenen Literatur nicht zu entnehmen. Nach den obigen bildlichen Belegen dürfte sie spätestens 1742/1744 erfolgt sein. Daraus ergibt sich ein zeitlicher Anhaltspunkt für die Festlegung des Siegelbilds. Von den Wappenfarben zeigt der Schild die Tingierung (Punkte = Gold), die eigentlich rote Lilie ist jedoch nur plastisch gestaltet.

Hermann Arnold Freiherr von Wachtendonck war Großonkel der Schwestern Marie Louise und Antonetta Loë zu Wissen, Enkelinnen des Hermann Adrian Freiherr von Wachtendonck, und 1749 bzw. 1757 zweite bzw. dritte Gemahlin des Johann Wilhelm Freiherr Ulner von Dieburg. Den Ehevertrag von 1749 besiegelte daher auch Hermann Arnold Freiherr von Wachtendonck.

Da Freiherr Ulner von Dieburg seit 1751 Eigentümer von E 6,1 war und trotz seiner Verbannung vom kurfürstlichen Hof 1762 nach den katholischen Kirchenbüchern von Sankt Sebastian mindestens zeitweilig sein Mannheimer Anwesen bewohnte und dort auch 1771 verstarb, dürften die privaten Kontakte bis zum Tod des Freiherrn von Wachtendonck 1768 wohl noch bestanden haben. Daraus ergibt sich eine mutmaßliche Datierung des Siegelabdrucks zwischen 1751 und 1768.

Das Fundmaterial dürfte spätestens zwischen dem Verkauf von E 6,1 an das katholische Bürgerhospital 1784 und dem Beginn der Bauarbeiten an der Bürgerhospitalkirche 1788 im Untergeschoss des oberirdisch abgebrochenen Vorgängerbaus entsorgt worden sein.

Friedrich Teutsch

Literatur

Rall 1994, S. 73, S. 87, Abb. 13 [Nach der Bildbeschriftung ist das Porträt mit 1742 zu datieren. Der Nachweis des Bildnisses auf S. 425 enthält keine Hinweise zu Entstehung und Druck des Stichs.] · Stockert 2011, S. 45 [Die Datierung des Kalenderblatts mit 1744/1745 erschließt sich aus der anzunehmenden Entstehungszeit 1744 und dem Kalenderjahr 1745. Das Buch enthält keine Hinweise zu E 6,1.] · Widder 1787, S. 15 Burggrafenamt von Alzey · Widder 1786, S. 47 Obristenkämmerer · Schmidt 1963 [betrifft nur den diplomatischen Dienst von Wachtendonck] · Mörz 1991, S. 148, 159 [dort auch die Verbannung des Johann Wilhelm Freiherr Ulner v. Dieburg vom Hof 1763] · Chur-Pfälzischer Hoff-und Staats-Calender auf das Jahr … 1748, S. 7, 11,40,42,51 und 148 · Drös 1991, S. 228, Nr. 484, Farbtafel 10, Hubertusorden Farbtafel 30, Tafel 39, Nr. 528, 526/527, Tafel 44, Nr. 647 · Battenberg 1986, S. 358 f, Nr. 3024, Heiratsvertrag 1749 [einziger Beleg für H.A. Frhr. v. Wachtendonck] · Battenberg 1987, Tafel XVI, Ulner von Dieburg und Tafel X von Dalberg [Die genealogischen Daten sind z.T. unvollständig bzw. fehlerhaft. Die beiden Schwestern werden irrtümlich zu einer Person zusammengefasst. Ein überarbeitetes Repertorium wurde kürzlich vom Stadtarchiv Worms ins Internet gestellt.] · Hersche 1984 [Das Umschlagsbild zeigt ausschnittsweise die Ahnenprobe für Mainz für Emmerich Joseph Kämmerer von Worms Freiherr von und zu Dalberg von 1780. Darauf noch Hermann Adrian Freiherr von Wachtendonck, Großvater seiner Großmutter Maria Louisa von Loë zu Wissen.] · Katholisches Kirchenbuchamt, Mannheim, katholische Kirchenbücher St. Sebastian, Traubuch 1757, Taufbuch 1765, Sterbebuch 1771

C2.12a–t
Funde der Stadtarchäologie in Mannheim: Zeugnisse für Alltagsleben und Gewerbe

a) Zahnbürste

Mannheim E 6, 18. Jahrhundert
Bein. L 8,9 cm
Reiss-Engelhorn-Museen Mannheim, BW2011-139-075-107

Der Bürstenkopf zeigt drei Reihen von je acht konisch gebohrten Löchern. Die gebündelten Tierhaare waren mit Kupfer-/Messingdraht am Bürstenkopf befestigt. Das spatelartige Ende diente vermutlich der Ohrhygiene. Aus dem Mannheimer Stadtgebiet (E 6 und C 4,8) stammen zwei weitere Zahnbürsten aus dem 18. Jahrhundert.

Klaus Wirth

Literatur

Schäfer 2005

b) Klappmesser

Mannheim C 4,8, 1. Hälfte 18. Jahrhundert
Eisen, Kupferlegierung, Bein.
L gesamt 19,8 cm, L Klinge 8,7 cm, B Klinge 1,8 cm
Reiss-Engelhorn-Museen Mannheim, BW2008-016-239-100

Die Klinge aus Eisen wurde auf beiden Seiten mit je drei Eisennieten an den Griffschalen aus Bein befestigt und mit je sechs sternförmigen Nieten aus Kupferlegierung verziert.

Klaus Wirth

c) Flohfalle

Mannheim B 4,11, 18. Jahrhundert
Bein. L 6,92 cm, maximaler Dm 2,4 cm
Reiss-Engelhorn-Museen Mannheim, BW2012-140-071-131

Die gedrechselte Röhre hat ein Innengewinde für einen scheibenartigen Schraubverschluss. Zwischen Riefen- und Wulstzonen befinden sich sechs Lochreihen, davon vier mit 14–15 Löchern, zwei mit sechs bis sieben größeren und Doppellöchern. Am basalen Ende ist ein Außengewinde zum Aufschrauben eines weiteren Behältnisses. Flohfallen wurden mit Honig oder blutgetränkter Watte gefüllt, um so die blutsaugenden Plagegeister anzulocken und einzufangen.

Klaus Wirth

Literatur

Ruisinger 2012, S. 187

d) Einlegearbeit

Mannheim B 4,11, 18. Jahrhundert
Bein. L 5,4 cm, B 3,6 cm
Reiss-Engelhorn-Museen Mannheim, BW2012-140-071-133

Intarsien in floralem Zierstil wurden im Barock gerne für die Oberflächengestaltung von Schränken und Kleinmöbeln verwendet.

Klaus Wirth

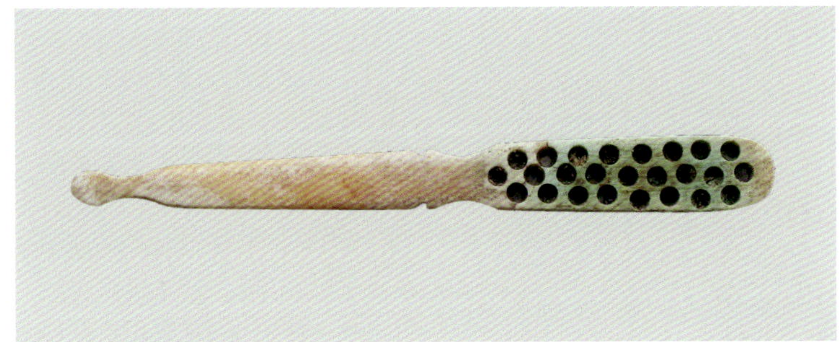

C2.12a

e) Wetzsteine

Mannheim B 4,11, 18. Jahrhundert
Schiefer. L 8,8 cm, B 2,1–2,4 cm, bzw. L 7,4 cm, B 2,5–2,6 cm,
Reiss-Engelhorn-Museen Mannheim, BW2012-140-071-101
bzw. BW 2012-140-071-134

An dem längeren Wetzstein weisen zwei Oberflächen Ritz- und Punzspuren auf. Der Umriss des zweiten Steines ist leicht trapezförmig. Zwei Oberflächen weisen Ritzspuren auf. Auf einer Seite zeigen eine zur Längsachse schräg verlaufende Rille sowie eine muldenartige Vertiefung Gebrauchsspuren an.

Klaus Wirth

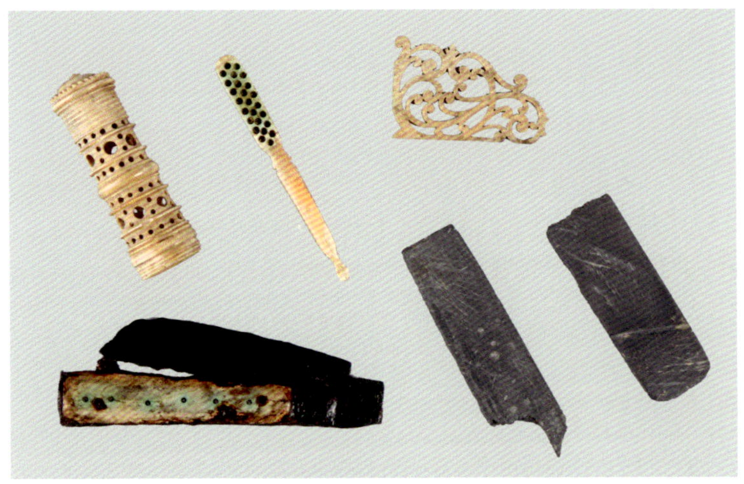

C2.12a–e

f) Werkstattabfall bei der Knopfherstellung: Rippe mit sechs Bohrlöchern

Mannheim B 4,11, 18. Jahrhundert
Knochen. L 16,3 cm, B 2,7–3,3 cm
Reiss-Engelhorn-Museen Mannheim, BW2012-140-071-102

Die Knöpfe wurden nur bis zur halben Drehhöhe ausgebohrt und danach aus dem Knochen gebrochen, so dass eine Stoßnaht im Bohrloch (Dm 2,06/1,88–1,95 cm) sichtbar bleibt. Der Knopf BW2012-140-071-135 wurde aus dieser Knochenleiste herausgearbeitet.

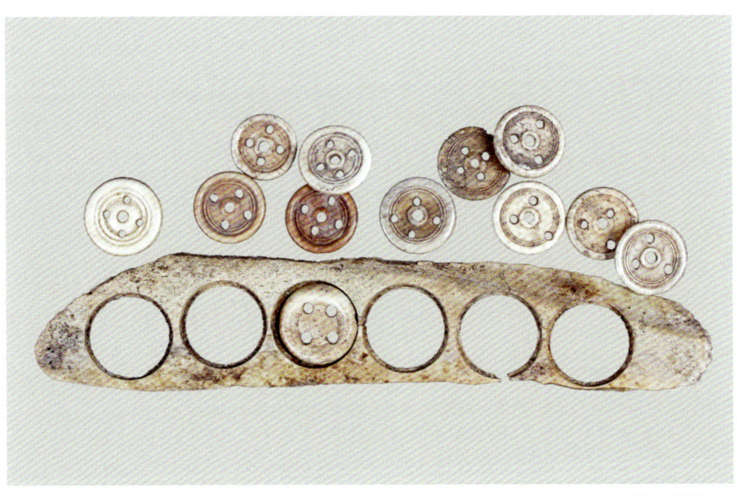

C2.12f–g

g) Knöpfe

Mannheim B 4,11 und C 4,8, 18. Jahrhundert
Knochen. Dm 0,84–1,57 cm, H 0,27–0,42 cm
Reiss-Engelhorn-Museen Mannheim, BW2012-140-071-135 und
BW2008-016-094-109/ 111/ 112/ 114/ 115/ 117/ 119/ 120/
121/ 122/ 124

Die Grundform der zwölf aus Grabungen in C 4,8 und B 4,11 stammenden Knöpfe wurde aus Rippen von Großsäugern gebohrt, anschließend auf der Drehbank nachbearbeitet und mit vier bzw. fünf Löchern versehen. In C 4,8 ist wegen der Beifunde von Fingerhüten, Steck- und Wollnadeln, Schneiderkreide und mehreren Knöpfen eine Schneiderwerkstatt zu lokalisieren. In B 4,11 werkelte ein Knopfmacher. Diese handwerklichen Tätigkeiten fanden in den Schriftquellen keine Erwähnung.

Literatur

Krünitz 1787

h) Brennhilfe: Einsatz/Tablett für Keramikbrennofen

Mannheim E 6, 17./18. Jahrhundert
Keramik, u-förmiger Querschnitt.
L 16,3 cm, B 13,5 cm, H Rand 3,9 cm,
Dm der trichterförmigen Löcher 2,2–2,3/0,6 cm
Reiss-Engelhorn-Museen Mannheim, BW2012-139-024-101

Die Seite, auf der die zu brennenden Gefäße standen, ist grüngelb glasiert, weil Glasurflüssigkeit vom Brandgut abtropfte. Die Vorrichtungen, wie sie in Fragmenten auch in Mannheim C 5 (Garnisonskirche Toulonplatz) und H 3,15 geborgen wurden, dienten der kontrollierten Hitzezufuhr beim Brennen von keramischen Waren.

Klaus Wirth

C2.12h

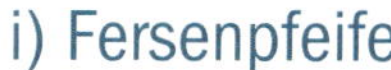

i) Fersenpfeife

Mannheim H 3,15, 1684
Ton. L Stiel 12,2 cm
Reiss-Engelhorn-Museen Mannheim, BW2006-007-003-103

An der Kopfseite ist zwischen zwei umlaufenden Tannenzweigen eine Umschrift, links: „RiSWiCK" und rechts „iOH:HENRiCK". Ein Johann Henrick Riesenweickh arbeitete in den 1680er Jahren als Pfeifenmacher in einer Werkstatt in Mannheim H 3,15. Die ihm zugewiesenen Pfeifen tragen neben dem Namen des Produktionsortes „MANHEIM" das Datum „1684". Die Parzelle mit der Werkstatt gehörte einem Jacob Grittmann, der lange Zeit der Hutterergemeinde in E 6 angehört und dort zusammen mit seinem Bruder Joseph keramische Waren produziert hatte.

Klaus Wirth

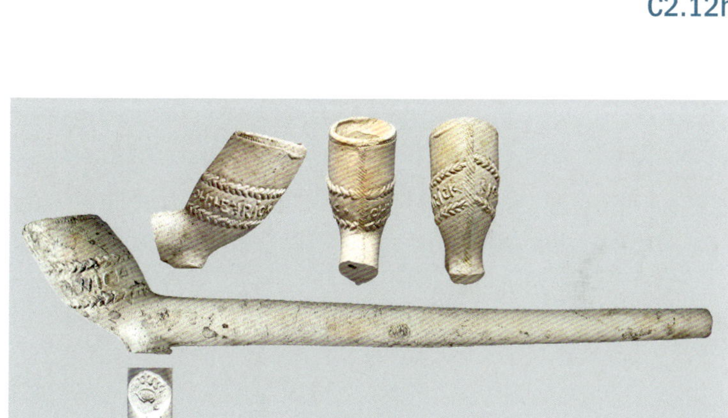

C2.12i

Literatur

Wirth/Teutsch 2007, S. 75–84

k) Fersenpfeife

Mannheim H 3,15, 1680er Jahre
Ton. L Stiel 4 cm
Reiss-Engelhorn-Museen Mannheim, BW2006-007-003-102

Vollständiger Kopf einer Tonpfeife mit je einer Lilie an beiden Seiten. Eine Fersenmarke ist nicht vorhanden.

Klaus Wirth

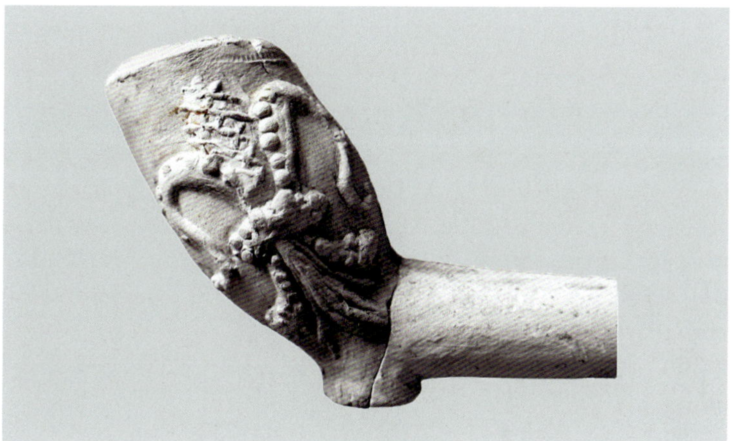

C2.12k

Literatur

Wirth/Teutsch 2007, S. 75–84

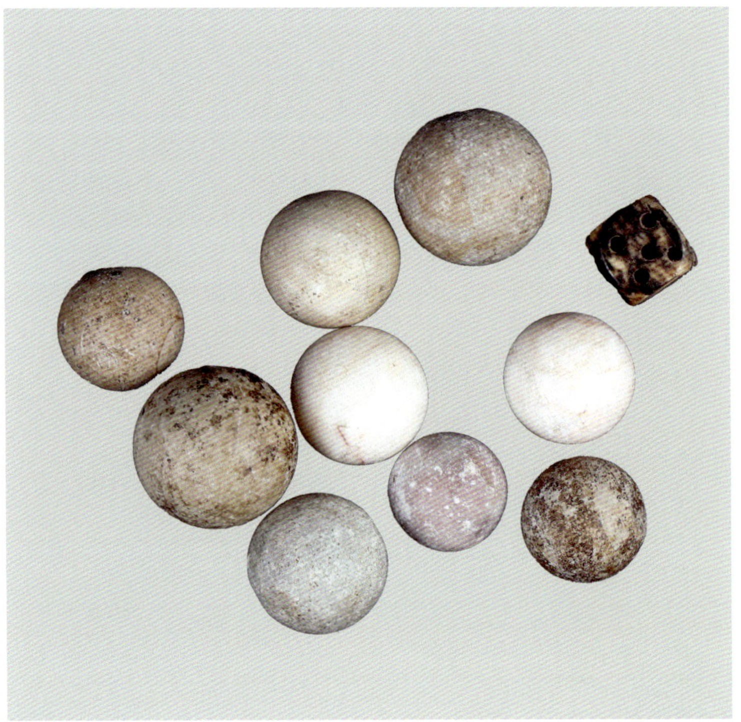

C2.12l/m

l) Würfel

Mannheim C 4,8, 18. Jahrhundert
Bein. L 1,07 cm, B 1,02 cm
Reiss-Engelhorn-Museen Mannheim, BW2008-016-094-204

Die Ecken des Würfels sind gerundet. Nur in eine Fläche sind fünf Augen gebohrt worden.

Klaus Wirth

m) Kugeln

Mannheim B 4,11, 18. Jahrhundert
Kalkstein. Dm 1,4–1,9 cm, G 4–10,1 g
Reiss-Engelhorn-Museen Mannheim, BW2012-140-071-103/ 104/ 105/ 106/ 108/ 109/ 128/ 129/ 130

Die in Stein-/Kugelmühlen gerundeten Kugeln wurden bei der Vogeljagd mit einer Armbrust verschossen („Schnepperkugeln"). Verwendete man sie im Murmelspiel („Klickern, Schussern"), dann wurden Platten aus Schiefer oder Sandstein mit Bohrlöchern (wie in Mannheim O 3,2 gefunden) als Zielsteine verwendet.

Klaus Wirth

n) Doppelhenkeltopf

Mannheim E 6, 1. Hälfte 18. Jahrhundert
Steinzeug mit Kobaltblau. Dm Mündung 22,6–22,9 cm, H ca. 31 cm
Reiss-Engelhorn-Museen Mannheim, BW2011-139-65-319

Der Topf aus hellgrauem Steinzeug trägt ein Dekor nach Westerwälder Art. Er ist aus 45 Fragmenten zusammengesetzt, der Boden fehlt. Die Henkel sind von sechs gemalten Blüten umgeben, von denen vier mit gestempelten Rosetten gefüllt sind. Unter zwei Blüten ist die Wurfzahl „2". Zwischen den Henkeln befindet sich je ein Halbkreis aus gestempelten, stehenden Ovalen, darin eine gemalte Blüte mit gestempelter Rosette. Unter dem Rand laufen zwei Streifen mit Kobaltblau um das Gefäß, darunter einer aus liegenden Ovalen mit einer Füllung in Kobaltblau.

Klaus Wirth

Literatur

Heege 2009, S. 51–53

o) Doppelhenkeltopf

Mannheim E 6, 1. Hälfte 18. Jahrhundert
Steinzeug mit Kobaltblau. Dm Mündung 23 cm, H 30,4 cm
Reiss-Engelhorn-Museen Mannheim, BW2011-139-65-318

Auf dem hellgrauen Steinzeug ist in Kobaltblau ein Dekor nach Westerwälder Art angebracht. Der Topf ist aus 25 Fragmenten zusammengesetzt. Die Ansätze der mit Strichen bemalten Henkel gründen in je einer gemalten Blüte, an der eine stilisierte Blüte mit Palmettenabschluss hängt, unter dem Rand sind zwei, über dem Boden ein umlaufender Streifen mit Kobaltblau, darunter bzw. darüber je eine Reihe aus stehenden, gestempelten Ovalen. Unter je einem Henkel ist die Wurfzahl „2". Zwischen den Henkeln befindet sich je ein Kreis aus zwölf bzw. 13 gestempelten Blüten auf gemaltem Grund, darin die achteckige Auflage eines Vollwappens. Dieses kann eventuell den Familien von Bernini oder von Sohlern zugewiesen werden, wenngleich die Wappenfelder auf dem Topf vertauscht sind. Allerdings finden sich unter den 267 Fragmenten von Briefsiegeln aus der Latrinenverfüllung von E 6,1 zwei Abdrücke, die deren Vollwappen korrekt zeigen (BW2011-139-064-134; 204). Damit ist eine Verbindung zwischen dem ehemaligen Grundstückseigentümer von E 6,1 und der Familie Bernini bzw. Sohlern nachgewiesen. Die Wappen wurden 1731 bzw. 1690 verliehen.

Klaus Wirth

Literatur

Heege 2009, S. 51–53. Herrn F. Teutsch, Frau A. Wulff und Freiherrn von Recum vom „Herold", Verein für Heraldik, Genealogie und verwandte Wissenschaften, Berlin-Dahlem, sei an dieser Stelle für die Identifizierung der Wappen „Bernini/Sohlern" gedankt.

p) Teller/Schüssel

Mannheim E 6, 1. Hälfte 18. Jahrhundert
Keramik. Dm 31,7 cm, H 6,9 cm
Reiss-Engelhorn-Museen Mannheim, BW2011-139-65-226

Das Gefäß ist aus 21 Fragmenten weitgehend vollständig zusammengesetzt. Es hat eine schräge Fahne von drei cm Breite, eine scharfkantig abgesetzte Mulde und einen Wulstrand. Spiegel und Wandung sind hellgelb glasiert, die Fahne braun. Das Malhorndekor ist orange, braun, grün und dunkelbraun. Auf der Fahne läuft ein Spruch: „Blumen mahlen ist gemein aber den Geruch sie geben kan nicht sein". Im Spiegel und auf der Innenwand befindet sich Pflanzendekor, begrenzt von zwei braunen konzentrischen Streifen.

Klaus Wirth

Literatur

Ausst.-Kat. Mannheim 1986/87

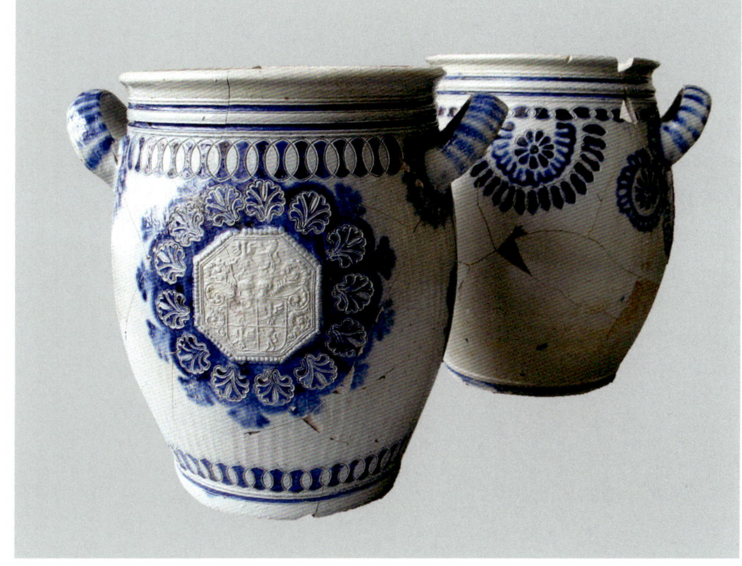

C2.12n/o

q) Teller

Mannheim E 6, 1. Hälfte 18. Jahrhundert
Keramik. Dm 29,6 cm, H 6,4–7,4 cm
Reiss-Engelhorn-Museen Mannheim, BW2011-139-75-120

Der Teller weist einen rosafarbenen Scherben (oxidierende Brandführung) auf und ist aus 31 Fragmenten weitgehend vollständig zusammengesetzt. Am glatten Standboden mit Abschneidespuren und grünem Glasurstreifen setzt eine schräge Fahne von 3 cm Breite mit einer scharfkantig abgesetzte Mulde an. Der Wulstrand ist profiliert, Spiegel und Wandung sind braun glasiert, die Fahne dunkelbraun. Der Malhorndekor ist gelblich, rotbraun, grün, dunkelbraun und orange. Die Randaußenseite ist teils grün und braun glasiert, teils engobiert. Auf dem Rand läuft ein konzentrischer, gelblicher Malstreifen. Die Fahne ist durch drei bis vier konzentrische Malstreifen abgesetzt, dazwischen sind 16 Gruppen von je zehn bis elf steigenden und fallenden Längsstrichen. Zwischen den Strichgruppen befinden sich Rosetten aus sechs bis sieben rotbraunen Farbtupfen. Als zentraler Hauptdekor erscheint im Spiegel ein Landmann mit Hut, langem Haar und einem Rechen auf der linken Schulter. Er trägt einen Rock mit Armstulpen, an deren Rändern je drei Knöpfe befestigt sind. Die Taille ist sehr eng geschnürt. Unter dem glockenartig geformten Rock, der auf zwei Seiten mit Knöpfen verschlossene, durch vertikale Striche angedeutete Rocktaschen aufweist, trägt der Landmann bis zu den Knien Pluderhosen. Die Unterschenkel bedecken grüne Strümpfe, an den Füßen trägt er Lederschuhe.

Klaus Wirth

Literatur

Bauer [et al.] 1986

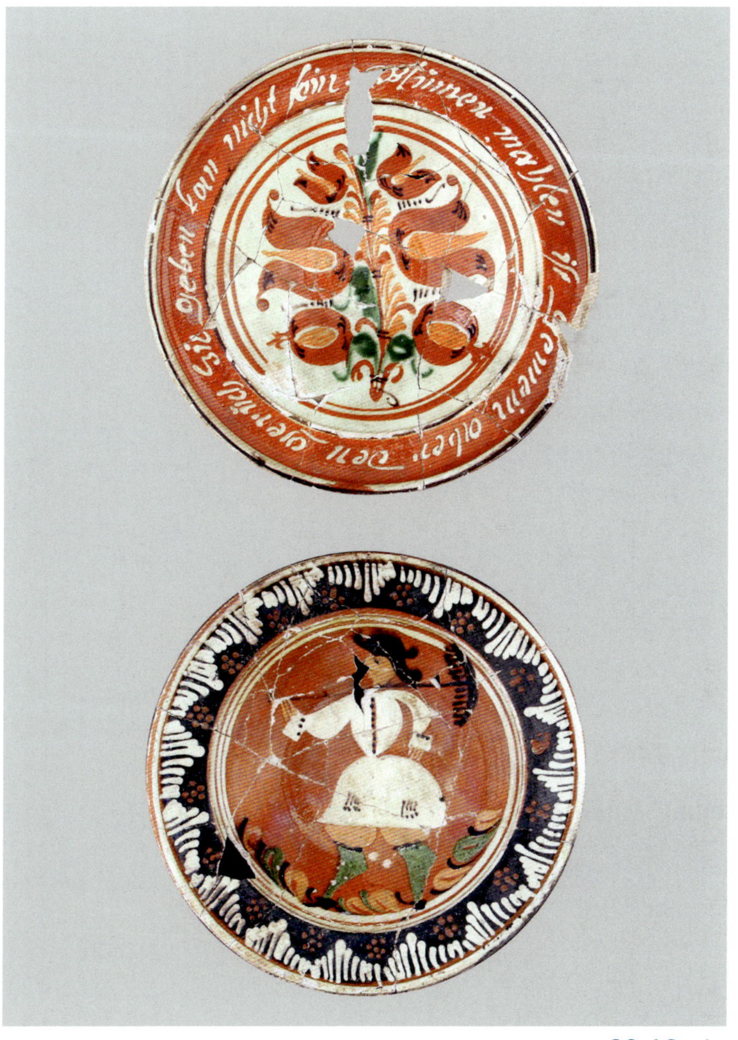

C2.12p/q

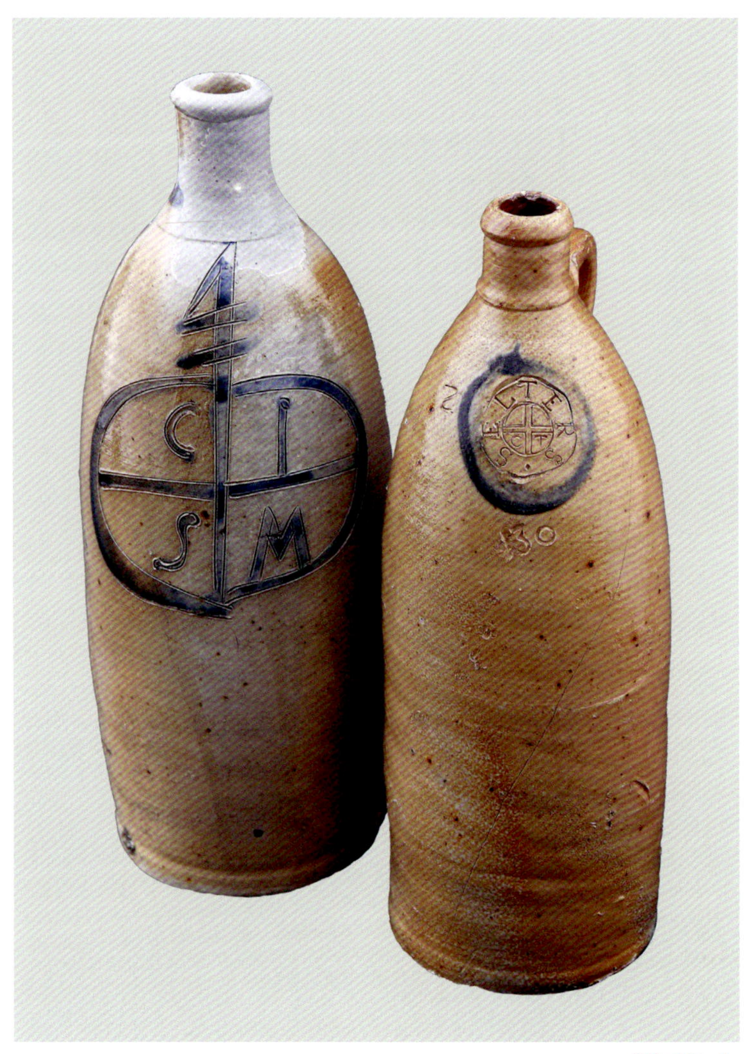

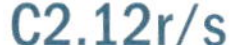
C2.12r/s

r) Mineralwasserflasche

Mannheim C 4,8, 18. Jahrhundert
Steinzeug, braun-beige Glasur. H 29,7 cm, Dm Boden 10 cm
Reiss-Engelhorn-Museen Mannheim, BW2008-16-000-113

Die Flasche trägt eine „CISM"-Ritzmarke in herzförmiger blauer Fassung. Der Abfüllort ist nicht bekannt.

Klaus Wirth

Literatur

Groß 2000, S. 654–655, Taf. 10, 6; Taf. 10, 7

s) Mineralwasserflasche

Mannheim C 4,8, letztes Viertel 18. Jahrhundert
Steinzeug, außen braun-beige. H 27,8 cm, Dm Boden 9,8 cm
Reiss-Engelhorn-Museen Mannheim, BW2008-16-000-115

Die Flasche trägt CT- und SELTERS-Stempel mit Kreuz, links daneben eingeritzt sind ein seitenverkehrtes „S" und darunter die Zahl „130".

Klaus Wirth

Literatur

Brinckmann 1982 · Schneider 2000

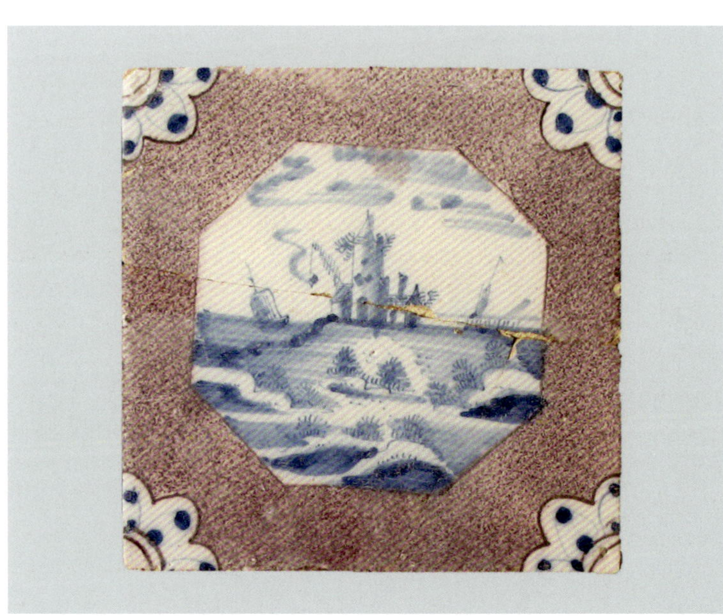

C2.12t

t) Fliesen

Mannheim E 6, 1. Hälfte bis Mitte 18. Jahrhundert
Fayence. L 12,8–13,3 cm, B 12,7–13,3 cm
Reiss-Engelhorn-Museen Mannheim, BW2011-139-63-159/163/178/179/180/183/185; 65-236/237/238/249

Zur Verkleidung von Küchenwandflächen in sehr vermögenden Haushalten im Mannheim des 18. Jahrhunderts verwendete man aus den Niederlanden importierte Fliesen aus Fayence. Sie wurden u. a. in Rotterdam und Amsterdam gefertigt. Auf den Fliesen sind biblische und mythologische Themen sowie (Insel-) Landschaften vollflächig, im Achteck oder im großen Zweifachkreis mit Spinne, Ochsenkopf, Akanthus oder Viertelrosette als Eckmotiv dargestellt.

Klaus Wirth

Literatur

Joliet 1996 · Pluis 1998 · Marggraf/Blaase 1984

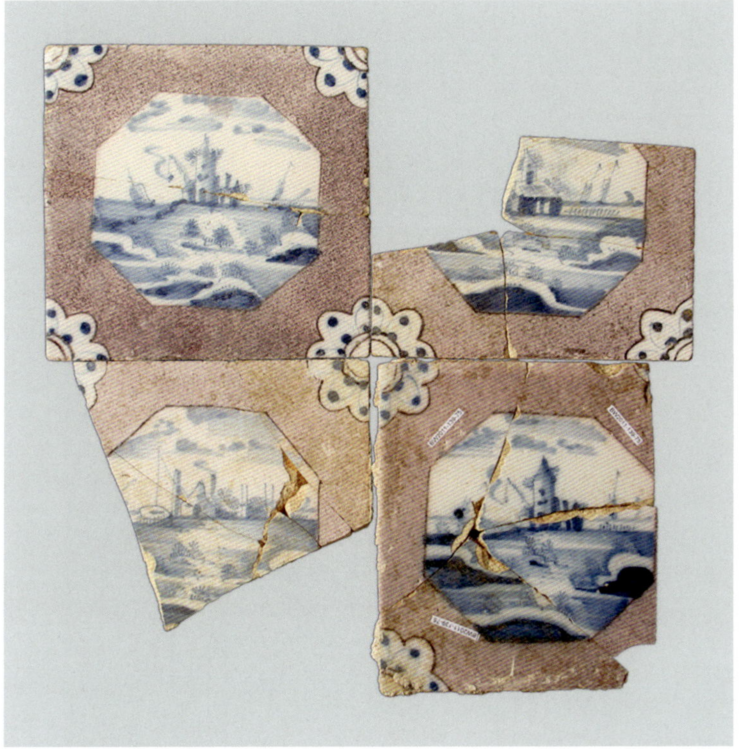

C2.12t

C3.01
Carl IV. Theodor von Pfalz-Sulzbach und Bayern (1724–1799)

Anna Dorothea Therbusch, 1763
Öl auf Leinwand. H 82 cm, B 66 cm
Reiss-Engelhorn-Museen Mannheim, ohne Inv. Nr.

Das Halbfigurenporträt zeigt Carl Theodor – seit 1743 Kurfürst der Pfalz – bekleidet mit einem roten Samtmantel mit Hermelinbesatz. Über dem üppigen Pelzkragen liegt die Ordenskette des „Hohen Ritter-Ordens Sancti Huberti“ und weist den Dargestellten als Obersten Ordens-Meister des Wittelsbacher Hausordens aus. Mit dem rhetorischen Zeigegestus seiner rechten Hand knüpft das Bildnis deutlich an die theatralische Bildsprache des barocken Standesporträts an. Daneben verkörpert es jedoch zugleich eine höchst moderne Bildauffassung, fern jeglicher repräsentativer Inszenierung. So verdecken etwa die ausgestreckte Hand und die prächtigen Spitzen des Ärmels zur Hälfte den mächtigen Ordensstern. Das Porträt zeichnet sich durch eine fortschreitende Formreduktion aus, die sich sowohl in der Purifizierung der Gestaltung als auch in der Verminderung des attributiven Beiwerkes zeigt. So wird der Hintergrund zu einer raumlos neutralen Folie reduziert, die zugleich auch als Bildträger kenntlich ist. Eine solche Beschränkung steigert die Konzentration auf die individuelle Gestalt. Der monochrom gehaltene Hintergrund hebt den Kopf des Dargestellten hervor. Carl Theodor schaut frontal aus dem Bild, mit konzentriertem Blick, der durch die beiden senkrecht über der Nasenwurzel aufsteigenden Denkerfalten zudem betont wird.

In der realistisch verhaltenen, eindringlichen Charakteristik dieses Porträts ging die Malerin Anna Dorothea Therbusch (1721–1782) weit über das künstlerische Standardvermögen ihres Zeitalters hinaus. Das fortschrittliche Porträt bezeugt den Wandel vom offiziellen Standesporträt hin zur Betonung des Individuellen des aufgeklärten Herrschers. Die aus Berlin stammende Künstlerin malte Carl Theodor 1763, nachdem sie eben erst, vom Hof Carl Eugens aus Stuttgart kommend, Hofmalerin in Mannheim geworden war. Die Bildnisse des Kurfürsten, aber auch die anderer Persönlichkeiten am Hofe, brachten ihr so große Anerkennung ein, dass sie davon ermutigt 1764 nach Paris ging, um sich an der Académie Royale de Peinture et de Sculpture zu bewerben. Die Akademie lehnte ihre Arbeiten zunächst ab, da sie als zu gut befunden wurden, um von einer Malerin stammen zu können. Erst 1767 wurde ihr die Ehre der Aufnahme zuteil und ihre künstlerisch erfolgreichsten Jahre begannen.

Eva-Maria Günther

Literatur

Ausst.-Kat. Mannheim 1999, S. 190 f. · Ausst.-Kat. Mannheim 2011, S. 157 ff.

C3
Kunst und Kultur am Hof Kurfürst Carl Theodors

Binnen weniger Jahre entwickelte sich Mannheim zu einem kulturellen Zentrum von internationalem Rang und wurde Anziehungspunkt für Künstler, Musiker und Wissenschaftler aus ganz Europa.

Die Blüte ist vor allem mit Kurfürst Carl Theodor von Pfalz-Sulzbach verbunden, der 1742 im Alter von 18 Jahren die Regentschaft übernahm. Für mehr als 50 Jahre lenkte er die Geschicke der Kurpfalz, davon 35 Jahre von Mannheim und der Sommerresidenz Schwetzingen aus.

Der gebildete und vielseitig interessierte Fürst umgab sich mit den geistigen Größen seiner Zeit und förderte intensiv Künste und Wissenschaften. Er ließ die Jesuitenkirche und das Mannheimer Schloss vollenden und begann mit dem Ausbau des Schlosses und Gartens in Schwetzingen. Unter seiner Ägide entwickelte sich Mannheim außerdem zu einem Zentrum der Hofmusik, die unter der Bezeichnung Mannheimer Schule einen europaweit guten Ruf genoss. Namhafte Musiker wirkten in Mannheim, auch Mozart bemühte sich, wenngleich vergeblich, um eine Anstellung am Hof. Auch das Theater und die Oper profitierten vom Interesse und Kunstsinn des Kurfürsten, der 1779 das Nationaltheater gründete, an dem Schillers Werke uraufgeführt worden sind.

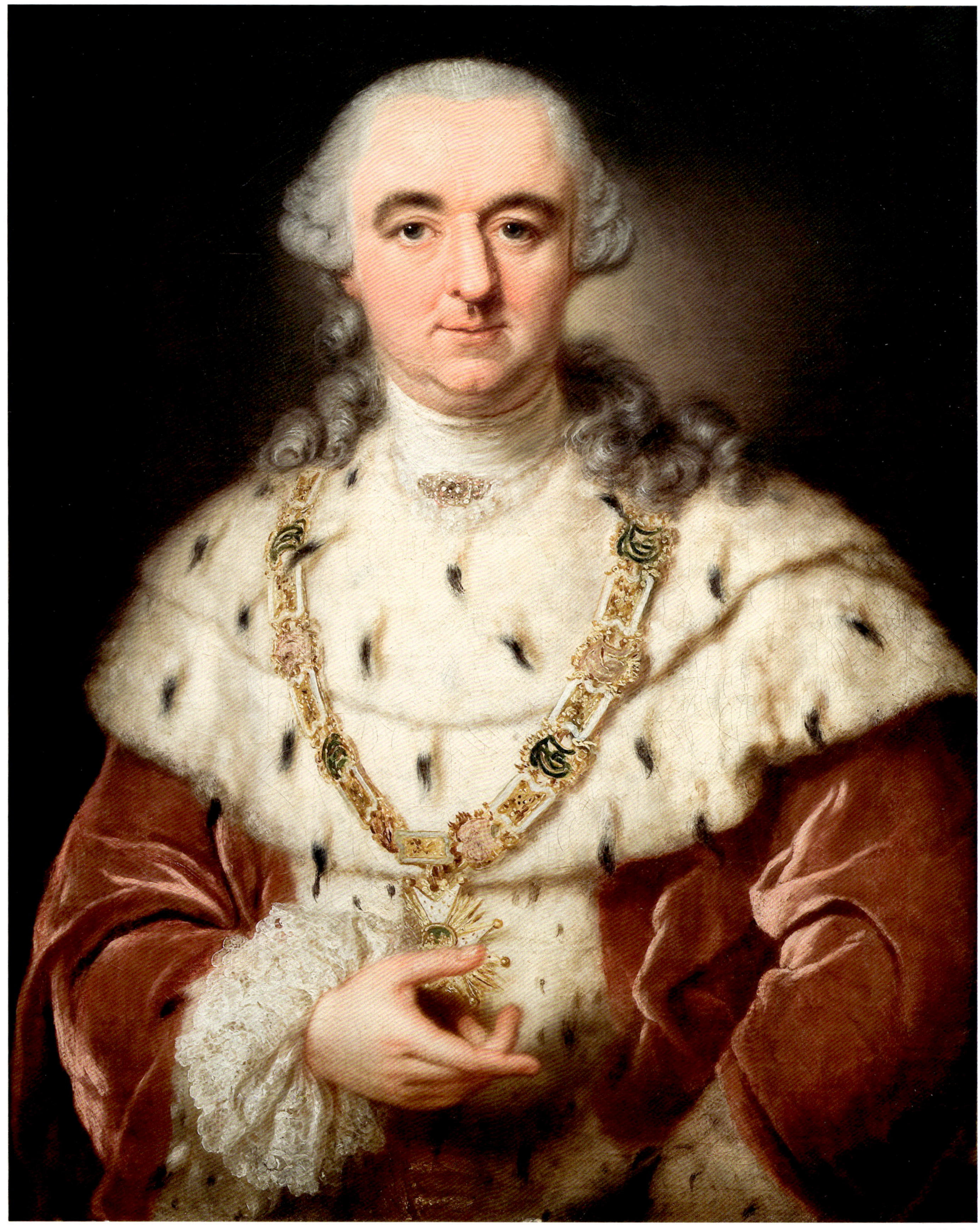

C3.01

Carl Theodor (1724–1799) und Elisabeth Auguste (1721–1794)

Carl Theodor wurde als Prinz der kurpfälzischen Nebenlinie Pfalz-Sulzbach am 11. Dezember 1724 auf Schloss Drogenbusch bei Brüssel geboren. Früh verwaist, wuchs er dort bei seiner Urgroßmutter auf. Der unzeitige Tod mehrerer Verwandter machte ihn zum Erben der kurpfälzischen Lande. 1734 ließ ihn Kurfürst Carl Philipp zur Sicherung der Erbfolge und weiteren Erziehung nach Mannheim holen. Dem alten Kurfürsten, der ihn mit seiner geliebten Enkelin Elisabeth Auguste verlobte, kam der Knabe nicht nahe. Carl Theodor, der „Fremde" am Mannheimer Hof, wurde ein ernsthafter, ja oft misstrauischer junger Mann; seine Gefühle verbarg er – Eigenschaften, die er Zeit seines Lebens beibehielt.

Die Hochzeit des Kurprinzen mit Elisabeth Auguste im Januar 1742 wurde das größte Fest des kurpfälzischen Hauses im 18. Jahrhundert. In der Silvesternacht desselben Jahres wurde Carl Theodor Kurfürst. Ein gewissenhafter Regent, ließ er sich erst nach Jahren von seiner Gemahlin zu einem höfischen Lebensstil bewegen. Interesse an Jagd und Musik verband die beiden ansonsten sehr verschiedenen Eheleute. Sie sorgten gemeinsam dafür, dass Mannheim zu einem europäischen Musikzentrum wurde.

Geburt und Tod seines einzigen legitimen Erben 1761 bedeuteten in mehr als einer Hinsicht einen Wendepunkt für Carl Theodor. Die kurfürstliche Ehe, die zwei charakterlich und intellektuell differierende Menschen verbunden hatte, zerbrach faktisch. Die Kurfürstin lebte so oft als möglich getrennt von ihrem Gemahl. Wie Elisabeth Auguste wandte sich auch Carl Theodor verstärkt außerehelichen Bindungen und Abenteuern zu; die Versorgung seiner illegitimen Kinder sollte in seinem politischen Handeln eine nicht immer positive Rolle spielen.

Der Kurfürst öffnete sich gegenüber dem Gedankengut der Aufklärung. Neben die fürstlich-absolutistische Selbstdarstellung im Rahmen eines prunkvollen und kunstbegeisterten Hofes traten die Förderung der Wissenschaften und das Vordringen der *lumières* in der Innenpolitik. Man strebte nach Verbesserungen in der Verwaltung, der Justiz, der Kirchenpolitik, Landwirtschaft und dem Gewerbe. Viele Bemühungen scheiterten freilich an der mangelnden Konfliktbereitschaft des Fürsten und am Beharrungsvermögen von Verhältnissen wie Menschen.

Der durch Erbverträge vorbereitete Regierungsantritt Carl Theodors in Bayern nach dem Aussterben der dortigen Wittelsbacher beendete die Reformära in der Pfalz allzu früh. Freilich gewann das „verwaiste" Land an geistiger Freiheit und „patriotische" Bürger wurden selbständig reformerisch tätig. Die Kurfürstin blieb in der Pfalz zurück. Durch wiederholte Versuche, Bayern gegen das reiche Land seiner Kindheit, die Österreichischen Niederlande, zu tauschen, und die ausufernde Versorgung seiner unehelichen Kinder verscherzte sich Carl Theodor die Sympathie seiner neuen Untertanen. Reformen im Schul- und Kirchenwesen, der Landwirtschaft und der Kultur blieben so oft ungewürdigt. Die Furcht vor Umsturz und Revolution drängten den alternden Monarchen immer mehr in ein konservativ-reaktionäres Fahrwasser. In den französischen Revolutionskriegen verlor er alle seine linksrheinischen Besitzungen, musste zeitweise vor den Revolutionsheeren sogar aus München fliehen. Seine Gemahlin Elisabeth Auguste starb 1794 in Weinheim, wohin sie sich vor den Kriegswirren zurückgezogen hatte. Eine zweite Ehe des Kurfürsten mit der jungen österreichischen Erzherzogin Maria Leopoldine (1776–1848) verlief unglücklich und brachte ihm nicht den ersehnten Erben. Als Carl Theodor am 16. Februar 1799 starb, waren die Untertanen seiner Herrschaft überdrüssig. Ohne legitime Erben hatte der Kurfürst eine Reihe wesentlich jüngerer potenzieller Nachfolger überlebt. Der neue Kurfürst Maximilian Joseph wurde enthusiastisch in München begrüßt. Er wurde Bayerns erster König.

Stefan Mörz

C3.02

Bildnis der Kurfürstin Elisabeth Auguste

Heinrich Carl Brandt, um 1778
Öl auf Leinwand. H 100,8 cm, B 76,5 cm
Reiss-Engelhorn-Museen Mannheim, O 139

Der Wiener Heinrich Carl Brandt (1724–1787), Schüler verschiedener französischer Porträtmaler, zählte zu den begehrtesten Porträtisten seiner Zeit. Bereits im Alter von 25 Jahren beherrschte er seine Kunst derart perfekt, dass er als Kabinett-Porträtmaler an den kurfürstlichen Hof nach Mainz gerufen wurde und von dort aus 1766 in gleicher Tätigkeit an den Mannheimer Hof gelangte. Hier verlebte er – nur unterbrochen durch eine Reise nach Paris – als Professor an der kurfürstlichen Zeichenakademie seine künstlerisch erfolgreichsten Jahre, wie zahlreiche Werke bis heute belegen. Zusammen mit Carl Theodor zog er mit dem Hof nach München, wo weitere bedeutende Aufträge realisiert wurden, bis ihm der Kurfürst – nach einigen Zwischenfällen – schließlich seine Gunst entzog.

Das Bildnis der Kurfürstin Elisabeth Auguste entstand um 1778, d. h. zur Zeit der Übersiedlung und des Regierungsantritts Carl Theodors in München. Die bereits seit langem voneinander entfremdeten Ehepartner gingen nun gänzlich getrennte Wege. Elisabeth Auguste lebte

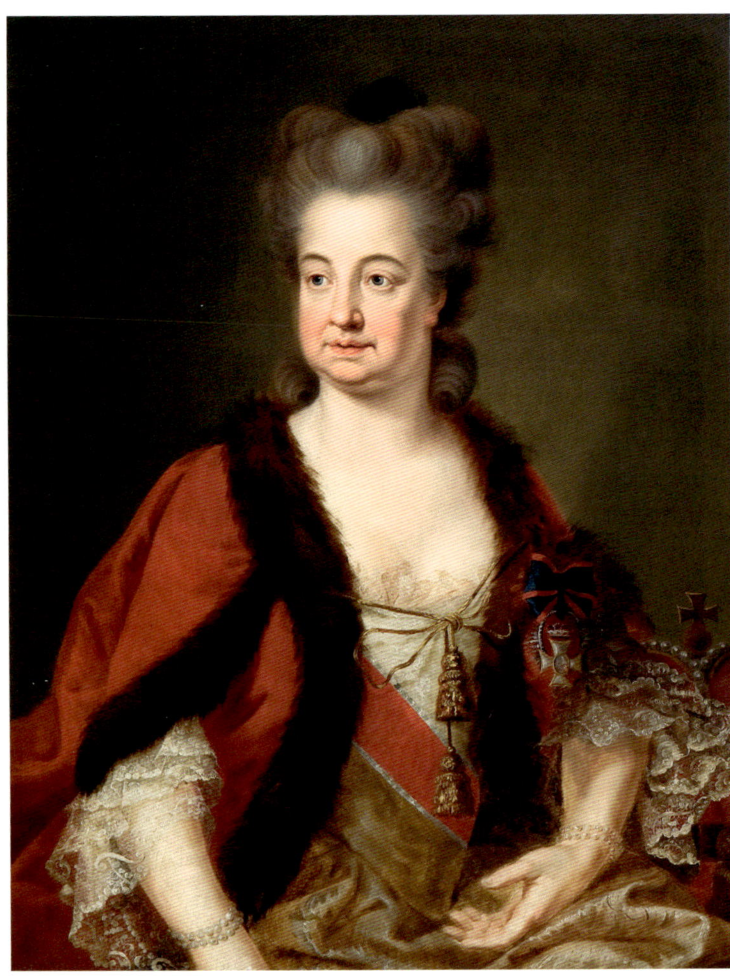

C3.02

bis zur ihrem Tod fortan alleine in Mannheim bzw. Oggersheim. Der Maler stellte die modisch frisierte Kurfürstin im Alter von 57 Jahren dar, bekleidet mit einem tief ausgeschnittenen grauseidenen Spitzenkleid, darüber schmiegt sich ein pelzverbrämter roter Samtmantel. Am Pelzchen festgesteckt trägt sie den von ihr gestifteten St. Elisabethenorden, eingerichtet zur Armen- und Krankenpflege. Das einfühlsame Porträt der Kurfürstin verleugnet keinesfalls ihr Alter, wie die Wiedergabe des Gesichts mit leichtem Doppelkinn und „Hängebäckchen" zeigt. Als Zeichen ihres Standes ist der Kurhut scheinbar beiläufig eingefügt, er versteckt sich fast gänzlich hinter dem Spitzengeriesel ihres Ärmels. Der Künstler verstand es, Elisabeth Auguste mitfühlend als Individuum und zugleich kühl-distanziert als Repräsentantin wiederzugeben. In der Komposition greift das Werk auf ältere Versionen des Motivs zurück (Schwetzingen Schloss 1767, Kurpfälzisches Museum Heidelberg um 1770), weist aber deutliche Unterschiede zu ihnen auf. Im Gegensatz zu den genannten Vorgängern, die Elisabeth Auguste anlässlich der Gründung ihres Ordens äußerst höfisch-repräsentativ, etwa durch Schmuck oder mehrere Orden, wiedergeben, ist das hier vorliegende Bild eher persönlich-zurückhaltend formuliert.

Eva-Maria Günther

Literatur

Ausst.-Kat. Mannheim 1999, S. 77f., S. 110 f. • Ausst.-Kat. Mannheim 2011, S. 160, Abb. 77

C3.03
Garnitur für die heiligen Öle

Mannheim (?), 1761
Silber, vergoldet. H 6,8 cm, B 10,5 cm, T 5 bzw. 7 cm
München, Bayerische Verwaltung der staatlichen Schlösser, Gärten und Seen, Residenz München, Res Mü F. V. II. AHK, S. 72, Nr. 50, 51

Die in einem goldgeprägten Lederetui verwahrte Silbergarnitur besteht aus zwei weitgehend schmucklosen, zylindrischen Deckelgefäßen auf einer gemeinsamen Standplatte sowie zwei Löffelchen. Die bekrönenden Zackenkreuze und die gravierte Beschriftung verweisen auf den liturgischen Zweck: Das eine Gefäß nahm Öl auf, mit dem das Kind vor Spendung der Taufe gesalbt wird, das andere den wohlriechenden Chrisam-Balsam, der im Vollzug des Taufsakraments Verwendung findet. In ihrer symbolträchtigen Schlichtheit, bei der primär das edle Material auf die Würde der kirchlichen Handlung verweist, vergegenwärtigt die wohl in Mannheim geschaffene Silbergarnitur eindrücklich den historischen Kontext, dem sie ihre Entstehung verdankt: Die eingravierte Buchstabenfolge C.T. E. P. verweist auf den Auftraggeber, den pfälzischen Kurfürsten Carl Theodor *Elector Palatinus*, die Jahreszahl 1761 auf den Anlass der Fertigung: Am 28. Juni diesen Jahres schenkte Kurfürstin Elisabeth Auguste nach zwei Jahrzehnten der Kinderlosigkeit endlich einem Sohn das Leben. Zweifellos entstand die Garnitur für die heiligen Öle für die offiziellen Tauffeierlichkeiten des ersehnten Erbprinzen in der Mannheimer Schlosskapelle, für die in den Wochen vor der Geburt bereits das Zeremoniell schriftlich festgelegt, Kaiser Franz I. als Taufpate und der Augsburger Bischof Wenzeslaus von Sachsen als Taufspender gewonnen worden waren. Doch sollte die Feier niemals stattfinden: Nur eine hastige Nottaufe am Wochenbett war möglich, in der das Neugeborene den Namen Franz Ludwig Joseph erhielt. Schon am nächsten Tag starb das Kind und mit ihm Carl Theodors Hoffnung auf legitime Nachkommen. So wie er selbst 1777 den söhnelosen bayerischen Kurfürsten Max III. Joseph beerbte, musste er schließlich die Regierung an einen bis dato wenig bedeutenden Wittelsbacher Nebenzweig weitergeben, das Haus Pfalz-Zweibrücken, dessen Mitglieder von 1799 an und seit 1806 dann als Könige von München aus Bayern und die Pfalz regierten.

Christian Quaeitzsch

Literatur

Ausst.-Kat. München 1984, S. 286–287, Kat.-Nr. 224• Ausst.-Kat. Mannheim 1999, S. 35, Kat.-Nr. 1.4.8

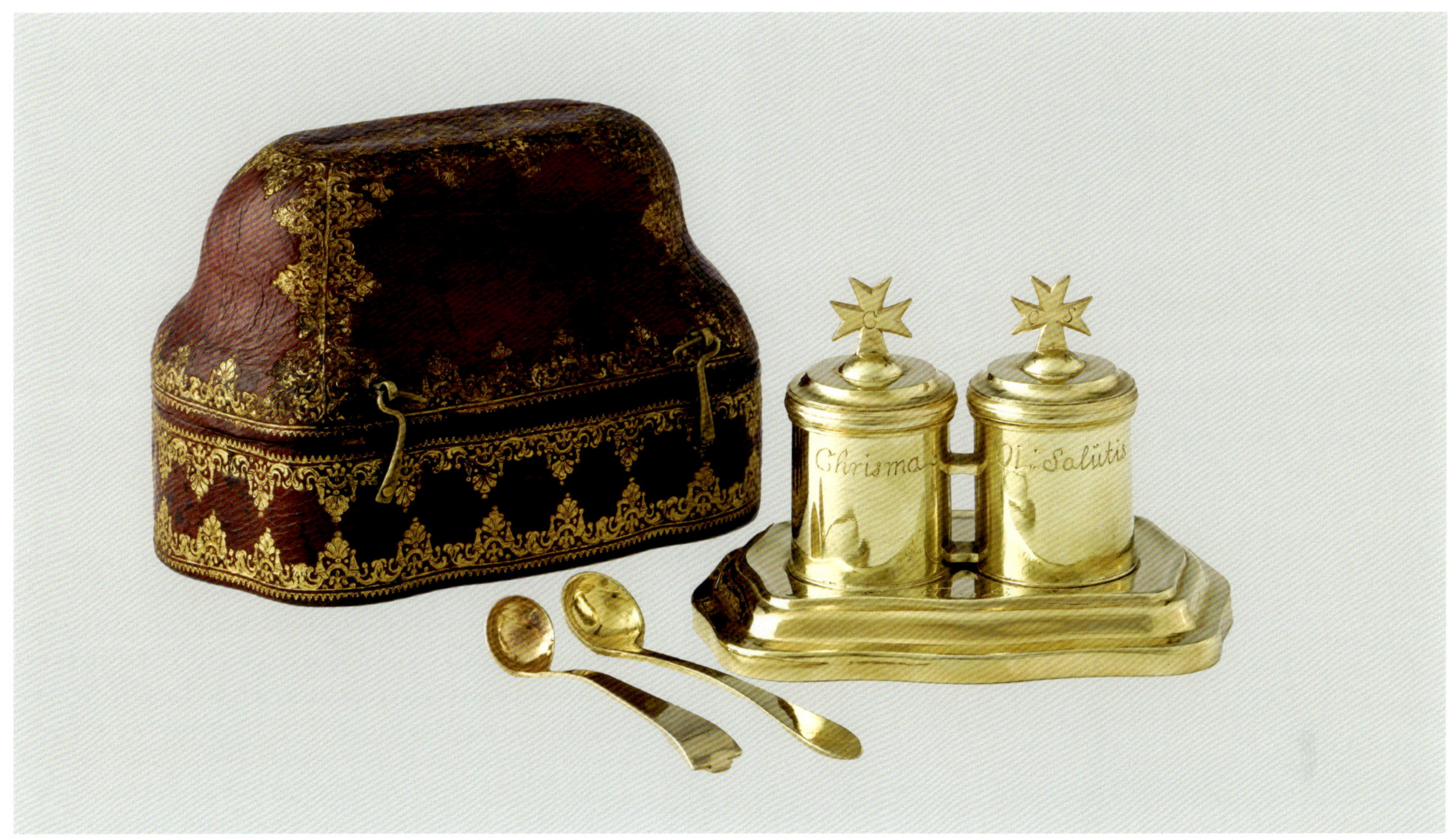

C3.03

C3.04
Haarnadel als Falter

Mannheim vor 1741
Vergoldetes Silber, Nadel aus Stahl, ein großer gelber Halbbrillant, 37 kleine Brillanten. L 3,8 cm, B 4,2 cm
München, Bayerische Verwaltung der staatlichen Schlösser, Gärten und Seen, Residenz München, Schatzkammer, Wittelsbacher Ausgleichsfond (WAF), Inv.-Nr. 1142

Die Haarnadel in Form eines Falters wurde von Kurfürstin Elisabeth Auguste in Verbindung mit einem Brillanten, der von einem doppelten Kranz von 44 kleineren Diamanten umgeben (carmoisiert) ist, als Kombination getragen.

Der Brillant stammt aus einer zerlegbaren Ordensgarnitur und besitzt Ösen und Stege, die es erlauben, ihn vielfach mit anderen Schmuckstücken zu verbinden. Ein mit gelber Folie unterlegter hellgelber Halbbrillant in Tropfenform, dessen Unterseite nicht geschliffen ist, bildet den Falterkörper. Der Kopf besteht aus einem 1 Karat schweren Brillanten in Peruzzi-Schliff. 36 kleinere Brillanten (einer fehlt) im Mazarin-Schliff mit durchbrochenen (à-jour) Fassungen, damit die Juwelen durch die richtige Lichtbrechung optimal strahlen, gestalten die ungleichmäßigen Flügel. Der Falter ist mit einer Federspirale an die stählerne Haarnadel montiert. Kopfschmuck aus Edelsteinen bezeichnet man als *Aigrette* (Reiherbusch), sie wird im Haar von Damen oder am Hut von Herren getragen. Die Haarmode bis 1760 gestaltete sich sehr flach mit vielen kleinen Locken (*tête à mouton* – Schafskopf), wobei die *Aigrette* ein besonders auffälliger Schmuck war. Gerade der Falter auf der Federspirale vibrierte bei jeder Kopfbewegung. Besonders bei Kerzenschein erzeugte man damit wunderschöne Effekte und sprühende Farbprismen. Wenn die wenigen, weil teueren, Kerzen flackerten, versprühte die Trägerin damit Lichtreflexe im Raum wie eine lebende Discokugel. Die Kurfürstin hatte schon früh eine Vorliebe für Brillanten. Im Dezember 1741 wurde mittels Losverfahren der Schmuck ihrer 1728 verstorbenen Mutter unter den drei Töchtern verteilt, wobei Elisabeth Auguste die Perlen erhielt. „Weillen nun die Prinzessin Augusta Lust zu denen Brillanten hatte, so wurde ihr von der Prinzessin Franciska ein Tausch anerbotten und auch angenohmen“, wie der Chronist der Hochzeitsfeierlichkeiten vermerkte. Eindeutig identifizieren lässt sich die *Aigrette* im „Verzeichnis Deren von Mannheim überschickten Churfürstlichen Juwelen“ vom 22. Mai 1793 unter der Nummer 30 „Ein in Art von einem Papillon gefaßtes Stück, wovon der Körper in einem großen gelben Tropfen bestehet“.

Ralf Richard Wagner

Literatur

Fuchs 1999, S. 125–140 · Gregoretti 1971 · Heym 1992 · Syndram 1997 · Ausst.-Kat. Heidelberg 1979, S. 142, Kat.-Nr. 331 · Ausst.-Kat. Antwerpen 2002.

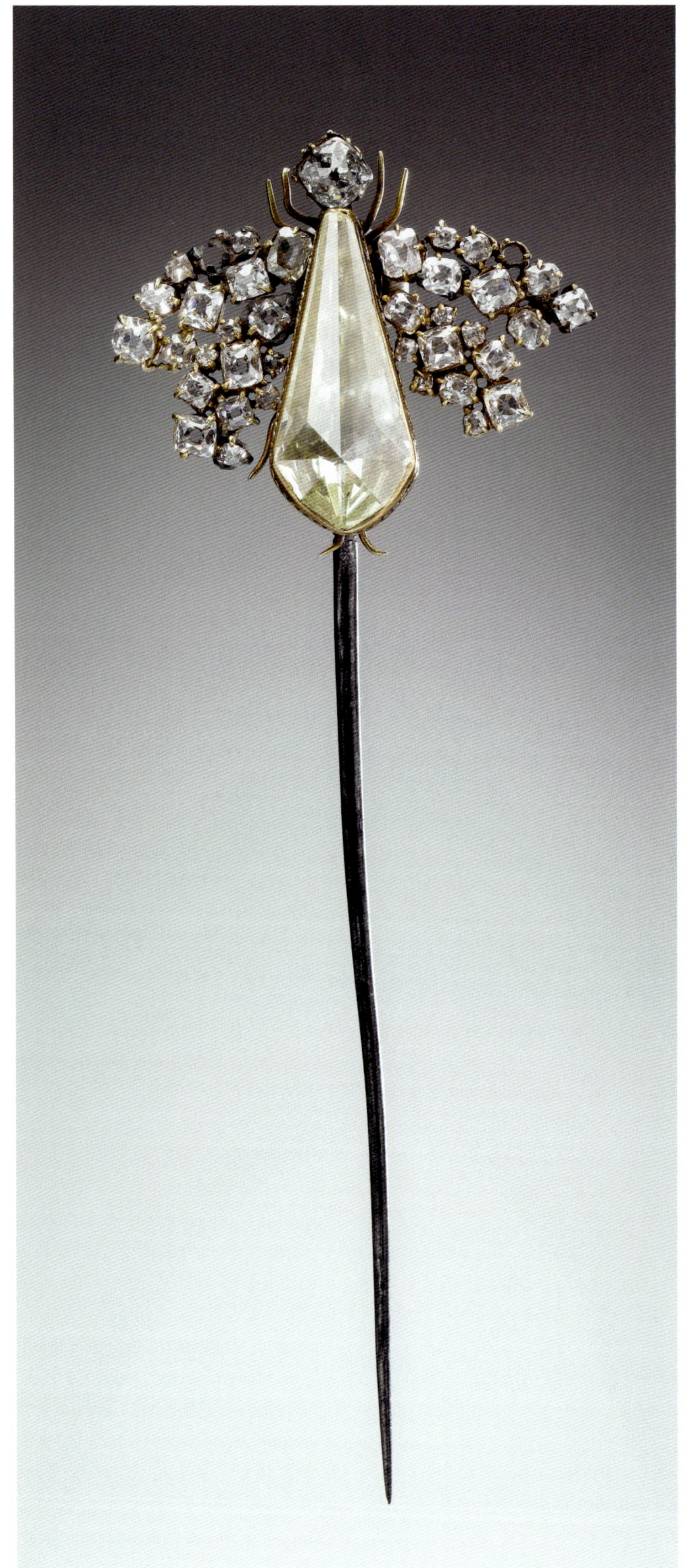

C3.04

C3.05
Spiegelkommode der Kurfürstin Elisabeth Auguste

Süddeutschland, um 1770–1780
Holz, Spiegelglas, Papier. H 40 cm, B 23 cm, T 15 cm
Kurpfälzisches Museum der Stadt Heidelberg, 255

Das Monogramm EA weist die Kurfürstin Elisabeth Auguste von der Pfalz (1721–1794), Ehefrau von Carl Theodor, als Besitzerin der kleinen Spiegelkommode aus. Das Miniaturmöbel zeigt einen hölzernen, dreischübigen, an der Front geschwungenen Corpus, über dem sich ein baldachinartiger, mit Prismenbehang verzierter Aufsatz befindet. Die Kommode ist allseitig verspiegelt. Auch das Innere ist aufwendig gestaltet. Die Schubladen zeigen innen ebenfalls Verglasungen, die mit gestochenen Vogel-, Insekten- und Blumenmotiven hinterlegt sind. Jedes Detail wurde aus Kupferstichen ausgeschnitten, koloriert und aufgeklebt. Vergleichbare höfische Möbel gab es natürlich auch im Großformat. So hat sich ein Spiegelschrank erhalten, der heute zur Sammlung des Herzog Anton Ulrich Museum in Braunschweig gehört. Die besondere Faszination lag im reflektierenden, glänzenden Material. Spiegel waren Luxusgüter. Im 18. Jahrhundert konnte Spiegelglas mit einem sehr aufwendigen und kostspieligen Verfahren in Manufakturen wie beispielsweise in Lohr oder Würzburg hergestellt werden. Das Schleifen und Polieren von großen Glasplatten, das Verspiegeln mit Zinn und Quecksilber, die Trocknung und die riskante Auslieferung auf unwegsamen Straßen machten die Spiegel sehr teuer. Die Miniaturkommode der Elisabeth Auguste diente vermutlich zur Aufbewahrung von persönlichen Kostbarkeiten, wie z. B. Schmuck, Necessaires oder kleinen Dosen, die die Kurfürstin nachweislich besaß. Zeitlich fällt die Entstehung in die Jahre, die Elisabeth Auguste in Schloss Oggersheim verbrachte. Sie hat damals zahlreiche repräsentative Ausstattungsstücke für ihre Residenz erworben. Wahrscheinlich ist das Kleinod eher in einer kleinen Werkstatt als in einer der bekannten Spiegelmanufakturen entstanden. Die Herstellung kleinformatiger Spiegel konnte auch in einer Werkstatt, in der Glasschneider und Tischler zusammenarbeiteten, geleistet werden. Über die Geschichte des Miniaturmöbels ist nichts bekannt, es wurde 1993 aus Privatbesitz erworben.

Karin Tebbe

Literatur

Fuchs 1999, S. 128–130 · Seele 2010, Nr. 309

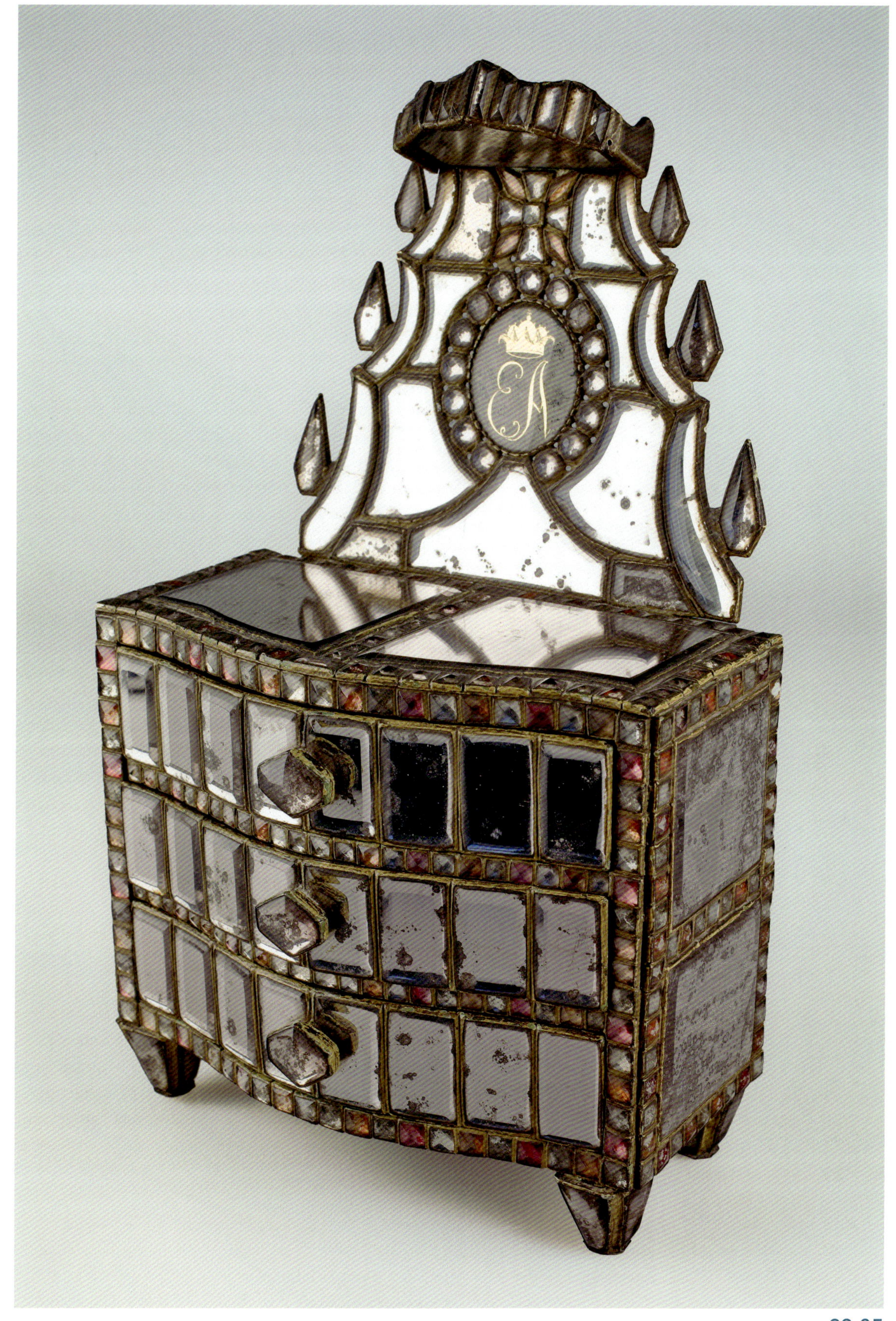

C3.05

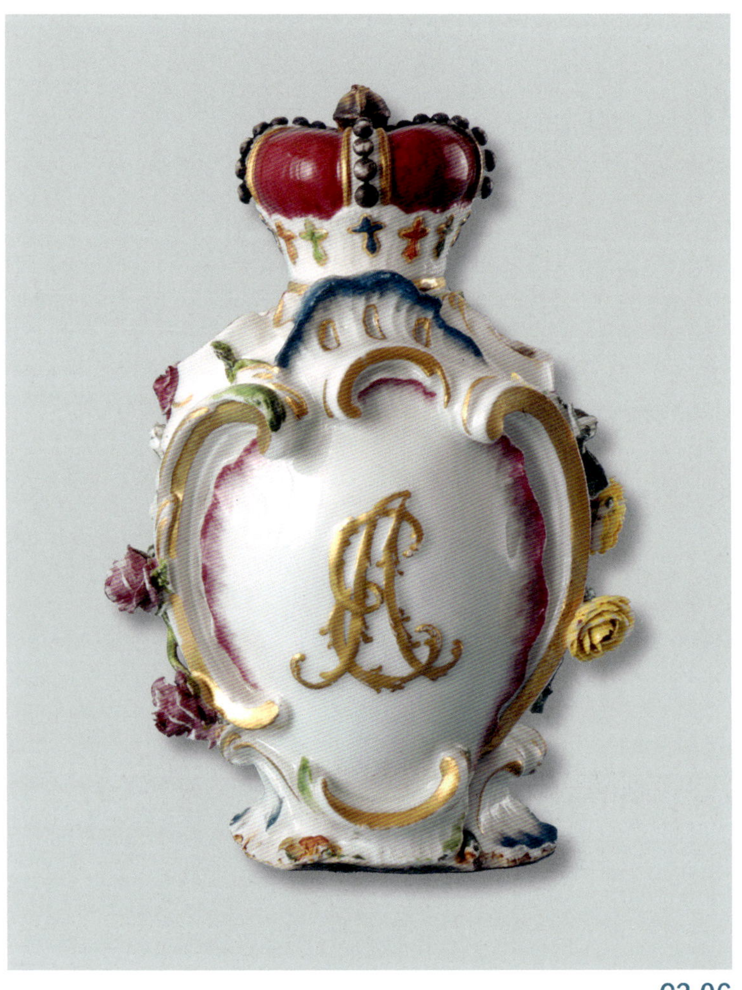

C3.06

C3.06

Mittelstück eines zweiarmigen Tafelleuchters aus dem Tafelservice der Kurfürstin Elisabeth Auguste

Frankenthal, 1769
Porzellan, bemalt. H 11 cm
Kurpfälzisches Museum der Stadt Heidelberg, Po 498

Es handelt sich um ein Bruchstück aus Frankenthaler Porzellan aus der technischen Glanzzeit der Manufaktur. Die mit goldgehöhten Rocaillen geschmückte Kartusche mit bekrönendem Kurhut ziert die ligierten Initialen EA der Kurfürstin Elisabeth Auguste. Der Leuchter gehört zu einem Service, das eigens für die neue Hofhaltung der Kurfürstin in Schloss Oggersheim eingerichtet wurde. Ein Teil des erhaltenen Porzellans sowie einige Möbelstücke befinden sich in der Münchener Residenz. Ebenso wurde ein silbernes Tafelservice aus Straßburg angeschafft, wovon einige Teller im Mannheimer Schloss präsentiert werden. Der Bauherr von Schloss Oggersheim war Joseph Carl Emanuel von Pfalz-Sulzbach, der mit der Tochter Carl Philipps, Elisabeth Auguste Sophie, verheiratet war. Der Erbprinz ließ sich in der Nähe der Residenzstadt Mannheim ein kleines Schloss, bestehend aus zwei Pavillons und einer Gartenanlage, errichten. Nach dem Tod des Bauherren 1729 wurde die dortige Bautätigkeit eingestellt. 1751 kaufte Pfalzgraf Friedrich Michael von Pfalz-Zweibrücken-Birkenfeld die Anlage. Er war mit Franziska Dorothea verheiratet, der jüngsten Tochter des Bauherrn und Schwester der Kurfürstin. Unter Friedrich Michael wurde die bescheidene Anlage zu einem respektablen Sommersitz ausgebaut. Nach seinem Tod 1767 verkaufte sein ältester Sohn und Erbe Pfalzgraf Carl August von Zweibrücken-Birkenfeld die gesamte Anlage am 4. Dezember 1767 an seinen Onkel Carl Theodor, der das Schloss seiner Frau Elisabeth Auguste schenkte. Aufgrund des Scheiterns ihrer Ehe nach dem Tod des einzigen Kindes lebte das Kurfürstenpaar getrennt und Elisabeth Auguste nutzte von 1768 an Schloss Oggersheim dauerhaft als Sommersitz. Nach der bayerischen Erbschaft ihres Mannes und dem Wegzug des Hofes nach München avancierte Oggersheim nach der Fertigstellung des Winterflügels zum ständigen Wohnsitz der Kurfürstin. Die französischen Revolutionstruppen vertrieben sie 1794 von dort. Durch Unachtsamkeit biwakierender Soldaten geriet das Schloss, dessen Mobilien zuvor gerettet worden waren, in Brand und wurde zerstört. Auf Befehl Carl Theodors versteigerte man 1797 die Ruinen auf Abbruch. Die noch erhaltene Orangerie wurde erst durch einen Blitzeinschlag im späten 19. Jahrhundert zerstört.

Ralf Richard Wagner

C3.07

Das Frühstücksservice der Kurfürstin Elisabeth Auguste

Frankenthal, 1777
Porzellan, farbig und mit Gold bemalt.
Tablett: H 4,5 cm, B 24,5 cm, L 32,8 cm; Kaffeekanne: H 13,2 cm; Milchkanne: H 9,7 cm; Zuckerdose (Deckel fehlt): H 3 cm, Dm 7,3 cm; Tasse: H 6,5 cm, Dm 7,1 cm; Untertasse: H 3,3 cm, Dm 19,9 cm
Kurpfälzisches Museum der Stadt Heidelberg, Po 770

Das fünfteilige Solitaire wurde für die Kurfürstin Elisabeth Auguste von der Pfalz (1721–1794) in Frankenthal in Auftrag gegeben. Die Komposition und die Auswahl der Allegorien des Tabletts verweisen auf den Maler Nicolas Guibal (1725–1784), der für die Residenz der Kurfürstin in Oggersheim ein Deckengemälde mit entsprechendem Motiv anfertigte. Das Gemälde, das als Vorbild diente, wurde 1794 zerstört, als das Oggersheimer Schloss niederbrannte. Das Ensemble besteht aus einem Tablett, einer Tasse mit Unterschale, einer kleinen Kanne, einem Milchkännchen und einer Zuckerdose, deren Deckel verloren ist. Alle Teile zeigen einen korallenroten Fond. Die gemalten Allegorien, die Bildhauerei auf der Kanne, die Malerei auf der Milchkanne, die Baukunst auf der Tasse und die Musik auf der Untertasse, gehen auf Kupferstiche von

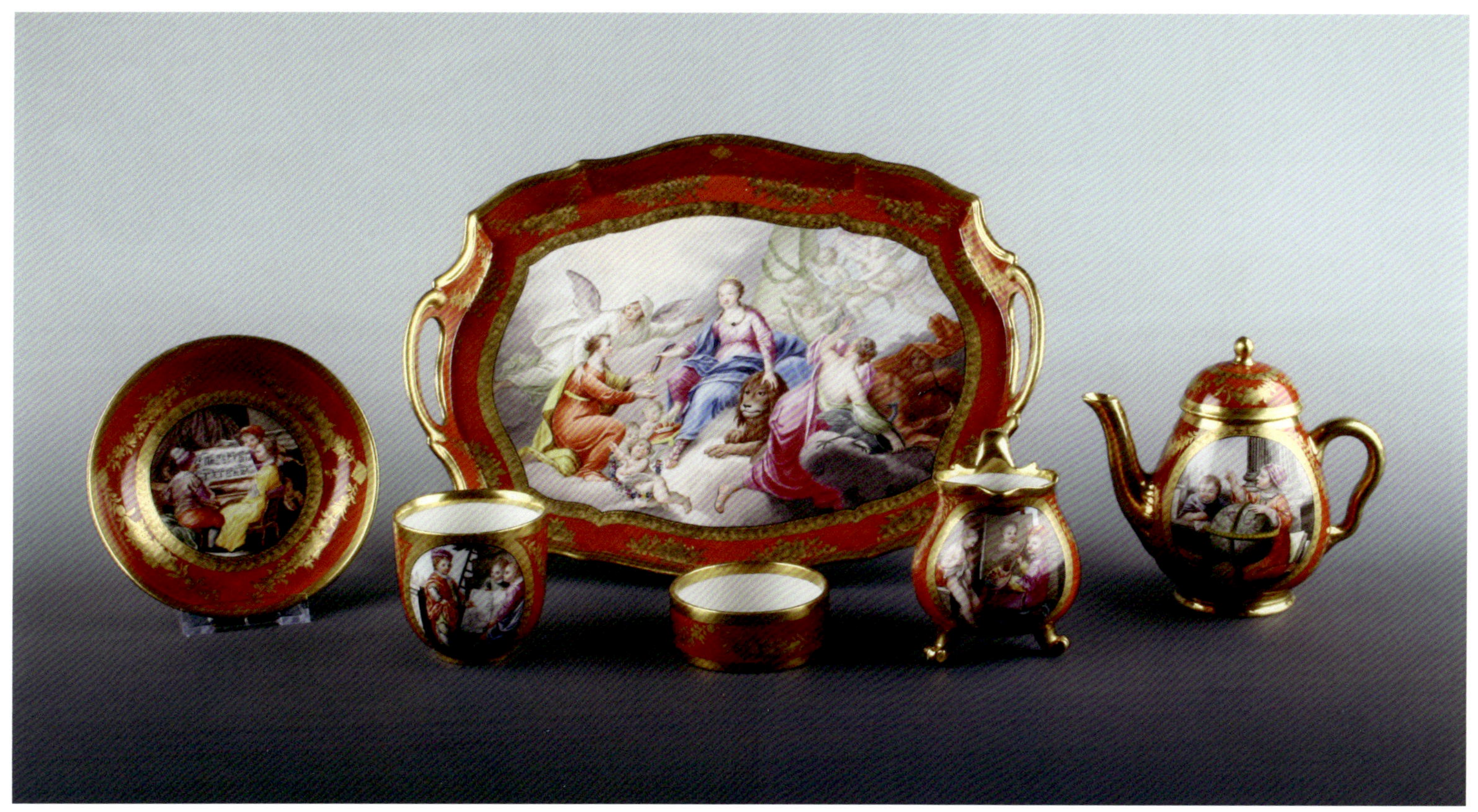

C3.07

Étienne Fessard (1714–1777) zurück, die von Francois Joullain (1697–1778) im Jahre 1756 in Paris publiziert wurden. Vorbilder hierfür waren die Gemälde mit kindlichen Figuren von Charles-André van Loo (1705–1765), die dieser 1752/53 im Salon de Compagnie im Schloss Bellevue bei Meudon für Madame de Pompadour ausführte. Abweichend von der allgemeinen Thematik der „Artes" zeigt die Darstellung auf dem Tablett ein Motiv mit Bezug auf die Kurpfalz: die Stiftung des Elisabeth-Ordens durch die Kurfürstin Elisabeth Auguste im Jahre 1766. Am Heiligentag der wohltätigen Elisabeth von Thüringen, der Namenspatronin der Kurfürstin, mussten die Ordensmitglieder – ausschließlich katholische Damen des Hochadels – einer Messe beiwohnen und Almosen verteilen. Die Ordensstiftung zeugt von dem Wunsch nach höfischer Repräsentation und Mildtätigkeit. Eine Malersignatur, die eine präzise Zuweisung an einen bestimmten Manufakturmaler erlauben würde, ist nicht vorhanden. Während die Formen des Solitaires charakteristisch für die Manufaktur Frankenthal sind, wurden die Farbigkeit des Fonds, der Stil der Vergoldung und die Vorlagen der Dekoration durch Vorbilder aus der königlichen Manufaktur Sèvres bestimmt.

Karin Tebbe

Literatur

Beaucamp-Markowsky 1999a · Ausst.-Kat. Heidelberg 1993, Nr. 85, S. 108–109 mit Abb. · Tebbe 2008

C3.08
Chocolatière

Adelhard von Hundel (1737–1782)
Mannheim, um 1760
Silber getrieben, gegossen und graviert. H 19,5 cm, Dm 7,1 cm
München, Bayerische Verwaltung der staatlichen Schlösser, Gärten und Seen, Residenz München, Res Mü SK 1283

Die schönlinige Schokoladenkanne aus Silber wird dem Mannheimer Meister Adelhard von Hundel zugeschrieben. Der birnenförmige Gefäßkörper ruht auf drei zierlichen, auswärts geschwungenen Füßen. Im 16. Jahrhundert gelangten die amerikanischen Kakaobohnen erstmals über Spanien nach Mittel- und Nordeuropa, wo die bitter schmeckende Frucht zunächst als Aphrodisiakum und Stärkungsmittel galt. Popularität als exotisches Modegetränk der Aristokratie des 18. Jahrhunderts erlangte die daraus zubereitete Trinkschokolade jedoch erst, als man lernte, sie mit reichlich Süßungsmitteln in Milch aufzukochen. Um den sich rasch wieder absetzenden Kakao in gelöstem Zustand zu halten, gestaltete man Kannen mit einer kleinen Öffnung im Deckel, in der ein Quirl saß. Mit diesem wurde die in der geschlossenen Kanne warm gehaltene aromatische Flüssigkeit vor dem Einschenken neu aufgeschäumt. Der hochsitzende Ausgussschnabel verhinderte auch bei weiter Neigung ein Ausfließen des bitterlichen Bodensatzes.

Die auf der Kannenwandung eingravierten, ineinander verschlungenen Buchstaben unter dem Fürstenhut verweisen auf die ursprüngliche Provenienz: Aufgelöst zu C(*omes*) P(*alatinus*) bezeichnen sie die Herzöge bzw. Pfalzgrafen von Zweibrücken. Die Chocolatière dürfte für Herzog Christian IV. (1722–1775) geschaffen worden sein. Es war Christians Neffe und Nachfolger Maximilian Joseph, der gemäß den Wittelsbacher Hausverträgen als Erbe der älteren Linien ab 1799 zunächst die Herrschaft über das vereinigte Kurfürstentum Pfalz-Bayern antrat und ab 1806 dann als König Max I. Joseph regierte.

Im Zuge der Koalitionskriege gegen Frankreich ab 1792 wanderten große Teile der pfalz-bayerischen Silberkammer, darunter auch wertvollste Bestände des aus der Kurpfalz und Zweibrücken nach München verbrachten Tafelsilbers, in die Münze. Die Chocolatière gehört zu den wenigen Stücken kurpfälzischer Silberschmiedekunst, die diesem häufigen Schicksal fürstlicher Silberkammern entging.

Christian Quaeitzsch

Literatur

Frankenburger 1923, S. 72

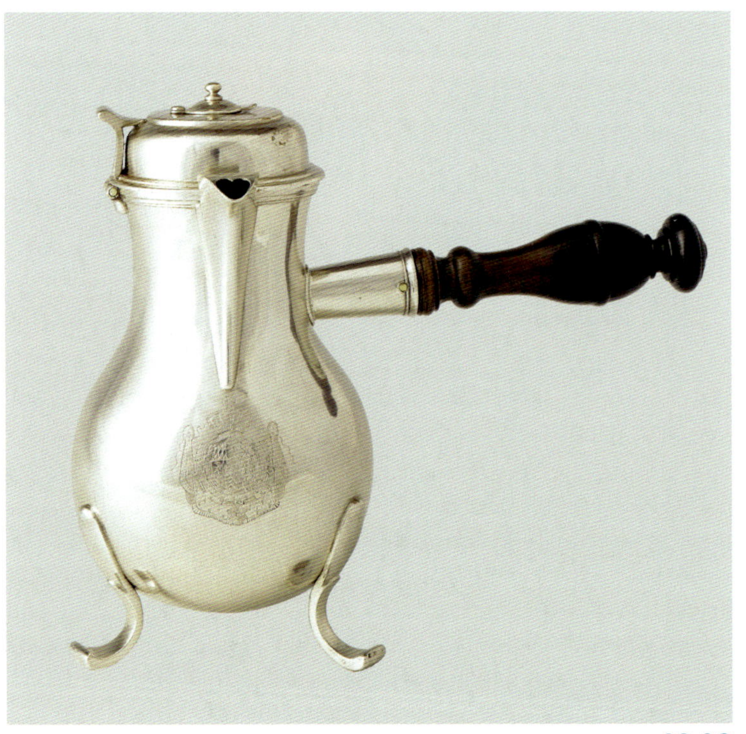

C3.08

C3.09a–d

Vier Teller aus dem sogenannten Urnen- oder Krönungsservice

Frankenthal, 1790
Porzellan, farbig und mit Gold bemalt. H 3,1 cm, Dm 23 cm
München, Bayerische Verwaltung der staatlichen Schlösser, Gärten und Seen, Residenz München, Res Mü K II Fra. 142, 145, 148, 150

Im April 1790 gab Kurfürst Carl Theodor von München aus seiner Porzellanmanufaktur im pfälzischen Frankenthal den Auftrag für ein repräsentatives Tafelservice. Im Februar war Kaiser Joseph II. in Wien verstorben. Bis zur Wahl eines Nachfolgers oblag den Kurfürsten von Sachsen und Pfalz-Bayern die stellvertretende Reichsregierung. Dem hohen Rang als Vikar der südlichen Reichshälfte sollte nach Carl Theodors Wünschen auch der öffentliche Auftritt der pfalz-bayerischen Wahlgesandtschaft entsprechen, die in seinem Namen im September und Oktober 1720 in Frankfurt an der feierlichen Wahl und Krönung Kaiser Leopolds II. teilnahm. Das repräsentative neue Service, das laut einem nach Frankenthal geschickten Verzeichnis auf insgesamt 910 Geschirrteile ausgelegt war, sollte im Rahmen des fein ausdifferenzierten Tafelzeremoniells den angemessenen fürstlichen Auftritt ermöglichen. Der knappe Termin zusammen mit dem gewaltigen Umfang der Bestellung belastete die Manufaktur schwer. Nur durch Verwendung bereits vorhandener Weißware und die pausenlose Beschäftigung des gesamten Mitarbeiterstabs konnte das Porzellan bemalt und rechtzeitig zur Kaiserwahl nach Frankfurt geliefert werden.

In der Abschlussrechnung wurde das Service zur „Ersten Tafel" beschrieben als „Tafelgeschirr mit einem grauen Vasen *en médaillon*" mit marmorierter, sogenannter „*Changeant*"-Einfassung, sowie „Blumengehäng mit Band umwunden". 17 von einst 144 derart dekorierten Tellern haben sich heute noch in der Münchner Residenz erhalten. Die antikischen, als Grisaillen ausgeführten Gefäßformen tragen sowohl dem herrschenden Zeitstil des Klassizismus wie der repräsentativen Würde des Kurfürst-Reichsvikars Rechnung. In wirkungsvollem Kontrast hierzu künden die zierlichen buntfarbigen Blumengirlanden noch vom Geist des Rokoko, der Carl Theodors Jugendjahre geprägt hatte.

Nachdem das Service seine repräsentative Funktion erfüllt hatte, wurde es nach München, später in das Aschaffenburger Schloss verbracht und dort im 19. Jahrhundert verkauft.

Christian Quaeitzsch

Literatur

Beaucamp-Markowsky 1999b · Ausst.-Kat. Mannheim 1999, S. 68, Kat.-Nr. 21–24 · Ausst.-Kat. Frankenthal 2005, Kat.-Nr. 166, S. 170, Kat.-Nr. 166

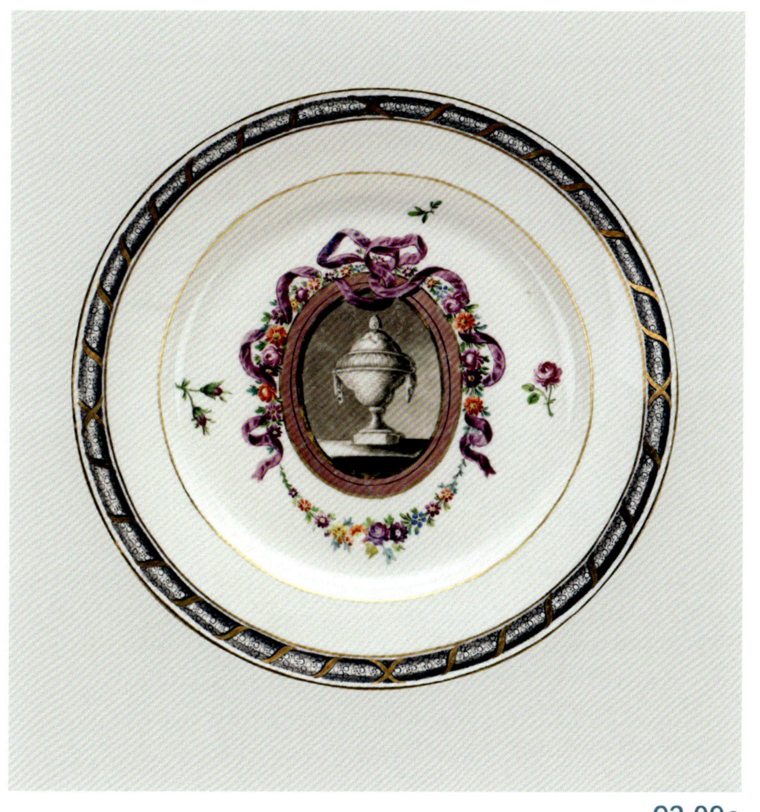

C3.09a

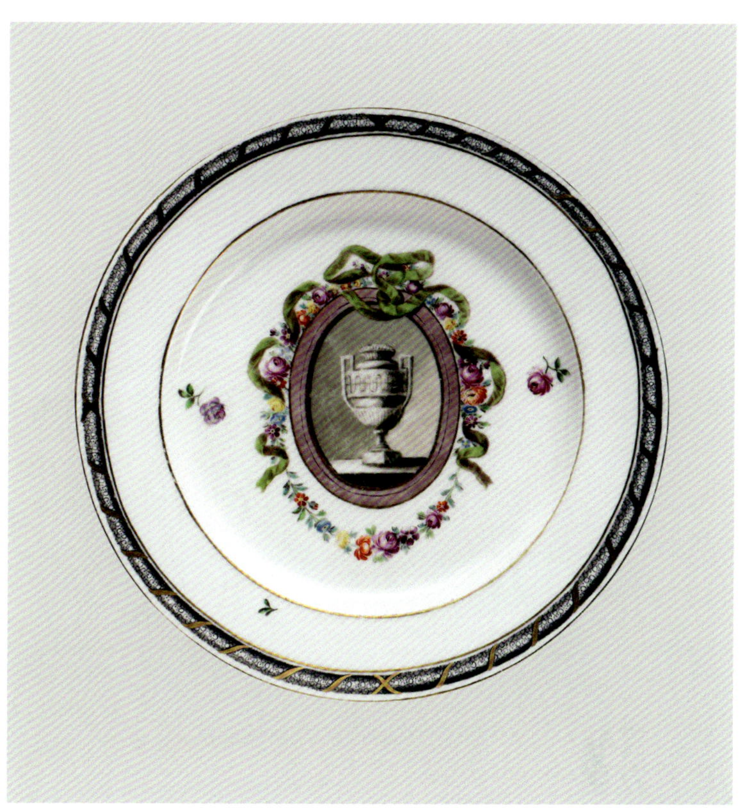

C3.09b

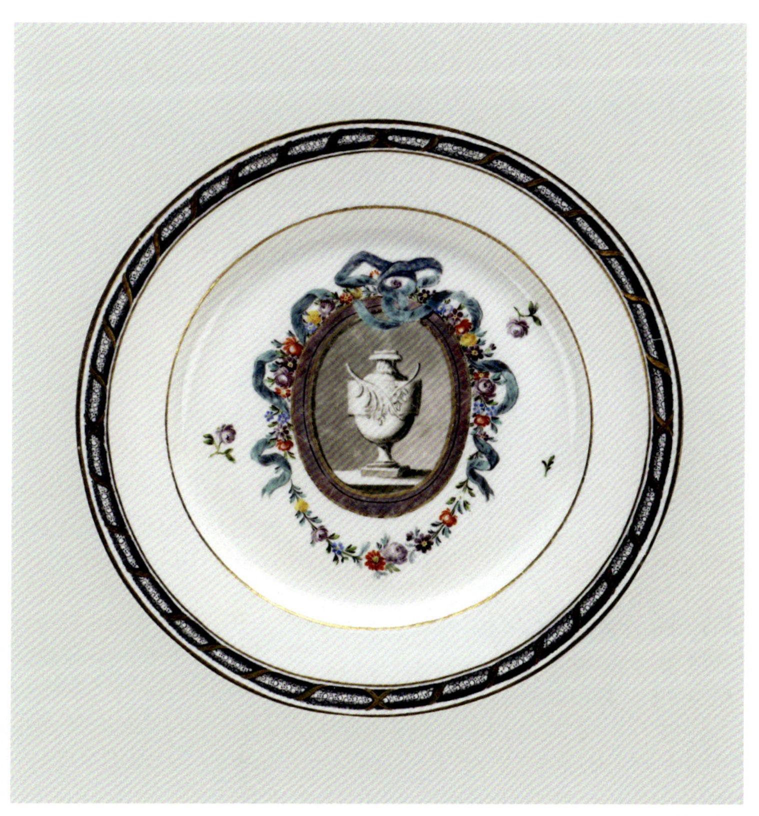

C3.09c

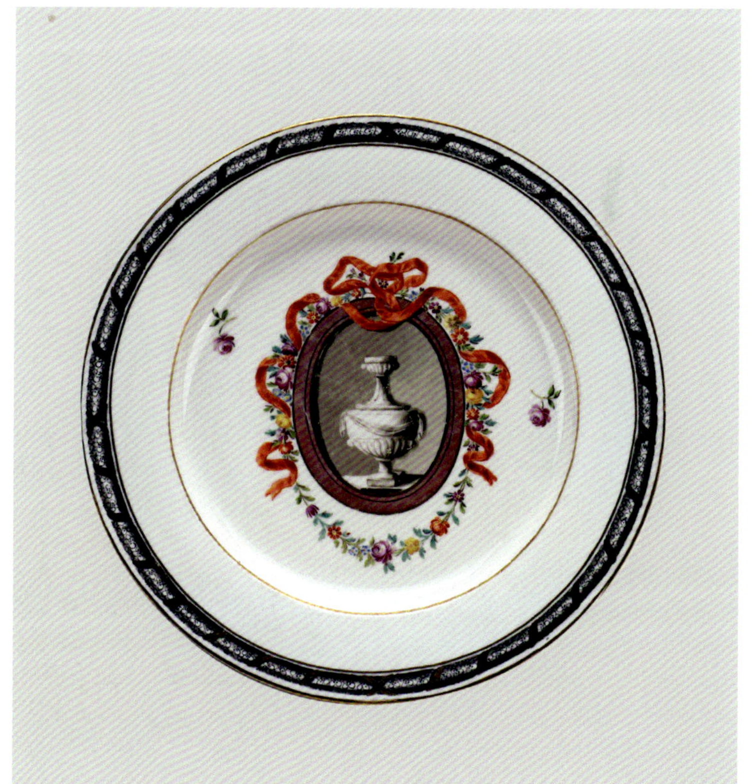

C3.09d

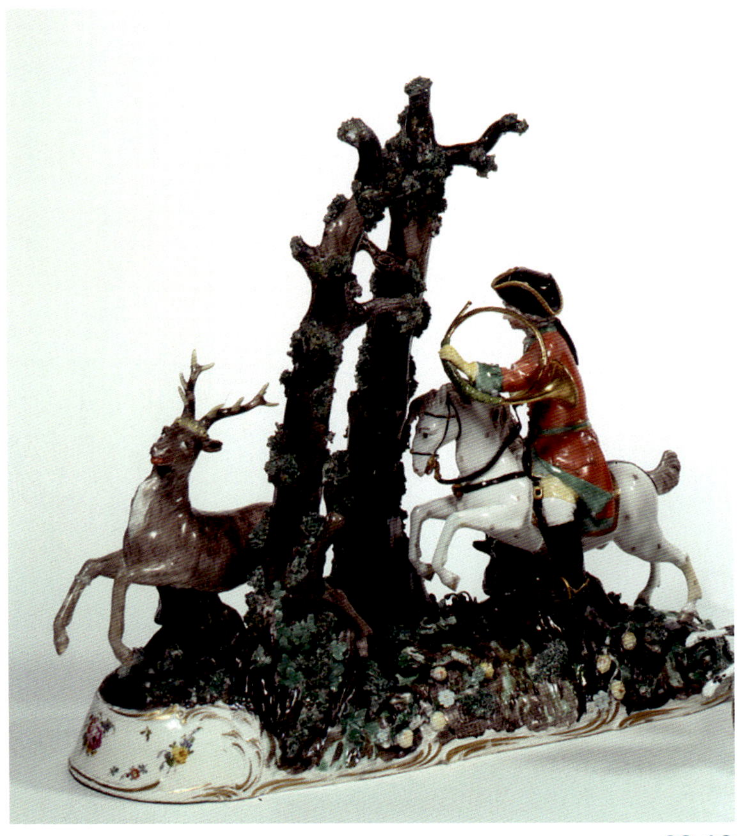

C3.10

C3.10
Parforcejäger zu Pferd mit flüchtendem Hirsch bekannt als „Jäger aus Kurpfalz"

Modell von Carl Gottlieb Lück (1730–1775)
Porzellanmanufaktur Frankenthal,
unterglasurblaue Marke CT mit Kurhut und AB
um 1765
Porzellan, farbig und mit Gold bemalt. H 29,7 cm
Reiss-Engelhorn-Museen Mannheim, Cb 54

„Der Jäger aus Kurpfalz, der reitet durch den grünen Wald und schießt das Wild einher, gleich wie es ihm gefällt …". Das beliebte Lied besingt einen passionierten Jäger, hinter dessen Person sich möglicherweise Pfalzgraf Johann Casimir von Pfalz-Simmern verbirgt, bekanntermaßen ein erfolgreicher Jägersmann. Anderen Interpretationen zufolge wird für den Jäger der Erbförster Utsch aus dem Hunsrück, nach neueren Überlegungen sogar Kurfürst Carl Theodor, selbst ein begeisterter Waidmann, vermutet. Letzterer lebte zumindest im 18. Jahrhundert, als das Lied entstand und auch die Jagdgruppe, die unter dem Titel „Jäger aus Kurpfalz" bekannt ist.

Während im Lied das Wild geschossen wird, zeigt die Gruppe ein Detail der 1743 unter Carl Theodor eingeführten, aus Frankreich stammenden Parforcejagd, bei der meist ein Hirsch mit Hunden gehetzt und am Ende vom Jagdherrn durch einen Fangstoß zur Strecke gebracht wurde. Die Gruppe besteht aus einem Oberjäger (Piqueur) zu Pferd, ausgestattet mit einem großen Waldhorn und im Galopp einen fliehenden Hirsch verfolgend, dessen Zunge heraushängt und der zwischen Baumstämmen verschwindet. Der große ovale Sockel ist äußerst detailreich als Waldboden gestaltet und mit Moospolstern, Blättern und Blütenranken besetzt, die das ganze Können der Manufaktur belegen.

Die Ausformung gehört zu einem Parforcejagd-Tafelaufsatz, der laut Frankenthaler Formenverzeichnis aus fünf Teilen bestand und unter dem Namen „Parforcejäger zu Pferd mit flüchtendem Hirsch" geführt wurde. Als Vorbild für die Komposition diente ein Stich von Johan Elias Ridinger (1698–1767) aus Augsburg, das neunte Blatt einer 16-teiligen Serie über „Die par force Jagd des Hirschen und deren ganzer Vorgang …" (um 1750). Aufsätze dieser Art zierten festliche Tafeln, der Darstellung entsprechend schmückte dieser sicher den Tisch beim Festmahl nach der Jagd. Interessanterweise wurde die Gruppe durch die Porzellanmanufaktur Nymphenburg neu ausgeformt und nach den Frankenthaler Originalen staffiert, was auf die große Beliebtheit des dekorativen Themas schließen lässt.

Eva-Maria Günther

Literatur

Beaucamp-Markowsky 2008, S. 494–496

C3.11a/b
Kammerherrenschlüssel des Kurfürsten Carl Theodor

um 1750
Messing vergoldet. L 16,1 cm
Reiss-Engelhorn-Museen Mannheim, ohne Inv.-Nr.

Kammerherrenschlüssel des Kurfürsten Carl Theodor

um 1770/75
Stahl gebläut und teilvergoldet. L 16,8 cm
Reiss-Engelhorn-Museen Mannheim, ohne Inv.-Nr.

Unter der Herrschaft Carl Theodors erstarkte der Hof der Residenzstadt Mannheim – er wurde Zentrum der Politik und der Kultur. Dies zeigte sich auch in der Repräsentation und Größe des Hofstaates. Unter den kurfürstlichen Hofämtern zählte das des Obristkämmerers neben dem des Hofmeisters zu den wichtigsten. Dieser Hofcharge sind neben den weiteren Leibbediensteten – unter ihnen Ärzte, Chirurgen, Kammerdiener, Leib- und Reiselakaien, Schneider und Wäscherinnen des Herrschers – die Kammerherren zugeordnet. Waren im ers-

Alle Kammerherren, im 17. und 18. Jahrhundert auch noch Kämmerer genannt, erhielten einen Schlüssel. Sie trugen ihn an einer Kordel oder auf einem Ordensband sichtbar über dem Justaucorps. Im Laufe der Zeit vollzog sich ein Wandel. Waren die ersten Schlüssel noch aus Eisen gearbeitet und dienten tatsächlich dem Öffnen und Schließen der Gemächer, der Truhen und Schränke, so wurden sie später zu einem Symbol, einem Abzeichen der Position des Kammerherrn als Vertrauensperson mit der Erlaubnis, die Gemächer des Kurfürsten zu betreten. Dies erreichte man einerseits durch Vergoldung der Schlüssel, wobei es sich meist um einen Bronze- oder Messingguss mit Feuervergoldung handelt. Andererseits trug auch eine aufwendige Gestaltung zur Aufwertung des Schlüssels bei: Seit der ersten Hälfte des 18. Jahrhunderts wurde die Reide, der Schlüsselgriff, durchbrochen und zeigt, gekrönt von der Krone, dem Fürstenhut oder dem Kurhut, das Monogramm des zu bedienenden Herrschers. Der Bart behielt seine ursprüngliche Form, verlor jedoch seine Funktion und blieb Zierde. Die hier gezeigten Exemplare machen deutlich, dass Carl Theodor seinen Hofgürtler mit dem allgemein üblichen gestalterischen Aufbau der Schlüssel beauftragte, so dass sie sich untereinander nur in Details, in Material und Ziselierung unterscheiden.

Camilla Narrog

Literatur

Bahl 2001 · Duwe 1990 · Mörz 1998 · Ausst.-Kat. Mannheim 1999

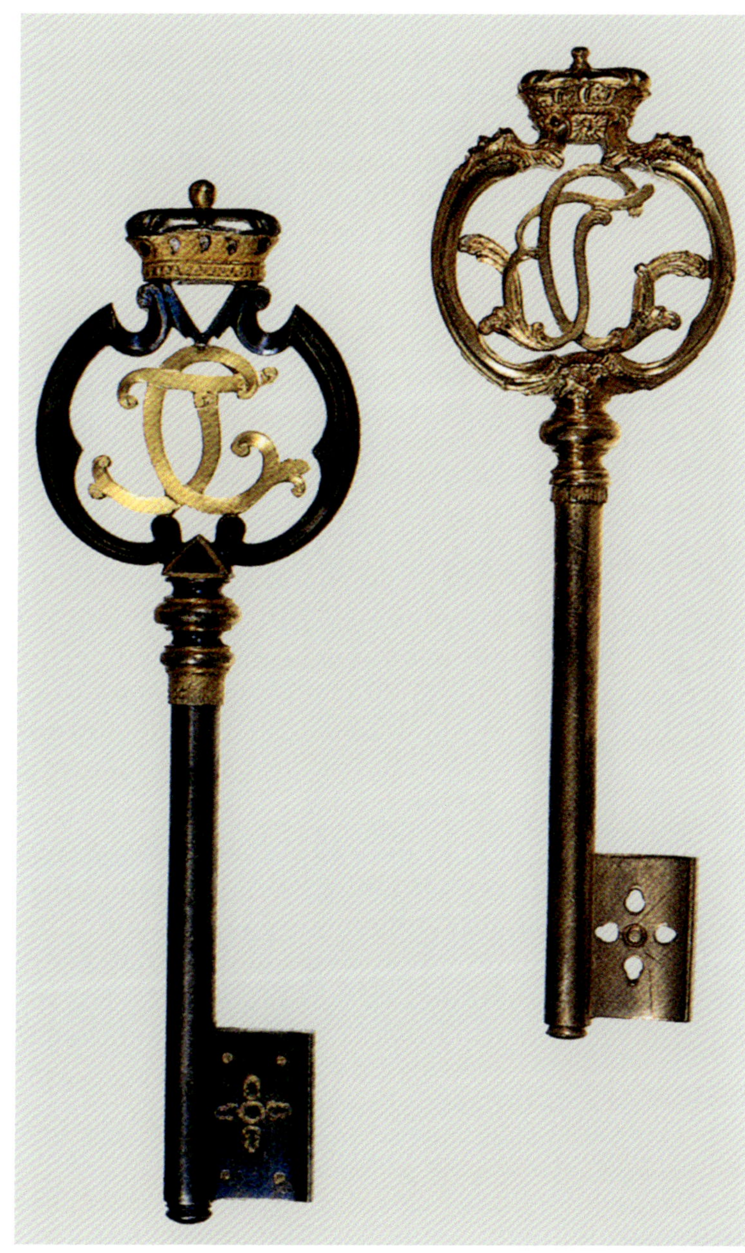

C3.11a/b

ten Hof- und Staatskalender Mannheims von 1748 noch 42 Kammerherren verzeichnet, so wuchs ihre Zahl innerhalb von 30 Jahren auf 108 und weitete sich nach der Vereinigung Kurbayerns mit der Kurpfalz und der Verlegung der Residenz nach München bis 1786/87 auf über 500 aus. Die Mehrheit waren jedoch „Charakter-Kammerherren“, die den Ehrentitel gegen Bezahlung und nach Vorlage der Ahnenprobe erlangt hatten, aber keinen Dienst leisteten. Die am Hofe tätigen „Wirklichen Kammerherren“ mussten ebenfalls dem höheren Adel entstammen. Ihre Funktion konzentrierte sich vorrangig auf die des repräsentativen Höflings und auf zeremonielle Aufgaben, schloss aber auch die Nachtwache vor dem kurfürstlichen Schlafgemach und die Bedienung des Herrschers mit ein.

C3.12

Tabatière mit den Porträts des Kurfürstenpaares Elisabeth Auguste und Carl Theodor

wohl Frankenthal, um 1760
Porzellan, farbig und mit Gold bemalt, profilierte und teilvergoldete Silbermontierung. L 9,2 cm, B 7,2 cm, H 5,6 cm
Reiss-Engelhorn-Museen Mannheim, RMM 1990/15

Der Funktion nach handelt es sich um eine Doppeldose zur Aufbewahrung von Schnupftabak, dessen sich im „galanten Jahrhundert“ Herren wie Damen gerne bedienten. Die zur Ausstattung von Standespersonen zählenden Dosen galten bereits im 18. Jahrhundert als begehrte Sammelobjekte und wurden zugleich von Fürsten bevorzugt zur Würdigung besonderer Verdienste verschenkt. Sie waren nicht nur materiell kostbar, sondern auch in Entwurf und Ausführung anspruchsvolle Kunstwerke im Kleinformat. Die hohe Qualität der Ausführung zeigt sich bei diesem Beispiel im raffinierten Aufbau: Es besteht aus einem großen Deckel auf der Ober- und zwei kleineren auf der Unterseite. Innen teilen eine horizontale und eine vertikale Trennwand drei Fächer voneinander ab. Maßgeblich war hier ein präzises Schließen der Dose,

d. h. eine sorgfältige Ausführung der Scharniere, vor allem im Hinblick auf die Erhaltung der Feuchtigkeit des Tabaks und seiner spezifischen, zum Teil durch Zusätze wie Öle oder Blüten verfeinerten Aromen. Die mit schmalen Edelmetallfassungen versehene Dose besteht aus bemaltem Porzellan. Die Außenflächen überzieht ein exaktes blau-weißes Rautenmotiv, analog zu den entsprechenden Rauten der bayerischen Wittelsbacher aus dem Wappen des im Innern auf dem großen Deckel dargestellten Kurfürstenpaares. Die kostbar gekleidete und mit zierlichem Kopfputz sowie prächtigen Ohrgehängen geschmückte Elisabeth Auguste beherrscht das Bild. Sie hat in einem Sessel Platz genommen und stützt den Arm leicht auf dem daneben stehenden Tisch ab, auf dem der Kurhut auf einem Brokatkissen liegt. Ihr Gatte blickt ihr aus einem goldgerahmten Bildnis entgegen. Es zeigt ihn mit Harnisch und Kurmantel als Attributen seiner Macht sowie mit dem roten Band des Hubertusordens. Das Porträt der Kurfürstin folgt wohl einem um 1758 von Johann Georg Ziesenis (1716–1776) gemalten Bildnis der Herrscherin. Der architektonische Aufbau der Rechteckdose sowie die strenge Rautenbemalung, die bereits den Stil des frühen Klassizismus erahnen lassen, stehen im stilistischen Kontrast zu den Malereien des großen Deckels. Das Doppelporträt entspricht gänzlich den repräsentativen Herrscherdarstellungen der Barockzeit. Auf der Außenseite schwebt in einer von einer Rocaille gerahmten Kartusche ein Putto auf Wolken, ein Motiv, das noch Züge des Rokoko anklingen lässt. Die auf den zwei Deckeln der Unterseite (innen) aufgemalten Allegorien von Frieden und Wohlstand sowie von Ruhm und Gerechtigkeit verweisen auf die glückliche Herrschaft des Kurfürstenpaares im Zeitalter zwischen Absolutismus und Aufklärung. Mit der sich verändernden Weltanschauung des 18. Jahrhunderts ging auch ein künstlerischer Wandel einher, den das Döschen auf das Beste belegt.

Eva-Maria Günther

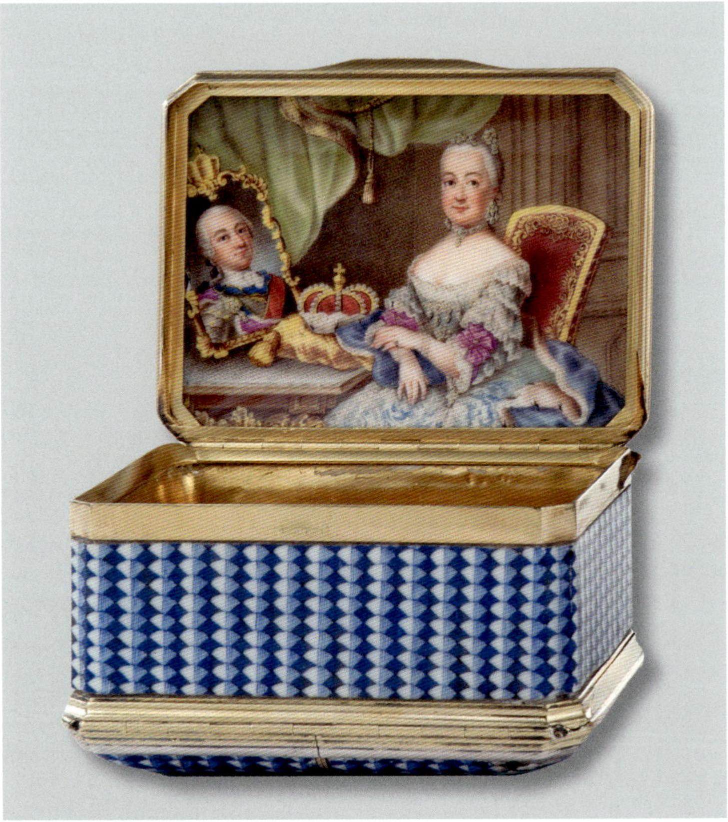

C3.12

Literatur

Ausst.-Kat. Mannheim 1999, S. 27, Kat.-Nr. 1.3.6

C3.13
Prunkdegen des Kurfürsten Carl Theodor

Solingen, 1767
gebläuter Stahl, teilvergoldet; Bronze, vergoldet;
Rauchtopas im Rosenschliff. L 96 cm
Kurpfälzisches Museum der Stadt Heidelberg, W 226

Die geflammte Klinge mit Blutrinne weißt auf der Vorderseite unter dem eingravierten Kurhut und dem legierten Chiffre CT für Kurfürst Carl Theodor eine Inschrift auf: „Vivat CT Anno 1767 d.28.t. Martij“. Die hintere Gravierung lautet: „Vivat CT zur Ehre der Fabric“. Der Degenknauf ist als antikisierende Vase gestaltet, die mit Perlgirlanden geschmückt ist. Der Griff besteht aus einem gebohrten Rauchtopas im Rosenschliff, während die Parierstange und der Faustbügel mit erhabenen und ziselierten Diamantierungen geschmückt sind. Der Prunkdegen ist ein Ehrengeschenk einer Solinger Degenmanufaktur. Carl Theodor hat nachweislich mehrmals seine ererbten Herzogtümer Jülich und Berg aufgesucht und auf diesen Reisen 1747, 1755 und 1767 auch umfangreiche Besichtigungen vorgenommen. Beim Besuch 1767 im Industriestandort Solingen erhielten die Handwerksvereinigungen ihre alten Rechte und Privilegien bestätigt. Carl Theodor besichtigte bei seiner Stippvisite mehrere Degenmanufakturen, denn im Bayrischen Nationalmuseum in München hat sich ein ähnlicher Prunkdegen erhalten. Dieser trägt außer dem gleichen Datum 28. März 1767 die Gravur: „Des Landesfürsten Regiment schütz die Fabric bis an das End“. Der Kurfürst ließ sich bei seinen Manufakturbesichtigungen ausführlich die Produktionsabläufe darlegen. Es war bei solchen fürstlichen Besuchen üblich, dem Souverän Geschenke in Form von herkömmlichen Degen zu machen. Diese benötigte man als adeliger Kavalier zur Vervollkommnung der Kleidung, um gegebenenfalls seine Ehre verteidigen zu können. Die als Präsente verwendeten Prunkdegen dienten insbesondere der Verherrlichung des Landesherrn. Die Inschriften priesen Carl Theodor als Schutzherrn von Industrie und Handel. Man kann diese Prunkdegen durchaus als Werbegeschenke bezeichnen, denn sie dienten als frühe Form der Produktwerbung. Sol-

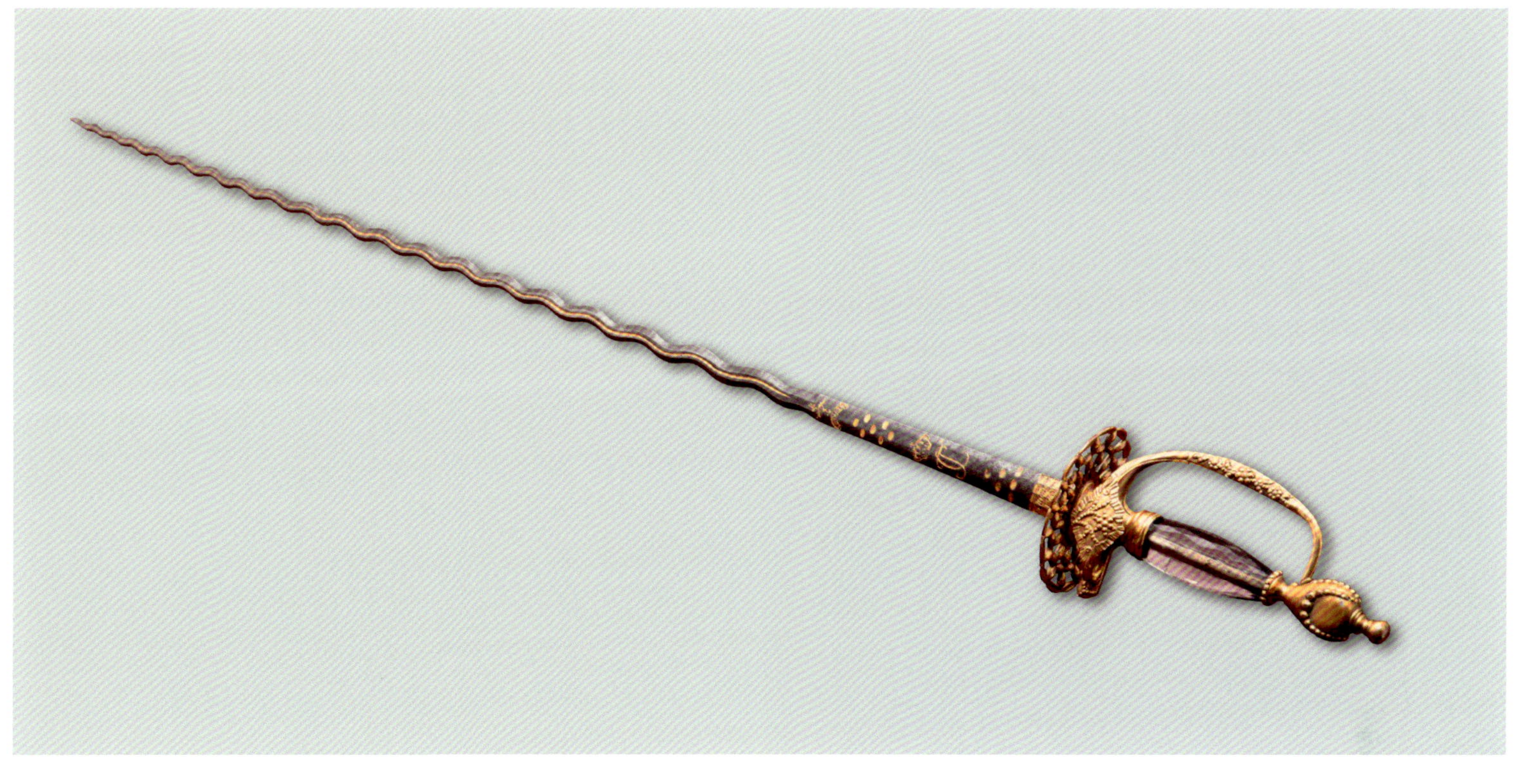

C3.13

che Prunkdegen wurden in den fürstlichen Sammlungen aufbewahrt, die in Mannheim zur Besichtigung dem allgemeinen Publikum offen standen.

Ralf Richard Wagner

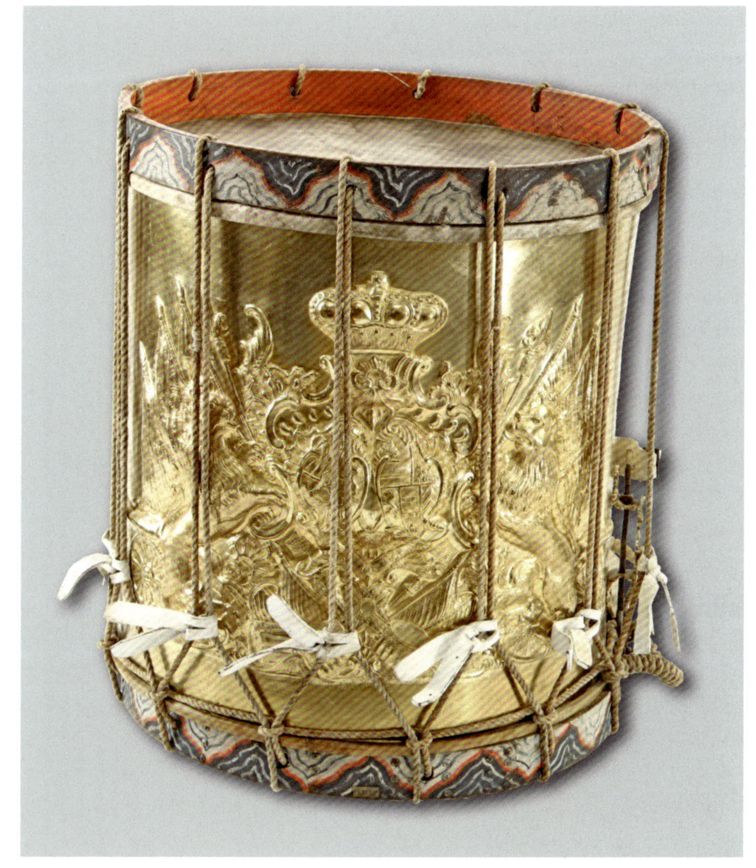

C3.14

C3.14

Kurpfälzische Artillerietrommel mit getriebenem Kurpfälzer Wappen und Trophäen

unbekannt, kurpfälzisch 1750 (renov. 1881)
Holz, Leder, Messingblech. H 61 cm, Dm 54 cm
Ingolstadt, Bayerisches Armeemuseum, A 2174

Das Bayerische Armeemuseum in Ingolstadt ist im Besitz zweier kurpfälzischer Artillerietrommeln, dekoriert mit dem in Messingblech getriebenen Wappen der Kurpfalz und verschiedenen Kriegstrophäen. Beide tragen ferner die Monogramme des Kurfürstenpaares Carl Theodor („CT", jeweils rechts) und Elisabeth Auguste („EA", jeweils links). Kurfürst Carl Theodor herrschte seit 1742 gemeinsam mit seiner Gemahlin über die Pfalzgrafschaft bei Rhein. 1778 trat er, nachdem mit dem Tod Maximilian III. Josephs die bayerische Linie der Wittelsbacher im Mannesstamm ausgestorben war, das Erbe im Kurfürstentum Bayern an und regierte beide Länder fortan bis zu seinem Tod 1799 in Personalunion.

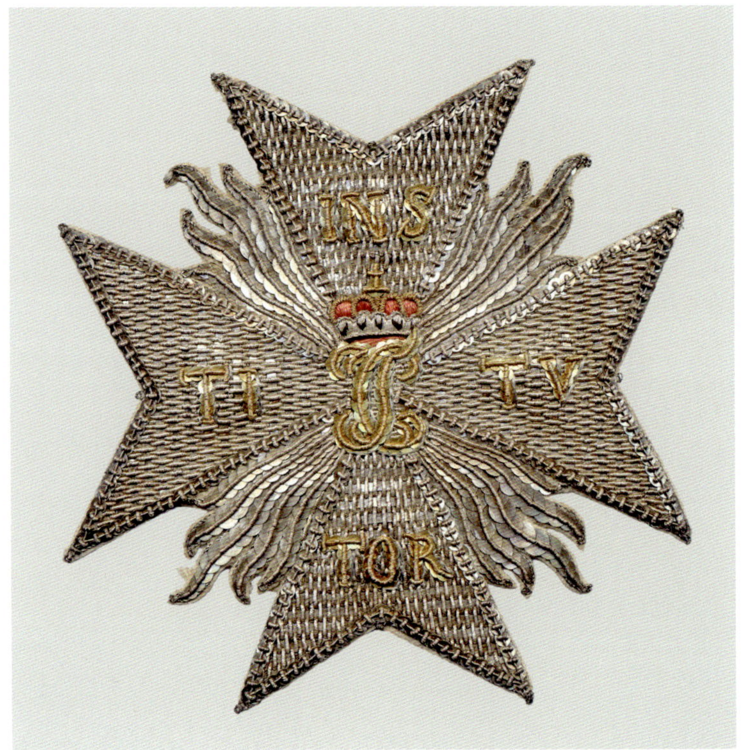

C3.15

Wie ihr Pendant zeichnet sich die Artillerietrommel hinsichtlich der Fassung, der Vielzahl und detaillierten Darstellung der Motive sowie durch eine aufwendige und künstlerisch qualitätvolle Treibarbeit aus. Laut einer Bezeichnung am äußeren unteren Rand wurde sie von Feit (Veit) Haberstroh d. Ä. 1750 in Mannheim gefertigt und einer Kreideinschrift im Innern zufolge 1881 in der Münchner Werkstatt Reitsamer & Sohn renoviert bzw. restauriert.

Sabine Witt

Literatur

Kat. Ingolstadt 1981, S. 103

C3.15
Orden vom Pfälzer Löwen: Bruststern

nach 1768 (Gründung des Ordens)
Stickerei mit Pailletten und Seide. H 10,3 cm, B 10,3 cm
Ingolstadt, Bayerisches Armeemuseum, A 7712

Der Orden vom Pfälzer Löwen wurde von Kurfürst Carl Theodor anlässlich seines 25-jährigen Regierungsjubiläums zum Jahreswechsel 1767/1768 als hoher Adels- und Verdienstorden gestiftet. Anfänglich auf 25 Personen aus dem Kreis der Hof- und Staatsdiener beschränkt, wurde er später durch Aufnahme von Ausländern auf einen weiteren Kreis ausgeweitet. Als Ordenszeichen wurde neben einem kreuzförmigen Kleinod an einer hellblau eingefassten weißen Schärpe, die über der Schulter getragen wurde, ein gestickter Stern auf der linken Brustseite getragen. Er zeigt in der Mitte den mit dem Kurhut bekrönten Namenszug des Kurfürsten „CT“; auf den Kreuzarmen die Inschrift „IN/STI/TV/TOR“ (der Begründer). Im Jahre 1808 wurde der Orden vom Pfälzer Löwen zu Gunsten des neu gestifteten Verdienstordens der bayerischen Krone aufgehoben.

Daniel Hohrath

C3.16a/b
Standarten des Leibdragoner-Regiments Frau Kurfürstin: Leib-Guidon und Eskadrons-Guidon

Verleihung an das Regiment 1784
Doppelblattfahnen aus Seidendamast,
mit Metallstickerei und Fransen. H 50 cm, B 75 cm
Ingolstadt, Bayerisches Armeemuseum, A 2337 und 2338

Das Regiment war 1744 aus Abgaben der drei bereits bestehenden kurpfälzischen Dragoner-Regimenter errichtet und 1778 in die Kurpfalz-Bayerische Armee eingegliedert worden; als Leib-Regiment der Kurfürstin war es besonders hervorgehoben. Sein Standort blieb bis 1793 Heidelberg, 1795 wurde es nach einer kurzen Zeit in Mannheim nach München verlegt. Nach weiteren Garnisonsorten stand es zuletzt in Düsseldorf, wo es 1803 aufgelöst wurde.

Die 1784 neu verliehenen Standarten (für Dragoner in Form zweizipfliger Guidons) waren für die Leib-Eskadron wie üblich weiß, während die der normalen Eskadronen eine rote Grundfarbe zeigten. Feldzeichen der Leib-Kompanien bzw. -Eskadrons waren stets auf der Vorderseite mit einer stehenden Madonna auf der Weltkugel verziert, was die besondere Bindung des Herrscherhauses an die katholische Kirche demonstrierte, wie auch hier die Devise „TE DVCE“ (Unter Deiner Führung) betont. Das Tuch auf den Guidons der übrigen Eskadrons zeigt dagegen den grimmenden Pfälzer Löwen mit der Devise „CEDERE NESCIT“ (Er kennt kein Weichen). Auf der Rückseite zeigen alle Standarten des Regiments das große Staatswappen. In den Ecken sind jeweils die verschlungenen, gekrönten Initialen des Kurfürsten „CT“ (Carl Theodor) und der Kurfürstin „EA“ (Elisabeth Auguste) aufgestickt.

Der aufwendigen Ausführung mit teuren Materialien und der relativ kurzen Einsatzdauer ist es zu verdanken, dass sich die beiden Feldzeichen in einem ungewöhnlich guten Erhaltungszustand befinden.

Daniel Hohrath

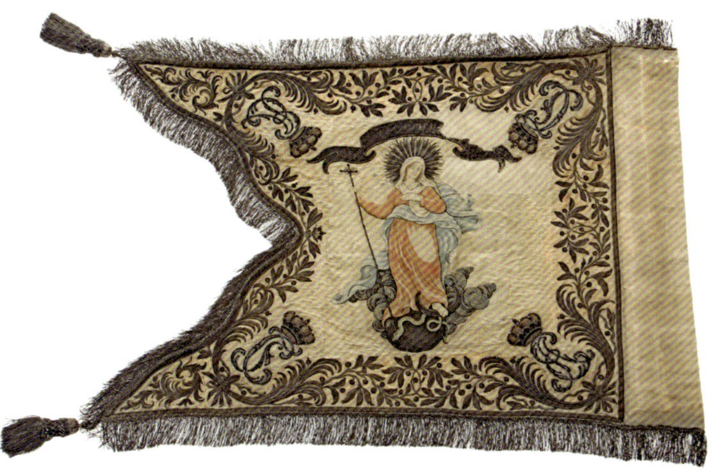

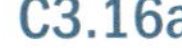

C3.16a

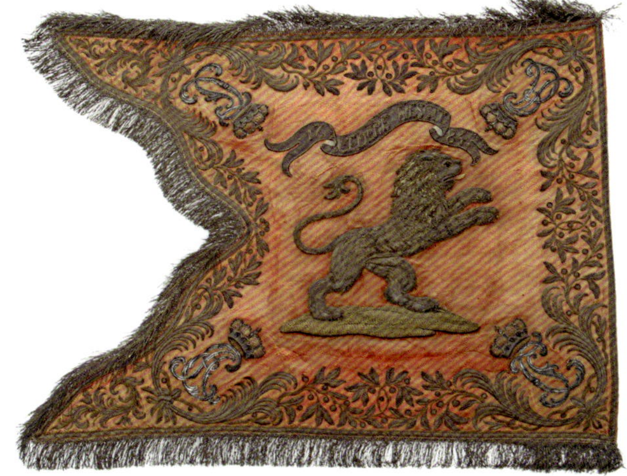

C3.16b

C3.17a/b
Ordenskreuz des Elisabeth-Ordens

nach 1766 (Gründung des Ordens)
Gold mit Emaille, Band aus Seidenrips. H 5,7 cm, B 4,1cm
Ingolstadt, Bayerisches Armeemuseum, N 1327

Ordenskreuz des Elisabeth-Ordens

nach 1766
Gold, Maleremaille, Seide.
H 6,6 cm, B 4,2 cm (montiert in einem Goldrahmen)
Kurpfälzisches Museum der Stadt Heidelberg, M 9308

Im Jahre 1766 stiftete Kurfürstin Elisabeth Auguste von der Pfalz „aus besonderer Andacht zu der H. Elisabeth, Unserer H. Nahmens-Patronin" einen Damenorden, „dessen vornehmlichste Absicht die Mildthätigkeit gegen die Armen seyn solle". In den sehr exklusiven Orden konnten neben fürstlichen Personen und Hofdamen der Kurfürstin nur katholische Damen aus alten adeligen Familien aufgenommen werden.

Das Medaillon in der Mitte des weiß emaillierten Ordenskreuzes, hier in zwei Exemplaren aus Ingolstadt und Heidelberg präsentiert, zeigt auf der Vorderseite die heilige Elisabeth von Thüringen als Wohltäterin der Armen. Auf der Rückseite ist das verschlungene Monogramm „EA" der Stifterin zu sehen. Das zur Schleife geschlungene Band für die Ordensdamen war hellblau mit roten Rändern. Es wurde auf der linken Brustseite getragen.

Der Seidenrips des Schleifenbandes am Exemplar aus Ingolstadt war ursprünglich in kräftigem Hellblau mit roten Rändern gehalten, es ist durch Lichteinwirkung auf der Schauseite stark verblasst.

Daniel Hohrath

C3.18
Carl Theodor vor dem Apollotempel in Schwetzingen

Johann Peter Hoffmeister, um 1770
Öl auf Leinwand. H 51 cm, B 35,6 cm
Reiss-Engelhorn-Museen Mannheim, O 293

Auf dem Gemälde ist Carl Theodor vermeintlich ‚leger' dargestellt: in blauem Samtanzug mit Weste, knielanger Jacke und Kniehose, an einen Sessel gelehnt und mit einer Hand in der Hosentasche. Auf den zweiten Blick werden dennoch die notwendigen Insignien seiner (kur)fürstlichen Würde deutlich: Im Halbdunkel sind auf einem Tisch Kurhut und hermelinbesetzter roter Mantel zu erkennen; die zwei Säulen, der geraffte Baldachin in Purpur und der rot bezogene Sessel sind Elemente eines Herrscherthrons. Der blaue Hausanzug beißt sich damit nicht, da Herrscher des Spätbarocks durchaus im blauen Hausmantel Gäste empfingen. Am Schärpenband sind der Bruststern des Hubertusordens und der Pfälzer Löwenorden angebracht.

Sicher nicht zufällig ist im Hintergrund der Apollotempel des Schwetzinger Schlossgartens dargestellt. In höfischen Bildprogrammen des Barock spielte Apoll eine wichtige Rolle, war er doch der Gott der Wissenschaften, der Künste und der Musik. Der Hofarchitekt Nicolas de Pigage hatte im Schlosspark Schwetzingen um 1762 einen Rundtempel errichtet für eine Apollostatue des Hofbildhauers Anton von Verschaffelt. Darüber hinaus wird mit dem Schwetzinger Najadenbrunnen, ebenfalls ein Werk von Verschaffelt, auf die Quelle am Fuß des Musenbergs Parnass angespielt. Vor ihr ist auf dem Gemälde das Heckentheater gezeigt. Am 25. Juni 1775 wurde dieses zum ersten und einzigen Mal mit der Oper *L'Arcadia conservata* von Niccolò Jommelli und Ignaz Holzbauer zu Ehren des soeben von schwerer Krankheit genesenen Kurfürsten bespielt.

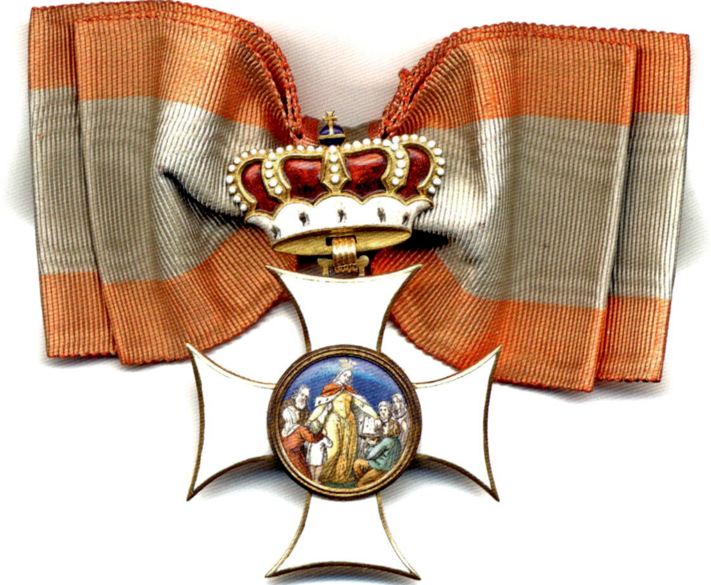

1769 hatte Johann Peter Hoffmeister für Karl Heinrich von Sickingen genau dieses Thema, Carl Theodor als zweiter Apoll, in einem großformatigen Bild dargestellt, nachdem jener 1768 als kurpfälzischer Gesandter nach Paris kam. Das hier gezeigte Gemälde ist eine Kopie von Hoffmeisters Bild von 1769. Für wen es gedacht war, ist unbekannt. Eine zweite kleinformatige Version, heute im Schloss Schwetzingen, schuf er 1770 für die langjährige Mätresse Carl Theodors, Gräfin Heydeck. Ab etwa 1760 wollte Carl Theodor durch die Förderung der Künste seine politische Machtlosigkeit ausgleichen. Alle diese Bilder, ebenso ein Kupferstich von Joseph Fratrel, sind wohl so zu interpretieren, dass sich der außenpolitisch unglücklich agierende Kurfürst als Förderer der Wissenschaften, Künste und Musik sowie als Musenfürst und zweiter Apoll dargestellt sehen wollte.

Irmgard Siede

Literatur

Roland 1956 · Ausst.-Kat. Mannheim 1999, S. 70, Nr. 2.2.1 und S. 137 · Ausst.-Kat. Mannheim 2011, S. 162, Kat.-Nr. 79, S. 241

C3.17a

C3.19 a/b

Porträtstatuetten des Kurfürsten Carl Theodor und der Kurfürstin Elisabeth Auguste

Peter Anton von Verschaffelt, 1756–1758
gebrannter Pfeifenton. H 62 cm
Reiss-Engelhorn-Museen Mannheim, U 97 und U 98

Bei den Statuetten handelt es sich um Modelle für die Marmorstandbilder von Kurfürst Carl Theodor und dessen Gemahlin Elisabeth Auguste im Mannheimer Schloss, die dort in den Nischen des Rittersaals aufgestellt sind.

1752 berief Carl Theodor den aus Gent stammenden Peter Anton von Verschaffelt als Nachfolger für den verstorbenen Paul Egell (1691–1752) zum kurpfälzischen Hofbildhauer. Verschaffelt, ein Schüler des Franzosen Edme Bouchardon (1698–1762) in Paris, hatte sich von 1737 bis 1751 in Rom aufgehalten, wo er zeitweise Bildhauer von Papst Benedikt XIV. war. Bis zu seinem Tod stand er dann im Dienst Carl Theodors, für den er den größten Teil der Skulpturen im Schwetzinger Schlossgarten schuf.

In Mannheim entstanden nach seinen beiden Tonmodellen, von denen sich eine weitere Version im Historischen Museum der Pfalz in Speyer befindet (HM 1935/33 II), in den Jahren 1758 bis 1760 die bereits genannten Marmorskulpturen. Für die Jesuitenkirche in Mannheim gestaltete er, noch nach dem Entwurf Paul Egells, den Hochaltar, dessen Hauptfiguren aber in Gips ausgeführt werden mussten, nachdem der dafür vorgesehene Marmor für die Standbilder des Kurfürstenpaares verwendet worden war.

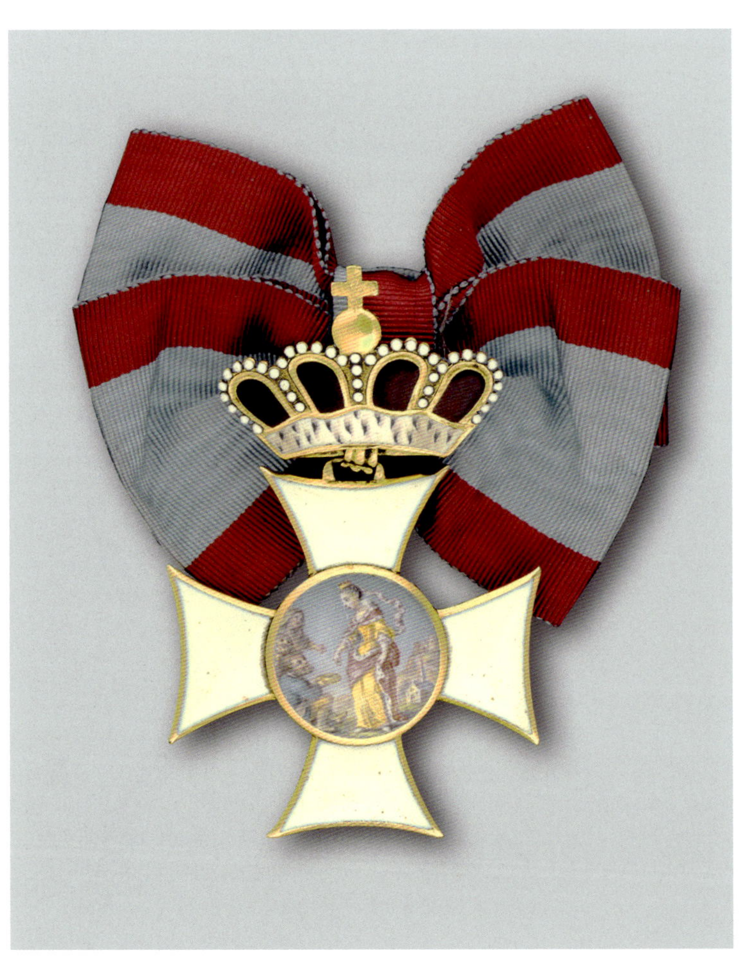

C3.17b

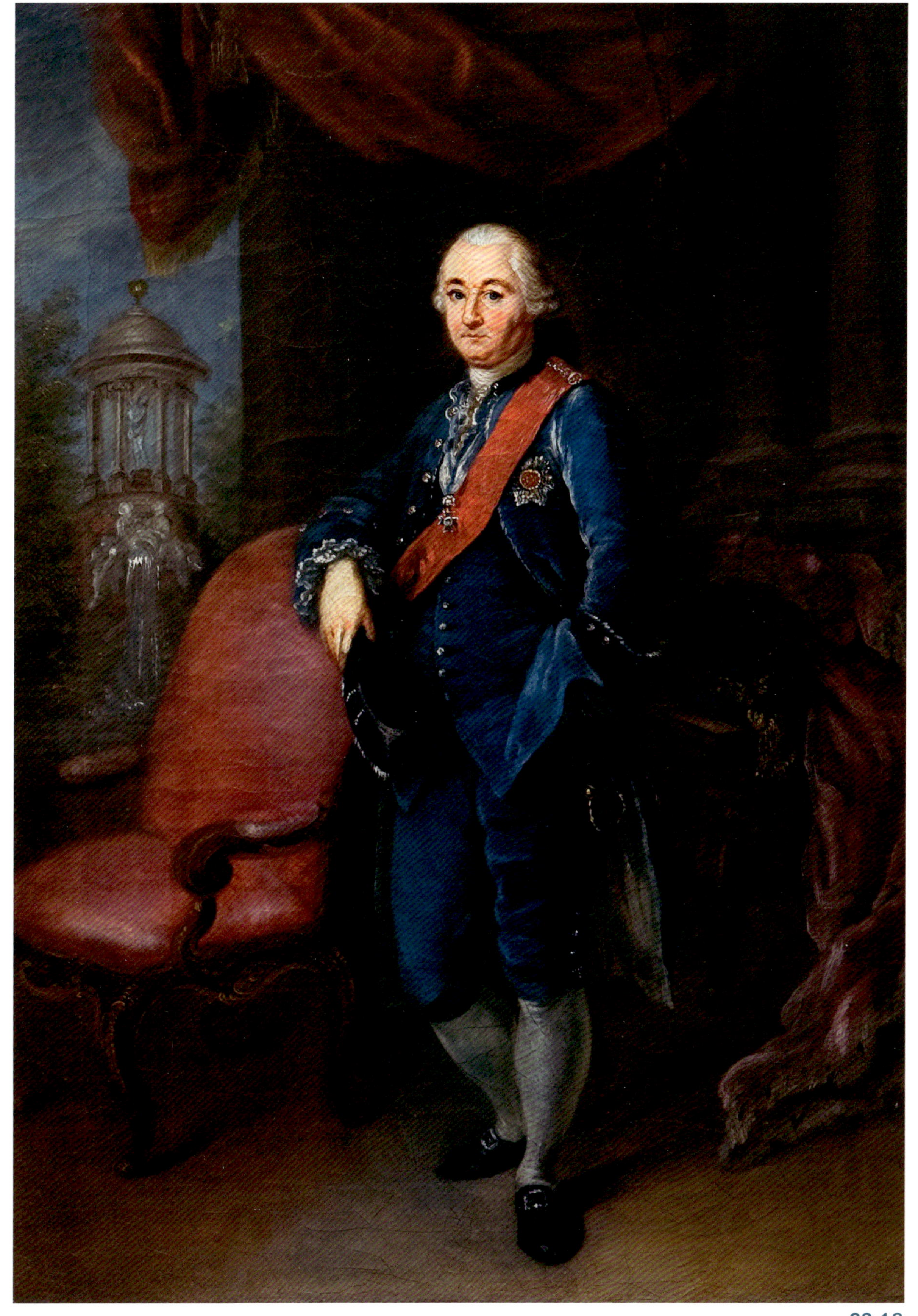

C3.18

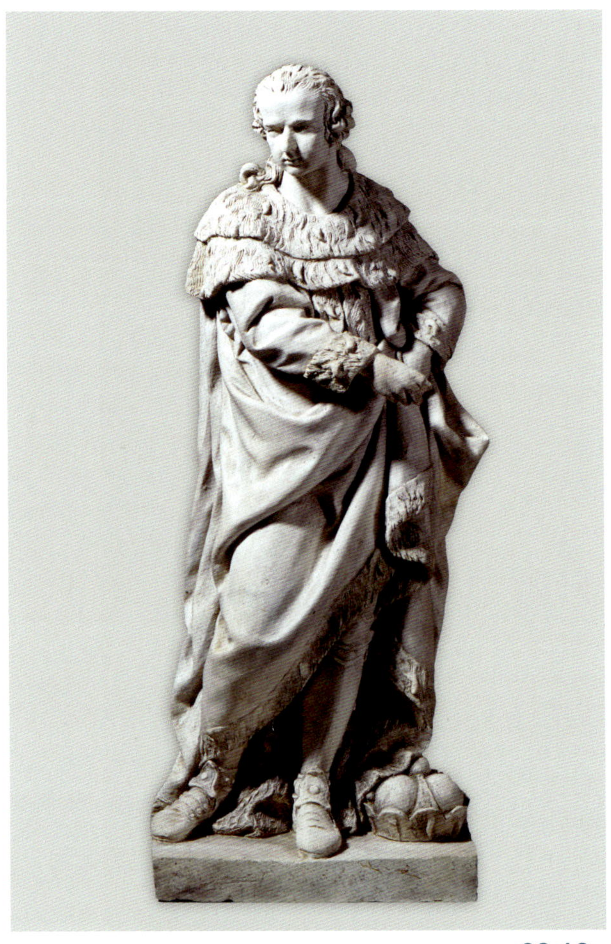

C3.19a

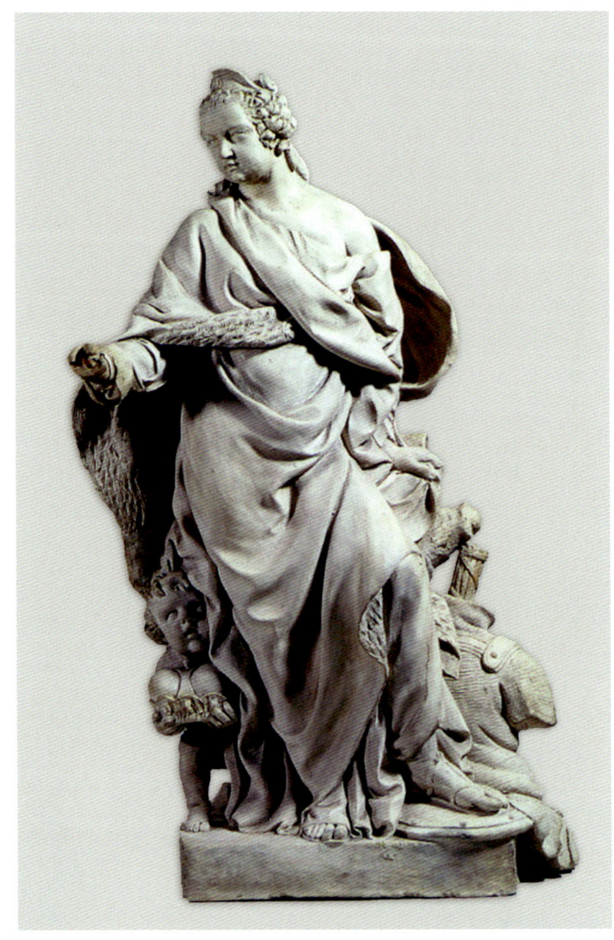

C3.19b

Erhalten hat sich auch an der Fassade des Mannheimer Schlosses das 1756 fertiggestellte Giebelrelief an der Eingangsfront zum Bibliotheksbau mit der Allegorie der Förderung der Künste, Wissenschaften und Wirtschaft unter der Regierung Carl Theodors. Verschaffelt, der auch als Architekt tätig war, wurde 1758 von Carl Theodor außerdem zum Direktor der durch ihn initiierten Zeichnungsakademie ernannt, die damit zu den ersten deutschen Akademien zählte.

Die beiden Tonmodelle oder Bozzetti, wohl bereits kurz nach der Auftragserteilung 1755 entstanden, zeigen den Kurfürsten im Kürass, in einen weiten Mantel mit Hermelinbesatz gehüllt und im Kontrapost auf einer Plinthe stehend, auf der zu seinen Füßen der Kurhut liegt. Während Rüstung und der (bei dem Modell verlorene) Kommandostab in der Rechten auf seinen militärischen Rang als Feldherr verweisen, zeichnen ihn der hermelinverbrämte Umhang sowie der Kurhut als weltlichen Herrscher aus. Im Gegensatz zur fertigen Statue gibt die Statuette Carl Theodor jugendlicher wieder, im Modell trägt er auch nicht die Kette des pfälzischen Hubertusordens, dessen Großmeister er war.

Die Kurfürstin ist hingegen als Pax, als Friedensbringerin, konzipiert; sie hält in ihrer Rechten einen (beim Modell nicht mehr vorhandenen) Olivenzweig. Unter dem hermelingefütterten Mantel ist sie *à l'antique* mit einer Tunika sowie Sandalen bekleidet, im Haar trägt sie ein Diadem. Die Statuette erscheint als Pendant zu der des Kurfürsten in seitenverkehrtem Kontrapost, wobei sie in der Hüfte weiter ausschwingt und dadurch insgesamt dynamischer als diejenige Carl Theodors wirkt. Der Fuß ihres linken Spielbeins ruht auf einem Schild, dahinter sind Rüstungselemente wie ein Brustpanzer und Faszienbündel zu erkennen. Zu ihrer Rechten kauert ein Knabe, der in beiden Händen den Kurhut hält.

Verschaffelt könnte sich für seine Figuren an den Marmorstatuen von Julius Caesar bzw. Ludwig XV. als Jupiter und dessen Gemahlin Marie Lesczynska als Juno orientiert haben. Diese stammen von den Bildhauerbrüdern Nicolas (1658–1733) und Guillaume Coustou (1677–1746) und befinden sich heute im Louvre. Es ist sehr wahrscheinlich, dass Verschaffelt seine beiden Modelle nicht nur als Probe für sich verwendete, sondern sie auch dem Herrscherpaar zeigte, um ihm vor der Ausführung eine Vorstellung von der Konzeption zu vermitteln.

Andreas Krock

Literatur

Hofmann 1982 · Ausst.-Kat. Paris/New York/Stockholm 2003/2004, S. 123–126, Kat.-Nr. 53

C3.20

Kurpfälzische Medaillensuite („Schaeffersche Suite")

Wiegand und Anton Schaeffer, Ausführung der 30 Bildnismedaillen in originaler Kassette mit Ledereinband und aufgeprägtem kurpfälzischen Wappen
Mannheim, 1758
Bronze (Medaillen), Holz, Leder, Messing, Samt (Kassette).
Dm Medaillen 3,9 cm, G ca. 25 g. L (Kassette) 28 cm, B 24 cm
Reiss-Engelhorn-Museen Mannheim, ohne Inv.-Nr.

Die Serie von 30 Medaillen zeigt sämtliche 26 regierenden wittelsbachischen Pfalzgrafen und Kurfürsten von der Pfalz von Ludwig I. (1214–1228) bis Carl Theodor (1742–1799) sowie die vier Administratoren zwischen 1436 und 1635. Auf dem Avers ist stets ein Herrscherporträt in Hochrelief mit Namens- und Titelumschrift zu sehen. Der Revers bietet neben einer Ordinalzahl weitere Informationen zu Lebensdaten, besonderen Verdiensten sowie familiären Bezügen. Die Administratoren erhielten die Ordinalzahl ihrer Mündel, für die sie kommissarisch die Regentschaft ausübten. Den Abschluss der Serie bildet die Medaille Carl Theodors, der sich durch die Legende „HAEC NUMISMATA CUDI IUSSIT" als Auftraggeber zu erkennen gibt. Zugleich wird das Prägejahr 1758 aufgeführt und der Münzmeister und Graveur „A(nton) SCHAEFFER" (1722–1799) als Schöpfer genannt. Dessen Kürzel S findet sich auf jeder Porträtseite, zumeist unterhalb des Arms. Das Signet entspricht damit auch dem seines Vaters und Hofmedailleurs Wiegand Schaeffer (1687–1758). Dies gab zu Spekulationen Anlass, ob nicht mindestens ein Teil der Medaillen von Wiegand geschaffen wurden. Denn bereits unter Kurfürst Carl Philipp (1716–1742) wurde der Entschluss zur Herstellung einer Medaillensuite gefasst und damit ursprünglich wohl der aus Kopenhagen stammende Künstler beauftragt. Wegen der Inschriftentexte kam es jedoch offenbar zu Unterbrechungen bzw. Verzögerungen.

Mit der Abfassung der Textlegenden wurde schließlich kein geringerer als Johann Daniel Schöpflin (1694–1771) beauftragt. Der Professor für Geschichte an der Universität Straßburg galt als einer der bedeutendsten Gelehrten seiner Zeit und war Mitbegründer und Ehrenpräsident der Kurpfälzischen Akademie der Wissenschaften. Seine geschliffene Latinität ist mitunter nicht frei von spitzfindig doppeldeutigen Formulierungen, die nur dem Kenner auffallen, stets aber das regierende Herrscherhaus auf das höchste loben und vor allem das zwischen Bayern und der Pfalz strittige Reichsvikariat immer wieder betonen.

Die Medaillen sind in einer mit Leder überzogenen Holzkassette mit Messingschließen verwahrt. Der mit türkisfarbigem Samt ausgeschla-

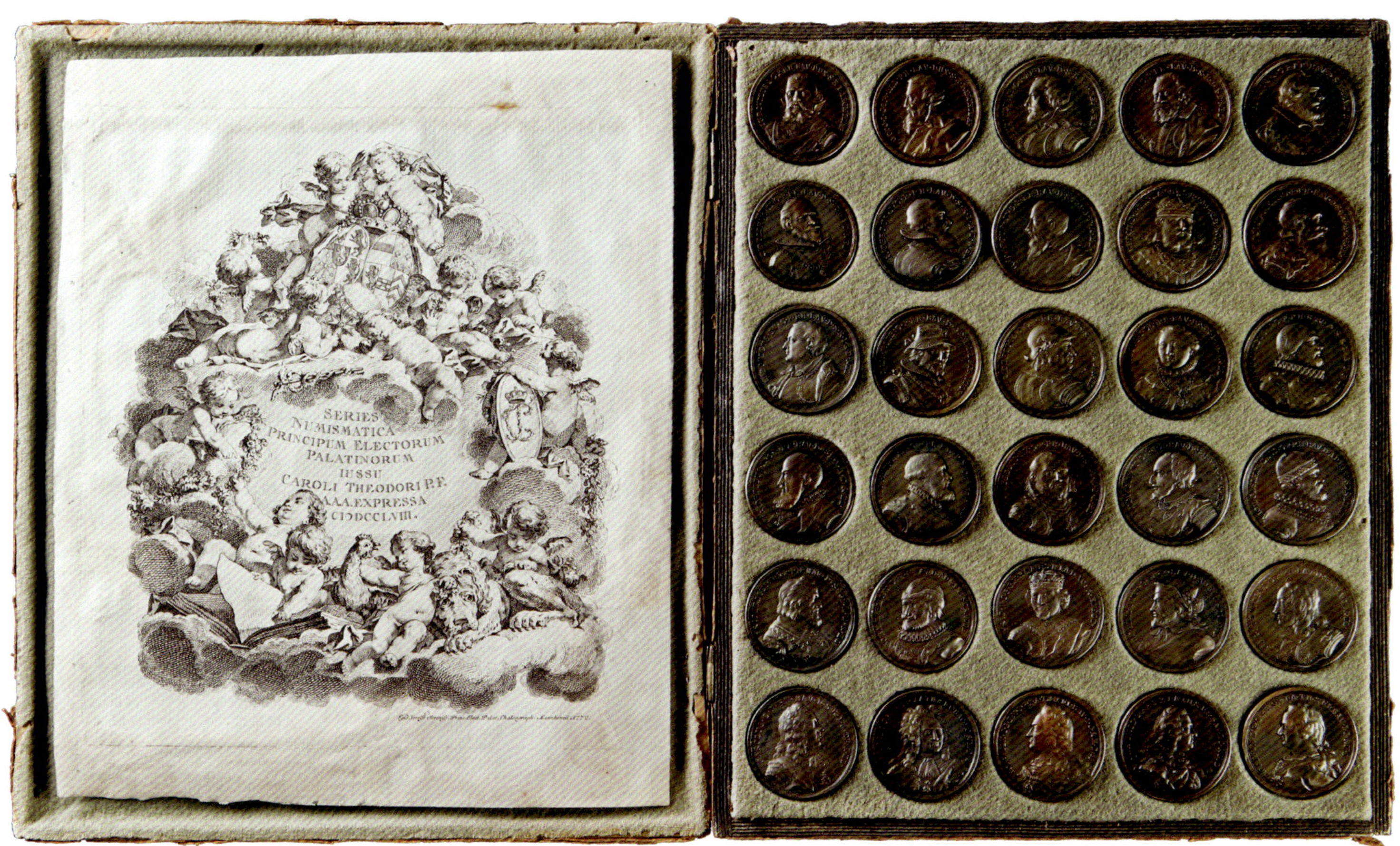

C3.20

gene Boden wurde mit sechs Reihen zu je fünf Vertiefungen versehen.

Derartige Medaillensuiten dienten als Geschenke an hochrangige Gäste, Gesandte und treue Gefolgsleute, wobei die Ausführung in Gold, Silber, Bronze oder Zinn den Rang des Beschenkten widerspiegelte. Besonders in der Barockzeit waren sie ein beliebtes Mittel, die eigene Herrschaft zu inszenieren, zugleich aber auch Rangstellung und lange Tradition des eigenen Hauses im Reichsverbund zu betonen.

Ulrich Nieß

Literatur

Exter 1988 · Goetze/Roggenkamp 1980 · Nieß/Pimpl 2012, S. 76–83 · Schulzki 1996 · Ausst.-Kat. Mannheim 1999, Bd. I, S. 283; Bd. II, S. 445 · Stemper 1997 · Voss 1996

C3.21

Widmungsblatt für Herzog Karl II. August von Zweibrücken mit dem Bildnis von Kurfürst Carl Theodor

Egid Verhelst, 1790
Radierung und Punktiermanier, koloriert. H 23 cm, B 18 cm
Reiss-Engelhorn-Museen Mannheim, G Cd 46c, k

Im 18. Jahrhundert wurden Kupferstecher mit Aufträgen für Porträtgraphiken und Reklameblätter ganz bewusst für die politische Propaganda eingesetzt. Mit diesen Darstellungen wurde von Fürstenseite versucht, auf die überwiegend bürgerlichen Abnehmer gezielt einzuwirken und zu einer positiven Meinungsbildung beizutragen.

Aus den neunziger Jahren des 18. Jahrhunderts existieren von Mannheimer Künstlern vor allem einige schlichte graphische Bildnisse des Kurfürsten Carl Theodor, die ihn als volksnahen Regenten im Uniformrock des Pfälzer Leibregimentes wiedergeben. Alle diese Porträts weisen mehr oder weniger Übereinstimmungen mit dem bekannten Halbfigurenbildnis auf, das Pompeo Batoni (1708–1787) 1774 während der Romreise Carl Theodors 1774/75 gemalt hatte (Bayerische Staatsgemäldesammlungen, Inv.-Nr. 2493).

Egid Verhelst stach 1790 ein entsprechendes Widmungsblatt mit dem Porträt Carl Theodors für Karl II. August Herzog von Zweibrücken (1746–1795). Das Porträt erscheint in einem einfachen ovalen Rahmen, der von einem Kurhut bekrönt wird. Darunter befindet sich zwischen dem Widmungstext eine allegorische Szene: Drei Grazien haben sich um einen Säulenstumpf auf einem Postament mit dem kurpfalz-bayerischen Wappen versammelt. Sie bringen Kränze aus Blumen, Lorbeer und Eichenlaub dar und halten die Ordensketten vom Goldenen Vlies und dem Hubertusorden in ihren Händen. Die Ordenskette des pfälzischen Löwenordens wird von einem Putto links hinter dem kurpfälzischen Wappentier präsentiert. Die beiden Wasserurnen am Boden links und rechts symbolisieren die Flüsse Rhein und Neckar.

Andreas Krock

Literatur

Krock 1999

C3.22

Widmungsblatt für Herzogin Marie Amalie von Zweibrücken mit dem Bildnis von Kurfürstin Elisabeth Auguste

Egid Verhelst, vor 1789
Radierung und Punktiermanier, koloriert. H 23 cm, B 18 cm
Reiss-Engelhorn-Museen Mannheim, G Cd 68a, k

Auch nach Carl Theodors Regierungsantritt in Bayern und der Trennung von Elisabeth Auguste, die 1781 endgültig in die Kurpfalz zurückkehrte, erschienen von beiden regelmäßig graphische Porträts. Diese Bildnisse weisen in der Komposition oft große Übereinstimmungen auf und waren meist als Pendants konzipiert. Der propagandistische Aspekt dieser Porträtgraphiken ist ebenfalls von Bedeutung, da mit ihnen die enge Verbundenheit des Kurfürstenpaares weiterhin demonstriert werden sollte, die zu diesem Zeitpunkt jedoch nicht mehr bestand.

Das Porträt Elisabeth Augustes von Egid Verhelst, das Marie Amalie Herzogin von Zweibrücken (1757–1831) gewidmet ist, geht auf das Gemälde eines unbekannten Künstlers (heute im Stadtmuseum München, 3723) zurück. Die Einfassung des Bildnisses und die Allegorie darunter, die sich auf Minerva als Beschützerin Pfalzbayerns bezieht, entsprechen in Form und Anordnung dem Widmungsblatt mit dem Bildnis Carl Theodors von 1790. Das Porträt der Kurfürstin muss jedoch vor diesem entstanden sein, da Verhelst es noch nicht als Akademieprofessor signierte, wozu er 1789 ernannt worden war.

Die Frisur der Kurfürstin wird zum größten Teil durch einen kapuzenartigen Schleier aus reicher Spitze verdeckt, der über ihrer Brust geknotet ist. Außer dem Katharinen- und dem Elisabethorden, die links an ihrem Kleid befestigt sind, trägt sie an einer Halskette ein Medaillon mit der Silhouette Carl Theodors. Im Gegensatz zum gemalten Vorbild hält sie jedoch kein Buch, sondern einen Fächer in ihrer Hand, der durch den Ovalrahmen links angeschnitten wird.

Andreas Krock

Literatur

Krock 1999

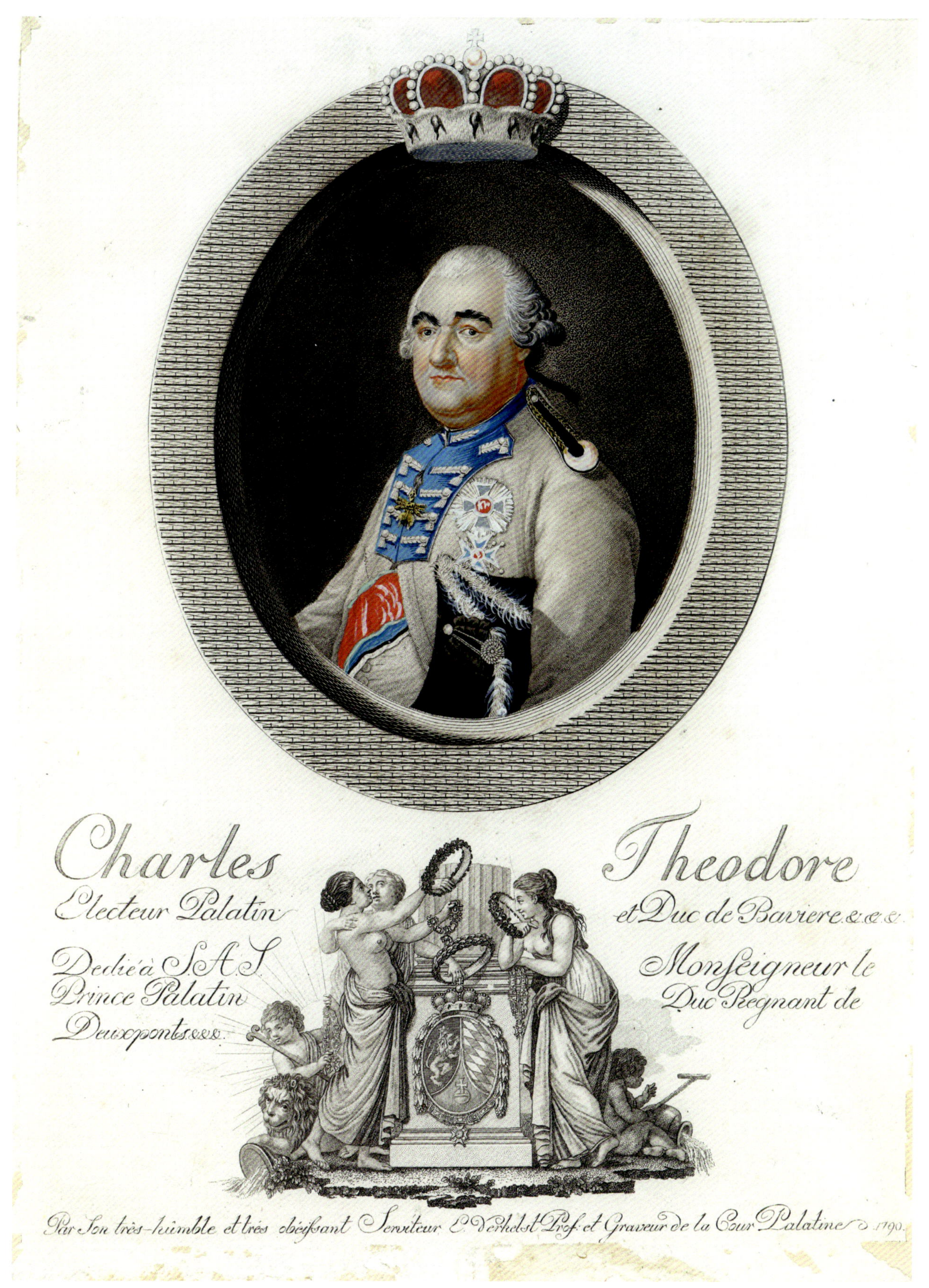
Charles Theodore
Electeur Palatin et Duc de Baviere &c. &c. &c.
Dedié à S.A.S. Monseigneur le Prince Palatin Duc Regnant de Deuxponts &c. &c. &c.
Par Son très-humble et très obéissant Serviteur E. Verhelst Prof. et Graveur de la Cour Palatine 1790.

C3.21

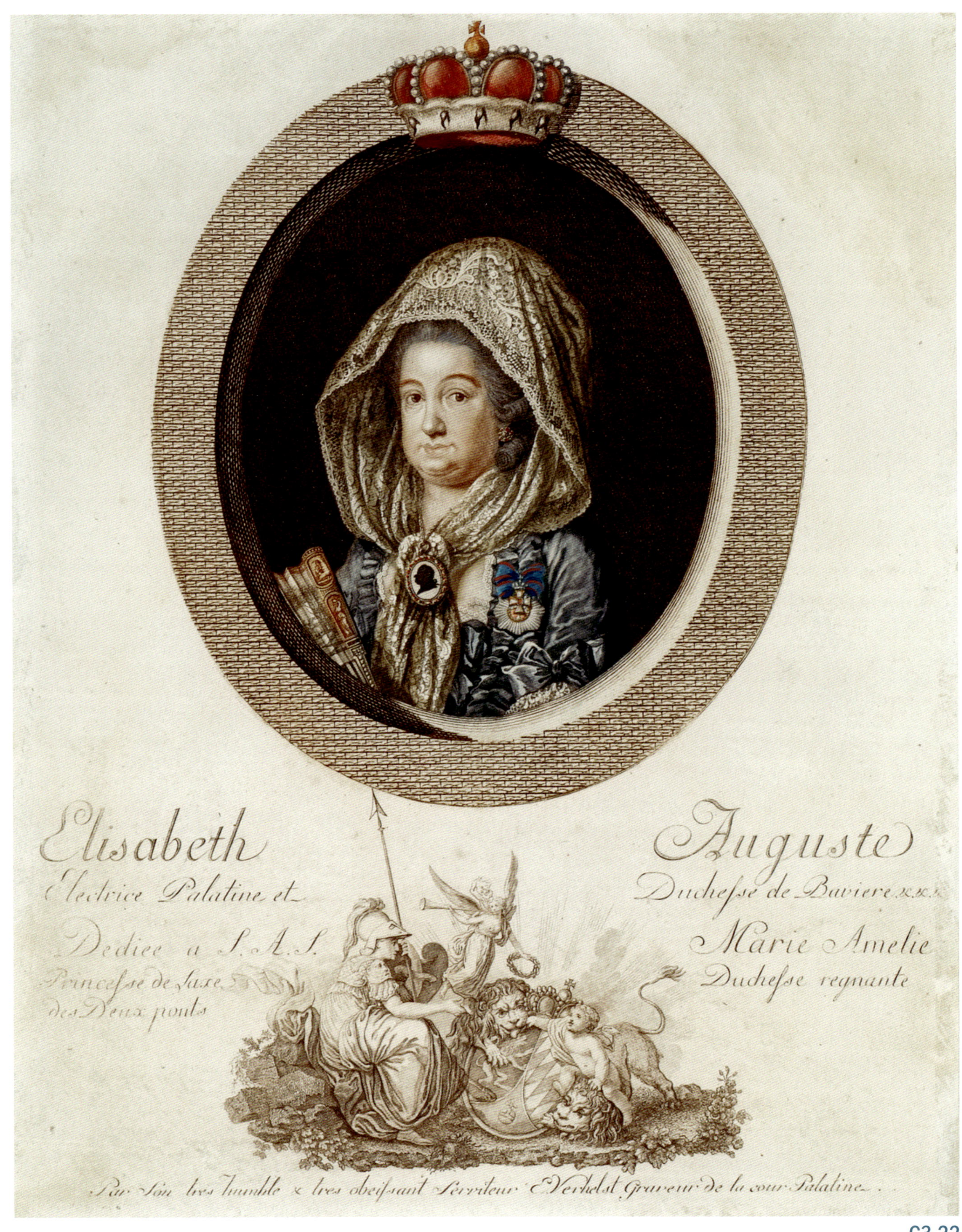
Elisabeth Auguste
Electrice Palatine et Ducheſse de Baviere &c. &c.
Dediee a S.A.S. Marie Amelie
Princeſse de Saxe Ducheſse regnante
des Deux ponts
Par Son tres humble & tres obeiſsant Serviteur E. Verhelst Graveur de la cour Palatine.

C3.22

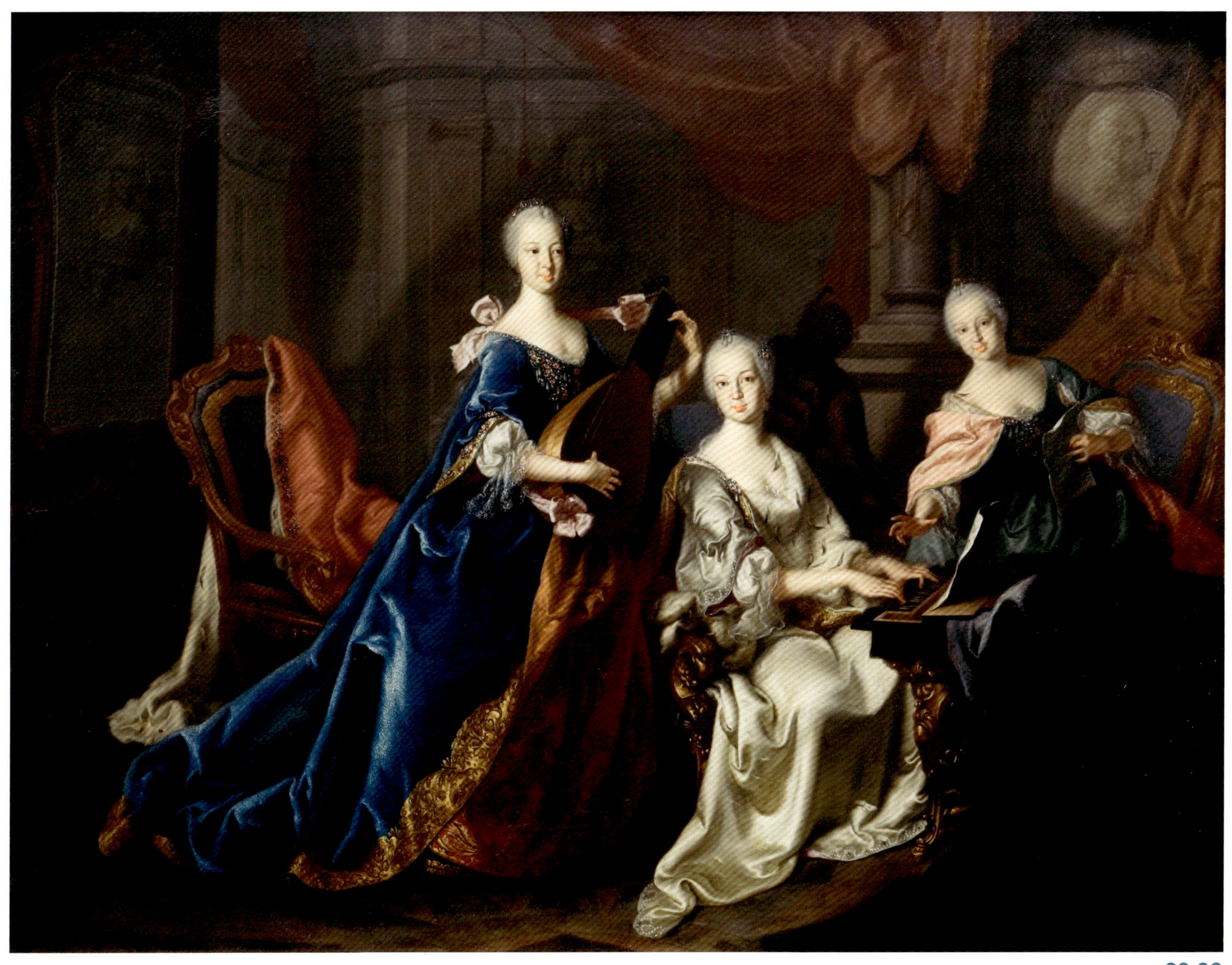

C3.23

C3.23
Elisabeth Auguste (1721–1794) musiziert mit ihren beiden Schwestern

Jan Philips van der Schlichten, um 1745
Öl auf Birnholz. H 40,8 cm, B 52,2 cm,
mit Rahmen: H 51,8 cm, B 63,2 cm
Reiss-Engelhorn-Museen Mannheim, RMM 1966/2

Bestimmend auf dem Gemälde sind die Dreiergruppen: Drei Damen, drei Instrumente, drei Farben, drei Herren, verbildlicht in drei Darstellungsmodi. Vordergründig scheint die Triomusik das Thema des kleinformatigen Bildes zu sein: Eine Clavichord Spielende begleitet eine Sängerin und eine Lautenspielerin. Kammermusik kam im 18. Jahrhundert am Mannheimer Hof in der Tat häufiger zur Darstellung. So zeigt zum Beispiel der Plafond eines Frankenthaler Tellers von 1777 drei Musizierende, eine Frankenthaler Porzellanskulptur von 1760 das Flötenspiel mit zwei Personen oder das Gemälde von Heinrich Carl Brandt Carl Theodor mit der Traversflöte.

Eigentlich steht aber die Darstellung der drei Schwestern, die der Maler in Form eines am Mannheimer Hof äußerst seltenen Gruppenbildnisses festhielt, im Mittelpunkt des Bildes, weshalb zwei der Dargestellten ihre Blicke auf den Betrachter richten. Bei näherem Studium handelt es sich um ein Herrscherbild. Darauf deutet der um die Säule gewickelte Vorhang, aber auch der Diener im Hintergrund. Das Motiv der Dienerfigur sollte in Mannheim ein Nachleben haben: 1763 fügte Johann-Christian von Mannlich solch einen Mohren als knienden Die-

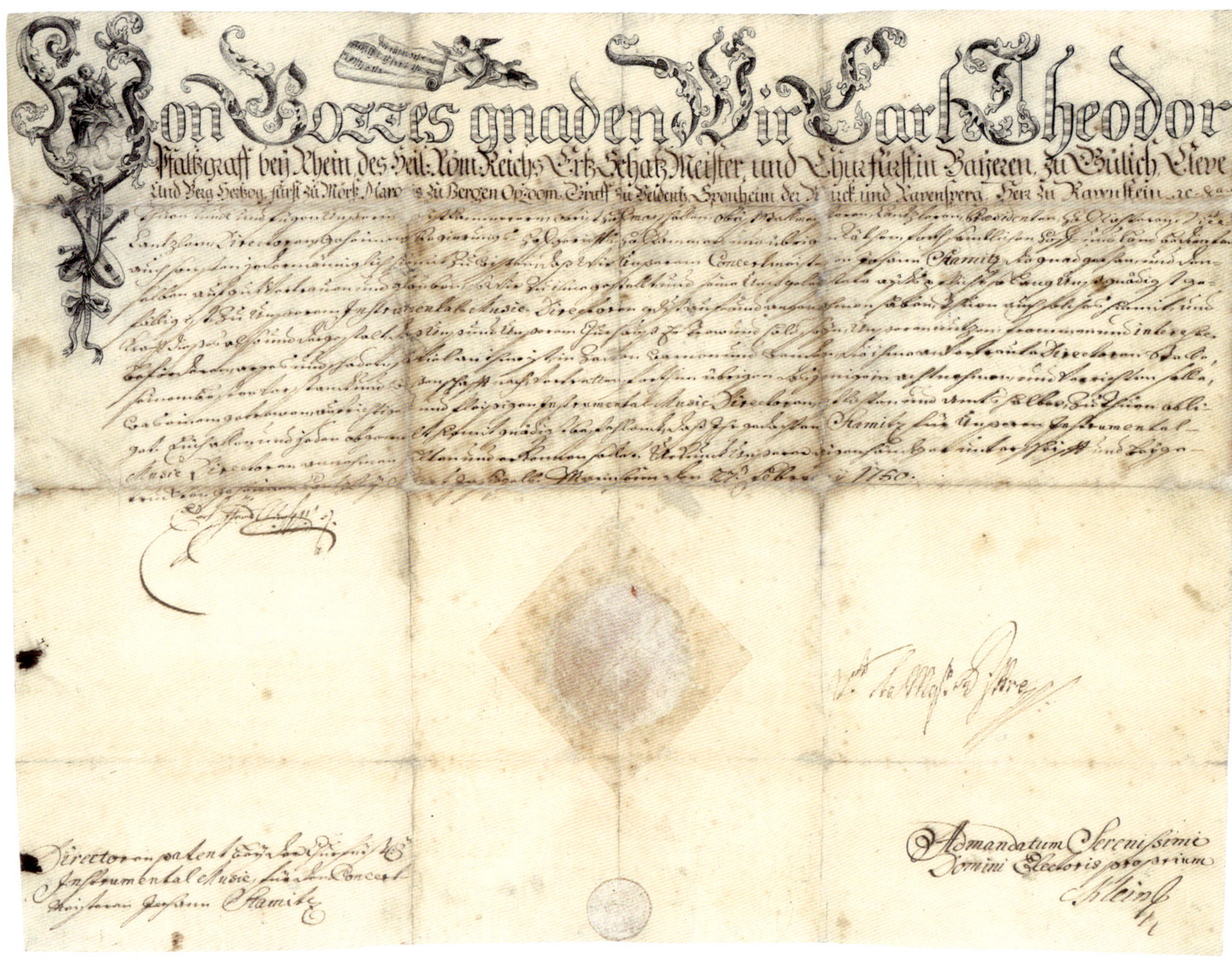
Von Gottes gnaden Wir Carl Theodor
Pfaltzgraff bey Rhein des Heil. Röm. Reichs Ertz Schatz Meister, und Churfürst in Baiern, zu Gülich Cleve

C3.24

ner seinem Porträt des Prinzen Max Joseph bei, was 1764 von Johann Peter Hoffmeister inklusive des Dieners kopiert wurde. Die Dame am Clavichord ist Elisabeth Auguste (1721–1794), die Carl Theodor am 17. Januar 1742 geheiratet hatte. Das vom Kurhut bekrönte Reliefbildnis im Hintergrund zeigt den Fürsten im Profil. Im blauen Kleid links ist Herzogin Maria Anna von Bayern (1722–1790) zu erkennen und gegenüber Pfalzgräfin Maria Anna von Sulzbach (1724–1794). Die Büste hinter Maria Anna in der Wandnische zeigt ihren Gemahl Herzog Clemens August von Bayern, während der zukünftige Gatte von Maria Franziska, Pfalzgraf Friedrich Michael von Birkenfeld-Zweibrücken (1724–1767), nur durch einen Kunstgriff ihr zugeordnet werden kann: Er erscheint im Spiegel, muß also auch an der Wand hinter der Dame als Bildnis gedacht werden.

Irmgard Siede

Literatur

Ausst.-Kat. Mannheim 1991, S. 254 Nr. 156, Taf. III • Ausst.-Kat. Mannheim 1999, S. 23, Kat.-Nr. 1.3.2, 1.5.4 und Kat.-Nr. 2.3.6 • Ausst.-Kat. Mannheim 2011, S. 128–129, S. 246, Kat.-Nr. 59

C3.24
Direktorenpatent für Johann Stamitz

Mannheim, 27. Februar 1750
Manuskript auf Papier, mit Leinen doubliert, Federzeichnungen. H 37 cm, B 48 cm
München, Bayerisches Hauptstaatsarchiv, Personenselekt. Urk. Stamitz 1750 Febr. 27 (Cart. 420)

Johann Stamitz (1717–1757), ein aus Böhmen stammender Violinist und Komponist, gilt als Begründer der Mannheimer Schule. Vermutlich kam er als reisender Virtuose an den Mannheimer Hof und wurde 1741 oder 1742 als Geiger eingestellt. Bereits im Sommer 1743 ernannte ihn Kurfürst Carl Theodor zum Konzertmeister und mit dem Patent vom 27. Februar 1750 zum kurfürstlichen Instrumentalmusikdirektor. In den Jahren 1750 bis 1753 versah Stamitz darüber hinaus die zweite Hofkapellmeisterstelle. Konzertreisen führten ihn vornehmlich nach Paris, wo er von 1754 bis Herbst 1755 erfolgreich als Dirigent und Solist wirkte.

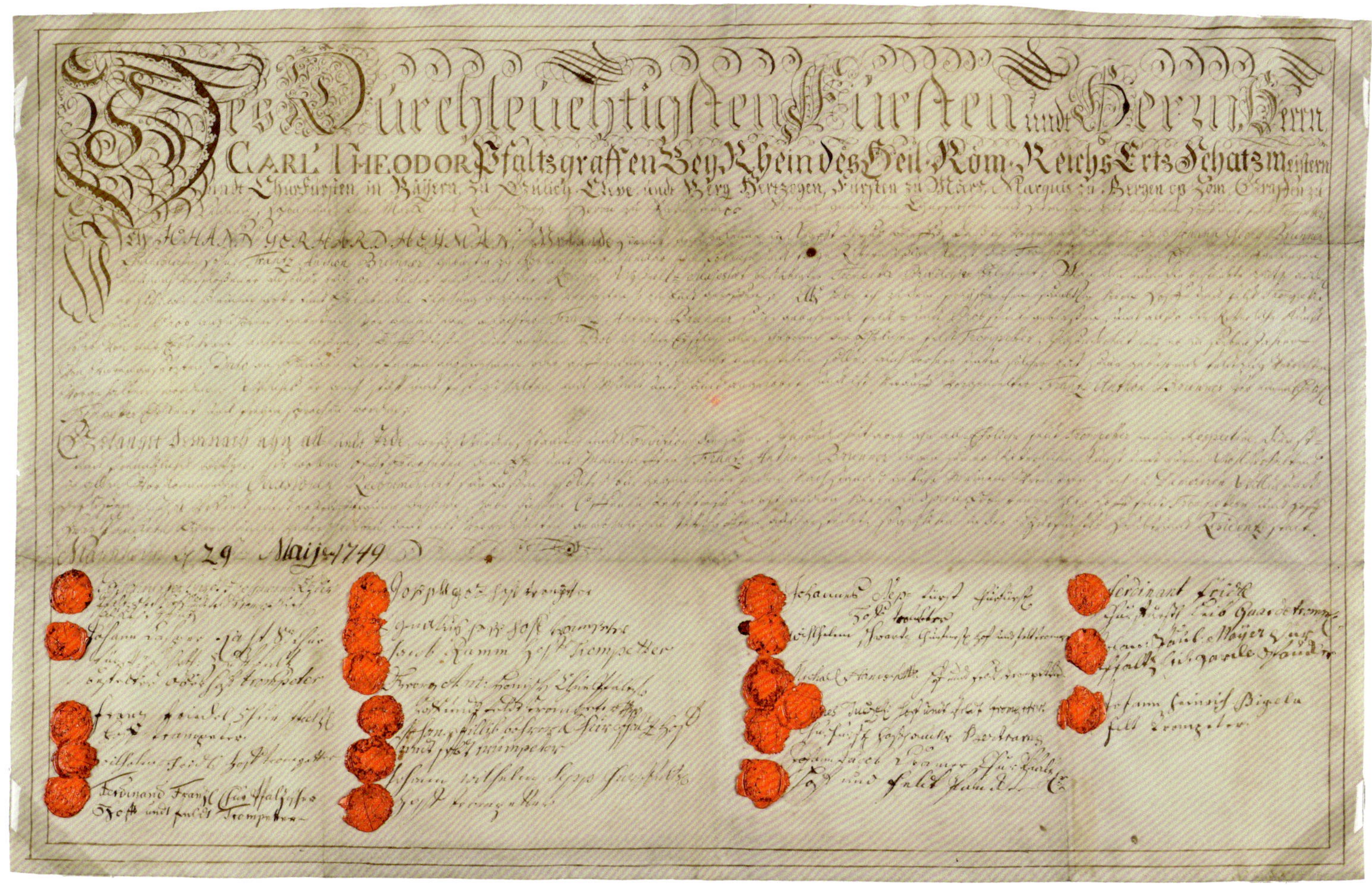

C3.25

In seine Mannheimer Amtszeit fiel die Aufbauphase des Hoforchesters. Neben seiner Tätigkeit als Orchesterleiter und Lehrer setzte Stamitz vor allem als Komponist instrumentaler Werke Maßstäbe. Kompositionsgeschichtliche Bedeutung erlangten insbesondere seine über 60 Sinfonien.

Die Förderung von Instrumental- und Orchestermusik fußte, neben einem hohen Repräsentations- und Distinktionsanspruch, auch auf persönlichen Interessen des Kurfürsten. Mannheim wurde unter Carl Theodor zur führenden Musikmetropole, deren Hofkapelle zu den größten Ensembles europaweit zählte. Die Kapelle wurde von Stamitz' Schüler Christian Cannabich erfolgreich weiter entwickelt. Die eigenhändig von Carl Theodor unterzeichnete Urkunde dokumentiert die hohe Anerkennung, die Stamitz weit über die Kurpfalz hinaus genoss. Es handelt sich darüber hinaus um das bislang einzig bekannte Direktorenpatent im Bereich der Mannheimer Instrumentalmusik. Es besticht durch seine repräsentative Gestaltung mit Tusche- und Federzeichnungen, die unter anderem Instrumente und musizierende Genien darstellen.

Bärbel Pelker

C3.25

Trompeterlehrbrief für Franz Anton Brunner

Mannheim, 29. Mai 1749
Handschrift in brauner Tinte auf Pergament, eigenhändige Unterschriften der 17 Trompeter und drei Pauker am Mannheimer Hof, mit rotem Siegel jeweils links neben dem Namenszug.
H 38,5 cm, B 60 cm
Reiss-Engelhorn-Museen Mannheim, MAV U/G 150, vormals A 1749 Mai 1929

Der Lehrbrief für den Geiger und Trompeter Franz Anton Brunner (vor 1747 – um 1788?) ist vor allem deshalb interessant, weil die am Mannheimer Hof angestellten Hof- und Feldtrompeter und Pauker eigenhändig mit vollem Namen und Titel unterzeichnet haben. Sie gehörten innerhalb des Hofstaates dem Obriststallmeisterstab an und wurden in den Hofkalendern nicht namentlich, sondern summarisch aufgeführt. Einige von ihnen, beispielsweise Johann Gerhard Haymann, Ferdinand

Fränzl, Johann Philipp Bohrer und Johann Wilhelm Sepp wirkten darüber hinaus, ebenso wie Brunner, als Geiger oder Bratscher in der Hofkapelle mit. Ferdinand Fränzl war zusätzlich mit der Rastrierung des Notenpapiers betraut, und Johann Jacob Cramer gehörte zu den wichtigsten Kopisten am Mannheimer Hof.

Trompeten waren hörbares und zugleich sichtbares Zeichen des Herrschers. Sie erklangen üblicherweise bei allen öffentlichen Auftritten des Fürsten einschließlich der öffentlichen Tafel. Ihre Verarbeitung in Material und Verzierung zeigten den Rang des Fürsten – so auch in Mannheim. Der komplette Satz der kostbaren zwölf Silbertrompeten, vielleicht das wertvollste erhaltene Ensemble an Blechblasinstrumenten des 18. Jahrhunderts, ist im Bayerischen Nationalmuseum in München ausgestellt.

Bärbel Pelker

Literatur

Ausst.-Kat. Mannheim 1999, Band 1.2 [Katalog], S. 364, Kat.-Nr. 5.5.38 · bayerisches musikerlexikon online (www.bmlo.lmu.de/b1000), PND 131538403: „Brunner (Bruner), Franz Anton“. Aufgerufen: 10. Juli 2013, 14:37 Uhr

C3.26
Vier Silbertrompeten

Inschrift auf dem Stürzenkranz: D(eo).G(loria)./CAROLUS/THEODOR(us)/COMES/PAL/ATINUS RHENI/SACRI ROMANI/IMPERII/ARCHI/THESAURUS/ET ELECTOR/Anno 1744 (1775)
Nürnberg, Johann Wilhelm Haas bzw. dessen Sohn und Enkel Wolf Wilhelm und Ernst Johann Conrad, 1744 und 1775
Silber, teilweise feuervergoldet, Kordeln und Quasten aus blauen Seiden- und Silberfäden. L ca. 66,4–72 cm
Bayerisches Nationalmuseum München, 47/29, 47/32, 47/35, 47/36

Die sechs Barocktrompeten sind Teil eines insgesamt zwölf Instrumente umfassenden Satzes, der in zwei Phasen von der Werkstatt Haas, einer der bedeutendsten des im Blechblasinstrumentenbau führenden Nürnberg, für den Mannheimer Hof unter Carl Theodor hergestellt wurde. Die ersten fünf wurden 1744 angefertigt, sieben baugleiche folgten 1775. Charakteristisch sind je vier erhabene Cherubsköpfe auf Stürzenkranz und Nodus, die gewunden kannelierten Zwingen und die Einfassung dieser Elemente durch Muschel- bzw. Blütenkränze. Die später erneuerte Umwickelung und der Tragegurt aus silbernen und blauen Kordeln sowie die silbernen Quasten sind nur bei sechs Instrumenten erhalten.

Die Entwicklung der gewundenen Langtrompete im Spätmittelalter setzt die Technik des Biegens von Metallrohren voraus. Seit dieser Zeit hielten sich die Höfe in ganz Europa Trompetenensembles. Sie waren ein wichtiger Bestandteil fürstlicher Repräsentation, besonders zur Ankündigung und Begleitung zeremonieller Auftritte des Fürsten. Ihre Mitgliederzahl war im 18. Jahrhundert an den meisten Höfen geringer als bei dem zwölfköpfigen Trompeterkorps in Mannheim. Einzig der portugiesische Königshof leistete sich mit 20 Trompetern ein noch glanzvolleres Ensemble. Die Bläser wurden immer zusätzlich von Pauken unterstützt. Gemäß ihrer ursprünglich wichtigsten, nämlich der militärischen Funktion als Signaltrompeter im Felde unterstanden sie, wie die ebenfalls von der militärischen in die repräsentative Sphäre gewechselten Lakaien, Vorreiter, Kutscher und Vertreter verwandter Berufe dem Oberststallmeister. Dennoch spielten die fähigsten Trompeter zugleich bei Bedarf in den Hoforchestern. Im berühmten Mannheimer Orchester, das sich aus Musikern aus aller Herren Länder zusammensetzte, spielten böhmische Bläser, die als die besten galten, darunter auch Trompeter. Doch stand im Orchester die Bedeutung der Trompete hinter der des Horns oder der Holzblasinstrumente zurück.

Als Naturtontrompeten gehören die Instrumente musikgeschichtlich dem Generalbasszeitalter an. Chromatisches Spielen in den höheren Lagen, das Clarinspielen, war eine hoch geschätzte Kunst, die schon selten geworden war, bevor sie durch die Entwicklung von Klappen und Ventilen im Trompetenbau ab den 1790er Jahren überflüssig wurde. Die Silbertrompeten stehen folglich nicht für die Fortschrittlichkeit der Mannheimer Schule der Komposition und des Orchesters, wohl aber für die Virtuosität ihrer Interpreten zu einer früheren Zeit.

Sybe Wartena

Literatur

Veit 1992 · Wackernagel 1998, S. 137–144 · Würtz 1992

C3.27
Six Sonates Pour Clavecin Ou Forté Piano/ Avec Accompagnement D'un Violon [...]

Wolfgang Amadeus Mozart
Paris: Sieber, um 1782 (Erstdruck 1778)
Druck. H 21 cm, B 28 cm (Platten)
München, Bayerische Staatsbibliothek, 4 Mus. pr. 27207

Mozart komponierte Anfang 1778 vier zweisätzige Sonaten für Cembalo und Violine (KV 301–303 und KV 305) in Mannheim sowie eine zwei- und eine dreisätzige Sonate (KV 304 und KV 306) in Paris, wohin er anschließend weiterreiste. Wenngleich bereits einige Sonaten unter den Opus-Nummern I bis IV veröffentlicht worden waren, versah Mozart

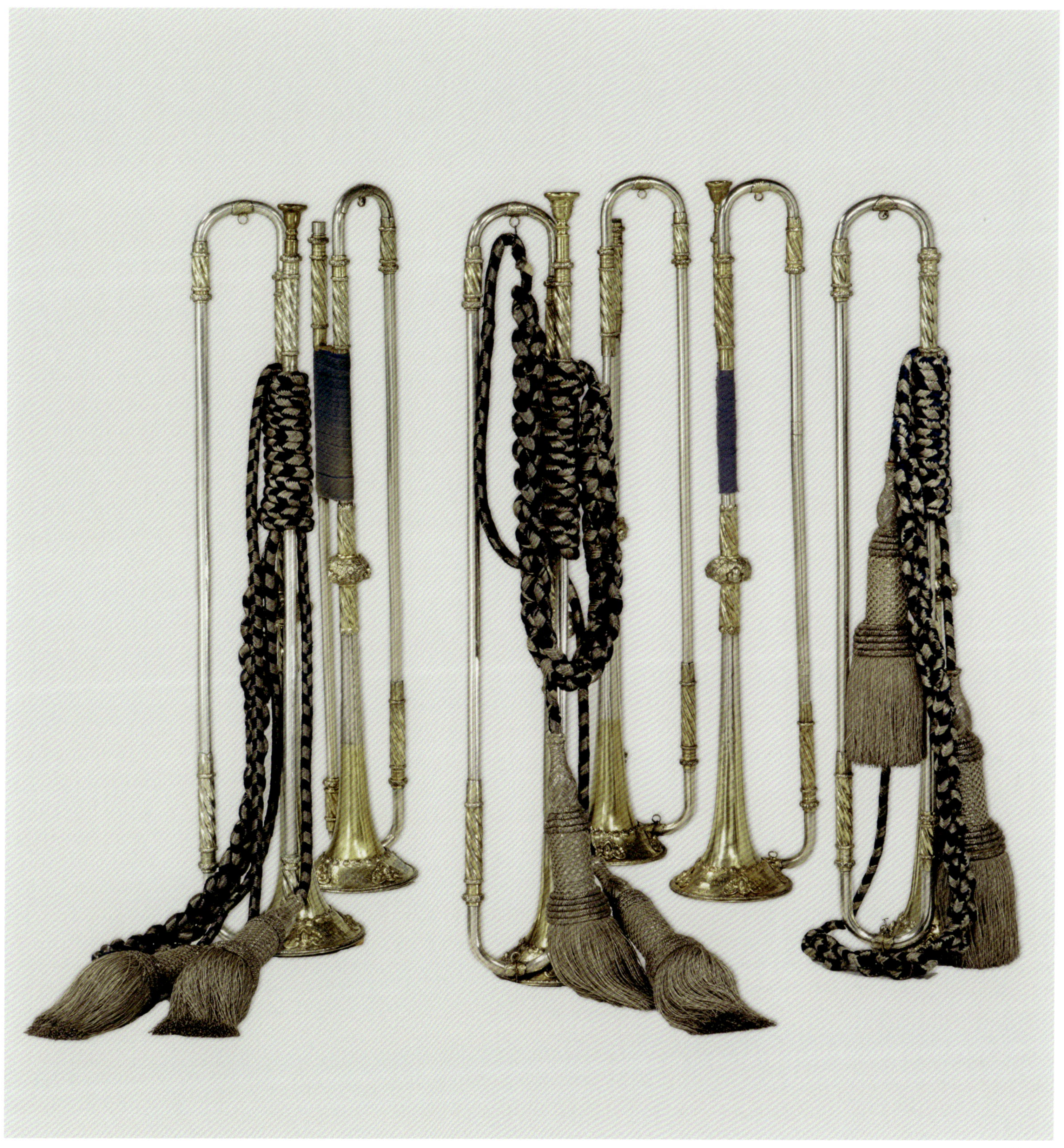

C3.26

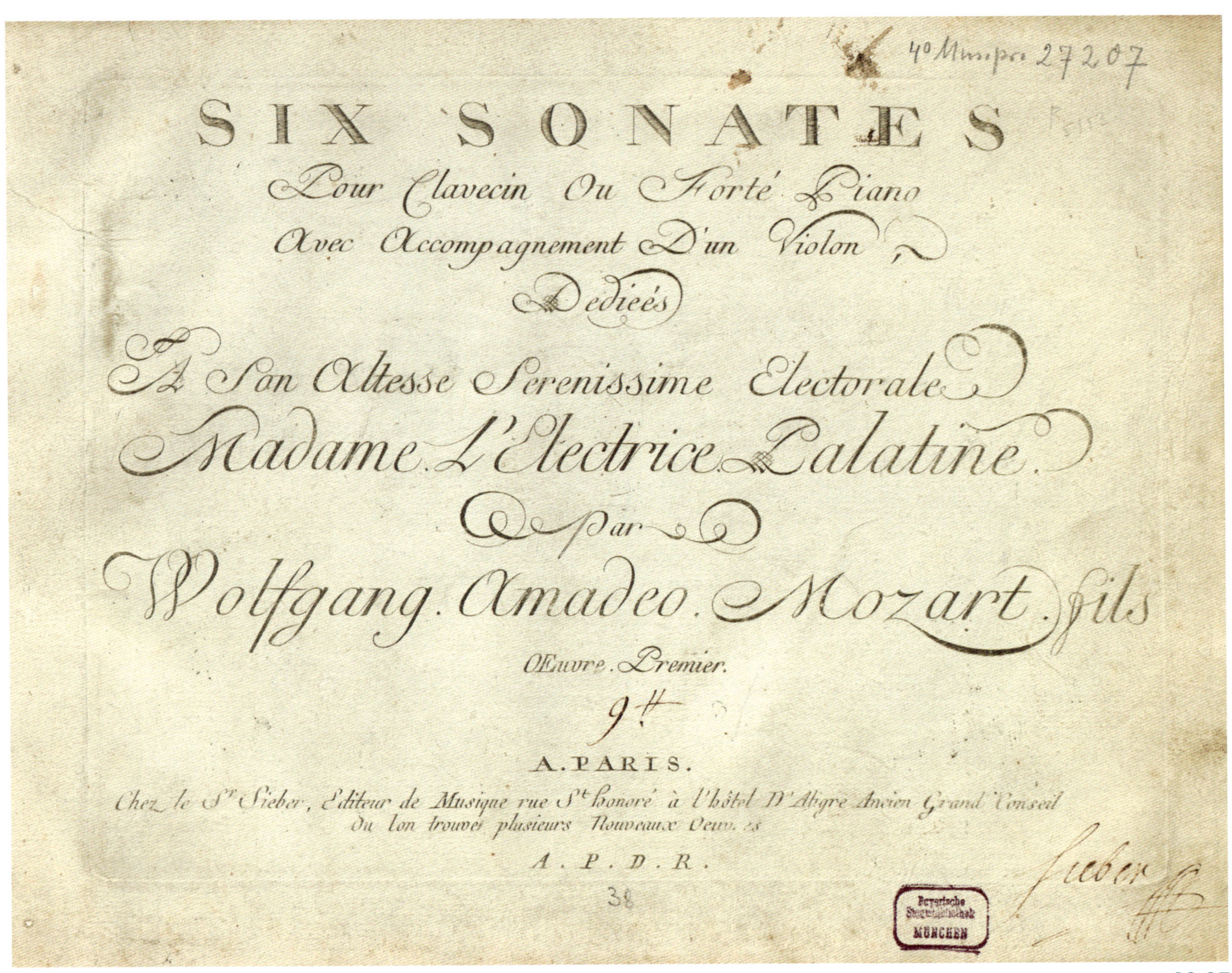

SIX SONATÆS
Pour Clavecin Ou Forté Piano
Avec Accompagnement D'un Violon,
Dediées
A Son Altesse Serenissime Electorale
Madame L'Electrice Palatine.
par
Wolfgang. Amadeo. Mozart. fils
Œuvre. Premier.
9#
A. PARIS.
Chez le Sr. Sieber, Editeur de Musique rue St. honoré à l'hôtel D'Aligre Ancien Grand Conseil
Où l'on trouve plusieurs Nouveaux Oeuvres
A. P. D. R.
Sieber

C3.27

den Druck dieser sechs Werke mit der Bezeichnung „Opus I", handelte es sich doch um sein erstes größeres Verlagswerk. Die Autographen der Sonaten verblieben zunächst in Paris. Mozart selbst hat sie nicht mehr zurück erhalten.

Ein erstes druckfrisches Exemplar überreichte der Komponist am 7. Januar 1779 der Widmungsträgerin Kurfürstin Elisabeth Auguste (1721–1794), Gattin des Kurfürsten Carl Theodor von Pfalz-Bayern in München. Auf einem separaten Widmungsblatt an die Kurfürstin verwendete Mozart erstmals den Begriff der „Mannheimer Schule", verstanden als Kompositions- und nicht allein als Orchesterschule, und unterschied außerdem präzise zwischen *Chapelle* und *école de Manheim*. Im Winter 1777/78 hatte Mozart bei seinem Aufenthalt in Mannheim Gelegenheit, sich ausführlich mit dem Hoforchester und dem von Johann Stamitz, Ignaz Holzbauer, Christian Cannabich und anderen entwickelten Kompositionsstil auseinander zu setzen. Seine Bemühungen um eine Anstellung in Mannheim schlugen zunächst fehl. Die persönliche Widmung an die kunst- und musikliebende Kurfürstin mag ein Dank Mozarts für die Mannheimer Zeit und zugleich ein Versuch gewesen sein, bei Hof in guter Erinnerung zu bleiben. Immerhin erteilte ihm Kurfürst Carl Theodor ein Jahr später den Auftrag, für die Münchener Karnevalssaison 1781 den *Idomeneo* zu komponieren. Die sechs Sonaten mit ihrem Widmungstext sind sowohl ein Schlüsselwerk für das Mozart'sche Oeuvre als auch für die Geschichte der „Mannheimer Schule".

Sabine Witt

C3.28
Deutsche Sprachlehre zum Gebrauche der kurpfälzischen Lande

Johann Jakob Hemmer
Mannheim, mit akademischen Schriften, 1775
Druck auf Papier.
Reiss-Engelhorn-Museen Mannheim, Bibliothek, Mh 204

Johann Jakob Hemmer (1733–1790) studierte Philosophie und Mathematik in Köln. Nach seiner Aufnahme in den Jesuitenorden erfolgte sein zusätzliches Studium der Theologie. 1760 wurde er zum Kurpfälzischen Hofkaplan ernannt, obgleich er unterdessen den Jesuitenorden verlassen hatte. Hemmer war Mitglied der Pfälzischen Akademie der Wissenschaften und wurde 1776 sowohl zum geistlichen Rat als auch zum Aufseher des Physikalischen Kabinetts berufen. Bis ca. 1780 war der Gelehrte zudem Mitglied der *Kurpfälzischen deutschen Gesellschaft*.

Hemmer hatte maßgeblichen Anteil an der Verbreitung der neuen, von Johann Christoph Gottsched (1700–1766) gelehrten deutschen Sprache im Gebiet der Pfalz. In der *Deutschen Sprachlehre* und ebenso in der *Abhandlung über die deutsche Sprache zum Nutzen der Pfalz* (s. Essay Mörz, Abb. 5) von 1769.

In seiner *Abhandlung* tritt Hemmer für die Benutzung der deutschen Sprache im wissenschaftlichen Bereich ein (bisher vom Lateinischen dominiert). Er fordert den Spracherwerb des Deutschen in Elternhaus und Schule vor der Erlernung von Fremdsprachen. Außerdem geißelt er das Kauderwelsch, das von den Kirchenkanzeln des Landes ertöne und wirft insbesondere den Lateinschulen Vernachlässigung der Allgemeinbildung vor.

Schon mit seiner *Abhandlung* stieß Hemmer auf Kritik, vor allem von Seiten des Mannheimer Exjesuiten und Philosophieprofessors Anton Klein (1746–1810), ebenfalls ein maßgebliches Mitglied der *Kurpfälzischen deutschen Gesellschaft*. Dieser opponierte unter Pseudonym gegen Hemmers Buch, der überregional jedoch Anerkennung für seine Forderungen fand. Alsbald bekriegte man sich freilich besonders wegen Hemmers orthographiereformerischen Schriften, obgleich er sich in dieser Hinsicht auf der gleichen Linie mit dem gefeierten Literaten Friedrich Gottlieb Klopstock (1724–1803) befand. Hemmers und Klopstocks Orthographiereform scheiterte schließlich an vielfachem Widerstand. Auch wenn sich Hemmer fortan vornehmlich seinen physikalischen und meteorologischen Forschungen widmete, fasste er seine Schriften darüber beharrlich in seiner durchaus speziellen Orthographie ab.

Liselotte Homering

Literatur

Ausst.-Kat. Mannheim 1999, Band 1.2 [Katalog], Nr. 5.6.27, S. 395 · Bauer 2008 · Bauer 2012

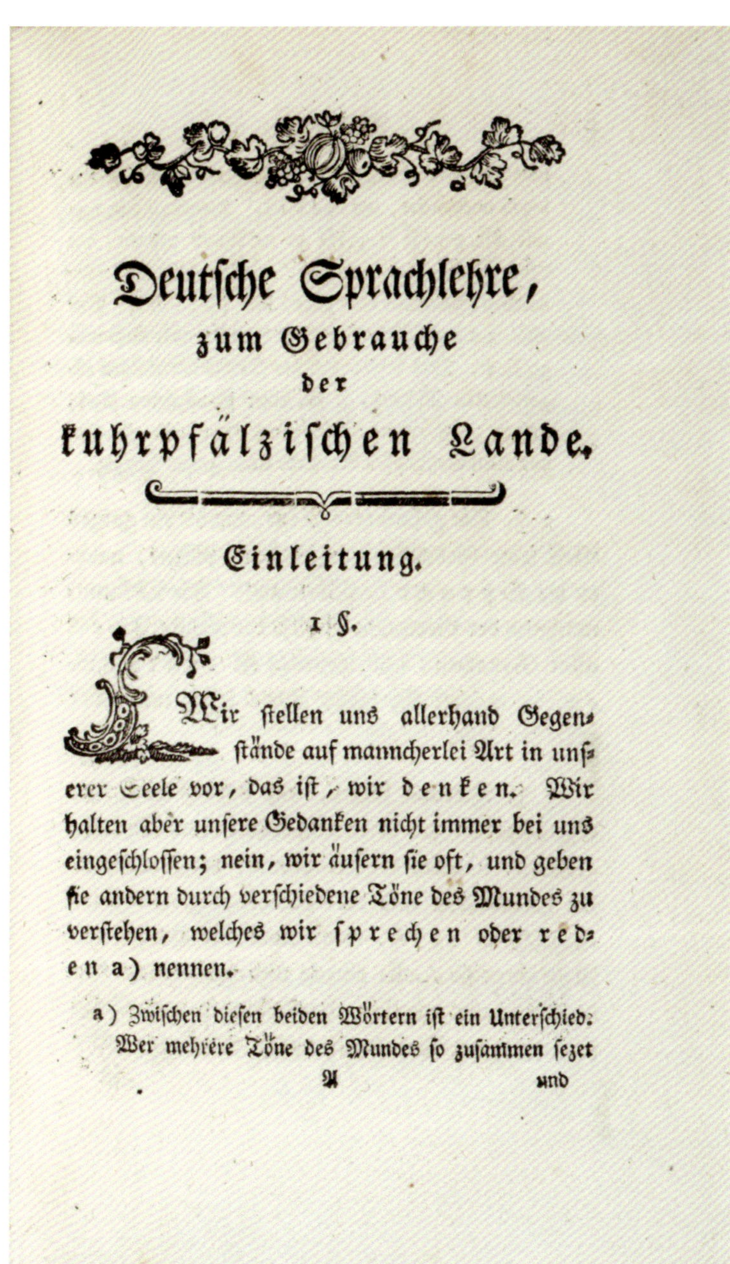

Deutsche Sprachlehre,
zum Gebrauche
der
kuhrpfälzischen Lande.

Einleitung.

1 §.

Wir stellen uns allerhand Gegenstände auf mannicherlei Art in unserer Seele vor, das ist, wir denken. Wir halten aber unsere Gedanken nicht immer bei uns eingeschlossen; nein, wir äusern sie oft, und geben sie andern durch verschiedene Töne des Mundes zu verstehen, welches wir sprechen oder reden a) nennen.

a) Zwischen diesen beiden Wörtern ist ein Unterschied: Wer mehrere Töne des Mundes so zusammen sezet

A und

C3.28

C3.33
Die Räuber. Ein Schauspiel in fünf Akten
Friedrich Schiller

Zwote verbesserte Auflage. Frankfurt und Leipzig: Tobias Löffler, 1782 oder um 1790
gedrucktes Buch mit Titel-Vignette (nach rechts aufsteigender Löwe), Papier, Pappe [Kunststoff]. H 17,8 cm, B 10,5 cm
Reiss-Engelhorn-Museen Mannheim, Bibliothek, Mh 2008

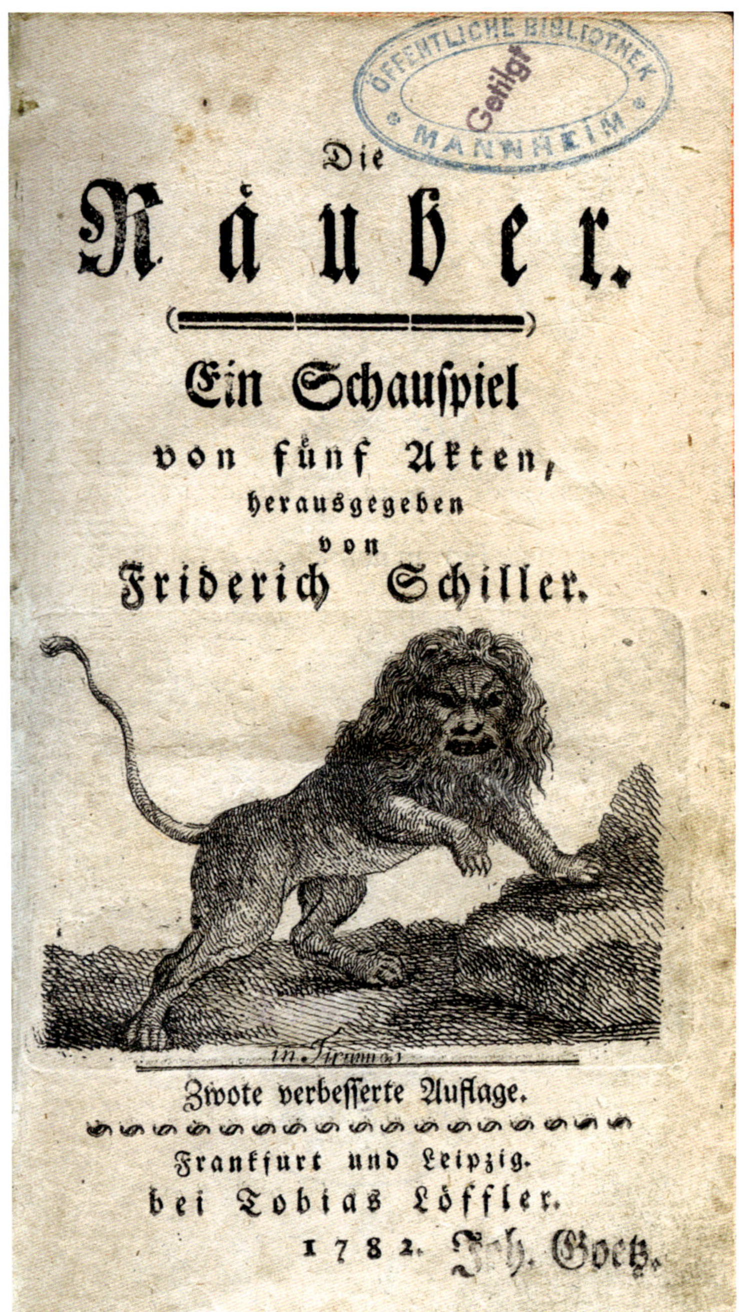

ÖFFENTLICHE BIBLIOTHEK MANNHEIM

Getilgt

Die

Räuber.

Ein Schauspiel

von fünf Akten,

herausgegeben

von

Friderich Schiller.

in Tirannos

Zwote verbesserte Auflage.

Frankfurt und Leipzig.

bei Tobias Löffler.

1782.

Joh. Goetz.

C3.29

Seit 1760 war Tobias Löffler (1725–1801) Leiter der Knoch-Eßlinger'schen Buchhandlung in Mannheim. Im Januar 1766 wurde ihm die Leitung der Buchhandlung der Akademie der Wissenschaften übertragen, die 1770 in sein Eigentum überging. Nach seinem Tod 1801 übernahm sein Sohn Friedrich Tobias Löffler die Firma, die noch bis 1864 in Familienbesitz blieb.

Friedrich Schillers *Räuber* erlebten am 13. Januar 1782 im Mannheimer Nationaltheater ihre spektakuläre Uraufführung. Im selben Jahr erschien bei Christian Friedrich Schwan die *Neue für die Mannheimer Bühne verbesserte Auflage* des *Trauerspiels* (Schiller selbst verwendete für das Lesedrama den Begriff *Schauspiel*, für die Bühnenfassung den Terminus *Trauerspiel*). Ebenfalls 1782 publizierte Tobias Löffler das Schauspiel nach der 1781 von Schiller im Selbstverlag (bei Metzler in Stuttgart?) veröffentlichten Erstausgabe. Hierbei versah Löffler den Titel mit der Vignette eines nach links aufsteigenden Löwen und fügte das unnötig provokante Motto *in Tirannos* hinzu, womit er dem Werk eine vom Autor nicht erwünschte zusätzliche Brisanz verlieh. Dass er außerdem auf dem Titel erwähnte, diese Ausgabe sei von Schiller selbst herausgegeben, brachte den Dichter gehörig in Harnisch: Schiller kritisierte diese Veröffentlichung im 3. Stück von Balthasar Haugs 1782 erschienenem *Zustand der Wissenschaften und Künste in Schwaben* heftig (S. 789). Davon ungerührt, publizierte Löffler einige Zeit später (vermutlich zwischen 1786 und 1793) eine weitere *Räuber*-Ausgabe. Die Vignette zeigte nun einen nach rechts aufsteigenden Löwen. Das Motto *in Tirannos* wurde beibehalten. 1799 gab der Verleger, gleichfalls ohne Schillers Einverständnis, eine dritte Auflage heraus. In diesem Fall zeigt die Vignette zwei miteinander kämpfende Löwen. Insgesamt wirft das Vorgehen Löfflers ein bezeichnendes Licht auf den rücksichtslosen Umgang manch eines profitgierigen Verlegers mit den Werken der Schriftsteller ihrer Zeit.

Dieter Dümas und Liselotte Homering

Literatur

Reinicke 1966 · Veitenheimer 1996, v. a. S. 105, S. 225 · Dümas 2005 · Luserke-Jaqui 2005/2011

C3.34
Schnupftabakdose mit Miniaturbildnis von Friedrich Schiller

Braunschweig, nach 1794
lackiertes Papiermaché. Dm ca. 10 cm
Reiss-Engelhorn-Museen Mannheim, II V 106

Mit Malerei geschmückte Dosen – schon zu Beginn der Erfolgsgeschichte der Braunschweiger Lackwarenmanufaktur Stobwasser 1763 war der Artikel neben Leuchtern, Körben, Kannen, Möbeln, Kutschen, Tischplatten, Patronentaschen und vielem mehr Teil des Repertoires. Besonderes die Schnupftabakdosen erfreuten sich großer Beliebtheit. Nicht nur der auffallend glänzende Lack, eine Erfindung Johann Heinrich Stobwassers (1740–1829), sondern auch die hochwertige Malerarbeit, die von einer fabrikeigenen Malschule geleistet wurde, verhalfen zu großem Ruhm. Genredarstellungen, Frauenbildnisse, mythologische, religiöse und erotische Themen zierten die Dosen, aber auch Berühmtheiten, wie dieses Exemplar mit einem Miniaturbildnis von Friedrich Schiller (1759–1805) zeigt. Der Dichter wird mit gedanken-

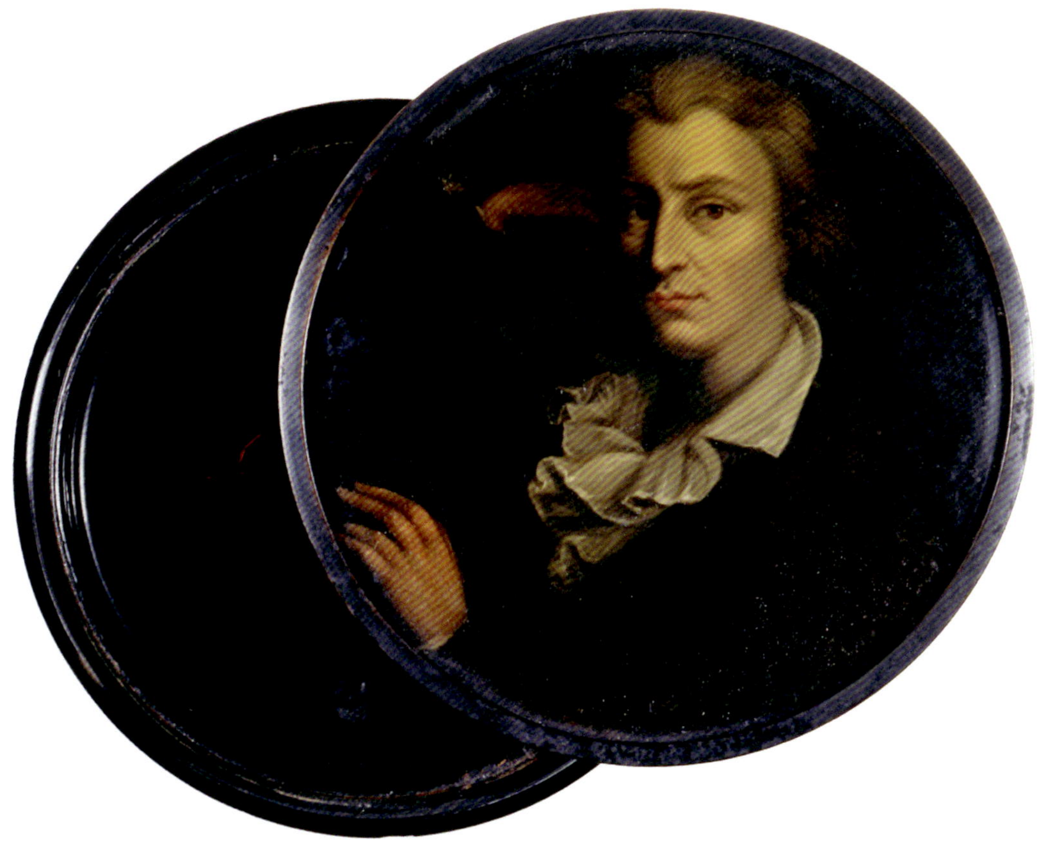

C3.30

vollem Blick, den Kopf mit einer Hand gestützt, dargestellt. Das einzige Attribut ist eine Dose unter seiner linken Hand am Bildrand, die nicht auf Schiller als gefeierten Literaten, sondern als Privatperson verweist. Wahrscheinlich handelt es sich gar um eine (Schnupf-?) Tabakdose, den Schiller doch trotz seiner Erkrankung reichlich konsumierte. Das gezeigte Motiv orientiert sich an dem berühmten Gemälde Anton Graffs (1736–1813) von 1786–1791. Die lange Entstehungszeit dieses Bildes sowie die etwas angespannte Pose Schillers sind nicht zuletzt der Unruhe und dem fehlenden „Sitzfleisch" des Porträtierten – so Graff – geschuldet. Nach der Vollendung des Werkes fertigte Johann Gotthard Müller (1747–1830) bis 1794 einen Kupferstich an, den die Manufaktur als Vorlage nutzte. Dieser Umstand erklärt die spiegelverkehrte Wiedergabe des Gemäldes und ermöglicht zugleich die Datierung. Diese kann anhand des Firmensignets „Stobwassers Fabrik" im Doseninneren noch genauer bestimmt werden, denn es wurde 1832 aufgrund einer Übernahme in „Stobwassersche Fabrik Meyer & Wried-Braunschweig" geändert. Die Bildnisdose und muss folglich zuvor entstanden sein.

Camilla Narrog

Literatur

Billerbeck 2005 · Homering 2004 · Unterberger 2008

C3.31
Aufnahme Friedrich Schillers in die Kurpfälzische deutsche Gesellschaft

„Die Kurpfälzische deutsche Gesellschaft in Mannheim hat den 10ten Wintermonat 1783. Den Herrn Schiller, Doktor der Arzneikunst zu ihrem ordentlichen Mitgliede aufgenommen; worüber diese Urkunde angefertiget wird. Mannheim, d: 21ten Hornung [Februar] 1784. Wolfgang Heribert Kämmerer Von Wormß Fhr. V. Dalberg. W.A. Weiler."
Links Siegel der Gesellschaft mit der Umschrift „Kurpfälzische deutsche gelehrte Gesellschaft" unten „Gestiftet 1775.";
bildliche Darstellung auf dem Siegel: Ein Genius reicht der rechts sitzenden Pallas Athene/Minerva eine Schriftrolle, links davon das Motto: Dem Geiste des Vatterlandes".
Mannheim, 21. Februar 1784
Papier. H 33,9 cm, B 48,1 cm
Reiss-Engelhorn-Museen Mannheim

Nach Schillers *Räuber*-Sensationserfolg (uraufgeführt am 13. Januar 1782 im Mannheimer Nationaltheater) gestaltete sich sein Verhältnis zur geistigen Elite der Quadratestadt nicht immer sehr glücklich. Einerseits erfolgsverwöhnt, andererseits reichlich blauäugig, geriet der junge Dich-

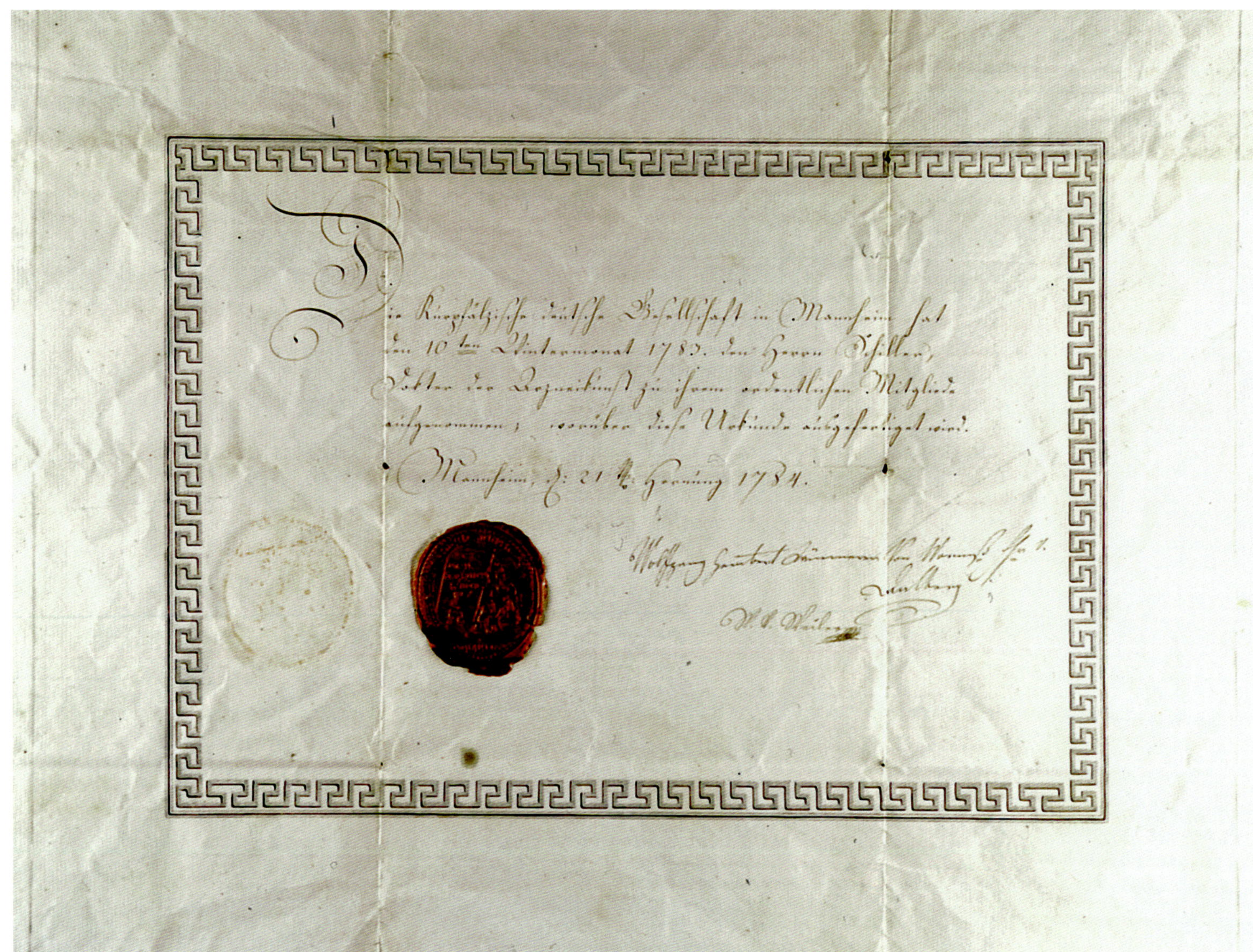

C3.31

ter zusehends in die Auseinandersetzung zwischen den Angehörigen des Theaters und denen der *Gesellschaft*, wobei der Intendant Wolfgang Heribert von Dalberg in Personalunion beiden Institutionen vorstand. Mehr noch, Schiller wurde allmählich in das Intrigenspiel zwischen Freimaurern (u. a Dalberg) und Illuminaten (u. a. Mannheims erster Liebhaber im Schauspiel, Johann Michael Boeck) hineingezogen. Inmitten der im Hintergrund schwelenden, unguten Gemengelage agierte einer als Drahtzieher, Anton Klein, ein durchaus nicht immer uneigennützig tätiger Schriftsteller, Verleger und der Geschäftsverweser der *Gesellschaft*. Zwar war er kein Verehrer von Schillers Dichtkunst, dennoch setzte er sich für ihn ein. Mit Erfolg: Wenn auch nicht einstimmig, wurde Schiller am 10. Januar 1784 in die „Deutsche Gesellschaft" gewählt.

Dass er damit, wie er zunächst annahm, auch automatisch kurpfälzischer Untertan würde, war zwar ein Trugschluss, dennoch hielt Schiller lange an dieser Vorstellung fest. Bald verstrickte er sich in die Grabenkämpfe um ein eigenes Publikationsorgan der *Gesellschaft* und propagierte zugleich seine Idee von einem Mannheimer Theatermagazin, das von Dalberg herausgegeben werden sollte. Als nichts voranging, sah er sich veranlasst, 1785 seine Zeitschrift *Rheinische Thalia* auf eigene Rechnung aus der Taufe zu heben. Zwar erschien in Mannheim nur eine Ausgabe dieser Publikation, doch enthielt sie so gewichtige Beiträge wie Schillers Vortrag „Was kann eine gute stehende Schaubühne wirken"? (später anderweitig unter dem bekannteren Titel „Die Schaubühne als moralische Anstalt betrachtet" wieder veröffentlicht) und eine überwiegend in Prosa gehaltene Fassung des ersten Aktes seines *Don Karlos. Infant von Spanien.*

Liselotte Homering

Literatur

Ausst.-Kat. Mannheim 2005, S. 93 f. · Kreutz 2008a

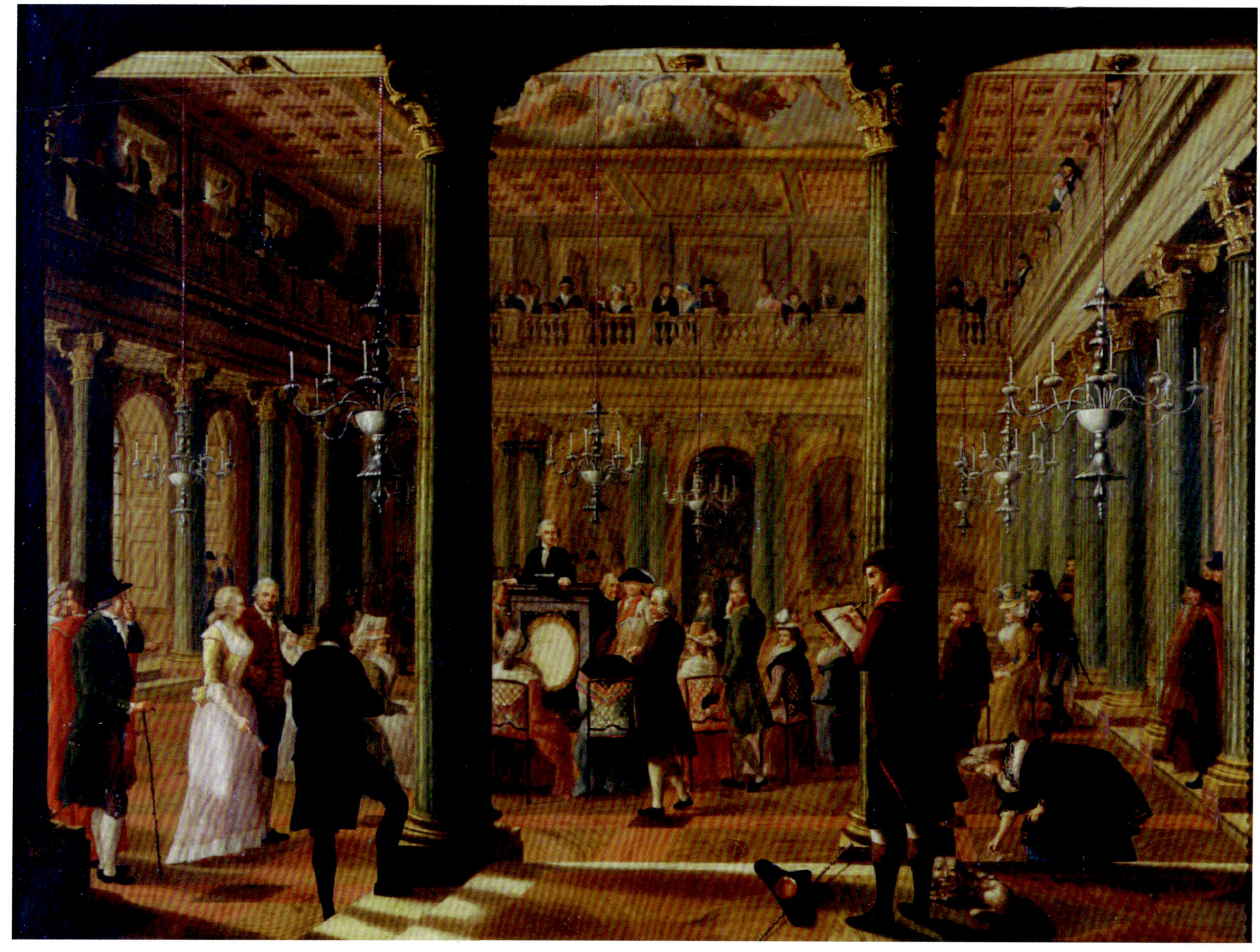

C3.32

C3.32

Franz Anton Mai (May) bei einer seiner „Medizinischen Fastenpredigten" im Konzertsaal des Mannheimer Nationaltheaters auf B 3

Sebastian Staasens (1752 – nach 1821)
1793
Öl auf Leinwand. H 76 cm, B 100 cm
Reiss-Engelhorn-Museen Mannheim, O 40

In der Zeit zwischen 1780 und 1850 verfügte das Mannheimer Nationaltheater über mehrere funktionale Säle. Einer der schönsten Räume war der große Konzertsaal im Norden des Gebäudes, der sich vom Obergeschoss über eineinhalb Stockwerke ausdehnte. Eine dreiläufige Treppe führte zum Saal und zur Galerie hinauf, die auf 24 ionischen Säulen ruhte. Das Mannheimer Gemälde zeigt diese in korinthischer Ausführung; das etwas kleinere gleichen Inhalts, das im Kurpfälzischen Museum in Heidelberg bewahrt wird, gibt die offenbar authentische ionische Bauweise wieder. Der Saal blieb bis etwa 1890 den Akademiekonzerten des Nationaltheater-Orchesters vorbehalten, später wurde er beinahe bis zur Zerstörung des Theaters 1943 als Probebühne genutzt.

Das Gemälde zeigt Franz Anton Mai (1742–1814), Heidelberger Universitätsprofessor, Mannheimer Theaterarzt und seit 1789 Leibarzt von Kurfürstin Elisabeth Auguste, während einer seiner berühmten Medizinischen Fastenpredigten. Der Herr in der weißen Uniform neben ihm ist Pfalzgraf und Herzog von Zweibrücken, späterer erster König von Bayern, Maximilian I. Joseph. Der Maler Sebastian Staasens hat sich vorne rechts selbst porträtiert.

Franz Anton Mai wurde in Heidelberg geboren, studierte Philosophie und Medizin und wurde in beiden Fächern promoviert. 1766 berief man ihn als Lehrer an die Mannheimer Hebammenschule, 1767 zum Arzt des Zuchthauses und des Waisenhauses. Seit 1763 wirkte er als Professor an der Heidelberger Universität und fungierte zeitweilig als deren Rektor. 1805 übernahm er die Direktion der Entbindungsanstalt in Heidelberg, wo er 1814 starb. Bis heute gilt Mai als humorvoller, teils auch drastisch formulierender Mediziner und Sozialpolitiker, der nachhaltig gegen Aberglauben, Unkenntnis und Schlamperei in seinem Fach vorging. Er hinterließ ein umfangreiches fachspezifisches Werk, das auch tiefe Einblicke in die Hygieneverhältnisse in Mannheim und in der Region gewährt.

Liselotte Homering

Literatur

Marcuse 1903 · Rost 1956 · Friedrich 1968 · Herrmann 1975 · Seidler 1979 · Beierbach 1994 · Schipperges 2003 · Tröger 2009

C4
Akademien und Wissenschaften in Mannheim

Die kurfürstliche Förderung beschränkte sich nicht nur auf die schönen Künste, sondern umfasste auch die Wissenschaften. Carl Theodor besaß eigene Sammlungen, darunter ein physikalisches Kabinett und ein Naturalienkabinett, das 1763 gegründet wurde. Im gleichen Jahr stiftete er die Kurpfälzische Akademie der Wissenschaften, die neben den Naturwissenschaften auch eine Historische Klasse besaß und wichtige Editionen zur Landesgeschichte verfasste. Es wurde eine Sternwarte errichtet, an der der Hofastronom und Jesuitenpater Christian Mayer wirkte und international beachtete Forschung betrieb. Auch um die deutsche Sprache machte sich Carl Theodor verdient, als er 1775 die „Kurpfälzische Deutsche Gesellschaft“ gründete, die Dichter wie Wieland, Lessing oder Schiller zu ihren Mitgliedern zählte.

C4.01
Künste und Wissenschaften huldigen ihrem Protektor Carl Theodor

Les Sciences les Arts dans leur brillant Destin,/ S‘ empressent a l‘ ennuy de former son Cortège;/ Tandisque les Vertues, qu'il aime, qu'il protége,/ Lui méritent le Nom de Titus Palatin (Die Wissenschaften, die Künste wetteifern in ihrer glänzenden Bestimmung darum, sein Gefolge zu bilden; währenddessen verleihen ihm die Tugenden, die er liebt und die er schützt, den Namen eines Pfälzer Titus)
Joseph Fratrel der Ältere, 1777
Radierung. H 50,3 cm, B 30,6 cm (Blatt)
Reiss-Engelhorn-Museen Mannheim

Am 15. Oktober 1763 war von Carl Theodor die Kurpfälzische Akademie der Wissenschaften auf Anregung des badisch-elsässischen Gelehrten Johann Daniel Schöpflin gegründet worden. In Erinnerung daran schuf Joseph Fratrel 1773 ein Grisaille-Bild, das er 1774 der Akademie der Wissenschaften schenkte (heute im Besitz des Hessischen Landesmuseums Darmstadt). Die vorliegende Radierung von 1777 reproduziert das Grisaille-Bild mit geringfügigen Varianten. Das Bild huldigt Kurfürst Carl Theodor als Förderer der Künste und Wissenschaften. Auf der lateinischen Basisinschrift eines Obelisken im Hintergrund des Bildes wird dem Fürsten als einem *Optimus Princeps* gehuldigt, dem *Amor* (Liebling) der Minerva, der Göttin von Wissenschaft und Kunst. Außerdem verweist die Inschrift darauf, dass Fratrel das Bild der Akademie der Wissenschaften gestiftet habe. Im Zentrum der Radierung stützt Minerva (Pallas) ein Porträtmedaillon, das auf einem Sockel mit der Wiedergabe des Mittelteils von Raffaels *Schule von Athen*“ ruht – Symbol für die antike Philosophie und Wissenschaft. Vor dem Medaillon des Kurfürsten kniet Urania, die Astronomie, als Chorführerin der Musen, die alle Carl Theodor entschiedene Förderung verdanken. Unter den im Vordergrund zu sehenden Utensilien der Wissenschaften und Künste zeichnet ein Putto die Taten Carl Theodors für Wissenschaften und Künste auf, zwei Putti oberhalb der Szene krönen das Porträt mit dem Lorbeerkranz, zwei weitere unten rechts Kurhut und Kurschwert. Im Hintergrund sind zeittypisch antikisierende Gebäudeteile zu sehen. Das Bild allegorisiert Carl Theodors Verdienste, die dem des römischen Kaisers Titus gleichkämen – in anderen Darstellungen wird Carl Theodor als *Apollo Palatinus* gefeiert.

Hermann Wiegand

Literatur

Ausst.-Kat. Mannheim 1999, Kat.-Nr. 5.3.1 · Budde 2013

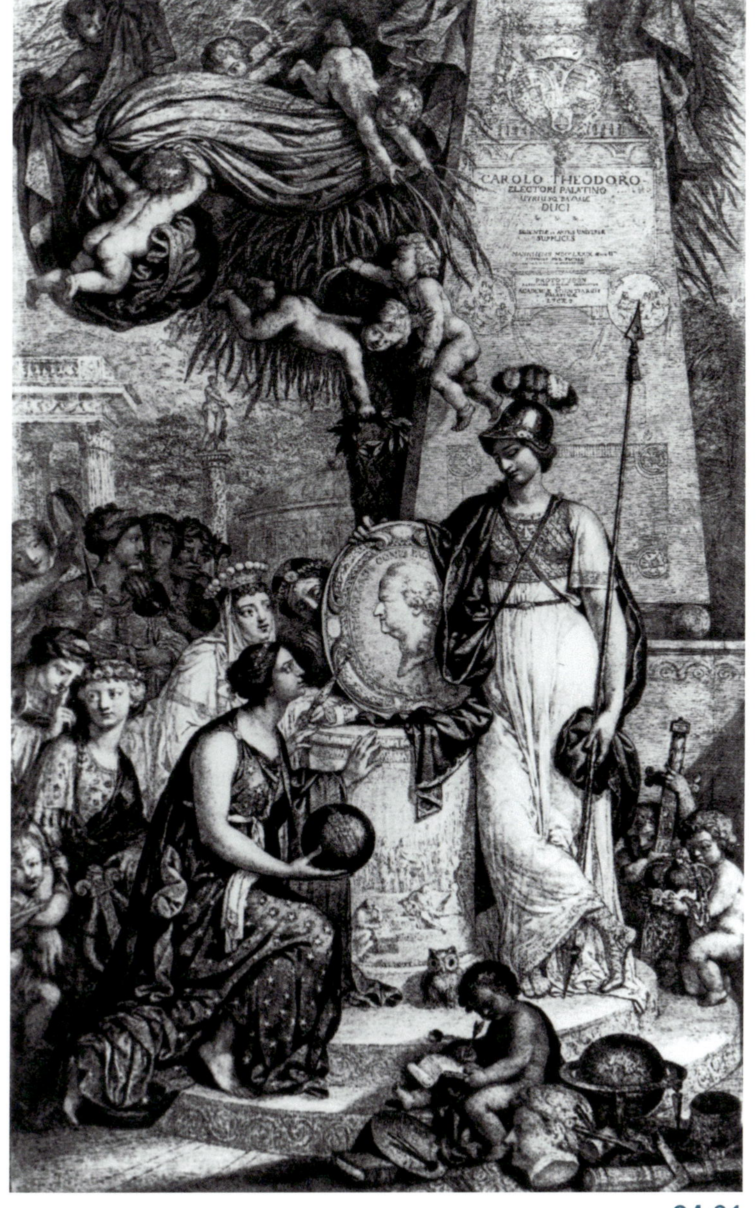

C4.01

HISTORIA
ET
COMMENTATIONES
ACADEMIAE ELECTORALIS
SCIENTIARVM ET ELEGANTIORVM
LITERARVM
THEODORO-PALATINAE

VOLVMEN II.

MANNHEMII, TYPIS ACADEMICIS
MDCCLXX.

C4.02

C4.02

Historia et commentationes Academiae Electoralis Scientiarum et Elegantiorum Literarum Theodoro-Palatinae, Volumen II, Mannhemii typus academicis MDCCVII

Mannheim, 1777
Druck. H 25,5 cm, B 19,5 cm
Reiss-Engelhorn-Museen Mannheim, B 53

Die insgesamt elf (Teil-)Bände der „Abhandlungen der Kurpfälzischen Akademie der Wissenschaften“ (im Bild Band 2 aus dem Jahr 1770) erschienen ab 1766 in der ein Jahr zuvor privilegierten „Akademie Buchdruckerei“, an die im gleichen Jahr unter der Leitung von Tobias Löffler die „Akademie Buchhandlung“ angeschlossen wurde. 1770 kaufte Löffler Verlag und Druckerei, schied aber im November 1777 aus, da vier Mitglieder der Akademie (Johann Casimir Häffelin, Caspar Friedrich Günt(h)er, Andreas Lamey und Friedrich Casimir Medicus) die „Neue Gesellschaft“ gründeten. Diese schloss einen Pachtvertrag für die Akademiedruckerei ab, erwarb das Vertriebsrecht und rief die „Neue Hof= und Akademie Buchhandlung“ ins Leben. Am 1. Januar 1791 wurden Verlag, Sortiment und Privileg schließlich an das Mannheimer Unternehmen von Christian Friedrich Schwan und Gottlieb Christian Götz verkauft, die sich fortan „Hof= und Akademie=Buchhändler“ nennen konnten.

Die beiden ersten – 1766 und 1770 – publizierten Bände vereinten die Abhandlungen der historischen und der naturwissenschaftlichen Klasse; ab dem dritten Band erschienen die Beiträge beider Klassen jedoch getrennt. Die historische Klasse veröffentlichte 1773, 1778, 1783, 1789 und 1794 fünf weitere (Teil-)Bände (3.1 bis 7.1), die naturwissenschaftliche 1775, 1780, 1784 und 1790 hingegen nur noch vier (3.2 bis 6.2). Trotz ihres lateinischen Titels waren längst nicht alle Beiträge in Latein abgefasst, viele erschienen auch in Deutsch oder in Französisch.

Das Titelkupfer, das alle Bände ab Band 2 schmückte, stach Egid Verhelst, der in Mannheim eine Schule für Kupferstecher begründete. Es zeigt den ‚gelehrten' pfälzischen Löwen mit aufgeschlagenen Büchern und mit Sigeln geschmückten Urkunden. (Das Titelkupfer des ersten Bandes zeigte demgegenüber Vorder- und Rückseite der Stiftungsmedaille und wurde von Heinrich Hugo Coentgen gestochen.)

Wilhelm Kreutz

C4.03

Medaille auf die Eröffnungssitzung der kurpfälzischen Akademie der Wissenschaften am 20. Oktober 1763

Anton Schaeffer, um 1763
Gold. Dm 5 cm
Kurpfälzisches Museum der Stadt Heidelberg, M 6683

Anlass der Prägung der Medaille war die Eröffnungssitzung der kurpfälzischen Akademie der Wissenschaften am 20. Oktober 1763, die fünf Tage zuvor ins Leben getreten war, wie die Gründungsurkunde belegt. Daran lässt die im unteren Abschnitt der Rückseite eingravierte Inschrift „ACAD[emia] SCIENT[iarum] THEOD[oro] PALAT[ina] // INAUG[urata] XX. OCT. // MDCCLXIII" keinerlei Zweifel aufkommen.

Die Vorderseite, die bereits bei früheren Medaillen Verwendung gefunden hatte, zeigt das nach rechts gewandte Brustbild Carl Theodors im Harnisch, mit Hermelinmantel, Hubertusorden und im Nacken gebundenem Haar. Die Umschrift lautet „CAROLUS THEODORUS · D[ei]:G[ratia] · ELECTOR PALATINUS."

Den Entwurf der Rückseite fertigte nach Vorgaben A. Lameys, der sich mit J. D. Schöpflin und J. G. Stengel abstimmte, der Straßburger Kupferstecher Joh. Martin Weiss. Die Übertragung in den Stahl durch A. Schaeffer verzögerte sich jedoch, sodass die Prägung erst am 20. Februar 1764 erfolgte. Die Rückseite zeigt den griechischen Musen- und Sonnengott Phoibos Apollon mit seiner Kithara, der von den umwölkten Gipfeln des Parnass zu den am Fuße des Bergs – auf ihre Wasserurnen gestützt – im Schilf lagernden Flussgöttern Rhein und Neckar herabschwebt. Die ihn kranzartig umgebenden Sonnenstrahlen, die die Wolken vertreiben, erhellen die pfälzischen Lande und verweisen ebenso wie die Umschrift „PHOEBI RHENANI NECCARI CONIUNCTIO FELIX – Glückliche Vereinigung von Pheobus Rhein und Neckar" auf das beginnende fruchtbare Wirken der Aufklärung in der Kurpfalz.

Wilhelm Kreutz

Literatur

Kirchheimer 1981, S. 8, Nr. 1a · Stemper 1997a, S. 498, Nr. 510

C4.04

Abschlag der Preismedaille der Akademie der Wissenschaften

Umschrift Avers: CAROLUS THEODORUS · D(EI) : G(RATIA) · ELECTOR PALATINUS, Umschrift Revers: DOCTRINAE / VICTRICI; ACADEMIA · ELECT(ORALIS) · SCIENTIAR(UM) / THEODORO · PALAT(INA)
Mannheim
Zinn. Dm 7 cm
Reiss-Engelhorn-Museen Mannheim, III g, Nr. 1965

„Der siegreichen Gelehrsamkeit" – Nicht einer Person oder einem Ereignis ist diese Medaille gewidmet, sondern der Leistung der Studenten, die bei einer Versammlung der 1763 gegründeten Akademie der Wissenschaft erbracht wurde. Der Preis wurde auf die beste Antwort auf eine Frage ausgesetzt, die im ersten Jahr der Verleihung 1764 das Thema „Vom Ursprung der Pfalzgrafen unter den römischen Kaisern" behandelte. Zu Beginn sollte die Fragestellung jährlich zwischen den Bereichen Geschichte und Naturwissenschaft wechseln, doch um in den Versammlungen beide diskutieren zu können, wurde bereits 1765 eine zweite Preismedaille entworfen.

Die Medaillen hatten einen Wert von 50 Dukaten, da sich die Gewinner das Geld zumeist auszahlen ließen, mussten nur wenige hergestellt werden. 1766 wurden zusätzlich noch der Bereich Landesökonomie behandelt und dafür zwei Medaillen im Wert von 25 Dukaten geschaffen. Der letzte Preis wurde 1776 verliehen.

Bereits 1763 wurde mit der Gestaltung der Rückseite für die Medaille die hier aus Zinn besteht, da es sich um einen Probeschlag handelt, begonnen. Der Direktor der Akademie Johann Georg Stengel (1721–1798) widmete sich der Darstellung, während der Ehrenpräsident der Akademie Johann Daniel Schöpflin (1694–1771) und sein Sekretär Andreas Lamey (1726–1802) die Aufschrift formulierten. Das Ergebnis wurde ohne Änderungen von Anton Schäffer (1722–1799) übernommen und umgesetzt. Der Stempel für die Vorderseite mit einer Büste von Carl Theodor im Harnisch mit dem Hubertusorden in Profilansicht wurde bereits 1753 zur Gestaltung einer Medaille verwendet.

Camilla Narrog

Literatur

Gesche 1981, S. 35–36 · Stemper 1997, S. 505

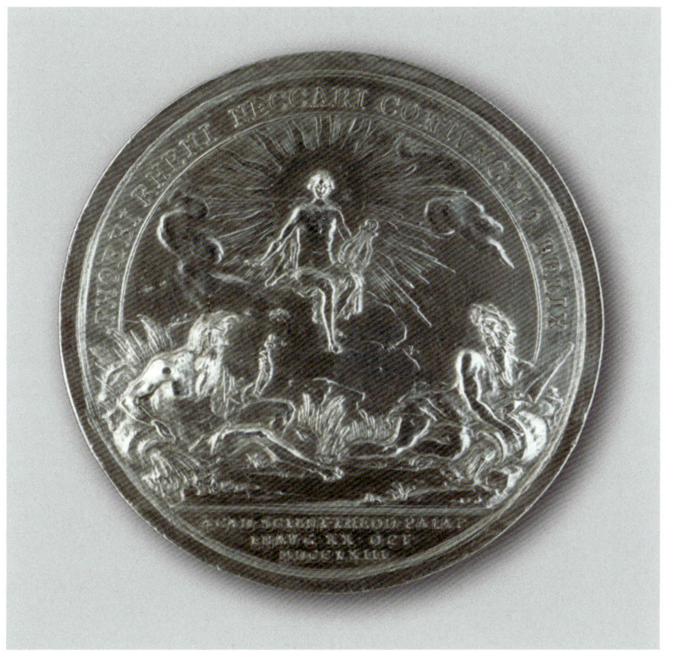

C4.03

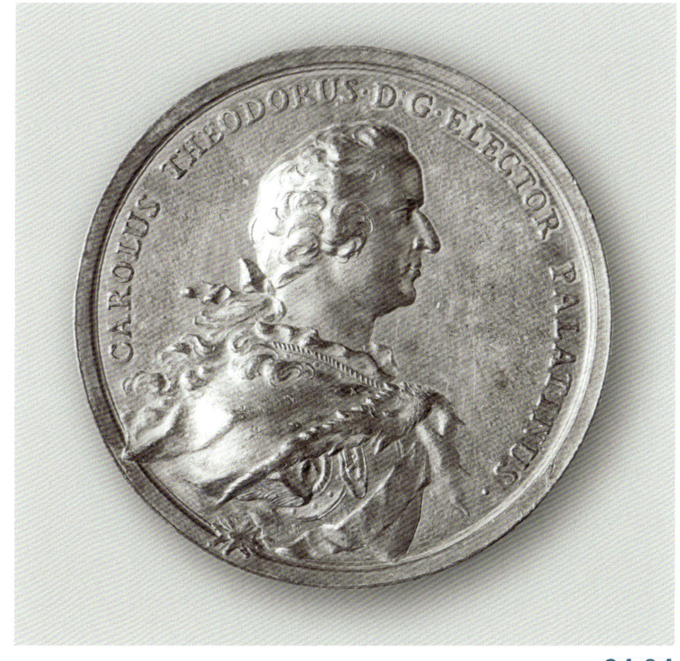

C4.04

C4.05a/b
Erd- und Himmelsglobus

Didier Robert de Vaugondy, (1723–1786)
Paris, 1751
Holz, Gips, Papier, Messing, Glas. H 125 cm, Dm 45 cm
TECHNOSEUM, Landesmuseum für Technik und Arbeit in Mannheim,
EVZ:1983/046-078, EVZ:1983/046-079

Didier Robert de Vaugondy begann 1745 mit der Herstellung von Globen. Auf Verlangen König Louis XV. entwickelte er einen großen Erdglobus für die Marine. Dieser wurde 1751 von der französischen Akademie der Wissenschaften mit positivem Ergebnis begutachtet. Es war der größte damals in Paris hergestellte Globus mit einem Durchmesser von 18 Inch (45 cm). Als Pendant fertigte Vaugondy einen gleichgroßen Himmelsglobus an. Die Kartographie auf beiden Globen wurde von Guillaume de La Haye gezeichnet und von Gobin gestochen.

Beide Globen werden im von Mayer 1776 verfassten Inventar der Mannheimer Sternwarte erwähnt. Sie waren seit 1771 im Physikalischen Kabinett der Universität Heidelberg (Museo Physica) aufgestellt, wohin sie als Leihgabe des Hofes gekommen waren. Auf Bitten Christian Mayers kamen sie 1776 in die neue Mannheimer Sternwarte. Die Globen ruhen in einem hölzernen Dreifuß inmitten eines Horizontalkreises. Getragen werden sie jeweils von einem Messingkreis mit Gradeinteilung, dem Meridiankreis. Der Nordpol wird mit einem kleinen Kreis im Ring symbolisiert. Der Preis für die Vaugondy Globen lag je nach Ausstattung zwischen 460 und 1.000 Livres. Die Käufer bekamen zusätzlich ein von de Vaugondy geschriebenes Heft „Usage des globes“ mitgeliefert.

In der Kurfürstlichen Bibliothek im Mannheimer Schloss befand sich ein ähnliches Globenpaar von Vaugondy, von dem sich nur der Erdglobus erhalten hat, der heute in der Universitätsbibliothek Heidelberg ausgestellt ist.

Eine im Generallandesarchiv Karlsruhe aufbewahrte Aktennotiz (GLA 213/3540 (1771–1775 Vol. I) vom 26. September 1771 berichtet über den Ankauf von „großen im Diameter Vier Schuh habende Himmels-und Erd-Kugeln“ bei den Buchhändlern Gebrüder van Düren in Frankfurt für 900 Gulden. Der Transport der Globen von Frankfurt nach Mannheim erfolgte durch die Heidelberger Schifferzunft.

Kai Budde

C4.06
Linsenfernrohr auf Stativ (Refraktor)

Ramsden, Jesse (1735–1800)
London, 2. Hälfte 18. Jahrhundert
Messing, Glas. H 23,5 cm, L 37,7 cm
TECHNOSEUM, Landesmuseum für Technik und Arbeit in Mannheim,
EVZ:1983/046-002

Das Linsenfernrohr verfügt über achromatische Linsen. Tubus und Stativ sind mit Goldlack überzogen. Ein ähnlicher Refraktor von Ramsden kam 1776 an die Mannheimer Sternwarte und befindet sich heute als Leihgabe im Mannheimer Schlossmuseum. Von dem „bes-

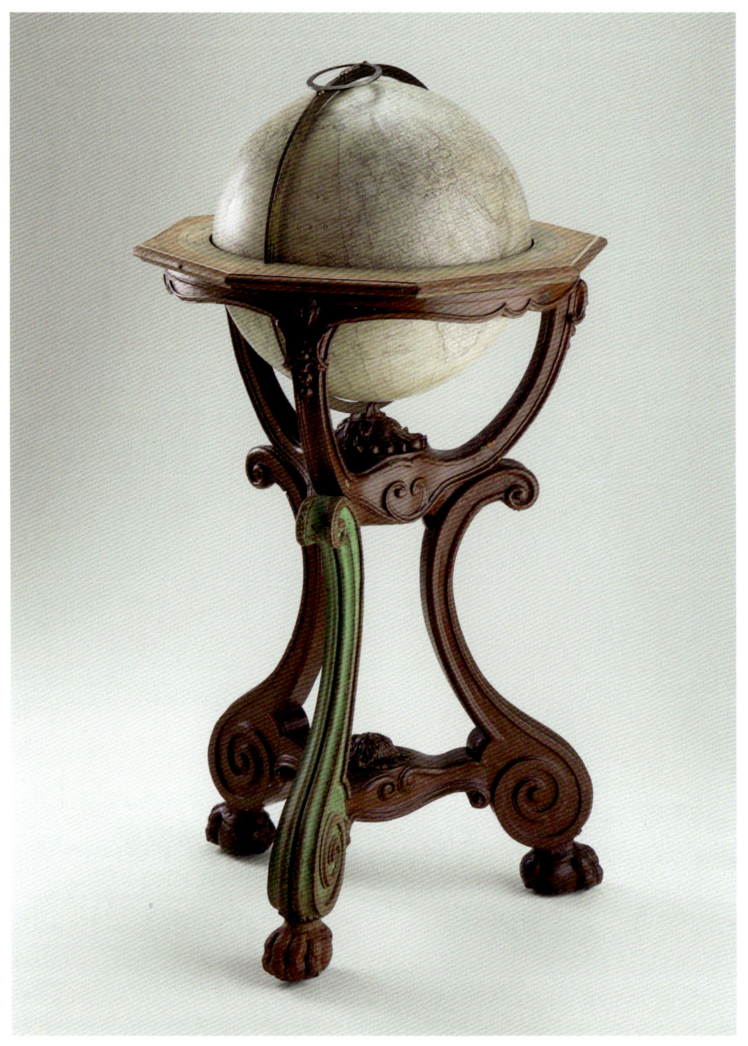

C4.05a

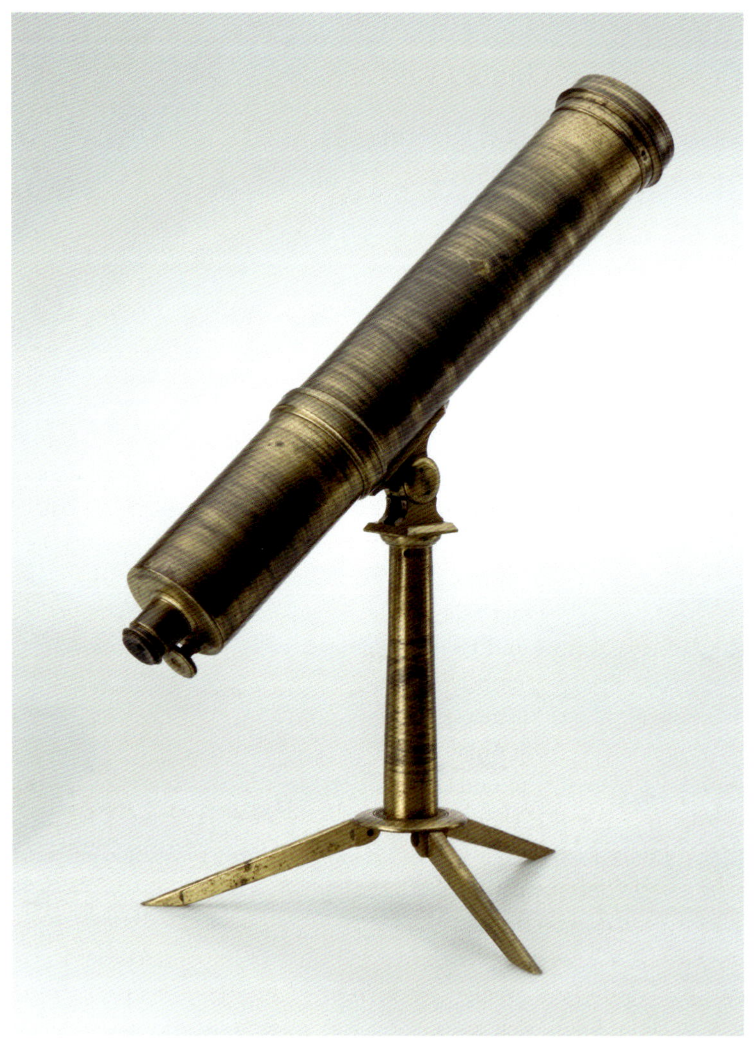

C4.06

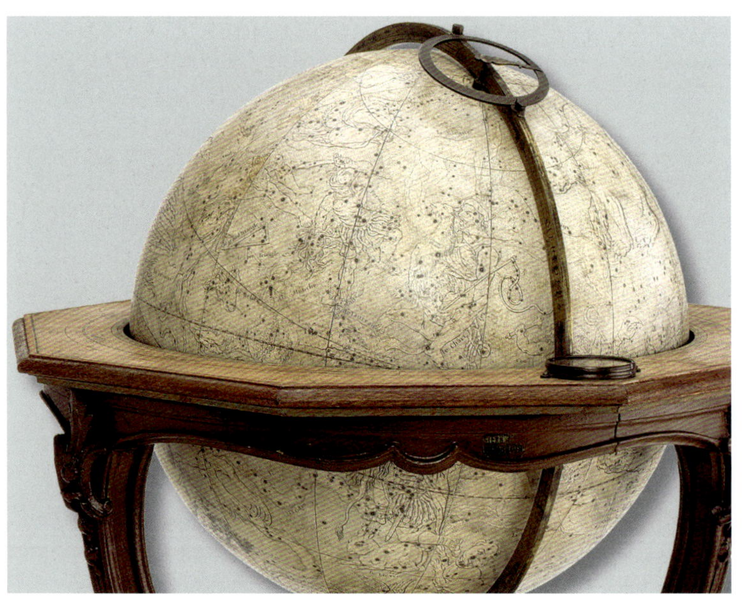

C4.05b

ten Künstler Ramsden" hatte Mayer verschiedene Instrumente für die Mannheimer Sternwarte erwerben lassen: So berichtet das Inventar aus dem Jahr 1776 von einem Theodolithen, einem „Nivellier-Rohr", einem „gantz in Messing gefassten fürtrefflichen Ramsdischen Seheror" sowie von zwei„Ramsdischen Fern-Rohr". Allerdings konnte sich Mayer nicht darauf verlassen, dass die vom Hof angekauften Fernrohre für immer auf der Sternwarte blieben. Schließlich liehen sich Kurfürst und Kurfürstin die Ramsden-Fernrohre gern für ihre eigenen Zwecke aus. Jesse Ramsden (1735–1800) eröffnete 1762 seine eigene Werkstatt in London. Er baute zunächst Quadranten und Linsenfernrohre, ging dann aber zur Herstellung von Vollkreisen über. Ramsdens herausragende Erfindung ist die Teilungsmaschine für sehr genaue und kleinste Einteilungen auf bogenförmigen Skalen (1771). Er beschäftigte in seiner Werkstatt über 50 Mitarbeiter, Mechaniker und Optiker und wurde 1786 Mitglied der Royal Society.

Kai Budde

C4.07

Gästebuch der Mannheimer Sternwarte

Mannheim, 1776 bis 1857
Folioband, ledergebunden, Manuskript.
H 34,3 cm, B 22 cm
Heidelberg, Landessternwarte Heidelberg-Königsstuhl, ohne Inv.-Nr. (an der Universitätsbibliothek Heidelberg geführt unter der Sign. LS/US 1000 G87)

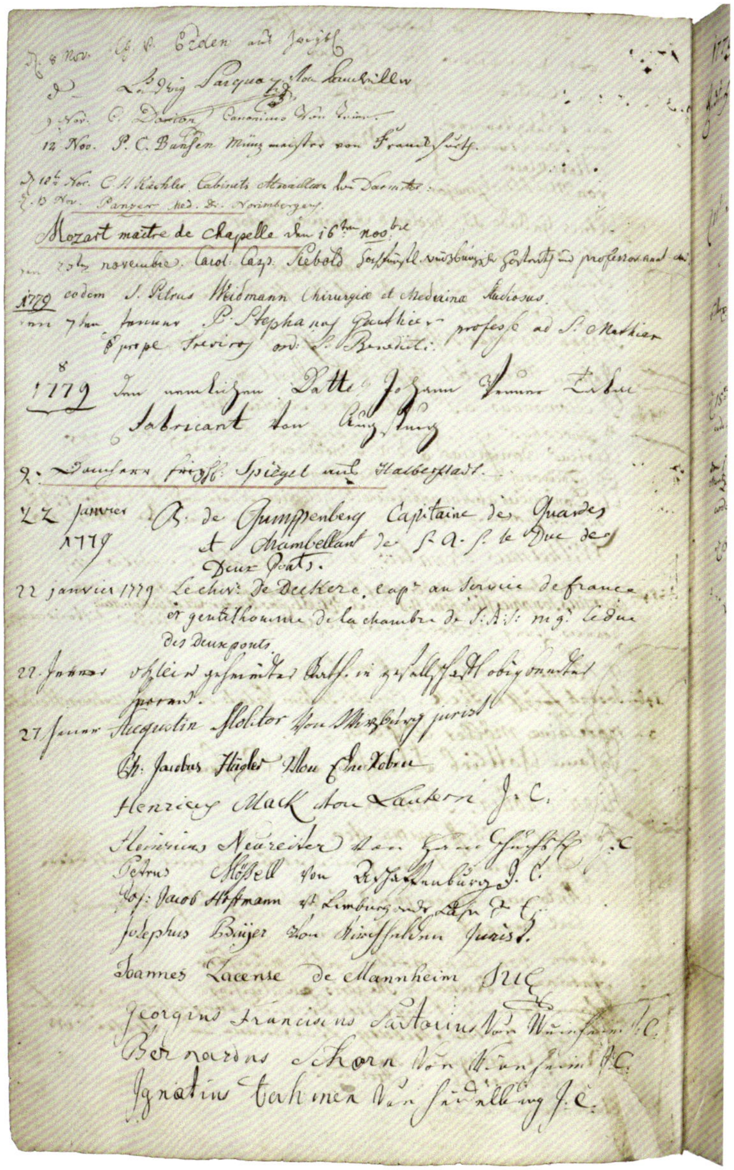

Die im Jahr 1772 unter Kurfürst Carl Theodor gegründete Mannheimer Sternwarte entwickelte sich rasch zu einer äußerst erfolgreichen und angesehenen Forschungseinrichtung im ausgehenden 18. Jahrhundert. Auch bei astronomisch kaum interessierten Gästen gehörte es deshalb wohl geradezu zum guten Ton, dem Hofastronomen Christian Mayer einen Besuch in dem 33 m hohen, achteckigen Beobachtungsturm zwischen dem Mannheimer Schloss und der Jesuitenkirche abzustatten.

Im zwischen 1776 und 1792 geführten Besucherbuch der Sternwarte sind neben den Namen bekannter Wissenschaftler und des Hochadels auch die mancher illustrer Gäste aus Kultur und Politik zu finden. So z.B. der von Wolfgang Amadeus Mozart, der die Sternwarte am 16. November 1778 aufsuchte und sich als „Mozart, Maitre de Chapelle" verewigte, oder der von Thomas Jefferson, der als Vertreter der neugegründeten Vereinigten Staaten von Amerika in der Zeit zwischen 1785 und 1789 als Diplomat in Paris weilte und Mannheim 1788 besuchte.

In den Schrecken der Französischen Revolutionskriege und mit der militärischen Besatzung der Sternwarte endeten die Einträge und wurden danach bis auf wenige Nachzügler nicht wieder aufgenommen. Unter diesen findet sich am 19. Juli 1857 als letzter Eintrag die Unterschrift von Friedrich Reiß, einem erfolgreichen badischen Unternehmer und Politiker.

Das Besucherbuch wurde im Rahmen eines gemeinsamen Projekts der Universitätsbibliothek Heidelberg, des Historischen Seminars und der Landessternwarte digitalisiert und ist unter diesem Link zugänglich: http://digi.ub.uni-heidelberg.de/diglit/sternwarte1777

Holger Mandel

C4.07

Literatur

Budde 2006 · Moutchnik 2006

SOLIS ET LUNÆ
ECLIPSEOS
OBSERVATIO ASTRONOMICA
FELICIBUS AUSPICIIS
SERENISSIMI AC POTENTISSIMI
ELECTORIS PALATINI
CAROLI THEODORI
FACTA SCHWEZINGÆ
IN SPECULA NOVA ELECTORALI
ANNO 1764. DIEBUS 17 MARTII ET 1 APRILIS
COMPARATA PLURIBUS EUROPÆ CELEBRIORIBUS OBSERVATIONIBUS
EJUSDEMQUE CLEMENTISSIMI PRINCIPIS
HONORIBUS
OBLATA QUARTO IDUS JULII EJUSDEM ANNI
A
Chriſtiano Mayer S. J.
Sereniſſimi ac Potentiſſimi Electoris Aſtronomo Aul. Almæ & Antiquiſſimæ
Univerſitatis Heidelbergenſis. Profeſſ. Mathef. & Phyſicæ Experimentalis P. & O.
Academiæ Bononienſis Scientiarum INSTITUTI Socio.

MANNHEMII,
Ex Typographejo Electorali-Aulico.

C4.08

C4.08

Solis et Lunae eclipseos observatio astronomica

Christian Mayer SJ
Mannheim: Kurfürstliche Hofbuchdruckerei, 1764
Druck auf Papier. H 23,7 cm, B 18,5 cm
Reiss-Engelhorn-Museen Mannheim, M990 (MAV) und Mh 833

Neben der Landesvermessung bildeten geographische Ortsbestimmungen eine der Grundaufgaben des Astronomen im 18. Jahrhundert. Die von Christian Mayer in lateinischer Sprache gehaltene Veröffentlichung berichtet über seine auf der Sternwarte Schwetzingen durchgeführten Beobachtungen während verschiedener Sonnen- und Mondfinsternisse, speziell über die Mondfinsternis vom 17. März 1764, die der Längenbestimmung der Schwetzinger Sternwarte dienten. Mayer bestimmte 29 Immersionen und 25 Emersionen des Erdschattens. Er verglich seine Ergebnisse mit den Beobachtungen anderer europäischer Sternwarten. Ein Vergleich der Resultate ergab die Längenunterschiede dieser Observatorien gegenüber Schwetzingen. Mayer kam dabei auf den Wert von 26 Grad, 18 Minuten und 30 Sekunden für die geographische Länge der Schwetzinger Sternwarte. Zur Ermittlung der geographischen Breite vermaß Mayer zwischen 1765 und 1766 insgesamt 76 Meridianhöhen und kam auf den Wert von 49 Grad, 23 Minuten und 4,5 Sekunden.

Schließlich legte Mayer noch den Schwetzinger Meridian fest, an dem das zu erstellende Kartenwerk ausgerichtet sein sollte. Da in Deutschland im 18. Jahrhundert erst acht Orte astronomisch festgelegt waren, bekam Mayer für seine Leistung den Beifall der Akademien in London und Paris.

Kai Budde

Quellen

GLA Karlsruhe, Fasz. 213/No. 3540 Acta die neue Sternwarte zu Mannheim betreff. Vol.1, Denkschrift, 31.12.1771, S. 2

Literatur

Kistner 1930, S. 53

C4.09

Gründliche Vertheidigung neuer Beobachtungen von Fixsterntrabanten

Christian Mayer SJ
Mannheim: Hof-und Akademie-Buchdruckerei, 1778
Druck auf Papier. H 19,5 cm, B 12 cm
Reiss-Engelhorn-Museen Mannheim, Mh 832

Die Beobachtung von Doppelsternen war für den Naturwissenschaftler und Universitätsprofessor Christian Mayer ein spezielles Aufgabengebiet. Zusammen mit seinem Gehilfen Johann Metzger entdeckte er zwischen 1776 und 1777 über 100 Doppelsterne. Er unterschied dabei sogenannte optische Sternenpaare und physische, also solche, die einander umkreisen. Kritik entzündete sich an Mayers Begriff der „Fixsterntrabanten", den einige Astronomen nur für Nebenplaneten angewendet sehen wollten. Ein starker Kritiker Mayers war der Wiener Astronom Maximilian Hell. Zu seiner Verteidigung veröffentlichte Mayer 1778 das oben genannte 300 Seiten starke Buch. Der Streitschrift ist eine Abbildung beigeheftet, die den Stern *Arcturus* im Sternbild Bootes zeigt. Mayer ordnet dem *Arcturus* insgesamt 15 kleinere Begleiter (*Comes*) zu. In 20 Jahren soll der Nebenstern des *Arcturus*, ein Stern 7. Größe, um 12 Kreissekunden von seiner früheren Position abgewichen sein. Dies ließ darauf schließen, dass der Stern eine eigene Bewegung vollzog.

Kai Budde

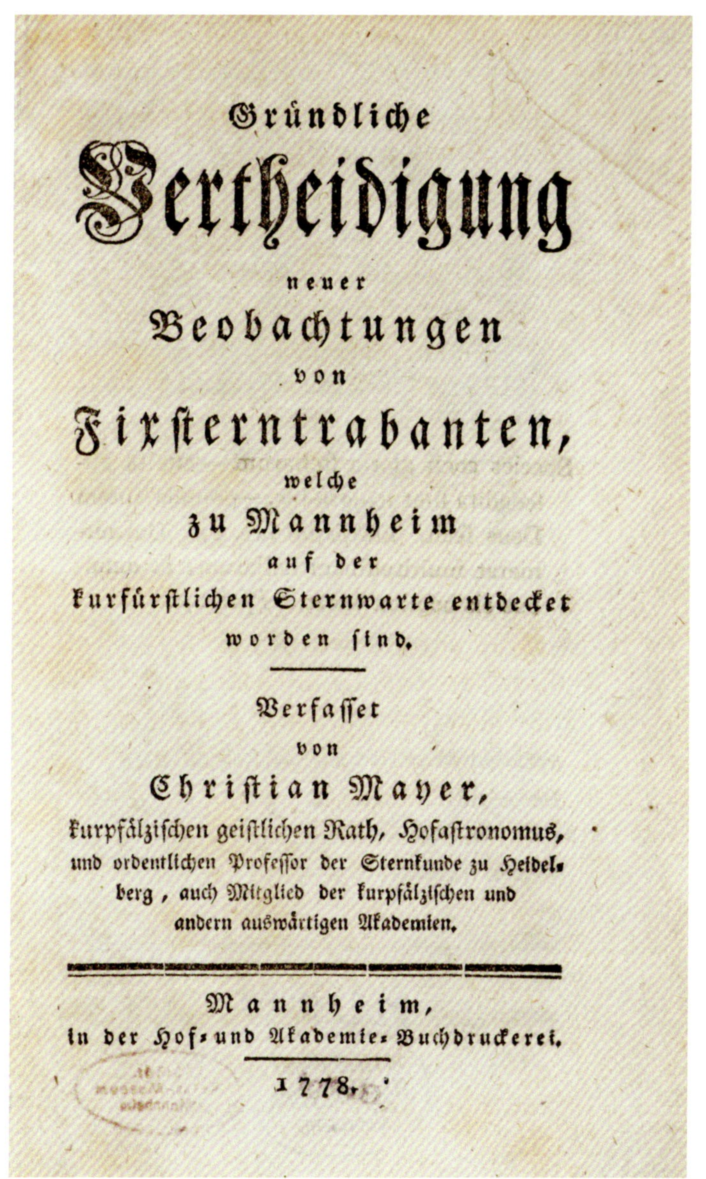

Gründliche
Vertheidigung
neuer
Beobachtungen
von
Fixsterntrabanten,
welche
zu Mannheim
auf der
kurfürstlichen Sternwarte entdecket
worden sind.

Verfasset
von
Christian Mayer,
kurpfälzischen geistlichen Rath, Hofastronomus,
und ordentlichen Professor der Sternkunde zu Heidelberg, auch Mitglied der kurpfälzischen und
andern auswärtigen Akademien.

Mannheim,
in der Hof- und Akademie-Buchdruckerei.
1778.

C4.09

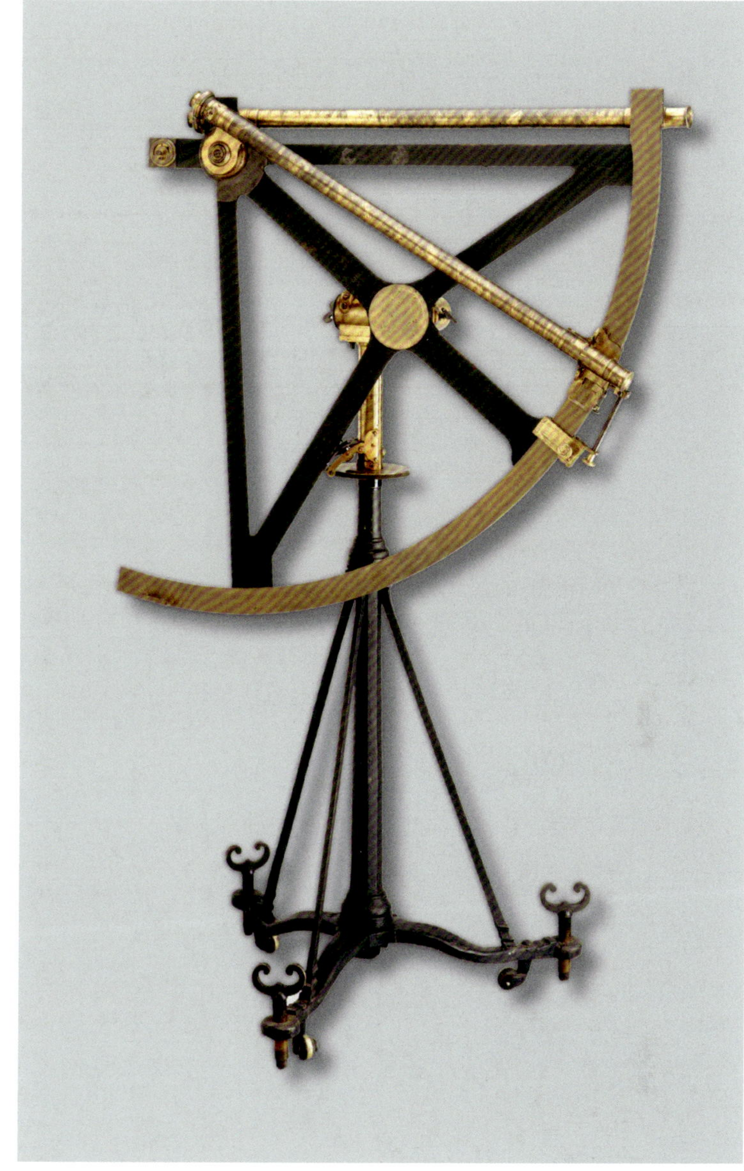

C4.10

C4.10
Transportabler Quadrant

Canivet († 1774)
Paris, 1758
Messing, Eisen. H 125 cm, Radius 82 cm
TECHNOSEUM, Landesmuseum für Technik und Arbeit in Mannheim,
EVZ:1983/046-025

Der bewegliche Quadrant wurde 1757 von Christian Mayer bei dem Instrumentenbauer Canivet in Paris bestellt und 1758 nach Heidelberg geliefert. Bezeichnet ist er mit *fait par Canivet ingenieur De Messieurs De L'Académie Royale des Sciences en 1758. Canivet à la sphère Paris.*

Der Kaufpreis betrug 1.500 Livres. Er kam 1762 an die Schwetzinger Sternwarte, 1774 an die neue Sternwarte nach Mannheim. Das Instrument greift in seiner Konstruktion auf den 1669 von Jean Picard angefertigten Quadranten zurück und besitzt ein starres und ein bewegliches Fernrohr. Die Öffnung der beiden nicht achromatischen Objektive beträgt 15 mm, die Brennweite 90 cm mit jeweils 20-facher Vergrößerung. Der Viertelkreis, an dem die Fernrohre montiert sind, ist vertikal und horizontal einstellbar. Der Quadrant wurde sowohl bei Sternenbeobachtungen als auch bei der kartographischen Vermessung der Kurpfalz eingesetzt.

Kai Budde

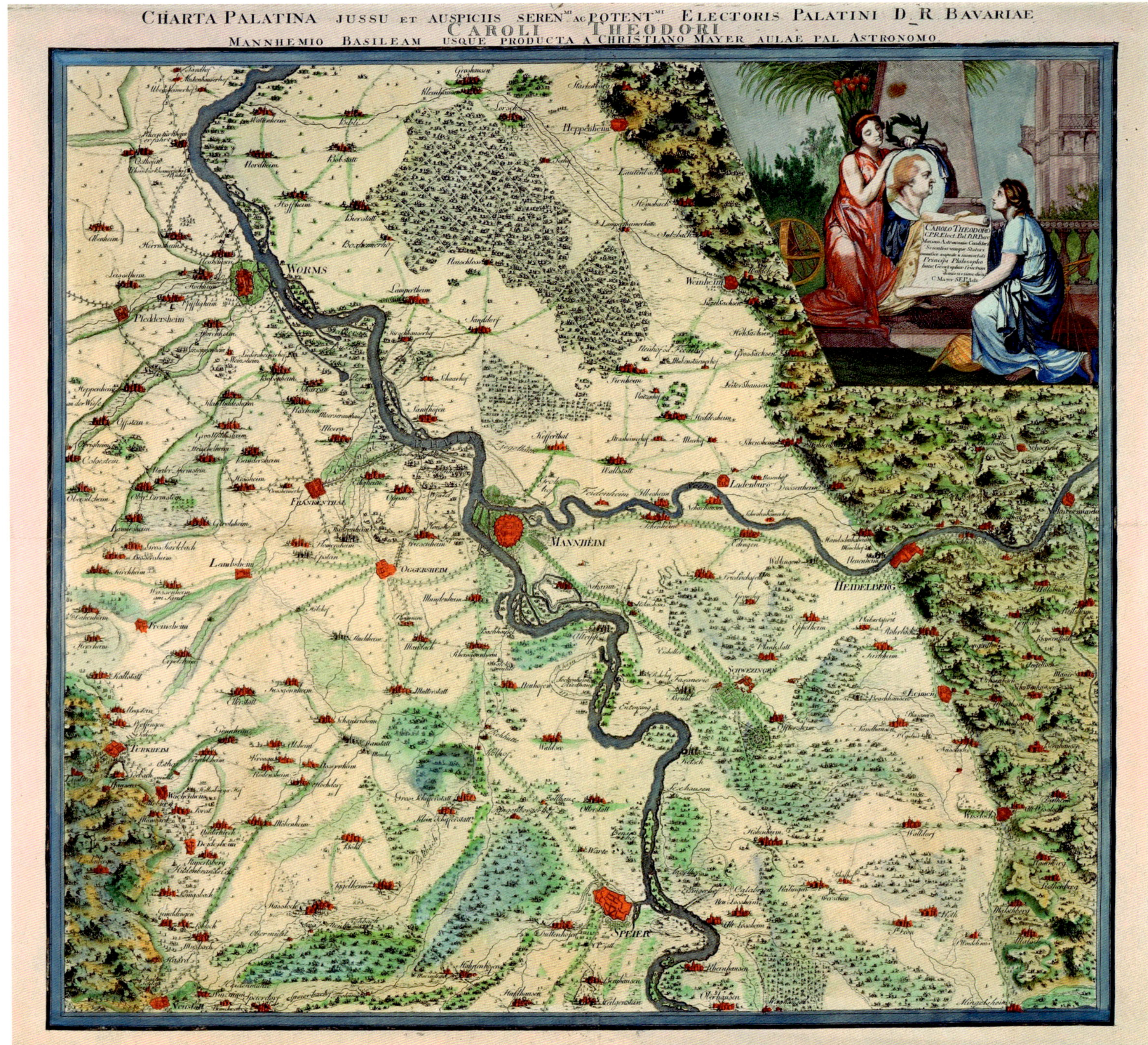
CHARTA PALATINA JUSSU ET AUSPICIIS SEREN^MI AC POTENT^MI ELECTORIS PALATINI D. R. BAVARIAE
CAROLI THEODORI
MANNHEMIO BASILEAM USQUE PRODUCTA A CHRISTIANO MAYER AULAE PAL. ASTRONOMO
WORMS
MANNHEIM
HEIDELBERG
FRANKENTHAL
OGGERSHEIM
SPEIER
Weinheim
Ladenburg
Schwezingen
Turkheim
Landsheim
Freinsheim

C4.11

C4.11

Große Kurpfalzkarte (*Charta Palatina*): Karte des Gebiets zwischen Worms, Mannheim, Heidelberg, Speyer und Turkheim (Bad Dürkheim) aus dem Jahr 1774

Charta Palatina iussu et auspiciis Seren[issimi] ac Potent[issimi] Electoris Palatini D[ucis] R[egentis] Bavariae Caroli Theodori Mannhemio Basileam usque producta a Christiano Mayer Aulae Pal[atinae] Astronomo
Christian Mayer SJ (Verfasser), Josef Schwarz (Zeichner), Egid Verhelst (Kupferstecher)
Mannheim, 1780
Kolorierter Kupferstich im Maßstab 1 : 75.500.
H 61,5 cm, B 66,1 cm
Reiss-Engelhorn-Museen Mannheim, G Bd 145, g

Das 1774 weitgehend fertiggestellte, aber erst 1780 aufgelegte nördliche Blatt der *Charta Palatina* ist Teil einer auf fünf Blätter angelegten Karte der Oberrheinebene von Mannheim bis Basel, die der renommierte Hofastronom und Heidelberger Professor für Mathematik und Physik Christian Mayer (1719–1783) im Auftrag Carl Theodors erstellte. Die Karte, von der nur zwei – von Egid Verhelst in Kupfer gestochene – Blätter erschienen, die zusammen das Gebiet von Worms bis Karlsruhe abdecken, basiert auf systematischen geodätischen Messungen Mayers, die er unter Anwendung der vom französischen Kartographen César François Cassini de Thury weiterentwickelten Triangulationsmethode (Dreiecksberechnung) durchführte. Hierfür hatte der Jesuit Mayer, der erst nach der Auflösung des Jesuitenordens 1773 Mitglied der kurpfälzischen Akademie der Wissenschaften wurde, Spezialinstrumente in Paris beschafft, u. a. einen Quadranten bei Canivet, siehe Kat.-Nr. C4.10.

Für den Maßstab der nach Norden (NNW) ausgerichteten *Charta Palatina* legte er – wie schon bei der Kleinen Pfalzkarte Basis *Novae Chartae Palatinae* von 1773 – die *Toise du Pérou*, die offizielle französische Längenmaßeinheit von 1766, zugrunde (1 *Toise* = 1,949036 m). Auf Wunsch Carl Theodors ist die Darstellung der allgemeinen Topographie im Unterschied zur Kleinen Pfalzkarte aber viel stärker profiliert und plastischer, und die Zeichnung, die der Administrationsrenovator Josef Schwarz besorgte, bleibt den stilistischen Standards der zeitgenössischen Kartographie verpflichtet, präsentiert das Gebiet etwa in der Manier der Vogelperspektive.

Die allegorische Ausmalung der Vignette zeigt zwei Genien, die ein Medaillon mit dem Porträt Carl Theodors und eine ausgerollte Urkunde halten. Die lateinische Dedikation preist den Kurfürsten als Begründer der Astronomie, Protektor der Wissenschaften und Philosophen. Im Hintergrund sind die auf Veranlassung Mayers errichtete Mannheimer Sternwarte und eine Steinpyramide zu erkennen, wie er sie als trigonometrische Punkte an verschiedenen Stellen für seine Vermessung errichtet hatte. Erd- und Himmelsglobus sowie Quadrant mit Fernrohr symbolisieren als wissenschaftliche Attribute Astronomie und Geodäsie.

Jörg Kreutz

Literatur

Andreas 1986 · Hellwig/Reiniger/Stopp 1984 · Kistner 1930 · Merkel 1928 · Moutchnik 2006, S. 128, S. 474 · Neumann 1994 · Probst 1984 · Weiss 1903

C4.12

Figur eines sitzenden Luohan

China, vor 1800
Speckstein und Holz. H 18 cm, B 8 cm
Reiss-Engelhorn-Museen Mannheim, II As 3182

Der Arbeit jesuitischer Missionare in Asien, im 18. Jahrhundert vor allem in China, verdankt Europa eine Begeisterung für die vermeintlich bessere, ferne Welt. Diese Begeisterung äußerte sich auch in einer steigenden Nachfrage nach Exotika und der Nachahmung chinesischer Kunst in Europa. Während der Zeit der Ming-Dynastie (1368–1644) war Europäern der Zutritt zum Reich der Mitte lange verwehrt. Die Kaiser der nachfolgenden Qing-Dynastie öffneten im 18. Jahrhundert das Land, einige jesuitische Missionare nahmen am Kaiserhof wichtige Positionen ein. Dennoch war christliche Mission dort nicht dauerhaft von Erfolg gekrönt. Der Buddhismus blieb die wichtigste Religion Chinas.

Im buddhistischen Glauben fungieren die sogenannten Luohan, auch Lohan oder Arhat genannt, als Glaubenswächter. Sie sind beliebte Motive in der chinesischen Kunst und werden häufig in Gruppen von 18 Luohan dargestellt, die als die ursprünglichen Schüler Buddhas gelten. Als Erleuchtete waren sie aus dem Kreislauf von Leben, Tod und Wiedergeburt ausgetreten und erwarteten das Kommen des Maitreya, des Buddhas der Zukunft. Ihre Attribute weisen auf bestimmte Eigenschaften und Funktionen hin. Die hier gezeigte Figur eines Luohan fällt durch ihren mageren, asketischen Körper und die buschigen Augenbrauen auf. Ungewöhnlich ist die Sitzpose auf einem Felsen, in der vor allem die nach Erleuchtung strebenden Bodhisattvas gezeigt werden. Der abgebrochene rechte Arm war vermutlich leicht erhoben und deutete eine Entspannungspose an. Möglicherweise wurde der gedrechselte Holzsockel erst in Europa angefertigt und gehört nicht ursprünglich zur Figur. Im Naturalienkabinett von Kurfürst Carl Theodor befanden sich mehrere dieser Figuren aus Speckstein, doch ist nur für diese noch die originale Inventarnummer N 7 erhalten.

Martin Schultz

Literatur

Baumann 1882 · Kistner 1930

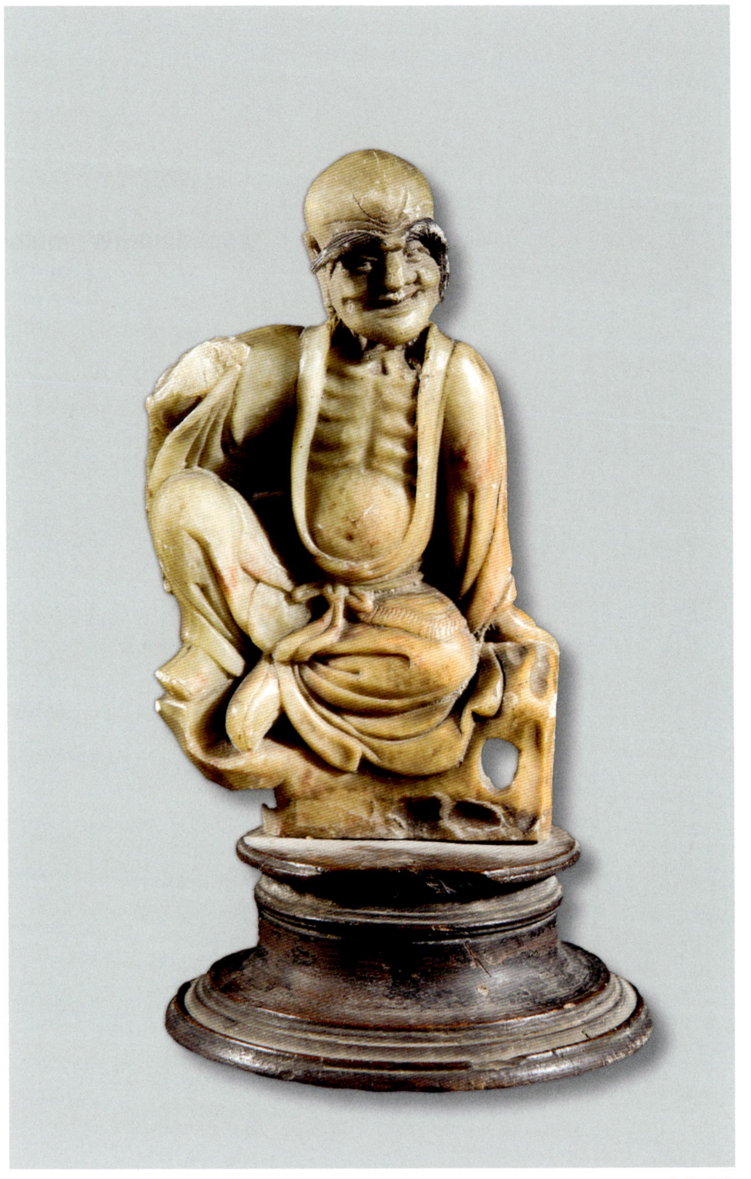

C4.12

des Naturalienkabinetts datieren. Der Zeitpunkt des Eingangs in die Sammlungen lässt sich bisher nicht genau bestimmen, ebenso wenig der Vorbesitzer. Sie könnten vom Florentiner Händler Antonio Fabbrini stammen, der den kurfürstlichen Hof unter anderem mit Mineralien und Ethnographica belieferte.

Die aus dem 17. Jahrhundert stammenden Kataloge des Ashmolean Museum in Oxford und der heute im dänischen Nationalmuseum in Kopenhagen befindlichen Gottorf'schen Sammlungen listen zusammen elf vergleichbare Keulen aus „Brasilien-Holz" auf.

Aus einem im tropischen Südamerika verbreiteten Hartholz hergestellt, wurden die Breitseiten im oberen Bereich reich beschnitzt und die Muster dann farblich hervorgehoben, die Schmalseiten blieben unverziert. Der schwedische Ethnologe Hjalmar Stolpe beschrieb 1896 als Erster diese Form südamerikanischer Keulen und stellte die ihm bekannten Exemplare in einer Publikation zusammen. Im 1882 begonnenen Katalog des Großherzoglichen Antiquariums zu Mannheim sind für einige der südamerikanischen Objekte die von Stolpe vorgenommenen Herkunftsbestimmungen vermerkt.

Die größere der beiden Keulen misst fast 134 cm und stellt damit eine der längsten dieser Art dar. Stolpe listet vier weitere in anderen Museen, die ein fast identisches Motiv zeigen. Die kürzere Keule weist ein exzentrisches Muster in Gelb auf, für das bisher keine Vergleiche bekannt sind. Vermutlich dieselbe Farbe findet sich auf drei weiteren südamerikanischen Stücken des Naturalienkabinetts: einem Becher, einem Schnupfgerät und einem dritten, dessen Funktion nicht bekannt ist.

Martin Schultz

Literatur

Baumann 1882 · Dam-Mikkelsen/Lundbæk 1980 · Kistner 1930 · MacGregor 1983 · Stolpe 1896

C4.13a/b
Zwei südamerikanische Holzkeulen

Brasilien oder nördliches Südamerika, vermutlich vor 1700
Holz und Farbmittel. H 133 cm, B 12 cm und H 64 cm, B 9 cm
Reiss-Engelhorn-Museen Mannheim, V Am 1986 und V Am 1984

Bereits vor der Gründung des Mannheimer Naturalienkabinetts im Jahre 1763 verfügten die Kurfürsten von der Pfalz über eine Sammlung außereuropäischer Gegenstände, die, wie bereits in der Renaissance üblich, in den Räumen der Garderobe aufgestellt waren. Die beiden südamerikanischen Keulen lassen sich durch Vergleichsobjekte in anderen Museen mit einiger Sicherheit deutlich vor die Zeit der Gründung

C 4.14
Vergoldeter Bogen, fünf Pfeile, Bogenfutteral

osmanisch, 18. Jahrhundert oder früher
Holz, Horn, Farbmittel, Leder, Samt, Gold, Eisen.
H 78 cm
Reiss-Engelhorn-Museen Mannheim, II As 4244,
II As 3727-33731 und II As 4243

Neben Frankreich zählte im 17. Jahrhundert vor allem das Osmanische Reich zu den Gegnern der deutschen Kaiser. Während der Türkenkriege des ausgehenden 18. Jahrhunderts gelangten zahlreiche Sammlungen an Waffen und Ausrüstungsgegenständen der türkischen Heere in den Besitz des europäischen Adels, bekannt wurde vor allem die Karlsruher Türkenbeute.

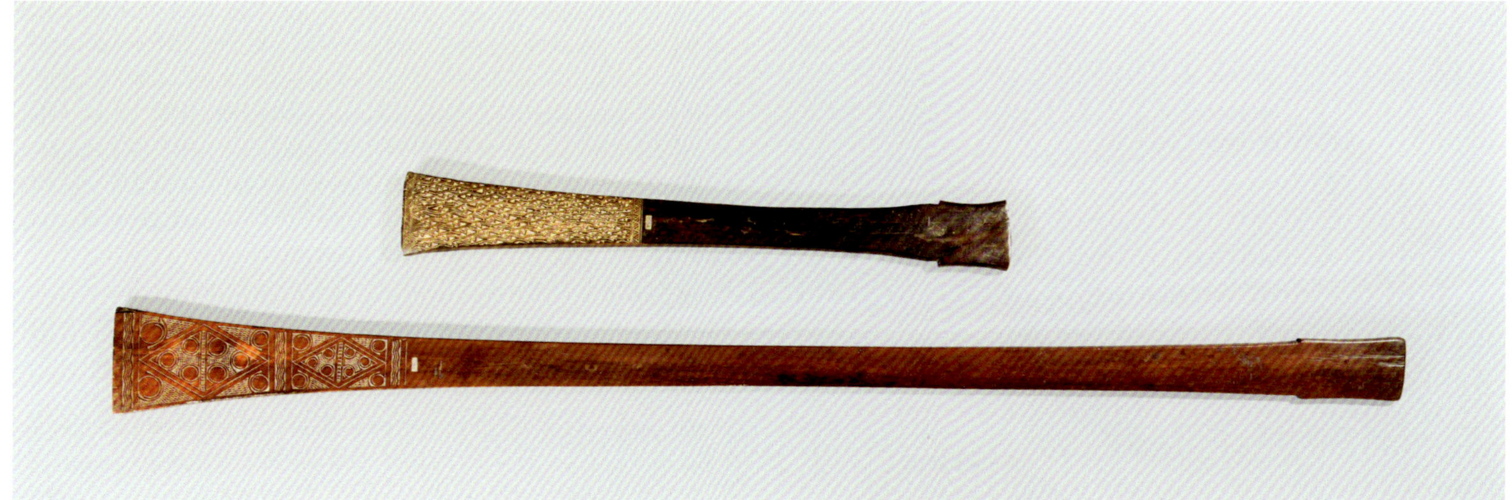

C4.13a/b

Auch das Naturalienkabinett in Mannheim beherbergte einige dieser Stücke. Ihr genauer Weg in die Mannheimer Sammlungen ist bisher nicht nachvollziehbar. Kurfürst Carl III. Philipp von der Pfalz kämpfte in Ungarn gegen die türkischen Heere und könnte so die Quelle dieser Objekte sein. Gleichzeitig fällt bei dem hier gezeigten Bogenfutteral und den Pfeilen die große Ähnlichkeit zu Stücken der Karlsruher Türkenbeute auf. Die identischen Maße und fast vollkommen gleiche Musterung lassen die Vermutung zu, dass die Stücke als Doubletten nach Mannheim abgegeben worden sein könnten.

Dem vergoldeten Reflexbogen fehlt heute die Sehne. Beide Enden sind an der Sehnenkerbe abgebrochen. Er stammt möglicherweise von den Krimtataren. Die fünf Pfeile aus Kiefernholz sind mit kurzen Eisenspitzen bewehrt. Das hintere Ende des Schaftes wurde sehr aufwendig vergoldet und mit einem zweifarbigen Rechteckmuster versehen. Im Landesmuseum Karlsruhe finden sich zwei identische Pfeile aus dem Bestand der Türkenbeute.

Auch zu dem ledernen Bogenfutteral findet sich ein Gegenstück. Das zentrale Feld zeigt eine große Nelkenblüte aus Silberdraht auf rotem Samtgrund, zwei weitere Nelkenblüten darunter und zwei in den Ecken darüber. Umrahmt werden diese von einer umlaufenden Zierleiste. Mit der noch erhaltenen ledernen Tragschlaufe wurde das Bogenfutteral am Gürtel befestigt. Dieses diente dazu, den gespannten Bogen aufzunehmen. In einem separaten, ebenfalls am Gürtel getragenen Köcher wurden die Pfeile aufbewahrt. Der zu diesem Bogenfutteral gehörige Pfeilköcher ist jedoch nicht erhalten.

Martin Schultz

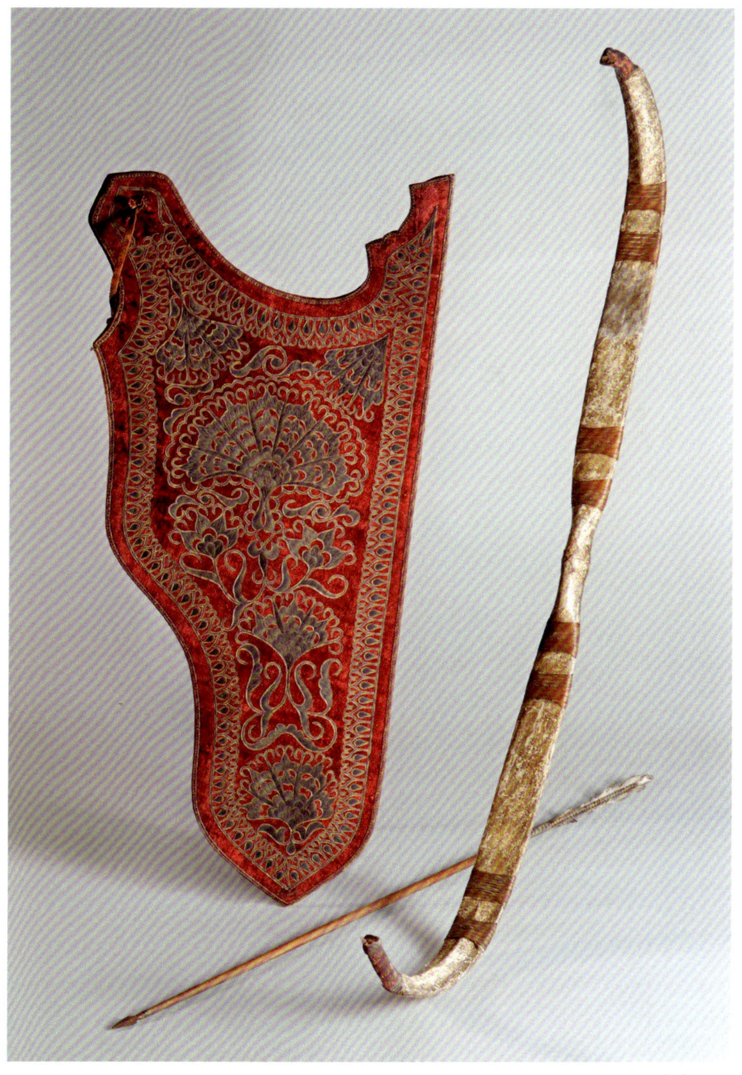

C4.14

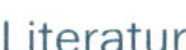

Literatur

Baumann 1882 · Kat. Karlsruhe 1991

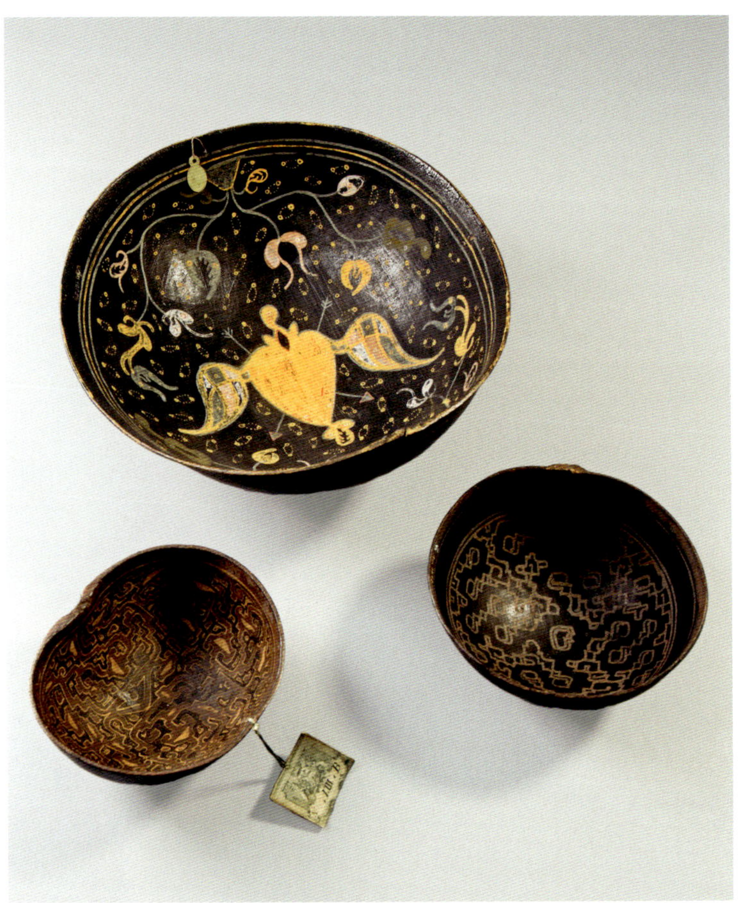

C4.15a–c

C4.15a–c
Drei südamerikanische Kalebassenschalen

Brasilien oder nördliches Südamerika, vermutlich alle vor 1800
Kalebassen und Farbmittel.
H 5,5 cm, B 13 cm; H 11,5 cm, B 27 cm; H 6,5 cm
Reiss-Engelhorn-Museen Mannheim, V Am 1886,
V Am 1885 und V Am 1887

Aus den Beständen des Naturalienkabinetts von Kurfürst Carl Theodor sind heute noch etwa 60 Stücke in den völkerkundlichen Sammlungen der Reiss-Engelhorn-Museen zu finden. Eine auf der Innenseite in exzentrisch-geometrischem Muster bemalte Schale aus der Frucht der Baumkalebasse ist jedoch das einzige Objekt, an dem sich noch das originale, vermutlich von Alessandro Collini geschriebene Etikett erhalten hat. Es ist mit einem türkisgrünen Seidenfaden an der Kalebasse befestigt. Auf einer Seite zeigt es das kurfürstliche Wappen und in römischen Ziffern die Schranknummer LIII, wo das Stück in Fach B aufbewahrt wurde. Auf der anderen Seite wird in italienischer Sprache die Kalebasse als „Scorza del Cuiete Americ." beschrieben. Darüber ist die Inventarnummer N. 149 zu lesen und in Wiederholung die Schranknummer LIII B. Die Bemalung der Schale entspricht dem im Amazonasgebiet von Südamerika beheimateten Napo-Stil.

Auch eine weitere Kalebasse ist in diesem Stil bemalt. Eine nächste, größere Kalebasse ist in Ölfarben floral verziert worden. Solche Arbeiten entstanden durch europäischen Einfluss und unter Verwendung von Europäern hergestellten Materialen vor allem im Umfeld von Missionsstationen. Typisch sind hierbei neben den Blütenmustern die zentralen Herzformen, an die, wie auch hier, seitlich teils Flügel oder flügelähnliche Formen angesetzt sind. Solche Stücke wurden vermutlich vor allem für den Verkauf hergestellt und zeigen selten Gebrauchsspuren. Sie waren bis etwa zur Mitte des 19. Jahrhunderts beliebt und können, wenn auch nicht in großer Zahl, in einigen frühen Museumssammlungen gefunden werden, so etwa im Grassi Museum in Leipzig oder dem Cuming Museum in London. Die außen glatten Kalebassen wurden halbiert und innen gesäubert und geglättet. Standen keine stark deckenden Ölfarben zu Verfügung, konnte die zu bemalende Fläche zuerst grundiert werden, um sie später mit dem vorgesehenen Muster aus Erd- oder Pflanzenfarben zu verzieren. Die Bedeutung der verwendeten Muster ist nicht bekannt.

Martin Schultz

Literatur

Bischof 1981 · Bischof 1997 · Baumann 1882 · Collini 1767 · Dam-Mikkelsen/Lundbæk 1980 · Zerries 1980

C5
Kurpfalz-Bayern – Der Erbfall im Jahr 1777

Als im Dezember 1777 der letzte bayerische Wittelsbacher Maximilian III. Joseph kinderlos verstarb, hatte dies weitreichende Folgen für die Pfalzgrafschaft bei Rhein. Nun traten Erbverträge in Kraft, deren Basis der Hausvertrag von Pavia gelegt und der 1329 zur Entstehung der bayerischen und der pfälzischen Linie geführt hatte. Im 18. Jahrhundert trafen die Pfälzer und die bayerischen Kurfürsten mehrere Vereinbarungen über die gegenseitige Sukzession und zum Erhalt des Gesamthauses Wittelsbach. Dieses Erbe fiel nun Carl Theodor zu, der erstmals seit dem 14. Jahrhundert die Kurpfalz und Bayern in Personalunion regierte. Die Verträge hatten jedoch München zur Residenz bestimmt, so dass Mannheim nach kaum 60 Jahren seine privilegierte Stellung einbüßte. Das Verhältnis des Kurfürsten zu seiner neuen Hauptstadt und den neuen Untertanen blieb schwierig. Unbeliebt machte sich der Pfälzer nicht zuletzt durch – von dritter Seite vereitelte – Pläne, weite Teile Bayerns gegen die Habsburgischen Niederlande einzutauschen.

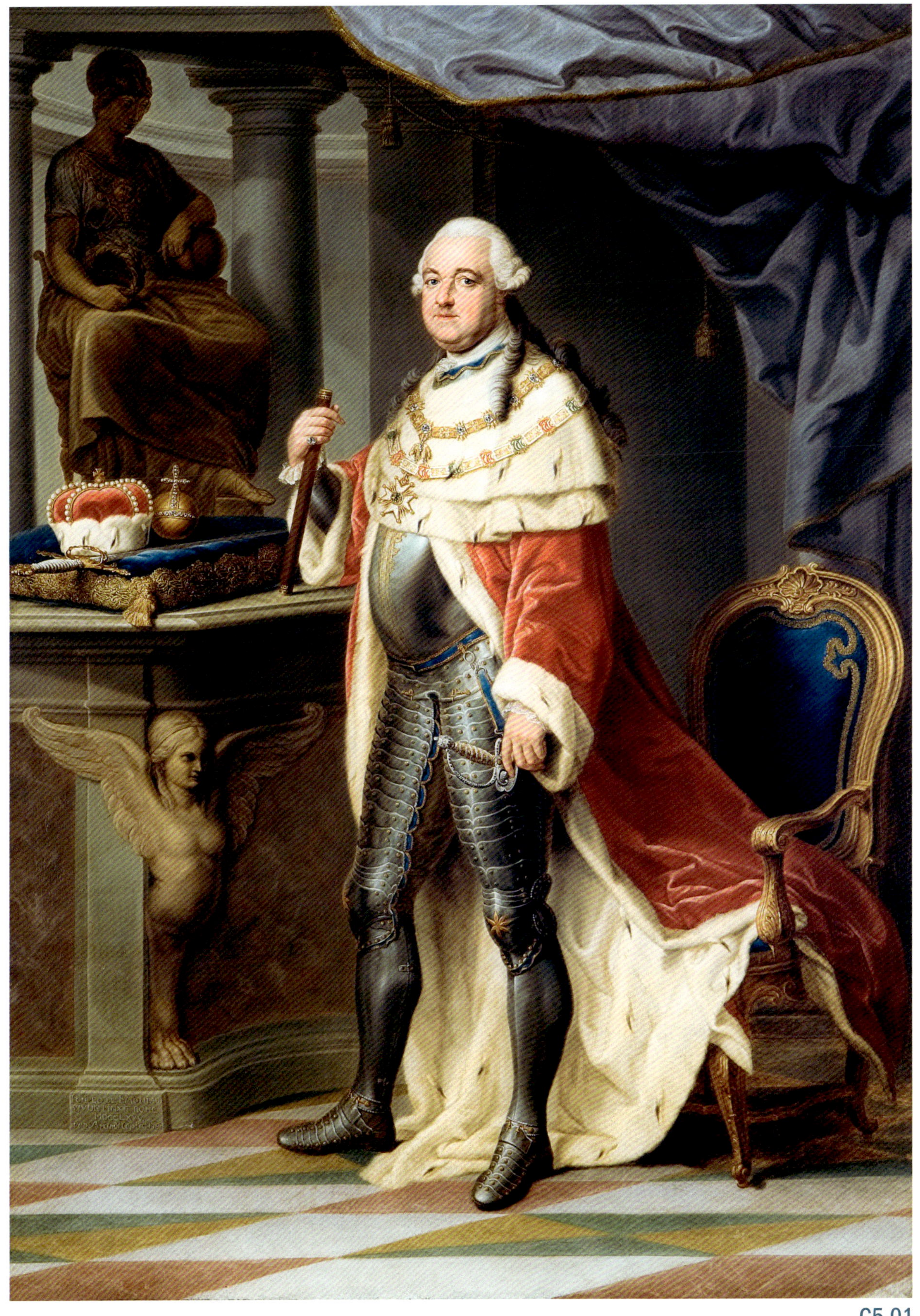

C5.01

C5.01
Porträt des Kurfürsten Carl Theodor

Heinrich Carl Brandt (1724–1787), 1781
Öl auf Leinwand. H 237 cm, B 171 cm
Reiss-Engelhorn-Museen Mannheim, O 269

Der Kurfürst steht, bekleidet mit Harnisch und Kurmantel, auf dem die Ketten des Hubertusordens und des Ordens vom Goldenen Vlies liegen, vor einem Marmorpodest. Darüber ist in einem halbrunden Raum die Sitzfigur der Göttin Minerva als Schutzherrin der Kriegskunst, aber auch der Künste und der Wissenschaften erkennbar. Carl Theodor stützt sich mit dem Marschallstab auf das Podest, auf dem der Kurhut, das Kurschwert und der Reichsapfel auf einem blauen Samtkissen liegen.

Das Podest ist mit einer Sphinx geschmückt, dem Symbol der Weisheit des Regenten, und trägt am Sockel eine Inschrift, die auf die Künstler verweist: „POMPEO DE BATTONI AD/VIVUM PINXIT ROME/MDCCLXXV. Ano:/von Brandt Copiret 1781". Carl Theodor hatte während seines Aufenthaltes in Rom 1774/1775 bei Pompeo Girolamo Batoni (1708–1787), einem der damals bekanntesten und von auswärtigen Adligen sehr geschätzten Porträtisten, gleich zwei Bildnisse bestellt – ein Halbfigurenporträt und ein ‹offizielles› Porträt.

Von diesem Gemälde ließ der Kurfürst eine Reihe von – das Original zumeist in der Gestaltung der Orden oder Insignien variierende – Kopien anfertigen, darunter diejenige von Heinrich Carl Brandt, einem der wichtigsten Mitglieder der Mannheimer Zeichnungsakademie. Statt des Löwenordens im Bild von Batoni findet sich hier der Orden vom Goldenen Vlies (den Carl Theodor erst drei Jahre nach der Entstehung des Batoni-Porträts erhielt), statt der Kaiserkrone als Hinweis auf das Reichsvikariat wählte Brandt den Reichsapfel, da der Kurfürst 1778 zusammen mit der bayerischen Kurwürde auch das Amt des Erztruchsessen übernommen hatte.

Claudia Braun

Literatur

Ausst.-Kat. Mannheim 1999, S. 50, Kat.-Nr. 2.0.1 · Grotkamp-Schepers 1980, S. 121–123

C5.02a/b
Medaille auf den Regierungsantritt Carl Theodors in Bayern 1777

Joseph Ignatz Scheufel, 1778/79
Silber. Dm 5,1 cm
Kurpfälzisches Museum der Stadt Heidelberg, M 9098

Medaille auf die Vereinigung der Pfalz mit Bayern am 30. Dezember 1777

Joseph Caspar Schwendimann, 1785
Gold. Dm 7,2 cm
Kurpfälzisches Museum der Stadt Heidelberg, M 1258

Am Silvesterabend 1777 starb Max III. Joseph, am 2. Januar traf Carl Theodor in München ein, um die Herrschaft im vereinigten Kurfürstentum anzutreten. Aber erst am 9. Oktober 1778 zog er mit seiner Gemahlin feierlich in die neue Residenz ein. Vermutlich erst danach erhielt Joseph Ignatz Scheufel den Auftrag, die Medaille zu schneiden. Die Vorderseite zeigt das Brustbild des Kurfürsten im Harnisch mit Hermelinmantel, Goldenem Vlies und St. Georgsordenskreuz sowie die Initialen des Graveurs (I[oseph] · S[cheufel] · F[ecit]). Die Rückseite zeigt eine Fanfare blasende und im gerauteten Kleid über eine Landschaft schwebende Fama. Deutlich ist im Hintergrund München zu erkennen, im Vordergrund rechts ein Baumstumpf mit frischen Trieben. Die Umschrift „BOIORVM FIDES" rühmt die Treue der bayerischen Untertanen ebenso wie die Inschrift im Abschnitt „ACCLAMATO AB OMNIBVS / PRINCIPE · XXX · DEC · / MDCCLXXVII."

Eine zweite, größere und in Gold geprägte Medaille zeigt auf der Vorderseite den Kurfürsten im Schuppenharnisch mit Medusenhaupt und umgeschlagenem Mantel. Unter dem Armabschnitt ist zu erkennen *„JOS. · SCHWENDIMAN ·F.[ecit]."* Die Umschrift hebt den neuen Titel des Kurfürsten „CAROL[us] · THEODOR[us] · D[ei] · G[ratiae] · C[omes] · P[alatinus] · R[heni] · BOI[oariorum]· DUX · S[acri] · R[omani] · I[mperii] · A[rchi]·D[apifer] · ELECTOR" hervor. Die Rückseite, deren Umschrift „NOVUM SAECULUM" auf das neue Zeitalter verweist, das – wie die Datierung im Abschnitt belegt – am „XXX DECEMBRIS / MDCCLXXVII" begann, veranschaulicht in einem der antiken Münzikonographie verpflichteten Bildprogramm die Vereinigung der Pfalz mit Bayern. In der Mitte umarmen sich Palatina und Bavaria unter einer Palme, an deren Stamm die Wappenschilde beider Territorien befestigt sind. Flankiert werden die allegorischen Frauengestalten von drei liegenden bärtigen Flussgöttern und einer stehenden Flussgöttin. Die Inschriften auf den Wasserurnen weisen zum einen „RHENVS" und „NACRVS" (Rhein und Neckar), zum anderen „DANVVIVS" und „ISARA" (Donau und Isar) aus. Auf einem Stein unter der Urne des Rheins ist zu lesen „1785 IOS · / SCHWENDI / MAN · F · ROMAE." Die Medaille wurde – nach Entwürfen Anton von Verschaffelts und Vorarbeiten der Medailleure Martin Krafft und Michael Lehrner – schließlich von dem in Rom lebenden Schweizer Medailleur Joseph Capar Schwendimann gefertigt.

Wilhelm Kreutz

Literatur

Stemper 1997a, S. 528, Nr. 539, S. 529 f., Nr. 541

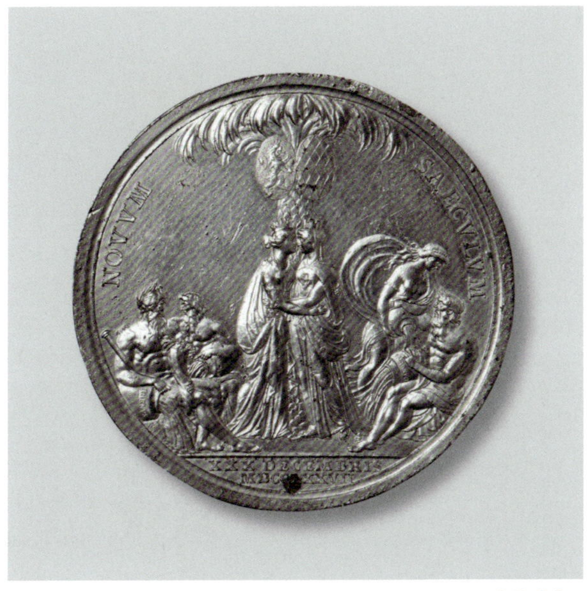

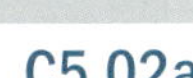

C5.02a

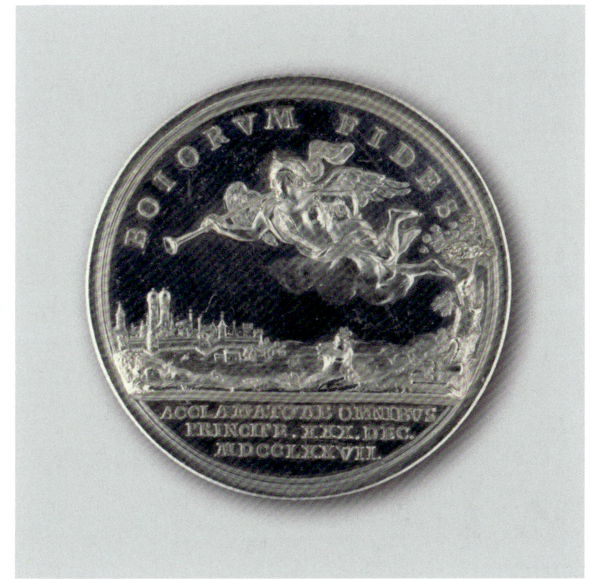

C5.02b

C5.03
Reskript zur Verlegung der Residenz von Mannheim nach München

Kurpfälzische Regierungskanzlei Mannheim, 30. Juni 1778
Aktenstück, Papier. H 32,2 cm, B 19,5 cm
Landesarchiv Baden-Württemberg,
Generallandesarchiv Karlsruhe, 77 Nr. 4129 Bl. 3

Auf die Nachricht vom Tode des letzten bayerischen Kurfürsten Maximilian III. Joseph war Kurfürst Carl Theodor noch in der Silvesternacht 1777/78 überstürzt nach München aufgebrochen, um dort die Regierung zu übernehmen. Die Regelung der Verhältnisse in der nunmehr zu einem Nebenland gewordenen Kurpfalz erforderte Ende Juni 1778 noch einmal seine Anwesenheit in Mannheim. Mit der Leitung der Regierungsgeschäfte betraute er den Geheimen Staats- und Konferenzminister Franz Albert Leopold Freiherr von Oberndorff, dem in der Folge eine Statthalterfunktion zukam. Oberndorff zeichnete bereits diese Anordnung gegen, mit der Carl Theodor seinen kurpfälzischen Untertanen, besonders den Mannheimern, die Verlegung der Residenz nach München erträglicher gestalten wollte. Er habe „die verschiedenen Bezeigungen inerlichen Leidwesens“ wahrgenommen und erteile nun „die huldreichste Zusicherung, […] durch wiederholte Anherokunft und hieselbstigen Aufenthalt […] solche Regungen und erleidenden Verlust möglichst zu verhindern.“ Die Regierung möge dies bekanntmachen.

Volker Rödel

Literatur

Gigl 1999a · Distler 2000 · Ebersold 1985

C5.04
Mandat zur Regierungsübernahme des Kurfürsten Carl Theodor in Bayern

München, 30. Dezember 1777
Papier, Druck. H 46 cm, B 37,5 cm
München, Bayerisches Hauptstaatsarchiv – Geheimes Hausarchiv, Korrespondenzakten 844

Gemäß einer Bestimmung des im ersten Absatz des Mandats herangezogenen Hausvertrags von 1774 waren in München und Mannheim für den Erbfall bereits ausgefertigte unterschriebene und besiegelte Regierungsübernahmepatente durch den jeweiligen Erbfolgeberechtigten hinterlegt worden, in die im Todesfalle der jeweilige Kanzler nur noch das Datum einzusetzen hatte. Als am 30. Dezember 1777 in München unerwartet der jüngere der beiden Kurfürsten, Maximilian III. Joseph von Bayern, zuerst starb, war daher alles vorbereitet, Carl Theodor von der Pfalz sogleich zum Nachfolger zu proklamieren. Um diesen Vorgang der Öffentlichkeit bekanntzugeben, wurde sogleich ein Abdruck des Patents in Auftrag gegeben, an verschiedenen Plätzen in München ausgehängt und an die Behörden im Lande verschickt. Zugleich wurden die Stände, Beamten und Untertanen aufgefordert, dem neuen Landesherrn zu gehorchen, der sie seiner „Huld, Gnad, Vorsorg und Beschirmung“ versicherte und ihre Rechte bestätigte. Die Beamten wurden darüber instruiert, wie sie sich hinsichtlich des landesherrlichen Titels bei Beurkundungen, des provisorischen Gebrauchs der alten Siegel und der Ablegung eines neuen Diensteids zu verhalten hatten. Veranlasst hat die Bekanntmachung des Mandats der Geheime Ratskanzler Freiherr von Kreittmayr, dessen Gegenzeichnung auch abgedruckt ist. Kurfürst Carl Theodor erfuhr vom Tod Maximilian Josephs erst während des Jahres-

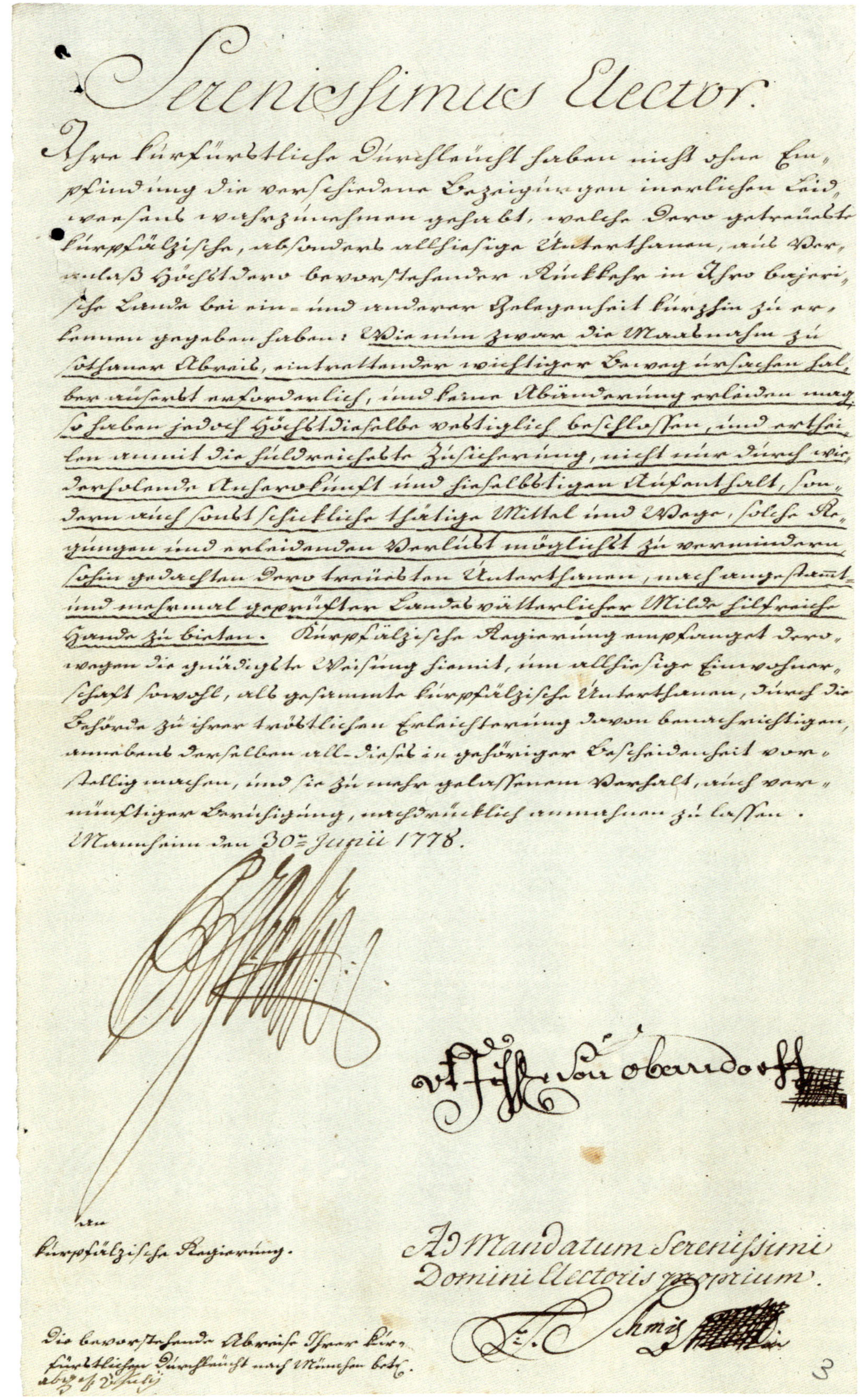

Serenissimus Elector.

Ihro kurfürstliche Durchlaucht haben nicht ohne Empfindung die verschiedene Bezeigungen innerlichen Leidwesens wahrzunehmen gehabt, welche Dero getreueste kurpfälzische, absonderlich allhiesige Unterthanen, auf Veranlass Höchstdero bevorstehender Rückkehr in Ihro bajerische Lande bei ein- und anderer Gelegenheit kürzlich zu erkennen gegeben haben: Wie nun zwar die Maasnehme zu sothaner Abreis, eintrettender wichtiger Bewegursachen halber äusserst erforderlich, und keine Abänderung erleiden mag, so haben jedoch Höchstdieselbe vestiglich beschlossen, und ertheilen anmit die huldreicheste Zusicherung, nicht nur durch wiederholende Anherokunft und hieselbstigen Aufenthalt, sondern auch sonst schickliche thätige Mittel und Wege, solche Regungen und erleidenden Verlust möglichst zu vermindern, sofort gedachten Dero treuesten Unterthanen, nach [illegible] und mehrmal geprüfter Landesvätterlicher Milde hilfreiche Hände zu bieten. Kurpfälzische Regierung empfanget derowegen die gnädigste Weisung hiermit, um allhiesige Einwohnerschaft sowohl, als gesammte kurpfälzische Unterthanen, durch die Behörde zu ihrer tröstlichen Erleichterung davon benachrichtigen, annebenst derselben all-dieses in gehöriger Bescheidenheit vorstellig machen, und sie zu mehr gelassenem Verhalt, auch vernünftiger Beruhigung, nachdrücklich ermahnen zu lassen.

Mannheim den 30ten Junii 1778.

[illegible]

vt Frhr. von Oberndorff

An kurpfälzische Regierung.

Ad Mandatum Serenissimi Domini Electoris proprium.
F. J. Schmitz

Die bevorstehende Abreise Ihrer kurfürstlichen Durchlaucht nach München betr.

3

C5.03

Von Gottes Gnaden

Wir Carl Theodor,

Pfalzgraf bey Rhein, des H. R. R. Erztruchseß, und Churfürst, in Ober-und Niederbaiern, dann der oberen Pfalz, auch zu Gülich, Cleve, und Berg Herzog, Landgraf zu Leuchtenberg, Fürst zu Mörs, Marquis zu Bergen Opzom, Graf zu Veldenz, Sponheim, der Mark und Ravensberg, Herr zu Ravenstein.

Entbiethen Männiglich unsern Grus, und Gnad bevor. Demnach der allmächtige ewige Gott, seinem unerforschlichen Rath und Willen nach, den Durchleuchtigsten Fürsten und Herrn, Maximilian Joseph, in Ober- und Niederbaiern, auch der Oberen Pfalz Herzogen, Pfalzgrafen bey Rhein, des Heil. Röm. Reichs Erztruchsessen und Churfürsten, Landgrafen zu Leuchtenberg, Unsern freundlich geliebtesten Herrn Vetter, aus dem zergänglichen in das ewige, zweifels ohne, glückselige Leben zu übersetzen beschlossen, und sich der Fall hiermit ereignet hat, wodurch Uns nicht nur die erledigte Chur, und das Erztruchsessen-Amt, sammt der Oberen Pfalz, nach dem Innhalt des westphälischen Friedensschlusses, sondern auch all übrige nachgelassene Lande, sowohl Eigen als Lehen, in Kraft der gemeinen Reichslehenrechten, dann der güldenen Bulle, und in unserm, von einem gemeinschaftlichen Stamm-Vater absprossenden Gesamthaus, Pfalz und Baiern, gleich bey der ersten Abtheilung zu Pavia errichteten, seithero mehrfältig widerholten, und noch lezthin in Annis 1766, & 1771 bestättigten, und erneuerten Erb-Verbrüder- und mutuellen Successions-Ordnung, anfällig worden sind; Wir auch eben derwegen schon in Lebzeiten hochermelten Churfürstens Liebden auf all seinen, in dem Pacto mutuæ Successionis begriffenen, Landen und Bisitzthümern, mittels dessen durch einen besonderen Vertrag de anno 1774. eingeraumten Constituti possessorii, die Compossessionem civilem erlangt, und dahero auch die natürlich und solitarische Possession nunmehr zu ergreiffen, und die würkliche Regierung in obermeldten Landen anzutretten, desto minderen Anstand genohmen haben:

Als wollen Wir Uns zu sammentlichen Ständen, und Landsässen, Civil-und Militar-Bedienten, Unterthanen und Inwohnern, wessen Stands, Würde, oder Wesens sie in gedachten Landen immer seyn mögen, gnädigst und gänzlich versehen, daß Sie Uns von nun an für ihren rechtmäßigen, und einzigen Landesherrn so willig, als schuldigest erkennen, unverbrüchige Treue, und unweigerlichen Gehorsam, auch, sobald Wir es von Ihnen fordern werden, die gewöhnliche Erbhuldigung leisten, sofort sich in allen Stücken, wie es fromm- und christlichen Unterthanen gegen ihre von Gott vorgesetzte Landsherrschaft und Obrigkeit gebührt, gegen Uns zu bezeigen, nicht ermangeln werden.

Wir versprechen, und versichern dagegen, daß Wir ihnen samt und sonders, Unsre landsväterliche Huld, Gnad, Vorsorg, und Beschirmung angedeyen lassen, dieselbe bey ihren wohl hergebrachten Rechten, Freyheiten, Privilegien, und Begnadigungen schützen, und erhalten, solche wiederum bestättigen, und erneueren, keines wegs darwider handeln, oder Anderen etwas dergleichen gestatten, sohin die gemeine Wohlfahrt nach all Unsern Kräften zu befördern, äusserst bemühet, und geflissen seyn wollen.

Damit aber auch die Regierungsgeschäfte durch obigen Todfall, und Unsre dermalig persönliche Abwesenheit, zum Schaden und Nachtheil deß gemeinen Wesens, weder in Unterbruch, noch Verwirr- und Unordnung verfallen, sondern in ihrem unverrückten Gang verbleiben mögen; so ist Unser gnädigster Befehl, daß sammentliche Collegia, Departements, Stationes, und Aemter ihre Verrichtungen in statu quo, bis auf weitere Verordnung, einsweilen provisorio modo gebührend und ordentlich fortsetzen, sohin bey den Collegiis die expeditiones zwar von nun an unter Unserm obigen Titul und Namen erlassen, die alte Sigilla aber so lang, bis die neue allenthalben verfertiget sind, noch beybehalten werden sollen.

Und ob Wir wohl die Huldigungspflicht bey Unsern Ständen, Landsässen, und Unterthanen bis zu völliger Berichtigung der Art und Weise, wie solche geschehn solle noch ausgestellt seyn, sohin es deßfalls lediglich bey obverstandener General-Anweisung und Verordnung dermal bewenden lassen; so wollen Wir doch, daß Uns sammentliche, sowohl Civil-als Militar-Bediente, gleich nach der Publication gegenwärtigen Patents, ohne mindesten Verschub auf gewöhnliche Weise eingepflichtet werden; wobey jedoch die Beamte, welche weder hier in loco, noch in den Regierungsstädten wohnen, theils zu Ersparung der beschwerlichen Reiskösten, theils weil Sie sich zu gleicher Zeit von ihren Aemtern nicht wohl entfernen könnten, ihre Pflicht einsweilen nur schriftlich, unter eigner Hand-Unterschrift, und Fertigung, jedoch längst inner zweymal 24 Stunden, a die publicationis vel notitiæ, zu Unserm geheimen Rath anhero einschicken, und dieses die nemliche Würkung haben solle, als wenn es mittels eines leiblichen Eids geschehen wäre.

Wir verlassen Uns, es werde sich hierin nicht nur Niemand widersetzen sondern vielmehr Jedermann diese Unsre gnädigste, und gerechteste Verordnung, als ein sichtig und überzeugendes Merkmal der für Unsre Lande und Leute tragend huldreichester Vorsorg, mit schuldigistem Dank erkennen, sohin auch derselben treugehorsamst nachzukommen sich allerwegen angelegen seyn lassen. Gegeben in unsrer Haupt- und Residenzstadt München den 30. Dec. 1777.

Carl Theodor
Churfürst.

Vt. B. v. Kreytmayer.

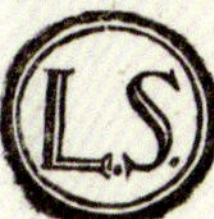

Franz Michael von Solatii,
Churf. Rath, und geheimer Sekretär.

C5.04

schlussgottesdienstes in Mannheim, machte sich sogleich auf den Weg und traf am 2. Januar in München ein, das durch den Hausunionsvertrag von 1771 als zukünftige Haupt- und Residenzstadt eines Kurfürstentums Pfalz-Bayern festgelegt worden war. Mannheim verblieb nur die Funktion des Sitzes der pfälzischen Landesbehörden, während die bisherigen Nebenländer der Kurpfalz, Jülich-Berg und Pfalz-Neuburg, direkt der Geheimen Konferenz in München unterstellt wurden.

Gerhard Immler

Literatur

Rall 1987, S. 39

C5.05

Hausvertrag zwischen Kurfürst Maximilian III. Joseph von Bayern und Kurfürst Carl Theodor von der Pfalz

Nymphenburg / Schwetzingen, 5. und 22. September 1766
Pergamentlibell in Pergamentumschlag,
geheftet mit einer weiß-blauen, gedrehten Seidenschnur,
daran zwei rote Siegel in vergoldeten Metallkapseln.
H 38,5 cm, B 30,5 cm, Dm Siegelkapseln jeweils 8 cm
München, Bayerisches Hauptstaatsarchiv – Geheimes Hausarchiv,
Hausurkunde 1857

Seit im Jahr 1761 der pfälzische Kurprinz Ludwig Franz Joseph einen Tag nach seiner Geburt verstorben war, rechneten weder der seit 1747 kinderlos verheiratete Kurfürst Maximilian III. Joseph von Bayern noch Kurfürst Carl Theodor von der Pfalz mehr mit legitimer Nachkommenschaft in den beiden Hauptlinien des Hauses Wittelsbach. Um wenigstens für beider Lebenszeit den ungeschmälerten Fortbestand des beiderseitigen Länderbesitzes sicherzustellen, sollten durch den Hausvertrag von 1766, wie es in der Präambel heißt, alle zwischenzeitlich zwischen den Linien Bayern und Pfalz vorgekommenen „krieg und spaltungen“ beigelegt werden. Daher wurde in Art. 1 der Hausvertrag von Pavia bestätigt und durch Art. 2 das darin vorgesehene gegenseitige Erbrecht auf alle seitdem erworbenen Territorien ausgedehnt, was laut Art. 3 auch auf die Besitzungen von Nebenlinien (die es damals nur noch in der Pfalz gab) ausgedehnt sein sollte. Das Erbrecht weiblicher Nachkommen wurde, solange irgendein männlicher Wittelsbacher lebte, durch Art. 4 auf Mobilien beschränkt. Mittels Art. 5 verpflichteten sich die beiden Kurfürsten, sich auch bei seit 1329 neu erworbenen Reichslehen, soweit erforderlich, beim Kaiser um die Anerkennung des gegenseitigen Erbrechts zu bemühen. Durch Art. 6 versicherten die beiden Vertragspartner einander gegenseitigen politischen und militärischen Beistand. Der abschließende Art. 7 kündigte weitere Verhandlungen über eine noch umfassendere Hausunion an, wobei die in den vorigen Artikeln betroffenen Bestimmungen aber sinngemäß unangetastet bleiben sollten.

Der Hausvertrag wurde von den beiden Kurfürsten in Nymphenburg und Schwetzingen am 5. bzw. 22. September eigenhändig unterschrieben und vom bayerischen Geheimen Ratskanzler Aloys Freiherr von Kreittmayr und dem kurpfälzischen Staatsminister Peter Emanuel Freiherr von Zedtwitz gegen- sowie den beiderseitigen Kabinettssekretären Joseph Euchar von Obermayr und Johann Georg Anton von Stengel abgezeichnet und ist durch die Siegel beider Vertragspartner beglaubigt.

Gerhard Immler

Literatur

Rall 1980, S. 16

C5.06

Stammeiche des Regentenhauses Bayern

Franz Xaver Nachtmann nach einem Entwurf
von Franz von Paula-Schraml, um 1825
Lithographie auf Papier. H 88 cm, B 62 cm
Zweibrücken, Stadtmuseum, 743a

Die Stammeiche aus dem Todesjahr von König Maximilian I. Joseph veranschaulicht die komplizierte Erbschaftsgeschichte der Wittelsbacher. Sie wurzelt im hohen Mittelalter, als unter Kaiser Friedrich Barbarossa die Wittelsbacher Bayern zum Lehen bekamen. Bereits eine Generation später kam die angesehene Pfalzgrafschaft bei Rhein dazu. Mit ihr war das Reichsvikariat, die Stellvertretung des Kaisers, verbunden. Alle Wittelsbacher führen seit 1214 den Titel Pfalzgraf bei Rhein und Herzog von Bayern. Da sich im Fürstenhaus das Erstgeburtsrecht erst spät durchsetzte, fanden immer wieder Erbteilungen unter allen lebenden Söhnen statt. Töchter waren vom Erbe ausgeschlossen. Durch die Teilungen entstanden verschiedene Linien des Fürstenhauses. Die Teilterritorien wurden trotz unterschiedlicher Politik und Konfession immer als rechtliche Einheit und Besitz des Gesamthauses Wittelsbach betrachtet. Im Haus- und staatsrechtlichen Vertrag von Pavia 1329 wurde die Erbfolge der jeweils nächstverwandten Linie beim Aussterben eines Familienzweiges von allen Vertragspartnern anerkannt. Jede Linie wird bei dieser Stammeiche als Ast dargestellt, verdorrte Äste sind ausgestorbene Linien. Im 18. Jahrhundert starben die beiden großen Linien Kurbayern (1777) und Kurpfalz (1799) aus. Damit trat für die Nebenlinie Pfalz-Zweibrücken der Erbfall ein: Maximilian Joseph, der im Exil lebende Herzog von Pfalz-Zweibrücken, erbte die pfalz-bayerische Kurwürde und stieg 1806 zum ersten bayerischen König auf. Vom Wiener Kongress wurde ihm aufgrund von Erbansprüchen die linksrheinische Pfalz zugesprochen. Bayern und die Pfalz wurden damit noch einmal

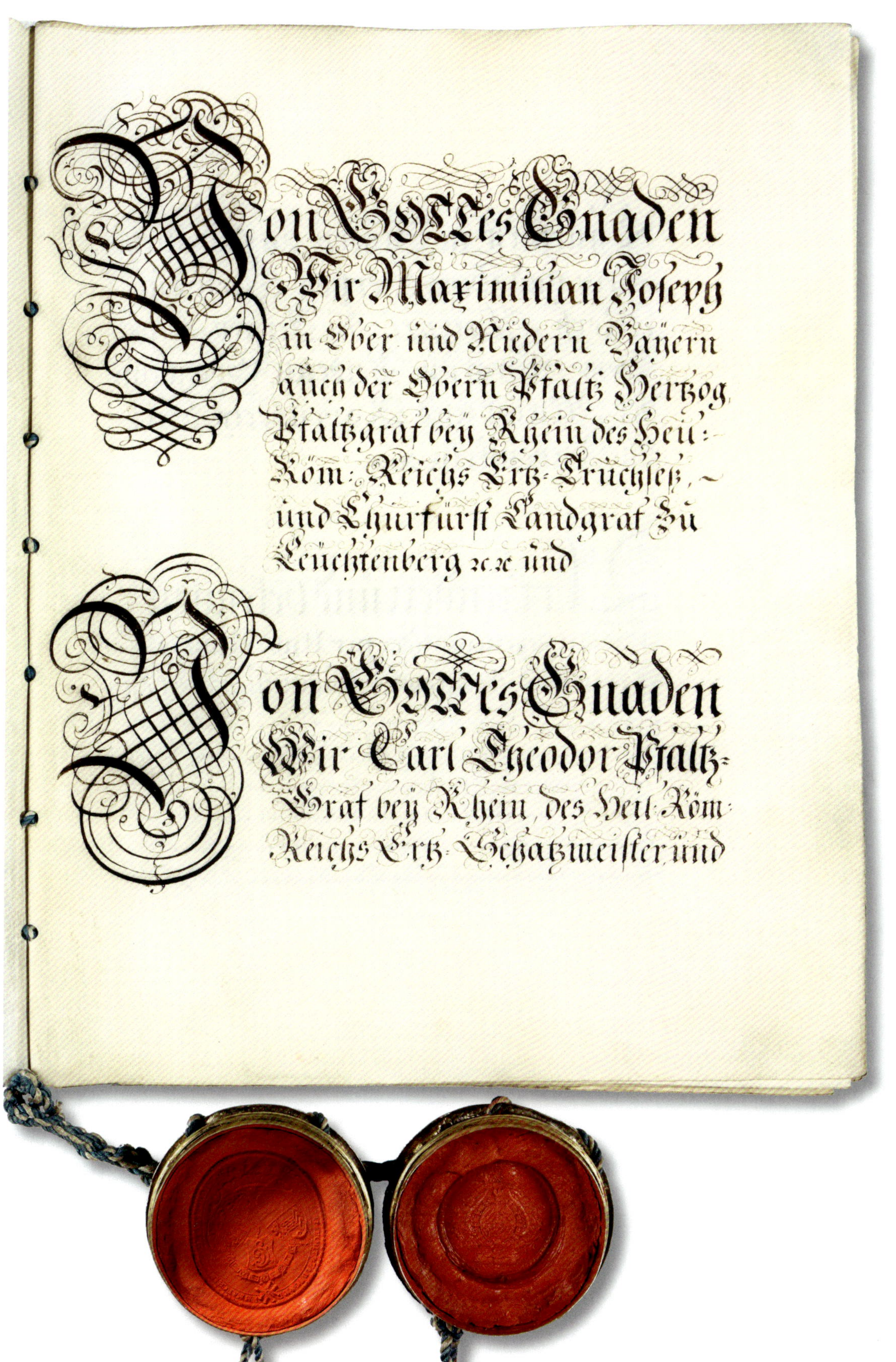

Von GOTTes Gnaden
Wir Maximilian Joseph
in Ober und Niedern Bayern
auch der Obern Pfaltz Hertzog
Pfaltzgraf bey Rhein des Heil:
Röm: Reichs Ertz-Truchsess,
und Churfürst Landgraf zu
Leüchtenberg ꝛc. ꝛc. und

Von GOTTes Gnaden
Wir Carl Theodor Pfaltz-
Graf bey Rhein, des Heil: Röm:
Reichs Ertz-Schatzmeister und

C5.05

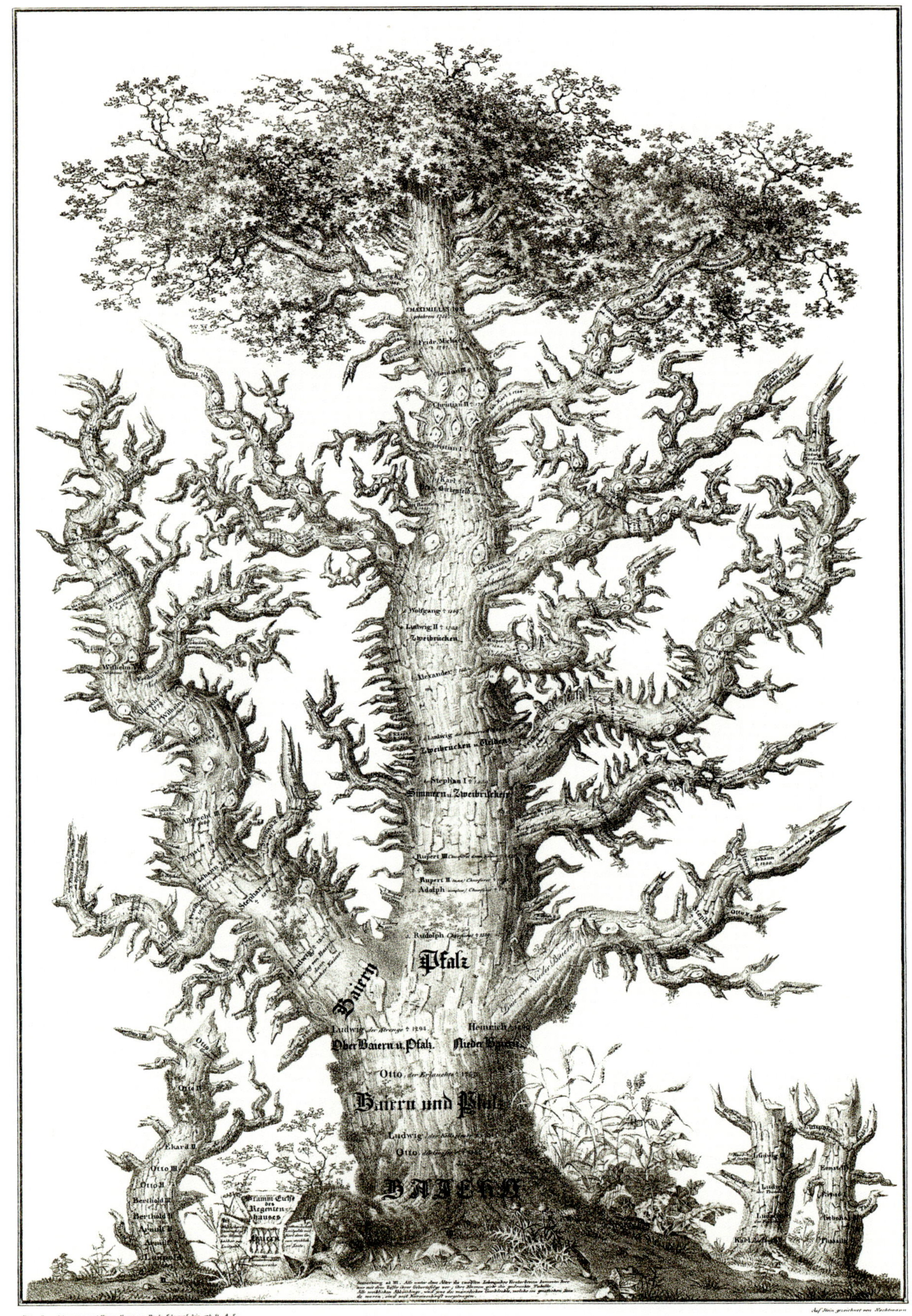
Pfalz
Baiern
Ober Baiern u. Pfalz
Zweibrücken
Alexander
Wolfgang

C5.06

für mehr als ein Jahrhundert unter dem wittelsbachischen Herrscherhaus vereinigt (1816–1918). Die Krone der Eiche bildet Maximilian Joseph mit seinen Nachkommen. Daneben blüht noch die Nebenlinie Birkenfeld-Gelnhausen, deren Angehörige seit 1799 den Titel „Herzog in Bayern" tragen.

Charlotte Glück-Christmann

Literatur

Malottki 2010

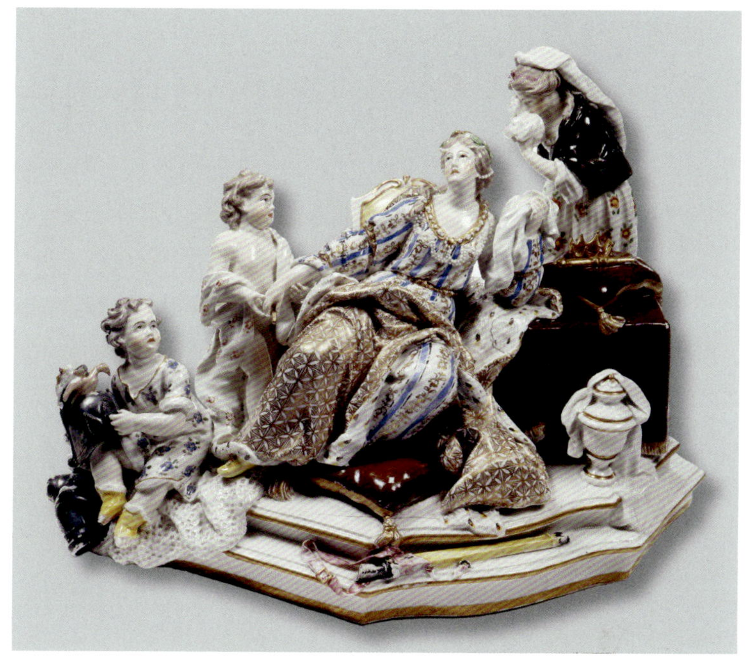

C5.07

C5.07

Allegorie des Trauerspiels, Gruppe von vier Figuren

Allegorie auf die Trauer der Stadt Mannheim
über den Verlust des Herrschersitzes
Modell wohl von Konrad Linck (1730–1793)
Porzellanmanufaktur Frankenthal,
unterglasurblaue Marke CT mit Kurhut
Frankenthal, um 1770
Porzellan, farbig bemalt. H 20,5 cm, B 30,5 cm, T 17,4 cm
Reiss-Engelhorn-Museen Mannheim, C 1266

Seit 1899 wurden Ausformungen dieser Gruppe als Allegorie auf die Trauer der Stadt Mannheim über den Verlust des Herrschersitzes interpretiert. 1777 starb in München der bayerische Kurfürst Maximilian III. Joseph ohne legitimen Erben. Darauf fiel das Kurfürstentum Bayern gemäß dem wittelsbachischen Hausvertrag von 1766 an Kurfürst Carl Theodor von der Pfalz. Laut Vertrag musste der Kurfürst in München Residenz nehmen. 1778 trennte sich Carl Theodor von seinem geliebten Mannheim und zog nach München. In Mannheim setzte ein kultureller und wirtschaftlicher Niedergang ein.

Auf einem an der Vorderseite abgetreppten Podest steht ein Thron, auf dem stark zur Seite geneigt und mit einem stoffreichen Gewand bekleidet die Allegorie Mannheims lehnt. Den rechten Arm, dessen Hand ein Tuch umschließt, stützt sie auf ein Tischchen. Daneben liegen auf einem Kissen Krone und Zepter, die, wenn überhaupt, nur symbolisch für die kurfürstlichen Insignien stehen. So handelt es sich auch bei der gezackten Krone keineswegs um den Kurhut. Eine Urne und ein auf der untersten Treppenstufe liegendes Schwert sind im Vordergrund zu sehen. Eine im Hintergrund stehende Dienerin, das Gesicht in einem Tränentuch verborgen, neigt sich leicht zur Hauptperson. Links sitzt ein Putto auf einem abgelegten Harnisch, dahinter steht ein weiterer, der mitleidig-tröstend, die Hand der „Mannheim" hält.

Die Gestaltung der reizvollen Gruppe basiert auf einem Stich nach dem Gemälde *La Tragédie* (1761) von Carle Vanloo, der mehrfach als Vorlage für Porzellanarbeiten diente. Mit diesem Nachweis konnte das Werk im Frankentaler Formverzeichnis als „Das Trauerspiel, Gruppe von vier Figuren" identifiziert werden und die einst so schlüssige Deutung als „Trauernde Mannheim" rückte in den Hintergrund. Allerdings gibt es Ausformungen wie die um 1778 entstandene (heute im Historischen Museum der Pfalz in Speyer), die zeitlich mit dem Wegzug des Kurfürsten übereinstimmen und eine Umdeutung schlüssig erscheinen lassen. Die Hauptfigur wird heute unterschiedlich benannt: Möglicherweise handelt es sich um die assyrische Königin Semiramis, Protagonistin eines gleichnamigen Dramas von Voltaire, das 1779 im Mannheimer Nationaltheater aufgeführt wurde, aber zuvor bereits in der Stadt durch eine Aufführung einer französischen Schauspieltruppe bekannt war. Da keine Trauerszene mit der Vita von Semiramis in Verbindung gebracht werden kann, wurde die Trauernde mit einer Aschenurne auch als Artemisia bezeichnet. Die Königin von Kleinasien und Witwe des Mausolos ließ für ihren verstorbenen Mann ein Grabmal errichten, das zu den sieben Weltwundern der Antike zählte.

Eva-Maria Günther

Literatur

Beaucamp-Markowsky 2008, S. 452–455 (mit älterer Literatur)

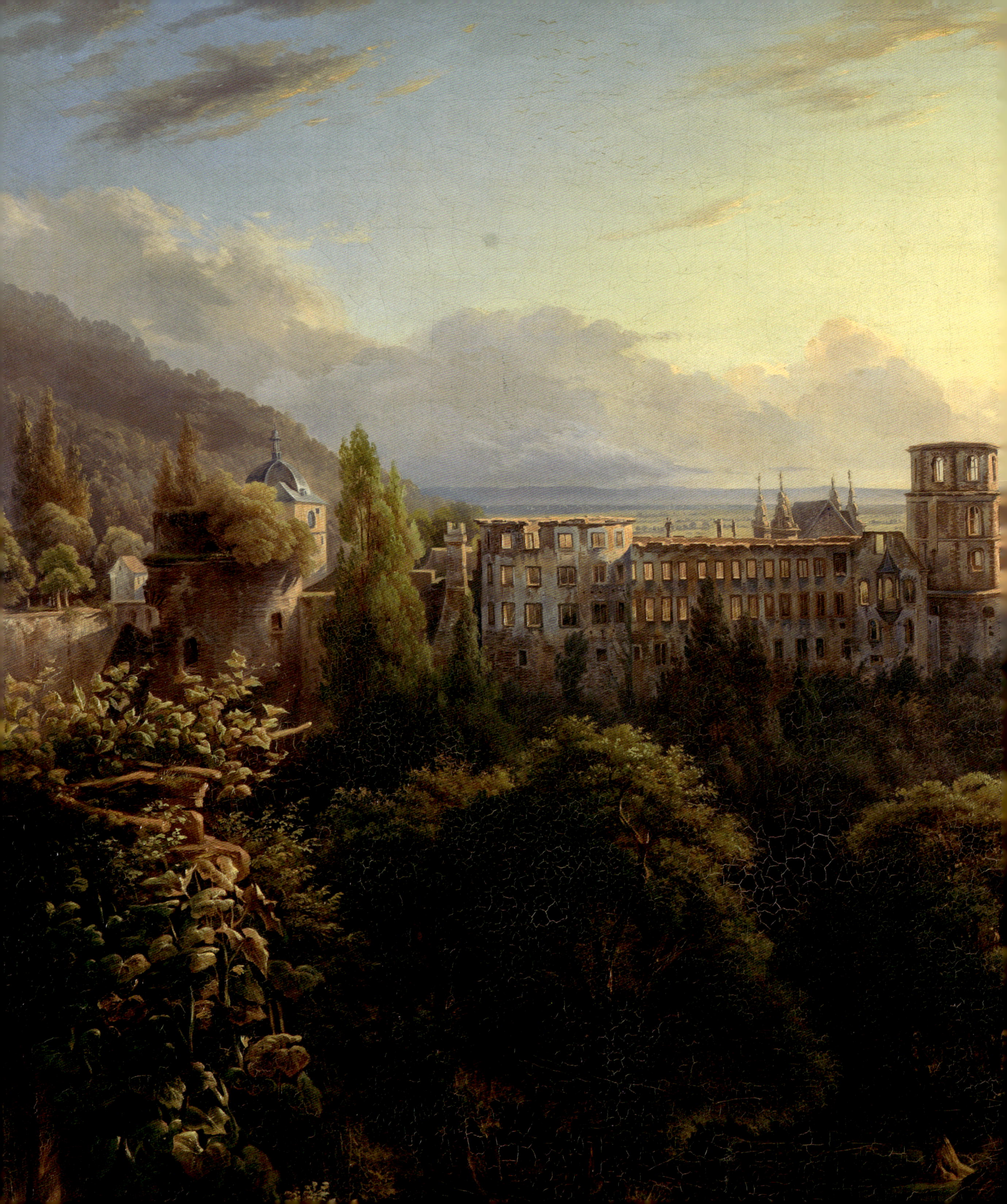

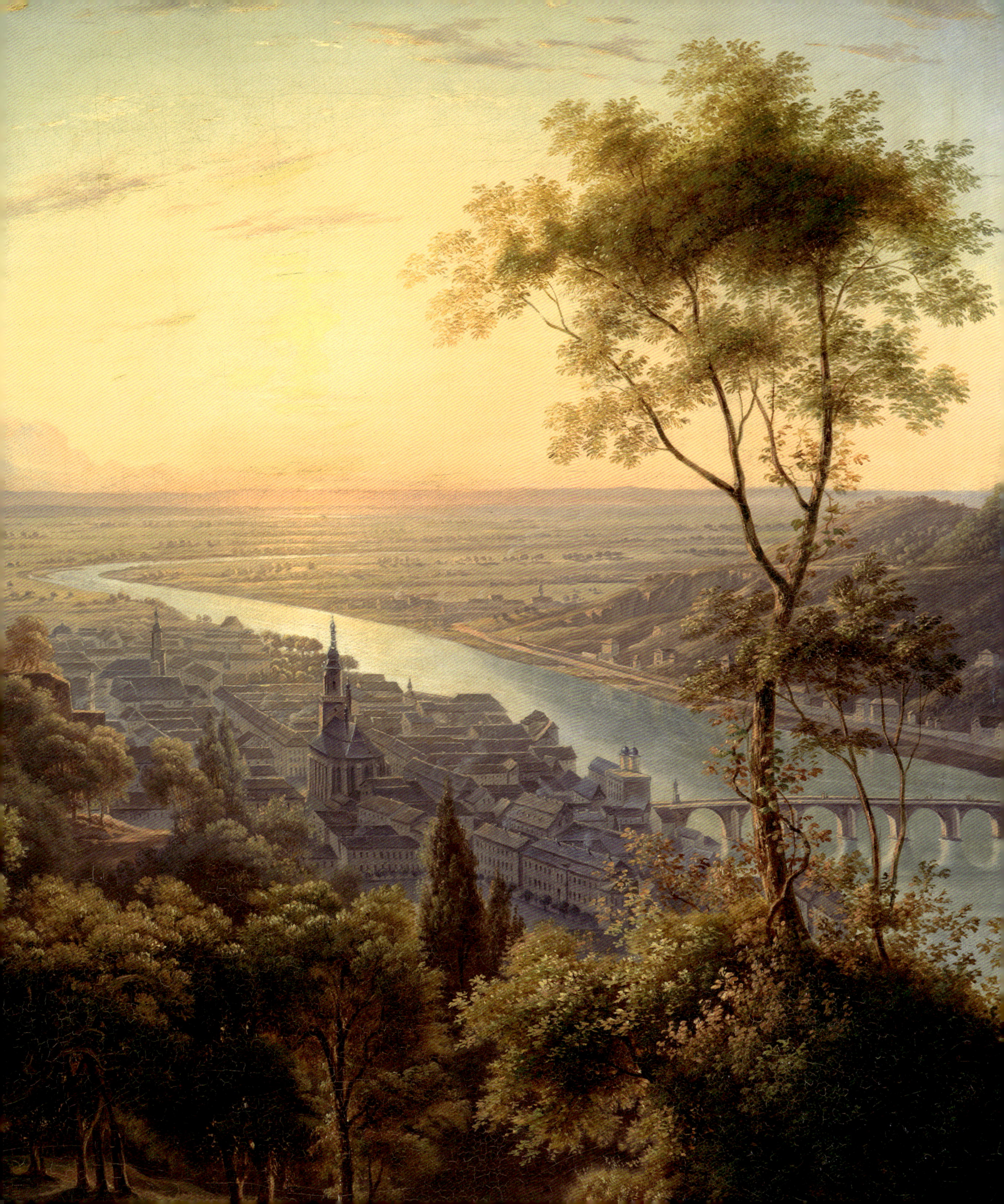

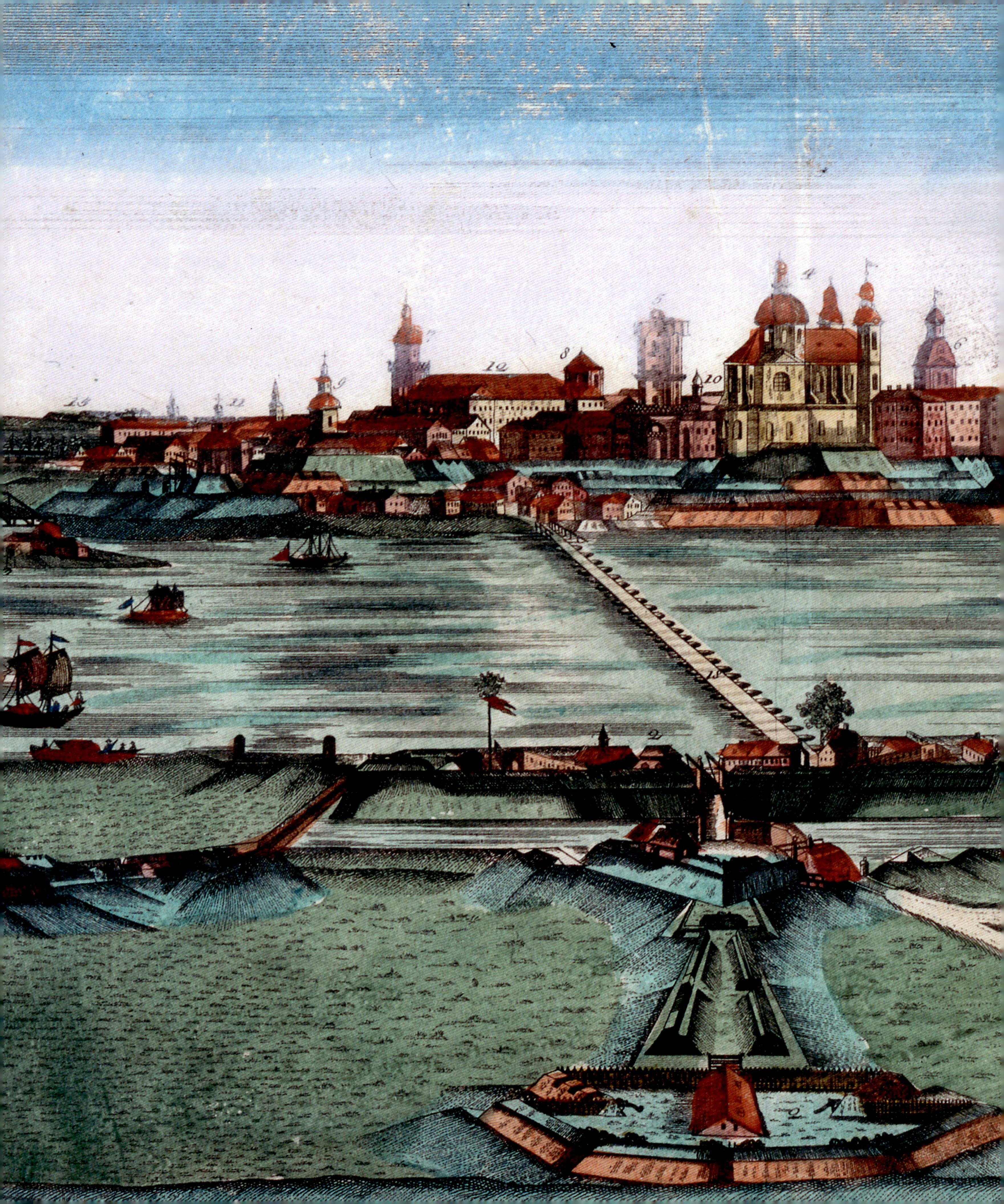

Michael Erbe

Der Rhein als Wirtschafts- und Verkehrsraum

Bindeglied zwischen den kurpfälzischen Territorien und Grenze der Kurpfalz

Seit jeher ist der Rhein die Schlagader eines der bedeutendsten Wirtschaftsräume Europas. Dies gilt nicht zuletzt für die Gebiete, in denen das Haus Wittelsbach vom frühen 13. Jahrhundert bis zur Abschaffung der Monarchien in Deutschland regierte: die oberrheinische Kurpfalz (bis 1803), die Herzogtümer Jülich und Berg am Niederrhein (1614–1794 bzw. 1803) sowie die bayerische Pfalz links des Flusses (1816–1918). Wer etwa vom Mannheimer Schloss aus westwärts blickt, der spürt sofort die Bedeutung dieses Stroms für das Wirtschaftsleben, das sich allerdings erst nach dessen Regulierung im 19. Jahrhundert richtig entfaltete. Lange hatten die hier regierenden Fürsten dieses Hauses daran Anteil, mehr noch als die bis zum Ende des 18. Jahrhunderts bestehenden geistlichen Territorien und Reichsstädte am Rhein.

Schaut man indes genauer auf die historische Landkarte, so fällt auf, dass die Wittelsbacher nur an wenigen Stellen direkt am Rhein herrschten oder über beide Flussufer geboten (Abb. 1 und 2). In der Kurpfalz war dies nur über eine Strecke von jeweils 25 km nördlich wie südlich von Mannheim der Fall, dazu über 40 km nördlich des Gebiets der Bischöfe von Worms. Im Süden des vom Speyerer Bischof regierten Territoriums gehörten etwa 40 km des linken Rheinufers zum Kurfürstentum. Was die 1614 erworbenen Herzogtümer Jülich und Berg betrifft, so beherrschten die Wittelsbacher im ersteren lediglich einen Teil des linken Ufers im Nordosten von Koblenz (das zu Kurtrier gehörte), während sich das bergische Land parallel zum Kurfürstentum Köln über rund 90 km am rechten Rheinufer erstreckte. Zwischen den niederrheinischen Territorien, die von der Linie Pfalz-Neuburg regiert wurden, und den kurpfälzischen Kernlanden im Rhein-Neckar-Raum war der Rhein eines der wichtigsten Bindeglieder und Hauptverkehrsachse. Auch war er Schauplatz festlicher Fürsteneinzüge in ihr Herrschaftsgebiet: So führte die Heimfahrt des jungen Friedrich von der Pfalz mit seiner Braut Elizabeth Stuart 1613 von den Hochzeitsfeierlichkeiten in London nach Frankenthal bzw. Heidelberg zunächst über den Rhein, später dann über Land. Auch die Rückkehr Kurfürst Carl Theodors aus Düsseldorf nach Mannheim wurde, einem zeitgenössischen Kupferstich zufolge, mit einem Spektakel auf dem Rhein begangen (Abb. 3)

1 Festung Mannheim mit Rheinschanze (Ausschnitt), kolorierter Kupferstich, 1795 | Reiss-Engelhorn-Museen Mannheim

Der Handel auf dem Fluss war durch diese territoriale Vielfalt am Nieder- und Oberrhein beschränkt, zumal auch die von der elsässischen bis zur niederländischen Grenze gelegenen Reichsstädte Speyer, Worms und Köln daran beteiligt waren. Sie besaßen das sogenannte Stapelrecht, das heißt, hier mussten auf dem Fluss wie auf den Wegen neben ihm transportierte Waren ausgeladen und für eine Weile zum Verkauf angeboten werden, was die Bedeutung der jeweiligen Märkte erhöhte (Abb. 4). Es überrascht daher nicht, dass die Pfälzer Kurfürsten dieses Recht auch dem einstigen Klosterdorf Frankenthal auf dem linken Rheinufer sowie dem im frühen 17. Jahrhundert zur Stadt erhobenen Dorf Mannheim an der Neckarmündung verliehen.

Frankenthal – wie Mannheim schon im 8. Jahrhundert bezeugt – hatte Kurfürst Friedrich III. bereits 1577 zur Stadt erhoben und zur Festung ausgebaut. Wirtschaftliche Bedeutung erlangte der Ort dadurch, dass hier reformierte Flüchtlinge, vor allem Flamen und Wallonen aus den südlichen Niederlanden, angesiedelt wurden, die vor den Spaniern aus ihrer Heimat geflohen waren. Sie brachten wertvolle Kenntnisse für die Herstellung von Tuchen und Seidenstoffen mit und zogen weitere Zuwanderer an, unter anderem aus Westfalen, aber auch Umsiedler aus Heidelberg, unter ihnen Teppichwirker, Juweliere und Edelmetallschmiede, die zum Wohlstand der Stadt beitrugen. Sie machte vor allem der Reichsstadt Worms Konkurrenz.

Mannheim war eines der Dörfer, die auf den erhöhten Ablagerungen des ständig mäandernden Flusses entstanden waren und trotz ständiger Überflutungsgefahr von der Fruchtbarkeit der angeschwemmten Böden profitierten. 1607 hatte Kurfürst Friedrich IV. eine den dortigen Rheinübergang beherrschende Festung („Friedrichsburg") mit einer kleineren „Schanze" auf dem Ufer gegenüber errichten lassen, dazu eine planmäßig in der Form von Straßenquadraten angelegte Stadt. Als Brückenschlag diente eine sogenannte Fliegende Brücke (Abb. 6), die der Bacharacher Bürger Wilhelm Taudpheus konstruierte, später eine Art aus

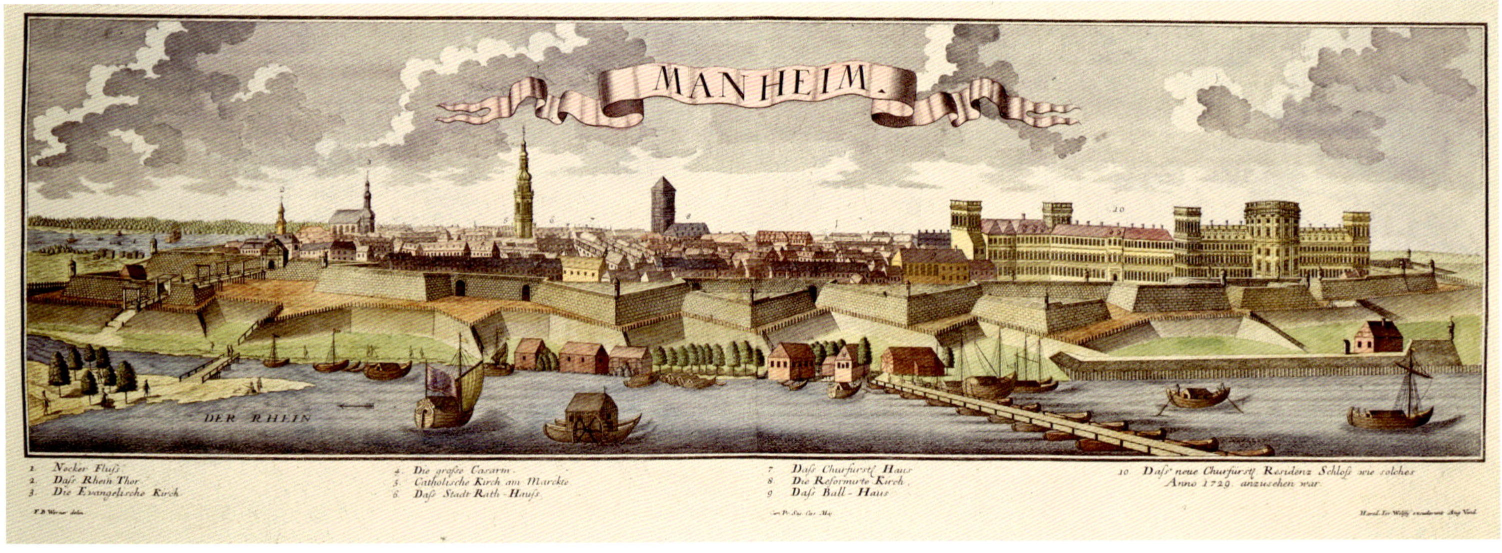
MANHEIM.
DER RHEIN
1 Necker Fluss
2 Dass Rhein Thor
3 Die Evangelische Kirch
4 Die grosse Casarm
5 Catholische Kirch am Marckte
6 Dass Stadt Rath-Hauss
7 Dass Churfürstl. Haus
8 Die Reformirte Kirch
9 Dass Ball-Haus
10 Dass neue Churfürstl. Residenz Schloss wie solches Anno 1729. anzusehen war.

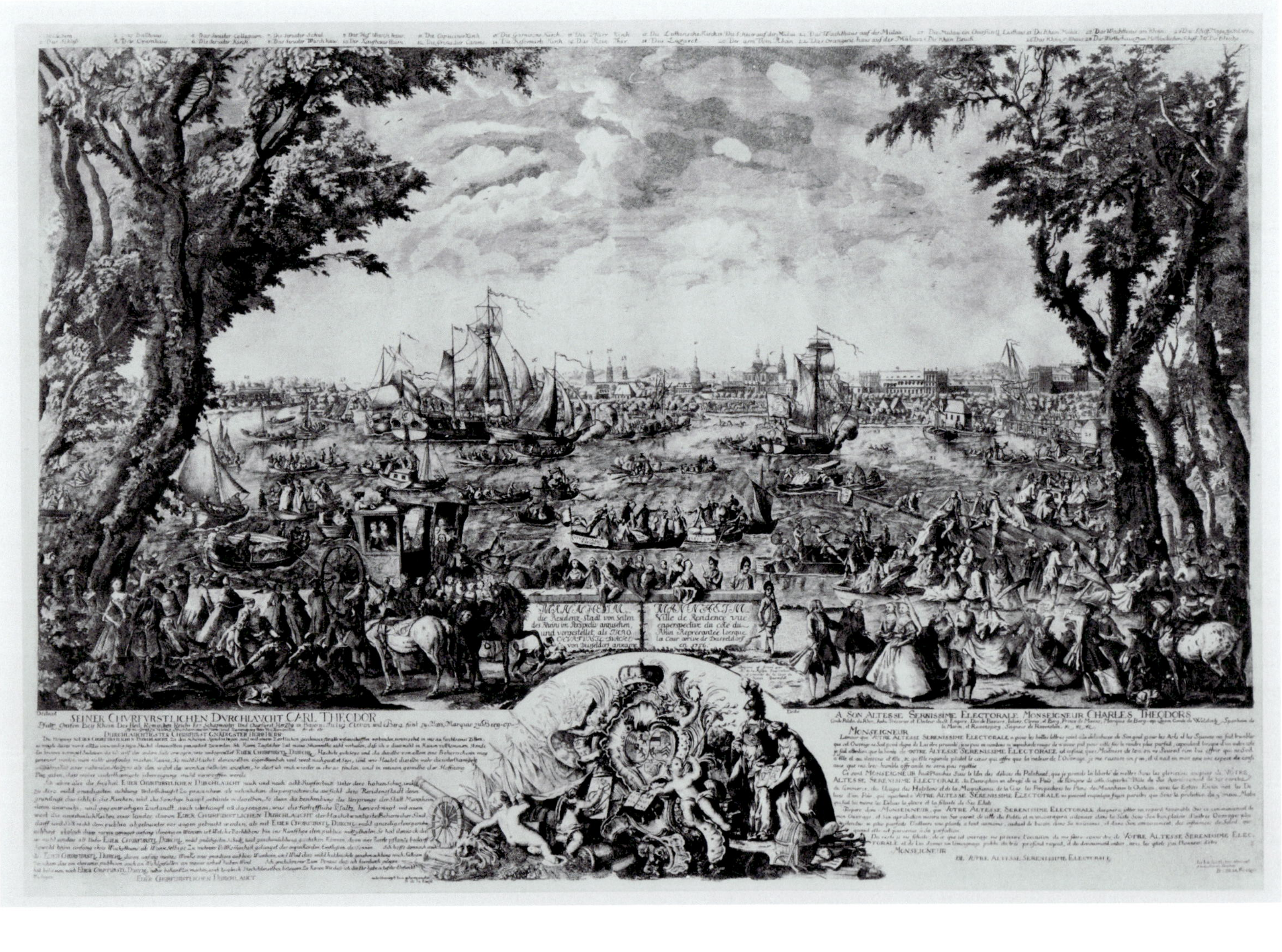

2 Perspektivische Ansicht auf Mannheim, um 1729, kolorierter Stich

3 Die Rückkehr Kurfürst Carl Theodors von Düsseldorf auf dem Rhein nach Mannheim und seine Ankunft 1756, Kupferstich von B. de la Rocque | Reiss-Engelhorn-Museen Mannheim

Schiffchen zusammengefügte Pontonbrücke (vgl. Abb. 2). Nachdem 1720 die kurfürstliche Residenz hierher verlegt worden war, entwickelte sich die Stadt bald zu einem bedeutenden Kulturzentrum. Obwohl die Kurfürsten dem damals in Europa vorherrschenden merkantilistischen Wirtschaftssystem mit seinem Dirigismus und seinen Zollschranken zuneigten, kamen auch Handel und Bankwesen in Schwung, ja man dachte sogar in Anbetracht der günstigen Lage an den beiden Flüssen daran, der Frankfurter Messe nachzueifern (Abb. 5). Derartige Bestrebungen scheiterten allerdings, wie das Schicksal des zwischen 1724 und 1741 am Paradeplatz gebauten Kaufhauses zeigt, in dem Handelswaren gelagert und ein überregionales Kaufmannsgericht etabliert werden sollten: Es beherbergte am Ende hauptsächlich das Oberappellationsgericht des Kurfürsten.

Mannheim wie Frankenthal erlitten im Dreißigjährigen Krieg und – ähnlich wie Heidelberg – im Pfälzischen Erbfolgekrieg (1688–1697) enorme Schäden und erholten sich erst ab 1700 allmählich davon: Mannheim, weil es Heidelberg als kurfürstliche Residenz ablöste, Frankenthal durch den Wiederaufschwung seines Gewerbelebens, das in der zweiten Hälfte des 18. Jahrhunderts durch eine Porzellanmanufaktur sowie durch Betriebe für Buchdruck und Glockengießerei bereichert wurde. Die Stadt verfügte schon im 17. Jahrhundert über eine durch holländische Fachleute angelegte Kanalverbindung zum Rhein, die ursprünglich gen Norden nach Roxheim verlief, nach ihrem Verfall während der Kriegszeiten aber zwischen 1772 und 1780 in größerer Form in Richtung Osten führte. Sie ermöglichte die Verbindung zur Rheinschifffahrt.

Diese blieb allerdings am Oberrhein wegen der sich ständig verändernden Fahrrinnen mit unterschiedlichen Tiefen ein äußerst schwieriges Unterfangen. Flussabwärts konnte man zwar die Strömung nutzen, flussaufwärts aber war das Befahren zumeist nur mit Hilfe von sogenannten Leinpfaden zu bewerkstelligen, seltener durch die Nutzung von Winden aus nördlichen Richtungen. Dabei ging das Treideln mittels Leinen durch Menschen- oder Pferdekraft nur langsam vor sich und wurde zudem durch die sich ebenfalls oft verändernden Uferwege erschwert.

Eine Regulierung des Strombetts konnte nur mit großem Aufwand erfolgen, vor allem indem man den schlangenlinienförmigen Flusslauf durch Ausheben von Gräben „durchstach", in denen sich das Wasser dann neue Wege suchte. Derartige Durchstiche waren lange fast ausschließlich in mühseliger Handarbeit möglich. Dass solche Begradigungen grundsätzlich machbar waren, hatten bereits die Franzosen gezeigt, die zum Teil in Zusammenarbeit mit den Markgrafen von Baden an der elsässischen Grenze den Flusslauf korrigiert und zudem kurz vor der Revolution von 1789 damit begonnen hatten, über die durch Straßburg fließende Ill eine Kanalverbindung zum Flusssystem von Saône und Rhône zu schaffen. Im pfälzischen Raum war daran wegen der territorialen Verhältnisse nicht zu denken.

Die Revolutionskriege in den Jahren 1792 bis 1801 und die Ausdehnung Frankreichs bis zum Rhein veränderten die Lage jedoch. Auf dem rechten Ufer des Oberrheins gab es jetzt nur noch zwei deutsche Staaten: das um den hier gelegenen Teil der früheren Kurpfalz vergrößerte Baden und Hessen-Darmstadt. Im August 1804 wurden die rechtlichen Hindernisse, die bisher für die Rheinschifffahrt bestanden hatten, beseitigt. Die Idee, den Fluss nun auch in technischer Hinsicht möglichst durchgehend schiffbar zu machen, begann Gestalt anzunehmen. Die Gelegenheit dazu ergab sich aber erst nach 1815, als der Wiener Kongress die Freiheit der Rheinschifffahrt bekräftigt hatte.

Am Oberrhein gab es nun wieder ein wittelsbachisches Territorium, und zwar die seit 1816 von München aus regierte Rheinpfalz auf dem linken Ufer. Die Initiative zur Regulierung ging zwar von Baden aus und wurde unter der Leitung des großherzoglichen Oberdirektors für das Straßen- und Wasserwesen Johann Gottfried Tulla (1770–1828) in Angriff genommen, sie wurde aber von Frankreich sowie von Bayern befürwortet und mitgetragen. Die Arbeiten begannen 1817 und sollten sich bis 1876 hinziehen (Abb. 7).

In der früheren Kurpfalz war dies vor allem im Bereich der Neckarmündung mit Veränderungen der politischen Landkarte verbunden: Der zwischen 1826 und 1862 erfolgende Rhein-Durchstich bei Friesenheim brachte zwar für die Schifffahrt eine deutliche Verkürzung, zugleich aber fiel ein großer Teil der Gemarkung des Dorfes an das Großherzogtum Baden. Dabei wurde nun auch der Neckar begradigt und in spitzem Winkel in den Rhein geführt. Hier entstand ab 1895 der mo-

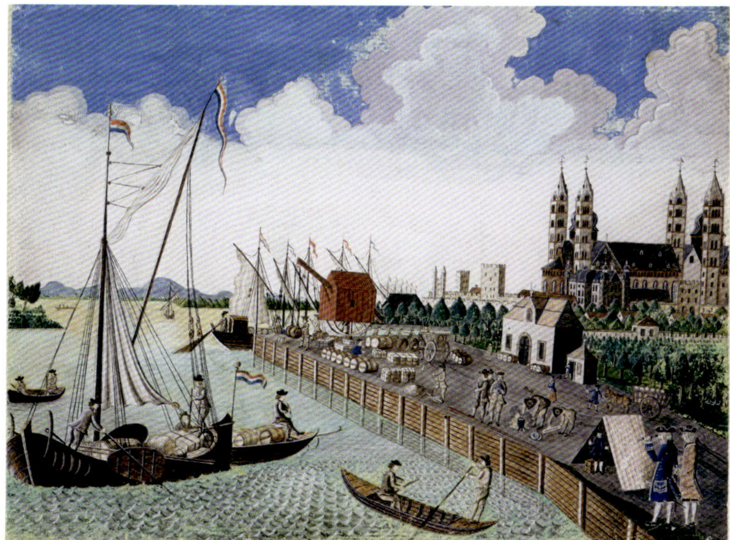

4 Weinhandel auf dem Rhein, dargestellt auf einer Ansicht vom Hafen Speyer mit Blick auf den Dom | Historisches Museum der Pfalz Speyer

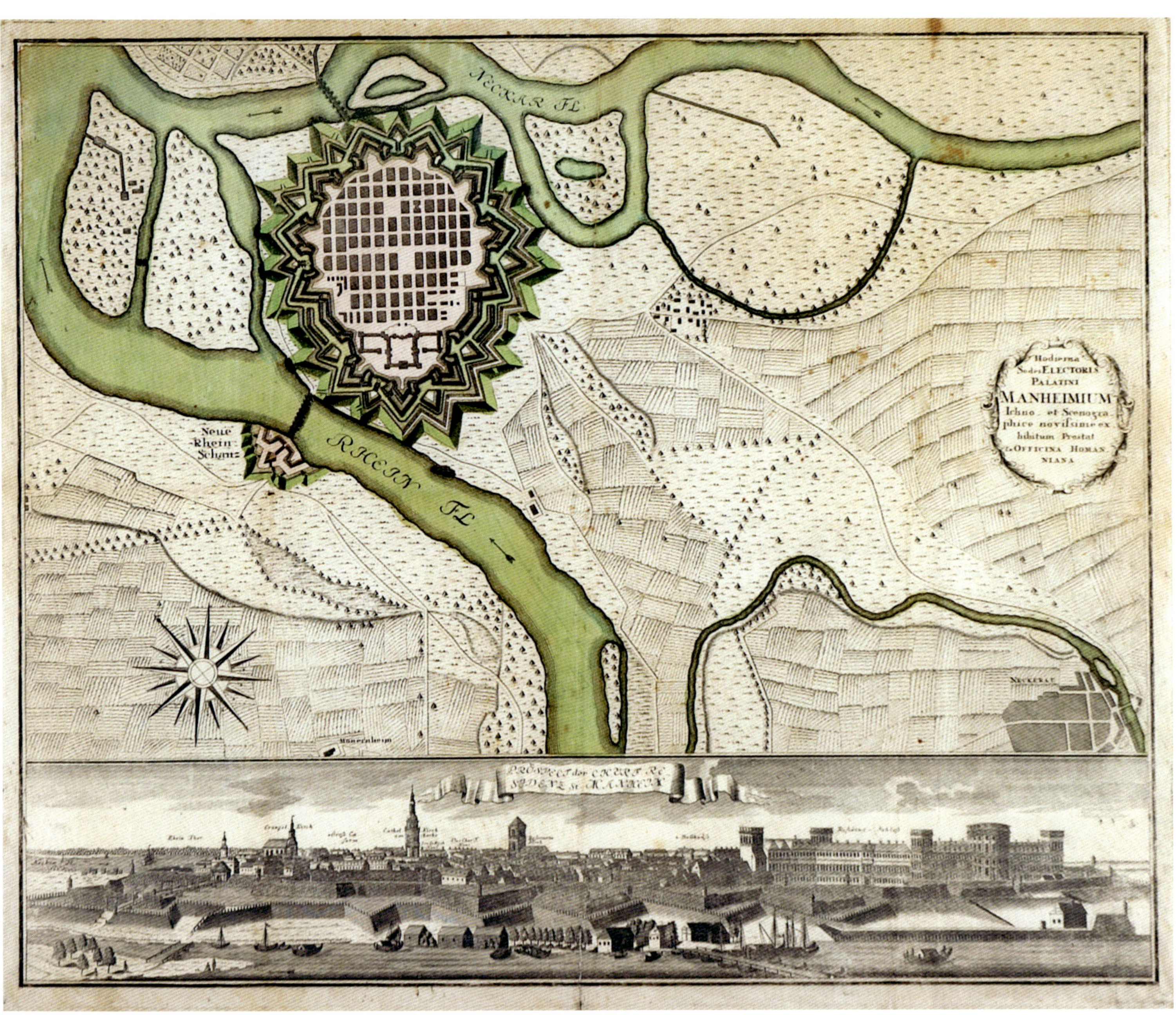

5 Karte und Ansicht der Stadt Mannheims, teilkolorierter Kupferstich von Krebs, nach 1760 | Reiss-Engelhorn-Museen Mannheim

derne Mannheimer Hafen. Auf der linken Rheinseite war jetzt Raum für eine neue Hafenanlage, die bei der 1852 im Bereich der früheren Rheinschanze gegründeten Stadt Ludwigshafen – benannt nach Ludwig I., König von Bayern 1825–1848 – entstand.

Die Schanze hatte seit 1822 als Lager für eine Handelsniederlassung gedient, ihr innerer, tiefer gelegener Teil – der sogenannte Innere Weiher, der mit dem Fluss verbunden wurde – fungierte als Hafenbecken. Da diese Anlage nicht ausreichte, wurde sie nach Norden hin ergänzt und schließlich ersetzt. Hinzu kam der 1914 fertiggestellte Luitpoldhafen im Süden. Bedeutsamer für die neue Stadt war jedoch die Ansiedlung von Betrieben der chemischen Industrie, vor allem der in Mannheim unerwünschten „Badischen Anilin- und Sodafabrik" (BASF) ab 1865, die sich bereits vor 1914 zu einer der weltweit bedeutendsten Stätten der Chemieindustrie entwickelte.

Damit wurde die Pfalz am Rhein der Teil des von den Wittelsbachern regierten Königreichs Bayern mit dem größten Wirtschaftswachstum. Dies war nicht zuletzt einer – anders als noch ein Jahrhundert zuvor – liberalen, auf bürgerliche Unternehmerinitiative setzenden Politik zu verdanken, die aus einer eher armen Agrarregion einen der dynamischsten Wirtschaftsräume im damaligen Deutschland machte.

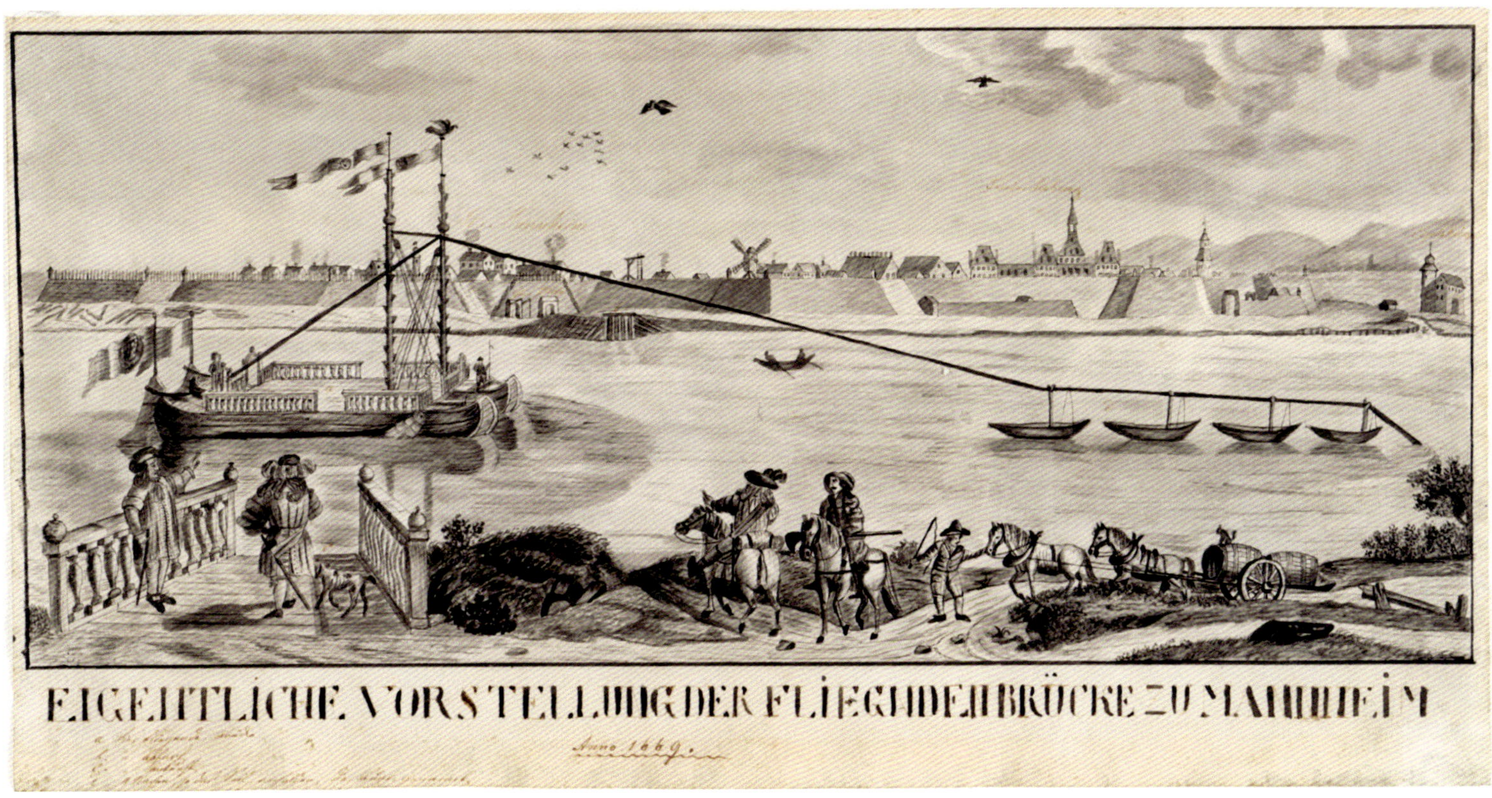

6 Eigentliche Vorstellung der Fliegenden Brücke zu Mannheim, 1669 | Reiss-Engelhorn-Museen Mannheim

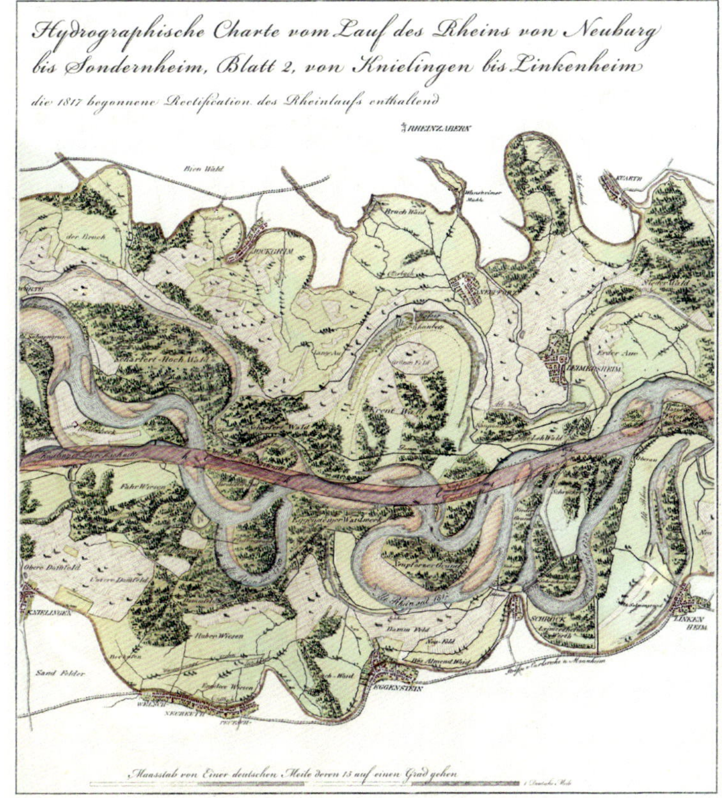

7 Karte zur Rheinbegradigung unter Johann Gottfried Tulla ab 1817

Das Gesandtschaftswesen Kurfürst Carl Theodors

Von der kurpfälzischen zur pfalzbayerischen Diplomatie

Stefan Schnupp

Die Kurpfalz hatte wie alle Territorien im Alten Reich das Recht, Gesandte zu empfangen und zu entsenden. In neuerer Zeit wird, neben der politischen Funktion der Gesandten als Repräsentanten ihrer Fürsten, Verhandlungsführer und Informanten, auch deren Bedeutung als Mittler von Kultur, Wissenschaft und Handel gesehen.

Im Jahr 1775 besaß Kurfürst Carl Theodor 24 Gesandtschaften, von kleinen Agentenposten bei Reichsstädten wie Augsburg bis zu großen Gesandtschaften mit bevollmächtigten Ministern als Gesandten und eigenen Kanzlisten, wie am Kaiserhof in Wien oder bei den Großmächten Frankreich und England. Damit befand sich die Kurpfalz hinsichtlich der Größe seines diplomatischen Netzwerks im Mittelfeld der deutschen Staaten, deutlich hinter den Großmächten Österreich und Preußen, aber doch vor den kleineren Fürstentümern, die nur Vertreter am Kaiserhof und am Reichstag unterhielten. Die Verteilung der Gesandtschaften lässt einen deutlichen Schwerpunkt im Rheinland und in Westeuropa erkennen, also bei unmittelbaren Nachbarn und möglichen Verbündeten. Die Kurpfalz unterhielt diplomatische Vertretungen bei allen Großmächten, mit Ausnahme Russlands: Am russischen Hof wurde zwar in den 1770er Jahren eine Repräsentanz geplant, konnte aber aus finanziellen Gründen und wegen fehlenden Personals erst 1788 eingerichtet werden.

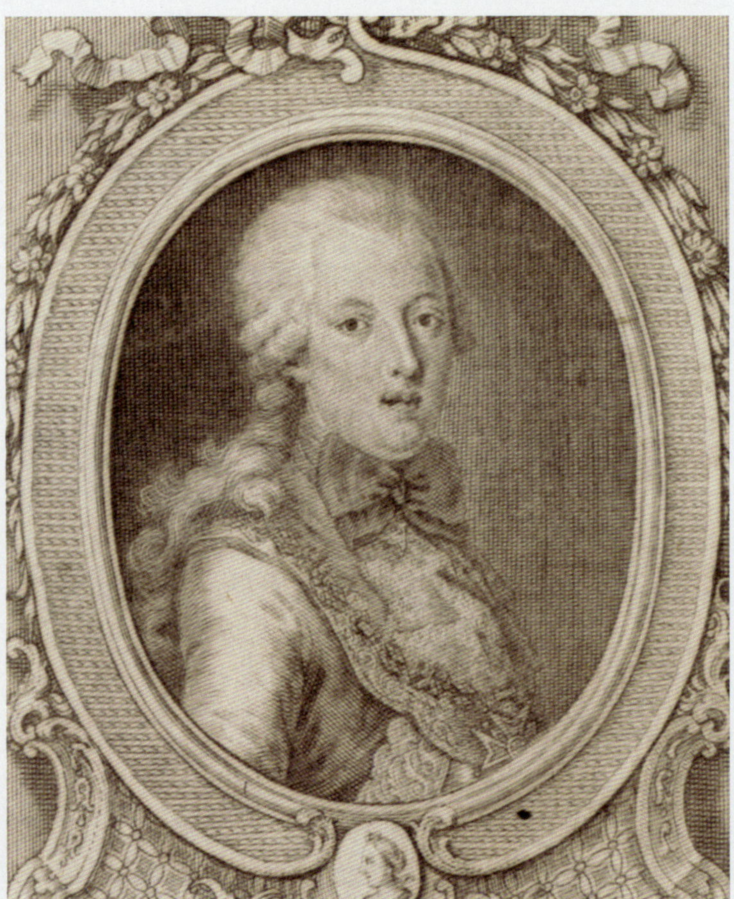

1 Franz Sigismund Graf von Haslang, Kupferstich von Franz Xaver Jungwirth, um 1762 | München, Staatliche Graphische Sammlung, Porträtsammlung, 235130

Seit dem Frieden von Rastatt 1714 näherten sich die beiden Hauptlinien des Hauses Wittelsbach einander wieder an, und die beiden kinderlosen Kurfürsten Carl Theodor von der Pfalz und Maximilian III. Joseph von Bayern setzten sich in wittelsbachischen Hausverträgen gegenseitig als Erben ein. Die stärker werdende Zusammenarbeit fand ihren Ausdruck auch in gemeinsamen Gesandtschaften. So vertrat der bayerische Diplomat Joseph Graf von Haslang von 1754 bis zum Erbfall 1777 sowohl die Kurpfalz als auch Kurbayern am Londoner Hof.

Nach Max Josephs Tod am 30. Dezember 1777 fiel Kurbayern dem Pfälzer Kurfürsten Carl Theodor zu und die pfälzischen Gesandtschaften wurden mit den kurbayerischen zu einer gemeinsamen Außenvertretung verschmolzen. Bereits im Oktober des Jahres war der für Außenpolitik zuständige Konferenzminister Freiherr von Beckers gestorben. Zum Nachfolger ernannte der Kurfürst seinen Vertrauten und Jugendfreund Matthäus Freiherr von Vieregg. Dieser konnte seine Arbeit auch in München fortsetzen. Bisher getrennte Gesandtschaften, wie in Wien, Dresden oder Paris, wurden nun vom pfälzischen Vertreter allein übernommen, die Zahl der Gesandtschaften wuchs auf 30 Stellen an. Die größten und politisch wichtigsten befanden sich am Reichstag in Regensburg, wo die unterschiedlichen Territorien Carl Theodors von mehreren Gesandten vertreten wurden, und in Wien, wo neben einem Gesandten beim Kaiser auch noch Agenten für den Reichshofrat und für das Königreich Böhmen akkreditiert waren. Während Regensburg und der Reichstag im 18. Jahrhundert ein diplomatisches Zentrum für Verhandlungen aller Art mit den Mächten Europas bildeten, war der Wiener Posten nicht zuletzt wegen der mit dem österreichischen Kaiser geführten Tauschverhandlungen (vgl. dazu auch den Beitrag von Wilhelm Kreutz im vorliegenden Band) von zentraler Bedeutung. Neu angestellte Diplomaten wurden eher auf niedere Posten geschickt, unter anderem nach Brüssel oder Dresden.

Die meisten Gesandten Carl Theodors entstammten Familien, die Verbindung zum Pfälzer Hof hatten. Sie kamen sowohl aus Adelsfamilien als auch aus Kreisen des gehobenen Bürgertums. Sie vertraten den Kur-

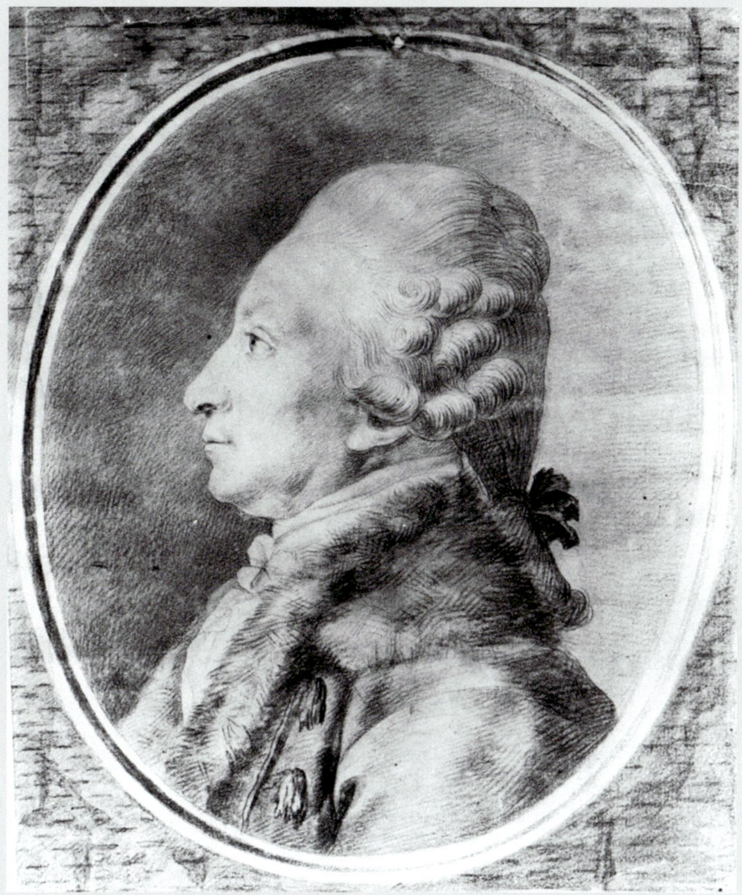

2 Karl Heinrich von Sickungen, Kohlezeichnung von Johann Gerhard Huck, schwarze Kreide und Rötel, um 1780 | Heidelberg, Kurpfälzisches Museum der Stadt Heidelberg, Z 3170

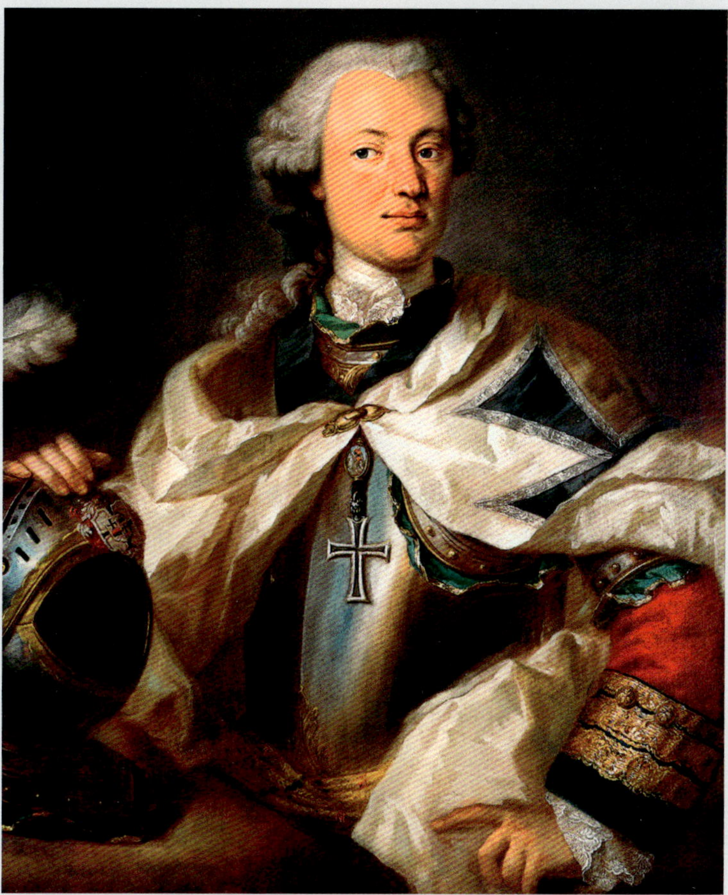

3 Franz Sigismund Freiherr von und zu Lehrbach, um 1765 | München, Bayerische Verwaltung der staatlichen Schlösser, Gärten und Seen, Residenz Ellingen, Leihgabe der Pfarrei Stopfenheim

fürsten bei den jeweiligen Regierungen und beobachteten die Vorgänge an den dortigen Höfen und in deren Territorien. Darüber berichteten sie dann der Regierung und dem Kurfürsten. Bislang sind die Gesandten Carl Theodors und ihr Wirken noch unzureichend erforscht. Als bemerkenswerte Beispiele für das kulturelle Wirken von Gesandten seien Karl Heinrich von Sickungen (Abb. 2) und Franz Sigismund von Haslang (Abb. 1) genannt. Sickungen vertrat die Pfalz in Paris; er war daneben auch als Chemiker tätig und experimentierte mit dem Edelmetall Platin. Als Musikliebhaber unterstützte er Wolfgang Amadeus Mozart bei seiner zweiten Parisreise 1780. Graf Haslang, der nach dem Tode seines Vaters Joseph 1783 Gesandter am englischen Hof wurde, interessierte sich dagegen sehr für Landwirtschaft, lernte in England neue Anbaumethoden kennen und wandte sie auf seinen bayerischen Ländereien an.

Einige Länder entsandten auch Vertreter an den Hof Carl Theodors in Mannheim und später in München. Auswärtige Diplomaten hatten direkten Zugang zum Kurfürsten und konnten mit ihm meist erfolgreicher verhandeln als die pfalzbayerischen Gesandten vor Ort. Besondere Bedeutung hatten dabei die österreichischen Gesandten, wie Franz Sigismund Freiherr von und zu Lehrbach (Abb. 3), der sowohl in Mannheim als auch später in München den Kaiser und die österreichische Regierung vertrat und großen Einfluss auf die Politik Carl Theodors nahm. Das Gesandtschaftswesen Carl Theodors bildete ein großes Kommunikations- und Kontaktnetzwerk, das sich über weite Teile Europas erstreckte, um die außenpolitischen Projekte des Kurfürsten umzusetzen. Nach dessen Tode 1799 wurde es unter seinem Nachfolger Maximilian IV. Joseph erneut umgestaltet.

Literatur

Almanach Electoral 1775, v. a. S. 67–71 · Aretin 1976, v.a. S. 64–119 · Duchhardt 1990, v. a. S. 9–14 · Flegel 1997, v.a. S. 18–25 · Gigl 1999b, v.a. S. 222–225 · Kramer 1998 · Kreutz 1999a · Kugeler 2006 · Lessing 2007, v.a. S. 13–22 · Matzke 2011, v.a. S. 23–37 · Mörz 1991 · Rall 1980 · Rall 1993, v.a. S. 202–207 · Roßgotterer 2004 · Rudschies 1993 · Schütz 2007 · Staatskalender 1785, v.a. S. 106–108 · Weis 2008 · Winter 1965

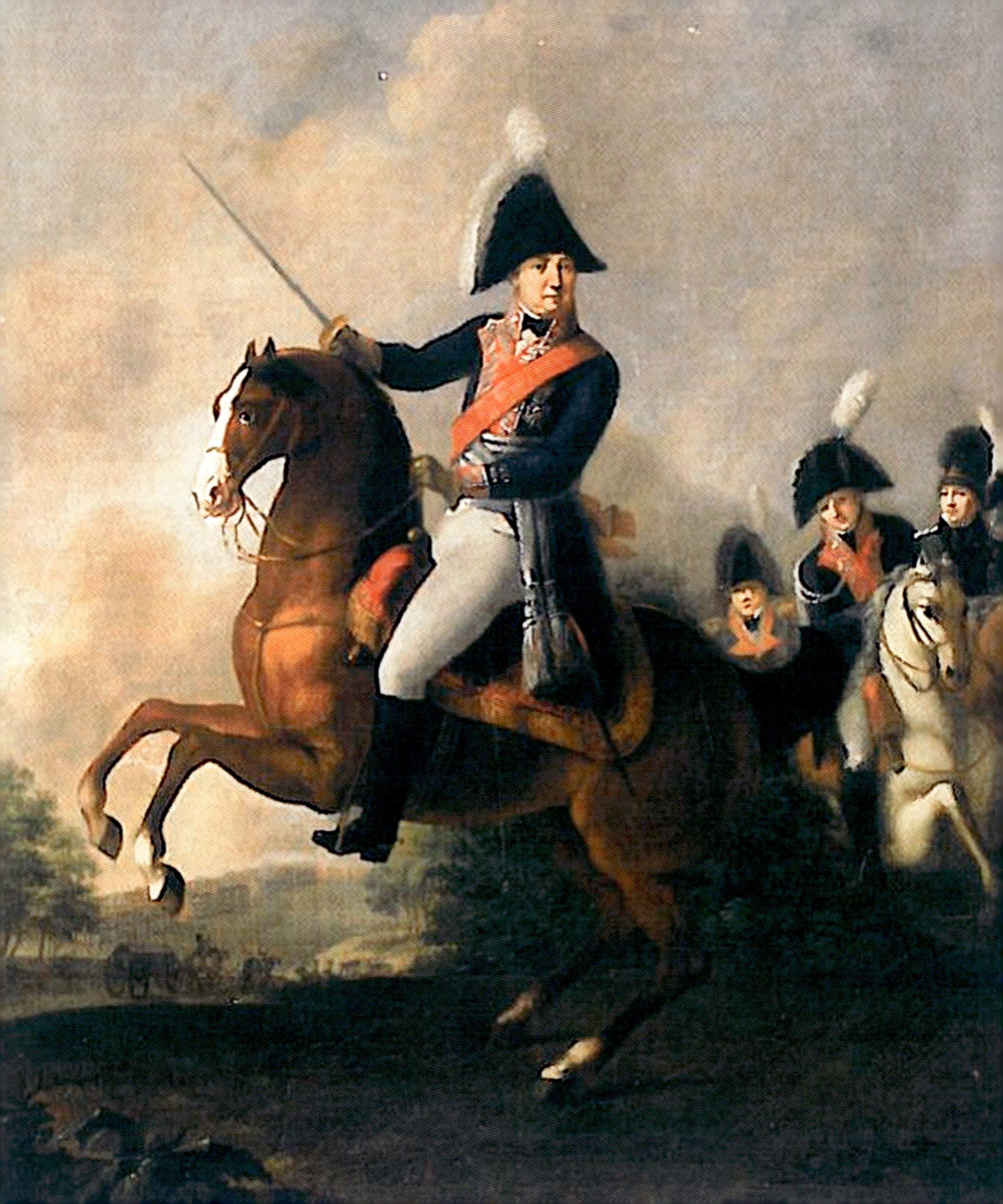

Wilhelm Kreutz

Von Mannheim nach München

Der ‚lange Abschied' der Wittelsbacher vom Rhein und das lange Nachleben ihrer Herrschaft an Rhein und Neckar

Dass die Sterbeglocke, die am 30. Dezember 1777 den überraschenden Tod des bayerischen Kurfürsten Max III. Joseph verkündete, zugleich die letzte Phase wittelsbachischer Herrschaft an Rhein und Neckar und das Ende der Kurpfalz einläuten sollte, konnte keiner der Zeitgenossen ahnen. Auch die für die Kurpfalz tiefgreifenden Folgen der Übersiedlung Carl Theodors von Mannheim nach München offenbarten sich seinen Untertanen erst nach und nach. Vorderhand überschattete die von Kaiser Joseph II. provozierte politische Krise den seit Jahren vorbereiteten Herrscherwechsel.

Wittelsbachische Hausverträge

Das Fehlen legitimer Söhne hatte Max III. Joseph und Carl Theodor zu enger Zusammenarbeit in der Regelung ihrer Erbfolge gezwungen. Bereits nach dem Sonderfrieden von Füssen hatten sie 1745 und 1761 die Hausunion erneuert und in den Hausverträgen von 1766, 1771 und 1774 (Abb. 2) den wechselseitigen Anfall ihrer Territorien geregelt, indem sie alle pfalzbayerischen Reichslehen (ohne Jülich und Berg) zum unteilbaren Familienerbe erklärten, für alle Beamten die katholische Konfession festschrieben und München zur Residenz der vereinigten Kurfürstentümer bestimmten. Parallel hierzu hatte sich Carl Theodor mit den Vettern in Zweibrücken ausgesöhnt und im März 1765 seine Neffen Karl August sowie Max Joseph (Abb. 1) zu Agnaten des wittelsbachischen Gesamterbes bestimmt.

Dennoch war seit Mitte der 1770er Jahre sein Unbehagen gewachsen, weil einerseits die Gefahr, der französische König könne ihn für eine Garantie der Hausverträge zu territorialen Zugeständnissen zwingen, nicht von der Hand zu weisen war. Andererseits fürchtete er den habsburgischen Kaiser, da die Hausverträge ja erst durch dessen Zustimmung volle Gültigkeit erlangen konnten. Zudem waren ihm die Annexionsgelüste Josephs II. keineswegs verborgen geblieben, die durch die Verknüpfung mit der – Preußen ins Spiel bringenden – Sukzessionsfrage in Bayreuth und Ansbach an Brisanz gewonnen hatten. All dies hatte die wittelsbachischen Unterhändler zu großer Vorsicht gemahnt. Dass es ihnen gelang, sich hinter dem Rücken aller Gesandten zu verständigen, zählt – neben den Hausverträgen selbst – zu den bemerkenswerten Erfolgen der pfälzischen und bayerischen Diplomatie. Da aber Carl Theodor von der Rechtmäßigkeit einiger Erbansprüche Wiens überzeugt war, hatte er bereits 1776 geheime Verhandlungen über einen Ländertausch mit Joseph aufgenommen, konnte diese aber vor dem Erbfall nicht erfolgreich abschließen.

1 Richard Purnickl: König Max I. Joseph zu Pferde mit Kronprinz Ludwig und Ordonnanzoffizieren, Öl auf Leinwand | Ingolstadt, Bayerisches Armeemuseum, A 11106

Bayerische Erbfolgekrise und Bayerischer Erbfolgekrieg

Als Carl Theodor am 2. Januar 1778 in München eintraf, hatte die bayerische Regierung das vorbereitete Besitzergreifungspatent bereits in Kraft gesetzt. Aber die Eile war vergeblich, weil die gleichzeitig in Straubing und Pfalz-Sulzbach einrückenden österreichischen Soldaten den Forderungen Josephs militärischen Nachdruck verliehen. Einen Tag später zwang Minister Kaunitz den pfälzischen Gesandten sogar, die habsburgischen Ansprüche auf die Grafschaft Mindelheim sowie den Straubinger Teil Niederbayerns und die böhmischen Lehen in der Oberpfalz anzuerkennen. Durch seine Unterschrift hoffte er, weiteren Annexionsgelüsten die Spitze abbrechen und durch sein Eingehen auf die Zumutungen Wiens, den Weg für den Tausch Bayerns gegen die österreichischen Niederlande ebnen zu können.

Aber die Pfälzer hatten ihre Rechnung ohne den Kaiser (Abb. 3) gemacht. Schon zuvor hatte er das umfassende Tauschprojekt zurückgewiesen. Nun, unter dem Druck seines *fait accompli*, dachte er nicht im mindesten daran, dem für den Kurfürsten so günstigen Austausch zuzustimmen, sondern ihn allenfalls mit Gebietsgewinnen im vorderös-

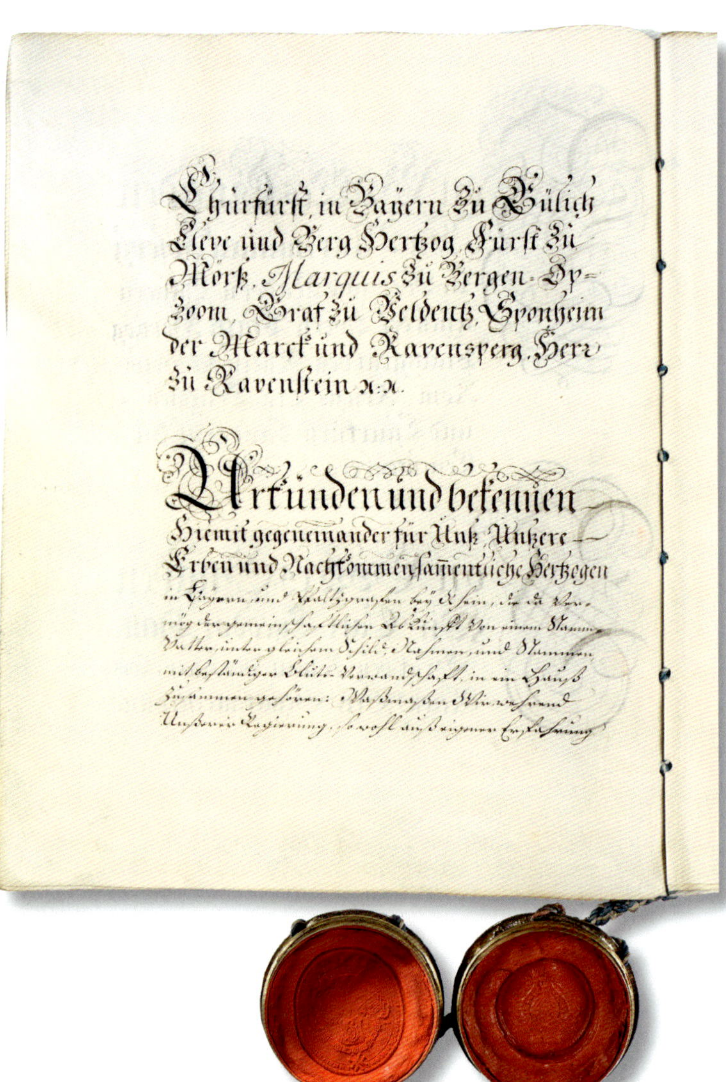

Churfürst, in Bayern zu Gülich Cleve und Berg Herzog, Fürst zu Mörß, Marquis zu Bergen-Op-Zoom, Graf zu Veldentz, Sponheim der Marck und Ravensperg, Herr zu Ravenstein x.x.

Urkunden und bekennen Hiemit gegeneinander für Uns, Unsere Erben und Nachkommen sammentliche Herzogen

2 Wittelsbacher Hausvertrag vom 5./22. September 1766, geschlossen zwischen Kurfürst Maximilian III. Joseph von Bayern und Kurfürst Carl Theodor von der Pfalz, Manuskript auf Pergament mit anhängenden Wachssiegeln | München, Bayerisches Hauptstaatsarchiv – Geheimes Hausarchiv, Hausurkunden 1857

terreichischen Breisgau abzuspeisen. Dieses Ränkespiel konnte allerdings nur gelingen, wenn Karl II. August von Pfalz-Zweibrücken, der präsumptive Erbe Pfalzbayerns, ihm zustimmte. Auf ihn richteten die bayerischen Patrioten ihre Hoffnungen. Tatsächlich gelang es ihnen, im Zusammenspiel mit dem Zweibrücker Minister Hofenfels, Karl August zum Umschwenken zu bewegen. Und da Carl Theodor alle alternativen Tauschvorschläge Wiens ablehnte, Joseph hingegen nicht nachgab, verhärteten sich die Fronten. Friedrich II. ergriff die Partei Karl Augusts und ließ im Juli preußische und sächsische Truppen in Böhmen einmarschieren. Die Erbfolgekrise hatte sich zum Erbfolgekrieg ausgewachsen. Zwar blieb die militärische Auseinandersetzung, die als „Kartoffelkrieg" in die Annalen einging, ein Manöverkrieg, doch sie zwang Joseph II. zum Rückzug. Im Frieden von Teschen kam es am 13. Mai 1779 zu einem von Russland und Frankreich garantierten Ausgleich aller Interessen: Österreich erhielt nur das Innviertel; demgegenüber erkannte man Preußens Anwartschaft auf Ansbach-Bayreuth ebenso an wie die pfalzbayerischen Hausverträge; Carl Theodor musste überdies Sachsens Ansprüche mit vier Millionen Talern abgelten.

Die Tauschkrise von 1784/85

Aber damit war die Integrität des pfalzbayerischen Gesamtstaats keineswegs gesichert, denn der Frieden von Teschen schloss einen Ländertausch nicht aus. Doch die Gespräche scheiterten immer wieder daran, dass Joseph II. sich weigerte, die ganzen Niederlande gegen das ganze Bayern zu tauschen, Carl Theodor seinerseits zu keinen Abstrichen bereit war und sich Karl II. August allen Absprachen widersetzte. So blieb die außenpolitische Wende Carl Theodors, die den einstigen engen Verbündeten Frankreichs an die Seite Österreichs geführt hatte, ohne Erfolg. Wie in der Vergangenheit Versailles ignorierte nun Wien die Interessen des Kurfürsten. Carl Theodor hatte nicht mehr in die Waagschale zu werfen als vier Jahrzehnte zuvor, und zu politischen Alternativen fehlte dem ängstlichen und zunehmend depressiven Regenten der Mut.

Innerbayerische Konflikte

Weitaus nachteiliger aber als dieser außenpolitische Misserfolg war für Carl Theodor der durch seine Tauschabsichten ausgelöste Unmut in Bayern. Das große Misstrauen, das die Untertanen ihrem ersten nichtbayerischen Kurfürsten entgegenbrachten, entlud sich in immer neuen Anklagen gegen die Verschwendungssucht des Hofes oder den übergroßen Einfluss pfälzischer Berater und Minister. Als sich die Konflikte mit der Landschaftsverordnung sowie dem Münchner Magistrat häuften und Carl Theodor mit dem Verbot des Illuminatenordens wie der Verschärfung der Zensur 1785 endgültig seinen ohnehin kaum noch erkennbaren Reformkurs beendete, schlug der Unmut der Opposition in offene Feindschaft um und brach sich Bahn in einer Flut von Zeitungsartikeln, patriotischen Schriften und anonymen Flugschriften. Die Gegenmaßnahmen des gereizten Kurfürsten, die scharfe Zensur, die Suspendierung von Beamten und die Landesverweisung einzelner Illuminaten untergruben seine Stellung vollends, zumal Rechtsbrüche und Willkür der Beamten zu belegen schienen, dass der kraftlose Fürst dem Treiben der jesuitischen Kamarilla um Pater Frank keinerlei Widerstand entgegensetzen konnte. Dass der Kurfürst auf dem Höhepunkt der Querelen seine wiederholten Drohungen, München zu verlassen, wahr machte und im Oktober 1788 nach Mannheim zurückkehrte, musste somit nicht nur als Kapitulation vor der Opposition, sondern auch vor dem Einfluss der Reaktion erscheinen.

Wachsende Entfremdung in der Kurpfalz

Aber in der Pfalz war der Jubel, der seine „Besuche“ von 1778 und 1785 begleitet hatte, längst verklungen und misstrauischen Zweifeln gewichen. Zu oft hatte Carl Theodor sein Versprechen, „endgültig“ in Mannheim zu bleiben, gebrochen, da ihn die Hausverträge zwangen, in München zu residieren. Zudem hatten sich in den zehn Jahren seiner Abwesenheit die konfessionellen Fronten verhärtet und waren die wirtschaftlichen Schwierigkeiten sowie die Willkür der Bürokratie signifikant gewachsen. Wenngleich die Untertanen die Fehlentwicklungen meist auf das Konto des kurpfälzischen Statthalters Franz Albert Freiherr von Oberndorff (Abb. 4) sowie der korrupten Bürokratie buchten, warfen die Missstände dunkle Schatten auf das einst strahlende Bild des Herrschers.

Nicht zu verkennen war der Unmut über den wieder um sich greifenden Ämterkauf, über die Selbstherrlichkeit von Oberamtmännern und Landschreibern, über die Vergabe der Monopole und über die Jagdgesetze. Daneben hatten sich alle Maßnahmen, den wirtschaftlichen Abschwung zu bremsen, als untauglich erwiesen. Die Versuche, pfälzische Produkte in Bayern abzusetzen, oder die 1783 verfügte volle Maut- und Akzisefreiheit für alle pfälzischen und jülich-bergischen Produkte konnten den Verfall ebenso wenig aufhalten wie die Gründung von Handelsgesellschaften oder die Freigabe des Aktienhandels. Entscheidender war, dass die Fortschritte der Landwirtschaft nicht ausreichten, um die Krisenanfälligkeit der Gesellschaft zu überwinden. Noch immer engten Naturkatastrophen wie jene der Jahre 1783 und 1784 den Nahrungsmittelspielraum gefährlich ein. All dies trug dazu bei, dass der Strom der Auswanderer nach Amerika bis zum Ende des 18. Jahrhunderts nicht abriss und die Kurpfalz als einziges Territorium des Alten Reichs eine sinkende Bevölkerungszahl aufwies.

In den Mittelpunkt der Klagen rückten freilich die Benachteiligungen, denen neben Juden oder Mennoniten auch die Protestanten ausgesetzt waren. Reformierte wie Lutheraner wurden aus allen Ämtern gedrängt; selbst in Gemeindeverwaltungen vorwiegend protestantischer Orte bevorzugte man katholische Beamte. Im August 1789 trat in Heidelberg eine vom Kaiser erlaubte und von Preußen unterstützte kurpfälzische Synode zusammen, um über das weitere Vorgehen der reformierten Kirche zu beraten. Während in Paris die Revolution der Deputierten ihrem ersten Höhepunkt zusteuerte, deuteten in der Pfalz erste Anhaltspunkte darauf hin, dass auch hier die Opposition erstarkte.

Carl Theodors Politik im Banne der Französischen Revolution

Die Französische Revolution war die größte Herausforderung der mehr als 50-jährigen Regierungszeit Carl Theodors. Zwar war der Kurfürst von einer baldigen Wiederherstellung der königlichen Rechte in Frankreich überzeugt, vermied aber bis 1792 jede Konfrontation. Er versuchte, der Gefahr durch eine strikte Neutralitätspolitik zu entgehen, und beschränkte sich darauf, die Grenzkontrollen zu verstärken und jede politische Propaganda oder das Tragen von Waffen zu verbieten. Den immer zahlreicher ins Land strömenden Emigranten begegneten die kurpfälzischen Behörden mit äußerster Distanz. Sie engten deren Bewegungsfreiheit ein und beschränkten die Aufenthaltserlaubnis auf 48 Stunden.

Diese Neutralitätspolitik setzte Carl Theodor selbst dann fort, als Frankreich am 2. April 1792 Österreich den Krieg erklärte und im Juni der Aufmarsch der Koalitionstruppen begann. Die kurpfälzische Verwaltung legte den verbündeten Armeen, die Ende Juli unter Führung des Herzogs von Braunschweig zu ihrer Kampagne in Frankreich aufbrachen, große Schwierigkeiten in den Weg. Trotzdem musste von Oberndorff es hinnehmen, dass die österreichischen Truppen sich auf kurpfälzischem Gebiet sammelten und von hier aus zu ihrem Feldzug aufbrachen. Den französischen Drohungen sah er gelassen entgegen, denn die Niederlage der Franzosen schien nur eine Frage von Wochen zu sein. Umso bestürzter reagierte er, als nach der vergeblichen Kanonade von Valmy die Koalitionstruppen den Rückmarsch antraten und

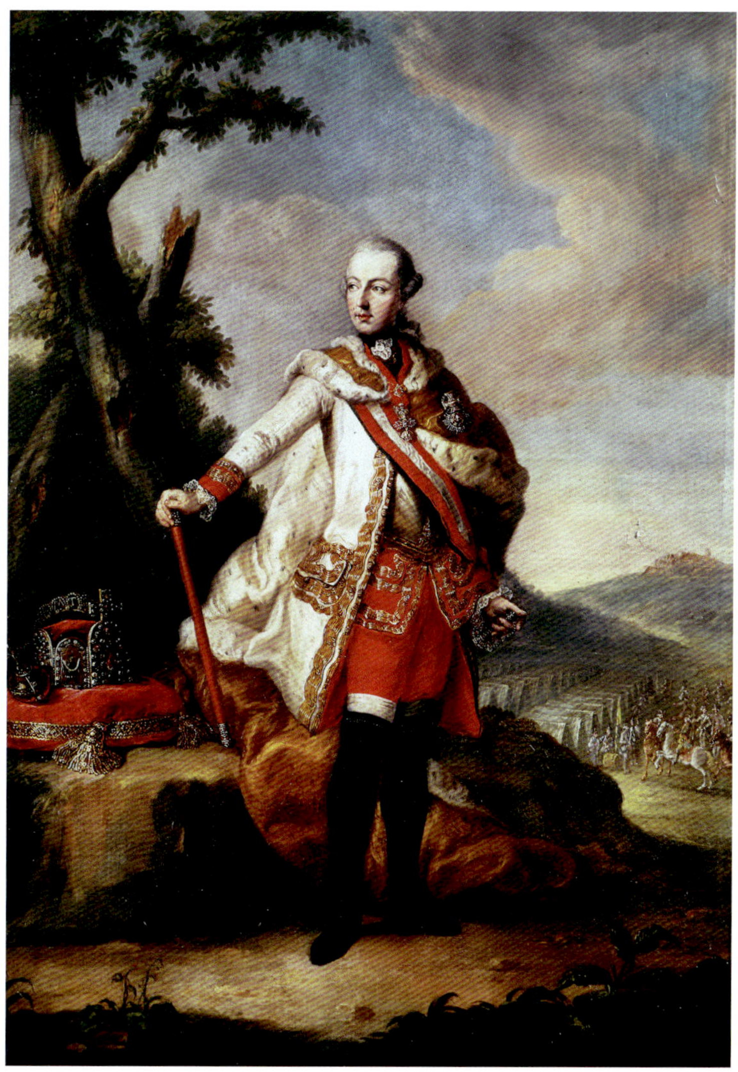

3 Anton von Maron (zugeschrieben): Kaiser Joseph II., 1785, Öl auf Leinwand | Versailles, Château et Trianons, MV 3941

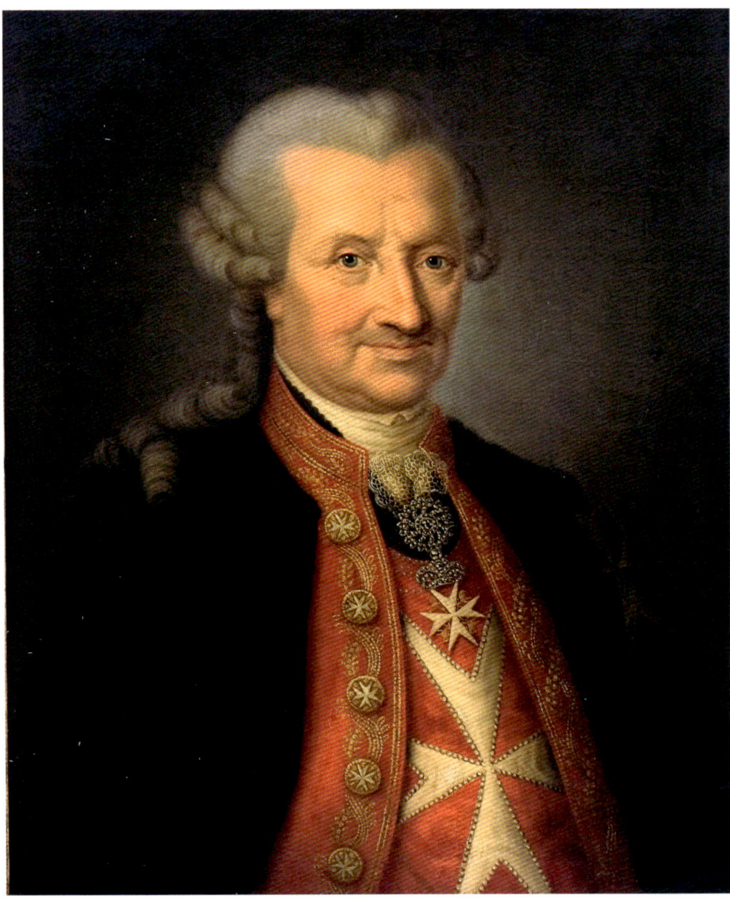

4 Heinrich Carl Brandt (zugeschrieben): Reichsgraf Franz Albert Leopold von Oberndorff, nach 1782, Öl auf Leinwand | Reiss-Engelhorn-Museen Mannheim, O 393

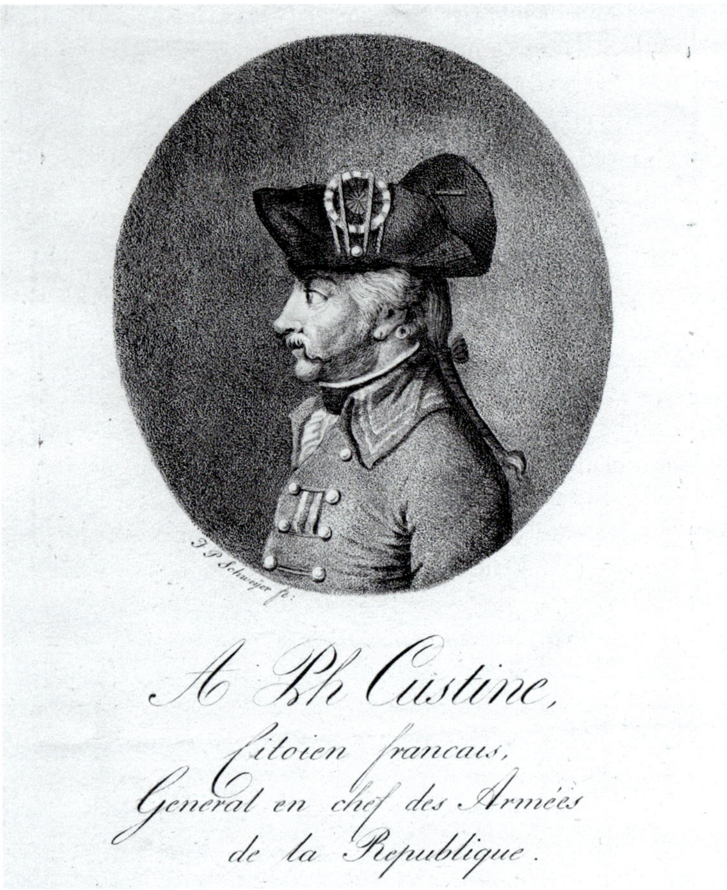

5 General Custine, Porträtstich | Reiss-Engelhorn-Museen Mannheim

General de Custine (Abb. 5) eine Woche später von Landau aus aufbrach, um das von Truppen entblößte linke Rheinland zu erobern. Bis Ende Oktober brachten die Revolutionstruppen Speyer, Worms, Mainz sowie vorübergehend sogar Frankfurt in ihre Gewalt und kontrollierten das gesamte linke Rheinufer zwischen Landau und Bingen (Abb. 6). Trotz gelegentlicher Übergriffe respektierten die Franzosen die Neutralität des Kurfürsten; von den Wahlen zum Rheinisch-Deutschen Nationalkonvent, dem ersten Parlament auf deutschem Boden, blieben die wittelsbachischen Untertanen ausgeschlossen.

Diese Politik konnte jedoch nicht verhindern, dass es unter dem Eindruck der Pariser Ereignisse sowie der Nachrichten aus der Provinz im Linksrheinischen zu lokalen Unruhen kam. Der Zorn der Untertanen richtete sich gegen Wildschäden, gegen Einschränkungen der dörflichen Waldnutzung oder gegen das Holzmonopol des Fürsten von Bretzenheim, des illegitimen Sohns Carl Theodors. In zahlreichen Forsten machten Bauern Jagd auf das Wild, im Queichtal rotteten sie sich zusammen, in Neustadt versuchten Bürger, die Ausfuhr von Getreide zu verhindern. In Germersheim, Simmern, Alzey und Heidelberg mussten die verhassten Landschreiber vor der aufgestauten Volkswut fliehen. Noch glaubte die Regierung, die Unruhen ersticken zu können, indem sie den Protestierenden entgegenkam, das überzählige Wild zum Abschuss freigab und das Holzmonopol aufhob.

Der Reichskrieg gegen Frankreich

Seine Neutralitätspolitik musste Carl Theodor nach der Erklärung des Reichskriegs ein Jahr später widerwillig aufgeben, und so verwundert es nicht, dass die erneut vorrückenden Revolutionstruppen wie die „Ausleerungskommissionen“ während des berüchtigten „Plünderwinters“ die wittelsbachischen Dörfer nicht mehr verschonten. Im Frühjahr 1795 schien das Ende des Krieges in greifbare Nähe zu rücken: Preußen schied aus der Koalition aus und schloss in Basel einen Sonderfrieden mit der Republik, andere Reichsstände signalisierten ihre Bereitschaft, diesem Beispiel zu folgen. Auch Oberndorff und Abbé Salabert, der Minister Max Josephs, des neuen Herzogs von Pfalz-Zweibrücken, intensivierten ihre geheimen Verhandlungen mit dem Feind und übergaben ihm Mannheim sogar kampflos. Die überall kolportierten Gerüchte, die von einem Verrat der Verantwortlichen wissen wollten, wurzelten nicht allein in den seit Jahren anhaltenden Disputen um die vermeintlich zweideutige Politik Carl Theodors, das Misstrauen der Öffentlichkeit war in der Vergangenheit überdies durch andere Ereignisse genährt worden. Zu erinnern ist an die beiden Zuschriften einer Mannheimer Gesellschaft der Freunde der Menschenrechte aus dem Jahr 1792, die dokumentieren, dass in Mannheim ein sich zu den Zielen der Revolution bekennender Zirkel aktiv war (Abb. 7). Zudem hatte im Oktober 1794 eine Anzeige die Behörden von einer von 500 Bürgern verabredeten Verschwörung unterrichtet, die sich freilich als haltlos erwies. Dennoch waren all diese Vermutungen geeignet, die Kaisertreue der Mannheimer in Zweifel zu ziehen. So verwundert es nicht, dass die kaiserliche Artillerie die Stadt und die in ihr liegenden Franzosen eine Woche lang bombardierte und Schäden von über einer Million Gulden verursachte. Für noch größeres Aufsehen sorgte die Verhaftung des Grafen von Oberndorff, des Abbés Salabert und anderer Beamter, die sich an den geheimen Friedens- oder Übergabeverhandlungen beteiligt hatten. Wien glaubte, ein Exempel statuieren zu müssen, um die kriegsmüden Reichsstände zur Räson zu rufen, und Mannheim musste „die Zeche zahlen".

Das hinderte den Kaiser freilich nicht, nach weiteren Niederlagen in Italien, am 17. Oktober 1797 selbst mit Frankreich den Frieden von Campo Formio zu schließen und in Geheimartikeln auf alle westlich des Rheins gelegenen Territorien zugunsten Frankreichs zu verzichten. Den Reichsfrieden regeln und die Frage der Gebietsentschädigungen beantworten sollte der Rastatter Kongress. Das Ziel, die deutschen Landesherren, die durch die Abtretung des linken Rheinlandes an Frankreich territoriale Einbußen erlitten hatten, rechtsrheinisch zu entschädigen, wollte man erstens erreichen durch die Säkularisation der geistlichen Reichsstände, allen voran der geistlichen Kurfürstentümer mit Ausnahme des Kurfürstentums Mainz, und zweitens durch die Mediatisierung der freien Reichsstädte und der niederadeligen Territorien. Nur wenige Reichsfürsten stemmten sich so vehement gegen die Säkularisation der geistlichen Besitzungen wie Carl Theodor. Einen Ausweg schien nach dem Scheitern des Rastatter Kongresses allein das Fortsetzen des Kriegs zu bieten. Diesen Waffengang erlebte Carl Theodor nicht mehr: Er starb am 16. Februar 1799, noch bevor sich die politische Situation erneut zuspitzte.

Maximilian IV. Joseph und das Ende der Kurpfalz

Doch erneut trogen die Hoffnungen, die Machtverhältnisse in Europa mit Gewalt ändern zu können. Abermals musste die Koalition, der sein Nachfolger Maximilian IV. Joseph wohl oder übel beigetreten war, die Überlegenheit der französischen Armee anerkennen. Abermals avancierte die Kurpfalz zu einem Brennpunkt der Auseinandersetzung, bis der Friede von Lunéville am 9. Februar 1801 den zweiten Koalitionskrieg beendete und unter Bezugnahme auf die bereits in Rastatt bewilligten Grundsätze den Verlust des linken Rheinlands völkerrechtlich sanktionierte. Zur „gänzlichen Berichtigung des Reichsfriedens" verständigten sich Kaiser und Reichsstände im selben Jahr auf die Einrichtung einer Reichsdeputation, versuchten freilich parallel zu deren Verhandlungen, Napoleon möglichst lukrative Entschädigungen abringen zu können.

Dies gilt auch für Pfalzbayern, das dank des Geschicks seines Pariser Gesandten, Freiherr Anton von Cetto, bereits am 24. August 1801 einen Freundschaftsvertrag mit Napoleon abschließen konnte. Er besiegelte die neue Freundschaft und legte die Basis für die territoriale Expansion und die Rangerhöhung des Kurfürstentums. Dass es ausgerechnet Max Joseph gelang, Kurbayern zum Kernland des ersehnten wittelsbachischen Königreichs zu machen, sprach den politischen Ambitionen seiner Vorgänger postum geradezu Hohn. Doch der Preis, den er und sein leitender Minister Montgelas dafür zahlen mussten, war hoch: 1801 musste Max Joseph endgültig auf alle linksrheinischen Besitzungen verzichten und ein Jahr später willigte er ein, die rechtsrheinische Pfalz an Baden abzutreten. Dieser Entschluss fiel ihm angesichts der exorbitanten Verschuldung des Territoriums, der vollständigen Verpfändung von dessen Steuereinnahmen und der immensen Ausgaben für die aktiven und pensionierten Staatsbeamten bzw. Militärpersonen nicht schwer, zumal er von nun an darauf beharrte, dass für alle Schulden und Ausgaben der neue Besitzer, Carl Friedrich von Baden (Abb. 8), aufzukommen habe. Der sich anschließende Rechtsstreit sollte erst nach 57 Jahren erbitterten Ringens 1859 beendet werden.

Der Übergang des rheinisch-pfälzischen Kernlands der Wittelsbacher an Baden begann am 22. September 1802 mit der provisorischen Inbesitznahme der Entschädigungslande durch eine Okkupationskommission, der am 23. November 1802 die zivile Inbesitznahme folgte. Wenngleich die Vereidigung auf Carl Friedrich erst später erfolgte, war damit die Herrschaft der Wittelsbacher an Rhein und Neckar nach nicht ganz 600 Jahren faktisch beendet. Ihr rheinisch-pfälzisches Kernland rückte als „Neckarpfalz" an die Peripherie des neuen Kurfürstentums und späteren Großherzogtums Baden.

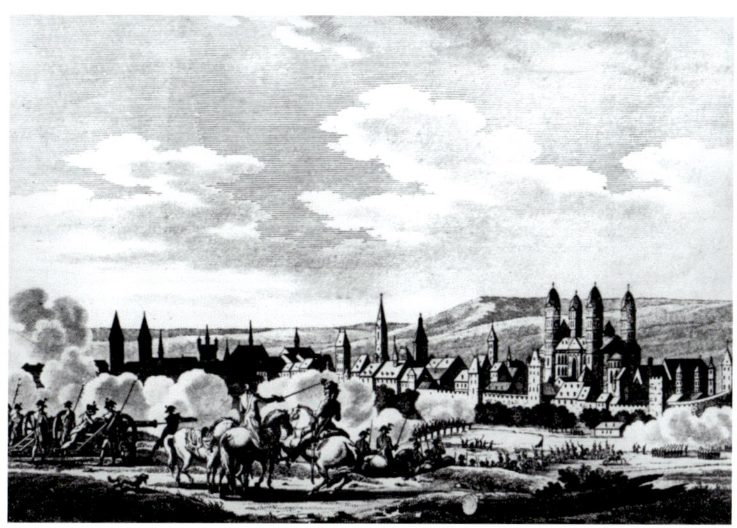

6 Einnahme der Stadt Speyer durch das Revolutionsheer von General Custine 1792, zeitgenössischer Kupferstich von Pierre-Gabriel Berthault nach Jacques Swebach-Desfontaines | Paris, Bibliothèque nationale de France

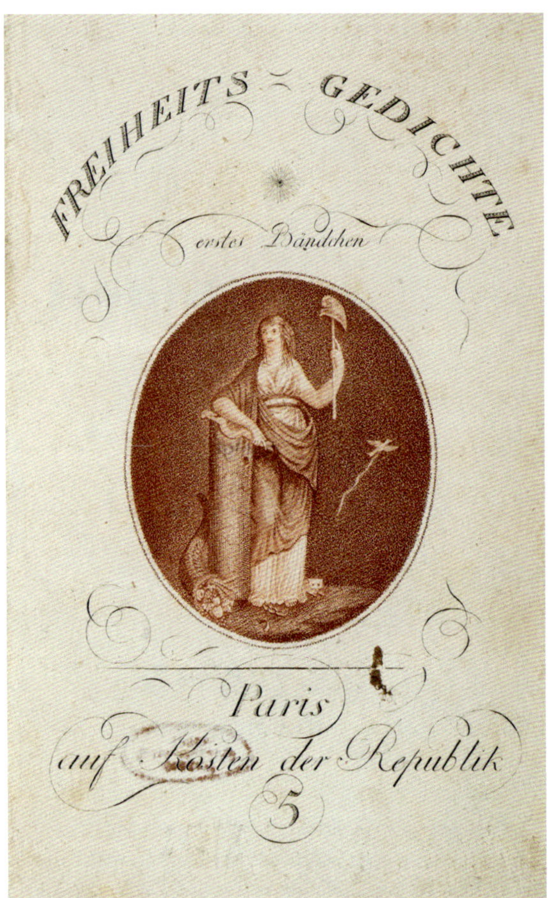

7 Freiheitsgedichte von Johann Philipp LePique, 2-bändige Ausgabe, Paris/Mannheim 1797 | Reiss-Engelhorn-Museen Mannheim, Bibliothek, Mh 188

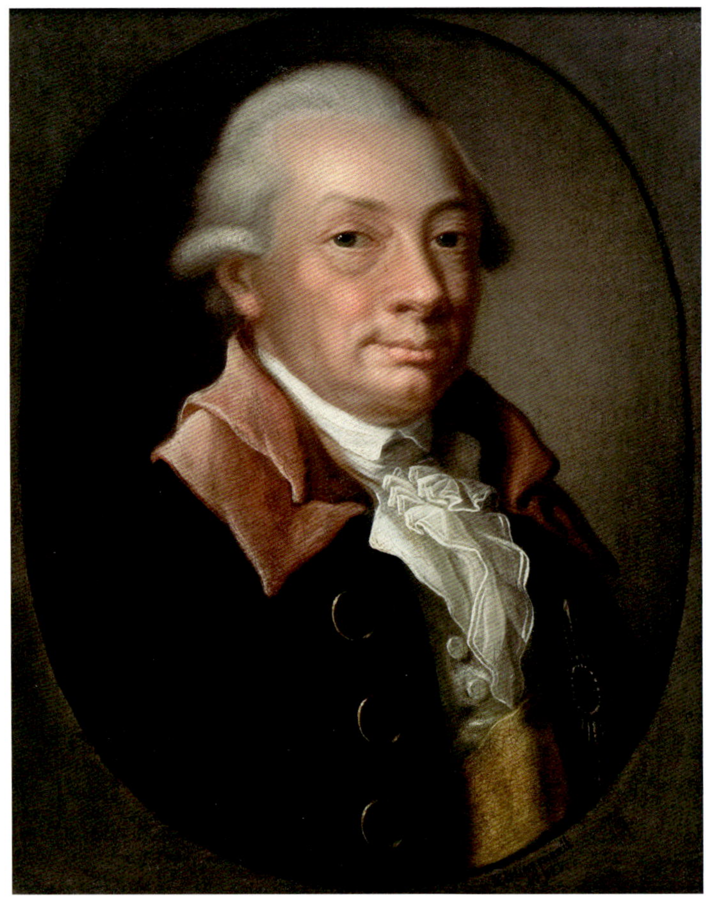

8 Johann Ludwig Kisling: Markgraf Carl Friedrich von Baden, 1792, Öl auf Leinwand | Reiss-Engelhorn-Museen Mannheim

Zum Nachleben der Kurpfalz

So schnell Max Joseph die rechtsrheinische ‚Restpfalz' preisgegeben hatte, so schwer akzeptierte der Thronfolger und spätere König Ludwig I. deren Verlust, ja, er machte ab 1825 deren Rückgewinnung sogar zum roten Faden seiner Außenpolitik. Immer wieder forderte er, wenn auch vergeblich, die Wiederherstellung der territorialen Einheit Bayerns. Selbst seine Nachfolger Maximilian II. und Ludwig II. sondierten im Umfeld der Revolution von 1848/49 und nach dem Sieg über Frankreich 1871 die vagen Chancen einer Vergrößerung Bayerns und die Herstellung einer Landbrücke zwischen dem rechtsrheinischen Haupt- und dem linksrheinischen Nebenstaat.

Ähnlich lange dauerte es, bis vor allem die Mannheimer dem Ende der Kurpfalz nicht mehr nachtrauerten; gerade in der Quadratestadt, die ihre Funktionen als Residenz-, Festungs- und Kulturstadt verloren hatte und die erst nach Jahrzehnten der Stagnation zur führenden Handels- und Industriemetropole Südwestdeutschlands aufstieg, lebte der Kurpfalzgedanke weiter. Es überrascht daher nicht, dass Mannheimer Politiker vornehmlich in den Reihen der Opposition zu finden waren und Mannheim sowohl in der Revolution von 1848/49 als auch der von 1918/19 eine herausragende Rolle spielte. Politische Aktualität und Brisanz gewann der Kurpfalzgedanke jedoch erst wieder nach der Abdankung des großherzoglichen Hauses. Nun aber war er eingebettet in den reichsweiten Propagandakampf gegen die Besetzung des linken Rheinlands, allen voran die französische Besetzung der Pfalz. Und nach dem Zweiten Weltkrieg hauchten die jahrelangen Diskussionen um die Länderneugliederung der Bundesrepublik dem Kurpfalzgedanken – nun Hand in Hand mit der Forderung nach einem rheinübergreifenden Südweststaat – neues Leben ein. Erfolgreicher als diese politischen Initiativen war in jüngster Zeit die Schaffung der Städte, Gemeinden und Kreise von Baden-Württemberg, Rheinland-Pfalz und Hessen umfassenden Metropolregion Rhein-Neckar, deren Grenzen zumindest teilweise mit jenen des alten kurpfälzischen Territoriums identisch sind.

Literatur

Adalbert Prinz von Bayern 1957 · Ebersold 1985 · Gigl 1999b · Gollwitzer 1986 · Groening 2001 · Kreutz 1984 · Kreutz 1985 · Kreutz 1990 · Kreutz 1997b · Kreutz 1999a · Kreutz 1999b · Kreutz 2008b · Kreutz 2012a · Kreutz 2012b · Schaab 1992 · Schlick 1930 · Weis 2005

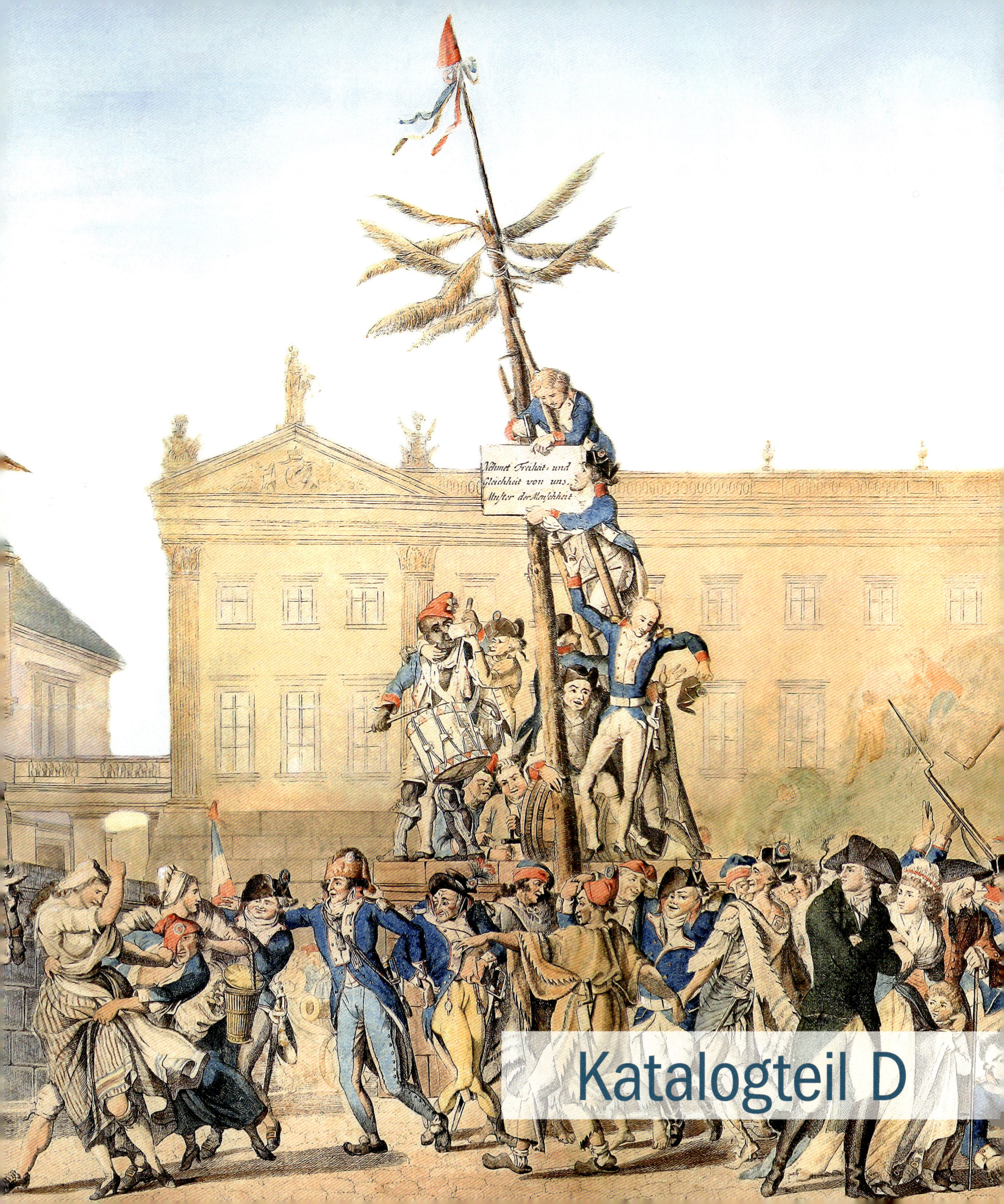
Nehmet Freiheit, und
Gleichheit von uns,
Muster der Menschheit

Katalogteil D

Von Kurpfalz-Bayern nach Baden

Freiheit, Gleichheit, Brüderlichkeit – die Ideale der Französischen Revolution von 1789 fanden auch in der Kurpfalz Zuspruch. Kurfürst Carl Theodor verfolgte gegenüber Frankreich lange eine Politik der Neutralität und Freundschaft. Doch ihre geographische Lage machte die Kurpfalz zum Brennpunkt, denn Frankreich strebte nach der Rheingrenze. Französische Truppen besetzten ab 1793 die linksrheinischen Gebiete, das Oggersheimer Schloss wurde ebenso zerstört wie die Mannheimer Stadtbefestigung.

Als Carl Theodor 1799 ohne legitimen Erben starb, oblag es seinem Nachfolger Maximilian IV. Joseph aus der Linie Birkenfeld-Zweibrücken, einen Ausgleich mit Napoleon Bonaparte zu erzielen. Der Neuordnung der politischen Verhältnisse in Deutschland fiel die Kurpfalz als einziges fürstliches Territorium zum Opfer. Im Reichsdeputationshauptschluss von 1803 wurden ihre rechtsrheinischen Gebiete der Markgrafschaft Baden zugeschlagen. Drei Jahre später wurde Maximilian Joseph für seine Bündnistreue gegenüber Frankreich von Napoleon mit der Königswürde belohnt. Nachdem auf dem Wiener Kongress die linksrheinischen Gebiete der ehemaligen Kurpfalz dem Königreich Bayern zugesprochen wurden, regierten die Wittelsbacher nochmals einige Jahre, von 1816 bis 1837, am Rhein.

D1

Die Regierungsübernahme durch Maximilian IV. Joseph 1799

Als Carl Theodor 1799 starb, hinterließ er ein enormes kulturelles Erbe und Kunstschätze, aber, wie so oft bei den Wittelsbachern, keine legitimen Nachkommen. Neuer – und letzter – Kurfürst wurde Maximilian IV. Joseph von Pfalz-Zweibrücken. Der Übergang an diese weitere pfälzische Nebenlinie kam nicht unerwartet. Schon als Carl Theodor das Erbe in Bayern angetreten hatte, war abzusehen, dass er selbst ohne Erben bleiben würde. Das Verhältnis zwischen Kurfürst Carl Theodor und den Herzögen von Pfalz-Zweibrücken als zukünftigen Nachfolgern gestaltete sich zunehmend enger. Zu einer realen Wiedervereinigung beider pfälzischer Landesteile und Bayerns sollte es aber nicht mehr kommen. Als Max Joseph die Regierung übernahm, war Europa bereits tief in die Wirren der Französischen Revolution und die Napoleonischen Kriege verstrickt.

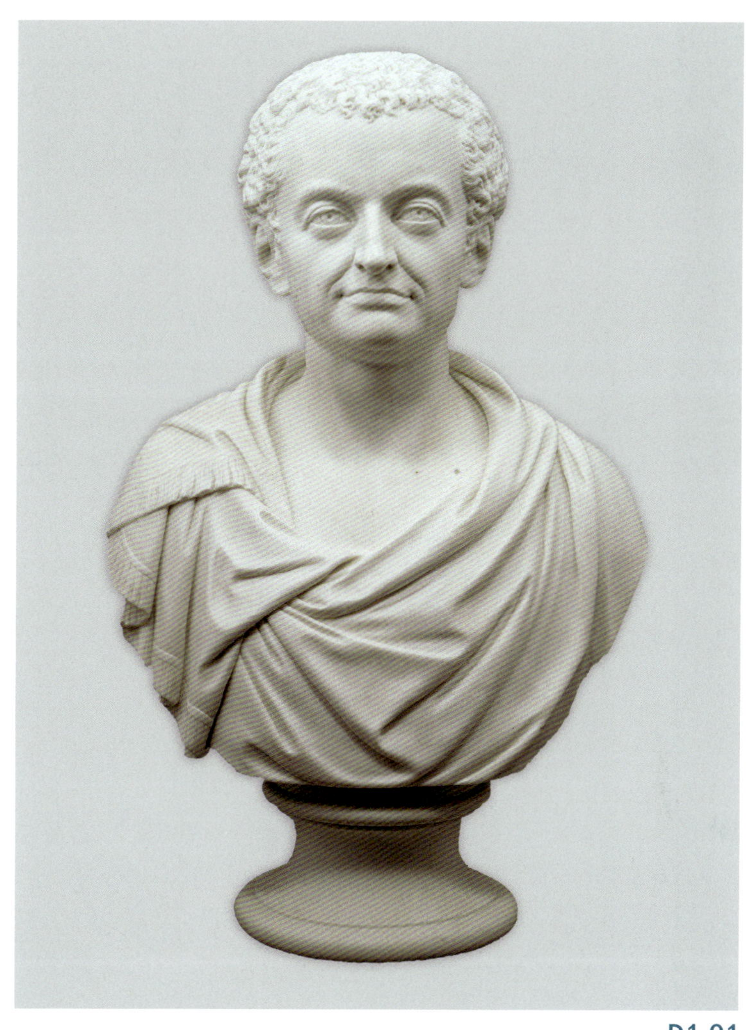

D1.01

D1.01

Büste des Staatsministers Maximilian Joseph Graf von Montgelas

Modell von Johann Peter Melchior (1747–1825)
Porzellanmanufaktur Nymphenburg, Ausformung durch „AC" (Adam Clair), Manufakturmarke: eingepresster Rautenschild, Ritzzeichen „AC" legiert sowie „1", kurz nach 1814
Biskuitporzellan. H 25,8 cm, H mit Sockel 31,7 cm
Bayerisches Nationalmuseum München, 52/223.1-2

Maximilian Joseph Freiherr (seit 1809 Graf) von Montgelas (1759–1838) gilt als der Schöpfer des modernen Bayerns. Als studierter Jurist war er bereits im Dienst Kurfürst Carl Theodors und später der Herzöge von Pfalz-Zweibrücken gestanden. Unter Kurfürst und König Max IV. (I.) Joseph von Bayern lenkte Montgelas die Geschicke Bayerns von 1799 bis 1817 als Außenminister und lange Jahre zugleich auch als Finanz- und Innenminister. Durch die Annäherung an Frankreich gelang es dem geschickten Taktierer, das Land dauerhaft zu vergrößern, abzurunden und außenpolitisch zu stärken. Im Inneren führte er, geleitet von den Prinzipien der Aufklärung, zahlreiche wegweisende Reformen durch, die einer Revolution von oben gleichkamen. Durch die Einschränkung der Adelsprivilegien, die Gewährung religiöser Toleranz, die Einführung der Pressefreiheit, die Reform von Schule, Gericht und Verwaltung oder die Herstellung der Gewerbefreiheit verwandelte er Bayern in einen modernen Staat mit fortschrittlichen Rechten, der sich auf ein funktionierendes Beamtentum stützen konnte.

Die idealisierte Porträtbüste von Montgelas aus Biskuitporzellan ist ein Werk Johann Peter Melchiors, der von 1797 bis 1822 der Modellmeister der Nymphenburger Porzellanmanufaktur war. Sie zeigt den energischen Staatsmann nach antikem Vorbild in streng frontaler Haltung mit ernsthaftem Blick, wodurch gemäß den kunsttheoretischen Schriften des Künstlers die Erhabenheit der Seele zum Ausdruck gebracht werden soll. Die den Politiker auszeichnenden Eigenschaften wie Stärke und Kühnheit seien an der großen markanten Nase und dem energischen Kinn erkennbar, seine Weisheit an den nachdenklichen Augenbrauen. Die Büste ist eines der wenigen vollplastischen Bildnisse der Manufaktur, das nicht ein Mitglied des Königshauses darstellt, was den hohen politischen Rang des Grafen unterstreicht. Als Finanzminister war Montgelas oberster Dienstherr der Nymphenburger Manufaktur, die er auch privat durch bedeutende Aufträge förderte.

Katharina Hantschmann

Literatur

Ausst.-Kat. München 1980a, III/2, S. 153–189, S. 222, Kat.-Nr. 437 · Ausst.-Kat. Ansbach/München 1996, S. 97–98 · Hantschmann 1997, S. 172–173 · Ausst.-Kat. Berlin 2006, S. 499, Kat.-Nr. VII.26 · Ausst.-Kat. München 2006, S. 25–35

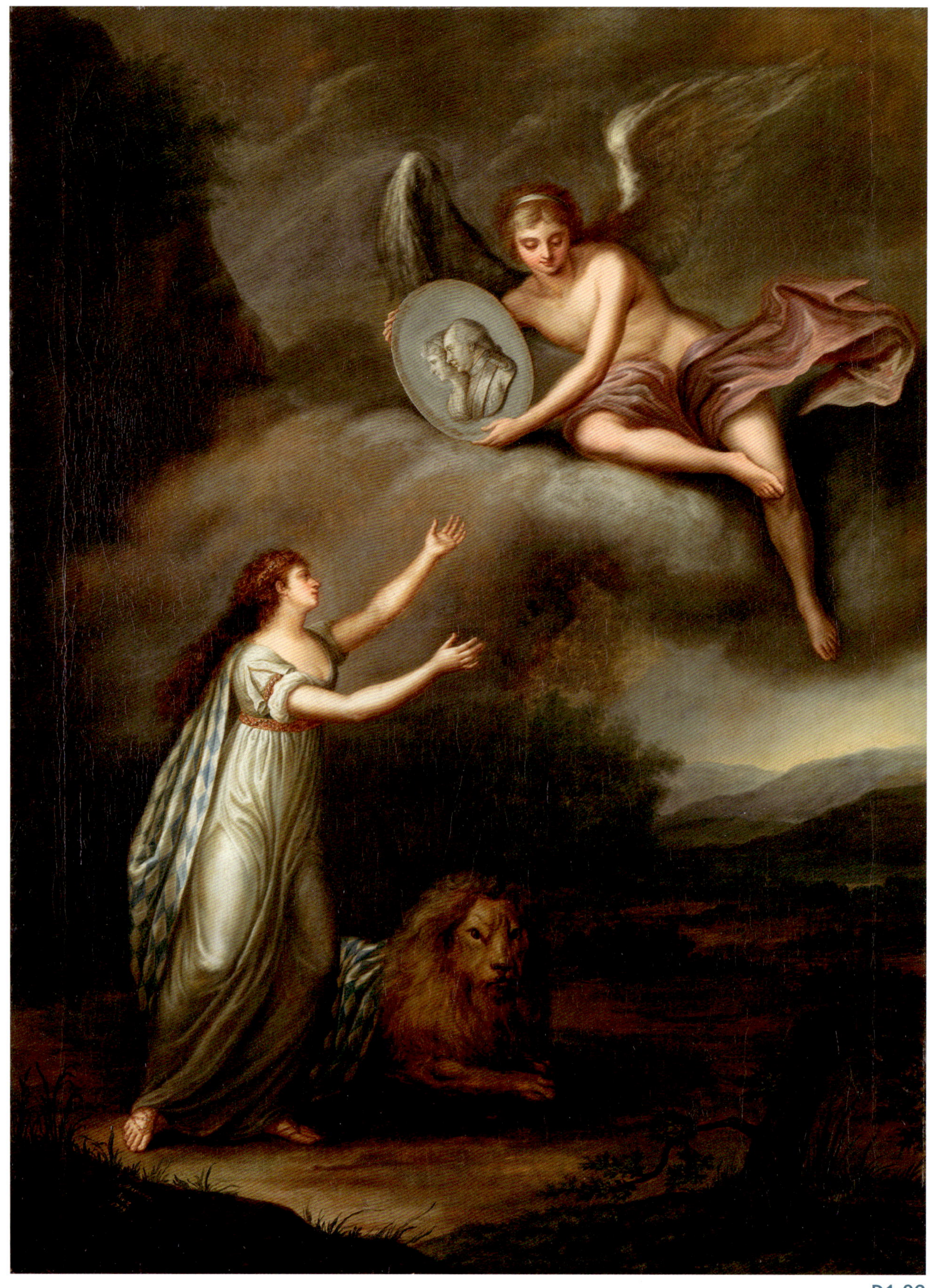

D1.02

D1.02

Allegorie auf die ersehnte Ankunft Kurfürst Maximilians IV. Joseph in Bayern

Marianne Kunz, geb. Kürzinger, München, 1799
Öl auf Leinwand. H 81,7 cm, B 58,5 cm
München, Bayerische Staatsgemäldesammlungen, 4318

Als Kurfürst Carl Theodor (1724–1799) am 16. Februar 1799 in seiner Münchner Residenz verstarb, war dies für seine bayerischen Untertanen kein Grund zur Trauer. Im Gegenteil habe man sich zum Tod des Landesherrn gar beglückwünscht. Carl Theodor, Kurfürst von der Pfalz, war 21 Jahre zuvor eher widerwillig mit seinem Hof von Mannheim nach München umgezogen, um das bayerische Erbe des kinderlos verstorbenen Kurfürsten Maximilian III. Joseph (1727–1777) anzutreten. Das Verhältnis zu den neuen Untertanen war von Anfang an belastet. Gleich nach seinem Regierungsantritt war Carl Theodor den auf jahrhundertealte Lehensverträge gestützten Ansprüchen Österreichs auf bayerische Territorien allzu bereitwillig entgegengekommen. Allein die Intervention des preußischen Königs hatte einen Übergang der Oberpfalz und Niederbayerns in habsburgischen Besitz verhindert. In der Absicht, am Rhein ein neues Königreich Burgund erstehen zu lassen, hatte Carl Theodor 1784/85 versucht, in den Besitz der habsburgischen Niederlande zu gelangen. Der Preis dafür sollte das gesamte Herzogtum Bayern sein. Erneut war der Ländertausch nur am Widerstand Preußens gescheitert. Im Verlauf der Koalitionskriege mochte Carl Theodor nach dem Verlust seiner linksrheinischen Besitzungen die Tauschpläne aufgegeben haben. Die Sympathien der bayerischen Untertanen waren indes verspielt. Als der Kurfürst, der ohne legitime Nachkommen geblieben war, 1799 nach einem Schlaganfall im Sterben lag, wurde die Bedrohung durch österreichische Machtansprüche wieder akut. Kaiserliche Gesandte sollen zum Sterbebett des Kurfürsten vorzudringen versucht haben, um von ihm in letzter Minute noch Gebietsabtretungen zu erreichen. Seine Gemahlin Maria Leopoldine (1776–1848) habe dies jedoch zu verhindern gewusst. So konnte Maximilian IV. Joseph (1756–1825) aus der Linie Pfalz-Zweibrücken-Birkenfeld, der 1806 der erste bayerische König werden sollte, die Nachfolge seines Onkels antreten.

In dem Jubel, mit dem der neue Kurfürst am Abend des 20. Februar 1799 bei seiner Ankunft in München begrüßt wurde, mochte sich zum einen die Erleichterung darüber Bahn gebrochen haben, dass die Gefahr einer Eingliederung in den habsburgischen Machtbereich ein weiteres Mal abgewendet war. Zum anderen spiegelten sich darin wohl das Gefühl der Befreiung von einem ungeliebten, dem Wohle Bayerns abträglichen Regenten und die Hoffnung auf eine bessere Zukunft unter einem dem Land stärker verbundenen Herrscher.

Die Münchner Historien- und Genremalerin Marianne Kunz (1767–1809) verleiht den mit dem Herrscherwechsel verbundenen Emotionen und Erwartungen in allegorischer Form Ausdruck. In einer karg bewachsenen, gebirgigen Landschaft steht Bavaria, den mit weiß-blauen Wecken gemusterten Mantel über den Rücken geworfen, neben dem auf der Erde lagernden bayerischen Löwen. Das Gesicht von Erschöpfung gezeichnet, reckt sie einem auf einer Wolke herabschwebenden Genius beide Arme entgegen, um von ihm ein Medaillon mit dem Doppelbildnis Maximilians IV. Joseph und seiner Gemahlin Karoline entgegenzunehmen. Während noch Düsternis über dem Land liegt und auch der bayerische Löwe noch im Schatten ruht, erscheint Bavaria so wie der Genius bereits von einem hellen Licht angestrahlt. Ein Lichtschein über den Bergen am Horizont scheint den Beginn eines neuen, freundlichen Tages zu künden.

Katharina Bull

Literatur

Kat. München 1978b, S. 210 · Ausst.-Kat. München 2006, S. 150, Kat.-Nr. 6 · Ausst.-Kat. Zweibrücken 2010, Kat.-Nr. 5.5.2

D1.03

Bildnis des Kurfürsten Max IV. Joseph (1756–1825)

Moritz Kellerhoven, 1800
Öl auf Leinwand. H 102 cm, B 85,5 cm
Museen der Stadt Regensburg, HV 1327

Der 1756 in Schwetzingen als Sohn des Pfalzgrafen Friedrich Michael von Zweibrücken und der Maria Franziska Dorothea von Sulzbach geborene Max Joseph (1758–1830) wuchs am Hof seines Onkels Christian in Zweibrücken auf, da seine Mutter aufgrund eines Ehebruchs in Ungnade gefallen war. Nach dem Tod seines Bruders Karl August 1795 wurde Max Joseph Herzog von Zweibrücken und damit potenzieller Erbe der wittelsbachischen Besitzungen, falls sein Vormund, Kurfürst Carl Theodor, ohne legitimen Erben sterben sollte. 1793 musste Max Joseph das von französischen Revolutionstruppen besetzte Zweibrücken verlassen; er fand zunächst in Mannheim, dann im Juli 1796 in dem seit 1792 zu Preußen gehörigen und dank des Basler Friedens neutralen Ansbach Zuflucht. Hier stellte er sich auf die Regierungsübernahme ein. Zusammen mit Maximilian Graf Montgelas, seinem wichtigsten Berater, legte er mit dem *Ansbacher Mémoire* und weiteren Dossiers ein umfangreiches Reformprogramm vor. Nach dem Tod des Kurfürsten Carl Theodor übernahm der Pfälzer 1799 die Regierung in Bayern mit Graf Montgelas als leitendem Minister. Der neue Kurfürst eroberte sich bald die Sympathien seiner Untertanen und blieb zeitlebens ein populärer Herrscher. Sein Anschluss an Napoleon 1806 wurde mit der Königswürde sowie erheblichen Landgewinnen in Franken und Schwaben belohnt. Er nannte sich von da an König Maximilian I. Joseph. Der leutselige Herrscher war ohne Pathos und ohne große Allüren. Ein Zeitgenosse, der ihn auf dem Wiener Kongress kennenlernte, urteilte: „Der König von Bayern sieht aus wie ein grober, verdrießlicher

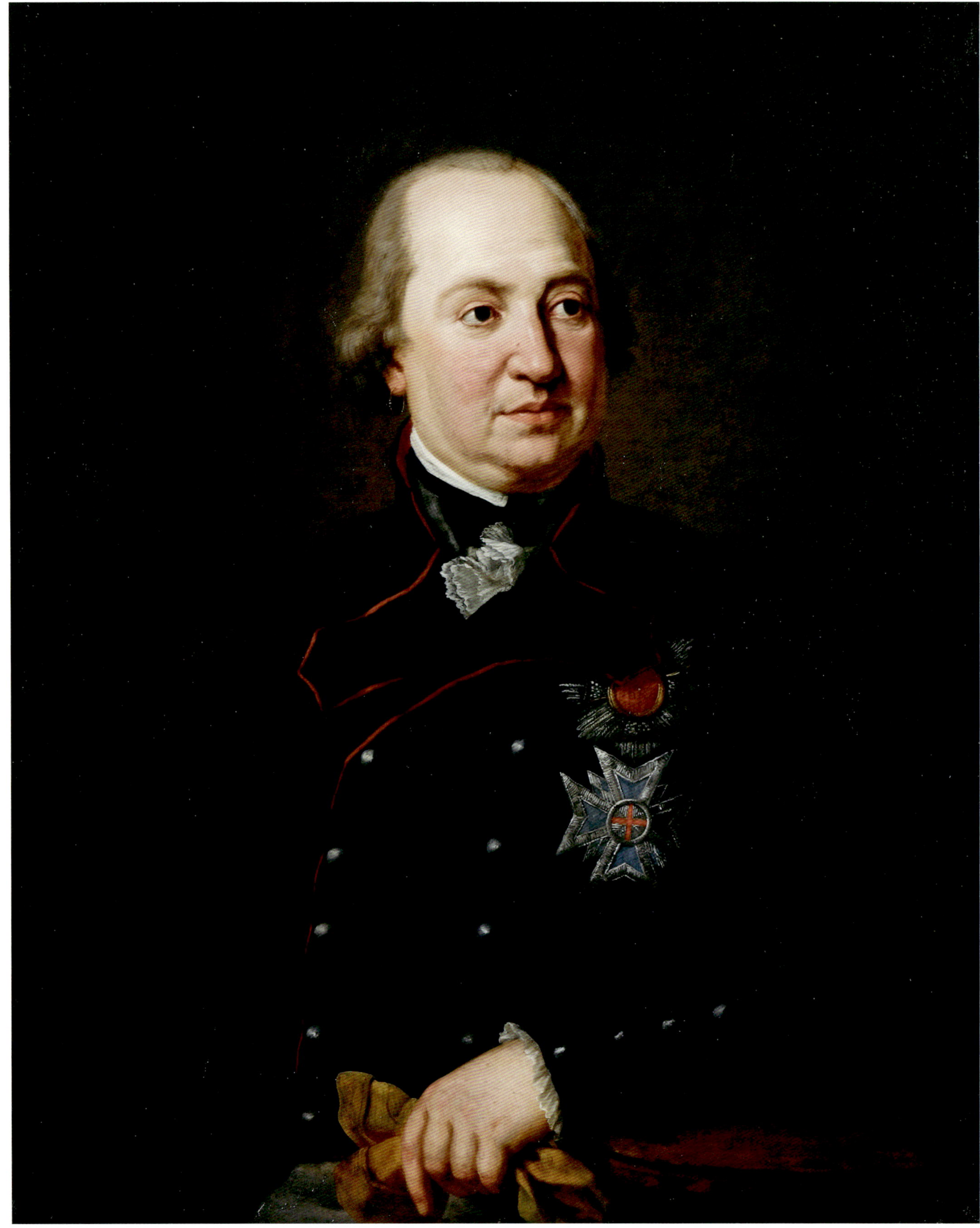

D1.03

Kurfürst Max IV. Joseph von Pfalzbayern/ König Max I. Joseph von Bayern (1756–1825)

Maximilian Joseph, am 27. Mai 1756 in Schwetzingen als zweiter Sohn des Herzogs von Pfalz-Birkenfeld-Bischweiler, Friedrich Michael, und dessen Ehefrau, Maria Franziska Dorothea, einer Schwester der Kurfürstin Elisabeth Auguste, geboren, schlug wie viele nachgeborene Adelssöhne die Militärlaufbahn ein. In Diensten des französischen Königs avancierte er zum Oberst des *Corps Royal Alsace* und verlebte bis 1784 in Straßburg unbeschwerte Tage.

Aber der Tod der Kurprinzen der Pfalz (1761) und des Herzogtums Pfalz-Zweibrücken (1784) rückte Maximilian Joseph ins politische Rampenlicht. Über Nacht ruhten alle dynastischen Hoffnungen auf ihm, da keiner der regierenden Wittelsbacher über legitime Erben verfügte: weder Max III. Joseph in Bayern noch Carl Theodor in der Kurpfalz, noch in Pfalz-Zweibrücken Maximilians älterer Bruder Karl II. August, der seiner Ehefrau längst die Tänzerin Marie Camasse, die spätere Gräfin von Forbach, vorgezogen hatte.

Max Joseph entzog sich seiner Pflicht nicht: Am 30. September 1785 vermählte er sich mit Auguste Wilhelmine von Hessen-Darmstadt, die ihm fünf Kinder schenkte, und nach ihrem frühen Tod heiratete er 1797 die badische Prinzessin Karoline Wilhelmine Friederike, die ihm acht Kinder gebar. Da neun dieser Kinder das Erwachsenenalter erreichten und fast alle in den europäischen Hochadel einheirateten, stieg das Haus Wittelsbach binnen einer Generation wieder zu einer der führenden Dynastien Europas empor.

Diesen Aufstieg spiegelte nicht zuletzt die Erhebung Bayerns zum Königreich wider, dessen erster Regent Max Joseph am 1. Januar 1806 wurde. Die Rangerhöhung verdankte Max Joseph, der 1795 seinem Bruder und 1799 Carl Theodor als Kurfürst nachgefolgt war, seinem Beitritt zum napoleonischen Rheinbund. Sie ging Hand in Hand mit der Arrondierung des bayerischen Territoriums, der Mediatisierung von niederem Adel und Reichsstädten sowie der Säkularisierung zahlreicher Klöster, der sein mächtiger Minister Montgelas ebenso seinen Stempel aufdrückte wie der 1808 verabschiedeten ersten Konstitution des Königreichs.

Wie zuvor für seinen Anschluss an Frankreich ließ sich Max Joseph auch für seinen wenige Tage vor der Leipziger Völkerschlacht erfolgten Schwenk ins antinapoleonische Lager auf dem Wiener Kongress mit Landgewinnen honorieren. Bayern avancierte zum drittgrößten Staat des neu geschaffenen Deutschen Bundes und unterstrich seine Fortschrittlichkeit durch die am 26. Mai 1818 verabschiedete zweite Verfassung sowie eine Vielzahl weiterer Gesetze.

Am 13. Oktober 1825 starb der von seinen Untertanen ob seiner Jovialität geliebte, populäre „König Max“ und fand in der Münchener Theatinerkirche seine letzte Ruhestätte.

Wilhelm Kreutz

bayerischer Fuhrmann, hat aber dabei den Anstrich von Biederkeit und Rechtlichkeit. Er ist der bürgerlichste König.“ König Max starb 1825 im Schloss Nymphenburg.

Das Porträt zeigt ihn in dunkelblauer bayerischer Uniform mit den Ordenssternen des Hubertusordens und der Georgiritter und entstand ein Jahr nach seiner Regierungsübernahme als Kurfürst in Bayern. Moritz Kellerhoven, der bereits unter Carl Theodor Hofmaler in München war, porträtierte den Herrscher mehrfach. Sein bekanntestes Werk ist das lebensgroße Bildnis von König Max I. Joseph im Krönungsornat, das er für die Universität Landshut malte.

Eva-Maria Günther

Literatur

Ausst.-Kat. Regensburg 2003, Kat.-Nr. 252 • Ausst.-Kat. Burghausen/Braunau/Mattighofen 2012, S. 221 f., Kat.-Nr. 01.04 • Ausst.-Kat. München 2006, S. 160 f.

D2

Liberté, Égalité, Fraternité in der Pfalz?

Die Französische Revolution zog bald ganz Europa in ihren Bann. Die revolutionären Ideen mit ihren Forderungen nach Freiheit, Gleichheit und Brüderlichkeit verbreiteten sich aber ebenso wie die Angst vor einer Ausbreitung des gewaltsamen Aufstands. Mehrere europäische Staaten schlossen sich militärisch gegen Frankreich zusammen. Noch bevor der Krieg durch das Eingreifen Napoleon Bonapartes eine neue Dynamik gewann, waren die Revolutionstruppen 1792 bis an den Rhein vorgedrungen. Ihnen gelang die vollständige Besetzung des linksrheinischen Gebietes und damit großer Teile der Kurpfalz. Dort wurden der *Code Civil*, das Bürgerliche Gesetzbuch der Franzosen, eingeführt und das Gebiet nach französischem Vorbild in Départements eingeteilt. Die Annektierung der Territorien wurde in den Friedensschlüssen von Campo Formio 1797 und Lunéville 1801 anerkannt und erst nach dem Wiener Kongress 1815 wieder rückgängig gemacht.

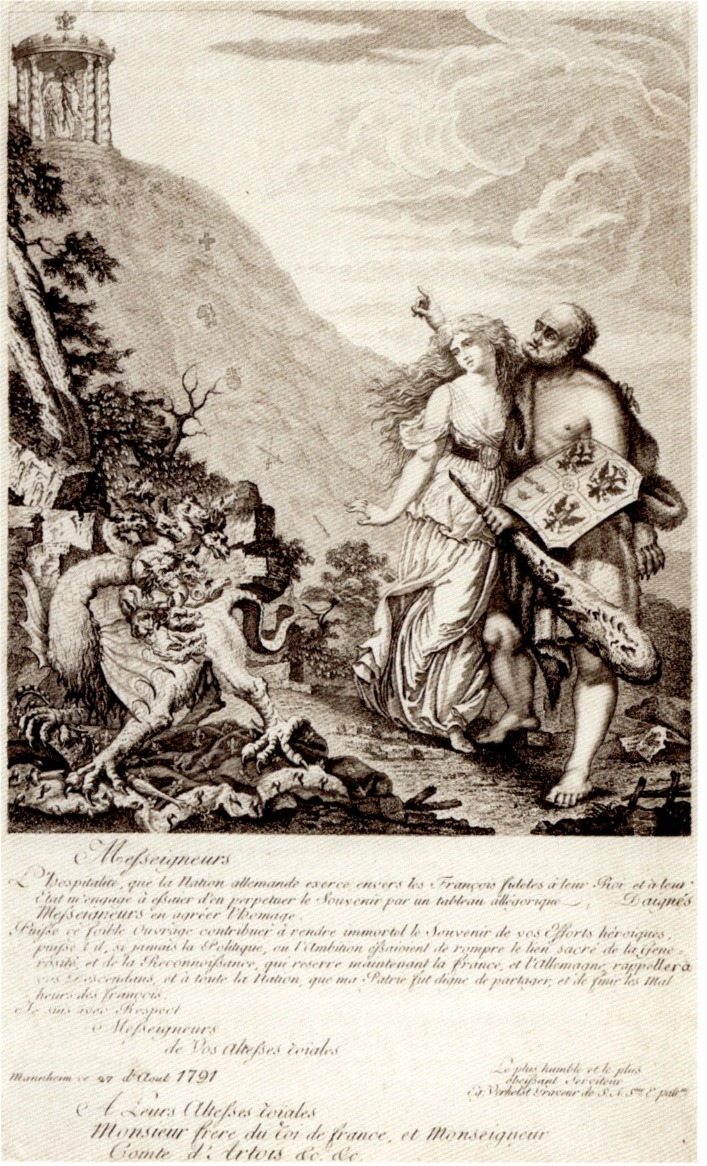

D2.01

D2.01

Allegorie auf das Bündnis der europäischen Monarchien gegen das revolutionäre Frankreich

Widmungstext unter der Darstellung: *„Messeigneurs/ L'hospitalité, que la Nation allemande exerce envers les François fideles à leur Roi et à leur / Etat m'engage à essaier d'en perpetuer le Souvenir par un tableau allégorique; Daignés / Messeigneurs en agréer l'homage. / Puisse ce foible Ouvrage contribuer à rendre immortel le Souvenir de vos Efforts héroiques, / puisse t il, si jamais la Politique,ou l'Ambition éssaioient de rompre le lien sacré de la Gene= / rosité, et de la Reconnois- sance.qui reserre maintenant la france.et l'Allemagne, rappeler à / vos Descendans, et à toute la Nation, que ma Patrie fut digne de partager, et de finir les Mal / heurs de francois./Je suis avec Respect / Messeigneurs / de Vos Altesses roíales / Mannheim ce 27 d'Aout 1791 - Le plus humble et le plus / obéissant Serviteur / Eg: Verhelst Graveur de S. A. S.me. E. palt.ne. / A leurs Altesses roíales / Monsieur frere du Roi de france, et Monseigneur / Comte d'Artois &.&."*
Egid Verhelst, 1791
Kupferstich und Radierung. H 34 cm, B 21 cm (beschnitten)
Reiss-Engelhorn-Museen Mannheim, G Kd 2183a, k

Die Allegorie ist den beiden Brüdern Ludwigs XVI., dem Comte de Provence (1755–1824) und dem Comte d'Artois und späteren französischen König Karl X. (1757–1836) gewidmet. Als Widmungsdatum wählte Egid Verhelst den 27. August 1791, das Datum der Pillnitzer Konvention, in der der deutsche Kaiser Leopold II. (1747–1792), Friedrich Wilhelm II. von Preußen (1744–1797) und der Comte d'Artois ihre Solidarität gegenüber der französischen Monarchie bekundeten. Auf dieses Bündnis wird auch in der Darstellung durch das Wappenschild des Herkules hingewiesen, wobei Verhelst Russland und Schweden als zusätzliche Bündnispartner ergänzte, die allerdings nicht an der Pillnitzer Erklärung beteiligt waren.

Ein mehrköpfiges Ungeheuer, die „Hydra der Anarchie», hat sich der französischen Königsinsignien bemächtigt. Frankreich in Gestalt einer jungen Frau sucht Schutz bei Herkules, der mit Löwenfell und Keule dargestellt ist. Er verkörpert die europäischen Monarchien Habsburg, Preußen, Russland und Schweden, deren Wappensymbole auf seinem Schild vereinigt sind. Auf einer Anhöhe verheißt ein Tempel mit den Statuen der Fortuna und der Fama, der von der bourbonischen Lilie bekrönt wird, Glück und Ruhm des Königreichs Frankreich. Den Weg zu ihm markieren die Reichskrone und die Symbole der sieben Kurfürstentümer.

Andreas Krock

Literatur

Krock 2001, v. a. S. 214–215

D2.02a/b

Porträtreliefsvon König Maximilian I. Joseph von Bayern und Kaiser Napoleon I.

Giacomo Spalla (1776–1834)
Turin, 1808
Gips, auf Schiefer aufgelegt, originaler schwarzer Holzrahmen.
Dm (Porträt) jeweils 11,5 cm, mit Rahmen H 19,4 cm, B 19,2 cm
Bayerisches Nationalmuseum München, D 566 (Napoleon),
D 567 (Max Joseph)

Die Geschicke der Kurpfalz in den Jahren vor ihrer Auflösung 1803 sind maßgeblich durch die französischen Annektierungen des linksrheinischen Territoriums und die Bemühungen des Herzogtum Bayerns um

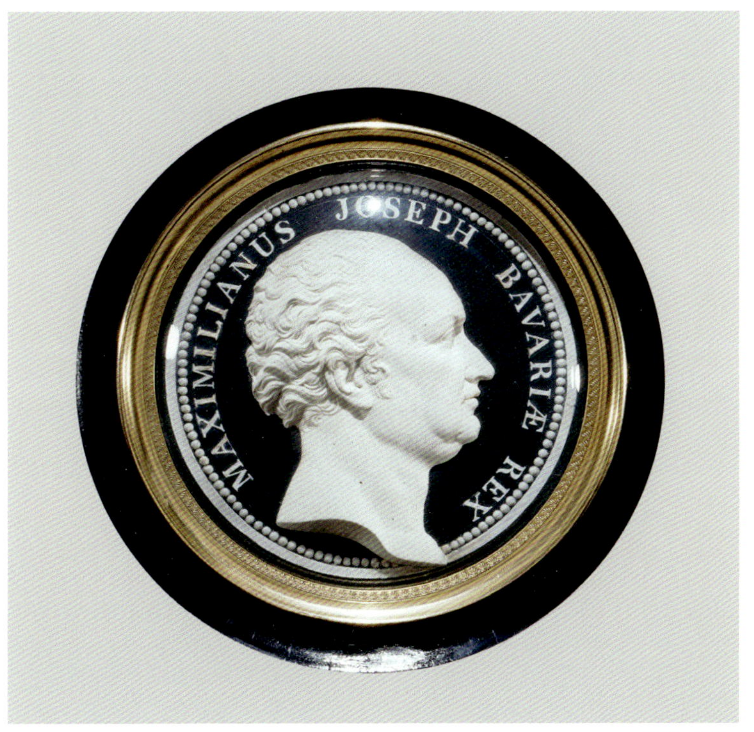

D2.02a

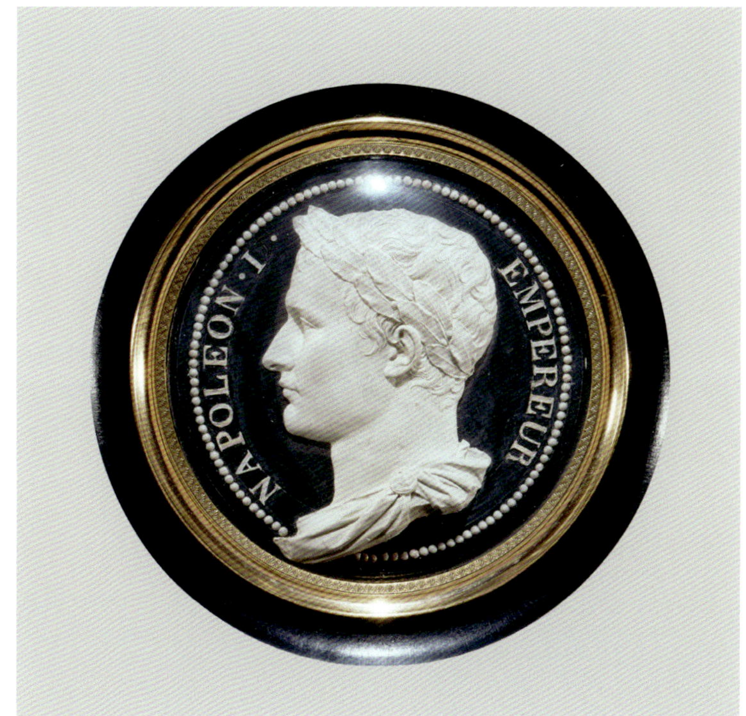

D2.02b

einen Separatfrieden mit der Republik Frankreich bestimmt. Im Frieden von Lunéville 1801 hatte Kurpfalz-Bayern auf linksrheinische Gebiete sowie auf die Herzogtümer Jülich und Berg verzichten müssen. Im Reichsdeputationshauptschluss von 1803 erhält es dann durch Mediatisierung und Säkularisierung bedeutende territoriale Zugewinne. Leitfiguren dieser und der folgenden Zeit des Rheinbundes sind Napoleon Bonaparte und Kurfürst Maximilian IV. Joseph, der ab 1806 als König Maximilian I. Joseph von Bayern regierte.

Beide wurden in betont „klassischer", antiker Manier von Giacomo Spalla in zwei einander zugewandten Profilbildnissen als Pendants dargestellt. Das Porträt Napoleons I. von Frankreich steht dabei durch die Andeutung einer Toga und eines Lorbeerkranzes ganz in der Tradition antiker Kaiserbildnisse. Als Vorbild dürfte das von Bertrand Andrieu geschaffene Porträt des Kaisers gedient haben, das zahlreiche Napoleon-Medaillen zierte.

Giacomo Spalla war Schüler von Antonio Canova und 1807 zum Hofbildhauer Napoleons ernannt worden. Im Auftrag von Max Joseph schuf er mehrere Marmorbüsten des bayerischen Königs, Kaiser Napoleons sowie von Eugène de Beauharnais und dessen Gemahlin. In diesem Zusammenhang kamen wohl auch die beiden kleinformatigen Porträtreliefs 1808 zur Ausführung.

Sabine Witt

Literatur

Ausst.-Kat. Berlin 2006, S. 495 f., Kat.-Nr. VII.21

D2.03

Errichtung eines Freiheitsbaumes in Zweibrücken am 11. Februar 1793 durch französische Revolutionstruppen

Hieronymus Löschenkohl nach Johann Kaspar Pitz (1756–1795)
Wien, um 1793
aquarellierter Kupferstich auf Papier. H 51 cm, B 70 cm
Zweibrücken, Stadtmuseum, 45

In Zweibrücken stießen die französischen Jakobiner bei ihrem Vormarsch 1793 nicht nur auf begeisterte Anhänger. Schließlich wurde die wunderbare Botschaft von Freiheit, Gleichheit und Brüderlichkeit von einer Soldateska überbracht, die mit der Zivilbevölkerung nicht eben glimpflich verfuhr. Die Errichtung der Freiheitsbäume entsprang daher vielfach nicht einem spontanen Entschluss der heimischen Bürgerschaft, sondern geschah auf Anordnung der französischen Besatzung. Auf diesem Kupferstich wendet sich der Zweibrücker Hofmaler Johann Kaspar Pitz, der sich im Vordergrund rechts selbst dargestellt hat, voller Abscheu vom derben Treiben um den Freiheitsbaum ab, der gerade von französischen Soldaten vor dem Zweibrücker Schloss errichtet wird. Pitz hatte durch die Revolution seinen Arbeitgeber, den ins Exil geflüchteten Zweibrücker Herzog Karl II. August, verloren und musste das Land auf der Suche nach neuen Aufträgen verlassen. Er starb 1795 im Alter von nur 39 Jahren in Prag. Die Bildunterschrift lautet: „Vor-

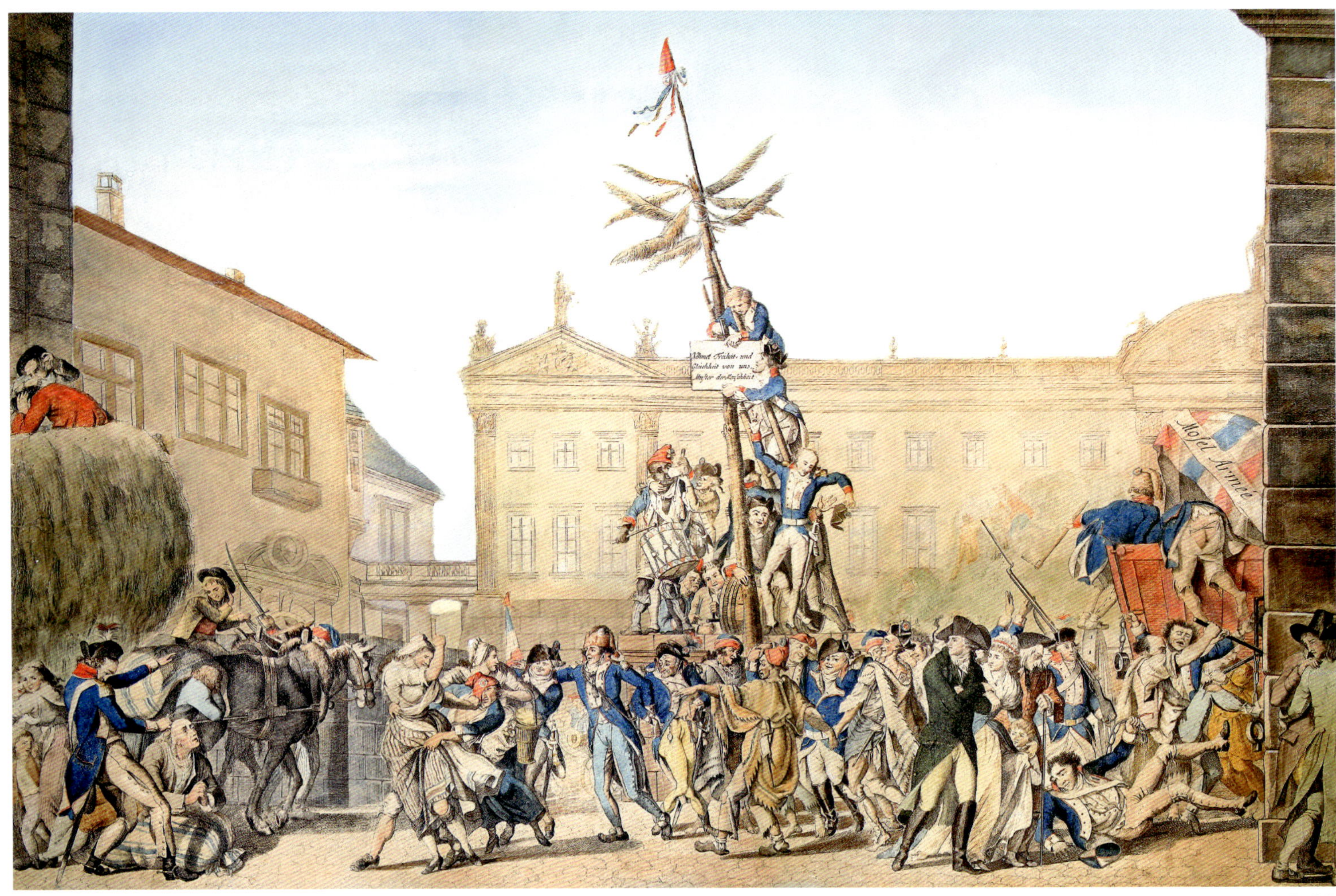

D2.03

stellung wie den 11ten Hornung 1793 der Vortrab der Mosel Armee den Zweibrücker Unterthanen die tolle Französische Freiheit und Gleichheit anbot, welche diese biederen Teutschen aber mit Abscheu verwarfen und ihrem geliebten Regenten treu blieben."

Charlotte Glück-Christmann

Literatur

Becker 2010

D2.04
Teller mit Revolutionsmotiven

Nevers, Frankreich, 1793
Fayence, Scharffeuerfarben. Dm 22,9 cm
Karlsruhe, Badisches Landesmuseum, FD 12

„Vive la République française" – wer wollte 1793 da nicht einstimmen, nachdem am 22. September 1792 die Republik ausgerufen worden war. Wenig später allerdings konnte es nützlich sein, dieses Bekenntnis an sichtbarer Stelle im Haus zu haben, denn mit der *terreur* begann die Revolution ihre Kinder zu fressen: Am 10. März wurde das Revolutionstribunal eingerichtet, am 27. Juli wurde Robespierre Mitglied des Sicherheitsausschusses und am 17. September wurde die Definition dessen, was ein Verdächtiger sei, deutlich erweitert. Es gab diese Revolutionsteller auch mit anderen Motiven – sie müssen in großer Menge über mehrere Jahre hergestellt worden sein, vor allem in Nevers, dem Zentrum der französischen Fayenceproduktion. Heute sind noch ca. 3.000

davon nachweisbar. Das ist möglicherweise ein Hinweis darauf, dass sie wohl weniger als Essgeschirr genutzt wurden – dann hätten sich wohl nicht so viele Stücke davon erhalten – denn als Wandschmuck, d. h. als Objekt der Selbstdarstellung.

Brigitte Herrbach-Schmidt

Literatur

Jahrbuch der Staatlichen Kunstsammlungen BaWü 1997, S. 136 f. · Siebenmorgen 2010

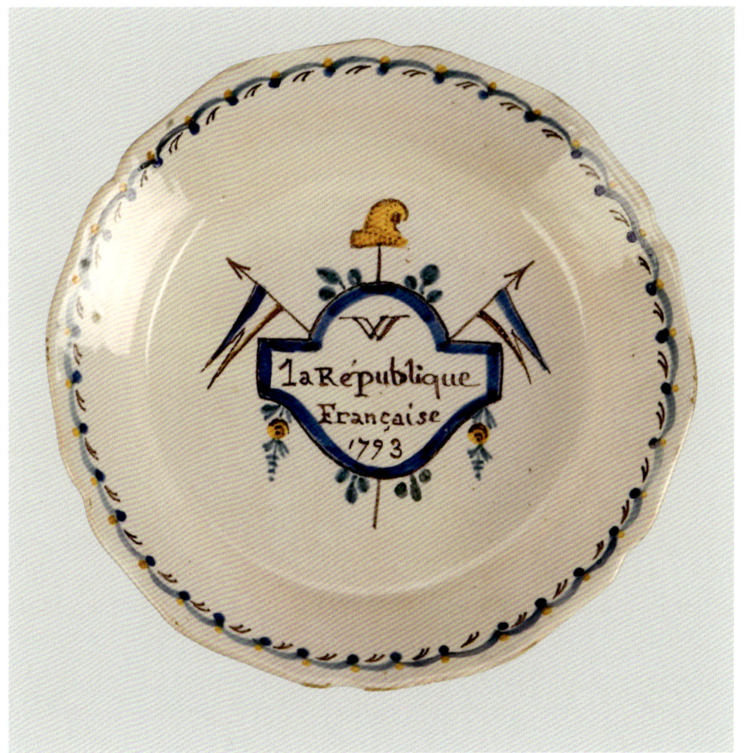

D2.04

D2.05
Polizeimütze der Französischen Republik (Kopie)

Frankreich, um 1792/95
Wolltuch, Leinen, Stickerei. L 48 cm
Karlsruhe, Badisches Landesmuseum, 94/799 b

Die dunkelblaue Mütze, vom Schnitt her eine einfache Zipfelmütze, wurde mehrfach in der Literatur mit dem *bonnet rouge* der Jakobiner verwechselt. Schuld daran ist wohl der bestickte Aufschlag der Mütze, der seinerseits auf einer zepterartigen Stange eine Jakobinermütze zeigt. Hinter ihr kreuzen sich zwei Lanzen mit Wimpeln, Zweige ranken sich um das zentrale Motiv und ein Schriftband benennt die *République Française*. Auch fehlt eine Kokarde mit den blau-weiß-roten Farben der Republik nicht. Eine anonyme Medaille im Pariser Musèe Carnavalet (CARND2251) zeigt auf der Vorderseite (avers) eine sehr ähnliche Darstellung mit dem Datum 1793, rückseitig (revers) die Aufschrift „LIBERTE / OU LA / MORT." Die rote Jacobinermütze dagegen leitet sich in ihrer Form von der phrygischen Mütze ab, deren gerundetes Ende nach vorne fällt: Alle Darstellungen der Marianne, der Symbolfigur Frankreichs, zeigen sie deutlich. Glücklicherweise haben sich in französischen Museen einige weitere Exemplare dieser Kopfbedeckung erhalten. Sie sind nicht vollständig identisch, die Stickerei auch nicht von professionellen Stickern ausgeführt, denn die Truppen, zu deren Ausrüstung sie gehörten, waren rasch in großer Zahl aus Freiwilligen gebildet worden. Das Musée de la Révolution Française besitzt ein Exemplar, bei dem das *bonnet* über einem Faszienbündel schwebt. Hier sind Angaben zur Herkunft überliefert. Es soll dem Sergeanten Joseph Sicardet von der 2. Kompanie des 3. Bataillons der Freiwilligen der Côte-d'Or gehört haben. In diesem Zusammenhang gibt es auch einen Hinweis darauf, dass die Mütze gar nicht auf dem Kopf, sondern bei Einquartierungen als Erkennungszeichen am Gürtel getragen wurde.

Brigitte Herrbach-Schmidt

Literatur

Ausst.-Kat. Vizille 1985, S. 31, Nr. 33

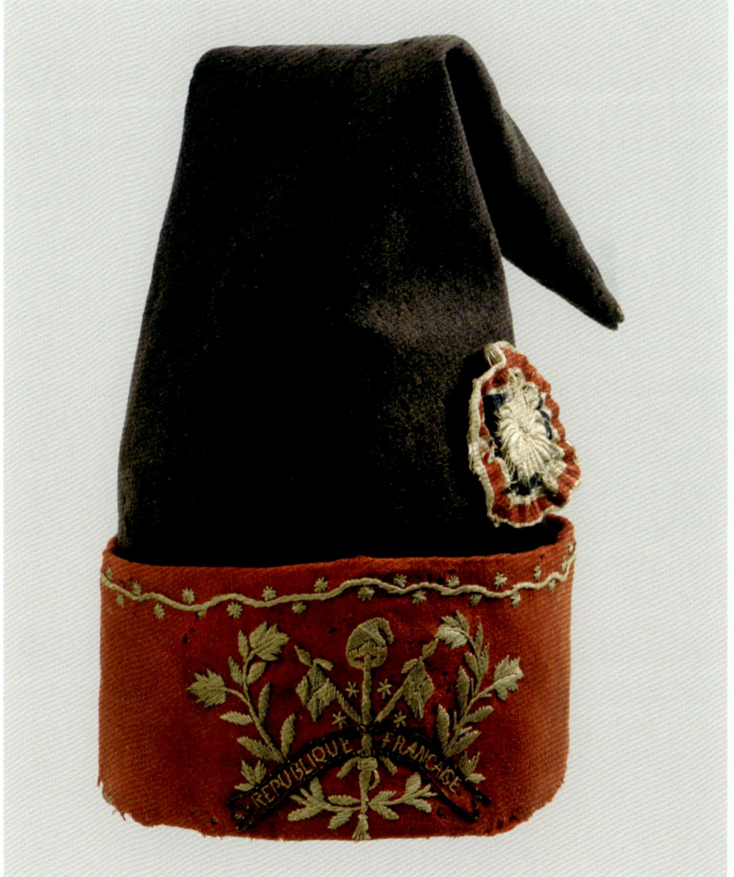

D2.05

D2.06

Die Belagerung der Festung Mannheim durch General Wurmser

Belagerung der Vestung Manheim / General Feld Marschall Graf von Wurmser, forderte die Vestung zur Übergabe auf, nach dem von den Franzosen solche abgeschlagen, / wurde Manheim Beschossen, endlich am 21. Nov. Übergeben.
1795
Kupferstich. H 70 cm, B 50 cm
Reiss-Engelhorn-Museen Mannheim, A 53a

Seit dem Beginn der Revolutionskriege im Frühjahr 1792 wurde die Kurpfalz zum Kriegsschauplatz. Truppendurchzüge, Belagerungen und Zerstörungen durch österreichische und französische Armeeverbände waren die Folge. Die Stadt Mannheim musste bis zum Herbst 1795 gleich mehrfach Belagerungen, Bombardements und einen Wechsel der Besatzungen über sich ergehen lassen. Im Dezember 1792 errichteten die Franzosen unter General Custine Batterien vor der Rheinschanze und bedrohten die 3000 Mann starke in Mannheim stationierte bayerische Truppe. Ende Januar 1793 forderte General Hoche die Stadt zur Übergabe auf. Ein französisches Bombardement auf Mannheim am Weihnachtstag 1794 führte zur Kapitulation der Rheinschanze. Zwar brachte der am 5. April 1795 in Basel zwischen Preußen und Frankreich abgeschlossene Sonderfrieden eine kurzfristige Entspannung der Lage, aber am 19. September 1795 forderte der französische General Pichegru die Stadt Mannheim erneut zur Kapitulation auf. Am Tag darauf übergab man die Schlüssel der Stadt an den Volksrepräsentanten Merlin de Thionville und die pfälzische Garnison musste die schmähliche Entwaffnung durch die abziehenden, verbündeten Österreicher über sich ergehen lassen. Mit dem Eintreffen österreichischer Verstärkungen aus dem Elsass unter dem 71-jährigen General Wurmser änderte sich die militärische Lage. Zunächst gelang es dem gebürtigen Elsässer Wurmser, den französischen Angriff auf Heidelberg am 24. September bei Handschuhsheim abzuwehren, anschließend ging er zur Belagerung und Beschießung Mannheims über. Am 23. November kapitulierte die französische Besatzung Mannheims unter General Montaigu. Danach belegte Wurmser die Stadt Mannheim mit einer hohen Brandschatzung und ließ den „Statthalter" Carl Theodors, den Grafen Franz Albert Leopold von Oberndorff, als Verräter verhaften und abführen.

Erich Pelzer

Literatur

Kreutz 1997a · Schlösser 2007 · Werner 2003

D2.07

Wahre Abbildung einer Französischen Wacht-Parade zu Mannheim. Anno 1795 im Monat October

Mannheim, 1795
Radierung. H 25,5 cm, B 21 cm
Reiss-Engelhorn-Museen Mannheim, A 125

Der kampflosen Übergabe der Stadt Mannheim in den Morgenstunden des 20. September 1795 war ein politisches Possenspiel vorausgegangen, das der unbekannte zeitgenössische Zeichner in Form einer Karikatur ins Bild zu setzen scheint. Die Radierung zeigt eine französische Soldatengruppe in einem ungewohnt ungeordneten und verwahrlosten Zustand. Nicht siegestrunkene, reguläre Armeeeinheiten, sondern *Sansculotten* in Lumpen gekleidet, die ihre Brotlaibe und Würste auf die Bajonette aufgespießt hatten und Essensgeräte an ihren Gürteln trugen, führten der Mannheimer Bevölkerung eine förmliche Komödie ihrer wahren Existenz auf. Die bunt zusammengestellte Gruppe symbolisiert das revolutionäre französische Volk, das indes in einer konträren Deutungsabsicht auf jede Hierarchie verzichtet und mit den unterschiedlichen Kleidungen sowie einem illustren Hütesortiment vom Dreispitz bis zur Freiheitsmütze der Figurenreihung in der Breite Formcharakter verleiht. Bei der Besatzungstruppe handelte es sich offensichtlich um eine Freiwilligeneinheit der Jahre 1792/93, die mit ihrem Marsch aus den französischen Provinzen in die Hauptstadt Paris der Monarchie den Garaus machte und der Republik zum Sieg verhalf, sich allerdings drei Jahre später durch Kleidung und Ausrüstung bildlich längst von den Revolutionsidealen entfernt hatte. Eine groteske Szenerie, die der Wachablösung der französischen durch die kurpfälzischen Soldaten auf der Hauptwache vor dem Rathaus am Abend des 21. September 1795 zeitlich vorausging, und deren seltsam anmutender physischer wie psychischer Zustand ein Augenzeuge wie folgt beschrieb: „[…] und statt eines erwarteten, prächtigen Siegs-Einzuges, sah man elende, von Müdigkeit und Hunger erschöpfte, armselig gekleidete Menschen, denen der Widerwille, mit dem sie diesen Schritt thaten, auf die Stirne gezeichnet war."

Erich Pelzer

Literatur

Ausst.-Kat. München 1980, Bd. III/1, S. 104 · Gemälde aus der Belagerung von Mannheim 1796 · Schlösser 2007, S. 622 f. · Siebenmorgen 1983 · Walter 1907, S. 820-824 · Werner 2003, S. 62, S. 68 (Abb.)

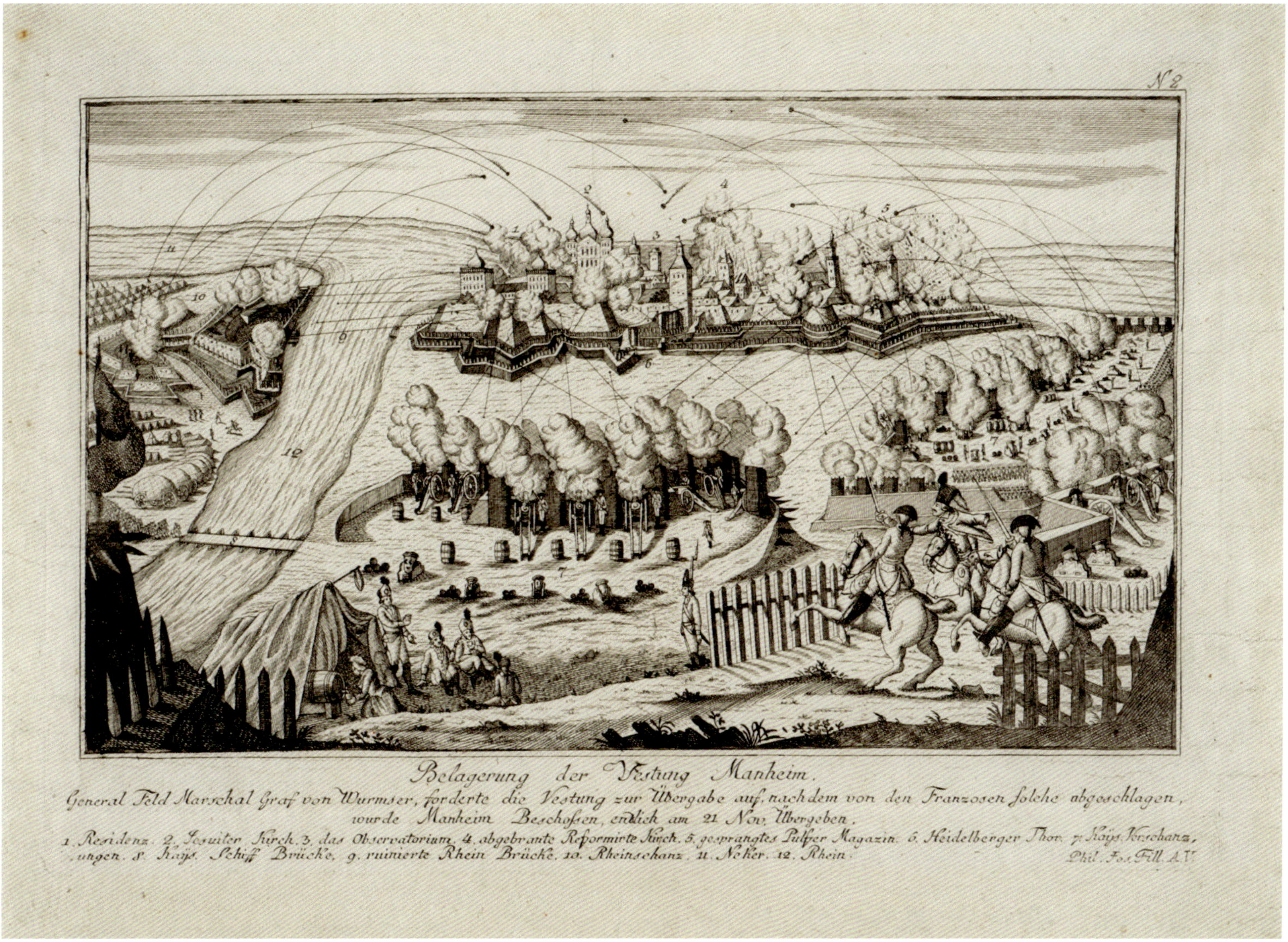

N 2

Belagerung der Vestung Manheim.
General Feld Marschal Graf von Wurmser, forderte die Vestung zur Übergabe auf, nachdem von den Franzosen solche abgeschlagen, wurde Manheim Beschossen, endlich am 21 Nov. Übergeben.
1. Residenz. 2. Jesuiter Kirch. 3. das Observatorium. 4. abgebrante Reformirte Kirch. 5. gesprangtes Pulfer Magazin. 6. Heidelberger Thor. 7. Kays. Verschanz-ungen. 8. Kays. Schiff Brücke. 9. ruinierte Rhein Brücke. 10. Rheinschanz. 11. Neker. 12. Rhein.
Phil. Jos. Fill. A.V.

D2.06

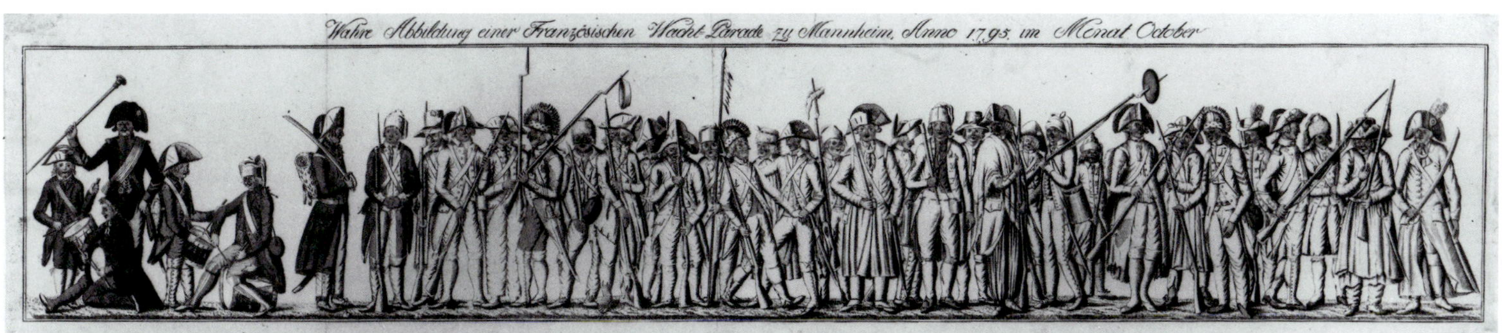

D2.07

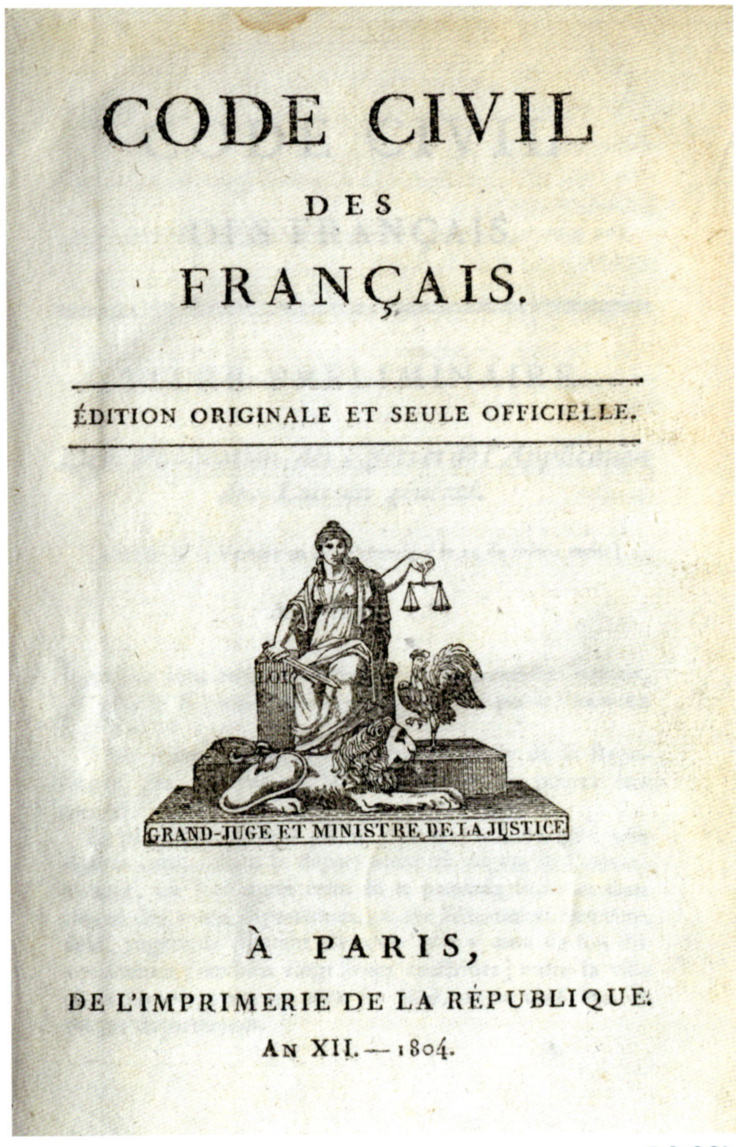
CODE CIVIL
DES
FRANÇAIS.
ÉDITION ORIGINALE ET SEULE OFFICIELLE.
GRAND-JUGE ET MINISTRE DE LA JUSTICE
À PARIS,
DE L'IMPRIMERIE DE LA RÉPUBLIQUE.
AN XII. — 1804.

D2.08b

Code Civil

Druck. H 20 cm, B 13 cm
Landesarchivverwaltung Rheinland-Pfalz, Landesarchiv Speyer, V 2334

Mit dem *Code Civil* aus dem Jahre 1804, der 1807 in *Code Napoléon* umbenannt wurde, gelang dem Kaiser Napoleon I. nicht nur sein größter und unauslöschbarer Erinnerungsfaktor an seine Herrschaft, wie er Jahre später im Exil auf St. Helena bekundete. Mit seiner Einführung in mehreren napoleonischen Modellstaaten (Königreich Westphalen, Großherzogtum Frankfurt) setzte darüber hinaus der Prozess der Kodifizierung des Rechts in ganz Europa und weiten Teilen der übrigen Welt ein. Gemäß den Prinzipien der Französischen Revolution verwirklichte der *Code Civil* Rechtseinheit, Rechtsgleichheit, Freiheit der Person und des Eigentums sowie die Säkularisierung von Ehe und Familie. In den linksrheinischen Gebieten der ehemaligen Kurpfalz, die 1801 von Frankreich annektiert und in vier neue Departements unterteilt wurden, erlangte der *Code Civil* parallel mit seiner Einführung im übrigen Frankreich bereits 1804 Gesetzeskraft. Im Großherzogtum Baden, das sich mit Napoleons Unterstützung um das Vierfache seines ehemaligen Gebietes vergrößert hatte, wurde der Weg zur Rechtseinheit unter der Ägide des Staatsrats und Reformers Johann Nikolaus Friedrich Brauer (1754–1813) beschritten. Als Mitglied des 1806 gegründeten Rheinbundes, als dessen Protektor Napoleon fungierte, führte das Land Baden im Jahre 1809 das bürgerliche Zivilrecht in modifizierter Form unter Einschluss des badischen Landrechts ein. Unter der Federführung Brauers gelang eine Anpassung an die badischen Verhältnisse, womit dem bereits eingeleiteten Staatsbildungsprozess auf der zivilrechtlichen Ebene eine entscheidende Bedeutung und Wirkung zukam. Der *Code Civil* diente als rechtliche Klammer dem inneren Zusammenhalt des aus heterogenen Landesteilen zusammengesetzten Großherzogtums und verlor erst seine Rechtskraft mit der Einführung des Bürgerlichen Gesetzbuches (BGB) im Deutschen Kaiserreich am 1. Januar 1900.

Erich Pelzer

D2.08a/b
Das Bürgerliche Gesetzbuch der Franzosen

Nach der stereotypischen Ausgabe bei Firmin Didot ganz neu übersetzt von Johann Peter Ackermann
Landau: Georges und Prinz, um 1804 oder 1805
Druck. H 20 cm, B ca. 15 cm
Landesarchivverwaltung Rheinland-Pfalz, Landesarchiv Speyer, G 1053

Quelle

Code Napoléon mit Zusäzen und Handelsgesezen als Land-Recht für das Großherzogthum Baden. Karlsruhe: C. F. Müller'sche Hofbuchhandlung 1809, XXXIX, 763 S.

Literatur

Fehrenbach 2011 · Gergen 2006 · Gross 1997

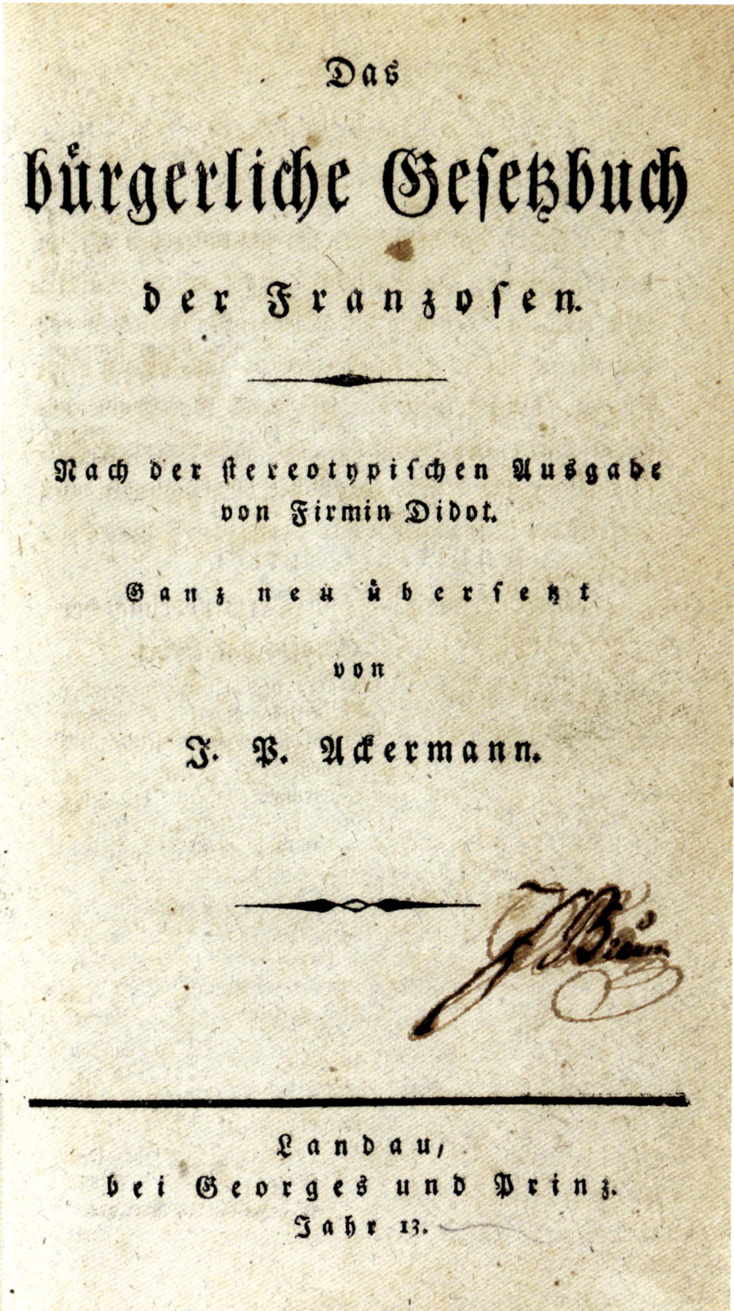
Das
bürgerliche Gesetzbuch
der Franzosen.

Nach der stereotypischen Ausgabe
von Firmin Didot.

Ganz neu übersetzt

von

J. P. Ackermann.

Landau,
bei Georges und Prinz.
Jahr 13.

D2.08a

D2.09a/b

Ratifikationsdekret und Reichsgutachten zum Frieden von Lunéville

Regensburg: Konrad Neubauer, 7. März 1801
beides Einzeldrucke auf Papier, Folio. Jeweils H 37 cm, B 28,5 cm
Regensburg, Fürst Thurn und Taxis Zentralarchiv – Hofbibliothek – Museen, Comitialia 1801/02

Das Ratifikationsdekret und das Reichsgutachten dokumentieren die Zustimmung des Reiches zum Friedensvertrag von Lunéville, der am 9. Februar 1801 zwischen Frankreich und Österreich geschlossen wurde und den der Habsburger Franz II. als Kaiser für das Heilige Römische Reich Deutscher Nation unterzeichnete. Vorausgegangen war der Waffenstillstand zwischen den Kriegsparteien Österreich und Frankreich vom 25. Dezember 1800. Der Friede von Lunéville beendete den Zweiten Koalitionskrieg gegen das revolutionäre Frankreich. Frankreich erhielt die seit 1794 besetzten Gebiete links des Rheins, die es faktisch 1797 gesetzlich mit dem französischen Staatsgebiet verbunden hatte. Napoleon nahm die Gebiete am 9. März 1801 offiziell in Besitz. Das Heilige Römische Reich wurde zur Entschädigung der von diesen Gebietsverlusten betroffenen deutschen Fürsten verpflichtet, was 1803 im Reichsdeputationshauptschluss von Regensburg umgesetzt wurde. Der in Regensburg tagende Reichstag akzeptierte den Vertrag, der die Abtretung der linksrheinischen Reichsgebiete an Frankreich und das nachfolgende Prozedere der Entschädigungen festlegte am 7. März 1801. Noch am gleichen Tag ratifizierte Kaiser Franz II. den Vertrag, zusammen mit seinen weitreichenden Bestimmungen zum Reichsgesetz. Er bildete die Vorlage für den Reichsdeputationshauptschluss vom 25. Februar 1803 und damit die Grundlage für die Säkularisation geistlicher Territorien sowie die Mediatisierung deutscher Landesherren.

Das Haus Wittelsbach hatte mit Lunéville das Herzogtum Zweibrücken, die linksrheinischen Gebiete der Kurpfalz und die Herzogtümer Simmern und Jülich, die Fürstentümer Lautern und Veldenz sowie einige kleinere Herrschaften in den Niederlanden und Belgien verloren. 1802 musste Bayern zudem die rechtsrheinische Kurpfalz um Mannheim und Heidelberg an Baden abtreten. Im Gegenzug kamen die Hochstifte Würzburg, Bamberg, Augsburg und Freising sowie Teile der Hochstifte Eichstätt und Passau, des Erzstifts Salzburg und 13 Reichsstädte in Franken und Schwaben zu Bayern. Gesamt gesehen gingen 200 Quadratmeilen mit 730.000 Einwohnern auf dem linken Rheinufer und der rechtsrheinischen Kurpfalz verloren, hinzu kamen 288 Quadratmeilen mit 843.000 Einwohnern.

Peter Styra

Literatur

Ausst.-Kat. Berlin 2006, S. 439–440 · Ausst.-Kat. Regensburg 2003, S. 422–424 · Schmid 2003, S. 16 ff.

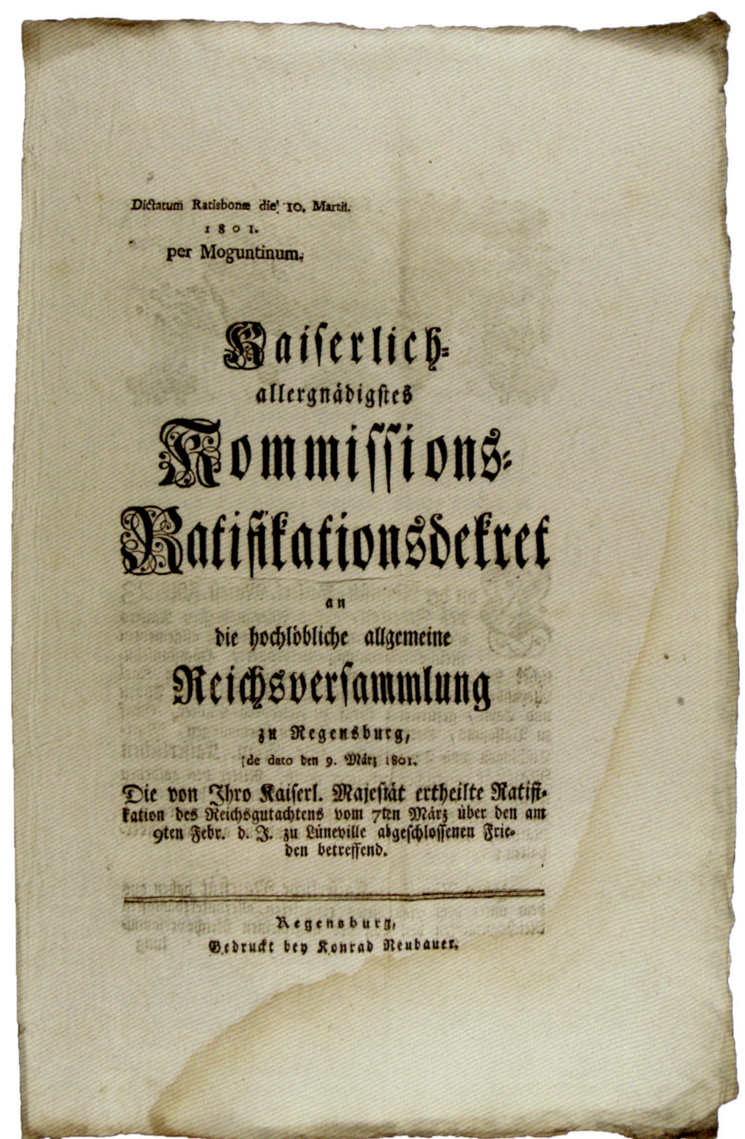
Dictatum Ratisbonæ die 10. Martii.
1801.
per Moguntinum.

Kaiserlich-
allergnädigstes
Kommissions-
Ratifikationsdekret
an
die hochlöbliche allgemeine
Reichsversammlung
zu Regensburg,
de dato den 9. März 1801.

Die von Ihro Kaiserl. Majestät ertheilte Ratifikation des Reichsgutachtens vom 7ten März über den am 9ten Febr. d. J. zu Lüneville abgeschlossenen Frieden betreffend.

Regensburg,
Gedruckt bey Konrad Neubauer.

D2.09a

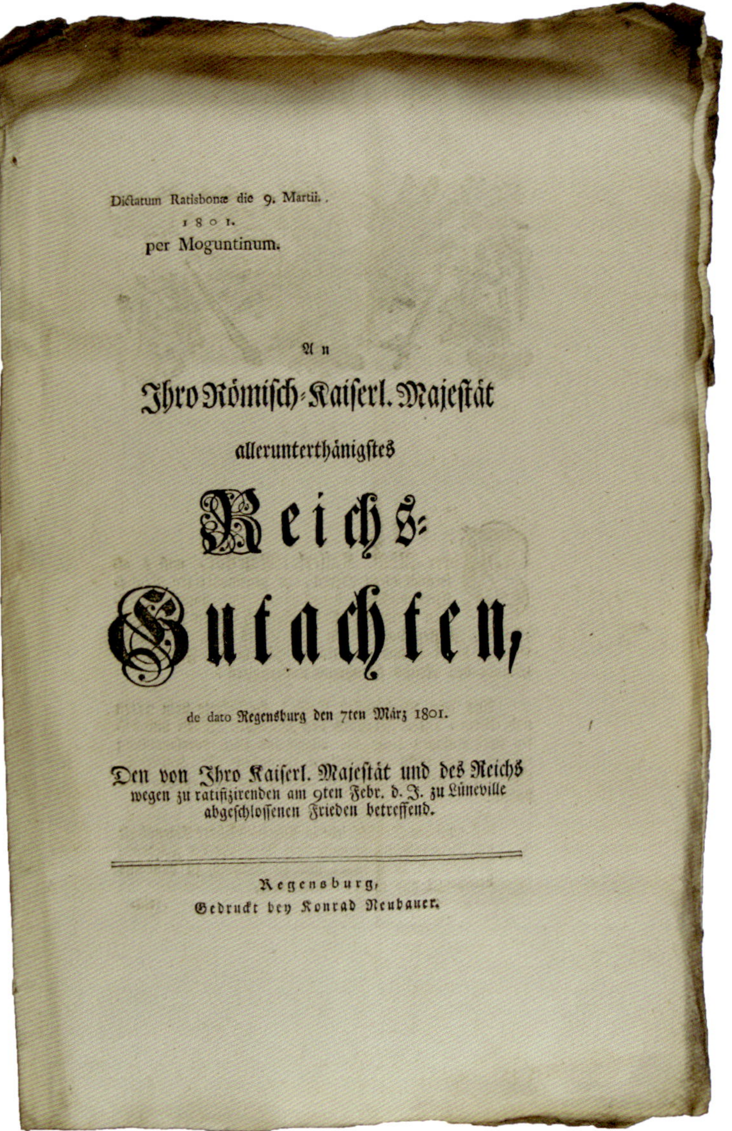
Dictatum Ratisbonæ die 9. Martii.
1801.
per Moguntinum.

An
Ihro Römisch-Kaiserl. Majestät
allerunterthänigstes
Reichs-
Gutachten,
de dato Regensburg den 7ten März 1801.

Den von Ihro Kaiserl. Majestät und des Reichs wegen zu ratifizirenden am 9ten Febr. d. J. zu Lüneville abgeschlossenen Frieden betreffend.

Regensburg,
Gedruckt bey Konrad Neubauer.

D2.09b

D3
Das Ende der Kurpfalz 1803

Nach Jahrhunderten, in denen die Kurpfalz ein kleines Fürstentum, aber von großer historischer Bedeutung war, trat sie 1803 fast geräuschlos von der europäischen Bühne ab. Die Entscheidung zur Auflösung des rechtsrheinisch noch existierenden kurpfälzischen Gebietes wurde am Verhandlungstisch gefällt. Auf einer seiner letzten Sitzungen in Regensburg verabschiedete der Reichstag am 25. Februar 1803 den sogenannten Reichsdeputationshauptschluss. Er regelte die Entschädigung derjenigen Reichsfürsten, die in den Revolutionskriegen territoriale Verluste hatten hinnehmen müssen. Dieses letzte große Reichsgesetz verfügte, dass die rechtsrheinischen Gebiete mit Mannheim und Heidelberg an Baden fallen sollten, das wenig später zum Großherzogtum erhoben wurde. Das einst mächtigste Fürstentum des Heiligen Römischen Reiches Deutscher Nation hatte damit kurz vor dessen eigener Auflösung durch Kaiser Franz II. 1806 sein Ende gefunden.

D3.01
Reichsdeputationshauptschluss

Hauptschluß der außerordentlichen Reichsdeputation [...] nebst dem Reichsgutachten [...] Und den dem Kayserl. Ratificationsdecrete [...]
Regensburg und Stadtamhof, 1805
Druck auf Papier. H 24,4 cm, B 19,4 cm
München, Bayerisches Hauptstaatsarchiv, 4 G 118

Am 25. Februar 1803 erließ der Reichstag zu Regensburg den Reichsdeputationshauptschluss, der wenig später mit der kaiserlichen Ratifizierung in Kraft trat und für das Reich eine bedeutende Zäsur darstellte. Die damit einhergehende territoriale Neuordnung brachte, insbesondere für die Kurpfalz, eine tiefgreifende Umstrukturierung mit sich. Kleinste politische Einheiten, die sich unter dem Schutz von Kaiser und Reich ihre Reichsunmittelbarkeit und Reichsstandschaft sichern konnten, mussten zugunsten der territorialen Zusammenlegung (Arrondierung) der mittleren und größeren Staaten ihre politische Selbständigkeit abtreten. Abgesehen von wenigen Ausnahmen wurden die Reichsstädte der Landeshoheit unterworfen. Die Reichskirche erfuhr im Zuge der Säkularisation die Enteignung ihres Eigentums: Hochstifte, geistliche Orden und Klöster wurden ihrer weltlichen Herrschaftsrechte beraubt und die Nutzung ihrer Güter oblag nun dem Staat.

Dem Text des Beschlusses lag ein im Jahre 1802 im Zuge der napoleonischen Kriege zwischen Frankreich und Österreich festgelegter Entschädigungsplan zugrunde, der auf dem ein Jahr zuvor geschlossenen Friedensvertrag von Lunéville aufbaute. Im Zuge der ungünstig verlaufenden Koalitionskriege waren das Königreich Preußen und das Erzherzogtum Österreich zum Friedensschluss mit Frankreich gezwungen, dem Kaiser und Reich das linksrheinische Gebiet abtreten mussten. Fürsten, die dadurch einen Gebietsverlust erfuhren, sollten in Deutschland entschädigt werden. Die rechtsrheinische Kurpfalz wurde 1802/03 hochverschuldet an Baden übertragen. Seit Ende des 18. Jahrhunderts war die Kurpfalz in unterschiedlich große Oberämter gegliedert: Acht, darunter Heidelberg, lagen rechtsrheinisch, elf, dazu zählte u. a. Alzey, lagen links des Rheins. Baden erhielt etwa vier Fünftel des rechtsrheinischen Gebiets, ausgenommen die Ämter Mosbach, Boxberg und Otzberg. So war 1802 bereits über den Umfang der badischen Entschädigung entschieden, die schließlich in § 5 des Reichsdeputationshauptschluss festgehalten wurde, der das Ende der Kurpfalz endgültig besiegelte. Mit Übergabe der pfälzischen Ämter Heidelberg, Ladenburg und Bretten – das Kerngebiet der einstigen Kurpfalz – zur Kompensation der linksrheinischen Territorien an den Markgrafen von Baden wurde das fast 600 Jahre vom Hause Wittelsbach regierte weltliche Kurfürstentum aufgelöst. Es entstand ein Mittelstaat mit rechtsrheinischer Ausdehnung vom Hoch- bis an den Mittelrhein.

Eva Maria Gramlich

Literatur

Kohnle 2003

D3.02
Karte von Deutschland mit den Entschädigungen 1802

„Charte von Deutschland Nach den Besitzungen der Chur- und Fürstl. Häuser und der Reichsstädte nebst den Entschädigungen nach dem definitiven Reichs-Deputations-Schluss vom 20ten November 1802"
Weimar: F. L. Güssefeld (nach astronomischen Ortsbestimmungen entworfen), 1803
Kolorierter Kupferstich auf Papier. H 57,6 cm, B 68 cm
Regensburg, Fürst Thurn und Taxis Zentralarchiv – Hofbibliothek – Museen, KS 804 d

Am 8. Oktober 1802 wurde dem Reichstag in Regensburg von den Gesandten Frankreichs und Russlands der *Plan Général* übergeben. Er markierte die Entschädigungen jener Reichsstände, die im an Frankreich abgetretenen Gebiet links des Rheins Territorien verloren hatten. Der Plan wurde von der zuständigen Reichsdeputation einen Monat später angenommen und dem Kaiser zur Ratifikation vorgelegt. Franz II. lehnte den *Plan Général* kurz vor Weihnachten 1801 definitiv ab, was allerdings nur aufschiebende Wirkung hatte. Der Plan wurde schließlich zum Grundlagendokument für die Säkularisation und die Mediatisierung im Reich und ebenso für die Verteilung der Entschädigungen auf Reichsgebiet.

10

§. 5.

Marggraf von Baaden.

Dem Marggrafen von Baaden für seinen Theil an der Grafschaft Sponheim, und für seine Güter und Herrschaften in dem Luxemburgischen, Elsaß u. s. f. das Bisthum Konstanz, die Reste der Bisthümer Speier, Basel und Straßburg die pfälzischen Aemter Ladenburg, Bretten und Heidelberg, mit den Städten Heidelberg und Mannheim. Ferner: die Herrschaft Lahr, unter den zwischen dem Marggrafen von Baaden, dem Fürsten von Nassau-Usingen, und den übrigen Interessenten verabredeten Bedingungen; ferner die Hessischen Aemter: Lichtenau und Wildstätt; dann die Abteyen: Schwarzach, Frauenalb, Allerheiligen, Lichtenthal, Gengenbach, Ettenheim-Münster, Petershausen, Reichenau, Oehringen, die Probstey und das Stift Odenheim, und die Abtey Salmansweiler, mit Ausnahme von Ostrach, und den unten bemerkten Zugehörungen. Die Reichsstädte Offenburg, Zell am Hammersbach, Gengenbach, Ueberlingen, Biberach, Pfullendorf und Wimpfen. Endlich die mittelbaren sowohl als die unmittelbaren Besitzungen und Rechte auf der Südseite des Neckars, welche von den öffentlichen Stiftungen und Körperschaften des linken Rheinufers abhängen.

§. 6.

Herzog von Wirtemberg — Fürsten von Hohenlohe Waldenburg und Salm Reiferscheid — Grafen von Limburg Styrum, von Schall, von Hillesheim, von Löwenhaupt — Freyherr von Dietrich und die Herren Seubert.

Dem Herzoge von Wirtemberg für das Fürstenthum Mömpelgard nebst Zugehörden, wie auch für seine Rechte, Besitzungen, Ansprüche und Forderungen im Elsaß und in der Franche Comté: die Probstey Ellwangen, die Stifter, Abteyen und Klöster: Zwiefalten, Schönthal und Comburg, mit Landeshoheit (jedoch unter Vorbehalt der Rechte der weltlichen Fürsten und der Grafschaft Limburg). Ferner: Rothenmünster, Heiligenkreuzthal, Oberstenfeld, Margrethenhausen — nebst allen denjenigen *) so in seinen neuen Besitzungen ge-

*) Abteyen und Klöstern,

11

legen sind. Ferner: das Dorf Dürrenmettstetten, und die Reichsstädte Weil, Reutlingen, Eßlingen, Rothweil, Giengen, Aalen, Hall, Gemünd und Heilbronn; alles unter der Bedingung, folgende immerwährende Renten zu entrichten, nemlich:

Den Fürsten von Hohenlohe Waldenburg für ihren Antheil am Boparder Zoll 600 Gulden, halb an Bartenstein, halb an Schillingsfürst.

Dem Fürsten von Salm Reiferscheid für seine Grafschaft Niedersalm 12,000 Gulden.

Dem Grafen von Limburg Styrum für die Herrschaft Oberstein 12,000 Gulden.

Dem Grafen von Schall für sein Gut Megen 12,000 Gulden.

Der Gräfin Hillesheim für ihren Antheil an der Herrschaft Reipoltskirchen 5400 Gulden.

Der verwittweten Gräfin von Löwenhaupt für die Feudalrechte ihres Antheils an der Herrschaft Ober- und Niederbrunn 11,300 Gulden.

Den Erben des Freyherrn von Dietrich für gleiche Rechte 31,200 Gulden.

Den Herren Seubert für die Lehen Benthal und Bretigny 3300 Gulden.

§. 7.

Landgrafen von Hessenkassel — Hessendarmstadt — Hessenrothenburg — Hessenhomburg — Fürst von Wittgenstein Berleburg.

Dem Landgrafen von Hessenkassel für St. Goar und Rheinfels, und für seine Rechte und Ansprüche auf Korvey: die Mainzischen Aemter Fritzlar, Naumburg, Neustadt und Amöneburg, die Kapitel Fritzlar und Amöneburg, und die Klöster in besagten Aemtern; ferner: die Stadt Gelnhausen und das Reichsdorf Holzhausen; alles unter Bedingung einer immerwährenden Rente von 22,500 Gulden für den Landgrafen von Hessenrothenburg; welche Rente jedoch in der Folge auf den Ueberschuß des Ertrags von dem §. 39. erwähnten Schiffahrtsoctroi übertragen wird, wenn sich nach Bezahlung jener Renten, welche in gegenwärtiger Urkunde auf diesen Ertrag unmittelbar angewiesen sind, ein hinreichender Ueberschuß ergiebt.

Dem Landgrafen von Hessendarmstadt für die Grafschaft Lichtenberg,

D3.01

Die gezeigte Karte wurde von F. L. Güssefeld nach astronomischen Ortsbestimmungen angefertigt. Sie zeigt die Aufteilung und Neugliederung der Reichsstände, wie sie die Deputation am 20. November 1802 beschlossen hatte. Erstmals wurde kartographisch dokumentiert, wie Besitz- und Machtzuwachs sowie die weitreichenden territorialen Entschädigungen – die oftmals weit über die tatsächlichen, in den Koalitionskriegen gegen Frankreich verlorenen Gebiete hinausgingen – für die auf Reichsgebiet verbliebenen Reichsfürsten aussahen.

Insgesamt wurden im Gebiet rechts des Rheins 112 Reichsstände aufgelöst, darunter 19 Reichsbistümer, 44 Reichsabteien, 41 Reichsstädte und mit Kurtrier und Kurköln zwei geistliche Kurfürstentümer sowie die rechtsrheinischen Teile der Kurpfalz, die an Baden fielen. Es handelte sich um ein Gebiet von circa 10.000 Quadratkilometer geistlicher Territorien mit beinahe 3,2 Millionen Untertanen. Der Reichsdeputationshauptschluss vom 25. Februar 1803 ließ dies gesetzlich festlegen. Er wurde am 28. April 1803 von Kaiser Franz II. ratifiziert und besiegelte faktisch die Auflösung des einstigen Kurfürstentums und der Pfalzgrafschaft bei Rhein.

Peter Styra

Literatur

Ausst.-Kat. Berlin 2006, S. 439–440 · Ausst.-Kat. Regensburg 2003, S. 422-424 · Schmid 2003, S. 16 ff.

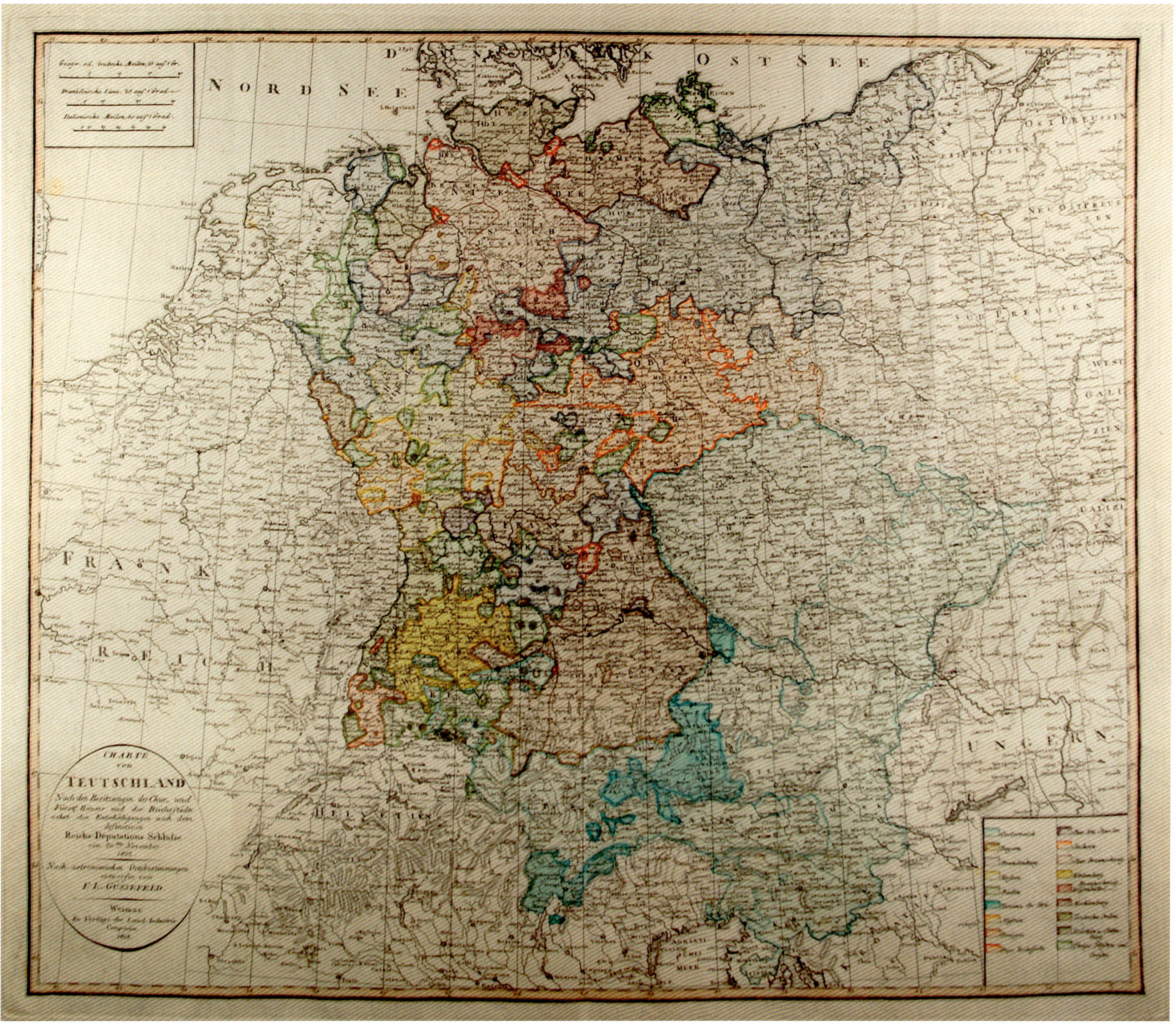
NORD SEE
OSTSEE
CHARTE
von
TEUTSCHLAND
Reichs Deputations Schluße
F. L. GÜSSEFELD
Weimar
UNGERN

D3.02

Maximilian Joseph, Herzog in Ober- und Nieder-Baiern, Franken und Berg, des H. R. R. Pfalzgraf, Erztruchsäß und Churfürst.

Entbieten der Ritterschaft, den Lehenleuten, Einsassen und Unterthanen Unserer diesseitigen Rheinpfalz, den Landes-Collegiis, allen Civil- Militair- und andern Bedienten und Beamten geistlichen und weltlichen Standes, so wie den Magistraten der Städte Unsern Gruß und Gnade, und fügen denselben zu wissen:

Da durch die von den beiden vermittelnden Mächten, Sr. Rußisch-Kaiserlichen Majestät, und dem ersten Consul der Französischen Republik, dem Deutschen Reiche vorgelegten, und von der Reichs-Deputation angenommenen Entschädigungs-Plane §. 5. dem Herrn Marggrafen von Baden die Rheinpfälzischen Oberämter Ladenburg, Bretten und Heidelberg mit den beiden Städten Heidelberg und Mannheim — §. 7. dem Herrn Landgrafen von Hessen-Darmstadt, die Oberämter Lindenfels, Umstatt und Ozberg, nebst den diesseits gelegenen Ueberresten der ehemaligen Oberämter Alzei und Oppenheim; — §. 12. dem Herrn Fürsten von Nassau-Usingen das Amt Caub mit seinen Zugehören — dann §. 20. dem Herrn Fürsten von Leiningen die Oberämter Boxberg und Mosbach zugewiesen worden sind; und Wir, so schmerzlich es Unserem Herzen fällt, Uns von Unterthanen zu trennen, die Uns und Unserem Hause seit mehreren Jahrhunderten eine seltene Treue und Anhänglichkeit bewiesen haben, aus Gründen des allgemeinen Wohls, und zur Wiederherstellung der Ruhe und Ordnung in dem Deutschen Reiche gedrungen worden sind, auch noch dieses harte Opfer zu bringen: so weisen Wir sämmtliche obengenannte Lehenleute, Unterthanen und Diener hierdurch an, die bemerkten Herrn Fürsten, so weit sie einem jeden zugetheilet sind, in Zukunft als ihre rechtmäsige Regenten zu erkennen und zu verehren.

Wir entlassen sie zu dem Ende ihrer Pflichten und Verbindungen gegen Uns.

Gleichwie durch die weise Vorsorge der Reichs-Deputation die Erhaltung des politischen und religiösen Zustandes sämmtlicher Entschädigungs-Länder, so wie das Schicksal der Dienerschaft in denselben hinreichend gesichert worden ist, und diese gerechte und menschenfreundliche Beschlüsse mit den Gesinnungen der neuen Besizer der Rheinpfalz ohnehin übereinstimmen, so trennen Wir Uns von Unsern geliebten Unterthanen mit der tröstlichen Beruhigung, daß auch ihre Wohlfarth, die allezeit der Hauptzweck Unserer Landesväterlichen Sorgen und Bestrebungen gewesen ist, eine gleiche Aufmerksamkeit werde gerichtet bleiben, und sie von ihren neuen Regenten die nämliche Huld, Gnade und Beschirmung zu erwarten haben.

Gegeben in Unserer Haupt- und Residenzstadt München den 19 ten November 1802.

Max. Jos. Churfürst.

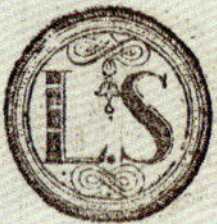

Vdt Freiherr von Montgelas.

Abtrettungs-Patent
der diesseitigen Rheinpfalz an Baden, Darmstadt,
Nassau-Usingen und Leiningen.

D3.03a

D3.03a/b

Bekanntgabe über die Abtretung der kurpfälzischen Gebiete rechts des Rheins an Baden, Hessen-Darmstadt, Nassau-Usingen und Leiningen

München: Kurpfalzbairischer Geheimer Rat, 19. Nov. 1802
Einzelblattdruck, Papier. H 35,5 cm, B 43,5 cm
Landesarchiv Baden-Württemberg,
Generallandesarchiv Karlsruhe, 77 Nr. 8774

Bekanntgabe über die provisorische Besitzergreifung der Gebiete, die 1802 der Markgrafschaft Baden zugedacht waren

Karlsruhe: Markgräflicher Geheimer Rat, 16. September 1802
Einzelblattdruck, Papier. H 45 cm, B 38 cm
Landesarchiv Baden-Württemberg,
Generallandesarchiv Karlsruhe, 48 Nr. 5669 (Beilage 15)

Wir Carl Friderich von Gottes Gnaden Marggrav

zu Baden und Hochberg, Landgrav zu Saussenberg, Grav zu Eberstein, Herr zu Röteln, Badenweiler, Lahr, Mahlberg, und Kehl,

Entbieten allen und jeden geistlichen und weltlichen Landsaßen, Lehenleuten, Dienern, Magistraten, Bürgern, Unterthanen, Hintersaßen auch Schirms= und zugewandten Einwohnern derer hiernach benannten Lande und Gebiete, worin gegenwärtiges zur Verkündung kommen wird, unsern gnädigsten Gruß und geben denenselben zu vernehmen:

Durch den zwischen Sr. Kaiserlichen Königlichen Majestät und dem Heil. Römischen Reich einerseits, sodann der französischen Republick andererseits am 9 Febr. 1801. zu Lüneville errichteten Friedensschluß ist ausgemacht, daß den weltlichen Erbfürsten des deutschen Reichs für ihren Verlust an Land und Leuten, den sie durch die Abtretung des linken Rheinufers erlitten haben, eine Entschädigung aus denen auf den rechten Rheinufer gelegenen Landen geschöpft werden soll. Es ist darauf durch eine den 4 Juny d. J. zu Paris zwischen ersagter Republik Frankreich und dem Kaiserl. Rußischen Hof abgeschlossene Mediations Convention, ausgemacht worden, was nach der Beziehung welche der innere Zustand des deutschen Reichs zu dem allgemeinen Ruhestand Europens und zu dem Gleichgewicht der sämtlich betheiligten Mächte und Reichsstände hat, jedem der obgedachten Erbfürsten zu Theil werden solle, und diese Convention ist von beeden vermittelnden Mächten unter dem 24 Aug. d. J. der deßfalls eigens zusammenberufenen Reichsdeputation zur Berathschlagung und Genehmigung vorgelegt auch von dieser mittelst Beschlusses vom 8 des laufenden Monats mit Vorbehalt einzelner Modificationen im Ganzen angenommen worden.

Hierinnen sind uns zugewiesen, die Rheinpfälzische Städte Mannheim und Heidelberg, so wie die Rheinpfälzische Oberämter Heidelberg, Ladenburg, und Bretten samt Zugehörden, die Reste der jenseits Rheinischen Hochstifte Basel und Strasburg und der Grasschaft Hanau Lichtenberg alle drey so weit sie auf der rechten Rheinseite gelegen sind, das Fürstenthum Costanz in gleichem das Fürstenthum Speyer mit allen seinen diesseits Rheinischen Besitzungen (worunter nach früheren Vorkommnißen auch die Ritterstift Odenheimische, ebenso als bei allen obgedachten Hochstiftern die Domcapitularische Lande samt Zugehörden für begriffen zu achten sind) die Reichsprälaturen Salmansweiler, Petershausen, und Gengenbach; die Reichsstädte Pfullendorf, Ueberlingen, Biberach, Wimpfen, Offenburg, Gengenbach, Zell sammt Thal am Hammersbach; endlich die mittelbare Prälaturen Ettenheim Münster, Allerheiligen, Schwarzach, Frauenalb, und Lichtenthal, alles mit Gebieten, Rechten, Renten, und Dienstbarkeiten, nichts ausgenommen.

Wir haben jedoch bis daher der hierüber von Kaiser und Reich zu erwartenden endlichen bestimmten Entscheidung ruhig entgegengesehen, hätten auch wünschen mögen, bey dieser stillen Erwartung bis zur vollständigen Berichtigung des Indemnisationsgeschäftes stehen bleiben zu können.

Nachdem aber inzwischen nicht nur Ihro Königl. Preußische Majestät von dem Ihnen zugewiesenen Loos den Besitz ergriffen, sondern auch Ihro Kaiserl. Königl. Majestät Selbst nöthig befunden haben, von den Landen, welche Ihrem Durchlauchtigsten Herrn Bruder, Sr. des Grosherzogs von Toscana Königl. Hoheit bestimmt sind, provisorisch Besitz nehmen zu lassen, auch daraufhin des Herrn Churfürsten zu Bayern Liebden und mehrere andere Unserer Reichsmitstände ähnliche Maasregeln ergriffen haben, nun auch weiter der Reichsdeputations-Schluß über die allgemeine Annahme jener Indemnisations= Vorschläge hinzugekommen ist, und es Uns daher für eine Vernachläßigung Unserer Ansprüche, und für einen Mangel der Aufmerksamkeit auf die Uns von den vermittelnden Mächten hierunter gegönnte Vorsorge ausgelegt werden dürfte, wenn Wir allein hierunter Nichts vorkehren würden, um Uns des Effects dieser Vorsorge theilhaftig zu machen: So haben Wir gut gefunden und beschlossen, eigene Commissarien mit einiger militairischen Begleitung in obengedachte Lande, zur wirklichen obwohl provisorischen Besitznahme abzuordnen, welche übrigens die Grenzen einer blos provisorischen Okkupation streng zu beobachten, und vornemlich alles was Unser künftiges Interesse betreffen kann, genau zu erkundigen, wo sie daß etwas dem Nachtheiliges vorgienge vernähmen, dawider Vorstellung zu machen, da wo diese nichts fruchten gleichbalden Protestation einzulegen, und Uns davon zu weiterer Vorkehr zu benachrichtigen haben. Die Commissarien werden bey der Ihnen zugegebenen militairischen Begleitung strenge Mannszucht halten, sofort für solche ihre Mannschaft nichts als frey Quartier, Lagerstroh, Holz und Licht fordern, deren Verpflegung aber mittelst zu treffender billiger Accorde baar zahlen lassen.

Gleichwie Wir nun hierbey feyerlichst erklären, daß diese Maasnahme keinem Reichs= oder andern Stand geistlich und weltlich an Gerechtsamen, die er durch die endliche Berichtigung dieses Indemnisations= Geschäfts behalten oder erlangen möchte, zum Nachtheil gereichen, und daß diese provisorische würckliche Besitznahme solchen von Kaiser und Reich künftig bestimmt werdenden Verhältnissen zum Abbruch niemals benutzt oder angezogen werden solle: Also versehen Wir Uns zu allen und jeden Ortsobrigkeiten, Rittern und Landsassen, auch Dienern und Unterthanen, sie werden diesen Unsern Abgeordneten nichts in den Weg legen, ihnen für ihren Unterhalt alle billige Erleichterung verschaffen, ihren Vorstellungen und Anträgen jeweils williges Gehör geben, auch sachgemäße Entschliessung darauf nehmen, aller politischen Urtheile oder übler Nachrede, welche zu Streit und Erhitzung der Gemüther Anlaß geben möchten, sich enthalten, und überhaupt sich so friedlich und willfährig verhalten, daß sie, demnächst ihre Schritte zu bereuen, und Unserer Ungnade zu gewärtigen, nicht Ursach haben mögen. Dessen zur Urkund haben Wir gegenwärtigem Patent Unser gröseres Geheimes Insiegel beydrucken lassen. So geschehen Carlsruhe den 16ten September 1802.

Auf Specialbefehl Sr. Hochfürstlichen Durchlaucht.

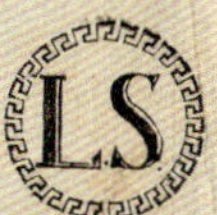

Vdt. Herzberg. Hofrath und Geheimersecretär.

D3.03b

Der nach dem verlorenen Zweiten Koalitionskrieg 1801 in Lunéville geschlossene Friedensvertrag sah die Entschädigung von weltlichen Reichsfürsten, die auf dem nun französischen linken Rheinufer Gebiete verloren hatten, durch Säkularisationen vor; als Ausnahme davon fielen auch die verbliebenen kurpfälzischen Gebiete rechts des Rheins darunter. Als die vom Reichstag mit der Regelung im Einzelnen beauftragte Deputation endlich ihre Arbeit aufnahm, war bei französisch-russischen Verhandlungen im Juni 1802 schon die Entscheidung über den stattlichen Umfang der badischen Entschädigung gefallen, darunter die pfälzischen Städte Heidelberg und Mannheim sowie die Oberämter Heidelberg, Ladenburg und Bretten. Den betroffenen künftigen Untertanen ließ Markgraf Karl Friedrich dies mitteilen, nicht ohne auf die Vorläufigkeit der Maßnahme hinzuweisen; jedoch sehe er sich gezwungen, dem Beispiel Preußens, Österreichs und anderer Mächte zu folgen, die schon Besitz ergriffen hätten. Die Vorgehensweise – beauftragt waren damit Zivilkommissare mit nur schwacher militärischer Begleitung – war moderat.

Kurfürst Max Joseph von Bayern kam folglich nicht umhin, seinen rheinpfälzischen Untertanen die Gebietsabtretung zu verkünden und – „so schmerzlich es unserem Herzen fällt" – sie ihrer Pflichten gegenüber ihm zu entbinden, auch in den künftig hessischen Oberämtern Lindenfels, Umstadt und Otzberg sowie Kaub (an Nassau); für die Fürsten von Leiningen wurde gar ein neues Fürstentum geschaffen, in dem die zuvor kurpfälzischen Ämter Mosbach und Boxberg aufgingen. Das Patent beschwichtigt die preisgegebenen Untertanen, sie hätten von den neuen Besitzern der Rheinpfalz die „nämliche Huld, Gnade und Beschirmung zu erwarten" wie seither.

Volker Rödel

Literatur

Kohnle 2003 · Hufeld 2003

D3.04

Organisation der Badischen Lande

Neue, mit gnädigster Bewilligung veranstaltete Auflage, Mannheim bei dem Hofbuchhändler Ferd[inand] Kaufmann 1803
[Band 1]
Mannheim, 1803
Druck. H 17,9 cm, B 11 cm
Reiss-Engelhorn-Museen Mannheim, Mh862-1

Nachdem Max IV. Joseph der Abtretung der rechtsrheinischen Kurpfalz an Baden zugestimmt hatte, begann der Übergang des Kernlandes der Wittelsbacher im September 1802 mit der provisorischen Inbesitznahme, der sich am 23. November 1802 die zivile anschloss, noch bevor die Reichsdeputation ihre Arbeit abgeschlossen hatte. Die Neuorganisation der badischen Lande, die im Zuge der napoleonischen Neuregelungen des Alten Reichs auch im Süden stark angewachsen waren, regelten 13 „Organisations-Edikte", die beim Mannheimer Hofbuchhändler Ferdinand Kaufmann in zwei Bänden im Druck erschienen, in Band 1 die Edikte 1–5, in Band 2 die Edikte 6–13.

Den ersten Band schmückte ein Titelkupfer des als „Nürnberger Chodowiecki" gerühmten Kupferstechers Abraham Wolfgang Küf(f)ner, der neben zahlreichen Buchillustrationen auch durch seine die Französische Revolution und die Revolutionskriege in Szene setzenden Stiche bekannt wurde. In den Mittelpunkt seines Kupferstichs hat der Künstler ein engelartiges Wesen gerückt, das mit ausgebreiteten Flügeln über die Weltkugel hinweg fliegt und mit beiden Händen auf diese Blumen streut. Sein geschlitzter, in der Taille geschnürter Überwurf bedeckt nur eine Schulter und um den Hals flattert ein langes schmales Tuch. Die Umschrift „Frieden und Gedeihen der ganzen Welt" verweist auf den durch den Frieden von Lunéville (1801) ermöglichten staatlichen und gesellschaftlichen Neubeginn, wenngleich die Datierung des Kupfers – 1797 – deutlich macht, dass ursprünglich wohl der Friede von Campo Formio den Künstler inspiriert hatte.

Wilhelm Kreutz

Literatur

Veitenheimer 1996, S. 298, Nr. 1692 · Ausst.-Kat. Neustadt/Weinstraße 1982, S. 24 ff.

Organisation

der

Badenschen Lande

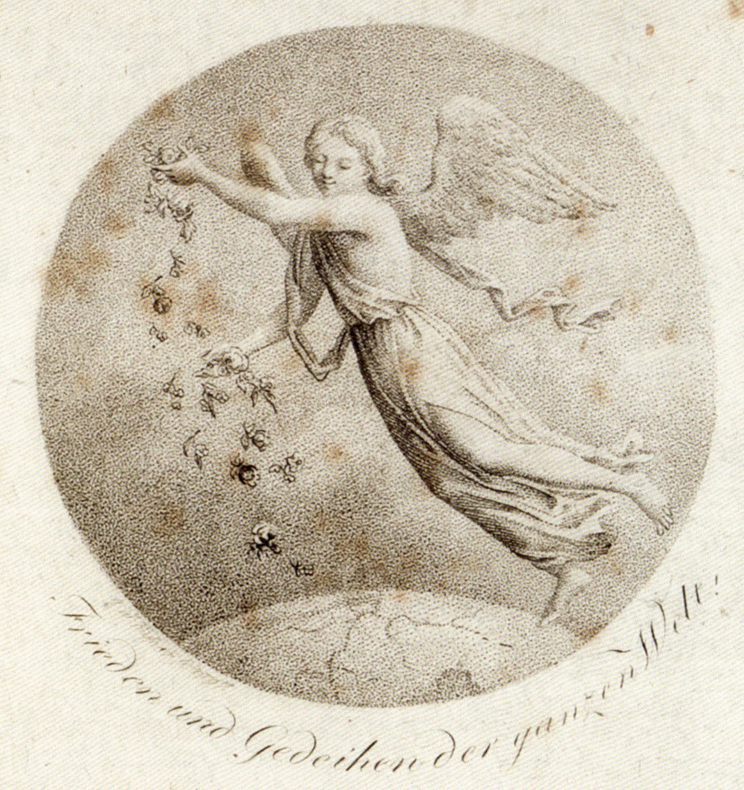

Frieden und Gedeihen der ganzen Welt!

Neue
mit gnädigster Bewilligung veranstaltete
Auflage.

Mannheim
bei dem Hofbuchhändler Ferd. Kaufmann
1803.

D3.04

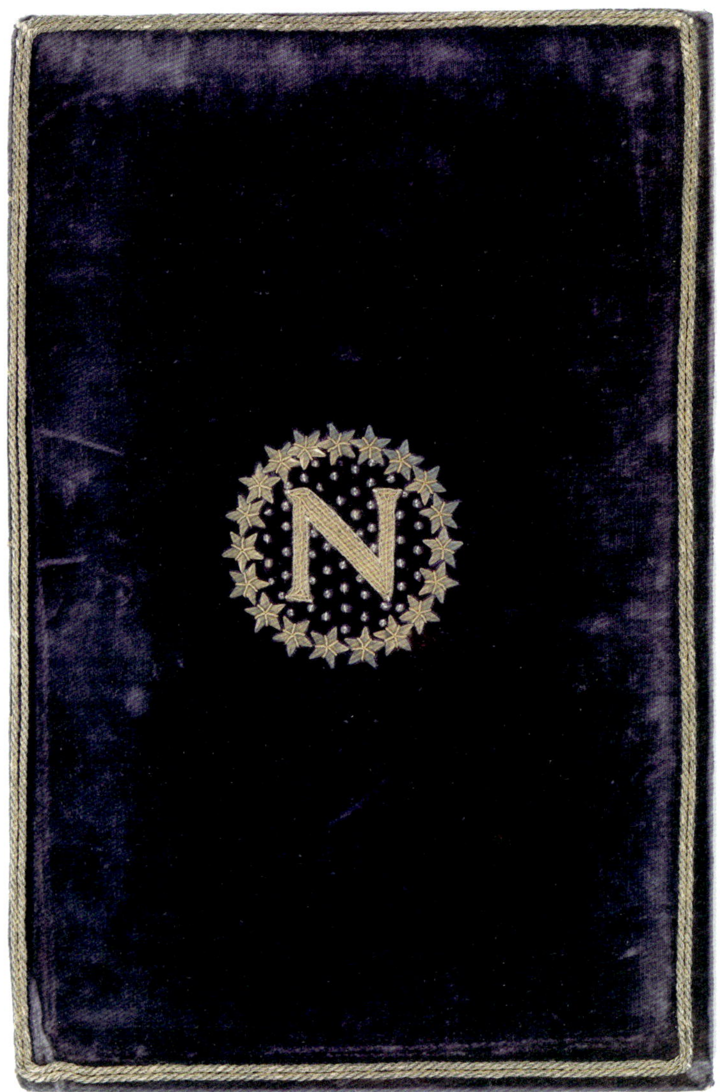

D3.05a

D3.05a/b

Ratifikation des Rheinbundvertrags vom 11. Juli 1806 durch Kaiser Napoleon

Urkunde, Saint-Cloud, 19. Juli 1806
Ausfertigung, Libell, Samteinband, Papiersiegel.
H 33 cm, B 21,5 cm
Landesarchiv Baden-Württemberg,
Generallandesarchiv Karlsruhe, 48 Nr. 6276a

Ratifikation des von Frankreich und Baden am 5. September 1805 geschlossenen geheimen Allianzvertrags durch Kaiser Napoleon

Urkunde, Saint-Cloud, 27. Fructidor XIII / 14. Sept. 1805
Ausfertigung, Libell, Pergament in Samteinband,
Siegel an zweifarbiger Schnur mit Troddeln in Messingkapsel.
H 38 cm, B 27 cm
Landesarchiv Baden-Württemberg,
Generallandesarchiv Karlsruhe, 48 Nr. 6274

Kurz vor dem Ausbruch des Dritten Koalitionskriegs im Herbst 1805 gab Baden seine neutrale Haltung auf und schlug sich auf die Seite Frankreichs. Als Preis für die Garantie seines damaligen Territorialbestands hatte es 3.000 Mann für die gegen Österreich ins Feld rückende französische Armee zu mobilisieren und diese logistisch zu unterstützen. Bei Gelingen war ein großer Gebietsgewinn absehbar. Der grundsätzlichen Bedeutung des Vorgangs entspricht die imperiale Pracht der Form. Der blaue Samteinband ist reich mit Goldfäden bestickt: zentral die Initiale N im Kranz von Sternen und Ranken, außen eine breite Rankenbordüre, in den Ecken vier Adler mit darüber schwebenden Kronen. Das Bild des anhängenden großen Siegels zeigt, umgeben von der Kette der Ehrenlegion, einen Adler mit Blitzbündeln in den Fängen vor einem bekrönten Feldherrnzelt.

Den Rheinbundvertrag schloss auf Betreiben Napoleons sein Außenminister Talleyrand mit den Bevollmächtigten der Königreiche Bayern und Württemberg, der Kurfürstentümer des Erzkanzlers v. Dalberg, Badens und Hessen-Darmstadts sowie zwölf weiterer Fürstentümer im Juli 1806. Diese stellten sich unter Napoleons Protektorat und sagten sich vom Reich los, dessen Krone Kaiser Franz II. daraufhin am 6. August niederlegte. Eine der Bestimmungen räumt den verbündeten Mächten die Souveränitätsrechte über die in ihrem Bereich liegenden ehemaligen Fürstentümer und Niederadelsherrschaften ein. Damit wurde die ehemalige Kurpfalz staatsrechtlich endgültig ausgelöscht und auch ihre 1803 an das Fürstentum Leiningen gefallenen Teile gingen nun im Großherzogtum Baden auf.

Volker Rödel

Literatur

Ausst.-Kat. Karlsruhe 2006

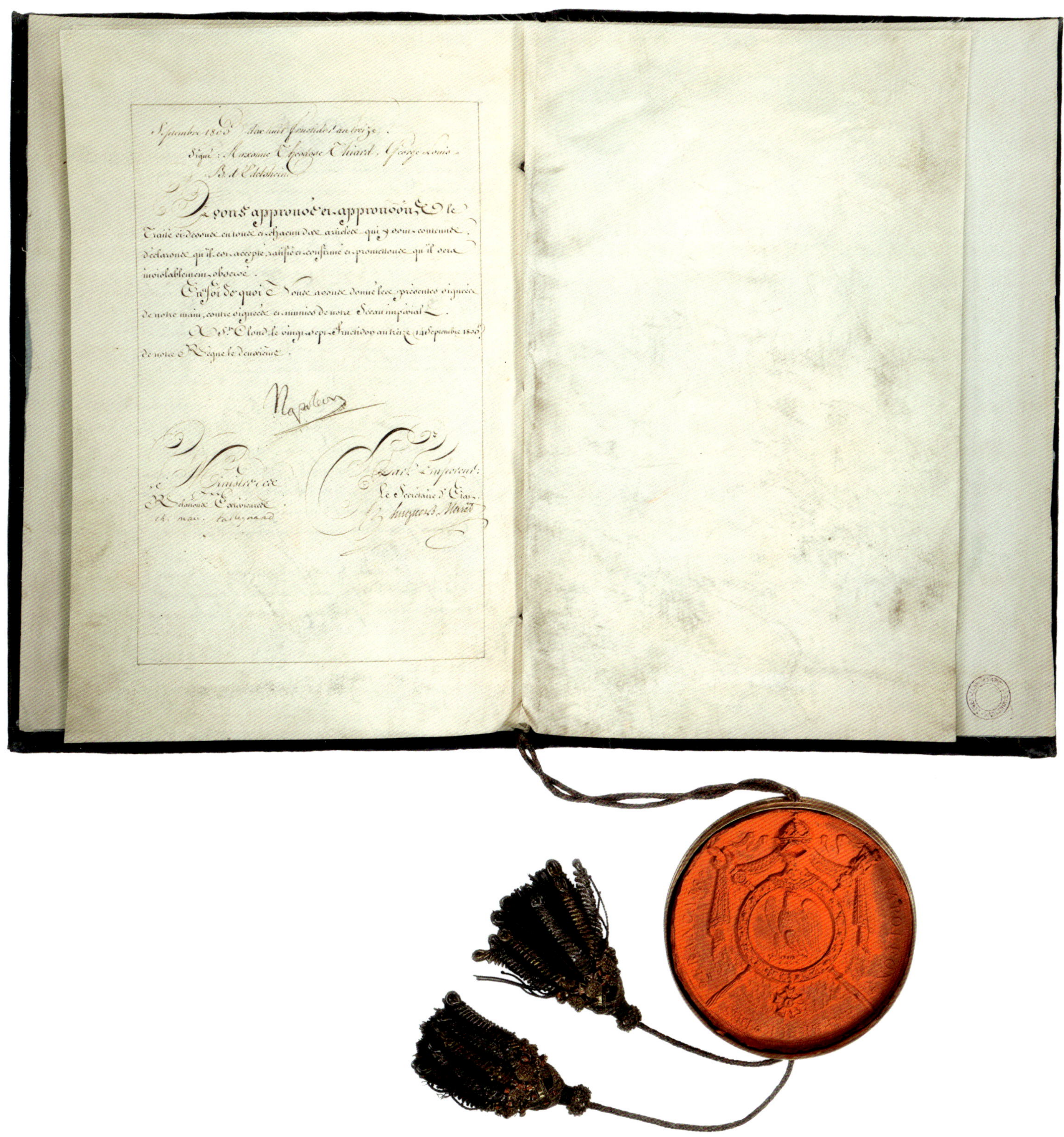

D3.05b

D3.06*

Heidelberg bei Sonnenuntergang (Abb. S. 400–401)

Carl Ludwig Frommel (1789–1863)
1842
Öl auf Leinwand. H 100 cm, B 136 cm
Karlsruhe, Staatliche Kunsthalle, 588

Ausgehend von der geradezu südländisch-pastoral wirkenden ländlichen Schilderung im Bildvordergrund – beschützt und begrenzt durch einen schütter gewachsenen Baum am rechten Bildrand – wird der Blick des Betrachters über niedriger gelegene Baumwipfel zur stimmungsvoll leuchtenden Ruine des Heidelberger Schlosses geführt. Von dieser erstreckt sich die Ansicht, geleitet vom fernen Abendlicht, über die Dächer der Stadt und dem spiegelnden Flusslauf folgend weit in die Rheinebene zum fernen Sonnenuntergang, der von einzelnen Wolken am sonst klaren Himmel majestätisch umfangen wird. Das stimmungsvolle Licht setzt der Maler in der jeweiligen Erscheinung als atmosphärische Verbindung zwischen der bukolischen Vordergrundszene mit ihrer präzisen Detailschilderung und den trotz des Dunsthauchs klaren Lichtreflexionen des kleinen Tümpels am rechten unteren Bildrand mit dem diffusen lichtdurchtränkten Bildhintergrund der Rheinebene. Zusammengeführt werden diese beiden Schauplätze durch den silbrig-spiegelnden Neckar, der die malerisch-kleinteiligen Dachlandschaften der Heidelberger Altstadt mit den satten Wiesen des breiten Rheintals verbindet, in welche er auszulaufen scheint. Sich gegenseitig in ihrer Wirkung unterstützend und ergänzend, stehen sich der gewaltige Sonnenuntergang und die majestätisch-stolze Ruine des Heidelberger Schlosses gegenüber.

Über den Vedutencharakter und die Detailgenauigkeit in der Wiedergabe der Schlossruine und der Stadt hinaus entwickelt der Maler nur durch die Lichtführung eine fast idealisierende Ansicht, die die Präzision der Schilderung mit sehnsuchtsvoller atmosphärischer Leichtigkeit zu einer romantischen Gesamtkomposition verbindet. Das Gemälde steht in einer Tradition romantischer Heidelberger Schlossansichten, die sich seit dem frühen 19. Jahrhundert entwickelt hat und die die Schlossruine mitsamt der sie umgebenden Landschaft in Anlehnung an idealisierende Landschaftsmalerei in einen stimmungsvollen Rahmen setzt. Der badische Hofmaler Carl Ludwig Frommel schuf dieses Gemälde als Teil seines Auftrags, alljährlich ein vorzugsweise badisches Landschaftsbild an das Kunstkabinett zu liefern.

Christoph Lind

Literatur

Ausst.-Kat. Karlsruhe 1989 · Ausst.-Kat. Heidelberg 1999a, S. 77–78

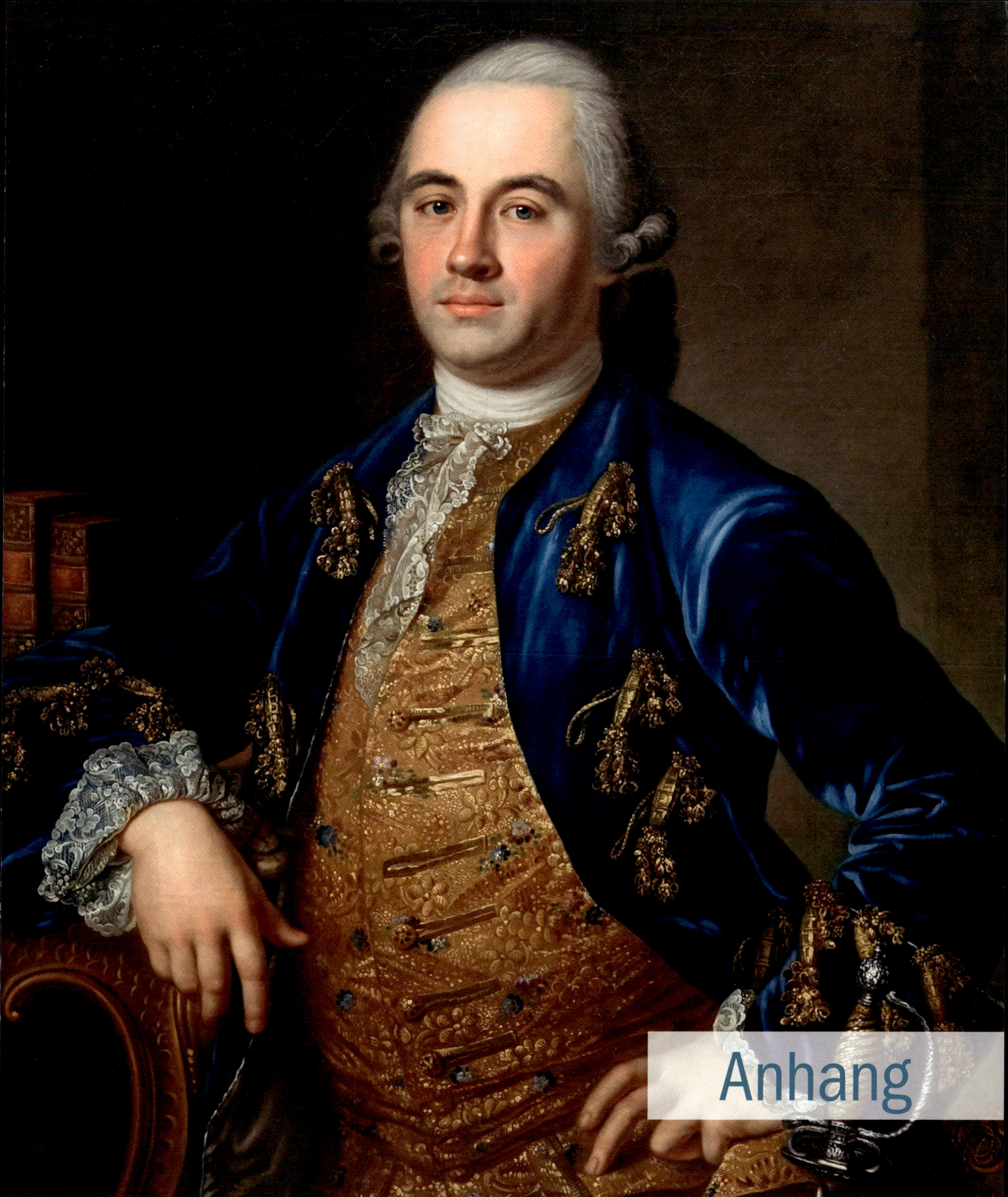

Anhang

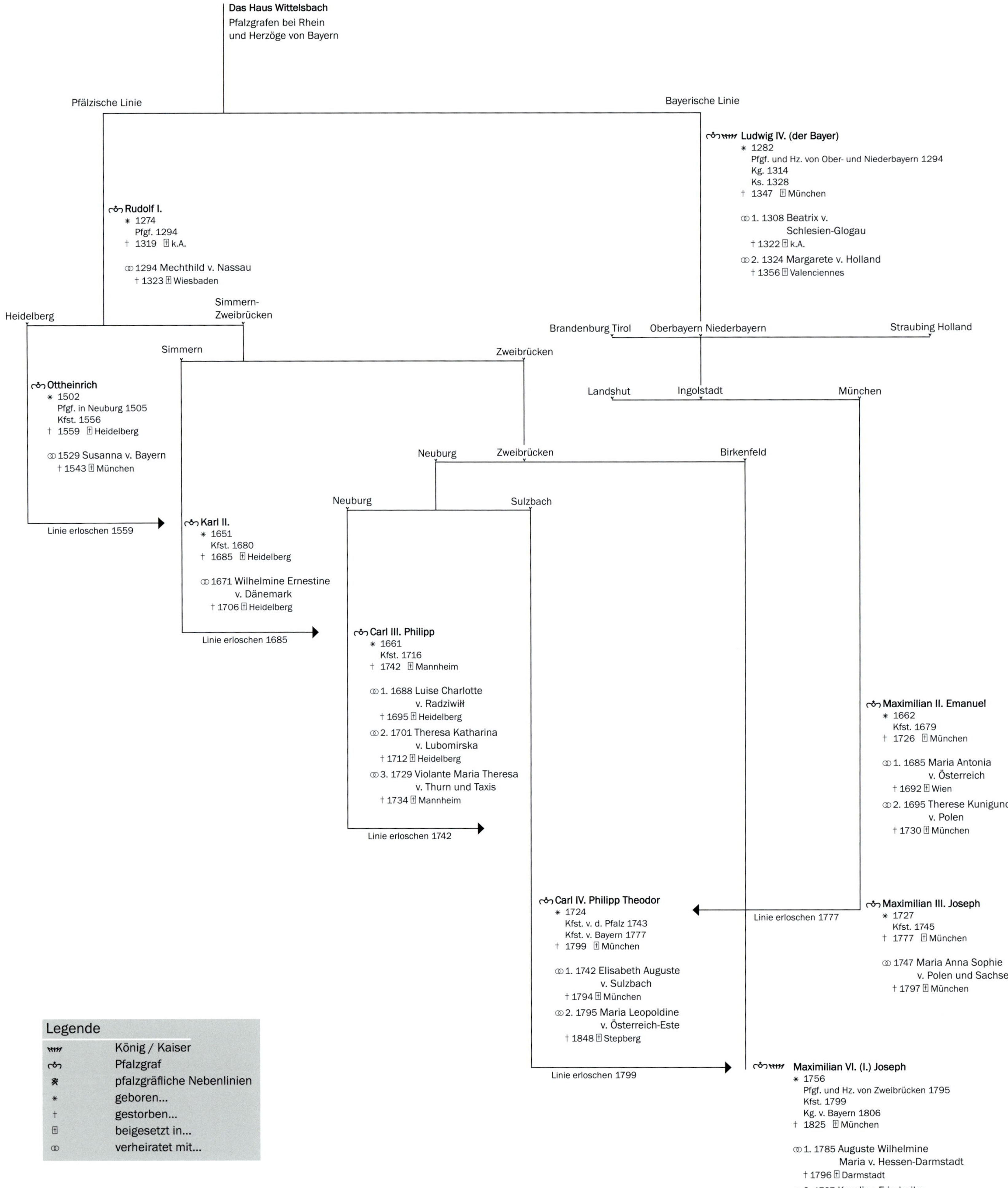
Das Haus Wittelsbach
Pfalzgrafen bei Rhein
und Herzöge von Bayern
Pfälzische Linie
Bayerische Linie
Ludwig IV. (der Bayer)
* 1282
Pfgf. und Hz. von Ober- und Niederbayern 1294
Kg. 1314
Ks. 1328
† 1347 München
1. 1308 Beatrix v. Schlesien-Glogau
† 1322 k.A.
2. 1324 Margarete v. Holland
† 1356 Valenciennes
Rudolf I.
* 1274
Pfgf. 1294
† 1319 k.A.
1294 Mechthild v. Nassau
† 1323 Wiesbaden
Heidelberg
Simmern-Zweibrücken
Brandenburg
Tirol
Oberbayern
Niederbayern
Straubing
Holland
Simmern
Zweibrücken
Landshut
Ingolstadt
München
Ottheinrich
* 1502
Pfgf. in Neuburg 1505
Kfst. 1556
† 1559 Heidelberg
1529 Susanna v. Bayern
† 1543 München
Neuburg
Zweibrücken
Birkenfeld
Neuburg
Sulzbach
Linie erloschen 1559
Karl II.
* 1651
Kfst. 1680
† 1685 Heidelberg
1671 Wilhelmine Ernestine v. Dänemark
† 1706 Heidelberg
Linie erloschen 1685
Carl III. Philipp
* 1661
Kfst. 1716
† 1742 Mannheim
1. 1688 Luise Charlotte v. Radziwiłł
† 1695 Heidelberg
2. 1701 Theresa Katharina v. Lubomirska
† 1712 Heidelberg
3. 1729 Violante Maria Theresa v. Thurn und Taxis
† 1734 Mannheim
Linie erloschen 1742
Maximilian II. Emanuel
* 1662
Kfst. 1679
† 1726 München
1. 1685 Maria Antonia v. Österreich
† 1692 Wien
2. 1695 Therese Kunigunde v. Polen
† 1730 München
Carl IV. Philipp Theodor
* 1724
Kfst. v. d. Pfalz 1743
Kfst. v. Bayern 1777
† 1799 München
1. 1742 Elisabeth Auguste v. Sulzbach
† 1794 München
2. 1795 Maria Leopoldine v. Österreich-Este
† 1848 Stepberg
Linie erloschen 1777
Maximilian III. Joseph
* 1727
Kfst. 1745
† 1777 München
1747 Maria Anna Sophie v. Polen und Sachsen
† 1797 München
Linie erloschen 1799
Maximilian VI. (I.) Joseph
* 1756
Pfgf. und Hz. von Zweibrücken 1795
Kfst. 1799
Kg. v. Bayern 1806
† 1825 München
1. 1785 Auguste Wilhelmine Maria v. Hessen-Darmstadt
† 1796 Darmstadt
2. 1797 Karoline Friederike Wilhelmine v. Baden
† 1841 München
Legende
König / Kaiser
Pfalzgraf
pfalzgräfliche Nebenlinien
geboren...
gestorben...
beigesetzt in...
verheiratet mit...

Stammbaum 1 Das Haus Wittelsbach. Die Teilung in die pfälzischen und bayerischen Linien seit 1329

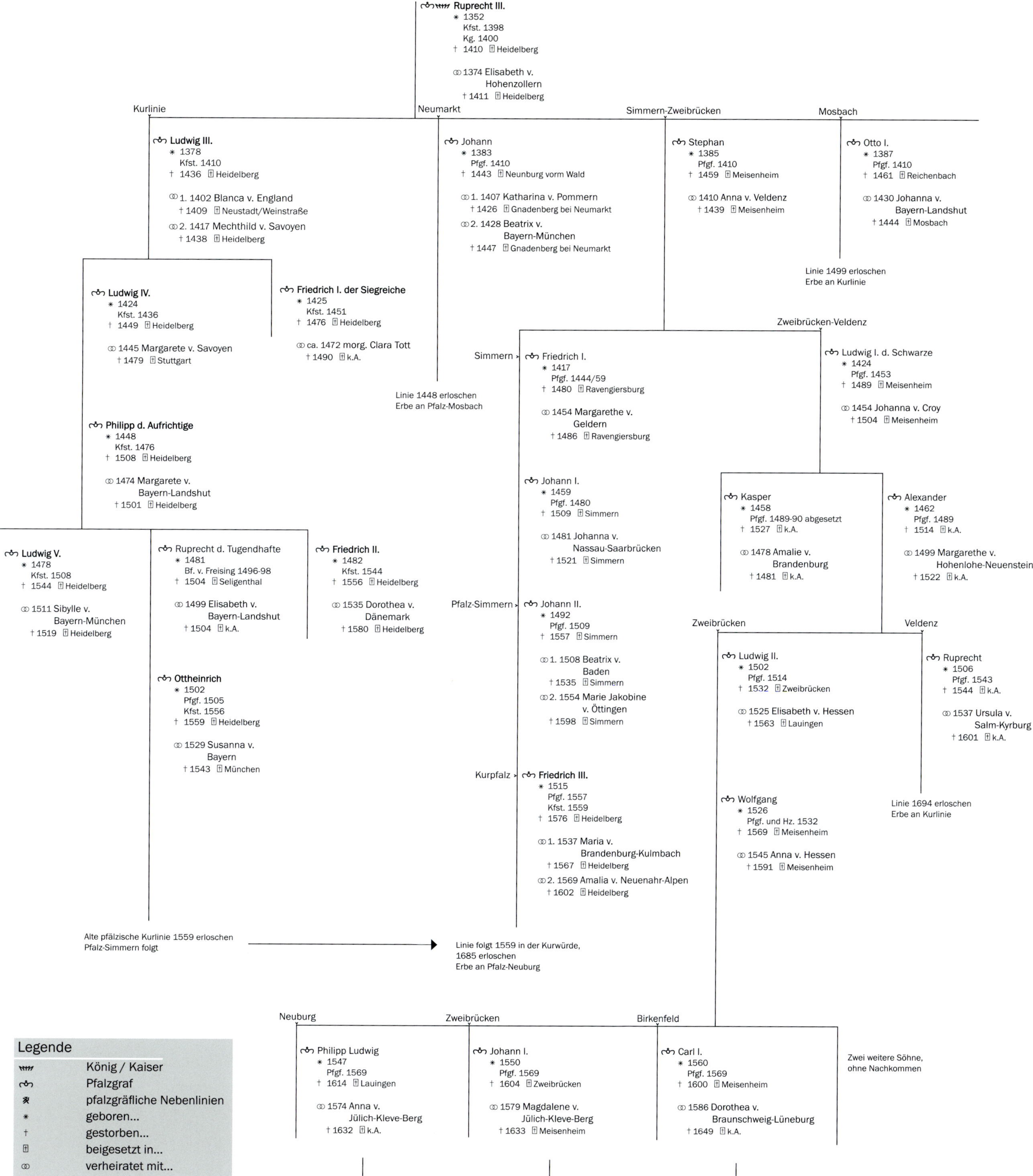
Ruprecht III.
∗ 1352
Kfst. 1398
Kg. 1400
† 1410 Heidelberg
⚭ 1374 Elisabeth v. Hohenzollern
† 1411 Heidelberg
Kurlinie
Neumarkt
Simmern-Zweibrücken
Mosbach
Ludwig III.
∗ 1378
Kfst. 1410
† 1436 Heidelberg
⚭ 1. 1402 Blanca v. England
† 1409 Neustadt/Weinstraße
⚭ 2. 1417 Mechthild v. Savoyen
† 1438 Heidelberg
Johann
∗ 1383
Pfgf. 1410
† 1443 Neunburg vorm Wald
⚭ 1. 1407 Katharina v. Pommern
† 1426 Gnadenberg bei Neumarkt
⚭ 2. 1428 Beatrix v. Bayern-München
† 1447 Gnadenberg bei Neumarkt
Stephan
∗ 1385
Pfgf. 1410
† 1459 Meisenheim
⚭ 1410 Anna v. Veldenz
† 1439 Meisenheim
Otto I.
∗ 1387
Pfgf. 1410
† 1461 Reichenbach
⚭ 1430 Johanna v. Bayern-Landshut
† 1444 Mosbach
Linie 1499 erloschen
Erbe an Kurlinie
Ludwig IV.
∗ 1424
Kfst. 1436
† 1449 Heidelberg
⚭ 1445 Margarete v. Savoyen
† 1479 Stuttgart
Friedrich I. der Siegreiche
∗ 1425
Kfst. 1451
† 1476 Heidelberg
⚭ ca. 1472 morg. Clara Tott
† 1490 k.A.
Linie 1448 erloschen
Erbe an Pfalz-Mosbach
Zweibrücken-Veldenz
Simmern
Friedrich I.
∗ 1417
Pfgf. 1444/59
† 1480 Ravengiersburg
⚭ 1454 Margarethe v. Geldern
† 1486 Ravengiersburg
Ludwig I. d. Schwarze
∗ 1424
Pfgf. 1453
† 1489 Meisenheim
⚭ 1454 Johanna v. Croy
† 1504 Meisenheim
Philipp d. Aufrichtige
∗ 1448
Kfst. 1476
† 1508 Heidelberg
⚭ 1474 Margarete v. Bayern-Landshut
† 1501 Heidelberg
Johann I.
∗ 1459
Pfgf. 1480
† 1509 Simmern
⚭ 1481 Johanna v. Nassau-Saarbrücken
† 1521 Simmern
Kasper
∗ 1458
Pfgf. 1489-90 abgesetzt
† 1527 k.A.
⚭ 1478 Amalie v. Brandenburg
† 1481 k.A.
Alexander
∗ 1462
Pfgf. 1489
† 1514 k.A.
⚭ 1499 Margarethe v. Hohenlohe-Neuenstein
† 1522 k.A.
Ludwig V.
∗ 1478
Kfst. 1508
† 1544 Heidelberg
⚭ 1511 Sibylle v. Bayern-München
† 1519 Heidelberg
Ruprecht d. Tugendhafte
∗ 1481
Bf. v. Freising 1496-98
† 1504 Seligenthal
⚭ 1499 Elisabeth v. Bayern-Landshut
† 1504 k.A.
Friedrich II.
∗ 1482
Kfst. 1544
† 1556 Heidelberg
⚭ 1535 Dorothea v. Dänemark
† 1580 Heidelberg
Pfalz-Simmern
Johann II.
∗ 1492
Pfgf. 1509
† 1557 Simmern
⚭ 1. 1508 Beatrix v. Baden
† 1535 Simmern
⚭ 2. 1554 Marie Jakobine v. Öttingen
† 1598 Simmern
Zweibrücken
Veldenz
Ludwig II.
∗ 1502
Pfgf. 1514
† 1532 Zweibrücken
⚭ 1525 Elisabeth v. Hessen
† 1563 Lauingen
Ruprecht
∗ 1506
Pfgf. 1543
† 1544 k.A.
⚭ 1537 Ursula v. Salm-Kyrburg
† 1601 k.A.
Ottheinrich
∗ 1502
Pfgf. 1505
Kfst. 1556
† 1559 Heidelberg
⚭ 1529 Susanna v. Bayern
† 1543 München
Kurpfalz
Friedrich III.
∗ 1515
Pfgf. 1557
Kfst. 1559
† 1576 Heidelberg
⚭ 1. 1537 Maria v. Brandenburg-Kulmbach
† 1567 Heidelberg
⚭ 2. 1569 Amalia v. Neuenahr-Alpen
† 1602 Heidelberg
Wolfgang
∗ 1526
Pfgf. und Hz. 1532
† 1569 Meisenheim
⚭ 1545 Anna v. Hessen
† 1591 Meisenheim
Linie 1694 erloschen
Erbe an Kurlinie
Alte pfälzische Kurlinie 1559 erloschen
Pfalz-Simmern folgt
Linie folgt 1559 in der Kurwürde,
1685 erloschen
Erbe an Pfalz-Neuburg
Neuburg
Zweibrücken
Birkenfeld
Philipp Ludwig
∗ 1547
Pfgf. 1569
† 1614 Lauingen
⚭ 1574 Anna v. Jülich-Kleve-Berg
† 1632 k.A.
Johann I.
∗ 1550
Pfgf. 1569
† 1604 Zweibrücken
⚭ 1579 Magdalene v. Jülich-Kleve-Berg
† 1633 Meisenheim
Carl I.
∗ 1560
Pfgf. 1569
† 1600 Meisenheim
⚭ 1586 Dorothea v. Braunschweig-Lüneburg
† 1649 k.A.
Zwei weitere Söhne,
ohne Nachkommen
Legende
König / Kaiser
Pfalzgraf
pfalzgräfliche Nebenlinien
geboren...
gestorben...
beigesetzt in...
verheiratet mit...

Stammbaum 2 Die Teilung der Pfälzer Wittelsbacher in vier Linien 1410 und die Entstehung weiterer Nebenlinien

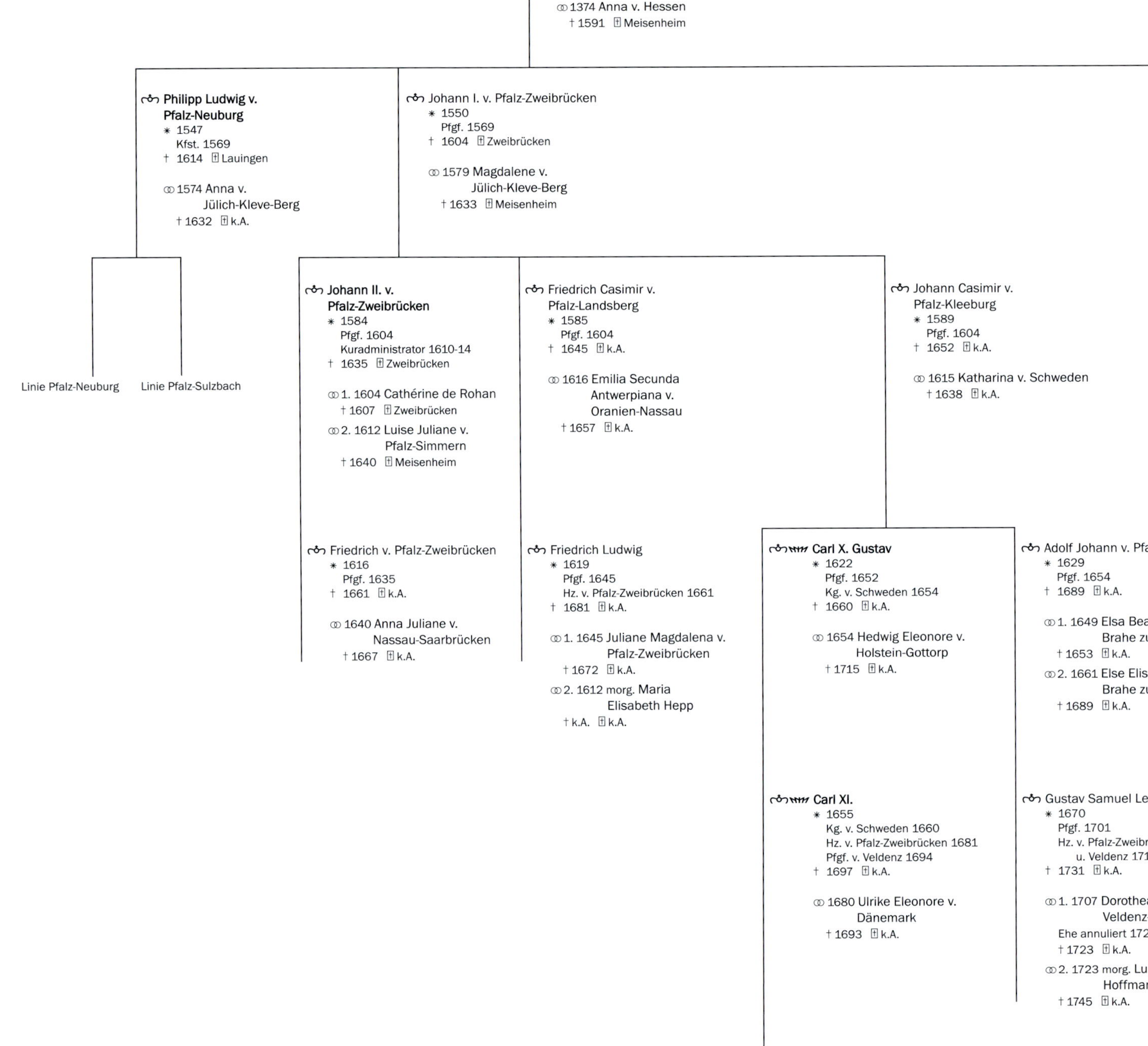
Wolfgang v. Pfalz-Zweibrücken
* 1526
Pfgf. 1532
† 1569 Meisenheim
⚭ 1374 Anna v. Hessen
† 1591 Meisenheim
Philipp Ludwig v. Pfalz-Neuburg
* 1547
Kfst. 1569
† 1614 Lauingen
⚭ 1574 Anna v. Jülich-Kleve-Berg
† 1632 k.A.
Johann I. v. Pfalz-Zweibrücken
* 1550
Pfgf. 1569
† 1604 Zweibrücken
⚭ 1579 Magdalene v. Jülich-Kleve-Berg
† 1633 Meisenheim
Linie Pfalz-Neuburg
Linie Pfalz-Sulzbach
Johann II. v. Pfalz-Zweibrücken
* 1584
Pfgf. 1604
Kuradministrator 1610-14
† 1635 Zweibrücken
⚭ 1. 1604 Cathérine de Rohan
† 1607 Zweibrücken
⚭ 2. 1612 Luise Juliane v. Pfalz-Simmern
† 1640 Meisenheim
Friedrich Casimir v. Pfalz-Landsberg
* 1585
Pfgf. 1604
† 1645 k.A.
⚭ 1616 Emilia Secunda Antwerpiana v. Oranien-Nassau
† 1657 k.A.
Johann Casimir v. Pfalz-Kleeburg
* 1589
Pfgf. 1604
† 1652 k.A.
⚭ 1615 Katharina v. Schweden
† 1638 k.A.
Friedrich v. Pfalz-Zweibrücken
* 1616
Pfgf. 1635
† 1661 k.A.
⚭ 1640 Anna Juliane v. Nassau-Saarbrücken
† 1667 k.A.
Friedrich Ludwig
* 1619
Pfgf. 1645
Hz. v. Pfalz-Zweibrücken 1661
† 1681 k.A.
⚭ 1. 1645 Juliane Magdalena v. Pfalz-Zweibrücken
† 1672 k.A.
⚭ 2. 1612 morg. Maria Elisabeth Hepp
† k.A. k.A.
Carl X. Gustav
* 1622
Pfgf. 1652
Kg. v. Schweden 1654
† 1660 k.A.
⚭ 1654 Hedwig Eleonore v. Holstein-Gottorp
† 1715 k.A.
Adolf Johann v. Pfalz-Kleebur
* 1629
Pfgf. 1654
† 1689 k.A.
⚭ 1. 1649 Elsa Beata Persdot Brahe zu Visingsbo
† 1653 k.A.
⚭ 2. 1661 Else Elisabeth Niels Brahe zu Visingsbo
† 1689 k.A.
Carl XI.
* 1655
Kg. v. Schweden 1660
Hz. v. Pfalz-Zweibrücken 1681
Pfgf. v. Veldenz 1694
† 1697 k.A.
⚭ 1680 Ulrike Eleonore v. Dänemark
† 1693 k.A.
Gustav Samuel Leopold
* 1670
Pfgf. 1701
Hz. v. Pfalz-Zweibrücken u. Veldenz 1718
† 1731 k.A.
⚭ 1. 1707 Dorothea v. Pfalz-Veldenz-Lützelstein
Ehe annuliert 1723
† 1723 k.A.
⚭ 2. 1723 morg. Luise Dorothe Hoffmann
† 1745 k.A.
Carl XII.
* 1682
Kg. v. Schweden 1697
Hz. v. Pfalz-Zweibrücken u. Veldenz 1697
† 1718 k.A.

Legende

♛	König / Kaiser
♔	Pfalzgraf
✠	pfalzgräfliche Nebenlinien
*	geboren...
†	gestorben...
⊞	beigesetzt in...
⚭	verheiratet mit...

Stammbaum 3 Die Herzöge von Pfalz-Zweibrücken und ihre Nebenlinien

Carl I. v. Birkenfeld
∗ 1560
Pfgf. 1569
† 1600 ⊡ Meisenheim

⚭ 1586 Dorothea v. Braunschweig-Lüneburg
† 1649 ⊡ k.A.

Georg Wilhelm v. Pfalz-Birkenfeld
∗ 1591
Pfgf. 1600
† 1669 ⊡ k.A.

⚭ 1. 1616 Dorothea zu Solms-Sonnenwalde
† 1625 ⊡ k.A.

⚭ 2. 1641 Juliane zu Salm
Ehe annuliert 1642
† 1647 ⊡ k.A.

⚭ 3. 1649 Anna Elisabeth zu Oettingen-Oettingen
† 1673 ⊡ k.A.

Christian I. v. Pfalz-Birkenfeld-Bischweiler
∗ 1598
Pfgf. 1630
† 1654 ⊡ Bischwiller

⚭ 1. 1630 Magdalena Katharina v. Pfalz-Zweibrücken
† 1648 ⊡ k.A.

⚭ 2. 1648 Maria Johanna v. Helfenstein-Wiesensteig
† 1665 ⊡ k.A.

Carl II. Otto v. Pfalz-Birkenfeld
∗ 1625
Pfgf. 1669
† 1671 ⊡ k.A.

⚭ 1658 Margarethe Hedwig v. Hohenlohe-Neuenstein-Weikersheim
† 1658 ⊡ k.A.

Christian II. v. Pfalz-Birkenfeld-Bischweiler-Rappoltstein
∗ 1637
Pfgf. 1654
Pfgf. v. Birkenfeld 1671
† 1717 ⊡ Meisenheim

⚭ 1667 Katharina Agathe v. Rappoltstein
† 1683 ⊡ k.A.

Johann Carl v. Pfalz-Birkenfeld-Gelnhausen
∗ 1638
Pfgf. 1681
† 1704 ⊡ k.A.

⚭ 1. 1685 Sophie Amalie v. Pfalz-Zweibrücken
† 1695 ⊡ k.A.

⚭ 2. 1696 morg. Esther-Maria v. Witzleben
† 1725 ⊡ k.A.

Christian III. v. Pfalz-Birkenfeld-Bischweiler-Rappoltstein
∗ 1674
Pfgf. 1717
Hz. v. Pfalz-Birkenfeld 1717
Hz. v. Pfalz-Zweibrücken 1731
† 1735 ⊡ k.A.

⚭ 1719 Karoline v. Nassau-Saarbrücken
† 1774 ⊡ k.A.

Johann v. Pfalz-Birkenfeld-Gelnhausen
∗ 1698
Pfgf. 1739
† 1780 ⊡ k.A.

⚭ 1743 Sophie Charlotte v. Salm-Dhaun
† 1770 ⊡ k.A.

Christian IV. v. Pfalz-Zweibrücken
∗ 1722
Pfgf. 1735
† 1775 ⊡ k.A.

⚭ 1751 morg. Marianne Camasse, Gräfin von Forbach
† 1807 ⊡ k.A.

Friedrich Michael v. Pfalz-Zweibrücken
∗ 1724
Pfgf. v. Rappoltstein 1746
kurpf. General-en-Chef
† 1767 ⊡ Schwetzingen

⚭ 1746 Maria Franziska v. Pfalz-Sulzbach
† 1794 ⊡ Sulzbach

Karl II. August v. Pfalz-Zweibrücken
∗ 1746
Pfgf. 1775
† 1795 ⊡ k.A.

⚭ 1774 Maria Amalie v. Sachsen
† 1813 ⊡ Neuburg a. d. Donau

Maximilian IV. (I.) Joseph
∗ 1756
Pfgf. 1795
Kfst. 1799
Kg. v. Bayern 1806
† 1825 ⊡ München

⚭ 1. 1785 Auguste Wilhelmine Maria v. Hessen-Darmstadt
† 1796 ⊡ Darmstadt

⚭ 2. 1797 Karoline Friederike Wilhelmine v. Baden
† 1841 ⊡ München

Wilhelm v. Pfalz-Birkenfeld-Gelnhausen
∗ 1752
Pfgf. 1780
Hz. in Bayern 1799
† 1837 ⊡ Tegernsee

⚭ 1780 Maria Anna v. Pfalz-Zweibrücken-Birkenfeld
† 1824 ⊡ k.A.

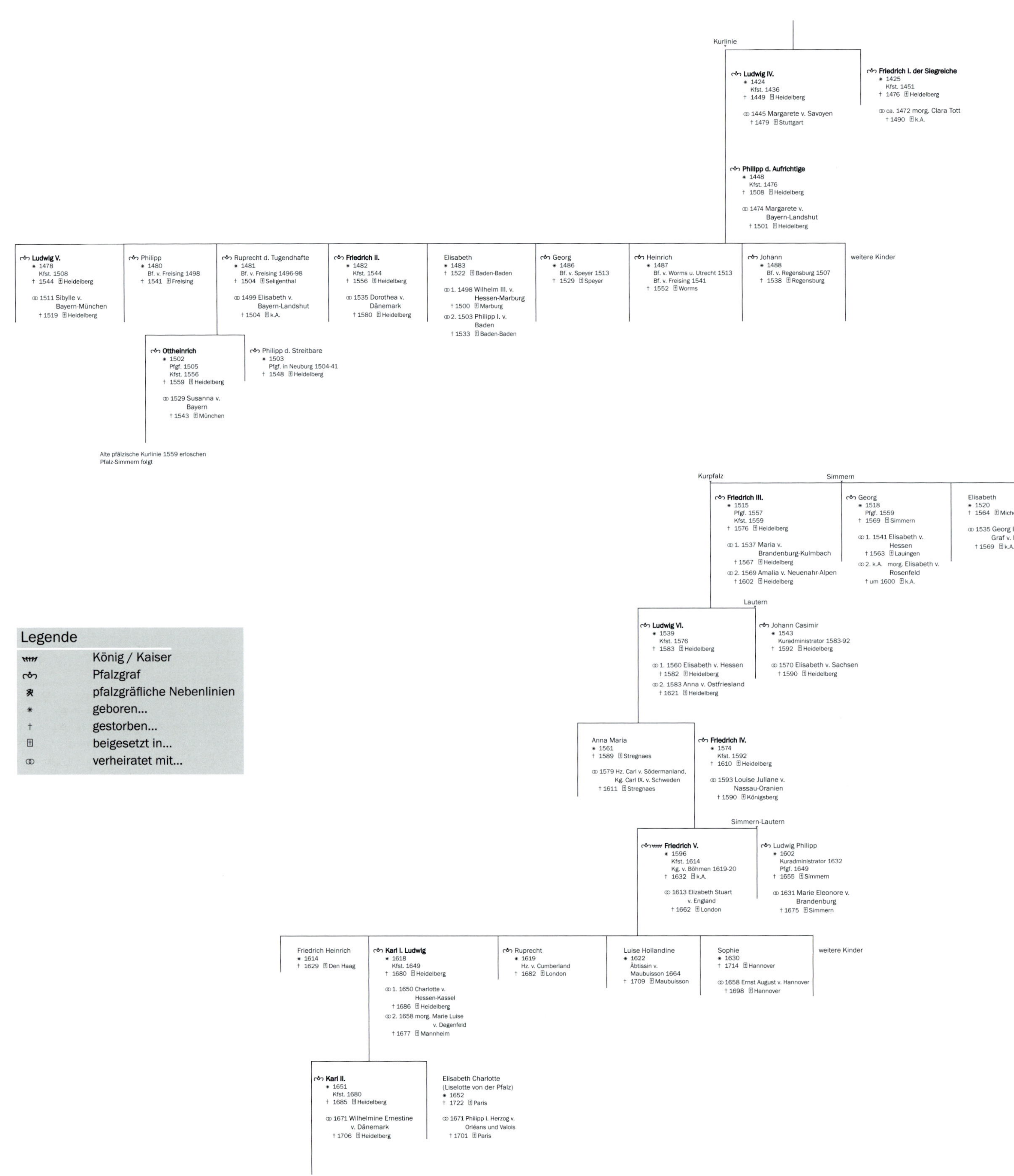

Stammbaum 4 Die Pfalzgrafen bei Rhein aus dem Hause Wittelsbach (Auswahl)

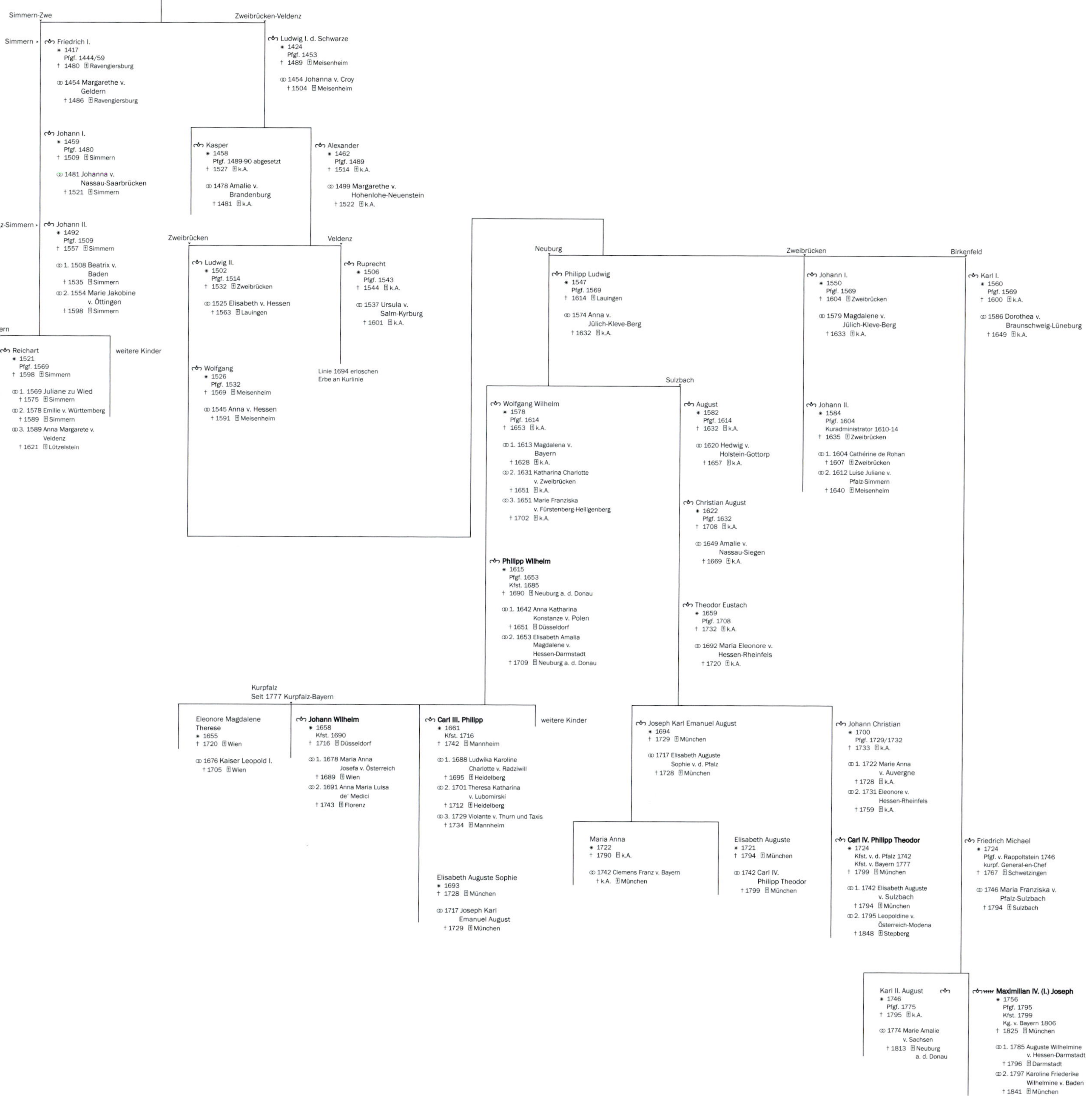

Simmern-Zwe
Zweibrücken-Veldenz
Simmern
Friedrich I. * 1417 Pfgf. 1444/59 † 1480 Ravengiersburg
⚭ 1454 Margarethe v. Geldern † 1486 Ravengiersburg
Ludwig I. d. Schwarze * 1424 Pfgf. 1453 † 1489 Meisenheim
⚭ 1454 Johanna v. Croy † 1504 Meisenheim
Johann I. * 1459 Pfgf. 1480 † 1509 Simmern
⚭ 1481 Johanna v. Nassau-Saarbrücken † 1521 Simmern
Kasper * 1458 Pfgf. 1489-90 abgesetzt † 1527 k.A.
⚭ 1478 Amalie v. Brandenburg † 1481 k.A.
Alexander * 1462 Pfgf. 1489 † 1514 k.A.
⚭ 1499 Margarethe v. Hohenlohe-Neuenstein † 1522 k.A.
z-Simmern
Johann II. * 1492 Pfgf. 1509 † 1557 Simmern
⚭ 1. 1508 Beatrix v. Baden † 1535 Simmern
⚭ 2. 1554 Marie Jakobine v. Öttingen † 1598 Simmern
Zweibrücken
Veldenz
Ludwig II. * 1502 Pfgf. 1514 † 1532 Zweibrücken
⚭ 1525 Elisabeth v. Hessen † 1563 Lauingen
Ruprecht * 1506 Pfgf. 1543 † 1544 k.A.
⚭ 1537 Ursula v. Salm-Kyrburg † 1601 k.A.
ern
Reichart * 1521 Pfgf. 1569 † 1598 Simmern
⚭ 1. 1569 Juliane zu Wied † 1575 Simmern
⚭ 2. 1578 Emilie v. Württemberg † 1589 Simmern
⚭ 3. 1589 Anna Margarete v. Veldenz † 1621 Lützelstein
weitere Kinder
Wolfgang * 1526 Pfgf. 1532 † 1569 Meisenheim
⚭ 1545 Anna v. Hessen † 1591 Meisenheim
Linie 1694 erloschen Erbe an Kurlinie
Neuburg
Zweibrücken
Birkenfeld
Philipp Ludwig * 1547 Pfgf. 1569 † 1614 Lauingen
⚭ 1574 Anna v. Jülich-Kleve-Berg † 1632 k.A.
Johann I. * 1550 Pfgf. 1569 † 1604 Zweibrücken
⚭ 1579 Magdalene v. Jülich-Kleve-Berg † 1633 k.A.
Karl I. * 1560 Pfgf. 1569 † 1600 k.A.
⚭ 1586 Dorothea v. Braunschweig-Lüneburg † 1649 k.A.
Sulzbach
Wolfgang Wilhelm * 1578 Pfgf. 1614 † 1653 k.A.
⚭ 1. 1613 Magdalena v. Bayern † 1628 k.A.
⚭ 2. 1631 Katharina Charlotte v. Zweibrücken † 1651 k.A.
⚭ 3. 1651 Marie Franziska v. Fürstenberg-Heiligenberg † 1702 k.A.
August * 1582 Pfgf. 1614 † 1632 k.A.
⚭ 1620 Hedwig v. Holstein-Gottorp † 1657 k.A.
Johann II. * 1584 Pfgf. 1604 Kuradministrator 1610-14 † 1635 Zweibrücken
⚭ 1. 1604 Cathérine de Rohan † 1607 Zweibrücken
⚭ 2. 1612 Luise Juliane v. Pfalz-Simmern † 1640 Meisenheim
Christian August * 1622 Pfgf. 1632 † 1708 k.A.
⚭ 1649 Amalie v. Nassau-Siegen † 1669 k.A.
Philipp Wilhelm * 1615 Pfgf. 1653 Kfst. 1685 † 1690 Neuburg a. d. Donau
⚭ 1. 1642 Anna Katharina Konstanze v. Polen † 1651 Düsseldorf
⚭ 2. 1653 Elisabeth Amalia Magdalene v. Hessen-Darmstadt † 1709 Neuburg a. d. Donau
Theodor Eustach * 1659 Pfgf. 1708 † 1732 k.A.
⚭ 1692 Maria Eleonore v. Hessen-Rheinfels † 1720 k.A.
Kurpfalz
Seit 1777 Kurpfalz-Bayern
Eleonore Magdalene Therese * 1655 † 1720 Wien
⚭ 1676 Kaiser Leopold I. † 1705 Wien
Johann Wilhelm * 1658 Kfst. 1690 † 1716 Düsseldorf
⚭ 1. 1678 Maria Anna Josefa v. Österreich † 1689 Wien
⚭ 2. 1691 Anna Maria Luisa de' Medici † 1743 Florenz
Carl III. Philipp * 1661 Kfst. 1716 † 1742 Mannheim
⚭ 1. 1688 Ludwika Karoline Charlotte v. Radziwill † 1695 Heidelberg
⚭ 2. 1701 Theresa Katharina v. Lubomirski † 1712 Heidelberg
⚭ 3. 1729 Violante v. Thurn und Taxis † 1734 Mannheim
weitere Kinder
Joseph Karl Emanuel August * 1694 † 1729 München
⚭ 1717 Elisabeth Auguste Sophie v. d. Pfalz † 1728 München
Johann Christian * 1700 Pfgf. 1729/1732 † 1733 k.A.
⚭ 1. 1722 Marie Anna v. Auvergne † 1728 k.A.
⚭ 2. 1731 Eleonore v. Hessen-Rheinfels † 1759 k.A.
Maria Anna * 1722 † 1790 k.A.
⚭ 1742 Clemens Franz v. Bayern † k.A. München
Elisabeth Auguste * 1721 † 1794 München
⚭ 1742 Carl IV. Philipp Theodor † 1799 München
Carl IV. Philipp Theodor * 1724 Kfst. v. d. Pfalz 1742 Kfst. v. Bayern 1777 † 1799 München
⚭ 1. 1742 Elisabeth Auguste v. Sulzbach † 1794 München
⚭ 2. 1795 Leopoldine v. Österreich-Modena † 1848 Stepberg
Friedrich Michael * 1724 Pfgf. v. Rappoltstein 1746 kurpf. General-en-Chef † 1767 Schwetzingen
⚭ 1746 Maria Franziska v. Pfalz-Sulzbach † 1794 Sulzbach
Elisabeth Auguste Sophie * 1693 † 1728 München
⚭ 1717 Joseph Karl Emanuel August † 1729 München
Karl II. August * 1746 Pfgf. 1775 † 1795 k.A.
⚭ 1774 Marie Amalie v. Sachsen † 1813 Neuburg a. d. Donau
Maximilian IV. (I.) Joseph * 1756 Pfgf. 1795 Kfst. 1799 Kg. v. Bayern 1806 † 1825 München
⚭ 1. 1785 Auguste Wilhelmine v. Hessen-Darmstadt † 1796 Darmstadt
⚭ 2. 1797 Karoline Friederike Wilhelmine v. Baden † 1841 München

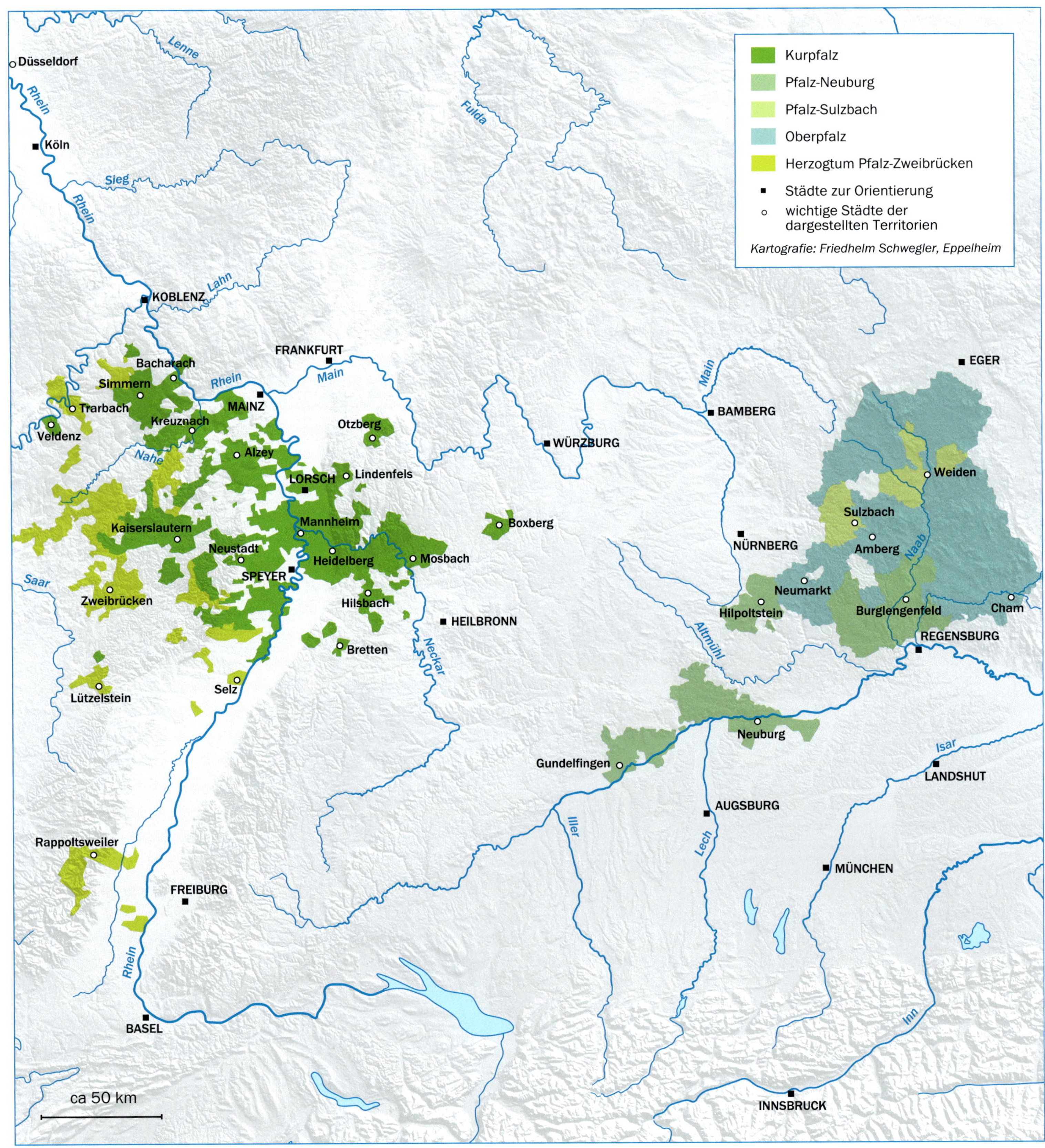

Karte 1 Die räumliche Trennung der Territorien der Pfalzgrafen bei Rhein – der Kernlande am Rhein und der Oberpfalz – um die Mitte des 16. Jahrhunderts. Dargestellt sind ferner die Territorien der Pfälzer Nebenlinien Pfalz-Neuburg, Pfalz-Sulzbach und Pfalz-Zweibrücken, die nach der Linie Pfalz-Simmern sukzessive die Kurwürde übernehmen sollten.

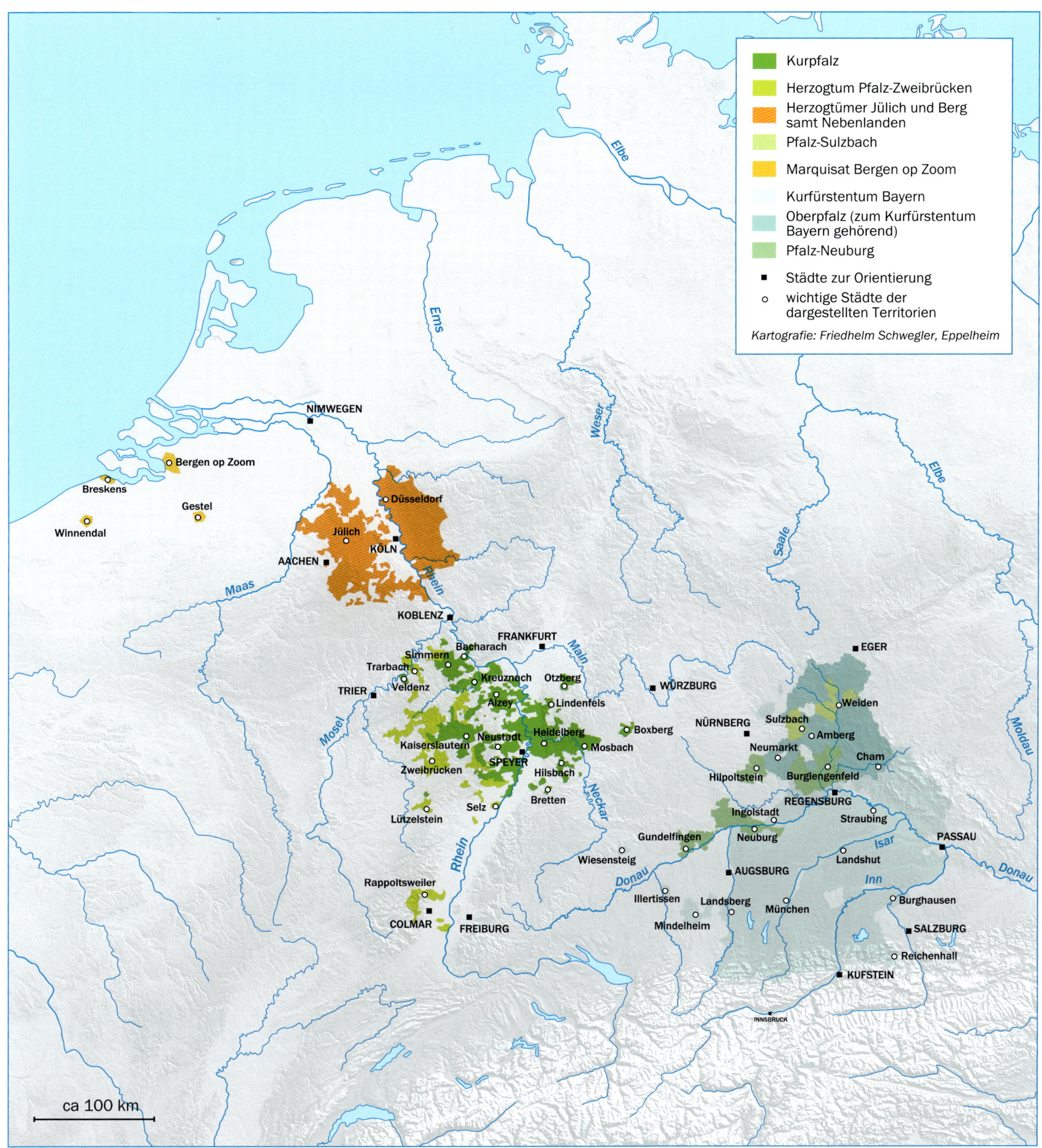

Karte 2 Die Kurpfalz nach der Übernahme der Kurwürde durch die Linie Pfalz-Neuburg 1685. Mit ihr gelangten die pfalz-neuburgischen Territorien am Niederrhein, die Herzogtümer Jülich und Berg, zur Kurpfalz.

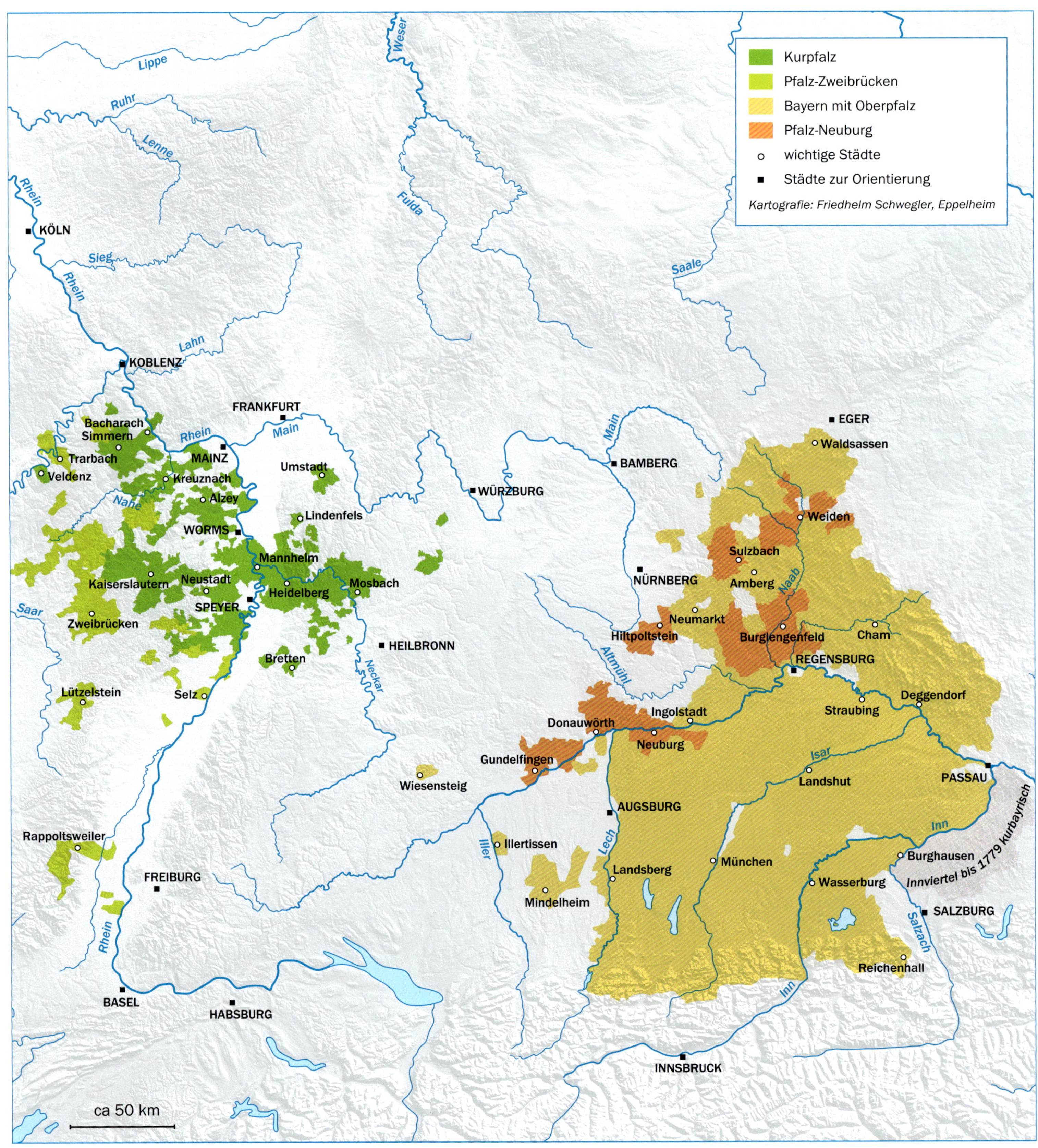

Karte 3 Gebietsverteilung der Kurpfalz und des Kurfürstentums Bayern zum Zeitpunkt des Erbfalls 1777. Mit dem Tod Maximilian III. Josephs von Bayern am 30. Dezember 1777 fiel Kurbayern der Pfälzer Linie der Wittelsbacher zu.

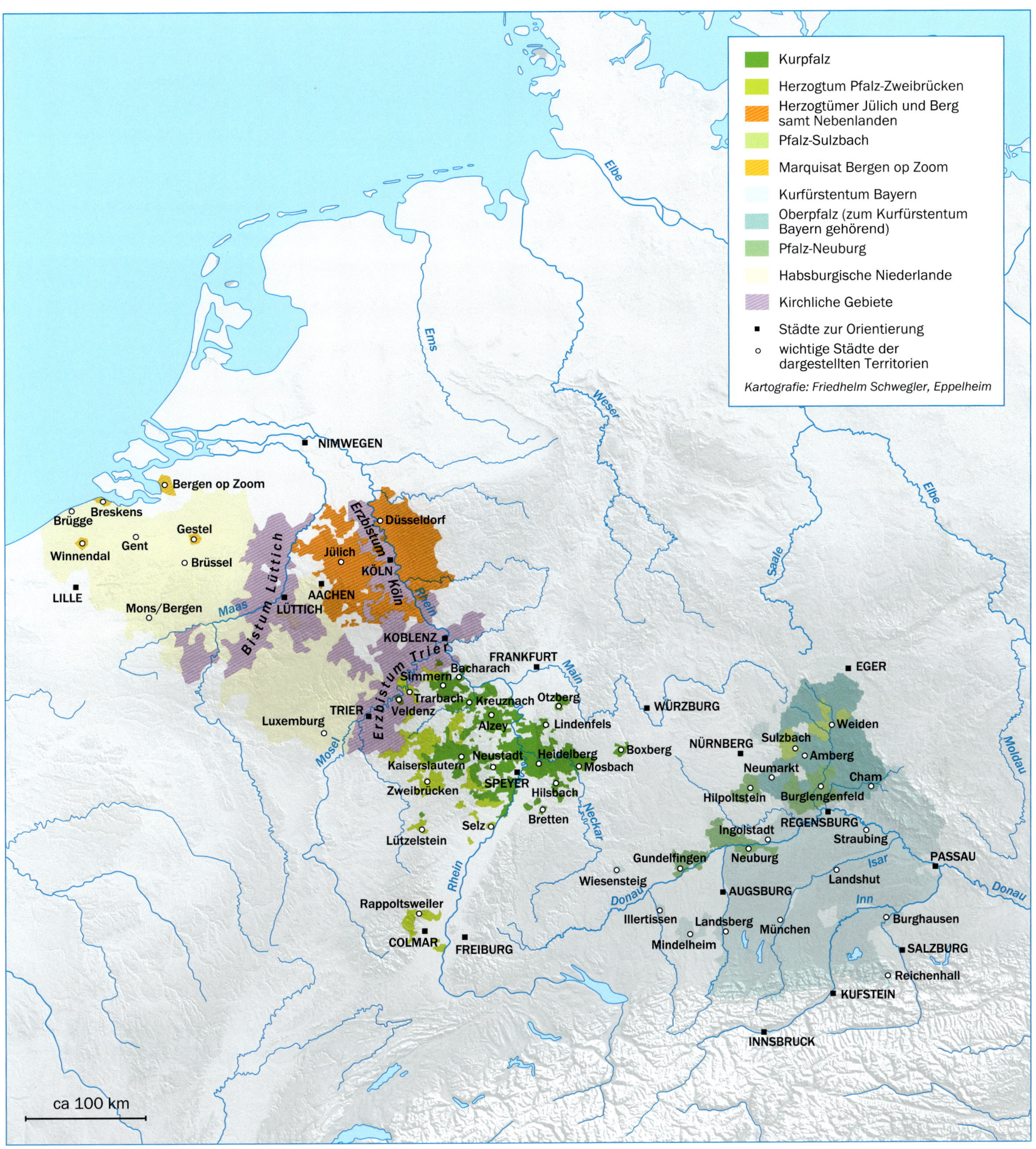

Karte 4 Die Tauschgeschäfte des Kurfürsten Carl Theodor. Er wollte das seit 1777 in Personalunion mit der Kurpfalz regierte Kurfürstentum Bayern bzw. Teile desselben gegen Gebiete der Habsburgischen Niederlande eintauschen, um die Pfälzer Territorien am Rhein weitest möglich zu vereinen.

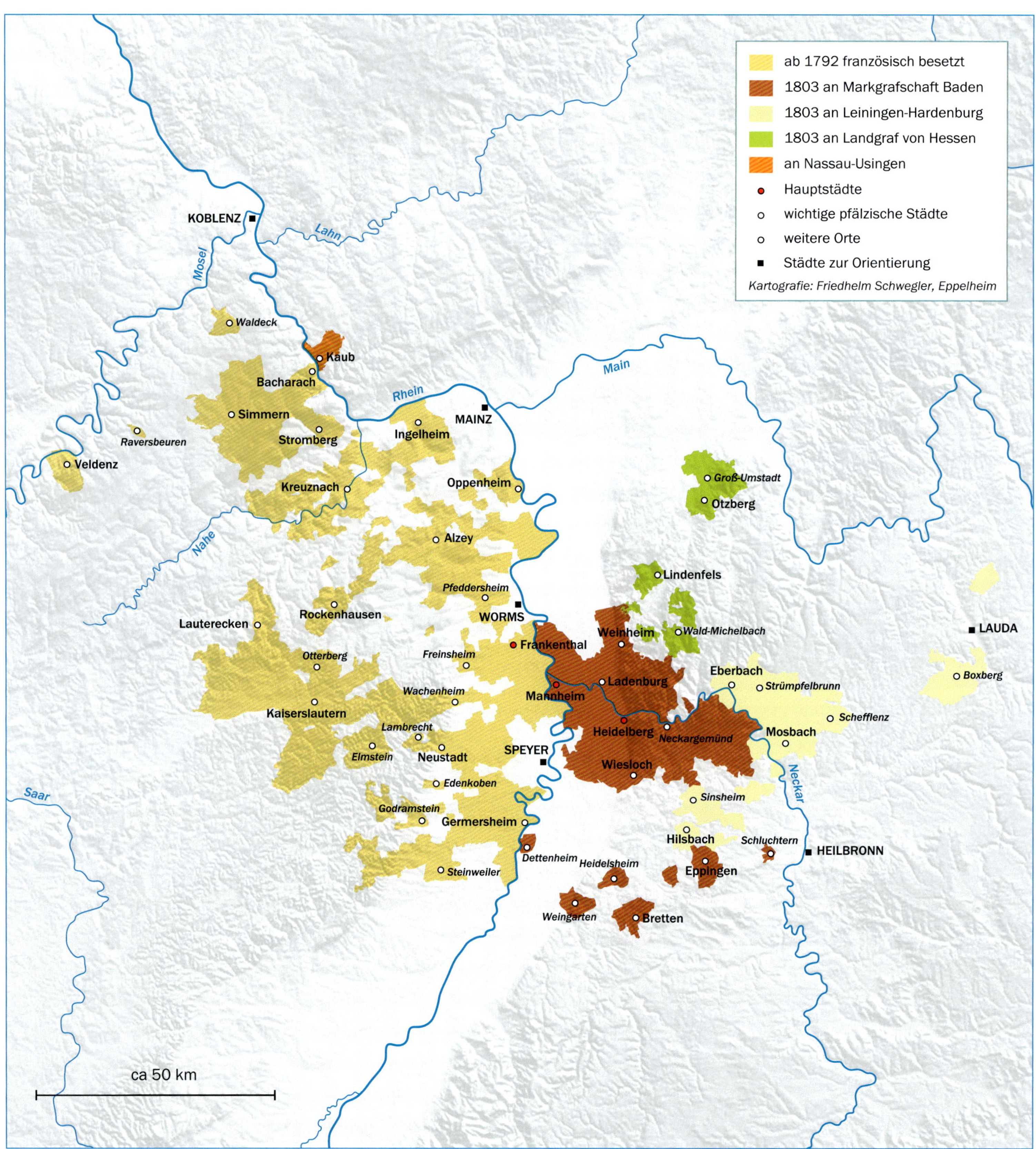

Karte 5 Die Kurpfalz zum Zeitpunkt ihrer Auflösung. Die linksrheinischen Gebiete waren ab 1792 besetzt, die Kernlande der rechtsrheinischen Territorien mit den Oberämtern Mannheim und Heidelberg wurden im Reichsdeputationshauptschluss 1803 der Markgrafschaft Baden zugeschlagen.

Abkürzungsverzeichnis

a. d.	an der
Abb.	Abbildung
Anm.	Anmerkung
Aufl.	Auflage
Ausg.	Ausgabe
Ausst.-Kat.	Ausstellungskatalog
B	Breite
Bd. / Bde.	Band / Bände
bearb.	bearbeitet
bes.	besonders
Bf.	Bischof (im Stammbaum)
Bl.	Blatt
BNM	Bayerisches Nationalmuseum (München)
BSB	Bayerische Staatsbibliothek (München)
bzw.	beziehungsweise
ca.	circa
cap.	capitulo
d. Ä.	der Ältere
d. h.	das heißt
d. J.	der Jüngere
ders.	derselbe
DHM	Stiftung Deutsches Historisches Museum (Berlin)
dies.	dieselbe
Dm	Durchmesser
ebd.	ebenda
et al.	et alii (und andere)
etc.	et cetera
f. / ff.	folgende / fortfolgende
fol.	folio
geb.	geborene
gen.	genannt
GHA	Geheimes Hausarchiv (München)
GLA	Generallandesarchiv (Karlsruhe)
GNM	Germanisches Nationalmuseum (Nürnberg)
H	Höhe
Hg.	Herausgeber
hg.	herausgegeben
HJRK	Hofjagd- und Rüstkammer (KHM Wien)
hl.	heilig
Hs. / hs.	Handschrift / handschriftlich
Hz.	Herzog (im Stammbaum)
Inv.-Nr.	Inventarnummer
Jb.	Jahrbuch
Jg.	Jahrgang
k. A.	keine Angabe (im Stammbaum)
Kap.	Kapitel
Kat.	Katalog
Kat.-Nr.	Katalognummer
Kfst.	Kurfürst (im Stammbaum)
Kg.	König (im Stammbaum)
KHM	Kunsthistorisches Museum (Wien)
Ks.	Kaiser (im Stammbaum)
kurpf.	kurpfälzischer (im Stammbaum)
L	Länge
Ldkr.	Landkreis
m	Meter
m^2	Quadratmeter
MAV	Mannheimer Altertumsverein von 1859
MGH	Monumenta Germaniae Historica
morg.	morganatisch (im Stammbaum)
Ms. / Mss. / ms.	Manuskript(e) / maschinenschriftlich
ND	Nachdruck / Neudruck
N.F.	Neue Folge
Nr.	Nummer
o. A.	ohne Angabe
o. J.	ohne Jahresangabe
o. O.	ohne Ortsangabe
Pfgf.	Pfalzgraf (im Stammbaum)
reg.	regierte
S.	Seite
s.	siehe
s. a.	siehe auch
s. o.	siehe oben
s. u.	siehe unten
sog.	sogenannte
Sp.	Spalte
T	Tiefe
Teilbd./Teilbde.	Teilband/Teilbände
u. a.	unter anderem / und andere
UB	Universitätsbibliothek
üNN	über Normalnull
usw.	und so weiter
v. a.	vor allem
vgl.	vergleiche
Vormnd.	Vormund (im Stammbaum)
z. B.	um Beispiel
z. T.	zum Teil
zit.	zitiert
*	Objekt nicht ausgestellt

Quellenverzeichnis

Acta Pacis Westphalicae 2006 | Acta pacis Westphalicae, Serie 3: Protokolle, Verhandlungsakten, Diarien, Varia, Abt. A: Protokolle, Bd. 3: Die Beratungen des Fürstenrates in Osnabrück, Teil 4: 1646–1647, hg. von Maria-Elisabeth Brunert, Münster 2006.

Almanach 1775 | Almanach Electoral Palatin pour l'année MDCCLXXV, Mannheim 1775.

Beschreibung der Reiß 1613 | Beschreibung der Reiß, Empfahung dess ritterlichen Ordens, Volbringung des Heyraths, vnd glücklicher Heimführung, wie auch der ansehnlichen Einführung, gehaltener Ritterspiel vnd Frewdenfests, des durchleuchigsten, hochgebornen Herrn Friederichen dess Fünften, Pfalzgraven bey Rhein ... mit der auch durchleuchtigsten, hochgebornen Fürstin und königlichen Princessin Elisabethen, des grossmechtigsten Herrn, Herrn Iacobi des Ersten Königs in GrossBrittannien einigen Tochter: mit schönen Kupfferstücken gezieret, Heidelberg 1613.

Browning 1953 | English Historical Documents, Bd. 8: 1660–1714, hg. von Andrew Browning, London 1953.

Burney 1773 | Carl Burney's der Musik Doctors Tagebuch seiner Musikalischen Reisen aus dem englischen übersetzt von Christoph Daniel Ebeling, Bd. 2: Durch Flandern, die Niederlande und am Rhein bis Wien, Hamburg 1773.

Celtis 1513 [2008] | Conrad Celtis: Oden/Epoden/Jahrhundertlied. Libri Odarum quattuor, cum Epodo et Saeculari Carmine (1513) (NeoLatina; 8), übersetzt und hg. von Eckart Schäfer, Tübingen 2008, S. 218–223.

Deutsche Reichstagsakten 2006 | Deutsche Reichstagsakten. Jüngere Reihe, Bd. 18, Teilbd. 3: Reichstag zu Augsburg 1547/48, hg. von Maximillian Lanzinner, München 2006.

Die Politik Maximilians 1966 | Die Politik Maximilians I. von Bayern und seiner Verbündeten 1618–1651. Erster Teil, Bd. 1: Januar 1618–Dezember 1620, auf der Grundlage des Nachlasses von Karl Mayr-Deisinger bearbeitet und ergänzt von Georg Franz, München/Wien 1966.

EH I/1-2 2005 | Die deutschen Humanisten. Dokumente zur Überlieferung der antiken und mittelalterlichen Literatur in der Frühen Neuzeit. Abteilung I: Die Kurpfalz. Bd. I/1: Marquard Freher. Bd. I/2: Janus Gruter, (Europa Humanistica. Collection publiée par l›Institut de Recherche et d›Histoire des Textes [2]), hg. und bearb. von Wilhelm Kühlmann, Volker Hartmann, Susann El Kholi und Björn Spiekermann, Turnhout 2010.

EH II 2010 | Die deutschen Humanisten. Dokumente zur Überlieferung der antiken und mittelalterlichen Literatur in der Frühen Neuzeit. Abteilung I: Die Kurpfalz. Bd. II: David Pareus, Johann Philipp Pareus und Daniel Pareus (Europa Humanistica. Collection publiée par l›Institut de Recherche et d›Histoire des Textes; 7), hg. und bearb. von Wilhelm Kühlmann, Volker Hartmann, Susann El Kholi und Björn Spiekermann, Turnhout 2010.

EH III 2010 | Die deutschen Humanisten. Dokumente zur Überlieferung der antiken und mittelalterlichen Literatur in der Frühen Neuzeit. Abteilung I: Die Kurpfalz. Bd. III: Jacobus Micyllus, Johannes Posthius, Johannes Opsopoeus und Abraham Scultetus (Europa Humanistica. Collection publiée par l›Institut de Recherche et d›Histoire des Textes; 9), hg. von Wilhelm Kühlmann, Volker Hartmann, Susann El Kholi und Björn Spiekermann, Turnhout 2010.

EH IV 2012 | Die deutschen Humanisten. Dokumente zur Überlieferung der antiken und mittelalterlichen Literatur in der Frühen Neuzeit. Abteilung I: Die Kurpfalz. Bd. IV: Hieronymus Commelinus, Balthasar Copius, Lambertus Ludolfus Pithopoeus, Henricus Smetius, Simon Stenius und Friedrich Sylburg (Europa Humanistica. Collection publiée par l›Institut de Recherche et d›Histoire des Textes; 11), hg. von Wilhelm Kühlmann, Ralf Georg Czapla, Michael Hanstein, Volker Hartmann, Susann El Kholi und Björn Spiekermann, Turnhout 2012.

Flugschriften 1911 | Ich will Haushalten (1529), in: Flugschriften aus den ersten Jahren der Reformation, Bd. 4, Leipzig, 1911, S. 163.

Flum/Flum 2009 | Carmen und Thomas Flum: Der Wiederaufbau Heidelbergs nach der Zerstörung im Pfälzischen Erbfolgekrieg, in: Heidelberg im Barock. Der Wiederaufbau der Stadt nach den Zerstörungen von 1689 und 1693. Begleitband zur Ausstellung im Kurpfälzischen Museum der Stadt Heidelberg vom 15.03.–21.06.2009, hg. von Frieder Hepp und Hans-Martin Mumm, Heidelberg 2009, S. 84–163.

Grimm/Ulrich 1775 | Johann Friedrich Carl Grimm und Johann Heinrich Friedrich Ulrich: Bemerkungen eines Reisenden durch Deutschland, Frankreich, England und Holland in Briefen an seine Freunde, Bd. 1, Altenburg 1775.

HL 1997 | Humanistische Lyrik des 16. Jahrhunderts. Lateinisch und deutsch (Bibliothek deutscher Klassiker; 146/ Bibliothek der Frühen Neuzeit; Abt. 1.5), in Zusammenarbeit mit Christof Bodamer, Lutz Claren, Joachim Huber, Veit Probst, Wolfgang Schibel und Werner Straube ausgewählt, übersetzt, erläutert und hg. von Wilhelm Kühlmann, Robert Seidel und Hermann Wiegand, Frankfurt am Main 1997.

Hof- und Staatskalender 1785 | Seiner kurfürstlichen Durchleucht zu Pfalz etc. etc. Hof- und Staatskalender für das Jahr 1785, München 1785.

Huffschmid 1895 | Maximilian Huffschmid: Zur Geschichte des Heidelberger Schlosses von seiner Erbauung bis zum Ende des sechzehnten Jahrhunderts, in: Neues Archiv für die Geschichte der Stadt Heidelberg und der Kurpfalz 3,1, 1895, S. 1–86.

Humanistische Lyrik 1997 | Humanistische Lyrik des 16. Jahrhunderts. Lateinisch und deutsch (Bibliothek deutscher Klassiker 146 = Bibliothek der Frühen Neuzeit. Abt. 1.5), in Zusammenarbeit mit Christof Bodamer, Lutz Claren, Joachim Huber, Veit Probst, Wolfgang Schibel und Werner Straube ausgewählt, übersetzt, erläutert und hg. von Wilhelm Kühlmann, Robert Seidel und Hermann Wiegand, Frankfurt am Main 1997.

Karsch o. J. [1717] | Gerard Joseph Karsch: Detail Des Peintures du Cabinet Electoral de Dusseldorff, o.O. [1717].

Karsch o. J. [1719] | Gerard Joseph Karsch: Désignation exacte des peintures dans la Galerie de la Résidance à Dusseldorf, [Düsseldorf 1719].

Karsch 1750 | Gerard Joseph Karsch: Désignation exacte des peintures précieuses, qui sont en grand nombre dans la Galerie de la Résidence de son Altesse Sérme. Electorale Palatine à Dusseldorff, [Düsseldorf 1750].

Koch/Seitz 1891 | Das Heidelberger Schloß. Bd. 1: Textband, hg. von Julius Koch und Fritz Seitz, Darmstadt 1891.

Kühlmann/Wiegand 1989 | Parnassus Palatinus. Humanistische Dichtung in Heidelberg und der alten Kurpfalz, hg. von Wilhelm Kühlmann und Hermann Wiegand, Heidelberg 1989.

Leodius 1624 | Hubert Thomas Leodius: Annalium de vita et rebus gestis illustrissimi Principis, Friderici II. Electoris Palatini, Libri XIV, Frankfurt am Main 1624.

Lieder auf den Winterkönig 1898 | Lieder auf den Winterkönig (Bibliothek deutscher Schriftsteller aus Böhmen; 8), hg. von Rudolf Wolkan, Prag 1898.

Lingelsheim/Bernegger 1889 | Briefe G. M. Lingelsheims, M. Berneggers und ihrer Freunde (Quellen zur Geschichte des geistigen Lebens in Deutschland während des siebzehnten Jahrhunderts; 1), hg. von Alexander Reifferscheid, Heilbronn 1889.

Liselottes Briefe 1996a | Elisabeth Charlotte d'Orléans: Briefe der Liselotte von der Pfalz, hg. von Annedore Haberl, München 1996.

Liselottes Briefe 1996b | Elisabeth Charlotte d'Orléans: Briefe der Liselotte von der Pfalz, hg. von Helmuth Kiesel, Frankfurt am Main [3]1996.

Liselottes Briefe an die Geschwister 1972 | Elisabeth Charlotte d›Orléans: Briefe der Herzogin Elisabeth Charlotte von Orléans an ihre Geschwister, hg. von Heinz Herz, Leipzig 1972.

Liselottes Harling-Briefe 2007 | Elisabeth Charlotte d›Orléans: Liselotte von der Pfalz in ihren Harling-Briefen. Sämtliche Briefe der Elisabeth Charlotte, duchesse d›Orléans, an die Oberhofmeisterin Anna Katharina von Harling, geb. von Offeln, und deren Gemahl Christian Friedrich von Harling, Geheimrat und Oberstallmeister, zu Hannover, 2 Bde. (Veröffentlichungen der Pfälzischen Gesellschaft zur Förderung der Wissenschaften; 102), hg. von Hannelore Helfer, Hannover 2007.

Londorp 1627 | Michael Caspar Londorp: Der Römischen Keyserlichen vnnd Königlichen Mayestät, Frankfurt am Main 1627.

Lünig 1720 | Johann Christian Lünig: Theatrum Ceremoniale Historico-Politicum, Oder Historisch- und Politischer Schau-Platz des Europäischen Kanzley-Ceremoniels, Leipzig 1720.

Melanchthons Briefwechsel Regesten | Melanchthons Briefwechsel. Bd. 8: Regesten 8072-9031 (1557-1560), bearb. von Heinz Scheible und Walter Thüringer, Stuttgart/Bad Cannstatt 1995.

Melanchthons Werke | Melanchthons Werke in Auswahl. Bd. 6, hg. von Robert Stupperich, Gütersloh 1955.

Melville of Halhill 1827 | James Melville of Halhill: Memoirs of his Own Life. M.D.XLIX.-M.D.XCIII., hg. von Thomas Thomson, Edinburgh 1827.

Mozart. Briefe und Aufzeichnungen 1962 | Mozart. Briefe und Aufzeichnungen. Gesamtausgabe, Bd. 2: 1777–1779, hg. von der Internationalen Stiftung Mozarteum Salzburg, gesammelt und erläutert von Wilhelm A. Bauer und Otto Erich Deutsch, Kassel/Basel 1962.

Oechelhäuser 1987 | Adolf von Oechelhäuser: Das Heidelberger Schloss, bearb. von Joachim Göricke, Heidelberg 81987.

Opitz 1978 | Martin Opitz: Gesammelte Werke. Bd. 2: Die Werke von 1621 bis 1626 (Bibliothek des Literarischen Vereins in Stuttgart; 300), hg. von George Schulz-Behrend, Stuttgart 1978.

Opitz. Briefwechsel und Lebenszeugnisse 2009 | Martin Opitz: Briefwechsel und Lebenszeugnisse. 3 Bde., hg. von Klaus Conermann unter Mitarbeit von Harald Bollbuck, Berlin/New York 2009.

Opitz. Jugendschriften 1970 | Martin Opitz: Jugendschriften von 1619. Faksimileausgabe des Janus Gruter gewidmeten Sammelbandes mit den handschriftlichen Ergänzungen und Berichtigungen des Verfassers, hg. von Jörg Ulrich Fechner, Stuttgart 1970 (Sammlung Metzler, Bd. 88).

Opitz. Lateinische Werke 2009–2011 | Martin Opitz: Lateinische Werke, 2 Bde. (Ausgaben deutscher Literatur des XV. bis XVIII. Jahrhunderts [167,168]), in Zusammenarbeit mit Wilhelm Kühlmann, Hans-Gert Roloff und zahlreichen Fachgelehrten übersetzt, kommentiert und hg. von Veronika Marschall und Robert Seidel, Berlin/New York 2009–2011.

Opitz Werke 1968–1990 | Martin Opitz: Gesammelte Werke. Kritische Ausgabe, hg. von George Schulz-Behrend, 4 Bde., Stuttgart 1968–1990.

Pigage 1778 [2009] | Nicolas de Pigage: La Galerie Électorale de Dusseldorff. Die Gemäldegalerie des Kurfürsten Johann Wilhelm von der Pfalz in Düsseldorf, Nachdruck anlässlich der Ausstellung „Kurfürst Johann Wilhelms Bilder" in der Alten Pinakothek in München vom 05.02.–17.05.2009, München 2009 [Basel 1778].

Rapparini 1709 | Giorgio Maria Rapparini: Le portrait du vrai mérite dans la personne serenissime de Monseigneur L'Electeur Palatin. Manuskript (1709), Die Rapparini-Handschrift der Landes- und Stadt-Bibliothek Düsseldorf, Zum 300. Geburtstage des Kurfürsten Johann Wilhelm von der Pfalz 19. April 1958 (Veröffentlichungen der Landes- und Stadt-Bibliothek Düsseldorf; 4), hg. von Hermine Kühn-Steinhausen, Düsseldorf 1958.

Reifferscheid 1889 | Briefe G. M. Lingelsheims, M. Berneggers und ihrer Freunde, hg. von Alexander Reifferscheid, Heilbronn 1889.

Reuchlin 1970 | Johannes Reuchlin: Henno (Reclams UB; 7923), hg. und übersetzt von Harry C. Schnur, Stuttgart 1970.

Rosenberg/Stark 1882 | Quellen zur Geschichte des Heidelberger Schlosses, hg. von Marc Rosenberg und Karl Bernhard Stark, Heidelberg 1882.

Schede Melissus 1896 | Paul Schede Melissus: Die Psalmenübersetzung (1572) (Neudrucke deutscher Literaturwerke des XVI. und XVII. Jahrhunderts; 144/148), hg. von Max Hermann Jellinek, Halle an der Saale 1896.

Schillers Briefe 1772–1985 [1956] | Schillers Werke 1956. Nationalausgabe, Im Auftrag des Goethe- und Schiller-Archivs und des Schiller-Nationalmuseums, hg. von Julius Petersen und Hermann Schneider, Bd. 23: Briefwechsel, Schillers Briefe 1772–1785, hg. von Walter Müller-Seidel, Weimar 1956.

Schillers Werke 1956 | Schillers Briefe 1772–1785 (Schillers Werke. Nationalausgabe; 23), hg. von Walter Müller-Seidel, Weimar 1956.

Schönherr 1884 | Urkunden und Regesten aus dem k. k. Statthalterei-Archiv in Innsbruck, in: Jahrbuch der Kunsthistorischen Sammlungen des Allerhöchsten Kaiserhauses 2, 1884, S. 1–172.

Schubart 1806 | Christian Friedrich Daniel Schubart: Ideen zu einer Ästhetik der Tonkunst. Wien 1806, S. 130.

Textor 1937 | Fritz Textor: Entfestigungen und Zerstörungen im Rheingebiet während des 17. Jahrhunderts als Mittel der französischen Rheinpolitik (Rheinisches Archiv; 13), Bonn 1937.

Tractatus 1613 | Tractatus De Salomonis Nuptiis Vel Epithalamium, In sacratissimas Nuptias, inter Illustrissimos Principes, D. Fredericum V. Comitem Palatinum [...], Oppenheim 1613.

van Gool 1751 | Johan van Gool: De Nieuwe Schouburg der Nederlantsche Kunstschilders en Schilderessen, Waer in de Levens- en Kunstbedryven der tans levende en reets overleedene Schilders, die van Houbraken, noch eenig ander Schryver, zyn aengeteekend, verhaelt worden; met ingevoegde portretten. Bd. 2: Catalogus en uitvoerige Beschryvinge der voortreffelyke en onschatbaere Schilder kunst, welke in de Gaenderyen en Kabinetten der Keurvorstelyke Residentje binnen Dusseldorp gezien word [...], hg. von Johan van Gool, Den Haag 1751.

Venator 2001 | Balthasar Venator: Gesammelte Schriften (Bibliotheca Neolatina; 9), hg. von Georg Burkard und Johannes Schöndorf, 2 Bde., Heidelberg 2001.

Vogler 1778 | Georg Joseph Vogler: Betrachtungen der Mannheimer Tonschule. Bd. 1, Mannheim 1778, S. 198.

von Raumer 1982 [1930] | Kurt von Raumer: Die Zerstörung der Pfalz von 1689 im Zusammenhang mit der französischen Rheinpolitik, ND Bad Neustadt an der Saale 1982 [München/Berlin 1930].

Widder 1786 | Johann Goswin Widder: Versuch einer vollständigen Geographisch-Historischen Beschreibung der Kurfürstl. Pfalz am Rheine, Erster Teil, Frankfurt am Main/Leipzig 1786.

Wimpfeling 1965 | Jakob Wimpfeling: Adolescentia (Opera Selecta; 1), unter Mitarbeit von Franz Josef Worstbrock eingeleitet, kommentiert und hg. von Otto Herding, München 1965.

Wimpfeling 1971 | Jakob Wimpfeling: Stylpho. Übersetzt und hg. von Harry C. Schnur, Stuttgart 1971.

Wimpfeling 1990 | Jakob Wimpfeling: Briefwechsel, eingeleitet, kommentiert und hg. von Otto Herding und Dieter Mertens (Opera Selecta, Bd. 3), 2 Bde., München 1990.

Wimpfeling 2007 | Jakob Wimpfeling: „Über den Heiligen Geist". De Sancto Spiritu. Heidelberg 1483. Reproduktion der Erstausgabe von 1507 mit Übersetzung, Anmerkungen und einem Nachwort von Reinhard Düchting, Heidelberg 2007.

Wimpfeling Briefwechsel 1990 | Jakob Wimpfeling: Briefwechsel (Opera Selecta; 3), eingeleitet, kommentiert und hg. von Otto Herding und Dieter Mertens, 2 Bde., München 1990.

Wither 1612 | Georg Wither: Epithalamia, or Nuptiall poems upon the most blessed and happie mariage betweene the high and mightie Prince Frederick the Fifth, Count Palatine of the Rhein, &c., and Princesse Elizabeth, sole daughter to Iames, by the grace of God, king of Great Britaine, France and Ireland, London 1612.

Wolkan 1898 | Lieder auf den Winterkönig (Bibliothek deutscher Schriftsteller aus Böhmen; 8), hg. von Rudolf Wolkan, Prag 1898.

Zincgref 1879 | Auserlesene Gedichte deutscher Poeten gesammelt von Julius Wilhelm Zincgref 1624 (Neudrucke deutscher Literaturwerke des XVI. und VII. Jahrhunderts; 15), ND Halle an der Saale 1879 [1624].

Zincgref 1993 | Julius Wilhelm Zincgref: Emblemata ethico-politica, 2 Teilbde. (Gesammelte Schriften, Bd. 2), Neudrucke deutscher Literaturwerke; N.F. 44, 45) hg. von Theodor Verweyen, Dieter Mertens und Werner Wilhelm Schnabel, Tübingen 1993.

Literaturverzeichnis

Adalbert Prinz von Bayern 1957 | Adalbert Prinz von Bayern: Max I. Joseph von Bayern. Pfalzgraf, Kurfürst und König, München 1957.

Albert/Saltin 2012 | Reiner Albert und Günther Saltin: Katholisches Leben in Mannheim, Bd. 1: Von den Anfängen bis zur Säkularisation (1803) (Quellen und Darstellungen zur Mannheimer Stadtgeschichte; 10), Ostfildern ²2012.

Albrecht 1998 | Dieter Albrecht: Maximilian I. von Bayern 1573–1651, München 1998.

Allgemeines Künstlerlexikon | Allgemeines Künstlerlexikon, hg. von Günther Meissner [u.a.], Leipzig/München 1991 [wird fortgeführt].

Almanach Electoral 1775 | Almanach Electoral Palatin pour l'année MDCCLXXV, Mannheim 1775.

Alt 1898 | Theodor Alt: Der Meister des Ottoheinrichsbaus. Ein Beitrag zum Verständnis der deutschen Renaissance, [o.O.], [1898].

Alt 1905 | Theodor Alt: Die Entstehungsgeschichte des Ottoheinrichsbaues zu Heidelberg erörtert im Zusammenhang mit der Entwicklungsgeschichte der deutschen Renaissance, Heidelberg 1905.

Alter 1998 | Willi Alter: Der Aufstand der Bauern und Bürger im Jahre 1525 in der Pfalz (Veröffentlichungen der Pfälzischen Gesellschaft zur Förderung der Wissenschaften; 93), Speyer 1998.

Ambronn 1984 | Karl-Otto Ambronn: Ambergs Handel bis zum Ende des 18. Jahrhunderts, in: Ausst.-Kat. Amberg 1984, S. 237–254.

Ambronn 2004 | Karl-Otto Ambronn: Verfassung, Kirche und Konfession, Gerichte und Behörden, in: Das Fürstentum der Oberen Pfalz. Ein wittelsbachisches Territorium im Alten Reich (Ausstellungskataloge der Staatlichen Archive Bayerns; 46), hg. von Karl-Otto Ambronn und Maria Rita Sagstetter, München 2004, S. 108–157.

an der Heiden 1998 | Rüdiger an der Heiden: Die Alte Pinakothek. Sammlungsgeschichte, Bau und Bilder, München 1998.

Andermann 2011 | Kurt Andermann: Dem Evangelium eine Öffnung? Überlegungen zu Franz von Sickingens Trierer Fehde, in: Mitteilungen des Historischen Vereins der Pfalz 109, 2011, S. 65–86.

Andreas 1986 | Karl Andreas: Die geodätischen Arbeiten des Christian Mayer zur Herstellung der Charta Palatina, in: Festschrift zum 60. Geburtstag von Werner Böser (Karlsruher geowissenschaftliche Schriften; 2), hg. von Rainer Hanauer [u.a.], Karlsruhe 1986, S. 55–66.

Andresen 1973 [1864] | Andreas Andresen: Jost Amman, 1539–1591. Graphiker und Buchillustrator der Renaissance. Beschreibender Katalog seiner Holzschnitte, Radierungen und der von ihm illustrierten Bücher. Mit einer biographischen Skizze und mit Registern seines Werkes und der Autoren der illustrierten Bücher, ND Amsterdam 1973 [Leipzig 1864].

Anheuser 1999 | Kilian Anheuser: Im Feuer vergoldet. Geschichte und Technik der Feuervergoldung und der Amalgamversilberung (AdR-Schriftenreihe zur Restaurierung und Grabungstechnik; 4), Stuttgart 1999.

Arend 2003 | Stefanie Arend: Zu Topik und Faktur von Martin Opitzens Panegyricus auf Ludwig Camerarius, in: Lateinische Lyrik der frühen Neuzeit. Poetische Kleinformen und ihre Funktion zwischen Renaissance und Aufklärung (Frühe Neuzeit; 77), hg. von Beate Czapla, Ralf Georg Czapla und Robert Seidel, Tübingen 2003, S. 330–355.

Aretin 1976 | Karl Otmar von Aretin: Bayerns Weg zum souveränen Staat. Landstände und Konstitutionelle Monarchie 1714–1818, München 1976.

Ariès 1982 | Philippe Ariès: Geschichte des Todes, München 1982.

Arndt 1998 | Johannes Arndt: Das Heilige Römische Reich und die Niederlande 1566 bis 1648. Politisch-konfessionelle Verflechtung und Publizistik im Achtzigjährigen Krieg (Münsterische historische Forschungen; 13), Köln/Weimar/Wien 1998.

Arnscheidt 1989 | Grit Arnscheidt: Mannheimer Stadtansichten des 18. Jahrhunderts. Graphische Gesamtdarstellungen der kurpfälzischen Residenzstadt (Bildhefte des städtischen Reiss-Museums Mannheim, Kunst- und Stadtgeschichtliche Sammlungen; 8), Mannheim 1989.

Augel 1971 | Johannes Augel: Italienische Einwanderung und Wirtschaftstätigkeit in rheinischen Städten des 17. und 18. Jahrhunderts (Rheinisches Archiv; 78), Bonn 1971.

Aurnhammer 2011 | Achim Aurnhammer: Zincgref, Opitz und die sogenannte Zincgref'sche Gedichtsammlung, in: Kühlmann/Wiegand 2011, S. 263–283.

Außführliche Beschreibung 1619 | Außführliche Beschreibung/ Der überauß stattlichen und Ansehnlichen Krönung/ Deß ...Herrn Friderich deß Fünfften [...], Prag 1619.

Ausst.-Kat. Amberg 1984 | Amberg 1034–1984. Aus tausend Jahren Stadtgeschichte (Ausstellung in den Rathaussälen Amberg, 07.07.–29.07.1984) (Ausstellungskataloge der staatlichen Archive Bayerns; 18), Kat. hg. von Karl-Otto Ambronn, Achim Fuchs und Heinrich Wanderwitz, Amberg 1984.

Ausst.-Kat. Amberg 2003 | Der Winterkönig. Friedrich von der Pfalz. Bayern und Europa im Zeitalter des Dreißigjährigen Krieges (Ausstellung im Stadtmuseum Amberg, 09.05.–02.11.2003) (Veröffentlichungen zur bayerischen Geschichte und Kultur; 45), Kat. hg. von Peter Wolf, Stuttgart 2003.

Ausst.-Kat. Ansbach/München 1996 | Bayern entsteht. Montgelas und sein Ansbacher Mémoire von 1796 (Ausstellung in der Residenz Ansbach, 01.10.–17.11.1996 [u.a.]), Kat. hg. von Michael Henker, Margot Hamm und Evamaria Brockhoff, Augsburg 1996.

Ausst.-Kat. Antwerpen 2002 | Living diamonds, fauna en flora in het diamantjuweel (Ausstellung im Diamantmuseum Antwerpen 2002), Kat. hg. von Jan Walgrave, Antwerpen 2002.

Ausst.-Kat. Augsburg 2005 | Als Frieden möglich war. 450 Jahre Augsburger Religionsfrieden (Ausstellung im Maximilianmuseum Augsburg, 16.06.–16.10.2005), Kat. hg. von. Carl A. Hoffmann [u.a.], Regensburg 2005.

Ausst.-Kat. Berlin 2006 | Heiliges Römisches Reich Deutscher Nation 962 – 1806 (Ausstellung im Deutschen Historischen Museum, Berlin 28.08.–10.12.2006), 2 Bde., hg. von Hans Ottomeyer, Jutta Götzmann und Ansgar Reiß, Berlin 2006.

Ausst.-Kat. Berlin 2009 | Calvinismus. Die Reformierten in Deutschland und Europa (Ausstellung im Deutschen Historischen Museum, Berlin 01.04.–19.07.2009), Kat. hg. von Ansgar Reiß und Sabine Witt, Dresden 2009.

Ausst.-Kat. Berlin 2010 | Goldgiganten. Das große Gold in der Münze und Medaille. (Ausstellung des Münzkabinetts der Staatlichen Museen zu Berlin und des Münzkabinetts des Kunsthistorischen Museums Wien, 09.12.2010–31.03.2011), Kat. hg. von Bernd Kluge und Michael Alram, Berlin 2010.

Ausst.-Kat. Bruchsal 1981 | Barock in Baden-Württemberg. Vom Ende des Dreißigjährigen Krieges bis zur Französischen Revolution (Ausstellung im Schloss Bruchsal, 27.06.–25.10.1981), 2 Bde., Kat. hg. von Gertrud von Knorre, Karlsruhe 1981.

Ausst.-Kat. Burghausen/Braunau/Mattighofen 2012 | Verbündet – verfeindet – verschwägert. Bayern und Österreich (Ausstellung in Burghausen, Braunau und Mattighofen, 27.04.–04.11.2012), Kat. hg. von Elisabeth Vavra, Stuttgart 2012.

Ausst.-Kat. Düsseldorf 1979 | Kurfürst Carl Theodor zu Pfalz. Der Erbauer von Schloß Benrath (Ausstellung im Stadtgeschichtlichen Museum Düsseldorf, 13.09.1979–31.01.1980), Kat. hg. von Jörn Bahns, Heidelberg 1979.

Ausst.-Kat. Düsseldorf 1996 | Nicolas de Pigage 1723–1796. Architekt des Kurfürsten Carl Theodor. Zum 200. Todestag (Ausstellung des Stadtmuseum Düsseldorf in Schloss Benrath, 01.09.–03.11.1996), Kat. hg. vom Stadtmuseum Düsseldorf, Düsseldorf 1996.

Ausst.-Kat. Düsseldorf 2008 | Himmlisch – Herrlich – Höfisch. Peter Paul Rubens, Johann Wilhelm von der Pfalz, Anna Maria Luisa de' Medici (Ausstellung im Museum Kunst-Palast Düsseldorf, 20.09.2008–11.01.2009), Kat. hg. von Bettina Baumgärtel, Leipzig 2008.

Ausst.-Kat. Essen/Wien 2003 | Die flämische Landschaft 1520–1700 (Ausstellung in der Villa Hügel Essen, 23.08.–30.11.2003), Kat. hg. von Hanna Benesz, Lingen 2003.

Ausst.-Kat. Frankenthal 1991 | Impressum Francktaliae 400 Jahre Druckerkunst in Frankenthal (Ausstellung im Erkenbert-Museum Frankenthal, 26.09.–03.11.1991), Kat. hg. vom Erkenbert-Museum, Frankenthal 1991.

Ausst.-Kat. Frankenthal 1995 | Kunst, Kommerz, Glaubenskampf. Frankenthal um 1600 (Ausstellung im Erkenbert Museum Frankenthal, 27.05.–06.08.1995), Kat. hg. von Edgar J. Hürkey, Worms 1995.

Ausst.-Kat. Frankenthal 2005 | Die Kunst Porcelain zu machen. Frankenthaler Porzellan 1755–1800 (Ausstellung im Erkenbert Museum Frankenthal, 20.05.–18.09.2005), Kat. hg. von Edgar J. Hürkey, Frankenthal 2005.

Ausst.-Kat. Frankfurt am Main 2009 | André Charles Boulle (1642–1732). Ein neuer Stil für Europa (Ausstellung im Museum für angewandte Kunst Frankfurt am Main, 30.10.2009–31.10.2010), Kat. hg. von Jean Nérée Ronfort, Frankfurt am Main 2009.

Ausst.-Kat. Heideberg 1959 | Ausklang des Barock. Kunst und Künstler des 18. Jahrhunderts in der Pfalz (Ausstellung im Heidelberger Schloss, 01.06.–15.10.1959), Kat. hg. von Georg Poensgen, Heidelberg 1959.

Ausst.-Kat. Heidelberg 1979 | Carl Theodor und Elisabeth Auguste. Höfische Kunst und Kultur in der Kurpfalz (Ausstellung im Kurpfälzischen Museum der Stadt Heidelberg, 27.09.–18.11.1979), 2 Bde., Kat. hg. von Jörn Bahns, Heidelberg 1979.

Ausst.-Kat. Heidelberg 1982 | 100 unbekannte Zeichnungen und Aquarelle (Ausstellung im Kurpfälzischen Museum der Stadt Heidelberg, 16.10.–14.11.1982 und 11.12.1982–13.02.1983), Kat. hg. von Jörn Bahns, Heidelberg 1982.

Ausst.-Kat. Heidelberg 1986a | Bibliotheca Palatina (Ausstellung in der Heiliggeistkirche Heidelberg, 08.07.–02.11.1986) (Heidelberger Bibliotheksschriften; 24), Kat. hg. von Elmar Mittler [u.a.], Heidelberg 1986.

Ausst.-Kat. Heidelberg 1986b | Die Renaissance im deutschen Südwesten zwischen Reformation und Dreißigjährigem Krieg (Ausstellung im Schloss Heidelberg, 21.06.–19.10.1986), Kat. hg. vom Badischen Landesmuseum Karlsruhe, Karlsruhe 1986.

Ausst.-Kat. Heidelberg 1991 | Heidelberg im konfessionellen Zeitalter (Ausstellung im Kurpfälzischen Museum der Stadt Heidelberg, 16.06.–21.07.1991), Kat. hg. von Jörn Bahns, Heidelberg 1991.

Ausst.-Kat. Heidelberg 1993 | Die Solitaires der Manufaktur Frankenthal (Ausstellung im Kurpfälzischen Museum der Stadt Heidelberg, 11.12.1993–20.02.1994), Kat. hg. von Jörn Bahns, Heidelberg 1993.

Ausst.-Kat. Heidelberg 1996 | Liselotte von der Pfalz. Madame am Hofe des Sonnenkönig (Ausstellung im Schloss Heidelberg, 21.09.1996–26.01.1997), Kat. hg. von Sigrun Paas, Heidelberg 1996.

Ausst.-Kat. Heidelberg 1999a | Schloss Heidelberg im Zeitalter der Romantik (Ausstellung im Schloss Heidelberg 1996), Kat. hg. von den Staatlichen Schlösser und Gärten Baden-Württemberg, Regensburg 1999.

Ausst.-Kat. Heidelberg 1999b | „…sonst wird dich der Jäger holen!“. Die Jagd: Vergnügen und Verderben (Ausstellung im Kurpfälzischen Museum der Stadt Heidelberg, 03.11.1999–30.01.2000), Kat. hg. von Thomas Werner, Heidelberg 1999.

Ausst.-Kat. Heidelberg 2003 | Von Ottheinrich zu Carl Theodor. Prachteinbände aus drei Jahrhunderten (Ausstellung in der Universitätsbibliothek Heidelberg, 16.05.–31.10.2003) (Schriften der Universitätsbibliothek Heidelberg; 4), Kat. hg. von Armin Schlechter, Matthias Miller und Karin Zimmermann, Heidelberg 2003.

Ausst.-Kat. Heidelberg 2004 | Der Winterkönig – Heidelberg zwischen höfischer Pracht und Dreißigjährigem Krieg (Ausstellung im Kurpfälzischen Museum der Stadt Heidelberg, 21.11.2004–27.02.2005), Kat. hg. von Annette Frese, Remshalden 2004.

Ausst.-Kat. Heidelberg 2005 | Traum und Wirklichkeit. Vergangenheit und Zukunft der Heidelberger Schlossruine (Ausstellung im Ottheinrichsbau, Schloss Heidelberg, 16.04.–17.06.2005), Kat. hg. von Inken Gaukel und Hermann Diruf, Stuttgart 2005.

Ausst.-Kat. Heidelberg 2008 | Kunst auf Papier (Ausstellung im Kurpfälzischen Museum der Stadt Heidelberg, 16.03.–01.06.2008), Kat. hg. von Frieder Hepp, Heidelberg 2008.

Ausst.-Kat. Heidelberg 2009 | Heidelberg im Barock. Der Wiederaufbau der Stadt nach den Zerstörungen von 1689 und 1693 (Ausstellung im Kurpfälzischen Museum der Stadt Heidelberg, 15.03.–21.06.2009), Kat. hg. von Frieder Hepp und Hans-Martin Mumm, Heidelberg 2009.

Ausst.-Kat. Heidelberg 2013 | Macht des Glaubens – 450 Jahre Heidelberger Katechismus (Ausstellung im Kurpfälzischen Museum der Stadt Heidelberg und im Schloss Heidelberg, 12.05.–15.09.2013), Kat. hg. von Karla Apperloo-Boersma und Herman J. Selderhuis, Göttingen 2013.

Ausst.-Kat. Karlsruhe 1989 | Carl Ludwig Frommel 1789–1863. Zum 200. Geburtstag. Aquarelle, Druckgrafik und Zeichnungen aus dem Kupferstichkabinett der Staatlichen Kunsthalle Karlsruhe (Ausstellung in der Staatlichen Kunsthalle Karlsruhe, 22.03.–18.06.1989), Karlsruhe 1989.

Ausst.-Kat. Karlsruhe 2006 | 1806. Baden wird Großherzogtum (Ausstellung im Schloss Karlsruhe, 30.06.–20.08.2006), Kat. hg. von Volker Rödel, Karlsruhe 2006.

Ausst.-Kat. Köln/Dordrecht/Kassel 2006 | Vom Adel der Malerei. Holland um 1700 (Ausstellung im Wallraf-Richartz Museum Köln, 14.10.2006–21.01.2007 [u.a.]), Kat. hg. von Ekkehard Mai, Sander Paarlberg und Gregor J. M. Weber, Köln 2006.

Ausst.-Kat. Landshut 1980 | Wittelsbach und Bayern. Die Zeit der frühen Herzöge. Von Otto I. zu Ludwig dem Bayern (Ausstellung auf der Burg Trausnitz in Landshut, 14.06.–05.10.1980), 2 Bde., hg. von Hubert Glaser, München/Zürich 1980.

Ausst.-Kat. Landshut 2009 | Ewig blühe Bayerns Land. Herzog Ludwig X. und die Renaissance (Ausstellung in der Stadtresidenz Landshut, 28.05.–27.09.2009), Kat. hg. von Brigitte Langer und Katharina Heinemann, München 2009.

Ausst.-Kat. Los Angeles 2011 | Display & Art History. The Düsseldorf Gallery and its Catalogue (Ausstellung im Getty Research Institute Los Angeles, 31.05.–21.08.2011), Kat. hg. von Thomas W. Gaehtgens und Louis Marchesano, Los Angeles 2011.

Ausst.-Kat. Mannheim 1986/87 | Archäologie in den Quadraten. Ausgrabungen in der Mannheimer Innenstadt (Ausstellung im Städtischen Reiss-Museum Mannheim, 26.10.1986–01.02.1987), Kat. hg. von Inken Jensen, Mannheim 1986.

Ausst.-Kat. Mannheim 1991 | 176 Tage W. A. Mozart in Mannheim (Ausstellung im Städtischen Reiss-Museum Mannheim, 19.09.1991–26.01.1992), Kat. hg. von Karin von Welck und Liselotte Homering, Mannheim 1991.

Ausst.-Kat. Mannheim 1999 | Lebenslust und Frömmigkeit. Kurfürst Carl Theodor (1724–1799). Zwischen Barock und Aufklärung (Ausstellung im Städtischen Reiss-Museum, Mannheim, 30.11.1999–30.04.2000), 2 Bde., Kat. hg. von Alfried Wieczorek, Hansjörg Probst und Wieland Koenig, Regensburg 1999.

Ausst.-Kat. Mannheim 2005 | Schillerzeit in Mannheim (Ausstellung in den Reiss-Engelhorn-Museen Mannheim, 17.09.2005–29.01.2006), Kat. hg. von Alfried Wieczorek und Liselotte Homering, Mainz 2005.

Ausst.-Kat. Mannheim 2011 | meisterhaft. Von Cranach d. Ä. bis Kobell (Ausstellung in den Reiss-Engelhorn-Museen Mannheim, 08.05.2011–08.01.2012), Kat. hg. von Alfried Wieczorek und Hans-Jürgen Buderer, Regensburg 2011.

Ausst.-Kat. Mannheim 2013 | Die Medici – Menschen, Macht und Leidenschaft (Ausstellung in den Reiss-Engelhorn-Museen Mannheim, 17.02.–28.07.2013) (Publikationen der Reiss-Engelhorn-Museen; 54), Kat. hg. von Alfried Wieczorek, Gaëlle Rosendahl und Donatella Lippi, Regensburg 2013.

Ausst.-Kat. Mannheim/Frankenthal 1962 | Die Frankenthaler Maler (Ausstellung im Städtischen Reiss-Museum Mannheim, 20.05.–17.06.1962), Kat. hg. von Ludwig W. Böhm, Hertha Wellensiek und Berthold Roland, Frankenthal/Mannheim 1962.

Ausst.-Kat. München 1972 | Adriaen van der Werff (1659–1722). Hofmaler des Kurfürsten Johann Wilhelm von der Pfalz (Ausstellung in der Alten Pinakothek München, 15.03.–01.10.1972), Kat. hg. von Peter Eikemeier, München 1972.

Ausst.-Kat. München 1978 | Erwerbungen aus drei Jahrzehnten 1948–1978. Abendländische und orientalische Handschriften, Inkunabeln und seltene Drucke, Noten und Landkarten (Ausstellung in der Bayerischen Staatsbibliothek München, 1978), Kat. hg. von der Bayerischen Staatsbibliothek, Wiesbaden 1978.

Ausst.-Kat. München 1979 | Aus 1200 Jahren. Das Bayerische Hauptstaatsarchiv zeigt seine Schätze (Ausstellung im Bayerischen Hauptstaatsarchiv München, 16.10.–

16.12.1979) (Ausstellungskataloge der Staatlichen Archive Bayerns; 11), Kat. hg. vom Bayerischen Hauptstaatsarchiv, München 1980.

Ausst.-Kat. München 1980a | Wittelsbach und Bayern. Krone und Verfassung, König Max I. Joseph und der neue Staat (Ausstellung im Völkerkundemuseum München, 11.06.–05.10 1980), 2 Bde., hg. von Hubert Glaser, München/Zürich 1980.

Ausst.-Kat. München 1980b | Wittelsbach und Bayern. Um Glauben und Reich, Kurfürst Maximilian I. (Ausstellung in der Residenz München, 12.06.–05.10.1980), 2 Bde., hg. von Hubert Glaser, München/Zürich 1980.

Ausst.-Kat. München 1980c | Die Welt als Uhr. Deutsche Uhren und Automaten 1550–1650 (Ausstellung im Bayerischen Nationalmuseum München, 15.04.–30.09.1980), Kat. hg. von Otto Mayr und Klaus Maurice, München/Berlin 1980.

Ausst.-Kat. München 1980d | Wittelsbacher Jagd (Ausstellung im Jagdmuseum München, 03.07.–05.10.1980), Kat. hg. von Bernd E. Ergert und Werner Loibl, München 1980.

Ausst.-Kat. München 1984 | Kirchliche Schätze aus bayerischen Schlössern. Liturgische Gewänder und Geräte des 16.–19. Jahrhunderts (Ausstellung in der Residenz München, 28.06.–30.09.1984), Kat. hg. von der Bayerischen Verwaltung der staatlichen Gärten, Schlösser und Seen, Berlin 1984.

Ausst.-Kat. München 2006 | Bayerns Krone 1806. 200 Jahre Königreich Bayern (Ausstellung in der Residenz München, 30.03.–30.07.2006), Kat. hg. von Johannes Erichsen, München 2006.

Ausst.-Kat. München 2009a | Daniel Hopfer. Ein Augsburger Meister der Renaissance. Eisenradierungen. Holzschnitte. Zeichnungen. Waffenätzungen (Ausstellung in der Pinakothek der Moderne München, 05.09.2009–31.01.2010), Kat. hg. von Christof Metzger [u.a.], München 2009.

Ausst.-Kat. München 2009b | Kurfürst Johann Wilhelms Bilder (Ausstellung in der Alten Pinakothek München, 05.02.–17.05.2009), Bd. 2: Galerie und Kabinette, Kat. hg. von Reinhold Baumstark, München 2009.

Ausst.-Kat. München 2011 | Japanische Lackkunst für Bayerns Fürsten. Die japanischen Lackmöbel der Staatlichen Münzsammlung München (Ausstellung im Völkerkundemuseum München, 26.01.–08.05.2011), Kat. hg. von Anton Schweizer, Martin Hirsch und Dietrich O. A. Klose, München 2011.

Ausst.-Kat. Münster/Osnabrück 1998 | 1648. Krieg und Frieden in Europa (Ausstellung im Westfälischen Landesmuseum für Kunst und Kulturgeschichte Münster und in der Kunsthalle Dominikanerkirche Osnabrück, 24.10.1998–17.01.1999), Kat. hg. von Klaus Bußmann und Heinz Schilling, München 1998.

Ausst.-Kat. Neuburg an der Donau 2005 | Von Kaisers Gnaden. 500 Jahre Pfalz-Neuburg (Ausstellung im Schloss Neuburg an der Donau, 03.06.–16.10.2005) (Veröffentlichungen zur Bayerischen Geschichte und Kultur; 50/05), Kat. hg. von Suzanne Bäumler, Evamaria Brockhoff und Michael Henker, Augsburg 2005.

Ausst.-Kat. Neustadt an der Weinstraße 1982 | 1832–1982 Hambacher Fest. Freiheit und Einheit. Deutschland und Europa (Ausstellung im Hambacher Schloss bei Neustadt an der Weinstraße, 18.05.–19.09.1982), Kat. hg. von Cornelia Förster, Neustadt an der Weinstraße 1982.

Ausst.-Kat. New York 2005 | The Armored Horse in Europe 1480–1620 (Ausstellung im Metropolitan Museum of Art New York, 15.02.2005–15.01.2006), Kat. hg. von Stuart W. Pyhrr, Donald J. LaRocca und Dirk H. Breiding, New Haven/London 2005.

Ausst.-Kat. Osnabrück 1984 | Niederländische Wandfliesen in Nordwestdeutschland. Einfluss der Niederlande auf die Wohnkultur zwischen Weser und Ems (Ausstellung in der Dominikanerkirche Osnabrück, 15.01.–12.02.1984), Kat. hg. von Rainer Marggraf und Lili Blaase, Bramsche 1984.

Ausst.-Kat. Paris/New York/Stockholm 2003/2004 | Playing with Fire. European Terracotta Models, 1740–1840 (Ausstellung im Musée du Louvre Paris, 15.09.2003–05.01.2004 [u.a.]), Kat. hg. von James David Draper [u.a.], Paris/New York/Stockholm 2003.

Ausst.-Kat. Regensburg 2000 | Bavaria, Germania, Europa – Geschichte auf Bayerisch (Ausstellung im Historischen Museum der Stadt Regensburg, 18.05.–29.10.2000), Kat. hg. von Michael Henker [u.a.], Regensburg 2000.

Ausst.-Kat. Regensburg 2003 | 1803 – Wende in Europas Mitte (Ausstellung im Historischen Museum der Stadt Regensburg, 29.05.–24.08.2003), Kat. hg. von Peter Schmid und Klemens Unger, Regensburg 2003.

Ausst.-Kat. Rotterdam 1973 | Adriaen van der Werff (Ausstellung im Historischen Museum Rotterdam, 03.09.–01.11.1973), Kat. hg. vom Historischen Museum Rotterdam, Rotterdam 1973.

Ausst.-Kat. Vizille 1985 | Premièrs collections (Ausstellung im Musée de la Révolution française Vizille, 04.07.–16.12.1985), Kat. hg. vom Musée de la Révolution française, Vizille 1985.

Ausst.-Kat. Zweibrücken 2010 | Die Wiege der Könige. 600 Jahre Herzogtum Pfalz-Zweibrücken (Ausstellung im Stadtmuseum Zweibrücken, 29.08.–14.11.2010), Kat. hg. von Charlotte Glück-Christmann, Zweibrücken 2010.

Baader 1875 | Joseph Baader: Des Pfalzgrafen Ott-Heinrich Bestallungen für einen Uhrmacher und einen Geiger und Seidenweber, in: Anzeiger für Kunde der deutschen Vorzeit 22, 1875, Sp. 379–380.

Baar-Cantoni 2011 | Regina Baar-Cantoni: Religionspolitik Friedrichs II. von der Pfalz im Spannungsfeld von Reichs- und Landespolitik (Veröffentlichungen der Kommission für geschichtliche Landeskunde in Baden-Württemberg, Reihe B: Forschungen; 188), Stuttgart 2011.

Bacher/Riegl 1995 | Kunstwerk oder Denkmal? Alois Riegls Schriften zur Denkmalpflege (Studien zu Denkmalschutz und Denkmalpflege; 15), hg. von Ernst Bacher und Alois Riegl, Wien/Köln/Weimar 1995.

Bahl 2001 | Peter Bahl: Der Hof des Großen Kurfürsten. Studien zur höheren Amtsträgerschaft Brandenburg-Preußens (Veröffentlichungen aus den Archiven Preußischer Kulturbesitz; 8), Köln/Weimar 2001.

Barner 1987 | Wilfried Barner: „Studia toto amplectanda Pectore.“ Zu Peter Luders Programmrede vom Jahre 1456, in: Respublica Guelpherbytana. Festschrift für Paul Raabe (Chloe; 6), hg. von August Buck und Martin Bircher, Amsterdam 1987, S. 227–251.

Bassermann-Jordan 1905 | Ernst von Bassermann-Jordan: Die Geschichte der Räderuhr unter besonderer Berücksichtigung der Uhren des Bayerischen Nationalmuseums, Frankfurt am Main 1905.

Battenberg/Rinker-Olbrisch 1986 | Friedrich Battenberg und Margit Rinker-Olbrisch: Dalberger Urkunden, Bd. 2: Urkunden des Stadtarchivs Worms, der Bayerischen Staatsbibliothek München und des Kunsthauses Heylshof in Worms. Nachträge und verlorene Dalberger Urkunden im Staatsarchiv Darmstadt (Regesten Nr. 1666–3385), Darmstadt 1986.

Battenberg/Rinker-Olbrisch 1987 | Friedrich Battenberg und Margit Rinker-Olbrisch: Dalberger Urkunden, Bd. 3: Indices und Stammtafeln, Darmstadt 1987.

Bauer [et al.] 1986 | Ingolf Bauer [u.a.]: Leitfaden zur Keramikbeschreibung (Mittelalter – Neuzeit). Terminologie – Typologie – Technologie, Kallmünz 1986.

Bauer 2008 | Gerhard Bauer: Neues aus der Provinz – zum Streit zwischen Johann Jakob Hemmer und Anton Klein, in: Mannheimer Geschichtsblätter 16, 2008, S. 52–71.

Bauer 2012 | Gerhard Bauer: „Johann Jakob Hemmers letztes Gefecht“. Friedrich Teutsch zum 70. Geburtstag, in: Mannheimer Geschichtsblätter 23, 2012, S. 23–34.

Baumann 1882 | Katalog des Grossh. Antiquariums zu Mannheim (Manuskript), [o.O.] 1882.

Baumann 2011 | Anette Baumann: Eheanbahnung und Partnerwahl, in: Siegrid Westphal, Inken Schmidt-Voges und Anette Baumann: Venus und Vulcanus. Ehen und ihre Konflikte in der Frühen Neuzeit (Bibliothek Altes Reich; 6), München 2011, S. 25–87.

Beaucamp-Markowsky 1999 | Barbara Beaucamp–Markowsky: Die Porzellanmanufaktur Frankenthal, in: Ausst.-Kat. Mannheim 1999, Bd. 2: Aufsätze, S. 271–280.

Beaucamp-Markowsky 2008 | Barbara Beaucamp-Markowsky: Frankenthaler Porzellan, Bd. 1: Die Plastik (Publikationen der Reiss-Engelhorn-Museen; 21/Schriftenreihe der Gesellschaft der Keramikfreunde e.V.; 2,1), München 2008.

Beaufort/Pfaffenbichler 2005 | Christian Beaufort und Matthias Pfaffenbichler: Meisterwerke der Hofjagd- und Rüstkammer (Kurzführer durch das Kunsthistorische Museum; 3), Wien 2005.

Becher/Gamber/Irtenkauf 1980 | Charlotte Becher, Ortwin Gamber und Walter Irtenkauf: Das Stuttgarter Harnisch-Musterbuch 1548–1563 (Sonderdruck aus dem Jahrbuch der Kunsthistorischen Sammlungen in Wien; 76/N.F. 40), Wien 1980.

Becker 2010 | Bernhard Becker: Die Französische Revolution im Herzogtum Pfalz-Zweibrücken, in: Ausst.-Kat. Zweibrücken 2010, S. 353–365.

Beierbach 1994 | Herbert Beierbach: Das Nationaltheater in Mannheim. Baugeschichte und Wandel der architektonischen Gestaltung, Heidelberg 1994.

Bender 2011 | Eva Bender: Die Prinzenreise. Bildungsaufenthalt und Kavalierstour im höfischen Kontext gegen Ende des 17. Jahrhunderts (Schriften zur Residenzkultur; 6), Berlin 2011.

Benner/Wendt 2000 | Manfred Benner und Achim Wendt: Archäologische Befunde zur Diskussion um die Entstehung des Heidelberger Schlosses, in: Archäologische Ausgrabungen in Baden-Württemberg, 1998/1999, 2000, S. 244–247.

Benrath 1968 | Gustav Adolf Benrath: Die konfessionellen Unionsbestrebungen des Kurfürsten Karl Ludwig von der Pfalz († 1680), in: Zeitschrift für die Geschichte des Oberrheins 116/N.F. 77, 1968, S. 187–252.

Berning 2008 | Benita Berning: „Nach alltem löblichen Gebrauch". Die böhmischen Königskrönungen der Frühen Neuzeit (1526–1743) (Stuttgarter historische Forschungen; 6), Köln [u.a.] 2008.

Berthold 1956 | Roland Berthold: Die Pfalz-Zweibrückischen Maler des 18. Jahrhunderts. Ein Beitrag zur neuen Sicht der künstlerischen Bedeutung und der Kunstpflege Pfalz-Zweibrückens, München 1956.

Bessel 1926 | Oskar Bessel: Die Festung Mannheim im 18. Jahrhundert, in: Mannheimer Geschichtsblätter 27, 1926, Sp. 62–69 und Sp. 76–85.

Betzwieser/Leopold 2003 | Abbé Vogler. Ein Mannheimer im europäischen Kontext, Internationales Colloquium Heidelberg 1999 (Quellen und Studien zur Geschichte der Mannheimer Hofkapelle; 7), hg. von Thomas Betzwieser und Silke Leopold, Frankfurt am Main 2003.

Beyer 2002 | Das Porträt in der Malerei, hg. von Andreas Beyer, München 2002.

Bezzel 1925 | Oskar Bezzel: Geschichte des kurpfälzischen Heeres von seinen Anfängen bis zur Vereinigung von Kurpfalz und Kurbayern 1777 nebst Geschichte des Heerwesens in Pfalz-Zweibrücken (Geschichte des bayerischen Heeres; 4,1), München 1925, S. 50–58.

Bilhöfer 1999 | Peter Bilhöfer: Nicht gegen Ehre und Gewissen. Friedrich V., Kurfürst von der Pfalz – der Winterkönig von Böhmen (1596–1632), Mannheim 1999.

Bilhöfer 2003 | Peter Bilhöfer: Außer Zweifel ein hoch verständiger Herr und tapferer Kavalier. Friedrich V. von der Pfalz – eine biografische Skizze, in: Ausst.-Kat. Amberg 2003, S. 19–32.

Bilhöfer 2004 | Peter Bilhöfer: Nicht gegen Ehre und Gewissen. Friedrich V., Kurfürst von der Pfalz – der Winterkönig von Böhmen (1596–1632) (Rhein-Neckar-Kreis, Bausteine zur Kreisgeschichte; 7), Heidelberg 2004.

Billerbeck 2005 | Klaus-Dieter Billerbeck: Vom Rauch der Jahrhunderte. 400 Jahre Tabakkultur. Geschichten und Anekdoten aus der Welt des Rauchens, Norderstedt 2005.

Bischof 1989 | Henning Bischof: Die völkerkundlichen Sammlungen der Stadt Mannheim. Ein historischer Rückblick, in: Mannheimer Hefte 1, 1989, S. 28–34.

Bischof 1997 | Henning Bischof: Das Mannheimer Naturalien–Kabinett und seine völkerkundlichen Sammlungen, in: Jahrbuch des Museums für Völkerkunde zu Leipzig 41, 1997, S. 91–131.

Blauth 1960 | Edmund Blauth: Fürstenhochzeit in Frankenthal, in: Frankenthal einst und jetzt, 1960, S. 14–16.

Bodemann 2010 | Katalog der deutschsprachigen illustrierten Handschriften des Mittelalters, Bd. 4,2: Fecht- und Ringbücher, hg. von Ulrike Bodemann, München 2010.

Bohatcová 1966 | Irrgarten der Schicksale. Einblattdrucke vom Anfang des Dreißigjährigen Krieges, bearb. von Mirjam Bohatcová, Prag 1966.

Bosbach 1992 | Franz Bosbach: Der französische Erbfeind. Zu einem deutschen Feindbild im Zeitalter Ludwigs XIV., in: Feindbilder. Die Darstellung des Gegners in der politischen Publizistik des Mittelalters und der Neuzeit (Bayreuther historische Kolloquien; 6), hg. von dems., Köln/Weimar/Wien 1992, S. 117–139.

Brandmüller 1998 | Walter Brandmüller: Infeliciter electus fuit in Papam. Zur Wahl Johannes› XXIII, in: Ecclesia et Regnum. Beiträge zur Geschichte von Kirche, Recht und Staat im Mittelalter. Festschrift für Franz-Josef Schmale zu seinem 65. Geburtstag, hg. von Dieter Berg und Hans-Werner Goetz, Bochum 1998, S. 309–322.

Brandmüller 2000 | Walter Brandmüller: Johannes XXIII. im Urteil der Geschichte – oder die Macht des Klischees, in: Annuarium Historiae Conciliorum. Internationale Zeitschrift für Konziliengeschichtsforschung 32, 2000, S. 106–145.

Braubach 1974 | Max Braubach: Johann Wilhelm, Pfalzgraf von Neuburg, in: Neue Deutsche Biographie, Bd. 10, Berlin 1974, S. 516–518.

Breul 2012 | Wolfgang Breul: Das Trauma der frühen Jahre. Philipp von Hessen und Franz von Sickingen, in: Ebernburg-Hefte 46, 2012, S. 7–36.

Brinckmann 1982 | Bernd Brinckmann: Zur Datierung von Mineralwasserflaschen aus Steinzeug, in: Keramos. Zeitschrift der Gesellschaft der Kermaikfreunde 98, 1982, S. 7–36.

Bruchmann 1909 | Karl Bruchmann: Die Huldigungsfahrt König Friedrichs I. von Böhmen (des „Winterkönigs") nach Mähren und Schlesien (Darstellungen und Quellen zur schlesischen Geschichte; 9), Breslau 1909.

Brunner 1970 | Schatzkammer der Residenz München, Katalog, hg. von Herbert Brunner, München [3]1970.

Brusa 1978 | Giuseppe Brusa: L'arte dell'orologeria in Europa. Sette secoli di orologi meccanici, Busto Arsizio 1978.

Budde 2006 | Kai Budde: Sternwarte Mannheim. Geschichte der Mannheimer Sternwarte 1772–1880 (Technik + Arbeit; 12), Heidelberg [u.a.] 2006.

Budde 2013 | Kai Budde: Naturwissenschaftliche Forschung in Mannheim und in der Kurpfalz im 18. Jahrhundert, in: Kreutz/Kühlmann/Wiegand 2013, S. 559–581.

Bunz 2011 | Rainer Bunz: Kurfürst Karl Ludwig, Prinz Rupert und die Herren Leslie von Langenzell. Ein vergessenes Kapitel britisch-kurpfälzischer Beziehungen im 17. Jahrhundert, in: Zeitschrift für die Geschichte des Oberrheins 159, 2011, S. 355–387.

Burkhardt/Habermehl 2008 | Die Neustadter Pfarrchronik der Jesuiten 1686–1755. Ein Dokument der Gegenreformation (Schriftenreihe der Bezirksgruppe Neustadt im Historischen Verein der Pfalz; 14), hg. und übers. von Friedrich Burkhardt und Paul Habermehl, Neustadt/Weinstraße 2008.

Burrows/Lasch 2008 | Jonathan Burrows und Heike Lasch: Zeugen einstiger Pracht in der Hanauer Nordstraße, in: hessenArchäologie 2008, S. 150–154.

Buszello/Blickle/Endres 1995 | Der deutsche Bauernkrieg, hg. von Horst Buszello, Peter Blickle und Rudolf Endres, Paderborn [u.a.] [3]1995.

Bütfering 1995 | Elisabeth Bütfering: Niederländische Exulanten in Frankenthal – Gründungsgeschichte, Bevölkerungsstruktur und Migrationsverhalten, in: Ausst.-Kat. Frankenthal 1995, S. 37–47.

Büttner 2003 | Nils Büttner: Landschaften des Exils? Anmerkungen zu Gillis van Coninxloo und zur Geschichte der flämischen Waldlandschaft aus Anlass einer Neuerscheinung, in: Zeitschrift für Kunstgeschichte 66, 2003, S. 546–580.

Cappel 1980 | Adalbert Cappel: Johann Jakob Hemmer und die Societas Meteorologicae Palatinae, in: Pfälzer Heimat 31, 1980, S. 124–129.

Carlebach 1929 | Albert Carlebach: Eine Beschreibung Mannheims von 1793, in: Mannheimer Geschichtsblätter 30, 1929, Sp. 175–180.

Carolsfeld 1879 | Franz Schnorr von Carolsfeld: Julius Wilhelm Zincgrefs Leben und Schriften, in: Archiv für Litteraturgeschichte 8, 1879, S. 1–58 und S. 487–490.

Christmann 1960 | Ernst Christmann: Dörferuntergang und -wiederaufbau im Oberamt Lautern während des 17. Jahrhunderts mit über 200 Einwohnerlisten, Otterbach-Kaiserslautern 1960.

Clemen 1911 | Ich will Haushalten (1529), in: Flugschriften aus den ersten Jahren der Reformation, Bd. 4, hg. von Otto Clemen, Leipzig 1911. S. 163.

Code Napoléon 1809 | Code Napoléon mit Zusäzen und Handelsgesezen als Land-Recht für das Großherzogthum Baden, Karlsruhe 1809.

Collini 1767 | Cosimo Alessandro Collini: Description succinte du Cabinet d'Histoire Naturelle de son Altesse Serenissime Electorale Palatinate, Mannheim 1767.

Collofong/Fell 1978 | 1000 Jahre Lambrecht. Chronik einer Stadt, hg. von Ernst Collofong und Hans Fell, Lambrecht 1978.

Conrad 1991 | Mathias Conrad: Der Amberger Liedertisch, in: Entdeckungen. Landschaft, Kultur und Geschichte des Amberger Landes, hg. von Mathias Conrad, Amberg 1991.

Cser 2007 | Andreas Cser: Kleine Geschichte der Stadt und Universität Heidelberg, Karlsruhe 2007.

Dall'Acqua 1981 | Marzio Dall'Acqua: Dorothea Sophia von Pfalz-Neuburg, Gemahlin des Prinzen Odoardo Farnese und des Herzogs Francesco Farnese von Parma, in: Zeitschrift für Bayerische Landesgeschichte 44, 1981, S. 303–316.

Dam-Mikkelsen/Lundbæk 1980 | Etnografiske genstande i det kongelige danske Kunstkammer 1650–1800. Ethnographic Objects in The Royal Danish Kunstkammer 1650–1800, hg. von Bente Dam–Mikkelsen und Torben Lundbæk, Kopenhagen 1980.

De la Riestra 2004 | Pablo de la Riestra: Kunstdenkmäler in Bayern. München, Ober- und Niederbayern, Schwaben, Darmstadt 2004.

Decker 1981 | Klaus-Peter Decker: Die Schnapphähne am Donnersberg im Jahre 1690. Ein Versuch militärischen Widerstandes gegen die Verbrennungspolitik Ludwigs XIV., in: Mitteilungen des Historischen Vereins der Pfalz 79, 1981, S. 303–324.

Dehio 1914 | Georg Dehio: Kunsthistorische Aufsätze, München/Berlin 1914.

Dehio 2006 | Georg Dehio: Handbuch der deutschen Kunstdenkmäler. Bayern IV: München und Oberbayern, bearb. von Ernst Götz [u.a.], München/Berlin [3]2006.

Dehio/Riegl 1988 | Georg Dehio und Alois Riegl: Konservieren, nicht restaurieren. Streitschriften zur Denkmalpflege um 1900 (Bauwelt-Fundamente Denkmaltheorie; 80), Braunschweig 1988.

Delbrück 2000 | Hans Delbrück: Geschichte der Kriegskunst im Rahmen der politischen Geschichte. Bd. 4: Neuzeit, Berlin/New York 2000, S. 250–260.

Denkmale und Erinnerungen 1909 | Denkmale und Erinnerungen des Hauses Wittelsbach im Bayerischen Nationalmuseum (Kataloge des Bayerischen Nationalmuseums; 11), hg. von der Kgl. Direktion des Bayerischen Nationalmuseums), München 1909.

Deutschländer 2012 | Gerrit Deutschländer: Dienen lernen, um zu herrschen. Höfische Erziehung im ausgehenden Mittelalter (Hallische Beiträge zur Geschichte des Mittelalters und der frühen Neuzeit; 6), Berlin 2012.

Dickmann 1998 | Fritz Dickmann: Der Westfälische Frieden, Münster [7]1998.

Diemer 2004 | Dorothea Diemer: Hubert Gerhard und Carlo di Cesare del Palagio: Bronzeplastiker der Spätrenaissance, 2 Bde., Berlin 2004.

Diestelkamp 2003 | Das Reichskammergericht. Der Weg zu seiner Gründung und die ersten Jahrzehnte seines Wirken (1451–1527) (Quellen und Forschungen zur höchsten Gerichtsbarkeit im Alten Reich; 45), hg. von Bernhard Diestelkamp, Köln/Weimar/Wien 2003.

Dietsche-Pappel 2011 | Dagmar Dietsche-Pappel: B4, 13: Bauaufnahme – Spiegel des „Lifestyles" einer kleinen Welt über fast drei Jahrhunderte, in: Mannheimer Geschichtsblätter 21, 2011, S. 81–98.

Dingel 2002 | Irene Dingel: Eine Etappe Kurpfälzer Konfessionsgeschichte. Die Vorrede zu Konkordienformel/ Konkordienbuch und Kurfürst Ludwig VI., in: Blätter für pfälzische Kirchengeschichte und religiöse Volkskunde 69, 2002, S. 27–48.

Distler 2000 | Uwe Distler: Franz Albert Leopold von Oberndorff. Die Politik Pfalzbayerns (1778–1795) (Beiträge zur pfälzischen Geschichte; 17), Kaiserslautern 2000.

Dollen/Schock-Werner 1999 | Burgenromantik und Burgenrestaurierung um 1900. Der Architekt und Burgenforscher Bodo Ebhardt in seiner Zeit (Veröffentlichungen d. Deutschen Burgenvereinigung, Reihe B, Schriften; 7), hg. von Busso von der Dollen und Barbara Schock-Werner, Braubach 1999.

Dominikanerkloster Düsseldorf 2008 | St. Andreas in Düsseldorf – Die Hofkirche und ihre Schätze, hg. vom Dominikanerkloster Düsseldorf, Düsseldorf 2008.

Dotzauer 1970/71 | Winfried Dotzauer: Der „Warliche Bericht" des Reichsherolds Caspar Stum über den Kriegszug der drei Fürsten gegen Franz von Sickingen im Jahre 1523, in: Blätter für Pfälzische Kirchengeschichte und religiöse Volkskunde 37/38, 1970/71, S. 348–372.

Drös 1991 | Harald Drös: Heidelberger Wappenbuch, Wappen an Gebäuden und Grabmälern auf dem Heidelberger Schloss, in der Altstadt und in Handschuhsheim (Buchreihe der Stadt Heidelberg; 2), Heidelberg 1991.

Droste 2006 | Heiko Droste: Im Dienste der Krone. Schwedische Diplomaten im 17. Jahrhundert (Nordische Geschichte; 2), Berlin 2006.

Drumm 1950 | Ernst Drumm: Die Einwanderung Tiroler Bauhandwerker in das linke Rheingebiet 1660–1730 (Schriften zur Zweibrücker Landesgeschichte; 6), Zweibrücken 1950.

Drumm/Zink 1938 | Ernst Drumm und Albert Zink: Saarpfälzische Kolonisation in Pommern unter Friedrich dem Großen (Schriften zur Zweibrücker Landesgeschichte; 3), Stuttgart 1938.

Duchhardt 1976 | Heinz Duchhardt: Gleichgewicht der Kräfte, Convenance, europäisches Konzert. Friedenskongresse und Friedensschlüsse vom Zeitalter Ludwigs XIV. bis zum Wiener Kongreß (Erträge der Forschung; 56), Darmstadt 1976.

Duchhardt 1990 | Heinz Duchhardt: Altes Reich und europäische Staatenwelt 1648–1806 (Enzyklopädie deutscher Geschichte; 4), München 1990.

Duchhardt 2001 | Heinz Duchhardt: Die dynastische Heirat als politisches Signal, in: Hochzeit als ritus und casus, hg. von Miroslawa Czarnecka und Jolanta Szafarz, Warschau 2001, S. 67–70.

Duchhardt 2010 | Heinz Duchhardt: Die dynastische Heirat, in: Europäische Geschichte Online, hg. vom Institut für Europäische Geschichte (IEG), Mainz 2010.

Duhr 1928 | Bernhard Duhr: Geschichte der Jesuiten in den Ländern deutscher Zunge, Bd. 4,1: Geschichte der Jesuiten in den Ländern deutscher Zunge im 18. Jahrhundert, Regensburg/München 1928.

Dümas 2005 | Dieter Dümas: Ein literarischer Marktplatz, in: SchillerZeit in Mannheim (Reiss-Engelhorn-Museen Mannheim, 17.09.2005–29.02.2013) (Publikationen der Reiss-Engelhorn-Museen; 16), hg. von Alfried Wieczorek und Liselotte Homering, Mainz 2005, S. 7–17.

Dumont/Schütte 1984 | Franz Dumont und Ludwig Schütte: Die Zeit der Französischen Revolution und Napoleons I. Die militärischen Vorgänge von 1792 bis 1797, in: Pfalzatlas, Karte 112a/112d, Textband III, Speyer 1984, S. 1458–1460, S. 1468–1470.

Duwe 1990 | Georg Duwe: Erzkämmerer, Kammerherren und ihre Schlüssel. Historische Entwicklung einer der ältesten Hofämter vom Mittelalter bis 1918, Osnabrück 1990.

Ebersold 1985 | Günther Ebersold: Rokoko, Reform und Revolution. Ein politisches Lebensbild des Fürsten Karl Theodor, Frankfurt am Main 1985.

Egler 1971 | Anna Egler: Die Spanier in der linksrheinischen Pfalz 1620–1632. Invasion, Verwaltung, Rekatholisierung (Quellen und Abhandlungen zur mittelrheinischen Kirchengeschichte; 13), Mainz 1971.

Erb 2008 | Andreas Erb: Anton von Klein und die „Kurfürstliche Deutsche Gesellschaft", in: Mannheimer Geschichtsblätter 16, 2008, S. 82–91.

Ernst 1996 | Albrecht Ernst: Die reformierte Kirche der Kurpfalz nach dem Dreißigjährigen Krieg (1649–1685) (Veröffentlichungen der Kommission für geschichtliche Landeskunde in Baden-Württemberg, Reihe B, Forschungen; 133), Stuttgart 1996.

Ernst/Schindling 2010 | Union und Liga 1608/09. Konfessionelle Bündnisse im Reich – Weichenstellung zum Religionskrieg? (Veröffentlichungen der Kommission für geschichtliche Landeskunde in Baden-Württemberg, Reihe B; 178), hg. von Albrecht Ernst und Anton Schindling, Stuttgart 2010.

Exter 1988 | Friedrich Exter: Zehende Fortsetzung des Versuchs einer Sammlung von Pfältzischen Medaillen [...], Zweibrücken 1768. Faksimileausgabe des Tafelbandes nach Friedrich Exters Handexemplar, München 1988.

Faltlhauser 2006 | Die Münchner Residenz. Geschichte – Zerstörung – Wiederaufbau, hg. von Kurt Faltlhauser, Ostfildern 2006.

Fehrenbach 2011 | Elisabeth Fehrenbach: Traditionale Gesellschaft und revolutionäres Recht. Die Einführung des Code Napoléon in den Rheinbundstaaten (Kritische Studien zur Geschichtswissenschaft; 13), Göttingen [3]2011.

Feldmeier 1913 | Franz Feldmeier: Die Ächtung des Kurfürsten Max Emanuel von Bayern und die Übertragung der Oberpfalz mit der fünften Kur an Kurpfalz (1702–1708), in: Oberbayerisches Archiv für vaterländische Geschichte 58, 1913, S. 145–269.

Fimpeler-Philippen/Schürmann 1999 | Annette Fimpeler-Philippen und Sonja Schürmann: Das Schloß in Düsseldorf, Düsseldorf 1999.

Finscher 1992 | Die Mannheimer Hofkapelle im Zeitalter Carl Theodors, hg. von Ludwig Finscher, Mannheim 1992.

Finscher/Pelker/Thomsen-Fürst 2002 | Mannheim – ein Paradies für Tonkünstler? Kongressbericht Mannheim 1999 (Quellen und Studien zur Geschichte der Mannheimer Hofkapelle; 8), hg. von Ludwig Finscher, Bärbel Pelker und Rüdiger Thomsen-Fürst, Frankfurt am Main [u.a.] 2002.

Fischer 1939 | Johannes Fischer: Die Pfälzer Kolonie zu Magdeburg. Zum Andenken an ihre vor 250 Jahren erfolgte Begründung (Magdeburger Kultur- und Wirtschaftsleben; 19), Magdeburg 1939.

Flegel 1997 | Eva Flegel: Minister, Mäzen, Metallforscher. Carl Heinrich von Sickingen (1737–1791) und seine Versuche über die Platina (1782). Leben und Werk eines Laienforschers im Zeitalter der Aufklärung (Europäische Hochschulschriften, Reihe 3: Geschichte und seine Hilfswissenschaften; 753), Frankfurt am Main [u.a.] 1997.

Flegel 1999 | Christoph Flegel: Die lutherische Kirche in der Kurpfalz von 1648 bis 1716 (Veröffentlichungen des Instituts für Europäische Geschichte Mainz. Abt. Abendländische Religionsgeschichte; 175), Mainz 1999.

Flum/Flum 2009 | Thomas und Carmen Flum: Der Wiederaufbau Heidelbergs nach der Zerstörung im Pfälzischen Erbfolgekrieg, in: Hepp/Mumm 2009, S. 85–163.

Fouquet 2002 | Gerhard Fouquet: Fürsten unter sich. Privatheit und Öffentlichkeit, Emotionalität und Zeremoniell im Medium des Briefes, in: Principes. Dynastien und Höfe im späten Mittelalter (Residenzenforschung; 14), hg. von Cordula Nolte, Karl-Heinz Spieß und Ralf-Gunnar Werlich, Stuttgart 2002, S. 171–181.

Frankenburger 1923 | Max Frankenburger: Die Silberkammer der Münchner Residenz, München 1923.

Franz 1912 | Georg Franz: Aus der Geschichte der Stadt Frankenthal, Frankenthal 1912.

Friedrich 1968 | Renate Friedrich: Franz Anton Mai (1742–1814). Ein Beitrag zur Medizingeschichte der Aufklärung, Heidelberg 1968.

Friedrich 2007 | Susann Friedrich: Drehscheibe Regensburg. Das Informations- und Kommunikationssystem des Immerwährenden Reichstags um 1700 (Colloquia Augustana; 23), Berlin 2007.

Frieß-Reimann 1996 | Hildegard Frieß-Reimann: Mennonitische Agrarreformer, in: Volkskunde als Programm. Updates zur Jahrtausendwende, hg. von Michael Simon und Hildegard Frieß-Reimann, Münster/New York 1996, S. 61–74.

Fritsch 2004 | Rudolf Fritsch: Bergbau und Hüttenwesen, in: Das Fürstentum der Oberen Pfalz. Ein wittelsbachisches Territorium im Alten Reich (Ausstellung im Staatsarchiv Amberg, 16.03–16.05.2004) (Ausstellungskataloge der Staatlichen Archive Bayerns; 46), hg. von Karl-Otto Ambronn und Maria Rita Sagstetter, München 2004, S. 231–252.

Fritz 1987 | Hugenotten im Zweibrücker Land, hg. vom Historischen Verein Zweibrücken/Red.:Leonhardt Fritz, Zweibrücken 1987.

Fritz/Schurig 1994 | Der Franzoseneinfall 1693 in Südwestdeutschland (Historegio; 1), hg. von Gerhard Fritz und Roland Schurig, Remshalden-Buoch 1994.

Fuchs 1963 | Peter Fuchs: Palatinatus Illustratus. Die historische Forschung an der kurpfälzischen Akademie der Wissenschaften (Forschungen zur Geschichte Mannheims und der Kurpfalz, N.F.: 1), Mannheim 1963.

Fuchs 1984 | Achim Fuchs: Wochenmarkt-Ordnung der Stadt Amberg, in: Ausst.-Kat. Amberg 1984, S. 451, Nr. 50.

Fuchs 1999 | Carl Ludwig Fuchs: Die Juwelen der Elisabeth Auguste, in: Ausst.-Kat. Mannheim 1999, S. 125–140.

Fuchs/Reisinger 2001 | Carl Ludwig Fuchs und Claus Reisinger: Schloss und Garten zu Schwetzingen, Worms 2001.

Gaehtgens 1987 | Barbara Gaehtgens: Adriaen van der Werff. 1659–1722, München 1987.

Gaehtgens/Marchesano 2011 | Thomas W. Gaehtgens und Louis Marchesano: Display & Art History. The Düsseldorf Gallery and its Catalogue (Ausstellung Los Angeles, Getty Research Institute, 31.5.–21.8.2011), Los Angeles, 2011.

Gaettens 1956 | Richard Gaettens: Das Bildnis des Pfalzgrafen und Kurfürsten im Spiegel der Medaille und Großplastik, in: Ottheinrich (Ruperto Carola, Sonderband), hg. von Georg Poensgen, Heidelberg 1956, S. 62–85.

Gamber/Beaufort 1990 | Ortwin Gamber und Christian Beaufort: Kunsthistorisches Museum, Wien, Hofjagd- und Rüstkammer (ehem. Waffensammlung). Katalog der Leibrüstkammer, II. Teil: Der Zeitraum von 1530–1560, Busto Arsizio 1990.

Gamer/Diefenbacher 2012 | Maximilian Gamer und Jörg Diefenbacher: Größer und berühmter als Aeneas: Johann Casimir. Zwei Gelegenheitsgedichte des Frankenthaler Apothekers Henric Mirou von 1592 an den Kurpfälzischen Hof, in: Zeitschrift für die Geschichte des Oberrheins 160, 2012, S. 253–274.

Garber 1986 | Klaus Garber: Zentraleuropäischer Calvinismus und deutsche ‚Barock'-Literatur, in: Die reformierte Konfessionalisierung in Deutschland. Das Problem der ‚Zweiten Reformation' (Schriften des Vereins für Reformationsgeschichte; 195), hg. von Heinz Schilling, Gütersloh 1986, S. 137–148.

Gebhard 1939 | Otto Gebhard: Friderizianische Pfälzerkolonien in Brandenburg und Pommern (Veröffentlichungen der Landeskundlichen Forschungsstelle der Provinz Pommern; 6), Stettin 1939.

Gemälde aus der Belagerung von Mannheim 1796 | [o.A.]: Gemälde aus der Belagerung von Mannheim im Jahr 1795, mit Plan und Beilagen, nebst bei der Gelegenheit gewechselten französischen und deutschen Originalschreiben, Mannheim 1796.

Gergen 2006 | Thomas Gergen: Le Code civil en Allemagne: Genèse et rôle du Code Civil en Bade (1809), in: Le Bicentenaire du Code civil – 200 Jahre Code Civil, hg. von Claude Witz, Baden-Baden, 2006, S. 39–54.

Gesche 1981 | Inga Gesche: Münzen und Medaillen. Ausgewählte Neuerwerbungen 1974–1981 (Beiheft des Städtischen Reiss-Museums Mannheim. Kunst- und Kulturgeschichtliche Sammlungen; 4), Mannheim 1981.

Giessler-Wirsig/Böhm-Klein 2006 | Eva Giessler-Wirsig und Johanna Böhm-Klein: Universitäts- und Hochschulmatrikeln, in: Taschenbuch für Familiengeschichtsforschung, hg. von Wolfgang Ribbe und Eckart Henning, Rothenburg [13]2006.

Gigl 1999a | Caroline Gigl: Carl Theodor und Bayern, in: Ausst.-Kat. Mannheim 1999, S. 389–393.

Gigl 1999b | Caroline Gigl: Die Zentralbehörden Kurfürst Karl Theodors in München 1778–1799 (Schriftenreihe zur bayerischen Landesgeschichte; 121), München 1999.

Glückselig 1836 | Anton Thormond Glückselig: Aktenmäßige Darstellung des königl. böhmischen Erbhuldigungs-, Belehnungs und Krönungs-Ceremoniels [...], Prag [u.a.] 1836.

Goeters 1969 | Die evangelischen Kirchenordnungen des XVI. Jahrhunderts, Bd. 14: Kurpfalz, hg. von J.F. Gerhard Goeters, Tübingen 1969.

Goetze 1996a | Jochen Goetze: Kurfürst Karl und das Ende der Simmerschen Linie, in: Ausst.-Kat. Heidelberg 1996, S. 25–26.

Goetze 1996b | Jochen Goetze: Die Kurpfalz und der Nachbar Frankreich, in: Liselotte von der Pfalz. Madame am Hofe des Sonnenkönigs (Ausstellung im Schloss Heidelberg, 21.09.1996–26.01.1997), hg. von Sigrun Paas, Heidelberg 1996, S. 21–24.

Goetze/Roggenkamp 1980 | Jochen Goetze und Walter Roggenkamp: Medaillen der Kurfürsten von der Pfalz. Die Schaeffersche Suite von 1758, Heidelberg 1980.

Gollwitzer 1986 | Heinz Gollwitzer: Ludwig I. von Bayern. Königtum im Vormärz. Eine politische Biographie, München 1986.

Götschmann 1985 | Dirk Götschmann: Oberpfälzer Eisen. Bergbau- und Eisengewerbe im 16. und 17. Jahrhundert (Schriftenreihe des Bergbau- und Industriemuseums Ostbayern; 5), Theuern 1985.

Götschmann 1987 | Dirk Götschmann: Wirtschaftliche Auswirkungen der Hammereinungen von 1341 bis zum 30jährigen Krieg, in: Die Oberpfalz – ein europäisches Eisenzentrum. 600 Jahre Große Hammereinung (Schriftenreihe des Bergbau– und Industriemuseums Ostbayern; 12/1), hg. von Norbert Hirschmann, Theuern 1987, S. 203–220.

Gotthard 1999 | Axel Gotthart: Säulen des Reiches. Die Kurfürsten im frühneuzeitlichen Reichsverband (Historische Studien; 457), Husum 1999.

Götz 1937 | Johann Baptist Götz: Die religiösen Wirren in der Oberpfalz von 1576 bis 1620, Münster 1937.

Gregoretti 1971 | Guido Gregoretti: Gold und Juwelen. Eine Geschichte des Schmucks von Ur bis Tiffany, Gütersloh [u.a.] 1971.

Greiner 2007 | Christian Greiner: Der deutsch-französische „Kriegsgarten" am Oberrhein, 1648–1697, in: Das Markgräflerland 2, 2007, S. 205–226.

Groening 2001 | Monika Groening: Karl Theodors stumme Revolution. Stephan Freiherr von Stengel (1750–1822) und seine staats- und wirtschaftspolitischen Innovationen in Bayern 1778–99 (Mannheimer Geschichtsblätter, Beiheft; 3), Ubstadt-Weiher 2001.

Groenveld 2003 | Simon Groenveld: Könige ohne Staat: Friedrich V. und Elizabeth als Exilierte in Den Haag 1621–1632–1661, in: Ausst.-Kat. Amberg 2003, S. 162–186.

Gross 1997 | Norbert Gross: Der Code Napoléon in Baden und sein Verleger C.F. Müller. Eine deutsch-französische Rechtsbegegnung – Ein Beitrag zur Verlagsgeschichte (Publikationen zur Verlagsgeschichte C. F. Müller; 9), Heidelberg 1997.

Groß 2000 | Uwe Groß: Schwäbisch Gmünd–Brandstatt. Keramikfunde aus einer Kellerverfüllung der Zeit um 1800, in: Fundberichte Baden-Württemberg 24, 2000, S. 633–658.

Grotkamp 1979 | Barbara Grotkamp: Die Bildnisse Carl Theodors und Elisabeth Augustes, in: Ausst.-Kat. Heidelberg 1979, S. 45–54.

Grotkamp-Schepers 1980 | Barbara Grotkamp-Schepers: Die Mannheimer Zeichnungsakademie (1756/69–1803) und die Werke der ihr angeschlossenen Maler und Stecher (Kunstgeschichte; 4), Frankfurt am Main 1980.

Gunnoe 2011 | Charles D. Gunnoe, Jr.: Thomas Erastus and the Palatinate. A Renaissance Physician in the Second Reformation (Brill's series in church history; 48), Leiden/Boston 2011.

Haberl 1995 | Liselotte von der Pfalz. Briefe, hg. von Annedore Haberl, München 1996.

Häberle 1909 | Daniel Häberle: Auswanderung und Koloniegründungen der Pfälzer im 18. Jahrhundert. Zur 200jährigen Erinnerung an die Massenauswanderung der Pfälzer (1907) und an den Pfälzischen Bauerngeneral Nikolaus Herchheimer, den Helden von Oriskany (6. August 1777), Kaiserslautern 1909.

Habich 1929/1932 | Georg Habich: Die deutschen Schaumünzen des 16. Jahrhunderts, München 1929/32.

Hahlweg 1987 | Werner Hahlweg: Die Heeresreform der Oranier und die Antike. Studien zur Geschichte des Kriegswesens der Niederlande, Deutschlands, Frankreichs, Englands, Italiens, Spaniens und der Schweiz vom Jahre 1589 bis zum Dreißigjährigen Kriege (Studien zur Militärgeschichte, Militärwissenschaft und Konfliktforschung; 35), Osnabrück 1987.

Hahn/Hahn-Zelleke 2007 | Wolfgang Hahn und Adelheid Hahn-Zelleke: Die Münzen der baierischen Herzöge und Kurfürsten 1506–1806, Wien 2007.

Hamann 2002 | Brigitte Hamann: Die Habsburger. Ein biographisches Lexikon, Wien [4]2002.

Hammerstein 1984 | Notker Hammerstein: „Großer fürtrefflicher Leute Kinder". Fürstenerziehung zwischen Humanismus und Reformation, in: Renaissance – Reformation. Gegensätze und Gemeinsamkeiten, hg. von August Buck, Wiesbaden 1984, S. 265–285.

Hantschmann 1997 | Katharina Hantschmann: Johann Peter Melchior als Modellmeister der Nymphenburger Porzellanmanuafktur, in: Johann Peter Melchior 1747–1825. Bildhauer und Modellmeister in Höchst, Frankenthal und Nymphenburg, Gelsenkirchen 1997, S. 158–187.

Häntzschel 1987 | Günter Häntzschel: „Die Keusche Venus mit den gelerten Musis". Martin Opitz in Heidelberg, in: Heidelberg im poetischen Augenblick. Die Stadt in Dichtung und bildender Kunst, hg. von Klaus Manger und Gerhard vom Hofe, Heidelberg 1987, S. 45–81.

Harms III 1989 | Deutsche illustrierte Flugblätter des 16. und 17. Jahrhunderts (Die Sammlung der Herzog August Bibliothek in Wolfenbüttel), Teil 2: Theologica, Quodlibetica. Bibliographie, Personen- und Sachregister, hg. von Wolfgang Harms, München 1989.

Harms II 1980 | Deutsche illustrierte Flugblätter des 16. und 17. Jahrhunderts (Die Sammlung der Herzog August Bibliothek in Wolfenbüttel), Teil 2: Historica, hg. von Wolfgang Harms, München 1980.

Härter 1992 | Karl Härter: Reichstag und Revolution. 1789–1806. Die Auseinandersetzung des immerwährenden Reichstags zu Regensburg mit den Auswirkungen der Französischen Revolution auf das Alte Reich (Schriftenreihe der Historischen Kommission bei der Bayerischen Akademie der Wissenschaften; 46), Göttingen 1992.

Hartfelder 1993 | Karl Hartfelder. Kleine Schriften zum pfälzischen Humanismus, hg. von Wilhelm Kühlmann und Hermann Wiegand, Heidelberg 1993.

Hartmann/Kühlmann 2012 | Volker Hartmann und Wilhelm Kühlmann: Heidelberg als kulturelles Zentrum der Frühen Neuzeit. Grundriß und Bibliographie, Heidelberg 2012.

Hartwich 1984 | Wolfgang Hartwich: Die militärische Besetzung der Pfalz durch Frankreich unter König Ludwig XIV. (1688–1697). Karte 109, in: Pfalzatlas, Textband III, hg. von Willi Alter, Speyer 1984, S. 1414–1429.

Hasenclever 1921 | Adolf Hasenclever: Beiträge zur Geschichte Kurfürst Friedrichs II. von der Pfalz, in: Zeitschrift für die Geschichte des Oberrheins, N.F. 36, 1921, S. 259–294.

Hasenclever 1935 | Adolf Hasenclever: Beiträge zur Geschichte Kurfürst Friedrichs II. von der Pfalz, in: Zeitschrift für die Geschichte des Oberrheins, N.F. 48, 1935, S. 359–383.

Hauck 1903 | Karl Hauck: Karl Ludwig, Kurfürst von der Pfalz (1617–1680) (Forschungen zur Geschichte Mannheims und der Pfalz; 4), Leipzig 1903.

Hauss/Zier 1956 | Die Kirchenordnungen von 1556 in der Kurpfalz und in der Markgrafschaft Baden-Durlach (Veröffentlichungen des Vereins für Kirchengeschichte in der Evangelischen Landeskirche in Baden; 16), hg. von Fritz Hauss und Hans-Georg Zier, Karlsruhe 1956.

Heckner 1995 | Ulrike Heckner: Im Dienst von Fürsten und Reformation. Fassadenmalerei an den Schlössern in Dresden und Neuburg an der Donau im 16. Jahrhundert (Kunstwissenschftliche Studien; 64), München/Berlin 1995.

Heege 2009 | Andreas Heege: Steinzeug in der Schweiz (14.–20. Jh.). Ein Überblick über die Funde im Kanton Bern und den Stand der Forschung zu deutschem, französischem und englischem Steinzeug in der Schweiz, Bern 2009.

Heigel 1887 | Karl Theodor von Heigel: Historische Vorträge und Studien. Dritte Folge, München 1887.

Hein 1981 | Gerhard Hein: Die Herkunft der pfälzischen Mennoniten, in: Pfälzer – Palatines. Beiträge zur pfälzischen Ein- und Auswanderung sowie zur Volkskunde und Mundartforschung der Pfalz und der Zielländer pfälzischer Auswanderer im 18. und 19. Jahrhundert (Beiträge zur Bevölkerungsgeschichte der Pfalz; 2), hg. von Karl Scherer, Kaiserslautern 1981, S. 207–212.

Hein/Müller-Jahncke 1993 | Wolfgang-Hagen Hein und Wolf-Dieter Müller-Jahncke: Kostbarkeiten aus dem Deutschen Apotheken-Museum, Heidelberg 1993.

Heinz 1989 | Joachim Heinz: „Bleibe im Lande und nähre dich redlich!". Zur Geschichte der pfälzischen Auswanderung vom Ende des 17. bis zum Ausgang des 19. Jahrhunderts (Beiträge zur pfälzischen Geschichte; 1), Kaiserslautern 1989.

Helfer 2007 | Liselotte von der Pfalz in ihren Harling-Briefen (Veröffentlichungen der Pfälzischen Gesellschaft zur Förderung der Wissenschaften; 102), hg. von Hannelore Helfer, Hannover 2007.

Hellwig 1977 | Fritz Hellwig: Zur älteren Kartographie der Saargegend, in: Jahrbuch für westdeutsche Landesgeschichte 3, 1977, S. 194–228.

Hellwig 1981 | Fritz Hellwig: Zur Kartographie der Saargegend im 17. und 18. Jahrhundert. Militärkartographie und Territorialkarten, in: Jahrbuch für westdeutsche Landesgeschichte 7, 1981, S. 159–242.

Hellwig/Reiniger/Stopp 1984 | Fritz Hellwig, Wolfgang Reiniger und Klaus Stopp: Landkarten der Pfalz. Katalog der gedruckten Karten mit einer kartenhistorischen Einführung, Bad Kreuznach 1984.

Henker 2002 | Michael Henker: Die Einführung der Reformation im Fürstentum Pfalz-Neuburg, in: Pfalzgraf Ottheinrich. Politik, Kunst und Wissenschaft im 16. Jahrhundert (Neuburger Kollektaneenblatt; 151), Regensburg 2002, S. 142–152.

Henß 1984 | Walter Henß: Zwischen Orthodoxie und Irenik. Zur Eigenart der Reformation in der rheinischen Kurpfalz unter den Kurfürsten Ottheinrich und Friedrich III., in: Zeitschrift für die Geschichte des Oberrheins 132, 1984, S. 153–212.

Hepp 1993a | Frieder Hepp: Religion und Herrschaft in der Kurpfalz um 1600. Aus der Sicht des Heidelberger Kirchenrates Dr. Marcus zum Lamm (1544–1606) (Buchreihe der Stadt Heidelberg; 4), Heidelberg 1993.

Hepp 1993b | Frieder Hepp: Matthaeus Merian in Heidelberg. Ansichten einer Stadt, Heidelberg 1993.

Hepp 1999 | Frieder Hepp: "Gar lustig ist die Jägerei!" Die Kurpfälzer Jagd im 17. und 18. Jahrhundert, in: Ausst.-Kat. Heidelberg 1999b, S. 63–84.

Hepp 2008 | Frieder Hepp: „Weh dir Pfalz" – Erfahrungen wiederholter Kriegszerstörungen an Rhein und Neckar, in: Kurpfalz und Rhein-Neckar Kollektive Identitäten im Wandel, hg. von Volker Gallé, Jörg Peltzer, Bernd Schneidmüller und Stefan Weinfurter, Heidelberg 2008, S. 123–144.

Hepp 2010 | Frieder Hepp: Heidelberga deleta. Die Zerstörung Heidelbergs im Bild, in: Heidelberg nach 1693. Bewältigungsstrategien einer zerstörten Stadt, hg. von Susan Richter und Heidrun Rosenberg, Weimar 2010, S. 53–76.

Hepp/Mumm 2009 | Heidelberg im Barock. Der Wiederaufbau der Stadt nach den Zerstörungen von 1689 und 1693. Begleitband zur Ausstellung im Kurpfälzischen Museum der Stadt Heidelberg, hg. von Frieder Hepp und Hans-Martin Mumm, Heidelberg 2009.

Hermkes 1968 | Wolfgang Hermkes: Das Reichsvikariat in Deutschland. Reichsvikare nach dem Tode des Kaisers von der Goldenen Bulle bis zum Ende des Reiches (Studien und Quellen zur Geschichte des deutschen Verfassungsrechts, Reihe A; 2), Karlsruhe 1968.

Herrmann 1975 | Wilhelm Herrmann: „Franz Anton Mai und seine ‚Medizinischen Fastenpredigten'. Ein Gemälde von Sebastian Staasens". Unveröffentlichtes Vortragstyposkript zum Zweiten Museumsabend in den Reiss-Engelhorn-Museen Mannheim am 15./16.10.1975.

Herrmann 1999 | Wilhelm Herrmann: Hoftheater – Volkstheater – Nationaltheater. Die Wanderbühnen im Mannheim des 18. Jahrhunderts und ihr Beitrag zur Gründung des Nationaltheaters (Quellen und Studien zur Geschichte der Mannheimer Hofkapelle; 5), Frankfurt am Main [u.a.] 1999.

Hersche 1984 | Peter Hersche: Die deutschen Domkapitel im 17. und 18. Jahrhundert, Bd. 1: Einleitung und Namenslisten, Bern 1984.

Herz 1972 | Briefe der Herzogin Elisabeth Charlotte von Orléans an ihre Geschwister, hg. von Heinz Herz, Leipzig 1972.

Heß 1981 | Hans Heß: Französische Expansionskriege unter Ludwig XIV. und die Pfalz, in: Pfälzische Landeskunde. Beiträge zu Geographie, Biologie, Volkskunde und Geschichte, Bd. 3, hg. von Michael Geiger, Landau 1981, S. 137–152.

Hesse 1986 | Werner Hesse: Hier Wittelsbach, hier Pfalz. Die Geschichte der pfälzischen Wittelsbacher von 1214–1803, Landau in der Pfalz 1986.

Hesse 1999 | Petra Hesse: Die Kleidung am Mannheimer Hof zur Zeit des Kurfürsten Karl Theodor, in: Ausst.-Kat. Mannheim 1999, S. 111–121.

Heym 1992 | Sabine Heym: Schatzkammer der Residenz München. Amtlicher Führer, München [3]1992.

Heym 2006 | Sabine Heym: Prachtvolle Kroninsignien für Bayern – aber keine Krönung, in: Ausst.-Kat. München 2006, S. 37–49.

Hoffmann [u.a.] 2005 | Als Frieden möglich war. 450 Jahre Augsburger Religionsfrieden. Begleitband zur Ausstellung im Maximilianmuseum Augsburg, hg. von Carl Hoffmann [u.a.], Regensburg 2005.

Hofmann 1982 | Eva Hofmann: Peter Anton von Verschaffelt. Hofbildhauer des Kurfürsten Carl Theodor in Mannheim, Phil. Diss., Heidelberg 1982.

Hofmann 1999 | Karl Ludwig Hofmann: Die kurfürstliche Gemäldegalerie in Mannheim – Von der Fürstensammlung zur Bildungseinrichtung, in: Ausst.-Kat. Mannheim 1999, Bd. 1, S. 239–244.

Hohrath 2010 | Daniel Hohrath: Stadtbefestigung, in: Enzyklopädie der Neuzeit, hg. von Friedrich Jaeger, Stuttgart 2010, Sp. 723–726.

Holtzmann 1930 | Walther Holtzmann: Die englische Heirat Pfalzgraf Ludwigs III., in: Zeitschrift für die Geschichte des Oberrheins, N.F. 43, 1930, S. 1–38.

Homering 1999 | Liselotte Homering: Zwischen absolutistischem Machtanspruch und bürgerlicher Aufgeklärtheit – Kurfürst Carl Theodor und das Theater, in: Ausst.-Kat. Mannheim 1999, S. 305–321.

Homering 2004 | Liselotte Homering: Schiller, Schwan und Tortenschaufel, in: Mannheimer Geschichtsblätter, N.F. 11, 2004, S. 267–277.

Homering 2010 | Liselotte Homering: „Hierauf erschien Schillers Genius" – Anmerkungen zu August Wilhelm Iffland und Friedrich Schiller, in: Mannheimer Geschichtsblätter 20, 2010, S. 94–112.

Homering 2012 | Liselotte Homering: Wolfgang Heribert von Dalberg als Theaterleiter und Autor, in: Zwischenwelten. Das Rheinland um 1800, hg. von Volker Gallé und Werner Nell, Worms 2012, S. 69–94.

Homering 2013 | Liselotte Homering: Anna Maria Luisa (1667–1743), in: Ausst.-Kat. Mannheim 2013, Bd. 2: Begleitband, S. 374–376.

Hoogsteder 2003 | Willem Jan Hoogsteder: Die Gemäldesammlung von Friedrich V. und Elizabeth im Könighaus in Rhenen/Niederlande, in: Ausst.-Kat. Amberg 2003, S. 188–206.

Huber 2000 | Georg Huber: Wärmflaschen, Wärmesteine und Wärmepfannen. Zur Geschichte der Wärmespender von 1500 bis heute, Husum 2000.

Hubková 2010 | Jana Hubková: Fridrich Falcký v zrcadle letákové publicistiky [Friedrich von der Pfalz im Spiegel der Flugblattpublizistik] (Opera Facultatis philosophicae Universitatis Carolinae Pragensis; 8), Prag 2010.

Hufeld 2003 | Der Reichsdeputationshauptschluß von 1803. Eine Dokumentation zum Untergang des Alten Reiches, hg. von Ulrich Hufeld, Köln/Weimar/Wien 2003.

Huffschmid 1895 | Maximillian Huffschmid: Zur Geschichte des Heidelberger Schlosses, Heidelberg 1895.

Huth 1982 | Hans Huth: Die Kunstdenkmäler des Stadtkreises Mannheim, Bd. 1 (Die Kunstdenkmäler in Baden-Württemberg), München 1982.

Iseli 2009 | Andrea Iseli: Gute Policey. Öffentliche Ordnung in der Frühen Neuzeit, Stuttgart 2009.

Jahrbuch der Staatlichen Kunstsammlungen in Baden-Württemberg 1997 | Jahrbuch der Staatlichen Kunstsammlungen in Baden-Württemberg, 37, 1997.

Jecmen 2012 | Gregory Jecmen: Color printing and tonal etching. Innovative techniques in the Imperial City, 1487–1536, in: Imperial Augsburg. Renaissance prints and drawings 1475–1540 (Ausstellung in der National Gallery of Art Washington, 30.09.2012–31.12.2012), Farnham 2012, S. 67–101.

Jehle 1953 | Alfons Jehle: Das Brauwesen von Amberg in der Oberpfalz. Ein historischer Überblick, in: Der Brauer und Mälzer 6, 1953, S. 3–12.

Jensen 1986 | Inken Jensen: Archäologie in den Quadraten. Ausgrabungen in der Mannheimer Innenstadt, Mannheim 1986.

Jensen 1990 | Inken Jensen: Zu den Anfängen der Mannheimer Tonpfeifen-Produktion im 17. Jahrhundert, in: Mannheimer Hefte 1, 1990, S. 90–100.

Jensen 1999 | Inken Jensen: Datierte Tonpfeifen des 17. Jahrhunderts aus der Kurpfalz. Erste Ergebnisse, in: Tonpfeifen in der Schweiz. Beiträge zum Kolloquium über Tabakspfeifen aus Ton (Liestal, 26. März 1998) (Archäologie und Museum; 40), hg. von Michael Schmaedecke, Liestal 1999, S. 19–26.

Jessewitsch 1987 | Rolf Dieter Jessewitsch: Das „Ständebuch" des Jost Amman (1568). Zur ständepolitischen Ikonographie der Reichsstadt Nürnberg in der deutschen Druckgraphik des XVI. Jahrhunderts (Kunstgeschichte – Form und Interesse; 18), Münster 1987.

Joliet 1996 | Die Geschichte der Fliese, hg. von Wilhelm Joliot, Köln 1996.

Kaeß/Stierhof 1977 | Friedrich Kaeß und Horst Stierhof: Die Schloßkapelle in Neuburg an der Donau (Kunst in Bayern und Schwaben; 1), Weißenhorn 1977.

Kastenholz 2006 | Richard Kastenholz: Hans Schwarz. Ein Augsburger Bildhauer und Medailleur der Renaissance (Kunstwissenschaftliche Studien; 126), München/Berlin 2006.

Kat. Coburg 1983 | Illustrierte Flugblätter aus den Jahrhunderten der Reformation und der Glaubenskämpfe, hg. von Wolfgang Harms (Kataloge der Kunstsammlungen der Veste Coburg; 40), Coburg 1983.

Kat. Düsseldorf 2008 | St. Andreas in Düsseldorf. Die Hofkirche und ihre Schätze. Zum 350. Geburtstag des Kurfürsten Johann Wilhelm von der Pfalz, hg. vom Dominikanerkloster Düsseldorf, Düsseldorf 2008.

Kat. Frankenthal 1990 | Edgar J. Hürkey: Das Erkenbert-Museum, Frankenthal 1990.

Kat. Heidelberg 1991 | Bildführer durch die Sammlungen des Kurpfälzischen Museums der Stadt Heidelberg, für das Kurpfälzische Museum der Stadt Heidelberg hg. von Jörn Bahns, Heidelberg 1991.

Kat. Heidelberg 1999 | Romantik. Schloß Heidelberg im Zeitalter der Romantik, hg. von den Staatlichen Schlösser und Gärten Baden-Württemberg, Regensburg 1999.

Kat. Heidelberg 2006 | Elisabeth Huwer: Das Deutsche Apotheken-Museum. Schätze aus zwei Jahrtausenden Kultur- und Pharmaziegeschichte, Heidelberg 2006.

Kat. Heidelberg 2007 | bearbeitet von Mathias Miller und Karin Zimmermann: Die Codices Palatini germanici in der Universitätsbibliothek Heidelberg (Cod. Pal. germ. 304–495) (Kataloge der Universitätsbibliothek Heidelberg; 8), Wiesbaden 2007.

Kat. Karlsruhe 1969 | Medaillen der Renaissance und des Barock. Eine Auswahl aus den Beständen des Badischen Landesmuseums (Bildhefte des Badischen Landesmuseums Karlsruhe), hg. vom Badischen Landesmuseum, Karlsruhe 1969.

Kat. Karlsruhe 1991 | Die Karlsruher Türkenbeute. Die „Türckische Kammer" des Markgrafen Ludwig Wilhelm von Baden-Baden. Die „Türckischen Curiositaeten" der Markgrafen von Baden-Durlach, hg. von Ernst Petrasch, München 1991.

Kat. Mannheim 1981 | Münzen und Medaillen. Ausgewählte Neuerwerbungen 1974–1981 (Beiheft des Städtischen Reiss-Museums Mannheim. Kunst- und Kulturgeschichtliche Sammlungen; 4), hg. von Inga Gesche, Mannheim 1981.

Kat. München 1909 | Denkmale und Erinnerungen des Hauses Wittelsbach im Bayerischen Nationalmuseum (Kataloge des Bayerischen Nationalmuseums; 11), hg. von der Königlichen Direktion des Bayerischen Nationalmuseums, München 1909.

Kat. München 1959 | Bildwerke in Holz, Ton und Stein von der Mitte des XV. bis gegen Mitte des XVI. Jahrhunderts (Kataloge des Bayerischen Nationalmuseums München; 13,2), bearb. von Theodor Müller, München 1959.

Kat. München 1978a | Erwerbungen aus drei Jahrzehnten (Ausstellungskataloge; 16), hg. von der Bayerischen Staatsbibliothek, Wiesbaden 1978.

Kat. München 1978b | Nach-Barock und Klassizismus (Sammlungskatalog München, Neue Pinakothek) (Bayerische Staatsgemäldesammlungen Gemäldekataloge; 3), bearb. von Barbara Hardtwig, München 1978.

Kat. München 1991 | Matthias Reuss: Der Gemäldezyklus des Schlosses Bensberg, in: Venezianische Gemälde des 18. Jahrhunderts (Gemäldekataloge; 10,2), München 1991.

Kat. München 2006 | Holländische und deutsche Malerei des 17. Jahrhunderts (Sammlungskatalog München, Alte Pinakothek; 4), hg. von Marcus Dekiert, Ostfildern 2006.

Kat. Speyer 1993 | Weinmuseum, hg. von Ludgar Tekampe und Meinrad Maria Grewenig, Speyer 1993.

Kat. Wien 1976 | Katalog der Leibrüstkammer, Bd. 1: Der Zeitraum von 500–1530, hg. von Bruno Thomas und Ortwin Gamber, Wien 1976.

Kat. Wien 1990 | Katalog der Leibrüstkammer, Bd. 2: Der Zeitraum von 1530–1560 (Führer durch das Kunsthistorische Museum Wien; 39), hg. von Ortwin Gamber und Christian Beaufort, unter Mitarbeit von Matthias Pfaffenbichler, Wien 1990.

Keil 1893 | Robert und Richard Keil: Die deutschen Stammbücher des 16.–19. Jahrhunderts. Ernst und Scherz, Weisheit und Schwank in Original-Mittheilungen zur deutschen Kultur-Geschichte, Berlin 1893.

Keller 1972 | Horst Keller: Franz Hogenberg, in: Neue Deutsche Biographie, Bd. 9, Berlin 1972, S. 472f.

Kern 1991 | Bernd-Rüdiger Kern: Die Gerichtsordnungen des Kurpfälzer Landrechts von 1582 (Quellen und Forschungen zur höchsten Gerichtsbarkeit im Alten Reich; 23), Köln/Wien 1991.

Keruzec 2011 | Annaick Keruzec: Organisches aus dem Barockhaus B4, 13. Dokumentation der Textil- und Lederfunde aus der Mannheimer Grabung BW 2007–10, in: Mannheimer Geschichtsblätter 22, 2011, S. 129–137.

Kettemann 2000 | Rudolph Kettemann: Peter Luder (um 1415–72). Die Anfänge der humanistischen Studien in Deutschland, in: Humanismus im deutschen Südwesten. Biographische Porträts, hg. von Paul Gerhard Schmidt, Sigmaringen [2]2000, S. 13–34.

Kiesel 1996 | Briefe der Liselotte von der Pfalz, hg. von Helmuth Kiesel, Frankfurt am Main 1996.

Killy/Kühlmann 2008–2012 | Killy Literaturlexikon. Autoren und Werke des deutschsprachigen Kulturraumes., hg. von Wilhelm Kühlmann [u.a.], Berlin/New York/Boston [2]2008–2012.

Kimmel 1973 | Hugenotten in der Pfalz. Festschrift zum Deutschen Hugenottentag in Landau in der Pfalz, hg. von Helmut Kimmel, Obersickte/Braunschweig 1973.

Kirchheimer 1981 | Franz Kirchheimer: Die Medaillen der Kurpfälzischen Akademie der Wissenschaften (Sitzungsberichte der Heidelberger Akademie der Wissenschaften. Mathematisch-naturwissenschaftliche Klasse; 1), Berlin 1981.

Kistner 1930 | Adolf Kistner: Die Pflege der Naturwissenschaften in Mannheim zur Zeit Karl Theodors (Geschichte der Kurpfälzischen Akademie der Wissenschaften; 1), Mannheim 1930.

Klenau 2008 | Arnhard Graf Klenau: Orden in Deutschland und Österreich, Bd. 2, Offenbach 2008.

Kluckhohn 1868 | August Kluckhohn: Briefe Friedrichs des Frommen, Braunschweig 1868.

Kluckhohn 1872 | August Kluckhohn: Das Testament Friedrichs des Frommen Churfürsten von der Pfalz, in: Abhandlungen der Historischen Classe der Königlich bayerischen Akademie der Wissenschaften, Bd. 12, München 1872.

Knecht 1892 | Jacob Knecht: Die wallonische Gemeinde zu Otterberg (Geschichtsblätter des Deutschen Hugenottenvereins; Zehnt 1, Heft 7) Magdeburg 1892.

Knox 1995 | George Knox: Bellucci and Pellegrini at Bensberg, 1713–1714, in: ders., Antonio Pellegrini, 1675–1741, Oxford 1995, S. 89–127.

Koch 2006 | Sabine Koch: Die Düsseldorfer Gemäldegalerie, in: Tempel der Kunst. Die Geburt des öffentlichen Museums in Deutschland 1701–1815, hg. von Bénédicte Savoy, Mainz 2006, S. 87–115.

Koch/Seitz 1891 | Julius Koch und Fritz Seitz: Das Heidelberger Schloß, 2 Bde., Darmstadt 1891.

Koch/Seitz 1896 | Julius Koch und Fritz Seitz: Zur Baugeschichte des Heidelberger Schlosses, in: Mitteilungen zur Geschichte des Heidelberger Schlosses 3, 1896, S. 150–68.

Koch/Seitz 1903 | Julius Koch und Fritz Seitz: Zur Baugeschichte des Heidelberger Schlosses, in: Deutsche Bauzeitung. Zeitschrift für nationale Baugestaltung 37, 1903, S. 193–195, S. 199–201 und S. 206–207.

Kohler 1994 | Alfred Kohler: „Tu felix Austria nube“. Vom Klischee zur Neubewertung dynastischer Politik in der neueren Geschichte Europas, in: Zeitschrift für Historische Forschung 21, 1994, S. 461–482.

Kohnle 2003 | Armin Kohnle: Das Ende der Kurpfalz 1803, in: ... so geht hervor ein' neue Zeit. Die Kurpfalz im Übergang an Baden 1803, hg. von Armin Kohnle [u.a.], Heidelberg 2003, S. 9–28.

Kohnle 2005 | Armin Kohnle: Kleine Geschichte der Kurpfalz, Karlsruhe 2005.

Kohnle 2006 | Armin Kohnle: Zwischen Mainz und Pfalz. Der Bergsträßer Rezeß von 1650 und die Konfessionen, in: Zwischen Konflikt und Kooperation. Religiöse Gemeinschaften in Stadt und Erzstift Mainz in Spätmittelalter und Neuzeit (Veröffentlichungen des Instituts für Europäische Geschichte Mainz Abt. für Abendländische Religionsgeschichte Beiheft; 70), hg. von Irene Dingel und Wolf-Friedrich Schäufele, Mainz 2006, S. 227–238.

Kohnle 2008 | Armin Kohnle: Ottheinrich: Leben und Wirken eines Reformationsfürsten, in: Kurfürst Ottheinrich und die humanistische Kultur in der Pfalz (Veröffentlichungen der pfälzischen Gesellschaft zur Förderung der Wissenschaften in Speyer; 103), hg. von Hans Ammerich und Hartmut Harthausen, Speyer 2008, S. 11–29.

Kohnle 2011 | Armin Kohnle: Kleine Geschichte der Kurpfalz, Karlsruhe [4]2011.

Kollnig 1949 | Karl Kollnig: Die Pfalz nach dem 30jährigen Kriege (Heidelberger Vorträge; 13), Heidelberg 1949.

Kolmbauer 1994 | Johann Kolmbauer: Von Konsuln und Gesandten. Die Geschichte der Diplomatie in Salzburg (Schriftenreihe des Landespressebüros, Serie Sonderpublikationen; 116), Salzburg 1994.

König 1888 | Vinzenz König: Der kunstvolle runde Tisch im Rathaus zu Amberg, Amberg 1888.

Kornexl 1967 | Dietrich Kornexl: Studien zu Marquard Freher (1565–1614). Leben, Werke und gelehrtengeschichtliche Bedeutung, Freiburg/Bamberg 1967.

Korthals Altes 2003 | Everhard Korthals Altes: The Collections of the Palatine Electors. New Information, Documents and Drawings, in: The Burlington Magazine 145, 2003, S. 206–218.

Kramer 1998 | Ferdinand Kramer: Aspects du fonctionnement des légations dans les États de taille moyenne. Duché et Électorat de Bavière (XVIe–XVIIIe siècles), in: L'invention de la diplomatie (Moyen age – Temps modernes), hg. von Lucien Bély und Isabelle Richefort, Paris 1998, S. 177–192.

Krämer 2009 | Helmut Krämer: 300 Jahre Privilegierte Löwen-Apotheke in Mannheim – Gesundheit im Quadrat, Mannheim 2009.

Kraus 1906 | Johannes Kraus: Anton Mirou, ein Frankenthaler Maler, in: Monatsschrift des Frankenthaler Altertumsvereins 1906, S. 11.

Kraus 1965 | Johannes Kraus: Ein neuer Mirou für das Erkenbertmuseum, in: Frankenthal einst und jetzt, 1/1965, S. 28.

Krause 2011 | Stefan Krause: Ein Rundschild aus dem Besitz des späteren Kaisers Maximilian I., in: Jahrbuch des Kunsthistorischen Museums Wien, 13/14, 2011/12, S. 39–51.

Krause 2011a | Stefan Krause: Der Augsburger Druckgraphiker Daniel Hopfer (1471–1536) als Waffendekorateur, in: Jahrbuch des Kunsthistorischen Museums Wien 13/14, 2011/12, S. 59–63.

Keddigkeit 2007 | Jürgen Keddigkeit: Kleine Geschichte der Stadt Kaiserslautern, Karlsruhe/Leinfelden-Echterdingen 2007.

Kremp/Paul 2002 | Die Auswanderung nach Nordamerika aus den Regionen des heutigen Rheinland-Pfalz (Atlantische Texte; 16), hg. von Werner Kremp und Roland Paul, Trier 2002.

Kremp/Paul/Schmal 2010 | Pfälzer in Amerika (Atlantische Texte; 33), hg. von Werner Kremp, Roland Paul und Helmut Schmahl, Trier 2010.

Kreutz 1984 | Wilhelm Kreutz: Die Mannheimer „Gesellschaft von Freunden der Menschenrechte", 1792 (Mit Dokumentenanhang), in: Jahrbuch des Instituts für Deutsche Geschichte der Universität Tel Aviv 13, 1984, S. 59–78.

Kreutz 1985 | Wilhelm Kreutz: Kurpfalz zwischen Ancien Régime und Französischer Revolution, in: Mitteilungen der Gesellschaft der Freunde der Universität Mannheim 36/2, 1985, S. 28–38.

Kreutz 1990 | Wilhelm Kreutz: Mannheim, Heidelberg und die Kurpfalz im Zeichen der Französischen Revolution, in: Demokratisierung in der Französischen Revolution. Wirkungen auf Deutschland. Analysen und Zeugnisse. Bild- und Musikdokumente (Forschen – Lehren – Lernen; 3), hg. von Gunter Thiele, Villingen-Schwenningen 1990, S. 225–238.

Kreutz 1996 | Wilhelm Kreutz: Die kurpfälzische Akademie der Wissenschaften im Kontext der regionalen, nationalen und europäischen Aufklärungsprozesse, in: Aufklärung, Lumières und Politik. Zur politischen Kultur der deutschen und französischen Aufklärung (Deutsch-französische Kulturbibliothek; 5), hg. von Hans-Erich Bödeker und Etienne François, Leipzig 1996, S. 275–299.

Kreutz 1997a | Wilhelm Kreutz: Mannheim im Jahr 1795, in: Mannheimer Geschichtsblätter, N.F. 4, 1997, S. 267–286.

Kreutz 1997b | Wilhelm Kreutz: Zur politischen Entwicklung der bayerischen und badischen Pfalz vom Ende der napoleonischen Herrschaft bis zur Gründung der Bundesländer Rheinland-Pfalz und Baden-Württemberg, in: Kurpfalz (Schriften zur politischen Landeskunde Baden-Württembergs; 25), hg. von Alexander Schweickert, Stuttgart 1997, S. 51–98.

Kreutz 1999a | Wilhelm Kreutz: Außenpolitik und diplomatische Beziehungen bis 1789, in: Ausst.-Kat. Mannheim 1999, S. 217–223.

Kreutz 1999b | Wilhelm Kreutz: Revolution und Gegenrevolution, in: Ausst.-Kat. Mannheim 1999, S. 409–414.

Kreutz 2008a | Wilhelm Kreutz: Friedrich Schiller und die Konflikte in der und um die „Kurfürstlich Deutsche Gesellschaft" in den frühen 1780er Jahren, in: Mannheimer Geschichtsblätter 16, 2008, S. 72–81.

Kreutz 2008b | Wilhelm Kreutz: Aufklärung in der Kurpfalz. Beiträge zu Institutionen, Sozietäten und Personen (Rhein-Neckar-Kreis. Historische Schriften; 4), Ubstadt-Weiher [u.a.] 2008.

Kreutz 2012a | Wilhelm Kreutz: Mannheim und die Kurpfalz werden badisch, in: Karl Friedrich von Baden, hg. von Ulrich Nieß und Hermann Wiegand, Mannheim 2012, S. 39–68.

Kreutz 2012b | Wilhelm Kreutz: Regionale Identitätsbildung. Die Pfalz im langen 19. Jahrhundert, in: Räume und Grenzen am Oberrhein (Oberrheinische Studien; 30), hg. von Brigitte Herrbach-Schmidt und Hansmartin Schwarzmaier, Ostfildern 2012, S. 221–238.

Kreutz/Kühlmann/Wiegand 2013 | Die Wittelsbacher und die Kurpfalz in der Neuzeit. Zwischen Reformation und Revolution, hg. von Wilhelm Kreutz, Wilhelm Kühlmann und Hermann Wiegand, Regensburg 2013.

Krimm 2000 | Konrad Krimm: Ein königsgleicher Lehnshof. Das Lehnsbuch Pfalzgraf Friedrichs des Siegreichen und seine Miniaturen, in: Der Griff nach der Krone. Die Pfalzgrafschaft bei Rhein im Mittelalter, hg. von Volker Rödel, Regensburg 2000, S. 61–73.

Krock 1999 | Andreas Krock: Die propagandistische Wirkung der graphischen Darstellungen des Kurfürstenpaares, in: Ausst.-Kat. Mannheim 1999, S. 103–109.

Krock 2001 | Andreas Krock: Der Kupferstecher Egid Verhelst (1733–1804). Ein Künstler zwischen höfischem Anspruch und bürgerlichem Auftrag, in: Mannheimer Geschichtsblätter 8, 2001, S. 205–238.

Krummacher 1990 | Hans-Henrik Krummacher: „Laurea doctoralis Julii Guilihelmi Zincgrefii (1620)". Ein Heidelberger Gelegenheitsdruck für Julius Wilhelm Zincgref mit einem unbekannten Gedicht von Martin Opitz, in: Opitz und seine Welt: Festschrift für George Schulz-Behrend zum 12. Februar 1988, hg. von George Schulz-Behrend, Barbara Becker-Cantarino, Jörg-Ulrich Fechner, Amsterdam 1990, S. 287–350.

Krünitz 1787 | Johann G. Krünitz: Art: „Knopf", in: Oekonomische Encyclopädie, Bd. 41, Berlin 1787.

Kugeler 2006 | Internationale Beziehungen in der frühen Neuzeit. Ansätze und Perspektiven (Wirklichkeit und Wahrnehmung in der Frühen Neuzeit; 3), hg. von Heidrun Kugeler, Christian Sepp und Georg Wolf, Münster [u.a.] 2006.

Kühlmann 1994a | Rudolf Agricola (1444–1485). Protagonist des nordeuropäischen Humanismus zum 550. Geburtstag, hg. von Wilhelm Kühlmann, Bern [u.a.] 1994.

Kühlmann 1994b | Wilhelm Kühlmann: Ausblick. Vom humanistischen Contubernium zur Heidelberger Sodalitas Litteraria Rhenana, in: Rudolf Agricola (1444–1485). Protagonist des nordeuropäischen Humanismus zum 550. Geburtstag, hg. von Wilhelm Kühlmann, Bern [u.a.] 1994, S. 387–412.

Kühlmann 2001 | Wilhelm Kühlmann: Martin Opitz. Deutsche Literatur und deutsche Nation, Heidelberg [2]2001.

Kühlmann 2006a | Wilhelm Kühlmann: Montpellier und Heidelberg. Poetische Konturen einer historischen Beziehung im 16. Jahrhundert, Heidelberg 2006.

Kühlmann [u.a.] 2006b | Vom Humanismus zur Spätaufklärung. Ästhetische und kulturgeschichtliche Dimensionen der frühneuzeitlichen Lyrik und Verspublizistik in Deutschland, hg. von Wilhelm Kühlmann, Joachim Telle, Friedrich Vollhardt und Hermann Wiegand, Tübingen 2006.

Kühlmann 2006c | Wilhelm Kühlmann: Huldigung als Warnung. Poetischer Rat für den Heidelberger Kurfürsten, 1620, in: Vom Humanismus zur Spätaufklärung. Ästhetische und kulturgeschichtliche Dimensionen der frühneuzeitlichen Lyrik und Verspublizistik in Deutschland, hg. von Joachim Telle, Friedrich Vollhardt und Hermann Wiegand, Tübingen 2006, S. 453–456.

Kühlmann 2006d | Wilhelm Kühlmann: Von Heidelberg zurück nach Schlesien – Opitz' frühe Lebensstationen im Spiegel seiner lateinischen Lyrik, in: Vom Humanismus zur Spätaufklärung. Ästhetische und kulturgeschichtliche Dimensionen der frühneuzeitlichen Lyrik und Verspublizistik in Deutschland, hg. von Joachim Telle, Friedrich Vollhardt und Hermann Wiegand, Tübingen 2006, S. 457–470.

Kühlmann 2009 | Wilhelm Kühlmann: Ein Heidelberger Dichter wünscht prädestiniert zu sein. Zur Behandlung konfessionalistischer Positionen in der geistlichen Lyrik des deutschen Späthumanismus, ausgehend von einer Ode des Paul Schede Melissus (Meletemata 1, 21) von 1595, in: Prädestination und Willensfreiheit. Luther, Erasmus, Calvin und ihre Wirkungsgeschichte. Festschrift für Theodor Mahlmann zum 70. Geburtstag (Marburger Theologische Studien; 99), hg. von Wilfried Härle und Barbara Mahlmann-Bauer, Leipzig 2009, S. 146–158.

Kühlmann 2011 | Wilhelm Kühlmann: Der Glanz der Frühe. Melanchthons Erinnerungen an seine Heidelberger Studienzeit und an Rudolph Agricola, in: Pirckheimer Jahrbuch 25, 2011, S. 35–49.

Kühlmann 2012 | Wilhelm Kühlmann: Art. „Freher ‚Marquard Friedrich": in: Frühe Neuzeit in Deutschland 1520–1620. Literaturwissenschaftliches Verfasserlexikon, Bd. 2, Berlin 2012.

Kühlmann/Hartmann/El Kholi 2005 | Wilhelm Kühlmann, Volker Hartmann und Susann El Kholi: Die deutschen Humanisten. Dokumente zur Überlieferung der antiken und mittelalterlichen Literatur in der Frühen Neuzeit, Bd. 1,1: hg. von Marquard Freher, Turnhout/Belgien 2005.

Kühlmann/Wiegand 2011 | Julius Wilhelm Zincgref und der Heidelberger Späthumanismus. Zur Blüte- und Kampfzeit der calvinistischen Kurpfalz (Mannheimer historische Schriften; 5), hg. von Wilhelm Kühlmann und Hermann Wiegand, Ubstadt-Weiher 2011.

Kühn-Steinhausen 1939 | Hermine Kühn-Steinhausen: Die letzte Medicäerin, eine deutsche Kurfürstin. Anna Maria Luisa von der Pfalz 1667–1743, Düsseldorf 1939.

Kühn-Steinhausen 1941 | Hermine Kühn-Steinhausen: Jan Frans van Douven als Portraitmaler, Düsseldorf 1941.

Kühn-Steinhausen 1958 | Hermine Kühn-Steinhausen: Johann Wilhelm, Kurfürst von der Pfalz, Herzog von Jülich-Berg (1658–1716), Düsseldorf 1958.

Küster-Heise 2008 | Katharina Küster-Heise: Anna Dorothea Therbusch, geb. Lisiewska 1721–1782. Eine Malerin der Aufklärung, Leben und Werk, Heidelberg 2008.

Langedijk 1981 | Karla Langedijk: The Portraits of the Medici, 15th–18th Centuries, Bd. 1, Florenz 1981.

Langer 2007 | Brigitte Langer und Dorothea van Endert: Schloss Neuburg an der Donau. Amtlicher Führer, hg. von der Bayerischen Verwaltung der Staatlichen Schlösser, Gärten und Seen, München 2007.

Lankheit 1988a | Klaus Lankheit: Der kurpfälzische Hofbildhauer Paul Egell (1691–1752), Bd. 1, München 1988.

Lankheit 1988b | Klaus Lankheit: Der kurpfälzische Hofbildhauer Paul Egell (1691–1752), Bd. 2, München 1988.

Lanzinner 2007 | Maximilian Lanzinner: 25. Februar 1623. Der Regensburger Deputationstag – Bayern wird Kurfürstentum, in: Bayern nach Jahr und Tag. 24 Tage aus der bayerischen Geschichte, hg. von Alois Schmid und Katharina Weigand, München 2007, S. 248–262.

Lanzinner/Heil 2002 | Der Reichstag zu Augsburg 1566 (Deutsche Reichstagsakten. Reichsversammlungen 1556–1662), 2 Bde., bearb. von Maximilian Lanzinner und Dietmar Heil, München 2002.

Laschinger 1984 | Johannes Laschinger: Das Spital in Amberg, in: Ausst.-Kat. Amberg 1984, S. 153–164.

Laschinger 2000 | Johannes Laschinger: Amberg. Die kurfürstliche Haupt– und Regierungsstadt der oberen Pfalz, Stuttgart 2000.

Laschinger 2004 | Der Winterkönig. Königlicher Glanz in Amberg. Vortragsreihe des Stadtarchivs Amberg zur Landesausstellung 2003 (Beiträge zur Geschichte und Kultur der Stadt Amberg; 1), hg. von Johannes Laschinger, Amberg 2004.

Laschinger 2009 | Johannes Laschinger: Wappen der Stadt und des Spitals, in: Archivische Schätze. Aus 975 Jahren Amberger Geschichte (Beiträge zur Geschichte und Kultur der Stadt Amberg; 4), hg. von Johannes Laschinger, Amberg 2009.

Lebigre 1988 | Arlette Lebigre: Liselotte von der Pfalz. Eine Biographie, Düsseldorf 1988.

Legler 1997 | Das Wunder von Mannheim. Festschrift zur Altarweihe der Jesuitenkirche Mannheim, hg. von Rolf Legler, Lindenberg 1997.

Leibetseder 2013 | Stefanie Leibetseder: Johann Paul Egell (1691–1752). Der kurpfälzische Hofbildhauer und die Hofkunst seiner Zeit. Skulptur – Ornament – Relief (Studien zur internationalen Architektur- und Kunstgeschichte; 96), Petersberg 2013.

Lemberg 1996 | Eine Königin ohne Reich. Das Leben der Winterkönigin Elisabeth Stuart und ihre Briefe nach Hessen, hg. von Margret Lemberg, Marburg 1996.

Leopold/Pelker 2004 | Hofoper in Schwetzingen. Musik, Bühnenkunst, Architektur, hg. von Silke Leopold und Bärbel Pelker, Heidelberg 2004.

Lessing 2007 | Hans-Erhard Lessing: Mannheimer Pioniere, Mannheim 2007.

Löcher 1996 | Kurt Löcher: Der Meister der Pfalz- und Markgrafen, in: Münchner Jahrbuch der bildenden Kunst, 3.Folge, 47, 1996, S. 73–102.

Löcher 1999 | Kurt Löcher: Barthel Beham. Ein Maler aus dem Dürerkreis (Kunstwissenschaftliche Studien; 81), München/Berlin 1999.

Lochner 1960 | Karl Lochner: Schloss und Garten Oggersheim (Veröffentlichungen der Pfälzischen Gesellschaft zur Förderung der Wissenschaften; 41), Speyer 1980.

Looz-Corswarem 2008 | Clemens von Looz-Corswarem: Kurfürst Johann Wilhelm II. von der Pfalz und seine Residenzstadt Düsseldorf, in: St. Andreas in Düsseldorf. Die Hofkirche und ihre Schätze. Zum 350. Geburtstag des Kurfürsten Johann Wilhelm von der Pfalz, hg. vom Dominikanerkloster Düsseldorf, Düsseldorf 2008, S. 25–53.

Lori 1764 | Johann Georg Lori: Sammlung des baierischen Bergrechts, mit einer Einleitung in die baierische Bergrechtsgeschichte, München 1764.

Ludwig/Brenner/Klein 2003 | Renate Ludwig, Manfred Brenner und Ulrich Klein: Tilly vor Heidelberg. Neue Befunde zur Archäologie der frühen Neuzeit, in: Der Winterkönig – Friedrich von der Pfalz. Bayern und Europa im Zeitalter des Dreißigjährigen Krieges, hg. von Peter Wolf, Stuttgart 2003, S. 139–149.

Luserke-Jaqui 2005/2011 | Mathias Luserke-Jaqui: Schiller-Handbuch. Leben – Werk – Wirkung, Sonderausgabe Stuttgart/Weimar 2005/2011.

Lutz 1992 | Vor dem großen Brand. Archäologie zu Füßen des Heidelberger Schlosses, hg. von Dietrich Lutz, Stuttgart 1992.

Maag 2006/07 | Wilfried Maag: Ausstattung und Farbgebungssysteme des 18. Jahrhunderts im Gebäude B4, 13, in: Mannheimer Geschichtsblätter 13/14, 2006/07, S. 215.

MacGregor 1983 | Tradescant's Rarities. Essays on the Foundation of the Ashmolean Museum 1683, hg. von Arthur MacGregor, Oxford 1983.

Maier 1990 | Franz Maier: Die bayerische Unterpfalz im Dreißigjährigen Krieg. Besetzung, Verwaltung und Rekatholisierung der rechtsrheinischen Pfalz durch Bayern 1621 bis 1649 (Europäische Hochschulschriften, Reihe 3, Geschichte und ihre Hilfswissenschaften; 428), Frankfurt am Main [u.a.] 1990.

Malottki 2010 | Hans von Malottki: Goldener Löwe und weiß-blaue Rauten – Die Pfalz und Bayern, in: Ausst.-Kat. Zweibrücken 2010, S. 383–389.

Mander 1604 | Karel van Mander: Het Schilder-Boeck, Haarlem 1604.

Mantel 1980 | Kurt Mantel: Forstgeschichte des 16. Jahrhunderts unter dem Einfluß der Forstordnungen und Noe Meurers (Schriftenreihe der Forstwissenschaftlichen Fakultät der Universität Freiburg im Breisgau 1980), Hamburg/Berlin 1980.

Marcuse 1903 | Julian Marcuse: „Franz Anton May", in: Mannheimer Geschichtsblätter 4, 1903, Sp. 109–118.

Marggraf/Blaase 1984 | Rainer Marggraf und Lili Blaase: Niederländische Wandfliesen in Nordwestdeutschland. Einfluss der Niederlande auf die Wohnkultur zwischen Weser und Ems, Bramsche 1984.

Martin 2007 | Peter-Hugo Martin: Medaille des Kurfürsten Ottheinrich von der Pfalz, in: Jahrbuch der Staatlichen Kunstsammlungen in Baden-Württemberg 44, 2007, S. 132–133.

Matrikel der Universität Heidelberg, Bd. II 1976 [1886] | Die Matrikel der Universität Heidelberg 1386–1870, Bd. II: 1554–1662, hg. von Gustav Toepke, ND Nendeln 1976 [Heidelberg 1886].

Maß und Zeit 2006 | Maß und Zeit. Das kurfürstliche Amberg, Informationsblätter des Stadtmuseums Amberg, hg. vom Stadtmuseum Amberg, Text Judith von Rauchbauer, Amberg 2006.

Matzke 2011 | Judith Matzke: Gesandtschaftswesen und diplomatischer Dienst Sachsens 1694 – 1763, (Schriften zur sächsischen Geschichte und Volkskunde; 36), Leipzig 2011.

Mauer 2008 | Benedikt Mauer: Der Fürst und seine Stadt. Bauten aus der Jan-Wellem-Zeit (Veröffentlichungen des Stadtarchivs Düsseldorf; 18), Düsseldorf 2008.

Maurice 1976 | Klaus Maurice: Die deutsche Räderuhr. Zur Kunst und Technik des mechanischen Zeitmessers im deutschen Sprachraum, München 1976.

Meier-Braun/Weber 2009 | Kleine Geschichte der Ein- und Auswanderung in Baden-Württemberg (Regionalgeschichte – fundiert und kompakt), hg. von Karl-Heinz Meier-Braun und Reinhold Weber, Leinfelden-Echterdingen 2009.

Merkel 1928 | Heinrich Merkel: Die geodätischen Arbeiten Christian Mayers in der Kurpfalz. Ein Beitrag zur Geschichte und Genauigkeit der Landesaufnahmen im 18. Jahrhundert, Karlsruhe 1928.

Merlo 1880 | Johann Jakob Merlo: Franz Hogenberg, in: Allgemeine Deutsche Biographie, Bd. 12. Leipzig 1880, S. 650–652.

Mertens 1974 | Dieter Mertens: Zu Heidelberger Dichtern von Schede bis Zincgref, in: Zeitschrift für deutsches Altertum und deutsche Literatur 103, 1974, S. 200–241.

Mertens 1995 | Jozef Mertens: Handel en Wandel van de Teuten in Duitse gewesten. Studie van de migratie van „Brabanders" en „Luikenaars" tijdens de 16de–19de eeuw (Publikaties van de v.z.w. Museum Kempenland te Lommel), Lommel 1995.

Mertens 2000 | Dieter Mertens: Jakob Wimpfeling (1450–1528). Pädagogischer Humanismus, in: Humanismus im deutschen Südwesten. Biographische Porträts, hg. von Paul Gerhard Schmidt, Sigmaringen [2]2000, S. 35–57.

Mertens 2002 | Dieter Mertens: Julius Wilhelm Zincgref und das Problem des Späthumanismus, in: Zeitschrift für die Geschichte des Oberrheins 150, 2002, S. 185–207.

Mertens 2011 | Dieter Mertens: Zincgrefs „Epos ad Fridericum", in: Kühlmann/Wiegand 2011, S. 101–133.

Merz 1955 | Helmut Merz: Rechtsgeschichte des oberpfälzischen Berg- und Hammerwesens unter besonderer Berücksichtigung des Amberger und Sulzbacher Gebietes, Erlangen 1955.

Metzger 2006 | Wolfgang Metzger: Die Bibliothek Ottheinrichs von der Pfalz und die „Bibliotheca Palatina", in: Bibliothek und Wissenschaft 39, 2006, S. 73–96.

Michels 2011 | Anhaltische Gemäldegalerie Dessau Handzeichnungen. Die deutschen und schweizerischen Meister der Spätgotik und der Renaissance. Kritischer Bestandskatalog, Bd. 4, hg. von Norbert Michels, bearb. von Guido Messling unter Mitarbeit von Georg Josef Dietz, Petersberg 2011.

Monumenta Wittelsbacensia, Abt. II 1861 | Monumenta Wittelsbacensia. Urkundenbuch zur Geschichte des Hauses Wittelsbach, hg. von Franz Michael Wittmann (Quellen und Erörterungen zur bayerischen und deutschen Geschichte; 6), Abteilung II: Von 1293 bis 1397, München 1861.

Moraw 2003 | Peter Moraw: Ruprecht von der Pfalz (1400–1410), in: Höfe und Residenzen im spätmittelalterlichen Reich. Ein dynastisch-topographisches Handbuch, Teilbd. 1: Dynastien und Höfe (Residenzenforschung; 15.I.1), hg. von Werner Paravicini, Jan Hirschbiegel und Jörg Wettlaufer, Ostfildern 2003, S. 319–324.

Mörke 2007 | Olaf Mörke: Wilhelm von Oranien (1533–

1584). Fürst und „Vater" der Republik (Kohlhammer-Urban-Taschenbücher; 609), Stuttgart 2007.

Mörz 1991 | Stefan Mörz: Aufgeklärter Absolutismus in der Kurpfalz während der Mannheimer Regierungszeit des Kurfürsten Karl Theodor (1774–1777) (Veröffentlichungen der Kommission für Geschichtliche Landeskunde in Baden-Württemberg, Reihe B, Forschungen; 120), Stuttgart 1991.

Mörz 1997 | Stefan Mörz: Die letzte Kurfürstin. Elisabeth Augusta von der Pfalz, die Gemahlin Karl Theodors, Stuttgart 1997.

Mörz 1998 | Stefan Mörz: Haupt- und Residenzstadt. Carl Theodor, sein Hof und Mannheim (Kleine Schriften des Stadtarchives Mannheim; 12), Mannheim 1998.

Mörz 2007 | Stefan Mörz: Glanz der Residenz zur Karl-Theodor-Zeit und Hauptstadt ohne Kurfürst, in: Geschichte der Stadt Mannheim, Bd. 1: 1607–1801, hg. von Ulrich Nieß und Michael Caroli, Heidelberg/Ubstadt-Weiher/Basel 2007, S. 372–585.

Moutchnik 2006 | Alexander Moutchnik: Forschung und Lehre in der zweiten Hälfte des 18. Jahrhunderts. Der Naturwissenschaftler und Universitätsprofessor Christian Mayer SJ (1719–1783) (Algorismus. Studien zur Geschichte der Mathematik und der Naturwissenschaften; 54), Augsburg 2006.

Mugdan 1956 | Liselotte Mugdan: Die Reformierung der Universität, in: Ottheinrich. Gedenkschrift zur vierhundertjährigen Wiederkehr seiner Kurfürstenzeit in der Pfalz (1556–1559) (Sonderband der Ruperto-Carola. Mitteilungen der Vereinigung der Freunde der Studentenschaft der Universität Heidelberg), hg. von Georg Poensgen, Heidelberg 1956, S. 207–222.

Müller 1974 | Rainer A. Müller: Universität und Adel. Eine sozio-kulturelle Studie zur Geschichte der bayerischen Landesuniversität Ingolstadt 1472–1648 (Ludovico-Maximilianea; 7), Berlin 1974.

Müller 1988 | Klaus Müller: Eine fürstliche Heirat im Zeitalter Ludwigs XIV. Johann Wilhelm von Pfalz–Neuburg und Anna Maria Luisa von Medici, in: Anna Maria Luisa Medici. Kurfürstin von der Pfalz (Ausstellung im Stadtmuseum Düsseldorf, 17.09.–20.11.1988), hg. von Karl Bernd Heppe und Wieland König, Düsseldorf 1988, S. 34–47.

Müller 1989 | Jan-Dirk Müller: Der siegreiche Fürst im Entwurf des Gelehrten. Zu den Anfängen eines höfischen Humanismus in Heidelberg, in: Höfischer Humanismus (Mitteilung der Kommission für Humanismusforschung; 16), hg. von August Buck, Weinheim 1989, S. 17–50.

Müller 2008 | Klaus Müller: Jan Wellem – ein Barockfürst in Düsseldorf (Radschläger-Reihe), Düsseldorf 2008.

Münch 1982 | Paul Münch: Die ‚Obrigkeit im Vaterstand' – Zu Definition und Kritik des ‚Landesvaters' während der Frühen Neuzeit, in: Hof, Staat und Gesellschaft in der Literatur des 17. Jahrhunderts, in: Daphnis – Zeitschrift für Mittlere Deutsche Literatur und Kultur der Frühen Neuzeit 11, 1982, S. 15–40.

Musall/Scheuerbrandt 1974 | Heinz Musall und Arnold Scheuerbrandt: Die Kriege im Zeitalter Ludwigs XIV. und ihre Auswirkungen auf die Siedlungs-, Bevölkerungs- und Wirtschaftsstrukturen der Oberrheinlande (Heidelberger Geographische Arbeiten; 40), Heidelberg 1974.

Mußgnug 2006 | Dorothee Mußgnug: Die Achte Kurwürde, in: Humaniora. Medizin, Recht, Geschichte. Festschrift für Adolf Laufs zum 70. Geburtstag, hg. von Bernd-Rüdiger Kern und Klaus-Peter Schroeder, Berlin/Heidelberg 2006, S. 219–242.

Neugebauer/Kremb/Keddigkeit 2010 | Richard von Cornwall. Römisch-deutsches Königtum in nachstaufischer Zeit (Beiträge zur pfälzischen Geschichte; 25/Veröffentlichungen der Pfälzischen Gesellschaft zur Förderung der Wissenschaften; 109), hg. von Anton Neugebauer, Klaus Kremb und Jürgen Keddigkeit, Kaiserslautern 2010.

Neugebauer 1995 | Anton Neugebauer: Zwischen Mirou und Merian. Topographische Ansichten pfälzischer Orte um 1600, in: Ausst.-Kat. Frankenthal 1995, S. 149–164.

Neumann 1994 | Joachim Neuman: Landesvermessung und Kartographie in der Kurpfalz im 18. Jahrhundert, in: LTA-Forschung 19, 1994, S. 25–40.

Nieß 2006 | Ulrich Nieß: Das Dorf Mannheim von der urkundlichen Ersterwähnung bis zur Stadtgründung (766 bis 1607), in: Mannheim vor der Stadtgründung, Teil 2, Bd. 1: Mittelalter und Frühe Neuzeit im unteren Neckarland. Das Dorf Mannheim, hg. von Hansjörg Probst, Regensburg 2006, S. 442–475.

Nieß 2011 | Ulrich Nieß: „So glänzen die Ufer des Rheins", in: Mannheimer Geschichtsblätter 21, 2011, S. 67–80.

Nieß/Caroli 2007 | Geschichte der Stadt Mannheim, Bd. 1: 1607–1801, hg. von Ulrich Nieß und Michael Caroli, Heidelberg [u.a.] 2007.

Nieß/Pimpl 2012 | Ulrich Nieß und Heidrun Pimpl: Sternstunde. Die Medaillen des Kurfürsten zugunsten der Alten Sternwarte, in: Mannheimer Geschichtsblätter 24, 2012, S. 76–83.

Oberweis 2004 | Michael Oberweis: Der gefangene Papst Johannes – Mannheims Beitrag zur Beendigung des großen Abendländischen Schismas. In: Ulrich Nieß und Michael Oberweis: Ein rebellisches Dorf und ein gefangener Papst. Mannheim vor der Stadtgründung (Kleine Schriften des Stadtarchivs Mannheim; 21), hg. von Ulrich Nieß, Mannheim 2004, S. 50–81.

Oechelhäuser 1910 | Adolf von Oechelhaeuser: Wege, Ziele und Gefahren der Denkmalpflege. Festrede bei dem feierlichen Akte des Rektoratswechsels an der Grossherzogl. Technischen Hochschule Fridericiana zu Karlsruhe am 10. November 1909, gehalten vom Rektor des Jahres 1909/1910, Karlsruhe [1910].

Oechelhäuser 1913a | Denkmalpflege. Auszug aus den stenographischen Berichten des Tages für Denkmalpflege 1900–1912. Technische Probleme, Erhaltung und Restaurierung von Kunstdenkmälern. Einfluß der Vegetation, Verhandlungen über moderne Restaurationstätigkeit, hg. von Adolf von Oechelhäuser, Leipzig 1913.

Oechelhäuser 1913b | Adolf von Oechelhäuser: Die Erhaltung des Heidelberger Schlosses, in: Oechelhäuser 1913a, S. 353–429.

Oechelhäuser 1913c | Adolf von Oechelhäuser: Die Kunstdenkmäler des Amtsbezirks Heidelberg (Kreis Heidelberg) (Die Kunstdenkmäler des Grossherzogtums Baden; 8), Tübingen 1913.

Oechelhäuser 1987 | Adolf von Oechelhäuser: Das Heidelberger Schloss, hg. von Joachim Göricke, Heidelberg 81987.

Oechelhäuser 1998 | Adolf von Oechelhäuser: Das Heidelberger Schloss, hg. von Joachim Göricke, Heidelberg 91998.

Oelschläger 1970 | Ulrich Oelschläger: Der Sendbrief Franz von Sickingens an seinen Verwandten Dieter von Handschuchsheim, in: Ebernburg-Hefte 4, 1970, S. 71–85.

Opel 2011 | Angela Maria Opel: Art's Emancipation from the Ceremonial. The Development of Spatial Separation of Art Collections from the Princely Apartments. The Wittelsbach Residences in Düsseldorf and Mannheim, in: Collecting and the Princely Apartment, hg. von Susan Bracken, Andrea M. Gáldy und Adriana Turpin, Newcastle upon Tyne 2011, S. 115–130.

Oude-de Wolf/Vrielink 2012 | Rita de Oude-de Wolf und Hermann Vrielink: Status & Comfort. Kacheltegels in Deventer en Zwolle, Zwolle 2012.

Paas 1996 | Sigrun Paas: Das „bärenkatzenaffengesicht" der Liselotte von der Pfalz in ihren Bildnissen, in: Ausst.-Kat. Heidelberg, 1996, S. 65–93.

Paul 1997 | Roland Paul: Die Pfalz – ein Ein- und Auswanderungsland, in: Kurpfalz (Schriften zur politischen Landeskunde Banden-Württembergs; 25), hg. von Alexander Schweickert, Stuttgart/Berlin/Köln 1997, S. 205–229.

Paul 2010 | Roland Paul: Minderheiten im Herzogtum Pfalz-Zweibrücken vom 16. bis zum 18. Jahrhundert. Hugenotten/Wallonen, Juden und Täufer/Mennoniten, in: Historische Regionalforschung im Aufbruch. Studien zur Geschichte des Herzogtums Pfalz-Zweibrücken anlässlich seines 600. Gründungsjubiläums (Veröffentlichungen der Pfälzischen Gesellschaft zur Förderung der Wissenschaften; 107), hg. von Frank Konersmann und Hans Ammerich, Speyer 2010, S. 107–119.

Paul/Scherer 1995 | Pfälzer in Amerika (Schriften zur Wanderungsgeschichte der Pfälzer; 40), hg. von Roland Paul und Karl Scherer, Kaiserslautern 1995.

Pelker 2002 | Bärbel Pelker: Ein „Paradies für Tonkünstler"? Die Mannheimer Hofkapelle des Kurfürsten Carl Theodor, in: Mannheim – ein Paradies für Tonkünstler? Kongressbericht Mannheim 1999 (Quellen und Studien zur Geschichte der Mannheimer Hofkapelle; 8), hg. von Ludwig Finscher [u.a.], Frankfurt am Main 2002.

Pelker 2007 | Bärbel Pelker: Im „Paradies der Tonkünstler". Die Hofmusik des Kurfürsten Karl Theodor, in: Geschichte der Stadt Mannheim, Bd. 1: 1607–1801, hg. von Ulrich Nieß und Michael Caroli, Heidelberg/Ubstadt-Weiher/Basel 2007, S. 486–500.

Petto 1976 | Walter Petto: Die Einwanderung aus Tirol und Vorarlberg in die Saargegend (Mitteilungen der Arbeitsgemeinschaft für Saarländische Familienkunde im Historischen Verein für die Saargegend; Sonderband 8), Saarbrücken 1976.

Pfalzgraf Ottheinrich 2002 | Pfalzgraf Ottheinrich. Politik, Kunst und Wissenschaft im 16. Jahrhundert, red. v. Barbara Zeitelhack, hg. von der Stadt Neuburg an der Donau, Regensburg 2002.

Pluis 1998 | Jan Pluis: De Nederlandse Tegel decors en benamingen. 1570–1930, Leiden 1998.

Poensgen 1967 | Georg Poensgen: Kunstschätze in Heidelberg, München 1967.

Polleroß 2000 | Friedrich Polleroß: Kaiser, König, Landesfürst: Habsburgische „Dreifaltigkeit" im Porträt, in: Bildnis, Fürst und Territorium (Rudolstädter Forschungen zur Residenzkultur; 2), hg. vom Thüringer Landesmuseum Heidecksburg Rudolstadt, bearbeitet von Andreas Beyer unter Mitarbeit von Ulrich Schütte und Lutz Unbehaun, München/Berlin 2000, S. 189–218.

Post 1928 | Paul Post: Ein Frührenaissanceharnisch von Konrad Seusenhofer mit Ätzungen von Daniel Hopfer im Berliner Zeughaus, in: Jahrbuch der preußischen Kunstsammlungen 49, 1928, S. 167–186.

Press 1970 | Volker Press: Calvinismus und Territorialstaat. Regierung und Zentralbehörden der Kurpfalz 1559–1619 (Kieler Historische Studien; 7), Stuttgart 1970.

Press 1974 | Volker Press: Art. „Johann II.", in: Neue Deutsche Biographie, Bd. 10, Berlin 1974, S. 514f.

Press 1980 | Volker Press: Bayerns wittelsbachische Gegenspieler – die Heidelberger Kurfürsten 1505–1685, in: Ausst.-Kat. München 1980b, S. 24–39.

Press 1982 | Volker Press: Zwischen Versailles und Wien. Die Pfälzer Kurfürsten in der deutschen Geschichte der Barockzeit, in: Zeitschrift für die Geschichte des Oberrheins 130, 1982, S. 207–262.

Press 1983 | Volker Press: Die evangelische Oberpfalz zwischen Land und Herrschaft – bestimmte Faktoren der Konfessionsentwicklung 1520–1621, in: Das evangelische Amberg im 16. Jahrhundert (Aus dem Stadtarchiv; 1) 1983, S. 6–28.

Press 1984 | Volker Press: Das evangelische Amberg zwischen Reformation und Gegenreformation, in: Ausst.-Kat. Amberg 1984, S. 119–136.

Press 1998 | Volker Press: Wilhelm von Grumbach und die deutsche Adelskrise der 1560er Jahre, in: ders., Adel im Alten Reich. Gesammelte Vorträge und Aufsätze (Frühneuzeit-Forschungen; 4), hg. von Franz Brendle und Anton Schindling, Tübingen 1998, S. 383–421.

Probst 1984 | Hansjörg Probst: Die Pfalz als historischer Begriff mit historischen Karten, Mannheim 1984.

Probst 1989 | Veit Probst: Petrus Antonius de Clapis (ca. 1440–1512). Ein italienischer Humanist im Dienste Friedrich des Siegreichen von der Pfalz (Veröffentlichungen des Historischen Instituts der Universität Mannheim; 10), Paderborn [u.a.] 1989.

Probst 2007 | Hansjörg Probst: Aus der Mannheimer Namenkunde. 1. Mannheim, seit 766, in: Mannheim vor der Stadtgründung, Teil I, Bd. 2: Die Frankenzeit: Der archäologische Befund. Aus der Mannheimer Namenkunde, hg. von Hansjörg Probst, Regensburg 2007, S. 422–424.

Probst/Metzger 2003 | Veit Probst und Wolfgang Metzger: Zur Sozialgeschichte des deutschen Frühhumanismus. Peter Luders Karriereversuch in Heidelberg 1456–1460, in: Pirckheimer Jahrbuch 18, 2003, S. 54–85.

Pursell 2003 | Brennan C. Pursell: The Winter King: Frederick V. of the Palatinate and Coming of the Thirty Year´s War, Aldershot 2003.

Pütter 1793 | Johann Stephan Pütter: Erörterungen und Beyspiele des Teutschen Staats- und Fürstenrechts, Bd. 1, Göttingen 1793.

Rall 1980 | Hans Rall Die Hausverträge der Wittelsbacher: Grundlagen der Erbfälle von 1777 und 1799, in: Wittelsbach und Bayern III/1: Krone und Verfassung. König Max I. Joseph und der neue Staat. Beiträge zur Bayerischen Geschichte und Kunst 1799–1825, hg. von Hubert Glaser, München/Zürich 1980, S. 13–48.

Rall 1987 | Hans Rall: Wittelsbacher Hausverträge des späten Mittelalters. Die haus- und staatsrechtlichen Urkunden der Wittelsbacher von 1310, 1329, 1392/93, 1410 und 1472 (Schriftenreihe zur bayerischen Landesgeschichte; 71), München 1987.

Rall 1994 | Hans Rall: Kurfürst Karl Theodor. Regierender Herr in sieben Ländern, korr. Nachdruck, Mannheim 1994.

Rall 2000 | Hans und Marga Rall: Die Wittelsbacher in Lebensbildern (Serie Piper; 4597), Kreuzlingen 2000.

Rasche 2000/2001 | Ulrich Rasche: Über die deutschen, insbesondere die Jenaer Universitätsmatrikeln, in: Genealogie 25, 2000/2001, S. 29–46 und S. 84–109.

Rau 2010 | Susanne Rau: Stadtplanung, in: Enzyklopädie der Neuzeit, Bd. 12, hg. von Friedrich Jaeger, Stuttgart 2010, Sp. 782–785.

Rauth 1913 | J. Rauth: Literaturgeschichtliche Bemerkungen zur voropitzianischen Zeit, in: Mitteilungen des Frankenthaler Altertumsvereins 1913, S. 1 f.

Reichold 2004 | Klaus Reichold: Der Himmelsstürmer. Ottheinrich von Pfalz-Neuburg (1502–1559), Regensburg 2004.

Reinhardt 2012 | Christian Reinhardt: Fürstliche Autorität versus städtische Autonomie. Die Pfalzgrafen bei Rhein und ihre Städte 1449 bis 1618: Amberg, Mosbach, Nabburg und Neustadt an der Haardt, in: Veröffentlichungen der Kommission für geschichtliche Landeskunde in Baden–Württemberg, Reihe B: Forschungen 186, Stuttgart 2012.

Reinicke 1966 | Hans Reinicke: Tobias Loeffler. Ein Kapitel zur Geschichte Mannheims in der Zeit Karl Theodors, Mannheim 1966.

Renzing 1989 | Rüdiger Renzing: Pfälzer in Irland. Studien zur Geschichte deutscher Auswandererkolonien des frühen 18. Jahrhunderts (Schriften zur Wanderungsgeschichte der Pfälzer; 39), Kaiserslautern 1989.

Ress 1950 | Franz Michael Ress: Die oberpfälzischen Hammereinigungen von 1341–1626. Zünftlerischer Zusammenschluss oder kapitalistische Interessengemeinschaft, in: Zeitschrift für handelswissenschaftliche Forschung, N.F. 2, 1950 , S. 39–44.

Richter 2004 | Susan Richter: Weisheit und Torheit – Zwei Gutachten zum Regierungsantritt Karl Theodors und ihr Einfluss auf seine Politik, in: Mannheimer Geschichtsblätter, N.F. 11, 2004, S. 89–157.

Richter 2009 | Susan Richter: Fürstentestamente der Frühen Neuzeit. Politische Programme und Medien intergenerationeller Kommunikation (Schriftenreihe der Historischen Kommission bei der Bayerischen Akademie der Wissenschaften; 80) Göttingen 2009.

Richter/Rosenberg 2010 | Heidelberg nach 1693. Bewältigungsstrategien einer zerstörten Stadt, hg. von Susan Richter und Heidrun Rosenberg, Weimar 2010.

Riehl 1964 [1857] | Wilhelm Heinrich Riehl: Die Pfälzer. Ein rheinisches Volksbild, Neuausgabe Kaiserslautern 1964 [Stuttgart und Augsburg 1857].

Riezler 1889 | Sigmund Ritter von Riezler, in: Allgemeine Deutsche Biographie, Bd. 29. Leipzig 1889, S. 726–728.

Ring 1998 | Edgar Ring: Kunst am Bau. Die Herstellung von Terrakotten in Lüneburg im 16. Jahrhundert, in: Ton in Form gebracht. Terrakotten, Ofenkacheln, Kachelöfen, Geschirr, Backsteine, hg. von Kathrin Panne und Anke Twachtmann-Schlichter, Celle 1998, S. 23–32.

Rings 2003 | Hanspeter Rings: Mannheim auf Kurs. Hafen- und Schifffahrtsgeschichte der Stadt an Rhein und Neckar (Kleine Schriften des Stadtarchivs Mannheim; 20), Mannheim 2003.

Robert 2007 | Jörg Robert: Deutsch-französische Dornen. Paul Melissus Schede und die Pluralisierung der späthumanistischen Poetik zwischen Latinität und Volkssprache, in: Abgrenzung und Synthese. Lateinische Dichtung und volkssprachliche Traditionen in Renaissance und Barock (GRM-Beihefte 31), hg. von Marc Föcking und Gernot M. Müller, Heidelberg 2007, S. 207–229.

Robert 2010 | Jörg Robert: Manierismus des Niedrigen. Paul Schede Melissus und die deutsche Lyrik um 1600, in: Daphnis 39, 2010, S. 576–610.

Robert 2010a | Keith Robert: Pike and Shot Tactics 1590–1660 (Elite series; 179), Oxford 2010.

Rödel 1989 | Walter G. Rödel: Der Pfälzische Krieg (1688–1697) und seine Folgen, in: Blätter für Pfälzische Kirchengeschichte und religiöse Volkskunde 56, 1989, S. 183–197.

Roeck 1984 | Bernd Roeck: Reichssystem und Reichsherkommen. Die Diskussion über die Staatlichkeit des Reiches in der politischen Publizistik des 17. und 18. Jahrhunderts (Veröffentlichungen des Instituts für Europäische Geschichte Mainz; 112, Beiträge zur Sozial- und Verfassungsgeschichte des Alten Reiches; 4), Stuttgart 1984.

Rohrmüller 2000 | Marc Rohrmüller: Zur Bedeutung der Darstellung von Territorium im Porträt am Beispiel der Herrscherbildnisse im großen Saal des Residenzschlosses Friedenstein zu Gotha, in: Bildnis, Fürst und Territorium (Rudolstädter Forschungen zur Residenzkultur; 2), hg. vom Thüringer Landesmuseum Heidecksburg Rudolstadt, bearbeitet von Andreas Beyer unter Mitarbeit von Ulrich Schütte und Lutz Unbehaun, München/Berlin 2000, S. 155–168.

Roland 1956 | Berthold Roland: Die Pfalz-zweibrückischen Maler des 18. Jahrhunderts, München 1956.

Rosenberg 1882 | Quellen zur Geschichte des Heidelberger Schlosses, hg. von Marc Rosenberg Heidelberg 1882.

Rossgotterer 2004 | Rudolf Rossgotterer: Der Tüßlinger Schlossherr Graf Haslang. Ein bayerischer Diplomat und Reformer der Aufklärung und beginnenden industriellen Revolution. Ein Beitrag zu seinem 200. Todestag, in: Oettinger Land 24, 2004, S. 58–87.

Rost 1956 | Siegfried Rost: Franz Anton Mai, Heidelberg 1956.

Roth 1999 | Anja-Maria Roth: Louis Charles François de Graimberg (1774–1864). Denkmalpfleger, Sammler, Künstler (Buchreihe der Stadt Heidelberg; 8), Heidelberg 1999.

Roth 2012 | Michael Roth: „Ihr Churfl. Durchl. haben Ihre Mildigkeit zu diesem Kirchenbaw erwiesen." Kurfürst Karl Ludwig und die Providenzkirche in Heidelberg, in: Heidelberg. Jahrbuch zur Geschichte der Stadt 16, 2012, S. 63–88.

Roth 2013 | Michael Roth: Fürstliches Familienidyll. Luise von Degenfeld und Schwetzingen, in: Schwetzinger Frauengeschichten, hg. von Gundula Sprenger, Ubstadt-Weiher 2013 [im Druck].

Rüde 2007 | Magnus Rüde: England und Kurpfalz im werdenden Mächteeuropa (1608–1632). Konfession – Dynastie – kulturelle Ausdrucksformen (Veröffentlichungen der Kommission für geschichtliche Landeskunde in Baden-Württemberg, Reihe B: Forschungen; 166), Stuttgart 2007.

Rudschies 1993 | Jochen Rudschies: Die bayerischen Gesandten 1799–1871 (Materialien zur Bayerischen Landesgeschichte; 10), München 1993.

Ruisinger 2012 | Marion Maria Ruisinger: Medizingeschichte 3D. Aus dem Deutschen Medizinhistorischen Museum Ingolstadt, Bayerisches Ärzteblatt 4, 2012.

Runde 2011 | Ingo Runde: Prototyp einer Web–Datenbank mittelalterlicher und frühneuzeitlicher Universitätsmatrikeln, in: XXIV ICOS International Congress of Onomastic Sciences, Barcelona 05.09.–09.09.2011.

Sagstetter 2009 | Maria Rita Sagstetter: Gedruckte Wochenmarktsordnung für die Stadt Amberg, in: Archivische Schätze. Aus 975 Jahren Amberger Geschichte. Katalog zur gemeinsamen Ausstellung von Stadt- und Staatsarchiv Amberg (Beiträge zur Geschichte und Kultur der Stadt Amberg; 4), hg. von Johannes Laschinger, Amberg 2009, Nr. 30, S. 88f.

Sarre 1890 | Friedrich Sarre: Der Fürstenhof zu Wismar und die norddeutsche Terrakotta-Architektur im Zeitalter der Renaissance. Mit einem Anhange (Künstler und Werkmeister in Mecklenburg von 1550–1600), Berlin 1890.

Schaab 1958 | Meinrad Schaab: Die Entstehung des pfälzischen Territoriums am unteren Neckar und die Anfänge der Stadt Heidelberg, in: Zeitschrift für die Geschichte des Oberrheins 106, 1958.

Schaab 1963 | Meinrad Schaab: Die Zisterzienserabtei Schönau im Odenwald (Heidelberger Veröffentlichungen zur Landesgeschichte und Landeskunde; 8), Heidelberg 1963.

Schaab 1966 | Meinrad Schaab: Die Wiederherstellung des Katholizismus in der Kurpfalz im 17. und 18. Jahrhundert, in: Zeitschrift für die Geschichte des Oberrheins 114/N.F. 75, 1966, S. 147–205.

Schaab 1992 | Meinrad Schaab: Geschichte der Kurpfalz, Bd. 2: Neuzeit, Stuttgart [u.a.] 1992.

Schaab 1994 | Meinrad Schaab: Die Katholiken in der Kurpfalz. Von einer unterdrückten zur privilegierten Minderheit, in: Rottenburger Jahrbuch für Kirchengeschichte 13, 1994, S. 133–148.

Schaab 1999 | Meinrad Schaab: Geschichte der Kurpfalz, Bd.1: Mittelalter, Stuttgart [2]1999.

Schaab/Lenz 1998 | Meinrad Schaab und Rüdiger Lenz: Ausgewählte Urkunden zur Territorialgeschichte der Kurpfalz 1156–1505 (Veröffentlichungen der Kommission für Geschichtliche Landeskunde in Baden-Württemberg. Reihe A: Quellen; 41), Stuttgart 1998.

Schäfer 1982 | Eckart Schäfer: Die Aura des Heiligenberges. Eine späte petrarkistische Ode des Paulus Melissus (Schede), in: Gedichte und Interpretationen, Bd. 1: Renaissance und Barock (Reclams UB; 7890), hg. von Volker Meid, Stuttgart 1982, S. 111–123.

Schäfer 2000 | Eckart Schäfer: Paulus Melissus Schede (1539–1602). Leben in Versen, in: Humanismus im deutschen Südwesten. Biographische Porträts, hg. von Paul Gerhard Schmidt, Sigmaringen [2]2000, S. 239–265.

Schäfer 2005 | Heiko Schäfer: Vom Lavabo zum Eau de Cologne – Neueste Funde zur Körperhygiene, in: Archäologie unter dem Straßenpflaster. 15 Jahre Stadtarchäologie in Mecklenburg–Vorpommern (Beiträge zur Ur- u. Frühgeschichte in Mecklenburg–Vorpommern; 39), hg. von Hauke Jöns, Schwerin 2005, S. 351–354.

Scheible/Thüringer 1995 | Melanchthons Briefwechsel, Bd. 8: Regesten 8072–9031 (1557–1560), bearb. von Heinz Scheible und Walter Thüringer, Stuttgart-Bad Cannstatt 1995.

Scherer 1981 | Pfälzer – Palatines. Beiträge zur pfälzischen Ein- und Auswanderung sowie zur Volkskunde und Mundartforschung der Pfalz und der Zielländer pfälzischer Auswanderer im 18. und 19. Jahrhundert (Beiträge zur Bevölkerungsgeschichte der Pfalz; 2), hg. von Karl Scherer, Kaiserslautern 1981.

Scherer 1983 | Karl Scherer: Karten zum Dreißigjährigen Krieg. I: Feldzüge 1620 bis 1632. II: Feldzüge 1634 bis 1636, in: Pfalzatlas, Karte 107/108, Textband 3, Speyer 1983, S. 1398–1413.

Schildt-Specker 2004 | Barbara Schildt-Specker: „La serenissima Sposa". Die Hochzeit der Dorothea von Pfalz-Neuburg und ihre Reise nach Parma, in: Landes- und Reichsgeschichte. Festschrift für Hansgeorg Molitor zum 65. Geburtstag, hg. von Jörg Engelbrecht und Stephan Laux, Bielefeld 2004, S. 221–259.

Schilling 1990 | Michael Schilling: Bildpublizistik der frühen Neuzeit. Aufgaben und Leistungen des illustrierten Flugblatts in Deutschland bis um 1700 (Studien und Texte zur Sozialgeschichte der Literatur; 29), Tübingen 1990.

Schipperges 2003 | Heinrich Schipperges: „Akademischer Lehrer – Lebensberater – Sozialpolitiker. Reminiszenzen an Franz Anton Mai", in: Medizin-Geschichte, Philologie und Ethnologie. Festschrift für Gundolf Keil, hg. von Dominik Groß und Monika Reininger, Würzburg 2003, S. 107–116.

Schlechter 1999 | Kostbarkeiten gesammelter Geschichte. Heidelberg und die Pfalz in Zeugnissen der Universitätsbibliothek (Schriften der Universitätsbibliothek Heidelberg; 1), hg. von Armin Schlechter, Heidelberg 1999.

Schlechter 2009 | Armin Schlechter: Ottheinrichs Reformation der Universität Heidelberg 1558 (Neujahrsblatt des Freundeskreises für Archiv und Museum der Universität Heidelberg), Heidelberg 2009.

Schlegelmilch 2003 | Ulrich Schlegelmilch: Descriptio Templi. Architektur und Fest in der lateinischen Dichtung des konfessionellen Zeitalter (Jesuitica; 5), Regensburg 2003.

Schleier 1980 | Erich Schleier: Herrscherbild und Staatsporträt, in: Bilder vom Menschen in der Kunst des Abendlandes (Jubiläumsausstellung der Preußischen Museen Berlin), Kat. hg. von Stephan Waetzold [u.a.], Berlin 1980, S. 197–206.

Schlick 1930 | Heinrich Schlick: Die rechtsrheinische Pfalz beim Anfall an Baden, Karlsruhe 1930.

Schlösser 2007 | Susanne Schlösser: 1789–1801. Eine Neigung für die rote Mütze? Im Zeitalter der Französischen Revolution, in: Geschichte der Stadt Mannheim, Bd. 1: 1607–1801, hg. von Ulrich Nieß und Michael Caroli, Heidelberg 2007, S. 589–643.

Schmid 2003 | Handbuch der Bayerischen Geschichte, Bd. 4: Das Neue Bayern. Von 1800 bis zur Gegenwart, hg. von Alois Schmid, München 2003.

Schmidt 1899 | Friedrich Schmidt: Geschichte der Erziehung der Pfälzischen Wittelsbacher (Monumenta Germaniae paedagogica; 19), Berlin 1899.

Schmidt 1963 | Hans Schmidt: Kurfürst Karl Philipp von der Pfalz als Reichsfürst (Forschungen zur Geschichte Mannheims und der Pfalz, N.F. 2), Mannheim 1963.

Schmidt 1973 | Hans Schmidt: Philipp Wilhelm von Pfalz-Neuburg als Gestalt der deutschen und europäischen Politik des 17. Jahrhunderts, Düsseldorf 1973.

Schmidt 1981 | Hans Schmidt: Die Königinnen von Spanien und Portugal aus dem Hause Pfalz-Neuburg, in: Zeitschrift für Bayerische Landesgeschichte 44, 1981, S. 345–365.

Schmidt 1982 | Hans Schmidt: Zur Vorgeschichte der Heirat Kaiser Leopolds I. mit Eleonore Magdalena Theresia von Pfalz-Neuburg, in: Zeitschrift für Bayerische Landesgeschichte 45, 1982, S. 299–330.

Schmidt 1992 | Hans Schmidt: Das Haus Pfalz-Neuburg in der europäischen Politik, in: Mannheimer Hefte 2, 1992, S. 106–120.

Schmidt 2000 | Humanismus im deutschen Südwesten. Biographische Porträts, hg. von Paul Gerhard Schmidt, Sigmaringen [2]2000.

Schmidt 2007 | Hartmut Schmidt: Goldfieber in Mannheim. Mannheimer Alchimisten und Mannheimer Gold unter Kurfürst Carl Theodor, Mannheim 2007.

Schmidt 2011 | Franz Schmidt: „weil kuchen und keller die herrn reich und arm machen". Nahrungsmittelversorgung und Nahrungsmittelkonsum am Heidelberger Hof Kurfürst Karl Ludwigs, in: Zeitschrift für die Geschichte des Oberrheins 159, 2011, S. 389–424.

Schneider 1995 | Rolf Schneider: Franz von Sickingen-Medaille, in: Money trend 6, 1995, S. 134f.

Schneider 2000 | Konrad Schneider: Der Mineralwasserversand und seine Gefäßproduktion im Rheinisch-Hessischen Raum vom 17. bis zum Ende des 19. Jahrhunderts. (Veröffentlichungen der Gesellschaft für Historische Hilfswissenschaften; 5/Veröffentlichungen des Landesmuseums Koblenz, Reihe B: Einzelveröffentlichungen; 66) Koblenz 2000.

Schneidmüller 2013 | Bernd Schneidmüller: 1214 – Wittelsbachische Wege in die Pfalzgrafschaft am Rhein, in: Die Wittelsbacher und die Kurpfalz im Mittelalter. Eine Erfolgsgeschichte?, hg. von Jörg Peltzer, Bernd Schneidmüller, Stefan Weinfurter und Alfried Wieczorek, Regensburg 2013, S. 23–49.

Schnettger 2004 | Matthias Schnettger: Kurpfalz und der Kaiser im 18. Jahrhundert: Dynastisches Interesse, Reichs- und Machtpolitik zwischen Düsseldorf, Heidelberg, Mannheim und Wien, in: Das Reich und seine Territorialstaaten. Aspekte des Mit-, Neben- und Gegeneinander im 17. und 18. Jahrhundert (Historia profana et ecclesiastica; 10), hg. von Harm Klueting und Wolfgang Schmale, Münster 2004, S. 67–96.

Schöberl 2006 | Matthias Schöberl: Vom pfälzischen Teilstaat zum bayerischen Staatenteil. Landesherrliche Durchdringungs– und Religionspolitik kurpfälzischer und kurbayerischer Herrschaft in der Oberen Pfalz von 1595 bis 1648, Regensburg 2006.

Scholzen 1996 | Reinhard Scholzen: Franz von Sickingen. Ein adeliges Leben im Spannungsfeld zwischen Städten und Territorien (Beiträge zur pfälzischen Geschichte; 9), Kaiserslautern 1996.

Schönherr 1884 | Urkunden und Regesten aus dem k. k. Statthalterei-Archiv in Innsbruck, in: Jahrbuch der Kunsthistorischen Sammlungen des Allerhöchsten Kaiserhauses Bd. 2, 1884, S. I – CLXXII.

Schorn-Schütte 2010 | Luise Schorn-Schütte: Konfessionskriege und europäische Expansion, München 2010.

Schröck-Schmidt/Wagner/Wiese 2009 | Wolfgang Schröck-Schmidt, Ralf Richard Wagner und Wolfgang Wiese: Die Sommerresidenz des Kurfürsten Carl Theodor, in: Schloss Schwetzingen (Führer Staatliche Schlösser und Gärten Baden-Württemberg), hg. von den Staatlichen Schlösser und Gärten Baden-Württembergs, Berlin/München 2009.

Schroeder 1997 | Friedrich-Christian Schroeder: Die Rechtskodifikationen der Oberpfalz, in: Der Pfälzer Löwe in Bayern. Zur Geschichte der Oberpfalz in der kurpfälzischen Epoche (Schriftenreihe der Universität Regensburg; 24), hg. von Hans-Jürgen Becker, Regensburg 1997, S. 200–218.

Schulz-Behrend 1978 | Martin Opitz: Gesammelte Werke, Bd. 2: Die Werke von 1621 bis 1626 (Bibliothek des Literarischen Vereins in Stuttgart; 300), hg. von George Schulz-Behrend, Stuttgart 1978.

Schulzki 1996 | Heinz-Joachim Schulzki: Die kurpfälzische Medaillensuite von 1758, in: Manheimer Geschichtsblätter, N.F. 3, 1996, S. 221–234.

Schütz 2007 | Ernst Schütz: Die Gesandtschaft Großbritanniens am immerwährenden Reichstag zu Regensburg und am kur(pfalz-)bayerischen Hof zu München, 1683–1806 (Schriftenreihe zur bayerischen Landesgeschichte; 154), München 2007.

Schwab 2011 | Roland Schwab: Ein Alchemistenlabor in B4, 13, in: Mannheimer Geschichtsblätter 22, 2011, S. 138–142.

Schwager 2012 | Therese Schwager: Militärtheorie im Späthumanismus. Kulturtransfer taktischer und strategischer Theorien in den Niederlanden und Frankreich (1590–1660) (Frühe Neuzeit; 160), Berlin/Boston 2012.

Schwämmlein 1981 | Motette auf dem Amberger Liedertisch, hg. von Karl Schwämmlein, Stuttgart 1981.

Schwinges 1986 | Rainer Christoph Schwinges: Deutsche Universitätsbesucher im 14. und 15. Jahrhundert. Studien zur Sozialgeschichte des Alten Reiches, Stuttgart 1986.

Seele 2010 | Annina Seele: Die kleine Spiegelkommode der Kurfürstin Elisabeth Augusta. Kurpfälzisches Museum der Stadt Heidelberg, Kunstwerk des Monats Dezember 2010.

Seelig 2006a | Lorenz Seelig: Kunstwerke aus Wittelsbacher Sammlungen, in: Das Bayerische Nationalmuseum 1855–2005. 150 Jahre Sammeln, Forschen, Ausstellen, hg. von Renate Eikelmann und Ingolf Bauer, München 2006, S. 31–59.

Seelig 2006b | Lorenz Seelig: Uhren und wissenschaftliche Instrumente, in: Das Bayerische Nationalmuseum 1855–2005. 150 Jahre Sammeln, Forschen, Ausstellen, hg. von Renate Eikelmann und Ingolf Bauer, München 2006, S. 433–447.

Sehling 1966 | Die evangelischen Kirchenordnungen des XVI. Jahrhunderts, Bayern 3: Altbayern, hg. von Emil Sehling, Tübingen 1966.

Sehling 1969 | Die evangelischen Kirchenordnungen des XVI. Jahrhunderts, Bd. 14: Kurpfalz, hg. von Emil Sehling, Tübingen 1969.

Seidel 1990 | Robert Seidel: Gelehrte Freundschaft. Die Epistola ad Philippum Melanchthonem des Jacobus Micyllus, in: Daphnis 19, 1990, S. 567–633.

Seidel 2000 | Robert Seidel: Melchior Adams „Vitae" (1615–1620) und die Tradition der frühneuzeitlichen Gelehrtenbibliographie. Fortschritte und Grenzen eines wissenschaftlichen Paradigmas um 1600, in: Oberschlesische Dichter und Gelehrte vom Humanismus bis zum Barock (Tagungsreihe der Stiftung Haus Oberschlesien; 8), hg. von Gerhard Kosellek, Bielefeld 2000, S. 179–204.

Seidel 2004 | Robert Seidel: Der ungarische Späthumanismus und calvinistische Pfalz, in: Deutschland und Ungarn in ihren Bildungs- und Wissenschaftsbeziehungen während der Renaissance (Contuberium; 62), hg. von Wilhelm Kühlmann und Anton Schindling unter Mitarbeit von Wolfram Hauer, Stuttgart 2004, S. 227–251.

Seidel 2011 | Robert Seidel: Zincgref und Melchior Adam. Zu einer literarischen Konfiguration im späthumanistischen Heidelberg, in: Kühlmann/Wiegand 2011, S. 427–449.

Seidler 1979 | Eduard Seidler: Lebensplan und Gesundheitsführung. Franz Anton Mai und die medizinische Aufklärung in Mannheim, Mannheim [2]1979.

Seifert 1988 | Herbert Seifert: Der Sig-prangende Hochzeits-Gott. Hochzeitsfeste am Wiener Hof der Habsburger und ihre Allegorik 1622–1699 (dramma per musica; 2), Wien 1988.

Seitz 2005 | Reinhard H. Seitz: Ottheinrich und die Reformation im Fürstentum Neuburg, in: Ausst.-Kat. Neuburg an der Donau 2005, S. 343–358.

Sellin 1978 | Volker Sellin: Die Finanzpolitik Karl Ludwigs von der Pfalz. Staatswirtschaft im Wiederaufbau nach dem Dreißigjährigen Krieg, Stuttgart 1978.

Sellin 1980 | Volker Sellin: Kurfürst Karl Ludwig von der Pfalz: Versuch eines historischen Urteils, Mannheim 1980.

Schouwink 2009 | Wilfried Schouwink: Omnia Ad Maiorem Dei Gloriam. Heidelbergs Jesuiten im 17. und 18. Jahrhundert, in: 250 Jahre Jesuitenkirche Heidelberg. Festschrift, Redaktion Eberhard Grießhaber, Lindenberg 2009, S. 20–54.

Siben 1941 | Arnold Siben: Der Kontributionszug des französischen Generals Marquis de Feuquière durch Franken und Schwaben im Herbst 1688, in: Zeitschrift für die Geschichte des Oberrheins 93, 1941, S. 108–191.

Siebenmorgen 1983 | Harald Siebenmorgen: Illustrationen und Bilddokumentationen zur Französischen Revolution in der Mannheimer Graphik um 1800, in: Städel-Jahrbuch, N.F. 9, 1983, S. 227–246.

Siebenmorgen 2010 | Erwerbungen der Freunde des Badischen Landesmuseum, hg. von Christina Snopko, Beitrag Harald Siebenmorgen, Karlsruhe 2010.

Simon 1966 | Matthias Simon: Die evangelischen Kirchenordnungen des XVI. Jahrhunderts, Bd. 13: Bayern II, Tübingen 1966.

Spieß 1993 | Karl-Heinz Spieß: Familie und Verwandtschaft im deutschen Hochadel des Spätmittelalters (Vierteljahreshefte für Sozial- und Wirtschaftsgeschichte; Beihefte 111) Stuttgart 1993.

Staatliche Schlösser und Gärten Baden-Württemberg 1999 | Romantik. Schloß Heidelberg im Zeitalter der Romantik (Schätze aus unseren Schlössern; 3), hg. von den Staatlichen Schlössern und Gärten Baden-Württemberg, Regensburg 1999.

Staatliche Schlösser und Gärten Baden-Württemberg 2007 | Barockschloss Mannheim. Geschichte und Ausstattung, hg. von den Staatlichen Schlössern und Gärten Baden-Württemberg, Petersberg 2007.

Staatskalender 1785 | Seiner kurfürstlichen Durchleucht zu Pfalz etc. etc. Hof- und Staatskalender für das Jahr 1785, [München 1785].

Stadler 2006/07 | Benedikt Stadler: Haus in Not, in: Mannheimer Geschichtsblätter 13/14, 2006/07, S. 212–214.

Stadler 2010 | Benedikt Stadler: Ein Überrest der Stadtbefestigung Mannheims in R7, in: „Vmbringt mit starcken turnen, murn". Ortsbefestigungen im Mittelalter (Beihefte zur Mediaevistik; 15), hg. von Olaf Wagener, Frankfurt am Main [u.a.] 2010, S. 343–350.

Stadler 2012a | Benedikt Stadler: Mannheim im Barockzeitalter – Relikte aus kriegerischen Zeiten, in: Archäologische Ausgrabungen in Baden-Württemberg 2011, 2012, S. 261–264.

Stadler 2012b | Benedikt Stadler: Baugeschichte und dendrochronologische Auswertung der Gebäudestrukturen des Barockhauses von B4, 13, in: Mannheimer Geschichtsblätter 23, 2012, S. 119–134.

Stahl 1984 | Herbert Stahl: Das Brau- und Gaststättengewerbe Ambergs im 17. und 18. Jahrhundert, in: Ausst.-Kat. Amberg 1984, S. 271–281.

Statuten der Universität Heidelberg 1891 | Statuten und Reformationen der Universität Heidelberg vom 16. bis 18. Jahrhundert, bearb. von August Thorbecke, Leipzig 1891.

Stauber 2003/04 | Reinhard Stauber: Georg der Reiche – Vom Sterben und Leben eines Herzogs, in: Verhandlungen des Historischen Vereins für Niederbayern 129/130, 2003/04, S. 93–108.

Stein 1993 | Günter Stein: Zur Baugeschichte der Burg Winzingen bei Neustadt an der Weinstraße, in: Mitteilungen des Historischen Vereins der Pfalz 91, 1993, S. 191–209.

Stemper 1997a | Anneliese Stemper: Die Medaillen der Pfalzgrafen und Kurfürsten bei Rhein, Bd. 1: Die Kurlinien, Worms 1997.

Stemper 1997b | Anneliese Stemper: Die Medaillen der Pfalzgrafen bei Rhein. Pfälzische Geschichte im Spiegel der Medaillen, Bd. 2: Nebenlinien, Worms 1997.

Stockert 2011 | Harald Stockert: „….viele adeliche Häuser". Stadtsitze, Landschlösser und adlige Lebenswelten in Mannheim und der Kurpfalz (Beiträge zur Mannheimer Architektur- und Baugeschichte; 7), Mannheim 2011.

Stockert 2013 | Harald Stockert: Konfessioneller Wechsel, konfessionelle Konflikte. Die Rekatholisierungspolitik in der Kurpfalz nach 1685, in: Kreutz/Kühlmann/Wiegand 2013, S. 131–163.

Stollberg-Rilinger 2006 | Barbara Stollberg-Rilinger: Das Reich als Lehnssystem, in: Ausst.-Kat. Berlin 2006, Essays, S. 55–67.

Stolpe 1896 | Hjalmar Stolpe: Studier i amerikansk ornamentik. Ett bidrag till ornamentens biologi, Stockholm 1896.

Strein 1993 | Jürgen Strein: Die deutschsprachigen medizinischen Lehrdichtungen des Johannes Posthius, in: Daphnis 22, 1993, S. 473–485.

Strohm/Freedman/Selderhuis 2006 | Späthumanismus und reformierte Konfession. Theologie, Jurisprudenz und Philosophie in Heidelberg an der Wende zum 17. Jahrhundert (Spätmittelalter und Reformation, Neue Reihe; 31), hg. von Christoph Strohm, Joseph S. Freedman und Herman Johan Selderhuis, Tübingen 2006.

Strunck 2011 | Christina Strunck: Die Frauen des Hauses Medici. Politik, Mäzenatentum, Rollenbilder (1512–1743), Petersberg 2011.

Studt 1988 | Birgit Studt: Überlieferung und Interesse. Späte Handschriften der Chronik des Matthias von Kemnat im späten Mittelalter und in der frühen Neuzeit, in: Historiographie am Oberrhein im späten Mittelalter und der frühen Neuzeit (Oberrheinische Studien; 7), hg. von Kurt Andermann, Sigmaringen 1988, S. 275–308.

Stumpp 1972 | Karl Stumpp: Die Auswanderung aus Deutschland nach Rußland in den Jahren 1763 bis 1862, Tübingen 1972.

Stupperich 1955 | Melanchthons Werke in Auswahl, Bd. 6, hg. von Robert Stupperich, Gütersloh 1955.

Syndram 1997 | Dirk Syndram: Prunkstücke des Grünen Gewölbes zu Dresden, München/Berlin 1997.

Tebbe 2008 | Karin Tebbe: Ein Frühstücksservice der Kurfürstin Elisabeth Augusta mit allegorischen Darstellungen. Kunstwerk des Monats, Kurpfälzisches Museum der Stadt Heidelberg, Nr. 279, Juni 2008.

Terjanian 2011 | Pierre Terjanian: Princely Armor in the Age of Dürer. A Renaissance Masterpiece in the Philadelphia Museum of Art (Philadelphia Museum of Art bulletin, N.F. 4), New Haven 2011.

Teutsch 2008 | Friedrich Teutsch: M1, 2/2a. Baulust des Bakke von Bergenstein, in: Mannheimer Geschichtsblätter 15, 2008, S. 74–77.

Teutsch 2010 | Friedrich Teutsch: B4, 13: Der einzigartige Bauzeuge der „kleinen Leute" seit der Barockzeit, in: Mannheimer Geschichtsblätter 20, 2010, S. 87–93.

Thieme/Becker 1907 | Allgemeines Lexikon der Bildenden Künstler von der Antike bis zur Gegenwart, hg. von Ulrich Thieme und Felix Becker, Leipzig 1907.

Thomas 1937–1939 | Bruno Thomas: Der Wiener Ottheinrich-Harnisch, in: Zeitschrift für historische Waffenkunde 15, 1937–1939, S. 116–123.

Thomas 2010 | Andrew L. Thomas: A House Divided. Wittelsbach Confessional Court Cultures in the Holy Roman Empire, C. 1550–1650 (Studies in Medieval and Reformation Traditions; 150), Leiden/Boston 2010.

Thomas/Gamber 1976 | Bruno Thomas und Ortwin Gamber: Katalog der Leibrüstkammer, Bd. 1: Der Zeitraum von 500 bis 1530 (Führer durch das Kunsthistorische Museum; 13), Wien 1976.

Tipton 2006 | Susan Tipton: „La passion mia per la pittura". Die Sammlungen des Kurfürsten Johann Wilhelm von der Pfalz (1658–1716) in Düsseldorf im Spiegel seiner Korrespondenz, in: Münchner Jahrbuch der bildenden Kunst, 3. Folge, 57, 2006, S. 271–332.

Traum und Wirklichkeit 2005 | Traum und Wirklichkeit. Vergangenheit und Zukunft der Heidelberger Schlossruine, hg. vom Regierungspräsidium Stuttgart und vom Landesamt für Denkmalpflege, Stuttgart 2005.

Tröger 2009 | Jörg Tröger: Der Heidelberger Arzt Franz Anton Mai (1742–1814): Ein Wegbereiter der Arbeitsmedizin, in: Deutsches Ärzteblatt 106, 2009, Heft 45, A 2240 und 2242.

Unger 1988 | Kölner Ofenkacheln. Die Bestände des Museums für Angewandte Kunst und des Kölnischen Stadtmuseums, hg. von Ingeborg Unger, Köln 2008.

Unterberger 2008 | Rose Unterberger: Friedrich Schiller. Orte und Bildnisse. Ein biographisches Bilderbuch, Stuttgart 2008.

Urkundenbuch der Universität Heidelberg 1886 | Urkundenbuch der Universität Heidelberg, hg. von Eduard Winkelmann, Bd. 2, Heidelberg 1886.

Valentini 2009 | Anna Maria Luisa de' Medici, elettrice palatina (Atti delle celebrazioni 2005–2008, Palazzo Vecchio, Florenz), hg. von Anita Valentini, Florenz 2009.

Van der Cruysse 2000 | Dirk Van der Cruysse: „Madame sein ist ein ellendes Handwerck". Liselotte von der Pfalz – eine deutsche Prinzessin am Hof des Sonnenkönigs, München [6]2000.

Vangerow 1987 | Hans-Heinrich Vangerow: Die Holzversorgung der Oberpfalz vor 1600, in: Die Oberpfalz – ein europäisches Eisenzentrum. 600 Jahre Große Hammereinung (Schriftenreihe des Bergbau- und Industriemuseums Ostbayern; 12,1), Theuern 1987, S. 325–351.

Veit 1992 | Joachim Veit: Zur Entstehung des klassischen und romantischen Orchesters in Mannheim, in: Die Mannheimer Hofkapelle im Zeitalter Carl Theodors, hg. von Ludwig Finscher, Mannheim 1992, S. 177–195.

Veitenheimer 1996 | Heinz E. Veitenheimer: Druckort Mannheim. Mannheimer Verleger und ihre Drucker von 1608 bis 1803, Frankfurt am Main [u.a.] 1996.

Verweyen 2011 | Theodor Verweyen: Julius Wilhelm Zincgref (1591–1635). Dichter und Publizist in der Blütezeit der calvinistischen Kurpfalz, in: Kühlmann/Wiegand 2011, S. 15–48.

Vetter 2002a | Roland Vetter: „Ein anderes Mal werden wir es besser machen". Aus der Korrespondenz des französischen Kriegsministeriums über die Zerstörung Heidelbergs im Jahre 1689, in: Zeitschrift für die Geschichte des Oberrheins, N.F. 111, 2002, S. 571–580.

Vetter 2002b | Roland Vetter: „Kein Stein soll auf dem andern bleiben". Mannheims Untergang im Spiegel französischer Kriegsberichte (Sonderveröffentlichung des Stadtarchivs Mannheim; 28), Heidelberg 2002.

Vetter 2004 | Roland Vetter: „Kein Stein soll auf dem andern bleiben". Mannheims Untergang während des Pfälzischen Erbfolgekrieges im Spiegel französischer Kriegsberichte, Mannheim 2004.

Vetter 2009 | Roland Vetter: „Die ganze Stadt ist abgebrannt". Heidelbergs zweite Zerstörung im Pfälzischen Erbfolgekrieg 1693, Karlsruhe [u.a.] [3]2009.

Volkert 1984 | Wilhelm Volkert: Amberg und die Kurfürsten von der Pfalz, in: Ausst.-Kat. Amberg 1984, S. 61–74.

Vollhardt 2011 | Friedrich Vollhardt: Julius Wilhelm Zincgrefs „Vermanung zur Dapfferkeit" und die Popularisierung der Elegie durch Johann Michael Moscherosch, in: Kühlmann/Wiegand 2011, S. 409–426.

Vollmer 1907–1950 | Allgemeines Lexikon der bildenden Künstler von der Antike bis zur Gegenwart, hg. von Hans Vollmer, Leipzig 1907–1950.

von Hippel 1984 | Wolfgang von Hippel: Auswanderung aus Südwestdeutschland. Studien zur württembergischen Auswanderung und Auswanderungspolitik im 18. und 19. Jahrhundert (Industrielle Welt; 36), Stuttgart 1984.

Voss 1992 | Jürgen Voss: Der pfälzische Erbfolgekrieg (1688/89) in der französischen Geschichtsschreibung, in: Deutsch-französische Beziehungen im Spannungsfeld von Absolutismus, Aufklärung und Revolution (Pariser historische Studien; 36), hg. von Jürgen Voss, Bonn 1992, S. 36–51.

Voss 1996 | Jürgen Voss: Johann Daniel Schöpflin (1694–1771), ein europäischer Kosmopolit und seine Bezüge zu Mannheim, in: Mannheimer Geschichtsblätter, N.F. 3, 1996, S. 217–220.

Vossen 1989 | Karl Vossen: Anna Maria, die letzte Medici, Kurfürstin zu Düsseldorf, Düsseldorf 1989.

Wacker 2012 | Heiko P. Wacker: Das Heidelberger Schloss. Burg – Residenz – Denkmal, Heidelberg 2012.

Wackernagel 1998 | Bettina Wackernagel: Musikinstrumente des 16. bis 18. Jahrhunderts im Bayerischen Nationalmuseum, München 1998.

Wadle 1985 | Elmar Wadle: Ottheinrichs Universitätsreform und die Juristische Fakultät, in: Semper Apertus. Sechshundert Jahre Ruprecht-Karls-Universität Heidelberg 1386–1896, Bd. 1: Mittelalter und Frühe Neuzeit, hg. von Wilhelm Doerr, Heidelberg 1985, S. 290–313.

Wagner 2009 | Ralf Richard Wagner: Die Sommerresidenz des Kurfürsten Carl Theodor, in: Schloss Schwetzingen, hg. von den Staatlichen Schlössern und Gärten Baden-Württemberg, Berlin/München 2009, S. 20–48.

Walcher 2011 | Bernhard Walcher: Zincgref als ferner Gefährte eines Achtundvierzigers. Ferdinand Freiligraths Gedicht „Vision" (1843), in: Kühlmann/Wiegand 2011, S. 49–69.

Wallenstein 2012 | Uta Wallenstein: Gothas Gold – 300 Jahre Münzkabinett, Gotha 2012.

Wallner 1912 | Bertha Antonia Wallner: Der kunstvolle Liedertisch im Rathause zu Amberg (Mitteilungen aus dem Stadtarchiv Amberg; 1), Amberg 1912.

Walter 1898 | Friedrich Walter: Geschichte des Theaters und der Musik am kurpfälzischen Hofe (Forschungen zur Geschichte Mannheims und der Pfalz; 1), Leipzig 1898.

Walter 1907 | Friedrich Walter: Mannheim in Vergangenheit und Gegenwart, Bd. 1: Geschichte Mannheims von den ersten Anfängen bis zum Übergang an Baden 1802, Mannheim 1907.

Walter 1995 | Peter Walter: Johann von Dalberg und der Humanismus, in: Kaiser, Reich, Reformen. Der Reichstag zu Worms (Veröffentlichungen der Landesarchivverwaltung Rheinland-Pfalz – Katalogreihe), hg. von der Landesverwaltung Rheinland-Pfalz, Koblenz 1995, S. 139–171.

Walter 2011 | Axel E. Walter: Medien und Praktiken intersubjektiver Kommunikation in der späthumanistischen Gelehrtenrepublik. Am Beispiel der Beziehungen von Julius Wilhelm Zincgref zur Familie Lingelsheim, in: Kühlmann/Wiegand 2011, S. 347–408.

Watkins 2002 | John Watkins: Representing Elizabeth in Stuart England: Literature, History, Sovereignty, Cambridge 2002.

Weber 1998 | Wolfgang Weber: Dynastiesicherung und Staatsbildung. Die Entfaltung des frühmodernen Fürstenstaats, in: Der Fürst: Ideen und Wirklichkeiten der europäischen Geschichte, hg. von Wolfgang Weber, Köln [u.a.], 1998, S. 91–136.

Wehrens 2004 | Hans Georg Wehrens: Freiburg im Breisgau. Holzschnitte und Kupferstiche 1504 – 1803, Freiburg 2004.

Weich 1997 | Karl Weich: Mannheim – das neue Jerusalem. Die Jesuiten in Mannheim 1720–1773, Mannheim 1997.

Weis 2005 | Eberhard Weis: Montgelas. Eine Biografie, Bd. 2: Der Architekt des modernen bayerischen Staates 1799–1838, München 2005.

Weis 2008 | Eberhard Weis: Montgelas. Eine Biographie 1759–1838. Einbändige Sondreausgabe, München 2008.

Weiss 1903 | Andreas Weiss: Die Charta Palatina des Christian Mayer, Hofastronomen und Professors der Mathematik und Physik an der Universität Heidelberg, in: Mitteilungen des Historischen Vereins der Pfalz 26, 1903, S. 1–40.

Wennemuth 1996 | Udo Wennemuth: Geschichte der evangelischen Kirche in Mannheim (Quellen und Darstellungen zur Mannheimer Stadtgeschichte; 4), Sigmaringen 1996, S. 5–49.

Wennemuth 1997 | Udo Wennemuth: Religion und Politik in der Kurpfalz im 16. Jahrhundert, in: Kostbarkeiten gesammelter Geschichte. Heidelberg und die Pfalz in Zeugnissen der Universitätsbibliothek, hg. von Armin Schlechter, Heidelberg 1999, S. 39–57.

Werner 2003 | Eva Maria Werner: Die militärischen Ereignisse in der Kurpfalz 1792–1815 und ihr Niederschlag in der zeitgenössischen Graphik, in: … so geht hervor ein' neue Zeit. Die Kurpfalz im Übergang an Baden 1803, hg. von Armin Kohnle [u.a.], Basel 2003, S. 57–72.

Werner 2006 | Ferdinand Werner: Die kurfürstliche Residenz zu Mannheim (Beiträge zur Mannheimer Architektur- und Baugeschichte; 4), Worms 2006.

Widder 1786 | Johann Goswin Widder: Versuch einer vollständigen Geographisch-Historischen Beschreibung der Kurfürstl. Pfalz am Rheine, Teil 1, Frankfurt am Main/Leipzig 1786.

Widder 1787 | Johann Goswin Widder: Versuch einer vollständigen Geographisch-Historischen Beschreibung der Kurfürtl(ichen) Pfalz am Rheine, Teil 3, Frankfurt am Main/Leipzig 1787.

Wiegand 1998 | Marquard Freher: De Lupoduno. Die erste Beschreibung des alten Ladenburg von 1618 (Bausteine zur Kreisgeschichte/Rhein-Neckar-Kreis; 3), hg. von Hermann Wiegand, Heidelberg 1998.

Wiegand 1999 | Hermann Wiegand: Die Kurpfalz im 17. Jahrhundert. Politik und Kultur unter konfessionellen Vorzeichen, in: Kostbarkeiten gesammelter Geschichte. Heidelberg und die Pfalz in Zeugnissen der Universitätsbibliothek, hg. von Armin Schlechter, Heidelberg 1999, S. 59–74.

Wiegand 2000 | Hermann Wiegand: Der zweigipfelige Musenberg. Studien zum Humanismus in der Kurpfalz (Rhein-Neckar-Kreis, Historische Schriften; 2), Ubstadt-Weiher 2000.

Wiegand 2006 | Hermann Wiegand: Das Mannheimer Jesuitentheater im 18. Jahrhundert, in: Strenae Nataliciae. Neulateinische Studien. Wilhelm Kühlmann zum 60. Geburtstag, hg. von Hermann Wiegand, Heidelberg 2006, S. 253–272.

Wiegand 2007 | Hermann Wiegand: Reformation und Gegenreformation in der Kurpfalz – Ein Überblick, in: Mannheim vor der Stadtgründung, Teil 2, Bd. 1: Mittelalter und Frühe Neuzeit im unteren Neckarland. Das Dorf Mannheim, hg. von Hansjörg Probst, Regensburg 2007, S. 340–349.

Wiegand 2008 | Hermann Wiegand: Anton von Klein – ein Mannheimer Autor und Verleger des ausgehenden 18. Jahrhunderts, in: Mannheimer Geschichtsblätter 16, 2008, S. 34–51.

Wiegand 2013 | Hermann Wiegand: Zur Kultur der Jesuiten in der Kurpfalz im 17. und 18. Jahrhundert, in: Kreutz/Kühlmann/Wiegand 2013, S. 469–491.

Wieland 2001 | Christian Wieland: The Violence of the Nobility and the Peaceableness of the Law – The Rhetoric and Practice of German Aristocrats towards the „New" Judiciary in the Sixteenth Century, in: What Makes the Nobility Noble? Comparative Perspectives from the Sixteenth to the Twentieth Century (Schriftenreihe der FRIAS School of History; 2), hg. von Jörn Leonhard und Christian Wieland, Göttingen 2001, S. 35–51.

Wieland 2013 | Christian Wieland: Nach der Fehde. Studien zur Interaktion von Adel und Rechtssystem am Beginn der Neuzeit: Bayern 1500–1600 (Frühneuzeit-Forschungen), Epfendorf am Neckar 2013.

Wiese 1998 | Wolfgang Wiese: Das Heidelberger Schloss. Führer durch die Schlossanlage (Führer Staatliche Schlösser und Gärten), hg. von den Staatlichen Schlössern und Gärten Baden-Württembergs, Heidelberg 1998.

Wilckens 1910 | Theodor Wilckens: Die Fahnen von Kurpfalz, in: Mannheimer Geschichtsblätter 11, 1910, Sp. 219–223.

Winter 1965 | Repertorium der diplomatischen Vertreter aller Länder seit dem Westfälischen Frieden 1648, Bd. 3: 1764–1815, hg. von Otto Winter, Graz/Köln 1965.

Winter 2007 | Sascha Winter: Idealstadt, in: Enzyklopädie der Neuzeit, Bd. 5, hg. von Friedrich Jaeger, Stuttgart 2007, Sp. 767–769.

Wirth 2006 | Klaus Wirth: Ausgrabungen im Töpferviertel von Mannheim, in: Archäologische Ausgrabungen in Baden-Württemberg 2005, 2006, S. 208–210.

Wirth 2006/07 | Klaus Wirth: Archäologische Ausgrabungen beim Zeughaus, in: Mannheimer Geschichtsblätter 13/14, 2006/07, S. 64–73.

Wirth 2008a | Klaus Wirth: Stadtarchäologie in Mannheim. Ausgrabungen in M 1, 2, in: Mannheimer Geschichtsblätter 15, 2008, S. 58–73.

Wirth 2008b | Klaus Wirth: Archäologische Ausgrabungen hinter dem Palais des Freiherrn von Cunzmann auf C4, 8/9a/9b, in: Mannheimer Geschichtsblätter 16, 2008, S. 152 f.

Wirth 2010 | Klaus Wirth: Archäologie und Bauforschung in Mannheim B4, 13, in: Mannheimer Geschichtsblätter 19, 2010, S. 152–154.

Wirth 2011 | Klaus Wirth: Mannheim vor der Stadtgründung. Neue renaissancezeitliche Funde aus T2, 15, in: Archäologische Ausgrabungen in Baden-Württemberg 2010, 2011, S. 262–265.

Wirth 2012 | Klaus Wirth: Wie kam die Latrine unter die Kirche? Archäologische Ausgrabungen in Mannheim, E6, in: Archäologische Ausgrabungen in Baden-Württemberg 2011, 2012, S. 264–268.

Wirth 2013 | Klaus Wirth: Bauen nach Plan – Ausgrabungen in Mannheim B4, in: Archäologische Ausgrabungen in Baden-Württemberg 2012, 2013, S. 304–307.

Wirth/Teutsch 2007 | Klaus Wirth und Friedrich Teutsch: Dem Nichts ein Stückchen näher. Eine Kultur löst sich in Luft auf, in: Knasterkopf 19, 2007, S. 75–84.

Wittelsbacher Hausverträge 1987 | Wittelsbacher Hausverträge des späten Mittelalters. Die haus- und staatsrechtlichen Urkunden der Wittelsbacher von 1310, 1329, 1392/93, 1410 und 1472 (Schriftenreihe zur bayerischen Landesgeschichte; 71), hg. von Hans Rall, bearb. von Rudolf Heinrich [u.a.], München 1987.

Wolf 1935 | Karl Wolf: Die Sicherung des reformierten Bekenntnisses in der Kurpfalz nach dem Tode Johann Casimirs, in: Zeitschrift für die Geschichte des Oberrheins, N.F. 48, 1935, S. 384–425.

Wolgast 1986 | Eike Wolgast: Die Universität Heidelberg 1386–1986, Berlin [u.a.] 1986.

Wolgast 1989 | Eike Wolgast: Der Weg zum Pfälzischen Erbfolgekrieg und zur Zerstörung Offenburgs und der Ortenau im Jahre 1689, in: Die Ortenau 69, 1989, S. 235–253.

Wolgast 1998 | Eike Wolgast: Reformierte Konfession und Politik im 16. Jahrhundert. Studien zur Geschichte der Kurpfalz im Reformationszeitalter (Schriften der Philosophisch-Historischen Klasse der Heidelberger Akademie der Wissenschaften; 10), Heidelberg 1998.

Wolgast 1999 | Eike Wolgast: Religion und Politik in der Kurpfalz im 17. Jahrhundert, in: Mannheimer Geschichtsblätter, N.F. 6, 1999, S. 189–208.

Wolgast 2000 | Eike Wolgast: Reformationszeit und Gegenreformation (1500–1648), in: Handbuch der baden-württembergischen Geschichte. Bd. 1,2: Vom Spätmittelalter bis zum Ende des Alten Reiches (Veröffentlichung der Kommission für Geschichtliche Landeskunde in Baden-Württemberg), Stuttgart 2000, S. 145–306.

Wolgast 2007 | Eike Wolgast: Konfessionsbestimmte Faktoren der Reichs- und Außenpolitik der Kurpfalz 1559–1620, in: Konfessioneller Fundamentalismus. Religion als politischer Faktor im europäischen Mächtesystem um 1600, hg. von Heinz Schilling (Schriften des Historischen Kollegs, Kolloquien; 70), München 2007, S. 167–187.

Wühr 1954 | Hans Wühr: Alte Uhren (Wohnkunst und Hausrat, einst und jetzt; 11), Darmstadt 1954.

Wunder 1971 | Bernd Wunder: Frankreich, Württemberg und der Schwäbische Kreis während der Auseinandersetzungen über die Reunionen (1697–97). Ein Beitrag zur Deutschlandpolitik Ludwigs XIV., Stuttgart 1971.

Würtz 1992 | Roland Würtz: Die Organisation der Mannheimer Hofkapelle, in: Die Mannheimer Hofkapelle im Zeitalter Carl Theodors, hg. von Ludwig Finscher, Mannheim 1992, S. 37–48.

Wysocki 1965 | Josef Wysocki: Frankreich und die Kurpfalz von 1680 bis 1688 (Geschichtliche Landeskunde; 2), Wiesbaden 1965, S. 46–108.

Zeitelhack 2005 | Barbara Zeitelhack: Familienbeziehungen als Mittel fürstlicher Politik, in: Ausst.-Kat. Neuburg an der Donau 2005, S. 362–364.

Zerries 1980 | Otto Zerries: Unter Indianern Brasiliens. Sammlung Spix und Martius 1817–1820 (Sammlungen aus dem Staatlichen Museum für Völkerkunde; 1), Frankfurt am Main 1980.

Zeus 2002 | Marlis Zeus: Ein Pfälzer in Stockholm. Johann Casimir von Pfalz-Zweibrücken, Schwager und Vertrauter Gustavs II. Adolf im Dreißigjährigen Krieg, Karlsruhe 2002.

Zincgref 1993 | Julius Wilhelm Zincgref: Gesammelte Werke, Bd. 2: Emblemata ethico-politica (Neudrucke deutscher Literaturwerke, N.F. 44/45, hg. von Theodor Verweyen, Dieter Mertens und Werner Wilhelm Schnabel, Tübingen 1993.

Zmora 2001 | Hillay Zmora: Feuds for and against Princes – Politics, Violence an Aristocratic Identity in Early Modern Germany, in: What Makes the Nobility Noble? Comparative Perspectives from the Sixteenth to the Twentieth Century (Schriftenreihe der FRIAS School of History; 2), hg. von Jörn Leonhard und Christian Wieland, Göttingen 2001, S. 121–141.

Bildnachweis

Titelabbildung

Der Pfalzgraf bei Rhein vom Mainzer Kurfürstenzyklus © Landesmuseum Mainz

Vorsatz / Nachsatz

Gewölbeschlusssteine mit Wappen vom Deckengewölbe der Heiliggeistkirche Heidelberg © rem, Foto: Carolin Breckle

Bildnachweis Textteil

Hartmut Ellrich

Abb. 1: Residenz Neuburg an der Donau, Bayerische Verwaltung der staatlichen Schlösser, Gärten und Seen | **Abb. 2**: © Kurpfälzisches Museum der Stadt Heidelberg | **Abb. 3**: Residenz Neuburg an der Donau, Bayerische Verwaltung der staatlichen Schlösser, Gärten und Seen | **Abb. 4**: akg-images / Doris Poklekowski | **Abb. 5**: © rem | **Abb. 6**: Bayerische Verwaltung der staatlichen Schlösser, Gärten und Seen, Gärtenabteilung | **Abb. 7**: Universitätsbibliothek Heidelberg, Sammlung BATT, VII 47 | **Abb. 8**: akg-images | **Abb. 9**: Residenz München, Bayerische Verwaltung der staatlichen Schlösser, Gärten und Seen

Michael Erbe

Abb. 1: © rem | **Abb. 2**: akg-images | **Abb. 3**: © rem | **Abb. 4**: © Historisches Museum der Pfalz Speyer, Foto: Peter Haag-Kirchner | **Abb. 5**: © rem | **Abb. 6**: © rem | **Abb. 7**: bpk

Julian Hanschke / Peter Thoma

Abb. 1: akg-images / Erich Lessing | **Abb. 2**: © rem, Foto: Maria Schumann | **Abb. 3**: aus: Adolf von Oechelhäuser und Franz Xaver Kraus (Hg.): Die Kunstdenkmäler des Großherzogtums Baden, Bd. 8,2 | **Abb. 4**: aus: Koch/Seitz 1891, fig. 27 © rem, Foto: Carolin Breckle | **Abb. 5**: © rem, Foto: Carolin Breckle | **Abb. 6**: akg / Bildarchiv Monheim | **Zeichnungen 1-6**: Julian Hanschke / Peter Thoma

Liselotte Homering

Abb. 1: © rem, Foto: Jean Christen | **Abb. 2**: © rem | **Abb. 3**: © rem, Foto: Jean Christen | **Abb. 4**: © rem | **Abb. 5**: © rem | **Abb. 6**: © rem, Foto: Jean Christen | **Abb. 7**: © rem | **Abb. 8**: © rem, Foto: Jean Christen

Jana Hubková

Abb. 1: Archiv der Haupstadt Prag, Graphische Sammlung G 1641 | **Abb. 2**: Archiv der Hauptstadt Prag - Graphische Sammlung, G 1670 | **Abb. 3**: © rem, Foto: Maria Schumann

Eleonore Kopsch

Abb. 1: © rem | **Abb. 2**: Residenz München, Bayerische Verwaltung der staatlichen Schlösser, Gärten und Seen | **Abb. 3**: München, Bayerisches Hauptstaatsarchiv, Geheimes Hausarchiv, HU 1857 | **Abb. 4**: bpk / Bayerische Staatsgemäldesammlung | **Abb. 5**: Residenz Neuburg an der Donau, Bayerische Verwaltung der staatlichen Schlösser, Gärten und Seen | **Abb. 6**: © rem | **Abb. 7**: akg-images | **Abb. 8**: bpk / Bayerische Staatsgemäldesammlungen

Stefan Krause

Abb. 1: Albertina, Wien, 25247 | **Abb. 2**: © Kunsthistorisches Museum, Wien | **Abb. 3**: © Kunsthistorisches Museum, Wien

Eva-Bettina Krems

Abb. 1: Düsseldorf, Stadtmuseum | **Abb. 2**: bpk / RMN - Grand Palais

Wilhelm Kreutz

Abb. 1: Bayerisches Armeemuseum Ingolstadt (Foto: Christian Stoye) | **Abb. 2**: München, Bayerisches Hauptstaatsarchiv, Geheimes Hausarchiv, HU 1859 | **Abb. 3**: akg-images / Erich Lessing | **Abb. 4**: © rem | **Abb. 5**: © rem | **Abb. 6**: akg-images | **Abb. 7**: © rem | **Abb. 8**: © rem

Wilhelm Kühlmann

Abb. 1: Karlsruhe, Badisches Landesmuseum | **Abb. 2**: Universitätsbibliothek Heidelberg, G 5621-4 RES | **Abb. 3**: IAM / akg | **Abb. 4**: Universitätsbibliothek Heidelberg, Graph. Slg. P_0279 | **Abb. 5**: akg-images | **Abb. 6**: akg-images | **Abb. 7**: Universitätsbibliothek Heidelberg, G 9506-4 RES | **Abb. 8**: Universitätsbibliothek Heidelberg, G 9506-4 RES

Maximilian Lanzinner

Abb. 1: © Kurpfälzisches Museum der Stadt Heidelberg | **Abb. 2**: © rem, Foto: Maria Schumann | **Abb. 3**: akg-images | **Abb. 4**: © rem, Foto: Maria Schumann | **Abb. 5**: Staatliche Graphische Sammlung München, 29962 Z | **Abb. 6**: © rem, Foto: Maria Schumann | **Abb. 7**: München, Bayerisches Hauptstaatsarchiv, Kurbayern Urkunden 1698, fol. 65r | **Abb. 8**: bpk / Scala | **Abb. 9**: © rem

Silke Leopold

Abb. 1: akg-images / Erich Lessing | **Abb. 2**: © rem | **Abb. 3**: © Internationale Stiftung Mozarteum | **Abb. 4**: © rem | **Abb. 5**: © rem | **Abb. 6**: akg-images / Erich Lessing | **Abb. 7**: Hohenlohe-Zentralarchiv Neuenstein, Ba 120 Bü 111/4 | **Abb. 8**: © rem

Stefan Mörz

Abb. 1: bpk / Kunstgewerbemuseum, SMB / Saturia Linke | **Abb. 2**: aus: Stefan Mörz: Haupt- und Residenzstadt. Carl Theodor, sein Hof und Mannheim (Kleine Schriften des Stadtarchivs Mannheim, Nr. 12), Mannheim 1998, S. 59 (Stadtarchiv Mannheim) | **Abb. 3**: © Kurpfälzisches Museum der Stadt Heidelberg | **Abb. 4**: © rem | **Abb. 5**: © rem | **Abb. 6**: © rem

Marco Neumaier

Abb. 1: Universitätsbibliothek Heidelberg | **Abb. 2**: Darmstadt, Universitäts- und Landesbibliothek | **Abb. 3**: akg-images | **Abb. 4**: bpk / Gemäldegalerie, SMB / Dietmar und Marga Riemann | **Abb. 5**: akg-images | **Abb. 6**: © Landesmuseum Hannover | **Abb. 7**: München, Bayerisches Hauptstaatsarchiv, Geheimes Hausarchiv, Handschrift 42

Roland Paul

Abb. 1: © rem, Foto: Maria Schumann | **Abb. 2**: Foto: Erkenbert-Museum Frankenthal, Gruppe Kraft | **Abb. 3**: ©Historisches Museum der Pfalz Speyer, HM_1952_0082 | **Abb. 4**: © Historisches Museum der Pfalz Speyer, Leihgabe der Bayerischen Staatsgemäldesammlungen, 2649 | **Abb. 5**: © rem | **Abb. 6**: Universitätsbibliothek Heidelberg, Graphische Sammlung, A_0346 | **Abb. 7**: Universitätsbibliothek Heidelberg, B 1705 B RES::9,1

Erich Pelzer

Abb. 1: akg-images | **Abb. 2**: bpk / Bayerische Staatsgemäldesammlungen | **Abb. 3**: akg-images | **Abb. 4**: © rem, Foto: Carolin Breckle | **Abb. 5**: akg-images | **Abb. 6**: © Kurpfälzisches Museum der Stadt Heidelberg

Susan Richter

Abb. 1: München, Bayerisches Hauptstaatsarchiv, Geheimes Hausarchiv, HU 2038 b, fol. 16v | **Abb. 2**: München, Bayerisches Hauptstaatsarchiv, Geheimes Hausarchiv, HU 3028 b, S. 5 | **Abb. 3**: Staatsarchiv Amberg, Regierung Amberg - Oberpfälzer Registraturbücher 0/2

Stefan Schnupp

Abb. 1: © Kurpfälzisches Museum der Stadt Heidelberg | **Abb. 2**: Staatliche Graphische Sammlung München, 235130 D | **Abb. 3**: Ellingen, Pfarrei Stopfenheim, Bayerische Verwaltung der staatlichen Schlösser, Gärten und Seen

Alexander Schubert / Sabine Witt

Abb. 1: © Landesmedienzentrum Baden-Württemberg | **Abb. 2**: © rem, Foto: Carolin Breckle

Benedikt Stadler

Abb. 1: © rem | **Abb. 2**: © rem | **Abb. 3**: © rem | **Abb. 4**: © rem, Foto Maria Schumann

Hermann Wiegand

Abb. 1: © rem, Foto: Carolin Breckle | **Abb. 2**: aus: Ausst.-Kat. 475 Jahre Fürstentum Pfalz-Neuburg (Ausstellung im Schloss Grünau bei Neuburg an der Donau 1980), München 1980, Umschlagbild | **Abb. 3**: © Kurpfälzisches Museum der Stadt Heidelberg |

Abb. 4: © rem, Foto: Carolin Breckle | **Abb. 5**: © rem, Foto: Carolin Breckle | **Abb. 6**: © rem, Foto: Carolin Breckle | **Abb. 7**: © rem, Foto: Carolin Breckle | **Abb. 8**: Mannheim, Karl-Friedrich-Gymnasium

Christian Wieland
Abb. 1: Universitätsbibliothek Heidelberg, Mittermaier 827 | **Abb. 2**: bpk / Staatsbibliothek zu Berlin – Preußischer Kulturbesitz | **Abb. 3**: © Historisches Museum der Pfalz Speyer, Foto: Peter Haag-Kirchner | **Abb. 4**: Gesellschaft für Reichskammergerichtsforschung Wetzlar

Klaus Wirth
Abb. 1: © rem, Archäologische Denkmalpflege und Sammlungen | **Abb. 2**: © rem, Archäologische Denkmalpflege und Sammlungen | **Abb. 3**: © rem, Archäologische Denkmalpflege und Sammlungen

Sabine Witt
Abb. 1: © Kurpfälzisches Museum der Stadt Heidelberg | **Abb. 2**: bpk | **Abb. 3**: © Kurpfälzisches Museum der Stadt Heidelberg | **Abb. 4**: © Kunsthistorisches Museum, Wien | **Abb. 5**: bpk / Bayerische Staatsgemäldesammlungen | **Abb. 6**: U. Edelmann - Städel Museum/ARTOTHEK | **Abb. 7**: akg-images | **Abb. 8**: © Bayerisches Nationalmuseum München, Foto: unbekannt | **Abb. 9**: © Kurpfälzisches Museum der Stadt Heidelberg

Eike Wolgast
Abb. 1: bpk / Bayerische Staatsgemäldesammlung | **Abb. 2**: Universitätsbibliothek Heidelberg, Q 7188-4 b RES | **Abb. 3**: Darmstadt, Universität- und Landesbibliothek | **Abb. 4**: Badische Landesbibliothek in Karlsruhe, 42 C 38 RH |**Abb. 5**: Foto: Eva-Maria Günther | **Abb. 6**: aus: Ausst.-Kat. Von Kaisers Gnaden – 500 Jahre Pfalz-Neuburg (Bayerische Landesausstellung 2005), Kat. hg. von Suzanne Bäumler, Evamaria Brockhoff und Michael Henker, Regensburg 2005, S. 368 | **Abb. 7**: Museum Schloss Moritzburg, Foto: Deutsches Historisches Museum, Berlin / S. Ahlers / I. Desnica / A. Psille | **Abb. 8**: München, Bayerisches Hauptstaatsarchiv, Haus- und Familiensachen, Protestantische Union, Fasz. 1

Barbara Zeitelhack
Abb. 1-4: Wittelsbacher Ausgleichsfonds München

Kapiteleingangsseiten

Kapitel A: Ottheinrich auf Reisen, Holzschnitt von Michael Ostendorfer, 1556 © akg-images

Katalog Kapitel A: Wappen der Stadt Amberg mit Monogramm des Kurfürsten Ludwig VI. von der Pfalz, im Salbuch des Spitals Amberg, 1578 © Stadtarchiv Amberg, Bd. 402

Kapitel B: Zwei Musketiere aus dem Fahnenbuch der pfälzischen Ämter, München, Bayerisches Hauptstaatsarchiv – Geheimes Hausarchiv, Handschrift 8, fol. 29r

Katalog Kapitel B: Elisabeth Charlotte, Herzogin von Orléans (Liselotte von der Pfalz), Gemälde von Hyacinthe Rigaud, 1713, Öl auf Leinwand, Kurpfälzisches Museum der Stadt Heidelberg, G 1821 © bpk

Kapitel C: Ansicht der Stadt Mannheim, kolorierter Stich von Friedrich Bernhard Werner (Zeichner), A. Gläßer (Stecher) und Martin Engelbrecht © rem, Foto: Maria Schumann

Katalog Kapitel C: Carl Theodor, Gemälde von Felix Anton Besoldt, 1753, Öl auf Leinwand, Rem Mannheim, Staat 320 © rem, Foto: Jean Christen

Kapitel D: Heidelberg bei Sonnenuntergang, Gemälde von Carl Ludwig Frommel, 1842, Öl auf Leinwand, Karlsruhe, Staatliche Kunsthalle, 588

Katalog Kapitel D: Errichtung eines Freiheitsbaumes in Zweibrücken am 11. Februar 1793 durch französische Revolutionstruppen, aquarellierter Kupferstich von Hieronymus Löschenkohl nach Johann Kaspar Pitz, um 1793, Zweibrücken, Stadtmuseum, 45

Anhang: Porträt eines Kammerherrn in Hofgala, Gemälde von Johann Wilhelm Hoffnaas, 1769, Öl auf Leinwand, Reiss-Engelhorn-Museen Mannheim © rem, Foto: Jean Christen

Bildnachweis Katalogteil

akg-images | B6.02, B8.05
Amberg, Staatsarchiv Amberg, Amtsbücherei 2682 | A4.03
Amberg, Staatsarchiv Amberg, Regierung Amberg - Oberpfälzer Registraturbücher 88 | A4.02
Amberg, Staatsarchiv Amberg, Regierung Amberg 256 | A4.05
Amberg, Staatsarchiv Amberg, Regierung Amberg, 1774 | A4.04
Amberg, Stadtarchiv Amberg, StadtAA Bd. 402 | A4.09
Amberg, Stadtarchiv Amberg, StadtAA Bd. 414, www.fotostudioingoboehle.de | A4.10
Amberg, Stadtarchiv Amberg, StadtAA Bd. 444 | A4.08
Amberg, Stadtarchiv Amberg, StadtAA Bildersammlung 110-020-039, www.fotostudioingoboehle.de | A4.07
Amberg, Stadtarchiv Amberg, StadtAA Urkunden 2265 | A4.11
Amberg, Stadtmuseum Amberg | B3.12
Amberg, Stadtmuseum Amberg, Foto: Wolfgang Steinbacher | A4.06
ARTOTHEK / Bayer&Mitko | A3.01
Augsburg, Haus der Bayerischen Geschichte | A1.03a
bpk / Bayerische Staatsgemäldesammlungen | A2.01, D1.02
bpk / Musée du Louvre / RMN – Grand Palais / Harry Bréjat | C1.05a, C1.05b
bpk / RMN – Grand Palais / Daniel Arnaudet / Jean Schormans / Renè-Gabriel Ojèda | A2.09
Bruchsal, Staatliche Schlösser und Gärten Baden-Württemberg | C1.06
Darmstadt, Universitäts- und Landesbibliothek, Hs 1971 | A3.09a, A3.09b
Frankenthal, Erkenbert-Museum, B2 | B2.03
Frankenthal, Erkenbert-Museum, G 00 45 | B3.01
Frankenthal, Erkenbert-Museum, G 00 97 | B4.03
Frankenthal, Erkenbert-Museum, G 371 | B4.07
Frankenthal, Erkenbert-Museum, G 580 | B7.06
Gotha, Forschungsbibliothek Gotha, Chart. A. 1344 c | C2.02
Gotha, Stiftung Schloss Friedenstein Gotha – Aus den Sammlungen der Herzog von Sachsen-Coburg und Gotha'schen Stiftung für Kunst und Wissenschaft | A1.06
Heidelberg, Deutsches Apotheken-Museum, Heidelberg (Foto: Claudia Schäfer, Mannheim) | C2.03
Heidelberg, Kurpfälzisches Museum der Stadt Heidelberg | A1.05, B3.03, B3.11, B5.04, B6.08, B7.03, B7.05, B7.11, B8.03, B8.04, B8.07, C1.04, C3.05, C3.06, C3.07, C3.13, C3.17b, C4.03, C5.02a, C5.02b
Heidelberg, Universitätsarchiv Heidelberg, M 4 | B1.02
Heidelberg, Universitätsarchiv Heidelberg, RA 224| B1.01
Heidelberg, Universitätsarchiv Heidelberg, XII, 2, Nr. 151 | B1.03
Heidelberg, Universitätsbibliothek Heidelberg, 86 B 2275 RES | A3.02
Heidelberg, Universitätsbibliothek Heidelberg, BATT 194 RES | B5.02
Heidelberg, Universitätsbibliothek Heidelberg, BATT 9-B Folio RES 1/2 | C2.01
Heidelberg, Universitätsbibliothek Heidelberg, Cod. Pal. germ. 401 | A2.12b
Heidelberg, Universitätsbibliothek Heidelberg, Cod. Pal. germ. 453 | A2.12c
Heidelberg, Universitätsbibliothek Heidelberg, Cod. Pal. germ. 498 | A2.12a
Heidelberg, Universitätsbibliothek Heidelberg, G 5621-4 RES | B4.08
Heidelberg, Universitätsbibliothek Heidelberg, G 9506-4 RES | B4.09
Heidelberg, Universitätsbibliothek Heidelberg, LS/US 1000 G87 | C4.07
Heidelberg, Universitätsbibliothek Heidelberg, Mays (Brosch.) 3,4 RES | A1.08a
Heidelberg, Universitätsbibliothek Heidelberg, MAYS (Brosch.) 3,8/A RES | A1.08b
Heidelberg, Universitätsbibliothek Heidelberg, MAYS (Brosch.) 4, 14 RES | A3.06
Heidelberg, Universitätsbibliothek Heidelberg, Mittermaier 827 Folio RES | A4.01
Heidelberg, Universitätsbibliothek Heidelberg, Q 7206-0-2 RES | A2.08b
Ingolstadt, Bayerisches Armeemuseum (Foto: Christian Stoye) | B5.06, B5.09, B8.09a, B8.09b, C.3.16a, C3.14, C3.15, C3.16b, C3.17a
Kaiserslautern, Museum Pfalzgalerie Kaiserslautern | B6.05
Karlsruhe, Badische Landesbibliothek in Karlsruhe, Codex Karlsruhe 2978, fol. 7v und 8r | B1.04
Karlsruhe, Badisches Landesmuseum | A2.05, D2.04, D2.05
Karlsruhe, Landesarchiv Baden-Württemberg, Generallandesarchiv Karlsruhe, 48/6276a | D3.05a
Karlsruhe, Landesarchiv Baden-Württemberg, Generallandesarchiv Karlsruhe, 67/911 | C5.03
Karlsruhe, Landesarchiv Baden-Württemberg, Generallandesarchiv Karlsruhe, 77/8774 | D3.03a
Karlsruhe, Landesarchiv Baden-Württemberg, Generallandesarchiv Karlsruhe, 48/5669 | D3.03b
Karlsruhe, Landesarchiv Baden-Württemberg, Generallandesarchiv Karlsruhe, 48/6274 | D3.05b
Karlsruhe, Landesarchiv Baden-Württemberg, Generallandesarchiv Karlsruhe, 67/911 | A1.02

Karlsruhe, Staatliche Kunsthalle | D3.06
Koblenz, Landesarchivverwaltung Rheinland-Pfalz, Landeshauptarchiv Koblenz, V 2334 | D2.08a
Koblenz, Landesarchivverwaltung Rheinland-Pfalz, Landeshauptarchiv Koblenz, Bestand 1A, Nr. 9339 | A1.07b
Koblenz, Landesarchivverwaltung Rheinland-Pfalz, Landeshauptarchiv Koblenz, Bestand 1C, Nr. 9198 | A1.07a
Mannheim © rem, Foto: Carolin Breckle | A3.03, B3.04, B5.03b, B5.11, B8.10a, B8.10b, C2.04, C2.05, C2.06, C2.07, C2.08, C2.09, C2.10, C2.11, C2.12a-t, C3.28, C4.01, C4.02, C4.08, C4.09, C4.12, C4.13a, C4.15a
Mannheim © rem, Foto: Jean Christen | A2.08a, B2.04, B2.05, B2.06, B3.05, B3.06, B5.05, B6.07, B7.02, B7.04, B7.07, B7.09, B7.10, B8.01, B8.02, B8.06a, B8.06b, C1.02, C1.03, C1.07, C1.08, C1.09, C3.01, C3.02, C3.10, C3.11a, C3.11b, C3.12, C3.18, C3.19a, C3.19b, C3.20, C3.23, C3.25, C3.30, C3.31, C3.32, C4.11, C4.13b, C4.14, C4.15b, C4.15c, C5.01, C5.07, D2.06, D2.07, D3.04
Mannheim © rem, Foto: Maria Schumann | A2.06, B2.01b, B4.02, B5.03a, B5.10, C1.01, C1.10, C3.21, C3.22, C3.29, C4.04, D2.01
Mannheim, TECHNOSEUM Landesmuseum für Technik und Arbeit in Mannheim | C4.05a, C4.05b, C4.06, C4.10
Mannheim, Vermögen und Bau Baden-Württemberg, Amt Mannheim © rem, Foto: Maria Schumann | B3.08, B7.12a, B7.12b, B7.12c, B.7.12d
München, Bayerische Staatsbibliothek, Cgm 8143, fol. 147 | B4.04
München, Bayerische Staatsbibliothek, Musikabteilung, 4 Mus.pr. 27207 | C3.27
München, Bayerische Staatsbibliothek, Res/4 A. lat.b. 800k, Titelseite | B5.08a
München, Bayerische Staatsbibliothek, Res/P.o.lat. 1685q, Titelblatt | A3.08
München, Bayerische Verwaltung der staatlichen Schlösser, Gärten und Seen, Residenz München | B5.01, B6.04, C3.03, C3.04, C3.08, C3.09a-d
München, Bayerische Verwaltung der staatlichen Schlösser, Gärten und Seen, Residenz Neuburg an der Donau | A2.07
München, Bayerische Verwaltung der staatlichen Schlösser, Gärten und Seen, Schloss Nymphenburg, Textildepot | B8.08
München, Bayerisches Hauptstaatsarchiv, Abt. I, Amtsbibliothek 4° G118 | D3.01
München, Bayerisches Hauptstaatsarchiv, Abt. I, Haus- und Familiensachen, Protestantische Union Fasz. 1, Unterschriftenseite mit angehängtem Siegel | B3.13
München, Bayerisches Hauptstaatsarchiv, Abt. I, Kurbayern Urk. 1624 | B6.01a
München, Bayerisches Hauptstaatsarchiv, Abt. I, Kurbayern Urk. 1623 | B6.01b
München, Bayerisches Hauptstaatsarchiv, Abt. I, Kurbayern Urk. 1698 | B6.09
München, Bayerisches Hauptstaatsarchiv, Abt. I, Urk. Stamitz 1750 Febr. 27 (cart. 420) | C3.24
München, Bayerisches Hauptstaatsarchiv, Geheimes Hausarchiv, Handschrift 8 | B3.10
München, Bayerisches Hauptstaatsarchiv, Geheimes Hausarchiv, Handschrift 136 | B4.05
München, Bayerisches Hauptstaatsarchiv, Geheimes Hausarchiv, HU 1496 | B6.03
München, Bayerisches Hauptstaatsarchiv, Geheimes Hausarchiv, HU 1857 | C5.05
München, Bayerisches Hauptstaatsarchiv, Geheimes Hausarchiv, HU 3028 | A3.04
München, Bayerisches Hauptstaatsarchiv, Geheimes Hausarchiv, HU 3058 | A3.07
München, Bayerisches Hauptstaatsarchiv, Geheimes Hausarchiv, HU 3168 | B4.06
München, Bayerisches Hauptstaatsarchiv, Geheimes Hausarchiv,Korrespondenzakt zu 844 | C5.04
München, Bayerisches Nationalmuseum München, Foto: Haberland, Walter | A2.04, C3.26, D2.02a, D2.02b
München, Bayerisches Nationalmuseum München, Foto: Vetters, Karl-Michael | A1.04, B3.07, D1.01
München, Staatliche Münzsammlung München | B7.08b
München, Staatliche Münzsammlung München 2009, Foto: Nicolai Kaestner | B7.08a
Neuburg, Historischer Verein e.V. / Stadtmuseum Neuburg an der Donau | A2.10, A2. 11
Regensburg, Fürst Thurn und Taxis Zentralarchiv, Comitalia 1801/02 | D2.09a, D2.09b
Regensburg, Fürst Thurn und Taxis Zentralarchiv, Haeb. Kart. X, Nr. 23b, Typendruck 12 BII. | B5.07
Regensburg, Fürst Thurn und Taxis Zentralarchiv, KS 804 d | D3.02
Regensburg, Museen der Stadt Regensburg | A1.03b, D1.03
Saarbrücken, Landesarchiv Saarland, Landesarchiv Saarbrücken, K Hellwig 355 | B6.10
Saarbrücken, Landesarchiv Saarland, Landesarchiv Saarbrücken, K Hellwig 375 | B7.01
Speyer, Historisches Museum der Pfalz Speyer | A1.01
Speyer, Historisches Museum der Pfalz Speyer | B3.02
Speyer, Historisches Museum der Pfalz Speyer, Foto: Kurt Diehl | B6.06
Speyer, Historisches Museum der Pfalz Speyer, Foto: Peter Haag-Kirchner | B2.02, B4.01a, B4.01b
Speyer, Landesarchivverwaltung Rheinland-Pfalz, Landesarchiv Speyer, G 1053 | D2.08b
Stuttgart, Württembergische Landesbibliothek, HBb 1338 | B5.08b
Weinheim, Stadtarchiv Weinheim, Rep. 34 Nr. 63 | A3.05
Wien, Kunsthistorisches Museum | A2.02, A2.03a, A2.03b
Worms, Museum der Stadt Worms im Andreasstift © rem, Foto: Carolin Breckle | B3.09
Zweibrücken, Stadtmuseum | C5.06, D2.03

Sollte es vorgekommen sein, dass Rechteinhaber nicht genannt sind oder nicht ausfindig gemacht werden konnten, bitten wir um entsprechende Nachweise die beteiligten Urheberrechte betreffend, um diese in künftigen Auflagen zu berücksichtigen oder/und im Rahmen der üblichen Vereinbarungen für den Bereich wissenschaftlicher Publikationen abgelten zu können.

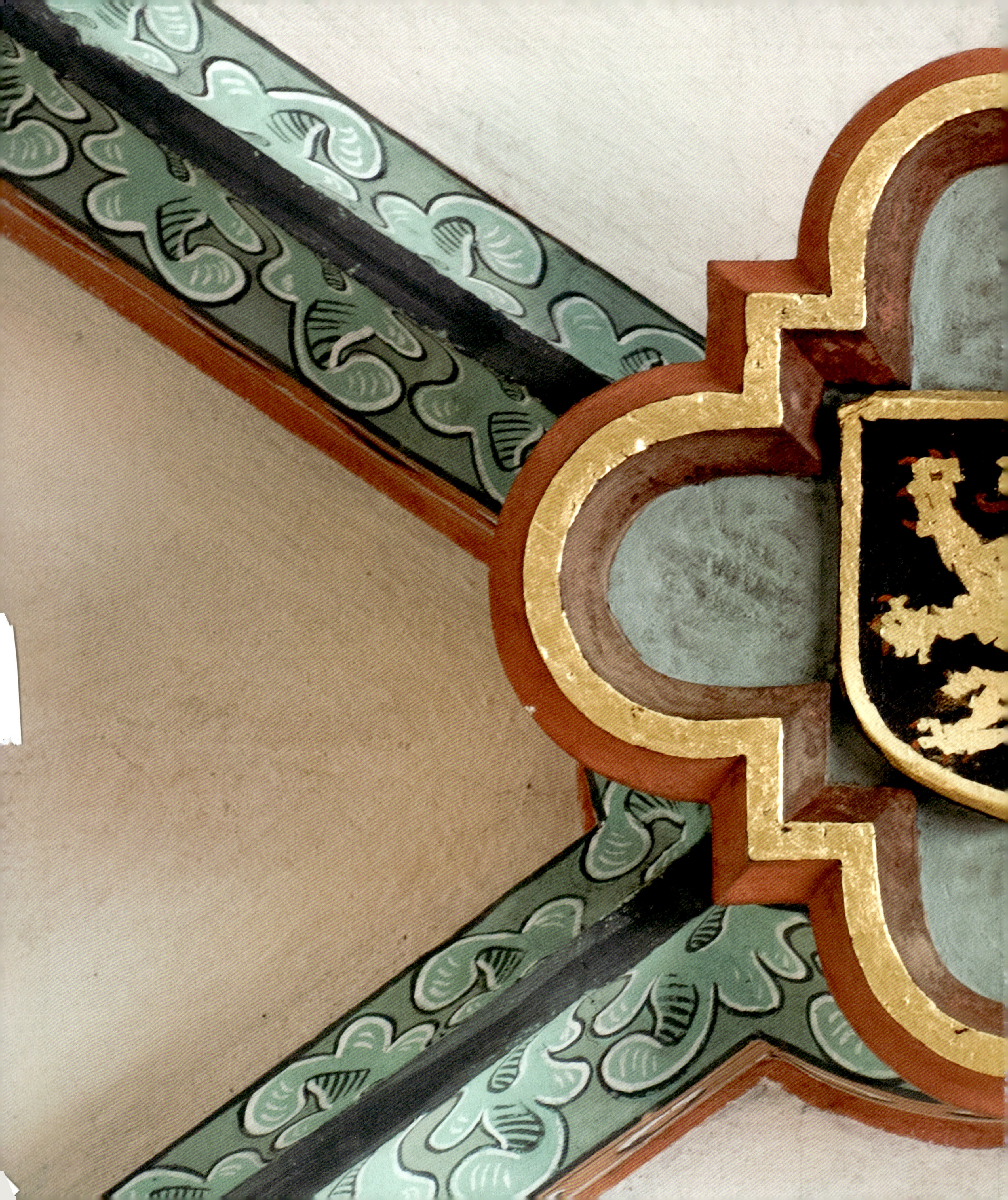